Eichmann/von Falckenstein/Kühne
Designgesetz

Beck'sche Kurz-Kommentare

Band 45

Designgesetz

Gesetz über den rechtlichen Schutz von Design

Bearbeitet von

Dr. Helmut Eichmann

Rechtsanwalt

und

Marcus Kühne

Regierungsdirektor
Deutsches Patent- und Markenamt

Bis zur 4. Auflage mitbearbeitet von

Dr. Roland Vogel von Falckenstein

Vorsitzender Richter am Bundespatentgericht a. D.

5., völlig neu bearbeitete Auflage
2015

C.H.BECK

Bearbeiterverzeichnis

Dr. Eichmann:

A. Allgemeines, B. Internationale Anmeldung, C. Nicht eingetragenes
Gemeinschaftsgeschmacksmuster, §§ 1, 2, 3 (Rn. 1–15), 4, 5, 7 (Rn. 1–14,
28–30), 9, 29 (Rn. 1–11, 19), 30 (Rn. 1–8), 31, 32 (Rn. 1), 33, 34, 34b,
37–57a, 59, 62a–66, 70–74, Anhang I

Kühne:

§§ 3 (Rn. 16–30), 6, 7 (Rn. 15–27), 8, 10–28, 29 (Rn. 12–18, 20, 21), 30
(Rn. 9–10), 32 (Rn. 2–3), 34a, 34c–36, 58, 60–62, 67–69

www.beck.de

ISBN 978 3 406 65795 5

© 2015 Verlag C. H. Beck oHG
Wilhelmstraße 9, 80801 München

Druck: fgb · freiburger graphische betriebe GmbH & Co. KG
Bebelstraße 11, 71908 Freiburg

Satz: Druckerei C. H. Beck
(Adresse wie Verlag)

Gedruckt auf säurefreiem, alterungsbeständigem Papier
(hergestellt aus chlorfrei gebleichtem Zellstoff)

Vorwort zur 5. Auflage

Das Gesetz über den rechtlichen Schutz von Design hat als begriffliche Neuerung gebracht, dass das eingetragene Design an die Stelle des Geschmacksmusters und Design an die Stelle von Muster tritt. Als inhaltliche Neuerung steht im Vordergrund, dass beim Deutschen Patent- und Markenamt ein Nichtigkeitsantrag gegen ein eingetragenes Design gestellt werden kann. Sämtliche Regularien dieses amtlichen Nichtigkeitsverfahrens sind ausführlich dargestellt und erläutert.

Für das Gerichtsverfahren ist die bedeutsamste Neuerung bei Verletzungsklagen, dass die Nichtigkeit des Klagedesigns nur durch eine Nichtigkeitswiderklage oder durch einen Nichtigkeitsantrag an das Deutsche Patent- und Markenamt geltend gemacht werden kann. Die für dieses Gerichtsverfahren maßgeblichen Bestimmungen sind entsprechend ihrer großen Bedeutung ebenfalls ausführlich kommentiert. Schließlich sind auch die weiteren Neuerungen des Designgesetzes für das Anmeldeverfahren, für die Systematik der Nichtigkeitsgründe sowie für Sanktionen bei Rechtsverletzungen und für die örtliche Zuständigkeit bei Gemeinschaftsgeschmacksmustern Gegenstand der Kommentierung.

Zu wichtigen Bestimmungen des Designrechts haben Entscheidungen von Europäischem Gerichtshof, Bundesgerichtshof, Europäischem Gericht, Oberlandesgerichten, Landgerichten, des Harmonisierungsamts für den Binnenmarkt und des Bundespatentgerichts viele weiterführende Erkenntnisse gebracht. Die Kommentierung erfasst und erläutert auch diese Entscheidungen mit der gebotenen Sorgfalt. Beiträge aus dem wissenschaftlichen Schrifttum sowie Erfahrung aus Fortbildungsveranstaltungen haben ebenfalls Eingang in die Kommentierung gefunden.

Der Schutz des nicht eingetragenen Gemeinschaftsgeschmacksmusters steht Marktteilnehmern unabhängig von der Eintragung eines Designschutzrechts zur Verfügung. Wegen ihrer großen praktischen Bedeutung wird diese Schutzmöglichkeit mit der gleichen Ausführlichkeit wie das Designgesetz erläutert. Weil die maßgeblichen Vorschriften in der Verordnung über das Gemeinschaftsgeschmacksmuster verstreut und vielfach kompliziert formuliert sind, bildet ihre Wiedergabe jeweils den Anfang einer insgesamt systematischen Kommentierung.

Der Attraktivität der der internationalen Eintragung von Mustern und Modellen wird durch Erläuterungen zur Organisation des Haager Musterabkommens Rechnung getragen. Hinweise zu internationalen Anmeldungen finden sich jeweils bei den Darstellungen des nationalen Rechts. Soweit die Verordnung über das Gemeinschaftsgeschmacksmuster gleiche oder vergleichbare Bestimmungen wie das Designgesetz enthält, werden Querbezüge hergestellt, um sowohl auf Übereinstimmungen als auch auf Unterschiede

Vorwort

aufmerksam zu machen. Insgesamt steht wiederum eine umfassende Kommentierung sämtlicher Bestimmungen des Designrechts zur Verfügung, die für die Praxis Bedeutung erlangen können.

München und Jena, im Dezember 2014

Helmut Eichmann   Marcus Kühne

Inhaltsverzeichnis

Inhalt

Inhalt

IX

Inhalt

Abkürzungsverzeichnis

Abkürzungen

Abkürzungen

BRAGO	Bundesrechtsanwaltsgebührenordnung (außer Kraft, s. jetzt RVG)
BRAO	Bundesrechtsanwaltsordnung
bspw	beispielsweise
BVerfG	Bundesverfassungsgericht
bzw	beziehungsweise
ca	circa
CAD	computer aided design
CD	Compact Disk
CR	Computer und Recht
demggü	demgegenüber
DesignE	Hartwig, Designschutz in Europa, Bde 1–4
DesignG	Designgesetz
DesignR	Designrecht
DesignV	Designverordnung
dh	das heißt
DPA	Deutsches Patentamt
DPMA	Deutsches Patent- und Markenamt
DPMAV	Verordnung über das Deutsche Patent- und Markenamt
DPMAVwKostV	Verordnung über Verwaltungskosten beim Deutschen Patent- und Markenamt
DRiG	Deutsches Richtergesetz
Düss	Düsseldorf
DVD	Digital Versatile Disc
EG	Einführungsgesetz; Europäische Gemeinschaft; Vertrag zur Gründung der Europäischen Gemeinschaft
EG-Kommission	Kommission der Europäischen Gemeinschaften (jetzt: EU-Kommission)
EGBGB	Einführungsgesetz zum Bürgerlichen Gesetzbuch
Einf	Einführung
Einl	Einleitung
Einzelh	Einzelheiten
entspr	entsprechend
Entwurf 1929	Entwurf der Bekanntmachung des Geschmacksmustergesetzes, u. a. des Reichsministers der Justiz (= MuW 29, 373)
Entwurf 1940	Entwurf eines Geschmacksmustergesetzes der Akademie für Deutsches Recht (= GRUR 40, 243)
Entwurf 1977	Entwurf eines Musterschutzgesetzes der Deutschen Vereinigung für gewerblichen Rechtsschutz und Urheberrecht, 7. Fassung v. Februar 1977 (= GRUR 78, 30)
Entwurf 2000	Gesetzesentwurf der Deutschen Vereinigung für gewerblichen Rechtsschutz und Urheberrecht (= GRUR 01, 118)

Abkürzungen

Abkürzungen

Abkürzungen

Abkürzungen

Mannh	Mannheim
MarkenG	Markengesetz
MarkenR	Markenrecht
MarkenRL	Markenrechtsrichtlinie
MarkenReformG	Markenrechtsreformgesetz
max	maximal
MDR	Monatsschrift für Deutsches Recht
Merkbl	Merkblatt für Designanmelder (Ausgabe 2014)
Mitt	Mitteilungen der deutschen Patentanwälte
Mitt PräsBPatG/DPA/DPMA	Mitteilung des Präsidenten des BPatG/DPA/DPMA
MPI-E	Diskussionsentwurf des Max-Planck-Instituts für ausländisches und internationales Patent-, Urheberrecht- und Wettbewerbsrecht für ein europäisches Musterrecht (= GRUR Int. 90, 565)
Mü	München
MusterAnmV	Verordnung über die Anmeldung von Geschmacksmustern und typographischen Schriftzeichen
MusterRegV	Verordnung über die Führung des Registers für Geschmacksmuster und typographische Schriftzeichen
MuVO	Verordnung über den Rechtsschutz für Muster und Modelle der industriellen Formgebung
MuVO-DB	Durchführungsbestimmungen zur Verordnung über den Rechtsschutz für Muster und Modelle der industriellen Formgebung
MuW	Markenschutz und Wettbewerb
mwN	mit weiteren Nachweisen
Nachtrag 1992	Nachtrag zu Eichmann/v. Falckenstein, GeschmMG, 1. Auflage, Stand 1. Juni 1992
Nachw	Nachweis(e)
Nbg	Nürnberg
nF	neue Fassung
NJW	Neue Juristische Wochenschrift
NJW CoR	Computerrecht, Beilage zur NJW
NJW-RR	Neue Juristische Wochenschrift, Rechtsprechungsreport
Nr	Nummer
oä	oder ähnlich
OFD	Oberfinanzdirektion
OGH	Oberster Gerichtshof (Österreich)
OHG	Offene Handelsgesellschaft
OLG	Oberlandesgericht
OMPI	Organisation Mondiale de la Propriété Intellectuelle
OVG	Oberverwaltungsgericht
OWiG	Gesetz über Ordnungswidrigkeiten

Abkürzungen

Abkürzungen

Abkürzungen

Literaturverzeichnis

Allfeld .... Kommentar zu den Reichsgesetzen über das gewerbliche Urheberrecht, 1904

Bartenbach/Volz .... Arbeitnehmerfindergesetz, 5. Aufl. 2013

Baumbach/Lauterbach (Bearbeiter Hartmann) Zivilprozessordnung, 72. Aufl. 2014

Benkard (und Bearbeiter) PatG/GebrMG .... Patentgesetz und Gebrauchsmustergesetz, 10. Aufl. 2006

Benkard (und Bearbeiter) EPÜ .... Europäisches Patentübereinkommen, 2. Aufl. 2012

Braitmayer .... Leitfaden nationales Geschmacksmuster, 2. Aufl. 2006

Braitmayer/van Hees ... Verfahrensrecht in Patentsachen, 4. Aufl. 2010

Buddeberg/Haberl .... Designrecht in: Beck'sche Formularsammlung zum gewerblichen Rechtsschutz mit Urheberrecht, 5. Aufl. 2014

Bühring/Braitmayer Schmid .... Gebrauchsmustergesetz, 8. Aufl. 2011

Bulling/Langöhrig/ Hellwig .... Gemeinschaftsgeschmacksmuster, 3. Aufl. 2011

Busse (und Bearbeiter) Patentgesetz, Gebrauchsmustergesetz, Gesetz über Arbeitnehmererfindungen, 7. Aufl. 2010

Dambach .... Das Musterschutzgesetz, 1876

Dreier/Schulze .... Urheberrechtsgesetz, 4. Aufl. 2013

Eck .... Neue Wege zum Schutz der Formgebung, 1993

Eichmann/Kur .... Designrecht, 2009

Eisenführ/Schennen .... Gemeinschaftsmarkenverordnung, 4. Aufl. 2014

Englert .... Grundzüge des Rechtsschutzes der industriellen Formgebung, 1978

Fezer .... Markenrecht, 4. Aufl. 2009

Fezer .... Handbuch der Markenpraxis, 2. Aufl. 2012

Fitzner/Lutz/Bodewig (und Bearbeiter) .... Patentrechtskommentar, 4. Aufl. 2012

Fromm/Nordemann (und Bearbeiter) .... Urheberrecht, 10. Aufl. 2008

Furler .... Geschmacksmustergesetz, 4. Aufl., 1985

v. Gamm .... Geschmacksmustergesetz, 2. Aufl., 1989

Gerstenberg .... Die Entwicklung des Geschmacksmusterrechts, FS Gewerblicher Rechtsschutz und Urheberrecht in Deutschland, 1991, S. 691–725

Gerstenberg/Buddeberg Geschmacksmustergesetz, 3. Aufl., 1996

Götting .... Gewerblicher Rechtsschutz, 9. Aufl. 2010

Günther/Beyerlein ...... Kommentar zum Geschmacksmustergesetz, 2. Aufl., 2012

Literatur

Hartwig (und Bearbeiter) .... Designschutz in Europa, Bd. 1 2007, Bd. 2 2008, Bd. 3 2009, Bd. 4 2012

Heinrich .... DesG/HMA, Kommentar zum schweizerischen Designgesetz und den entsprechenden Bestimmungen des Haager Musterschutzabkommens, 2. Aufl. 2014

Ingerl/Rohnke .... Markengesetz, 3. Aufl., 2010

Kahlenberg .... Ein europäisches Geschmacksmusterrecht – Baustein im System des europäischen gewerbl. Rechtsschutzes, 1997

Kelbel .... Der Schutz typographischer Schriftzeichen, 1985

Kohler .... Geschmacks- und Gebrauchsmusterrecht, 1909

Koschtial .... Die Einordnung des Designschutzes in das Geschmacksmuster-, Urheber-, Marken- und Patentrecht, 2003

Kunze .... Das neue Geschmacksmusterrecht, 2004

Loth .... Gebrauchsmustergesetz, 2001

Mes .... Patentgesetz/Gebrauchsmustergesetz, 3. Aufl. 2011

Mes (und Bearbeiter) ... Münchner Prozessformularbuch, Band 5, Gewerblicher Rechtsschutz, Urheber- und Presserecht, 4. Aufl. 2014

Möhring/Nicolini .... Urheberrechtsgesetz, 3. Aufl. 2014

Neuberg .... Geschmacks- und Gebrauchsmustergesetz, 1911

Nirk .... Geschmacksmusterrecht, Urheberrecht, Designlaw, 2010

Nirk/Kurtze .... Geschmacksmustergesetz, 2. Aufl. 1997

Nirk/Ullmann .... Patent-, Gebrauchsmuster- und Sortenschutzrecht, 3. Aufl. 2007

Osterrieth .... Lehrbuch des gewerblichen Rechtsschutzes, 1908

Palandt (und Bearbeiter) Bürgerliches Gesetzbuch, 73. Aufl., 2014

Rehmann .... Designrecht, 2. Aufl. 2014

Reimer/Schade/ Schippel (und Bearbeiter) .... Gesetz über Arbeitnehmererfindungen und deren Vergütungsrichtlinien, 8. Aufl. 2007

Ruhl .... Gemeinschaftsgeschmacksmuster, 2. Aufl., 2010

Schickedanz .... Nationale und internationale Geschmacksmusteranmeldung, 1985

Schlötelburg/Maier ...... Leitfaden Gemeinschaftsgeschmacksmuster, 2003

Schricker/Loewenheim (und Bearbeiter) .... Urheberrecht, 4. Aufl. 2010

Schulte (und Bearbeiter) Patentgesetz mit EPÜ, 9. Aufl. 2014

Schmid .... Die Entwicklung des Geschmacksmusterschutzes in Deutschland, 1896

Staub/Celli .... Designrecht, Kommentar zum Bundesgesetz über den Schutz von Design (Schweiz), 2003

Stöckel .... Marken- und Designrecht, 3. Auflage 2013

Ströbele/Hacker .... Markengesetz, 10. Aufl. 2012

Stutz .... Individualität, Originalität oder Eigenart? Schutzvoraussetzungen des Design – Design als Werk der angewandten Kunst, 2002

Literatur

Stutz / Beutler / Künzi .. Designgesetz (Schweiz), 2006

TaBu .... Taschenbuch des Gewerblichen Rechtsschutzes

Ulmer .... Urheber- und Verlagsrecht, 3. Aufl. 1980

Voigtländer / Elster /
Kleine .... Die Gesetze betreffend das Urheberrecht an Werken der Literatur und Tonkunst sowie an Werken der bildenden Kunst und der Fotografie, 4. Aufl. 1952

Wandtke / Bullinger
(und Bearbeiter) .... Praxiskommentar zum Urheberrecht, 4. Aufl. 2014

Wassner .... Kunst, Geschmack und unlauterer Wettbewerb, 1975

Gesetzestext

Gesetz über den rechtlichen Schutz von Mustern und Modellen (Designgesetz – DesignG)

Vom 12. März 2004

(BGBl. I S. 390; in der Fassung der Neubekanntmachung vom 24.2.2014, BGBl. I S. 122)

Inhaltsübersicht

1

Abschnitt 1. Schutzvoraussetzungen

§ 1 Begriffsbestimmungen

Im Sinne dieses Gesetzes

1. ist ein Design die zweidimensionale oder dreidimensionale Erscheinungsform eines ganzen Erzeugnisses oder eines Teils davon, die sich insbesondere aus den Merkmalen der Linien, Konturen, Farben, der Gestalt, Oberflächenstruktur oder der Werkstoffe des Erzeugnisses selbst oder seiner Verzierung ergibt;
2. ist ein Erzeugnis jeder industrielle oder handwerkliche Gegenstand, einschließlich Verpackung, Ausstattung, grafischer Symbole und typografischer Schriftzeichen sowie von Einzelteilen, die zu einem komplexen Erzeugnis zusammengebaut werden sollen; ein Computerprogramm gilt nicht als Erzeugnis;
3. ist ein komplexes Erzeugnis ein Erzeugnis aus mehreren Bauelementen, die sich ersetzen lassen, so dass das Erzeugnis auseinander- und wieder zusammengebaut werden kann;
4. ist eine bestimmungsgemäße Verwendung die Verwendung durch den Endbenutzer, ausgenommen Maßnahmen der Instandhaltung, Wartung oder Reparatur;
5. gilt als Rechtsinhaber der in das Register eingetragene Inhaber des eingetragenen Designs.

§ 2 Designschutz

(1) Als eingetragenes Design wird ein Design geschützt, das neu ist und Eigenart hat.

(2) Ein Design gilt als neu, wenn vor dem Anmeldetag kein identisches Design offenbart worden ist. Designs gelten als identisch, wenn sich ihre Merkmale nur in unwesentlichen Einzelheiten unterscheiden.

(3) Ein Design hat Eigenart, wenn sich der Gesamteindruck, den es beim informierten Benutzer hervorruft, von dem Gesamteindruck unterscheidet,

den ein anderes Design bei diesem Benutzer hervorruft, das vor dem Anmeldetag offenbart worden ist. Bei der Beurteilung der Eigenart wird der Grad der Gestaltungsfreiheit des Entwerfers bei der Entwicklung des Designs berücksichtigt.

§ 3 Ausschluss vom Designschutz

(1) Vom Designschutz ausgeschlossen sind

1. Erscheinungsmerkmale von Erzeugnissen, die ausschließlich durch deren technische Funktion bedingt sind;
2. Erscheinungsmerkmale von Erzeugnissen, die zwangsläufig in ihrer genauen Form und ihren genauen Abmessungen nachgebildet werden müssen, damit das Erzeugnis, in das das Design aufgenommen oder bei dem es verwendet wird, mit einem anderen Erzeugnis mechanisch zusammengebaut oder verbunden oder in diesem, an diesem oder um dieses herum angebracht werden kann, so dass beide Erzeugnisse ihre Funktion erfüllen;
3. Designs, die gegen die öffentliche Ordnung oder gegen die guten Sitten verstoßen;
4. Designs, die eine missbräuchliche Benutzung eines der in Artikel 6ter der Pariser Verbandsübereinkunft zum Schutz des gewerblichen Eigentums aufgeführten Zeichen oder von sonstigen Abzeichen, Emblemen und Wappen von öffentlichem Interesse darstellen.

(2) Erscheinungsmerkmale im Sinne von Absatz 1 Nummer 2 sind vom Designschutz nicht ausgeschlossen, wenn sie dem Zweck dienen, den Zusammenbau oder die Verbindung einer Vielzahl von untereinander austauschbaren Teilen innerhalb eines Bauteilesystems zu ermöglichen.

§ 4 Bauelemente komplexer Erzeugnisse

Ein Design, das bei einem Erzeugnis, das Bauelement eines komplexen Erzeugnisses ist, benutzt oder in dieses Erzeugnis eingefügt wird, gilt nur dann als neu und hat nur dann Eigenart, wenn das Bauelement, das in ein komplexes Erzeugnis eingefügt ist, bei dessen bestimmungsgemäßer Verwendung sichtbar bleibt und diese sichtbaren Merkmale des Bauelements selbst die Voraussetzungen der Neuheit und Eigenart erfüllen.

§ 5 Offenbarung

Ein Design ist offenbart, wenn es bekannt gemacht, ausgestellt, im Verkehr verwendet oder auf sonstige Weise der Öffentlichkeit zugänglich gemacht wurde, es sei denn, dass dies den in der Gemeinschaft tätigen Fachkreisen des betreffenden Sektors im normalen Geschäftsverlauf vor dem Anmeldetag des Designs nicht bekannt sein konnte. Ein Design gilt nicht als offenbart, wenn es einem Dritten lediglich unter der ausdrücklichen oder stillschweigenden Bedingung der Vertraulichkeit bekannt gemacht wurde.

§ 6 Neuheitsschonfrist

Eine Offenbarung bleibt bei der Anwendung des § 2 Absatz 2 und 3 unberücksichtigt, wenn ein Design während der zwölf Monate vor dem Anmeldetag durch den Entwerfer oder seinen Rechtsnachfolger oder durch einen Dritten als Folge von Informationen oder Handlungen des Entwerfers oder seines Rechtsnachfolgers der Öffentlichkeit zugänglich gemacht wurde.

Dasselbe gilt, wenn das Design als Folge einer missbräuchlichen Handlung gegen den Entwerfer oder seinen Rechtsnachfolger offenbart wurde.

Abschnitt 2. Berechtigte

§ 7 Recht auf das eingetragene Design

(1) Das Recht auf das eingetragene Design steht dem Entwerfer oder seinem Rechtsnachfolger zu. Haben mehrere Personen gemeinsam ein Design entworfen, so steht ihnen das Recht auf das eingetragene Design gemeinschaftlich zu.

(2) Wird ein Design von einem Arbeitnehmer in Ausübung seiner Aufgaben oder nach den Weisungen seines Arbeitgebers entworfen, so steht das Recht an dem eingetragenen Design dem Arbeitgeber zu, sofern vertraglich nichts anderes vereinbart wurde.

§ 8 Formelle Berechtigung

Anmelder und Rechtsinhaber gelten in Verfahren, die ein eingetragenes Design betreffen, als berechtigt und verpflichtet.

§ 9 Ansprüche gegenüber Nichtberechtigten

(1) Ist ein eingetragenes Design auf den Namen eines nicht nach § 7 Berechtigten eingetragen, kann der Berechtigte unbeschadet anderer Ansprüche die Übertragung des eingetragenen Designs oder die Einwilligung in dessen Löschung verlangen. Soweit in die Löschung eingewilligt wird, gelten die Schutzwirkungen des eingetragenen Designs in diesem Umfang als von Anfang an nicht eingetreten. Wer von mehreren Berechtigten nicht als Rechtsinhaber eingetragen ist, kann die Einräumung seiner Mitinhaberschaft verlangen.

(2) Die Ansprüche nach Absatz 1 können nur innerhalb einer Ausschlussfrist von drei Jahren ab Bekanntmachung des eingetragenen Designs durch Klage geltend gemacht werden. Das gilt nicht, wenn der Rechtsinhaber bei der Anmeldung oder bei einer Übertragung des eingetragenen Designs bösgläubig war.

(3) Bei einem vollständigen Wechsel der Rechtsinhaberschaft nach Absatz 1 Satz 1 erlöschen mit der Eintragung des Berechtigten in das Register Lizenzen und sonstige Rechte. Wenn der frühere Rechtsinhaber oder ein Lizenznehmer das eingetragene Design verwertet oder dazu tatsächliche und ernsthafte Anstalten getroffen hat, kann er diese Verwertung fortsetzen, wenn er bei dem neuen Rechtsinhaber innerhalb einer Frist von einem Monat nach dessen Eintragung eine einfache Lizenz beantragt. Die Lizenz ist für einen angemessenen Zeitraum zu angemessenen Bedingungen zu gewähren. Die Sätze 2 und 3 finden keine Anwendung, wenn der Rechtsinhaber oder der Lizenznehmer zu dem Zeitpunkt, als er mit der Verwertung begonnen oder Anstalten dazu getroffen hat, bösgläubig war.

(4) Die Einleitung eines gerichtlichen Verfahrens gemäß Absatz 2, die rechtskräftige Entscheidung in diesem Verfahren sowie jede andere Beendigung dieses Verfahrens und jede Änderung der Rechtsinhaberschaft als Folge dieses Verfahrens werden in das Register für eingetragene Designs (Register) eingetragen.

§ 10 Entwerferbenennung

Der Entwerfer hat gegenüber dem Anmelder oder dem Rechtsinhaber das Recht, im Verfahren vor dem Deutschen Patent- und Markenamt und im Register als Entwerfer benannt zu werden. Wenn das Design das Ergebnis einer Gemeinschaftsarbeit ist, kann jeder einzelne Entwerfer seine Nennung verlangen.

Abschnitt 3. Eintragungsverfahren

§ 11 Anmeldung

(1) Die Anmeldung zur Eintragung eines Designs in das Register ist beim Deutschen Patent- und Markenamt einzureichen. Die Anmeldung kann auch über ein Patentinformationszentrum eingereicht werden, wenn diese Stelle durch Bekanntmachung des Bundesministeriums der Justiz und für Verbraucherschutz im Bundesgesetzblatt dazu bestimmt ist, Designanmeldungen entgegenzunehmen.

(2) Die Anmeldung muss enthalten:
1. einen Antrag auf Eintragung,
2. Angaben, die es erlauben, die Identität des Anmelders festzustellen,
3. eine zur Bekanntmachung geeignete Wiedergabe des Designs.
Wird ein Antrag nach § 21 Absatz 1 Satz 1 gestellt, kann die Wiedergabe durch einen flächenmäßigen Designabschnitt ersetzt werden.

(3) Die Anmeldung muss eine Angabe der Erzeugnisse enthalten, in die das Design aufgenommen oder bei denen es verwendet werden soll.

(4) Die Anmeldung muss den weiteren Anmeldungserfordernissen entsprechen, die in einer Rechtsverordnung nach § 26 bestimmt worden sind.

(5) Die Anmeldung kann zusätzlich enthalten:
1. eine Beschreibung zur Erläuterung der Wiedergabe,
2. einen Antrag auf Aufschiebung der Bildbekanntmachung nach § 21 Absatz 1 Satz 1,
3. ein Verzeichnis mit der Warenklasse oder den Warenklassen, in die das Design einzuordnen ist,
4. die Angabe des Entwerfers oder der Entwerfer,
5. die Angabe eines Vertreters.

(6) Die Angaben nach den Absätzen 3 und 5 Nummer 3 haben keinen Einfluss auf den Schutzumfang des eingetragenen Designs.

(7) Der Anmelder kann die Anmeldung jederzeit zurücknehmen.

§ 12 Sammelanmeldung

(1) Mehrere Designs können in einer Anmeldung zusammengefasst werden (Sammelanmeldung). Die Sammelanmeldung darf nicht mehr als 100 Designs umfassen.

(2) Der Anmelder kann eine Sammelanmeldung durch Erklärung gegenüber dem Deutschen Patent- und Markenamt teilen. Die Teilung lässt den Anmeldetag unberührt. Ist die Summe der Gebühren, die nach dem Patentkostengesetz für jede Teilanmeldung zu entrichten wären, höher als die gezahlten Anmeldegebühren, so ist der Differenzbetrag nachzuentrichten.

§ 13 Anmeldetag

(1) Der Anmeldetag eines Designs ist der Tag, an dem die Unterlagen mit den Angaben nach § 11 Absatz 2

1. beim Deutschen Patent- und Markenamt
2. oder, wenn diese Stelle durch Bekanntmachung des Bundesministeriums der Justiz und für Verbraucherschutz im Bundesgesetzblatt dazu bestimmt ist, bei einem Patentinformationszentrum

eingegangen sind.

(2) Wird wirksam eine Priorität nach § 14 oder § 15 in Anspruch genommen, tritt bei der Anwendung der §§ 2 bis 6, 12 Absatz 2 Satz 2, § 21 Absatz 1 Satz 1, § 33 Absatz 2 Satz 1 Nummer 2 und § 41 der Prioritätstag an die Stelle des Anmeldetages.

§ 14 Ausländische Priorität

(1) Wer nach einem Staatsvertrag die Priorität einer früheren ausländischen Anmeldung desselben Designs in Anspruch nimmt, hat vor Ablauf des 16. Monats nach dem Prioritätstag Zeit, Land und Aktenzeichen der früheren Anmeldung anzugeben und eine Abschrift der früheren Anmeldung einzureichen. Innerhalb der Frist können die Angaben geändert werden.

(2) Ist die frühere Anmeldung in einem Staat eingereicht worden, mit dem kein Staatsvertrag über die Anerkennung der Priorität besteht, so kann der Anmelder ein dem Prioritätsrecht nach der Pariser Verbandsübereinkunft entsprechendes Prioritätsrecht in Anspruch nehmen, soweit nach einer Bekanntmachung des Bundesministeriums der Justiz und für Verbraucherschutz im Bundesgesetzblatt der andere Staat auf Grund einer ersten Anmeldung beim Deutschen Patent- und Markenamt ein Prioritätsrecht gewährt, das nach Voraussetzungen und Inhalt dem Prioritätsrecht nach der Pariser Verbandsübereinkunft vergleichbar ist; Absatz 1 ist anzuwenden.

(3) Werden die Angaben nach Absatz 1 rechtzeitig gemacht und wird die Abschrift rechtzeitig eingereicht, so trägt das Deutsche Patent- und Markenamt die Priorität in das Register ein. Hat der Anmelder eine Priorität erst nach der Bekanntmachung der Eintragung eines Designs in Anspruch genommen oder Angaben geändert, wird die Bekanntmachung insofern nachgeholt. Werden die Angaben nach Absatz 1 nicht rechtzeitig gemacht oder wird die Abschrift nicht rechtzeitig eingereicht, so gilt die Erklärung über die Inanspruchnahme der Priorität als nicht abgegeben. Das Deutsche Patent- und Markenamt stellt dies fest.

§ 15 Ausstellungspriorität

(1) Hat der Anmelder ein Design

1. auf einer amtlichen oder amtlich anerkannten internationalen Ausstellung im Sinne des am 22. November 1928 in Paris unterzeichneten Abkommens über internationale Ausstellungen oder
2. auf einer sonstigen inländischen oder ausländischen Ausstellung

zur Schau gestellt, kann er, wenn er die Anmeldung innerhalb einer Frist von sechs Monaten seit der erstmaligen Zurschaustellung einreicht, von diesem Tag an ein Prioritätsrecht in Anspruch nehmen.

(2) Die in Absatz 1 Nummer 1 bezeichneten Ausstellungen werden vom Bundesministerium der Justiz und für Verbraucherschutz im Bundesanzeiger bekannt gemacht..

(3) Die Ausstellungen im Sinne des Absatzes 1 Nummer 2 werden im Einzelfall vom Bundesministerium der Justiz und für Verbraucherschutz bestimmt und im Bundesanzeiger bekannt gemacht.

(4) Wer eine Priorität nach Absatz 1 in Anspruch nimmt, hat vor Ablauf des 16. Monats nach dem Tag der erstmaligen Zurschaustellung des Musters diesen Tag und die Ausstellung anzugeben sowie einen Nachweis für die Zurschaustellung einzureichen. § 14 Absatz 3 gilt entsprechend.

(5) Die Ausstellungspriorität nach Absatz 1 verlängert die Prioritätsfristen nach § 14 Absatz 1 nicht.

§ 16 Prüfung der Anmeldung

(1) Das Deutsche Patent- und Markenamt prüft, ob

1. die Anmeldegebühren nach § 5 Absatz 1 Satz 1 des Patentkostengesetzes und
2. die Voraussetzungen für die Zuerkennung des Anmeldetages nach § 11 Absatz 2 vorliegen und
3. die Anmeldung den sonstigen Anmeldungserfordernissen entspricht.

(2) Gilt die Anmeldung wegen Nichtzahlung der Anmeldegebühren nach § 6 Absatz 2 des Patentkostengesetzes als zurückgenommen, stellt das Deutsche Patent- und Markenamt dies fest.

(3) Werden bei nicht ausreichender Gebührenzahlung innerhalb einer vom Deutschen Patent- und Markenamt gesetzten Frist die Anmeldegebühren für eine Sammelanmeldung nicht in ausreichender Menge nachgezahlt oder wird vom Anmelder keine Bestimmung darüber getroffen, welche Designs durch den gezahlten Gebührenbetrag gedeckt werden sollen, so bestimmt das Deutsche Patent- und Markenamt, welche Geschmacksmuster berücksichtigt werden. Im Übrigen gilt die Anmeldung als zurückgenommen. Das Deutsche Patent- und Markenamt stellt dies fest.

(4) Das Deutsche Patent- und Markenamt fordert bei Mängeln nach Absatz 1 Nummer 2 und 3 den Anmelder auf, innerhalb einer bestimmten Frist die festgestellten Mängel zu beseitigen. Kommt der Anmelder der Aufforderung des Deutschen Patent- und Markenamts nach, so erkennt das Deutsche Patent- und Markenamt bei Mängeln nach Absatz 1 Nummer 2 als Anmeldetag nach § 13 Absatz 1 den Tag an, an dem die festgestellten Mängel beseitigt werden. Werden die Mängel nicht fristgerecht beseitigt, so weist das Deutsche Patent- und Markenamt die Anmeldung durch Beschluss zurück.

§ 17 Weiterbehandlung der Anmeldung

(1) Ist nach Versäumung einer vom Deutschen Patent- und Markenamt bestimmten Frist die Designanmeldung zurückgewiesen worden, so wird der Beschluss über die Zurückweisung wirkungslos, ohne dass es seiner ausdrücklichen Aufhebung bedarf, wenn der Anmelder die Weiterbehandlung der Anmeldung beantragt und die versäumte Handlung nachholt.

(2) Der Antrag zur Weiterbehandlung ist innerhalb einer Frist von einem Monat nach Zustellung des Beschlusses über die Zurückweisung der De-

signanmeldung einzureichen. Die versäumte Handlung ist innerhalb dieser Frist nachzuholen.

(3) Gegen die Versäumung der Frist nach Absatz 2 und der Frist zur Zahlung der Weiterbehandlungsgebühr nach § 6 Absatz 1 Satz 1 des Patentkostengesetzes ist eine Wiedereinsetzung nicht gegeben.

(4) Über den Antrag beschließt die Stelle, die über die nachgeholte Handlung zu beschließen hat.

§ 18 Eintragungshindernisse

Ist der Gegenstand der Anmeldung kein Design im Sinne des § 1 Nummer 1 oder ist ein Design nach § 3 Absatz 1 Nummer 3 oder Nummer 4 vom Designschutz ausgeschlossen, so weist das Deutsche Patent- und Markenamt die Anmeldung zurück.

§ 19 Führung des Registers und Eintragung

(1) Das Register für eingetragene Designs wird vom Deutschen Patent- und Markenamt geführt.

(2) Das Deutsche Patent- und Markenamt trägt die eintragungspflichtigen Angaben des Anmelders in das Register ein, ohne dessen Berechtigung zur Anmeldung und die Richtigkeit der in der Anmeldung gemachten Angaben zu prüfen, und bestimmt, welche Warenklassen einzutragen sind.

§ 20 Bekanntmachung

Die Eintragung in das Register wird mit einer Wiedergabe des eingetragenen Designs durch das Deutsche Patent- und Markenamt bekannt gemacht. Sie erfolgt ohne Gewähr für die Vollständigkeit der Abbildung und die Erkennbarkeit der Erscheinungsmerkmale des Designs.

§ 21 Aufschiebung der Bekanntmachung

(1) Mit der Anmeldung kann für die Wiedergabe die Aufschiebung der Bekanntmachung um 30 Monate ab dem Anmeldetag beantragt werden. Wird der Antrag gestellt, so beschränkt sich die Bekanntmachung auf die Eintragung des einzutragenden Designs in das Register.

(2) Der Schutz kann auf die Schutzdauer nach § 27 Absatz 2 erstreckt werden, wenn der Rechtsinhaber innerhalb der Aufschiebungsfrist die Erstreckungsgebühr nach § 5 Absatz 1 Satz 1 des Patentkostengesetzes entrichtet. Sofern von der Möglichkeit des § 11 Absatz 2 Satz 2 Gebrauch gemacht worden ist, ist innerhalb der Aufschiebungsfrist auch eine Wiedergabe des einzutragenden Designs einzureichen.

(3) Die Bekanntmachung mit der Wiedergabe nach § 20 wird unter Hinweis auf die Bekanntmachung nach Absatz 1 Satz 2 bei Ablauf der Aufschiebungsfrist oder auf Antrag auch zu einem früheren Zeitpunkt nachgeholt.

(4) Die Schutzdauer endet mit dem Ablauf der Aufschiebungsfrist, wenn der Schutz nicht nach Absatz 2 erstreckt wird. Bei eingetragenen Designs, die auf Grund einer Sammelanmeldung eingetragen worden sind, kann die nachgeholte Bekanntmachung auf einzelne eingetragene Designs beschränkt werden.

§ 22 Einsichtnahme in das Register

(1) Die Einsicht in das Register steht jedermann frei. Das Recht, die Wiedergabe eines eingetragenen Designs und die vom Deutschen Patent- und Markenamt über das eingetragene Design geführten Akten einzusehen, besteht, wenn

1. die Wiedergabe bekannt gemacht worden ist,
2. der Anmelder oder Rechtsinhaber seine Zustimmung erteilt hat oder
3. ein berechtigtes Interesse glaubhaft gemacht wird.

(2) Die Einsicht in die Akten nach Absatz 1 Satz 2 kann bei elektronisch geführten Akten auch über das Internet gewährt werden.

(3) Die Akteneinsicht nach den Absätzen 1 und 2 ist ausgeschlossen, soweit eine Rechtsvorschrift entgegensteht oder soweit das schutzwürdige Interesse des Betroffenen im Sinne des § 3 Absatz 1 des Bundesdatenschutzgesetzes offensichtlich überwiegt.

§ 23 Verfahrensvorschriften, Beschwerde und Rechtsbeschwerde

(1) Im Deutschen Patent- und Markenamt werden zur Durchführung der Verfahren in Designangelegenheiten eine oder mehrere Designstellen und Designabteilungen gebildet. Die Designstellen sind für die Entscheidungen im Verfahren nach diesem Gesetz mit Ausnahme des Nichtigkeitsverfahrens nach § 34a zuständig und sind mit einem rechtskundigen Mitglied im Sinne des § 26 Absatz 2 Satz 2 des Patentgesetzes zu besetzen. § 47 des Patentgesetzes gilt entsprechend.

(2) Im Nichtigkeitsverfahren nach § 34a beschließt eine der Designabteilungen des Deutschen Patent- und Markenamts, die jeweils mit drei rechtskundigen Mitgliedern im Sinne des § 26 Absatz 2 Satz 2 des Patentgesetzes zu besetzen sind. Wirft die Sache besondere technische Fragen auf, so soll ein technisches Mitglied im Sinne des § 26 Absatz 2 Satz 2 des Patentgesetzes hinzugezogen werden. Über die Zuziehung eines technischen Mitglieds entscheidet der Vorsitzende der zuständigen Designabteilung durch nicht selbständig anfechtbaren Beschluss.

(3) Für die Ausschließung und Ablehnung der Mitglieder der Designstellen und der Designabteilungen gelten die §§ 41 bis 44, 45 Absatz 2 Satz 2 und die §§ 47 bis 49 der Zivilprozessordnung über die Ausschließung und Ablehnung der Gerichtspersonen entsprechend. Über das Ablehnungsgesuch entscheidet, soweit es einer Entscheidung bedarf, ein anderes rechtskundiges Mitglied des Deutschen Patent- und Markenamts, das der Präsident des Deutschen Patent- und Markenamts allgemein für Entscheidungen dieser Art bestimmt hat. § 123 Absatz 1 bis 5 und 7 und die §§ 124, 126 bis 128a des Patentgesetzes sind entsprechend anzuwenden.

(4) Gegen die Beschlüsse des Deutschen Patent- und Markenamts im Verfahren nach diesem Gesetz findet die Beschwerde an das Bundespatentgericht statt. Über die Beschwerde entscheidet ein Beschwerdesenat des Bundespatentgerichts in der Besetzung mit drei rechtskundigen Mitgliedern; Absatz 2 Satz 2 und 3 gilt entsprechend. Die §§ 69, 73 Absatz 2 bis 4, § 74 Absatz 1, § 75 Absatz 1, die §§ 76 bis 80 und 86 bis 99, 123 Absatz 1 bis 5 und 7 und die §§ 124, 126 bis 128b des Patentgesetzes finden entsprechende Anwendung. Im Beschwerdeverfahren gegen Beschlüsse, die im Nichtig-

keitsverfahren nach § 34a ergangen sind, gilt § 84 Absatz 2 Satz 2 und 3 des Patentgesetzes entsprechend.

(5) Gegen die Beschlüsse des Beschwerdesenats über eine Beschwerde nach Absatz 2 findet die Rechtsbeschwerde an den Bundesgerichtshof statt, wenn der Beschwerdesenat die Rechtsbeschwerde zugelassen hat. § 100 Absatz 2 und 3, die §§ 101 bis 109, 123 Absatz 1 bis 5 und 7 sowie die §§ 124 und 128b des Patentgesetzes finden entsprechende Anwendung.

§ 24 Verfahrenskostenhilfe

In Verfahren nach § 23 Absatz 1 erhält der Anmelder auf Antrag unter entsprechender Anwendung der §§ 114 bis 116 der Zivilprozessordnung Verfahrenskostenhilfe, wenn hinreichende Aussicht auf Eintragung des Musters in das Register besteht. Auf Antrag ist einem Beteiligten im Verfahren nach § 34a unter entsprechender Anwendung des § 132 Absatz 2 des Patentgesetzes Verfahrenskostenhilfe zu gewähren. Auf Antrag des Rechtsinhabers kann Verfahrenskostenhilfe auch für die Kosten der Erstreckung des Schutzes nach § 21 Absatz 2 Satz 1 und für die Aufrechterhaltungsgebühren nach § 28 Absatz 1 Satz 1 gewährt werden. § 130 Absatz 2 und 3 sowie die §§ 133 bis 135, 136 Satz 1, die §§ 137 und 138 des Patentgesetzes finden entsprechende Anwendung.

§ 25 Elektronische Verfahrensführung, Verordnungsermächtigung

(1) Soweit in Verfahren vor dem Deutschen Patent- und Markenamt für Anmeldungen, Anträge oder sonstige Handlungen die Schriftform vorgesehen ist, gelten die Regelungen des § 130a Absatz 1 Satz 1 und 3 sowie Absatz 3 der Zivilprozessordnung entsprechend.[1]

(2) Die Prozessakten des Bundespatentgerichts und des Bundesgerichtshofs können elektronisch geführt werden. Die Vorschriften der Zivilprozessordnung über elektronische Dokumente, die elektronische Akte und die elektronische Verfahrensführung im Übrigen gelten entsprechend, soweit sich aus diesem Gesetz nichts anderes ergibt.

(3) Das Bundesministerium der Justiz und für Verbraucherschutz bestimmt durch Rechtsverordnung ohne Zustimmung des Bundesrates

1. den Zeitpunkt, von dem an elektronische Dokumente bei dem Patentamt und den Gerichten eingereicht werden können, die für die Bearbeitung der Dokumente geeignete Form, ob eine elektronische Signatur zu verwenden ist und wie diese Signatur beschaffen ist;

2. den Zeitpunkt, von dem an die Prozessakten nach Absatz 2 elektronisch geführt werden können, sowie die hierfür geltenden organisatorisch-technischen Rahmenbedingungen für die Bildung, Führung und Aufbewahrung der elektronischen Prozessakten.

§ 26 Verordnungsermächtigungen

(1) Das Bundesministerium der Justiz und für Verbraucherschutz regelt durch Rechtsverordnung, die nicht der Zustimmung des Bundesrates bedarf,

---

[1] § 25 Absatz 1 gilt gemäß Artikel 11 in Verbindung mit Artikel 26 Absatz 1 des Gesetzes vom 10. Oktober 2013 (BGBl. I S. 3786) ab 1. Januar 2018 in folgender Fassung:
„(1) Soweit in Verfahren vor dem Deutschen Patent- und Markenamt für Anmeldungen, Anträge oder sonstige Handlungen die Schriftform vorgesehen ist, gelten die Regelungen des § 130a Absatz 1, 2 Satz 1, Absatz 5 und 6 der Zivilprozessordnung entsprechend."

1. die Einrichtung und den Geschäftsgang des Deutschen Patent- und Markenamts sowie die Form des Verfahrens in Designangelegenheiten, soweit nicht durch Gesetz Bestimmungen darüber getroffen sind,
2. die Form und die sonstigen Erfordernisse der Anmeldung und der Wiedergabe des Designs,
3. die zulässigen Abmessungen eines nach § 11 Absatz 2 Satz 2 der Anmeldung beigefügten Designabschnitts,
4. den Inhalt und Umfang einer der Anmeldung beigefügten Beschreibung zur Erläuterung der Wiedergabe,
5. die Einteilung der Warenklassen,
6. die Führung und Gestaltung des Registers einschließlich der in das Register einzutragenden Tatsachen sowie die Einzelheiten der Bekanntmachung,
7. die Behandlung der einer Anmeldung zur Wiedergabe des Designs beigefügten Erzeugnisse nach Löschung der Eintragung in das Register.
8. das Verfahren beim Deutschen Patent- und Markenamt für den Schutz gewerblicher Muster und Modelle nach dem Haager Abkommen.

(2) Das Bundesministerium der Justiz und für Verbraucherschutz wird ermächtigt, durch Rechtsverordnung, die nicht der Zustimmung des Bundesrates bedarf, Beamte des gehobenen und mittleren Dienstes sowie vergleichbare Angestellte mit der Wahrnehmung von Geschäften im Verfahren in Registersachen zu betrauen, die ihrer Art nach keine besonderen rechtlichen Schwierigkeiten bieten. Ausgeschlossen davon sind jedoch

1. die Zurückweisung nach § 18 und die Verweigerung des Schutzes einer internationalen Eintragung nach § 69,
2. die Entscheidungen im Nichtigkeitsverfahren nach § 34a und
3. die Abhilfe oder Vorlage der Beschwerde (§ 23 Absatz 4 Satz 3) gegen einen Beschluss im Verfahren nach diesem Gesetz.

(3) Für die Ausschließung und Ablehnung einer nach Maßgabe des Absatzes 2 Satz 1 betrauten Person findet § 23 Absatz 3 Satz 1 und 2 entsprechende Anwendung.

(4) Das Bundesministerium der Justiz und für Verbraucherschutz kann die Ermächtigungen nach den Absätzen 1 und 2 durch Rechtsverordnung, die nicht der Zustimmung des Bundesrates bedarf, ganz oder teilweise auf das Deutsche Patent- und Markenamt übertragen.

Abschnitt 4. Entstehung und Dauer des Schutzes

§ 27 Entstehung und Dauer des Schutzes

(1) Der Schutz entsteht mit der Eintragung in das Register.

(2) Die Schutzdauer des eingetragenen Designs beträgt 25 Jahre, gerechnet ab dem Anmeldetag.

§ 28 Aufrechterhaltung

(1) Die Aufrechterhaltung des Schutzes wird durch Zahlung einer Aufrechterhaltungsgebühr jeweils für das 6. bis 10., 11. bis 15., 16. bis 20. und für das 21. bis 25. Jahr der Schutzdauer bewirkt. Sie wird in das Register eingetragen und bekannt gemacht.

(2) Wird bei eingetragenen Designs, die auf Grund einer Sammelanmeldung eingetragen worden sind, die Aufrechterhaltungsgebühr ohne nähere Angaben nur für einen Teil der eingetragenen Designs gezahlt, so werden diese in der Reihenfolge der Anmeldung berücksichtigt.

(3) Wird der Schutz nicht aufrechterhalten, so endet die Schutzdauer.

Abschnitt 5. Eingetragenes Design als Gegenstand des Vermögens

§ 29 Rechtsnachfolge

(1) Das Recht an einem eingetragenen Design kann auf andere übertragen werden oder übergehen.

(2) Gehört das eingetragene Design zu einem Unternehmen oder zu einem Teil eines Unternehmens, so wird das eingetragene Design im Zweifel von der Übertragung oder dem Übergang des Unternehmens oder des Teils des Unternehmens, zu dem das eingetragene Design gehört, erfasst.

(3) Der Übergang des Rechts an dem eingetragenen Design wird auf Antrag des Rechtsinhabers oder des Rechtsnachfolgers in das Register eingetragen, wenn er dem Deutschen Patent- und Markenamt nachgewiesen wird.

§ 30 Dingliche Rechte, Zwangsvollstreckung, Insolvenzverfahren

(1) Das Recht an einem eingetragenen Design kann

1. Gegenstand eines dinglichen Rechts sein, insbesondere verpfändet werden, oder
2. Gegenstand von Maßnahmen der Zwangsvollstreckung sein.

(2) Die in Absatz 1 Nummer 1 genannten Rechte oder die in Absatz 1 Nummer 2 genannten Maßnahmen werden auf Antrag eines Gläubigers oder eines anderen Berechtigten in das Register eingetragen, wenn sie dem Deutschen Patent- und Markenamt nachgewiesen werden.

(3) Wird das Recht an einem eingetragenen Design durch ein Insolvenzverfahren erfasst, so wird das auf Antrag des Insolvenzverwalters oder auf Ersuchen des Insolvenzgerichts in das Register eingetragen. Für den Fall der Mitinhaberschaft an einem eingetragenen Design findet Satz 1 auf den Anteil des Mitinhabers entsprechende Anwendung. Im Fall der Eigenverwaltung (§ 270 der Insolvenzordnung) tritt der Sachwalter an die Stelle des Insolvenzverwalters.

§ 31 Lizenz

(1) Der Rechtsinhaber kann Lizenzen für das gesamte Gebiet oder einen Teil des Gebiets der Bundesrepublik Deutschland erteilen. Eine Lizenz kann ausschließlich oder nicht ausschließlich sein.

(2) Der Rechtsinhaber kann die Rechte aus dem eingetragenen Design gegen einen Lizenznehmer geltend machen, der hinsichtlich

1. der Dauer der Lizenz,
2. der Form der Nutzung des eingetragenen Designs,
3. der Auswahl der Erzeugnisse, für die die Lizenz erteilt worden ist,

4. des Gebiets, für das die Lizenz erteilt worden ist, oder
5. der Qualität der vom Lizenznehmer hergestellten Erzeugnisse

gegen eine Bestimmung des Lizenzvertrags verstößt.

(3) Unbeschadet der Bestimmungen des Lizenzvertrags kann der Lizenznehmer ein Verfahren wegen Verletzung eines eingetragenen Design nur mit Zustimmung des Rechtsinhabers anhängig machen. Dies gilt nicht für den Inhaber einer ausschließlichen Lizenz, wenn der Rechtsinhaber, nachdem er dazu aufgefordert wurde, innerhalb einer angemessenen Frist nicht selbst ein Verletzungsverfahren anhängig macht.

(4) Jeder Lizenznehmer kann als Streitgenosse einer vom Rechtsinhaber erhobenen Verletzungsklage beitreten, um den Ersatz seines eigenen Schadens geltend zu machen.

(5) Die Rechtsnachfolge nach § 29 oder die Erteilung einer Lizenz im Sinne des Absatzes 1 berührt nicht Lizenzen, die Dritten vorher erteilt worden sind.

§ 32 Angemeldete Designs

Die Vorschriften dieses Abschnitts gelten entsprechend für die durch die Anmeldung von Designs begründeten Rechte.

Abschnitt 6. Nichtigkeit und Löschung

§ 33 Nichtigkeit

(1) Ein eingetragenes Design ist nichtig, wenn

1. die Erscheinungsform des Erzeugnisses kein Design im Sinne des § 1 Nummer 1 ist,
2. das Design nicht neu ist oder keine Eigenart hat,
3. das Design vom Designschutz nach § 3 ausgeschlossen ist.

(2) Ein eingetragenes Design wird für nichtig erklärt, wenn

1. es eine unerlaubte Benutzung eines durch das Urheberrecht geschützten Werkes darstellt,
2. es in den Schutzumfang eines eingetragenen Designs mit älterem Zeitrang fällt, auch wenn dieses eingetragene Design erst nach dem Anmeldetag des für nichtig zu erklärenden eingetragenen Designs offenbart wurde,
3. in ihm ein Zeichen mit Unterscheidungskraft älteren Zeitrangs verwendet wird und der Inhaber des Zeichens berechtigt ist, die Verwendung zu untersagen.

Der Inhaber des eingetragenen Designs kann wegen Nichtigkeit in die Löschung einwilligen.

(3) Die Nichtigkeit wird durch Beschluss des Deutschen Patent- und Markenamts oder durch Urteil auf Grund Widerklage im Verletzungsverfahren festgestellt oder erklärt.

(4) Die Schutzwirkungen der Eintragung eines Designs gelten mit Unanfechtbarkeit des Beschlusses des Deutschen Patent- und Markenamts oder der Rechtskraft des Urteils, mit dem die Nichtigkeit festgestellt oder erklärt wird, als von Anfang an nicht eingetreten.

(5) Die Nichtigkeit kann auch noch nach Beendigung der Schutzdauer des eingetragenen Designs oder nach einem Verzicht auf das eingetragene Design festgestellt oder erklärt werden.

§ 34 Antragsbefugnis

Zur Stellung des Antrags auf Feststellung der Nichtigkeit nach § 33 Absatz 1 ist jedermann befugt. Zur Stellung des Antrags auf Erklärung der Nichtigkeit nach § 33 Absatz 2 ist nur der Inhaber des betroffenen Rechts befugt. Den Nichtigkeitsgrund gemäß § 33 Absatz 1 Nummer 3 in Verbindung mit § 3 Absatz 1 Nummer 4 kann nur derjenige geltend machen, der von der Benutzung betroffen ist; eine Geltendmachung von Amts wegen durch die zuständige Behörde bleibt unberührt.

§ 34a Nichtigkeitsverfahren vor dem Deutschen Patent- und Markenamt

(1) Der Antrag ist schriftlich beim Deutschen Patent- und Markenamt einzureichen. Die zur Begründung dienenden Tatsachen und Beweismittel sind anzugeben. § 81 Absatz 6 und § 125 des Patentgesetzes gelten entsprechend. Der Antrag ist unzulässig, soweit über denselben Streitgegenstand zwischen den Parteien durch unanfechtbaren Beschluss oder rechtskräftiges Urteil entschieden wurde.

(2) Das Deutsche Patent- und Markenamt stellt dem Inhaber des eingetragenen Designs den Antrag zu und fordert ihn auf, sich innerhalb eines Monats nach Zustellung zu dem Antrag zu erklären. Widerspricht der Inhaber dem Antrag nicht innerhalb dieser Frist, wird die Nichtigkeit festgestellt oder erklärt.

(3) Wird dem Antrag rechtzeitig widersprochen, teilt das Deutsche Patent- und Markenamt dem Antragsteller den Widerspruch mit und trifft die zur Vorbereitung der Entscheidung erforderlichen Verfügungen. Eine Anhörung findet statt, wenn ein Beteiligter dies beantragt oder das Deutsche Patent- und Markenamt dies für sachdienlich erachtet. Die Vernehmung von Zeugen und Sachverständigen kann angeordnet werden; die §§ 373 bis 401 sowie die §§ 402 bis 414 der Zivilprozessordnung gelten entsprechend. Über Anhörungen und Vernehmungen ist eine Niederschrift zu fertigen, die den wesentlichen Gang der Verhandlung wiedergibt und die rechtserheblichen Erklärungen der Beteiligten enthält; die §§ 160a, 162 und 163 der Zivilprozessordnung gelten entsprechend.

(4) Die Entscheidung ergeht schriftlich durch Beschluss. Der Tenor kann am Ende der Anhörung verkündet werden. Der Beschluss ist zu begründen und den Beteiligten zuzustellen. § 47 Absatz 2 des Patentgesetzes gilt entsprechend.

(5) In dem Beschluss ist über die Kosten des Verfahrens zu entscheiden; § 62 Absatz 2 und § 84 Absatz 2 Satz 2 des Patentgesetzes gelten entsprechend. Für die Festsetzung des Gegenstandswertes gelten § 23 Absatz 3 Satz 2 und § 33 Absatz 1 des Rechtsanwaltsvergütungsgesetzes entsprechend. Der Beschluss über den Gegenstandswert kann mit der Entscheidung aus Satz 1 verbunden werden.

§ 34b Aussetzung

Ist oder wird während des Nichtigkeitsverfahrens ein Rechtsstreit anhängig, dessen Entscheidung vom Rechtsbestand des eingetragenen Designs abhängt, kann das Gericht die Aussetzung des Rechtsstreits anordnen. Die Aussetzung ist anzuordnen, wenn das Gericht das eingetragene Design für nichtig hält. Ist der Nichtigkeitsantrag unanfechtbar zurückgewiesen worden, ist das Gericht an diese Entscheidung nur gebunden, wenn sie zwischen denselben Parteien ergangen ist. § 52b Absatz 3 Satz 3 gilt entsprechend.

§ 34c Beitritt zum Nichtigkeitsverfahren

(1) Ein Dritter kann einem Nichtigkeitsverfahren beitreten, wenn über den Antrag auf Feststellung oder Erklärung der Nichtigkeit noch keine unanfechtbare Entscheidung getroffen wurde und er glaubhaft machen kann, dass

1. gegen ihn ein Verfahren wegen Verletzung desselben eingetragenen Designs anhängig ist oder
2. er aufgefordert wurde, eine behauptete Verletzung desselben eingetragenen Designs zu unterlassen.

Der Beitritt kann innerhalb von drei Monaten ab Einleitung des Verfahrens nach Satz 1 Nummer 1 oder ab Zugang der Unterlassungsaufforderung nach Satz 1 Nummer 2 erklärt werden.

(2) Der Beitritt erfolgt durch Antragstellung; die §§ 34 und 34a gelten entsprechend. Erfolgt der Beitritt im Beschwerdeverfahren vor dem Bundespatentgericht, erhält der Beitretende die Stellung eines Beschwerdeführers.

§ 35 Teilweise Aufrechterhaltung

(1) Ein eingetragenes Design kann in geänderter Form bestehen bleiben,

1. durch Erklärung der Teilnichtigkeit oder im Wege der Erklärung eines Teilverzichts durch den Rechtsinhaber, wenn die Nichtigkeit nach § 33 Absatz 1 wegen mangelnder Neuheit oder Eigenart (§ 2 Absatz 2 oder Absatz 3) oder wegen Ausschlusses vom Designschutz (§ 3) festzustellen ist, oder
2. durch Erklärung der Teilnichtigkeit sowie Einwilligung in die teilweise Löschung oder Erklärung eines Teilverzichts, wenn die Erklärung der Nichtigkeit nach § 33 Absatz 2 Satz 1 Nummer 1 oder 3 verlangt werden kann,

sofern dann die Schutzvoraussetzungen erfüllt werden und das eingetragene Design seine Identität behält.

(2) Eine Wiedergabe des Designs in geänderter Form im Sinne des § 11 Absatz 2 Satz 1 Nummer 3 ist beim Deutschen Patent- und Markenamt einzureichen.

§ 36 Löschung

(1) Ein eingetragenes Design wird gelöscht

1. bei Beendigung der Schutzdauer;
2. bei Verzicht auf Antrag des Rechtsinhabers, wenn die Zustimmung anderer im Register eingetragener Inhaber von Rechten am eingetragenen

Design sowie des Klägers im Falle eines Verfahrens nach § 9 vorgelegt wird;

3. auf Antrag eines Dritten, wenn dieser mit dem Antrag eine öffentliche oder öffentlich beglaubigte Urkunde mit Erklärungen nach Nummer 2 vorlegt;

4. bei Einwilligung in die Löschung nach § 9 oder § 33 Absatz 2 Satz 2;

5. auf Grund eines unanfechtbaren Beschlusses oder rechtskräftigen Urteils über die Feststellung oder Erklärung der Nichtigkeit.

Über die Ablehnung der Löschung entscheidet das Deutsche Patent- und Markenamt durch Beschluss.

(2) Verzichtet der Rechtsinhaber nach Absatz 1 Nummer 2 und 3 nur teilweise auf das eingetragene Design, erklärt er nach Absatz 1 Nummer 4 seine Einwilligung in die Löschung eines Teils des eingetragenen Designs oder wird nach Absatz 1 Nummer 5 eine Teilnichtigkeit festgestellt, so erfolgt statt der Löschung des eingetragenen Designs eine entsprechende Eintragung in das Register.

Abschnitt 7. Schutzwirkungen und Schutzbeschränkungen

§ 37 Gegenstand des Schutzes

(1) Der Schutz wird für diejenigen Merkmale der Erscheinungsform eines eingetragenen Designs begründet, die in der Anmeldung sichtbar wiedergegeben sind.

(2) Enthält für die Zwecke der Aufschiebung der Bekanntmachung eine Anmeldung nach § 11 Absatz 2 Satz 2 einen flächenmäßigen Designabschnitt, so bestimmt sich bei ordnungsgemäßer Erstreckung mit Ablauf der Aufschiebung nach § 21 Absatz 2 der Schutzgegenstand nach der eingereichten Wiedergabe des eingetragenen Designs.

§ 38 Rechte aus dem eingetragenen Design und Schutzumfang

(1) Das eingetragene Design gewährt seinem Rechtsinhaber das ausschließliche Recht, es zu benutzen und Dritten zu verbieten, es ohne seine Zustimmung zu benutzen. Eine Benutzung schließt insbesondere die Herstellung, das Anbieten, das Inverkehrbringen, die Einfuhr, die Ausfuhr, den Gebrauch eines Erzeugnisses, in das das eingetragene Design aufgenommen oder bei dem es verwendet wird, und den Besitz eines solchen Erzeugnisses zu den genannten Zwecken ein.

(2) Der Schutz aus einem eingetragenen Design erstreckt sich auf jedes Design, das beim informierten Benutzer keinen anderen Gesamteindruck erweckt. Bei der Beurteilung des Schutzumfangs wird der Grad der Gestaltungsfreiheit des Entwerfers bei der Entwicklung seines Designs berücksichtigt.

(3) Während der Dauer der Aufschiebung der Bekanntmachung (§ 21 Absatz 1 Satz 1) setzt der Schutz nach den Absätzen 1 und 2 voraus, dass das Design das Ergebnis einer Nachahmung des eingetragenen Designs ist.

§ 39 Vermutung der Rechtsgültigkeit

Zugunsten des Rechtsinhabers wird vermutet, dass die an die Rechtsgültigkeit eines eingetragenen Designs zu stellenden Anforderungen erfüllt sind.

§ 40 Beschränkungen der Rechte aus dem eingetragenen Design

Rechte aus einem eingetragenen Design können nicht geltend gemacht werden gegenüber

1. Handlungen, die im privaten Bereich zu nichtgewerblichen Zwecken vorgenommen werden;
2. Handlungen zu Versuchszwecken;
3. Wiedergaben zum Zwecke der Zitierung oder der Lehre, vorausgesetzt, solche Wiedergaben sind mit den Gepflogenheiten des redlichen Geschäftsverkehrs vereinbar, beeinträchtigen die normale Verwertung des eingetragenen Designs nicht über Gebühr und geben die Quelle an;
4. Einrichtungen in Schiffen und Luftfahrzeugen, die im Ausland zugelassen sind und nur vorübergehend in das Inland gelangen;
5. der Einfuhr von Ersatzteilen und von Zubehör für die Reparatur sowie für die Durchführung von Reparaturen an Schiffen und Luftfahrzeugen im Sinne von Nummer 4.

§ 41 Vorbenutzungsrecht

(1) Rechte nach § 38 können gegenüber einem Dritten, der vor dem Anmeldetag im Inland ein identisches Design, das unabhängig von einem eingetragenen Design entwickelt wurde, gutgläubig in Benutzung genommen oder wirkliche und ernsthafte Anstalten dazu getroffen hat, nicht geltend gemacht werden. Der Dritte ist berechtigt, das Design zu verwerten. Die Vergabe von Lizenzen (§ 31) ist ausgeschlossen.

(2) Die Rechte des Dritten sind nicht übertragbar, es sei denn, der Dritte betreibt ein Unternehmen und die Übertragung erfolgt zusammen mit dem Unternehmensteil, in dessen Rahmen die Benutzung erfolgte oder die Anstalten getroffen wurden.

Abschnitt 8. Rechtsverletzungen

§ 42 Beseitigung, Unterlassung und Schadenersatz

(1) Wer entgegen § 38 Absatz 1 Satz 1 ein eingetragenes Design benutzt (Verletzer), kann von dem Rechtsinhaber oder einem anderen Berechtigten (Verletzten) auf Beseitigung der Beeinträchtigung und bei Wiederholungsgefahr auf Unterlassung in Anspruch genommen werden. Der Anspruch auf Unterlassung besteht auch dann, wenn eine Zuwiderhandlung erstmalig droht.

(2) Handelt der Verletzer vorsätzlich oder fahrlässig, ist er zum Ersatz des daraus entstandenen Schadens verpflichtet. Bei der Bemessung des Schadensersatzes kann auch der Gewinn, den der Verletzer durch die Verletzung des Rechts erzielt hat, berücksichtigt werden. Der Schadensersatzanspruch kann auch auf der Grundlage des Betrages berechnet werden, den der Verletzer als angemessene Vergütung hätte entrichten müssen, wenn er die Erlaubnis zur Nutzung des eingetragenen Designs eingeholt hätte.

§ 43 Vernichtung, Rückruf und Überlassung

(1) Der Verletzte kann den Verletzer auf Vernichtung der im Besitz oder Eigentum des Verletzers befindlichen rechtswidrig hergestellten, verbreiteten

oder zur rechtswidrigen Verbreitung bestimmten Erzeugnisse in Anspruch nehmen. Satz 1 ist entsprechend auf die im Eigentum des Verletzers stehenden Vorrichtungen anzuwenden, die vorwiegend zur Herstellung dieser Erzeugnisse gedient haben.

(2) Der Verletzte kann den Verletzer auf Rückruf von rechtswidrig hergestellten, verbreiteten oder zur rechtswidrigen Verbreitung bestimmten Erzeugnissen oder auf deren endgültiges Entfernen aus den Vertriebswegen in Anspruch nehmen.

(3) Statt der in Absatz 1 vorgesehenen Maßnahmen kann der Verletzte verlangen, dass ihm die Erzeugnisse, die im Eigentum des Verletzers stehen, gegen eine angemessene Vergütung, welche die Herstellungskosten nicht übersteigen darf, überlassen werden.

(4) Die Ansprüche nach den Absätzen 1 bis 3 sind ausgeschlossen, wenn die Maßnahme im Einzelfall unverhältnismäßig ist. Bei der Prüfung der Verhältnismäßigkeit sind auch die berechtigten Interessen Dritter zu berücksichtigen.

(5) Wesentliche Bestandteile von Gebäuden nach § 93 des Bürgerlichen Gesetzbuchs sowie ausscheidbare Teile von Erzeugnissen und Vorrichtungen, deren Herstellung und Verbreitung nicht rechtswidrig ist, unterliegen nicht den in den Absätzen 1 bis 3 vorgesehenen Maßnahmen.

§ 44 Haftung des Inhabers eines Unternehmens

Ist in einem Unternehmen von einem Arbeitnehmer oder Beauftragten ein eingetragenes Design widerrechtlich verletzt worden, so hat der Verletzte die Ansprüche aus den §§ 42 und 43 mit Ausnahme des Anspruchs auf Schadenersatz auch gegen den Inhaber des Unternehmens.

§ 45 Entschädigung

Handelt der Verletzer weder vorsätzlich noch fahrlässig, so kann er zur Abwendung der Ansprüche nach den §§ 42 und 43 den Verletzten in Geld entschädigen, wenn ihm durch die Erfüllung der Ansprüche ein unverhältnismäßig großer Schaden entstehen würde und dem Verletzten die Abfindung in Geld zuzumuten ist. Als Entschädigung ist der Betrag zu zahlen, der im Falle einer vertraglichen Einräumung des Rechts als Vergütung angemessen gewesen wäre. Mit der Zahlung der Entschädigung gilt die Einwilligung des Verletzten zur Verwertung im üblichen Umfang als erteilt.

§ 46 Auskunft

(1) Der Verletzte kann den Verletzer auf unverzügliche Auskunft über die Herkunft und den Vertriebsweg der rechtsverletzenden Erzeugnisse in Anspruch nehmen.

(2) In Fällen offensichtlicher Rechtsverletzung oder in Fällen, in denen der Verletzte gegen den Verletzer Klage erhoben hat, besteht der Anspruch unbeschadet von Absatz 1 auch gegen eine Person, die in gewerblichem Ausmaß

1. rechtsverletzende Erzeugnisse in ihrem Besitz hatte,
2. rechtsverletzende Dienstleistungen in Anspruch nahm,
3. für rechtsverletzende Tätigkeiten genutzte Dienstleistungen erbrachte oder

4. nach den Angaben einer in Nummer 1, 2 oder Nummer 3 genannten Person an der Herstellung, Erzeugung oder am Vertrieb solcher Erzeugnisse beteiligt war,

es sei denn, die Person wäre nach den §§ 383 bis 385 der Zivilprozessordnung im Prozess gegen den Verletzer zur Zeugnisverweigerung berechtigt. Im Fall der gerichtlichen Geltendmachung des Anspruchs nach Satz 1 kann das Gericht den gegen den Verletzer anhängigen Rechtsstreit auf Antrag bis zur Erledigung des wegen des Auskunftsanspruchs geführten Rechtsstreits aussetzen. Der zur Auskunft Verpflichtete kann von dem Verletzten den Ersatz der für die Auskunftserteilung erforderlichen Aufwendungen verlangen.

(3) Der zur Auskunft Verpflichtete hat Angaben zu machen über

1. Namen und Anschrift der Hersteller, Lieferanten und anderer Vorbesitzer der Erzeugnisse oder Dienstleistungen sowie der gewerblichen Abnehmer und Verkaufsstellen, für die sie bestimmt waren, und

2. die Menge der hergestellten, ausgelieferten, erhaltenen oder bestellten Erzeugnisse sowie über die Preise, die für die betreffenden Erzeugnisse oder Dienstleistungen bezahlt wurden.

(4) Die Ansprüche nach den Absätzen 1 und 2 sind ausgeschlossen, wenn die Inanspruchnahme im Einzelfall unverhältnismäßig ist.

(5) Erteilt der zur Auskunft Verpflichtete die Auskunft vorsätzlich oder grob fahrlässig falsch oder unvollständig, so ist er dem Verletzten zum Ersatz des daraus entstehenden Schadens verpflichtet.

(6) Wer eine wahre Auskunft erteilt hat, ohne dazu nach Absatz 1 oder Absatz 2 verpflichtet gewesen zu sein, haftet Dritten gegenüber nur, wenn er wusste, dass er zur Auskunftserteilung nicht verpflichtet war.

(7) In Fällen offensichtlicher Rechtsverletzung kann die Verpflichtung zur Erteilung der Auskunft im Wege der einstweiligen Verfügung nach den §§ 935 bis 945 der Zivilprozessordnung angeordnet werden.

(8) Die Erkenntnisse dürfen in einem Strafverfahren oder in einem Verfahren nach dem Gesetz über Ordnungswidrigkeiten wegen einer vor der Erteilung der Auskunft begangenen Tat gegen den Verpflichteten oder gegen einen in § 52 Absatz 1 der Strafprozessordnung bezeichneten Angehörigen nur mit Zustimmung des Verpflichteten verwertet werden.

(9) Kann die Auskunft nur unter Verwendung von Verkehrsdaten (§ 3 Nummer 30 des Telekommunikationsgesetzes) erteilt werden, ist für ihre Erteilung eine vorherige richterliche Anordnung über die Zulässigkeit der Verwendung der Verkehrsdaten erforderlich, die von dem Verletzten zu beantragen ist. Für den Erlass dieser Anordnung ist das Landgericht, in dessen Bezirk der zur Auskunft Verpflichtete seinen Wohnsitz, seinen Sitz oder eine Niederlassung hat, ohne Rücksicht auf den Streitwert ausschließlich zuständig. Die Entscheidung trifft die Zivilkammer. Für das Verfahren gelten die Vorschriften des Gesetzes über das Verfahren in Familiensachen und in Angelegenheiten der freiwilligen Gerichtsbarkeit entsprechend. Die Kosten der richterlichen Anordnung trägt der Verletzte. Gegen die Entscheidung des Landgerichts ist die Beschwerde statthaft. Die Beschwerde ist binnen einer Frist von zwei Wochen einzulegen. Die Vorschriften zum Schutz personenbezogener Daten bleiben im Übrigen unberührt.

(10) Durch Absatz 2 in Verbindung mit Absatz 9 wird das Grundrecht des Fernmeldegeheimnisses (Artikel 10 des Grundgesetzes) eingeschränkt.

§ 46a Vorlage und Besichtigung

(1) Bei hinreichender Wahrscheinlichkeit einer Rechtsverletzung kann der Rechtsinhaber oder ein anderer Berechtigter den vermeintlichen Verletzer auf Vorlage einer Urkunde oder Besichtigung einer Sache in Anspruch nehmen, die sich in dessen Verfügungsgewalt befindet, wenn dies zur Begründung seiner Ansprüche erforderlich ist. Besteht die hinreichende Wahrscheinlichkeit einer in gewerblichem Ausmaß begangenen Rechtsverletzung, so erstreckt sich der Anspruch auch auf die Vorlage von Bank-, Finanz- oder Handelsunterlagen. Soweit der vermeintliche Verletzer geltend macht, dass es sich um vertrauliche Informationen handelt, trifft das Gericht die erforderlichen Maßnahmen, um den im Einzelfall gebotenen Schutz zu gewährleisten.

(2) Der Anspruch nach Absatz 1 ist ausgeschlossen, wenn die Inanspruchnahme im Einzelfall unverhältnismäßig ist.

(3) Die Verpflichtung zur Vorlage einer Urkunde oder zur Duldung der Besichtigung einer Sache kann im Wege der einstweiligen Verfügung nach den §§ 935 bis 945 der Zivilprozessordnung angeordnet werden. Das Gericht trifft die erforderlichen Maßnahmen, um den Schutz vertraulicher Informationen zu gewährleisten. Dies gilt insbesondere in den Fällen, in denen die einstweilige Verfügung ohne vorherige Anhörung des Gegners erlassen wird.

(4) § 811 des Bürgerlichen Gesetzbuchs sowie § 46 Absatz 8 gelten entsprechend.

(5) Wenn keine Verletzung vorlag oder drohte, kann der vermeintliche Verletzer von demjenigen, der die Vorlage oder Besichtigung nach Absatz 1 begehrt hat, den Ersatz des ihm durch das Begehren entstandenen Schadens verlangen.

§ 46b Sicherung von Schadensersatzansprüchen

(1) Der Verletzte kann den Verletzer bei einer in gewerblichem Ausmaß begangenen Rechtsverletzung in den Fällen des § 42 Absatz 2 auch auf Vorlage von Bank-, Finanz- oder Handelsunterlagen oder einen geeigneten Zugang zu den entsprechenden Unterlagen in Anspruch nehmen, die sich in der Verfügungsgewalt des Verletzers befinden und die für die Durchsetzung des Schadensersatzanspruchs erforderlich sind, wenn ohne die Vorlage die Erfüllung des Schadensersatzanspruchs fraglich ist. Soweit der Verletzer geltend macht, dass es sich um vertrauliche Informationen handelt, trifft das Gericht die erforderlichen Maßnahmen, um den im Einzelfall gebotenen Schutz zu gewährleisten.

(2) Der Anspruch nach Absatz 1 ist ausgeschlossen, wenn die Inanspruchnahme im Einzelfall unverhältnismäßig ist.

(3) Die Verpflichtung zur Vorlage der in Absatz 1 bezeichneten Urkunden kann im Wege der einstweiligen Verfügung nach den §§ 935 bis 945 der Zivilprozessordnung angeordnet werden, wenn der Schadensersatzanspruch offensichtlich besteht. Das Gericht trifft die erforderlichen Maßnahmen, um den Schutz vertraulicher Informationen zu gewährleisten. Dies gilt insbe-

sondere in den Fällen, in denen die einstweilige Verfügung ohne vorherige Anhörung des Gegners erlassen wird.

(4) § 811 des Bürgerlichen Gesetzbuchs sowie § 46 Absatz 8 gelten entsprechend.

§ 47 Urteilsbekanntmachung

Ist eine Klage auf Grund dieses Gesetzes erhoben worden, kann der obsiegenden Partei im Urteil die Befugnis zugesprochen werden, das Urteil auf Kosten der unterliegenden Partei öffentlich bekannt zu machen, wenn sie ein berechtigtes Interesse darlegt. Art und Umfang der Bekanntmachung werden im Urteil bestimmt. Die Befugnis erlischt, wenn von ihr nicht innerhalb von drei Monaten nach Eintritt der Rechtskraft des Urteils Gebrauch gemacht worden ist. Der Ausspruch nach Satz 1 ist nicht vorläufig vollstreckbar.

§ 48 Erschöpfung

Die Rechte aus einem eingetragenen Design erstrecken sich nicht auf Handlungen, die ein Erzeugnis betreffen, in das ein unter den Schutzumfang des Rechts an einem eingetragenen Design fallendes Design eingefügt oder bei dem es verwendet wird, wenn das Erzeugnis vom Rechtsinhaber oder mit seiner Zustimmung in einem Mitgliedstaat der Europäischen Union oder in einem anderen Vertragsstaat des Abkommens über den Europäischen Wirtschaftsraum in den Verkehr gebracht worden ist.

§ 49 Verjährung

Auf die Verjährung der in den §§ 42 bis 47 genannten Ansprüche finden die Vorschriften des Abschnitts 5 des Buches 1 des Bürgerlichen Gesetzbuchs entsprechende Anwendung. Hat der Verpflichtete durch die Verletzung auf Kosten des Berechtigten etwas erlangt, findet § 852 des Bürgerlichen Gesetzbuchs entsprechende Anwendung.

§ 50 Ansprüche aus anderen gesetzlichen Vorschriften

Ansprüche aus anderen gesetzlichen Vorschriften bleiben unberührt.

§ 51 Strafvorschriften

(1) Wer entgegen § 38 Absatz 1 Satz 1 ein eingetragenes Design benutzt, obwohl der Rechtsinhaber nicht zugestimmt hat, wird mit Freiheitsstrafe bis zu drei Jahren oder mit Geldstrafe bestraft.

(2) Handelt der Täter gewerbsmäßig, so ist die Strafe Freiheitsstrafe bis zu fünf Jahren oder Geldstrafe.

(3) Der Versuch ist strafbar.

(4) In den Fällen des Absatzes 1 wird die Tat nur auf Antrag verfolgt, es sei denn, dass die Strafverfolgungsbehörde wegen des besonderen öffentlichen Interesses an der Strafverfolgung ein Einschreiten von Amts wegen für geboten hält.

(5) Gegenstände, auf die sich die Straftat bezieht, können eingezogen werden. § 74a des Strafgesetzbuchs ist anzuwenden. Soweit den in § 43 bezeichneten Ansprüchen im Verfahren nach den Vorschriften der Strafprozess-

ordnung über die Entschädigung des Verletzten (§§ 403 bis 406c) stattgegeben wird, sind die Vorschriften über die Einziehung nicht anzuwenden.

(6) Wird auf Strafe erkannt, so ist, wenn der Rechtsinhaber es beantragt und ein berechtigtes Interesse daran dartut, anzuordnen, dass die Verurteilung auf Verlangen öffentlich bekannt gemacht wird. Die Art der Bekanntmachung ist im Urteil zu bestimmen.

Abschnitt 9. Verfahren in Designstreitsachen

§ 52 Designstreitsachen

(1) Für alle Klagen, durch die ein Anspruch aus einem der in diesem Gesetz geregelten Rechtsverhältnisse geltend gemacht wird (Designstreitsachen), sind die Landgerichte ohne Rücksicht auf den Streitwert ausschließlich zuständig.

(2) Die Landesregierungen werden ermächtigt, durch Rechtsverordnung die Designstreitsachen für die Bezirke mehrerer Landgerichte einem von ihnen zuzuweisen, sofern dies der sachlichen Förderung oder schnelleren Erledigung der Verfahren dient. Die Landesregierungen können diese Ermächtigungen auf die Landesjustizverwaltungen übertragen.

(3) Die Länder können durch Vereinbarung den Designgerichten eines Landes obliegende Aufgaben ganz oder teilweise dem zuständigen Designgericht eines anderen Landes übertragen.

(4) Von den Kosten, die durch die Mitwirkung eines Patentanwalts in einer Designstreitsache entstehen, sind die Gebühren nach § 13 des Rechtsanwaltsvergütungsgesetzes und außerdem die notwendigen Auslagen des Patentanwalts zu erstatten.

§ 52a Geltendmachung der Nichtigkeit

Eine Partei kann sich auf die fehlende Rechtsgültigkeit eines eingetragenen Designs nur durch Erhebung einer Widerklage auf Feststellung oder Erklärung der Nichtigkeit oder durch Stellung eines Antrags nach § 34 berufen.

§ 52b Widerklage auf Feststellung oder Erklärung der Nichtigkeit

(1) Die Designgerichte sind für Widerklagen auf Feststellung oder Erklärung der Nichtigkeit eines eingetragenen Designs zuständig, sofern diese im Zusammenhang mit Klagen wegen der Verletzung desselben eingetragenen Designs erhoben werden. § 34 gilt entsprechend.

(2) Die Widerklage ist unzulässig, soweit im Nichtigkeitsverfahren (§ 34a) über denselben Streitgegenstand zwischen denselben Parteien durch unanfechtbaren Beschluss entschieden wurde.

(3) Auf Antrag des Inhabers des eingetragenen Designs kann das Gericht nach Anhörung der weiteren Beteiligten das Verfahren aussetzen und den Widerkläger auffordern, innerhalb einer vom Gericht zu bestimmenden Frist beim Deutschen Patent- und Markenamt die Feststellung oder Erklärung der Nichtigkeit dieses eingetragenen Designs zu beantragen. Wird der Antrag nicht innerhalb der Frist gestellt, wird das Verfahren fortgesetzt; die Wider-

klage gilt als zurückgenommen. Das Gericht kann für die Dauer der Aussetzung einstweilige Verfügungen erlassen und Sicherheitsmaßnahmen treffen.

(4) Das Gericht teilt dem Deutschen Patent- und Markenamt den Tag der Erhebung der Widerklage mit. Das Deutsche Patent- und Markenamt vermerkt den Tag der Erhebung im Register. Das Gericht übermittelt dem Deutschen Patent- und Markenamt eine Ausfertigung des rechtskräftigen Urteils. Das Deutsche Patent- und Markenamt trägt das Ergebnis des Verfahrens mit dem Datum der Rechtskraft in das Register ein.

§ 53 Gerichtsstand bei Ansprüchen nach diesem Gesetz und dem Gesetz gegen den unlauteren Wettbewerb

Ansprüche, welche die in diesem Gesetz geregelten Rechtsverhältnisse betreffen und auch auf Vorschriften des Gesetzes gegen den unlauteren Wettbewerb gegründet werden, können abweichend von § 14 des Gesetzes gegen den unlauteren Wettbewerb vor dem für die Designstreitsache zuständigen Gericht geltend gemacht werden.

§ 54 Streitwertbegünstigung

(1) Macht in bürgerlichen Rechtsstreitigkeiten, in denen durch Klage ein Anspruch aus einem der in diesem Gesetz geregelten Rechtsverhältnisse geltend gemacht wird, eine Partei glaubhaft, dass die Belastung mit den Prozesskosten nach dem vollen Streitwert ihre wirtschaftliche Lage erheblich gefährden würde, so kann das Gericht auf ihren Antrag anordnen, dass die Verpflichtung dieser Partei zur Zahlung von Gerichtskosten sich nach einem ihrer Wirtschaftslage angepassten Teil des Streitwerts bemisst.

(2) Die Anordnung nach Absatz 1 hat zur Folge, dass die begünstigte Partei die Gebühren ihres Rechtsanwalts ebenfalls nur nach diesem Teil des Streitwerts zu entrichten hat. Soweit ihr Kosten des Rechtsstreits auferlegt werden oder soweit sie diese übernimmt, hat sie die von dem Gegner entrichteten Gerichtsgebühren und die Gebühren seines Rechtsanwalts nur nach dem Teil des Streitwerts zu erstatten. Soweit die außergerichtlichen Kosten dem Gegner auferlegt oder von ihm übernommen werden, kann der Rechtsanwalt der begünstigten Partei seine Gebühren von dem Gegner nach dem für diesen geltenden Streitwert beitreiben.

(3) Der Antrag nach Absatz 1 kann vor der Geschäftsstelle des Gerichts zur Niederschrift erklärt werden. Er ist vor der Verhandlung zur Hauptsache zu stellen. Danach ist er nur zulässig, wenn der angenommene oder festgesetzte Streitwert später durch das Gericht heraufgesetzt wird. Vor der Entscheidung über den Antrag ist der Gegner zu hören.

Abschnitt 10. Vorschriften über Maßnahmen der Zollbehörde

§ 55 Beschlagnahme bei der Ein- und Ausfuhr

(1) Liegt eine Rechtsverletzung nach § 38 Absatz 1 Satz 1 offensichtlich vor, so unterliegt das jeweilige Erzeugnis auf Antrag und gegen Sicherheitsleistung des Rechtsinhabers bei seiner Einfuhr oder Ausfuhr der Beschlagnahme durch die Zollbehörde, soweit nicht die Verordnung (EG) Nr. 1383/2003 des Rates vom 22. Juli 2003 über das Vorgehen der Zollbehörden ge-

gen Waren, die im Verdacht stehen, bestimmte Rechte geistigen Eigentums zu verletzen, und die Maßnahmen gegenüber Waren, die erkanntermaßen derartige Rechte verletzen (ABl. EU Nr. L 196 S. 7) in ihrer jeweils geltenden Fassung anzuwenden ist. Das gilt für den Verkehr mit anderen Mitgliedstaaten der Europäischen Union sowie mit den anderen Vertragsstaaten des Abkommens über den Europäischen Wirtschaftsraum nur, soweit Kontrollen durch die Zollbehörden stattfinden.

(2) Ordnet die Zollbehörde die Beschlagnahme an, so unterrichtet sie unverzüglich den Verfügungsberechtigten sowie den Rechtsinhaber. Diesem sind Herkunft, Menge und Lagerort der Erzeugnisse sowie Name und Anschrift des Verfügungsberechtigten mitzuteilen; das Brief- und Postgeheimnis (Artikel 10 des Grundgesetzes) wird insoweit eingeschränkt. Dem Rechtsinhaber ist Gelegenheit zu geben, die Erzeugnisse zu besichtigen, soweit hierdurch nicht in Geschäfts- oder Betriebsgeheimnisse eingegriffen wird.

§ 56 Einziehung, Widerspruch

(1) Wird der Beschlagnahme nicht spätestens nach Ablauf von zwei Wochen nach Zustellung der Mitteilung nach § 55 Absatz 2 Satz 1 widersprochen, so ordnet die Zollbehörde die Einziehung der beschlagnahmten Erzeugnisse an.

(2) Widerspricht der Verfügungsberechtigte der Beschlagnahme, so unterrichtet die Zollbehörde hiervon unverzüglich den Rechtsinhaber. Dieser hat gegenüber der Zollbehörde unverzüglich zu erklären, ob er den Antrag nach § 55 Absatz 1 in Bezug auf die beschlagnahmten Erzeugnisse aufrechterhält.

(3) Nimmt der Rechtsinhaber den Antrag zurück, hebt die Zollbehörde die Beschlagnahme unverzüglich auf. Hält der Rechtsinhaber den Antrag aufrecht und legt er eine vollziehbare gerichtliche Entscheidung vor, die die Verwahrung der beschlagnahmten Erzeugnisse oder eine Verfügungsbeschränkung anordnet, trifft die Zollbehörde die erforderlichen Maßnahmen.

(4) Liegen die Fälle des Absatzes 3 nicht vor, hebt die Zollbehörde die Beschlagnahme nach Ablauf von zwei Wochen nach Zustellung der Mitteilung an den Rechtsinhaber nach Absatz 2 Satz 1 auf. Weist der Rechtsinhaber nach, dass die gerichtliche Entscheidung nach Absatz 3 Satz 2 beantragt, ihm aber noch nicht zugegangen ist, wird die Beschlagnahme für längstens zwei weitere Wochen aufrechterhalten.

(5) Erweist sich die Beschlagnahme als von Anfang an ungerechtfertigt und hat der Rechtsinhaber den Antrag nach § 55 Absatz 1 in Bezug auf die beschlagnahmten Erzeugnisse aufrechterhalten oder sich nicht unverzüglich erklärt (Absatz 2 Satz 2), so ist er verpflichtet, den dem Verfügungsberechtigten durch die Beschlagnahme entstandenen Schaden zu ersetzen.

§ 57 Zuständigkeiten, Rechtsmittel

(1) Der Antrag nach § 55 Absatz 1 ist bei der Bundesfinanzdirektion zu stellen und hat Wirkung für ein Jahr, sofern keine kürzere Geltungsdauer beantragt wird; er kann wiederholt werden. Für die mit dem Antrag verbundenen Amtshandlungen werden vom Rechtsinhaber Kosten nach Maßgabe des § 178 der Abgabenordnung erhoben.

(2) Die Beschlagnahme und die Einziehung können mit den Rechtsmitteln angefochten werden, die im Bußgeldverfahren nach dem Gesetz über

Ordnungswidrigkeiten gegen die Beschlagnahme und Einziehung zulässig sind. Im Rechtsmittelverfahren ist der Rechtsinhaber zu hören. Gegen die Entscheidung des Amtsgerichts ist die sofortige Beschwerde zulässig; über sie entscheidet das Oberlandesgericht.

§ 57a Verfahren nach der Verordnung (EG) Nr. 1383/2003

(1) Setzt die zuständige Zollbehörde nach Artikel 9 der Verordnung (EG) Nr. 1383/2003 die Überlassung der Waren aus oder hält diese zurück, unterrichtet sie davon unverzüglich den Rechtsinhaber sowie den Anmelder oder den Besitzer oder den Eigentümer der Waren.

(2) Im Fall des Absatzes 1 kann der Rechtsinhaber beantragen, die Waren in dem nachstehend beschriebenen vereinfachten Verfahren im Sinn des Artikels 11 der Verordnung (EG) Nr. 1383/2003 vernichten zu lassen.

(3) Der Antrag muss bei der Zollbehörde innerhalb von zehn Arbeitstagen oder im Fall leicht verderblicher Waren innerhalb von drei Arbeitstagen nach Zugang der Unterrichtung nach Absatz 1 schriftlich gestellt werden. Er muss die Mitteilung enthalten, dass die Waren, die Gegenstand des Verfahrens sind, ein nach diesem Gesetz geschütztes Recht verletzen. Die schriftliche Zustimmung des Anmelders, des Besitzers oder des Eigentümers der Waren zu ihrer Vernichtung ist beizufügen. Abweichend von Satz 3 kann der Anmelder, der Besitzer oder der Eigentümer die schriftliche Erklärung, ob er einer Vernichtung zustimmt oder nicht, unmittelbar gegenüber der Zollbehörde abgeben. Die in Satz 1 genannte Frist kann vor Ablauf auf Antrag des Rechtsinhabers um zehn Arbeitstage verlängert werden.

(4) Die Zustimmung zur Vernichtung gilt als erteilt, wenn der Anmelder, der Besitzer oder der Eigentümer der Waren einer Vernichtung nicht innerhalb von zehn Arbeitstagen oder im Fall leicht verderblicher Waren innerhalb von drei Arbeitstagen nach Zugang der Unterrichtung nach Absatz 1 widerspricht. Auf diesen Umstand ist in der Unterrichtung nach Absatz 1 hinzuweisen.

(5) Die Vernichtung der Waren erfolgt auf Kosten und Verantwortung des Rechtsinhabers.

(6) Die Zollstelle kann die organisatorische Abwicklung der Vernichtung übernehmen. Absatz 5 bleibt unberührt.

(7) Die Aufbewahrungsfrist nach Artikel 11 Absatz 1 zweiter Spiegelstrich der Verordnung (EG) Nr. 1383/2003 beträgt ein Jahr.

(8) Im Übrigen gelten die §§ 55 bis 57 entsprechend, soweit nicht die Verordnung (EG) Nr. 1383/2003 Bestimmungen enthält, die dem entgegenstehen.

Abschnitt 11. Besondere Bestimmungen

§ 58 Inlandsvertreter

(1) Wer im Inland weder Wohnsitz, Sitz noch Niederlassung hat, kann an einem in diesem Gesetz geregelten Verfahren vor dem Deutschen Patent- und Markenamt oder dem Bundespatentgericht nur teilnehmen und die Rechte aus einem eingetragenen Design nur geltend machen, wenn er im Inland einen Rechtsanwalt oder Patentanwalt als Vertreter bestellt hat, der

zur Vertretung im Verfahren vor dem Deutschen Patent- und Markenamt, dem Bundespatentgericht und in bürgerlichen Rechtsstreitigkeiten, die das Geschmacksmuster betreffen, sowie zur Stellung von Strafanträgen bevollmächtigt ist.

(2) Staatsangehörige eines Mitgliedstaates der Europäischen Union oder eines anderen Vertragsstaates des Abkommens über den Europäischen Wirtschaftsraum können zur Erbringung einer Dienstleistung im Sinne des Vertrages zur Gründung der Europäischen Gemeinschaft als Vertreter im Sinne des Absatzes 1 bestellt werden, wenn sie berechtigt sind, ihre berufliche Tätigkeit unter einer der in der Anlage zu § 1 des Gesetzes über die Tätigkeit europäischer Rechtsanwälte in Deutschland vom 9. März 2000 (BGBl. I S. 182) oder zu § 1 des Gesetzes über die Eignungsprüfung für die Zulassung zur Patentanwaltschaft vom 6. Juli 1990 (BGBl. I S. 1349, 1351) in der jeweils geltenden Fassung genannten Berufsbezeichnungen auszuüben. In diesem Fall kann ein Verfahren jedoch nur betrieben werden, wenn im Inland ein Rechtsanwalt oder Patentanwalt als Zustellungsbevollmächtigter bestellt worden ist.

(3) Der Ort, an dem ein nach Absatz 1 bestellter Vertreter seinen Geschäftsraum hat, gilt im Sinne des § 23 der Zivilprozessordnung als der Ort, an dem sich der Vermögensgegenstand befindet; fehlt ein solcher Geschäftsraum, so ist der Ort maßgebend, an dem der Vertreter im Inland seinen Wohnsitz, und in Ermangelung eines solchen der Ort, an dem das Deutsche Patent- und Markenamt seinen Sitz hat.

(4) Die rechtsgeschäftliche Beendigung der Bestellung eines Vertreters nach Absatz 1 wird erst wirksam, wenn sowohl diese Beendigung als auch die Bestellung eines anderen Vertreters gegenüber dem Deutschen Patent- und Markenamt oder dem Bundespatentgericht angezeigt wird.

§ 59 Berühmung eines eingetragenen Designs

Wer eine Bezeichnung verwendet, die geeignet ist, den Eindruck zu erwecken, dass ein Erzeugnis durch ein eingetragenes Design geschützt sei, ist verpflichtet, jedem, der ein berechtigtes Interesse an der Kenntnis der Rechtslage hat, auf Verlangen Auskunft darüber zu geben, auf welches eingetragene Design sich die Verwendung der Bezeichnung stützt.

§ 60 Eingetragenes Design nach dem Erstreckungsgesetz

(1) Für alle nach dem Erstreckungsgesetz vom 23. April 1992 (BGBl. I S. 938), zuletzt geändert durch Artikel 2 Absatz 10 des Gesetzes vom 12. März 2004 (BGBl. I S. 390), erstreckten eingetragenen Designs gelten die Vorschriften dieses Gesetzes, soweit in den Absätzen 2 bis 7 nichts Abweichendes bestimmt ist.

(2) Die Schutzdauer für eingetragene Designs, die am 28. Oktober 2001 nicht erloschen sind, endet 25 Jahre nach Ablauf des Monats, in den der Anmeldetag fällt. Die Aufrechterhaltung des Schutzes wird durch Zahlung einer Aufrechterhaltungsgebühr für das 16. bis 20. Jahr und für das 21. bis 25. Jahr, gerechnet vom Anmeldetag an, bewirkt.

(3) Ist der Anspruch auf Vergütung wegen der Benutzung eines eingetragenen Designs nach den bis zum Inkrafttreten des Erstreckungsgesetzes an-

zuwendenden Rechtsvorschriften bereits entstanden, so ist die Vergütung noch nach diesen Vorschriften zu zahlen.

(4) Wer ein eingetragenes Design, das durch einen nach § 4 des Erstreckungsgesetzes in der Fassung vom 31. Mai 2004 erstreckten Urheberschein geschützt war oder das zur Erteilung eines Urheberscheins angemeldet worden war, nach den bis zum Inkrafttreten des Erstreckungsgesetzes anzuwendenden Rechtsvorschriften rechtmäßig in Benutzung genommen hat, kann dieses im gesamten Bundesgebiet weiterbenutzen. Der Inhaber des Schutzrechts kann von dem Benutzungsberechtigten eine angemessene Vergütung für die Weiterbenutzung verlangen.

(5) Ist eine nach § 4 des Erstreckungsgesetzes in der Fassung vom 31. Mai 2004 erstreckte Anmeldung eines Patents für ein industrielles Muster nach § 10 Absatz 1 der Verordnung über industrielle Muster vom 17. Januar 1974 (GBl. I Nr. 15 S. 140), die durch die Verordnung vom 9. Dezember 1988 (GBl. I Nr. 28 S. 333) geändert worden ist, bekannt gemacht worden, so steht dies der Bekanntmachung der Eintragung der Anmeldung in das Musterregister nach § 8 Absatz 2 des Geschmacksmustergesetzes in der bis zum Ablauf des 31. Mai 2004 geltenden Fassung gleich.

(6) Soweit eingetragene Designs, die nach dem Erstreckungsgesetz auf das in Artikel 3 des Einigungsvertrages genannte Gebiet oder das übrige Bundesgebiet erstreckt worden sind, in ihrem Schutzbereich übereinstimmen und infolge der Erstreckung zusammentreffen, können die Inhaber dieser Schutzrechte oder Schutzrechtsanmeldungen ohne Rücksicht auf deren Zeitrang Rechte aus den Schutzrechten oder Schutzrechtsanmeldungen weder gegeneinander noch gegen die Personen, denen der Inhaber des anderen Schutzrechts oder der anderen Schutzrechtsanmeldung die Benutzung gestattet hat, geltend machen. Der Gegenstand des Schutzrechts oder der Schutzrechtsanmeldung darf jedoch in dem Gebiet, auf das das Schutzrecht oder die Schutzrechtsanmeldung erstreckt worden ist, nicht oder nur unter Einschränkungen benutzt werden, soweit die uneingeschränkte Benutzung zu einer wesentlichen Beeinträchtigung des Inhabers des anderen Schutzrechts oder der anderen Schutzrechtsanmeldung oder der Personen, denen er die Benutzung des Gegenstands seines Schutzrechts oder seiner Schutzrechtsanmeldung gestattet hat, führen würde, die unter Berücksichtigung aller Umstände des Falles und bei Abwägung der berechtigten Interessen der Beteiligten unbillig wäre.

(7) Die Wirkung eines nach § 1 oder § 4 des Erstreckungsgesetzes in der Fassung vom 31. Mai 2004 erstreckten eingetragenen Design tritt gegen denjenigen nicht ein, der das Geschmacksmuster in dem Gebiet, in dem es bis zum Inkrafttreten des Erstreckungsgesetzes nicht galt, nach dem für den Zeitrang der Anmeldung maßgeblichen Tag und vor dem 1. Juli 1990 rechtmäßig in Benutzung genommen hat. Dieser ist befugt, das eingetragene Design im gesamten Bundesgebiet für die Bedürfnisse seines eigenen Betriebs in eigenen oder fremden Werkstätten mit den sich in entsprechender Anwendung des § 12 des Patentgesetzes ergebenden Schranken auszunutzen, soweit die Benutzung nicht zu einer wesentlichen Beeinträchtigung des Inhabers des Schutzrechts oder der Personen, denen er die Benutzung des Gegenstands seines Schutzrechts gestattet hat, führt, die unter Berücksichtigung aller Umstände des Falles und bei Abwägung der berechtigten Interessen der Beteiligten unbillig wäre. Bei einem im Ausland hergestellten Er-

zeugnis steht dem Benutzer ein Weiterbenutzungsrecht nach Satz 1 nur zu, wenn durch die Benutzung im Inland ein schutzwürdiger Besitzstand begründet worden ist, dessen Nichtanerkennung unter Berücksichtigung aller Umstände des Falles für den Benutzer eine unbillige Härte darstellen würde.

§ 61 Typografische Schriftzeichen[1]

(1) Für die nach Artikel 2 des Schriftzeichengesetzes in der bis zum Ablauf des 1. Juni 2004 geltenden Fassung angemeldeten typografischen Schriftzeichen wird rechtlicher Schutz nach diesem Gesetz gewährt, soweit in den Absätzen 2 bis 5 nichts Abweichendes bestimmt ist.

(2) Für die bis zum Ablauf des 31. Mai 2004 eingereichten Anmeldungen nach Artikel 2 des Schriftzeichengesetzes finden weiterhin die für sie zu diesem Zeitpunkt geltenden Bestimmungen über die Voraussetzungen der Schutzfähigkeit Anwendung.

(3) Rechte aus eingetragenen Designs können gegenüber Handlungen nicht geltend gemacht werden, die vor dem 1. Juni 2004 begonnen wurden und die der Inhaber des typografischen Schriftzeichens nach den zu diesem Zeitpunkt geltenden Vorschriften nicht hätte verbieten können.

(4) Bis zur Eintragung der in Absatz 1 genannten Schriftzeichen richten sich ihre Schutzwirkungen nach dem Schriftzeichengesetz in der bis zum Ablauf des 31. Mai 2004 geltenden Fassung.

(5) Für die Aufrechterhaltung der Schutzdauer für die in Absatz 1 genannten Schriftzeichen sind abweichend von § 28 Absatz 1 Satz 1 erst ab dem elften Jahr der Schutzdauer Aufrechterhaltungsgebühren zu zahlen.

Abschnitt 12. Gemeinschaftsgeschmacksmuster

§ 62 Weiterleitung der Anmeldung

Werden beim Deutschen Patent- und Markenamt Anmeldungen von Gemeinschaftsgeschmacksmustern nach Artikel 35 Absatz 2 der Verordnung (EG) Nr. 6/2002 des Rates vom 12. Dezember 2001 über das Gemeinschaftsgeschmacksmuster (ABl. EG 2002 Nr. L 3 S. 1) eingereicht, so vermerkt das Deutsche Patent- und Markenamt auf der Anmeldung den Tag des Eingangs und leitet die Anmeldung ohne Prüfung unverzüglich an das Harmonisierungsamt für den Binnenmarkt (Marken, Muster und Modelle) weiter.

§ 62a Anwendung der Vorschriften dieses Gesetzes auf Gemeinschaftsgeschmacksmuster

Soweit deutsches Recht anwendbar ist, sind folgende Vorschriften dieses Gesetzes auf Ansprüche des Inhabers eines Gemeinschaftsgeschmacksmusters, das nach der Verordnung (EG) Nr. 6/2002 Schutz genießt, entsprechend anzuwenden:

1. die Vorschriften zu Ansprüchen auf Beseitigung der Beeinträchtigung (§ 42 Absatz 1 Satz 1), auf Schadensersatz (§ 42 Absatz 2), auf Vernichtung, auf Rückruf und Überlassung (§ 43), auf Auskunft (§ 46), auf

---

[1] S auch das Schriftzeichengesetz (Anhang II des vorliegenden Kommentars).

Vorlage und Besichtigung (§ 46a), auf Sicherung von Schadensersatzansprüchen (§ 46b) und auf Urteilsbekanntmachung (§ 47) neben den Ansprüchen nach Artikel 89 Absatz 1 Buchstabe a bis c der Verordnung (EG) Nr. 6/2002;

2. die Vorschriften zur Haftung des Inhabers eines Unternehmens (§ 44), Entschädigung (§ 45), Verjährung (§ 49) und zu Ansprüchen aus anderen gesetzlichen Vorschriften (§ 50);

3. die Vorschriften zu den Anträgen auf Beschlagnahme bei der Einfuhr und Ausfuhr (§§ 55 und 57).

§ 63 Gemeinschaftsgeschmacksmusterstreitsachen

(1) Für alle Klagen, für die die Gemeinschaftsgeschmacksmustergerichte im Sinne des Artikels 80 Absatz 1 der Verordnung (EG) Nr. 6/2002 zuständig sind (Gemeinschaftsgeschmacksmusterstreitsachen), sind als Gemeinschaftsgeschmacksmustergerichte erster Instanz die Landgerichte ohne Rücksicht auf den Streitwert ausschließlich zuständig.

(2) Die Landesregierungen werden ermächtigt, durch Rechtsverordnung die Gemeinschaftsgeschmacksmusterstreitverfahren für die Bezirke mehrerer Gemeinschaftsgeschmacksmustergerichte einem dieser Gerichte zuzuweisen. Die Landesregierungen können diese Ermächtigung durch Rechtsverordnung auf die Landesjustizverwaltungen übertragen.

(3) Die Länder können durch Vereinbarung den Gemeinschaftsgeschmacksmustergerichten eines Landes obliegende Aufgaben ganz oder teilweise dem zuständigen Gemeinschaftsgeschmacksmustergericht eines anderen Landes übertragen.

(4) Auf Verfahren vor den Gemeinschaftsgeschmacksmustergerichten sind § 52 Absatz 4 sowie §§ 53 und 54 entsprechend anzuwenden.

§ 63a Unterrichtung der Kommission

Das Bundesministerium der Justiz und für Verbraucherschutz teilt der Kommission der Europäischen Gemeinschaften die nach Artikel 80 Absatz 1 der Verordnung (EG) Nr. 6/2002 benannten Gemeinschaftsgeschmacksmustergerichte erster und zweiter Instanz sowie jede Änderung der Anzahl, der Bezeichnung oder der örtlichen Zuständigkeit dieser Gerichte mit.

§ 63b Örtliche Zuständigkeit der Gemeinschaftsgeschmacksmustergerichte

Sind nach Artikel 82 der Verordnung (EG) Nr. 6/2002 deutsche Gemeinschaftsgeschmacksmustergerichte international zuständig, so gelten für die örtliche Zuständigkeit dieser Gerichte die Vorschriften entsprechend, die anzuwenden wären, wenn es sich um eine beim Deutschen Patent- und Markenamt eingereichte Anmeldung eines Designs oder um ein im Register des Deutschen Patent- und Markenamts eingetragenes Design handelte. Ist eine Zuständigkeit danach nicht begründet, so ist das Gericht örtlich zuständig, bei dem der Kläger seinen allgemeinen Gerichtsstand hat.

§ 63c Insolvenzverfahren

(1) Ist dem Insolvenzgericht bekannt, dass zur Insolvenzmasse ein angemeldetes oder eingereichtes Gemeinschaftsgeschmacksmuster gehört, so er-

sucht es das Harmonisierungsamt für den Binnenmarkt (Marken, Muster und Modelle) im unmittelbaren Verkehr, folgende Angaben in das Register für Gemeinschaftsgeschmacksmuster oder, wenn es sich um eine Anmeldung handelt, in die Akten der Anmeldung einzutragen:

1. zur Eröffnung des Verfahrens und, soweit nicht bereits im Register enthalten, die Anordnung einer Verfügungsbeschränkung,
2. zur Freigabe oder Veräußerung des Gemeinschaftsgeschmacksmusters oder der Anmeldung des Gemeinschaftsgeschmacksmusters,
3. zur rechtskräftigen Einstellung des Verfahrens,
4. zur rechtskräftigen Aufhebung des Verfahrens, im Falle einer Überwachung des Schuldners jedoch erst nach Beendigung dieser Überwachung, und zu einer Verfügungsbeschränkung.

(2) Die Eintragung in das Register für Gemeinschaftsgeschmacksmuster oder in die Akten der Anmeldung kann auch vom Insolvenzverwalter beantragt werden. Im Falle der Eigenverwaltung tritt der Sachverwalter an die Stelle des Insolvenzverwalters.

§ 64 Erteilung der Vollstreckungsklausel

Für die Erteilung der Vollstreckungsklausel nach Artikel 71 Absatz 2 Satz 2 der Verordnung (EG) Nr. 6/2002 ist das Bundespatentgericht zuständig. Die vollstreckbare Ausfertigung wird vom Urkundsbeamten der Geschäftsstelle des Bundespatentgerichts erteilt.

§ 65 Strafbare Verletzung eines Gemeinschaftsgeschmacksmusters

(1) Wer entgegen Artikel 19 Absatz 1 der Verordnung (EG) Nr. 6/2002 ein Gemeinschaftsgeschmacksmuster benutzt, obwohl der Inhaber nicht zugestimmt hat, wird mit Freiheitsstrafe bis zu drei Jahren oder mit Geldstrafe bestraft.

(2) § 51 Absatz 2 bis 6 gilt entsprechend.

Abschnitt 13. Schutz gewerblicher Muster und Modelle nach dem Haager Abkommen

§ 66 Anwendung dieses Gesetzes

Dieses Gesetz ist auf Eintragungen oder Registrierungen gewerblicher Muster und Modelle nach dem Haager Abkommen vom 6. November 1925 über die internationale Eintragung gewerblicher Muster und Modelle (Haager Abkommen) (RGBl. 1928 II S. 175, 203) und dessen am 2. Juni 1934 in London (RGBl. 1937 II 583, 617), am 28. November 1960 in Den Haag (BGBl. 1962 II S. 774) und am 2. Juli 1999 in Genf (BGBl. 2009 II S. 837) unterzeichneten Fassungen (internationale Eintragungen), deren Schutz sich auf das Gebiet der Bundesrepublik Deutschland bezieht, entsprechend anzuwenden, soweit in diesem Abschnitt, dem Haager Abkommen oder dessen Fassungen nichts anderes bestimmt ist.

§ 67 Einreichung der internationalen Anmeldung

Die internationale Anmeldung gewerblicher Muster oder Modelle kann nach Wahl des Anmelders entweder direkt beim Internationalen Büro der

Weltorganisation für geistiges Eigentum (Internationales Büro) oder über das Deutsche Patent- und Markenamt eingereicht werden.

§ 68 Weiterleitung der internationalen Anmeldung

Werden beim Deutschen Patent- und Markenamt internationale Anmeldungen gewerblicher Muster oder Modelle eingereicht, so vermerkt das Deutsche Patent- und Markenamt auf der Anmeldung den Tag des Eingangs und leitet die Anmeldung ohne Prüfung unverzüglich an das Internationale Büro weiter.

§ 69 Prüfung auf Eintragungshindernisse

(1) Internationale Eintragungen werden in gleicher Weise wie eingetragene Designs, die zur Eintragung in das vom Deutschen Patent- und Markenamt geführte Register angemeldet sind, nach § 18 auf Eintragungshindernisse geprüft. An die Stelle der Zurückweisung der Anmeldung tritt die Schutzverweigerung.

(2) Stellt das Deutsche Patent- und Markenamt bei der Prüfung fest, dass Eintragungshindernisse nach § 18 vorliegen, so übermittelt es dem Internationalen Büro innerhalb einer Frist von sechs Monaten ab Veröffentlichung der internationalen Eintragung eine Mitteilung über die Schutzverweigerung. In der Mitteilung werden alle Gründe für die Schutzverweigerung angeführt.

(3) Nachdem das Internationale Büro an den Inhaber der internationalen Eintragung eine Kopie der Mitteilung über die Schutzverweigerung abgesandt hat, hat das Deutsche Patent- und Markenamt dem Inhaber Gelegenheit zu geben, innerhalb einer Frist von vier Monaten zu der Schutzverweigerung Stellung zu nehmen und auf den Schutz zu verzichten. Nach Ablauf dieser Frist entscheidet das Deutsche Patent- und Markenamt über die Aufrechterhaltung der Schutzverweigerung durch Beschluss. Soweit das Deutsche Patent- und Markenamt die Schutzverweigerung aufrechterhält, stehen dem Inhaber gegenüber dem Beschluss die gleichen Rechtsbehelfe zu wie bei der Zurückweisung einer Anmeldung zur Eintragung eines eingetragenen Designs in das vom Deutschen Patent- und Markenamt geführte Register. Soweit das Deutsche Patent- und Markenamt die Schutzverweigerung nicht aufrechterhält oder soweit rechtskräftig festgestellt wird, dass der Schutz zu Unrecht verweigert wurde, nimmt das Deutsche Patent- und Markenamt die Schutzverweigerung unverzüglich zurück.

§ 70 Nachträgliche Schutzentziehung

(1) An die Stelle des Antrags oder der Widerklage auf Feststellung oder Erklärung der Nichtigkeit nach § 33 Absatz 1 oder 2 tritt der Antrag oder die Widerklage auf Feststellung der Unwirksamkeit für das Gebiet der Bundesrepublik Deutschland. An die Stelle der Klage auf Einwilligung in die Löschung nach § 9 Absatz 1 tritt die Klage auf Schutzentziehung. Das Gericht übermittelt dem Deutschen Patent- und Markenamt eine Ausfertigung des rechtskräftigen Urteils. § 35 gilt entsprechend.

(2) Ist dem Deutschen Patent- und Markenamt mitgeteilt worden, dass die Unwirksamkeit einer internationalen Eintragung für das Gebiet der Bundesrepublik Deutschland festgestellt worden oder ihr der Schutz entzogen worden ist, setzt es das Internationale Büro unverzüglich davon in Kenntnis.

§ 71 Wirkung der internationalen Eintragung

(1) Eine internationale Eintragung, deren Schutz sich auf das Gebiet der Bundesrepublik Deutschland bezieht, hat ab dem Tag ihrer Eintragung dieselbe Wirkung, wie wenn sie an diesem Tag beim Deutschen Patent- und Markenamt als eingetragenes Design angemeldet und in dessen Register eingetragen worden wäre.

(2) Die in Absatz 1 bezeichnete Wirkung gilt als nicht eingetreten, wenn der internationalen Eintragung der Schutz verweigert (§ 69 Absatz 2), deren Unwirksamkeit für das Gebiet der Bundesrepublik Deutschland festgestellt (§ 70 Absatz 1 Satz 1) oder ihr nach § 9 Absatz 1 oder § 34 Satz 1 der Schutz entzogen worden ist (§ 70 Absatz 1 Satz 2).

(3) Nimmt das Deutsche Patent- und Markenamt die Mitteilung der Schutzverweigerung zurück, wird die internationale Eintragung für die Bundesrepublik Deutschland rückwirkend ab dem Tag ihrer Eintragung wirksam.

Abschnitt 14. Übergangsvorschriften

§ 72 Anzuwendendes Recht

(1) Auf eingetragene Designs, die vor dem 1. Juli 1988 nach dem Geschmacksmustergesetz in der im Bundesgesetzblatt Teil III, Gliederungsnummer 442-1, veröffentlichten bereinigten Fassung, zuletzt geändert durch Artikel 8 des Gesetzes vom 23. Juli 2002 (BGBl. I S. 2850), angemeldet worden sind, finden die bis zu diesem Zeitpunkt geltenden Vorschriften weiterhin Anwendung.

(2) Auf eingetragene Designs, die vor dem 28. Oktober 2001 angemeldet oder eingetragen worden sind, finden weiterhin die für sie zu diesem Zeitpunkt geltenden Bestimmungen über die Voraussetzungen der Schutzfähigkeit Anwendung. Rechte aus diesen eingetragenen Designs können nicht geltend gemacht werden, soweit sie Handlungen im Sinne von § 38 Absatz 1 betreffen, die vor dem 28. Oktober 2001 begonnen wurden und die der Verletzte vor diesem Tag nach den Vorschriften des Geschmacksmustergesetzes in der im Bundesgesetzblatt Teil III, Gliederungsnummer 442-1, veröffentlichten bereinigten Fassung in der zu diesem Zeitpunkt geltenden Fassung nicht hätte verbieten können.

(3) Für eingetragene Designs, die vor dem 1. Juni 2004 angemeldet, aber noch nicht eingetragen worden sind, richten sich die Schutzwirkungen bis zur Eintragung nach den Bestimmungen des Geschmacksmustergesetzes in der im Bundesgesetzblatt Teil III, Gliederungsnummer 442-1, veröffentlichten bereinigten Fassung in der bis zum Ablauf des 31. Mai 2004 geltenden Fassung.

(4) Artikel 229 § 6 des Einführungsgesetzes zum Bürgerlichen Gesetzbuche findet mit der Maßgabe entsprechende Anwendung, dass § 14a Absatz 3 des Geschmacksmustergesetzes in der im Bundesgesetzblatt Teil III, Gliederungsnummer 442-1, veröffentlichten bereinigten Fassung in der bis zum 1. Januar 2002 geltenden Fassung den Vorschriften des Bürgerlichen Gesetzbuchs über die Verjährung in der bis zum 1. Januar 2002 geltenden Fassung gleichgestellt ist.

§ 73 Rechtsbeschränkungen

(1) Rechte aus einem eingetragenen Design können gegenüber Handlungen nicht geltend gemacht werden, die die Benutzung eines Bauelements zur Reparatur eines komplexen Erzeugnisses im Hinblick auf die Wiederherstellung von dessen ursprünglicher Erscheinungsform betreffen, wenn diese Handlungen nach dem Geschmacksmustergesetz in der im Bundesgesetzblatt Teil III, Gliederungsnummer 442-1, veröffentlichten bereinigten Fassung in der bis zum Ablauf des 31. Mai 2004 geltenden Fassung nicht verhindert werden konnten.

(2) Für bestehende Lizenzen an dem durch die Anmeldung oder Eintragung eines eingetragenen Designs begründeten Recht, die vor dem 1. Juni 2004 erteilt wurden, gilt § 31 Absatz 5 nur, wenn das Recht ab dem 1. Juni 2004 übergegangen oder die Lizenz ab diesem Zeitpunkt erteilt worden ist.

(3) Ansprüche auf Entwerferbenennung nach § 10 können nur für eingetragene Designs geltend gemacht werden, die ab dem 1. Juni 2004 angemeldet werden.

(4) Die Schutzwirkung von Abwandlungen von Grundmustern nach § 8a des Geschmacksmustergesetzes in der bis zum Ablauf des 31. Mai 2004 geltenden Fassung richtet sich nach den Bestimmungen des Geschmacksmustergesetzes in der im Bundesgesetzblatt Teil III, Gliederungsnummer 442-1, veröffentlichten bereinigten Fassung in der bis zum Ablauf des 31. Mai 2004 geltenden Fassung. § 28 Absatz 2 ist für die Aufrechterhaltung von Abwandlungen eines Grundmusters mit der Maßgabe anzuwenden, dass zunächst die Grundmuster berücksichtigt werden.

§ 74 Übergangsvorschrift zum Gesetz zur Modernisierung des Geschmacksmustergesetzes sowie zur Änderung der Regelungen über die Bekanntmachungen zum Ausstellungsschutz

(1) Geschmacksmuster, die bis zum Inkrafttreten des Gesetzes vom 10. Oktober 2013 (BGBl. I S. 3799) am 1. Januar 2014 angemeldet oder eingetragen worden sind, werden ab diesem Zeitpunkt als eingetragene Designs bezeichnet.

(2) § 52a gilt nur für Designstreitigkeiten, die nach dem 31. Dezember 2013 anhängig geworden sind.

Systematik des Designrechts

A. Allgemeines zum Designrecht

Übersicht

I. Entwicklung

1. Als **Begriff** kann „Designrecht" alle Rechtsmaterien umfassen, die **1**
dem Schutz von Design dienen können. Seitdem „eingetragenes Design" an
die Stelle von „Geschmacksmuster" und „Design" an die Stelle von „Muster" getreten ist, s Rn 9, kann „Designrecht" auch für das Rechtsgebiet stehen, das dem Schutz des eingetragenen Designs gewidmet ist. Wegen dieser
Doppelbedeutung kann Designrecht im weiteren Sinn als Oberbegriff wirken, während Designrecht im engeren Sinn das Rechtsgebiet bezeichnet, in
dessen Mittelpunkt das eingetragene Design steht. Meistens ergibt es sich aus
dem Gesamtzusammenhang, mit welchem Inhalt der Begriff „Designrecht"
Verwendung findet. Der Wechsel von „Geschmacksmuster" zu „eingetragenes Design" und von „Design" an die Stelle von „Muster" ist auf das deutsche Recht beschränkt. Auf Unionsebene hat sich daher an dem Schutz
durch eingetragene Gemeinschaftsgeschmacksmuster und durch nicht eingetragene Gemeinschaftsgeschmacksmuster nichts geändert.

2   **2.** Die **Entstehung des Designrechts** im engeren Sinn führt zunächst nach Frankreich und nach England; in diesen Ländern sind die ersten Vorschriften mit musterrechtlichem Inhalt entstanden. In Frankreich wurde die Lyoner Seidenindustrie bereits im 16. Jahrhundert gegen den Diebstahl von Mustern geschützt; weitere Schutzbestimmungen entstanden im 18. Jahrhundert. Ein Gesetz von 1806 brachte sodann einen nicht mehr auf die Erzeugnisse einer einzelnen Branche beschränkten Schutz für ganz Frankreich, wobei Schutzvoraussetzung die Hinterlegung eines Musters war, Nachw Osterrieth S 205 ff; GRUR 1909, 73; Kohler S 10 ff; Englert S 11; Eichmann Mitt 95, 370, 371; FS Beier 1996, 459, 465. In England entstand 1787 die erste gesetzliche Regelung, zunächst allerdings nur für Textilmuster; Gesetze von 1839 und 1842 erweiterten den Schutz auf neue und eigentümliche Muster aller Branchen, Nachw Schmidt GRUR 1893, 70; GRUR 1893, 89; Osterrieth S 209 ff; Englert S 12; Eichmann FS Beier 465. In Deutschland zeigten sich erste Ansätze für den Schutz von Mustern in Kursächsischen Erlassen von 1743 und 1812 gegen den Geheimnisverrat von Textilmustern durch Mitarbeiter und Hersteller, Nachw Schmidt GRUR 1893, 143; GRUR 1893, 377; Eichmann Mitt 95, 370. Im linksrheinischen Gebiet galten von 1811 bis 1844 die Regelungen des französischen Rechts. Erste allg Schutzmöglichkeiten entstanden auf urheberrechtlicher Grundlage durch Bundesbeschlüsse von 1837 und 1845. Arbeiten für ein Sondergesetz zum Musterschutz begannen ebenfalls in dieser Zeit, Nachw Wadle S 135 ff. Ab 1871 forderte insbes die elsässische Textilindustrie energisch die Schaffung eines einheitlichen Musterschutzgesetzes. Diese Forderung fand 1874 eine breitere Basis, weil Misserfolge der deutschen Industrie auf der Wiener Weltausstellung 1873 auf das Fehlen eines gesetzlichen Musterschutzes zurückgeführt wurden, Dambach Einl S 3 f; weitere Nachw Eck S 21. Daraufhin wurde 1875 neben einem Entwurf betreffend das Urheberrecht an Werken der bildenden Künste ein Entwurf betreffend das Urheberrecht an Mustern und Modellen vorgelegt.

3   **3.** Das **Gesetz vom 11.1.1876** betreffend das Urheberrecht an Mustern und Modellen (= GeschmMG 1876) wurde nach mehreren Kommissionsberatungen und Reichstagslesungen im Reichsgesetzblatt vom 11.1.1876 veröffentlicht, ausführl Gerstenberg S 694 f; Wadle S 171 f; weit Nachw Schmidt S 35 ff; Dambach Einl S 8 f; Englert S 12 ff. Die weitere Entwicklung war zunächst durch Schwierigkeiten in der Abgrenzung gegenüber technischen Gestaltungen geprägt. Am 3.12.1878 entschied das Reichsoberhandelsgericht als höchste Instanz, dass sich das GeschmM nur auf solche Muster bezieht, die einem ästhetischen Zweck dienen, um insbes „in dem Kunstgewerbe Deutschlands energischeres Leben zu erwecken", Nachw Nirk II 1 § 1. Daraufhin wurde das Patentamt mit Anmeldungen von Gegenständen bestürmt, die den Gebrauchzweck eines Gegenstands durch eine neue Gestaltung fördern sollten, ohne eine ausgesprochen technische Wirkung zu entfalten. Um das Patentamt zu entlasten und um einer Verschärfung der Prüfung für die Patenterteilung entgegenzuwirken, wurde das GebrMG geschaffen, Neuberg S 10. Dieses auf das Gebiet zwischen GeschmM und Patent bezogene Gesetz, s Neuberg aaO, trat am 1.6.1891 in Kraft. Die weitere Geschichte des GeschmMG war dadurch gekennzeichnet, dass unaufhörlich, aber erfolglos eine Reform dieses Gesetzes gefordert wurde. Seit Beginn des letzten Jahrhunderts wurde im Schrifttum nicht nur an

A. Allgemeines zum Designrecht

Einzelbestimmungen des GeschmMG Kritik geübt, sondern auch eine neue Ausrichtung der Grundstruktur gefordert, Nachw 2. Aufl Allg Rn 14. Die Vorschläge reichten von einer stärker urheberrechtlich orientierten über eine stärker patentrechtlich ausgerichtete Änderung des GeschmMG bis zur Aufgabe des GeschmMG zugunsten einer Neuregelung in der urheberrechtlichen Gesetzgebung einerseits bzw einer Neuregelung im Rahmen eines neu zu schaffenden Leistungsschutzrechts andererseits, Nachw Englert S 29 ff. Soweit vollständig ausformulierte Entwürfe veröffentlicht wurden, blieb die Grundstruktur des GeschmMG weitgehend beibehalten, Nachw 2. Aufl Allg Rn 14.

4. Das **Gesetz vom 18.12.1986** (= GeschmMG 1986) hat zu einer Teil- **4** reform geführt, die insbes eine Neugestaltung des Anmeldeverfahrens zur Folge hatte. Das Schwergewicht der Teilreform lag in der Zentralisierung der Anmeldungen und in der Einführung der Bildbekanntmachung. Weitere wichtige Änderungen waren die Abschaffung der in § 6 II GeschmMG 1876 gestatteten Dimensionsvertauschung, die Einführung einer Neuheitsschonfrist, eines Löschungsverfahrens sowie die Neuregelung des zivilgerichtlichen Verfahrens, Nachw zu Berichten, Stellungnahmen und Gesamtdarstellungen 2. Aufl Allg Rn 16. Das Gesetz vom 7.3.90 zur Stärkung des Schutzes geistigen Eigentums und zur Bekämpfung der Produktpiraterie (PrPG) hat als sog Artikelgesetz auch für das DesignR die strafrechtlichen und die zivilrechtlichen Sanktionsmöglichkeiten erheblich verschärft, Einzelh Nachtrag 1992 I. Einigungsvertrag und Erstreckungsgesetz haben die territorialen und inhaltlichen Auswirkungen geregelt, die sich aus der Herstellung der Einheit Deutschlands ergeben hatten, Einzelh 2. Aufl Allg Rn 7; 17/3.

5. Entwürfe zum Unionsrecht wurden durch zwei Urteile des EuGH **5** vom 5.10.88, GRUR Int 90, 140 – CICRA/Renault; GRUR Int 90, 141 – Volvo/Veng, ausgelöst. Diese Urteile hatten im Wesentlichen die kritische Feststellung zum Inhalt, dass sich die Voraussetzungen und die Modalitäten des Designschutzes beim gegenwärtigen Stand des Unionstsrechts mangels einer Rechtsvereinheitlichung oder Rechtsangleichung innerhalb der Union ausschließlich nach nationalem Recht bestimmen. Beiden Urteilen lagen Vorabentscheidungsfragen zu der Frage zugrunde, ob der Designschutz uneingeschränkt auch Austauschteile für Automobilkarosserien erfasst. Die erste Reaktion auf die Urteile des EuGH war ein Diskussionsentwurf des Max-Planck-Instituts für ausländisches und internationales Patent-, Urheber- und Wettbewerbsrecht, GRUR Int 90, 566. Dieser Entwurf (MPI-Entwurf), der im August 1990 der Öffentlichkeit vorgestellt wurde, enthielt einen vollständig ausformulierten Text für eine Verordnung betreffend GGM, s hierzu Ritscher GRUR Int 90, 559; Eck S 31. Weitgehend auf der Grundlage des MPI-Entwurfs hat die Kommission im Juni 1991 ein Grünbuch über den rechtlichen Schutz gewerblicher Muster und Modelle mit Vorentwürfen für Vorschläge für eine Richtlinie zur Angleichung der Rechtsvorschriften der Mitgliedstaaten über den Rechtsschutz von Geschmacksmustern und für eine Verordnung zum Schutz von Gemeinschaftsgeschmacksmustern zur Diskussion gestellt, s den Bericht in GRUR 91, 807, die Stellungnahmen in Mitt 92, 137; GRUR 92, 494, sowie Eck S 38; v Gamm FS Gaedertz 1992, 197; Kahlenberg S 108; Posner Mitt 93, 219.

6. Geschmacksmusterrichtlinie (= GRL) wird vielfach als Abkürzung **6** verwendet. Erste Grundlage für die „Richtlinie 98/71 EG des Europäischen

Parlaments und des Rates v 13.10.98 über den rechtlichen Schutz von Mustern und Modellen" (ABl L 289/28 v 28.10.98 = Bl 99, 24 = GRUR Int 98, 959) war das Grünbuch, s Rn 5. Die Erkenntnisse aus der Diskussion über das Grünbuch hat die Kommission am 3.12.93 ua in einem Richtlinienvorschlag vorgelegt, s hierzu Eck S 39, den Bericht in GRUR 93, 957 und die Stellungnahme in GRUR 94, 496. Im weiteren Verlauf hat das Europäische Parlament auf der Sitzung vom 12.10.95 in erster Lesung die Kommission aufgefordert, den Richtlinienvorschlag unter Berücksichtigung von 14 Änderungsvorschlägen zu überarbeiten. Im Februar 1996 hat die Kommission in einem Arbeitsdokument zu den Änderungswünschen des Europäischen Parlaments Stellung genommen und Änderungsvorschläge zu dem Richtlinienvorschlag 1993 vorbereitet. Den geänderten Richtlinienvorschlag hat die Kommission sodann am 14.3.96 vorgelegt, s den Bericht in GRUR 96, 343. Anschließend hat der Rat eine weitere Stellungnahme des Europäischen Parlaments eingeholt und einen Gemeinsamen Standpunkt festgelegt. In zweiter Lesung hat das Europäische Parlament mit der absoluten Mehrheit der Parlamentsmitglieder in der Sitzung vom 22.10.97 zu dem Gemeinsamen Standpunkt eine Reihe von Änderungswünschen formuliert. Der Rat hat daraufhin den Vermittlungsausschuss einberufen. Im Vermittlungsausschuss wurde eine Einigung zwischen den Mitgliedern des Rats und den Vertretern des Europäischen Parlaments erzielt. Dem Gemeinsamen Entwurf hat das Europäische Parlament in dritter Lesung am 15.9.98 und anschließend der Rat in der Sitzung vom 24.9.98 zugestimmt; zu Einzelh mit Fundstellen Eichmann Mitt 98, 252, 253. Das Ergebnis dieses Gesetzgebungsverfahrens ist die GRL. Diese Harmonisierungsrichtlinie musste von den Mitgliedstaaten bis 28.10.01 in nationales Recht umgesetzt werden. Zu den Folgen der verspäteten Umsetzung in Deutschland s § 72 Rn 4. Weil die obligatorischen Vorgaben der GRL alle wichtigen Aspekte des DesignR betreffen, bestehen im Regelungsgehalt keine wesentlichen Unterschiede zwischen den Gesetzen der Mitgliedstaaten zum rechtlichen Schutz von Mustern und Modellen. Umfassend zum Designschutz im Ausland: Kur, in: Eichmann/Kur, § 13.

7 **7.** Der Schutz für **Gemeinschaftsgeschmackmuster** ist in der Verordnung über das Gemeinschaftsgeschmackmuster (= GGV) geregelt. Die Planungen zur GGV haben gleichzeitig mit den Planungen zur GRL begonnen (hierzu Rn 5). Die Ergebnisse der ersten Diskussion haben Eingang in den Vorschlag für eine Verordnung über das Gemeinschaftsgeschmacksmuster gefunden, den die Kommission 1993 der Öffentlichkeit vorgestellt hat. Nachdem der EuGH in dem Gutachten v 15.11.94, GRUR Int 95, 239 – TRIPS-Kompetenz – Zu dem Ergebnis gekommen war, dass neue (Schutz-)Rechte vom Rat nur auf der Grundlage einer einstimmigen Beschlussfassung geschaffen werden können, hat die Kommission zunächst nur die GLR im Gesetzgebungsverfahren belassen. Nach der Verabschiedung der GRL hat die Kommission auf der Grundlage dieser Gesetzgebung am 29.6.99 einen geänderten Vorschlag für eine Verordnung über das Gemeinschaftsgeschmacksmuster angenommen. Zu diesem Vorschlag hat der Wirtschafts- und Sozialausschuss eine weitere Stellungnahme abgegeben. In der Sitzung vom 16.6.00 hat sich das Europäische Parlament mit diesen Unterlagen befasst. Daraufhin hat die Kommission am 20.10.00 und am 23.11.00 geänderte Vorschläge für eine Verordnung über das Gemeinschaftsgeschmacksmuster vorgelegt. Diese Vorschläge haben sodann Eingang in die GGV gefunden. Die GGV ist am 6.3.02 in Kraft getreten. Das Gemeinschaftsgeschmacksmuster (= GGM) ist mit einheitlicher Wirkung für die gesamte Gemeinschaft ausgestattet. Die Folgen des Beitritts der neuen Mitgliedstaaten sind in Art 110a geregelt. Es steht ein duales System für eingetragene GGM (maximale Schutzdauer 25 Jahre) und für nicht eingetragene GGM (Schutzdauer 3 Jahre) zur Verfügung. Die wichtigsten Regelungen für das materielle Recht stimmen mit den Regelungen der GRL überein. Für eingetragene GGM ist jedoch das Regelungswerk umfassender. Die Einzelheiten des Amtsverfahrens sind weitgehend in Angleichung an die GMV geregelt. Eine Prüfung der materiellrechtlichen Schutzvoraussetzungen findet jedoch nicht statt. Gegen eine Eintragung kann kein Widerspruch erfolgen, aber es kann die Nichtigerklärung eines GGM beantragt werden. Eingefügt in die Bestimmungen über das materielle Recht sind die Regelungen für nicht eingetragene GGM. Sowohl eingetragene GGM als auch nicht eingetragene GGM können neben einzelstaatlichen DesignschutzR bestehen.

8. Das **Gesetz vom 12.3.2004** (= GeschmMG 2004) zur Reform des **8** Geschmacksmusterrechts (Geschmacksmusterreformgesetz) ist am 18.3.04 verkündet worden, BGBl I 390. Art 1 dieses Gesetzes enthielt das Gesetz über den rechtlichen Schutz von Mustern und Modellen (Geschmacksmustergesetz – GeschmMG). Dieses Gesetz diente in erster Linie der Umsetzung der GRL. Soweit kein Umsetzungsbedarf bestand, wurden Regelungen der Gesetze von 1867 und 1986 fortgeführt und aus der GGV einige Anleihen genommen, um insgesamt ein vollständiges Gesetzeswerk für den rechtlichen Schutz von Mustern und Modellen zu schaffen. Das GeschmMG 2004 ist aus einem Referentenentwurf hervorgegangen, der ab 22.4.02 über das Internet abrufbar war. Als Grundlage für den Referentenentwurf hat ein Gesetzesentwurf gedient, der von der Deutschen Vereinigung für gewerblichen Rechtsschutz und Urheberrecht veröffentlicht worden war (GRUR 01, 118 = GRUR-E). Die Bundesregierung hat am 28.5.03 den Gesetzesentwurf in das Gesetzgebungsverfahren eingebracht, BT-Drucks 15/1075, nachdem der Bundesrat am 23.5.03 Stellung genommen und die Bundesregierung eine Gegenäußerung abgegeben hat. Der Deutsche Bundestag hat den Gesetzesentwurf am 26.6.03 in erster Lesung beraten und zur federführenden Beratung dem Rechtsausschuss und zur Mitberatung dem Ausschuss für Wirtschaft und Arbeit und dem Ausschuss für Verbraucherschutz, Ernährung und Landwirtschaft überwiesen. Der Rechtsausschuss hat am 24.9.03 eine öffentliche Anhörung von Sachverständigen durchgeführt. Am 10.12.03 haben die beteiligten Ausschüsse abschließend beraten. Die Ergebnisse dieser Beratungen und Stellungnahmen von Bundestagsparteien haben Eingang in die Beschlussempfehlung und den Bericht des Rechtsausschusses v 10.12.03, BT-Drucks 15/2191 gefunden. Auf seiner Sitzung am 12.12.03 hat der Deutsche Bundestag den Gesetzesentwurf mit einigen Änderungen angenommen, BR-Drucks 55/04 v 23.1.04. Der Bundesrat hat in seiner Sitzung am 13.2.04 dem vom Bundestag beschlossenen Gesetz zugestimmt, BR-Drucks 55/04 v 13.2.04. Ermächtigungsgrundlagen sind am 19.3.04 in Kraft getreten, Art 6 II 1. Nach Art 6 I ist das Gesetz im Übrigen am 1.6.04 in Kraft getreten. Überblick Berlit GRUR 04, 635; Beyerlein WRP 04, 676; Bulling Mitt 04, 354; Wandtke/Ohst GRUR Int 05, 91; ausführl Klawitter FS 50 Jahre BPatG 2011, 1071 ff.

9   **9. Das Gesetz vom 10.10.2013** zur „Modernisierung des Geschmacksmustergesetzes sowie zur Änderung der Regelungen über die Bekanntmachungen zum Ausstellungsschutz" gibt bereits in der Kurzbezeichnung „Designgesetz – DesignG" einen Hinweis auf eine terminologische Neuausrichtung. An die Stelle von „Geschmacksmuster" tritt „eingetragenes Design"; Gegenstand des Schutzes ist nicht mehr ein „Muster", sondern ein „Design". Bericht GRUR 13, 478; Regelungsüberblick Rehmann GRUR-Prax 13, 215; Schicker/Haug NJW 14, 726; Beyerlein Mitt 14, 114; Kappl GRUR 14, 326. Die Deutsche Vereinigung für gewerblichen Rechtsschutz und Urheberrecht hatte einen Vorschlag vorgelegt, GRUR 11, 1100, und zu einem Referentenentwurf Stellung genommen, GRUR 13, 478. Eine der inhaltlich wichtigsten Neuerungen ist die Einführung eines amtlichen Nichtigkeitsverfahrens. Dieses in § 34a und § 34c geregelte Verfahren ist ähnlich wie das Nichtigkeitsverfahren vor dem HABM ausgestaltet. Zuständig ist die hierfür geschaffene Designabteilung des DPMA, die mit drei rechtskundigen Mitgliedern besetzt ist, § 23 I. Die Beschlüsse der Designabteilung sind mit der Beschwerde an das BPatG anfechtbar, § 23 IV. Für das Verletzungsverfahren ergibt sich aus § 52a eine Neuerung mit weitreichender Bedeutung: Die fehlende Rechtsgültigkeit eines eingetragenen Designs kann nur durch Erhebung einer Nichtigkeitswiderklage nach § 52b oder durch einen Nichtigkeitsantrag nach § 34a geltend gemacht werden. Wenn das nicht geschieht, hat das Gericht seiner Entscheidung die Rechtsgültigkeit des KlageschutzR in gleicher Weise wie bei eingetragenen Gemeinschaftsgeschmacksmustern, s Art 85 I GGV, zugrundezulegen. Bis zur Entscheidung über einen Nichtigkeitsantrag muss das Verletzungsverfahren ausgesetzt werden, § 34b. Die absoluten Nichtigkeitsgründe sind wie bisher in § 33 I geregelt. Relative Nichtigkeitsgründe begründen nicht wie in § 34 aF einen Anspruch auf Löschung, sondern nach § 33 II einen Anspruch auf Nichtigerklärung. Terminologisch wird zwischen der Feststellung der Nichtigkeit bei absoluten Nichtigkeitsgründen und der Erklärung der Nichtigkeit bei relativen Nichtigkeitsgründen unterschieden. Das Erfordernis der Erzeugnisangabe ist nicht mehr in § 11 II Nr 4 GeschmMG 2004, sondern in § 11 III geregelt; die Nachreichung dieser Angabe hat daher nicht mehr eine Verschiebung des Anmeldetags nach § 16 V 2 zur Folge. § 12 I 2 enthält nicht mehr das Erfordernis, dass Sammelanmeldungen derselben Warenklasse angehören müssen. Für Gemeinschaftsgeschmacksmuster neu geregelt ist die Anwendbarkeit der Regelungen des DesignG über Ansprüche bei Rechtsverletzungen in § 62a und die örtliche Zuständigkeit der Gemeinschaftsgeschmacksmustergerichte in § 63b. Grundlage des DesignG war ein Gesetzentwurf der Bundesregierung v 22.3.13, BR-Drucks 221/13. Nachdem der Bundesrat im 1. Durchgang keine Einwendungen erhoben hat, wurde der Entwurf am 10.5.13 dem Bundestag vorgelegt, Drucks 17/13428. Der Bundestag hat den Entwurf am 16.5.13 an den Rechtsausschuss (federführend) und an den Ausschuss für Wirtschaft und Technologie überwiesen. Der Rechtsausschuss hat am 26.6.13 geringfügige redaktionelle Änderungen, Drucks 17/14220, vorgeschlagen und die Annahme des Entwurfs in der geänderten Fassung empfohlen, Drucks 17/14219. Am 27.6.13 wurde sodann der Gesetzentwurf vom Bundestag in zweiter und dritter Beratung angenommen, BT-Plenarprotokoll 17/250, 32182 mit zu Protokoll genommenen Reden der Berichterstatter 32179ff. Nachdem der Bundesrat am 20.9.13 zugestimmt hat, wurde das Gesetz am 10.10.13 ausgefertigt und am

A. Allgemeines zum Designrecht

16.10.13 verkündet, BGBl I 13, 3799. Bekanntmachung der Neufassung des Designgesetzes am 24.2.14, BGBl I 14, 122. Den Änderungen und Neuerungen im DesignG wurde in der „Verordnung zur weiteren Modernisierung des Designrechts und zur Einführung des Nichtigkeitsverfahrens in Designangelegenheiten" (Designverordnung = DesignV) v 2.1.14, BGBl I 14, 18, Rechnung getragen; Vorschlag hierzu GRUR 14, 154, Stellungnahme GRUR 14, 340.

II. Grundlagen

1. Schutzzweck der Gesetzgebung im Bereich des DesignR ist die Förderung der Innovation bei der Entwicklung neuer Erzeugnisse und die Förderung der Investitionen für die Herstellung dieser Erzeugnisse, ErwGrd 7 GGV; Eck S 105; Kahlenberg S 112. Der Designschutz ermutigt zur Innovation und zur Entwicklung neuer Erzeugnisse sowie zu Investitionen für ihre Herstellung, EuGH GRUR 09, 867 Rn 78 – FEIA/Cul de Sac. Durch einen angemessenen Schutz für die Rechte des geistigen Eigentums soll eine angemessene Vergütung der Rechtsinhaber gewährleistet und ein zufriedenstellender Ertrag der erforderlichen Investitionen sichergestellt werden, ErwGrd 10 der Richtlinie 2001/29/EG zur Harmonisierung bestimmter Aspekte des Urheberrechts und der verwandten Schutzrechte in der Informationsgesellschaft (= Info-RL = ABl L 167/10 v 22.6.01); s auch EuGH GRUR Int 07, 237 Rn 57 – Laserdisken. Schutz des geistigen Eigentums und damit auch Designschutz ist daher zugleich Innovationsschutz und Investitionsschutz. Nach BGH GRUR 69, 90, 92/93 – Rüschenhaube – ist der Designschutz vorwiegend für die meist kurzlebigen und den jeweiligen Modeströmungen unterworfenen Gestaltungen gedacht, da die gewerbliche Verwertbarkeit idR eine Anpassung an den jeweils herrschenden Zeitgeschmack bedinge. Die maximale Schutzdauer von damals 20 Jahren und inzwischen 25 Jahren zeigt jedoch, dass Designschutz auch für Erzeugnisse bestimmt ist, die nach der Planung des Herstellers oder aufgrund der Resonanz im Markt jahrzehntelang Nachfrage finden.

2. Der Designschutz erfolgt in einem **Interessenausgleich,** mit dem Gesetzgebung und Gesetzesanwendung zwischen dem Ausschließlichkeitsinteresse des Entwerfers und dem Freihaltungsinteresse der Allgemeinheit vermitteln. Für naheliegende Fortentwicklungen dessen, was der Allgemeinheit zur freien Verfügung steht, werden keine Ausschließungsrechte gewährt. Bei geschützten Designprodukten entscheidet allein der Entwerfer darüber, wie und durch wen sein Entwurf verwertet wird. Zur Verhinderung von Umgehungen umfasst der sachliche Schutzbereich auch die Verwendung der geschützten Gestaltung in anderen Produktgruppen, in anderen Materialien und durch Abwandlungen, die von dem Entwurf unselbständigen Gebrauch machen. Im Interesse der Allgemeinheit ist das Ausschließungsrecht des Entwerfers nicht nur zeitlich, sondern auch inhaltlich limitiert: Gegenstand des Schutzes ist nur das Gestaltungsergebnis, nicht auch das Gestaltungsprinzip. Vom sachlichen Schutzbereich ausgeschlossen sind die technischen SchutzR zugewiesenen Gestaltungen sowie Erzeugnisse und Erzeugnismerkmale, die einem bes stark ausgeprägten Allgemeininteresse unterliegen. Dem persönlichen Schutzbereich sind bes Formen der privaten Verwertung entzogen. Die meisten dieser Grundsätze haben zwar Eingang in die einschlägigen

10

11

Gesetze gefunden; trotzdem verbleibt auch für die Rechtsanwendung ein dem sachgerechten Interessenausgleich verpflichteter Spielraum.

12   **3.** Das **Wesen** des eingetragenen Designs ergibt sich weniger aus Definitionsversuchen, s hierzu 2. Aufl Allg 9, als aus der Eingliederung in das System der Immaterialgüterrechte. Die Nähe des GeschmMG 1876 zum UrhR, s Rn 34, hatte eine nahe Verwandtschaft des GeschmM zu Werken der angewandten Kunst zur Folge. Weil es auch Parallelen zu technischen SchutzR gegeben hat, war das GeschmM ein Zwitter zwischen UrhR und technischen SchutzR, 2. Aufl Allg 11. Die unionsrechtliche Gesetzgebung hat in den Schutzvoraussetzungen Näherungen an das MarkenR gebracht, Eichmann GRUR Int 96, 859, 861. Regelungszweck ist jedoch unverändert ein Gestaltungsschutz. Für diesen Schutz kommen alle Erscheinungsmerkmale in Betracht, die nicht technisch bedingt, s § 3 I Nr 1, oder aus sonstigen Gründen vom Schutz ausgeschlossen, s § 3 I Nr 2–4, sind. In den Schutzwirkungen besteht aufgrund der überwiegend patentrechtlich ausgerichteten Beschränkungen der Rechte aus dem eD, § 40, und des VorbenutzungsR, § 41, iVm der Sperrwirkung, s § 38 Rn 11, strukturelle Nähe zum PatR. Gegenstand des Schutzes ist zwar ein Design in seiner konkreten Ausgestaltung. Aber wenn ein „geistiger Diebstahl" stattfindet, wird nicht dieses Design entwendet, sondern ohne Einwilligung des Berechtigten die Gestaltungslehre benutzt, die in dem Design ihren Ausdruck gefunden hat. Häufig erkennt der Fachmann, dass das Design nur ein Ausführungsbeispiel für eine Gestaltungslehre ist. Das bildet die Grundlage dafür, dass sich der Schutz auf Gestaltungen erstrecken kann, die zwar mit dem Design nicht identisch sind, aber dennoch von der Gestaltungslehre des Entwerfers Gebrauch machen.

13   **4.** Wesensbedingt ist jedes DesignschutzR ein **Immaterialgüterrecht;** es bildet damit eine Gemeinschaft insbes mit dem Urheberrecht, den technischen SchutzR, dem KennzeichenR und weiteren Ausformungen des Schutzes für das geistige Eigentum. Der Designschutz knüpft an die immaterielle plastische oder flächige Form an, die als Vorbild für die Fertigung körperlicher Erzeugnisse zu dienen geeignet ist, BGH GRUR 62, 144, 146 – Buntstreifensatin I; GRUR 67, 375, 377 – Kronleuchter. Dieses immaterielle Gut ist dem Rechtsinhaber zur ausschließlichen Nutzung zugewiesen, § 38 I. Das eD ist daher wie alle anderen ImmaterialgüterR ein AusschließlichkeitsR, also ein SonderprivatR, das gegen jedermann wirkt. Die Nähe zum UrhR im Anwendungsbereich des GeschmMG 1876, 2. Aufl Allg Rn 9, ist im Anwendungsbereich des Design durch eine weitere Annäherung an technische SchutzR und durch eine neue Annäherung an das MarkenR beseitigt worden. Die sog Sperrwirkung, s § 38 Rn 11, hat zur Folge, dass die Ausschließlichkeitswirkung keine Kenntnis der geschützten immateriellen Gestaltung voraussetzt. Der Möglichkeit von daraus entstehenden Härten kann wie bei technischen SchutzR die Berufung auf ein VorbenutzungsR entgegenwirken. Im Anwendungsbereich des DesignG ist das eD nicht mehr ein Zwitter zwischen UrhR und den technischen SchutzR, s Rn 12, sondern ein SchutzR eigenständiger Art, bei dem die Schutzvoraussetzungen eher ähnlich den Schutzvoraussetzungen von Marken und die Schutzwirkungen inhaltlich und zeitlich den Schutzwirkungen von Patenten ähnlich sind.

14   **5.** Der **Grundrechtsschutz** wird durch den Schutz des geistigen Eigentums konkretisiert. Dieser Schutz erfasst sowohl das UrhR, BVerfG NJW 03,

A. Allgemeines zum Designrecht

1655, 1656, als auch das PatR, BVerfG NJW 01, 43 – Klinische Versuche. DesignschutzR als SchutzR für gestalterische Kreativität stehen daher ebenfalls unter dem Grundrechtsschutz für das geistige Eigentum. Die in dem Gegenstand eines DesignschutzR verkörperte Leistung ist Eigentum iSd Art 14 I 1 GG. Aufgabe des Gesetzgebers ist es, im Rahmen des Art 14 I 2 GG sachgerechte Maßstäbe festzulegen, die eine der Natur und sozialen Bedeutung des Rechts entsprechende Nutzung und angemessene Verwertung sicherstellen, BVerfG GRUR 12, 53 Tz 85 – Le-Corbusier-Möbel. Dabei kann der Schutz mit der Erfüllung von Voraussetzungen, zB der Vornahme einer Anmeldung und der Entrichtung von Gebühren verbunden werden, solange diese Voraussetzungen nicht das Ergebnis sachfremder Erwägungen sind. Auch eine Lizenz ist eine eigentumsfähige Position iSd Art 14 I 1 GG, BVerfG GRUR 12, 53 Tz 58. Die verfassungsrechtliche Garantie des geistigen Eigentums ergibt grds einen Anspruch auf Nutzung und angemessene Verwertung, BVerfG GRUR 12, 53 Tz 85. Das zeitlich beschränkte AusschließungsR ist als Grundlage für eine Belohnung durch Einnahmen aus der wirtschaftlichen Verwertung des eD konzipiert, 2. Aufl Allg Rn 11 und 12. Diese Verwertungsmöglichkeiten dürfen nur im Rahmen des Grundrechtsschutzes für das geistige Eigentum eingeschränkt werden. Der spezifische Gegenstand des UrhR kann eine Beschränkung des freien Warenverkehrs rechtfertigen, EuGH GRUR 12, 817 Rn 36 – Donner. Das Recht am geistigen Eigentum fällt unter das Eigentum, das auch als allg Grds des UnionsR, EuGH GRUR Int 07, 237 Rn 65 – Laserdisken, und durch Art 17 II der EU-Grundrechtecharta, EuGH GRUR 12, 382 Rn 41 – SABAM; GRUR 12, 489 Rn 68 – Luksan, geschützt ist Die EU-Grundrechtecharta erfasst auch die DesignschutzR der EU und Deutschlands, Raue GRUR Int 12, 402, 404. SchutzR aller Art werden durch die Garantien der EMRK ebenfalls als geistiges Eigentum geschützt, Sebastian GRUR Int 13, 524, 531. Bei der Umsetzung von Richtlinien können Mitgliedstaaten verpflichtet sein, ein angemessenes Gleichgewicht zwischen den verschiedenen GrundR sicher zu stellen, die durch das UnionsR geschützt sind, EuGH GRUR 08, 214 Rn 68 – Promusicae; GRUR 12, 703 Rn 55 – Bonnier Audio; BGH GRUR 12, 1026 Tz 41 – Alles kann besser werden. Träger materieller Grundrechte können auch ausländische juristische Personen sein, die ihren Sitz in der EU haben, BVerfG GRUR 12, 53 Tz 75. Zur Auslegung von Richtlinien nach dem Grds des UnionsR s Rn 17. Zur Schadenshöhe kann die Einholung eines Sachverständigengutachtens erforderlich sein, BVerfG NJW 03, 1655.

6. Das **Territorialitätsprinzip** gilt für alle Bereiche des Immaterialgüter- **15** terR und damit auch für das DesignR. Wesentlicher Inhalt dieses Grds ist, dass die Rechtslage im Inland zum inländischen Recht zu beurteilen ist, BGH GRUR 07, 871 Tz 24 – Wagenfeldleuchte; GRUR 09, 840 Tz 17 – Le Corbusier-Möbel II. Die Übertragung von nationalen SchutzR richtet sich nach deutschem Recht, BGH GRUR 02, 972, 973 – FROMMIA; GRUR 10, 828 Tz 17 – DiSC. Der Schutz von Immaterialgüterrechten ist auf das jeweilige staatliche Territorium begrenzt; nur in diesem Territorium begangene Verletzungshandlungen können geahndet werden, BGH GRUR 12, 1263 Tz 17, 23 – Clinique happy. Die Beurteilung von Rechtsverletzungen richtet sich demzufolge nach dem Recht des Schutzlands, BGH GRUR 04, 421, 422 – Tonträgerpiraterie durch CD-Export; GRUR 07,

691 Tz 22 – Staatsgeschenk. Der Schutzbereich eines nationalen eingetragenen Designs ist auf das jeweilige Schutzland beschränkt, BGH GRUR 11, 1112 Tz 22 – Schreibgeräte. Der Unterlassungsanspruch setzt eine Benutzungshandlung im Inland voraus, BGH GRUR 12, 621 Tz 34 – OSCAR. Das Schutzlandprinzip entscheidet auch darüber, ob ein Vernichtungsanspruch besteht, MÜ GRUR-RR 10, 161. Weil nicht nur das BenutzungsR, s § 38 Rn 4, sondern auch das VerbietungsR, § 38 Rn 8, Rechtswirkungen nur in der Bundesrepublik Deutschland entfalten, kann aus einem inländischen eD daher nicht dagegen vorgegangen werden, dass im Ausland ein rechtsverletzendes Erzeugnis hergestellt oder verbreitet wird. Für die Herstellung eines rechtsverletzenden Erzeugnisses im Inland gibt die Absicht einer im Ausland zulässigen Verbreitung keine Rechtfertigung, s § 38 Rn 50. Das Herstellen im Inland für den Versand in einen schutzrechtsfreien Auslandsstaat ist rechtsverletzende Inlandshandlung, BGH GRUR 04, 424. Die Selbständigkeit der Benutzungshandlungen, s § 38 Rn 33, hat zur Folge, dass das Verbreiten einer im schutzrechtsfreien Ausland hergestellten Nachbildung im Inland vom VerbietungsR erfasst wird. Das kann auch dadurch geschehen, dass im Ausland Abwicklungsvorgänge zur Verfügung gestellt werden, die im Inland Wirkung entfalten sollen, BGH GRUR 13, 62 Tz 47 – Italienische Bauhausmöbel (zur Verbreitung nach § 17 UrhG). Es ist daher nicht grds ausgeschlossen, dass ausländische Sachverhalte für die inländische Rechtslage von Bedeutung sein können, BGH GRUR 81, 587, 589 – Schallplattenimport. Für Rechtsinhaberschaft, Bestand und Inhalt, BGH GRUR 13, 62 Tz 38, also für Schutzvoraussetzungen, Schutzwirkungen und Schutzdauer ist das Recht des Staates maßgeblich, auf dessen Territorium es Wirkung entfalten soll. Eine wesentliche Durchbrechung des Territorialitätsprinzips ergibt sich daraus, dass Erschöpfung nicht nur im Inland, sondern auch in den Mitgliedstaaten der EU und des EWR eintreten kann, s § 48 Rn 6. Zur Rechtslage außerhalb Deutschlands Rn 6 aE; Kur, in: Eichmann/ Kur § 13.

16   **7.** Der **Prioritätsgrundsatz** regelt die Rechtsverhältnisse zwischen Rechten mit unterschiedlichen Entstehungszeitpunkten. Die eingetragenen DesignschutzR stehen insoweit in Gemeinschaft insbes mit Kennzeichen und mit technischen SchutzR. Bei eingetragenen SchutzR kommt es für den Entstehungszeitpunkt grds auf den Zeitpunkt der Anmeldung an. Vorverlegungen dieses Zeitpunkts können sich aus der Inanspruchnahme einer ausländischen Priorität, § 14 (= Art 41 GGV) oder einer Ausstellungspriorität, § 15 (= Art 44 GGV) ergeben. Eine gesetzliche Ausprägung des Prioritätsgrds enthält § 34 S 1 Nr 3 (= Art 25 I d) GGV) für die Kollision eines älteren eD mit einem jüngeren eD. In § 13 II erfolgt zur gesetzestechnischen Vereinfachung eine Gleichstellung des Prioritätstags mit dem Anmeldetag. Die Bestimmungen der GGV sind im Lichte des Priorotätsgrds auszulegen, EuGH GRUR 12, 510 Rn 39 – Cegasa; dasselbe gilt für die GRL und damit auch für das DesignG. Im Verletzungsstreit kann das dem Inhaber zugewiesene positive BenutzungsR aus § 38 I 1 (= Art 19 I 1 GGV) ein GegenR ergeben, s § 38 Rn 4. Dieses BenutzungsR steht dabei unter dem Vorbehalt des Prioritätsgrds. Eine Verschiebung des Anmeldetags auf einen späteren Zeitpunkt findet statt, wenn die Anmeldung eines eD Mängel nach § 16 I Nr 3 aufweist und diese Mängel nach Aufforderung beseitigt werden, § 16 V 2.

A. Allgemeines zum Designrecht

8. Die **Auslegung** des DesignG richtet sich zwar nach den allg Grds für **17** die Gesetzesauslegung. Es kann jedoch eine bes Rolle spielen, dass viele wichtigen Bestimmungen der Umsetzungspflicht aus Art 19 I GRL Rechnung tragen. Für diese Bestimmungen gilt der Grds der richtlinienkonformen Auslegung. Die Gerichte sind verpflichtet, die Auslegung des nationalen Rechts soweit wie möglich am Wortlaut und Zweck einer Richtlinie auszurichten, um das mit der Richtlinie verfolgte Ziel zu erreichen, BGH GRUR 12, 842 Tz 21 – Neue Personenkraftwagen. Wenn der Wortsinn des nationalen Gesetzes einer richtlinienkonformen Auslegung entgegensteht, kann eine richtlinienkonforme Rechtsfortbildung geboten sein, BGH NJW 09, 427 Tz 21 – Quelle; s hierzu Pfeiffer NJW 09, 412; Frenz EWS 09, 222; Grosche/Höft NJW 09, 2416; Sperber EWS 09, 358. Bei der richtlinienkonformen Auslegung erfolgt im ersten Schritt die Auslegung der Richtlinie, im zweiten Schritt die Anpassung des nationalen Rechts an die Vorgaben der Richtlinie, Bleckmann NJW 1982, 1177; RIW 87, 929; ZGR 92, 364; Lutter JZ 92, 593, 598; Roth EWS 05, 385. Für die Auslegung einer Unionsvorschrift sind nicht nur der Wortlaut, sondern auch der Regelungszusammenhang und der Regelungszweck zu berücksichtigen, EuGH GRUR Int 00, 163, Rn 23 – Adidas; BGH GRUR Int 13, 1169 Tz 17 – Marcel-Breuer-Möbel. Begriffe des UnionsR müssen idR in der gesamten Union eine autonome und einheitliche Auslegung erhalten, die unter Berücksichtigung des Kontextes der Vorschrift und des mit der Regelung verfolgten Ziels gefunden werden muss, EuGH GRUR 07, 228 Rn 21 – Nokia/Wärdell; GRUR 09, 867 Rn 63 – FEIA/Cul de Sac. Die Auslegung nationalen Rechts muss innerhalb der durch das UnionsR gesetzten Grenzen erfolgen, um das Ziel der Unionsnorm zu erreichen, EuGH GRUR 04, 501 Rn 59 – Rolex-Hilfinger. Für das Verständnis des Wortlauts können die in anderen Sprachen ausgefertigten Fassungen und davon insbes der Ursprungstext Berücksichtigung finden (der Ursprungstext der GRL ist in englischer Sprache ausgefertigt). Ausfüllende Bedeutung haben die Erwägungsgründe, die Entstehungsgeschichte sowie der Grds der Einheit der Union und des UnionsR, Nachw Eichmann GRUR 98, 201/202. Die Gerichte und Behörden haben darauf zu achten, dass sie sich nicht auf eine Auslegung von Richtlinien stützen, die mit unionsrechtlich geschützten GrundR und allg Grds des UnionsR kollidiert, EuGH GRUR Int 08, 323 Rn 68 – Promusicae. Auf Auslegungsergebnisse zum GeschmMG 1876 kann zurückgegriffen werden, wenn dem der Vorrang des UnionsR nicht entgegensteht. Bei nicht eindeutigem Auslegungsergebnis von Bestimmungen, die der Umsetzungen des UnionsR dienen, ist Vorlage an den EuGH zur Klärung möglich, Art 267 II AEUV, in der letzten Instanz verpflichtend, 267 III AEUV. Eine unvertretbare Verletzung der Vorlagepflicht kann gegen das grundrechtsgleiche Verfahrensrecht auf den gesetzlichen Richter, Art 101 I 2 GG, verstoßen, BVerfG GRUR 12, 53 Tz 98 – Le-Corbusier-Möbel. Dasselbe gilt, wenn eine Entscheidung nicht erkennen lässt, ob eine Vorlage überhaupt in Erwägung gezogen wurde, obwohl das Bestehen einer Vorlagepflicht nahegelegen hat, BVerfG GRUR Int 11, 72 Tz 50 – Drucker und Plotter II. Im Eilverfahren kommt eine Aussetzung nicht in Betracht; das gilt auch für die Verpflichtung zur Drittauskunft, obwohl diese endgültige Wirkung hat, Köln GRUR-RR 11, 305, 308.

III. Designerpersönlichkeitsrecht

18   **1. Grundlage** des DesignerpersönlichkeitsR, Begriff erstmals 1. Aufl 1988 1/54 ff, ist das allg PersönlichkeitsR, das sich auch ohne sondergesetzliche Regelung aus dem Grundrecht auf freie Entfaltung der Persönlichkeit, Art 2 I GG, und aus der Unantastbarkeit der Würde des Menschen, Art 1 I 1 GG, ergibt, zB BVerfG NJW 01, 594. Umfassend zum Designerpersönlichkeitsrecht: Eichmann/Schulze in: Eichmann/Kur § 9. Im DesignR ist als Teilaspekt des DesignerpersönlichkeitsR das Recht auf Entwerferbenennung, § 10, gesetzlich geregelt. Umfassendere Regelungen enthält das UrhG in den §§ 12–14, 39, 41, 42. Aus diesen Bestimmungen können sich bei gleicher oder gleichartiger Interessenlage Anhaltspunkte auch für das DesignR ergeben. Die Kommission hat sich zwar gegen eine gesetzliche Regelung des DesignerpersönlichkeitsR ausgesprochen, Grünbuch 7.1.4. Aber auch ohne gesetzliche Regelung ist das DesignerpersönlichkeitsR ebenso wie das allg PersönlichkeitsR, stRspr seit BGH GRUR 55, 197, 198 – Leserbriefe, das ErfinderpersönlichkeitsR, BGH GRUR 78, 583, 585 – Motorkettensäge; GRUR 79, 145, 148 – Aufwärmvorrichtung, als sonstiges Recht iSd § 823 I BGB geschützt. Ein weitergehender Schutz kann sich auf vertraglicher Grundlage ergeben, Grünbuch 7.1.4. Das DesignerpersönlichkeitsR entsteht mit Schaffung des schutzfähigen Designs, s BGH GRUR 79, 145, 148 – Aufwärmvorrichtung (ErfinderpersönlichkeitsR). Voraussetzung ist nur dieser Realakt, s § 7 Rn 4. Rechtsgrundlage ist allein die schöpferische Tat, die völlig unabhängig davon ist, ob später ein SchutzR nachgesucht oder erteilt wird, BGH GRUR 10, 817 Tz 30 – Steuervorrichtung. Der Schutz setzt daher bei einem Design keine Anmeldung, bei einem Werk der angew Kunst keine Veröffentlichung voraus. Das DesignerpersönlichkeitsR ist zwar höchstpersönlicher Natur, BGH GRUR 78, 585; es ist aber auch so werkgebunden, dass eine isolierte Übertragung nicht möglich ist, BGH GRUR 78, 585. Abhängig von der gestalterischen Bedeutung und von der Intensität der Beeinträchtigung kann auch postmortaler Persönlichkeitsschutz bestehen, zB BGH GRUR 95, 668, 670 – Emil Nolde.

19   **2.** Das **Wesen** des DesignerpersönlichkeitsR ist die immaterielle Ergänzung zu den Bestimmungen, die sich auf das eingetragene Design als Gegenstand des Vermögens, §§ 29 ff, beziehen. Den Designer verbindet mit dem von ihm geschaffenen Design und mit designgemäßen Erzeugnissen ein geistig-ideelles Band, das rechtliche Anerkennung verdient. Rechtsfolgen ergeben sich aus dem DesignerpersönlichkeitsR insbes dann, wenn ein eD übertragen oder zum Gegenstand eines Verwertungsvertrags gemacht oder von einem Arbeitnehmer geschaffen wurde. Die hierdurch entstehenden Abhängigkeiten und Interessengewichtungen können allerdings je nach ihrer Intensität Einschränkungen des DesignerpersönlichkeitsR zur Folge haben, soweit dieses verzichtbar ist. Nach Rechtsübertragung können die Interessen sowohl des Designers als auch des Erwerbers beeinträchtigt sein. Zu Interessenbeeinträchtigungen kann es auch noch nach Ende der – im Vergleich mit dem UrhR kurzen – Schutzdauer kommen. Bei den Bestimmungen des UrhG muss berücksichtigt werden, dass sie auch für den Schutz der Interessen an Werken bestimmt sind, die nicht zur Vervielfältigung vorgesehen sind. Designs werden demggü wesensbedingt zum Zweck der gewerblichen Vervielfältigung geschaffen. Der Fortführung des bewährten Begriffs steht

A. Allgemeines zum Designrecht

nicht entgegen, dass die einzige gesetzliche Regelung des DesignerpersönlichkeitsR das Recht auf Benennung als „Entwerfer" zum Gegenstand hat, zumal im inhaltsgleichen Art 18 GGV „designer" aus der englischen Fassung in „Entwerfer" für die deutsche Fassung übersetzt worden ist.

3. Ein Recht auf **Designerbenennung** hat in der gesetzlichen Regelung **20** des § 10 nur das Recht zum Gegenstand, in der Anmeldung eines eingetragenen Designs und im Register als Entwerfer benannt zu werden. Ein Anspruch auf Benennung in Werbemaßnahmen kann weder aus dem spezifischen Wortlaut des § 10 noch aus allg Grds hergeleitet werden. Die Unüblichkeit der Anbringung einer Designerbezeichnung, Rn 18, wirkt sich auch auf Prospekte und andere Werbemaßnahmen aus; dasselbe gilt für begleitende Veröffentlichungen. Ein Anspruch auf Designerbenennung besteht grds nur auf vertraglicher Grundlage; diese kann sich allerdings auch aus den Gesamtumständen ergeben. Die Nichtbeachtung des BenennungsR verpflichtet zum materiellen Schadensersatz, Düss GRUR-RR 06, 393; Brandenbg GRUR-RR 09, 217; 413; LG Leipzig GRUR 02, 424, 425; LG Mü I GRUR-RR 09, 92, 93. Für den Anspruch auf Berichtigung einer unrichtigen Benennung ist die Schutzfähigkeit des Schutzgegenstands unerheblich, BGH GRUR 11, 903 Tz 13 – Atemgasdrucksteuerung (PatR). Bei pauschaler Vereinbarung besteht ein Anspruch auf Designerbenennung in angemessenem Umfang und in angemessener Weise. Dieser Anspruch bleibt nach Ablauf der Schutzdauer des eD bestehen, solange noch designgemäße Erzeugnisse hergestellt werden. Der Arbeitnehmer hat außerhalb des in § 10 geregelten Anwendungsbereichs grds keinen Anspruch auf Designerbenennung, Englert S 94/95Das ergibt sich insbes daraus, dass dem Arbeitgeber weitgehend ein ÄnderungsR, s Rn 21, zusteht und der Arbeitnehmer im Rahmen einer vertraglichen Verpflichtung tätig wird, die idR auf Vorbereitung einer Serienproduktion angelegt ist.

4. Ein Recht auf Anbringung einer **Designerbezeichnung** würde zwar **21** dem BestimmungsR des Urhebers darüber entsprechen, ob ein Werk mit einer Urheberbezeichnung zu versehen ist, § 13 S 2 UrhG. Anders als bei künstlerischen Unikaten ist es bei Erzeugnissen der gewerblichen Serienduktion jedoch idR nicht üblich, den Namen des Gestalters anzubringen, Ulmer 40 III. Das kann im Einzelfall darin seinen Grund haben, dass die Anbringung des Namens technisch nicht möglich ist, Furler 2/16, oder auf gestalterische Schwierigkeiten stößt oder dass für den Käufer der Name des Gestalters ohne Interesse ist. Eine Verpflichtung zur Entwerferbenennung auf dem Erzeugnis, auf der Verpackung oder in Begleittexten wurde als nicht gangbarer Weg bezeichnet, Begr Art 19 VO-Vorschlag 1993. Deswegen und weil die Anbringung einer Designerbezeichnung auf designgemäßen Erzeugnissen weitgehend unüblich ist, besteht ein Anspruch nur auf vertraglicher Grundlage.

5. Das Recht auf **Anerkennung der Entwerferschaft** entspricht dem **22** Recht auf Anerkennung der Urheberschaft, § 13 S 1 UrhG, und dem Recht auf Anerkennung der Erfindereigenschaft. Dieses fundamentale Recht des schöpferisch Tätigen ist essentieller Bestandteil des PersönlichkeitsR, BGH GRUR 78, 583, 585 – Motorkettensäge. Auch der Designer hat daher einen Anerkennungsanspruch, v Gamm 5/13. Der Designer ist berechtigt, sein Design als von ihm stammend auszuweisen; er kann dagegen vorgehen, dass ein anderer seine schöpferische Tätigkeit bestreitet, BGH GRUR 78, 585;

FfM GRUR 64, 562 (jeweils zur Erfinderehre), oder diese für sich in Anspruch nimmt. Bei einer Bearbeitung, s § 38 Rn 29, darf nicht nur der Bearbeiter benannt werden, BGH GRUR 02, 799, 800 – Stadtbahnfahrzeug. Nur eine bes schwere Verletzung des Anerkennungsanspruchs löst einen Anspruch auf Schmerzensgeld aus, FfM GRUR 64, 562. Das Recht auf Anerkennung der Entwerferschaft hat auch der Arbeitnehmer, v Gamm 2/17; Nirk/Kurtze 2/36. Der Arbeitnehmer ist berechtigt, seine Entwerferschaft bekannt zugeben, zB bei Bewerbungen, Furler 2/9; v Gamm 2/17, uU auch auf Ausstellungen, v Gamm 2/17. Nach Beendigung des Arbeitsverhältnisses können sich Beschränkungen aus dem WettbewerbsR ergeben. Der Arbeitnehmer, der in Wettbewerb zu dem ehemaligen Arbeitgeber steht, darf nicht den Eindruck erwecken, dass die Gestaltung bei ihm selbst in Auftrag gegeben worden ist, RGZ 110, 397. Der Hinweis des neuen Arbeitgebers auf die frühere Tätigkeit des Arbeitnehmers bei einem Wettbewerber kann unzulässige anlehnende Werbung sein, BGH GRUR 57, 23, 24 – Bünder Glas; Düss BB 62, 660.

23 **6.** Das **Veröffentlichungsrecht** überlässt dem Urheber die Bestimmung darüber, ob und wann sein Werk zu veröffentlichen ist, § 12 I UrhG. Dieses Recht hat auch der Designer, weil es sich um einen bes bedeutsamen Aspekt des PersönlichkeitsR, Begr § 12 UrhG, handelt und der Designer in der Lage sein muss, eine neuheitsschädliche Veröffentlichung zu verhindern, v Gamm 5/12. Ausschließlich der Designer entscheidet daher, ob die von ihm geschaffene Gestaltung anderen Personen gezeigt oder sonstwie zugänglich gemacht wird. Auch nach der Umsetzung in ein Erzeugnis hat der Designer freie Bestimmung darüber, ob er an seiner Idee noch weiterarbeiten will und ob er die fertige Gestaltung der Öffentlichkeit zugänglich macht, s RGZ 105, 319 (PatR). Da das VeröffentlichungsR eng mit den VerwertungsR verbunden ist, Begr § 12 UrhG, geht es mit der Einräumung von verbreitungsorientierten VerwertungsR auf den Erwerber über, Furler 2/16. Bei einer Rechtsnachfolge bringt es die damit idR verbundene Verwertungsbefugnis mit sich, dass dem Rechtsnachfolger auch das VeröffentlichungsR zusteht. Wenn dem Arbeitgeber das Recht an einem eingetragenen Design zusteht, § 7 II, ergibt sich daraus auch das BestimmungsR des Arbeitgebers über die Veröffentlichung des Musters.

24 **7.** Ein **Änderungsverbot** ergibt sich nicht aus einer entspr Anwendung von § 39 I UrhG. Schon in diesem Bereich sind Änderungen nach dem Grds von Treu und Glauben zulässig, § 39 II UrhG. Bei Erzeugnissen, die praktischen Bedürfnissen zu dienen bestimmt oder dem Wechsel von Moden und Trends ausgesetzt sind, können Anpassungen und Weiterentwicklungen geboten sein, um den Verkaufserfolg aufrechtzuerhalten. Ein Genehmigungserfordernis für Änderungen würde das VerwertungsR der Hersteller über Gebühr einschränken, Grünbuch 7.1.4. Der Hersteller hat einen größeren Freiraum als im UrhR, weil bei einem Design die persönlichkeitsrechtliche Bindung des Designers schwächer ausgeprägt ist, Englert S 95 f; v Gamm 2/18; MusterKur FS Schricker 1995, 527. Einem Lizenznehmer können als nebenvertragliche Verpflichtung Änderungen untersagt sein, wenn sie der Vermeidung von Lizenzzahlungen dienen sollen. Das Recht des Urhebers, eine Entstellung oder eine andere Beeinträchtigung seines Werks zu verbieten, die geeignet ist, seine berechtigten geistigen oder persönlichen Interessen zu beeinträchtigen, § 14 UrhG, ist eine so bedeutsame

A. Allgemeines zum Designrecht

Ausprägung des PersönlichkeitsR, dass es auch dem Designer zusteht. Ob berechtigte geistige oder persönliche Interessen des Designers beeinträchtigt sind, hängt sowohl von der Art der Änderung als auch von der Art des Erzeugnisses und dem Ansehen des Designers ab. Erforderlich ist eine Abwägung zwischen dem Integritätsinteresse des Entwerfers und dem Gebrauchsinteresse eines Nutzungsberechtigten unter Berücksichtigung der Art und Intensität des Eingriffs, der Gestaltungshöhe und des Gebrauchszwecks, OGH GRUR Int 10, 1093, 1094 – Tirol Milch Logo. Wenn eine Designerbenennung oder eine Designerbezeichnung erfolgt, ergibt sich daraus eine Einengung des ÄnderungsR. Ebenso wie der Urheber, s BGH GRUR 02, 532, 534 – Unikatrahmen, hat dann auch der Designer einen Anspruch darauf, dass fremde Gestaltungen ihm und seinem Werk nicht zugerechnet werden. Bei einer Übertragung entäußert sich der Designer so weitgehend seiner Bindung an das Design, dass er sich idR nur gegen grobe Entstellungen zur Wehr setzen kann. Strengere Maßstäbe gelten, wenn auch nach der Übertragung eine Designerbezeichnung oder eine Designerbenennung erfolgt. Bearbeitungen an einer Gestaltung, über die ausschließlich der Rechtsinhaber verfügungsbefugt ist, bedürfen dessen Einwilligung, s § 38 Rn 38. Nach einer Übertragung kann das Integritätsinteresse so fortbestehen, dass der Erwerber einen Anspruch gegen Beeinträchtigungen der Integrität durch Dritte haben kann.

8. Ein **Rückrufsrecht** wegen gewandelter Überzeugung, § 42 UrhG, ist **25** so spezifisch urheberrechtlicher Natur, dass es für das DesignR keiner Entsprechung bedarf. Der Gegenstand eines eingetragenen Designs kann zwar dem Designer auch ohne Designerbenennung und ohne Designerbezeichnung zuzuordnen sein. Die Ausrichtung auf den Gebrauchszweck hat jedoch zur Folge, dass keine persönlichkeitsrechtlich relevante Identifizierung des Designers mit seinem Entwurf stattfindet. Bei Rechtsübertragung kommt ein RückrufsR wesensbedingt nicht in Betracht. Ob bei vertraglichem BenutzungsR ein RückrufsR wegen Nichtausübung besteht, richtet sich nicht nach den Grds des § 41 UrhG, sondern nach dem Inhalt bzw der Auslegung des Lizenzvertrags.

IV. Werbung für Design

1. Der **Begriff „Design"** ist in der deutschen Sprache zwar nicht so um- **26** fassend wie in der englischen Sprache. Aber auch im Bereich der Produktgestaltung können mit dem Begriff „Design" breit gefächerte Vorstellungen verbunden sein. Wenn „Design" mit Attributen wie „ansprechend", „edel", „schön" uä verbunden wird, muss der Subjektivität des Formulierenden Rechnung getragen werden. Bei beschreibenden Gattungsbegriffen wie zB „Designermöbel" erwarten Letztabnehmer häufig, dass Designobjekte weniger unter dem Namen des Herstellers als vielmehr unter dem Namen des Designers bekannt geworden sind, BGH GRUR 00, 1108, 1109 – Designer-Polstermöbel. Dass „Designermöbel" uU als Werke der angewandten Kunst UrhR-Schutz genießen können, trifft zwar zu, BGH GRUR 00, 1109, aber Letztabnehmer sind hier zu Beurteilungen idR nicht in der Lage.

2. Ob die **Werbeangabe „Design"** irreführend iSd §§ 3, 5 II Nr 1 **27** UWG wirkt, hängt von den jeweiligen Gesamtumständen ab. Auch wenn Anspruch und Wirklichkeit auseinanderklaffen, werden die Werbeadressaten häufig der Subjektivität des Werbungtreibenden Rechnung tragen. Erwartet werden darf das Bemühen um eine ansprechende Gestaltung, die nicht am aktuellen Massengeschmack ausgerichtet ist, sondern ungewöhnliche Individualität zum Ausdruck bringt. Durch Wortverbindungen mit „Designer-" wird ein personaler Bezug hergestellt, der die Entwurfstätigkeit einer Person erwarten lässt, die dieser Berufsbezeichnung gerecht wird. Diese Berufsbezeichnung ist zwar rechtlich nicht geschützt, sie wird aber mit Entwerfern in Verbindung gebracht, die im Bereich dessen tätig sind, was unter „Design" verstanden wird. Plagiate können zwar dasselbe Aussehen wie Original-Designobjekte haben. Aber insbes bei Designermöbeln erwarten die Kaufinteressenten, dass sie von einem authorisierten Hersteller stammen. Angaben wie „die schönsten Entwürfe der Designgeschichte", „fast alle Bauhaus-Klassiker", „Bauhausmöbel" sind daher für Plagiate irreführend, Hbg BeckRS 08, 03920; ebenso schon Vorinst LG Hbg NJOZ 08, 4968 (Leitsätze in GRUR-RR 09, 76), LG Hbg BeckRS 08, 22995, LG Hbg 312 O 330/08 v 24.2.09, – Designermöbel aus Italien I, II und III.

28   **3. Schutzrechtshinweise** sind irreführend iSd §§ 3, 5 II 1 Nr 3 UWG, wenn kein Schutz besteht oder wenn der Eindruck eines umfassenderen Schutzes erweckt wird. Ggf kann ein Anspruch auf Auskunft geltend gemacht werden, § 59. Weil das eingetragene Design ein ungeprüftes SchutzR ist, sind nur wenige Angaben völlig frei von Irreführungsgefahr. Anmeldung kann genügen, wenn Eintragung alsbald nachfolgt, Mü NJWE-WettbR 97, 107. Viele Angaben, zB „Musterschutz", „Muster gesetzlich (rechtlich) geschützt", „Muster hinterlegt" sind nicht eindeutig, weil auch an GebrM gedacht werden kann. Da jedoch „eingetragenes Design" ebenso wie „Geschmacksmuster" als Begriff nicht allg bekannt ist, steht das berechtigte Interesse des Rechtsinhabers und das Interesse der Allgemeinheit an Informationen so im Vordergrund, dass unzutreffende Vorstellungen bei einem Teil der von der Werbung Angesprochenen hingenommen werden können, BGH GRUR 85, 520, 521 – Konterhauben-Schrumpfsystem (für Hinweis auf Patentanmeldung). „Gesetzlich geschützt" kann als Hinweis auf ein geprüftes SchutzR, also auf ein erteiltes Patent oder auf ein im Löschungsverfahren bestätigtes GebrM verstanden werden, ähnl BGH GRUR 57, 358, 359 – Kölnisch Eis (für Hinweis auf AusstattungsR); diese Angabe ist daher als Hinweis auf ein eD irreführend. Irreführend auch „Design Patent", Benkard/Ullmann 146/31. „Muster gesetzlich geschützt" wirkt für Erzeugnisse mit technischen Merkmalen als irreführender Hinweis auf GebrM-Schutz, Mü 29 U 2472/94 v 10.11.94. Wer dabei an Designschutz denkt, kann als Ergebnis amtlicher Prüfung erwarten, dass Dritten der Vertrieb derartiger Erzeugnisse von Gesetzes wegen untersagt ist, Mü v 10.11.94. Unzulässig auch „patentamtlich geschützt", weil Schutz durch geprüftes Patent erwartet wird, Mü Mitt 98, 479, 480. Die Werbung mit GeschmM-Schutz war irreführend, wenn ein GeschmM zwar eingetragen, aber offensichtlich nicht schutzfähig war, Düss GRUR 84, 883; WRP 99, 218, 220 (zum GebrM-Schutz). Wenn DesignGeschmMschutz nur im Ausland besteht, ist eine Berühmung im Inland idR irreführend, s BGH GRUR 84, 741, 742 – patented. Bei einem international gebräuchlichen Symbol kann es jedoch ausreichen, dass die Angabe zumindest für einen Mitgliedstaat der EU zutrifft, s EuGH GRUR Int 91, 215, 216 – Pall/Dahlhausen; dasselbe gilt für wörtliche Angaben. Ein Designvermerk gem Art 14 III HMA 1960 – großer

A. Allgemeines zum Designrecht

Buchstabe D in einem Kreis – informiert nur über die Tatsache der internationalen Eintragung. Der sog Copyrightvermerk – kleiner Buchstabe c in einem Kreis – ist ein international üblicher Hinweis auf der Grundlage von Art III 1 WUA. Da die Beanspruchung eines Urh-Schutzes zum Ausdruck gebracht wird, besteht Irreführungsgefahr nur, wenn dieser Schutz weder im Inland noch im Ausland ernsthaft in Betracht kommt.

V. Wettbewerbsbeschränkungen

1. Deutsches Recht findet Anwendung, wenn es um Verhaltensweisen mit rein innerdeutscher Bedeutung geht. Durch § 1 GWB sind ua Vereinbarungen verboten, die eine Einschränkung des Wettbewerbs bewirken. Freigestellt sind jedoch nach § 2 I GWB Vereinbarungen, die ua zur Förderung des Fortschritts oder zur Verbesserung der Warenverteilung beitragen. Dabei finden die Gruppenfreistellungsverordnungen der EU entsprechende Anwendung, § 2 II 1 GWB. Das gilt nach § 2 II 2 GWB auch, wenn der Handel zwischen den Mitgliedstaaten der EU nicht betroffen ist, also insbes bei rein innerdeutschen Vorgängen. Viele der zu § 17 GWB aF entwickelten Grds finden dabei weiterhin Anwendung. Die Verpflichtung des Lizenznehmers zur Zahlung einer Lizenzgebühr kann eine Beschränkung im Verkehr darstellen, BGH GRUR 03, 896, 897 – Chirurgische Instrumente; GRUR 05, 845, 846 – Abgasreinigungsvorrichtung, aber das ist nur dann der Fall, wenn sie vom Schutzbereich nicht gedeckt ist, Bartenbach/Söder, Mitt 07, 353, 354 ff. Wenn Lizenzzahlungen für Handlungen vereinbart werden, die dem Schutzrechtsinhaber nicht vorbehalten sind, geht diese Beschränkung über den Inhalt des Schutzrechts hinaus, BGH GRUR 01, 223, 224 – Bodenwaschanlage; GRUR 05, 845, 847 – Abgasreinigungsvorrichtung. Wird ein DesignschutzR mit Rückwirkung vernichtet, bleibt die Verpflichtung zu Lizenzzahlungen bestehen, soweit und solange der Lizenznehmer eine wirtschaftliche Vorzugsstellung aufgrund des Lizenzvertrags innehat, BGH GRUR 93, 40, 42 – Keltisches Horoskop; WRP 02, 1001, 1004 – Abstreiferleiste; GRUR 05, 935, 937 – Vergleichsempfehlung II. **29**

2. Dem **Unionsrecht** unterliegen Vereinbarungen, Beschlüsse und Verhaltensweisen insbes dann, wenn sie geeignet sind, den Handel zwischen den Mitgliedstaaten der EU zu beeinträchtigen, Art 101 I AEUV. Vereinbarungen können jedoch freigestellt werden, wenn sie ua zur Förderung des Fortschritts oder zur Verbesserung der Warenverteilung beitragen, Art 101 III AEUV; das kann insbes durch Gruppenfreistellungsverordnungen geschehen. Eine verschleierte Beschränkung des Handels zwischen den Mitgliedstaaten iSd Art 36 AEUV ergibt sich nicht schon aus unterschiedlichen Schutzfristen und Unterschieden in der Strafbarkeit, BGH GRUR 13, 62 Tz 56, 57 – Italienische Bauhausmöbel. Der spezifische Gegenstand des UrhR kann eine Beschränkung des freien Warenverkehrs rechtfertigen, EuGH GRUR 12, 817 Rn 36 – Donner. Dem Spannungsverhältnis zwischen dem Grds des beschränkungsfreien Warenverkehrs und dem Schutz des gewerblichen und kommerziellen Eigentums wird dadurch Rechnung getragen, dass der Bestand der SchutzR anerkannt, die Ausübung der daraus resultierenden Rechte jedoch als Verstoß gegen Art 101 I AEUV behandelt wird, wenn sie den Gegenstand, das Mittel oder die Folge eines Kartells darstellt, EuGH GRUR Int 82, 530, 533 – Maissaatgut. Zu dem gewerblichen und kommerziellen **30**

A. Allgemeines zum Designrecht   Systematik des DesignR

Eigentum iSv Art 30 AEUV gehört auch der Schutz von Mustern und Modellen, EuGH GRUR Int 83, 643, 644 – Keurkoop/Nancy Kean Gifts. Allein das Bestehen eines SchutzR hat noch keine marktbeherrschende Stellung zur Folge, EuGH GRUR Int 76, 398, 401 – EMI Records/CBS Schallplatten; BGH GRUR 74, 40, 42 – Bremsrolle. Der Erwerb eines DesignschutzR führt daher noch nicht in den Anwendungsbereich von Art 102 AEUV, EuGH GRUR Int 90, 140 Rn 18 – CIRCA/Renault. Ob ein Kfz-Hersteller für designrechtlich geschützte Karosserieersatzteile eine marktbeherrschende Stellung innehat, ist bisher offen geblieben, Joliet GRUR Int 89, 177, 185. Die Belieferungspolitik und die Preisgestaltung des Herstellers können jedoch missbräuchlich oder diskriminierend sein, EuGH GRUR Int 90, 141 Rn 18; Einzelh Eichmann GRUR Int 90, 121, 132. Zur Erteilung von Lizenzen kann der Hersteller von Karosserieersatzteilen nicht gezwungen werden, EuGH GRUR Int 90, 141, 142 – Volvo.

31   **3.** Durch **Lizenzverträge** wird der Wettbewerb grds gefördert, weil einem bisher nicht berechtigten Marktteilnehmer die Nutzung eines SchutzR eröffnet wird. Freistellungen ergeben sich aus der VO Nr 772/2004 zu Gruppen von Technologietransfer-Vereinbarungen, ABl EU v 27.4.04 – L 123/11 (= TT-GVO). Nach der Definition in Art 1 zu „Patent" gilt die TT-GVO auch für DesignschutzR. Die TT-GVO wird durch Leitlinien der Kommission, ABl EU v 27.4.04 – C 102/2, aufbereitet und erläutert. Grundvoraussetzung für die Anwendung ist geringe Marktmacht, Art 3 TT-GVO. Nicht freigestellt sind Verpflichtungen des Lizenznehmers zur Lizenzierung von Verbesserungen, Art 5 I 1) und b) TT-GVO. Stark eingeengt sind Einflussnahmen auf die Preisgestaltung, Art 4 II a) TT-GVO, und Nichtangriffsverpflichtungen, Art 5 I c) TT-GVO; Moderat gestattet sind Beschränkungen des Gebiets oder des Kundenkreises, Art 4 II b) TT-GVO.

32   **4. Vertriebsverträge** sind wichtige Instrumentarien zur arbeitsteiligen Marktbearbeitung. Freistellungen sind in der VO Nr 330/2010 über die Anwendung von Art 101 III AEUV auf Gruppen von vertikalen Vereinbarungen etc, ABl EU v 23.4.10 L 102/1 (= Vertikal-GVO), geregelt. Einzelheiten werden durch Leitlinien der Kommission, ABl EU v 19.5.2010 – C 130/1, aufbereitet und erläutert. Bei geringer Marktmacht, s Art 2 II und Art 3 I, sind vertikale Beschränkungen grds freigestellt. Ausgenommen sind ua Absprachen über Verkaufspreise, Art 4a). Für Beschränkungen des Gebiets und des Kundenkreises besteht ein Verbot mit dem Vorbehalt mehrer Ausnahmen, Art 4b). Wenn bei einem selektiven Vertriebssystem Vertragshändler vom Internetvertrieb de facto ausgeschlossen werden, bedarf es hierfür einer objektiven Rechtfertigung, EuGH GRUR Int 11, 1077 Rn 47 – Pierre Fabre. Detaillierte Hinweise enthalten Rn 51, 52 der Leitlinien, hierzu Pischel GRUR 10, 972; Lettl WRP 10, 807, 814; Rösner WRP 10, 1114, 1117; Kunzmann Mitt 11, 458; Fesenmair GRUR-Prax 13, 283. Der generelle Ausschluss des Internetvertriebs ist daher idR nicht gestattet, BGH GRUR 04, 351, 352 – Depotkosmetik im Internet; Mü-GRUR-RR 09, 394; Karlsr GRUR-RR 10, 109; Spieker GRUR-RR 09, 81; Haslinger WRP 09, 279; Ruess/Slopek WRP 09, 1021. Nach § 19 II 1 iVm § 19 I GWB ist die missbräuchliche Ausnutzung einer marktbeherrschenden Stellung ua durch sachlich nicht gerechtfertigte Ungleichbehandlung verboten. Dasselbe gilt nach § 20 I 1 GWB bei relativer Marktmacht, dh wenn keine ausreichenden und zumutbaren Belieferungsmöglichkeiten durch andere

Unternehmen zur Verfügung stehen. Für exklusive Designermöbel kann eine sog Spitzengruppenabhängigkeit bestehen, BGH GRUR 00, 1108, 1109 – Designer-Polstermöbel.

5. Bestimmungen über eine **Zwangslizenz** enthält das DesignG, anders **33** als zB § 24 PatG, nicht. Ein Missbrauch einer marktbeherrschenden Stellung kann insbes in einer unbilligen Behinderung liegen, EuGH GRUR 04, 524 Rn 35 – IMS Health/NCD; De Bronett WuW 09, 899, 903. Das Verhalten des Inhabers eines DesignR an Karosserieteilen kann zwar als solches nicht als missbräuchliche Ausnutzung einer beherrschenden Stellung angesehen werden, wenn dieser sich weigert, Dritten gegen angemessene Vergütung eine Lizenz für die Lieferung von Austauchteilen zu erteilen. Dem lag jedoch zugrunde, dass das vorlegende Gericht keine missbräuchlichen Verhaltensweisen festgestellt hatte, EuGH GRUR Int 90, 141 Rn 11 – Volvo/ Veng. Missbräuchliches Verhalten setzt die Feststellung von außergewöhnlichen Umständen voraus, EuGH GRUR Int 95, 490 Rn 50 – Magill; GRUR Int 99, 262 Rn 39 – Bronner; GRUR 04 Rn 37. Der relevante Markt umfasst Erzeugnisse, die mit anderen Erzeugnissen nur in geringem Maß austauschbar sind, mwN EuGH GRUR Int 99 Rn 33. Die Besonderheit von Must-Match-Teilen besteht darin, dass für einen Austausch keine Gestaltungsalternativen zur Verfügung stehen, Riehle GRUR 93, 49, 62; Kur GRUR Int 93, 71, 74; Eichmann GRUR Int 96, 859, 873; Gallego GRUR Int 06, 16, 27. Hersteller von Hauptwaren können für zugehörige Ersatzteile eine beherrschende Stellung einnehmen, EuGH GRUR Int 86, 46 – Hugin Kassaregister/Kommission; BGH GRUR 73, 277, 278 – Registrierkassen; GRUR 74, 168, 170 – EDV-Ersatzteile. DesignschutzR für Must-Match-Austauschteile begründen daher eine marktbeherrschende Stellung für diese engen Teilmärkte, Eichmann GRUR Int 96, 873; GRUR Int 97, 595, 602. Bei Reparatur-Austauschteilen muss zwar nicht das Auftreten eines neuen Erzeugnisses gefördert werden, s EuGH GRUR Int 95, 490 Rn 54; GRUR 04, 524 Rn 37. Aber bei der Beurteilung von Ausweichmöglichkeiten geht es nicht um Fragen der Rentabilität, zB EuGH GRUR Int 99, 262 Rn 45, 46, sondern um eine absolute Alternativlosigkeit. Eine derartige Enge eines Teilmarkts entspricht dem im UrhR anschaulich mit „single source"-Situation bezeichneten Fehlen jeglichen Wettbewerbs, zB Hilty GRUR 09, 633, 639. Aus dem kartellrechtlichen Zwangslizenzeinwand kann sich auf der Grundlage von Art 82 II b) AEUV bzw § 20 I GWB ein Anspruch auf Einräumung einer Lizenz ergeben, Kühnen FS Tilmann 2003, 513, 523; Wirtz/Holzhäuser WRP 04, 683, 693, Benkard/ Scharen 9/74. Dieser Anspruch ist weder durch das Bestehen einer spezialgesetzlichen Regelung, BGH GRUR 04, 966, 967 – Standard Spundfaß II, noch durch das Fehlen einer derartigen Regelung ausgeschlossen. Der aus einem SchutzR in Anspruch genommene Bekl kann demzufolge ggü dem Unterlassungsbegehren des klagenden Schutzrechtsinhabers einwenden, dieser missbrauche eine marktbeherrschende Stellung. Ein derartiger Missbrauch kann sich nicht nur aus einer Diskriminierung, sondern auch aus einer unbilligen Behinderung ergeben, BGH GRUR 09, 694 Tz 27, 29 – Orange-Book-Standard; hierzu Düss WuW 11, 401; Karlsr GRUR-RR 12, 124 (Vorinst Mannh Mitt 12, 120); Karlsr GRUR 12, 736; LG Düss GRUR-RR 13, 196; Nägele/Jacobs WRP 09, 1062; de Bronett WuW 09, 899; Jestaedt GRUR 09, 801; Gärtner/Vormann Mitt 09, 440; Wilhelmi

WRP 09, 1431; Kiani/Springorum/Schmitz Mitt 10, 6; Maume/Tapia GRUR Int 10, 923; Wirtz WRP 11, 1392; Müller GRUR 12, 686; Deichfuß WuW 12, 1156. Missbräuchlich handelt der Inhaber eines SchutzR bei der Ablehnung eines Angebots, wenn der nicht autorisierte Benutzer ein unbedingtes und annahmefähiges Vertragsangebot gemacht und wenn dieser sich verpflichtet hat, die von ihm in angemessener Höhe angebotene Lizenzgebühr zu entrichten, BGH GRUR 09, 694 Tz 30, 33. Der kartellrechtliche Zwangslizenzeinwand ist zwar für standardessentielle Patente entwickelt worden, kann aber auch bei Must-Match-Teilen in Betracht kommen. Eine unbillige Behinderung kann zB darin liegen, dass der Rechtsinhaber das Inverkehrbringen von Ersatzteilen eingestellt hat oder völlig unangemessene Preise fordert oder sich willkürlich weigert, unabhängige Reparaturwerkstätten mit Ersatzteilen zu beliefern, EuGH GRUR Int 90, 140 Rn 18 – CICRA/Régie Renault; GRUR Int 90, 141 Rn 9.

VI. Werke der angewandten Kunst

34   **1.** Das **Verhältnis zu Designschutzrechten** war im Geltungsbereich des GeschmMG 1876 nur durch einen rangmäßigen und gradmäßigen Unterschied geprägt, BGH GRUR 57, 291, 293 – Europapost; GRUR 95, 581, 582 – Silberdistel. Bei Werken der angew Kunst wurden an die Schutzfähigkeit höhere Anforderungen als bei der zweckfreien bildenden Kunst mit der Begründung gestellt, dass sich eine designfähige Gestaltung erheblich von einer nicht geschützten Durchschnittsgestaltung abheben muss. Für den Urh-Schutz müsse daher ein noch weiterer Abstand, dh ein noch deutlicheres Überragen der Durchschnittsgestaltung gefordert werden, BGH GRUR 95, 581, 582; GRUR 98, 830, 831 – Les-Paul-Guitarren; GRUR 04, 941, 942 – Metallbett. Diese Rechtspraxis hat zwar nicht gegen Art 14 I und 3 I GG verstoßen, BVerfG GRUR 05, 410, 411 – Laufendes Auge. Aber der Designschutz wird nicht mehr an dem Kriterium der Durchschnittlichkeit, sondern an dem schlichten Erfordernis der Unterschiedlichkeit gemessen, § 2 Rn 12. Anders als das GeschmMG 1876 wies das GeschmMG 2004 in Entstehungsgeschichte und Inhalt keine Verwandtschaft mit dem UrhG auf; das ist im DesignG unverändert geblieben. Nähe besteht in den Schutzvoraussetzungen zum MarkenR und in den Schutzwirkungen zum PatR, s Rn 12, während das Verhältnis zum UrhR durch Unterschiede geprägt ist. Bei den Schutzvoraussetzungen hat eine bewusste Abkehr von dem Erfordernis einer angemessenen Gestaltungshöhe stattgefunden, § 2 Rn 12, 18. Für die Schutzwirkungen kommt es nicht mehr auf die Feststellung einer Nachbildung, sondern nur auf eine Übereinstimmung im Gesamteindruck an, § 38 Rn 16 ff. Das Erfordernis einer Registereintragung und die Möglichkeit einer Prioritätsbeanspruchung ist zwar nicht das Ergebnis einer Neuorientierung. Im geänderten Gesamtzusammenhang belegen aber auch diese Kriterien die wesensmäßige Andersartigkeit des Designschutzes ggü dem Urh-Schutz. Weil ein enger Bezug zum UrhR nicht mehr besteht, ist das eingetragene Design ein eigenständiges gewerbliches SchutzR mit der Folge, dass für den Schutz von Werken der angewandten Kunst keine anderen Anforderungen als für den Schutz von Werken der freien Kunst gestellt werden dürfen, BGH GRUR 14, 175 Tz 35, 40 – Geburtstagszug, noch offen gelassen in BGH GRUR 12, 58 Tz 36 – Seilzirkus. Es genügt daher, dass Werke der angewandten Kunst eine Gestaltungshöhe erreichen, die es nach Auffassung der für Kunst empfänglichen und mit Kunstanschauungen einigermaßen vertrauten Kreise rechtfertigt, von einer „künstlerischen" Leistung zu sprechen, BGH GRUR 14, 175 Tz 26; hierzu Klawitter GRUR-Prax 14, 30; Rauer/Ettig WRP 14, 135.

2. Für die **Schutzvoraussetzungen** ist von Bedeutung, dass Werke der **35** angewandten Kunst einem Gebrauchszweck dienen. Der Gebrauchszweck eines Erzeugnisses steht daher dem Urh-Schutz nicht entgegen, BGH GRUR 61, 635, 638 – Stahlrohrstuhl I; GRUR 76, 649, 650 – Hans-Thoma-Stühle; GRUR 87, 903, 904 – Le Corbusier-Möbel mwN. Das Erfordernis einer „künstlerischen" Leistung trägt dem Wesen der angewandten Kunst nicht darin Rechnung, dass ein Erzeugnis sogar überwiegend wegen seines Gebrauchsnutzens erworben werden kann, s BGH GRUR 87, 904. Gewichtige Indizien für eine ausreichende Gestaltungshöhe von Werken der angewandten Kunst können sich aus der Beachtung in Fachkreisen ergeben, BGH GRUR 89, 903, 907 – Le Corbusier-Möbel; Karlsr GRUR 94, 283, 284 – Eileen Gray, zB durch die Aufnahme in Museen, zB BGH GRUR 74, 740 – Sessel; BGH GRUR 87, 907; FfM GRUR 90, 121 – USM-Haller; Düss GRUR 93, 903, 907 – Bauhaus-Leuchte; Mü GRUR-RR 11, 54 – Eierkoch, oder in Buchbeiträge, zB BGH GRUR 74, 740; FfM GRUR 90, 121; Düss GRUR 93, 907, sowie aus Auszeichnungen, zB BGH GRUR 74, 740 oder verbreiteter Wertschätzung, BGH GRUR 07, 871 Tz 1 – Wagenfeldleuchte, und nicht zuletzt aus dem Ansehen des Gestalters, zB BGH GRUR 07, 928 Tz 1. Unbegründet ist die Befürchtung, geringere Anforderungen an die Gestaltungshöhe würden Interessenten dazu veranlassen, die Kosten und Formalien für einen Designschutz zu vermeiden. Die Interessenten wissen schon längst die Vorteile der Rechtssicherheit zu schätzen, die der Designschutz bietet. Das belegen sowohl die fortwährend positive Entwicklung der Anmeldezahlen bei den Registerbehörden als auch die Rechtspraxis zB in Frankreich, in der keinerlei Unterschiede bei der Gestaltungshöhe gemacht werden, mwN Levin GRUR 85, 721; Eichmann GRUR Int 90, 125; Cohen Jehoram GRUR Int 91, 688. Das weitere Argument der langen Schutzdauer des UrhR hat im Bereich der sog kleinen Münze zu keinen Unzuträglichkeiten geführt, Eichmann Mitt 95, 370, 373; FS Beier 1996, 459, 469. Wenn der Gegenstand eines Designs auch ein Werk der angewandten Kunst ist, finden die Bestimmungen sowohl des DesignG als auch des UrhG Anwendung. Besonderheiten des UrhG wirken sich insbes auf Rechtsübertragungen, s § 29 Rn 3 ff, auf das DesignerpersönlichkeitsR, Allg Rn 18, sowie auf Schutzschranken, §§ 45 ff UrhG, aus. Der unionsrechtlichen Gesetzgebung liegt zugrunde, dass für den Gegenstand eines Designs auch Urh-Schutz in Anspruch genommen werden kann, Art 17 GRL, Einzelh § 50 Rn 1. Es verstößt gegen Art 17 GRL, wenn Designs vom Urh-Schutz ausgeschlossen werden, weil sie vor dem Inkrafttreten eines Gesetzes zur Umsetzung der GRL keinen Designschutz genossen haben. Dabei macht es keinen Unterschied, ob eine Eintragung erloschen ist oder ob eine Eintragung nicht bestanden hat, EuGH GRUR 11, 216 – Flos/Semeraro. Urh-Schutz kann auch für KfZ-Austauschteile bestehen; dem steht nicht entgegen, dass sie aufgrund der Must-Match-Klausel, s § 73 Rn 1, vom Designschutz ausgeschlossen sind, Cour d'Appel de Mons (Belgien) 2007/RG/1011, 1013 v 7.3.11.

Eichmann

36   **3.** Dass einzelne **Erscheinungsformen** in der früheren Rechtspraxis unterschiedliche Bedeutung erlangt haben, hängt vor allem mit dem Abstand zur bildenden Kunst zusammen. Wenn Erzeugnisse in ihrem Erscheinungsbild den klassischen Erscheinungsformen der bildenden Künste entsprechen, hat das leichter zur Bejahung einer persönlich-geistigen Schöpfung als bei alltagstypischen Gebrauchserzeugnissen geführt; umfassende Nachw bei Zentek 131 ff. Das geänderte Verhältnis zum Designschutz rechtfertigt in allen Einzelbereichen weniger strenge Anforderungen an das Erfordernis einer persönlich-geistigen Schöpfung, Voraufl Allg Rn 34; Kur GRUR Int 98, 353, 357; A. Nordemann/Heise ZUM 01, 128; Koschtial GRUR 04, 555, 559; Loewenheim GRUR Int 04, 765; Zentek 27 f, 73 f; WRP 10, 73; Schricker FS Kreile 1994, 715; GRUR 96, 815, 817. Umfassend zum Urheberrechtsschutz von Design: Schulze in: Eichmann/Kur, § 4; zur RBÜ: Kur in: Eichmann/Kur § 13 II.

37   **a)** Für **Fahrzeuge** hat Urh-Schutz zur Voraussetzung gehabt, dass ein großer Gestaltungsspielraum eigenschöpferisch genutzt wurde. Das war bei dem Wagenäußeren einer Stadtbahn der Fall, bei der die stark gegliederte Vorderfront mit einer großzügig geschwungenen und eleganten Großform verschmolzen war und sich daraus eine bes Harmonie der Gesamtgestaltung ergeben hat, BGH GRUR 02, 799, 800 – Stadtbahnfahrzeug (Vorinst Celle GRUR-RR 01, 125).

38   **b)** Für **figürliche Darstellungen** sowohl in dreidimensionaler als auch in zweidimensionaler Form hat häufig die Individualität der Darstellungsweise zum Kunstschutz geführt, zB BGH GRUR 52, 516, 517 – Hummel I; GRUR 58, 500, 501 – Mecki I; GRUR 60, 144, 145 – Bambi; GRUR 60, 251, 252 – Mecki II; GRUR 63, 485, 587 – Micky-Maus-Orangen; GRUR 70, 250, 251 – Hummel III; GRUR 74, 669, 671 – Tierfiguren (ebenso OGH GRUR Int 73, 205 für gleiche und ähnliche Gestaltungen nach österreichischem Recht); GRUR 92, 697, 698 – ALF (Vorinst Hbg GRUR 91, 207); GRUR 94, 191, 192 – Asterix-Persiflagen; GRUR 94, 206, 207 – Alcolix; GRUR Int 05, 340, 342 – Hundefigur (Comicfigur und plastische Figur „Bill"); Mü GRUR 77, 556 (vermenschlichte Igelfigur); FfM GRUR 84, 520; Hbg ZUM 89, 305; LG Mü I Schulze LGZ 176, LGZ 178 (Schlümpfe); GRUR 85, 536 (Asterix-Figur); Saarbrücken GRUR 86, 311 (Bergmannsfigur); Mü GRUR 89, 253 (holzgeschnitzte Engelfiguren; Vorinst LG Mü I Schulze LGZ 120, 6); Hbg ZUM 89, 359 (Pillhuhn-Figur); KG GRUR-RR 01, 293 (zeichnerische Wiedergabe einer Bachforelle); Hbg ZUM 91, 368; Mü ZUM 91, 251; ZUM 92, 252 (Asterix-Figuren); FfM ZUM 94, 31 (zurückverwiesen durch BGH GRUR 95, 47 – Rosaroter Elefant); Karlsr ZUM 00, 327 (Nilpferdfigur „Happy Hippos"); Hbg GRUR-RR 03, 34 (Maschinenmensch); Mü NJOZ 04, 867 (Pumuckl); Mü GRUR-RR 04, 33, 34; Düss GRUR-RR 08, 117, 119 (Gipsfigur für Engel aus Bronze); LG Bln ZUM-RD 02, 252; LG Nürnberg-Fürth GRUR 95, 408 (Playmobil-Spielfigur); weit Nachw Schramm UFITA 77 (1976), 113 ff; Ruijsenaars GRUR Int 93, 815 f. Kunstschutz ist idR nur abgelehnt worden, wenn geringe Gestaltungshöhe offensichtlich war, zB Kblz GRUR 67, 262 (Engelsfiguren im Barockstil); Schleswig GRUR 85, 289 (Tierfiguren aus Ton).

39   **c)** Für **Fotografien** kommt Schutz als Lichtbild, § 72 UrhG, oder als Lichtbildwerk, § 2 I Nr 5 UrhG, in Betracht. Lichtbildwerke können zwar

A. Allgemeines zum Designrecht

nur persönliche geistige Leistungen iSd § 2 II UrhG sein. Eines besonderen Maßes an schöpferischer Gestaltung bedarf es jedoch nicht; geschützt sind vielmehr individuelle Werke als Ergebnis einer geistigen Schöpfung, BGH GRUR 93, 34, 36 – Motorsäge; GRUR 00, 318, 319 – Werbefotos. Das setzt idR die Ausnutzung eines großen Gestaltungsspielraums voraus, Düss GRUR 97, 51. Auch die Wahl des Motivs und ein bes Ausschnitt kann persönliche geistige Leistung sein, Köln GRUR 00, 43, 45. Für den Schutz von Lichtbildern genügt ein Mindestmaß an persönlicher geistiger Leistung, wie es idR schon bei einfachen Fotografien erfüllt ist, BGH GRUR 00, 319. Unterschiede bestehen in der Schutzdauer, s § 64 UrhG bzw § 72 II UrhG, und im Anspruch auf Entschädigung bei Nichtvermögensschäden, s § 97 II UrhG.

d) Für **Gebrauchsgegenstände** können die Gestaltungsmerkmale so **40** durch den Gebrauchszweck vorgegeben sein, dass für angewandte Kunst wenig Spielraum verblieben ist. Die Kombination und Abwandlung bekannter oder notwendiger Elemente hatte zwar zeitloses Design von sehr hoher Qualität, aber trotzdem keinen Urh-Schutz zur Folge, BGH GRUR 98, 830, 832 – Les-Paul-Gitarren. Nicht ausreichend war, dass ein Gegenstand ästhetisch gefällig gestaltet und handwerklich bes gut gelungen war, BGH GRUR 81, 517, 519 – Rollhocker, oder sich auf eine Integration technischer und ergonomischer Erfordernisse beschränkt hat, RG GRUR 33, 326 (Türdrücker); Hbg WRP 80, 161 (Toilettenbrille). Merkmale der Materialwirkung, RG GRUR 32, 891, 893 – Stahlrohrmöbel, und der technischen Konstruktion, BGH GRUR 82, 305, 307 – Büromöbelprogramm; GRUR 04, 941, 942 – Metallbett; GRUR 12, 58 Tz 20 – Seilzirkus, blieben ohnehin unberücksichtigt. Es muss daher dargelegt werden, inwieweit der Gebrauchsgegenstand über seine von der Funktion vorgegebene Form hinaus künstlerisch gestaltet ist, BGH GRUR 09, 856 Tz 45 – Tripp-Trapp-Stuhl; GRUR 12, 58 Tz 25. Bei Tafelbesteck haben eine fächerartige Griffverzierung, RG GRUR 29, 734, und die Gesamtform, LG Düss BB 58, 538, Anerkennung gefunden. Urh-Schutz ist auch gewährt worden für gläsernes Eierkochgefäß von Wilhelm Wagenfeld, Mü GRUR-RR 11, 54, für Betonstrukturplatten, Mü GRUR 74, 484, für einen Kaminofen mit einer Brennkammer in der Anmutung eines Flachbildschirms, Köln GRUR-RR 10, 89. sowie für eine Serie für Badarmaturen, LG Hbg 308 O 707/04 v 8.12.04, Zentek S 43, 370. Verneint worden ist eine ausreichende Gestaltungshöhe für eine asymmetrische Blumenvase, weil sie sich nicht ausreichend von bekannten Vorbildern abgehoben hat, BGH GRUR 59, 289, 290 – Rosenthal-Vase, für einen beidseitig zu öffnenden Kasten, in den beidseitig bedruckte quadratische Plättchen eingelegt sind, BGH GRUR 11, 803 Tz 34 – Lernspiele; für eine Kakteengießkanne genügte Einfachheit und Sachlichkeit der Formgebung, Mü Schulze OLGZ 15, 9, für eine Bienenkorbspardose als Naturnachbildung in kunsthandwerklicher Ausführung, LG Düss GRUR 66, 157, für einen Messestand haben Zweckmäßigkeit und ästhetische Gefälligkeit nicht ausgereicht, LG Düss GRUR-RR 03, 39, auch die Funktionsästhetik eines Weißbierglases mit in den Fuß integriertem Fußball war nicht ausreichend, LG Köln ZUM-RD 09, 613.

e) Eine **grafische Darstellung** kann durch mannigfache Ausdrucksfor- **41** men künstlerischer Natur geprägt sein. Urh-Schutz ist daher vielfach ge-

währt worden, zB RGZ 127, 212 (Werbeanzeigen); BGH GRUR 88, 300 –
Fremdenverkehrsbroschüre; Braunschw GRUR 55, 205 (bildliche Darstellungen von Bauwerken auf einem Stadtplan); Schulze OLGZ 12, 6 (Außenwandwerbung); Mü GRUR 59, 253 (humoristische Ansichtskarten);
Schulze OLGZ 82, 3 (Plakat); Hamm Schulze OLGZ 47, 7 (Werbepostkarte); Jena GRUR-RR 02, 380 (Plakatmotiv für Festveranstaltung); LG Mü I
Schulze LGZ 41/3 (Werbeprospekte und Werbeanzeigen); Schulze LGZ
119/2 (Plakat); GRUR 84, 737 (Bauherrnmodell-Prospekt); GRUR 87,
436 (Briefmarkenentwurf; ausführl Schricker GRUR 91, 563 ff); 20.8.02 –
7 O 13071/01 (Fanschal mit Tigermotiv); LG Berlin GRUR 74, 412 (Werbeprospekt); s auch BGH GRUR 86, 885, 886 – Metaxa (Fotomontage).
Urh-Schutz ist jedoch versagt worden für die Gestaltung einer gaghaften
Idee, FfM GRUR 79, 567 (Glückwunschkarte), einfache Wiedergaben,
BGH GRUR 61, 85, 87 – Pfiffikus-Dose; Hbg GRUR 72, 431 (Prospektblätter); Hamm GRUR 81, 130 (Preislisten für technische Erzeugnisse),
geläufige Darstellungen, Mü GRUR 56, 231 (Bierflaschenetikett); Berlin
Schulze LGZ 122, 4 (Einwickelpapier mit Blumenmotiven), einfaches Layout für Werbetexte, LG Düss E 98, 90, und Verpackungsgestaltung für Natursalz mit vorbekannten Gestaltungsmitteln, KG ZUM 230, 231. Auch
technische Zeichnungen können Urheberschutz genießen; dabei darf kein
zu hohes Maß an eigenschöpferischer Gestaltungstätigkeit verlangt werden,
RG GRUR 43, 337 (Werbeplakat); BGH GRUR 91, 529 – Explosionszeichnungen; GRUR 93, 34, 35 – Bedienungsanweisung; LG Mü I GRUR
89, 504.

42   **f)** Mehreren **Leuchten** ist Urh-Schutz zuerkannt worden, zB BGH
GRUR 72, 38, 39 – Vasenleuchter; Düss GRUR 93, 906; Hbg GRUR 99,
714, 715 (Bauhaus-Leuchte); Düss GRUR 94, 284 (Stehlampe von Eileen
Gray); ablehnend jedoch BGH GRUR 79, 332, 336 – Brombeerleuchte;
Düss GRUR 54, 417 (Knickfaltlampe).

43   **g)** Für **Modeerzeugnisse** kann Urh-Schutz auch dann bestehen, wenn
es sich um Konfektionsmodelle handelt, BGH GRUR 55, 445 – Mantelmodell; GRUR 73, 478, 479 – Modeneuheit; GRUR 84, 453 – Hemdblusenkleid. Dieser Grds ist jedoch nur selten zum Tragen gekommen, zB
Dresden GRUR 30, 1210; Hamm GRUR 89, 502; LG Berlin GRUR 36,
206; LG Mü I Schulze LGZ 127, 6; LG Leipzig GRUR 02, 425. Sowohl
Stoffmuster als auch Schnitte und Kombinationen von Schnitten mit Stoffmustern können Schöpfungen individueller Prägung mit künstlerischer Gestaltungsform sein, s BGH GRUR 73, 479. Schnittmuster und Modelle sind
Werke sui generis; modische Kurzlebigkeit steht dem Urh-Schutz nicht entgegen, Eichmann FS Beier, 1996, 459, 469. Da der Designschutz auf gewerbliche Erzeugnisse ausgerichtet ist, s § 1 Rn 14, liegt bei Unikaten
UrhR-Schutz näher als bei Konfektionsmodellen, Eichmann aaO.

44   **h) Möbel** haben häufig deswegen Anerkennung als Werke der angewandten Kunst gefunden, weil sie wegen ihrer individuellen Gestaltungsmerkmale und meistens auch wegen des Renommees des Designers sowohl
Anerkennung in Fachkreisen als auch aufgrund ihrer Loslösung vom Zeitgeschmack lange Zeit hindurch Nachfrage gefunden haben, zB RG
GRUR 32, 894 (Stahlrohrmöbel); BGH GRUR 61, 635, 638 – Stahlrohrstuhl I (von Mart Stam); GRUR 81, 820, 822 – Stahlrohrstuhl II; ebenso

A. Allgemeines zum Designrecht

BGH I ZR 5/78 v 19.12.79 – Stahlrohrstuhl aus zwei Rohrsträngen; OGH GRUR Int 85, 687; GRUR Int 92, 466; Köln GRUR 90, 356; Düss I 20 U 120/8 v 11.8.09; BGH GRUR 74, 740, 742 – Sessel (von Dieter Rams; Vorinst FfM Schulze OLGZ 142, 7); BGH GRUR 81, 652, 653 – Stühle und Tische („Tulip Pedestral Group" von Eero Saarinen); BGH GRUR 87, 903, 904 – Le Corbusier-Möbel (Vorinst Stuttgt NJW 85, 1650; ebenso OGH GRUR Int 92, 675; differenzierend SchwBG GRUR Int 88, 265/266). Schutzbejahend haben auch entschieden Düss GRUR 71, 416 („Tütensessel" von Verner Panton); FfM GRUR 81, 741 (Lounge Chair von Charles Eames); FfM ZUM 90, 35 (Amsterdamer Anbauschränke von Aldo van den Niewelaar); FfM GRUR 90, 123 (USM-Haller Möbelprogramm von Fritz Haller); Mü ZUM 92, 305 und FfM GRUR 93, 116 mwN (Le Corbusier-Sessel LC 2 und LC 4); FfM GRUR 88, 303 (Le Corbusier-Sessel LC 2); FfM GRUR 94, 51; GRUR 98, 143 (Sitzmöbel von Charles Rennie Mackintosh); Karlsr GRUR 94, 284; FfM GRUR Int 94, 338 (Beistelltische von Eileen Gray); FfM 6 U 46/99 v 11.5.00, Zentek S 464, (sog Kreuzschwinger von Til Behrens, s hierzu Heil WRP 09, 99); Hbg GRUR-RR 02, 419, 421 (ergonomischer Stuhl „Move" von Per Øie); Düss ZUM-RD 02, 419 (Hockerserie von Marcel Breuer); Hbg ZUM-RD 02, 181 (Kinderhochstuhl „Tripp-Trapp" von Peter Opsvik); LG Mü I Schulze LGZ 90, 11 (String-Hängeregale); LG Hbg GRUR-RR 09, 123, 127 (Gartenstuhl und Gartenbank mit Armlehne). Nicht ausreichend war die Integration von technischen und ergonomischen Gestaltungsmerkmalen, BGH GRUR 82, 305, 307 – Möbelprogramm; Hamm NJW-RR 92, 552 (Computer-Arbeitstisch); LG Mü I InstGE 4, 278, 282 (Barstuhl).

i) Bei **Schmuckwaren** konnte insbes die Aussagekraft von figürlichen **45** Darstellungen zum Urh-Schutz führen, zB RG GRUR 36, 446, 448 – Kämpfende Hähne; Düss 2000 U 79/94 v 15.11.94 (Cartier-Schmucklinie TANIS); Zweibr WRP 97, 612; LG Mü I 2.8.95 – 21 O 18099 (Cartier-Schmucklinie „Pharaon"). Künstlerisches Schmuckdesign ist jedoch nicht auf figürliche Gestaltungen beschränkt, s RG GRUR 32, 755 – Fahrnerschmuck (Armband mit eingelegten Steinen); Düss GRUR-RR 01, 294, 296 („Niessing-Spannring"). Einfachen Verzierungen, RG GRUR 31, 294, 295 – Manschettenknöpfe, und kunsthandwerklich gestalteten Naturnachbildungen, BGH GRUR 95, 581, 582 – Silberdistel (Vorinst Mü ZUM 94, 515), ist keine keine ausreichende Gestaltungshöhe zugestanden worden. Entgegen BGH GRUR 95, 582 bestand jedoch kein allg Grds, dass für Schmuckwaren nur Designschutz in Betracht kommt.

j) Für **Schriften** kommt sowohl Designschutz, RGZ 76, 341, als auch **46** UrhR-Schutz, RG GRUR 43, 45; LG FfM 29.11.79 – 2/6 O 418/78 (Futura Grotesk) in Betracht. An diesem Grds hat das SchriftzG nichts geändert, so dass ein urheberrechtlicher Schutz nicht ausgeschlossen ist, Begr SchriftzG zu Art 2. UrhR-Schutz steht nicht entgegen, dass eine Brotschrift für den gewöhnlichen Gebrauch bestimmt ist, BGH GRUR 58, 562, 563 – Candida. Um eine Anpassung gemeinfreier Schriften an den jeweiligen Zeitgeschmack freizuhalten, genügen jedoch geringfügige Abweichungen von dem freien Formenschatz zugehörigen Grundformen nicht, BGH GRUR 58, 563. UrhR-Schutz verneint wurde zB für Titelschrift einer Tageszeitung, BGH GRUR 57, 291, 293 – Europapost, für die sog ARD-1, Köln

GRUR 86, 890, sowie für eine Leuchtschrift, deren Buchstaben von bekannten Formen nur wenig abwichen, LG Mü I Schulze 68, 6, aber bejaht für Computerschriften, LG Köln CR 00, 431. Maßgeblich ist die Ausnutzung des geringen Variationsspielraums durch künstlerische Gestaltung, Gerstenberg FS Bappert 1964, 53; Reichl GRUR 63, 126; Wagner WRP 80, 463.

47 **k)** Das Layout einer **Website** kann Urh-Schutz genießen, wenn der Webdesigner eine individuelle Schöpfung erbracht hat, OGH GRUR Int 02, 349, 350 – telering.at; LG Mü I InstGE 3, 284 Tz 51. Verfremdungen von Fotografien und bes Farbkombinationen reichten hierfür nicht aus, Hamm GRUR-RR 05, 73, 74 – Web-Grafiken. Auch die Zweckmäßigkeit der Gestaltung einer Bildschirmseite genügte nicht, LG FfM CR 07, 424, 425. Ein Schutz nach § 4 I Nr 9 UWG kann ebenfalls in Betracht kommen, LG FfM CR 07, 425; LG Köln MMR 08, 64, 65. Als weitere Möglichkeit des Schutzes für eine Website kommt ein Schutz als Sprachwerk, Rostock GRUR-RR 08, 1, als Darstellung wissenschaftlicher oder technischer Art, als filmähnliches Werk, als Multimediawerk oder als Computerprogramm, LG Mü I ZUM-RD 05, 81, 83, als Sammelwerk, als Datenbank und als Datenbankwerk in Betracht, mwN OGH GRUR Int 02, 452, 453 – C-Villas; FfM GRUR-RR 05, 299 – Online-Stellenmarkt.

VII. Marken

48 **1.** Im **Verhältnis zu Designschutzrechten,** ausführl Sambuc GRUR 09, 333, bieten Marken weitaus differenziertere Schutzmöglichkeiten. Umfassend zum Markenschutz für Design: Kur in: Eichmann/Kur § 3. Ein Schutz des geistigen Gehalts von Buchstaben, Wörtern, Ziffern und Zahlen kann nur durch Marken herbeigeführt werden. Während Design nur ein Erzeugnis sein kann, genügt für die Marke die grafische Darstellbarkeit eines Zeichens. Zu Hörmarken, Geruchsmarken, Geschmacksmarken etc gibt es daher keine Entsprechungen im DesignR; ein Überschneidungsbereich zu neuen Markenformen kann sich lediglich für die Bedeutung des Tastsinns, s § 1 Rn 35, ergeben, Eichmann MarkenR 03, 10, 13. Dass Ansprüche aus anderen gesetzlichen Vorschriften unberührt bleiben, s § 50, ist vor allem für Darstellungen von Bedeutung, die Gegenstand einer Bildmarke sein können. Weil ua alle Etiketten, Logos etc designfähig sind, § 1 Rn 31, kann jede Bildmarke als DesignschutzR eingetragen werden, Eichmann MarkenR 03, 13. Für dreidimensionale Marken ist geregelt, dass Zeichen vom Schutz ausgeschlossen sind, wenn sie aus einer Form bestehen, die der Ware einen wesentlichen Wert verleiht, § 3 II Nr 3 MarkenG; Art 7 I e) iii GMV. Das bezieht sich auf Gestaltungen, für die Designschutz oder UrhR-Schutz in Betracht kommt, Eisenführ/Schennen 7/183; Ströbele/Hacker 3/100. Diese Gestaltungen sollten zwar vom Markenschutz ausgeschlossen sein, Eichmann MarkenR 03, 16, aber die Rechtspraxis hat lange Zeit hindurch abgestellt, auch bei dreidimensionalen Marken allein auf das Erfordernis der Unterscheidungskraft nach § 8 II Nr 1 MarkenG; Art 7 I b) GMV ab, zB EuGH GRUR 06, 233 Rn 31 – Standbeutel; GRUR 08, 339 Rn 80 – Develey/HABM; BGH GRUR 04, 505 – Rado-Uhr II; GRUR 08, 1000 Tz 16 – Käse in Blütenform II; BPatG MarkenR 04, 153 – Kelly-bag. Hierzu hat

A. Allgemeines zum Designrecht

EuGH GRUR 14, 1097 – Hauck/Stokke – eine Wende gebracht, weil nun ein Schutz für Warenformen nicht in Betracht kommt, wenn ein Zeichen ausschließlich aus einer Form besteht, die der Ware einen wesentlichen Wert verleiht oder durch die Art der Ware bedingt ist. Wenn allerdings ein auf einem Formteil aufgebrachtes Relief in Tierform nicht vom vorbekannten Formenschatz abweicht, wird es vom Verbraucher nur als dekorative Ausgestaltung der Oberseite empfunden und kann daher nicht nach den für Bildmarken geltenden Kriterien beurteilt werden, EuGH GRUR Int 12, 1017 Rn 38 – Storck/HABM (Schokoladenmaus).

2. Die **Schutzvoraussetzungen** sind zwar ähnlich, weil sich die Unter- **49** scheidungskraft des MarkenR und die Unterschiedlichkeit des DesignR sprachlich kaum voneinander abheben, Eichmann GRUR Int 96, 859, 861. Für DesignschutzR muss jedoch ermittelt werden, ob sich ihr Gegenstand von einem vorbekannten Erzeugnis ausreichend unterscheidet. Bei Marken ist dagegen nicht die Ware als solche Grundlage des Schutzes, sondern ihre durch die Marke bekannt gegebene Herkunft aus einem bestimmten Geschäftsbetrieb. Diese Herkunftsfunktion wird nach allg Grds beurteilt. Eine Einengung auf ein Vergleichsobjekt findet nur bei einem Widerspruch aus einer älteren Marke statt. Neuheit ist nur für DesignschutzR erforderlich; außerhalb der Schonfrist, § 6 S 1, sind Vorverbreitungen auch des Rechtsinhabers neuheitsschädlich. Bei fehlender Neuheit kommt daher nur noch Markenschutz in Betracht. Bei dreidimensionalen Gestaltungen sind die Gründe für eine Schutzausschließung im MarkenR detaillierter als im DesignR geregelt. Die technische Bedingtheit einer Erscheinungsform führt in beiden Bereichen zum Schutzausschluss; dabei sollten keine unterschiedlichen Beurteilungskriterien Anwendung finden; § 3 Rn 5; Eichmann MarkenR 03, 10, 17.

3. In den allg **Schutzwirkungen** besteht zwischen Markenschutz und **50** Designschutz kein systematischer Unterschied, weil eine Kenntnis des älteren Rechts auch im DesignR nicht erforderlich ist, § 38 Rn 9. Ein VorbenutzungsR kann jedoch nur ggü DesignschutzR, § 41, nicht auch ggü Marken in Anspruch genommen werden. Für die Beurteilung sowohl der Verwechslungsgefahr als auch des Schutzumfangs kommt es zwar auf den Gesamteindruck an. Im MarkenR sind dabei jedoch sämtliche Merkmale maßgeblich, die Verwechslungen fördern oder verhindern können. Beim Desigschutz spielen dagegen nur die Merkmale eine Rolle, aus denen sich die Eigenart eines DesignschutzR ergibt. Unterschiede in zusätzlichen Kennzeichnungsmitteln können daher nur für die Verwechslungsgefahr Bedeutung erlangen. Abweichungen können sich auch daraus ergeben, dass eine Warenähnlichkeit zwingend nur im MarkenR festgestellt werden muss. Auswirkungen können sich daraus ua bei Logos, Etiketten und anderen Drucksachen ergeben, Eichmann MarkenR 03, 10, 20.

VIII. Technische Schutzrechte

1. Das **Verhältnis zu Designschutzrechten** ist Gegenstand einer diffe- **51** renzierenden Regelung. Sowohl im PatR, § 1 II Nr 2 PatG, als auch im GebrMR, § 1 II Nr 2 GebrMG, sind „ästhetische Formschöpfungen" vom Schutz ausgeschlossen. Dieser Schutzausschluss gilt für Gestaltungen, die dem Designschutz oder dem Urh-Schutz zugänglich sind, aber nur insoweit, als für die Gestaltungen mit ästhetischer Wirkung „als solche" Schutz begehrt wird, § 1 III PatG; § 1 III GebrMG. Diese Regelungssystematik ist so überzeugend, dass sie unverändert in Art 52 II b) EPÜ Eingang gefunden hat. Erfindungen können demnach auf eine ästhetische Wirkung ausgerichtet sein, ein technisches SchutzR kann jedoch nur für die zugrunde liegende technische Funktion gewährt werden, Rn 52. Die umgekehrt-entsprechende Systematik für das Verhältnis von technischen SchutzR zu DesignschutzR ist zwar weniger klar, aber dennoch eindeutig geregelt. Wenn Erscheinungsmerkmale vom Designschutz ausgeschlossen sind, die „ausschließlich" durch ihre technische Funktion bestimmt sind, § 3 I Nr 1, bezieht sich das auf die technische Funktion „als solche". Ästhetische Wirkungen, die auf der Grundlage einer technischen Funktion entstehen, sind daher ohne Weiteres dem Designschutz zugänglich, Rn 50. Ein und dasselbe Erzeugnis kann daher in seiner technischen Gestaltung Gegenstand technischer SchutzR und in seiner geschmacklichen Gestaltungen Gegenstand eines DesignschutzR sein, Eichmann Mitt 98, 252, 255. Wenn jedoch ein technischer Zweck nur durch eine einzige Form verwirklicht werden kann, führt die allg Schutzrechtssystematik zum Vorrang der technischen SchutzR. Anschauliche Beispiele sind Flugkörper, deren Form im Windkanal entstanden ist, s Gerstenberg/Buddeberg 1/2, und Propeller mit verbesserter Wirkung. Umfassend zum Schutz durch technische Schutzrechte für Design: Eichmann in: Eichmann/Kur § 5.

52   **2. Auswirkungen** des Verhältnisses zwischen technischen SchutzR und DesignschutzR können sich auf beide Schutzformen ergeben. Das mit einer technischen Erfindung erstrebte Ziel kann auf ästhetischem Gebiet liegen, BGH GRUR 88, 290, 293 – Kehlrinne mwN; der patentbegründende erfinderische Schritt kann sich dabei aus einer auf ästhetischem Gebiet liegenden Wirkung ergeben, BGH Mitt 72, 234 – Rauhreifkerze mwN. Das war zB bei einem Garagenschwingtor der Fall, bei dem mit technischen Mitteln ästhetisch störende Abschürfungen an der Stirnfläche des Torflügels vermieden werden sollten, BGH GRUR 67, 590, 591 – Garagentor. Ob es um den Schutz für ästhetische Mittel, s hierzu Benkard/Bacher/Mellulis 1/100, oder um eine Lehre technischer Natur geht, richtet sich nicht nach dem Wortlaut, sondern nach dem sachlichen Gehalt einer Patentanmeldung, BGH GRUR 77, 96 – Dispositionsprogramm; GRUR 77, 152, 153 – Kennungsscheibe. Ein und dieselbe technische Lehre kann häufig mit unterschiedlichen ästhetischen Wirkungen realisiert werden, BGH GRUR 66, 681, 683 – Laternenflasche. Für die Querversteifung von hinterbeinlosen Stahlrohrstühlen durch Ausbildung des Rahmens aus einem Rohrzug konnte daher einerseits GebrM-Schutz bestehen, RG GRUR 32, 895, die konkrete Formgebung kann andererseits sogar künstlerische Gestaltungshöhe aufweisen, RG GRUR 32, 894; BGH GRUR 61, 635, 637 – Stahlrohrstuhl I; GRUR 81, 820, 822 – Stahlrohrstuhl II. Auch der Zuerkennung eines Designschutzes steht es daher nicht entgegen, dass für dasselbe Erzeugnis ein GebrM angemeldet wurde, s RG GRUR 38, 784; BGH GRUR 66, 683; GRUR 12, 1155 – Sandmalkasten; Düss GRUR 61, 547. Für den Schutz von Verfahren zur Herstellung von Erzeugnissen mit Designschutz kommen jedoch nur technische SchutzR in Betracht, RGZ 79, 329.

A. Allgemeines zum Designrecht

IX. Wettbewerbsrechtlicher Nachahmungsschutz

1. Das **Verhältnis zu Designschutzrechten** wird einerseits durch den 53
Vorrang der sondergesetzlichen Regelung, andererseits dadurch bestimmt,
dass nach § 50 Ansprüche aus anderen gesetzlichen Vorschriften unberührt
bleiben. Wenn bes wettbewerbliche Umstände nicht zweifelsfrei festgestellt
werden können, müssen daher Ansprüche aus DesignR geprüft werden,
BGH GRUR 02, 629, 633 – Blendsegel; GRUR 03, 359, 361 – Pflegebett.
Wegen der beschränkten Schutzdauer der DesignschutzR und wegen der
Ergänzungsfunktion des Schutzes aus § 4 Nr 9 UWG hat zwar die Prüfung
von Ansprüchen aus Designschutz Vorrang. Unterschiede zum Designschutz
können sich jedoch daraus ergeben, dass wettbewerbliche Eigenart auch in
technisch ausgerichteten Merkmalen bestehen kann, BGH GRUR 02, 86,
90 – Laubhefter, GRUR 02, 820 822 – Bremszangen; GRUR 03, 356, 358
– Präzisionsmessgeräte, und durch Verkehrsbekanntheit intensiviert werden
kann, BGH GRUR 01, 251, 253 – Messerkennzeichnung; GRUR 07, 984
Tz 28 – Gartenliege; GRUR 10, 1125 Tz 22 – Femur-Teil; ausführl Barten-
bach/Jung/Renvert Mitt 13, 18. Der Schutz des nicht eingetragenen GGM
hat zwar mit dem UWG-Schutz das Erfordernis der Nachahmung gemeinsam. Beide Schutzmöglichkeiten weisen jedoch grundlegende Unterschiede
in der Zielrichtung auf, Einzelh GGM 25. Der Designschutz gewährt ein
AusschließlichkeitsR und schafft damit Anreiz für kreative Gestaltungen; den
Zielen des Designschutzes läuft es nicht zuwider, wenn auch nach Ablauf des
Designschutzes Verwechslungen von Produktgestaltungen unterbunden werden, Bornkamm GRUR 11, 1, 7. Der zeitlich befristete Schutz für ein nicht
eingetragenes GGM besteht daher unabhängig von dem zeitlich nicht von
vornherein befristeten Anspruch wegen vermeidbarer Herkunftstäuschung,
BGH GRUR 06, 79 Tz 18 – Jeans I; GRUR 06, 346 Tz 7 – Jeans II. Diese
Grds gelten uneingeschränkt auch für das Verhältnis zu eingetragenen GGM.
UWG-Schutz ist daher auch nach Ablauf der Schutzfrist eines Gebrauchs-
musters zugesprochen worden, BGH GRUR 12, 1155 – Sandmalkasten. Für
Erzeugnisse, die auch technisch bedingte Erscheinungsmerkmale aufweisen,
insbes für Gebrauchsgegenstände, bietet das DesignR keinen umfassenden
Schutz. Sowohl große Verkehrsanerkennung als auch Schwächung durch
Drittprodukte können sich nur auf den UWG-Schutz, nicht jedoch auf den
Designschutz auswirken. Auch betriebliche Herkunftshinweise und sonstige
Unterscheidungsmerkmale können Bedeutung nur für den UWG-Schutz
erlangen, Rn 54, nicht jedoch für den Designschutz, § 38 Rn 18. UWG-
Schutz kann auch einer Sachgesamtheit zukommen, BGH GRUR 05,
166, 168 – Puppenausstattungen; GRUR 12, 155 Tz 19 – Sandbaukasten.
Anders als im DesignR bestehen keine Ansprüche gegen das Herstellen und
auf Vernichtung, BGH GRUR 12, 155 Tz 36. Ansprüche aus §§ 3, 4
Nr 9 UWG und aus DesignR bilden gesonderte Streitgegenstände, s § 42
Rn 43.

2. Die wichtigsten **Schutzvoraussetzungen** sind in § 4 Nr 9 UWG 54
normiert. Umfassend zum wettbewerbsrechtlichen Nachahmungsschutz für
Design: Lubberger in: Eichmann/Kur § 6. Die Richtlinie 2005/29/EG über
unlautere Geschäftspraktiken und die §§ 5, 6 UWG nF enthalten zwar weitgehend inhaltsgleiche Regelungen, Köhler GRUR 08, 445; Fezer GRUR
09, 451; Scherer WRP 09, 1446. Auf die Unterschiede zum Designschutz

ergeben sich hieraus jedoch keine Auswirkungen, weil diese Bestimmungen den Schutz der Verbraucher bezwecken, der Schutz aus § 4 Nr 9a) UWG dagegen vorrangig dem Schutz der individuellen Leistung des Herstellers und daneben dem Schutz der Allgemeinheit an einem unverfälschten Wettbewerb dient, BGH GRUR 10, 80 Tz 17 – LIKEaBIKE. Es gilt daher unverändert, dass wettbewerbsrechtliche Ansprüche gegen die Verwertung eines fremden Leistungsergebnisses unabhängig vom Bestehen eines Designs gegeben sein können, wenn bes Begleitumstände vorliegen, die außerhalb des designrechtlichen Regelungsbereichs liegen, mwN BGH GRUR 02, 629, 631 – Blendsegel; GRUR 03, 359, 360 – Pflegebett; GRUR 08, 790 Tz 35 Baugruppe I; GRUR 10, 80 Tz 18. Zwischen dem Grad der wettbewerblichen Eigenart, der Art und Weise und der Intensität der Übernahme sowie den bes wettbewerblichen Umständen besteht eine Wechselwirkung, BGH GRUR 03, 360; GRUR 08, 793 Tz 27 – Rillenkoffer. Wenn für eine Nachbildung keine technischen Gründe geltendgemacht werden können, werden nur geringe Anforderungen an die bes wettbewerblichen Umstände gestellt, BGH GRUR 98, 830, 833 – Les-Paul-Gitarren. Wettbewerbliche Eigenart kann sich auch aus zurückhaltendem, puristischen Design ergeben, BGH GRUR 12, 1155 Tz 34 – Sandmalkasten; Köln GRUR-RR 03, 183, 184 – Designerbrille. Schlichtes Design hat keine Dutzendware iSv Allerweltserzeugnis zur Folge, insbes wenn hochwertige Materialien Verwendung finden, BGH GRUR 12, 1155 Tz 34. Freihaltebedürftig und deswegen gemeinfrei sind Gestaltungselemente, die zum Erreichen eines technischen Erfolgs erforderlich sind, mwN BGH GRUR 07, 339 Tz 27 – Stufenleitern; GRUR 07, 984 Tz 20 – Gartenliege; GRUR 09, 1073 Tz 10 – Ausbeinmesser; GRUR 10, 80 Tz 37 – LIKEaBIKE; GRUR 10, 1125 Tz 22 – Femur-Teil, sowie Spielideen und nahe liegende Motive, BGH GRUR 05, 166, 168 f – Puppenausstattungen. In der Praxis hat die größte Bedeutung, dass nach § 4 Nr 9a) die Gefahr einer Herkunftstäuschung besteht und dass der Nachahmer zumutbare Maßnahmen zur Vermeidung der Herkunftstäuschung unterlässt, mwN BGH GRUR 07, 339 Tz 24; GRUR 07, 984 Tz 30; GRUR 09, 1069 Tz 12 – Knoblauchwürste. Bei einer identischen Übernahme kann grds die Gefahr einer Herkunftstäuschung bestehen, weil Interessenten zwangsläufig davon ausgehen, die identischen Produkte stammten von demselben Hersteller, mwN BGH GRUR 02, 820, 823 – Bremszangen; GRUR 04, 941, 943 – Metallbett. Die potentiellen Abnehmer müssen zwar die Herkunft von einem bestimmten Anbieter, BGH GRUR 06, 79 Tz 36 – Jeans I; GRUR 07, 339 Tz 40, oder einem verbundenen Unternehmen, BGH GRUR 07, 984 Tz 23 und Tz 32, erwarten. Die Kenntnis des Namens ist jedoch nicht erforderlich, BGH GRUR 07, 339 Tz 40. Die Annahme einer Zweitmarke oder einer neuen Serie oder von Beziehungen lizenz- oder gesellschaftsrechtlicher Natur reicht aus, BGH GRUR 09, 1073 Tz 15; GRUR 09, 1069 Tz 15. Unterschiedliche Herstellerangaben können zwar gegen eine Herkunftstäuschung im weiteren Sinne sprechen, BGH GRUR 09, 1069 Tz 16. Maßgeblich sind jedoch stets die konkreten Umstände des Einzelfalls, BGH GRUR 99, 751, 753 – Güllepumpen; GRUR 00, 521, 524 – Modulgerüst; GRUR 02, 275, 277 – Noppenbahnen; GRUR 06, 79 Tz 33 – Jeans I; Düss GRUR-RR 09, 142, 144 – Crogs. Bei einer in Deutschland bisher nicht bekannten Marke kann an die Hausmarke eines Discounters gedacht werden, Köln BeckRS 13, 16544 – Mikado. Eine Nachahmung iSd § 4 Nr 9a) UWG setzt jedoch voraus, dass der Hersteller

A. Allgemeines zum Designrecht

im Zeitpunkt der Schaffung des beanstandeten Produkts das ältere Vorbild gekannt hat, BGH GRUR 08, 1115 Tz 24 – ICON. Obwohl keine Gefahr der Herkunftstäuschung besteht, kann sich nach § 4 Nr 9b) UWG ein Wettbewerbsverstoß aus einer Ausnutzung der Wertschätzung, BGH GRUR 07, 795 Tz 44 – Handtaschen; FfM GRUR-RR 12, 213, 215 – Cabat-Tasche, oder aus einer Beeinträchtigung der Wertschätzung, BGH GRUR 07, 395 Tz 48, ergeben. Eine Rufbeeinträchtigung erfolgt, wenn ein nahezu identisches Produkt nicht den Qualitätsmaßstäben genügt, die der Originalhersteller gesetzt hat, BGH GRUR 00, 526; GRUR 10, 1125 Tz 51 – Femur-Teil. Eine nach § 4 Nr 9c) UWG verwerfliche Vorlagenaneignung findet bei Verstoß gegen §§ 17, 18 UWG oder bei Vertrauensbruch statt, BGH 10, 536 Tz 55 – Modulgerüst II, zB wenn fremde Muster aus Vertragsverhandlungen für eigene Zwecke eingesetzt werden, BGH GRUR 83, 377, 379 – Brombeermuster. Weil die Bestimmungen in § 4 Nr 9 nicht abschließender Natur sind, kann auch eine unlautere Behinderung wettbewerbswidrig sein, BGH GRUR 07, 795 Tz 50.

3. Ob eine zeitliche Begrenzung der **Schutzdauer** angebracht ist, richtet **55** sich nach einer einzelfallbezogenen Gesamtwürdigung unter Abwägung der betroffenen Interessen. Solange wettbewerbliche Eigenart besteht und in unlauterer Weise ausgenutzt wird, bleibt der wettbewerbliche Nachahmungsschutz fortbestehen, BGH GRUR 99, 751, 754 – Güllepumpen; GRUR 03, 356, 358 – Präzisionsmessgeräte. Für eine zeitliche Begrenzung gibt es daher im allg keinen Anlass, wenn es zu vermeidbaren Herkunftstäuschungen kommen kann, BGH GRUR 98, 477, 478 – Trachtenjanker, und bei Planmäßigkeit, BGH GRUR 87, 360, 361 – Werbepläne. Diese Grds gelten auch, wenn Designschutz besteht oder bestanden hat, Düss WRP 83, 748, 750 – HEWI-Beschlagprogramm; WRP 97, 582 – Caterpillar-Arbeitsstiefel; Köln NJWE-WettbR 00, 132 – Tischblock. Die kurze Schutzdauer des Schutzes für nicht eingetragene GGM rechtfertigt wegen der unterschiedlichen Zielrichtung, s GGM Rn 25, keine abweichende Beurteilung. Eine zeitliche Begrenzung ist jedoch geboten, wenn es bei dem Kriterium des Einschiebens in eine fremde Serie um den Schutz einer Leistung als solcher geht, BGH GRUR 05, 349, 352 – Klemmbausteine III. Ansonsten kann eine zeitliche Beschränkung interessengerecht sein, wenn es wegen geringer Eigenart nicht zu Herkunftsverwechslungen kommen kann, BGH GRUR 98, 479, oder wenn die Schutzdauer eines eingetragenen DesignschutzR zum Ausbau einer gefestigten Marktstellung genutzt worden ist, Düss GRUR 99, 72 – Fahrradkoffer. Die Verjährungsfrist beträgt allerdings nur sechs Monate, § 11 I UWG. Ggf kann es daher zweckmäßig sein, die dreijährige Schutzdauer, s GGM Rn 6, des nicht eingetragenen GGM in Anspruch zu nehmen, Harte/Henning/Schulz 11/36.

X. Zwischenstaatliche Abkommen

1. In der **Pariser Verbandsübereinkunft** zum Schutz des gewerblichen **56** Eigentums (Abkürzung: PVÜ) werden in Art 1 II neben technischen SchutzR und KennzeichenR auch gewerbliche Muster und Modelle dem gewerblichen Eigentum zugeordnet. Ausführl hierzu Kur in: Eichmann/Kur § 13 III. Gewerbliche Muster und Modelle werden in allen Verbandsländern geschützt, Art 5 quinquies PVÜ. Der Hinterleger eines gewerblichen Mus-

ters oder Modells genießt ein PrioritätsR für andere Verbandsländer, Art 4
A I PVÜ; die Prioritätsfrist beträgt 6 Monate, Art 4 C PVÜ, Einzelh § 14
Rn 6. Art 5 B PVÜ gebietet, dass der Schutz gewerblicher Muster oder
Modelle insbes nicht wegen unterlassener Ausübung durch Verfall beeinträchtigt werden darf, Einzelh § 38 Rn 7. Nach Art 19 sind die Verbandsländer berechtigt, Sonderabkommen zum Schutz des gewerblichen Eigentums zu treffen. Eines dieser Sonderabkommen ist das Haager Musterabkommen.

57 **2.** Dem **TRIPS** (Agreement on **T**rade-**R**elated aspects of **I**ntellectual
Property **R**ight**S** = Überkommen über handelsbezogene Aspekte der Rechte des geistigen Eigentums) gehören über 150 Mitglieder an, ua die BRD
und die EU. Ausführl hierzu Kur in: Eichmann/Kur § 13 IV. Der Haupt-
zweck des TRIPS besteht darin, den Schutz des geistigen Eigentums weltweit zu verstärken und zu harmonisieren, EuGH GRUR 13, 1018 Rn 58 –
Daiichi Sankyo/DEMO. Das TRIPS ist integraler Bestandteil der Unionsrechtsordnung, EuGH GRUR 13, 203 Rn 67 – Bericap. Nach Art 25 I 2
TRIPS sind die Mitglieder zum Schutz von unabhängig geschaffenen gewerblichen Mustern und Modellen verpflichtet, die neu sind oder Eigenart
haben. Mit den Alternativen „Neuheit“ oder „Eigenart“ wurde den Geset-
zessystemen Rechnung getragen, die mit bes Anforderungen an eine „qualifizierte“ Neuheit (s hierzu Levin GRUR Int 85, 717, 718; Ritscher GRUR
Int 88, 418; Eichmann GRUR Int 90, 123, 124) zu denselben Ergebnissen
wie andere Rechtsordnungen gekommen sind, in denen Eigenart iSv „Originalität“ erforderlich war. Wenn für die Neuheitsprüfung nur ein „fotografischer Vergleich“ erfolgt, können daher die Alternativen auch kumulativ
Anwendung finden, Kur GRUR Int 95, 185, 189; aA Pataky GRUR Int 95,
653 ff. Diese Handhabung liegt ua der unionsrechtlichen Gesetzgebung
zugrunde, Kur GRUR 02, 661, 664. Art 25 I 2 TRIPS eröffnet den Mit-
gliedsländern die Möglichkeit, Mustern und Modellen den Schutz zu versagen, wenn sie sich von vorbekannten Mustern oder Modellen nicht wesentlich unterscheiden. Aus Art 25 I 3 TRIPS folgt, dass die Mitgliedsländer den
Schutz nicht auf Muster oder Modelle erstrecken müssen, die im Wesentlichen aufgrund technischer oder funktionaler Überlegungen vorgegeben
sind. Der Schutz erstreckt sich auf Erzeugnisse, die eine Nachahmung oder
im wesentlichen eine Nachahmung des geschützten Musters oder Modells
sind, Art 26 I TRIPS. Eine Nachahmungsabsicht ist hierfür nicht erforderlich. Begrenzte Ausnahmen können vorgesehen werden, wenn sie ua die
Interessen des Rechtsinhabers nicht unangemessen beeinträchtigen, Art 26 II
TRIPS. Das kann Bedeutung für den Schutzausschluss von im Gebrauch
nicht sichtbaren Bauelementen, s § 4 Rn 3 ff, und von Must-Match-Teilen, s
§ 73 Rn 4, erlangen, Straus GRUR Int 05, 965, 970. Materiellrechtlich
enthält TRIPS Mindeststandards, die nicht über denen des deutschen Rechts
liegen. Die in den Art 41 bis 61 geregelte „Durchsetzung der Rechte des
geistigen Eigentums“ gilt nicht unmittelbar, sondern bedarf der Umsetzung,
LG Düss InStGE 1, 161, 164; das ist teilweise erst mit dem DurchsG, s § 42
Rn 1, realisiert worden.

58 **3.** Die Kurzbezeichnung **Haager Musterabkommen** findet Verwendung für das „Haager Abkommen über die internationale Eintragung gewerblicher Muster und Modelle“ (Abkürzung: HMA). Das HMA ist als
völkerrechtliches Sonderabkommen iSd Art 19 PVÜ Rechtsgrundlage für

den internationalen Schutz von Mustern und Modellen durch internationale Eintragungen, hierzu Abschnitt B.

B. Internationale Eintragung

Übersicht

I. Entwicklung

Am Anfang der Entwicklung hat gestanden, dass am 6.11.25 im Haag ein **1** Verband für internationale Hinterlegungen begründet wurde. Revisionen erfolgten am 2.6.34 in London (= Londoner Fassung = Londoner Akte = Fassung 1934 = HMA 1934), RGBl 37 II 617 = Bl 34, 211, und am 28.11.60 im Haag (= Haager Fassung = Haager Akte = Fassung 1960 = HMA 1960). Eine weitere Neufassung wurde am 2.7.99 in Genf verabschiedet (= Genfer Fassung = Genfer Akte = Fassung 1999 = HMA 1999). Mit dieser Fassung wurde der Beitritt weiterer Staaten, insbes von Staaten mit Amtsprüfung, erleichtert und der Beitritt von zwischenstaatlichen Organisationen ermöglicht sowie die Regelungstechnik und die Diktion modernisiert, s Pilla GRUR Int 99, 150; Pagenkopf GRUR 99, 880; Mansani GRUR Int 00, 896; Bulling Mitt 05, 297; Mitt 07, 553 sowie die Berichte in GRUR Int 99, 224; GRUR Int 99, 807; GRUR Int 99, 966. Eine der Modernisierungen ist, dass an die Stelle der Begriffe „Gesuch" und „Hinterlegung" die Begriffe „Anmeldung" und „Eintragung" getreten sind. Die „internationale Eintragung" ist daher das Ergebnis einer ordnungsgemäßen „internationalen Anmeldung". Dem Beitritt von zwischenstaatlichen Organisationen wird dadurch Rechnung getragen, dass „Vertragspartei" an die Stelle von „Vertragsstaat" tritt. Das HMA 1999 ist seit 23.12.03, die GAO seit 1.4.04 in Kraft. Als Vertrag, der sich auf den gewerblichen Rechtsschutz als Gegenstand der ausschließlichen Gesetzgebung des Bundes, Art 73 Nr 9 GG, bezieht, bedurfte das HMA der Zustimmung in Form eines Bundesgesetzes, Art 59 II 1 GG. Für das HMA 1999 ist diese Zustimmung mit Gesetz v 29.7.09, BGBl II 09, Nr 26 v 3.8.09, erklärt worden; hierzu Bulling Mitt 09, 498. Mit diesem Gesetz wurden das HMA 1999 und die GAO zusammen mit amtlichen deutschen Übersetzungen veröffentlicht. Deutschland hat am 13.11.09 die Ratifizierungsurkunde zum HMA 1999 hinterlegt. Die Genfer Akte des HMA ist für Deutschland am 13.2.10 in Kraft getreten, Bericht GRUR Int 10, 179.

II. Schutzwirkungen

Durch eine internationale Eintragung entsteht derselbe Schutz wie durch **2** eine nationale Eintragung in den Vertragsparteien, die in der internationalen

Anmeldung benannt worden sind. Anschaulich ist daher – wie bei einer international registrierten Marke – von einem „Bündel" nationaler SchutzR die Rede. Diese SchutzR sind in den benannten Vertragsparteien rechtlich selbständig. Die Schutzwirkungen ergeben sich aus einer Gleichsetzung der internationalen Eintragung mit einem ordnungsgemäß eingereichten Antrag auf Eintragung eines eingetragenen Designs, Art 14 I HMA. Diese Regelung ist zwar knapp, aber ausreichend. Mit dem Tag der internationalen Eintragung entsteht dieselbe Wirkung wie bei derAnmeldung eines eD. Diese Wirkung ergibt sich als Regelung des Konventionsrechts, s BGH GRUR 67, 533, 535 – Myoplast, zwar unmittelbar aus Art 7 I HMA, BGH GRUR 11, 1112 Tz 25 – Schreibgeräte; GRUR 11, 1117 Tz 22 – ICE. Abschnitt 13 des DesignG enthält in § 71 hierzu jedoch detaillierte Regelungen.

III. Gerichtszuständigkeit

3   Die Zuständigkeit der Gerichte ist nur in Art 22 Nr 4 EuGVVO ausdrücklich geregelt. Demnach sind für Klagen betreffend die Gültigkeit von Mustern und Modellen die Gerichte ausschließlich zuständig, in deren Hoheitsgebiet die Registrierung aufgrund eines zwischenstaatlichen Übereinkommens als vorgenommen gilt. Aufgrund der Regelung in Art 14 I HMA, s Rn 2, sind daher für einen Antrag auf Schutzentziehung nach § 72 ausschließlich die deutschen Gerichte zuständig, BGH GRUR Int 06, 1035 Tz 11 – TOSCA BLU (MarkenR). Für Verletzungsverfahren ergibt sich die Zuständigkeit daraus, dass es sich bei einer internationalen Eintragung um eine organisatorische Zusammenfassung von einzelstaatlichen SchutzR handelt, s Rn 6. Es gelten daher dieselben Grds wie für eingetragene Designs, hierzu § 52 Rn 5. Bei einer Klage auf Feststellung, dass eine internationale Eintragung für Deutschland unwirksam ist, waren die deutschen Gerichte für einen Bekl mit Wohnsitz in der Schweiz nach Art 16 Nr 4 LugÜ und für einen Bekl mit Wohnsitz in Österreich nach Art 16 Nr 4 EuGVÜ (jetzt Art 22 Nr 4 EuGVVO) international zuständig, Mü GRUR-RR 04, 94, 95. Art 22 Nr 4 EuGVVO steht einstweiligen Maßnahmen nach Art 31 EuGVVO nicht entgegen, EuGH GRUR 12, 1169 Rn 50 – Solvay.

IV. Verwaltung

4   Zuständig für die Verwaltung ist das Internationale Büro (Büro des Internationalen Verbands zum Schutz des gewerblichen Eigentums = World Intellectual Property Organisation [WIPO] = Organisation Mondiale de la Propriéte Intelectuelle [OMPI]). Die Veröffentlichungen des Internationalen Büros erfolgen im Bulletin, s § 20 Rn 10. Über den Internetanschluss des Internationalen Büros sind in englischer, französischer und spanischer Fassung die Texte des HMA, der GAO, der VR, aktuelle Gebührentabellen, Verzeichnisse der Vertragsparteien, Formulare und allgemeine Informationen zur Anwendung des HMA zugänglich (http://www.wipo.int/hague/en [bzw fr]/index.html).

V. Anmeldeberechtigung

Für die Anmeldeberechtigung kommen gem Art 3 HMA 1999 fünf Mög- **5**
lichkeiten in Betracht: (1) Die Angehörigkeit zu einem Staat, der Vertragspartei ist. (2) Die Angehörigkeit zu einem Mitgliedstaat einer zwischenstaatlichen Organisation, die Vertragspartei ist; aufgrund des Beitritts der EU, s
Rn 10, ist daher jeder Staatsangehörige eines jeden Mitgliedstaats der EU
zur internationalen Anmeldung berechtigt. (3) Jede Person, die einen
Wohnsitz im Gebiet einer Vertragspartei hat. (4) Jede Person, die einen gewöhnlichen Aufenthalt im Gebiet einer Vertragspartei hat. (5) Jede Person,
die eine gewerbliche Niederlassung (englisch: *industrial establishment*) oder
eine Handelsniederlassung (englisch: *commercial establishment*) im Gebiet einer
Vertragspartei hat, wobei die Niederlassung nicht nur zum Schein bestehen
darf. Wenn der Anmelder mehrere Voraussetzungen der Anmeldeberechtigung erfüllt, hat er ein Wahlrecht für eine dieser Berechtigungen. Von diesem Wahlrecht macht der Anmelder durch eine Angabe im Anmeldeformular Gebrauch. Art 1 I ix) HMA 1999 bestimmt, dass Person sowohl eine
natürliche Person als auch eine juristische Person (englisch: *legal entity*) sein
kann. Die Anmeldeberechtigung setzt daher Rechtsfähigkeit voraus. Dieses
Erfordernis erfüllen zB auch Körperschaften des öffentlichen Rechts und
beschränkt Geschäftsfähige.

VI. Amtsverfahren

Die Besonderheit der internationalen Eintragung besteht darin, dass mit **6**
einem einzigen Antrag dieselben Wirkungen wie mit einzelnen Anträgen in
den jeweils benannten Vertragsparteien entstehen. Eine internationale Eintragung ergibt daher ebenso wie eine internationale Markenregistrierung ein
Bündel von einzelstaatlichen SchutzR. Das hat den Vorteil, dass der Ar-
beitsaufwand bei der Anmeldung, der Verwaltungsaufwand bci Verlängerungen der Schutzdauer und die Amtsgebühr erheblich geringer ist als die
Summe der Amtsgebühren entsprechender nationaler Anmeldungen. Ein
Vertreter muss weder für die internationale Anmeldung noch für die benannten Vertragsparteien bestellt werden. Das Verfahren vor dem Internationalen Büro ist im HMA nur in Grds geregelt. Für alle Vertragsparteien
sind in einer Gemeinsamen Ausführungsordnung (= GAO, gegliedert in
Regeln = R) einheitlich für die Fassungen 1934, 1960 und 1999 Einzelheiten des Verfahrens geregelt. Ebenfalls einheitlich für alle Fassungen sind
Formalien in Verwaltungsrichtlinien (= VR, gegliedert in Abschnitte = A)
festgelegt. Die Anmeldung kann nach Wahl des Anmelders entweder direkt
beim Internationalen Büro oder über das DPMA eingereicht werden, § 67;
Anmeldungen können auch in elektronischer Form eingereicht werden. Die
Anmeldung kann nur in englischer, französischer oder spanischer Sprache
eingereicht werden; durch die Anmeldesprache wird auch die Sprache für
eine Beschreibung und für Schriftverkehr zwischen dem Internationalen
Büro und dem Anmelder festgelegt, hierzu § 11 Rn 101. Das DPMA leitet
Anmeldungen ohne Prüfung unverzüglich an das Internationale Büro weiter,
§ 68; hierzu § 68 Rn 2. Die für einen Schutz beanspruchten Vertragspartei-
en müssen in der Anmeldung benannt werden; eine spätere Ergänzung ist
nicht möglich. Einzelheiten des Amtsverfahrens sind bei den jeweils entspr

Bestimmungen des DesignG dargestellt. Bei einer Sammelanmeldung (für bis zu 100 Einzelanmeldungen) müssen alle Muster und Modelle derselben Warenklasse zugehörig sein; hierzu § 12 Rn 24. Die Darstellung von Mustern und Modellen kann in grafischer oder fotografischer Form erfolgen; im Geltungsbereich des HMA 1999 können alternativ auch Musterabschnitte eingereicht werden, Einzelheiten § 11 Rn 102. Es kann die Priorität einer früheren ausländischen Anmeldung, hierzu § 14 Rn 18, auch eine Ausstellungspriorität, hierzu § 15 Rn 9, in Anspruch genommen werden. Umgekehrt kann die Priorität einer internationalen Anmeldung für nationale Anmeldungen außerhalb des HMA beansprucht werden. Die Nichterfüllung von zwingenden Erfordernissen der Anmeldung kann eine Verschiebung des Anmeldetags zur Folge haben. Wenn alle gesetzlich festgelegten Anmeldeerfordernisse erfüllt sind, erfolgt die Eintragung unmittelbar nach dem Eingang der Anmeldung, hierzu § 16 Rn 32. Eine materiellrechtliche Prüfung erfolgt nicht; hierzu sind allein die benannten Vertragsparteien berechtigt; für Deutschland s § 69. Die Veröffentlichung kann auf bis zu 30 Monate aufgeschoben werden; ansonsten erfolgt die Veröffentlichung grds sechs Monate nach der Eintragung auf der Website des Internationalen Büros, Einzelheiten § 20 Rn 10. Die Schutzdauer von zunächst fünf Jahren kann um jeweils fünf weitere Jahre verlängert werden. Dabei können einzelne Vertragsparteien und einzelne Einzelanmeldungen einer Sammelanmeldung ausgewählt werden. Für den deutschen Teil einer internationalen Eintragung kann die Schutzdauer auf bis zu 25 Jahre verlängert werden, Einzelheiten § 27 Rn 6; § 28 Rn 11. Bei den Gebühren wird zwischen Grundgebühren, Zusatzgebühren, Standardbenennungsgebühren, individuellen Benennungsgebühren und Veröffentlichungsgebühren differenziert, hierzu § 11 Rn 103; § 16 Rn 32. Die Gebühren sind im Vergleich mit der Summe der Gebühren für entsprechende nationale Anmeldungen wesentlich niedriger.

VII. Haager Verband

7   Der durch das Haager Abkommen vom 6.11.25 errichtete und durch die Fassungen von 1934 und 1960, die Zusatzvereinbarung von 1961, die Ergänzungsvereinbarung von 1967 und durch die Fassung 1999 aufrechterhaltene Verband wird häufig kurz als Haager Verband bezeichnet. Die Vertragsparteien des HMA 1999 sind ebenso Mitglieder des Haager Verbands wie Vertragsstaaten des HMA 1960 und des HMA 1934, Art 20 HMA. Die Vertragsstaaten des HMA können daher zwei oder drei Fassungen dieses Abkommens zugehörig sein. Deutschland ist allen drei Fassungen beigetreten. Von den 14 Vertragsstaaten des HMA 1934 sind es nur noch zwei Vertragsstaaten, nämlich Indonesien und Tunesien, die ausschließlich dieser Fassung des HMA angehören. Das HMA 1934 ist mit Wirkung zum 1.12.10 „eingefroren" worden, Nachw Bulling Mitt 09, 498, 500, dh es können unter dieser Fassung Neuanmeldungen nicht mehr eingereicht werden; bestehende Eintragungen bleiben bis zum Ende der maximalen Laufzeit gültig. Vertragsparteien des HMA 1999 sind:

Ägypten	Bosnien und Herzegowina
Albanien	Botswana
Armenien	Bulgarien
Aserbaidschan	Dänemark

B. Internationale Eintragung

Deutschland	Namibia
Estland	Niger
Finnland	Norwegen
Frankreich	Oman
Georgien	Polen
Ghana	Ruanda
Island	Rumänien
Kirgisistan	Sao Tome und Principe
Korea (Republik)	Schweiz
Kroatien	Singapur
Lettland	Slowenien
Liechtenstein	Spanien
Litauen	Syrien
Marokko	Tadschikistan
Mazedonien	Türkei
Moldau, Republik	Tunesien
Mongolei	Ukraine
Montenegro	Ungarn

Als zwischenstaatliche Organisationen sind die Europäische Union, s Rn 9, und die Organisation Africaine de la Propriété Industrielle (OAPI = Afrikanische Organisation für geistiges Eigentum) Vertragsparteien des HMA 1999. Zum Beitritt der OAPI s Klopschinksy GRUR Int 08, 783, zu den Mitgliedstaaten http://www.wipoint/wipolex/eu/outline/oapi.htm. Folgende Mitgliedstaaten der EU gehören dem Haager Verband nicht an:

Irland	Slowakei
Malta	Tschechien
Österreich	Vereinigtes Königreich
Portugal	Zypern
Schweden	

Über die EU kann durch eine internationale Eintragung Schutz daher auch in diesen Staaten erlangt werden.

Nicht dem HMA 1999, aber dem HMA 1960 zugehörig sind:

Belgien	Luxemburg
Belize	Mali
Benin	Monaco
Elfenbeinküste	Niederlande
Korea (Volksrepublik)	Niger
Gabun	Senegal
Griechenland	Serbien
Italien	Suriname

VIII. Mitgliedschaft Deutschlands

8 Dass Deutschland Mitglied des HMA 1934 war, hat für Anmelder aus Deutschland im Wesentlichen nur noch historische Bedeutung. Seit 1.1.10 können Anmeldungen nach dem HMA 1934 nicht mehr eingereicht werden. Dem HMA 1960 hat Deutschland durch Gesetz v 8.6.62 zugestimmt und diese Fassung veröffentlicht, BGBl 62 II 774 = Bl 62, 213 = GRUR

B. Internationale Eintragung

Int 62, 174; Denkschrift Bl 62, 229. Die Fassung 1960 ist gem Art 26 I HMA am 1.8.84 für Deutschland und für weitere 10 Staaten in Kraft getreten, Bekanntmachung v 20.8.84, BGBl 84 II 798 = Bl 84, 320. Das HMA 1999 und die GAO hat Deutschland am 29.6.00 unterzeichnet. Die Ratifizierung des HMA 1999 und der GAO erfolgten dadurch, dass Deutschland mit Art 1 S 1 des Gesetzes zu der Genfer Fassung v 2.7.99 (Genfer Akte) des Haager Abkommens vom 6.11.25 über die internationale Eintragung gewerblicher Muster und Modelle zugestimmt und nach Art 1 S 2 in amtlicher deutscher Übersetzung veröffentlicht hat. Rechtswirkungen für Deutschland entfaltet das HMA 1999 allerdings bereits durch den Beitritt der EU am 28.12.06, s Rn 8. Der Schutz in Deutschland steht Anmeldern aller Verbandsparteien offen. Nach Art 14 I HMA 1999 und nach Art 7 I a) HMA 1960 muss Deutschland als Vertragspartei benannt werden. Diese Möglichkeit besteht auch für Anmeldungen, wenn sich die Anmeldeberechtigung aus der Angehörigkeit zu Deutschland ergibt. Eine vorherige Eintragung eines eingetragenen Designs in Deutschland ist hierfür nicht erforderlich; eine frühere Priorität kann in Anspruch genommen werden. Eine internationale Eintragung auf der Grundlage des HMA 1934 erstreckt sich automatisch auf alle Vertragsstaaten, Art 4 II 2 HMA 1934. Davon ausgenommen ist jedoch der Ursprungsstaat des Anmelders, Art 1 HMA 1934.

IX. Mitgliedschaft der Europäischen Union

9 Für die Mitgliedschaft der EU als zwischenstaatlicher Organisation, s Art 3 HMA 1999, wurde in die GGV ein neuer Abschnitt mit den Art 106a bis 106f aufgenommen, VO 1891/2006 v 18.12.06, ABlEG L 386/14 v 29.12.06. Mit Beschluss des Rats der EU v 18.12.06 wurde der Beitritt der EU zum HMA genehmigt, ABlEG L 386/28 v 29.12.06. Das hat Änderungen der GGDV durch die VO 876/2007 v 24.7.07, ABl L 193/13 v 25.7.07, der der GGGebV durch die VO 877/2007, ABlEG L 193/16 v 25.7.07, zur Folge gehabt. Jede Registrierung einer internationalen Eintragung, in der die EU benannt ist, hat dieselbe Wirkung wie die Registrierung eines GGM, Art 106a II 1 GGV. Mit der Erstreckung auf die EU entsteht daher faktisch ein GGM. Gleichzeitig können weitere Vertragsstaaten benannt werden. Die Benennungsgebühr sowie Verlängerungsgebühren für die EU werden ebenso wie für andere Vertragsparteien in Euro an das Internationale Büro entrichtet, Art 5 I VO Nr 2246/2002 idF v 24.7.07. Eine Anmeldung über das HABM ist nicht möglich, Art 106b GGV. Das HABM kann eine Schutzverweigerung erklären, aber nur mit der Begründung, dass der Gegenstand der internationalen Eintragung kein Muster iSd Art 3a GGV ist oder gegen die öffentliche Ordnung bzw gegen die guten Sitten verstößt, Art 106e I 1 GGV. Das Beanstandungspotential ist daher gering. Eine Schutzverweigerung muss innerhalb von sechs Monaten der WIPO übermittelt werden. Die WIPO ihrerseits übermittelt die Schutzverweigerung dem Inhaber der internationalen Anmeldung. Der Inhaber kann daraufhin unmittelbar ggü dem HABM Stellung nehmen. Wenn das HABM die Schutzverweigerung zurücknimmt oder keine Schutzverweigerung ausspricht, tritt an die Stelle des bis dahin bestehenden Schwebezustands, s Bulling Mitt 2007, 553, ein rückwirkender Schutz zum Tag der internationalen Eintragung, Art 106d II iVm Art 106d I GGV. Von Dritten kann die Nich-

C. Nicht eingetragenes GGM

tigerklärung wie bei einem originären GGM beantragt werden, Art 106 f I GGV, dh durch einen Antrag an das HABM, Art 52 GGV, oder durch die Erhebung einer Widerklage, Art 84 GGV.

C. Nicht eingetragenes Gemeinschaftsgeschmacksmuster

Übersicht

I. Allgemeines

1. Am Anfang der **Entwicklung** hat gestanden, dass in Großbritannien **1** Schutz auch für ein *unregistered design* in Anspruch genommen werden konnte, s hierzu Cornish GRUR Int 98, 368, 370; E. Gottschalk/S. Gottschalk GRUR Int 06, 461 (Fn 6). Die Möglichkeit des formlosen Schutzes ist in Art 11 des MPI-Entwurfs aufgegriffen worden. Diese Möglichkeit hat sodann Eingang in die GGV gefunden. Die in diesem Abschnitt des Kommentars aufgeführten Artikel sind Bestimmungen der GGV. Das nicht eingetragene GGM entsteht unabhängig von einem Registerschutz. Die Herbeiführung eines Registerschutzes kommt nur in Betracht, wenn innerhalb der sog Schonfrist, s Art 7 II; § 6, ein Antrag auf Eintragung eines eingetragenen GGM oder eines einzelstaatlichen DesignschutzR gestellt wird. Die Möglichkeit des Schutzes für nicht eingetragene GGM trägt insbes dem Umstand Rechnung, dass in einigen Wirtschaftszweigen Erzeugnisse in den Verkehr gebracht werden, die häufig nur eine kurze Lebensdauer im Markt haben, ErwGrd 16 zur GGV. Das ist insbes in der Textilbranche der Fall, Posner Mitt 93, 219, 224. Die Schutzvoraussetzungen sind jedoch so allgemein geregelt, dass sie auf alle Erzeugnisse Anwendung finden.

2. Die **Regelungstechnik** ist nicht klar strukturiert. Art I II a) enthält **2** den allg Hinweis, dass ein GeschmM durch ein nicht eingetragenes GGM geschützt wird, wenn es in der in der GGV vorgesehenen Weise der Öffentlichkeit zugänglich gemacht wird; Übersichten bei Bulling, Mitt 02, 170; Klawitter EWS 02, 357; Bartenbach/Fock WRP 02, 1119; Rahlf/E. Gottschalk GRUR Int 04, 821; E. Gottschalk/S. Gottschalk GRUR Int 06, 461.

C. Nicht eingetragenes GGM

Unter der Überschrift „Schutzdauer" enthält Art 11 Bestimmungen nicht nur über die Schutzdauer, sondern auch über die Schutzvoraussetzungen und über die Schutzbegründung. Entstehungsgrund des nicht eingetragenen GGM ist nach der Basisregelung in Art 11 I, dass ein Muster der Öffentlichkeit zugänglich gemacht wird. Aus Art 11 II 1 ergibt sich, wie das Zugänglichmachen erfolgt und was unter Öffentlichkeit zu verstehen ist. Diese Bestimmung erweckt zwar nach ihrem Wortlaut den Eindruck einer Fiktion, der Sache nach handelt es sich jedoch – ebenso wie bei den Festlegungen für die Offenbarung in Art 7 – um eine Definition. Die Schutzvoraussetzungen werden durch eine Verweisung auf den 1. Abschnitt festgelegt. Die Schutzwirkung ist in Art 19 II geregelt. Weil es für nicht eingetragene GGM keine Registereintragungen gibt, enthält Art 15 I eine bes Regelung für Ansprüche gegen Nichtberechtigte. Die Vermutung der Rechtsgültigkeit gilt zwar auch für nicht eingetragene GGM. Weil nicht an eine Registereintragung angeknüpft werden kann, sind in Art 85 II spezielle Anforderungen aufgeführt, die für nicht eingetragene GGM erfüllt sein müssen.

3   3. Die **Grundbegriffe** „Geschmacksmuster" und „Muster" werden in der GGV nebeneinander benutzt. Ausgangspunkt dafür ist, dass in der englischen Rechtssprache *design* eine Doppelbedeutung hat: Es kann sowohl die Gestaltung eines Erzeugnisses iSv Muster als auch das SchutzR iSv Geschmacksmuster gemeint sein. Weil dem bei der Übersetzung in die deutsche Sprachfassung der GGV nicht immer ausreichend Rechnung getragen wurde, ist meistens von „Geschmackmuster" anstelle von „Muster" die Rede. Das ist insbes in den essentiellen Bestimmungen der Art 3a), Art 4 – 7, Art 10 und 11 der Fall. Diese Wortwahl ist nicht das Ergebnis einer bewussten Terminologie, sondern eine Unschärfe in der Übersetzung. Ein Beleg dafür ist, dass gelegentlich anstelle von „Geschmacksmuster" von „Muster" die Rede ist, zB Art 15 III 2, Art 19 I und II, Art 22 II, Art 96, obwohl ein Grund für diese unterschiedliche Wortwahl nicht erkennbar ist. Schließlich findet in Art 85 I, 88 III und 95 „Musterrecht" für nationale DesignschutzR Verwendung, obwohl es in der GGV weder für „Muster" noch für „Musterrecht" eine Begriffsbestimmung gibt. Im Grünbuch hatte die Kommission „Muster" als zentralen Begriff verwendet. Das hat übereinstimmend Eingang in die ersten Entwürfe für eine Richtlinie und für eine Verordnung gefunden. Diese Handhabung ist in den Verordnungsentwürfen der Jahre 1993, 1999 sowie 2000 unverändert geblieben. Erstmals am 30.11.01 wird in einem Ratsdokument die Terminologie benutzt, die sodann in die am 12.12.01 veröffentlichte GGV Eingang gefunden hat. Das ist offensichtlich das Ergebnis einer Übersetzung der englischsprachigen Ausgangsfassung der Kommission mit dem Begriff *design* in das französischsprachige Ratsdokument mit dem Begriff *dessin ou modèle* und im Anschluss hieran in Übersetzungen ua in die deutsche, italienische und spanische Sprache. Lediglich in der niederländischen Sprache wird durchgehend der Begriff *model* benutzt. Insgesamt muss davon ausgegangen werden, dass dem Begriff „Geschmacksmuster" in der deutschen Fassung der GGV ein Übersetzungsfehler zugrunde liegt, der den Aussagegehalt verfälscht und deswegen unmaßgeblich ist, s hierzu BVerwG NJW 10, 2534, 2535.

II. Grundlagen des Schutzes

Schutzdauer des nicht eingetragenen Gemeinschaftsgeschmacksmusters

GGV 11
(1) **Ein Geschmacksmuster, das die im 1. Abschnitt genannten Voraussetzungen erfüllt, wird als ein nicht eingetragenes Gemeinschaftsgeschmacksmuster für eine Frist von drei Jahren geschützt, beginnend mit dem Tag, an dem es der Öffentlichkeit innerhalb der Gemeinschaft erstmals zugänglich gemacht wurde.**

1. Materiellrechtliche Schutzvoraussetzungen ergeben sich aus der Verweisung in Art 11 I auf den 1. Abschnitt der GGV. Das Muster muss daher die Voraussetzungen der Musterfähigkeit, s Art 3 sowie hierzu § 1 Rn 3, 1 ff, der Neuheit, s Art 5 sowie hierzu § 2 Rn 7 ff, und der Eigenart, s Art 6 sowie hierzu § 2 Rn 12 ff, erfüllen, BGH GRUR 09, 79 Tz 15 – Gebäckpresse, und darf keinem der Schutzausschließungsgründe, s Art 8, 9 sowie hierzu § 3 Rn 3 ff, unterliegen. Eine Neuheitsschonfrist, Art 7 II GGV, kann nicht in Anspruch genommen werden, BGH GRUR 09, 79 Tz 19, 22; Voraufl Allg Rn 18; § 6 Rn 12; Ruhl 11/16; zu Änderungsbestrebungen Bulling Mitt 09, 498, 500. Während es für die Neuheit und die Eigenart von eingetragenen GGM auf den Formenschatz ankommt, der vor dem Anmeldetag bzw Prioritätstag der Öffentlichkeit zugänglich gemacht worden ist, ergibt sich für nicht eingetragene GGM der hierfür maßgebliche Stichtag aus dem Tag der Schutzbegründung, s Rn 5. Ansonsten sind für nicht eingetragene GGM und für eingetragene GGM die Schutzvoraussetzungen in jeder Hinsicht völlig identisch. Das gilt zwar auch für das Erfordernis der Musterfähigkeit. Ein abgeleiteter Teilschutz ist jedoch bei nicht eingetragenen GGM möglich, s Rn 18.   **4**

2. Der **Beginn des Schutzes** ist in Art 11 I mit dem Tag festgelegt, an dem das Muster erstmals der Öffentlichkeit zugänglich gemacht worden ist. Maßgeblich hierfür ist nicht der Tag der ersten Verbreitung, sondern der Tag der ersten Möglichkeit der Kenntnisnahme durch die in der Gemeinschaft tätigen Fachkreise. Für dieses Datum hat der Anspruchsteller die Darlegungs- und Beweislast, Düss I-20 U 175/07 v 5.8.08; Rahlf/E. Gottschalk GRUR Int 04, 821, 824, weil unmittelbar der für die Ermittlung des vorbekannten Formenschatzes maßgebliche Stichtag und mittelbar das Ende der Schutzdauer festgelegt werden. Wenn nur eine Zeitspanne für das erste öffentliche Zugänglichmachen nachgewiesen wurde, ist der für den Anspruchsteller ungünstigste Zeitpunkt maßgeblich, Düss v 5.8.08; Ruhl 11/34. Der Anspruchsgegner kann Gegenbeweis für einen früheren oder späteren Zeitpunkt erbringen, Ruhl 85/14. Ein Schutz konnte erstmals am 6.3.02 begründet werden, Hbg GRUR-RR 06, 14 – Gipürespitze. Das Zugänglichmachen ist ein rein tatsächlicher Vorgang, dem weder die Vorstellung noch die Absicht einer Schutzbegründung zugrunde liegen muss. Etwaige Mängel in der Willensbildung sind für diesen Realakt ohne Bedeutung. Eine Inanspruchnahme von Prioritäten kommt nicht in Betracht, weil sowohl die Auslandspriorität, Art 41 I, als auch die Ausstellungspriorität, Art 44 I, nur für eingetragene GGM in Anspruch genommen werden kann. Auch die Berufung auf die sog Neuheitsschonfrist, Art 7 II und III, ist nur bei eingetragenen GGM möglich, nicht auch bei nicht eingetragenen GGM,   **5**

BGH GRUR 09, 79 Tz 22 – Gebäckpresse; Vorinst Hbg NJOZ 07, 459, 466; VORaufl 6/12; Ruhl 11/16. Weil das erstmalige Zugänglichmachen für den Schutzbeginn maßgeblich ist, hat der Rechtsbegründer nicht die Möglichkeit, nachfolgenden Handlungen den Vorzug zu geben. Ist zB dem Inverkehrbringen von Originalerzeugnissen eine Einführungswerbung mit Produktabbildungen vorausgegangen, wird durch diese Werbung sowohl der Schutzbeginn als auch der Offenbarungsgehalt des nicht eingetragenen GGM festgelegt, wenn die Abbildung ein schutzfähiges Muster erkennen lässt. Wenn zB die Produktabbildung nur in Schwarz-Weiß erfolgt ist oder das Produkt nur von einer Seite zu sehen war, kann für die Bestimmung des Schutzumfangs allein hierauf zurückgegriffen werden.

6   **3.** Das **Ende des Schutzes** ergibt sich daraus, dass die Schutzdauer nach Art 11 I drei Jahre beträgt und die Laufzeit mit dem Schutzbeginn, s Rn 5, festgelegt ist. Weil eine unbefristete Verurteilung für alle SchutzR zulässig ist, solange das SchutzR besteht, BGH GRUR 10, 996 Tz 16 – Bordakao, können auch bei einem nicht eingetragenen GGM die Anträge ohne zeitliche Beschränkung gestellt werden. Wenn jedoch das SchutzR im Verlauf des Verletzungsprozesses erlischt, muss der Schutzrechtsinhaber sein Begehren auf den Zeitraum bis zum Erlöschen beschränken, BGH GRUR 10, 996 Tz 16. Das betrifft insbes den Schadensersatzanspruch und den hierauf basierenden Anspruch auf vorbereitende Auskunft und Rechnungslegung, BGH GRUR 09, 79 Tz 13, 14 – Gebäckpresse I. Dem muss durch eine – ohne weiteres sachdienliche (§ 263 ZPO) – Änderung in der Antragsfassung Rechnung getragen werden. Bei dem in die Zukunft gerichteten Unterlassungsanspruch tritt mit dem letzten Tag der Schutzdauer die Erledigung der Hauptsache ein, BGH GRUR 10, 996 Tz 16; Hbg NJOZ 07, 459, 460 – Gebäckpresse; Düss I-20 U 175/07 v 5.8.08. Dasselbe gilt für den Vernichtungsanspruch und den Anspruch auf Beschlagnahme als Sicherungsmaßnahme für den Vernichtungsanspruch. Bei den Ansprüchen auf Unterlassung und Vernichtung etc kommt daher nur eine Erledigungserklärung in Betracht. Durch den Anspruch auf Drittauskunft können zwar nach dem Erlöschen des Schutzrechts gegenüber Lieferanten und Abnehmern keine Unterlassungsansprüche geltend gemacht werden, Schadensersatzansprüche bleiben jedoch bestehen; Vorgänge bis zum Erlöschen des Schutzrechts unterliegen daher der Auskunftspflicht. Bei übereinstimmenden Erledigungserklärungen entscheidet das Gericht § 91a ZPO über die Kosten des Rechtsstreits. Schließt sich der Bekl einer Erledigungserklärung nicht an, muss das Gericht eine Feststellung treffen, wenn die Klage ursprünglich begründet war; andernfalls ist die Klage abzuweisen, BGH GRUR 12, 1253 Tz 14 – Gartenpavillon. Wenn auf den wettbewerbsrechtlichen Nachahmungsschutz umgestellt werden soll, muss beachtet werden, dass es sich um einen eigenständigen Streitgegenstand handelt, s § 42 Rn 43. Eine Überführung in ein eingetragenes DesignschutzR ist nur innerhalb der Schonfrist von zwölf Monaten, s § 6 S 1 DesignG; Art 7 II b) GGV, möglich. Wenn diese Frist überschritten ist, kann bei ausreichender Unterscheidungskraft die Eintragung einer (dreidimensionalen oder zweidimensionalen) Marke in Betracht kommen.

III. Entstehung des Schutzes

Schutzdauer des nicht eingetragenen Gemeinschaftsgeschmacksmusters

GGV 11 (2) Im Sinne des Absatzes 1 gilt ein Geschmacksmuster als der Öffentlichkeit innerhalb der Gemeinschaft zugänglich gemacht, wenn es in solcher Weise bekannt gemacht, ausgestellt, im Verkehr verwendet oder auf sonstige Weise offenbart wurde, dass dies den in der Gemeinschaft tätigen Fachkreisen des betreffenden Wirtschaftszweigs im normalen Geschäftsverlauf bekannt sein konnte. Ein Geschmacksmuster gilt jedoch nicht als der Öffentlichkeit zugänglich gemacht, wenn es lediglich einem Dritten unter der ausdrücklichen oder stillschweigenden Bedingung der Vertraulichkeit offenbart wurde.

Bestimmungen über die Erweiterung der Gemeinschaft

GGV 110a (5) Die Absätze 1, 3 und 4 gelten auch für nicht eingetragene Gemeinschaftsgeschmacksmuster. Gemäß Artikel 11 genießt ein Geschmacksmuster, das nicht in der Gemeinschaft öffentlich zugänglich gemacht wurde, keinen Schutz als nicht eingetragenes Gemeinschaftsgeschmacksmuster.

1. Das öffentliche **Zugänglichmachen** eines Musters ist Grundvoraus- **7** setzungen für den Schutz. Der für die Schutzbegründung in Art 11 I aufgeführte Begriff der Öffentlichkeit erfährt durch die Definition in Art 11 II 1 eine erhebliche Einengung. Maßgeblich ist demnach, dass das Muster den Fachkreisen des betreffenden Wirtschaftszweigs bekannt sein konnte. Während Ermittlungen zum vorbekannten Formenschatz zur Prüfung der Schutzfähigkeit und des Schutzumfangs eine branchenübergreifende Beurteilung zur Folge haben können, s § 5 Rn 12, ist für das Entstehen eines formlosen GeschmM-Schutzes allein die Branche maßgeblich, der das Muster zugehörig ist. Bei den weiteren Kriterien, wonach das Zugänglichmachen im normalen Geschäftsverlauf erfolgen muss und die Kenntnis der in der Gemeinschaft tätigen Fachkreise maßgeblich ist, bestehen dagegen keine Unterschiede zu den Festlegungen für den vorbekannten Formenschatz, s § 5 Rn 13–15. Die Präsentation eines Musters bei potenziellen Abnehmern oder bei Designwettbewerben kann ausreichen, Bulling/Langöhrig/Hellwig Rn 110, wenn damit eine Öffentlichkeitswirkung verbunden ist.

2. Mehrere Arten von **Offenbarungshandlungen** kommen für das öf- **8** fentliche Zugänglichmachen in Betracht. In Art 11 II 1 sind die Offenbarungshandlungen weitgehend wortidentisch mit den Offenbarungshandlungen geregelt, die in § 5 S 1 DesignGG und in Art 6 I 1 GGV für den vorbekannten Formenschatz aufgeführt sind. Das Muster muss demnach bekannt gemacht, ausgestellt, im Verkehr verwendet oder in sonstiger Weise so offenbart worden sein, dass es für die maßgeblichen Fachkreise optisch wahrnehmbar war. Die für eine Offenbarung maßgeblichen Handlungen unterscheiden sich nicht von den Handlungen, die für die Festlegungen zum vorbekannten Formenschatz maßgeblich sind, s § 5 Rn 6–9. Häufig wird ein ein nicht eingetragenes GGM durch die Vermarktung eines Musters oder durch eine hierauf bezogene Vorbereitungshandlung begründet. Das kann zB durch die Präsentation auf einer Fachmesse, Braunschw BeckRS 08, 19527 – Dekorationsgirlande, Mannh BeckRS 09, 88824 – Perlschmuck, oder durch unentgeltliche Abgabe an Fachkunden, Mannh BeckRS 09, 88824, geschehen. Die erstmalige Präsentation auf einer Ausstellung hat den Vorteil, dass die Möglichkeit der Kenntnisnahme durch die Fachkreise wesensbedingt sichergestellt ist, LG Düss BeckRS 11, 27079 – Gartensitzmöbel. Eine Ausstellungspriorität kann jedoch nicht in Anspruch genommen werden, weil diese Möglichkeit in Art 44 nur für eingetragene GGM vorgesehen ist. Die Offenbarungshandlung kann nicht nur von dem nach Art 14 Berechtigten vorgenommen werden, sondern von jedem beliebigen Dritten, zB von einem Händler, der den Gegenstand des nicht eingetragenen GGM in sein Sortiment aufnimmt; die Offenbarungshandlung erlaubt daher keinen Rückschluss auf die Rechtsinhaberschaft, BGH GRUR 13, 831 Tz 18 – Bolerojäckchen; hierzu Rn 10.

9   **3. Das Offenbarungsgebiet** ist verwirrend geregelt. Aus der Formulierung in Art 11 I, mit der darauf abgestellt wird, dass das Muster innerhalb der Gemeinschaft erstmalig zugänglich gemacht wurde, könnte zwar eine Festlegung dafür gefolgert werden, dass die schutzbegründende Offenbarung auf dem Territorium der Gemeinschaft stattgefunden haben muss, LG FfM GRUR-RR 05, 4, 5 – Ab Swing-Hometrainer; Schennen FS Eisenführ, 2003, 99, 107; Rahlf/Gottschalk GRUR Int 04, 821, 824; Voraufl Allg Rn 19. Die Definition in Art 11 II 1 erweckt jedoch den Eindruck, dass die Gemeinschaft lediglich insoweit eine Rolle spielt, als die Fachkreise in diesem Gebiet tätig sein müssen, und ansonsten für die Möglichkeit der Kenntnisnahme auch Offenbarungshandlungen ausreichen können, die außerhalb der Gemeinschaft erfolgt sind. Nach dieser Definition hätte auch eine Offenbarung außerhalb der Gemeinschaft ausreichen können, wenn sie den in der Gemeinschaft tätigen Fachkreisen bekannt sein konnte, Maier/Schlötelburg S 19; Rother FS Eisenführ 2003, 85, 91, zB bei der Ausstellung eines Automobils auf einer internationalen Fachmesse, die in den USA, in der Schweiz oder sonstwo außerhalb der Gemeinschaft stattgefunden hat. Dieser Auslegung ist durch eine nachträgliche Änderung der GGV ein Riegel vorgeschoben worden. Unter der Überschrift „Bestimmungen über die Erweiterung der Gemeinschaft", die keine generelle Änderung des materiellen Rechts vermuten lässt, wird in Art 110a V 2 bestimmt, dass ein nicht in der Gemeinschaft öffentlich zugänglich gemachtes Muster keinen Schutz als nicht eingetragenes GGM genießt. Diese Formulierung ist zwar eindeutig, BGH GRUR 09, 79 Tz 18 – Gebäckpresse mwN, aber allerdings ebenfalls unscharf, weil aus einer nachfolgenden oder gleichzeitigen Offenbarung außerhalb der Gemeinschaft gefolgert werden könnte, dass diese Handlungen dem Schutz als nicht eingetragenes GGM abträglich sind. Wenn einer Offenbarung auf dem Territorium der Gemeinschaft eine Offenbarung außerhalb dieses Gebiets vorausgegangen ist, kann das der Neuheit des nicht eingetragenen GGM entgegenstehen, BGH GRUR 09, 79 Tz 22. Obwohl eine Neuheitsschonfrist nicht in Anspruch genommen werden kann, s Rn 5, besteht keine Schutzlücke, weil innerhalb dieser Frist ein Schutz durch die Eintragung eines DesignschutzR herbeigeführt werden kann, BGH GRUR 09, 79 Tz 19. Wenn die Offenbarung eines Musters außerhalb der EU der Neuheit eines nicht eingetragenen GGM entgegensteht, kann allerdings innerhalb der einjährigen Schonfrist ein Schutz durch ein eingetragenes Design-SchutzR herbeigeführt werden, Gärtner Mitt 09, 320, 322.

4. Die **Möglichkeit des Bekanntseins** des Musters ist ein Erfordernis, **10** mit dem das öffentliche Zugänglichmachen konkretisiert wird. Das Entstehen eines formlosen Schutzes setzt voraus, dass das Muster den relevanten Fachkreisen bekannt sein konnte, Art 11 II 1. Für die Festlegungen zum vorbekannten Formenschatz kommt es dagegen darauf an, ob das Muster den relevanten Fachkreisen nicht bekannt sein konnte. Das ist mehr als ein semantischer Unterschied, s auch § 5 Rn 17. Während für das Nichtbestehen eines Designschutzes darauf abgestellt wird, dass die Möglichkeit der Kenntnisnahme ausschließbar ist, muss für die Begründung des formlosen Designschutzes die Wahrscheinlichkeit einer positiven Kenntnisnahme festgestellt werden. Es kommt daher nicht darauf an, ob die Offenbarung nicht bekannt sein konnte, unzutr Hbg NJOZ 02, 459, 466 – Gebäckpresse, Rahlf/E. Gottschalk GRUR Int 04, 821, 823, weil Beurteilungsgrundlage nicht Art 7 I, sondern Art 11 II 1 ist. Die Möglichkeit der Kenntnisnahme muss im normalen Geschäftsverlauf bestanden haben. Die Verteilung von Abbildungen eines Musters an Händler, die in dem betreffenden Wirtschaftszweig tätig sind, kann ausreichen, EuGH GRUR 14, 368 Rn 30 – Gautzsch. Die Versendung von 300 Exemplaren eines Werbeblatts mit der Abbildung eines Gartenmöbels an gewichtige Handelspartner, nämlich bedeutende Händler, Zwischenhändler und Einkaufsverbände mit Sitz in der EU konnte daher genügen, BGH GRUR 12, 1253 Tz 21 – Gartenpavillon. Zum normalen Geschäftsverlauf der Fachkreise eines jeden Wirtschaftszweigs zählen Maßnahmen der Marktbeobachtung, BGH GRUR 12, 1253 Tz 21; s auch § 5 Rn 16. Eine Offenbarung unter der Bedingung der Vertraulichkeit, s Art 11 II 2 sowie hierzu § 5 Rn 18, findet keine Berücksichtigung. Im Verletzungsstreit kann sich eine Einengung des Erfordernisses der Öffentlichkeit aus der Beschränkung der Schutzwirkung auf einen Nachahmungsschutz ergeben, s Rn 19. Es besteht daher die Möglichkeit, dass zwar ein formloser Schutz entstanden ist, die Schutzwirkungen jedoch nicht den Anspruchsgegner erfassen, weil dieser das Muster nicht gekannt hat.

5. Auf die **Fachkreise des betreffenden Wirtschaftszweigs** kommt es **11** für die Möglichkeit des Bekanntseins an. Durch die Referenz in der Einleitung „Im Sinne des Absatzes 1" in Art 11 II 1 wird eine Verbindung zu der Schutzvoraussetzung hergestellt, dass das Muster zugänglich gemacht wurde. Der betreffende Wirtschaftszweig ist daher die Branche, in das die offenbarte Muster üblicherweise vermarktet wird. Für die Schutzvoraussetzungen der Neuheit und der Eigenart kommt es demgegenüber darauf an, ob ein älteres Muster bzw Design den Fachkreisen der Branche nicht gekannt sein konnte, der das ältere Muster zugehörig ist, s § 5 Rn 12. Fachkreise bestehen aus den Personen, die in dem betreffenden Wirtschaftszweig geschäftstätig sind. Die Offenbarung muss idR ggü einem breiter angelegten Kreis erfolgt sein, BGH GRUR 12, 1253 Tz 27 – Gartenpavillon; s auch § 5 Rn 12. Die Verteilung von Abbildungen eines Musters an Händler, die in der EU in dem betreffenden Wirtschaftszweig tätig sind, kann ausreichen, EuGH GRUR 14, 368 Rn 30 – Gautzsch. Das war bei der Versendung von 300 Exemplaren eines Werbeblatts mit der Abbildung eines Gartenmöbels an bedeutende Händler, Zwischenhändler und an zwei Einkaufsverbände mit Sitz in der EU der Fall, BGH GRUR 12, 1253 Tz 21. Nach LG Düss Hartwig DesignE 4,

215 – Herrenhemd – war es ausreichend, dass ein polnisches Unternehmen eine Musterlasche bestellt hat. Als Fachkreise sollten sowohl Hersteller und herstellergleiche Anbieter als Wettbewerber sowie alle Formen und alle Stufen des Handels gelten. Zur Vermeidung von Ungleichbehandlungen sollten bei einem Direktvertrieb die potentiellen Abnehmer den Fachkreisen auch dann zugerechnet werden, wenn sie nicht geschäftstätig sind, s § 5 Rn 12. Ist ein Muster den Fachkreisen eines Wirtschaftszweigs zugänglich gemacht worden, hat es denselben sachlichen Schutzbereich wie ein eingetragenes GGM, s Rn 11. Wenn ein Muster zur Verwendung in mehreren Branchen geeignet ist, kann ihm hierfür nicht die Neuheit abgesprochen werden, Ruhl 11/20. Ist das Muster in einem anderen Wirtschaftszweig nachgeahmt worden, werden sämtliche Verletzer von den Schutzwirkungen erfasst. Wenn Abnehmer gutgläubig waren, s Ruhl 11/18, können sie grds Rückgriff auf den Lieferanten nehmen.

IV. Rechtsinhaber

Recht auf das Gemeinschaftsgeschmacksmuster

GGV 14 (1) **Das Recht auf das Gemeinschaftsgeschmacksmuster steht dem Entwerfer oder seinem Rechtsnachfolger zu.**

(2) **Haben mehrere Personen ein Geschmacksmuster gemeinsam entwickelt, so steht ihnen das Recht auf das Gemeinschaftsgeschmacksmuster gemeinsam zu.**

(3) **Wird ein Geschmacksmuster jedoch von einem Arbeitnehmer in Ausübung seiner Aufgaben oder nach den Weisungen seines Arbeitgebers entworfen, so steht das Recht auf das Gemeinschaftsgeschmacksmuster dem Arbeitgeber zu, sofern vertraglich nichts anderes vereinbart wurde oder sofern die anwendbaren innerstaatlichen Rechtsvorschriften nichts anderes vorsehen.**

12   In Art 14 ist geregelt, wer Rechtsinhaber ist. Art 14 I ist dahin auszulegen, dass das Recht auf das GGM dem Entwerfer zusteht, sofern es nicht vertraglich auf einen Rechtsnachfolger übertragen worden ist; das gilt auch für nicht eingetragene GGM, EuGH GRUR 09, 867 Rn 82 – FEIA/Cul de Sac. Entwerfer kann auch ein Auftragnehmer sein; die Sonderregelung in Art 14 III betrifft nur das Verhältnis zwischen Arbeitgebern und Arbeitnehmern, EuGH GRUR 09, 867 Rn 51, 55; Einzelh § 7 Rn 15 ff. Die Darlegungs- und Beweislast für die Rechtsinhaberschaft nach Art 14 I und III trägt die Partei, die Rechte aus einem nicht eingetragenen GGM geltend macht, BGH GRUR 13, 831 Tz 14 – Bolerojäckchen. Die Rechtsinhaberschaft des Entwerfers besteht unabhängig davon, durch wen das Muster der Öffentlichkeit innerhalb der EU erstmalig zugänglich gemacht wird, BGH GRUR 13, 831 Tz 15; KG ZUM 05, 230, 232 – Natursalz. Ob die Offenbarung eines Musters das Ergebnis einer missbräuchlichen Handlung war, s LG Braunschw BeckRS 08, 19527 – Dekorationsgirlanden, ist daher unerheblich; Art 7 III GGV (= § 6 S 2 DesignG) ist nicht entspr anwendbar. Für die Rechtsinhaberschaft spricht beim nicht eingetragenen GGM keine Vermutung, BGH GRUR 13, 831 Tz 17. Weil anders als beim eingetragenen GGM keine Registereintragung als formeller Anknüpfungspunkt zur Verfü-

gung steht, kommt Art 17 als Grundlage für eine Vermutung nicht in
Betracht; aus Art 85 II 1 folgt ebenfalls keine Vermutung für die Rechtsinhaberschaft, BGH GRUR 13, 831 Tz 17. Rechtsinhaber kann jedes Rechts-
subjekt sein, das die Eintragung eines GGM beantragen könnte, also nicht
nur Gemeinschaftsangehörige, sondern auch alle rechtsfähigen Rechtssubjekte aus Drittstaaten. Die Bestellung eines Vertreters ist nur für das Amtsverfahren vorgesehen, Art 77 II. Bei einem Arbeitnehmermuster richten sich
die Rechte des Arbeitgebers nach Art 14 III. Wenn ein Arbeitgeber Rechte
aus einem nicht eingetragenen GGM geltend macht, das von einem Arbeitnehmer stammt, muss der Arbeitgeber seine Berechtigung darlegen. Bei
einem Arbeitnehmermuster müssen daher für eine Beschlussverfügung die
Voraussetzungen für den Rechtserwerb des Arbeitgebers vor der Entscheidung glaubhaft gemacht sein. Bei dem Entwurf eines Geschäftsführers kann
eine Rechtsübertragung naheliegen, BGH GRUR 12, 1253 – Gartenpavillon, oder die konkludente Erteilung einer ausschließlichen Lizenz in Betracht kommen, Mannh BeckRS 09, 88824. Wenn ein nicht eingetragenes
GGM von einer hierzu nach Art 14 nicht berechtigten Person offenbart
oder geltend gemacht wird, kann der Berechtigte nach Art 15 I verlangen,
dass er als rechtmäßiger Inhaber anerkannt wird. Diese Bestimmung dient
der Durchsetzung der Rechte des Inhabers gegenüber einem nicht berechtigten Dritten; eine Vermutungswirkung zugunsten der Rechtsinhaberschaft
desjenigen, der das nicht eingetragene GGM offenbart hat, ergibt sich aus
dieser Bestimmung nicht, BGH GRUR 13, 831 Tz 21. Eine Beweislastumkehr ergibt sich auch nicht aus Art 19 II 2 und Art 25 I lit c, BGH GRUR
13, 831 Tz 21, 23.

V. Vermutung der Rechtsgültigkeit

Vermutung der Rechtsgültigkeit – Einreden

GGF 85 (2) In Verfahren betreffend eine Verletzungsklage oder
eine Klage wegen drohender Verletzung eines nicht
eingetragenen Gemeinschaftsgeschmacksmusters haben die Gemeinschaftsgeschmacksmustergerichte, wenn der Rechtsinhaber Beweis für
das Vorliegen der Voraussetzungen von Artikel 11 erbringt und angibt,
inwiefern sein Geschmacksmuster Eigenart aufweist, von der Rechtsgültigkeit des Gemeinschaftsgeschmacksmusters auszugehen. Die
Rechtsgültigkeit kann vom Beklagten jedoch mit einer Widerklage auf
Erklärung der Nichtigkeit bestritten werden.

Einstweilige Maßnahmen einschließlich Sicherungsmaßnahmen

GGV 90 (2) In Verfahren betreffend einstweilige Maßnahmen
einschließlich Sicherungsmaßnahmen ist der nicht im
Wege der Widerklage erhobene Einwand der Nichtigkeit des Gemeinschaftsgeschmacksmusters zulässig. Artikel 85 Absatz 2 gilt entsprechend.

1. Im **Klageverfahren** hat das Gericht nach Art 85 II 1 von der Rechts-   **13**
gültigkeit des nicht eingetragenen GGM auszugehen, wenn der Rechtsinha-

ber Beweis für das Vorliegen der Voraussetzungen von Art 11 erbringt und angibt, inwiefern das Klage-GGM Eigenart aufweist. Art 85 II 2 bestimmt, dass der Bekl Widerklage auf Erklärung der Nichtigkeit des nicht eingetragenen GGM erheben kann. Die deutsche Fassung dieser Bestimmung erweckt den Eindruck, dass es nur die Möglichkeit der Widerklage gibt. Nach anderen Sprachfassungen steht jedoch als Alternative die Erhebung einer Einrede zur Verfügung, zB *by way of plea or with a counterclaim* in der englischen Fassung, *par voi d'exception ou par une demande reconventionelle en nullité* in der französischen Fassung, *bij wege van exceptie of door een reconventionele rechtsvordering tot nietigverklaring* in der niederländischen Fassung. Diese und auch weitere Sprachfassungen belegen, dass der deutschen Fassung ein Übersetzungsfehler zugrunde liegt; LG Düss Hartwig DesignE 3, 360 – Stoffdesign; Hartwig DesignE 3, 366 – Trachtenhemden; Hartwig DesignE 4, 215 – Herrenhemd; 12 O 381/10 v 26.6.13 – Webdesign. Dieser Übersetzungsfehler verfälscht den Aussagegehalt und ist deswegen unmaßgeblich, s hierzu BVerwG NJW 10, 2534, 2535. Als Alternative zur Widerklage steht daher der Einwand der Nichtigkeit zur Verfügung, LG Düss Hartwig DesignE 4, 215; 12 O 381/10 v 26.6.13; Schönbohm GRUR 04, 41; E. Gottschalk/ S. Gottschalk GRUR Int 06, 461, 464, 465; Ruhl 85/25. Nichtigkeit hat die Beseitigung des GGM zur Folge, s § 33 Rn 9; es handelt sich daher materiellrechtlich um einen Einwand. Dieser Einwand ist jedoch verfahrensrechtlich als Einrede ausgebildet, die dem Bekl zugewiesen ist und dessen prozessuale Erklärung des Bestreitens erforderlich macht. Für die Rechtsgültigkeit des Klage-GGM spricht daher ebenso wie bei § 39 eine Vermutung. Diese Vermutung umfasst nicht auch die Rechtsinhaberschaft, BGH GRUR 13, 831 Tz 20 – Bolerojäckchen; hierzu Rn 12.

14   2. Die **Darlegungs- und Beweislast im Klageverfahren** ist in Art 85 II 1 differenzierend geregelt. Dass in dieser Bestimmung auf den Rechtsinhaber abgestellt wird, dient der sprachlichen Vereinfachung. Weil es um Gerichtsverfahren geht, kommt es auf den Kl an; dieser kann zwar Rechtsinhaber sein, aber auch aus abgeleitetem Recht, zB Lizenz (s Art 32 III), das Verfahren betreiben. Zunächst muss der Kl den Nachweis dafür erbringen, dass das nicht eingetragene GGM die Voraussetzungen des Art 11 erfüllt, also wie und wann es innerhalb der Gemeinschaft den Fachkreisen des betreffenden Wirtschaftszweigs im normalen Geschäftsverkehr zugänglich gemacht worden ist. Ein Beweisangebot kann ausreichend sein; ob das den Darlegungen des Kl Beweis erhoben werden muss, richtet sich nach § 138 ZPO, also danach, ob und in welchem Umfang der Vortrag des Kl bestritten worden ist. Die Neuheit des nicht eingetragenen GGM wird ohne weiteres vermutet. Zur Eigenart ist es erforderlich, aber auch ausreichend, dass der Kl „angibt, inwiefern" das Klage-GGM „Eigenart aufweist". Andere Sprachfassungen, zB *indicates* (englisch), *indique* (französisch), *indica* (italienisch, spanisch) lassen erkennen, dass Vortrag dazu gemeint ist, woraus sich die Eigenart ergibt. Es besteht aber keine Verpflichtung, die Eigenart des Musters zu beweisen, EuGH GRUR 14, 774 Rn 45 – KMF/Dunnes. Aus dem Kontrast zwischen „angeben" im zweiten Halbs und „Beweis erbringen" im ersten Halbs folgt, dass die Vorlage von Beweismitteln zur Darlegung der Eigenart nicht den Vorstellungen des Gesetzgebers entspricht. Nach VO-Vorschlag 1993 sollte der Rechtsinhaber Beweis erbringen, der seine Behauptung erhärtet, das Muster habe Eigenart. Wenn sich das Muster wesentlich von anderen auf dem

Markt befindlichen Mustern unterscheide, sei es höchst wahrscheinlich, dass es vom Entwerfer selbst geschaffen und nicht nachgeahmt wurde, Begr VO-Vorschl 1993. In VO-Vorschlag 2000 wurde sodann darauf abgestellt, dass der Rechtsinhaber angibt, in welcher Weise das Muster Eigenart besitzt. In VO-Vorschlag 2001 wurde sodann „in welcher Weise" durch „inwiefern" ersetzt. Eine Vermutung für die Rechtsgültigkeit ist demzufolge gerechtfertigt, wenn es sich bei dem Muster um keine Nachahmung eines vorbekannten Musters handelt. Es genügt daher, dass die Erscheinungsmerkmale des GGM, für die Eigenart in Anspruch genommen wird, konkret benannt werden, EuGH GRUR 14, 774 Rn 46; LG Düss 12 O 381/10 v 26.6.13 − Webdesign. Dass substantiierte Angaben zum vorbekannten Formenschatz gemacht werden müssen, um eine Überprüfung der Eigenart zu ermöglichen, ist entgegen Hbg BeckRS 09, 08346 = OLGR 09, 567 = Hbg Mitt 10, 35 (Ls) − Damenmäntel (Außennähte) − nicht erforderlich. Diese Prüfung findet erst statt, wenn der Bekl von einer der in Art 85 II 2 vorgesehehenen Möglichkeiten Gebrauch gemacht hat. Weil das eingetragene GGM ohne Recherche zum vorbekannten Formenschatz eingetragen wird, kann für das nicht eingetragene GGM die Vorlage von Recherchenergebnissen kein Erfordernis für den Sachvortrag des Kl sein, zumal Art 85 I 1 auch im Eilverfahren Anwendung findet und die Auswahl von Recherchenergebnissen subjektiv ausgerichtet sein kann. Welche Designs aus dem weiteren Ähnlichkeitsbereich in der EU auf dem Markt verfügbar waren, ist entgegen Hbg BeckRS 09, 08346 ohnehin nicht maßgeblich, weil die Rechtsgültigkeit weltweit Bestand haben muss und dabei auch Designs außerhalb des Marktgeschehens berücksichtigt werden. Es kann daher ausreichen, dass der Kl den nach seinem Kenntnisstand nächstkommenden vorbekannten Formenschatz darlegt und vorträgt, in welchen für den Gesamteindruck maßgeblichen Merkmalen Unterschiede ggü diesem Formenschatz bestehen, FfM BeckRS 12, 10682 − Paintball-Shirt; hierzu Bildhäuser GRUR-Prax 12, 271. Wegen des aus der Entstehungsgeschichte ersichtlichen Regelungszwecks kann es von den Gegebenheiten des Einzelfalls abhängig gemacht werden, ob und in welchem Umfang Darlegungen zum vorbekannten Formenschatz geboten sind. Ausschlaggebend dafür ist der Grad der Originalität des Klage-GGM, dh für landläufig erscheinende Designs muss mehr Abgrenzung ggü Vorbekanntem erfolgen als für phantasievoll wirkende Neuschöpfungen.

3. Im **Eilverfahren** richtet sich die Rechtsgültigkeit des Verfügungs- **15** GGM ebenfalls nach dem Regelwerk des Art 85 I 1. Zusätzlich bestimmt Art 90 II 1, dass der nicht im Wege der Widerklage erhobene Einwand der Nichtigkeit zulässig ist. In Art 90 II 2 ist zwar davon die Rede, das Art 85 II „entsprechend" gilt. Demnach könnte auch im Eilverfahren die Rechtsgültigkeit mit einer Widerklage auf Erklärung der Nichtigkeit bestritten werden. Aus anderen Sprachfassungen geht jedoch unmissverständlich hervor, dass alternativ zur Erhebung einer Widerklage die Erhebung einer Einrede zur Verfügung steht, Rn 13. Nach der englischen und französischen Fassung des Art 90 II 2 findet Art 85 II *mutatis mutandis* Anwendung, also „mit den nötigen Abänderungen". Diese und auch weitere Sprachfassungen belegen, dass der deutschen Fassung auch insoweit ein Übersetzungsfehler zugrunde liegt, der den Aussagegehalt verfälscht und deswegen unmaßgeblich ist, hierzu Rn 13. Die nötigen Abänderungen bei der Anwendung des Art 85 II 2 auf das Eilverfahren ergeben, dass die Nichtigkeit nur im Wege der Einrede geltend gemacht werden kann. Die Erhebung einer Nichtigkeitsklage wäre auch in mehrfacher Hinsicht unvereinbar mit den Besonderheiten des Eilverfahrens, § 52a Rn 3; Kur GRUR 02, 661, 667; 3. Aufl § 39 Rn 7. Die Rechtsgültigkeit des Verfügungs-GGM kann daher durch Glaubhaftmachungsmittel dafür widerlegt werden, dass das Verfügungs-GGM nichtig ist. Der Antragsgegner kann sich also mit der Einrede der Nichtigkeit verteidigen, unzutr Hbg GRUR-RR 13, 138, 140 – Totenkopfflasche.

16   **4.** Die **Glaubhaftmachung im Eilverfahren** folgt den Grds für die Darlegungs- und Beweislast im Klageverfahren, wenn es sich um ein zweiseitiges Verfahren handelt. Bei einem einseitigen Verfahren muss es dagegen für das Gericht wahrscheinlich sein, dass ein Widerspruch gegen eine Beschlussverfügung nicht aussichtsreich wäre. Weil zur Eigenart kein Gegenvortrag erfolgt, obliegt dem Antragsteller die Glaubhaftmachung auch dafür, dass entgegenstehender Formenschatz nicht wahrscheinlich ist. Vortrag des Antragsgegners kann sich auch aus der Antwort auf eine Verwarnung ergeben, FfM GRUR-RR 11, 66 – Stiefelette; BeckRS 12, 10682 – Paintball-Shirt. Der Umfang der Glaubhaftmachung hängt wie im Klageverfahren vom Grad der Originalität des GGM ab, dh für landläufig erscheinende Designs muss mehr Abgrenzung ggü Vorbekanntem erfolgen als für phantasievoll wirkende Neuschöpfungen. Wenn die Vorlage von vorbekanntem Formenschatz entbehrlich ist, muss der Antragsteller die für die Eigenart maßgeblichen Erscheinungsmerkmale benennen und glaubhaft machen, dass ihm vorbekannte Erscheinungsformen mit diesen Merkmalen nicht bekannt sind. Zusätzlich sollte Glaubhaftmachung zur örtlichen Zuständigkeit und zur Dringlichkeit erfolgen, s auch § 39 Rn 5. Bei nicht ausreichender Glaubhaftmachung ist mündliche Verhandlung anzuordnen, FfM BeckRS 12, 10682. Beispiel für einen Antrag auf Erlass einer einstweiligen Verfügung bei Mes/Eichmann F.6.

VI. Schutzwirkungen

Rechte aus dem Gemeinschaftsgeschmacksmuster

GGV 19 (2) **Das nicht eingetragene Gemeinschaftsgeschmacksmuster gewährt seinem Inhaber das Recht, die in Absatz 1 genannten Handlungen zu verbieten, jedoch nur, wenn die angefochtene Benutzung das Ergebnis einer Nachahmung des geschützten Musters ist. Die angefochtene Benutzung wird nicht als Ergebnis einer Nachahmung des geschützten Geschmacksmusters betrachtet, wenn sie das Ergebnis eines selbständigen Entwurfs eines Entwerfers ist, von dem berechtigterweise angenommen werden kann, dass er das von dem Inhaber offenbarte Muster nicht kannte.**

17   **1.** Der sachliche **Schutzbereich**, s § 38 Rn 14, ergibt sich aus Art 10, der aufgrund seines allg gehaltenen Worlauts auch auf nicht eingetragene GGM anwendbar ist. Das VerbietungsR hat daher in gleicher Weise wie bei eingetragenen GGM zur Voraussetzung, dass die beanstandete Gestaltung in den Schutzumfang des GGM fällt. Maßgeblich ist nach Art 10 I die Beurteilung des Gesamteindrucks, s § 38 Rn 16 ff, aus der Sicht des informierten Benutzers, s § 38 Rn 16; dabei findet nach Art 10 II der Grad der Gestaltungsfreiheit des Entwerfers Berücksichtigung, s § 38 Rn 22 ff.

2. Ein aus einem Gesamterzeugnis abgeleiteter **Teilschutz** kommt zwar   **18**
nicht für eingetragene DesignschutzR, § 38 Rn 39, aber für nicht eingetragene GGM in Betracht. Dabei muss ein Teilelement in sich geschlossen und
eigenständig sein, zB BGH GRUR 62, 258, 260 – Moped-Modell; GRUR
98, 379, 381 – Lunette. Das ist bei der Seitenansicht eines Puddingbechers
nicht der Fall, Düss GRUR-RR 13, 140, 147 – Paula. Der informierte Benutzer kann zB bei einem PKW erkennen, dass er mit besonders anspre-
chenden Rädern (vielfach als „Felgen" bezeichnet) ausgestattet ist, Ruhl
10/62. Ebenso wie bei einem eingetragenen Design die Verkehrsauffassung
dafür maßgeblich ist, ob ein Teil eines Kombinationserzeugnisses eigenständige Bedeutung hat, BGH GRUR 12, 1130 Tz 32 – Weinkaraffe, kommt es
auch bei nicht eingetragenen GGM auf die Verkehrsauffassung an. Die Auffassung der beteiligten Verkehrskreise kann zwar durch die Präsentation des
Musters beeinflusst sein, Jestaedt GRUR 12, 1143 (Anm). Dabei kann allerdings nur die Präsentation Bedeutung erlangen, die im Zeitpunkt des ersten
Zugänglichmachens Wirkung entfaltet hat.

3. Das **Ergebnis einer Nachahmung** ist nach Art 19 II 1 die subjektive   **19**
Voraussetzung des Schutzes von nicht eingetragenen GGM. Die Darlegungs-
und Beweislast obliegt dem Schutzrechtsinhaber, EuGH GRUR 14, 368
Rn 41 – Gautzsch; BGH GRUR 12, 1253 Tz 36 – Gartenpavillon. Mit
„angefochtene Benutzung" ist das beanstandete Erzeugnis gemeint. Ebenso
wie bei der Aufschiebung der Bildbekanntmachung, s § 38 II, setzt das Ergebnis einer Nachahmung voraus, dass dem Entwerfer die Erscheinungsform
des geschützten Musters bei seiner Entwurfstätigkeit als Vorlage gedient hat.
Dem Entwerfer muss daher das geschützte Muster bekannt gewesen sein. In
Art 19 II 2 wird das dadurch klargestellt, dass nicht von einer Nachahmung
ausgegangen werden kann, wenn von dem Entwerfer angenommen werden
kann, er habe das geschützte Muster nicht gekannt. Durch das Kriterium
„berechtigterweise" wird zum Ausdruck gebracht, dass nicht jede theoretische Möglichkeit der Kenntnisnahme ausreicht, sondern eine nach der Lebenserfahrung realistische Möglichkeit der Kenntnisnahme bestanden haben
muss. Während für das schutzbegründende Zugänglichmachen auf die Möglichkeit der Kenntnisnahme durch die Fachkreise abgestellt wird, s Rn 10,
11, kommt es für das Erfordernis der Nachahmung speziell auf den Kennt-
nishorizont des Entwerfers an. Für die Möglichkeit der Kenntnis bedarf es
daher einer zweifachen Feststellung. Weil der Anspruchsteller das Muster der
Öffentlichkeit zugänglich gemacht hat, obliegt ihm die Darlegungs- und
Beweislast dafür, dass von dem Entwerfer des beanstandeten Erzeugnisses
berechtigterweise angenommen werden kann, er habe das geschützt Muster
gekannt. Der Anspruchsteller muss daher Tatsachen vortragen, aus denen
gefolgert werden kann, dass der Entwerfer des beanstandeten Erzeugnisses
den Gegenstand des nicht eingetragenen GGM kennen konnte, Grötschl
ÖBl 07, 52, 55. Das ist zB der Fall, wenn der Entwerfer ein Exemplar eines
Designs auf einer Fachmesse sehen konnte, BGH GRUR 75, 383, 386 –
Möbelprogramm, oder wenn eine geschützte Straßenleuchte am Wohnsitz
des Entwerfers installiert war, BGH GRUR 61, 640, 643 – Straßenleuchte.
Die Kenntnis des Entwerfers aus Skizzen, BGH GRUR 58, 509, 511 –
Schlafzimmermodell, Abbildungen, BGH GRUR 75, 383, 386 – Möbel-
programm, und durch sonstige den Anblick ersetzende Informationen, BGH
GRUR 61, 643, reicht aus. Wenn für den Schutzrechtsinhaber eine Beweis-

führung für die Nachahmung praktisch unmöglich oder übermäßig erschwert ist, muss eine Erleichterung der Beweislast erfolgen, EuGH GRUR 14, 368 Rn 44. Für den Nachbildungswillen des Entwerfers spricht daher eine Vermutung in Form eines Beweises des ersten Anscheins, wenn zwischen dem beanstandeten Erzeugnis und dem geschützten Design weitgehende Übereinstimmungen bestehen, BGH GRUR 12, 1253 Tz 37; Düss BeckRS 11, 22570 – Herrenhemden; LG Braunschw 9 O 1097/07 v 22.2. 08 – String-Tanga; High Court (GB) Rn 21 ff //2008// EWHC 346 (Ch) v 16.1.2008; Rother FS Eisenführ 2003, 85, 94; Ralf/E. Gottschalk GRUR Int 04, 823; Ortner WRP 06, 189, 192; Klawitter FS 50 Jahre BPatG, 2011, 1071, 1075. Dabei kann es nicht nur auf Übereinstimmungen oder Ähnlichkeiten in gestalterischen Erscheinungsmerkmalen, sondern auch auf Übereinstimmungen in Abmessungen und sonstigen Gestaltungsmerkmalen ankommen. Ebenso wie beim wettbewerbsrechtlichen Nachahmungsschutz setzt eine Nachahmung voraus, dass im Zeitpunkt der Schaffung des beanstandeten Produkts dem Entwerfer das Vorbild bekannt war, BGH GRUR 08, 1115 Tz 24 – ICON. Es kommt nur auf die Kenntnis des Entwerfers an, nicht jedoch des Rechtsnachfolgers, Herstellers oder Abnehmers, LG Düss Hartwig DesignE 3, 360 – Stoffdesign. Nachfolgende Kenntnis, zB durch Verwarnung oder Berechtigungsanfrage, genügt nicht.

20 **4.** Wenn ein **selbständiger Entwurf** in dem beanstandeten Erzeugnis verwirklicht ist, kann nach Art 19 II 2 nicht von dem Ergebnis einer Nachahmung ausgegangen werden. Für die Selbstständigkeit einer Entwurfstätigkeit obliegt die Darlegungs- und Beweislast dem Anspruchsgegner, EuGH GRUR 14, 368 Rn 41 – Gautzsch; BGH GRUR 12, 1253 Tz 37 – Gartenpavillon; LG Düss DesignE 3, 360 – Stoffdesign; BeckRS 11, 27079 – Gartensitzmöbel; Mannh BeckRS 09, 88824; High Court (GB) Rn 21 ff //2008// EWHC 346 (Ch). Der Verletzer muss daher Umstände darlegen und ggf beweisen, die ggü dem Beweis des ersten Anscheins einen abweichenden Geschehensablauf ergeben, BGH GRUR 12, 1253 Tz 37. Wenn im Zeitpunkt der Entwurfstätigkeit das zu schützende Design weder auf dem Markt war noch dem Entwerfer auf andere Weise bekannt geworden ist, kann die Vernehmung von Zeugen und die Vorlage von datierten Zeichnungen einer Zulieferfirma zum Ergebnis haben, dass das Gericht von einer unabhängigen Gestaltungstätigkeit überzeugt ist, BGH GRUR 08, 1115 Tz 28 – ICON. Um Schutzbehauptungen entgegenzuwirken, muss jedoch idR konkreter Beweisantritt dafür erfolgen, dass das beanstandete Erzeugnis zu einem Zeitpunkt entworfen worden ist, in dem das ältere Erzeugnis weder auf dem Markt war noch dem Anspruchsgegner auf andere Weise bekannt geworden sein konnte, BGH GRUR 08, 1115 Tz 28. Weil es ausreicht, dass der Entwerfer das Design unbewusst in sein Formengedächtnis aufgenommen hat, BGH GRUR 81, 273, 276 – Leuchtenglas, braucht Beweisantritten nicht nachgegangen zu werden, der Entwerfer habe nach eigenen Gesichtspunkten, BGH GRUR 58, 509, 511 – Schlafzimmermodell, oder nach früheren Arbeiten, BGH GRUR 81, 269, 272 – Haushaltsschneidemaschine II, gearbeitet.

21 **5.** Bei den **Sanktionen** für Verletzungshandlungen besteht kein Unterschied zwischen eingetragenen und nicht eingetragenen GGM. Nach § 62a sind weitgehend die Vorschriften des DesignG anwendbar. Der Unterlassungsanspruch kann mit unionsweiter Geltung bestehen, Einzelh § 62a

Rn 3. Die Ansprüche auf Schadensersatz, Rechnungslegung und vorbereitende Auskunftserteilung richten sich nach dem Recht des Verletzungsorts, § 62a Rn 5; zur zeitlichen Anwendbarkeit, § 62a Rn 6. Das für einen Schadensersatzanspruch erforderliche Verschulden kann bei einem Textilhandelsunternehmen darin liegen, dass bei einem Vorlieferanten keine Erkundigung über eine umfassende Prüfung der Schutzrechtslage eingeholt wurde; eine Haftungsfreistellungsklausel in Allgemeinen Geschäftsbedingungen des Vorlieferanten kann unzureichend sein, LG Düss Hartwig DesignR 4, 215 – Herrenhemd. Die Schadensersatzpflicht kann einen Monat nach dem ersten Zugänglichmachen des nicht eingetragenen GGM beginnen, LG Düss aaO. Für den Vernichtungsanspruch ist das Recht des Mitgliedstaats maßgeblich, in dem eine Verletzungshandlung begangen wurde, s § 43 Rn 5; § 62a Rn 5. Zur Verjährung und zur Verwirkung s § 49 Rn 8; § 62a Rn 5.

VII. Zuständigkeit

Internationale Zuständigkeit

GGV 82 (1) Vorbehaltlich der Vorschriften dieser Verordnung sowie der nach Artikel 79 anzuwendenden Bestimmungen des Vollstreckungsübereinkommens sind für die Verfahren, die durch eine in Artikel 81 genannte Klage oder Widerklage anhängig gemacht werden, die Gerichte des Mitgliedstaats zuständig, in dem der Beklagte seinen Wohnsitz oder – in Ermangelung eines Wohnsitzes in einem Mitgliedstaat – eine Niederlassung hat.

(2) Hat der Beklagte weder einen Wohnsitz noch eine Niederlassung in einem der Mitgliedstaaten, so sind für diese Verfahren die Gerichte des Mitgliedstaats zuständig, in dem der Kläger seinen Wohnsitz oder – in Ermangelung eines Wohnsitzes in einem Mitgliedstaat – eine Niederlassung hat.

(3) Hat weder der Beklagte noch der Kläger einen Wohnsitz oder eine Niederlassung in einem der Mitgliedstaaten, so sind für diese Verfahren die Gerichte des Mitgliedstaats zuständig, in dem das Amt seinen Sitz hat.

(5) Die Verfahren, welche durch die in Artikel 81 Buchstaben a) und d) genannten Klagen und Widerklagen anhängig gemacht werden, können auch bei den Gerichten des Mitgliedstaats anhängig gemacht werden, in dem eine Verletzungshandlung begangen worden ist oder droht.

Einstweilige Maßnahmen einschließlich Sicherungsmaßnahmen

GGV 90 (1) Bei den Gerichten eines Mitgliedstaats – einschließlich der Gemeinschaftsgeschmacksmustergerichte – können in Bezug auf ein Gemeinschaftsgeschmacksmuster alle einstweiligen Maßnahmen einschließlich Sicherungsmaßnahmen beantragt werden, die in dem Recht dieses Staates für nationale Musterrechte vorgesehen sind, auch wenn für die Entscheidung in der Hauptsache aufgrund dieser Verordnung ein Gemeinschaftsgeschmacksmustergericht eines anderen Mitgliedstaats zuständig ist.

(3) Ein Gemeinschaftsgeschmacksmustergericht, dessen Zuständigkeit auf Artikel 82 Absätze 1, 2, 3 oder 4 beruht, ist zuständig für die Anordnung einstweiliger Maßnahmen einschließlich Sicherungsmaßnahmen, die vorbehaltlich eines gegebenenfalls erforderlichen Anerkennungs- und Vollstreckungsverfahrens gemäß Titel III des Vollstreckungsübereinkommens in jedem Mitgliedstaat anwendbar sind. Hierfür ist kein anderes Gericht zuständig.

22 **1.** Für eine **Klage** enthält Art 82 GGV eine spezifische, Art 97 GMV nachgebildete Regelung. Die internationale Zuständigkeit der GGM-Gerichte ergibt sich für die in Art 81 GGV aufgeführten Klagen und Widerklagen primär aus Art 82 I bis V GGV. Nach Art 82 I iVm Art 79 I GGV ist das EuGVÜ ergänzend anwendbar. Seit dem Inkrafttreten der EuGVVO ist diese an deren Stelle getreten, Art 68 I EuGVVO. Nach Art 82 I GGV sind in erster Linie die Gerichte des Mitgliedstaats zuständig, in dem der Bekl seinen Wohnsitz hat. Für juristische Personen und für Gesellschaften ergibt sich aus Art 60 I EuGVVO, dass der satzungsgemäße Sitz bzw die Hauptverwaltung bzw die Hauptniederlassung maßgeblich sind. Als erste Ersatzzuständigkeit ergibt sich aus Art 82 II GGV die Zuständigkeit des Gerichts, in dem der Kl seinen Wohnsitz hat. Für juristische Personen und für Gesellschaften findet auch insoweit Art 60 I EuGVVO Anwendung. In zweiter Ersatzzuständigkeit sind nach Art 82 III GGV die Gerichte des Mitgliedstaats zuständig, in dem das HABM, s Art 2 GGV, seinen Sitz hat. In erster Instanz sind daher die Zivilgerichte in Alicante zuständig. Die allg Verweisung auf die EuGVVO in Art 79 I GGV kann ua Bedeutung erlangen, wenn Ansprüche wegen desselben Streitgegenstands gegen mehrere Bekl mit unterschiedlichen internationalen Gerichtsständen in einem einheitlichen Gerichtsstand geltend gemacht werden sollen, Art 6 Nr 1 EuGVVO. Der Gerichtsstand der unerlaubten Handlung kann nach Art 82 V GGV auch im UnionsR insbes für Verletzungsklagen, Art 81a) GGV, genutzt werden. Dann ist allerdings die Zuständigkeit auf Verletzungshandlungen beschränkt, die in diesem Mitgliedstaat begangen worden sind oder bevorstehen, Art 83 II GGV. Für eine Blockade eines deutschen Gerichtsverfahren durch die frühere Erhebung einer Klage in einem anderen Schutzterritorium (sog Torpedo im PatR) und die dadurch veranlasste Aussetzung aufgrund Art 27 EuGVVO ist deswegen der Gerichtsstand des Begehungsorts kaum geeignet. Eine Verletzungshandlung kann sowohl am Handlungsort als auch am Erfolgsort begangen werden, EuGH GRUR 13, 98 Rn 39 – Folien Fischer; BGH GRUR 12, 1065 Tz 20 – Parfümflakon II. Es genügt, dass die behauptete Verletzungshandlung schlüssig vorgetragen ist, BGH GRUR 07, 871 Tz 17 – Wagenfeld-Leuchte; GRUR 12, 1065 Tz 15. Bei den insbes in Art 82 I – 82 IV geregelten Zuständigkeiten erstreckt sich die Zuständigkeit auf sämtliche Mitgliedstaaten, Art 83 I. Wenn sich hierzu aus der Klageschrift nichts ergibt, sollte das Gericht eine Klärung herbeiführen (§ 139 ZPO). Zu unionsweiten Sanktionsmöglichkeiten s § 62a Rn 3. Die internationale Zuständigkeit eines GGM-Gerichts kann sich auch aus einer Parteivereinbarung und aus rügeloser Einlassung des Bekl auf das vor einem nicht zuständigen GGM-Gericht anhängig gemachten Verfahren ergeben, Art 82 IV GGV. Eine zum Schutz eines GGM in Frankreich erlassene einstweilige Verfügung konnte aufgrund Art 39 II EuGVVO in Deutschland für vollstreckbar erklärt werden, Mü GRUR-RR 11, 78, 79. Für die sachliche Zuständigkeit sind die wichtigsten Voraussetzungen in Art 81 GGV geregelt. Die GGM-Gerichte sind insbes für Verletzungsklagen, Art 81a) GGV, sachlich zuständig. Soweit das nach nationalem Recht, zB nach deutschem Recht, s § 42 Rn 10, zulässig ist, erstreckt sich die Zuständigkeit auch auf vorbeugende Verletzungsklagen. Auch für Klagen auf Feststellung der Nichtverletzung von GGM, Art 81a) und Art 81b) GGV, sind die GGM-Gerichte zuständig. Für Nichtigkeitswiderklagen, die im Zusammenhang mit Verletzungsklagen erhoben werden, sowie für Klagen auf Erklärung der Nichtigkeit von nicht eingetragenen GGM sind die GGM-Gerichte ebenfalls zuständig, Art 81c) und Art 81d) GGV. Die in Art 81 GGV geregelten Zuständigkeiten sind jeweils ausschließlicher Natur. Daraus ergibt sich eine die Prorogation ausschließende Zwangszuständigkeit, OGH GRUR Int 09, 74, 75 – PERSONAL SHOP. Andere Gerichte sind nur für einstweilige Maßnahmen zuständig. Keine Zuständigkeit ergibt sich aus Art 5 Nr 1b) zweiter Gedankenstrich EuGVVO für Zahlungsansprüche des Lizenzgebers, EuGH GRUR 09, 753 Rn 44 – Falco Privatstiftung/Weller-Lindhorst. Soweit die GGV keine Regelungen enthält, ist nach Art 8 II Rom II-VO das Recht des Staates anzuwenden, in dem die Rechtsverletzung begangen worden ist.

2. Für einen **Eilantrag** ergibt sich aus Art 90 I GGV eine allumfassende Zuständigkeit für sämtliche Gerichte eines Mitgliedstaats. Es muss sich also nicht um ein GGM-Gericht handeln. Daraus ergibt sich allerdings eine – wohl unbedachte – Regelungslücke, weil die Verpflichtung zur Beachtung der GGV in Art 88 nur den GGM-Gerichten auferlegt ist. Eine entspr Anwendung, Ruhl 88/1, ist allerdings sinnvoll. Wenn ein GGM-Gericht angerufen wird, kann es Maßnahmen für jeden Mitgliedstaat anordnen, Art 90 III GGV. Davon ausgenommen ist die aus dem Begehungsort abgeleitete Zuständigkeit nach Art 82 V GGV. Weil es in Deutschland entgegen dem Wunsch des Gesetzgebers, s Art 80 I GGV, weit mehr als eine möglichst geringe Anzahl von GGM-Gerichten gibt, s § 63 Rn 4, besteht idR kein Bedarf für die Anrufung eines Nicht-GGM-Gerichts. **23**

3. Für die **örtliche Zuständigkeit** finden nach § 62b grds dieselben Bestimmungen wie für eingetragene Designs Anwendung. **24**

VIII. Verhältnis zum wettbewerbsrechtlichen Nachahmungsschutz

In Art 96 I ist geregelt, dass Bestimmungen über den unlauteren Wettbewerb unberührt bleiben. Die Möglichkeit des formlosen Designschutzes steht daher Ansprüchen aus wettbewerbsrechtlichem Nachahmungsschutz nicht entgegen. Weil der Schutz für nicht eingetragene GGM eine Nachahmung zur Voraussetzung hat, ist zwar vereinzelt die Ansicht vertreten worden, dass dem wettbewerbsrechtlichen Nachahmungsschutz die Grundlage entzogen sei. Das trifft jedoch schon deswegen nicht zu, weil der wettbewerbsrechtliche Nachahmungsschutz zeitlich nach der Gesetzgebung über das GGM eine gesetzliche Ausprägung erfahren hat. Sachlich kann sich ein Unterschied daraus ergeben, dass die wettbewerbliche Eigenart auch in technischen Merkmalen bestehen kann, Nachw Allg Rn 53. Auch in der Zielrichtung unterscheiden sich der wettbewerbsrechtliche Nachahmungs- **25** schutz und der Designschutz. Der Schutz aus den §§ 3, 4 Nr. 9a) UWG richtet sich gegen ein unlauteres Wettbewerbsverhalten, das in der vermeidbaren Täuschung der Abnehmer über die betriebliche Herkunft der Produkte liegt. Durch das nicht eingetragene GGM wird dagegen ein bestimmtes Leistungsergebnis geschützt. Der zeitlich befristete Schutz für ein nicht eingetragenes GGM berührt daher nicht den zeitlich nicht von vornherein befristeten Anspruch des wettbewerbsrechtlichen Nachahmungsschutzes wegen vermeidbarer Herkunftstäuschung, BGH GRUR 06, 79 Tz 18 – Jeans I; GRUR 06, 346 Tz 7 – Jeans II; GRUR 09, 79 Tz 26 – Gebäckpresse; GRUR 10, 80 Tz 18 – LIKEaBIKE; ebenso schon Kur GRUR Int 98, 353, 359; Bartenbach/Fock WRP 02, 1119, 1123; zustimmend Grötschl ÖBl 09, 106. Bedeutung kann auch erlangen, dass der wettbewerbsrechtliche Nachahmungsschutz eine zumindest gewisse Bekanntheit des nachgeahmten Erzeugnisses zur Voraussetzung hat, mwN BGH GRUR 09, 79 Tz 35 – Gebäckpresse: GRUR 10, 80 Tz 36; Mannh BeckRS 09, 88824. Bei nicht eingetragenen GGM muss zwar eine ausreichende Offenbarung, aber keine wie auch immer geartete Verkehrsbekanntheit feststellbar sein. Während demnach der Designschutz keine Feststellungen zur Verkehrsbekanntheit voraussetzt, kann der wettbewerbsrechtliche Nachahmungsschutz bei großer Verkehrsanerkennung eine Stärkung, mwN BGH GRUR 07, 984 Tz 28 – Gartenliege; GRUR 10, 80 Tz 37, und bei einer Häufung von ähnlichen Drittprodukten eine Schwächung erfahren. Ansprüche aus DesignschutzR und aus §§ 3, 4 Nr 9 UWG bilden gesonderte Streitgegenstände, s § 42 Rn 43.

Abschnitt 1. Schutzvoraussetzungen

Begriffsbestimmungen

1 Im Sinne dieses Gesetzes

1. ist ein Design die zweidimensionale oder dreidimensionale Erscheinungsform eines ganzen Erzeugnisses oder eines Teils davon, die sich insbesondere aus den Merkmalen der Linien, Konturen, Farben, der Gestalt, Oberflächenstruktur oder der Werkstoffe des Erzeugnisses selbst oder seiner Verzierung ergibt;

2. ist ein Erzeugnis jeder industrielle oder handwerkliche Gegenstand, einschließlich Verpackung, Ausstattung, grafischer Symbole und typografischer Schriftzeichen sowie von Einzelteilen, die zu einem komplexen Erzeugnis zusammengebaut werden sollen; ein Computerprogramm gilt nicht als Erzeugnis;

3. ist ein komplexes Erzeugnis ein Erzeugnis aus mehreren Bauelementen, die sich ersetzen lassen, so dass das Erzeugnis auseinander- und wieder zusammengebaut werden kann;

4. ist eine bestimmungsgemäße Verwendung die Verwendung durch den Endbenutzer, ausgenommen Maßnahmen der Instandhaltung, Wartung oder Reparatur;

5. gilt als Rechtsinhaber der in das Register eingetragene Inhaber des eingetragenen Designs.

Übersicht

I. Allgemeines

1. Die **Regelungssystematik** ergibt sich daraus, dass zunächst Begriffe **1** aufgeführt sind, aus denen sich Kriterien für die Designfähigkeit ergeben, Nr 1 und Nr 2. Anschließend folgen in Nr 3 und Nr 4 Begriffe, die nur für die Sonderregelungen in den §§ 4, 73 I eine Rolle spielen. Durch Nr 1 und Nr 2 werden die obligatorischen Bestimmungen des Art 1a) und b) GRL umgesetzt. Die obligatorischen Bestimmungen der Art 1c) und Art 3 IV GRL werden durch Nr 3 und 4 umgesetzt. Der Kernbegriff des DesignG ist „Design" als materielle Voraussetzung für den Schutz als eingetragenes Design, § 2 I, und als formelle Voraussetzung für die Anmeldung zur Eintragung eines eD, § 11 II Nr 3. Wenn der Gegenstand einer Anmeldung kein Design ist, weist das DPMA die Anmeldung zurück, § 18. Erfolgt dennoch eine Eintragung, kann die Nichtigkeit des eD festgestellt werden, § 33 I. Grundvoraussetzung für das Design ist ein „Gegenstand". Wenn der Gegenstand „industriell oder handwerklich" herstellbar ist, handelt es sich um ein „Erzeugnis", Nr 2. Die „Erscheinungsform" eines ganzen Erzeugnisses oder eines Erzeugnisteils ergibt das Design, Nr 1. Die in Nr 5 getroffene Bestimmung für die Rechtsinhaberschaft geht auf keine Regelung in der GRL zurück.

2. Schon am Anfang der **Entwicklung** des UnionsR hat die Definition **2** für ein Muster (dem entspricht „Design" im DesignG) gestanden, nämlich die zwei- oder dreidimensionale Erscheinungsform eines Erzeugnisses, die mit den menschlichen Sinnen für Form und/oder Farbe wahrgenommen werden kann, Art 1a) GRL-Vorentwurf 1991. Damit gemeint war das Aussehen, das einem Erzeugnis durch Verwendung einer technischen Vorrichtung mittels industrieller Verfahren oder handwerklicher Anfertigung verliehen werden kann, Grünbuch 5.4.12.1. Die Definition sollte so umfassend wie möglich sein, um grds jeden der Erscheinung eines Erzeugnisses beigemessenen wirtschaftlichen Wert zu erfassen, Grünbuch 5.4.7.1. Art 1a) GRL-Vorschlag 1993 hat bereits weitgehend die Definition für ein „Muster"

enthalten, die Eingang in Art 1a) GRL gefunden hat. Art 1b) dieses Vorschlags enthielt die Definition für ein „Erzeugnis", mit der schon weitgehend die Formulierung in Art 1b) GRL vorweggenommen war. „Muster"
sollte alle Merkmale der Erscheinungsform umfassen, die mit dem Auge und
dem Tastsinn wahrgenommen werden können; „Erzeugnis" sollte einen
Gegenstand bedeuten, bei dem ein Muster verwendet werden kann, Begr
Art 3 VO-Vorschlag 1993. Die Definition in Art 1c) GRL geht auf Vorschläge zur Reparaturklausel zurück. Über diese Vorschläge wurde zwar
keine Einigung erzielt, s § 73 Rn 4. Aber die Übergangsbestimmung des
Art 14 GRL verpflichtet die Mitgliedstaaten, bestehende Regelungen betreffend Bauelemente zur Reparatur von komplexen Erzeugnissen nicht einzu-
engen, s § 73 Rn 3 ff. Zur sprachlichen Vereinfachung dieser Regelung ist in
Art 1c) GRL zusätzlich eine Definition für ein „komplexes Erzeugnis" aufgenommen worden.

3   **3.** Für **Gemeinschaftsgeschmacksmuster** sind die Begriffsbestimmungen in Art 3a) bis c) GGV wortidentisch mit § 1 Nr 1 bis Nr 3. § 1 Nr 4
stimmt mit Art 4 IV GGV überein. Die gesetzlichen Kriterien der Musterfähigkeit bzw Designfähigkeit und die begrifflichen Grundlagen der Regelungen für Bauelemente weisen daher für eingetragene Designs und für GGM
keine Unterschiede auf, s GGM Rn 4. Zur Rechtsinhaberschaft bestimmt
Art 17 GGV, dass in jedem Verfahren vor dem Amt sowie in allen anderen
Verfahren die Person als berechtigt gilt, auf deren Namen das GGM eingetragen ist. Für Rechtsnachfolger enthält Art 28b) GGV die Regelung, dass
die mit der Eintragung des GGM verbundenen Rechte nicht geltend gemacht werden können, solange der Rechtsübergang nicht in das Register
eingetragen ist. Als Ausnahme hierzu bestimmt Art 28c) GGV, dass die zur
Fristwahrung erforderlichen Erklärungen vom Rechtsnachfolger abgegeben
werden können, sobald der Antrag auf Eintragung des Rechtsübergangs
beim Amt eingegangen ist. Die Regelung in Art 17 GGV hat demnach die
Bedeutung einer Fiktion (wenn materiellrechtliche Inhaberschaft und Eintragung nicht kongruent sind) oder die Bedeutung einer Bestätigung (wenn
der Berechtigte, s Art 14 GGV, als Inhaber des GGM eingetragen ist). Gegen
die Fiktion der Rechtsinhaberschaft kann, anders als bei der durch § 1 Nr 5
begründeten Vermutung, kein Gegenbeweis angetreten werden. Ergänzend
bestimmt Art 17 GGV, dass vor der Eintragung die Person als berechtigt gilt,
in deren Namen die Anmeldung eingereicht wurde. Das hat Bedeutung für
das Eintragungsverfahren und für Ansprüche, die gegen Anmelder von
GGM geltend gemacht werden können, zB Art 15 I GGV.

II. Design

4   **1.** Der **Begriff** des Designs tritt aufgrund des Gesetzes v 10.10.13 an die
Stelle von „Muster". Der Begriffsinhalt ergibt sich zwar aus der Zusammenfassung der in Nr 1 und Nr 2 aufgeführten Merkmale und aus der gesetzes-
orientierten Auslegung dieser Merkmale. In den Einzelbestimmungen der
DesignG wird jedoch dieser Begriff unterschiedlichen Betrachtungsweisen
zugeordnet. Aus der Sicht des Anmelders bezeichnet Design bis zur Eintragung den Schutzgegenstand des eingetragenen Designs, Begr § 2. Bei der
Prüfung der Neuheit und der Eigenart wird ermittelt, ob andere Designs
dem Schutz entgegenstehen; hier richtet sich der Blick auf die Erscheinungs-

formen des vorbekannten Formenschatzes, s § 5 Rn 5. Die Wirkungen des Schutzes erfassen Designs mit übereinstimmendem Gesamteindruck; das ist das häufig als Verletzungsgegenstand bezeichnete Erzeugnis, s § 42 Rn 44. Diese einheitliche Terminologie mit unterschiedlichen Bedeutungsaspekten ist als Ergebnis der unionsrechtlichen Gesetzgebung aus der GRL übernommen.

2. Das Begriffspaar **Muster und Modell** geht auf die Anfänge des De- 5 signR in Frankreich zurück, s Allg Rn 2. Das französische „dessin" stammt von dem lateinischen „designare" ab, das ua „bezeichnen" bedeutet und sich zu „im Umriss darstellen" weiterentwickelt hat. Grundlage des französischen Worts „modèle" ist das lateinische „modulus", das zunächst „Maß" iSv „Maßstab, Grundmaß" bedeutet und später allgemeiner zu „Vorlage" geführt hat (im deutschen noch erhalten in „Model" als reliefartige Form). Das französische „dessin" ist im englischen zu „design" mit breitem Bedeutungsbereich geworden. Mit den Bedeutungen von „Entwurf" und „Gestalt" hat sich „design" zum Oberbegriff für zweidimensionale Darstellungen und dreidimensionale Formgebungen entwickelt. Mit dieser umfassenden Bedeutung hat „design" als einziger Begriff Eingang in die englische Fassung der GRL gefunden. Im Anwendungsbereich des GeschmMG aF wurde „Muster" für flächenmäßige Erzeugnisse und „Modell" für plastische Erzeugnisse benutzt; zur sprachlichen Vereinfachung konnte „Muster" aber auch als Oberbegriff für „Muster und Modell" Verwendung finden. In dieser Bedeutung als Oberbegriff hat „Muster" in die deutsche Sprachfassung der GRL und in das GeschmMG 2004 Eingang gefunden. Das Ergebnis einer entspr Entwicklung in den Niederlanden ist, dass „model" als einziger Begriff in der niederländischen Fassung der GRL Verwendung findet. In den skandinavischen Fassungen werden nur die Pendants zu „Muster" benutzt. In anderen Sprachenfassungen findet zwar ein Begriffspaar, aber kein Oberbegriff Verwendung, zB „dessin ou modèle" in der französischen, „disegno o modello" in der italienischen, „dibujo o modelo" in der spanischen, „desenho ou modelo" in der portugiesischen Fassung.

3. Mit **Geschmacksmuster** wurden in der deutschen Rechtssprache 6 Muster bezeichnet, die in das Register des DPMA eingetragen sind. Aufgrund des Gesetzes v 10.10.13 tritt „eingetragenes Design" an die Stelle von „Geschmacksmuster". Das gilt nach § 74 I auch für Geschmacksmuster, die bis zum 1.1.14 eingetragen bzw zum angemeldet worden sind. In der GGV findet vielfach der Begriff „Geschmacksmuster" Verwendung, obwohl „Muster" gemeint ist, s GGV Rn 3.

4. Die **Erscheinungsform** ist die Gesamtheit aller Erscheinungsmerkma- 7 le eines Erzeugnisses, wie sie beispielhaft in Nr 1 und Nr 2 aufgeführt sind. Der Begriff der Erscheinungsmerkmale findet in § 3 I Nr 1 und Nr 2 sowie in § 3 II Verwendung, weil in diesen Bestimmungen davon ausgegangen wird, dass sich der Regelungsgehalt nicht auf vollständige Erzeugnisse, sondern nur auf Teile von Erzeugnissen bezieht. Hinweise für die unionsrechtliche Auslegung ergeben sich aus den in Nr 1 hinzugefügten Konkretisierungen und Beispielen sowie aus der Gesetzessystematik. Die Beispiele und der Begriff „appearance" in der englischen Sprachfassung stimmen darin überein, dass die Erscheinungsform nur sichtbare Erscheinungsmerkmale umfasst, s § 37 Rn 5. Wesen der zweidimensionalen Erscheinungsform ist die Flächigkeit. Die dreidimensionale Erscheinungsform ist eine Raumform.

Auf die Unterscheidung zwischen Flächenmuster und Raumform kam es nur im Anwendungsbereich des § 6 Nr 2 GeschmMG 1876 an. Maßgeblich ist der Offenbarungsgehalt, s § 37 Rn 6, der Wiedergabe als Bestandteil der Anmeldung, s § 11 II Satz 1 Nr 3. Linien, Konturen, Farben, Gestalt und Verzierungen können Eingang in die Erscheinungsform sowohl von zweidimensionalen als auch von dreidimensionalen Erzeugnissen finden.

8   **5. Konturen** sind Umrisslinien von zweidimensionalen und von dreidimensionalen Erscheinungsformen. **Linien** sind gerade, gekrümmte oder anderweitig geformte Striche innerhalb von Konturen, insbes in grafischen Darstellungen.

9   **6. Farben** sind alle Nuancen des Farbspektrums sowie schwarz, weiß und alle dazwischenliegenden Grautöne. Konturlose Farben und konturlose Farbkombinationen sind keine Gegenstände und deswegen keine Erzeugnisse iSd Nr 1, Eichmann MarkenR 03, 10, 12. Schutzfähig ist eine Farbe nicht für sich genommen, sondern nur in Verbindung mit anderen Elementen des Musters oder in Verbindung mit anderen Farben in einem grafischen Muster, Begr Art 3 VO-Vorschlag 1993. Die Veranschaulichung von Farben führt daher nur zur Designfähigkeit, wenn sie sich auf einen konkreten Gegenstand bezieht.

10   **7. Gestalt** bezieht sich wie „shape" in der englischen Sprachfassung auf die Form iSv Raumform. Die seitliche Begrenzung eines Flächenerzeugnisses ergibt sich aus seinen Konturen.

11   **8.** Die **Oberflächenstruktur** ist die plastische Wirkung der Oberfläche eines Erzeugnisses. Dieses Erzeugnis kann gattungsmäßig eine zweidimensionale oder eine dreidimensionale Erscheinungsform aufweisen. Durch einen flächigen Musterabschnitt, s § 11 II Satz 1 Nr 3, wird die dreidimensionale Struktur der Oberfläche offenbart. Die Oberflächenstruktur ist ein Erscheinungsmerkmal, das nur bei der Wahrnehmung von real existierenden Erzeugnissen zuverlässig festgestellt werden kann, Eichmann MarkenR 03, 10, 13. Zur haptischen Wirkung s Rn 35; Stellungnahme GRUR 96, 741. Wenn Fotografien oder Zeichnungen als Wiedergaben verwendet werden, hängt der Offenbarungsgehalt von der Technik und der Qualität der Darstellung ab.

12   **9. Werkstoffe** sind die Materialien, aus denen ein Erzeugnis besteht. Ein Werkstoff ist als solcher nicht schutzfähig, kann jedoch bei einem bestimmten Erzeugnis Ausdruck einer originellen Idee sein, Begr Art 3 VO-Vorschlag 1993. Das Erscheinungsbild von Flächenmustern und der Oberflächen von Modellen kann durch Farben, Farbkombinationen, grafische Elemente aller Art, Kombinationen von Farben und grafischen Elementen sowie durch Materialwirkungen, zB Glanzeffekt von Moiree-Stoffen oder von irisierenden Stoffen, RGZ 61, 49, Seidenglanz von Satingewebe, BGH GRUR 62, 144, 146 – Buntstreifensatin I, Lichtspiel in den Spektralfarben bei facettiertem Kristallglas, BGH GRUR 88, 690, 692 – Kristallfiguren, beeinflusst sein. Die Materialwirkung ist daher ein Kriterium, das für den Gesamteindruck sowohl bei der Prüfung der Eigenart als auch bei der Bemessung des Schutzumfangs eine Rolle spielen kann. Gewicht und Biegsamkeit von Erzeugnissen können zwar Eigenschaften von Werkstoffen, aber entgegen Begr Art 3 VO-Vorschlag 1993; Maier/Schlötelburg S 3 keine designfähigen Erscheinungsmerkmale sein. Für die Bestimmung des Schutzgegenstands eines

eingetragenen Designs finden nur die Erscheinungsmerkmale von Werkstoffen Berücksichtigung, die im Rahmen des Offenbarungsgehalts ermittelbar sind, s § 37 Rn 4, 6. Bei einem nicht eingetragenen GGM kann es zB von Bedeutung sein, dass sich ein Merkmal aus hochglänzendem Edelstahl von weiteren Merkmalen abhebt, die aus matt glänzendem Aluminium bestehen, Düss Hartwig DesignE 3, 128 – Aluminiumfelgen. Stehen keine real existierenden Erzeugnisse zur Verfügung, kommt es auf den Offenbarungsgehalt der Wiedergabe an, Eichmann MarkenR 03, 10, 13. Wenn ein eD nicht erkennen lässt, aus welchem Material Gestaltungsmerkmale bestehen, spielt das Material des beanstandeten Erzeugnisses für den Eingriff in den Schutzumfang keine Rolle, LG Mü I Hartwig DesignE 3, 161 – Sportschuh.

10. Die **Verzierung** eines Erzeugnisses ist in den unionsrechtlichen Definitionen deswegen aufgeführt, weil sie in Art 37 I 2 GGV Voraussetzung dafür ist, dass eine Sammelanmeldung mehrere Klassen umfassen darf. Verzierung ist zB die Oberflächendekoration von Textilien oder von Tapeten oder eines Teeservices, Grünbuch 5.4.4.2. Weiteres Beispiel ist ein Dekor, das ein Hersteller auf einer Serie unterschiedlicher Haushaltsartikel (Porzellan, Gläser, Besteck) anzubringen beabsichtigt, Begr Art 40 VO-Vorschlag 1993. Jedes Ornament, das auf der Oberfläche eines Erzeugnisses oder eines Erzeugnisteils angebracht oder in die Oberfläche eingearbeitet ist, kann daher eine Verzierung sein. Das Ornament kann flächig oder reliefartig aufgebracht sein. Alle in Nr 1 aufgeführten Erscheinungsmerkmale können Eingang in eine Verzierung finden. Verzierung ist zu diesen Merkmalen kein aliud, sondern eine bes Gestaltungsart, die dazu geeignet ist, in strukturell gleicher Weise bei unterschiedlichen Erzeugnissen Verwendung zu finden. **13**

11. Designfähigkeit ist kein Begriff aus der Gesetzgebung, sondern wurde zunächst iSv „Musterfähigkeit" als Oberbegriff von der Rechtspraxis verwendet, zB BGH GRUR 08, 790 Tz 17 – Baugruppe I; GRUR 10, 80 Tz 48 – LIKEaBIKE; GRUR 11, 1117 Tz 25 – ICE. In Anlehnung an die im PatR seit langem etablierte Handhabung zur „Patentfähigkeit" sollen die schutzrechtsspezifischen Kriterien festgelegt werden, die materiellrechtliche Grundvoraussetzungen für den Schutz als eingetragenes Design sind, Eichmann GRUR Int 97, 595, 598. Nur ein Design darf Gegenstand einer Anmeldung sein, § 11 S 1 Nr 3. Wenn ein Erzeugnis kein Design ist, wird die Anmeldung zurückgewiesen, § 18. Wenn dennoch eine Eintragung erfolgt ist, kann ein eD für nichtig erklärt werden, § 33 I. Weil eine umfassende Definition in positiver Formulierung nicht möglich ist, s 2. Aufl 1/12, müssen Negativabgrenzungen hinzukommen und Detailfragen konkretisiert werden. Die wichtigsten Kriterien sind in den Definitionen in § 1 Nr 1 und Nr 2 festgelegt, weitere Kriterien ergeben sich aus dem Gesamtinhalt der gesetzlichen Regelungen und aus dem Wesen des eD. **14**

III. Erzeugnis

1. Erzeugnis bedeutet einen **Gegenstand,** für den ein Design verwendet werden kann, Begr Art 3 VO-Vorschlag 1993. Die Anmeldung muss eine Angabe der Erzeugnisse enthalten, in die ein eingetragenes Design aufgenommen oder bei denen es verwendet werden soll, § 11 II Nr 4. Was ein Gegenstand iSd Nr 2 ist, wird durch die Beispiele konkretisiert. In § 90 BGB werden körperliche Gegenstände als Sachen bezeichnet. Darauf kann **15**

jedoch nicht zurückgegriffen werden, weil das BGB lange Zeit vor dem GeschmMG v 1876 entstanden ist und weil Art 1b) GRL durch Nr 2 in nationales Recht umgesetzt wird. Beschränkungen, wie sie in anderen Gesetzen bestehen oder bestanden, gibt es nicht. Schutzfähige Gegenstände sind daher auch Lebensmittel, BPatGE 1, 225; aA Kohler S 78, Arzneimittel, ärztliche Instrumente. Für die unionsrechtliche Auslegung, s Allg Rn 14, kann Bedeutung erlangen, dass „product" in der englischen Sprachfassung umfassender als „Gegenstand" in der deutschen Sprachfassung ist. Gegenstände isd Nr 2 können auch grafische Symbole und typografische Schriftzeichen sein. Jedes Objekt mit einer zweidimensionalen oder dreidimensionalen Erscheinungsform kann grds Gegenstand isd Nr 2 sein. Der Zweck der Gesetzgebung kann Einschränkungen erforderlich machen; desigfähig sind jedoch alle handelbaren Waren, die das Ergebnis der Gestaltungstätigkeit eines Entwerfers sind. Entsprechungen zu Hörmarken, Geruchsmarken, Geschmacksmarken kann es im DesignR nicht geben, Eichmann MarkenR 03, 10, 12/13.

16   **2.** Auch ein **Teil eines Erzeugnisses** kann ein Design sein. Das ergibt sich unmittelbar aus Nr 1 und ist die Grundlage für die Regelung in Nr 2 für Einzelteile und in Nr 3 für Bauelemente. Durch die Definition wird klargestellt, dass nicht nur vollständige Erzeugnisse, sondern auch Teile von Erzeugnissen als eingetragene Designs eingetragen werden können. Beispiele für Teile von Erzeugnissen bei Eichmann, in: Eichmann/Kur, § 2 Abb 40–43. Ein flächenmäßiger Designabschnitt, § 11 II Satz 2, ist ein Ausschnitt aus einem größeren Erzeugnis. Unerheblich ist, ob Teile wesentliche Bestandteile isd § 93 BGB sind. Besondere Anforderungen sind in § 4 nur für Einzelteile vorgesehen, die als Bauelemente, § 1 Nr 3, für ein komplexes Erzeugnis, § 1 Nr 2, verwendet werden sollen. Das Erfordernis, dass für einen Teil eines Gesamterzeugnisses Designschutz nur in Betracht kommt, wenn das Teilelement in sich geschlossen und geeignet ist, für sich in besonderer Weise gestaltet zu werden, ist zum abgeleiteten Teilschutz entwickelt worden, s § 38 Rn 39. Eine Übertragung dieses Kriteriums auf einen selbstständigen Teilschutz war zwar für PKW-Kotflügel befürwortet worden, Köln GRUR 85, 438, 440 – Autokotflügel. Wenn jedoch PKW-Kotflügel eigenständig eingetragen sind, kann deren Designfähigkeit nicht grds verneint werden, BGH GRUR 87, 518, 519 – Kotflügel. Das Erfordernis der gestalterischen Eigenständigkeit ergibt sich bereits unmittelbar aus der rechtlichen Eigenständigkeit eines für eine Teilgestaltung eingetragenen Designs. Diese rechtliche Eigenständigkeit ist die Grundlage dafür, dass sich die Anforderungen für flächenmäßige Designabschnitte, § 11 II S 1, als Teilen von Gesamterzeugnissen, s § 11 Rn 55, nur auf Kriterien der Aufbewahrung beziehen, s § 8 II DesignV. Erzeugnisteile können lösbar angeordnet sein, z.B. Deckel von Töpfen und Kannen. Möglich ist aber auch eine feste Verbindung, zB bei Henkeln von Krügen, Kannen, Tassen oder bei Griffen von Werkzeugen. Ein Muster kann auch als Teil eines Gesamterzeugnisses Verwendung finden, BGH GRUR 08, 790 Tz 17 – Baugruppe I. Es kann daher eine Integration in ein Gesamterzeugnis erfolgen, zB bei einem spiralförmig ausgestalteten Zwischenstück eines Schreibgeräts, BGH GRUR 11, 1112 Tz 54 – Schreibgerät, oder bei einer teilweise nach oben gezogenen Sohle eines Freizeitschuhs, BGH GRUR-RR 12, 277 Tz 16 – Milla (Vorinst FfM GRUR-RR 11, 165, 166). Teile von Erzeugnissen können auch Teile von zweidimensionalen Erscheinungsformen sein, zB von graphischen Symbolen, Logos, s Rn 30, Bildschirmdarstellungen, s Rn 26. Selbständige Verkehrsfähigkeit ist nur bei Einzelteilen erforderlich. Zu Einzelteilen bzw Bauelementen als Bestandteilen von komplexen Erzeugnissen s Rn 38, zu Anbauteilen s Rn 28. Wiedergaben von mehreren Teilen eines Gesamterzeugnisses können auch in einer Sammelanmeldung, § 12 I 1, zusammengefasst werden; zum Offenbarungsgehalt s § 37 Rn 8.

3. Die Begriffe **industriell oder handwerklich** werden ohne Zwischenfügung des Worts „hergestellt" mit einem Gegenstand verbunden. Das ergibt sich daraus, dass „industrial or handicraft item" aus der englischen Fassung wörtlich in die deutsche Fassung übersetzt worden ist. Im englischen Sprachgebrauch ist gemeint, dass ein Gegenstand industriell oder handwerklich hergestellt ist. Ein Erzeugnis iSd Nr 2 ist daher ein Gegenstand, der industriell oder handwerklich hergestellt werden kann. Das stimmt mit dem Begriff des gewerblichen Erzeugnisses im Anwendungsbereich des § 1 I GeschmMG v 2004 überein. Für die Auslegung von Nr 2 kann daher auf den Begriff des gewerblichen Erzeugnisses, s 2. Aufl 1/8, zurückgegriffen werden. Ein Design hat auch dann gewerblichen Charakter, wenn sich bei handwerklicher Anfertigung kleine Abweichungen ggü einem Prototyp ergeben, Grünbuch 5.4.12. In Randbereichen kann eine Neuorientierung erforderlich sein, weil „item" in der englischen Sprache umfassender als „Gegenstand" in der deutschen Sprache ist. Aus dem Erfordernis der industriellen oder gewerblichen Herstellbarkeit ergibt sich zwar das ungeschriebene Kriterium der Wiederholbarkeit; im Hinblick auf die Möglichkeit der automatisierten Produktion ist dieses Kriterium aber schon seit langem ohne praktische Bedeutung, 2. Aufl 1/9. Nach Grünbuch 5.6.1.1 muss zwar die Erscheinungsform des Erzeugnisses das Ergebnis menschlicher Tätigkeit sein; mit dem Computer generierte Muster sollen jedoch schutzfähig sein, Grünbuch 5.6.2. Für die industrielle oder handwerkliche Fertigung ist es unerheblich, in welcher Weise die Erscheinungsform entstanden ist, die Eingang in die mit der Anmeldung eingereichte Wiedergabe, s § 11 II Nr 3 gefunden hat; s auch § 7 Rn 5.

4. Eine Ware wird in einer **Verpackung** in den Verkehr gebracht, um sie dadurch verkehrsfähig zu machen oder um sie zu schützen und/oder um Aufmerksamkeit von Nachfragern auf das Angebot zu lenken. Unerheblich ist, welche Art von Erzeugnissen sich in einer Verpackung befindet. Verpackungen sind auch für solche Produkte schutzfähig, die ihrerseits vom Design-Schutz ausgeschlossen sind, zB Verpackungen für Getränke, für pulver- oder kornförmige Produkte. Da die Gestaltung vieler Produkte weitgehend vorgegeben ist und bei vielen anderen Produkten der Entwicklung von Neugestaltungen Grenzen gesetzt sind, kommt der Produktdifferenzierung durch geschützte Packungsgestaltungen große Bedeutung zu, s Gloy S 77 ff und Spätgens S 409 ff in FS Oppenhoff 1985.

5. Ausstattung ist die Aufmachung einer Ware, s § 14 III Nr 1 MarkenG, oder einer Verpackung, Eichmann MarkenR 03, 10, 13. Merkmale einer Ausstattung können sich aus Erscheinungsformen der Ware oder der Verpackung, aber auch aus Hinzufügungen, zB Anhänger, Etiketten, Eichmann Mitt 89, 191, 195, ergeben. Beispiele für Ausstattungen bei Eichmann, in: Eichmann/Kur, § 2 Abb 6–9, 24, 25.

20   **6. Grafische Symbole** sind bildliche Zeichen, durch die ein Bedeutungsinhalt mitgeteilt wird, Eichmann MarkenR 03, 10, 12, zB Halbmond, Komet, Tierkreiszeichen, Verkehrszeichen, Piktogramme. Auch Fantasiezeichen können grafische Symbole sein. In Nr 2 werden grafische Symbole deswegen aufgeführt, weil es sich nicht um Gegenstände im üblichen Sprachsinn handelt; s auch Rn 37. In Betracht kommen auch Abzeichen, Embleme, Wappen etc; zu hoheitlichen Zeichen s § 3 I Nr 4. Beispiele für grafische Symbole bei Eichmann, in: Eichmann/Kur, § 2 Abb 23, 26, 27. Nach BPatG 30 W (pat) 701/13 v 13.2.14 – NORDERNEY – ist als graphisches Symbol schützbar die Anordnung von drei übereinander gestellten Zeilen aus jeweils drei in serifenlosen Versalien ausgeführten Buchstaben, die insgesamt einen monolithischen Block bilden; näher liegt ein Schutz als Logo, s Rn 30.

21   **7.** Der Schutz von **typografischen Schriftzeichen** wird in vielen Mitgliedstaaten der EU als Sonderform des DesignR gehandhabt, obwohl Schriftzeichen keine Gegenstände im sprachüblichen Sinn sind. Auch in Deutschland ist der Schutz von typografischen Schriftzeichen eine Sonderform des DesignR, s § 59. In Art 1b) GRL ist zwar von „typografischen Schriftbildern" die Rede; dieser Begriff entspricht jedoch nicht der internationalen Terminologie, Begr § 1 Nr 2. Weil die in Nr 2 konkret aufgeführten Gegenstände nur Beispiele sind, werden Schriften auch dann von der Definition erfasst, wenn sie nicht in der Sonderform der typografischen Schriftzeichen zum Gegenstand einer Anmeldung gemacht worden sind. Außerhalb des Anwendungsbereichs des DesignG liegen Bedeutungsinhalte von Buchstaben, Wörtern, Ziffern und Zahlen, s Rn 27.

22   **8. Einzelteile,** die zu einem komplexen Erzeugnis zusammengebaut werden können, gelten als Gegenstände iSd Nr 2. Dieser Bestandteil der Definition hat nur klarstellende Bedeutung, weil es sich bereits aus Nr 1 ergibt, dass auch Teile von Erzeugnissen designfähig sind, s Rn 16. Vor dem Zusammenbau zu einem komplexen Erzeugnis sind Einzelteile eigenständige Gegenstände und deswegen selbständig verkehrsfähig. Ob der Rechtsinhaber von dieser Verkehrsfähigkeit Gebrauch macht, spielt keine Rolle. Weil Einzelteil als Begriff auch dann unscharf ist, wenn er in Verbindung mit dem Zusammenbau eines komplexen Erzeugnisses Verwendung findet, ist in den inhaltlichen Regelungen von Bauelementen die Rede, s § 4 und § 73 I. Zu diesem Umschwung im Sprachgebrauch wird in Nr 3 die Brücke geschlagen. Zu Bauelementen als integralen Ersatzteilen von Kraftfahrzeugen ist die Ansicht vertreten worden, dass sie nicht desigfähig seien, weil keine Gestaltungsalternativen zur Verfügung stünden, Nachw 2. Aufl 1/19. Diese Ansicht war unzutreffend, Eichmann GRUR Int 96, 859, 867; GRUR Int 97, 595, 598, und hat deswegen keinen Eingang in die Gesetzgebung gefunden. Einschränkende Regelungsvorschläge der Kommission für eine sog Must-Match-Klausel, s § 73 Rn 1, haben keine Mehrheit gefunden. Bis zu einer etwaigen unionsrechtlichen Neuregelung richtet sich die Regelung für Reparaturen mit Must-Match-Teilen nach § 73 I. Ein Schutz für Karosserieteile von Kraftfahrzeugen verstößt nicht gegen Art 27 Nr 1 EuGVÜ, EuGH GRUR Int 00, 759 Rn 34 – Renault/Maxicar.

23   **9.** Dass **Computerprogramme** nicht als Erzeugnisse gelten, Nr 2 HS 2, dient nur der Klarstellung. Das Speichern von elektronischen Steuerungsbefehlen findet zwar in einem Gegenstand statt, aber die elektronisch abrufba-

ren Daten bilden keinen Gegenstand. Umsetzungsergebnisse von Computerprogrammen können jedoch Gegenstände isd Nr 2 sein, s Rn 23.

IV. Einzelfragen zur Designfähigkeit

1. Anorganische Naturprodukte können zwar durch gewerbliche Be- 24
tätigung gewonnen werden, aber in ihrer ursprünglichen Erscheinungsform
sind sie das Ergebnis von erdgeschichtlichen Entwicklungsvorgängen. Edel-
steine, Gesteine und deren Abbauprodukte, Salze etc sind daher nicht designfähig. Jede Art der Bearbeitung hat jedoch Designfähigkeit zur Folge, zB
Tischplatten aus poliertem Granit, aA Mannh BB 66, 1078. Ebenfalls designfähig sind Nachbildungen aus anderem Material, zB Granitmuster auf
Linoleum, unscharf RGZ 45, 61, klargestellt durch RGZ 61, 45.

2. Bei der Frage, ob **Bauwerke** designfähig sind, sollte der Rechtspraxis 25
bei der Eintragung von GGM Rechnung getragen werden. In der vom
HABM herausgegebenen Liste für empfohlene Erzeugnisangaben, sog Euro-
locarno, sind zu Klasse 25.03 ua aufgeführt: Bahnhöfe, Brücken, Hangars,
Kraftwerke, Mehrfamilienhäuser, Schleusen, Schwimmbecken, Stadien,
Türme; Eintragungsbeispiele bei Eichmann, in Eichmann/Kur § 2 Rn 32,
36. Weil jedes eingetragenes GGM in Deutschland Schutz genießt, sollte die
frühere Praxis zum GeschmMG nicht fortgeführt werden. Aus Begr § 43 V
und aus dem Regelungsgehalt dieser Bestimmung, s § 43 Rn 3, folgt zwar,
dass Bauwerke vom Design-Schutz ausgeschlossen sein sollen. Designfähig
waren demnach Gebäude und andere bauliche Anlagen nur, wenn sie zur
wechselnden Aufstellung bestimmt und geeignet waren, zB vorgefertigte
Bauhütten, Pavillons, Kioske, transportabel bleibende Fertiggaragen, Contai-
ner für Büro-, Geschäfts- oder Wohnausstattungen, s 3. Aufl 1/25. Die
Schutzfähigkeit von Bauwerken ist jedoch nicht unproblematisch, weil die
Regelung des Vernichtungsanspruchs hierauf nicht eingestellt ist. Erst wenn
die Regelung aus § 98 V UrhG übernommen wird, ist sichergestellt, dass
Bauwerke vom Vernichtungsanspruch ausgeschlossen sind, s hierzu § 43
Rn 3.

3. Bildschirmdarstellungen sind zwar keine Gegenstände im eigentli- 26
chen Sinn der deutschen Sprache, aber dennoch als Objekte mit zweidimensionaler Erscheinungsform, s Rn 8, dem Design-Schutz zugänglich. Der
Schutzausschluss für Computerprogramme, s § 1 Nr 2 H 2, steht einem
Schutz für Bildschirmdarstellungen nicht entgegen, s Rn 23. Die Sichtbarkeit auf dem Bildschirm genügt für die Designfähigkeit, s 3. Aufl 1/17. Icons
und Menus können daher Designs sein, Begr Art 3 VO-Vorschlag 1993; Kur
GRUR 02, 661, 663. Diese Darstellungen sind grafischen Symbolen ähnlich, die auf einem Bildschirm wiedergegeben werden. Auch sonstige für
den Bildschirm bestimmte Darstellungen sind designfähig zB Website, LG
Düss 12 O 381/10 v 26.6.13 – Webdesign, Homepage etc. Teile, zB Grafiken etc derartiger Gesamtgestaltungen, sind ebenfalls musterfähig, § 1 Nr 1.
Beispiele für Bildschirmdarstellungen bei Eichmann, in Eichmann/Kur § 2
Abb 13–15. Dem Erfordernis der Veröffentlichung, s § 20 DesignG, kann
durch eine grafische oder fotografische Darstellung, s § 7 I 1 DesignV,
Rechnung getragen werden. Wegen diesen Anforderungen kommt jedoch
für bewegte Bildabläufe nur Urh-Schutz in Betracht s § 2 I Nr 6 UrhG.
Statische Bildschirmdarstellungen können auch nach § 2 I Nr 7 UrhG, § 4

Nr 9a UWG Schutz genießen zB Karlsr GRUR-RR 10, 234; LG Mü InstGE 3, 284. Für Projektionsflächen bestimmte Darstellungen sind ebenfalls designfähig, 2. Aufl 1/17. Zum Schutzumfang s § 38 Rn 14.

27　　**4. Buchstaben und Ziffern** können in besonderer Ausgestaltung als typografische Schriftzeichen Schutz erlangen, Rn 21. Nicht designfähig ist die gedankliche Bedeutung von Buchstaben und Worten, Eichmann Mitt 89, 191, 196, sowie von Ziffern und Zahlen. Buchstaben, Wörter, Ziffern und Zahlen sind keine Gegenstände und werden, anders als typografische Schriftzeichen, auch nicht in den Begriff des Gegenstands einbezogen. Buchstaben, Ziffern und daraus bestehende Kombinationen aller Art sind damit keine Erzeugnisse, Eichmann MarkenR 03, 10, 12; sie können jedoch als Erscheinungsmerkmale von Erzeugnissen Eingang in den Designschutz finden. Besondere grafische Ausgestaltungen können dabei auch dann am Schutz teilhaben, wenn sie nicht als typografische Schriftzeichen geschützt sind. Erscheinungsformen von Logos und von ähnlichen Gestaltungen sind daher designfähig, s Rn 30.

28　　**5. Kombinationen** von eigenständigen Erscheinungsformen sind schutzfähig, wenn sie das Erfordernis der Einheitlichkeit erfüllen. Dieses Erfordernis ist bei allen RegisterschutzR Voraussetzung für Rechtsklarheit und damit für Rechtssicherheit. Für eingetragene Designs ist dieses Erfordernis in Nr 1 dadurch klargestellt, dass ein Design die Erscheinungsform „eines" Erzeugnisses oder „eines" Teils eines Erzeugnisses ist. Wenn eine Wiedergabe einen Satz von Gegenständen umfasst, muss aus der Wiedergabe ersichtlich sein, dass Schutz für eine Kombination von Gegenständen beansprucht wird. Das ist insbes der Fall, wenn die einzelnen Gegenstände so miteinander in Beziehung stehen, dass sie zusammengehörig wirken, zB bei einem Satz von Gabel, Löffel und Messer mit gemeinsamen Merkmalen, Abschn 5.1 PrüfungsRL GGM. Beispiele für Sätze von Gegenständen bei Eichmann, in Eichmann/Kur § 2 Abb 1–4, 35–37. Mehrere Gegenstände können daher ein einziges Erzeugnis iSd § 1 Nr 1 ergeben, wenn sie in ihrer Erscheinungsform so aufeinander abgestimmt sind, dass sie nach der Verkehrsauffassung als einheitliches Erzeugnis gelten, wenn also die Zuordnung der einzelnen Gegenstände äußerer Ausdruck der inneren Zusammengehörigkeit des Ganzen ist. Ein Holzbaukasten wirkt als Einheit, wenn Bausteine zwar nicht körperlich verbunden, aber ästhetisch so aufeinander abgestimmt sind, dass sie durch ihre gemeinsame Funktion in Zusammenhang stehen, EuG BeckRS 13, 82061 Rn 32 = GRUR-Prax 13, 517. Einem Möbelprogramm aus einer Vielzahl von Anbauteilen, die sowohl in Höhe, Proportionen und Erscheinungsbild als auch in Konstruktion auf gemeinsame Verwendung angelegt und dabei so aufeinander abgestimmt waren, dass die geschmackliche Wirkung in der Aneinanderreihung der Anbauteile zur Geltung kommt, ist Designfähigkeit zugestanden worden, BGH GRUR 75, 383, 385 – Möbelprogramm, bestätigt durch BGH GRUR 82, 305, 306 – Büromöbelprogramm; GRUR 86, 673, 675 – Beschlagprogramm. Aufeinander abgestimmte Anbauteile können dem Erfordernis der Einheitlichkeit Genüge leisten, s FfM GRUR 90, 122; Eichmann Mitt 98, 254. Mehrere zu Sitzreihen oder Sitzecken zusammengestellte Sessel bleiben Einzelmöbel, die die Ausstattung des Raums mit anderen Einzelmöbeln voraussetzen, BGH GRUR 75, 385. Unterschiedlich gestaltete Anfangs-, Mittel- und Eckelemente von Sitzmöbeln können jedoch durch geschmackliche und konstruktive Zuordnung eine designfähige Einheit ergeben. Die Stapelbarkeit zB von Stühlen, Tischen, Aschenbechern ändert zwar nichts an der Eigenständigkeit dieser Gegenstände, sie kann aber auf schutzfähigen Erscheinungsmerkmalen beruhen, soweit kein Schutzausschluss nach § 3 I Nr 1 und insbes nach § 3 I Nr 2 besteht. In Art 1b) GRL-Vorschlag 1993 sind „Serien" und „bestimmte Anordnungen von Gegenständen" in die Definition des Erzeugnisses aufgenommen worden. Grund dafür war, dass bei Sammelanmeldungen für diese Kombinationen das Erfordernis der Zugehörigkeit zu einer Unterklasse entfallen sollte, s Art 40 I 2 VO-Vorschlag 1993. In Art 1b) GRL-Vorschlag 1996 waren diese Kombinationen offensichtlich deswegen nicht mehr enthalten, weil schon damals die Absicht bestanden hat, bei Bestandteilen von Sammelanmeldungen die Zugehörigkeit zu einer Klasse ausreichen zu lassen. Zu Innenausstattungen Eichmann in Eichmann/Kur § 2 Rn 39 mit Abb. 9, 24, 25; Sander GRUR Int 14, 215. Zum Schutz von seriellen Gestaltungen nach UWG und UrhG Zentek WRP 14, 386. Zur Zusammenfassung von einander zugeordneten Erzeugnissen und Erzeugnisteilen in Sammelanmeldungen s § 37 Rn 8.

6. Dass ein Design eine **konkrete Gestalt** aufweisen muss, ergibt sich aus **29** dem Wesen des eingetragenen Designs und aus den Beispielen der Begriffsbestimmungen. Keine Gegenstände sind daher diese Gestalt fehlt, zB Parfums, s BPatGE 1, 224 mwN; sowie Cremes und Gemenge von Feststoffen, zB Granulate, Kohler S 52. Flüssigkeiten und Cremes können jedoch in einen festen Zustand umgesetzt werden und dabei eine konkrete Gestalt erhalten; Gegenstände sind daher zB geformtes Speiseeis, geformte Puddings etc. Auch durch die Aufnahme von kleinen Gegenständen in ein Behältnis kann ein designfähiges Gesamterzeugnis entstehen. Das ist zB der Fall bei einem Glasbehältnis mit einer bes Anordnung von Pfefferkörnern unterschiedlicher Sorten oder von verschiedenfarbigen Teigwaren. Auch Granulate und Sande können so zu einem Gesamterzeugnis beitragen. Die Aufnahme von Flüssigkeiten und Cremes in transparente Behältnisse kann ebenfalls ein Erscheinungsbild zur Folge haben, bei dem der konturlose Inhalt Bedeutung für die Eigenart des Gesamterzeugnisses erlangen kann. Nicht körperlich greifbar, aber dennoch designfähig sind Erscheinungsformen, die andersartig konkretisierbar sind. Das ist zB bei Wiedergaben auf Bildschirmen oder auf Projektionsflächen der Fall, s Rn 26.

7. Logos sind zwar keine Gegenstände im sprachüblichen Sinn, sondern **30** graphisch gestaltete Hinweise auf Herkunft oder Charakteristika eines Angebots; s auch Rn 37. Weil jedoch grafische Symbole als Erzeugnisse gelten, s Rn 20, können auch Logos Erzeugnissen zugerechnet werden. Fantasielogos sind daher ohne weiteres designfähig. Buchstaben, Buchstabenkombinationen, Ziffern und Zahlen sind zwar nicht schutzfähig, wenn sie keine bes Ausgestaltungen aufweisen, s Rn 27. Das Spezifikum eines Logos ist es jedoch gerade, dass durch eine bes Ausgestaltung eine Individualisierung erfolgt. Für jedes Zeichen, das als bes ausgestaltete Wortmarke oder als reine Bildmarke eintragbar ist, kann daher Schutz als eingetragenes Design in Betracht kommen. Monogramme als bes Ausgestaltungen von Buchstaben oder Buchstabenkombinationen können ebenfalls den Logos zugerechnet werden. Beispiele für Logos und Marken bei Eichmann, in Eichmann/Kur § 2 Abb 23, 26–29, 33, 34. Der Verwendungsbereich unterliegt keinen Beschränkungen; Schutz kommt daher auch in Betracht für Logos von Behörden, hierzu

Fouquet GRUR 02, 35, sowie für Dienstleistungen und Veranstaltungen
aller Art. Die 2009 neu geschaffene Klasse 32 bezieht sich ua auf Logos und
grafische Symbole, s Rn 20. Zwar müssen die Erfordernisse der Neuheit und
der Eigenart erfüllt sein. Anders als im MarkenR ist jedoch das VerbietungsR nicht auf den Bereich der Ähnlichkeit von Waren und Dienstleistungen beschränkt.

31   **8. Menschliche Körper** sind keine Gegenstände iSd Nr 2. Auch Bearbeitungen des menschlichen Körpers erfüllen nicht das Erfordernis der Designfähigkeit. Daher sind zB Tätowierungen und Frisuren vom Designschutz
ausgeschlossen. Aber Perücken, vorgefertigte Masken etc können Gegenstand des Designschutzes sein, 2. Aufl 1/17.

32   **9.** Nicht designfähig sind **organische Naturprodukte** im Anschluss daran, dass Tiere und Pflanzen keine Gegenstände iSd Nr 2 sind. Nicht eintra-
gungsfähig war daher die Wiedergabe von aufgeschnittenen Tomaten in
Herzform, HABM-BK R 595/2012. Bestandteile von Pflanzen, zB Wur-
zeln, Blätter, Blüten und Früchte sowie zB Federn, Haare, Häute und Hör-
ner als Bestandteile von Tieren sind auch als tote Materie nicht designfähig.
Jede Art der Bearbeitung, zB das Schleifen von Wurzelstöcken oder das
Flechten von Haaren, hat jedoch Designfähigkeit zur Folge. Entgegen
Grünbuch 5.6.1.1 ist daher auch der Abguss einer Frucht designfähig. Schon
früh hat es keinen Rechtssatz gegeben, dass Nachbildungen nach der Natur
– auch einfacher Naturgegenstände – dem Designschutz von vornherein
unzugänglich sind, RGZ 135, 391; ähnl Kohler S 58; Pinzger 1/5; Schanze
GRUR 30, 128. Für die Schutzfähigkeit von künstlichen Blumen kommt es
daher allein auf Neuheit und Eigenart an, Nachw 2. Aufl 1/8. Ebenfalls
designfähig sind Nachbildungen eines Kirschenzweigs für ein elektrisches
Läutwerk, RGZ 65, 124, von Kirschen für die Verzierung von Geschirr,
RGZ 72, 164, von Dickblattgewächsen als Kranzblumen, RGZ 135, 391,
von Tieren als Spielwaren, Hbg GRUR 57, 143, von Tierprodukten, zB als
Lederimitation, Köln GRUR 32, 1126, unscharf RGZ 49, 180. Die Nachbildung von Naturerzeugnissen ist daher stets ein Vorgang, der zur Designfähigkeit führt. Aber auch die Zusammenfügung von unbearbeiteten organi-
schen Naturprodukten, s Grünbuch aaO, zB Perlen oder Korallen zu Ketten,
hat musterfähige Erzeugnisse zum Ergebnis. Das Arrangement von Schnitt-
blumen und anderen nicht mehr lebenden Pflanzen zu Blumensträußen oder
Kränzen ist ebenfalls eine handwerkliche Tätigkeit, mit der ein Erzeugnis iSd
§ 1 Nr 2 hergestellt wird.

33   **10.** Die **Sichtbarkeit** als Kriterium der Designfähigkeit ergibt sich aus
dem Begriff des Gegenstands iVm dem Wesen des eingetragenen Designs
sowie aus § 37 I. Dabei kommt es grds auf den Gegenstand des eD, nicht auf
das Erscheinungsbild von designgemäßen Erzeugnissen an, s § 37 Rn 16.
Die auf einem Änderungsvorschlag des Europäischen Parlaments beruhende
Bestimmung in Art 1a) GRL-Vorschlag 1996, wonach ein Muster die „äußerlich sichtbare" Erscheinungsform eines Erzeugnisses ist, war daher nicht
sachgerecht, Stellungnahme GRUR 96, 741. Gegenstand einer – allerdings
verfehlten – Sonderregelung sind lediglich die in § 4 geregelten Bauelemente von komplexen Erzeugnissen. Außerhalb des Anwendungsbereichs dieser
Sonderregelung können sämtliche Erscheinungsmerkmale eines Erzeugnisses
designfähig sein, die in einem eD sichtbar wiedergegeben sind. Das gilt außerhalb des Anwendungsbereichs des § 4 auch für Erscheinungsmerkmale

von Erzeugnissen, die nach einem Einbau in ein Gesamterzeugnis nicht mehr oder nicht vollständig sichtbar sind. Maßgeblich ist allein die Eignung des in einem eD wiedergegebenen Erzeugnisses, Einfluss auf Kaufentscheidungen zu nehmen, Eichmann GRUR Int 96, 859, 875. Im Anwendungsbereich des § 1 II GeschmMG 2004 konnten daher sämtliche Erscheinungsmerkmale eines Erzeugnisses bei der Beurteilung der Eigentümlichkeit Berücksichtigung finden, die in einem GeschmM sichtbar wiedergegeben waren, BGH GRUR 08, 790 Tz 28 – Baugruppe I. Dasselbe gilt für die Beurteilung der Eigenart. Die grafische Darstellung von Geräuschen durch Notenschriften oder durch Sonagramme kann zwar für die Eintragung von Hörmarken ausreichen, weil Geräusche Zeichen für eine betriebliche Herkunft sein können. Die grafische Darstellung einer Klangfolge ist jedoch kein Erzeugnis, sondern eine spezifische Darstellungsweise, die den kundigen Betrachter in die Lage versetzt, eine Klangfolge akustisch wahrnehmbar zu machen. Auch die grafische Darstellung eines Geruchs und eines Geschmacks macht kein Erzeugnis erkennbar. Weder zu Hörmarken noch zu Geruchsmarken, Geschmacksmarken uä gibt es daher Entsprechungen im DesignR, Eichmann MarkenR 03, 10, 13.

11. Der **Tastsinn** kann bei einer Reihe von Erzeugnissen Einfluss auf die **34** Wahrnehmung des Benutzers haben. Designfähig sind Erscheinungsmerkmale eines Erzeugnisses nicht nur, wenn sie mit dem Auge, sondern auch dann, wenn sie mit dem Tastsinn wahrgenommen werden können, s Rn 2; Bulling Mitt 02, 170, 171; Kahlenberg S 117; Kur GRUR 02, 661, 663. So kann zB die Struktur gewisser Textilien dem Tastsinn einen bestimmten Eindruck vermitteln, Grünbuch 5.4.7.2. Zur Oberflächenstruktur s Stellungnahme GRUR 96, 741. Merkmale eines Designs sind daher alle Merkmale der Erscheinungsform, die mit dem Auge und dem Tastsinn wahrgenommen werden können, Begr Art 3 VO-Vorschlag 1993. Bei nicht eingetragenen GGM und bei flächigen Designabschnitten, s Rn 11 kann die haptische Wirkung der Oberfläche eines Erzeugnisses unmittelbar mit dem Tastsinn wahrgenommen werden. Das ist bei einer grafischen oder fotografischen Wiedergabe zwar nicht der Fall, aber der kundige Betrachter ist häufig in der Lage, Werkstoffen auch ohne Berührung eine haptische Wirkung zuzuordnen, zB bei einem Türgriff aus Metall mit einer Einlage aus Holz. Dasselbe gilt für die bes Gestaltung der Oberfläche eines Erzeugnisses, zB eine Riffelung. Durch Beschreibungen dürfen zwar die in der Wiedergabe sichtbaren Erscheinungsmerkmale nur erläutert werden, s § 37 Rn 14. Der kundige Betrachter kann jedoch in der Lage sein, aus Erläuterungen zusätzliche Rückschlüsse auch auf haptisch wirkende Merkmale des in der Anmeldung dargestellten Erzeugnisses zu ziehen, § 37 Rn 14; Eichmann MarkenR 03, 10, 13. Bei taktilen Erscheinungsmerkmalen sollte eine Erläuterung durch Beschreibung auch für solche Eigenschaften berücksichtigungsfähig sein, die bei einer bloßen Betrachtung der Wiedergabe nicht feststellbar sind. Im Rahmen all dieser Möglichkeiten der Offenbarung können haptisch wirkende Erscheinungsmerkmale Eingang in den Gesamteindruck finden, der bei der Ermittlung der Eigenart und bei der Bestimmung des Schutzumfangs maßgeblich ist. Die Merkmale der Gestalt, der Konturen, der Oberflächenstruktur und der Werkstoffe können daher nicht nur mit ihrer optischen Wirkung, sondern auch mit ihrer Wirkung auf den Tastsinn den Schutzgegenstand eines eingetragenen Designs mitbestimmen.

35   **12. Tiere und Pflanzen** könnten zwar in der Rechtssprache als Gegenstände bezeichnet werden, sie werden aber nicht industriell oder handwerklich hergestellt. Sowohl die Entwicklungsgeschichte des DesignR als auch die übliche Bedeutung der industriellen oder handwerklichen Bearbeitung sind Hinweise darauf, dass weder Tiere noch Pflanzen designfähig sind. Schließlich führt die Schutzrechtssystematik zu dem Ergebnis, dass Ausschließlichkeitsrechte für Erscheinungsformen von Tierarten und von Pflanzensorten nur im Rahmen von spezialgesetzlichen Regelungen begründet werden können. Designfähig sind jedoch künstliche Pflanzen, Rn 24.

36   **13.** Ein **Verfahren** ist kein Gegenstand und deswegen nicht designfähig, RGZ 61, 47; Mannh BB 66, 1079. Nicht designfähig ist zB ein Kochrezept, BPatGE 1, 224. Ein Verfahren kann auch durch Erläuterung in der Beschreibung keinen Schutz erlangen. Ein Verfahrensschutz kann sich nur aus einem technischen SchutzR, s Allg Rn 51, ergeben. Bei der Ermittlung des Schutzumfangs, s § 38 Rn 15, sind verfahrensbezogene Kriterien ebenfalls ohne Bedeutung.

37   **14.** Auf die eigenständige **Verkehrsfähigkeit** von Erzeugnissen ist abgestellt worden, wenn zu ermitteln war, ob Zwischenfabrikate BGH GRUR 76, 261, 262 – Gemäldewand, und zum Einbau in ein Gesamterzeugnis bestimmte Teile, BGH GRUR 87, 518, 519 – Kotflügel, designfähig sind. Die dabei zusätzlich geprüfte Frage, ob Zwischenfabrikate und Teile geeignet sind, auf das ästhetische Empfinden des Betrachters zu wirken, BGH GRUR 76, 262; GRUR 87, 519, konnte jedoch der Prüfung der Eigentümlichkeit vorbehalten bleiben, 2. Aufl 1/12. Weil auch Teile von Erzeugnissen designfähig sind, ist die eigenständige Verkehrsfähigkeit keine Voraussetzung der Designfähigkeit. Auch Zwischenfabrikate und Ersatzteile sind handwerklich oder industriell herstellbare Gegenstände. Im Anwendungsbereich des § 1 II GeschmMG 2004 waren Zwischenfabrikate designfähig, wenn sie vor dem Einbau in ein Gesamterzeugnis geeignet waren, auf den Geschmackssinn des Betrachters zu wirken, BGH GRUR 08, 790 Tz 25 – Baugruppe I, s auch Rn 15 und 34. Decksteine als Fassaden- oder Dacheindeckungsplatten sind keine Zwischenfabrikate, sondern Endprodukte, BGH GRUR 08, 153 Tz 21 – Dacheindeckungsplatten. Der Designfähigkeit steht nicht entgegen, dass diese Platten ihre ästhetische Wirkung erst in einem Verlegeverbund entfalten sollen, BGH GRUR 08, 153 Tz 21. Grafische Symbole und typografische Schriftzeichen sind Erzeugnisse, die erst nach der bestimmungsgemäßen Verwendung Eingang in verkehrsfähige Gesamterzeugnisse finden. Designfähig sind daher Werbemittel aller Art, Eichmann FS Nirk 1992, 168; Schricker GRUR 91, 571 f. Wofür geworben wird, spielt keine Rolle, zB für Produkte aller Art, Dienstleistungen, politische Parteien, hoheitliche Maßnahmen. Eingang in Werbeanzeigen finden typografische Schriftzeichen und/oder grafische Gestaltungen; der Designfähigkeit steht nicht entgegen, dass Werbeanzeigen nur als Bestandteil von Druckschriften am geschäftlichen Verkehr teilnehmen. Ebenfalls designfähig sind Etiketten, obwohl auch diese Erzeugnisse nur Bestandteile von eigenständig verkehrsfähigen Erzeugnissen sind, Eichmann Mitt 89, 191, 195. Körperlichkeit ist keine Bedingung für den Zugang zum Geschäftsverkehr, s Rn 29. Gleichzeitige Markenfähigkeit steht der Designfähigkeit nicht entgegen, s Allg Rn 48.

V. Komplexes Erzeugnis

Die Definition des komplexen Erzeugnisses in Nr 3 spielt nur für die Re- 38 gelungen in § 4 und § 73 I eine Rolle. Ein komplexes Erzeugnis ist ein aus mehreren Bauelementen bestehendes Erzeugnis. Aus Nr 2 folgt, dass diese Bauelemente als Einzelteile, s Rn 21, designfähig sind. Die weiteren verklausulierten Kriterien ergeben sich aus dem Regelungszweck der §§ 4, 73 I. Gemeint ist, dass bei einem aus mehreren Einzelteilen zusammengebauten Erzeugnis einzelne Bauelemente in der Weise ersetzt werden können, dass beschädigte Bauelemente abmontiert und nach einem Austausch neue Bauelemente wieder anmontiert werden können. Dass ein Erzeugnis auseinander und wieder zusammengebaut werden kann, kommt bei vielen Erzeugnissen vor, die aus mehreren Einzelteilen bestehen, zB bei Baukästen, Steckspielzeugen etc. Für den Anwendungsbereich der §§ 4, 73 I kommt es jedoch darauf an, dass komplexe Erzeugnisse als solche in den Verkehr gebracht werden. Innenfächer eines Koffers sind keine Bauelemente, Begr Art 1a) GRL-Vorschlag 1996, weil kein Auseinander- und Wiederzusammenbauen erfolgt. Dasselbe gilt für vergleichbare Erzeugnisse, zB Schränke, Truhen, Herde, Backöfen, etc. Für den Regelungszweck, s § 4 Rn 3, steht im Vordergrund, dass Bauelemente als typspezifisch integrale Teile von komplexen Erzeugnissen ersetzt werden können, wenn sie ihre Funktion nicht mehr erfüllen, insbes nach einer Beschädigung. Auf die äußerliche Sichtbarkeit des Bauelements kommt es nicht an, s § 4. Auch im Inneren eines komplexen Erzeugnisses angeordnete Einzelteile werden daher erfasst, zB PKW-Batterien, Eichmann GRUR Int 96, 859, 875, und PKW-Motorblocks, Eichmann Mitt 98, 252, 255. Eine Teekanne besteht zwar mit ihrem Deckel und einem zugehörigen Filter aus mehreren Bestandteilen, aber der Teefilter wird bestimmungsgemäß nicht ersetzt, sondern nach der Teezubereitung entleert und ist daher ebenso wenig ein Bauelement wie eine Compact Disc eine Bauelement eines CD-Players ist; s Designs Practice Note 1/03 des UK IPO. Der regelungstypische Vorgang des Auseinanderbauens und des Wiederzusammenbauens findet auch bei dem Austausch von Behältnissen für Warndreiecke, eingebauten Skisäcken und sonstigem Zubehör nicht statt, unscharf Klawitter EWS 01, 157, 162. Das Auseinanderbauen und das Zusammenbauen legt zwar eine Vorgehensweise nahe, bei der ohne Substanzeinwirkung mechanische Verbindungen gelöst und wiederhergestellt werden, zB mit Schrauben, Rastelementen etc. Aus dem Regelungszweck und aus der Formulierung „disassembly and re-assembly" in der englischen Fassung folgt jedoch, dass auch Substanzeinwirkungen in Betracht kommen, zB Schweißen, Verkleben und die Beseitigung derartiger Verbindungen.

VI. Bestimmungsgemäße Verwendung

Die Definition der bestimmungsgemäßen Verwendung in Nr 4 spielt nur 39 für den Anwendungsbereich des § 4 eine Rolle, s hierzu insbes § 4 Rn 3. Maßgeblich ist die Verwendung durch den Endbenutzer, wobei jedoch Maßnahmen der Instandhaltung, der Wartung und Reparatur ausgenommen sind. Reparatur ist jedes Beheben eines Schadens an einem komplexen Erzeugnis. Bei der Wartung werden insbes Funktionen und Füllmengen kontrolliert. Das Nachfüllen von fehlenden Betriebsmitteln ist noch Teil der

Wartung. Der Instandhaltung dienen insbes Maßnahmen der Reinigung und der Pflege. Bei Automobilien sind Endbenutzer die Personen, die das Fahrzeug als Verkehrsmittel benutzen. Das sind bei PKWs und LKWs der Fahrer und ggf Mitfahrer, bei Omnibussen der Fahrer und die Fahrgäste. Bei einem Fahrzeug gehört zur bestimmungsgemäßen Benutzung, dass eine Person hinten sitzt oder um das Fahrzeug herumgeht, Begr Art 3 GRL-Vorschlag 1996. Für den Anwendungsbereich des § 4 bedeutet das, dass zB Lenkrad, Armaturenbrett, Sitze bei bestimmungsgemäßer Verwendung sichtbar sind, s Designs Practice Note 1/03 des UK-IPO. Keine Endbenutzer sind die Personen, von denen die in HS 2 ausgenommenen Maßnahmen durchgeführt werden. Das gilt unabhängig davon, ob die Durchführung für Dritte oder für den Eigenbedarf erfolgt. Ob die ausgenommenen Maßnahmen auch ohne Fachkenntnisse durchgeführt werden können, zB Auswechseln von Zündkerzen, Kontrolle und Auffüllung von Batterieflüssigkeit oder Motorenöl, spielt für den Anwendungsbereich der von der bestimmungsgemäßen Verwendung ausgeschlossenen Maßnahmen keine Rolle, weil diese Maßnahmen in jedem Fall keine bestimmungsgemäße Verwendung sind. Dadurch werden Bauelemente von komplexen Erzeugnissen de facto vom Designschutz ausgeschlossen, s § 4 Rn 6, wenn sie nur bei Reperaturen etc sichtbar sind. Das Auswechseln einer CD in einem CD-Player ist keine der ausgeschlossenen Maßnahmen, s Designs Practice Note 1/03 des UK-IPO.

VII. Rechtsinhaber

40   Die Position des Rechtsinhabers ist insbes dafür von Bedeutung, wer zur Lizenzerteilung, § 31 I 1, zur Verzichtserklärung, § 36 I Nr 2 und zur Geltendmachung der Ansprüche auf Unterlassung, § 42 I, Vernichtung, § 43 I, Auskunft, § 46 I, berechtigt ist. Als Rechtsinhaber kommt in Betracht, wer parteifähig und prozessfähig ist, § 11 Rn 10, 11. Dass der in das Register eingetragene Inhaber des eingetragenen Designs als Rechtsinhaber gilt, ist als Fiktion formuliert. Bei Fiktionen kann kein Gegenbeweis angetreten werden, zB § 892 I 1 BGB, § 894 I 1 ZPO. In Begr Nr 5 ist zunächst von einer Vermutung, anschließend von einer Fiktion die Rede. Regelungsgehalt soll nach Begr Nr 5 sein, dass im Gesetzestext überwiegend die Bezeichnung „Rechtsinhaber" verwendet werden kann; für die Rechtsinhaberschaft solle letztlich allein die materielle Rechtslage ausschlaggebend sein. Das DesignG enthält keine Entsprechung zu Art 28b) GGV, wonach der Rechtnachfolger erst nach der Eintragung des Rechtsübergangs in das Register Rechte aus dem GGM geltend machen kann. Auch Regelungen für die Zeit ab Zugang eines Antrags auf Eintragung des Rechtsübergangs, s Art 28c) GGV, § 28 II MarkenG, enthält das DesignG nicht. Daraus sowie aus der Regelung als Begriffsbestimmung und aus der als maßgeblich bezeichneten materiellen Rechtslage folgt, dass die Registereintragung die Bedeutung einer widerleglichen Vermutung hat; aA Kazemi MarkenR 07, 149, 153; differenzierend Beyerlein WRP 04, 676, 681. Zum Referentenentwurf s die Stellungnahme GRUR 02, 952. Bei mit § 1 Nr 5 vergleichbarer Rechtslage ergibt sich aus § 28 I MarkenG eine Vermutung dafür, dass das durch die Eintragung begründete Recht dem im Register als Inhaber Eingetragenen zusteht. Diese Vermutung ist widerlegbar, zB BGH GRUR 02, 967, 968 – Hotel Adlon. Der Beweis des Gegenteils ist daher auch im Rahmen des § 1 Nr 5 zulässig, weil die Auslegung ergibt, dass das Gesetz keine andere Bedeutung vorschreibt, s § 292 I 1 ZPO. Die formelle Berechtigung richtet sich zwar nach § 8, aber die Vermutung der Rechtsinhaberschaft hat nur bis zu ihrer Widerlegung Bestand. Der durch § 1 Nr 5 erleichterte Nachweis für die materielle Rechtslage ist auch maßgeblich, wenn Ansprüche von einem anderen Berechtigten geltend gemacht werden können, zB §§ 42 I, 43 I, 46 I. Die formelle Berechtigung für Design-Verfahren richtet sich zwar nach der strikten Regelung in § 8, aber die in § 1 Nr 5 normierte Vermutung der Rechtsinhaberschaft hat stets nur bis zu ihrer Widerlegung Bestand. Wenn zwei oder mehr Inhaber in das Register eingetragen sind, wird deren Mitinhaberschaft, s § 7 Rn 7, vermutet. Weil tatsächliche Grundlage der Vermutung für die Rechtsinhaberschaft die Eintragung in das Register ist, ergibt sich aus § 1 Nr 5 nichts für die Rechtsinhaberschaft bei nicht eingetragenen GGM; hierzu GGM Rn 12.

Designschutz

2 (1) **Als eingetragenes Design wird ein Design geschützt, das neu ist und Eigenart hat.**

(2) **Ein Design gilt als neu, wenn vor dem Anmeldetag kein identisches Design offenbart worden ist. Designs gelten als identisch, wenn sich ihre Merkmale nur in unwesentlichen Einzelheiten unterscheiden.**

(3) **Ein Design hat Eigenart, wenn sich der Gesamteindruck, den es beim informierten Benutzer hervorruft, von dem Gesamteindruck unterscheidet, den ein anderes Design bei diesem Benutzer hervorruft, das vor dem Anmeldetag offenbart worden ist. Bei der Beurteilung der Eigenart wird der Grad der Gestaltungsfreiheit des Entwerfers bei der Entwicklung des Designs berücksichtigt.**

Übersicht

A. Regelungsgehalt

1   **I.** Der **Regelungsgehalt** ist dadurch geprägt, dass sich alle drei Absätze des § 2 aus der GRL ergeben. Die obligatorischen Bestimmungen des Art 4 GRL über die Neuheit und des Art 5 GRL über die Eigenart werden durch die Absätze 2 und 3 umgesetzt. Der in Abs 1 vorangestellten Obersatz entspricht Art 3 II GRL. Nach den in § 1 geregelten Voraussetzungen für die Designfähigkeit, § 1 Rn 23, sind in § 2 alle weiteren materiellrechtlichen Schutzvoraussetzungen aufgeführt. Die Regelung der Neuheit in Abs 2 hat keine strukturellen Unterschiede ggü der Rechtslage nach dem GeschmMG 1876 zur Folge. Dagegen hatte der Wechsel von Eigentümlichkeit zu Eigenart in Abs 3 weit mehr als nur sprachliche Bedeutung. Neben der Einführung der Sperrwirkung, § 38 Rn 11, war das Kriterium der Eigenart die wichtigste Änderung des materiellen Rechts ggü der Rechtslage nach dem GeschmMG 1876.

2   **II.** Für **Gemeinschaftsgeschmackmuster** unterscheiden sich die Regelungen in Abs 2 und 3 inhaltlich nicht von den Regelungen in Art 5 GGV über die Neuheit und in Art 6 GGV über die Eigenart. In der Gesetzessystematik ergeben sich Unterschiede lediglich daraus, dass der für die Berücksichtigung des vorbekannten Formenschatzes maßgebliche Stichtag bei nicht eingetragenen GGM einer bes Regelung bedarf und dass bei eingetragenen GGM die Bedeutung der Prioritätsbeanspruchung gesondert aufgeführt ist, weil die GGV keine Entsprechung zu § 13 II enthält.

B. Regelungsgrundlagen

3   **1.** Was ein **eingetragenes Design** ist, ergibt sich aus § 37 I: Es ist die Gesamtheit der Merkmale der Erscheinungsform, s § 1 Rn 7, die in der Anmeldung eines eD sichtbar wiedergegeben sind. Maßgeblich ist insbes die Wiedergabe des Musters, s § 11 II Nr 3. Bei Unklarheiten kann eine Auslegung erforderlich sein, § 37 Rn 10 ff. Designgemäße Erzeugnisse sollten keine Berücksichtigung finden, Einzelh § 37 Rn 16.

4   **2.** Der **Anmeldetag** ist maßgeblich dafür, bis zu welchem Zeitpunkt ein älteres Design der Neuheit oder der Eigenart eines eingetragenen Designs entgegenstehen kann. Anmeldetag ist der Tag, an dem die nach § 13 I maßgeblichen Unterlagen beim DPMA oder bei einem der zuständigen Patentinformationszentren eingegangen sind. Eine Verschiebung des Anmeldetags kann sich nach § 16 V 1 ergeben, wenn Mängel einer Anmeldung fristgerecht beseitigt werden. An die Stelle des Anmeldetags tritt nach § 13 II der Prioritätstag, wenn eine Auslandspriorität nach § 15 oder eine Ausstellungspriorität nach § 16 wirksam in Anspruch genommen worden ist.

5   **3.** Ein **anderes Design** wird zum Vergleich herangezogen, um zu ermitteln, ob ein eingetragenes Designs die Erfordernisse der Neuheit und der Eigenart erfüllt. Das Design muss vor dem Anmeldetag, s Rn 4, offenbart worden sein, s Rn 6. Was ein Design ist, ergibt sich aus der Definition in § 1 Nr 1 und Nr 2. Design ist demnach nicht ein Erzeugnis als solches, sondern

dessen Erscheinungsform, s § 1 Rn 7. Nur die äußerlichen Erscheinungsmerkmale finden Eingang in die Gegenüberstellung der Erscheinungsformen
des älteren Designs und des eD, nicht auch der Verwendungszweck. Es können daher Erscheinungsformen von nicht austauschbaren Objekten einbezogen werden, zB Collier für Fingerring, SchwBG Hartwig DesignE 4, 19
– Schmuckring. Wenn von einem Spielzeugauto die Tretmechanik entfernt
und durch einen Frisierstuhl-Unterbau ersetzt wird, entsteht zwar ein Erzeugnis mit unterschiedlicher Gebrauchsfunktion, Hoge Raad GRUR
Int 97, 756 – Ferrari-Frisierstuhl; s hierzu Kur GRUR 02, 661, 662; Ruijsenaars GRUR Int 97, 687. Dass durch diese Gestaltungsübertragung ein neues und möglicherweise sogar neuartiges Erzeugnis entstanden ist, bleibt jedoch bei der Beurteilung der materiellrechtlichen Schutzvoraussetzungen
unberücksichtigt, s auch Rn 10. Wenn die Form von Massagebällen mit
igelartig angeordneten Noppen für sog Wäschekugeln zur Auflockerung von
Textilien in elektrischen Wäschetrocknern Verwendung findet, ergibt sich
zwar ein neuer Verwendungszweck, aber keine neue Erscheinungsform,
High Court (London) [2007]; EWHC 1712 (Pat) v 19.7.07, Supreme Court
(London) EWCA Civ 358 v 23.4.08. Durch die Übertragung einer aus einer
anderen Warengattung bekannten Formgestaltung kann daher kein Schutz
begründet werden, Düss GRUR 12, 200, 207 – Tablet PC I; Klawitter FS
50 Jahre BPatG 2011, 1071, 1082; Becker GRUR Int 12, 312, 319. Der
Vergleich eines eD mit einem älteren Design erfolgt nur so, wie diese vor
dem Anmeldetag bekannt geworden ist. Wenn es sich um ein vorbekanntes
eD handelt, bei dem die Wiedergabe aus Abbildungen besteht, ist allein der
Offenbarungsgehalt dieser Darstellungen maßgeblich. Einem älteren eD
entsprechende Erzeugnisse dürfen nur herangezogen werden, wenn sie vor
dem Anmeldetag des zu prüfenden eD offenbart worden sind.

4. Die **Offenbarung** des anderen Designs ist Voraussetzung dafür, dass es 6
der Neuheit oder der Eigenart eines eingetragenen Designs entgegenstehen
kann. Durch indirekte Bezugnahmen in § 2 I und II auf § 5 wird der gesamte vorbekannte Formenschatz, s § 5 Rn 3, in die Prüfung einbezogen. Dadurch sind alle maßgeblichen Kriterien für die Ermittlung von Vergleichs-
mustern in § 5 ausgelagert, der die Voraussetzungen für die Offenbarung
eines Designs definiert. Diese Regelungstechnik entspricht der Handhabung
in der GRL, indem in Art 4 S 1 und Art 5 S 1 auf ein der Öffentlichkeit
zugänglich gemachtes Muster Bezug genommen wird und Einzelheiten zur
Offenbarung in Art 6 I geregelt sind.

C. Neuheit

I. Die **Entwicklung** des UnionsR hat damit begonnen, dass Unterschei- 7
dungskraft die einzige materiellrechtliche Schutzvoraussetzung sein sollte, s
Rn 9. Die Kommission hat einen zweistufigen Test befürwortet, wobei in
der ersten Stufe die Neuheit geprüft werden sollte, Grünbuch 5.5.4. Es
wurde jedoch als vorteilhaft bezeichnet, die beiden Stufen in einem Begriff
zusammenzuführen, Grünbuch 5.5.9.1. Bereits in Art 3 II GRL-Vorschlag
1993 ist jedoch eine Trennung vollzogen worden. Dem lag zugrunde, dass
nach der von der Mehrheit der Wirtschaftszweige zum Ausdruck gebrachten
Auffassung die Neuheit Grundvoraussetzung für den Schutz sein sollte, Begr

Art 5 I GGV-Vorschlag 1993. Ein Muster sollte demnach durch ein MusterR geschützt werden, soweit es neu ist und Eigenart aufweist. Nach Art 4 I 1 GRL-Vorschlag 1993 sollte ein Muster als neu gelten, wenn der Öffentlichkeit vor dem Anmelde- bzw Prioritätstag kein identisches Muster zugänglich gemacht worden ist. Als identisch sollten Muster dann gelten, wenn sich ihre besonderen Merkmale nur in unwesentlichen Einzelheiten unterscheiden, Art 4 I 2 GRL-Vorschlag 1993. Diese Definitionen sind in Art 4 GRL-Vorschlag 1996 und in Art 4 GRL beibehalten worden; lediglich von „besonderen" Merkmalen ist nicht mehr die Rede.

8   **II.** Dem **Regelungsgehalt** ergibt sich aus der Formulierung eines Grundsatzes in Abs 2 S 1 und aus einer Modifizierung dieses Grundsatzes in Abs 2 S 2. Dass der Gegenstand eines eingetragenen Designs mit dem vorbekannten Formenschatz verglichen wird, s Rn 6, stimmt in der Regelungssystematik mit dem relativen Neuheitsbegriff, 2. Aufl § 1 Rn 21, 22, überein, Eichmann MarkenR 03, 10, 14. Auch Vorverbreitungen des Rechtsinhabers können neuheitsschädlich sein, wenn sie vor dem Zeitraum der Schonfrist, § 6 S 1, der Öffentlichkeit zugänglich geworden sind, HABM v 2.7.04, ICD 73; 131; 156; 164, – Heizlüfter I–IV. Die Prüfung auf Identität macht einen Vergleich mit jedem vorbekannten Design erforderlich, dessen Erscheinungsform dem Gegenstand des eD ausreichend ähnlich ist. Ebenso wie im Anwendungsbereich des § 1 II GeschmMG 1876 findet daher ein Einzelvergleich statt; in diesem Einzelvergleich wird das eD isoliert und gesondert jedem einzelnen Erzeugnis aus dem vorbekannten Formenschatz gegenübergestellt, zB BGH GRUR 60, 256, 257 – Chérie; GRUR 96, 767, 769 – Holzstühle. Einem eD, dessen Gesamteindruck durch eine Kombination von Merkmalen bestimmt wird, s § 1 Rn 28, fehlt nur dann die Neuheit, wenn sich die vollständige Zusammenfassung der Kombinationsmerkmale in einem einzigen Erzeugnis aus dem vorbekannten Formenschatz feststellen lässt, BGH GRUR 75, 81, 83 – Dreifachkombinationsschalter; GRUR 80, 235, 236 – Play-family; Düss GRUR 85, 546; LG Mü I InstGE 1, 225, 230. Es genügt daher nicht, dass einzelne Gestaltungsmerkmale dem vorbekannten Formenschatz angehören, BGH GRUR 75, 386; FfM WRP 82, 228.

9   **III.** Die **Beurteilungsmethode** ergibt sich im Wesentlichen aus der Durchführung von Einzelvergleichen mit den nächstliegenden Designs aus dem vorbekannten Formenschatz. Die eigentliche Identitätsprüfung erfolgt zwar nach Art eines fotografischen Vergleichs. Wenn jedoch Abweichungen bestehen, kommt es nach Abs 2 S 2 darauf an, ob sich die Merkmale nur in unwesentlichen Einzelheiten unterscheiden. Bereits geringfügige Abweichungen von vorbekannten Designs können daher für die Neuheit eines Designs ausreichen, EuG BeckRS 13, 81183 Rn 37 = GRUR-Prax 13, 295 – Uhrenzifferblätter; BGH GRUR 66, 681, 683 – Laternenflasche. Ob sich Merkmale nur in unwesentlichen Einzelheiten unterscheiden, richtet sich nach dem Gesamteindruck der für die Eigenart des eD maßgeblichen Erscheinungsmerkmale, s BGH GRUR 69, 90, 95 – Rüschenhaube. Die Prüfung der Neuheit erfolgt zwar idR vor der Prüfung der Eigenart, BGH GRUR 69, 95. Zur Bewertung von Unterschieden, ob sie ggü einem älteren Design unwesentlich sind, kann es jedoch eine Rolle spielen, welche Erscheinungsmerkmale für die Eigenart eines eingetragenen Designs in Betracht kommen.

IV. Dass durch eine **Gestaltungsübertragung** ein neues und möglicher- 10
weise sogar neuartiges Erzeugnis entstanden ist, kann dessen Neuheit nicht
begründen, weil nicht Erzeugnisse die Grundlage des Designschutzes bilden,
sondern deren Erscheinungsform, s Rn 5. Es kann zwar ein neuer Verwendungszweck entdeckt worden sein, aber dadurch ist keine neue Erscheinungsform entstanden, Eck S 197; Stolz S 125. Entgegen 3. Aufl § 2 Rn 5
kann daher Ergebnissen von Gestaltungsübertragungen eine Neuheit im
designrechtlichen Sinn nicht attestiert werden, Rn 5.

V. Für die **Rechtspraxis** hat die Neuheitsprüfung außerhalb der Beurtei- 11
lung von Gestaltungsübertragungen nur geringe Bedeutung. Weil die Erfordernisse der Neuheit und der Eigenart kumulativ erfüllt sein müssen, kann
die Bewertung der Wesentlichkeit oder Unwesentlichkeit von Unterschie-
den ggü einem vorbekannten Design auch im Rahmen der Ermittlungen
zur Eigenart erfolgen; insoweit überschneiden sich die Vorraussetzungen der
Neuheit und der Eigenart in einem gewissen Grad, EuG BeckRS 13, 81183
Rn 39 = GRUR-Prax 13, 295 – Uhrenzifferblätter. Wenn Zweifel an der
Unwesentlichkeit von Unterschieden bestehen, hat der Gegenstand eines
DesignschutzR idR keine Eigenart, EuG BeckRS 13, 81183 Rn 38 =
GRUR-Prax 13, 295; LG Mü I InstGE 1, 127, 130. Ob bei einem eD die
Neuheit oder die Eigenart verneint wird, hat keine praktischen Auswirkun-
gen; das gilt in gleicher Weise für den Verletzungsstreit und für das Nichtig-
keitsverfahren. Weil die Prüfung der Eigenart ebenfalls in Einzelvergleichen
erfolgt, s Rn 17, besteht auch aus darstellungstechnischen Gründen kein
Bedürfnis für bereit angelegte Ausführungen zur Neuheit.

D. Eigenart

I. Beurteilungskriterien

1. Am Anfang der **Entwicklung** hat gestanden, dass nach Art 25 I 1 12
TRIPS-Übereinkommen (s Systematik des Designrechts, Teil A Rn 57)
Muster und Modelle „neu oder eigenartig" sein müssen; das ist die Übersetzung von „new or original". In Art 7 MPI-E hat sodann Eigenart zur Kennzeichnung einer inhaltlichen Neuorientierung Verwendung gefunden. Nach
diesem Vorschlag sollte ein Muster Eigenart aufweisen, wenn es sich um eine
Gestaltung handelt, die sich von einer vorbekannten Gestaltung dadurch
unterscheidet, dass sie einen andersartigen Gesamteindruck vermittelt. Maßgeblich sollte ein hinreichendes Maß an Differenzierung ggü ähnlichen Gestaltungen sein, Begr Art 7 MPI-E. Nach den anfänglichen Vorstellungen
der Kommission sollte sich ein Muster durch das Erfordernis der „Unterscheidungskraft" von jedem vorbekannten Muster in seinem Gesamteindruck unterscheiden, Art 3 II und III GRL-Vorentwurf 1991, krit Stellungnahme GRUR 92, 494; Eck S 47; Eichmann GRUR Int 96, 859, 861. Dem
folgte das Erfordernis der „Eigenart" mit der Voraussetzung, dass sich der
Gesamteindruck des Musters wesentlich von dem Gesamteindruck eines
vorbekannten Musters unterscheidet, Art 5 I GRL-Vorschlag 1993, krit
Eichmann Mitt 98, 252, 259. Der Forderung des Europäischen Parlaments
in der Entschließung v 12.10.95, das Kriterium der Wesentlichkeit ersatzlos
zu streichen, ist die Kommission in Art 5 I des geänderten GRL-Vorschlags
1996 „nur widerstrebend" gefolgt. In dem Gemeinsamen Standpunkt v

17.6.97 hat der Rat der damit verbundenen Senkung der Schwelle für die Schutzgewährung zugestimmt und einen neuen Erwägungsgrund hinzugefügt. Demnach sollte die Eigenart eines Musters danach beurteilt werden, inwieweit sich der Gesamteindruck des Musters vom vorbestehenden Formschatz deutlich unterscheidet, krit Eichmann Mitt 03, 17, 20. Das hat Eingang in die ErwBegr 13 GRL mit der Formulierung gefunden, dass sich der Gesamteindruck des Musters deutlich von dem unterscheiden sollte, den der vorbestehende Formschatz hervorruft. Im deutschen Recht hat Eigenart für unterschiedliche Kriterien Verwendung gefunden. Die Anforderungen an persönliche geistige Schöpfungen iSd § 2 II UrhG sind gelegentlich mit schöpferischer Eigenart beschrieben worden, BGH GRUR 81, 352, 353 – Staatsexamensarbeit; GRUR 85, 1041, 1047 – Inkasso-Programm; GRUR 92, 382, 385 – Leitsätze. Im Bereich des wettbewerbsrechtlichen Nachahmungsschutzes ist wettbewerbliche Eigenart die Eignung von Merkmalen eines Erzeugnisses, auf seine betriebliche Herkunft oder auf seine Besonderheiten hinzuweisen, s Allg Rn 53. Allgemeine Aussagen zu einem Rangverhältnis zwischen designrechtlicher und wettbewerbsrechtlicher Eigenart sind nicht gerechtfertigt, BGH GRUR 12, 47 (Ls 2) – Elektrische Gebäckpresse.

13   **2.** Als **Begriff** ist Eigenart mit „eigen Karakter" in der niederländischen Fassung der GRL verwandt. Stärker konturiert ist „individual character" in der englischen Ausgangsfassung der GRL. Diese Begriffswahl hat Eingang gefunden ua in die französische Fassung mit „caractère individuel", in die italienische Fassung mit „carattere individuale" und in die dänische Fassung mit „individuel Karakter". Davon weichen die portugiesische und die spanische Fassung mit „carácter singular" nur geringfügig ab. Die Regelung in § 2 III 1 unterscheidet sich von ähnlichen Regelungen, dass für das Kriterium der Eigenart eine spezifische Definition maßgeblich ist und es deswegen insbes darauf ankommt, ob Unterschiedlichkeit, s Rn 12, im Gesamteindruck besteht. Es geht daher nicht um eine begrifflich orientierte, sondern auf dem Gesetzestext basierende Auslegung, Stutz sic! 04, 3, 12. Hinweise aus ähnlichen Regelungen können allerdings für die Anforderungen an den Grad der Unterschiedlichkeit, s Rn 18, Bedeutung erlangen.

14   **3.** Begriff und Definition liegt als **Regelungszweck** zugrunde, dass es nicht auf die für die Herkunft von Erzeugnissen maßgebliche Unterscheidungskraft des MarkenR ankommen soll, sondern auf die Unterscheidungsfähigkeit im Verhältnis zu einem ähnlichen Design, Grünbuch 5.5.9.2. Ein designgemäßes Erzeugnis soll im Marktgeschehen als etwas von jedem anderen Design „Verschiedenes" wahrgenommen werden, Grünbuch 5.5.6.2; 5.5.6.3. Auf Abweichungen in Einzelheiten soll es nicht ankommen, wenn ein Gesamteindruck der Ähnlichkeit mit einem vorbekannten Design im Sinn von „déjà vu" entsteht; ein eingetragenes Design soll im Vergleich mit vorbekannten Gestaltungen den Eindruck der „Unähnlichkeit" hervorrufen, Begr Art 6 I VO-Vorschlag 1993. Auf Originalität oder Eigentümlichkeit solle dabei nicht abgestellt werden, weil diese Kriterien dem UrhR zugeordnet und deswegen ua der Würdigung von Werken der angew Kunst vorbehalten seien, Grünbuch 5.5.1.2 und 5.5.3.1. Der Grad des künstlerischen oder ästhetischen Werts und das Ausmaß der Kreativität solle daher in die Prüfung nicht einbezogen werden, Grünbuch 5.6.1.2. Dennoch dient der Designschutz der Förderung von gestalterischen Leistungen, die in ästhetischen Werten ihren Ausdruck finden, Grünbuch 5.4.2. Bereits dem MPI-Ent-

wurf lag zugrunde, dass Eigentümlichkeit und Originalität die Interpretation
auf das UrhR lenken könnten, Begr Art 5 MPI-E. Auch eine durchschnittliche Designerleistung könne ein hinreichendes Maß an Differenzierung
aufweisen, Begr Art 7 MPI-E. Eigenart verweise auf ein ausreichendes Maß
an „Anderssein", Begr Art 5 MPI-E, und damit auf einen eigenen Charakter, der von den Abnehmern als etwas Besonderes aufgefasst wird, Begr A II
2 MPI-E. Maßgeblich sei daher „Unterschiedlichkeit" ggü Vorbekanntem
aus der Sicht des Marketings; durch diese marketingorientierte Betrachtungsweise solle in erster Linie „verkäufliches" Design geschützt werden, Ritscher
GRUR Int 90, 559, 562. Bekanntes und alltägliches solle jedoch frei be-
nutzbar bleiben, Ritscher GRUR Int 90, 561. Die Vorstellungen aus dem
MPI-E zur Eigenart haben Eingang in die Erwägungen der Kommission
gefunden, Kahlenberg S 120. Auch nach Ansicht der Kommission sollen
Designs, die in den jeweiligen Branchen alltäglich sind, vom Schutz ausgeschlossen sein; keinen Schutz sollen daher „commonplace designs", dh „ba-
nale Muster" erlangen, Grünbuch 5.7.1.

4. Für die Ermittlung der Eigenart ist **Unterschiedlichkeit** das maßgeb- **15**
liche Kriterium, BGH GRUR 10, 718 Tz 32 – Verlängerte Limousinen
(hierzu Ruhl GRUR 10, 692; Schabenberger WRP 10, 992); BGH GRUR
11, 142 Tz 14 – Untersetzer; KG ZUM 05, 231, 232 – Natursalz; Düss
DesignE 3, 128 – Aluminiumfelgen; Kur GRUR 02, 661, 665; Eichmann
MarkenR 03, 10, 15. Das Kriterium wird durch Wortlaut, Regelungszweck
und Regelungsgeschichte nahegelegt. Eigentümlichkeit und Gestaltungshöhe sind daher keine Schutzvoraussetzungen, BGH GRUR 10, 490 Tz 15;
FfM GRUR-RR 09, 16, 17 – Plastikuntersetzer; Kur GRUR Int 98, 353,
355; GRUR 02, 665; Eichmann Mitt 03, 17, 20; Koschtial GRUR Int 03,
973, 974, Rahlf/Gottschalk GRUR Int 04, 821, 822. Die in einem eingetragenen Design verkörperte gestalterische Leistung kann allerdings insoweit
Berücksichtigung finden, als der Grad der Gestaltungsfreiheit in die Beurteilung der Eigenart Eingang findet, BGH GRUR 10, 490 Tz 15. Für Eigenart
iSv Unterschiedlichkeit finden keinerlei qualitative Wertungen statt. Unterschiedlichkeit ist daher mehr ein quantitatives als ein qualitatives Kriterium,
Kur ÖBl 95, 3, 8. Aus der beobachtend-vergleichenden Beurteilung, ob
eine Erscheinungsform unterschiedlich ggü jedem einzelnen Design des
vorbekannten Formenschatzes ist, ergibt es sich daher, ob diese Erscheinungsform Eigenart aufweist. Dasanfänglich vorgeschlagene Kriterium der
„Unterscheidungskraft" = „distinctive character" ist so spezifisch für das
MarkenR, dass es der Eigenständigkeit des DesignR nicht Rechnung trägt.
Auch „Unterscheidungsfähigkeit" ist zu sehr an markenrechtlich relevanten
Funktionen ausgerichtet, Eichmann GRUR Int 96, 859, 861. In anderen
Sprachenfassungen der GRL kommt deutlicher zum Ausdruck, dass es nicht
auf „unterscheidet", sondern auf „unterschiedlich ist" ankommt, nämlich zB
„differs" in der englischen, „diffère" in der französischen, „differisce" in der
italienischen, „difiera" in der spanischen Fassung. In ErwGrd 14 GRL ist
zwar davon die Rede, dass ein Muster nicht unbedingt einen ästhetischen
Gehalt aufweisen muss. Aber damit ist nur gemeint, dass es unerheblich ist,
ob ein Muster ästhetisch oder funktional ist, Begr Art 3 VO-Vorschlag 1993.
Zur Funktionalität s Rn 23. Design als Kulturelement ist von ästhetischen
Werten bestimmt, die sich aus gestalterischen Leistungen ergeben, Grünbuch
5.4.2. Für eine ästhetische Wirkung steht allerdings keine brauchbare Defini-

tion zur Verfügung, Grünbuch 5.4.5. Weil technisch bedingte Erscheinungsmerkmale und funktionell bedingte Erscheinungsmerkmale dem Designschutz nicht zugänglich sind, kommen nur solche Erscheinungsmerkmale für
einen Designschutz in Betracht, die außerhalb dieser Bereiche Unterschiedlichkeit ggü einem vorbekannten Design zur Folge haben, s Rn 22, 23. Nur
noch im Anwendungsbereich des § 1 II GeschmMG 1876 muss eine überdurchschnittliche Gestaltungshöhe erreicht sein, zB BGH GRUR 01, 503,
506 – Sitz-Liegemöbel; GRUR 08, 153 Tz 24 – Dacheindeckungsplatten;
GRUR 08, 790 Tz 22 – Baugruppe I.

16 **5.** Als **Vergleichsobjekt** ist einerseits in Abs 1 „ein anderes Design" vorgesehen, andererseits wird in ErwGrd 13 GRL auf den Unterschied ggü
dem vorbekannten Formenschatz abgestellt. Der Vergleich der verschiedenen Sprachenfassungen von Art 5 I GRL ergibt, dass „ein" nicht als Zahl-
wort zu verstehen ist. In der englischen Ausgangsfassung findet „any design"
Verwendung. Gegenstand des Vergleichs ist daher jede Erscheinungsform aus
dem vorbekannten Formenschatz, die der Eigenart eines eingetragenen Designs entgegenstehen könnte; Eichmann GRUR Int 96, 859, 862; Kur
GRUR Int 98, 353, 355. Das ergibt sich auch aus anderen Sprachenfassungen, zB „tout dessin ou modèle" in der französischen, „qualsiasi disegno o
modello" in der italienischen und „cualquier otro dibujo o modelo" in der
spanischen Fassung. Eingang in die Gegenüberstellung findet zwar jede vorbekannte Erscheinungsform, aber es kann die Feststellung der Unterschiedlichkeit ggü der Erscheinungsform genügen, die dem eD am nächsten
kommt, zB BGH GRUR 98, 379, 382 – Lunette; Hamm InstGE 8, 233,
237 – Kaminöfen. Weil der Grad der Eigenart für die Bemessung des
Schutzumfangs unerheblich ist, § 38 Rn 27 ff, kann die Befassung mit weiteren vorbekannten Erscheinungsformen auf kurze Feststellungen dazu beschränkt bleiben, aus welchen Gründen diese Erscheinungsformen noch
weiter von dem eD entfernt sind, zB BGH GRUR 98, 382. Die Gesamtheit
des vorbekannten Formenschatzes ist daher nur für den Grad der Gestaltungsfreiheit, s Rn 20 ff, von Bedeutung, der dem Entwerfer zur Verfügung
steht, Düss DesignE 3, 128 – Aluminiumfelgen. In einer Zwischenphase der
Gesetzgebung sollten ältere Designs in die Prüfung nur einbezogen werden,
wenn sie im Markt erhältlich oder Gegenstand eines veröffentlichten DesignschutzR sind, s § 5 Rn 1. Weil sich diese Einschränkung nicht durchgesetzt hat, sind jedoch sämtliche Erscheinungsformen des vorbekannten Formenschatzes berücksichtigungsfähig. In Art 25 I 2 TRIPS-Übereinkommen
ist zwar vorgesehen, dass ein Vergleich auch mit Kombinationen vorbekannter Merkmale von Mustern oder Modellen stattfinden kann; diese Vorgehensweise ist jedoch für die Mitglieder nicht bindend, EuGH GRUR 14,
774 Rn 34 – KMF/Dunnes; Allg Rn 57.

17 **6.** Die Einengung der Vergleichsobjekte hat einen **Einzelvergleich** für
die Ermittlung der Eigenart zur Folge, EuGH GRUR 14, 774 Rn 35 –
KMF/Dunnes. Ob das Erfordernis der Unterschiedlichkeit erfüllt ist, kann
nur im Vergleich mit jedem einzelnen vorbekannten Design ermittelt werden, BGH GRUR 10, 718 Tz 33 – Verlängerte Limousinen; GRUR 11, 142
Tz 14 – Untersetzer; GRUR 11, 1112 Tz 32 – Schreibgeräte; Düss BeckRS
07, 11285 – Aluminiumflegen; FfM GRUR-RR 09, 16, 17 – Plastikuntersetzer; OGH ÖBl 07, 137, 138 – Baustellenwerbung II; GRUR 08, 523, 524
– Febreze. In diesen Einzelvergleich werden nach FfM GRUR-RR 11, 165,

166 – Milla vorbekannte Erscheinungsformen in unmittelbarem zeitlichen und räumlichen Zusammenhang mit der bestimmungsgemäßen Verwendung einbezogen, s jedoch Rn 5. Es muss festgestellt werden, dass der Gegenstand eines eingetragenen Designs als etwas wahrgenommen wird, das im Gesamteindruck von jedem anderen bekannten Design verschieden ist, Grünbuch 5.5.6.1; 5.5.6.2. Die Prüfungsmethode ist ähnlich wie im Marken-Widerspruchsverfahren auf jeweils zwei Vergleichsobjekte beschränkt. Weil eine Gegenüberstellung mit dem Gesamteindruck nur eines Erzeugnisses stattfindet, kann kein mosaikartig aufgespalteter Vergleich von Details erfolgen, Begr MPI-E Art 13, wie das im Rahmen des Gesamtvergleichs zur Ermittlung der Eigentümlichkeit möglich war. Das hat Auswirkungen insbes auf die eingetragenen Designs, deren Gestaltung ganz oder überwiegend das Ergebnis einer Kombination von vorbekannten Gestaltungselementen ist, Eichmann Mitt 98, 252, 258; Mitt 03, 20; Bulling Mitt 04, 254, 256. Eigenart kann sich daher auch aus einer Kombination an sich bekannter Formelemente ergeben, LG Braunschw 9 O 1056/06 v 9.6.06 – Handytaschen. Die Aussagekraft eines Einzelvergleichs wird dadurch konkretisiert, dass zur Berücksichtigung der Gestaltungsfreiheit des Entwerfers das gesamte gestalterische Umfeld der jeweiligen Produktart in die Prüfung einbezogen wird. Der Grad der gattungsspezifischen Gestaltungsvielfalt und ggf Auswirkungen von produkt- und branchenspezifischen Vorgaben geben daher häufig erst Aufschluss darüber, ob ein eD das Erfordernis der Eigenart erfüllt. Nur noch im Anwendungsbereich des GeschmMG 1876 kommt es für die Eigentümlichkeit auf einen Gesamtvergleich mit dem gesamten vorbekannten Formenschatz an, zB BGH GRUR 00, 1023, 1025 3 – Speichen-Felgenrad; GRUR 01, 503, 505 – Sitz-Liegemöbel; GRUR 08, 153 Tz 26 – Dacheindeckungsplatten.

7. Zu dem **Grad der Unterschiedlichkeit** enthält der Gesetzeswortlaut **18** keine Festlegung. Der Streichung des Zusatzes „wesentlich" = „significantly" in Art 5 I GRL-Vorschlag liegt zugrunde, dass die Schwelle für die Schutzgewährung nicht zu hoch sein sollte, s Rn 7; Beier GRUR Int 94, 716, 721; Kur GRUR 02, 661, 666. Dem muss bei der Auslegung des Kriteriums „deutlich" = „clearly" in ErwGrd 13 GRL Rechnung getragen werden. Dieses Kriterium dürfte nicht das Ergebnis einer mangelnden Abstimmung zwischen Gesetzestext und Gesetzesbegründung, s hierzu Kur GRUR Int 98, 977, 979, sondern ein Hinweis darauf sein, dass Eigenart nicht durch jede Nuance von Unterschiedlichkeit begründbar sein soll. Dem entspricht, dass in Art 25 I S 2 TRIPS-Abkommen darauf abgestellt wird, ob sich Muster oder Modelle von vorbekannten Gestaltungen „nicht wesentlich" unterscheiden. Aus einer niedrigen Schutzwelle, s Kur GRUR 02, 665; Koschtial GRUR Int 03, 973, 977, ergeben sich keine Unzuträglichkeiten, weil die Beurteilung der Gesamteindruck aus der Sicht des informierten Benutzers zugrunde gelegt wird und ein geringer Grad an Unterschiedlichkeit einen engen Schutzumfang zur Folge hat, s § 38 Rn 35. Eigenart iSv Unterschiedlichkeit wird bereits bei relativ geringfügigen Abweichungen von vorbekannten Erscheinungsformen bejaht. Das war zB der Fall bei Einfügungen von Verlängerungsstücken in die Standardversion der S-Klasse-Modelle der Daimler AG. Die für diese Modelle eingetragenen GGM wurden ggü dem GGM für die Standardversion mit der Begründung als eigenartig beurteilt, dass sie sich von der Standardversion nicht durch schöpferische Eigentümlichkeit unterscheiden müssen, BGH GRUR 10, 718 Tz 41, 42 – Verlänger-

te Limousinen. Für die Beurteilung durch den informierten Benutzer hätte
zwar Berücksichtigung finden können, dass es für PKW-Designer eine aus
den USA bekannte und daher geläufige Maßnahme ist, Karosserien von
prestigeträchtigen Automobilen durch das Einfügen von Zwischenelementen
zu verlängern. Wenn jedoch bereits relativ geringfügige Abweichungen von
vorbekannten Erscheinungsformen ausreichen, kann Folgemodellen un-
schwer Eigenart zuerkannt und damit eigenständiger Schutz gewährt werden. Dass ein Getriebegehäuse mit einem scheibenartigen Verbindungs-
flansch verbunden wurde, ist als ausreichende Maßnahme zum Entstehen
eines abweichenden Gesamteindrucks beurteilt worden, HABM-NA ICD
3960. Aber eine vollständige Kopie kann nicht durch das Hinzufügen eines
gattungsüblichen Merkmals in Form eines Verbindungsflanschs legitimiert
werden, weil beim informierten Benutzer trotz dieser Hinzufügung derselbe
Gesamteindruck hervorgerufen wird, HABM-BK R 1137/2008-3 v 16.3.
10. Einem LKW-Betonmischer mit Anhänger ist dennoch ggü einem an-
hängerlosen LKW-Betonmischer ein maßgeblicher Einfluss auf den Gesamteindruck attestiert worden, HABM-NA ICD 7040. Ein hinzugefügter Anhänger war es auch, dem bei ansonsten nahezu identischen Schaufelbaggern
zu einem abweichenden Gesamteindruck geführt hat, HABM-NA ICD
7037. Entgegen HABM ICD 7147 hat sich jedoch bei einem streng kubisch
geformten Armlehnensessel ein unterschiedlicher Gesamteindruck nicht
dadurch ergeben, dass ein flaches Sitzkissen sowie zwei Rückenkissen hinzugefügt wurden, EuG T-357/12 v 4.2.14 – Lehnsessel mit Kissen. Für den
informierten Benutzer sind derartige Hinzufügungen lediglich vertriebsori-
entierte Maßnahmen, die keinen bestimmenden Einfluss auf den Gesamteindruck haben. Bei einem Schaufelbagger hat es sich daher nicht maßgeblich auf den Gesamteindruck ausgewirkt, dass an die Stelle der Schaufel ein
klauenförmiges Greifelement getreten ist, HABM-NA ICD 7034.

II. Gesamteindruck

19   **1.** Die **Beurteilungsgrundlagen** für die Ermittlung des Gesamteindrucks sind dadurch vorgegeben, dass zunächst festgestellt werden muss,
welchen Gesamteindruck der Gegenstand eines eingetragenen Designs erweckt und anschließend der Gesamteindruck des älteren Designs ermittelt
werden muss. Der Schutzgegenstand eines eD wird durch die Wiedergabe
des Designs in der Anmeldung festgelegt, s Rn 3. Das Erscheinungsbild von
designgemäßen Erzeugnissen sollte daher für die Ermittlung des Gesamt-
drucks nicht herangezogen werden, § 37 Rn 16. Wenn ein kleiner Ausschnitt einer Vorhanggardine Gegenstand der Darstellung ist, darf aus dem
vorbekannten Formenschatz kein größeres Stück gegenübergestellt werden,
BGH GRUR 70, 369, 370 – Gardinenmuster. Weil für die Eigenart nur die
Erscheinungsform eines Erzeugnisses maßgeblich ist, finden Benutzungs-
und Funktionseigenschaften keine Berücksichtigung, EuG GRUR Int 14,
494 Rn 52 – El Hogar Perfecto (Korkenzieher).

20   **2.** Der **Beurteilungsmethode** liegt die Feststellung der Erscheinungsmerkmale zugrunde, auf denen der Gesamteindruck des eingetragenen Designs beruht, BGH GRUR 96, 767, 769 – Holzstühle; GRUR 98, 379, 382
– Lunette; GRUR 01, 503, 505 – Sitz-Liegemöbel. Die für die geschmackliche Wirkung der Erscheinungsform maßgeblichen Merkmale müssen voll-

ständig erfasst werden, BGH GRUR 80, 235, 236 – Play-family. Häufig sind jedoch einzelne Merkmale von unterschiedlicher Bedeutung für den Gesamteindruck. Die Designs sind sowohl hinsichtlich ihrer Merkmale im Einzelnen als auch nach der Bedeutung der Merkmale für den Gesamteindruck zu vergleichen, HABM Mitt 04, 323 Rn 19 – Barhocker mit Lehne. Der informierte Benutzer kann erkennen, dass sich Unterschiede ggü vorbekannten Designs auch im Gebrauch auswirken. Es kann daher Bedeutung erlangen, dass sich beim Einsatz von mustergemäßen Schieferdecksteinen als ästhetischer Vorteil ein Verlegebild mit bes ansprechender Linienführung ergibt, BGH GRUR 08, 153 Tz 31 – Dacheindeckungsplatten. Ob bei einem Tischuntersetzer das unterschiedlich langen Rundstäben deren Schattenspiel zur Unterscheidung beiträgt, LG FfM InstGE 8, 166 Tz 14 – Blow up, ist jedenfalls bei einem weiten Schutzumfang für den Gesamteindruck nachrangig, FfM GRUR-RR 09, 16, 18 – Plastikuntersetzer. Für den Offenbarungsgehalt ist eher maßgeblich, dass der informierte Benutzer das Bemühen des Fotografen um Anschaulichkeit erkennt. In BGH GRUR 11, 142 – Untersetzer – ist auf das Schattenspiel nicht abgestellt worden. Bei mehreren aufeinander abgestimmten Erscheinungsformen konnte die hiervon ausgehende Gesamtwirkung eine Rolle spielen, zB bei Programmen, BGH GRUR 75, 383, 386 – Möbelprogramm; bei KFZ-Teilen, BGH GRUR 87, 518, 519 – Kotflügel; bei Serien, BGH I ZR 156/81 v 24.11.83 – Strahlerserie. Eine Gesamtwirkung könnte sich zwar aus einer Sammelanmeldung ergeben. Weil jedoch jeder Gegenstand einer Sammelanmeldung ein rechtlich eigenständiges SchutzR ist, muss der Gesamteindruck für jedes SchutzR gesondert und eigenständig ermittelt werden, s § 37 Rn 8.

3. Die **Vergleichsmethode** ist nach EuGH GRUR 12, 506 Tz 55 – **21** PepsiCo – daran ausgerichtet, dass der informierte Benutzer einen direkten Vergleich zwischen dem DesignschutzR und einer älteren Gestaltung vornimmt; es könne aber nicht ausgeschlossen werden, dass ein solcher Vergleich undurchführbar oder ungewöhnlich ist. Das könne zB bei zwei Schiffen oder bei zwei großen Industrieanlagen der Fall sein, Rn 51 der Schlussanträge des Generalanwalts v 12.5.11 zu EuGH GRUR 12, 506. Grundlagen des Designschutzes sind jedoch nicht Erzeugnisse als solche, sondern deren Erscheinungsformen, s § 1 Rn 7. Der informierte Benutzer ist damit vertraut, Erscheinungsformen von Erzeugnissen erforderlichenfalls auf der Grundlage von Abbildungen miteinander zu vergleichen. Die reale Größe von Erzeugnissen steht daher einem direkten Vergleich nicht entgegen. Nach EuGH GRUR 13, 178 Rn 57 – Baena Grupo – war es nicht rechtsfehlerhaft, dass bei dem jeweils hervorgerufenen Gesamteindruck auf eine unvollkommene Erinnerung abgestellt wurde, die der informierte Benutzer im Gedächtnis behalten habe. Weil Grundlage dieser für das Markenrecht spezifischen Erwägung war, dass es sich bei der älteren Gestaltung um eine Bildmarke gehandelt hat, ist eine Verallgemeinerung nicht angebracht. Die Gegenüberstellung eines DesignschutzR mit einer älteren Gestaltung durch den informierten Benutzer erfolgt mit vergleichsweise großer Aufmerksamkeit, EuGH GRUR 12, 506 Rn 59; GRUR 13, 178 Rn 53; das macht idR eine direkte Gegenüberstellung eines eingetragenen Designs mit einer älteren Gestaltung erforderlich, Hbg NJOZ 07, 3055 – Handydesign; BeckRS 09, 08346 – Außennähte; FfM GRUR-RR 09, 16, 17 – Plastikuntersetzer; Hamm InstGE 8, 233, 239 – Kaminöfen, dh ein synoptischer Vergleich wird vorgenommen, SchwBG sic! 05, 23 24 – Armbanduhren. Es sollte daher nicht (wie im MarkenR) ein undeutliches Erinnerungsbild zugrundegelegt werden, Hbg NJOZ 07, 3055; BeckRS 09, 08346; Hamm InstGE 8, 233, 239.

22   **4.** Welcher **Beurteilungsabstand** für die Ermittlung des Gesamteindrucks maßgeblich ist, richtet sich nach der Vorgehensweise des informierten Benutzers. Der kundige Betrachter kann sich an der Zweckbestimmung eines Erzeugnisses und der sich daraus ergebenden Art und Weise seines Auftretens im Verkehr orientieren, BGH GRUR 81, 273, 274 – Leuchtenglas. Designgemäße Erzeugnisse werden jedoch nicht stets in der Entfernung betrachtet, die sich bei üblichem Gebrauch ergibt, vielmehr können Detailgestaltungen zB beim Kauf für den Gesamteindruck Bedeutung erlangen, Düss BeckRS 07, 11285 – Aluminiumfelgen. Dem muss bei der Beurteilung des Gesamteindrucks ebenfalls Rechnung getragen werden, weil bei einer marketingorientierten Betrachtungsweise, s Rn 14, auch darauf abgestellt wird, wie Erzeugnisse zum Verkauf dargeboten werden. Bei einem bestimmungsgemäß in größerer Höhe über die Straße angebrachten Erzeugnis kann zwar die Wirkung eine Rolle spielen, die sich auf den nach oben blickenden Straßenbenutzer ergibt, BGH GRUR 61, 640, 642 – Straßenleuchte. Aber der informierte Benutzer bezieht die Vorgehensweise von Designern ebenfalls in seine Analyse ein. Es gehört zum strategischen Repertoire von Designern, mit Besonderheiten von Gestaltungsdetails, zB bei einem Wetterhahn oder einem Kaminaufsatz, das Interesse zu wecken oder Einfluss auf die Auswahlentscheidung zu nehmen, obwohl diese Details später beim bestimmungsgemäßen Gebrauch weniger zur Geltung kommen. Auf den Gesamteindruck kann es sich daher auch auswirken, wie in größerer Entfernung anzubringende Erzeugnisse in Verkaufsgeschäften, auf Messeständen und in Werbemitteln präsentiert werden. Dass unbedeutende Detailgestaltungen bei der Ermittlung des Gesamteindrucks idR in den Hintergrund treten, BGH GRUR 61, 642; GRUR 81, 274, ist keine Besonderheit von Erzeugnissen, die nach dem Erwerb bestimmungsgemäß nur aus größerer Entfernung betrachtet werden können. Vielmehr achtet der informierte Benutzer bei Erzeugnissen aller Art darauf, welche Merkmale das Erscheinungsbild eines Erzeugnisses prägen und welche Merkmale demgegenüber von nachrangiger Bedeutung sind. Um das feststellen zu können, werden Erzeugnisse von geringer Größe, zB typografische Schriftzeichen, Schmuckwaren etc, nicht nur aus der für den bestimmungsgemäßen Gebrauch maßgeblichen Entfernung, sondern auch aus der Nähe betrachtet, Eichmann GRUR 82, 651, 656; 2. Aufl 1/36. Das Kriterium des Gestaltungsspielraums, s Rn 30 ff, kann es bei sehr kleinen Erzeugnissen sogar erforderlich machen, dass Vergrößerungsmittel eingesetzt werden.

23   **5.** Die **verbale Erfassung** des Gesamteindrucks bildet die Grundlage für die Beurteilung der Eigenart. Es ist zwar häufig schwierig, ästhetisch wirkende Formen mit Mitteln der Sprache auszudrücken und insbes das Verhältnis ineinander übergehender Formen sprachlich zu beschreiben, BGH GRUR 65, 198, 200 – Küchenmaschine; BGH I ZR 5/78 v 19.12.79 – Stahlrohrstuhl aus zwei Rohrsträngen. Trotzdem ist nicht spontan zu beurteilen, sondern es müssen diejenigen konkreten Formen aufgezeigt und beschrieben werden, in denen die ästhetische Beurteilung ihre Grundlage hat, BGH GRUR 65, 200. Die Beschreibung muss erkennen lassen, welche Einzelformen den Gesamteindruck bestimmen und wie diese Formen gestaltet sind; es genügt daher nicht, nur einen zusammenfassenden Eindruck darzustellen, BGH GRUR 65, 199. Zur vollständigen Erfassung des Gesamteindrucks kann es gehören, die Wirkung zu beschreiben, die eine Kombination von Einzelmerkmalen erzeugt, zB FfM GRUR 95, 116.

6. Eine **Merkmalsgewichtung** gibt häufig Aufschluss darüber, ob Erscheinungsmerkmale vorrangige Bedeutung haben oder in den Hintergrund treten. Das macht es erforderlich, eine Gewichtung vorzunehmen, zB dahingehend, dass ein Merkmal das gestaltende Hauptmotiv bildet, BGH GRUR 61, 640, 642 – Straßenleuchte, dass der Gesamteindruck nicht durch alle Merkmale gleichmäßig bestimmt, sondern durch bes Erscheinungsmerkmale geprägt wird, BGH GRUR 75, 81, 82 – Elektroschalter; GRUR 01, 506, dass einzelne Elemente für die Gestaltung charakteristisch sind und andere nur nebensächliche Einzelheiten betreffen, BGH GRUR 77, 602, 603 – Trockenrasierer, dass ein Kontrast zwischen unterschiedlich gestalteten Erscheinungsmerkmalen den Gesamteindruck bestimmt, BGH GRUR 98, 379, 382 – Lunette. Hauptbedeutung kommt dem Erscheinungsbild zu, das bei der Benutzung besondere Beachtung findet, zB Draufsicht bei einem Tischuntersetzer, FfM GRUR-RR 09, 18, und bei einer scheibenförmigen Werbezugabe für Kindersnacks, EuG GRUR-RR 10, 189 Rn 82 – Grupo Promer, Draufsicht und Schrägansicht bei einem Taschencomputer, LG Düss GRUR-RR 11, 361, 367 Tablet-PC II; Sitzhöhe und Neigungswinkel der Rückenlehne bei einem Sessel, EuG T-339/12 v 2.4.14 Rn 26, 30 – Lehnsessel, nicht jedoch Anschlußbuchsen, LG Düss GRUR-RR 11, 358, 360 – Tablet-PC I. Wegen der Bedeutung für den Gebrauch und wegen der Oberflächengröße kann bei einem Stuhl die Form des Sitzes und der Rückenlehne einen stärkeren Einfluss auf den Gesamteindruck als andere Merkmale ausüben, HABM Mitt 04, 323 Rn 19 – Barhocker mit Lehne. Für den Gesamteindruck stehen die prägenden Merkmale eines Designs im Vordergrund; diese prägenden Merkmale können in einer Merkmalsgliederung zusammengefasst werden, zB BGH GRUR 10, 718 Tz 34 – Verlängerte Limousinen; GRUR 11, 112 Tz 34 – Schreibgeräte; GRUR 13, 285 Tz 33 – Kinderwagen II.

7. In einer **Merkmalsgliederung** kann eine detaillierte und gegliederte Erfassung des Gesamteindrucks erfolgen, den der Gegenstand eines eingetragenen Designs vermittelt. Diese Vorgehensweise kann eine wichtige Hilfe für das Herausarbeiten der Erscheinungsmerkmale sein, die den Gesamteindruck bestimmen und wesentlich dazu beitragen, die Rechtsfindung nachvollziehbar zu machen, BGH GRUR 00, 1023, 1025 – 3-Speichen-Felgenrad; GRUR 01, 503, 505 – Sitz-Liegemöbel; LG Hbg GRUR-RR 09, 123, 124 – Gartenstühle. Eine derart in Einzelmerkmale unterteilte Darstellung des Gesamteindrucks kann auch der Abgrenzung der für die Eigenart maßgeblichen Erscheinungsmerkmale ggü den dem Designschutz nicht zugänglichen Merkmale dienen und Grundlage für eine Merkmalsgegenüberstellung, s Rn 26, bilden, ausführl Engel FS Erdmann 2002, 89; U. Krieger, FS Vieregge 1995, 49. Merkmalsgliederungen kommen insbes für Gestaltungen des Industriedesigns, zB BGH GRUR 65, 198, 200 – Küchenmaschine; GRUR 74, 406, 408 – Elektroschalter; GRUR 75, 81, 82 – Dreifachkombinationsschalter; GRUR 00, 1025; GRUR 01, 505; weit Nachw U. Krieger S 498, aber auch für figürliche Darstellungen, zB FfM WRP 89, 321; Nbg WRP

96, 137, in Betracht. Graphische Darstellungen, Stoffdesigns und ähnliche Gestaltungen sind einer Aufgliederung zwar schwerer zugänglich, aber auch hier gibt eine detaillierte Analyse besser Aufschluss als pauschale Bewertung. Der Gesamteindruck erschöpft sich jedoch nicht in einer Zusammenfassung von verbal beschriebenen Einzelmerkmalen, BGH GRUR 98, 379, 381 – Lunette. Es muss sich daher eine Bewertung und Gewichtung der einzelnen Erscheinungsmerkmale in Bezug auf ihre Maßgeblichkeit für den Gesamteindruck anschließen, BGH GRUR 00, 1025; GRUR 01, 505.

26   **8.** Eine **Merkmalsgegenüberstellung** besteht aus einem Vergleich der in einer Merkmalsgliederung erfassten Erscheinungsmerkmale des Gegenstands eines eingetragenen Designs mit einer dem vorbekannten Formenschatz zugehörigen Erscheinungsform. Diese Gegenüberstellung gibt Aufschluss darüber, in welchen Erscheinungsmerkmalen einerseits Übereinstimmungen und erhebliche Ähnlichkeiten, andererseits Unterschiede bestehen, zB HABM Mitt 04, 321 Rn 11 – Deckenleuchte; Mitt 04, 323 Rn 20, 21 – Barhocker. Die anschließende Bewertung und Gewichtung dieser Feststellungen ist insbes an den Merkmalen ausgerichtet, die für die Eigenart des eD im Vordergrund stehen, s Rn 24. Eine Merkmalsgegenüberstellung ist daher ein Hilfsmittel für die bewertenden und gewichtenden Erwägungen, aus denen sich das Ergebnis der Gegenüberstellung ergibt. Es muss aber auch Beachtung finden, dass der Gesamteindruck mehr als eine Summe von Einzelmerkmalen ist, weil auch das Verhältnis eine Rolle spielen kann, in dem die Einzelmerkmale zueinander stehen, s Rn 25.

III. Informierter Benutzer

27   **1.** Am Anfang der **Entwicklung** hat gestanden, dass von der Kommission zur Diskussion gestellt wurde, die Unterscheidung von einer vorbekannten Gestaltung mit „den Augen der maßgeblichen Öffentlichkeit" zu prüfen; damit waren „gewöhnliche Verbraucher" als potentielle „Käufer" gemeint, Grünbuch 5.5.6.2. Die Kommission war sich dabei bewusst, dass es für diesen Personenkreis in „intensiv genutzten Bereichen" schwierig sein kann, die für einen Designschutz erforderlichen Unterschiede auszumachen, Grünbuch 5.5.6.3. Seit dem GRL-Vorschlag 1993 ist es der informierte Benutzer, aus dessen Sicht der Unterschied beurteilt werden soll, der für die Eigenart eines DesignschutzR erforderlich ist. Damit sollte – je nach der Art des DesignschutzR – ein „gewisses Maß an Kenntnissen oder Designbewusstsein" maßgeblich sein; die Prüfung sollte jedoch nicht auf der Ebene von „Designexperten" stattfinden, Begr Art 6 I VO-Vorschlag 1993. Maßgeblich sei primär der Personenkreis der Endverbraucher, bei Reparaturteilen komme es jedoch auf die Person an, die das Teil ersetzt, krit Eichmann GRUR Int 96, 859, 863 f. Der Wirtschafts- und Sozialausschuss hat in seiner ersten Stellungnahme vorgeschlagen, den Begriff „informiert" wegzulassen, weil er nicht eindeutig sei. Gemeint seien nicht Designexperten, sondern Benutzer, die ein berufliches oder persönliches Interesse am Erwerb oder an der Nachbildung des Musters haben, Abschn 3.2.1 und 3.2.2 der Stellungnahme v 6.7.94. Dieser Vorschlag ist jedoch weder vom Europäischen Parlament noch anderweitig aufgegriffen worden.

28   **2.** Ein Hinweis auf den **Regelungszweck** ergibt sich aus dem zeitlichen Zusammenhang mit der erstmaligen Einführung des Kriteriums, dass der

Grad der Gestaltungsfreiheit des Entwerfers bei der Entwicklung des Designs zu berücksichtigen ist. Durchschnittliche Kaufinteressenten sind häufig nicht mit den Schwierigkeiten vertraut, die für Entwerfer in dicht besetzten Designgebieten bestehen; deswegen müssen branchenspezifische Designkenntnisse in die Prüfung Eingang finden, Eichmann GRUR Int 96, 859, 864. Weil es nicht auf die Ansichten von „Designexperten" ankommen soll, Rn 27, kann zwar auf Personen der Designlehre, der Designkritik und der Designberichterstattung nicht abgestellt werden. Aber nur die Beurteilung mit der Kenntnis und dem Verständnis des mit Designbewusstsein ausgestatteten Branchenkenners gewährleistet, dass trotz der Schwierigkeiten, die bei produktspezifischen und branchenspezifischen Erfordernissen und in dicht besetzten Designgebieten bestehen, ein angemessener Designschutz zur Verfügung gestellt werden kann. Die Sichtweise des informierten Benutzers ist zwar ganz allgemein maßgeblich dafür, ob ein Erzeugnis ggü einem vorbekannten Erzeugnis ausreichend unterschiedlich ist. Die bes Bedeutung dieser Sichtweise kommt jedoch zum Tragen, wenn es darum geht, den Grad der Gestaltungsfreiheit des Entwerfers sachkundig zu beurteilen. In dem dicht besetzten Gebiet zB der PKW-Räder ist der informierte Benutzer befähigt, dominierende gestalterische Merkmale von nachrangigen technischen Einzelheiten zu unterscheiden, HABM-NA ICD 3853 v 31.1.08.

3. Die **Typologie** des informierten Benutzers ist gesetzlich nicht definiert. Aus den Materialien der Gesetzgebung steht zur Verfügung, dass zwar keine Beurteilung aus der Sicht von Designexperten stattfinden, aber ein gewisses Maß an Designbewusstsein Anwendung finden soll, Begr Art 6 I VO-Vorschlag 1993. Nach EuGH GRUR 12, 506 Rn 53 – PepsiCo; GRUR Int 12, 1116 Rn 53 – Baena Grupo – steht der informierte Benutzer zwischen dem Durchschnittsverbraucher des MarkenR und dem Fachmann als Sachkundigem mit profunden technischen Fertigkeiten; ebenso BGH GRUR 13, 285 Tz 55 – Kinderwagen II. Mit Fachmann ist die Person gemeint, auf die bei der Bewertung des erfinderischen Charakters eines Patents abgestellt wird, Rn 43 der Schlussanträge des Generalanwalts v 12.5.11 zu EuGH GRUR 12, 506. Obwohl dieser „Zwischenbegriff", EuGH GRUR 12, 506 Rn 54, verdeutlicht, dass der informierte Benutzer eine Fiktion ist, erfolgt eine individualisierende Personifizierung: Bei Werbezugaben für Kindersnackwaren soll als informierter Benutzer sowohl ein 5– 10-jähriges Kind als auch ein Marketingleiter einer Gesellschaft in Betracht kommen, oder die Werbezugaben verwendet werden, EuGH GRUR 12, 506 Rn 54; ebenso Vorinst EuG GRUR-RR 10, 189, Rn 64 – Grupo Promer. Bei Uhren, die als Werbeartikel gestaltet sind, sollen nach EuG GRUR Int 11, 746 Rn 53 – Sphere Time – als informierte Benutzer sowohl Endnutzer als auch Gewerbetreibende für die Weitergabe an Endnutzer in Betracht kommen. Bei Hebel-Korkenziehern (sog Kellnerbesteck) soll nach EuG GRUR Int 14, 494 Rn 30 – El Hogar Perfecto (Korkenzieher) sowohl auf professionelle als auch auf private Benutzer abgestellt werden. Entscheidungen über Schutzwürdigkeit und Schutzumfang, also den beiden Grundfragen des Designschutzes, sollten jedoch nicht von der breiten Masse potentieller Abnehmer getroffen werden, sondern von einem Personenkreis, der über die erforderliche Informiertheit verfügt. Informierter Benutzer ist daher eine Person, die mit dem Warengebiet des jeweiligen Erzeugnisses vertraut ist, Düss DesignE 3, 128 – Aluminiumfelgen; LG Hbg DesignE 3, 369 –

29

Schuhferse; Kahlenberg S 131; Otero Lastres GRUR Int 00, 408, 413. Der informierte Benutzer ist eine fiktive Person, Jestaedt GRUR 08, 19, 20; Becker GRUR Int 12, 312, 320, dh eine normative Figur auf der Grundlage einer typisierten Betrachtung; er verfügt in rechtlicher Sicht über Grundkenntnisse zur Schutzfähigkeit und in tatsächlicher Hinsicht über Kenntnisse zu Funktion, Wirkungsweise und Anwendungsbereich des jeweiligen Erzeugnisses, FfM GRUR-RR 11, 165, 166 – Milla. Diese fiktive Person kann mit Verständnis für die Entwurfstätigkeit von Designern beurteilen, ob sich ein Design ggü einem anderen Design ausreichend unterscheidet. Der informierte Benutzer weiß, dass er auf Feinheiten zu achten hat, wenn sich DesignschutzR für einen Taschenkomputer nur in Details von einem Flachbildschirm unterscheidet, Düss GRUR-RR 12, 200, 206 – Tablet PC I. Wenn der informierte Benutzer als potentieller Abnehmer eingestuft wird, kann seine Sichtweise durch Richter als Mitglieder der angesprochenen Verkehrskreise aus eigener Kenntnis beurteilt werden, Hbg GRUR-RR 13, 138, 142 – Totenkopfflasche. Nach EuG GRUR Int 11, 55 Rn 48 – Shenzhen Taiden; GRUR Int 12, 66 Rn 26 – Kwang Yang Motor (Verbrennungsmotor); GRUR Int 14, 494 Rn 25 ist der informierte Benutzer nicht in der Lage, die durch die technische Funktion gebotenen Merkmale von willkürlich wählbaren Merkmalen unterscheiden. Ob ein Erscheinungsmerkmal technisch bedingt ist, unterliegt jedoch der Beurteilung durch einen technischen Sachverständigen, s § 3 Rn 2.

30 **4.** Der **Kenntnisstand** des informierten Benutzers ist gesetzlich nicht festgelegt. Nach EuGH GRUR 12, 506 Rn 59 – PepsiCo – kennt der informierte Benutzer verschiedene Muster iSv Designs, die es in dem betroffenen Warenbereich gibt, und besitzt gewisse Kenntnisse in Bezug auf die Elemente, die diese Muster für gewöhnlich aufweisen; ebenso BGH GRUR 13, 285 Tz 55 – Kinderwagen II; EuG GRUR Int 11, 55 Rn 46 – Fernmeldegeräte; GRUR Int 13, 383 Rn 37 – Termosiphons. Der informierte Benutzer verschafft sich Informationen aus Zeitschriften, Katalogen, Fachgeschäften und dem Internet, EuG GRUR Int 13, 383 Rn 41; T-339/12 v 4.2.14 Rn 13 – Lehnsessel. Die Formulierung, dass der informierte Benutzer „gewisse Kenntnisse" habe, geht zurück auf Begr Art 6 I VO-Vorschlag 1993. Nach Art 6 II VO-Vorschlag 1993 sollte für die Beurteilung der Eigenart allein maßgeblich sein, ob sich das Muster von einem Muster unterscheidet, das am Anmelde- oder Prioritätstag vermarktet wird oder als eingetragenes DesignschutzR Bestand hat. Eine allgemeine Regelung über die Offenbarung wurde erst durch Art 6 I RL-Vorschlag 1996 eingefügt. Diese Regelung ist in Art 6 I GRL unverändert geblieben. Seitdem ist der vorbekannte Formenschatz durch eine Definition so festgelegt, dass allein auf den Kenntnisstand der relevanten Fachkreise abgestellt wird. Welche Muster dem vorbekannten Formenschatz zugehörig sind, richtet sich daher nicht nach dem Kenntnistand des informierten Benutzers, sondern ausschließlich nach der gesetzlichen Definition der Offenbarung in § 5. Weil diese Definition das Ergebnis einer obligatorischen Umsetzung der Vorgabe aus Art 6 GRL und identisch mit der Definition in Art 7 GGV ist, hat sie Gültigkeit für alle Bereiche des unionsrechlichen Designschutzes. Unzutreffend ist daher entgegen Ruhl GRUR 10, 289, 295; Becker GRUR Int 12, 610, 612 auch, dass für den informierten Benutzer nur relevant sei, was zum Prioritätstag eines DesignschutzR auf dem Markt präsent ist oder zuvor präsent gewesen war. Hinweise auf die Gestaltungsfreiheit des Entwerfers konnten daher nach Aktenlage daraus gewonnen werden, dass in einem prioritäsbegründenden SammelschutzR zwei abweichende Ausführungsvarianten dargestellt waren, EuG GRUR-RR 10, 189 Rn 79 – Grupo Promer. Wegen des zivilprozessualen Beibringungsgrds ergibt sich der Kenntnisstand des Gerichts aus dem Vortrag der Prozessparteien, LG Hbg Hartwig DesignE 3, 369. Wie bei technischen SchutzR fingiert wird, dass dem Durchschnittsfachmann der gesamte Stand der Technik bekannt ist, wurde bei der Prüfung der Eigentümlichkeit fingiert, dass Fachkreisen der vorbekannte Formenschatz vollständig geläufig ist, BGH GRUR 75, 383, 386 – Möbelprogramm; GRUR 78, 168, 169 – Haushaltsschneidemaschine I; GRUR 80, 235, 236 – Playfamily. Daran hat sich aufgrund der allgemeinen Definition für die Offenbarung nur geändert, dass zu ermitteln ist, ob den relevanten Fachkreisen ein vorbekanntes Design nicht bekannt sein konnte. Erst wenn die Möglichkeit der Kenntnisnahme durch die relevanten Fachkreise festgestellt ist, kann davon ausgegangen werden, dass der informierte Benutzer über Kenntnisse des Designbestands in der maßgeblichen Produktgruppe verfügt, EuG GRUR Int 11, 55 Rn 47 – Shenzhen Taiden; GRUR Int 11, 746 Rn 51 – Sphere Time; Düss GRUR 12, 200, 207 – Tablet PC I; BeckRS 07, 11285 – Aluminiumfelgen; LG Hbg DesignE 3, 369 – Schuhferse. Wenn der Gegenstand des DesignschutzR einen anderen Verwendungszweck als ein vorbekanntes Design hat, s hierzu Rn 3, muss der informierte Benutzer den gestalterischen Gegebenheiten beider Bereiche Rechnung tragen, ähnl Hartwig GRUR-RR 09, 201, 202; Becker GRUR Int 12, 312, 321.

5. Der **Grad der Aufmerksamkeit** des informierten Benutzers wird **31** daraus hergeleitet, dass er zwischen dem Durchschnittsverbraucher des MarkenR und dem Fachmann des PatR eingeordnet wird, Es ist aber auch von durchschnittlicher Aufmerksamkeit, aber besonderer Wachsamkeit die Rede, EuGH GRUR 12, 506 Rn 53 – PepsiCo; ebenso BGH GRUR 13, 285 Tz 55 – Kinderwagen II. Die Gegenüberstellung eines DesignschutzR mit einer älteren Gestaltung erfolgt daher mit vergleichsweise großer Aufmerksamkeit, EuGH GRUR 12, 506 Rn 59; GRUR Int 12, 116 Rn 53 – Baena Grupo. Für die Beurteilung der Eigenart kann es jedoch nicht einmal ansatzweise darauf ankommen, nach welchen Grds sich die Verwechslungsgefahr im MarkenR richtet. Weil es nicht wie bei der Verwechslungsgefahr um die Reichweite des Schutzes, sondern um den Bestand eines SchutzR geht, ist die gleiche Sorgfalt und damit auch die gleiche Aufmerksamkeit wie im PatR und im UrhR unabdingbar. Deswegen ist der informierte Benutzer entgegen EuGH GRUR 12, 506 Tz 59 in der Lage, auch minimale Unterschiede zwischen zwei Gestaltungen im Detail festzustellen. Maßgeblich ist allein, welche Bedeutung jeder einzelnen Unterschiedlichkeit im Rahmen der Gegenüberstellung des jeweiligen Gesamteindrucks, s Rn 24, zukommt.

IV. Grad der Gestaltungsfreiheit

1. Der **Entwicklung** hat die Erkenntnis der Kommission zugrunde gele- **32** gen, dass geringfügigen Abweichungen ggü vorbekannten Mustern umso mehr Gewicht beigemessen werden muss, je begrenzter die Freiheit des Entwerfers bei der Gestaltung seines Musters ist. Als Beispiele wurden Normung und mechanische oder physikalische Zwänge sowie durch die Mode vorgegebene Besonderheiten und sonstige Zwänge des Marketings genannt, Grünbuch 5.5.8.3. Gesetzlich geregelte Beurteilungsgrds waren allerdings zunächst nur für die Ermittlung des Schutzumfangs vorgesehen, s § 38 Rn 27. In der nächsten Phase wurden für den Schutzumfang und die Eigenart übereinstimmende Beurteilungsgrds formuliert: Den Gemeinsamkeiten sei grds mehr Gewicht als den Unterschieden beizumessen; krit Stellungnahme GRUR 94, 497; Beier GRUR Int 94, 716, 722; Eichmann GRUR Int 96, 859, 864; außerdem sei der Grad der Gestaltungsfreiheit des Entwerfers bei der Entwicklung des Musters zu berücksichtigen, Art 5 III GRL-Vorschlag 1993. Nach einem Änderungsvorschlag des Europäischen Parlaments v 30.5.95 sollte den vorhandenen Gemeinsamkeiten grds dasselbe Gewicht wie den Unterschieden beizumessen sein. Diesen Vorschlag hat die Kommission mit der – zutreffenden – Erwägung nicht aufgegriffen, dass bei Gleichgewichtigkeit ein Beurteilungsgrds überflüssig ist, Begr Art 5 II GRL-Vorschlag 1996. Das Ergebnis der unterschiedlichen Ansichten des Europäischen Parlaments und der Kommission war, dass die Kommission nur noch das Kriterium der Gestaltungsfreiheit beibehalten hat: Für die Beurteilung der Eigenart sei der Grad der Gestaltungsfreiheit des Entwerfers bei der Entwicklung des Musters zu berücksichtigen. Der Rat hat in dem Gemeinsamen Standpunkt v 17.6.97 dieser Änderung zugestimmt und einen neuen Erwägungsgrund hinzugefügt. Das hat Eingang in ErwGrd 13 GRL gefunden, wonach die Eigenart unter Berücksichtigung der Art des Erzeugnisses und insbes des jeweiligen Industriesektors und des Grads der Gestaltungsfreiheit des Entwerfers bei der Entwicklung des Musters beurteilt werden sollte. Weil bei der Beurteilung des Schutzumfangs in § 38 II 2 ebenfalls der Grad der Gestaltungsfreiheit des Entwerfers berücksichtigt wird, können Erkenntnisse zu § 38 II 2 auch im Rahmen des § 2 II 2 Anwendung finden.

33   **2.** Der **Regelungszweck** ist insbes darauf ausgerichtet, Einengungen der Gestaltungsfreiheit zugunsten des Designschutzes Rechnung zu tragen. Darauf ist in den Erwägungen der Kommission von Anfang an abgestellt worden. Es könne vorkommen, dass Zwänge der Technik, zB mechanische oder physikalische Zwänge, den Entwerfern nur sehr wenig Freiheit lassen, Grünbuch 5.5.8.3. Deswegen müsse der Grad der Gestaltungsfreiheit des Entwerfers bei der Entwicklung seines Musters berücksichtigt werden. Zur Begründung wurde in der nächsten Phase der Gesetzgebung hinzugefügt, dass hochfunktionelle Muster, bei denen der Entwerfer gegebene Parameter beachten muss, ähnlicher seien als Muster, bei denen ein Entwerfer völlige Freiheit genießt, Begr Art 11 II VO-Vorschlag 1993. Ausgangspunkt der Berücksichtigung von gebrauchsbedingten Vorgaben war Begr Art 7 MPI-E: Bei Werkzeugen und ähnlichen stark technisch geprägten Erzeugnissen sei die Formgebung stark funktionsbestimmt; Änderungen von Details könnten deswegen dazu führen, dass ein neuer und eigenartiger Gesamteindruck entsteht. Eine Einengung des gestalterischen Spielraums kann sich aus allen Erzeugnissen des vorbekannten Formenschatzes unabhängig davon ergeben, ob und ggf wann reale Erzeugnisse in den Verkehr gebracht worden sind und ob Designschutz besteht oder bestanden hat. Letztlich ergibt es sich erst aus dem Grad der jeweils zur Verfügung stehenden Gestaltungsfreiheit, ob ein DesignschutzR das Erfordernis der Eigenart erfüllt, Eichmann GRUR Int 96, 859, 864; MarkenR 03, 10, 17. Zwar wird auf den Grad der Gestaltungsfreiheit „bei der Entwicklung" des Musters abgestellt; maßgeblich ist

jedoch die Zeit bis zum Anmelde- bzw Prioritätstag des DesignschutzR,
Voraufl § 2 Rn 31.

3. Der **Grundsatz** ergibt sich aus einer Wechselwirkung: Ein kleiner Ge- 34
staltungsspielraum des Entwerfers hat zur Folge, dass bereits geringe Gestal-
tungsunterschiede beim informierten Benutzer einen anderen Gesamteindruck hervorrufen können; ein größerer Gestaltungsspielraum kann dagegen
dazu führen, dass selbst größere Gestaltungsunterschiede beim informierten
Benutzer keinen anderen Gesamteindruck erwecken, BGH GRUR 11, 142
Tz 17 – Untersetzer; GRUR 11, 1112 Tz 32 – Schreibgeräte; OGH
GRUR Int 08, 523, 525 – Febreze; EuG GRUR Int 14, 494 Rn 33 – El
Hogar Perfecto (Korkenzieher); T-339/12 v 4.2.14 Rn 18 – Lehnsessel. Die
Gestaltungsfreiheit des Entwerfers kann insbes durch technische oder funktionelle Erfordernisse erheblich eingeschränkt sein, EuG GRUR Int 11, 55
Rn 56 – Shenzhen Taiden (Konferenzeinheit) Rn 37, 38. Aus Rechtsvor-
schriften können sich ebenfalls Einschränkungen der Gestaltungsfreiheit ergeben, EuG GRUR Int 13, 383 Rn 43, 49 – Antrax (Thermosiphons),
Rn 40. Ein technisch, funktionell oder rechtlich bedingtes Erscheinungsmerkmal kann zwar einen erheblichen Einfluss auf den optischen Gesamteindruck eines Erzeugnisses haben, aber der informierte Benutzer ist in der
Lage, diesen Einfluss auf den Grad der Gestaltungsfreiheit zutreffend zu
würdigen. Je enger die Vorgaben ausgelegt sind, desto eher führen sie zu
einer Standardisierung der betroffenen Merkmale, die dadurch zu gemeinsamen Merkmalen einer Produktgruppe werden, s EuG GRUR-RR 10,
189 Rn 67 – Grupo Promer; GRUR Int 14, 494 Rn 32; T-339/12 v 4.2.14
Rn 18. Die Designdichte in dem jeweiligen Gebiet hat stets einen bestimmenden Einfluss auf den Grad der Gestaltungsfreiheit des Entwerfers.

4. Hohe Designdichte hat einen nur kleinen Gestaltungsspielraum des 35
Entwerfers zur Folge, BGH GRUR 11, 142 Tz 17 – Untersetzer, GRUR
11, 1117 Tz 35 – Schreibgeräte; GRUR 12, 512 Tz 24 – Kinderwagen I;
GRUR 13, 285 Tz 31 – Kinderwagen II. Eine hohe Designdichte kann
daher dazu führen, dass bereits geringe Gestaltungsunterschiede beim informierten Benutzer einen anderen Gesamteindruck hervorrufen, BGH
GRUR 11, 142 Tz 17; GRUR 11, 1112 Tz 32 – Schreibgeräte; OGH
GRUR Int 08, 523, 525 – Febreze. Die Gestaltungsfreiheit des Entwerfers
ist für Neuentwicklungen eingeengt, wenn es bereits eine große Variations-
breite von Erzeugnissen für einen spezifischen Verwendungsbereich gibt,
Eichmann GRUR 82, 651, 655; GRUR Int 96, 859, 864; Eck S 178; Kur
GRUR 02, 661, 666; Koschtial GRUR Int 03, 973, 977. Das ist in den
meisten Bereichen der Fall, in denen das Design für die Wertschätzung eines
Erzeugnisses von großer Bedeutung ist oder sogar kaufentscheidend wirkt.
Der Entwerfer muss in diesen Bereichen einerseits darauf achten, nicht in
Kollision mit DesignschutzR Dritter zu geraten. Andererseits sind Ähnlichkeiten mit vorhandenen Gestaltungen schwer zu vermeiden, wenn dem Geschmack von möglichst vielen Kaufinteressenten Rechnung getragen werden
soll. Je enger der Gestaltungsspielraum ist, desto eher können geringe Unterschiede einen abweichenden Gesamteindruck hervorrufen, EuG GRUR-
RR 10, 189 Rn 72 – Grupo Promer. Bei eingeengter Gestaltungsfreiheit
kann bereits ein verhältnismäßig geringfügiger Unterschied ggü dem nächstliegenden Design zur Begründung der Eigenart ausreichen, LG Köln 33 O
20/07 v 20.5.08; Eichmann GRUR 82, 656; MarkenR 03, 10, 15. Beispiele

für Gebiete mit hoher Designdichte § 38 Rn 23. Anders als Designdichte ist jedoch Designvielfalt Ausdruck eines weiten Gestaltungsspielraums, BGH GRUR-RR 12, 277 Tz 22 – Milla.

36   5. Wenn nur **geringe Designdichte** besteht, verfügt der Entwerfer über einen großen Gestaltungsspielraum, mwN BGH GRUR 13, 285 Tz 31 – Kinderwagen II. Eine geringe Designdichte kann zur Folge haben, dass selbst größere Gestaltungsunterschiede beim informierten Benutzer keinen anderen Gesamteindruck erwecken, BGH GRUR 11, 142 Tz 17 – Untersetzer; GRUR 11, 1112 Tz 32 – Schreibgeräte. Ein hoher Grad an Gestaltungsfreiheit steht zur Verfügung für Kinderwägen, BGH GRUR 12, 512 Tz 36 – Kinderwagen I, für eine mit einem Mikrofon ausgestatte Konferenzeinheit, EuG GRUR Int 11, 55 Rn 62 – Shenzhen Taiden, für die Oberseite eines für Rasenmäher bestimmten Verbrennungsmotors, EuG GRUR Int 12, 66 Rn 36 – Kwang Yang Motor, für Uhrenzifferblätter, EuG BeckRS 13, 81183 Rn 37 = GRUR-Prax 13, 295 – Uhrenzifferblätter, für Lehnsessel, EuG T-339/12 Rn 19, 40 v 4.2.14. Auch für Tischuntersetzer aus unregelmäßig angeordneten Stäben wurde von einer geringen Designdichte und deswegen von höheren Anforderungen an die Unterschiedlichkeit ausgegangen, FfM GRUR-RR 09, 16, 18 – Plastikuntersetzer (Vorinst LG FfM Inst-GE 8, 166 – Blow up), zustimmend BGH GRUR 11, 142 Tz 19 – Untersetzer. Bei geringer Designdichte können höhere Anforderungen an die Unterschiedlichkeit zu stellen sein, FfM GRUR-RR 09, 17. Wenn sich der Entwerfer an einem vorbekannten Erzeugnis phantasiearm anlehnt, hat er seine Gestaltungsfreiheit nicht ausreichend genutzt, HABM-NA ICD 115; 123; 3630. Weil für ornamentale Designs die Gestaltungsfreiheit nahezu unbeschränkt ist, ergeben Detailunterschiede ggü einem vorbekannten Designs keine Eigenart, HABM-NA ICD 8698. Wenn es vor dem Prioritätstag eines eingetragenen Designsdes keine ähnlichen Erscheinungsformen gegeben hat, ergibt sich daraus ein hoher Grad von Unterschiedlichkeit, LG Mü I Mitt 09, 40, 42 – Carrybag; s § 38 Rn 20. Durch die Beibringung von Dritterzeugnissen mit unterschiedlichen Erscheinungsformen kann ein hoher Grad an Gestaltungsfreiheit veranschaulicht werden, EuG GRUR Int 11, 55 Rn 59; GRUR Int 12, 66 Rn 37; GRUR Int 14, 494 Rn 37 – El Hogar Perfecto (Korkenzieher).

37   6. **Technisch bedingte Merkmale** können zwar den Gesamteindruck eines Erzeugnisses wesentlich beeinflussen. Aber dem Schutzausschluss für technisch bedingte Merkmale, s § 3 Rn 5, muss bei der Ermittlung der Eigenart dadurch Rechnung getragen werden, dass sie unberücksichtigt bleiben, bevor geprüft wird, ob die verbleibenden Merkmale einen Designschutz rechtfertigen. In ErwGrd 10 GGV ist diese Handhabung durch einen Hinweis darauf angedeutet, dass ua die vom Schutz ausgenommenen technisch bedingten Merkmale eines DesignschutzR nicht herangezogen werden dürfen, wenn es um die Beurteilung geht, ob andere Merkmale des DesignschutzR die Schutzvoraussetzungen erfüllen. Bei einer aus technischen Gründen vorgegebenen Form kann sich die Eigenart aus einem Dekor ergeben, zB bei einem Kinderfahrradhelm, Köln NJVZ 03, 3311, 3312. Bei Küchenmöbeln können technische Vorgaben den gestalterischen Spielraum einengen, LG Mü I InstGE 1, 225, 233. Wenn von einem Erscheinungsmerkmal eine geschmackliche Wirkung ausgeht, die unabhängig von seiner technischen Funktion ist, kann diese Wirkung im Rahmen des Gesamteindrucks zur Eigenart beitragen. Technisch bedingte Merkmale dürfen daher bei der Ermittlung der Eigenart nur dann vollständig ausgeklammert werden, wenn sie in sämtlichen Details an Vorgaben der Technik ausgerichtet sind, Düss BeckRS 07, 11285 – Aluminiumfelgen. Derart umfassende Vorgaben sind jedoch selten, Kur GRUR Int 98, 353, 356. Wenn für technisch bedingte Erscheinungsmerkmale Variationsmöglichkeiten zur Verfügung stehen, kann daher die Auswahl Eingang in die Bewertung des Gesamteindrucks finden, Düss BeckRS 07, 11285.

7. Für **funktionell bedingte Merkmale** ist ein Ausschluss vom Design- **38** schutz im DesignG zwar nicht geregelt, s § 3 Rn 9, aber auf funktionelle Vorgaben ist in den Erwägungen der Kommission von Anfang an abgestellt worden: Es könne vorkommen, dass hochfunktionelle Muster, bei denen der Entwerfer gegebene Parameter beachten muss, ähnlicher seien als Muster, bei denen der Entwerfer völlige Freiheit genießt, Begr Art 11 II VO-Vorschlag 1993. Gebrauchsbedingte Gestaltungsnotwendigkeiten können den Grad der Gestaltungsfreiheit erheblich einengen, EuG GRUR-RR 10, 189 Rn 67 – Grupo Promer; Eichmann GRUR Int 96, 859, 864; Kahlenberg S 133; Kur GRUR 02, 661, 666. Ausgangspunkt der Berücksichtigung von gebrauchsbedingten Vorgaben war Begr Art 7 MPI-E: Bei Werkzeugen und ähnlichen stark technisch geprägten Erzeugnissen sei die Formgebung stark funktionsbestimmt; Änderungen von Details könnten deswegen dazu führen, dass ein neuer und eigenartiger Gesamteindruck entsteht. Bei Anpassungen an anatomische Gegebenheiten, s § 3 Rn 9, erkennt der informierte Benutzer ebenfalls, dass daraus resultierende Erscheinungsmerkmale auf Vorgaben beruhen, die nur wenig Gestaltungsfreiheit zur Folge haben. Welche Folgen sich aus der funktionellen Bedingtheit eines Erscheinungsmerkmals ergeben, hängt von dem jeweiligen Einfluss auf den Grad der Gestaltungsfreiheit des Entwerfers ab. Diesen Einfluss zu beurteilen, ist Sache des informierten Benutzers. Aus der Sicht des informierten Benutzers können funktionelle Erfordernisse eine Einschränkung der Gestaltungsfreiheit des Entwerfers zur Folge und deswegen geringeres Gewicht für den Gesamteindruck haben, HABM-NA Mitt 04, 321 Rn 14 – Deckenleuchte. Bei Handhaben von Türgriffen ist der Gestaltungsspielraum durch Erfordernisse der Funktionalität weitgehend vorgegeben, LG Köln 33 O 20/07 v 20.5.08. Dem informierten Benutzer ist andererseits aber auch bekannt, dass die Gestaltungsfreiheit des Entwerfers zB bei PKW-Rädern, HABM-NA ICD 3853, bei Kinderwägen, HABM-NA ICD 4323, bei Hebel-Korkenziehern, EuG GRUR Int 14, 494 Rn 36 – El Hogar Perfecto (Korkenzieher) nur durch deren Funktionalität eingeschränkt ist. Auch in Verbindung mit funktionell bedingten Erscheinungsmerkmalen kann daher eine Gestaltungstätigkeit in Betracht kommen, die zur Unterstützung oder sogar zur Begründung der Eigenart geeignet ist. Gattungsgleiche Funktionsmerkmale, zB Ziffern einer Uhr, können individuell geprägte Erscheinungsmerkmale aufweisen, die zum gestalterischen Gesamteindruck eines Erzeugnisses beitragen oder diesen bestimmend prägen. Die Grundform eines Rads ist zwar funktionell bedingt, aber weitere Erscheinungsmerkmale eines Rads können Neuheit und Eigenart zur Folge haben, zB bei einer KfZ-Felge, s BGH GRUR 00, 1023, 1025 – 3-Speichen-Felgenrad; FfM GRUR 95, 115, 116. Wenn Spielfiguren wie kleine Puppen Verwendung finden sollen und deswegen an naturgegebene Formen angelehnt sind, ergibt sich auch daraus ein enger

Gestaltungsspielraum, BGH GRUR 80, 235, 236 – Play-family. Für ein und denselben Produktbereich können sich Beschränkungen der Gestaltungsfreiheit durch Vorgaben sowohl aus der Funktion als auch der Marktsituation ergeben, LG Mü I InstGE 1, 233. Besondere Ausgestaltungen der funktionell festgelegten Grundform des Freischwingers, s § 3 Rn 10, können aufgrund ihrer individuellen Ausgestaltung sogar als Werke der angew Kunst Schutz genießen, Nachw Eichmann Mitt 98, 255.

39 **8. Designtendenzen** können sich insbes aus Trends und aus der Mode ergeben, Grünbuch 7.4.4, und eine Begrenzung der Freiheit des Entwerfers durch tief verwurzelte Erwartungen der Verbraucher zur Folge haben, Grünbuch 5.5.8.3. Ob aber eine Erscheinungsform einer allgemeinen Designtendenz folgt, ist allenfalls für die ästhetische Wahrnehmung von Bedeutung und kann sich möglicherweise auch auf den wirtschaftlichen Erfolg eines Erzeugnisses auswirken, das diese Erscheinungsform verkörpert, EuG GRUR Int 11, 55 Rn 58 – Shenzhen Taiden (Konferenzeinheit); T-357/12 v 4.2.14 Rn 24 – Lehnsessel mit Polster. Designrechtlich spielen diese Kriterien jedoch keine Rolle, weil es für die Prüfung der Eigenart nur darauf ankommt, ob sich der Gesamteindruck eines DesignschutzR von dem Gesamteindruck jeweils einer konkreten Erscheinungsform aus dem vorbekannten Formenschatz unterscheidet. Das ist die Grundlage dafür, dass allg Gestaltungstrends und Gestaltungsprinzipien für jeden Entwerfer zugänglich bleiben müssen, s § 37 Rn 9. Weil nur konkrete Vorgestaltungen Berücksichtigung finden, BGH GRUR 11, 142 Tz 21 – Untersetzer, müssen für alle älteren Erscheinungsformen Belege erbracht werden, EuG GRUR Int 11, 55 Rn 59. Gestaltungstrends können daher nur mittelbar für die Gestaltungsfreiheit des Entwerfers Berücksichtigung finden, wenn sie gehäuft Eingang in konkrete Erscheinungsformen des vorbekannten Formenschatzes gefunden haben und die Existenz jeder dieser Erscheinungsformen nachgewiesen ist.

40 **9. Rechtsvorschriften** können sich als rechtliche Zwänge für die Gestaltungsfreiheit des Entwerfers auswirken, EuG GRUR Int 13, 383 Rn 43, 49 – Antrax (Thermosiphons); T-339/12 v 4.2.14 Rn 17 – Lehnsessel; T-357/12 v 4.2.14 Rn 23 – Lehnsessel mit Polster. Bei runden Metallscheiben, die für Kinder bestimmten Snackartikeln beigefügt werden, können Sicherheitsnormen für Kinder die Gestaltungsfreiheit des Entwerfers beschränken, EuG GRUR-RR 10, 189 Rn 70, 78 – Grupo Promer, und dazu führen, dass die Ränder der Metallscheiben umbördelt werden müssen, damit sie keinen scharfen Rand aufweisen. Einschränkungen der Gestaltungsfreiheit können sich sowohl aus offiziellen Normen als auch aus offiziösen Normen ergeben, BGH GRUR 75, 81, 83 – Dreifachkombinationsschalter; Hbg ZUM-RD 00, 289, 290. Keine Gestaltungsfreiheit für die Farbgebung besteht zB, wenn für Pictogrammleuchten als Hinweis auf einen Notausgang die Farbe Grün/RAL 6032 vorgeschrieben ist, HABM-NA ICD 8831.

41 **10.** Die **Ermittlung** des jeweiligen Grads der Gestaltungsfreiheit ist Sache des Gerichts, im Nichtigkeitsverfahren des Amts. Im Zivilprozess stehen dem Gericht nur die Tatsachen zur Verfügung, die von den Prozessparteien beigebracht worden sind. Offenkundige Tatsachen sind zwar ebenfalls berücksichtigungsfähig, § 291 ZPO. Vor einer Verwertung muss jedoch den Parteien rechtliches Gehör gewährt werden, BVerfG NJW-RR 96, 183. Durch Erzeugnisse mit gleicher Gebrauchsfunktion kann veranschaulicht werden, welcher Grad an Gestaltungsfreiheit dem Entwerfer zur Verfügung gestanden hat, EuG GRUR Int 11, 55 Rn 59 – Shenzhen Taiden (Konferenzeinheit); Rn 36. Von einer Einengung der Gestaltungsfreiheit kann umso weniger ausgegangen werden, je mehr es trotz gleicher Gebrauchsfunktion unterschiedlich gestaltete Erzeugnisse gibt. In dieser Situation bereitet es einem Entwerfer keine Schwierigkeiten, den schon vorhandenen Erzeugnissen ein weiteres Erzeugnis mit unterschiedlicher Gestaltung hinzuzufügen.

Ausschluss vom Designschutz

3 (1) **Vom Designschutz ausgeschlossen sind**

1. **Erscheinungsmerkmale von Erzeugnissen, die ausschließlich durch deren technische Funktion bedingt sind;**
2. **Erscheinungsmerkmale von Erzeugnissen, die zwangsläufig in ihrer genauen Form und ihren genauen Abmessungen nachgebildet werden müssen, damit das Erzeugnis, in das das Design aufgenommen oder bei dem es verwendet wird, mit einem anderen Erzeugnis mechanisch zusammengebaut oder verbunden oder in diesem, an diesem oder um dieses herum angebracht werden kann, so dass beide Erzeugnisse ihre Funktion erfüllen;**
3. **Designs, die gegen die öffentliche Ordnung oder gegen die guten Sitten verstoßen;**
4. **Designs, die eine missbräuchliche Benutzung eines der in Artikel 6ter der Pariser Verbandsübereinkunft zum Schutz des gewerblichen Eigentums aufgeführten Zeichen oder von sonstigen Abzeichen, Emblemen und Wappen von öffentlichem Interesse darstellen.**

(2) **Erscheinungsmerkmale im Sinne von Absatz 1 Nr. 2 sind vom Designschutz nicht ausgeschlossen, wenn sie dem Zweck dienen, den Zusammenbau oder die Verbindung einer Vielzahl von untereinander austauschbaren Teilen innerhalb eines Bauteilesystems zu ermöglichen.**

Übersicht

I. Allgemeines

1 **1.** Der **Regelungsgehalt** ergibt sich daraus, dass in § 3 alle Regelungen der GRL zum Schutzausschluss zusammengefasst sind. Durch Abs 1 Nr 1, Nr 2 und Abs 2 wird die obligatorische Vorgabe aus Art 7 GRL umgesetzt. Die obligatorische Vorgabe aus Art 8 GRL wird durch Abs 1 Nr 3 umgesetzt. Abs 1 Nr 4 ergibt sich aus der fakultativen Bestimmung des Art 11 II c GRL. Die gesetzliche Festlegung von Schutzausschließungsgründen hat abschließenden Charakter. Ein ungeschriebenes Freihaltebedürfnis zB für „Gemeingut" kann daher keine Anerkennung finden, Heinrich 4.48; s hierzu SchwBG sic 04, 943, 944 – Herzförmiger Schmuckanhänger.

2 **2.** Die **Ausschlusswirkungen** sind in § 3 nicht geregelt. § 18 bestimmt, dass sich die Prüfung des DPMA sich nur auf den in Abs 1 Nr 3 geregelten Ausschlussgrund des Verstoßes gegen die öffentliche Ordnung oder gegen die guten Sitten und den in Nr 4 geregelten Ausschlussgrund der missbräuchlichen Benutzung von Hoheitszeichen erstreckt. Alle in § 3 geregelten Ausschlussgründe können zum Gegenstand eines Nichtigkeitsantrags gemacht und im Verletzungsstreit durch Nichtigkeitswiderklage geltendgemacht werden, § 33 III. Die in § 3 geregelten Ausschlussgründe führen nur zur Nichtigkeit eines eD, wenn sie die gesamte Erscheinungsform des Schutzgegenstands betreffen. Wenn nur einzelne Erscheinungsmerkmale vom Schutz ausgeschlossen sind, kann das eD durch Erklärung der Teilnichtigkeit oder durch einen Teilverzicht des Rechtsinhabers in geänderter Form aufrecht erhalten werden, § 35 Nr 1. Weil eine Prüfung durch das DPMA auf technisch bedingte und funktionell bedingte Erscheinungsmerkmale nicht erfolgt, ergeben sich Auswirkungen des Schutzausschlusses nur im Verletzungsstreit. Sowohl bei der Prüfung der Schutzvoraussetzungen als auch bei der Beurteilung des Schutzumfangs kann es eine Rolle spielen, ob ein Erscheinungsmerkmal technisch oder funktionell bedingt ist. Auf Erscheinungsmerkmale eines eD kann ein Anspruch nicht gestützt werden, wenn und soweit ihr Erscheinungsbild technisch oder funktionell bedingt ist. Diese Merkmale finden bei der Prüfung der Eigenart keine Berücksichtigung. Wenn ein Erscheinungsmerkmal des beanstandeten Erzeugnisses technisch oder funktionell bedingt ist, fällt es nicht in den Schutzumfang eines eD. Nach der RSpr des EuG ist zwar der informierte Benutzer nicht in der Lage, durch die technische Funktion gebotene Merkmale von willkürlich wählbaren Merkmalen zu unterscheiden, EuG GRUR Int 11, 55 Rn 48 – Shenzhen Taiden (Konferenzeinheit). Ob ein Erscheinungsmerkmal technisch vorgegeben ist, unterliegt jedoch der Beurteilung durch eine technische Fachperson; erforderlichenfalls muss ein gerichtlicher Sachverständiger bestellt werden, BGH GRUR 08, 790 Tz 22 – Baugruppe I.

II. Technische Bedingtheit

3 **1.** Die **Entwicklung,** s Kur GRUR Int 98, 353, 356, hat mit der Feststellung der Kommission begonnen, dass in den meisten Mitgliedstaaten Formen nicht schutzfähig sind, die ausschließlich durch die technische Funktion des Erzeugnisses bestimmt sind, Grünbuch 5.4.6.1. Nach Art 1a) GRL-Vorentwurf 1991 sollte eine musterfähige Erscheinungsform nicht

ausschließlich durch die technische Funktion des Erzeugnisses bestimmt sein. Ähnlich sollten bereits nach Art 4 II MPI-E Muster keinen Schutz erlangen können, soweit sie ausschließlich durch ihre technische Funktion bestimmt sind. Als eigenständige Regelung wurde in Art 7 I GRL-Vorschlag 1993 aufgenommen, dass ein Musterrecht insoweit nicht besteht, als die Verwirklichung einer technischen Funktion keinen Spielraum hinsichtlich willkürlich gewählter Erscheinungsmerkmale belässt. In äußerst seltenen Fällen folge die Form der Funktion, ohne dass es eine Möglichkeit zu Abweichungen gäbe, Begr Art 9 I VO-Vorschlag 1993. Dem lag die Erwägung zugrunde, dass Erscheinungsmerkmale schutzfähig seien, wenn der Entwerfer eine Wahl unter verschiedenen Formen hat, um eine technische Wirkung zu erzielen, Grünbuch 5.4.6.2. Nach Art 7 I GRL-Vorschlag 1996 sollte sodann ein Musterrecht nicht an Erscheinungsmerkmalen eines Erzeugnisses bestehen, die ausschließlich durch dessen technische Funktion bedingt sind. Diese „deutlichere Formulierung", Begr Art 7 I GRL-Vorschlag 1996, und der hierauf bezogene ErwGrd sind in der endgültigen Fassung der GRL unverändert geblieben. Schon im Anwendungsbereich des GeschmMG 1876 konnten ausschließlich technisch bedingte Formgestaltungen die Schutzfähigkeit nicht begründen, BGH GRUR 81, 269, 271 – Haushaltsschneidemaschine II; GRUR 05, 600, 603 – Handtuchklemmen; GRUR 09, 790 Tz 22 – Baugruppe I.

2. Der **Regelungszweck,** der dem Schutzausschluss von technisch be- **4** dingten Erscheinungsmerkmalen zugrunde liegt, wird in ErwGrd 14 GRL und ErwGrd 10 GGV angedeutet: Technologische Innovationen sollen nicht durch einen rechtlichen Schutz des Musters für ausschließlich technisch bedingte Merkmale behindert werden. Damit ist gemeint, dass durch Rechte aus einem DesignschutzR die Freiheit der technischen Entwicklung nicht beeinträchtigt werden soll. Übergreifend sowohl für das MarkenR als auch für das DesignR gilt, dass technische Lösungen nach Ablauf der Schutzdauer im Interesse der Allgemeinheit für alle Wirtschaftsteilnehmer frei verwendbar sein sollen, EuGH GRUR 10, 1008 Rn 46 – Lego; BGH GRUR 12, 58 Tz 21 – Seilzirkus. Die Monopolisierung von technisch bedingten Merkmalen durch die Gewährung eines Designschutzes soll daher ausgeschlossen sein, BGH GRUR 10, 718 Tz 45 – Verlängerte Limousinen; GRUR 12, 58 Tz 21. Der Schutz von Erfindungen bleibt Patenten und Gebrauchsmustern vorbehalten, Allg Rn 51; Eichmann Mitt 98, 252, 254. Weil die Schutzrechtssystematik den Schutz von technischen Erfindungen den technischen SchutzR zuweist, soll für den Bereich des DesignR durch den Ausschließungsgrund der technischen Bedingtheit diese Zuweisung gesichert werden, Eichmann GRUR 00, 751, 758.

3. Die **technische Funktion** eines Erscheinungsmerkmals wird zwar **5** nach dessen Erscheinungsform beurteilt, aber maßgeblich ist, welche Wirkung von dem Erscheinungsmerkmal ausgeht. Technische Funktion ist eine Wirkungsweise, für die ein Schutz durch ein technisches SchutzR in Betracht kommt, Court of Appeal (Großbritannien) GRUR Int 00, 439, 446 – Rasierapparatkopf II; Eichmann Mitt 98, 252, 254; GRUR 00, 751, 758; MarkenR 03, 10, 17; Otero Lastres GRUR Int 00, 408, 415; aA Koschtial GRUR Int 03, 976, 978. Bei einer zur Aufnahme von Leuchtröhren bestimmten Deckenleuchte ist es durch die (technische) Funktion begründet, dass sie eine längliche Öffnung mit quer angeordneten Lamellen aufweist,

HABM-NA GRUR-RR 236 Rn 14 – Deckenleuchte. Häufig sind designgemäße Erzeugnisse dazu bestimmt, einem praktischen Gebrauchszweck zu dienen und zugleich das geschmackliche Empfinden des Betrachters anzusprechen, BGH GRUR 57, 291, 292 – Europapost. Einem Designschutz steht daher nicht entgegen, dass eine Formgebung an technischen Erfordernissen ausgerichtet ist, BGH GRUR 81, 269, 271 – Haushaltsschneidemaschine II, oder dass eine Gestaltung in dem maßgeblichen Merkmal zugleich oder sogar in erster Linie dem Gebrauchszweck dient und ihn fördert, BGH GRUR 05, 600, 603 – Handtuchklemmen. Die äußere Form von Gegenständen, die in ein Gesamterzeugnis eingebaut werden sollen und dort nicht mehr sichtbar sind, kann zwar im Wesentlichen durch ihre technische Funktion bestimmt sein, SchwBG GRUR Int 88, 437, 438 – Tonkopf; BGH GRUR 08, 790 Tz 29 – Baugruppe I. Auch bei dieser Konstellation kann jedoch die Schutzfähigkeit nicht generell verneint werden, Ritscher GRUR Int 88, 418, 420; Eichmann GRUR Int 96, 859, 875, weil Gegenstand der Beurteilung nur die Wiedergabe in der Anmeldung eines DesignschutzR ist, nicht jedoch die Verwendung von designgemäßen Erzeugnissen, s § 37 Rn 16. Vielseitige Verwendbarkeit ist zwar ein wirtschaftlicher Vorzug, der jedoch seine Grundlage in einem technischen Vorteil haben kann, BGH GRUR 08, 153 Tz 30 – Dacheindeckungsplatten.

6   **4. Erscheinungsmerkmale** sind Teile von Erzeugnissen, s § 1 Rn 16; § 37 Rn 4, und damit Bestandteile der Erscheinungsform, s § 1 Rn 7. Bei Registereintragungen kommen nur die in der Wiedergabe sichtbaren Bestandteile in Betracht, s § 37 Rn 5. Die technische Bedingtheit einer Gesamtform ist eine Ausnahme, die auf wenige Grundformen beschränkt ist, zB Spiralfeder, Blattfeder, Kugelform für Teile eines Kugellagers. Bei den meisten Erzeugnissen kommt der Schutzausschließungsgrund der technischen Bedingtheit nur für einzelne Erscheinungsmerkmale in Betracht. Wenn jedoch alle wesentlichen Erscheinungsmerkmale eines Gesamterzeugnisses technisch bedingt sind, hat das einen Schutzausschluss für die gesamte Erscheinungsform zur Folge, zB bei verschiedenartigen Anordnungen von Schneidmessern auf einem Rotor für Recycling-Schredder, HABM-BK R 690/2007-3 Rn 38 – Chaff cutters.

7   **5.** Dem Erfordernis der **Ausschließlichkeit** liegt als Regelungszweck die Freiheit der technischen Entwicklung zugrunde, s Rn 4. Vom Designschutz ausgeschlossen sind Formgestaltungen nur dann, wenn sie objektiv ausschließlich technisch bedingt sind, BGH GRUR 81, 269, 271 – Haushaltsschneidemaschine II; GRUR 05, 600, 603 – Handtuchklemmen. Dem Schutzausschluss unterliegen daher Erscheinungsmerkmale nur insoweit, als sie eine technische Wirkung, s Rn 5, aufweisen. Die meisten Erscheinungsmerkmale, die eine technische Funktion haben, sprechen auch das geschmackliche Empfinden des Betrachters an. Das hat jedoch keine Befreiung vom Schutzausschluss zur Folge. Vielmehr ist nur die technische Funktion vom Schutz ausgeschlossen, die geschmackliche Wirkung kann daher für einen Designschutz in Betracht kommen. Der Möglichkeit einer Doppelfunktion von technischer Bedingtheit und geschmacklicher Wirkung einer Formgebung tragen § 1 III iVm § 1 II Nr 2 PatG und GebrMG dadurch Rechnung, dass ästhetische Formschöpfungen nur als solche vom Schutz ausgeschlossen sind. Von diesem Schutzausschluss wird daher nicht erfasst, dass technische Erfindungen eine geschmackliche Wirkung zur Folge haben können. Für die andere Seite der Medaille bedeutet das, dass Erscheinungsmerkmale mit technischer Funktion nur insoweit vom Schutz ausgeschlossen sind, als diese Funktion als solche betroffen ist. Dem Dualismus von technischer Funktion und geschmacklicher Wirkung kann mit Begrifflichkeiten nicht Rechnung getragen werden. Es kommt daher nicht darauf an, ob eine Formgebung „ausschließlich" oder „im wesentlichen", s Art 25 I 2 TRIPS; EuGH GRUR 02, 804 Rn 83 – Philips/Remington, eine technische Funktion hat. Für Technizität gibt es keine Abstufungen. Wenn „im wesentlichen" Verwendung findet, kann im MarkenR der Fokus auf die Gesamtform gerichtet sein, s § 3 II Nr 3 MarkenG; Art 7 I f GMV. Im DesignR kann in die Wortwahl einfließen, das eine technisch ausgerichtete Formgebung auch eine geschmackliche Wirkung erzeugen kann. Allein maßgeblich ist jedoch, ob überhaupt eine technische Funktion verwirklicht wird. Eine ggf überschießende geschmackliche Wirkung ist uneingeschränkt dem Designschutz zugänglich. Erscheinungsformen und Erscheinungsmerkmale sind daher nur insoweit vom Schutz ausgeschlossen, als sie ausschließlich durch ihre technische Funktion bedingt sind. Die geschmackliche Wirkung ist von diesem Schutzausschluss nicht betroffen.

6. Auf die Möglichkeit von **Ausführungsvarianten** ist nur in der ersten **8** Phase der Gesetzgebung abgestellt worden, Rn 3. Die Ansicht, dass ein Merkmal nicht technisch bedingt ist, wenn unter verschiedenen Formen gewählt werden kann, s Grünbuch 5.4.6.2, ist von der Kommission nicht beibehalten worden, Eichmann Mitt 98, 252, 254. Trotzdem wird verbreitet davon ausgegangen, dass ein Merkmal nicht technisch bedingt ist, wenn es eine gangbare Designalternative zu diesem Merkmal gibt, mit der das Erzeugnis seine technische Funktion in zumindest gleicher Weise erfüllt, Düss GRUR-RR 12, 200, 205 – Tablet PC; SchwBG sic! 07, 546, 550 – Schmuckschatulle; Otero Lastres GRUR Int 00, 408, 416; Kur GRUR 02, 661, 664; Koschtial GRUR Int 03, 973, 979; Ruhl 8/18. Im System der Rechte des geistigen Eigentums sind jedoch technische Lösungen nur für begrenzte Zeit schutzfähig; diese Systematik liegt nicht nur dem MarkenR, sondern auch dem DesignR zugrunde. EuGH GRUR 10, 1008 Rn 46 – Lego. Es soll daher nicht möglich sein, durch die Kumulierung von Eintragungen von verschiedenartigen, ausschließlich durch die technische Funktion bedingter Warenformen andere Unternehmen daran zu hindern, gleiche oder auch nur ähnliche Waren mit einer bestimmten technischen Funktion herzustellen und zu vertreiben, EuGH GRUR 10, 1008 Rn 54 – 57, und dadurch in einfacher Weise ein technisches Monopol herbeizuführen, HABM-BK R 690/2007 Rn 30 – Chaff cutters (s hierzu Rn 6). Das Freihaltebedürfnis für technische Lösungen besteht unabhängig davon, ob dieselbe Wirkung durch andere Formen erzielt werden kann, EuGH GRUR 02, 804 Rn 83 – Philips/Remington. Wenn für eine technisch bedingte Erscheinungsform nur weitere technisch bedingte Erscheinungsformen zur Verfügung stehen, sind diese Variationsmöglichkeiten ohne Auswirkung auf die technische Bedingtheit der Form, für die Designschutz in Anspruch genommen wird, Eichmann Mitt 98, 252, 254; GRUR 00, 751, 758; MarkenR 03, 10, 17. Technische Lösungen sollen nämlich nach Ablauf der Schutzdauer von technischen SchutzR von allen Wirtschaftsteilnehmern frei verwendet werden können.

III. Funktionelle Bedingtheit

9   **1.** Das **Wesen** der funktionellen Bedingtheit ergibt sich daraus, dass die meisten Erzeugnisse Erscheinungsmerkmale aufweisen, die für ihre bestimmungsgemäße Verwendung erforderlich sind. Ein Fingerhandschuh zB muss mit Formen für die Finger einer Hand ausgestattet sein, um den Fingern Schutz gegen Kälte, Verunreinigung etc bieten zu können. Teilungen auf dem Zifferblatt und Zeiger einer Analoguhr sind durch die Funktion vorgegeben, EuG GRUR Int 11, 746 Rn 68 – Shere Time; SchwBG GRUR Int 95, 738, 739 – The Original. Diese Erscheinungsmerkmale haben keine technische Wirkung, sondern sind durch die Konvention der Zeiteinteilung festgelegt. Die Grundform einer Toilettenbrille ist weitgehend durch die anatomischen Gegebenheiten und durch die Zweckbestimmung festgelegt, einen Sitz mit größtmöglicher Anpassung an diese Gegebenheiten zu schaffen, BGH GRUR 82, 371, 373 – Scandinavia. Bei Stühlen sind nur einzelne Elemente durch den Gebrauchszweck vorbestimmt, BGH GRUR 96, 767, 769 – Holzstühle, nämlich Sitz, Lehne und Beine. Bei einem flachzylindrischen Käselaib ist es funktionsbedingt, wenn der Seitenbereich aus bogenförmigen Rundungen besteht, die in gleichen Abständen so angeordnet sind, dass die daraus entstehenden Einkerbungen als Portionierungshilfen benutzt werden können, BGH GRUR 08, 1000 Tz 20 – Käse in Blütenform II; BPatG GRUR 10, 435, 436 – Käse in Blütenform III. Für Dispenser zum Auftragen von antiseptischen Lösungen ergibt es sich aus deren Funktion, dass sie aus einem Stäbchen und aus einem Kopfteil zur Aufnahme der Flüssigkeit bestehen, HABM-NA ICD 40, 57. Bei einem Kinderlaufrad sind Räder, Sattel, Gabel, Lenker und Rahmen funktionell bedingt, Handelsgericht Aargau sic 06, 187, 189. Auch Maßeinheiten und Anzeigen bei Messvorrichtungen für Länge, Gewicht, Inhalt, Temperatur, Geschwindigkeit und für andere Messgrößen haben keine technische, sondern eine funktionelle Wirkung. Bei der funktionellen Bedingtheit geht es um dasselbe Freihaltebedürfnis, das dem markenrechtlichen Ausschlussgrund für Merkmale zugrunde liegt, die durch die Art der Ware, s § 3 II Nr 1 MarkenG, bedingt sind. Weil sich funktionelle Vorgaben daraus ergeben, dass eine Erzeugnisgattung die nach der Verkehrsauffassung zu erwartende Funktion erfüllt, sind sie idR gattungsspezifischer Natur, Eichmann GRUR 00, 751, 759. Nach Art 25 I 3 TRIPS-Übereinkommen können die Mitglieder bestimmen, dass sich der Schutz nicht auf Muster oder Modelle erstreckt, die im Wesentlichen aufgrund technischer oder funktionaler Überlegungen vorgegeben sind. Zur Schutzunfähigkeit von funktionell bedingten Erscheinungsformen sind zwar in die GRL und in das DesignG keine Regelungen aufgenommen worden, aber in der Rechtsanwendung muss Berücksichtigung finden, dass das TRIPS-Übereinkommen integraler Bestandteil der Unionsrechtsordnung ist, s Allg Rn 57. Einschränkungen für die Gestaltungsfreiheit ergeben sich nicht schon aus der Erforderlichkeit von funktionsbedingten Merkmalen, zB Lautsprecher, Mikrofon und Bedienungselementen einer Konferenzeinheit, sondern erst aus ihrem Einfluss auf die Formgebung, EuG GRUR Int 11, 55 Rn 53, 54 – Shenzhen Taiden (Konferenzeinheit). Essentielle Bestandteile einer Analoguhr sind daher zwar funktionell bedingt, sie können aber unterschiedliche Erscheinungsformen haben, EuG GRUR Int 11, 746 Rn 69, und deswegen die Gestaltungsfreiheit nicht nennenswert einschränken.

2. Für das **Verhältnis zur technischen Bedingtheit** kann Bedeutung 10
erlangen, dass sich funktionell bedingte und technisch bedingte Erscheinungsmerkmale einander nicht ausschließen; in ihren Wirkungen können sie
sich vielmehr überlappen. Wenn sich Vorgaben aus der technischen Funktion eines Erzeugnisses oder eines seiner Bestandteile ergeben, kann das eine
Standardisierung durch gemeinsame Merkmale einer Produktgattung führen,
EuG GRUR-RR 10, 189 Rn 67 – Grupo Promer; GRUR Int 12, 66
Rn 32 – Kwang Yang Motor (Verbrennungsmotor); GRUR Int 13, 383
Rn 42 – Antrax (Thermosiphons). Nach Ablauf eines Patentschutzes können technisch bedingte Merkmale gattungsspezifisch werden, wenn sie auch
von Dritten benutzt werden, zB der Federbeine der sog Freischwinger, die
Gegenstand eines 1928 erteilten Patents waren (vgl die Wiedergabe der Pa-
tentschrift bei Eichmann, in Eichmann/Kur, Designrecht, § 5 Rn 14). Die
Grundform der Freischwinger war und bleibt zwar technisch bedingt; seit
der Verwendung dieser Grundform auch durch Dritte ist es jedoch naheliegend, von funktioneller Bedingtheit auszugehen, Eichmann GRUR 00, 759,
MarkenR 03, 17. Für die rechtliche Einordnung macht es allerdings keinen
Unterschied, ob ein Erscheinungsmerkmal Gegenstand eines technischen
SchutzR war. Häufig war es frühzeitig die allgemeine technische Entwicklung, die zur Ausprägung von technisch bedingten Erscheinungsmerkmalen
bei allen gattungszugehörigen Erzeugnissen geführt hat, wie das zB bei den
essentiellen Bestandteilen von Fahrrädern der Fall ist.

IV. Verbindungselemente

1. Am Anfang der **Entwicklung** der unionsrechtlichen Gesetzgebung hat 11
gestanden, dass sich der Schutz aus einem Muster nicht auf jene Merkmale
der Erscheinungsform eines Erzeugnisses erstrecken sollte, die zwangsläufig
in ihrer genauen Form und ihren genauen Abmessungen nachgebildet werden müssen, damit das Erzeugnis, auf das das Muster Anwendung findet, mit
einem anderen Erzeugnis zusammengebaut oder verbunden werden kann,
Art 6 GRL-Vorentwurf 1991. In einer zweiten Phase wurde „Anwendung
findet" ersetzt durch „in das das Muster aufgenommen oder bei dem es verwendet wird" und „mechanisch" im letzten Teil des Satzes hinzugefügt,
Art 7 II GRL-Vorschlag 1993. Das Europäische Parlament hat in der Entschließung v 12.10.95 gefordert, dass am Satzende als Ergänzung aufgenommen wird „oder in diesem, an diesem oder um dieses herum angebracht
werden kann, so dass beide Erzeugnisse ihre Funktion erfüllen". Diesem
Vorschlag hat die Kommission zugestimmt und Art 7 II des GRL-Vorschlags
1993 mit dem Ergänzungsschlag des Europäischen Parlaments veröffentlicht.
Diese Formulierung hat unverändert Eingang in Art 7 II GRL gefunden.

2. Als **Regelungszweck** hat die Kommission bezeichnet, dass ausschließ- 12
liche Rechte an Verbindungselementen nicht zu „Monopolen" auf das Gat-
tungserzeugnis führen sollten, in dem das Muster verwendet werden kann.
Deswegen solle die „Interoperabilität" und damit die Konkurrenz auf dem
Ersatzteilmarkt sichergestellt werden, Grünbuch 5.4.10.1; krit v Gamm FS
Gaedertz 1992, 197, 202. Dadurch solle verhindert werden, dass Hersteller
von mit Mustern versehenen Erzeugnissen beispielsweise für Peripheriegeräte
Märkte ohne Wahlmöglichkeit schaffen, indem sie die Form und die Ab-
messungen von Verbindungselementen monopolisieren, Begr Art 9 II VO-

Vorschlag 1993; krit Beier GRUR Int 94, 716, 723; 730 und die Stellungnahmen in Mitt 92, 139; GRUR 92, 495. Statt einem systemwidrigen Schutzausschluss wäre eine Beschränkung des Schutzbereichs dem Regelungszweck angemessen, Stellungnahme GRUR 94, 497; GRUR 96, 742; Eichmann GRUR Int 96, 859, 874; Mitt 98, 252, 256. Als Vorlage hat die Must-Fit-Ausnahme in Sec 213 III B Abs 1 des britischen Copyright, Designs and Patents Act 1988 gedient, Grünbuch 5.4.10.2. Nach dieser Bestimmung besteht ein MusterR nicht an Merkmalen der Form oder Gestalt eines Gegenstands, die bewirken, dass der Gegenstand mit einem anderen Gegenstand so verbunden, oder in ihm, um ihn herum oder an ihm so angebracht werden kann, dass jeder Gegenstand seine Funktion erfüllen kann (deutsche Übersetzung in Bl 91, 327). Diese Formulierung hat zu dem Wunsch des Europäischen Parlaments nach einer klareren Definition der Must-Fit-Klausel geführt, die sich eng an die entspr Bestimmung des britischen Gesetzes anlehnt, Begr Art 7 II GRL-Vorschlag 1996. Erfasst werden nur Must-Fit-Teile, nicht auch Must-Match-Teile, Begr § 3 I Nr 2, s hierzu § 73 I.

13   **3.** Dem **Anwendungsbereich** der Schutzausschließung für Verbindungselemente wird ein breites Spektrum von Haushaltsgegenständen, Kraftfahrzeugen, Geräten der Verbraucherelektronik etc zugeschrieben, Grünbuch 5.4.10.1. Entsprechend der Grundausrichtung der unionsrechtlichen Gesetzgebung liegt die hauptsächliche Bedeutung bei Ersatzteilen für Kraftfahrzeuge. Die Abmessungen zB der Verbindungsmuffen eines Auspuffrohrs sollen vom Schutz deswegen ausgeschlossen sein, weil sie durch die Abmessungen auf der Unterseite des Kraftfahrzeugs vorgegeben sind, Begr Art 9 II VO-Vorschlag 1993. Die vom Schutz ausgeschlossenen Verbindungselemente haben keine Auswirkung auf die Beurteilung der Schutzvoraussetzungen von anderen Merkmalen des Erzeugnisses. Bei einem Staubsaugerschlauch sind daher zwar die Verbindungselemente vom Schutz ausgeschlossen, aber das sonstige Design – zB Farbgebung oder Verzierung – kann ohne weiteres das Erfordernis der Eigenart erfüllen, Grünbuch 5.4.10.1; 5.4.10.3. Im Verletzungsstreit finden Verbindungselemente keinen maßgeblichen Eingang in die Ermittlung des Gesamteindrucks sowohl eines DesignschutzR als auch der beanstandeten Gestaltung.

14   **4.** Ausgangspunkt der **Auslegung** ist, dass Erscheinungsmerkmale von Ersatz- oder Zubehörteilen vom Designschutz ausgeschlossen sind, die jeder Art des Zusammenwirkens mit einer Hauptware dienen. Mit „to permit the product in which the design is incorporated or to which it is applied" verdeutlicht die englische Fassung den Regelungszweck. Der Begriff „incorporated" legt nahe, dass es sich bei der Aufnahme eines DesignschutzR in ein Erzeugnis um einen Vorgang der dreidimensionalen Formgebung handelt. Die Übernahme eines DesignschutzR im Sinn von „applied" spricht dafür, dass die Verwendung bei einem Erzeugnis das Ergebnis einer äußerlichen Hinzufügung ist. In diese Richtung weist auch, dass durch Verbindungselemente ein Erzeugnis in einem anderen Erzeugnis, an diesem oder um dieses herum angebracht werden kann. Die Bildung von zwei Tatbestandsmerkmalen ist ein Hinweis darauf, dass alle denkbaren Formen der Benutzung eines DesignschutzR erfasst werden sollen, um dem Schutzausschluss von Verbindungselementen möglichst umfassend Geltung zu verschaffen.

15   **5.** Für **Bauteilesysteme** enthält Abs 2 eine Ausnahmeregelung. In Art 7 III GRL werden diese Systeme als „modulare Systeme" bezeichnet. In Erw-

Grd 15 GRL wird hierzu ausgeführt, dass mechanische Verbindungselemente von Kombinationsteilen ein wichtiges Element der innovativen Merkmale von Kombinationsteilen sein und einen wesentlichen Aktivposten für das Marketing darstellen können. Die Regelung setzt eine Vielzahl von untereinander austauschbaren Teilen eines Bauteilesystems voraus, die zum Zusammenbau oder zur sonstigen Verbindung geeignet und bestimmt sind. Das ist zB bei sog Klemmbausteinen der Fall, die durch Klemmnocken eines Bausteins mit angepassten Aussparungen in einem anderen Baustein miteinander verbunden, dadurch zusammengebaut und wieder voneinander getrennt werden können. Zur „Lego-Klausel" Kur GRUR 02, 661, 664. Art 7 III GRL enthält die Klarstellung, dass ein Designschutz für Verbindungselemente von modularen System Neuheit und Eigenart dieser Verbindungselemente voraussetzt.

IV. Öffentliche Ordnung; gute Sitten

1. Designs, die einen **Verstoß gegen die öffentliche Ordnung oder** **16** **gegen die guten Sitten** darstellen, sind gem Abs 1 Nr 3 vom Design-Schutz ausgeschlossen. Dieser für gewerbl SchutzR seit langem geltende allg Grds war in § 7 II GeschmMG 1986 und ist auch in Art 8 GRL und Art 9 GGV niedergelegt, wobei die GRL nicht von einer Harmonisierung der Begriffe der öffentlichen Ordnung und der guten Sitten ausgeht, Erwägungsgrd 16 GRL. Im Entwurf 1977 fehlte eine derartige Bestimmung, Art 9 MPI-E und Art 6 I Grünbuch sahen vergleichbare Vorschriften vor. Der Ausschluss hat den **Zweck,** zu vermeiden, dass das DPMA gezwungen ist, solche unzulässigen Designs in das Register einzutragen und gesetzl Schutz durch hoheitliche Bekanntmachung nach § 20 ggü der Öffentlichkeit zu verlautbaren, Begr zu § 7 Nr 1 GeschmMG 1986, BPatGE 42, 68 – Penistrillerpfeife, BPatGE 46, 226 – Vibratoren, Eintragungsurkunden solchen Inhalts auszugeben und den Anmelder daran zu hindern, sich staatlicher Anerkennung zu rühmen. Dieses EingriffsR des DPMA ist wegen der immer wieder mit angemeldeten Designs versuchten Übergriffe in ordnungspolitisch begründete Verbotsbereiche von großer praktischer Bedeutung. Regelungsfolge ist die Unzulässigkeit des Designs als solche; im Gegensatz zu § 7 II GeschmMG 1986 kommt es nicht darauf an, ob das unzulässige Design erst durch seine Veröffentlichung oder Verwertung die unerlaubte Wirkung entfaltet. Daraus folgt eine veränderte Prüfung, Rn 20. Wenn zwar das Design nicht, jedoch die Erzeugnisangabe des Anmelders gem § 11 III iVm §§ 3 I Nr 4, 9 I DesignV gegen Abs 1 Nr 3 verstößt, kann das DPMA nach § 9 I 1 DesignV stattdessen eine ordnungsgemäße Bezeichnung gem der Warenliste verlangen; die Hinzufügung lediglich einer Zweit-Erzeugnisangabe nach § 9 II DesignV würde gegen den Zweck von Abs 1 Nr 3 verstoßen. Eine Regelungslücke besteht in der DesignV für einen Beschreibungstext mit einem iSd Abs 1 Nr 3 unzulässigen Inhalt, sofern das Design selbst unzulässig ist; in solchen Fällen wird das DPMA, rückschließend aus Abs 1 Nr 3 eine ordnungsgemäße Beschreibung verlangen und bei Ergebnislosigkeit die Bekanntmachung der Beschreibung unterlassen, Einzelh auch § 11 Rn 68. Zum Beanstandungsverfahren des DPMA und Lösungsmöglichkeiten s § 18 Rn 4f. Zur Unabhängigkeit von UrheberR an einer solchen Gestaltung s Günther/Beyerlein 3/14.

17   2. Unter **öffentlicher Ordnung** sind die tragenden Grds der Rechtsordnung zu verstehen, Begr IntPatÜG, S 332, nicht schon die aus einem Einzelverbot aufgrund von Ges oder Verordnung sich ergebende Verhaltensmaßregel für sich allein, BPatGE 46, 173 – Verkehrszeichen. Zu Abgrenzung und Überschneidung mit dem ordre public s Benkard/Mellulis 2/5a; aA Ruhl 9/5. Gegenstände, die Grundrechte, insbes die Menschenwürde (Art 1 GG) generell verletzen oder das Zusammenleben der Menschen und deren Handlungsfreiheit isv Art 2 I GG nachhaltig stören, s Benkard/Mellulis 2/5b f, Designs von grob verunglimpfender, politisch oder religiös diskriminierender oder volksverhetzender Wirkung (eigener oder fremder Staat, staatliche Symbole, Ethnien, Bevölkerungsgruppen, auch Einzelpersonen, eigene oder andere Religionen) oder zB Gegenstände zur Bejahung oder Begehung von Straftaten, weit Beisp s Pagenkopf GRUR 99, 879, sind danach schutzunfähig. Designs verhöhnenden oder volksverhetzenden Inhalts, zB bei Postern oder Aufklebern, auch wenn sie als „Satire" gerechtfertigt werden, müssen diese Relativierung aus sich selbst und daher ohne näheren Erklärungsbedarf erkennen lassen; uU sind Aspekte der verfassungsrechtlich gewährleisteten Meinungsfreiheit berührt, dazu BGH GRUR 95, 592, 594 f – Busengrapscher mwN. Ein Verstoß gegen Einzelgesetze, die zB der Volksgesundheit oder dem Verbraucherschutz dienen, kann zugleich die öffentliche Ordnung stören, wie umgekehrt sie auch ohne Verstoß gegen Einzelgesetze gestört sein kann. Die Verwendung staatlicher Hoheitszeichen als identische Designgestaltung kann zwar schon für sich nach Abs 1 Nr 3 gegen die öffentliche Ordnung verstoßen, ist aber von Abs 1 Nr 4 speziell erfasst. Deshalb ist nach diesen beiden Verbotsnormen zu differenzieren, nachdem die in der bisherigen Rspr behandelten Benutzungen von Hoheitszeichen, s Rn 23 ff, Kieschke, WRP 04, 563 ff, allg unter den Verstoß gegen die öffentliche Ordnung gem § 7 II GeschmMG 1986 subsumiert werden mussten. Auch das Eintragungsverbot staatlicher Hoheitszeichen als Marke iSv § 8 II Nrn 6–8 MarkenG lässt wegen der grundlegend unterschiedlichen Schutzrichtung des Design-R, das als FormschutzR nicht genuin auf eine betriebliche Herkunftskennzeichnung gerichtet ist, nicht zwangsläufig auch auf einen Verstoß gegen die öffentliche Ordnung iSv Abs 1 Nr 3 schließen, Rspr s Rn 26, 28.

18   3. Der Verstoß gegen die **guten Sitten** ist – generalklauselartig formuliert – die Verletzung des Anstandsgefühls aller billig und gerecht Denkenden, BGHZ 10, 228, 232, soweit es grds in die Rechtsordnung einbezogen ist, und bezogen auf die jeweils in Betracht kommenden Verkehrskreise. Verstöße können in sittliche und sexualbezogene, religiöse, politische, gesellschaftsbezogene Richtung gehen. Bei der Prüfung ist ein Durchschnittsmaßstab anzulegen, BGH GRUR 64, 136, 137 – Schweizer, der sich mit der Zeit auch wandeln kann, und keine Rücksicht auf aus dem Rahmen fallende Empfindlichkeiten oder Robustheiten zu nehmen, BPatGE 46, 228 – Vibratoren; BPatG Mitt 83, 156 – Schoasdreiber (MarkenR). Insgesamt ist Zurückhaltung bei der Annahme von Verstößen dieser Art angebracht, BPatG aaO – Vibratoren, die Geschmacksverletzungen müssen grober Natur sein, schlechter Geschmack, ein sexueller Bezug als solcher, gewisse Peinlichkeit oder Anstößigkeit für eher nur wenige reichen regelmäßig nicht zur Beanstandung aus, BPatG Mitt 06, 88 – Flasche in Form eines Sperma. Dagegen können nach Darstellung oder Verwendung entwürdigende, zum

Objekt machende und damit herabwürdigende pornographische, das Scham- und Sittlichkeitsgefühl unerträglich verletzende Design ebenso vom Schutz ausgeschlossen werden, BPatGE 46, 228 – Vibratoren, vgl auch BGH GRUR 95, 592, 595 – Busengrapscher (WettbR), wie grob diskriminierende, diffamierende, gewaltverherrlichende, blasphemische Designs und das Unzulässige in reißerischer, grob aufdringlicher, Weise in den Vordergrund gerückt ist, BPatGE 46, 228 – Vibratoren. Hier bestehen auch Berührungspunkte zur Störung der öffentlichen Ordnung. Der Verstoß muss nicht den Großteil der Bevölkerung betreffen, es genügt, dass ein beachtlicher Teil des Publikums sich in seinem Scham- und Sittlichkeitsgefühl verletzt fühlt, BPatGE 42, 69 – Penistrillerpfeife. Eingetragene Designs können aufgrund ihrer gegenständlich unbeschränkten Bekanntmachung und Verwendungsbreite Berührungspunkte mit schützenswerten Anschauungen in aller Breite, auch jenen von Minderheiten iSd verfassungsrechtlich gebotenen Minderheitenschutzes haben; der Einwand einer nicht störenden Benutzung des fraglichen eD am Markt aufgrund einer faktischen Warenferne ist unmaßgeblich, ebensowenig eine infolge neuerer Entwicklungen bislang unberücksichtigt gebliebene Gesetzeslücke, Benkard/Mellulis 2/6c mwN. Auch schwierige Wahrnehmbarkeit eines Musters wegen seiner geringen Größe ist unbeachtlich, BPatG aaO – Penistrillerpfeife. Der gegen einen begründeten Pornographievorwurf des DPMA erhobene Einwand des Anmelders, es handele sich beim Schutzgegenstand um Kunst, wird idR fehlgehen, weil der gewerbeorientierte Design-Schutz nicht das genuine Forum für die Verbreitung künstlerischer Äußerungen ist. Der Verstoß muss von dem Design selbst ausgehen, erst sittenwidrig machende Umstände seiner Benutzung sind nicht erfasst. Ein ggf anstößiger Anwendungszweck allein begründet noch nicht den Verstoß, wenn die optische Gestaltung verschleiernd oder (zB eher witzig) ablenkend wirkt, BPatG aaO – Vibratoren. Zulässigkeitsgesichtspunkt soll auch sein, in welchem Umfang Gegenstände uU anstößigen Zwecks unbeanstandet als andere SchutzR, insbes Pat, dreidimensionale Marke, eingetragen werden, BPatG aaO – Vibratoren (zweifelh wg der unterschiedlichen Schutzrichtungen). Nicht spezifisch sittenwidrig ist das Schutzgesuch als eD für nach Ablauf des UrhR gemeinfreie Erscheinungsformen; die ggf erfolgte Monopolisierung kann mit dem Schutzhindernis fehlender Neuheit/Eigenart angegriffen werden.

4. Die beiden Verbote des Abs 1 Nr 3 unterliegen mehreren **Einschrän-** **19** **kungen,** um einer zu formalen, unverhältnismäßigen Anwendung zu begegnen. Auch wenn er wegen des Vorbilds von Art 8 GRL aus der Vorläufervorschrift (§ 7 II, 2. Halbs GeschmMG 1986, vgl auch § 2 I 2. Halbs PatG) nicht übernommen wurde, muss als übergeordneter Grds weiterhin die dort formulierte Einschränkung gelten, wonach ein Verstoß nicht allein daraus hergeleitet werden kann, dass die Verbreitung eines designgemäßen Erzeugnisses durch Ges oder Verwaltungsvorschrift verboten ist. Dieses Ergebnis einer langen Entwicklung des Ges und der Rspr wahrt letztlich die Verhältnismäßigkeit staatlicher Verbote. Der Verzicht im Abs 1 Nr 3 auf das früher vorausgesetzte Tatbestandsmerkmal der Verbreitung am Markt erfordert einen neuen Zuschnitt der Verbotsprüfung. So folgt eine Erweiterung des Unzulässigkeitsbereichs daraus, dass eine erlaubte Veröffentlichung oder Verbreitung nicht mehr vorausgesehen oder festgestellt werden muss, vielmehr unterliegt das Design unabhängig von seiner Klassifizierung für die volle abstrakte Verwendungsbreite seiner Erscheinungsform dem Verbotsvorbehalt. Demgemäß spricht die Design-Bekanntmachung alle Wirtschaftszweige und Bevölkerungskreise an, BPatGE 42, 68 f – Penistrillerpfeife; branchenmäßig beschränkte oder sachlich allein naheliegende Veröffentlichungen oder Verwendungen des Designs, zB Herstellung ohne Inlandsberührung, vgl aber für das PatR BPatGE 2, 163; 11, 4, 8 f, oder ausschließliche Herstellung für und Verwendung in speziellen Kreisen, schränken das Verbot nicht ein, sofern das Design als solches nach inländischer Rechtsordnung unzulässig ist oder nach inländischen Maßstäben auf einen beachtlichen Teil des Publikums sittenwidrig wirkt. Das Verbot greift somit unmittelbar, soweit der Inhalt der Wiedergabe des Designs schon aus sich heraus – also verwendungsunabhängig – wegen seiner bes Anstößigkeit die Unzulässigkeit erkennbar macht. Soweit dies nicht der Fall ist, erlangt die vorgegebene Benutzung nach Maßgabe der Erzeugnisangabe (§ 11 III) und ggf der Klassifikationsangabe für die Verbotsprüfung Bedeutung; der die Unerheblichkeit der Erzeugnis- und Klassifikationsangabe für den Schutzumfang postulierende § 11 VI erstreckt sich nicht auf dieses andersartige und übergeordnete Prüfungsfeld. Bspw mag die Wiedergabe einer Landmine für sich genommen optisch nichtssagend sein; aus einer einschlägigen Erzeugnisangabe würde zwingend die Unzulässigkeit aufgrund der internationalen Ächtung derartiger Erzeugnisse folgen, vgl im Ergebnis, wenn auch zu weitgehend Ruhl 9/14. Schutzunfähigkeit besteht nach alledem entweder dann, wenn das Design bereits in seiner zum Schutz angemeldeten Erscheinungsform als solcher den genannten Verstoß unvermeidlich bewirkt, oder wenn sich unter Einbeziehung der Klassifikations- und Erzeugnisangabe ein Verstoß zeigt. Wegen der Verwendungsunabhängigkeit iSd § 11 VI ist die für Pat und GebrM geltende Regel, wonach ein denkbarer Einsatz auch für Zwecke, welche die öffentliche Ordnung und guten Sitten nicht tangieren, die Anwendung von Abs 1 Nr 3 ausschlösse, so für das PatR BGH GRUR 72, 704, 707 – Wasser-Aufbereitung, BPatG Mitt 72, 137, vorliegend nicht anwendbar. Deshalb kann auch eine spätere Änderung der Erzeugnisangabe die Beurteilung der Schutzunfähigkeit nicht nachträglich beeinflussen, § 11 Rn 65. Nach alledem sind zulässig – allerdings nach zu § 7 II, 2. Halbs GeschmMG 1986 ergangenen Entscheidungen – durch deutliche Querstreifen verfremdete Verkehrsschilder, BGH GRUR 04, 770, 771 – Abgewandelte Verkehrszeichen, auch Briefmarken in besonderer Anordnung bei hergebrachtem alternativem privatwirtschaftlichem Vertriebsweg, den der Verkehr kennt, BGH GRUR 04, 771, 772 – Ersttagssammelblätter. Auch spricht die Genehmigungsvorbehalt der zuständigen Stellen für Designs, die gegen die öffentliche Ordnung verstoßen, vgl sinngemäß § 8 IV 2 MarkenG, gegen eine Beeinträchtigung der öffentlichen Ordnung, BPatG GRUR 03, 143 – Europaemblem, Benkard/Mellulis 2/5 f. Ein weiteres Prüfkriterium für die Schutzunfähigkeit besteht darin, dass das Design ausschließlich in seiner konkret angemeldeten Erscheinungsform, also als Ganzes unzulässig sein muss, Begr zu § 7 II GeschmMG 1986, Bl 87, 55; BPatGE 46, 235 – Postwertzeichen. Dass in ein Design beanstandungsfähige Elemente eingefügt sind, führt deshalb nicht zwangsläufig zur Unzulässigkeit des Designs insgesamt, Rn 26. Es ist dann zu prüfen, ob der Gesamteindruck des angemeldeten Designs von dem ggf unzulässigen Element geprägt wird oder ob mitwirkende, für sich genommen zulässige Gestaltungselemente dies überlagern oder relativieren. Im Beanstandungsfall kommt ein Teilverzicht auf die unzulässigen Elemente iSv § 35 in Betracht. Dass unzulässige Designs in dem für breite Kreise entlegenen Designblatt veröffentlicht würden, kann angesichts des auf die Aufgabe der Patentbehörden bezogenen Schutzzwecks der Vorschrift, Rn 17, keine großzügigere Beurteilung der Unzulässigkeit nach sich ziehen, aA BPatGE 46, 229 – Vibratoren.

VI. Zeichen von öffentlichem Interesse, Abs 1 Nr 4

1. Abs 1 Nr 4 hat den **Zweck,** zu verhindern, dass Zeichen, die im öf- **20** fentlichem Interesse benötigt und verwendet werden, zugunsten Privater von einem eD als MonopolR überlagert und missbraucht werden, Begr GeschmMG 2004 Abs 4, wodurch deren zweckbestimmter Gebrauch behindert werden könnte, BPatG Mitt 81, 123; LG Hmb GRUR 90, 197 – BP CARD; BPatGE 44, 153 – Tasse mit Gelddarstellungen; BGH GRUR 03, 705, 706 – Euro–Billy; 708, 709 – Schlüsselanhänger, und die Kontrolle über die Benutzung staatlicher Herrschaftssymbole verloren geht. Auch Marktverwirrung aufgrund des Eindrucks, öffentliche Körperschaften würden sich unter Ausnutzung ihrer Repräsentationssymbole rein privatwirtschaftlich betätigen, soll unterbleiben. Der in der Vorschrift in Bezug genommene Art 6ter PVÜ, dazu Rn 23 f, enthält jedoch keinen allg Grds, staatliche Hoheitszeichen seien von einer gewerblichen Nutzung ausgeschlossen, BGH aaO. Unzulässige Benutzungen solcher Art im Design-R mussten, weil eine spezifische Vorschrift dieses Inhalts nicht bestand, nach dem GeschmMG 1986 als Verstoß des GeschmM gegen die öffentliche Ordnung, Rn 18, beurteilt werden, Begr § 18 GeschmMG 2004. Sie konnten ausschließlich vom DPMA gem § 7 II GeschmMG 1986 im Vorhinein im Rahmen des Eintragungsverfahrens unterbunden werden, hingegen auch nicht durch Dritte nachträglich durch Löschung der Eintragung des GeschmM iSd § 10c II Nr 1 GeschmMG 1986, was seit 2004 durch Feststellung der Nichtigkeit nach § 33 I möglich ist. Die bislang strengere Auffassung des DPMA hat die Rspr in Einzelpunkten eingeschränkt, s auch Schildberg, GRUR 03, 498 gegen Pagenkopf GRUR 02, 758.

2. Der **Regelungsinhalt** des Abs 3 Nr 4 ist durch Art 11 II c) GRL den **21** Mitgliedstaaten fakultativ vorgegeben und im DesignG in redaktionell leicht veränderter Fassung umgesetzt, Vergleichbarkeit besteht mit Art 47 I b) GGV nur bedingt, weil das HABM ausschließlich Verstöße gegen die öffentliche Ordnung und die guten Sitten aufgreifen darf, vgl Rn 29. Abs 3 Nr 4 schafft nicht, wie § 8 II Nrn 6–8 MarkenG, eine eigenständige Regelung vor dem Hintergrund der Verpflichtung zur Umsetzung des Art 6ter PVÜ, sondern macht durch Verweis diese Vorschrift unmittelbar anwendbar, erweitert aber in Übereinstimmung mit Art 11 II c) GRL den Anwendungsbereich durch Einbeziehung sonstiger, nicht in Art 6ter PVÜ aufgeführter Zeichen von allg öffentlichem Interesse, vergleichbar dem § 8 II Nr 9 MarkenG. Gleichwohl können die Beurteilungsgrds, die zu § 8 II Nrn 6–9 MarkenG entwickelt worden sind, insbes hinsichtlich der Definition der geschützten Zeichen übernommen werden, nur eingeschränkt die spezifisch markenrechtlichen Beschränkungen des Benutzungsverbots des § 8 IV MarkenG. Diese Definition des MarkenG bedeutet nicht zugleich Unzulässigkeit nach dem DesignG, BGH GRUR 03, 707 – DM-Tassen; GRUR 03, 705, 706 – Euro-Billy; GRUR 03, 708, 709 – Schlüsselanhänger; GRUR 04,

770, 771 – Abgewandelte Verkehrszeichen; GRUR 04, 771, 772 – Ersttagssammelblätter. Art 6ter PVÜ unterscheidet zwischen staatlichen Zeichen und solchen internationaler zwischenstaatlicher Organisationen. Der Missbrauch staatlicher Hoheitszeichen anderer Staaten als Deutschland ist demnach einbezogen.

22 **3. a)** Durch Einbeziehung des **Art 6ter I a) und b) PVÜ** sind vom Schutz ausgeschlossen in- und ausländische **staatliche Hoheitszeichen,** insbes Wappen, Flaggen und andere staatliche Hoheitszeichen, amtliche Prüf- und Gewährzeichen und Stempel, einschließlich ihrer Nachahmungen im heraldischen Sinn, Rn 24, sowie solche internationaler zwischenstaatlicher Organisationen. **Staatswappen** sind die offiziellen Wappen in- und ausländischer Staaten und auch der deutschen Bundesländer, zB Bundesadler in heraldischer (wappenmäßiger) Darstellung, insbes das Bundeswappen iSd Bekanntmachung v 20.1.50, s Bl 50, 26, **Staatsflaggen** dementsprechend die offiziellen Flaggen, Dienstflaggen, vgl AnO über die deutschen Flaggen v 13.11.96 = Bl 97, 13, Truppenfahnen, auch die Bundesfarben in flaggenartiger Anordnung, aber auch iSe erweiterten Flaggenbegriffs kraft heraldischer Wirkung hoheitlich gleichkommende Standarten, Stander, Wimpel, BPatG GRUR 05, 680 – Bundesfarben; Ströbele/Hacker 8/511. Beides dient der Demonstration staatlicher Präsenz, Würde und Identität und der Verhinderung privater Monopolisierung. **Amtliche Prüf- und Gewährzeichen und –stempel** sind amtlich vorgeschriebene in- und ausländische Zeichen zum Nachweis der Erfüllung bestimmter Wareneigenschaften wie Eichstempel, Legierungsangabe etc. Die Zulässigkeit der Verwendung bei gem Markenregistrierung unähnlichen Waren und Dienstleistungen, so nach § 8 IV 3 MarkenG für Marken, ist bei eD nach Art 6ter II PVÜ auch nicht sinngemäß gegeben aufgrund ihrer nach § 11 VI erzeugnisungebundenen Schutzwirkung (anders 3. Aufl). Die Beschränkung des Schutzausschlusses auf Prüf- und Gewährzeichen, die im BGBl bekanntgemacht sind, so nach § 8 II Nr 7 MarkenG, vgl Auflistung in TaBu Nr 218, gilt im Design-R zwar nicht, bei nicht derart bekanntgemachten Zeichen wird aber das vorrangige öffentliche Interesse, Rn 23, fraglich sein. **Andere staatliche Hoheitszeichen** des In- und Auslands sind Symbole, die ein Staat als Hinweis auf seine Staatsgewalt öffentlich und autoritativ verwendet, Begr zum Ges zur Ausführung der revidierten PVÜ v 31.3.13, Bl 13, 178, vgl auch Rspr zu § 90a II StGB; BPatG Bl 01, 154 – Bierpolizei, ausführl BPatGE 46, 173 – Verkehrszeichen. Es handelt sich insbes um Staatssiegel, Orden, geltende Münzen und Geldscheine, BGH GRUR 03, 708, 709 – Schlüsselanhänger, Amtsschilder von Behörden, der Bundesadler als Zeichen hoheitlicher Betätigung, BPatGE 46, 234 – Postwertzeichen, s iÜ Bsp in Rn 25, 27. Die vorstehenden inländischen Hoheitszeichen sind geschützt, ohne dass es eines Ges oder einer bes Bekanntmachung bedarf, Ingerl/Rohnke 8/309. Verkehrsschilder gehören nicht dazu, BPatG aaO – Verkehrszeichen. Ausländische Hoheitszeichen sind jedenfalls beachtlich, wenn sie gem dem Verfahren nach Art 6ter III PVÜ notifiziert und bekanntgemacht sind, vgl deren Verzeichnis im TaBu Nr 223, entbehrlich ist die Notifizierung allerdings für Staatsflaggen, Art 6ter III a) 2 PVÜ, eine Rückwirkung der Bekanntmachung besteht nicht, Art 6ter VI PVÜ. Zur Prüfung ausländischer Zeichen dieser Art s § 18 Rn 4. Orts- und Kommunalverbandswappen sind zwar Gegenstand des § 8 II Nr 6 MarkenG, in Art 6ter PVÜ jedoch nicht enthalten; § 3 I Nr 4 unterfallen sie, soweit es sich um sonstige Zeichen von öffentlichem Interesse handelt. **Kennzeichen internationaler zwischenstaatlicher Organisationen,** insbes deren Wappen, Flaggen, Siegel, Bezeichnungen, Art 6ter I b) PVÜ, werden durch ihre in dieser Vorschrift bestimmte Bekanntmachung durch das BMJ im BGBl abschließend definiert, Zusammenstellung im TaBu Nr 219. Neu hinzutretende Hoheitszeichen machen gem Art 6ter VI PVÜ Eintragungen erst 2 Monate nach Eingang – nicht Bekanntmachung – der Notifikation des betreffenden Zeichens unzulässig. Weil die Notifikationspflicht nicht für Staatsflaggen gilt, Art 6ter III a) S 2 PVÜ, müssen angemeldete Designs insoweit ab Bekanntwerden weichen. Obsolet gewordene Hoheitszeichen sind kein Schutzhindernis, Einzelh Ströbele/Hacker 8/508. Nach Art 6ter I c) PVÜ entfällt der Schutzausschluss, wenn das Design nach dem Verständnis des Publikums überhaupt nicht in einer Beziehung zu der betreffenden Organisation steht oder jedenfalls über eine solche Beziehung nicht irreführt. So muss der Tätigkeitsbereich des hoheitlichen internationalen Zeichenträgers, vgl zB die ausführl Feststellungen des HABM dazu, HABM GRUR 05, 686 (Nrn 25 ff) – (Bildmarke) efcon, in einer sachlichen Beziehung zum allg Verwendungsbereich des eD-gemäßen Erzeugnisses stehen, der im Kern anhand der Erzeugnisangabe festzustellen ist, vgl Rn 20, und in diesem Umfeld das eD als charakteristischer Hinweis auf ihn verstanden werden, Ströbele/Hacker 8/517.

b) Nach Art 6ter I a) und b) PVÜ, s Rn 23, gilt der Schutzausschluss für **23** Gestaltungen, die identische Übernahme sind – im Falle von Abwandlungen – jedenfalls im **heraldischen Sinne identisch** sind. Es müssen die charakteristischen, optisch wirksamen heraldischen – wappen-, flaggenartigen – Merkmale (Einzelformen, Gesamtanordnung, Farben, Graphik) nachgeahmt sein, was auch trotz Stilisierung, Abwandlung (zB parallelogrammartige Schrägstellung) oder lediglich teilweiser Übernahme der Fall sein kann, EuG GRUR 04, 773 – Bildmarke ECA; BPatG GRUR 10, 77 – BSA. Insofern kann auf die zum Verbot des § 8 IV 1 MarkenG geltenden Grds zurückgegriffen werden, Ströbele/Hacker 8/507 mwN. Indessen können allg benutzte Symbole (zB Sterne, Tiersymbole) für sich die heraldische Wirkung schwächen, Ströbele/Hacker aaO mwN. Abwandlungen von genügendem Abstand, etwa eine völlig andere Farbpalette bei identischer Binnengraphik, die Übernahme nur von Einzelelementen des Wappens unter Weglassung des Wappenrahmens (zB Berliner Bär als solcher), die Verwendung der Bundesfarben als nicht flaggenartiges farbiges Hintergrundmerkmal, BPatG GRUR 05, 679 – D-Info (MarkenR), oder die lediglich dekorative Einbettung in zahlreiche und optisch überwiegende weitere Gestaltungselemente (zB auch weitere gleichartige Flaggenandeutungen, BPatG GRUR 09, 497 – Flaggenball (MarkenR), ohne Hinweis auf offizielle Legitimationen können die heraldische Wirkung beseitigen, Warenähnlichkeit und Verwechslungsgefahr im markenrechtlichen Sinn, BPatG GRUR 05, 680 – Bundesfarben, sind nicht maßgebend, s aus Rn 26f. Die Verwendung der Farben des Bundes und von Bundesländern (zB weiss-blau für Bayern, rot-weiss für Hessen) ist nicht erfasst, soweit es sich nach Größenverhältnissen und Darstellungsweise um eher geografisch herkunftshinweisende oder dekorative Mittel handelt, die nicht den Eindruck eines hoheitlichen Bezugs erwecken, Ströbele/Hacker 8/512, anders, wenn flaggenmäßig hervorgehoben und rechteckig, LG Hmb GRUR 90, 197 – BP CARD (MarkenR).

24   **c) Sonstige Abzeichen, Embleme, Wappen von öffentlichem Interesse** sind vom Verweis auf Art 6ter PVÜ nicht erfasst, jedoch Gegenstand der darüber hinausgehenden Regelung des Abs 1 Nr 4, vergleichbar § 8 II Nr 9 MarkenG. Es handelt sich um die Gestaltung von Zeichen, an deren ungestörter, nicht verwechslungsfähiger Verwendung im Rahmen hoheitlicher und auch schlicht-hoheitlicher Verwaltung ein öffentliches Interesse besteht. Hierunter fallen inländische Orts- und Kommunalverbandswappen, die auch Gegenstand der gesonderten Regelung des § 8 II Nr 6 MarkenG sind, Einzelh Fezer 8/363 ff, ausländische Zeichen dieses Inhalts regelmäßig nicht, jedoch das Rote Kreuz, Fezer 8/368, die Prüf-Plaketten von TÜV, geltende gesetzl Zahlungsmittel, BGH GRUR 03, 705 – Euro – Billy ua, fraglich bei Postwertzeichen, insofern zweifelnd BPatGE 46, 236 – Postwertzeichen, offen gelassen in BGH GRUR 04, 771, 772 – Ersttagssammelblätter, nicht Privatwappen oder -embleme, Fezer 8/366, auch wenn sie allg bekannt sind. Hierzu gehören auch sonstige hoheitliche Zeichen, zB emblemartige Behördenbezeichnungen, Verkehrszeichen dagegen nicht, BGH GRUR 04, 770, 771 – Abgewandelte Verkehrszeichen. Polizeiausstattung und -farbgebung von Designs gehören im Allg nicht dazu, BPatG Bl 01, 154 – Bierpolizei, allenfalls dann, wenn es sich um eine gestalterische Übernahme hoheitlicher Symbole von gleichsam amtlicher Anmaßung handelt. Auch amtliche Symbole von Ländern, Städten, staatlichen Anstalten sind derart geschützt. Das Verbot ist nicht auf flächenmäßige Gestaltungen beschränkt und erfasst auch dreidimensionale Gestaltungen, zB offizielle Maskottchen für im öffentlichen Interesse stattfindende Großveranstaltungen. Solches Interesse besteht auch an der Freihaltung von eD, die, bspw als Etikettengestaltung, in dieser Hinsicht unzulässige Wort- und Bildaussagen enthalten, insbes geschützte Warenbezeichnungen oder Herkunftsangaben, insoweit bestehen Berührungspunkte mit dem Anwendungsbereich des § 8 IX MarkenG auf gesetzwidrige Marken, Einzelh Ströbele/Hacker 8/518 ff. Dagegen besteht im Gegensatz zum MarkenG kein allg Schutzhindernis eines Freihaltungsbedürfnisses wegen evtler künftiger hoheitlicher Verwendung, BGH aaO – Abgewandelte Verkehrszeichen. Bei den vorgenannten Beispielen besteht unterschiedliche Intensität des hoheitlichen Charakters mit der Folge, dass Bundes-/Länderflagge und -wappen den obersten Rang einnehmen und den weitesten Abstand erfordern, am anderen Ende der Skala Symbole schlichthoheitlichen Handelns, wie zB Postwertzeichen, BPatGE aaO – Postwertzeichen. Die Wirkung einer Nachahmung von Hoheitszeichen fehlt bei deutlichen Abwandlungen solcher Zeichen, BGH aaO – Abgewandelte Verkehrszeichen; BPatGE 46, 173 – Verkehrszeichen, oder Erzeugnissen, in denen solche Zeichen anders eingesetzt werden, zB ausschließlich flächig verwendetes Hoheitszeichen (Schild, Folie, Aufdruck) in einer ungewöhnlichen, unerwarteten dreidimensionalen Form. Kein Gebrauchmachen liegt vor bei zum Design-Schutz angemeldeten Ersttagssammelblättern, die Postwertzeichen enthalten, BGH GRUR 04, 771, 772 – Ersttagssammelblätter, vorausgehend BPatGE 46, 236 f – Postwertzeichen; ebenso nicht bei Spielzeugauto in typischen Polizeifarben mit der Aufschrift „Bierpolizei", BPatG aaO – Bierpolizei, Teddybär in Polizeiuniformteilen, BPatG Mitt 04, 43 – Polizei-Teddybär, weitere Beisp s Pagenkopf GRUR 02, 758 ff. Daher wird der Verstoß nicht schon durch die Verbindung eines alltäglichen Gebrauchsgegenstands mit eingebetteten staatlichen Hoheitszeichen zwangsläufig herbeigeführt, es handelt sich nicht schon um die Aushöhlung ihres ideellen

Wertes, BGH aaO – Abgewandelte Verkehrszeichen, insofern müssen zusätzliche, den Verstoß erst begründende Umstände hinzutreten. Sie können sich aus Art, Rang und Bedeutung der unterschiedlichen staatlichen Hoheitszeichen, welche sich auch an der unterschiedlichen Sanktionierung bei Verstößen ablesen lassen, BPatG GRUR 02, 339 – Schlüsselanhänger, den Schutzgegenständen und ihrer konkreten Gestaltung ergeben.

4. a) Die Verbotstatbestände des Abs 1 Nr 4 setzen eine **missbräuch-** 25 **liche Benutzung** der vorgenannten Zeichen durch das damit versehene Design voraus. Unzulässig ist die Erweckung des irreführenden Anscheins eines Bezugs des Designs zu staatlichen Stellen oder einer Ausgabe durch solche Stellen, BPatG GRUR 02, 339 – Schlüsselanhänger. Der Begriff der Benutzung besagt nicht, dass erst die Verwendung eines solchen Designs im geschäftlichen Verkehr und die ggf dadurch verursachte Irritation den Verbotstatbestand verwirklichen. Vielmehr wird auf die identische Übernahme des geschützten Zeichens oder, bei Nachahmung unter Veränderung, auf dessen Anmutung im heraldischen Sinn, näher Rn 24, abgestellt, die sich schon in einer Design-Anmeldung verwirklicht, weshalb der Anmelder nur bei genügenden, nicht nur marginalen Abweichungen des eD vom Hoheitszeichen mit der Prognose gehört werden kann, das Design werde nicht zu Verwechslungen im Verkehr führen. Die konkrete Gestaltung des angemeldeten Designs und seine denkbare Wirkung auf das allg Publikum sind in die Prüfung mit einzubeziehen, dabei bestehen keine erzeugnisbezogenen Einschränkungen als Folge der nach § 11 VI erzeugnisungebundenen Schutzwirkung eines eD. Dennoch kann der Inhaber eines gleichwohl eingetragenen, aber aus diesen Gründen mit der Nichtigkeitsklage angegriffenen Designs dem mit dem geeigneten Nachweis entgegentreten, dass das so gestaltete eD im Verkehr tatsächlich nicht als Hinweis auf ein geschütztes Zeichen iSd § 3 I Nr 4 aufgefasst wurde und wird, s den vergleichbaren Regelungsgehalt des Art 6ᵗᵉʳ I c) 2, Rn 23. Verunglimpfung staatlicher Symbole (Farben, Flagge, Wappen) durch Designgestaltungen kann iÜ nach § 90a StGB strafbar sein. Bei einer Kollision von neu geschaffenen, nicht von Art 6ᵗᵉʳ PVÜ umfassten und daher nicht notifizierten Zeichen öffentlichen Interesses mit bereits angemeldeten oder eingetragenen Designs muss man eine Koexistenz während der Schutzdauer des eD annehmen, weil zum Zeitpunkt der Anmeldung und Eintragung des Designs diesem Design ein Missbrauch nicht innewohnte. Ein Missbrauch wird aber bei kurzzeitig zuvor angemeldeten Wegelagerer-eD gelten, vgl die Grds zur bösgläubigen Markenanmeldung, § 50 I Nr 4 MarkenG. Die Staaten können die Verwendung täuschender fremder Staatswappen im Handel verbieten, Art 6ᵗᵉʳ IX PVÜ, was aber auf deren Verwendung abzielt, nicht schon auf die abstrakte Bestimmung des Missbrauchs iSd Abs 1 Nr 4.

b) Maßgebend für einen Missbrauch ist regelmäßig die den **Gesamtein-** 26 **druck des Designs** bestimmende Gestaltung. Die Benutzung ist anhand der angemeldeten Fassung des eD ohne Herausgreifen allein des Hoheitszeichens zu beurteilen, BPatGE 46, 173 – Verkehrszeichen. Ein Missbrauch kann dennoch in der Verwendung des Zeichens als Gestaltungselement des eD unter mehreren bestehen, EuG GRUR 04, 773 (Nr 41) – Bildmarke ECA. Das Hoheitszeichen muss dann aber in seiner heraldischen Wirkung hinreichend deutlich in Erscheinung treten, um die anmaßende und damit unzulässige Bedeutung herbeizuführen, BPatGE 30, 235, wenn zB die Benutzung des Zeichens ähnlich einer Kokarde dem übrigen Design hoheitliche Anmutung verleiht, zu eingefügten deutschen Bundesfarben in flaggengleich rechteckiger Anordnung, LG Hmb GRUR 90, 197 – BP Card. Gewisse Stilisierung oder Übereinstimmung bei ansonsten geringfügigen, nur bei genauerer Betrachtung, zB im direkten Vergleich feststellbaren Abweichungen macht vom Gesamteindruck nachahmend Gebrauch, zB scheinbar räumlich nach hinten gekippter, perspektivisch verkürzter Europa-Sternenkranz, HABM, GRUR 05, 686 (Nr 18) – (Bildmarke) efcon. Die Benutzung einzelner Bestandteile, Symbole, Motive oder Farbzusammenstellung (zB Bundesfarben in nicht flaggenartiger Ausschmückung, BPatG GRUR 05, 682 – Bundesfarben) solcher Hoheitszeichen ist frei, soweit darin nicht schon eine Nachahmung im heraldischen Sinn liegt, Ströbele/Hacker 8/507. Umgekehrt ist die Gefahr einer künftigen ungerechtfertigten Geltendmachung von VerbietungsR aus einzelnen Designelementen oder deren unzulässige Verwendung noch kein Missbrauchstatbestand, BPatG aaO – Verkehrszeichen. Abzuwägen sind die Einschränkungen und Zielrichtung eines staatlichen Verbots einerseits und andererseits die Monopolisierungs- und Marktauswirkung, die vom fraglichen Design in seiner konkret angemeldeten Gestaltung im Falle der Eintragung ausgeht, nicht von Begleiterscheinungen seiner Benutzung. Missbrauch kann demnach ausgeschlossen sein, wenn das verwendete Zeichen nur eines von mehreren Gestaltungselementen ist, dabei in seiner optischen Wirkung zurücktritt und der Verkehr nach dem optischen Gesamteindruck, ggf im Zusammenhang mit dem offensichtlich andersartigen Gebrauchszweck, darin keine hoheitliche Verwendung sieht. Hierher gehören die zahlreichen Fälle, in denen die geschützten Zeichen in Gebrauchsgegenstände eingebettet sind, die offensichtlich keinen Bezug zu der Funktion des mitabgebildeten Hoheitszeichens haben. Insbes können gesetzl Zahlungsmittel auf Produkten deutlich abweichenden Gebrauchszwecks abgebildet werden, BGH GRUR 03, 705, 706 – Euro-Billy (Euro-Münze in einer Phantasiefigur), 03, 707 – DM-Tassen (Aufdruck von DM-Banknoten- und Münzen auf Trinkbecher), ebenso zuvor BPatGE 44, 150 ff – Tasse mit Gelddarstellungen; BGH GRUR 03, 708, 709 – Schlüsselanhänger (verkleinerte Banknote als Schlüsselanhänger) ebenso zuvor BPatG GRUR 02, 337 – Schlüsselanhänger; BGH Bl 03, 291, 292 – Euro-Bauklötze (Euro-Scheine und Münzen als Dekor passend kombinierter Bauklötze), BPatG aaO – Verkehrszeichen (durch schwarze Querbalken gleichsam durchgestrichene Verkehrsschilder); auf Ersttagssammelblättern mitaufgedruckte Postwertzeichen, BGH GRUR 04, 771, 772 – Ersttagssammelblätter, BPatGE 46, 235 – Postwertzeichen, vgl auch BPatG GRUR 03, 142 – Europaemblem (GebrM), aA Pagenkopf GRUR 99, 879; GRUR 02, 759 f.

27   **c)** Kein Missbrauch besteht von vornherein bei **befugter Benutzung,** Art 6ter I a) PVÜ, vgl § 8 IV 2 MarkenG. Die Befugnis kann sich zB aus der Übertragung hoheitlicher Aufgaben auf beliehene Unternehmen, Lizenzierung ergeben. Die Befugnis zur Anmeldung des Designs oder seiner Verwendung muss von der zuständigen Stelle erteilt sein, idR wird diese aber die Befugnis zur Anmeldung ausschließen, um eine Monopolisierung zugunsten Dritter zu vermeiden, Ströbele/Hacker 8/509. Ist die Befugnis erteilt, ist nach Art 6ter VIII PVÜ die Verwechselbarkeit mit ausländischen Hoheitszeichen unschädlich. Darüber geht § 8 IV 2 MarkenG noch hinaus und erweitert diesen Ausschluss auch auf die Verwechselbarkeit mit innerstaatlichen einschlägigen Zeichen. Der Übertragung dieser Regelung auf eD, hier zu beurteilen als Ausschluss des Missbrauchstatbestands, steht nichts entgegen. Die Genehmigung einer nicht ausschließlichen Benutzung des Hoheitszeichens durch die zuständige Stelle schließt eine Genehmigung zur Anmeldung als Schutzrecht (hier: Markenanmeldung) nicht ein, HABM GRUR 05, 686 (Nr 23) – (Bildmarke) efcon.

5. Werden identische oder nachgeahmte Hoheitszeichen im geschäftlichen Verkehr in **markenähnlicher Weise** (dh auch ohne spezifisch betriebliche Unterscheidungseignung isv § 3 I MarkenG) zur Herkunftskennzeichnung im Verkehr vorsätzlich benutzt, verwirklicht sich auch ohne förmliche Anmeldung oder Registereintragung als Marke darin nach § 145 MarkenG eine Ordnungswidrigkeit, dazu LG Hmb GRUR 90, 196 – BP-CARD, Einzelh Ströbele/Hacker 145/3 f. Die Vorschrift erfasst jedes in dieser Weise geschäftlich benutzte Zeichen, auch wenn es als Design isd DesignG verstanden werden soll und auch dann, falls es als eD angemeldet und eingetragen worden ist, vgl Ströbele/Hacker 8/513. § 145 I Nrn 1, 3 MarkenG ist ggü § 124 OWiG (Bundes-, Landessymbole) Spezialvorschrift, Göhler 124/5, eine zurückhaltende Anwendung ist geboten, BPatG 33 W (pat) 32/07 v 9.12.08 (unveröff). Die Benutzung von Rotem Kreuz, Schweizer Wappen ist nach § 125 I, II OWiG eine eigenständige Ordnungswidrigkeit; die sachliche und örtliche Zuständigkeit der Verfolgungsbehörde folgt aus den §§ 36 ff OWiG. 28

VII. Gemeinschaftsgeschmacksmuster

Alle in § 3 aufgenommenen Schutzausschließungen bestehen, bei zT andersartiger dogmatischer Konstruktion, auch für GGM. Entsprechungen sind: Abs 1 Nr 1 zu Art 8 I, Abs I Nr 2 zu Art 8 II, Abs 2 zu Art 8 III, Abs 1 Nr 3 zu Art 9 und Abs 1 Nr 4 zu Art 25 I g) GGV, wobei Art 25 I g) als Nichtigkeitsgrund eingeführt ist, den ausschließlich der Betroffene geltend machen darf. Ebenso gelten die Grundprinzipien der Anwendung (grds Verständnis des Begriffs der öffentlichen Ordnung und der Sittenwidrigkeit, Anwendungsbereiche und ihre Grenzen), hier bezogen auf gemeinschaftsweit normierte Werte, näher Ruhl 9/2 ff, 8. Weil eine gemeinschaftsweit verbindliche öffentliche Ordnung nur in Ansätzen besteht, diese vielmehr weit überwiegend nationalstaatlich definiert ist, sind nach jeweiligem nationalem Recht zu bejahende Verstöße auch solche isv Art 9 GGV. Das HABM wird gem Artt 47 GGV, 11 I GGDV, Abschn 5.2 PrüfungsRL insbes zu Verstößen gegen die öffentliche Ordnung und den Missbrauch von nationalen Hoheitszeichen nur begrenzte Feststellungen treffen können, weshalb im Anwendungsbereich der Artt 9, 25 I g) GGV verstärkt durch nationale Behörden eingeleitete Nichtigkeitsverfahren in Betracht kommen, vgl auch Befugnisse der Regierungen nach Art 23 GGV. Vergleichbares gilt für die Beurteilung von Verstößen gegen die guten Sitten; ist das GGM in einem der Mitgliedstaaten nach den Kriterien des Art 9 GGV unzulässig, reicht dies aus, dessen Schutzfähigkeit insgesamt zu verneinen, Schlötelburg/Maier S 8. Wegen der gemeinschaftsweiten Wirkung von GGM wird die strengere Anschauung in einer Region oder maßgeblichen Bevölkerungsgruppe der Gemeinschaft das Schutzniveau bestimmen, weil kein Anspruch besteht, vergleichsweise laxe Einstellungen in andere Mitgliedstaaten auszu- 29 dehnen. Rassistische Aussagen eines GGM sind in jedem Falle ein Zurückweisungsgrund, Abschn 5.2 PrüfRL.

VIII. Internationale Eintragungen

30   Die Abkommensfassungen des HMA enthalten keine Vorschriften zu Tatbeständen der Schutzunfähigkeit. Diese ist nach dem jeweils nationalen bzw regionalen Recht der in den Anmeldung benannten Vertragsparteien zu beurteilen und dort ggf Gegenstand der Prüfung, ob eine Schutzverweigerung ausgesprochen werden muss, für Deutschland gem § 69, für Gemeinschaftsgeschmacksmuster s § 69 Rn 5.

Bauelemente komplexer Erzeugnisse

4 **Ein Design, das bei einem Erzeugnis, das Bauelement eines komplexen Erzeugnisses ist, benutzt oder in dieses Erzeugnis eingefügt wird, gilt nur dann als neu und hat nur dann Eigenart, wenn das Bauelement, das in ein komplexes Erzeugnis eingefügt ist, bei dessen bestimmungsgemäßer Verwendung sichtbar bleibt und diese sichtbaren Merkmale des Bauelements selbst die Voraussetzungen der Neuheit und Eigenart erfüllen.**

Übersicht

1   **1.** Am Anfang der **Entwicklung** hat gestanden, dass in Art 1b) GRL-Vorschlag 1993 der Erscheinungsform eines Erzeugnisse „Teile" hinzugefügt wurden, „die zu einem komplexen Gegenstand zusammengebaut werden sollen". Ein Teil eines komplexen Gegenstands sollte nur unter der Voraussetzung als neu gelten und Eigenart haben, dass das Muster selbst die Voraussetzungen der Neuheit und der Eigenart erfüllt, Art 3 III GRL-Vorschlag 1993. Die Begründung hierzu enthält den Hinweis, dass Teile von komplexen Erzeugnissen unter der Voraussetzung schutzfähig sein sollen, dass sie getrennt vermarktet werden können. In seiner ergänzenden Stellungnahme hat der Wirtschafts- und Sozialausschuss vorgeschlagen, den Begriff „komplexer Gegenstand" durch „komplexes Erzeugnis" zu ersetzen und „wenn das für das Teil verwendete Muster zur Neuheit und Eigenart des komplexen Erzeugnisses beiträgt" hinzuzufügen. In der ersten Lesung hat das Europäische Parlament als Änderungsforderung formuliert, dass das Muster eines Erzeugnisses, das Teil eines komplexen Erzeugnisses ist, nur insoweit als neu gelten und Eigenart haben soll, als das Teil, wenn es in das komplexe Erzeugnis eingefügt ist, bei dessen bestimmungsgemäßer Verwendung sichtbar bleibt. Als „bestimmungsgemäße Verwendung" wurde die Verwendung durch den Endnutzer bezeichnet, wobei Instandhaltungs-, Wartungs- und Reparaturarbeiten nicht eingeschlossen sein sollten. Die Kommission hat diese Änderungsforderung übernommen und dabei – neben einigen anderen geringfügigen redaktionellen Änderungen – den Begriff „Teil" durch „Bauteil" ersetzt, Art 3 III GRL-Vorschlag 1996. Durch § 4 wird die obligatorische Vorgabe aus Art 3 III GRL umgesetzt. Für eingetragene Designs, die vor dem 28.10.01 angemeldet worden sind, kommt eine richtlinienkonforme Anwendung des § 4 nicht in Betracht, weil die Bestimmungen des GeschmMG 2004 für die Beurteilung der Schutzfähigkeit keine Rückwirkung entfalten haben, BGH GRUR 08, 790 Tz 26 – Baugruppe, s hierzu § 72 Rn 4.

2. Für **Gemeinschaftsgeschmacksmuster** enthält Art 4 II GGV eine **2** inhaltsgleiche Regelung. Diese Regelung gilt sowohl für eingetragene GGM als auch für nicht eingetragene GGM. Ein Unterschied ggü § 4 besteht darin, dass die zweite Schutzvoraussetzung mit dem Wort „soweit" eingeleitet ist. Sachlich ergibt sich daraus keine Differenz, weil die Erfordernisse der Neuheit und der Eigenart nicht für Merkmale, sondern für den Gegenstand des DesignschutzR festgestellt werden müssen. Das weitere Erfordernis der Sichtbarkeit kann lediglich zur Folge haben, dass von einem Erzeugnis nur ein Teil den Schutzgegenstand bildet.

3. Der **Regelungszweck** ergibt sich weder aus der Begründung zu § 4 **3** noch aus ErwGrd 12 GRL. In ErwGrd 16 GRL-Vorschlag 1993 ist jedoch davon die Rede, dass ein Bedürfnis zur Verhinderung von Monopolen auf dem Ersatzteilmarkt bestehe. Es gehe daher darum, die Monopolmacht der Automobilhersteller und ihrer Zulieferer zu begrenzen, Mitteilung der Kommission IP/04/1101 v 14.9.04. Jeder Streit über die Schutzfähigkeit von „innenliegenden" Kfz-Bauteilen (zB Kupplung, Auspufftopf, Motorblock etc) sollte von vornherein ausgeschlossen werden, Kur GRUR Int 98, 977, 979. Die Regelung in Art 3 III GRL beruht daher auf dem Bestreben, den Schutz für Kfz-Karosserieaustauschteile auf ein Minimum zu beschränken, Eichmann Mitt 98, 252, 255. In dem Arbeitsdokument 1996 hat die Kommission ausgeführt, dass die beabsichtigte Änderung vor allem für die Automobilindustrie von Bedeutung sei, weil „bestimmte Ersatzteile, die äußerlich nicht sichtbar in das Fahrzeug eingebaut werden", vom Schutz ausgenommen seien. Zur bestimmungsgemäßen Verwendung gehöre bei einem Fahrzeug auch, dass „jemand hinten im Auto sitzt oder um das Auto herum geht". Daher sei es nicht erforderlich, dass die (Bau-)Teile während der bestimmungsgemäßen Verwendung „jederzeit sichtbar" sein müssen. Vom Schutz ausgeschlossen seien allerdings (Bau-)Teile, die „für den Verbraucher normalerweise keine Rolle spielen, weil sie nur bei Reparatur- oder Wartungsarbeiten sichtbar sind". Im Gemeinsamen Standpunkt wurde zwar als Einfügung vorgeschlagen, „wenn billigerweise davon ausgegangen werden kann", dass das Bauelement sichtbar bleibt. In der zweiten Lesung hat das Europäische Parlament diesen Vorschlag jedoch verworfen. Weil das Erfordernis der Sichtbarkeit im Endgebrauch nicht nur berechtigter Kritik ausgesetzt ist, sondern auch gegen höherrangige Normen verstößt, s Rn 7, müssen unangebrachte Schutzausschlüsse durch eine auf den Regelungszweck reduzierte Auslegung vermieden werden. Vorratsbehältnisse für Betriebsmittel von Druckern, Kopiergeräten etc, Minen und Patronen für Schreibgeräte uä können zwar dem Wortlaut nach als Bauelemente von komplexen Erzeugnissen verstanden werden, Eichmann GRUR 96, 859, 875; Mitt 98, 252, 255; Müller-Broich Mitt 08, 201, 202. Die Entstehungsgeschichte und die spezifischen Definitionen in § 1 Nr 3 und Nr 4 belegen jedoch, dass Art 3 III GRL und dessen Umsetzung in § 4 hinter allgemeinen

Formulierungen versteckte Sonderregelungen sind, die auf ihren Regelungs-zweck zu beschränken sind, s Rn 4. Zum VerbietungsR s § 38 Rn 15.

4   **4.** Dem verklausulierten **Regelungsgehalt** liegt zugrunde, dass ein kom-plexes Erzeugnis, s § 1 Rn 39, bestimmungsgemäße Verwendung, s § 1 Rn 39, findet. Die Definitionen für diese Kriterien müssen bei der Auslegung einbezogen werden. Die in § 4 geregelte Schutzbeschränkung entfaltet ihre Wirkung, wenn Einzelteile als Bauelemente von komplexen Erzeugnissen Verwendung finden. Ein Bauelement ist in ein komplexes Erzeugnis einge-fügt, wenn es ein Bestandteil dieses Erzeugnisses ist; das verdeutlicht die For-mulierung „incorporated" in der englischen Fassung. Auf die Art der Verbin-dung kommt es nicht an, s § 1 Rn 39. Ein Bauelement wird benutzt, wenn es einem komplexen Erzeugnis hinzugefügt wird; das verdeutlicht die Formulie-rung „applied to" in der englischen Fassung. Als weiteres Erfordernis ergibt sich aus § 1 Nr 3, dass ein – nicht mehr brauchbares – Bauelement durch ein – brauchbares – Bauelement ersetzt werden soll und dass hierfür bei dem kom-plexen Erzeugnis ein Auseinanderbauen (englisch *disassembly*) und ein Wie-derzusammenbauen (englisch *reassembly*) stattfindet. Dieser Vorgang findet nicht statt, wenn Behältnisse mit zum Verbrauch bestimmtem Inhalt ausge-tauscht werden, zB Kartuschen für Druckfarben in Druckern und Kopierge-räten, Tintenpatronen in Füllfederhaltern. Das sind keine Maßnahmen der Instandhaltung, Wartung oder Reperatur iSd § 1 Nr 4, sondern der normalen Benutzung; ungeprüft in HABM-NiICD 5502 vom 17.7.09 für einen Ver-dampfer zur Luftverbesserung in einem passenden Dispenser. Zündkerzen, Ölfilter, Luftfilter können zwar ausgetauscht werden, weil sie in ihrer Wir-kung nachgelassen haben, aber hier finden Maßnahmen der Wartung oder Instandhaltung statt, s Designs Practice Note 1/03 des UK-IPO.

5   **5.** Für **sichtbare Merkmale** des Bauelements hat die Regelung in § 4 zum Inhalt, dass sie Designschutz genießen, wenn sie die Voraussetzungen der Neuheit und der Eigenart erfüllen. Dadurch wird zunächst eine Selbst-verständlichkeit zum Ausdruck gebracht, weil § 37 I bestimmt, dass der Schutz für diejenigen Merkmale der Erscheinungsform eines Erzeugnisses begründet wird, die in der Wiedergabe sichtbar wiedergegeben sind. Hierzu enthält jedoch § 4 eine Sonderregelung, weil nicht auf den Gegenstand der Anmeldung, sondern auf die Verwendung eines mustergemäßen Erzeugnis-ses abgestellt wird. In BGH GRUR 87, 518, 519 – Kotflügel – ist zur De-signfähigkeit eines für ein Automobil bestimmten Kotflügels ausgeführt worden, dass es nicht darauf ankomme, ob der Kotflügel dazu bestimmt ist, für sich allein auf den Geschmackssinn zu wirken. Vielmehr sei es ausrei-chend, dass der fragliche Gegenstand im Rahmen eines Gesamtprodukts seine ihm eigene ästhetische Wirkung entfalten soll und kann. Im Anwen-dungsbereich von § 4 müssen die Merkmale des Bauelements „selbst" die Erfordernisse der Neuheit und der Eigenart erfüllen. Es ist nicht erforder-lich, dass ein Maschinenteil im Gebrauch jederzeit und vollständig sichtbar ist; bei einem mit Schneidmessern versehenen Rotor für Recycling-Shred-der hat es daher genügt, dass er für das Bedienungspersonal zur Kontrolle der ordnungsgemäßen Funktion sichtbar war, HABM-BK R 690/2007 v 22.10. 09, Rn 19, 21 – Chaff cutters.

6   **6.** Bei bestimmungsgemäßer Verwendung **nicht sichtbare Merkmale** gelten als nicht neu und eigenartig. Aus ErwGrd 12 GLR geht hervor, dass sich der Schutz nicht auf Bauelemente erstreckt, die während der bestim-

mungsgemäßen Verwendung eines Erzeugnisses nicht sichtbar sind. Ebenso besteht kein Schutz für Erscheinungsmerkmale eines Bauelements, die unsichtbar sind, wenn das Bauelement eingebaut ist. Wenn von einem Bauelement nach dem Wiederzusammenbauen des komplexen Erzeugnisses nur noch ein Teil sichtbar ist, kommt es auf die Neuheit und Eigenart dieses Teils an. Das kann zB bei Systemkomponenten für industrielle Fertigungsanlagen der Fall sein, von denen nach dem Einbau nur noch eine Seite sichtbar bleibt, s zum GeschmMG 2004 BGH GRUR 08, 790 Tz 29 – Baugruppe I. Wenn ein Design nicht neu ist oder keine Eigenart hat, ist es nichtig, § 33 I Nr 2. Die Fiktion, s Begr § 4, mit der Neuheit und Eigenart versagt wird, hat daher ebenso wie in den in § 3 geregelten Fällen zwar faktisch einen Schutzausschluss zur Folge. Weil jedoch nach § 18 nur die in § 3 I Nr 3 und Nr 4 geregelten Schutzausschlüsse vom DPMA geprüft werden, ergibt sich bei § 4 weder für Neuheit und Eigenart noch für das Kriterium der Sichtbarkeit eine Prüfungsbefugnis des DPMA. Wenn ein eingetragenes Design unanfechtbar bzw rechtskräftig vernichtet worden ist, gelten seine Schutzwirkungen als von Anfang an nicht eingetreten, § 33 IV. Diese weitere Fiktion kann nicht mit der Situation in Einklang gebracht werden, die sich ergibt, wenn das Bauelement zuerst sichtbar und im Verlauf einer Änderung des Designkonzepts nicht sichtbar eingefügt wird, Eichmann GRUR Int 96, 859, 875. Unklar ist, ob und ggf mit welcher zeitlichen Wirkung vor dem Abschluss eines Nichtigkeitsverfahrens die Nichtigkeit entfällt, wenn bei später hergestellten Erzeugnissen das Bauelement sichtbar ist, Stellungnahme GRUR 96, 742, zB durch Verwendung bzw das Weglassen von Verkleidungen, Klawitter EWS 01, 157, 160. Ebenfalls unklar ist die Rechtsfolge, wenn der Hersteller bei einer Gruppe von komplexen Erzeugnissen das Bauelement sichtbar und bei einer anderen Gruppe nicht sichtbar einfügt, Stellungnahme GRUR 96, 742; Eichmann GRUR Int 96, 875; Koschtial GRUR Int 03, 973, 981. Dieselbe Unklarheit besteht, wenn eine derart unterschiedliche Handhabung bei verschiedenen Lizenznehmern festgestellt wird. Wenn ein Bauelement unter einer transparenten Abdeckung (zB einer Motorhaube oder dem Boden einer Armbanduhr) sichtbar ist, Eichmann GRUR Int 96, 875; Klawitter EWS 01, 160 Fn 48; Zech Mitt 00, 195, 197; Müller-Broich Mitt 08, 201, kann es sich sowohl um eine Maßnahme des Marketings als auch der Umgehung handeln. Unklar ist schließlich, welche Rechtsfolge sich zB bei einem Auspufftopf daraus ergibt, dass dieses Bauelement bei üblicher Betrachtung teilweise sichtbar und teilweise nicht sichtbar ist.

7. Der Schutzausschluss für nicht sichtbar eingefügte Bauelemente ist in **7** mehrfacher Hinsicht **Kritik** ausgesetzt. Dieser Schutzausschluss ist nicht das Ergebnis von designrechtlichen Erwägungen, sondern von wirtschafts- und sozialpolitischen Bestrebungen, die im Vorfeld der sog Reparaturklausel, s § 73 Rn 1, Resonanz gefunden haben. Die Regelungstechnik trägt dem Wesen von eingetragen Schutzrechten nicht Rechnung, weil auf Kriterien abgestellt wird, die nicht dem Register entnommen werden können, sondern das Ergebnis der Beobachtung von designgemäßen Erzeugnissen sind, Eichmann GRUR Int 96, 859, 875; Kahlenberg S 123; Klawitter EWS 01, 157, 159; Zech Mitt 00, 195, 197. Die Handhabung von designgemäßen Erzeugnissen kann so unterschiedlich sein, s Rn 6, dass dem Gebot der Rechtsklarheit und der Rechtssicherheit nicht Rechnung getragen wird. Die Folge eines Schutzausschlusses, s Rn 6, ist nicht gerechtfertigt; denn der

Regelungszweck hätte mit gleicher Wirkung durch eine Beschränkung der Schutzwirkungen erreicht werden können, Stellungnahme GRUR 96, 742; Eichmann GRUR Int 96, 875. Das ist mit dem Gebot der Verhältnismäßigkeit, s EuGH GRUR Int 07, 237 Rn 53 – Laserdisken; v Danwitz EWS 03, 393, nicht vereinbar, Klawitter EWS 01, 163; Müller-Broich Mitt 08, 201, 205. Sachlich gerechtfertigt ist die Schutzausschließung ebenfalls nicht, weil dem Desingnschutz nicht die Funktion der Verwendung, sondern der Einfluss auf die Kaufentscheidung zugrunde liegt, Eichmann GRUR Int 96, 875; Klawitter EWS 01, 160; Zech Mitt 00, 197. Dieser Einfluss kann sich auch aus Verkaufsausstellungen und ähnlichen Präsentationen ergeben, s § 2 Rn 22; Koschtial GRUR Int 03, 973, 980. Die systemwidrige Regelungstechnik, Eichmann GRUR 96, 875; Kahlenberg S 123; Kur GRUR Int 98, 353, 357, GRUR 02, 661, 666; Müller-Broich Mitt 08, 205, hat zur Folge, dass Ersatz-Austauschteile auch dann vom Designschutz ausgeschlossen sind, wenn sie ihre Neuheit und Eigenart nicht der Formgebung, sondern einer besonderen Aufmachung der Oberflächengestaltung verdanken, Eichmann GRUR Int 96, 875; Mitt 98, 252, 255; Zech Mitt 00, 197. Insgesamt verstößt der Schutzausschluss für Bauelemente komplexer Erzeugnisse gegen Art 26 II TRIPS, Ruhl 4/10, sowie gegen das Gebot der Gleichbehandlung und gegen den Bestandsschutz für das geistige und gewerbliche Eigentum, Eichmann GRUR Int 96, 876; Klawitter EWS 01, 161/163; Müller-Broich Mitt 08, 205.

8   **8.** Die **Revisionsklausel** des Art 18 GRL hat die Kommission zur Vorlage eines Berichts verpflichtet, in dem die Auswirkungen der GRL insbes auf die Hersteller von komplexen Erzeugnissen und von Bauelementen analysiert werden. Anschließend sollte die Kommission Änderungen vorschlagen, die sie aufgrund ihrer Konsultationen mit den am stärksten betroffenen Parteien für erforderlich hält. Hierzu hat die Kommission in einer Erklärung v 28.10.98, ABl Nr L 289/34, die Einleitung eines Konsultationsprozesses vorgeschlagen. Am 14.9.04 hat die Kommission einen Vorschlag zur Änderung der GRL verabschiedet; dieser Vorschlag betrifft nur Art 14 GRL und damit nur Must-Match-Teile, s § 73 Rn 1. Auf nicht sichtbare Bauelemente hat der Änderungsvorschlag keine Auswirkungen.

Offenbarung

5 **Ein Design ist offenbart, wenn es bekannt gemacht, ausgestellt, im Verkehr verwendet oder auf sonstige Weise der Öffentlichkeit zugänglich gemacht wurde, es sei denn, dass dies den in der Gemeinschaft tätigen Fachkreisen des betreffenden Sektors im normalen Geschäftsverlauf vor dem Anmeldetag des Designs nicht bekannt sein konnte. Ein Design gilt nicht als offenbart, wenn es einem Dritten lediglich unter der ausdrücklichen oder stillschweigenden Bedingung der Vertraulichkeit bekannt gemacht wurde.**

Übersicht

I. Allgemeines

1. Am Anfang der **Entwicklung,** s Eichmann Mitt 98, 252, 258; Kah- **1**
lenberg S 126; Kur GRUR Int 98, 353, 356, hat gestanden, dass ein Muster
ua dann keine Unterscheidungskraft haben sollte, wenn es den in der Gemeinschaft tätigen Fachkreisen nicht bekannt ist, Art 3 III GRL-Vorentwurf
1991; krit Stellungnahme GRUR 92, 494. In Art 4 II 1 des GRL-Vorschlags
1993 wurde als Bestandteil der Definition für die Neuheit präzisiert, dass ein
der Neuheit entgegenstehendes Muster als der Öffentlichkeit zugänglich
gemacht gilt, wenn es nach der Eintragung bekannt gemacht, ausgestellt, im
Verkehr verwendet oder auf sonstige Weise offenbart wurde. Nach Art 5 II
des GRL-Vorschlags 1993 sollte ein Muster bei der Prüfung der Eigenart
nur in Betracht gezogen werden, wenn es am maßgeblichen Stichtag entweder im Markt erhältlich oder nach Eintragung veröffentlicht und nicht erloschen ist, krit Stellungnahme GRUR 94, 497. Diese Einschränkung hat
jedoch keinen Eingang in Art 5 GRL gefunden, s Kur GRUR Int 98, 356,
nachdem das Europäische Parlament die Streichung des vorgeschlagenen
Abs 2 verlangt hatte. Abweichend von der bisherigen Systematik hat Art 6
„Offenbarung" als Überschrift erhalten. Die vorher in Art 6 I, II vorgesehenen Regelungen zur Schonfrist wurden in Abs 2 zusammengefasst und geändert. In Abs 1 wurde der Vorschlag aus Art 4 II 1 des GRL-Vorschlags
1993 übernommen und geändert. Die für die Berücksichtigungsfähigkeit
von älteren Mustern maßgeblichen Tatsachen sollten den Fachkreisen des
betreffenden Sektors in der EU vernünftigerweise nicht bekannt sein können. In dem GRL-Vorschlag 1996 hat die Kommission die Regelung aus
dem GRL-Vorschlag 1993 fortgeführt und dem Änderungsantrag des Europäischen Parlaments inhaltlich stattgegeben. Das Kriterium, dass eine Offenbarungshandlung vernünftigerweise nicht bekannt sein konnte, wurde durch
das Kriterium ersetzt, dass die Offenbarung im normalen Geschäftsverlauf
bekannt sein konnte. Die Vertraulichkeitsklausel wurde erstmals in Art 4 II 2
des GRL-Vorschlags 1993 aufgenommen. Im weiteren Verlauf sind die Bestimmungen über die Offenbarung und die Vertraulichkeitsklausel unverändert geblieben. Durch § 5 wird die obligatorische Vorgabe aus Art 6 I GRL
umgesetzt. Im Anwendungsbereich des GeschmMG 1876, s § 72 Rn 2, 3,
findet § 5 zwar keine unmittelbare Anwendung. Die Grds der damaligen
Rechtspraxis, s 2. Aufl 1/25–28, entsprachen jedoch weitgehend dem Regelungsgehalt des § 5. Unterschiede bestehen nur darin, dass dort auf die
Kenntnis der inländischen Fachkreise, mwN BGH GRUR 77, 547, 550 –
Kettenkerze; GRUR 08, 153 Tz 27 – Dacheindeckungsplatten, nicht nur
auf Designs iSd § 5, s Rn 5, und auf ein begrenztes Fachgebiet, s Rn 14,
abgestellt wird.

2. Für **Gemeinschaftsgeschmacksmuster** enthält Art 7 I 1 GGV eine **2**
mit § 5 S 1 inhaltsgleiche Regelung. Die – insoweit mit Art 6 I 1 GRL

übereinstimmende – Formulierung „nach der Eintragung oder auf andere Weise (bzw auf sonstige Weise) bekannt gemacht" ist sprachlich und inhaltlich unscharf, weil ein eingetragenes DesignschutzR auch schon vor der Eintragung offenbart worden sein kann, insbes durch die Verbreitung von designgemäßen Erzeugnissen oder durch prioritätsbegründende Maßnahmen, s §§ 14, 15. Gegenstand dieser Regelung ist, dass eingetragene Designs insbes durch Akteneinsicht und Bekanntmachungen in den hierfür vorgesehenen Publikationsorganen der Öffentlichkeit zugänglich gemacht werden. Daraus ergibt sich als Klarstellung, dass Eintragungen von DesignschutzR und von anderen SchutzR dem vorbekannten Formenschatz zugehörig sind, s Rn 6. Der Wortlaut in Art 7 I 1 GGV ist ggü Art 6 I 1 GRL insoweit klarer, als die Beispiele des Ausstellens usw mit „oder" eingeleitet sind. Neben die Offenbarung durch eingetragene GeschmM und durch andere SchutzR tritt die Offenbarung dadurch, dass die maßgeblichen Fachkreise von Erzeugnissen unabhängig davon Kenntnis nehmen können, ob sie als SchutzR eingetragen sind, eingetragen waren oder erst später eingetragen werden. Die verschiedenen in Art 7 I 1 GGV aufgeführten Zeitpunkte ergeben sich aus den unterschiedlichen Regelungen für eingetragene und für nicht eingetragene GGM. Die Vertraulichkeitsvorbehalte in Art 7 I 2 GGV, Art 6 I 2 GRL und § 5 S 2 DesignG sind wortidentisch.

3 **3.** Die **Regelungssystematik** ist an die Handhabung im Bereich der technischen SchutzR angelehnt. Dort bildet der Stand der Technik, s Art 54 II EPÜ, § 3 I 2 PatG, die Grundlage für die Prüfung der Neuheit, s Art 54 I EPÜ, § 3 I 1 PatG, und der erfinderischen Tätigkeit, s Art 56 EPÜ, § 4 PatG. In der deutschen Rechtsterminologie ist der vorbekannte Formenschatz, zB BGH GRUR 78, 168, 169 – Haushaltsschneidemaschine I, das Pendant zum Stand der Technik. Die Festlegung des vorbekannten Formenschatzes hat neben den Regelungen über die Eigenart und über den Schutzumfang die weitestreichende praktische Bedeutung. Für eingetragene Designs ergibt daher der vorbekannte Formenschatz den Prüfstoff für die Ermittlungen zur Neuheit und zur Eigenart. Auf den informierten Benutzer wird in § 2 III 1 zwar zur Beurteilung der Eigenart bei der Gegenüberstellung des Gesamteindrucks abgestellt, für den vorbekannten Formenschatz ist jedoch nicht dessen Kenntnistand, sondern allein die gesetzliche Definition in § 5 maßgeblich, s § 2 Rn 30. Wenn ein Erzeugnis irgendwie der Öffentlichkeit zugänglich gemacht wurde, ist es Bestandteil des vorbekannten Formenschatzes. Ausgenommen sind nur solche Maßnahmen des Zugänglichmachens, die den Fachkreisen nicht bekannt sein konnten. Von der Dreifachbedeutung, in der Design als Begriff benutzt wird, s § 1 Rn 4, kommt es im Rahmen des § 5 darauf an, ob die Erscheinungsform eines Erzeugnisses offenbart worden ist, s Rn 5. Die geringfügigen Unterschiede, die im Wortlaut zwischen § 5 S 1, Art 6 I 1 GRL und Art 7 I 1 GGV bestehen, können zwar Bedeutung für die Auslegung von einzelnen Begriffen, aber nicht für den Regelungsgehalt erlangen.

4 **4.** Der **Regelungszweck** der Bestimmung in § 5 S 1 ergibt sich daraus, dass der Prüfung der Neuheit und der Eigenart alle Designs zugrundegelegt werden, die vor dem Anmeldetag bzw Prioritätstag, s § 13 II, des eingetragenen Designs offenbart worden sind. Durch eine breite Anlage des vorbekannten Formenschatzes soll verhindert werden, dass eD für identische oder nahezu identische Vorwegnahmen das Erfordernis der Neuheit erfüllen,

Begr Art 5 I VO-Vorschlag 1993. Für die Wiederbelebung von nicht mehr aktuellen Designs kann jedoch Schutz in Betracht kommen, Kur GRUR Int 98, 353, 356. Zur Beschränkung des Prüfstoffs hat das Europäische Parlament die Einfügung einer sog Schutzklausel gefordert. Die Musterindustrie sollte vor Nichtigkeitsklagen geschützt werden, die darauf gestützt sind, dass irgendwo in der Welt ein älteres Muster in Gebrauch ist, das der europäischen Industrie nicht bekannt sein konnte. Mit der vorgeschlagenen Einfügung sollte verhindert werden, dass Musterrechte auf das Betreiben von Rechtsverletzern für ungültig erklärt werden, die sich auf ältere Muster berufen, die in Museen oder an entlegenen Orten zu finden sind, Begr Art 6 I GRL-Vorschlag 1996. Die Berücksichtigung der Offenbarung eines Designs kann die Nichtigkeit eines eD zur Folge haben. Der verfassungsrechtliche Eigentumsschutz, s Allg Rn 14, gebietet es daher, dass für Art und Zeit der Offenbarungshandlung kein Zweifel bestehen darf. Ebenso wie bei offenkundiger Vorbenutzung muss festgestellt werden, dass und aufgrund welcher Umstände die Verbreitungshandlung den maßgeblichen Fachkreisen bekannt sein konnte, s BGH GRUR 63, 311, 312 – Stapelpresse; § 42 Rn 40. Durch die Ausnahmeregelung in § 5 S 2 wird dem Bedürfnis Rechnung getragen, vor der Anmeldung eines eD erst in vertraulichem Rahmen zu prüfen, ob ein Erzeugnis Anklang findet. Wenn ein Erzeugnis vom Anmelder innerhalb der Schonfrist Dritten offenbart wird, ist das für Neuheit und Eigenart eines nachfolgend angemeldeten eD unabhängig davon ohne Belang, ob das unter dem Vorbehalt der Vertraulichkeit geschehen ist. Offenbarungshandlungen des Rechtsinhabers außerhalb der Schonfrist, s § 6, finden uneingeschränkt Eingang in den vorbekannten Formenschatz, BGH GRUR 09, 79 Tz 22 – Gebäckpresse I. Davon ausgenommen sind lediglich Offenbarungen, die unter der Bedingung der Vertraulichkeit, s Rn 18, erfolgt sind.

5. Design ist nach der Definition in § 1 Nr 1 die Erscheinungsform eines 5 Erzeugnisses. Diese Erscheinungsform kann sich sowohl aus einem Erzeugnis als realem Gegenstand iSd § 1 Nr 2 ergeben als auch aus einer Abbildung, durch die eine Erscheinungsform erkennbar gemacht wird. In Betracht kommen wie bei der Anmeldung eines eingetragenen Designs, s § 11 II Nr 3 iVm § 7 I 1 DesignV, Wiedergaben durch graphische oder fotografische Darstellungen. Graphische Darstellungen können technische oder sonst wie schematische Zeichnungen, aber auch einfache Handzeichnungen, Modeskizzen etc sein. Eine Fixierung der Darstellung ist nicht erforderlich; ein Design kann daher durch die Wiedergabe in einem Kinofilm, s Düss GRUR-RR 12, 200, 205 – Tablet PC, oder in einem Videofilm auf einer Internet-Plattform, s HABM-NA ICD 8846, offenbart sein. Ohne Belang ist, in welchem Medium das Design offenbart worden ist, also zB als Ornament auf einer Hauswand, s HABM-NA ICD 8698, oder in einem Film. Maßgeblich ist nicht die Art der Darstellung, sondern allein der Offenbarungsgehalt. Verbale Beschreibungen sind keine Erscheinungsformen; zur Offenbarung Rn 9. Anorganische, s § 1 Rn 24, und organische Naturprodukte, s § 1 Rn 32, Tiere und Pflanzen, s § 1 Rn 35, sind ebenfalls keine Designs. Nachbildungen von Naturprodukten sind dagegen Designs, weil sie das Ergebnis einer handwerklichen oder industriellen Herstellung sind. Keine Designs sind sog freie Formen, zB Voluten des Barock, s BGH GRUR 60, 256, 258 – Chérie, die geometrische Form eines gleichseitigen Vierecks mit dem Ausschnitt eines Kreisbogens als Eckabrundung, s BGH GRUR 08,

153 Tz 28 – Dacheindeckungsplatten. Derartige Formen sind Gestaltungsmittel, aber keine Gegenstände. Freie Formen konnten nur im Anwendungsbereich des GeschmMG 1876 dem vorbekannten Formenschatz zugerechnet werden, zB BGH GRUR 60, 258; GRUR 75, 81, 83 – Dreifach-Kombinationsschalter; GRUR 80, 235, 236 – Play-family; GRUR 96, 767, 769 – Holzstühle, GRUR 08, 153 Tz 24.

II. Offenbarung

6   **1.** Die **Bekanntmachung** eines Designs ist dessen Veröffentlichung in einem hierfür bestimmten Publikationsorgan. Die vollständige Formulierung in Art 6 I GRL „nach der Eintragung oder auf sonstige Weise bekannt gemacht" ist in § 5 S 1 ua deswegen nicht übernommen worden, weil die Eintragung eines Designs nicht zwangsläufig, insbes bei Aufschiebung der Bildbekanntmachung, eine Offenbarung zur Folge hat und weil ein Design auch schon vor der Eintragung offenbart worden sein kann, s Rn 19. Nach Begr Art 5 I VO-Vorschlag 1993 ist ein Muster nicht neu, wenn es irgendwo auf der Welt eingetragen oder auf sonstige Weise der Öffentlichkeit zugänglich gemacht worden ist. Der unmittelbare Zusammenhang zwischen Eintragung und Bekanntmachung belegt, dass Gegenstand der Bekanntmachung insbes ein SchutzR ist. In Betracht kommen Veröffentlichungen von eingetragenen Designs, von Gemeinschaftsgeschmacksmustern und von internationalen Eintragungen, zB BGH GRUR 12, 512 Tz 28 – Kinderwagen I. Bekanntmachungen von ausländischen DesignschutzR führten zur Offenbarung, wenn sie den in der Union tätigen Fachkreisen zugänglich sind. Das war zB bei US-Design-Patentschriften, BGH GRUR 12, 512 Tz 34, 35, und einem chinesischen DesignschutzR der Fall; es genügt, dass von der amtlichen Bekanntmachung des registrierten SchutzR Kenntnis genommen werden konnte, BGH GRUR 09, 79 Tz 23 – Gebäckpresse I. Bekanntmachungen von technischen SchutzR können berücksichtungsfähig sein, wenn Erscheinungsformen von Erzeugnissen in technischen Zeichnungen dargestellt werden, um Erfindungen zu erläutern, zB BGH GRUR 12, 512 Tz 31 für eine internationale Patentanmeldung und Tz 33 für ein deutsches Gebrauchsmuster. Die Berücksichtung von technischen SchutzR kann sich auch daraus ergeben, dass Entwerfer bzw Verwerter prüfen müssen, ob technisch bedingte Erscheinungsmerkmale Schutz für Dritte genießen. Der Einbeziehung von SchutzR in den vorbekannten Formenschatz liegt zugrunde, dass ein Designschutz nicht gerechtfertigt ist, wenn eine Erscheinungsform durch ein SchutzR den Fachkreisen bereits offenbart worden ist. Maßgeblich ist nur diese Offenbarung, nicht also auch die Schutzwirkung des SchutzR. Es ist daher unerheblich, ob und ggf aus welchem Grund das SchutzR nach der Bekanntmachung im Register gelöscht wurde, s auch Rn 1. Vorteilhaft ist, dass SchutzR verhältnismäßig einfach ermittelt werden können und dass die Dokumentation im Hinblick auf Zeitpunkt und Erscheinungsform zuverlässig ist. Geografische Beschränkungen ergeben sich nur aus dem Erfordernis, dass für die Fachkreise die Möglichkeit der Kenntnisnahme bestanden haben muss. Neben SchutzR kommen auch Bekanntmachungen von Marken in Betracht, weil durch das MarkenR Schutz für dieselben Erscheinungsformen wie bei DesignschutzR gewährt werden kann.

2. Die **Ausstellung** eines Erzeugnisses findet statt, wenn eine Besichti- 7
gung möglich, aber eine Übergabe nicht vorgesehen ist. Ein Zurschaustellen
kann insbes auf Ausstellungen mit mehreren Teilnehmern, auf Präsentationen von einzelnen Anbietern und auf Ausstellungen mit musealem Charakter erfolgen. Eine besondere Bedeutung der Ausstellung ist nicht erforderlich, LG Düss 14c O 14 c 195/08 v 5.9.08.

3. Eine **Verwendung im Verkehr** setzt voraus, dass ein real existierendes 8
Erzeugnis in den Geschäftsverkehr gelangt ist. Das ist insbes bei allen Maßnahmen des Inverkehrbringens, s § 38 Rn 55, der Fall. Die Verwendung im
Verkehr kann auch durch Abbildungen der Öffentlichkeit zugänglich werden. Vorgänge der Einfuhr und der Ausfuhr sind nur berücksichtigungsfähig,
wenn und soweit sie für die Öffentlichkeit erkennbar sind.

4. Die **Offenbarung auf sonstige Weise** ist ein Auffangtatbestand, der 9
alle nicht speziell bezeichneten Offenbarungshandlungen umfasst. Die Eintragung eines SchutzR ist ein behördeninterner Vorgang. Wenn jedoch Einsicht in die Eintragung genommen werden kann, wird das SchutzR auf
sonstige Weise der Öffentlichkeit zugänglich gemacht. Die Anmeldung eines
DesignschutzR macht dessen Gegenstand von dem Zeitpunkt an der Öffentlichkeit zugänglich, in dem es jedermann gestattet ist, von dem Design Einsicht zu nehmen, BGH GRUR 98, 382, 385 – Schere. Das Herstellen und
die Verwendung auf einer Baustelle bewirken ohne Hinzutreten besonderer
Umstände keine Offenbarung, BGH GRUR 01, 819, 823 – Schalungselement. Der Besitz und der Gebrauch eines Erzeugnisses kann zur Offenbarung führen, wenn die Öffentlichkeit die Möglichkeit hat, Kenntnis von
dem Erzeugnis zu nehmen, zB bei Vorführungen und sonstigen Veranstaltungen aller Art. Sonstige Offenbarungen sind insbes Abbildungen in
Druckwerken, zB Zeitungen, Zeitschriften, Bücher, Kataloge, Broschüren,
in elektronischen Medien, zB Fernsehen, Internet. Erforderlich ist weder
Inverkehrbringen noch sonstiges Vermarkten, s Rn 1. Unerheblich ist, ob
die Abbildung vom Entwerfer oder von einem Dritten veröffentlicht worden
ist. Ausreichend ist jeder Vorgang, der geeignet ist, ein Design unmittelbar
oder mittelbar den Personen zur Kenntnis zu bringen, die den maßgeblichen
Fachkreisen zugehörig sind. Ein Vorzeigen im Rahmen von Geschäftsanbah-
nungen kann ebenfalls ausreichen, wenn es vor Fachkreisen stattfindet und
Vertraulichkeit nicht ausbedungen ist. Die schriftliche Beschreibung einer
vorbekannten Gestaltung kann zwar genügen. Weil es jedoch häufig schwierig ist, Gestaltungsmerkmale und deren Zusammenwirken mit Mitteln der
Sprache auszudrücken, BGH GRUR 65, 198, 200 – Küchenmaschine, kann
eine Beschreibung nur bei einfachst darstellbaren Erscheinungsformen eine
berücksichtigungsfähige Offenbarung zur Folge haben.

5. In welchem **Offenbarungsgebiet** ein Design der Öffentlichkeit zu- 10
gänglich gemacht sein muss, wird in § 5 S 1 nicht geregelt. Die nachträglich
eingefügte Beschränkung des Art 110a V 2 GGV, s GGM Rn 9, bezieht sich
nur auf nicht eingetragene GGM; sie ist daher auf eingetragene GGM und
auf eingetragene Designs weder anwendbar noch übertragbar. Die Neuheit
ist auf weltweiter Ebene zu beurteilen, Begr Art 5 II VO-Vorschlag 1993;
Offenbarungshandlungen müssen daher nicht im Gebiet der EU stattgefunden haben, EuGH GRUR 14, 368 Rn 33 – Gautzsch. Anders als bei Art 11
GGV, s hierzu GGM Rn 9, kommt es im Rahmen des Art 7 I GGV nicht
auf den Ort der Offenbarung an, BGH GRUR 09, 79 Tz 22 – Gebäck-

presse I; dasselbe gilt für § 5. Für eingetragene GGM und für eingetragene Designs unterliegt daher das Offenbarungsgebiet keinen Beschränkungen. Die Offenbarung eines Musters in Sizilien kann einem in Irland erstandenen Muster entgegenstehen, auch wenn das spätere Muster ohne Anlehnung an das jüngere Muster entwickelt wurde, Begr Art 8 VO-Vorschlag 1993. Maßgeblich ist, dass ein ausländischer Markt zu dem Kulturkreis gehört, von dem erwartet wird, dass die in der EU tätigen Fachkreise ihn bei Mustergestaltungen in ihre Beobachtungen einbeziehen, BGH GRUR 12, 1257 Tz 28 – Gartenpavillon. Für wirtschaftlich bedeutende Länder müssen Veröffentlichungen von registrierten DesignR auch außerhalb der EU erfasst werden, HABM-BK R 857/2008 v 6.10.09. Das Gebiet der EU ist nur insoweit maßgeblich, als die Fachkreise in diesem Gebiet tätig sein müssen. Auch aus Offenbarungshandlungen außerhalb der EU kann sich daher die Möglichkeit der Kenntnisnahme von einem Erzeugnis ergeben, BGH GRUR 09, 79 Tz 22, wenn den Fachkreisen das Erzeugnis unmittelbar, zB auf einer Ausstellung, oder mittelbar, zB durch Berichterstattung oder durch Bekanntmachung, zugänglich geworden ist. Maßgeblich sind die Gegebenheiten des jeweiligen Warengebiets. Bei Erzeugnissen, die einen stark ausgeprägten technischen Einschlag haben, können andere Länder eine Rolle spielen als bei Erzeugnissen des Kunsthandwerks oder der Mode. Berücksichtigungsfähig waren zB der taiwanesische Markt für das Warengebiet der Computergehäuse, BGH GRUR 04, 427, 428 – Computergehäuse, der chinesische Markt für das das Warengebiet von Haushaltsgeräten, BGH GRUR 09, 79 Tz 23, von Gartenmöbeln, BGH GRUR 12.1257 Tz 28, und von Leuchten, FfM GRUR-RR 04, 320, 321 – Kanton-Messe, die USA für Taschencomputer, Düss GRUR-RR 12, 200, 207 – Tablet PC, für Profilsohlen, Köln GRUR 56, 93, und für Freizeitschuhe, LG Düss 1414c O 195/08 v 5.9.08. Die Vorstellung einer Konferenzeinheit auf einer spanischen Fachmesse und die Berichterstattung in einer spanischen Fachzeitschrift war ebenfalls ohne weiteres berücksichtigungsfähig, EuG GRUR Int 11, 55 Rn 21 – Shenzhen Taiden.

11   **6.** Über den **Offenbarungszeitpunkt** bestimmt § 5 S 1 nur, dass die Offenbarungshandlung vor dem Anmeldetag stattgefunden hat. Die Konkretisierung dieses Zeitpunkts ergibt sich aus § 13 I und § 13 II. Bei einer Verschiebung des Anmeldetags nach § 16 V 2 kommt es auf den anerkannten Anmeldetag an, weil erst ab diesem Zeitpunkt der Gegenstand des eingetragenen Designs eindeutig konkretisiert ist. Für eine Untergrenze wurde im Geltungsbereich des GeschmMG 1876 von der Festlegung eines Zeitpunkts bewusst abgesehen. Im kollektiven Gedächtnis, s Grünbuch 5.5.5.2, kann ein Design lang verbleiben, wenn es Diskussionen ausgelöst oder die gestalterische Entwicklung beeinflusst hat. Aber nicht nur sog Designklassiker, sondern auch weniger auffällige Designs können für einen langen Zeitraum den Fachkreisen bekannt bleiben. In BGH GRUR 69, 90, 92 – Rüschenhaube – sind seit langem in Vergessenheit geratene Designs aus grauer Vorzeit nur als Extrembeispiele ausgeschlossen worden. Berücksichtigungsfähig ist, was noch bekannt oder noch zugänglich ist, s BGH GRUR 69, 94. Das kann auch bei Designs der Fall sein, die schon vor langer Zeit geschaffen worden sind, wenn sie durch Berichte oder andere Maßnahmen in die Gegenwart fortwirken und das Eingang in den normalen Geschäftsablauf gefunden hat. Aus der Veröffentlichung einer Werbeanzeige kurze Zeit nach

dem Anmeldetag eines eD kann nicht gefolgert werden, dass das in dieser
Anzeige dargestellte Erzeugnis schon vor dem Anmeldetag den Fachkreisen
bekannt sein konnte, BGH GRUR 04, 427, 428 – Computergehäuse.

7. Nach der Kenntnis der **Fachkreise** richtet es sich, ob ein Design Ein-   **12**
gang in den vorbekannten Formenschatz gefunden hat. Zu den Fachkreisen
werden zwar Designer, Rehmann Rn 25; Maier/Schlötelburg S 10; Bulling/
Langöhrung/Hellwig Rn 51, sowie Personen gerechnet, die neben Designern Einfluss auf die Erscheinungsformen von Erzeugnissen nehmen können, Voraufl § 5 Rn 7. Aber auch für die Offenbarung von nicht eingetragenen GGM wird in Art 11 II 1 GGV auf die Fachkreise abgestellt. Weil der
einzige Unterschied darin besteht, dass es dort anstelle von „nicht bekannt
sein konnte" auf „bekannt sein konnte" ankommt, unterscheiden sich die
für die Schutzverhinderung maßgeblichen Fachkreise nicht grds von den für
eine Schutzbegründung maßgeblichen Fachkreisen. Aus den weiteren Para-
metern des normalen Geschäftsverlaufs und der Zugehörigkeit zum betreffenden Wirtschaftszweig bzw Industriesektor, s Rn 13, 15, ergibt sich, dass
die in einer Branche geschäftätigen Personen gemeint sind. Das sind Hersteller und herstellergleiche Anbieter als Wettbewerber sowie alle Formen
und alle Stufen des Handels. Zur Vermeidung von Ungleichbehandlungen
sollten bei einem Direktvertrieb die potentiellen Abnehmer den Fachkreisen
auch dann zugerechnet werden, wenn sie nicht geschäftätig sind. Auf
Kenntnisse von Personen der Lehre, der Berichterstattung und der Designkritik kann dagegen nicht abgestellt werden, § 2 Rn 29. Schon im Anwendungsbereich des GeschmMG 1876 kam es nicht auf die Kenntnis des
Durchschnittsbetrachters, sondern auf die Kenntnis der Fachkreise an, weil
deren Wissen und Können für die Beurteilung der Neuheit und der Eigentümlichkeit maßgeblich war, BGH GRUR 08, 153 Tz 27 – Dacheindeckungsplatten. Weil es um eine Offenbarung ggü der Öffentlichkeit geht
und dabei nicht nur auf einzelne Fachleute abgestellt wird, muss die Offenbarung auf Breitenwirkung angelegt sein. Die Offenbarung muss daher idR
ggü einem breiter angelegten Kreis erfolgt sein, BGH GRUR 12, 1253
Tz 27 – Gartenpavillon. Nach EuGH GRUR 14, 368 Rn 34–36 – Gautzsch
– ist es eine Tatsachenfrage des jeweiligen Einzelfalls, ob die Lieferung eines
Designs an ein einziges Unternehmen in der EU und die Ausstellung in
einem Ausstellungsraum außerhalb der EU und ausreichend waren. Bei der
Möglichkeit der Kenntnisnahme müssen die Fachkreise so der Öffentlichkeit
zugehörig sein, dass die Gefahr von Manipulationen weitgehend ausgeschlossen ist. Das ist der Fall, wenn ein nennenswerter Teil der Fachkreise
die Möglichkeit der Kenntnisnahme gehabt hat oder wenn eine Weitergabe
der Offenbarung an Mitglieder der Öffentlichkeit nachfolgt. Die Lieferung
von 2000 Uhren von Hongkong an einen Abnehmer in den Niederlanden
konnte daher ausreichen, EuG GRUR Int 11, 746 Rn 32 – Sphere Time,
weil die Uhren als Werbegeschenke gestaltet und deswegen für einen breiten
Empfängerkreis bestimmt waren. Für die Fachkreise sind zahlenmäßige
Quantifizierungen nicht möglich, weil die Anzahl von Fachpersonen in den
einzelnen Wirtschaftszweigen sehr unterschiedlich sein kann. In der Branche
der Damenoberbekleidung gibt es zB viele Fachpersonen, dagegen bestehen
die Fachkreise für Eisenbahnzüge aus nur wenigen Personen. Ein einzelner
Kunde hätte zwar als ausgewähltes, aber nicht als beliebiges Mitglied der
Fachkreise Kenntnis erlangt, BGH GRUR 12, 1253 Tz 27.

13   **8. Betreffender Sektor** ist synonym zu „betreffender Wirtschaftszweig" in Art 7 I GGV, „jeweiliger Industriesektor" in ErwGrd 13 GRL und „jeweiliger Industriezweig" in ErwGrd 14 GGV. In der deutschen Rechtspraxis wird meistens von Branche bzw (Fach-)Gebiet gesprochen. Wie der betreffende Sektor zu bestimmen ist, geht zwar aus § 5 S 1 nicht unmittelbar hervor. In Art 6 S 1 GMRL erfolgt jedoch durch die einleitende Referenz „Im Sinne der Artikel 4 und 5" eine Zuweisung zur Ermittlung der Neuheit und der Eigenart. Sprachlich noch deutlicher ergibt sich das durch die einleitenden Worte *„for the purpose of applying articles …."* in den englischen Sprachfassungen. Diese Zuweisung ist für die Auslegung des § 5 S 1 maßgeblich, weil Art 6 GRL eine umsetzungspflichtige Bestimmung ist. Damit besteht auch Gleichklang mit Art 7 I 1 GGV, der dieselbe Einleitung aufweist. Für die Schutzvoraussetzungen der Neuheit und der Eigenart kommt es daher darauf an, ob ein älteres Design den Fachkreisen nicht bekannt sein konnte, in denen dieses Design üblicherweise vermarktet wird, Ruhl 7/11; aA Maier/Schlötelburg S 9/10; Becker GRUR Int 12, 312, 316. Massagekugeln mit igelartigen Noppen gehören bei Kunststoffkugeln mit ebenfalls igelartigen Noppen, die zur Verwendung in elektrischen Wäschetrocknern bestimmt sind, zum vorbekannten Formenschatz, High Court (London) v 19.7.07, [2007] EWHC 1712 (Pat); Supreme Court (London) v 23.4.08, EWCA Civ 358. Weil es keine Rolle spielt, wie es sich mit dem Verwendungszweck von geschützten Erscheinungsformen und von beanstandeten Erzeugnissen verhält, s § 38 Rn 12, könnte sonst das Verbietungsrecht auch solche Erzeugnisse erfassen, die in völlig andersartigen Branchen schon seit langem Teil des Marktgeschehens sind. In Deutschland ist jedoch ein vorveröffentlichtes eD für ein Räuchermännchen in Heizofenform gegenüber einem eD für einen nahezu identischen Kaminofen nicht als neuheitsschädlich anerkannt worden, Hbg BeckRS 10, 24928 – Kaminöfen (LS in WRP 10, 1416).

14   **9.** Die maßgeblichen Fachkreise müssen ihre **Tätigkeit in der Europäischen Union** ausüben. Die den Fachkreisen zugehörigen Personen müssen daher im Gebiet der EU beruflich tätig sein. Das Gebiet der EU ist durch Art 6 I 1 GRL vorgegeben. Diese Regelung stimmt mit Art 7 I 1 GGV überein. Aus der ErwGrd 4 GRL geht hervor, dass bei den Vorschriften der Mitgliedstaaten die Lösungen und Vorteile berücksichtigt werden sollen, die das Gemeinschaftsmustersystem den Unternehmen bietet. Dem liegt, wie ErwGrd 1 bis 3 GRL zeigen, das Ziel der Schaffung eines funktionierenden Binnenmarkts auch im Bereich der einzelstaatlichen Gesetzgebung zugrunde. Wenn für die Fachkreise eines Mitgliedstaats im äußersten Norden oder Westen der EU die Möglichkeit zur Kenntnisnahme bestanden hat, soll das auch für einen Mitgliedstaat im äußersten Süden oder Osten eine Offenbarung iSd § 5 S 1 zur Folge haben. Das weicht erheblich davon ab, dass im Anwendungsbereich des § 1 II GeschmMG 1876 auf die Kenntnisse nur der inländischen Fachkreise abgestellt wurde, BGH GRUR 69, 90, 94 – Rüschenhaube. Diese Einschränkung kann zwar bei der Anwendung des § 5 S 1 nicht beibehalten bleiben. Aber das Ziel des Designschutzes, Investitionen für die Entwicklung und Herstellung neuer Erzeugnisse zu unterstützen, Allg Rn 10, muss ebenfalls Berücksichtigung finden. Dem wird insbes dadurch Rechnung getragen, dass für Eigenart nur Unterschiedlichkeit erforderlich ist.

10. Was ein **normaler Geschäftsverlauf** iSd § 5 S 1 ist, muss durch eine 15 Auslegung ermittelt werden, für die keine Vorgaben zur Verfügung stehen. Gemeint ist der gewöhnliche Geschäftsverlauf der Fachkreise, BGH GRUR 12, 1253 Tz 28 – Gartenpavillon. Maßnahmen der Marktbeobachtung rechnen zum normalen Geschäftsverlauf der Fachkreise jeden Wirtschaftszweigs, um die Konkurrenzlage und neue Tendenzen bei der Entwicklung der eigenen Erzeugnisse zu berücksichtigen, BGH GRUR 12, 1253 Tz 21; Voraufl § 5 Rn 16. Die Fachkreise für Konferenzeinheiten verfolgen im normalen Geschäftsverlauf die für diesen Wirtschaftszweig einschlägigen Vorstellungen auf Fachmessen und Veröffentlichungen in Fachzeitschriften, EuG GRUR Int 11, 55 Rn 21 – Shenzhen Taiden. Im normalen Geschäftsverlauf wurden auch Stände in Hotels aufgesucht, die den Räumlichkeiten einer angesehenen Messe benachbart waren, FfM GRUR-RR 04, 320, 321 – Kanton-Messe. Wie es sich mit Ausstellungen einzelner Anbieter verhält, hängt von den Gegebenheiten des Einzelfalls ab, ua Marktbedeutung des Anbieters, geographische Lage der Ausstellungsräume, Branchenusancen, Verhältnis zu anderen Präsentationen (zB im Internet), Versand von Einladungen zu sog Hausmessen. Maßgeblich ist die Geschäftsüblichkeit des Verhaltens nicht nur von einzelnen Fachpersonen, sondern des breiter angelegten Fachkreises, s Rn 12. Ob es zum gewöhnlichen Geschäftsverlauf der Fachkreise für Gartenpavillons gehört, sich in Ausstellungsräumen eines Anbieters über dessen Warenangebot zu informieren, wenn diese sich in einem Ort abseits der großen Städte Chinas befinden, wurde in BGH GRUR 12, 1253 Tz 28 verneint, in EuGH GRUR 14, 368 Rn 34 – Gautzsch – als Tatsachenfrage des jeweiligen Einzelfalls bezeichnet. Ebenso wie für den geschäftlichen Verkehr iSd MarkenR geht es um einen Vorgang, der im Zusammenhang mit einer auf einen wirtschaftlichen Vorteil gerichteten Tätigkeit steht und nicht im privaten Bereich erfolgt, s EuGH GRUR 10, 445 Rn 50 – Google France. Kultobjekte in Museen werden daher idR nicht im normalen Geschäftsverlauf wahrgenommen, offen gelassen in Hbg GRUR-RR 13, 138, 141 – Totenkopfflasche. Der Besuch von Ausstellungen mit musealem Charakter ist zwar dem privaten Bereich zuzuordnen, aber eine Berichterstattung über ein Museumsexponat kann das geschäftsorientierte Interesse von Fachkreisen gefunden haben. Wenn nur im Direktvertrieb verkauft wird, kann es zur Vermeidung von Ungleichbehandlungen geboten sein, die Kenntniserlangung auch von Privatpersonen einem normalen Geschäftsverlauf zuzurechnen. Die Berücksichtigung von SchutzR, s Rn 6, führt dazu, dass Recherchen und deren Auswertung im normalen Geschäftsverlauf erfolgen. Es gehört daher zum normalen Geschäftsverlauf der Fachkreise aller Wirtschaftszweige, dass nach registrierten Designrechten recherchiert wird; dabei müssen wirtschaftlich bedeutende Länder auch außerhalb der EU erfasst werden, HABM-BK R 857/2008 v 6.10.09.

11. Dass **keine Möglichkeit des Bekanntseins** bestanden hat, kann bei 16 einem Design kaum ausgeschlossen werden, wenn es einmal offenbart worden ist. Es ist nicht nur eine semantische Feinheit, wenn in Art 11 II 1 GGV darauf abgestellt wird, ob das offenbarte Muster den maßgeblichen Fachkreisen bekannt sein konnte, um als Vorgang des Zugänglichmachens Berücksichtigung zu finden. Für die Begründung des Schutzes durch ein nicht eingetragenes GGM ist es nämlich sachgerecht, dass die Möglichkeit der Kenntnisnahme positiv festgestellt werden muss. Wenn es dagegen darum geht, ob ein älteres Design der Neuheit oder der Eigenart eines eingetragenen DesignschutzR entgegensteht, bleiben Offenbarungen nur dann unberücksichtigt, wenn sie den Fachkreisen nicht bekannt sein konnten. Maßgeblich ist daher nur, ob aus objektiver Sicht die Möglichkeit der Kenntnisnahme bestanden hat. Ob tatsächlich Kenntnis genommen wurde und ob eine Beobachtung zumutbar war, spielt dagegen keine Rolle und muss daher nicht belegbar sein, Düss GRUR-RR 12, 200, 206 – Tablet PC. Eine Relativierung ergibt sich jedoch daraus, dass nach anderen Sprachfassungen das Muster zB *reasonably* – *raisonnablement* – *razonablemente* – *ragionevolmente* – *redelijkerwijs,* also vernünftigerweise nicht bekannt sein konnte. Vor allem die englische und die französische Fassung haben Vorrang vor der unzulänglichen Übersetzung in die deutsche Sprache. Nur noch im Anwendungsbereich des § 1 II GeschmMG 1876 kann es daher eine Rolle spielen, ob Muster den Fachkreisen bei zumutbarer Beobachtung bekannt sein konnten, s BGH GRUR 90, 90, 94 – Rüschenhaube; GRUR 00, 1023, 1026 – 3-Speichen-Felgenrad; GRUR 04, 427, 428 – Computergehäuse. Ob die Ausstellung in einem Ausstellungsraum außerhalb der EU und die Lieferung eines Designs an ein einziges Unternehmen in der EU nicht bekannt sein konnte, ist eine Tatsachenfrage des jeweiligen Einzelfalls, EuGH GRUR 14, 368 Rn 34–36 – Gautzsch. Unzulänglichkeiten bei einer Recherche eines Verfahrensbeteiligten rechtfertigen keinen Rückschluss auf die Möglichkeit der Kenntnisnahme durch andere Mitglieder der Fachkreise, Düss GRUR-RR 12, 206. Als Korrektiv zur Feststellung der Unmöglichkeit wirkt, dass im es normalen Geschäftsverlauf, s Rn 15, und mit ausreichender Breitenwirkung, s Rn 12, möglich gewesen sein muss, von einem offenbarten Design Kenntnis zu nehmen. Es muss daher eine nach den Umständen realistische Chance zur Kenntnisnahme bestanden haben. Eine Offenbarung bleibt unberücksichtigt, wenn auf sie die Mitglieder der Fachkreise allenfalls durch Zufall hätten stoßen können, FfM GRUR-RR 04, 320, 321 – Kanton-Messe. Bei Veröffentlichungen im Internet geht es entgegen HABM-NA ICD 8539 nicht um die spätere Recherchierbarkeit, sondern um die Möglichkeit der Kenntnisnahme durch die maßgeblichen Fachkreise in der Zeit der Veröffentlichung, HABM-NA ICD 8717 Rn 43. Unzulänglichkeiten bei einer Recherche eines Verfahrensbeteiligten rechtfertigen daher keinen Rückschluss auf die Möglichkeit der Kenntnisnahme durch andere Mitglieder der Fachkreise, Düss GRUR-RR 12, 206. Ein eingetragenes GGM wird nicht schon durch die Anmeldung der Öffentlichkeit zugänglich gemacht, weil vor der Bekanntmachung eine allgemeine Recherche nicht möglich ist, BGH GRUR 10, 718 Tz 40 – Verlängerte Limousinen. Bei einem deutschen Gebrauchsmuster genügt die Möglichkeit der Kenntnisnahme durch Akteneinsicht ab dem Tag der Eintragung, HABM-NA ICD 5353. Ein Durchschnittsmitglied der Fachkreise muss mit gewisser Wahrscheinlichkeit Kenntnis von der Offenbarung haben können, Düss GRUR-RR 12, 206. Bei einem eingetragenen Design kann es von Interesse sein, Einzelheiten über eine prioritätsbegründende Auslandsanmeldung durch Akteneinsicht oder durch eine Recherche in Erfahrung zu bringen, Düss GRUR-RR 12, 207. Wenn es um das Erscheinungsbild eines Erzeugnisses geht, dessen Abbildung als Benutzungsnachweis für eine Wortmarke durch eine Online-Recherche nach dieser Marke im Register des USPTO ausfindig gemacht werden konnte, ist das jedoch keine Offenbarung ggü einem nennenswerten Teil der Fachkreise. Ob die Feststellung zumutbar war oder gar überobligatorischer Anstrengungen bedurfte, s LG Düss 14c 195/08 v 5.9.08, ist dagegen unerheblich. Für die Möglichkeit des Bekanntseins kann es ausreichen, dass ggf Übersetzungen angefertigt werden müssen, HABM-NA ICD 4315 und 4349 v 31.3.08. Dass die Fachkreise durch Beachtung eines ausländischen Marktgeschehens von einem Erzeugnis Kenntnis erlangen konnten, bedarf der Feststellung, BGH GRUR 04, 428. Bei einer Werbeanzeige in einer in den USA verbreiteten Zeitschrift musste daher ermittelt werden, ob sie den Fachkreisen des betreffenden Warengebiets bekannt sein konnte, BGH GRUR 90, 90, 95 – Rüschenhaube. Einen für den fraglichen Wirtschaftskreis wichtigen Auslandsmarkt beziehen die Fachkreise in ihre Beobachtung ein, BGH GRUR 09, 79 Tz 23 – Gebäckpresse I, Einzelh Rn 10.

12. Nachforschungen zum vorbekannten Formenschatz werden idR zu-   **17** erst in den eigenen Unterlagen, insbes zur Konkurrenzbeobachtung, durchgeführt. Fachkreise informieren sich zwar durch Fachbücher und Fachzeitschriften, nehmen aber auch Veröffentlichungen in allgemeinen Medien zur Kenntnis. In Fachzeitschriften, vielfach auch in Publikumzeitschriften, werden Produktneuheiten sowohl redaktionell als auch werblich so präsentiert, dass häufig auch hierzu Nachforschungen möglich sind. Weil für Produktneuheiten häufig SchutzR angemeldet werden, können Recherchen ähnlich wie bei Benutzbarkeitsrecherchen, s § 38 Rn 12, aber erweitert, s Rn 6, auf ausländische DesignschutzR sowie auf Marken und technische SchutzR des In- und Auslands verwertbare Ergebnisse bringen. Umfassend sind idR Produktkataloge von Herstellern und von Unternehmen sowohl des Versandhandels als auch des spezialisierten Einzelhandels. Mit Nachforschungen im Internet können zwar idR nur die aktuellen Angebote ermittelt werden. Mit speziellen Suchmaschinen (zB unter den Adressen www.waybackmachine.com und www.archive.org/web/web.php) ist es jedoch möglich, auch Altversionen von Homepages, Websites etc zu dokumentieren.

III. Vertraulichkeit

1. Wenn eine Information unter der **Bedingung der Vertraulichkeit**   **18** erfolgt ist, gilt das nicht als Offenbarung im Rechtssinn, § 5 S 2. Mit Bedingung ist keine Erklärung iSd § 158 BGB, sondern eine Aufforderung oder ein Vorbehalt gemeint. Das ergibt sich aus dem Regelungszweck und aus der Formulierung „conditions of confidentality" in der englischen Fassung des Art 6 I GRL. Ein Vorbehalt der Vertraulichkeit kann zB im Wortlaut einer Einladung zu einer Veranstaltung, in einem Hinweis in der Veranstaltung oder auf einer Warenprobe enthalten sein. Der Vorbehalt kann sich auch aus konkludentem Verhalten oder aus den Gesamtumständen der Information ergeben, BGH GRUR 97, 892, 895 – Leiterplattennutzen. Bei Arbeitnehmern kann die arbeitsrechtliche Treuepflicht eine Geheimhaltungspflicht zur Folge haben, BGH GRUR 97, 895. Entwicklung und Erprobung begründen idR ohne weiteres öffentliche Zugänglichkeit, BGH GRUR 01, 819, 823 – Schalungselement. Informationen im Rahmen von Geschäftsbeziehungen oder bei deren Anbahnung können einer konkludent begründeten Geheimhaltungspflicht unterliegen, BGH GRUR 01, 823. Aus Begleitumständen kann ein konkludenter Vorbehalt der Vertraulichkeit ua dadurch zum Ausdruck gebracht sein, dass zu einer Präsentation nur bestimmte Personen eingeladen werden und eine Zugangskontrolle stattfindet. Die Lieferung an einen Abnehmer begründet jedenfalls dann öffentliche Zugänglichkeit, wenn sich daraus die Möglichkeit der weiteren Verbreitung ergibt, BGH GRUR 99, 976, 977 – Anschraubscharnier. Selbst durch die vereinzelte Überlassung von Warenproben an potentielle Kunden wird ein Design der Öffentlichkeit zugänglich gemacht, wenn dadurch die Möglichkeit der Kenntnisnahme durch einen unbegrenzten Personenkreis eröffnet wird, BGH GRUR 69, 90, 93 – Rüschenhaube. Anders kann es sein, wenn zum Ausdruck gebracht wird, dass die Warenprobe nur für den Empfänger bestimmt und/oder eine Weitergabe an Dritte nicht gestattet ist. Übermittelt der Empfänger der vertraulichen Information diese ohne einen Vorbehalt der Vertraulichkeit Dritten, kann es sich im äußeren Ablauf um eine Offenbarung iSd § 5 S 1 handeln.

19 2. Welche Rechtsfolge ein **Bruch der Vertraulichkeit** hat, ist in § 5 S 2 nicht geregelt. Ein Bruch der Vertraulichkeit kann Öffentlichkeit zur Folge haben, BGH GRUR 93, 466, 469 – Reprint-Versendung. Im Anwendungsbereich von § 7 II GeschmMG 1876 konnte sich eine neuheitsschädliche Vorbereitung auch daraus ergeben, dass Dritte unter Bruch eines Vertrauensverhältnisses oder einer Geheimhaltungspflicht ein Muster der Öffentlichkeit zugänglich gemacht haben, BGH GRUR 58, 351, 352 – Deutschlanddecke. Diese Rechtsfolge wird durch § 5 S 2 nicht ausgeschlossen, weil nur fingiert wird, dass das Zugänglichmachen eines Designs unter dem Vorbehalt der Vertraulichkeit keine Offenbarung ist. Die Verletzung einer Geheimhaltungspflicht ist jedoch eine missbräuchliche Handlung iSd § 6 S 2. Die hierdurch begründete Offenbarung bleibt daher bei der Anwendung des § 2 II und III unberücksichtigt, wenn sie während der zwölf Monate vor dem Anmeldetag eines eingetragenen Designs erfolgt. Dass für die Nichtberücksichtigung keine zeitliche Einschränkung bestehen soll, Günther/Beyerlein WRP 03, 1422, 1424, kann weder § 5 S 2 iVm Art 6 III GRL noch Art 7 III GGV entnommen werden.

IV. Darlegungs- und Beweislast

20 Die Offenbarung eines Designs ist Grundlage für die Beurteilung der Neuheit und der Eigenart. Das ist in Art 7 I 1 GGV durch die Bezugnahme auf Art 5 und 6 GGV klargestellt. Die Vermutung aus § 39, dass die an die Rechtsgültigkeit eines eingetragenen Designs zu stellenden Anforderungen erfüllt sind, bezieht sich im Anwendungsbereich dieser Bestimmung, s § 39 Rn 1, insbes auf die Voraussetzungen der Neuheit und der Eigenart, § 39 Rn 4. Zur Widerlegung trifft daher den Anspruchsgegner die Darlegungs- und Beweislast dafür, dass (1) ein entgegenstehendes Design offenbart worden ist und (2) dieses Design unter den gesetzlich festgelegten Umständen bekannt sein konnte. Dem trägt nicht Rechnung, wenn auf die allg Grds zur Beweislastverteilung abgestellt und die in § 5 S 1 mit „es sei denn" eingeleiteten Erfordernisse als Ausnahmeregelung mit der Folge einer Beweislastumkehr bezeichnet werden, zB FfM GRUR-RR 04, 320, 321 – Kanton-Messe; LG Düss 14c O 195/08 v 5.9.08; Kur GRUR 02, 661, 665; Krüger/v Gamm GRUR 04, 978, 981; Ruhl 7/40. Den Anspruchsgegner trifft vielmehr unverändert die Beweislast dafür, dass ein Design zum vorbekannten Formenschatz gehört, BGH GRUR 04, 939, 941 – Klemmhebel. Der Anspruchsgegner muss daher ggf Beweis erbringen, dass die Offenbarung im normalen Geschäftsverlauf stattgefunden hat, s Rn 15, und einem nennenswerten Teil in der in der Union, s Rn 14, tätigen Fachkreise, s Rn 12, des betreffenden Sektors, s Rn 13, bekannt sein konnte. Im Klageverfahren muss nach § 52a das Gericht von der Rechtsgültigkeit des Klagedesigns, also inbes von dessen Neuheit und Eigenart ausgehen, wenn der Bekl von den dort vorgesehenen Möglichkeiten keinen Gebrauch gemacht hat. Wenn sich der Rechtsinhaber darauf beruft, dass eine von ihm verursachte Offenbarung unter der Bedingung der Vertraulichkeit erfolgt ist, s Rn 19, obliegt ihm insoweit die Beweislast. Der Anspruchsgegner kann jedoch Beweis dafür erbringen, dass nicht jede Person, der ggü die Offenbarung stattgefunden hat, zur Geheimhaltung verpflichtet war.

Neuheitsschonfrist

6 **Eine Offenbarung bleibt bei der Anwendung des § 2 Abs. 2 und 3 unberücksichtigt, wenn ein Design während der zwölf Monate vor dem Anmeldetag durch den Entwerfer oder seinen Rechtsnachfolger oder durch einen Dritten als Folge von Informationen oder Handlungen des Entwerfers oder seines Rechtsnachfolgers der Öffentlichkeit zugänglich gemacht wurde. Dasselbe gilt, wenn das Design als Folge einer missbräuchlichen Handlung gegen den Entwerfer oder seinen Rechtsnachfolger offenbart wurde.**

Übersicht

I. Nationales Recht

1. Die **Entwicklung** des § 6 ist kurz; erst zugunsten der vom 1.7.1988 an **1** eingereichten GeschmM-Anmeldungen konnte nach dem seinerzeit neuartigen § 7a aF eine sechsmonatige Neuheitsschonfrist in Anspruch genommen werden. Diese Frist ist in § 6 auf 12 Monate erweitert, weitere Offenbarungshandlungen und auch bestimmte Missbrauchsfälle sind nunmehr mit eingeschlossen, Rn 6. Ein Vorläufer, der bereits eine Schonfrist von 12 Monaten aufzeigt, findet sich im Entwurf 1977, s Englert S 74. Grundlegend für die geltende Regelung ist Art 8 MPI-E, dessen zwölfmonatige Schonfrist über Art 5 des Grünbuchs in Art 6 II, III GRL und Art 7 II, III GGV eingeflossen ist. Die Beibehaltung der Neuheitsschonfrist im geltenden Ges trägt damit auch einer internationalen Tendenz zu breiter Einführung der Neuheitsschonfrist Rechnung. Eine vergleichbare Regelung ist § 3 I 3 GebrMG; die Anwendungsbereiche beider Vorschriften waren bisher unterschiedlich, wobei § 7a aF schwerwiegende Regelungsdefizite aufwies,

Rn 10, die durch andere Abgrenzung der erforderlichen Personen- und Sachidentität nunmehr behoben sind, Rn 5–7. Das Recht der ehemaligen DDR sah keine Neuheitsschonfrist vor, Richter GRUR Int. 89, 754; neuheitsschädliche Vorveröffentlichungen des Anmelders konnten dort die Schutzfähigkeit ausschließen, was über § 5 ErstrG gem § 66 I 2 auch heute noch relevant werden kann, § 60 Rn 2. Die Neuheitsschonfrist steht seit dem 6.3.2002 in Konkurrenz zum nicht eingetragenen GGeschmM nach Art 1 II b) GGV, Rn 12 f.

2　**2.** Der Anmeldung des betreffenden Musters vorangegangene Veröffentlichungen oder Verbreitungshandlungen auch des Anmelders oder Entwerfers schaffen, soweit sie Offenbarungen iSd §§ 2 II 1, 5 sind, neuheitsschädlichen Formenschatz. Die Neuheitsschonfrist stellt eine Ausnahme von diesem Grds dar und hat den **Zweck**, dass in den vor dem Prioritätstag, Rn 8, liegenden 12 Monaten neuheitsschädliche Vorbeschreibungen oder Vorbenutzungen des Musters unberücksichtigt bleiben, sofern diese Vorbekanntmachungen gerade diesen Gegenstand betreffen und sie ausschließlich vom Entwerfer, seinem Rechtsnachfolger oder von bestimmten Dritten, Rn 6, veranlasst worden sind. Diese Vergünstigung soll Entwerfer in die Lage versetzen, etwa durch Vorführungen oder Beschreibungen neuer Schöpfungen zunächst deren Markterfolg abzuschätzen, so dass nachfolgende Anmeldungen auf die marktgängigen Muster beschränkt und dadurch Anmeldungskosten gespart werden können, Begr B VI 4 und zu § 7a aF, Erwägungsgrund 20 GGV. Dies kommt Bedürfnissen der Wirtschaft, insbes kleinen und mittleren Unternehmen, entgegen, die oft die rechtlichen Folgen von Vorveröffentlichungen nicht einschätzen können, vgl Erwägungsgrund 20 GGV. Darüber hinaus soll der Anmelder umfassend vor den Nachteilen des vorzeitigen Bekanntwerdens seiner Entwicklungsarbeit bewahrt werden, BGH GRUR 69, 271, 272 – Zugseilführung mwN (PatR), zB bei Bekanntmachung einer vorausgehenden parallelen Markeneintragung desselben Gegenstands des GeschmM-Anmelders, v Mühlendahl, Bericht GRUR 03, 137. Gleichwohl gewährt § 6 keinen allg wirkenden Schutz gegen die Veröffentlichung identischer Gestaltungen unabhängiger Dritter innerhalb der Zwölfmonatsfrist, sondern gilt ausschließlich bei zugleich bestehender Personen- und Sachidentität, Rn 5–7 oder in Missbrauchsfällen. Darin zeigt sich der Unterschied zur Vorverlegung des Altersrangs durch Inanspruchnahme einer Priorität iSd §§ 14 oder 15, die jeglicher Drittveröffentlichung im Prioritätsintervall die neuheitsschädliche Wirkung nimmt. Die Neuheitsschonfrist schützt während ihres Laufs auch nicht gegen das Entstehen vorrangiger älterer, zunächst unveröffentlichter Rechte iSd § 34 S 1 Nr 3. Im Streitfall kann die Neuheitsschonfrist als Einwand dienen im Verfahren über eine Nichtigkeitsklage nach § 33 I, soweit mit ihr die Neuheit und Eigenart in Frage gestellt sind. Die Privilegierung durch die Neuheitsschonfrist wird uU durch das Entstehen eines nicht eingetragenen Gemeinschaftsgeschmacksmusters überlagert, Rn 12.

3　**3.** Die **Problematik** der geltenden Regelung in § 6 und grds einer Neuheitsschonfrist schränkt ihren Nutzen ein: Die vorzeitige Bekanntgabe nicht identischer Gestaltungen, sondern lediglich nahekommender Abwandlungen des fraglichen Musters gefährdet den Bestand des GeschmM, Rn 7, und für wirtschaftlich kurzlebige Saisonartikel, die alsbald nach Veröffentlichung nachgeahmt werden, kann der durch die spätere Eintragung nach Anmeldung gewährleistete GeschmM-Schutz bereits zu spät kommen, so Kelbel

GRUR 89, 633 sogar für den früher schon mit der Anmeldung vollendeten Nachbildungsschutz. Soweit im Ausland dasselbe Muster nachangemeldet werden soll, wirkt sich die durch die Neuheitsschonfrist privilegierte inländische Vorbekanntmachung nur dann nicht als neuheitsschädliche Vorwegnahme aus, wenn die Rechtsordnung des betreffenden Staates ebenfalls eine Neuheitsschonfrist vorsieht, sofern diese sich auch auf ausländische Vorbekanntmachungen erstreckt. Die meisten Staaten sehen allerdings keine Neuheitsschonfrist vor; soweit sie gewährt wird, ist ihre inhaltliche Ausgestaltung oft unterschiedlich, Theiss Bl 52, 215, Hamburger GRUR Int 63, 189. Die international einheitliche Einführung einer Neuheitsschonfrist ist wenig vorangekommen, Einzelh Bardehle Mitt 03, 245, Mitt 04, 289. Zwar ist gemeinschaftsweit eine Neuheitsschonfrist durch Art 7 II GGV vorgesehen, was allerdings die nachfolgende Anmeldung eines GGeschmM voraussetzt; in EU-Staaten vorgenommene nationale GeschmM-Anmeldungen werden von diesem Privileg nicht erfasst. Die Neuheitsschonfrist unterscheidet sich vom Ausstellungsschutz, § 15 Rn 2, durch das fehlende Vorverlegung des Altersrangs der Anmeldung, BGH GRUR 69, 271, 273 – Zugseilführung. Sie verhindert deshalb nicht, dass alle während dieser Frist von Dritten unabhängig und nicht missbräuchlich vorgenommenen Beschreibungen oder Benutzungshandlungen der Merkmale des Schutzgegenstands generell und damit auch in Bezug auf die Anmeldung, für welche die Neuheitsschonfrist in Anspruch genommen wird, neuheitsschädlich sind oder jedenfalls die Eigenart ausschließen können. Die Neuheitsschonfrist bewirkt auch keine Vorverlegung des Beginns der Schutzdauer. Nach alledem ist dem Privileg der Neuheitsschonfrist in jedem Falle vorzuziehen die prioritätsbegründende Anmeldung und ggf seiner nahekommenden Varianten noch vor der Veröffentlichung des Musters oder in geeigneten Fällen die Begründung eines Ausstellungsschutzes nach § 15; zur Problematik Bardehle, Mitt 03, 245.

4. Die **Offenbarung** des Erzeugnisses, das später Gegenstand der Anmel- **4** dung ist, und mit dem die Frist in Lauf gesetzt wird, Rn 4, ist jene des § 2 II 1 und § 5. Sie muss für einen nicht begrenzten Personenkreis und unter den sonstigen Voraussetzungen des § 5 die Möglichkeit des Wahrnehmens geschaffen haben. Das Erzeugnis braucht nicht tatsächlich bekannt geworden zu sein, das Zugänglichmachen genügt und setzt die Frist in Gang. Andererseits genügt die bloße faktische Existenz einer Vorwegnahme für sich allein nicht, wenn nicht zugleich wenigstens die Möglichkeit der unbeschränkten Kenntnisnahme geschaffen war, Einzelh § 5 Rn 4 ff. Weil der Offenbarungsbegriff des § 6 nicht umfassender zu sein braucht als die Definition neuheitsschädlicher Offenbarungen iSd § 5 dies erfordert, bedingen für Fachleute entlegene Bekanntmachungen des Musters, näher § 5 Rn 8, die Anwendung des § 6 nicht. Vertraulich bekanntgemachte Tatsachen, die nach § 5 nicht als Offenbarung gelten, erfasst S 2, sofern Dritte diese unter Bruch dieser Vertraulichkeit offenbaren, Rn 6. Das Zugänglichmachen kann durch alle Handlungen geschehen; Einschränkungen geographischer oder sachlicher Art bestehen nicht, etwa nur auf schriftliche Beschreibungen oder nur auf Vorbenutzungen im Inland, § 5 Rn 7, anders § 3 I 3 GebrMG, v Gamm 7a/7, Nirk/Kurtze 7a/7, Rehmann Rn 70. Auch mündliche Schilderungen, lediglich bildliche Wiedergabe eines Erzeugnisses, offenkundige Benutzungen im Ausland oder die eigene frühere Anmeldung, BGH GRUR 66, 251, 253 – Batterie, GRUR 69, 271, 273 – Zugseilführung, sind geeignet, den

Anmeldungsgegenstand vorwegzunehmen, sofern damit Sachidentität besteht, Rn 7 und Fachleute iSd § 5 davon Kenntnis nehmen konnten. Die Neuheitsschonfrist privilegiert von der erstmaligen Offenbarung durch den Berechtigten an, eine weitere, nachfolgende Veröffentlichung durch den Berechtigten ist unschädlich, v Gamm 7a/9, Rehmann Rn 72.

5   **5. a)** Die Neuheitsschonfrist setzt ferner in der 1. Alternative des § 6 S 1 **Personenidentität** voraus. Dies bedeutet, dass das Muster, das Gegenstand der späteren Anmeldung als GeschmM ist, erstmals von dem Entwerfer oder − in einer lückenlosen Kette der Rechtsnachfolge − von seinem Rechtsnachfolger der Öffentlichkeit zugänglich gemacht worden sein darf. Ist der Entwerfer selbst der Anmelder oder, insoweit ihm gem § 7 II rechtlich gleichgestellt sein Arbeitgeber, so besteht Personenidentität, die Frage einer Rechtsnachfolge stellt sich nicht; die Neuheitsschonfrist kommt ihnen unmittelbar zu. Dasselbe gilt im Verhältnis der Organe einer jur Person und der jur Person selbst, RG GRUR 39, 277, 278, und ähnlichen gesellschaftsrechtlichen Konstellationen, vgl BPatGE 21, 63, auch unter Mitentwerfern, BPatGE 5, 213, wobei die Personenidentität nicht durch Aufnahme eines Dritten als Mitentwerfer nachträglich hergestellt werden darf, PA GRUR 48, 258. Die **Rechtsnachfolge** bezieht sich auf das Recht auf das GeschmM, das nach § 7 I dem Entwerfer oder gemeinschaftlich mehreren Entwerfern, nach § 7 II dem Arbeitgeber oder deren Rechtsnachfolgern zusteht. Nur diese haben die Berechtigung zur Anmeldung, andere Personen setzen sich den Ansprüchen des wahren Berechtigten gem § 9 I aus. Die Rechtsnachfolge wird idR auf Vertrag, zB Erwerb vom Entwerfer iSd § 29 I, II beruhen, § 29 Rn 3f, kann sich aber auch aus Gesetz, zB bei Erbfolge, ergeben. § 6 erlaubt infolge der Erstreckung des Privilegs in subjektiver Hinsicht auf den Entwerfer und seine − beliebigen − Rechtsnachfolger die Berufung auf die Neuheitsschonfrist auch dann, wenn der Anmelder vor der Anmeldung ggf einen seiner eigenen Schöpfung neuheitsschädlich entgegenstehenden Entwurf erwirbt, vgl BGH GRUR 80, 713, 715 − Kunststoffdichtung; GRUR 94, 104, 105 − Akteneinsicht XIII.

6   **b)** Die Offenbarung des Musters durch **Dritte,** die nicht Rechtsnachfolger sind, als Folge einer lückenlosen Wissensübermittlung vom Entwerfer zum Anmelder, BPatGE 21, 64, Benkard/Ullmann GebrMG 3/11, sei sie befugt − so Satz 1 2. Alternative oder unbefugt − so Satz 2 − ist ebenfalls unschädlich. Bei Satz 1 2. Alternative handelt es sich um erstmalige Veröffentlichungen, deren entscheidendes Merkmal darin bestehen muss, dass sie sich kausal auf Kontakte mit dem Entwerfer oder seinen Rechtsnachfolgern zurückführen lassen, ohne dass es durch diese schon zu einer Offenbarung gekommen ist, bspw durch Geschäftspartner aufgrund von Verhandlungen mit dem Entwerfer, in einem Medienbericht über den Entwurf, durch einen Mitentwerfer bezüglich der nicht von ihm stammenden Gestaltungsmerkmale des gemeinschaftlichen Entwurfs. § 6 stellt insoweit in Abgrenzung zu Satz 2 auf einen befugten Informationserwerb des Veröffentlichenden ab. Das Erfordernis der Wissensvermittlung bedeutet daher keine Privilegierung für jeden Fall einer Drittveröffentlichung; ist der Dritte aufgrund selbständiger Entwicklungsarbeit zu der Veröffentlichung veranlasst worden und liegt daher keine Informationsweitergabe iSd Satzes 1 2. Alternative und auch kein Missbrauchsfall iSd Satzes 2 vor, ist dies eine befugte neuheitsschädliche Vorwegnahme, gegen die die Berufung auf die Neuheitsschonfrist nicht wirkt. Die Verhinderung von

Missbrauch ist der weitere, sehr zentrale Anwendungsbereich der Neuheitsschonfrist. Dies ließ die frühere Regelung des § 7a aF außer Acht, Rn 10. Nunmehr schützt S 2 auch gegen missbräuchliche Vorwegnahmen des vom Berechtigten bislang geheimgehaltenen Anmeldungsgegenstands durch Dritte. Missbrauch ist ein Verstoß gegen vertragliche oder gesetzliche Pflichten ggü dem Entwerfer oder seinem Rechtsnachfolger, Begr IntPatÜG S 350. Eine Offensichtlichkeit des Missbrauchs, so § 3 IV 1 Nr 1 PatG, also ein erkennbarer Verstoß gegen den erkennbaren und berechtigten Willen das Anmelders, s Schulte 3/158, ist nach S 2 nicht Voraussetzung, es genügt die Widerrechtlichkeit, ohne dass der Entwerfer oder seine Rechtsnachfolger untypisch intensive Vorkehrungen gegen die Informationsweitergabe hätten treffen müssen. Missbrauch ist zB Bekanntgabe nach widerrechtlicher Entnahme durch Dritte infolge Ausspähung uä, insbes durch Verbreitung eines Nachbaus, aber auch durch ungetreue Arbeitnehmer, § 7 II, ggf unter eigener Anmeldung des entzogenen Gegenstands, der Bruch einer auferlegten Geheimhaltungsverpflichtung iSv § 5 S 2, Nirk/Kurtze 7a/13. Die Wissensübermittlung vom Entwerfer oder seinem Rechtsnachfolgern auf den bekanntmachenden Dritten muss nicht völlig lückenlos nachgewiesen werden, der grds dem GeschmM-Inhaber obliegende Nachweis kann bei typischen Geschehensverläufen auch durch Anscheinsbeweis erfolgen, BPatGE 21, 64. Die Wissensvermittlung ist aber nach ihrer Art, ihrem Zeitpunkt, den Begleitumständen und beteiligten Personen genau darzulegen. Dass im Missbrauchsfall für die Nichtberücksichtigung über die 12 Monate des S 1 hinausgehend jede zeitliche Einschränkung fehle, so Günther/Beyerlein WRP 03, 1422, 1424, lässt sich mit S 2 („dasselbe gilt") nicht vereinbaren.

6. § 6 fordert schließlich **Sachidentität** des vorweggenommenen Musters 7 und der späteren Anmeldung. Anders als nach der sehr einengenden Bestimmung des § 7a aF, wonach nur die Vorveröffentlichung desselben und unveränderten Erzeugnisses privilegiert war, vielmehr ausdrücklich durch Bezugnahme des § 6 S 1 auch auf die Schutzvoraussetzung der Eigenart gem § 2 III sind Vorveröffentlichungen von Mustern auch dann privilegiert, wenn sie sich nicht voll mit dem Gegenstand der Anmeldung decken, ebenso Rehmann Rn 71. Damit besteht jetzt auch Übereinstimmung mit den Auffassungen zu technischen SchutzR, s BGH GRUR 69, 271, 273 – Zugseilführung, BPatGE 3, 108; 5, 214; 9, 175. Bestehen demnach Unterschiede lediglich in unwesentlichen Einzelheiten, vgl § 2 II zur Vorveröffentlichung, ist nicht einmal die Neuheit des angemeldeten Gegenstands tangiert. Teilweise Abweichungen, die aber den Rahmen eines übereinstimmenden Gesamteindrucks nicht überschreiten, zB nahekommende Varianten des Musters, stellen jedenfalls die Eigenart des nachfolgend angemeldeten Musters nicht in Frage. Damit ist theoretisch eine lückenlose Abgrenzung erreicht, weil ein über die Grenzen der Eigenart hinaus noch weiter abliegendes vorveröffentlichtes Muster die Schutzfähigkeit des später angemeldeten Musters ohnehin nicht beeinträchtigen kann. Das bedeutet, dass in diesen Grenzen auch für unfertige, schon bekanntgewordene Entwürfe die Neuheitsschonfrist beansprucht werden kann, BGH aaO; BGH GRUR 80, 713, 715 – Kunststoffdichtung. Vergrößerungen und Verkleinerungen verändern grds den Schutzgegenstand nicht, es besteht Sachidentität im Rahmen der Neuheit; abweichende Farbgebung oder unterschiedlich wirkende Materialien können zwar zu Abweichungen führen, die den Gesamteindruck tangieren, sind jedoch entweder noch privilegiert oder – weil außerhalb der Grenzen der Eigenart liegend – unschädlich.

8   **7.** Die zwölfmonatige **Frist** beginnt zu laufen, sobald die Gestaltung der Öffentlichkeit zugänglich gemacht wurde, also von ihr unbeschränkt Kenntnis genommen werden kann, Rn 4. Die Frist endet nach 12 Monaten; Berechnung nach §§ 187 I, 188 II BGB; § 193 BGB ist anwendbar, BPatGE 28, 90, zur Fristberechnung § 23 Rn 52. Der für den Zeitrang der Anmeldung dann maßgebliche Tag muss innerhalb dieser Frist liegen. Dies kann nach § 13 II auch der wirksam begründete Anmeldetag einer ausländischen Voranmeldung nach Art 4 A II und III PVÜ (Prioritätstag) oder der Beginn der Schaustellung nach § 15 sein. Damit ist eine Kumulierung der Neuheitsschonfrist und der genannten Prioritätsfristen ebenso wie bei § 3 I 3 GebrMG zulässig, Benkard/Ullmann GebrMG 3/10f; aA v Gamm 7a/5 zu § 7a aF. Soweit elementare Mängel der Anmeldung zu einer Verschiebung des Anmeldetags gem § 16 V 2 geführt haben, gilt als Anmeldetag der vom DPMA/BPatG rechtskräftig festgestellte spätere Zeitpunkt. Die Verschiebung des Anmeldetags kann daher bei Überschreitung der Schonfrist zum Verlust der Vergünstigung der Neuheitsschonfrist führen, Eichmann GRUR 89, 18 und damit dem angemeldeten GeschmM die Schutzfähigkeit nehmen. Verschärft wird dies dadurch, dass keine Wiedereinsetzung in die Neuheitsschonfrist wegen Versäumung der Anmeldung innerhalb dieser Frist gegeben ist, PA Bl 52, 194, Nirk/Kurtze 7a/5, § 23 Rn 6. Angesichts der dann eingetretenen Schutzunfähigkeit verbleibt nur der wettbewerbsrechtliche Nachahmungsschutz, BGH WRP 98, 609, 613 – Stoffmuster.

9   **8.** Eine förmliche **Inanspruchnahme der Neuheitsschonfrist** ggü dem DPMA ist nicht vorgesehen, weil Eintragung und Bekanntmachung des GeschmM nur Angaben zum Altersrang betreffen, § 13 II Nrn 10, 11 GeschmMV. Die Neuheitsschonfrist braucht im Eintragungsantrag nicht in weiteren Unterlagen nicht erwähnt zu werden, v Gamm 7a/3. Der Anmelder muss auch keine Erklärung über Art, Zeit und Ort der Vorveröffentlichung abgeben, auch keine Absichtserklärung über eine geplante Inanspruchnahme der Neuheitsschonfrist, wie dies diskutiert wird, dazu Bardehle Mitt 03, 246. Eine dem DPMA mitgeteilte Inanspruchnahme der Neuheitsschonfrist wird im Register nicht eingetragen und demgemäß auch nicht bekanntgemacht, das DPMA nimmt den Hinweis lediglich zu den Akten. Die Einreichung eines solchen Hinweises ist dennoch zweckmäßig, weil er nach Eintragung des GeschmM der freien Akteneinsicht nach § 22 unterliegt, so dass diese Information Angriffe gegen das GeschmM uU schon im Vorfeld erledigen kann. Will man sich auf die Neuheitsschonfrist berufen können, ist es unumgänglich, die Vorveröffentlichung intern nach Zeitpunkt, Ort, Inhalt und Personen sorgfältig und gerichtsverwertbar zu dokumentieren, um sie im Streitfall nachträglich ausreichend nachweisen zu können.

10   **9. Übergangsbestimmungen, fortgeltendes Recht.** § 6 hat begrenzte Rückwirkung. Für diejenigen GeschmM, die nach Inkrafttreten des § 6 am 1.6.2004 angemeldet worden sind, gilt dies insofern, als der Beginn der Zwölfmonatsfrist durch Offenbarung des einschlägigen Erzeugnisses bis zu einem Jahr vor dem Inkrafttreten gelegen haben kann. Die Neuheitsschonfrist neuen Rechts kann demnach für Bekanntmachungen iSd § 6 in Anspruch genommen werden, die nach Beginn des 1.6.2003 der Schutzfähigkeit des GeschmM entgegenstehen konnten. Für die vor dem Inkrafttreten eingereichten GeschmM gelten unterschiedliche Folgen. Die im Intervall 29.10.01 bis 1.6.04 angemeldeten GeschmM profitieren nach der Übergangsvorschrift des § 66 II 1 bereits von § 6, weil die Schutzfähigkeitsvoraussetzungen und die Reichweite des § 6, Rn 5–7, sich nach jetzt geltendem Recht bestimmen; insofern gilt ebenfalls die Zwölfmonatsfrist rückwirkend, also letztlich bis 29.10.2002 zurück. Solche GeschmM erleiden also keinen Nachteil von der verspäteten Umsetzung der GRL, abw Eichmann, Mitt 03, 19. Dagegen verbleibt es nach derselben Vorschrift für die bis einschließlich 28.10.2001 angemeldeten GeschmM bei der sechsmonatigen Neuheitsschonfrist nach dem **Inhalt des § 7a aF**. Über diese kürzere Frist hinaus gilt zudem der engere Anwendungsbereich dieser Vorschrift als die Schutzfähigkeit solcher GeschmM beeinflussender Umstand weiterhin und auf noch lange Zeit und erleichtert Angriffe auf das GeschmM. Der Nachteil des § 7a aF besteht nicht nur in der kürzeren Schonfrist von einem halben Jahr. Er besteht ferner darin, dass die geforderte völlige Identität der Vorveröffentlichung mit dem nachfolgend angemeldeten Muster nur den Einwand mangelnder Neuheit ausschloss, darüber hinausgehende Abweichungen waren schutzgefährdend, auch wenn sie sich noch Rahmen der Eigentümlichkeit hielten. Schließlich schützte § 7a aF nicht gegen die Vorwegnahme des Anmeldungsgegenstands durch Personen, die nicht Rechtsvorgänger des Anmelders waren, zB durch Bekanntgabe nach widerrechtlicher Entnahme, unter Bruch einer auferlegten Geheimhaltungsverpflichtung, Nirk/Kurtze 7a/13, s die Fälle gem Rn 6, oder durch Nachbildung; solche unzulässigen Vorwegnahmen vereitelten den Schutz der mustergemäßen Gestaltung durch spätere Anmeldung. Dieses aus dem Wortlaut der Vorschrift zu folgernde Ergebnis lief dem hergebrachten Zweck der Einräumung von Neuheitsschonfristen direkt zuwider und erscheint erst recht im Lichte der jetzt geltenden, aber auch der im Umfeld bestehenden vergleichbaren Regelungen unbillig, krit v Falckenstein GRUR 88, 579, Eichmann GRUR 89, 18, Mitt 95, 372, FS Beier, 1996, S 466. Schon die Einführung in das PatG und GebrMG sollte den Anmelder umfassend vor den Nachteilen des vorzeitigen Bekanntwerdens seiner Entwicklungsarbeit bewahren, BGH GRUR 69, 271, 272 – Zugseilführung mwN. Dass die Verhinderung von Missbrauchsfällen einer der zentralen Anwendungsbereiche der Neuheitsschonfrist ist, zeigt die Beibehaltung dieser Vergünstigung für Missbrauchstatbestände durch Schaffung des § 3 IV 1 Nr 1 PatG, während im übrigen die Neuheitsschonfrist im PatR beseitigt ist. Die vergleichbare Regelung des § 3 I 3 GebrMG lässt demgü, wie erst jetzt § 6, eine lückenlose – befugte oder unbefugte – Wissensübermittlung vom Schöpfer zum Anmelder genügen, BPatGE 21, 63, Benkard/Ullmann GebrMG 3/11. Eine an diesem Sinn und Zweck orientierte Auslegung sollte dies auch für § 7a aF gewährleisten, Eichmann GRUR 89, 18.

II. Gemeinschaftsgeschmacksmuster

1. Für **eingetragene Gemeinschaftsgeschmacksmuster** besteht mit **11** Art 7 II und III GGV eine zu § 6 in der Wortwahl weitgehend und im Sinne nach deckungsgleiche Regelung, so dass in der Anwendung der Neuheitsschonfrist kaum Unterschiede zum nationalen Recht zu erwarten sind.

Eine in dieser Weise privilegierte Offenbarungshandlung kann also, sofern die übrigen Voraussetzungen vorliegen, weder ein eingetragenes deutsches noch eingetragenes GGeschmM gefährden. Die Neuheitsschonfrist kann auch für die Bekanntmachung eines eingetragenen nationalen GeschmM als vorgängige Offenbarung in Anspruch genommen werden. Damit besteht die Möglichkeit des späteren Übergangs auf das GGeschmM nicht nur im Wege der Inanspruchnahme der Priorität einer nationalen GeschmM-Voranmeldung innerhalb von sechs Monaten, sondern innerhalb von zwölf Monaten auch durch Inanspruchnahme der Neuheitsschonfrist, allerdings mit den Einschränkungen gem Rn 3 ff. Diese Umstiegsmöglichkeit gilt auch für Offenbarungen, die zu einem nicht eingetragenen GGeschmM geführt haben, Rn 12.

12   **2. a)** Auf **nicht eingetragene Gemeinschaftsgeschmacksmuster,** dazu Allg Rn 16 ff, lässt sich das Privileg der Neuheitsschonfrist seiner Natur nach nicht anwenden. Die relevante Offenbarung der Gestaltung, Rn 14, als Entstehungsgrund des nicht eingetragenen GGeschmM ist dieselbe, die auch die Neuheitsschonfrist in Gang setzt. Seit dem Inkrafttreten der GGV am 6.3.2002 trat das nicht eingetragene GGeschmM in einigen Anwendungsbereichen in Konkurrenz zur Neuheitsschonfrist des Art 7 II und III GGV sowie der §§ 6 und 7a aF. Nach Art 11 II 1 GGV entsteht – die Erfüllung der materiellen Schutzvoraussetzungen vorausgesetzt – ein nicht eingetragenes GGeschmM mit dem Tag, an dem es erstmals der Öffentlichkeit zugänglich gemacht worden ist.

13   **b)** Der **Zweck** beider Rechtsinstitute, Rn 2, ist, soweit es die Nutzung der Folgen einer informell geschehenen Offenbarung betrifft, vergleichbar, die Rechtsfolgen sind sehr unterschiedlich. Im Unterschied zur Neuheitsschonfrist entsteht mit der Offenbarung des nicht eingetragenen GGeschmM ein SchutzR mit einer Laufzeit von drei Jahren, Art 11 I GGV, allg Bulling, Mitt 02, 170 ff. Auch die Bekanntmachung der deutschen GeschmM-Eintragung im GeschmM-Blatt schafft ein nicht eingetragenes GGeschmM; das GeschmMG schließt diese Kumulation nicht aus. Der in Deutschland GeschmM-Schutz suchende Veranlasser einer vorzeitigen, ausreichenden Offenbarung der schutzfähigen Gestaltung hat also die **Wahlmöglichkeit,** ob er sich auf die Schutzwirkungen des damit entstandenen, nicht eingetragenen GGeschmM allein verlässt oder ob er alternativ oder zusätzlich die Option des Formalschutzes unter Inanspruchnahme einer Neuheitsschonfrist als eingetragenes GGeschmM oder als deutsches (oder anderes nationales GeschmM, soweit dort eine Neuheitsschonfrist gewährt wird) wahrnimmt. Dies ist nach der Interessenlage und den Fallumständen zu beurteilen, was keine pauschale Antwort erlaubt. Im Falle wirtschaftlich kurzlebiger Schöpfungen, also bei jenen Beweggründen, die einen Anmelder an die Aufschiebung der Bekanntmachung nach § 21 denken lässt, mag der informelle Schutz ausreichen. Auch ist er Auffangmöglichkeit, falls die Neuheitsschonfrist überschritten wurde und deshalb eine Anmeldung nicht mehr angezeigt ist, oder falls der Nachweis einer relevanten Vorbekanntmachung oder Wissensvermittlung schwierig ist. Letzteres schwächt allerdings auch das nicht eingetragene GGeschmM. Ohnehin kann die Durchsetzung des nicht eingetragenen GGeschmM im Streitfall problematisch sein, weil die erstmalige Offenbarung nach Inhalt und Prioritätszeitpunkt oft nicht gerichtsfest dokumentiert ist; dies ist deshalb ein bes zu beachtendes Erfordernis. Dann kann auch die Vermutung der Rechtsgültigkeit gem Art 85 II GGV versagen. Das der Inanspruchnahme der Neuheitsschonfrist nachfolgende eingetragene GeschmM ist demggü hinsichtlich seines Inhalts und seiner Priorität umfassend dokumentiert und als absolutes VerbotsR mit Sperrwirkung und einer Gültigkeitsvermutung kraft Eintragung, § 39, bekanntgemacht. Es ist damit geeignetere Grundlage für Erst- oder Eilmaßnahmen wie Berechtigungsanfrage, Verwarnung, Einstweilige Verfügung. Das nicht eingetragene GGeschmM gewährt nur Schutz gegen Nachbildungen, Art 19 II GGV, weshalb unabhängig geschaffene übereinstimmende Parallelschöpfungen nicht angreifbar sind, allerdings treten sie selten auf. Eine Berufung auf das nicht eingetragene GGeschmM ist daher problematisch, wenn während der Neuheitsschonfrist unabhängig entstandene neuheitsschädliche Muster Dritter relevant werden; dasselbe gilt für die Neuheitsschonfrist.

Als Folge einer eher versehentlichen Vorveröffentlichung bei einem Bedürfnis nach längerfristigem, schlagkräftigem Schutz wird die Inanspruchnahme der Neuheitsschonfrist mit nachfolgender GeschmM-Anmeldung vorzuziehen sein mit hilfsweiser Flankierung durch das nicht eingetragene GGeschmM.

c) Zu der für die Entstehung des nicht eingetragenen GGeschmM vorausgesetzten **Offenbarung** s. Allg Rn 18. Neuheitsschonfrist und nicht eingetragenes GGeschmM sind in ihrer Dauer nicht kumulierbar, was schon der gemeinsame Entstehungsgrund der Offenbarung ausschließt. **14**

Abschnitt 2. Berechtigte

Recht auf das eingetragene Design

7 (1) **Das Recht auf das eingetragene Design steht dem Entwerfer oder seinem Rechtsnachfolger zu. Haben mehrere Personen gemeinsam ein Design entworfen, so steht ihnen das Recht auf das eingetragene Design gemeinschaftlich zu.**

(2) **Wird ein Design von einem Arbeitnehmer in Ausübung seiner Aufgaben oder nach den Wei-sungen seines Arbeitgebers entworfen, so steht das Recht an dem eingetragenen Design dem Arbeitgeber zu, sofern vertraglich nichts anderes vereinbart wurde**

Übersicht

I. Allgemeines

1 **1. Der Regelungssystematik** liegt die obligatorische Vorgabe aus Art 11
I c) GRL zugrunde, wonach ein Muster von der Eintragung ausgeschlossen
oder für nichtig erklärt wird, wenn der Anmelder oder der Inhaber nach
dem Recht des betreffenden Mitgliedstaats dazu nicht berechtigt ist. Die
Berechtigung zur Anmeldung eines Designs muss daher von der Gesetzgebung der Mitgliedstaaten geregelt werden. Die wichtigsten Grds waren in
§ 1 I und in § 2 GeschmMG 1876 in veralteter Diktion festgelegt; für Ergebnisse einer gemeinsamen Entwurfstätigkeit hat es keine gesetzliche Regelung gegeben. Wegen dieser Unzulänglichkeiten und im Interesse eines
Gleichklangs mit der unionsrechtlichen Regelung ist die in Art 14 GGV
getroffene Regelung inhaltlich unverändert in § 7 übernommen worden.
Die wesentlichen Grds finden sich bereits in Art 60 I 1 EPÜ, § 6 S 1 und
S 2 PatG. Darauf haben bereits Art 16 bis Art 18 MPI-E aufgebaut. Das
Ergebnis der Entwicklung ist, dass in Art 14 GGV nur noch die wichtigsten
Grds geregelt sind. Von § 7 abweichende Vereinbarungen sind möglich. Die
Ansprüche des zur Anmeldung eines eingetragenen Designs Berechtigten
ggü einem Nichtberechtigten Inhaber eines eD ergeben sich aus § 9. Wenn
dem Entwerfer nicht das Recht auf das eD zusteht, hat er einen Anspruch
auf Entwerferbenennung, § 10. Das kann insbes bei einem Arbeitnehmerdesign und bei einer von Abs 1 abweichenden vertraglichen Regelung der Fall
sein.

2 **2.** Die unionsrechtliche **Entwicklung** hat mit Art 11 ff des VO-Vorent-
wurfs 1991 begonnen. Art 11 hat bestimmt, dass das Recht auf das GGM
dem Entwerfer oder seinem Rechtsnachfolger zusteht. Wenn mehrere gemeinsam ein Muster entworfen haben, sollte ihnen nach Art 13 I das Recht
auf das GGM gemeinschaftlich zustehen. Art 12 I und II enthielt detaillierte
Regelungen für Muster von Arbeitnehmern. Für Muster von Auftragneh-
mern sollte nach Art 12 III das Recht des Staates Anwendung finden, in
dem der Auftragnehmer seinen Sitz oder Wohnsitz hat, sofern die Vertragsparteien kein anderes Recht gewählt haben. In Art 13 II war eine Regelung
für den Fall vorgesehen, dass identische oder im Wesentlichen ähnliche Muster mehrere unabhängig voneinander entworfen haben, wobei eine Differenzierung zwischen eingetragenen und nicht eingetragenen GGM erfolgen
sollte. Dieser Regelungsvorschlag wurde im VO-Vorschlag 1993 nicht aufgegriffen. Auch bei Doppelschöpfungen sollte daher der Prioritätsgrds Anwendung finden, s Rn 9. Die Regelung in Art 14 I VO-Vorschlag 1993
wurde unverändert in Art 14 I GGV übernommen. Art 15 VO-Vorschlag
1993 wurde zu Art 14 II GGV. Art 14 II VO-Vorschlag 1993 hat mit geringfügigen Modifizierungen Eingang in Art 14 III GGV gefunden. In den
VO-Vorschlägen 1999 und 2000 war eine Regelung für die Ausübung des
gemeinschaftlichen Rechts auf das GGM vorgesehen, s hierzu Rn 30. Im
Geltungsbereich des GeschmMG 1876 war ausschließlich der Werkschöpfer

und ggf dessen Rechtsnachfolger zur Anmeldung befugt, 2. Aufl 7/4. Die Anmeldung durch einen Nichtberechtigten war materiellrechtlich wirkungslos, LG Düss E 00, 43, 44.

II. Einzelentwerfer

1. Recht auf das eingetragene Design ist das Recht, für ein Design 3 ein eingetragenes Design anzumelden. Nach der Eintragung kann sich aus dem Recht auf das eD ein Anspruch ggü Nichtberechtigten ergeben, § 9 I. Der Beginn der Entwurfstätigkeit bringt ein Anwartschaftsrecht, s BGH WRP 98, 609, 610 – Stoffmuster, auf Anmeldung als eD zum Entstehen. Der Realakt der Umsetzung von Idee in Gestaltung begründet schon vor der Anmeldung eine Rechtsposition mit vermögensrechtlichem und persönlichkeitsrechtlichem Charakter. Diese Position umfasst das AnwartschaftsR auf Anmeldung, das DesignerpersönlichkeitsR, s Allg Rn 18 ff, sowie das BenutzungsR, s § 38 Rn 4, wenn eine Eintragung nachfolgt. Dem Recht auf das Patent, § 6 S 1 PatG, auf das GebrM, § 22 I GebrMG, und auf die Marke, § 33 II MarkenG, entspricht ein Recht auf das eD. Dieses Recht begründet einen öffentlichrechtlichen Anspruch, BGH GRUR 70, 601, 602 – Fungizid, auf Gewährung eines formalen SchutzR. Bis zur Anmeldung hat der Entwerfer ein unvollkommenes absolutes ImmaterialgüterR, Pinzger 1/1; RG GRUR 38, 258, das als sonstiges Recht iSd § 823 I BGB Schutz genießt, Osterrieth S 243; LG Düss GRUR 66, 157. Der Inhaber des AnwartschaftsR kann gegen Dritte vorgehen, die das Entstehen des VollR vereiteln. Die rechtswidrige Zerstörung der Schutzfähigkeit durch vorzeitige Verbreitung begründet daher Ansprüche auf Unterlassung, LG Düss GRUR 66, 157, und bei Verschulden auch auf Schadensersatz, BGH GRUR 58, 351, 352 – Deutschlanddecke; seit dem Wegfall von § 7 II GeschmMG 1876 kommt dem allerdings nur noch geringe Bedeutung zu. Bereits nach früherem Recht war das AnwartschaftsR gegen einen Eingriff durch Anmeldung ohne Einwilligung des Berechtigten geschützt, LG Düss GRUR 66, 157; RGZ 77, 83. Schutz besteht auch gegen Ansprüche aus einem später angemeldeten eD, RG RGZ 77, 83; Einzelh § 38 Rn 5. Das AnwartschaftsR ist übertragbar, Einzelh § 29 Rn 2.

2. Wer Entwerfer ist, ergibt sich aus dem Entstehungsvorgang der Er- 4 scheinungsform, die als Design Gegenstand eines eingetragenen Designs ist. Durch die Materialisierung einer gestalterischen Idee entsteht das Design. Die Designgestaltung ist ebenso wie die Schaffung eines urheberrechtlich geschützten Werks und die erfinderische Tätigkeit, s BGH GRUR 79, 145, 148 – Aufwärmvorrichtung, ein Realakt. Dieser tatsächliche Vorgang begründet gleichzeitig rechtliche Beziehungen, deren Bestehen oder Nichtbestehen zum Gegenstand einer Feststellungsklage gemacht werden kann, BGH GRUR 79, 148. Da die Designgestaltung als Realakt erfolgt, ist Geschäftsfähigkeit nicht erforderlich; Anmeldung, Übertragung und Lizenzgewährung müssen dann jedoch über einen Vertreter erfolgen. Die Nationalität des Entwerfers ist ohne Rechtsbedeutung, s 2. Aufl 16/1. Ob das Design im Inland oder im Ausland entstanden ist, spielt keine Rolle. Die Umsetzung von Idee in Gestaltung kann nur durch eine physische Person erfolgen. Juristische Personen des Privatrechts und des öffentlichen Rechts können daher nicht Entwerfer sein. Wichtige Rechte des Entwerfers entstehen von selbst mit Beginn der Entwurfstätigkeit. Das VerbietungsR, s § 38 Rn 8, setzt jedoch Eintragung voraus, § 27 I. Übertragung, § 29, und Arbeitnehmer-Tätigkeit, § 7 II, haben zur Folge, dass Entwerfer und Rechtsinhaber nicht identisch sind; die unverzichtbaren DesignerpersönlichkeitsR bleiben jedoch idR mit der Person des Entwerfers verbunden.

5   **3.** Die **Entwurfstätigkeit** setzt voraus, dass der Entwerfer seine Vorstellung materialisiert. Solange eine Gestaltung nur in der Vorstellung des Entwerfers existiert, ist das ohne Rechtsbedeutung, Mannh BeckRS 09, 88824 – Perlschmuck. Die Umsetzung von Idee in Gestaltung kann gleichwertig durch Anfertigung eines Designs im Original, in Verkleinerung, in Vergrößerung und in anderem Material erfolgen. Ausreichend ist auch die Veranschaulichung durch Handmuster, Zeichnung, Computerdarstellung. In welchem Umfang technische Hilfsmittel Verwendung finden, ist ohne Bedeutung; s auch § 1 Rn 16. Die mit der Anmeldung einzureichende Wiedergabe, § 11 II Nr 3, kann die grafische Darstellung sein, durch die der Entwerfer seine Vorstellung materialisiert hat, ebenso gut aber auch eine anhand einer anderen Umsetzungsform nachträglich gefertigte Wiedergabe. Für ein Design ist die Materialisierung so essentiell, dass anders als im PatR, s BGH GRUR 71, 210, 213 – Wildverbissverhinderung, weder eine mündliche noch eine schriftliche Beschreibung genügt. Bei der Umsetzung einer Beschreibung oder von konkreten Vorgaben kann allerdings ein Gehilfe mitwirken, Mannh BeckRS 09, 88824; s auch Rn 7. Aus dem VeröffentlichungsR, Allg Rn 23, folgt, dass über den Zeitpunkt, in dem ein Design der Öffentlichkeit zugänglich gemacht wird, allein der Entwerfer entscheidet; ausschließlich durch den Entwerfer wird daher festgelegt, wann eine Gestaltung fertig ist. Die Auswahl des Zeitpunkts für die Anmeldung ist dem Entwerfer freigestellt. Der Inhaber des VeröffentlichungsR kann bestimmen, dass an einem fertigen Design noch weitergearbeitet und das Design in dieser Zeit der Öffentlichkeit noch nicht zugänglich gemacht wird; er kann aber auch schon einen frühen Entwurf anmelden. Schutzfähig sind nicht nur vollendete, endgültige Designs, unscharf Furler 1/53; v Gamm 1/22. Auch ein noch unfertiger Entwurf kann schutzfähig sein und zum Gegenstand einer Anmeldung gemacht werden; allerdings kann der Offenbarungsgehalt, s § 37 Rn 6, beeinträchtigt sein.

6   **4. Rechtsnachfolger** ist, wer das Recht auf das eingetragene Design von dessen Entwerfer übertragen bekommen hat. Die Möglichkeit einer Übertragung ergibt sich implizit aus dem Wortlaut des inhaltsgleichen Art 14 GGV; es kann sich auch um eine vertragliche Übertragung handeln, EuGH GRUR 09, 867 Rn 70, 71 – FEIA/Cul de Sac. Das Recht auf ein DesignschutzR steht daher dem Entwerfer zu, sofern es nicht vertraglich auf einen Rechtsnachfolger übertragen worden ist, EuGH GRUR 09, 867 Rn 82. Eine außervertragliche Rechtsnachfolge ist ebenfalls möglich, § 29 Rn 2. Für eingetragene Designs ist in § 29 I und II geregelt, wer Rechtsnachfolger ist. Gegenstand dieser Regelungen ist zwar nur das eingetragene und über § 32 das angemeldete eD. Aber auch die Anwartschaft auf Anmeldung und Eintragung eines eD kann auf Dritte übergehen und auf Dritte übertragen werden, § 29 Rn 2. Entwerfer kann zwar nur eine natürliche Person sein. Übergang und Übertragung können jedoch einen Rechtserwerb sowohl von anderen natürlichen Personen als auch von Personengesellschaften sowie von juristischen Personen des Privatrechts oder des öffentlichen Rechts zur Folge haben. Wenn ein Entwerfer die Rechte an seinem Entwurf zB auf eine Kapitalgesellschaft oder auf eine Körperschaft des öffentlichen Rechts übertragen hat, steht das Recht auf das eD diesem Rechtsnachfolger zu.

III. Mehrere Entwerfer

1. Gemeinsame Entwurfstätigkeit findet statt, wenn jeder an einem **7** gemeinschaftlichen Gestaltungskonzept Beteiligte einen Beitrag zu einem einheitlichen Design beisteuert. Erforderlich ist Zusammenwirken zur Erreichung eines gemeinsamen Zwecks, BGH GRUR 79, 540, 542 – Biedermeiermanschetten. Dabei muss jeder Beteiligte einen schöpferischen Beitrag leisten, der in das gemeinsame Arbeitsergebnis einfließt, BGH GRUR 94, 39, 40 – Buchhaltungsprogramm; GRUR 04, 50, 51 – Verkranzungsverfahren. Das kann auch bei einem stufenweise entstehenden Werk der Fall sein; die Unterordnung unter eine gemeinsame Gesamtidee genügt, BGH GRUR 94, 40; GRUR 05, 860, 863 – Fash 2000. Der Beitrag muss sich auf Erscheinungsmerkmale beziehen, aus denen sich die Eigenart des Designs ergibt. Keine Mitentwerfer sind daher: Der Gehilfe, BGH GRUR 03, 231, 233 – Staatsbibliothek, der ihm vorgegebene Vorstellungen nur umsetzt, zB ein Modellbauer; der Angestellte, der nur Anweisungen ausführt; der Mitarbeiter, der nur die technische Konstruktion durchführt; der Auftraggeber, der keine Vorgaben für die konkrete Gestaltung macht. Wenn ein Auftraggeber Vorstellungen für die Einbeziehung von technischen Bedienungsteilen in das Entwurfsgeschehen einbringt, führt das zu keiner Mitinhaberschaft an einem GGM, Hamm GRUR-RR 10, 195, 196 – Motorrollermodelle. Wer nur Anregungen oder bloße Ideen ohne konkrete Gestaltung beisteuert, ist weder Miturheber, BGH GRUR 95, 47, 48 – Rosaroter Elefant; GRUR 03, 233, noch Mitentwerfer. Beiträge ohne Einfluss auf den Gesamterfolg und weisungsabhängige Beiträge haben keine Mitbeteiligung zur Folge, BGH GRUR 04, 51. Ein geringfügiger eigenschöpferischer Beitrag genügt, BGH GRUR 09, 1046 Tz 43 – Kranhäuser, wenn er jedenfalls ein gewisses Gewicht aufweist Wenn ein Entwurfsergebnis anmeldetechnisch aufgeteilt wird, muss für jeden Gegenstand der Anmeldung eine gemeinsame Entwurfstätigkeit stattgefunden haben. Das gilt in gleicher Weise für mehrere Einzelanmeldungen wie für Bestandteile von Sammelanmeldungen. Das urheberrechtliche Kriterium, dass sich Anteile nicht gesondert verwerten lassen, § 8 I UrhG, ergibt für Designs nur ein Indiz, 2. Aufl 1/63. Bei einem einheitlichen Entwurf können daher zwar einzelne Beiträge gesondert verwertbar sein, zB Schnitt und Stoffdesign bei einem Kleid, Form und Schliff bei einem Weinglas, Form und Dekor bei einem Kaffeeservice. Wenn jedoch die Beteiligten zielgerichtet zusammengearbeitet haben, steht die gesonderte Verwertbarkeit der Einzelbeiträge einer Mitentwerferschaft nicht entgegen, zumal die Beteiligten durch die Einheitlichkeit des Designs sowie durch die Anmeldung bzw durch das Anmeldebedürfnis für die Schutzerlangung miteinander verbunden sind. Zu eigenständiger Entwurfstätigkeit, unabhängiger Entwurfstätigkeit und Bearbeitung s Rn 8, 9 und 10.

2. Das Ergebnis einer **Entwurfsverbindung** kann zwar ein einheitliches **8** Design sein. Der Verbindung mehrerer Entwurfsergebnisse zu einer einzigen Erscheinungsform liegt jedoch keine gemeinsame Entwurfstätigkeit zugrunde. Ebenso wie der Gegenstand eines Patents aus eigenständigen Beiträgen bestehen kann, zB BGH GRUR 79, 540, 541 – Biedermeiermanschetten; GRUR 01, 226, 228 – Rollenantriebseinheit; GRUR 04, 50, 52 – Verkranzungsverfahren, kann auch der Gegenstand eines eingetragenen Designs das Ergebnis einer Zusammenfügung von Entwürfen sein, denen weder ein gemeinschaftliches Konzept noch eine gemeinschaftliche Tätigkeit zugrunde liegt. Bei eigenständiger Entwurfstätigkeit von Arbeitnehmern kann das Recht auf das eD dem Arbeitgeber zustehen, Abs 2.

9   **3. Unabhängige Entwurfstätigkeit** kann identische oder ähnliche Designs zum Ergebnis haben, obwohl zwischen den Entwerfern keine Verbindung bestanden hat. Die sich hieraus ergebenden Rechtsfolgen sollten in einem Zwischenstadium des Gesetzgebungsverfahrens Gegenstand einer spezifischen Regelung sein, s Rn 2. Nach diesem Regelungsvorschlag sollte bei nicht eingetragenen GGM das Recht jedem Entwerfer zustehen; bei eingetragenen GGM sollte maßgeblich sein, wer zuerst die Anmeldung eingereicht hat. In die GGV und dem entsprechend auch in § 7 haben diese Regelungsvorschläge keinen Eingang gefunden. Bei kollidierenden DesignschutzR richtet sich die Berechtigung daher danach, wer zuerst die rechtsbegründenden Maßnahmen vorgenommen hat. Das gilt auch bei Parallelschöpfungen, also auch dann, wenn dem Entwerfer des späteren Musters das ältere Muster unbekannt war bzw nicht hätte bekannt sein können, Begr Art 15 iVm Art 8 I VO-Vorschlag 1993. Der daraus resultierende Grds des Zeitrangs hat für eingetragene Designs zur Folge, dass der Anmeldetag, § 13 I, ggf der Prioritätstag, § 13 II, maßgeblich ist. Bei einer Mängelbeseitigung kann eine Verschiebung des Anmeldetags eintreten, § 16 V 2. Die Maßgeblichkeit des Zeitrangs stimmt mit den Regelungen für Patente, § 6 S 3 PatG, und für Marken, § 6 II MarkenG, überein. Bei gleichem Zeitrang sind die Rechte gleichrangig und begründen daher gegeneinander keine Ansprüche. Für Marken ist das in § 6 IV MarkenG klargestellt. Zum Grds des Zeitrangs können sich Einschränkungen ergeben aus den Regelungen zur Offenbarung, § 5, zur Schonfrist, § 6, zu Ansprüchen ggü Nichtberechtigten, § 9, zur Kollision mit andern SchutzR, § 33 II, und zum VorbenutzungsR, § 41.

10   **4.** Bei einer **Bearbeitung**, s § 38 Rn 42, findet keine gemeinschaftliche, sondern eine nachfolgende Entwurfstätigkeit statt. Wenn an einer Gestaltung nicht miteinander, sondern nacheinander gearbeitet wird, liegt dem keine gemeinsame Entwurfstätigkeit zugrunde, BGH GRUR 02, 799, 800 – Stadtbahnfahrzeug: Trotz qualifizierter Beteiligung, s Rn 7, mehrerer Entwerfer an der Schaffung eines Designs entsteht daher keine Mitentwerferschaft, wenn der Entwurf nicht das Ergebnis eines gewollten Zusammenwirkens, sondern einer eigenständigen Ergänzung oder Änderung eines bereits vorhandenen Entwurfs ist. Sind Veränderungen nicht vom Handlungswillen des ursprünglichen Entwerfers umfasst, entsteht eine abhängige Bearbeitung mit der Folge einer gesamthänderischen Bindung, BGH GRUR 05, 860, 863 – Fash 2000. Veröffentlichung und Verwertung der Bearbeitung bedürfen daher der Einwilligung des Inhabers der Rechte an der Vorlage, s § 23 S 1 UrhG. Bei der Bearbeitung einer Gestaltung, die nicht schutzfähig ist oder mangels Anmeldung nicht geschützt ist, folgt die Einwilligungsbedürftigkeit aus dem DesignerpersönlichkeitsR, s Allg Rn 18. Wenn durch die Bearbeitung ein selbständig schutzfähiges Design entstanden ist, kann der Entwerfer der Vorlage das Ergebnis der Bearbeitung nur mit Einwilligung

des Bearbeiters verwerten und anmelden. Da kein Beteiligter ohne Einwilligung des anderen Handlungen mit Außenwirkung vornehmen darf, ist die Zuweisung sämtlicher Befugnisse und Verpflichtungen durch ausdrückliche oder stillschweigende Vereinbarung erforderlich.

5. Auf ein **Auftragsdesign** sollte nach einem ursprünglichen Vorschlag **11** grds das Recht des Staates Anwendung finden, in dem der Auftragnehmer seinen Sitz oder Wohnsitz hat, s Rn 2. Dieser Vorschlag ist weder im VO-Vorschlag 1993 noch später aufgegriffen worden. Wenn ein Auftrag dem Entwurf eines Designs zugrunde liegt, richtet sich daher das Recht auf das eingetragene Design nicht nach nationalem Recht, sondern nach den allg Bestimmungen über das Recht auf das eD, ausführl Eichmann in: Eichmann/Kur § 10 Rn 2. Die Regelung in Art 14 III GGV für Arbeitnehmermuster ist eine Sonderregelung, die auf Auftragsmuster nicht anwendbar ist, EuGH GRUR 09, 867 Rn 46, 51, 55 – FEIA/Cul de Sac. Für ein Auftragsverhältnis spricht, wenn Rechnungen über erbrachte Leistungen erstellt wurden, FfM BeckRS 12, 10682 – Paintball-Shirt. Der Auftraggeber kann zwar einen Anspruch auf Übertragung des Auftragsergebnisses haben. Das Recht auf ein DesignschutzR für das Auftragsergebnis steht jedoch dem Entwerfer zu, Abs 1 S 1, weil hierfür allein die Entwurfstätigkeit maßgeblich ist und eine Sonderregelung nur für Arbeitsverhältnisse besteht. Unerheblich ist daher, ob der Entwurf zur Erfüllung eines Auftrags gefertigt wurde und ob für den Entwurf eine Vergütung vereinbart worden ist. Weder mit der Entgegennahme noch mit der Abnahme eines Entwurfs erhält daher der Auftraggeber das Recht zur Anmeldung eines DesignschutzR. Eine abweichende Regelung bedarf der vertraglichen Vereinbarung.

6. Gesamthandsgemeinschaft ist die Rechtsfolge daraus, dass ein De- **12** sign das Ergebnis einer gemeinsamen Entwurfstätigkeit ist, ebenso Günther/Beyerlein 7/8; aA Ruhl 14/11; AIPPI-Bericht GRUR Int 07, 503. Die durch § 8 II 1 UrhG für das UrhR angeordnete Gesamthandsgemeinschaft ist auch für das DesignR interessengerecht, zumal bei einem gleichzeitigem Schutz für ein Werk der angewandten Kunst unterschiedliche Regeln nicht praktikabel wären. Die Gesamthandsgemeinschaft ensteht mit dem Realakt der gemeinsamen Werkschöpfung, BGH GRUR 12, 1022 Tz 18 – Kommunikationsdesigner. Verwertungsmaßnahmen bedürfen der Einwilligung aller Mitentwerfer, BGH GRUR 12, 1022 Tz 18 (UrhR). Wegen der gesamthänderischen Bindung entscheiden die Beteiligten gemeinschaftlich, ob und mit welchen Modalitäten ein DesignschutzR angemeldet wird. Die gemeinschaftliche Berechtigung wirkt sich schon vor der Anmeldung aus, zB bei einer Entscheidung darüber, ob das Design Dritten zugänglich gemacht werden soll. Das gilt in gleicher Weise für ein allgemeines Zugänglichmachen, für eine Zurschaustellung auf Messen oder Ausstellungen und für eine vertrauliche Mitteilung. Nach der Anmeldung erfolgt ebenfalls gemeinsame Geschäftsführung, zB bei der Geltendmachung von Ansprüchen aus einem DesignschutzR. Ein Mitentwerfer ist berechtigt, Ansprüche auf Auskunftserteilung und Rechnungslegung allein ihm selbst gegenüber zu verlangen, BGH GRUR 11, 714 Tz 44 – Frosch mit der Maske; Leistungen können jedoch nur für alle Beteiligten verlangt werden, BGH GRUR 11, 714 Tz 45 (UrhR). Ob und wie eine Vertretung stattfinden soll, unterliegt der gemeinschaftlichen Entscheidung. Bei gemeinsamer Verwertung entsteht eine BGB-Gesellschaft, BGH GRUR 12, 1022 Tz 19. Grds kann angenommen werden, dass die Beteiligten von einer Bestimmung iSd § 722 I BGB dahingehend ausgehen, dass für die Aufteilung der Umfang der Mitwirkung an dem Entwurfsergebnis maßgeblich sein soll. Wenn eine eindeutige Festlegung der Mitwirkungsanteile nicht möglich ist, erfolgt Aufteilung zu gleichen Anteilen. Jeder Mitentwerfer kann auf seinen Anteil an den Verwertungsrechten verzichten, s § 8 IV UrhG mit den dort präzisierten Rechtsfolgen. Kein Mitentwerfer darf seine Einwilligung zu Maßnahmen der gemeinschaftlichen Geschäftsführung wider Treu und Glauben versagen. Jeder Mitentwerfer hat ein Notverwaltungsrecht, wenn das zur Erhaltung der gemeinschaftlichen Rechte geboten ist, § 744 II BGB analog, s BGH NJW 55, 1027, 1028. Das kann es rechtfertigen, die zur Rechtserhaltung notwendigen Maßnahmen ohne Zustimmung der anderen Beteiligten durchzuführen, BPatG GRUR 79, 696. Ein Beteiligter kann daher ein DesignschutzR anmelden, s RGZ 117, 50 (PatR), wenn zB die Schonfrist vor dem Ablauf steht. Die Anmeldung hat auf den Namen sämtlicher Mitentwerfer zu erfolgen; geschieht das nicht, haben die anderen Beteiligten einen Umschreibungsanspruch, RGZ 117, 51; BGH GRUR 79, 540, 541 – Biedermeiermanschetten. Zulässig auch Maßnahmen zur Aufrechterhaltung der Anmeldung, BS DPA GRUR 54, 328, insbes zur Verlängerung der Schutzdauer und zur eilbedürftigen Rechtswahrung gegen Verletzer. Das Handeln in Notverwaltungsrecht begründet einen Kostenerstattungsanspruch, § 748 BGB.

13   **7.** Die gesetzliche Regelung für die **Bruchteilsgemeinschaft** ist auf Gemeinschaften abgestimmt, die keinen gemeinsamen Zweck verfolgt haben. Wie für Erfindergemeinschaften, zB BGH GRUR 79, 540, 541 – Biedermeiermanschetten; GRUR 01, 226, 228 – Rollenantriebseinheit; GRUR 04, 50, 52 – Verkranzungsverfahren, bieten auch für bloße Entwerfergemeinschaften die §§ 741 BGB angemessene Regelungsgrds, wenn keine gemeinsame Entwurfstätigkeit zugrunde liegt und keine abweichende Vereinbarung getroffen worden ist. Jeder Beteiligte kann jederzeit die Aufhebung der Gemeinschaft verlangen, § 749 I BGB; das hat idR gem § 753 I BGB den Verkauf des DesignR zur folge, BGH GRUR 05, 663, 664 – gummielastische Masse (PatR), wenn nicht ausnahmsweise eine Naturalteilung möglich ist, § 752 BGB. Jeder Beteiligte kann jederzeit über seinen Anteil verfügen, § 747 S 1 BGB; über das DesignR insgesamt können die Beteiligten jedoch nur gemeinschaftlich verfügen, § 747 S 2 BGB. Wie bei Gesamthandsgemeinschaft wird die Geschäftsführung grds gemeinschaftlich ausgeübt, § 747 I BGB. Für Entscheidungen insbes betreffend Verwertung und Erhaltung genügt Stimmenmehrheit, § 745 BGB. In entspr Anwendung von § 9 UrhG kann jeder Beteiligte Einwilligung insbes zur Verwertung verlangen, wenn das für die anderen Beteiligten nach Treu und Glauben zumutbar ist. In Eilfällen kann eine der Erhaltung dienende Maßnahme, insbes Anmeldung und Verlängerung, auch durch einen Beteiligten vorgenommen werden, § 744 II BGB. Zur Benutzung ist jeder Mitinhaber unabhängig von der Größe seines Anteils berechtigt, BGH GRUR 05, 664; GRUR 09, 657 Tz 18 – Blendschutzbehang; FfM BeckRS 12, 10682 – Paintball-Shirt. Bei Berührung der Alleininhaberschaft kann Verfügung über NutzungsR untersagt werden, FfM BeckRS 12, 10682. Im Zweifel sind die Beteiligten zu gleichen Anteilen sowohl am DesignR, § 742 BGB, als auch an Einnahmen aus Verwertungshandlungen, § 743 I BGB, beteiligt.

Ein anteiliger Ausgleich für gezogene Gebrauchsvorteile kann von dem das Design verwertenden Mitinhaber grds nicht verlangt werden; hierfür bedarf es einer Abrede oder zumindest nach § 745 II BGB einer Beanspruchung, BGH GRUR 05, 664. Ein Ausgleichsanspruch nach § 743 II BGB kann auch für einen Mitentwerfer bestehen, der nicht als Mitinhaber eines DesignschutzR eingetragen ist, BGH GRUR 06, 401 Tz 10 – Zylinderrohr (PatR).

IV. Abweichende Vereinbarungen

Die Befugnis zur Anmeldung eines eingetragen Designs ist in Abs 1 zwar **14** umfassend, aber nicht abschließend geregelt. Von diesen Regelungen kann daher durch vertragliche Regelungen abgewichen werden. Der ausdrückliche Vorbehalt einer anderweitigen vertraglichen Vereinbarung in Abs 2 bezieht sich nur auf Arbeitnehmerdesigns. Auch ohne einen derartigen Vorbehalt findet für freie Entwerfer der allg Grds der Vertragsfreiheit Anwendung. Dieser Grds gilt sowohl für Einzelentwerfer gem Satz 1 als auch für Gemeinschaftsentwerfer nach Satz 2. Durch vertragliche Vereinbarung kann daher die Anmeldebefugnis vom Entwerfer auf einen Dritten übertragen werden; das gilt sowohl bei gemeinsamer als auch bei eigenständiger Entwurfstätigkeit. Weil die Befugnis zur Übertragung eines eD keinen Beschränkungen unterliegt, s § 29 Rn 2, kann im Rahmen der Vertragsfreiheit auch die Befugnis zur Anmeldung eines eD übertragen werden. Aus dem abschließenden Vorbehalt in Abs 2 ergibt sich dafür eine Bestätigung. Eine von Abs 1 abweichende Vereinbarung kann nach dem Abschluss der Entwurfstätigkeit, aber auch schon früher getroffen werden. Wenn noch kein Entwurfsergebnis vorliegt, können sich, ebenso wie bei der Vollübertragung, s § 29 Rn 5, Grenzen für die Wirksamkeit der Übertragung zur Anmeldebefugnis insbes aus § 138 I BGB ergeben. Aus der Befugnis zur Anmeldung ergibt sich nach der Eintragung die Rechtsinhaberschaft, s § 1 Nr 5, wenn nicht eindeutig eine von diesem Grds abweichende Regelung vereinbart ist. Die Beweislast obliegt dem Dritten, weil die gesetzliche Regelung das Recht auf das eD dem Entwerfer zuweist. Eine von Abs 1 abweichende Vereinbarung ist nicht formgebunden; sie kann auch konkludent getroffen werden. Der Grds der Formfreiheit gilt zwar auch, wenn die Gesamthandsgemeinschaft oder die Bruchteilsgemeinschaft nicht dem Willen der Beteiligten entspricht. Schriftliche Niederlegungen des Gewollten verdienen jedoch den Vorzug.

V. Arbeitnehmer

1. Die **Entwicklung** des Abs 2 beruht nicht auf der GRL, die sich einer **15** Harmonisierung des rechtspolitisch hochproblematischen Gebiets der Zuweisung des Rechts an Arbeitnehmer-Entwürfen enthält. Er ist vielmehr Art 14 III GGV nachgebildet. Dadurch ist es zu einem materiellrechtlichen Bruch mit der Vorgängervorschrift § 2 GeschmMG 1986 gekommen, Rn 2, die seit 1876 bis zum Inkrafttreten des GeschmMG 2004 unverändert bestand. Allerdings bleibt das rechtliche Endergebnis, der Rechtserwerb des Arbeitgebers am Arbeitnehmermuster, unverändert. Ferner ist der Kreis der unter Abs 2 fallenden Entwürfe eingeschränkt ggü § 2 GeschmMG 1986, s 2. Aufl 2/6 f, weil hierüber nunmehr allein die arbeitsvertraglichen Pflichten entscheiden, Rn 18 ff. In § 2 des Entwurfs 1929 war nur eine redaktionelle

Änderung vorgesehen; nach § 4 des Entwurfs 1940 sollte ein Rechtsübergang von der Person des Mustergestalters auf den Betriebsinhaber stattfinden. In § 6 des Entwurfs 1977 wurde eine Vermutung für eine Rechtsübertragung vorgeschlagen. Die Rechtswahlbestimmung für Arbeitnehmererfindungen des Art 60 I 2 EPÜ, die Vorbild war für eine noch ausführlichere, Art 30 EGBGB berücksichtigende entsprechende Regelung in Art 17 MPI-E und in Art 12 Grünbuch, ist in Abs 2 nicht übernommen. Für das ab 1.7.88 geltende GeschmMG wurde seinerzeit bewusst von einer neuen Regelung des materiellen Rechts Abstand genommen. Zum Gemeinschaftsrecht Rn 28 ff. Streitigkeiten, die sich aus Abs 2 ergeben, sind keine arbeitsrechtlichen, sondern Designstreitsachen; die gerichtliche Zuständigkeit hierfür folgt aus § 52.

16   **2.** Der **Regelungsinhalt** des Abs 2 gilt der Rechtsinhaberschaft für Entwürfe, die von Arbeitnehmern (AN) geschaffen worden sind. Nach § 2 GeschmMG 1986 ging das mit Vollendung des Entwurfs in der Person des AN entstandene UrhR an der designfähigen Gestaltung zugleich mit dem AnwartschaftsR auf das eingetragene Design auf den Arbeitgeber (AG) über, s 2. Aufl 2/2, v Gamm 2/7. Diesen abgeleiteten Rechtserwerb des AG hat Abs 2 in einen originären Rechtserwerb geändert, sobald die Entwurfstätigkeit Aufgabe im Rahmen eines Arbeitsverhältnisses ist, Rn 18, 20. Zugleich bildet diese Systematik eine eigenständige Regelung im **Verhältnis zu anderen Gesetzen.** Das Arbeitnehmererfindungsgesetz (ArbEG) ist weder unmittelbar noch entsprechend anwendbar, weil es technische Erfindungen erfasst, § 2 ArbEG, weshalb Gestaltungen, deren Wesen ausschließlich durch ihre ästhetische Wirkung bestimmt ist, nicht unter das ArbEG fallen, allg Ans, s Bartenbach/Volz, 1/5 mwN. Zwar würde vergleichbar mit GebrM das Monopolprinzip als Grundlage des ArbEG, Reimer/Schade/Schippel, 9/3 ff mwN, nämlich Würdigung der schöpferischen Leistung eines AN als Grundlage eines absoluten Schutzrechts mit Sperrwirkung, § 38, in der Sache jetzt auch für Design-Entwürfe gelten können, aA Meier-Beck FS Reimann S 321, das ist gesetzl jedoch nicht nachvollzogen. Das ArbEG greift dagegen unmittelbar ein, wenn der AN nicht nur eine ästhetische Gestaltung entworfen, sondern damit auch eine bes technische Lösung ausgearbeitet hat; denn in einem Produkt können sowohl ästhetische als auch technische Gestaltungen verwirklicht sein. Der technische Teil der Schöpfung ist dann nach Maßgabe des ArbEG anders zu behandeln (ua Erfindungsmeldung, Anmeldepflicht, uU förmliche Inanspruchnahme, Vergütungspflicht bei Nutzung) als der produktgestalterische Teil. Abs 2 zeigt indessen deutliche Parallelen zu § 69b UrhG, welcher anzuwenden ist, wenn ein AN eine urheberrechtsfähige Software entwickelt hat. Zwar entsteht das UrhR mit der Vollendung des Werks nicht in der Person des AG, jedoch erwirbt er kraft Ges gleichzeitig die ausschließliche Nutzungsberechtigung ohne grds Vergütungspflicht. Auch wenn ArbEG und § 69b UrhG nicht anwendbar sind, hat Abs 2 mit ihnen eine Reihe von Problematiken – zB Abgrenzung zu freien Schöpfungen, Meldepflicht, Vergütung – gemeinsam, weshalb die Auslegung bei gebotener Berücksichtigung der Besonderheiten der jeweiligen Schutzgegenstände vergleichbare Lösungen berücksichtigen kann.

17   **3.** In sachlicher Hinsicht setzt Abs 2 den **Entwurf** eines Designs voraus. Entwurf meint hier kein Vorstadium, sondern die so weit fertiggestellte Vorlage, dass sie so Inhalt einer Design-Anmeldung werden kann. Das gilt für

Entwürfe, die von dem Datum des Inkrafttretens des GeschmMG 2004 an fertiggestellt wurden. Auch vorläufige und Zwischenentwürfe, die design- und anmeldefähig sind, fallen grds unter Abs 2. Jedoch besteht keine Anmeldepflicht des AG. Die beim Entwurf eingesetzten Materialien sind regelmäßig schon kraft Arbeitsvertrags Eigentum des AG. Mit Fertigstellung des Entwurfs erfolgt der Rechtserwerb des AG, nicht erst im Zeitpunkt einer evtln Meldung des Entwurfs an den AG.

4. Arbeitsverhältnis und Arbeitnehmereigenschaft. a) Der in Abs 2 **18** verwendete Begriff des AN setzt ein **Arbeitsverhältnis** nach arbeitsrechtlichen Grds des nationalen Rechts voraus. Ob für die Bestimmung als Arbeitnehmer das allein maßgebliche deutsche Arbeitsrecht anwendbar ist, richtet sich sehr weitgehend nach dem Arbeitsvertrag im Rahmen der Privatautonomie und der darin ggf getroffenen Rechtswahl, BAG BB 67, 1290 (Ls) mit ausführl Anm v Trinkner; Bartenbach/Volz 1/34 ff mwN; Reimer/ Schade/Schippel 1/14 mwN. Fehlt eine ausdrückliche oder stillschweigende Rechtswahl, gilt nach Art 30 II Nr 1 EGBGB das Recht des Ortes, in dem der AN gewöhnlich seine Arbeit verrichtet, auch wenn er vorübergehend, dh zeitlich befristet in einen anderen Staat entsandt ist, wobei die zeitliche Befristung großzügig bemessen sein kann. Fehlt es an diesem gewöhnlichen Arbeitsort, zB bei wechselndem Einsatz, entscheidet nach Art 30 II Nr 2 EGBGB das Recht des Ortes der Niederlassung des Unternehmens, die den AN eingestellt hat, zum Begriff der Niederlassung § 58 Rn 3. Die vorstehenden Regeln des Art 30 II Nrn 1 und 2 EGBGB stehen nach Art 30 II aE EGBGB unter dem Vorbehalt, dass nicht das Arbeitsverhältnis bes enge Verbindungen zu einem anderen Staat aufweist, dann gilt dessen Rechtsordnung, s auch Palandt-Heldrich, EGBGB 30/7 f.

b) Die Eigenschaft als **Arbeitnehmer** ergibt sich nicht daraus, dass der **19** Entwerfer iSd Abs 2 aufgaben- oder weisungsgemäß das Design entworfen hat, was auch für einen einzelvertraglich vereinbarten Entwurf gelten kann, sondern aus dem verwendeten Begriff des AN als solchem. AN ist nach allg Auffassung eine Person, die aufgrund eines privatrechtlichen Vertrags (Arbeitsvertrag durch ausdrückliche Erklärung oder tatsächliche Handhabung) im Dienste eines Dritten (AG) zur Leistung weisungsgebundener, fremdbestimmter Arbeit in persönlicher Abhängigkeit verpflichtet ist, wobei das Weisungsrecht Inhalt, Durchführung, Zeit, Dauer und Ort der Tätigkeit betreffen kann, BAG NJW 84, 1985, 1986 f, also eine Eingliederung in den Arbeitsprozess gegeben ist, BGH WRP 98, 609, 610 – Stoffmuster. AN-Eigenschaft besteht auch bei leitenden Angestellten, Teilzeitbeschäftigung, faktischen Arbeitsverhältnissen, Aushilfsarbeitsverhältnissen, Auszubildenden, idR auch Praktikanten und Werkstudenten. Sie besteht nicht für AN-ähnliche Personen bei fehlender persönlicher, wenn auch wirtschaftlicher Abhängigkeit und auch nicht für die entliehenen AN im Falle der gewerbsmäßigen AN-Überlassung, weil die in § 11 VII AÜG vorgesehene Zuordnung von Neuerungen des überlassenen AN zum entleihenden Unternehmen nur für technische Erfindungen und Verbesserungsvorschläge, nicht jedoch für Designentwürfe gilt, hier bedarf es vertraglicher Überleitung des Rechts, aA Wandtke/Bullinger/Grützmacher 69b/2. Ebenfalls keine AN sind Organmitglieder von Unternehmen, insbes Vorstände und ihre Stellvertreter (§§ 78, 94 AktG), Geschäftsführer einer GmbH (§ 35 I GmbHG), Komplementäre der KG und die zur Vertretung berufenen Gesellschafter

Kühne 183

einer OHG oder BGB-Gesellschaft (§§ 164, 170, 114, 125 HGB, 709, 710, 714 BGB). Freie Mitarbeiter sind grds keine AN, jedoch muss näher geprüft werden, ob nicht nach der tatsächlichen Ausgestaltung der Mitarbeit doch fremdbestimmte Arbeit in persönlicher Abhängigkeit geleistet wird, vgl etwa die Abgrenzung durch § 84 I 2 HGB, s nähere Einzelh zur vorhandenen oder fehlenden AN-Eigenschaft Bartenbach/Volz, 1/9 ff. Eine Regelungslücke dürfte für öffentlich-rechtliche Dienstverhältnisse bestehen, denn eine Ungleichbehandlung von Entwerfern, die vorzugsweise als Beamte, Soldaten, wohl kaum als Richter auftragsgemäß tätig werden, erscheint nicht angebracht, vgl insoweit die Einbeziehung in § 69b UrhG; AN im öffentlichen Dienst unterfallen ohnehin Abs 2. Wer **Arbeitgeber** des Entwerfers ist, richtet sich nach den Angaben im Arbeitsvertrag bzw ist der weisunggebende Dritte im Falle faktischer Arbeitsverhältnisse. Bei zwischenbetrieblichen Kooperationen sind Rechtsform und Auftreten ausschlaggebend, auch die BGB-Außengesellschaft kann AG sein, BGH Mitt 01, 176 – Rechtsfähigkeit der BGB-Gesellschaft. AG kann auch eine ausländisch beherrschte und geleitete, im Inland tätige jur Person inländischen Rechts sein. Zu Arbeitsverhältnissen bei Betriebsübergang nach § 613a BGB bzw mit Auslandsberührung s Bartenbach/Volz 1/114 ff bzw 1/108. Eine Ausdehnung des Begriffs von AG und AN auf die Parteien von Einzelauftragsverhältnissen ist unzulässig, EuGH GRUR 09, 867, 868 [45 ff] – FEIA/Cul de Sac.

20   **5.** Ob der vom Arbeitnehmer geschaffene Entwurf des Designs nach **Aufgaben und Weisungen** des AG iSd Abs 2 erfolgte, ist für die Abgrenzung entscheidend, ob der Entwurf dem Arbeitgeber originär zusteht oder ob es sich um einen freien Entwurf handelt, an dem der Arbeitgeber kraft Gesetzes keine Rechte hat, er ihn ggf erwerben muss. Es besteht eine deutliche Parallele zur Aufgabenerfindung des § 4 II Nr 1 ArbEG, jedoch unter Verwendung anderer Begriffe. Die für § 69b UrhG erstrebte erweiternde Auslegung, weil die Eigenentwicklung von Computerprogrammen in allen dienstlichen Bereichen angezeigt und daher in weitem Umfang als noch arbeitsvertraglich abgedeckt gelten kann, Schricker/Loewenheim 69b/6 mit Hinweis auf KG WM 97, 1443, lässt sich nicht auf das andersartige Gebiet der Produktgestaltung übertragen. Ist der Entwurf im Rahmen der dem AN obliegenden **Aufgaben** entstanden, so ist vor dem Hintergrund der arbeitsvertraglich allg vereinbarten Pflichten des AN, zB als Mitarbeiter in der Designabteilung, letztlich der tatsächlich ihm zum Zeitpunkt der Fertigstellung des Entwurfs zugewiesene konkrete Arbeits- und Pflichtenkreis maßgeblich, BGH Mitt 96, 16, 17 – Gummielastische Masse, zB der allg Auftrag, auf Fortentwicklungen von Designentwürfen bedacht zu sein, RG GRUR 37, 41, 44. Der Begriff der tatsächlich zugewiesenen Aufgabe ist also weit auszulegen und kann weiter gehen als das im Arbeitsvertrag festgehaltene Arbeitsgebiet. Der Aufgabenkreis kann umso weiter gesteckt sein, je höher die betriebliche Stellung des Entwerfers ist, Schiedsstelle ArbEG Bl 87, 363. Somit können auch AN, die keine Entwerferausbildung haben, zB in Entwurfsprozesse eingeschaltete Marketingfachkräfte, aufgrund ihres so bestehenden Pflichtenkreises ein Design iSd Abs 2 schaffen. Die Bereitstellung und Benutzung betrieblicher Mittel zur Herstellung des Entwurfs, z. B. CAD, ist ein Indiz für die betrieblich zugewiesene Aufgabe, auch wenn die Zuständigkeit des Entwerfers iÜ vielleicht zweifelhaft ist, im Einzelnen str, s Wandtke/Bullinger/Grützmacher 69b/7. Dagegen ist ein in den Arbeitsvertrag aufgenommener allg Hinweis, auf Verbesserungen bedacht zu sein, für sich allein noch kein hinreichender Grund für die Annahme, alle Entwürfe seien aufgabengemäß entstanden; auch aus der allg arbeitsvertraglichen Treuepflicht folgt noch keine konkrete Aufgabenzuweisung, Bartenbach/Volz 4/24f. **Weisungen** sind hingegen konkrete, dem DirektionsR des AG entspringende (Einzel-)Arbeitsaufträge, zB einen bestimmten Entwurf auszuarbeiten, für die charakteristisch ist, dass mit dem Erreichen des Entwurfsziels der Auftrag erledigt ist. Daher fehlt eine Kausalität zwischen Weisung und Entwurf, wenn sie erst nach Fertigstellung des Entwurfs ausgesprochen wird. Eine genaue Abgrenzung zu den übertragenen allg Aufgaben ist regelmäßig entbehrlich, weil es sich bei dem Arbeitsergebnis in beiden Fällen um einen AN-Entwurf handelt. Weisungen können allerdings über den allg Aufgabenbereich hinausgehen, selbst eine Überschreitung des WeisungsR des Anweisenden, Schricker/Loewenheim aaO, nimmt der Weisung nicht diese Eigenschaft. Bei der Abgrenzung eines betrieblich veranlassten zu einem freien Entwurf muss die spezifische Ausbildung, Tätigkeit und der Inhalt einer ästhetischen Entwurfstätigkeit im Auge behalten werden.

6. Freier oder gebundener Entwurf. a) Ein **freier Entwurf** liegt vor, **21** wenn er sachlich oder zeitlich nicht im Rahmen eines Arbeitsverhältnisses entstanden ist, oder, falls ein solches vorlag, nicht auf daraus herrührende Aufgaben oder Weisungen, Rn 20, kausal zurückgeführt werden kann. Dies ist der Fall, wenn der Entwerfer bspw im Rahmen eines Auftragsverhältnisses oder Werkvertrags tätig wird, oder der Entwurf vor Begründung oder nach Ende des Arbeitsverhältnisses fertiggestellt wurde. Dann kommt ein Rechtserwerb nach Abs 2 durch den vermeintlichen AG nicht in Betracht. Nach Abs 2 erfolgt die Grenzziehung zwischen dienstlichem und freiem Entwurf anders als für Dienst- und freie Erfindungen nach dem ArbEG und bedarf genauer Prüfung, weil im Design-R die Entsprechung für die Erfahrungserfindung (§ 4 II Nr 2 ArbEG) fehlt, die im AN-ErfinderR als Auffangtatbestand für manche in ihren Voraussetzungen nicht klar zuordenbare Aufgabenerfindung dienen kann. Nicht erfasst von Abs 2 sind somit Entwürfe, die zwar auf Anregungen aus der betrieblichen Sphäre beruhen, den AN aber keine betriebliche Pflicht traf, sich damit zu befassen, wie es zB in größeren Designabteilungen mit genauer arbeitsteiliger Aufgabenzuweisung bezüglich bestimmter Teilprodukte gegeben sein kann. Hochschullehrer schaffen nach hM regelmäßig freie Entwürfe, Schricker/Loewenheim 69b/6, es besteht keine Parallele zu gebundenen Hochschulerfindungen gem § 42 ArbEG. Ein Indiz für einen freien Entwurf kann auch sein, dass er den Arbeitsbereich des Betriebs offensichtlich nicht berührt, vgl rechtsähnlich § 18 III ArbEG. Will der AG einen freien Entwurf verwerten, muss er die Rechte daran durch Übertragungsvertrag erwerben. Regelmäßig ist der Entwerfer dafür zu vergüten. Wenn die bei solchen Leistungen für einen Rechtserwerb des AG erforderliche Vereinbarung keine ausdrückliche Vergütungsregelung enthält, ist durch Auslegung zu ermitteln, ob beide Parteien davon ausgegangen sind, dass die Rechtsübertragung unentgeltlich oder gegen angemessene Vergütung erfolgen sollte, vgl teilw vergleichbare Kriterien bei Übertragung einer Geschäftsführererfindung, BGH GRUR 07, 52, 53ff – Rollenantriebseinheit II.

b) Eine **Abgrenzung zum gebundenen Entwurf** ist bes dann proble- **22** matisch, wenn es sich – meist vom AN geltend gemacht, der hierfür beweispflichtig ist – um einen im privaten Bereich entstandenen Entwurf handelt, sog Freizeitentwicklung, oder um Entwürfe von Mitarbeitern, die aufgrund ihrer andersartigen Ausbildung oder allg betrieblichen Aufgabe nur geringe fachliche Bezüge zur Produktgestaltung allg oder zum Gegenstand des Entwurfs haben. Für den arbeitsvertraglichen Charakter des Entwurfs ist nicht entscheidend, ob er außerhalb der täglichen Arbeitszeit oder der Arbeitsstätte entstanden ist, sondern allein, ob während des Arbeitsverhältnisses Aufgaben und Weisungen iSd Abs 2, Rn 20, nachgekommen wurde. Dies gilt insbes, wenn der AG dem Entwerfer die Organisation seiner Entwurfstätigkeit freigestellt oder wenig reglementiert hat, aber diese Art der Tätigkeit kennt, billigt und den Aufwand trägt, KG NJW-RR 97, 1405; OLG Köln GRUR-RR 05, 302; Fromm/Nordemann 69b/4, krit Wandtke/Bullinger/Grützmacher 69b/13, 14, die das Kriterium der arbeitsvertraglich geschuldeten Eigeninitiative für die Zurechnung zum AG bevorzugen. Ist dem Entwerfer eine Nebentätigkeit für Entwürfe außerhalb seiner arbeitsvertraglichen Verpflichtungen gestattet gewesen, so spricht dies für einen freien Entwurf, Bartenbach/Volz 4/28 mwN; Schricker/Loewenheim 69b/10. Die Beurteilung als betrieblich gebotener Entwurf erfordert also eine genaue Ermittlung der dem AN allg oder konkret zugewiesenen Tätigkeiten zum Zeitpunkt der Fertigstellung des Entwurfs, wobei der AG für diese Zuweisung beweispflichtig ist. Dass der Entwerfer eines freien Entwurfs sich Erfahrungen des Betriebs zunutze gemacht hat, zB auf dort erarbeiteten älteren Entwürfen fußt, macht den Entwurf nicht ohne Weiteres gebunden, ebenso wenig, dass er im Betrieb verwendbar wäre. Darin mag uU ein Verstoß gegen arbeitsvertragliche Treuepflichten oder ein Wettbewerbsverbot liegen, jedoch darf die eindeutige gesetzl Wertung des Abs 2 nicht außer Acht gelassen werden, wonach reine Erfahrungsentwürfe dem AG nicht zustehen, vgl auch Möhring/Nicolini 69b/11. Zu abweichenden vertraglichen Vereinbarungen s Rn 27. Zum weiteren Verfahren bei streitiger Abgrenzung Rn 23.

23   **7.** Ob der AN zur **Meldung des Entwurfs** ggü dem AG verpflichtet ist, wenn er einen Entwurf fertiggestellt hat, lässt sich Abs 2 nicht unmittelbar entnehmen. Weil das Recht am gebundenen Entwurf nach Abs 2 dem AG zugeordnet ist, muss dieser prüfen können, ob eine Design-Anmeldung und eine Verwertung in Betracht kommen. Daraus folgt im Falle eines gebundenen Entwurfs eine Verpflichtung des AN, seinen Entwurf unverzüglich nach Fertigstellung dem AG zur Kenntnis zu bringen. Diese Meldepflicht ist Folge der ungeschriebenen arbeitsvertraglichen Treuepflicht des AN, arbeitsvertragliche Arbeitsergebnisse in den Betrieb einzubringen, was sogar für den Bereich freier Erfindungen in § 18 I ArbEG grds gesetzl Niederschlag gefunden hat, s Bartenbach/Volz 18/6, vgl zur allg arbeitsvertraglichen Grundlage einer Meldepflicht BGH GRUR 2003, 702 ff. – Gehäusekonstruktion. Keine Meldung muss der AN abgeben, der einen iSd Abs 2 freien Entwurf gemacht hat, Rn 21, s Ullmann GRUR 87, 9 zu § 43 UrhG. Bestehen Zweifel über den Charakter als freier oder gebundener Entwurf, hat der AN aufgrund der genannten arbeitsrechtlichen Grundsätze und in rechtsähnlicher Anwendung des § 17 I ArbEG dem AG den Entwurf und die Begleitumstände jedenfalls so weit zu offenbaren, dass der AG zur Beurteilung dieser Abgrenzung sich ein Bild machen kann. Dann muss der AG in angemessener Frist (vgl § 17 II ArbEG: 3 Monate) dazu seine Auffassung mitteilen. Die gerichtliche Feststellung ist eine Design-Streitsache iSd § 52. Die

Einhaltung von Formvorschriften ist für die Meldung nicht erforderlich, jedoch Schriftlichkeit auf beiden Seiten zu Beweiszwecken sehr zweckmäßig. Die gesonderte Meldung wird entbehrlich sein, wenn schon ausreichende Kenntnis des Betriebs vorliegt, zB der Entwurf in enger Zusammenarbeit mit Vertretern des AG (zB Vorgesetzten) entstanden ist oder sogleich betrieblich verwertet wird, vgl auch BGH GRUR 06, 754, 757 – Haftetikett. Eine Inanspruchnahme des gebundenen Entwurfs durch den AG ist wegen des gesetzl Rechtsübergangs entbehrlich. Wenn der AN dem AG eine von Abs 2 erfasste Gestaltung vorenthält, verletzt das rechtswidrig das Anmelde- und VerwertungsR des AG; schuldhaftes Handeln des AN verpflichtet diesen zum Schadensersatz. Hat der AN unter Verstoß gegen Abs 2 eine Design-Anmeldung in eigenem Namen vorgenommen, kann der AG die Ansprüche aus § 9 I geltend machen. Haben an einem AN-Entwurf mehrere Beteiligte mitgewirkt, können sie gemeinsam oder einzeln ihrer Meldepflicht nachkommen. Zwar besteht eine Anbietungspflicht eines freien Entwurfs, sobald der AN sich während des Arbeitsverhältnisses zu einer Verwertung entschließt, vergleichbar § 19 I ArbEG im Falle freier Erfindungen, grds nicht. Voraussetzung ist, dass ein solcher Entwurf noch einen Zusammenhang mit dem Arbeitsbereich des Betriebs aufweist; für offensichtlich den Arbeitsbereich nicht mehr berührende Designs gilt das nicht, vgl rechtsähnlich §§ 18 III, 19 I 1 ArbEG. Die Anbietungspflicht kann sich im Übrigen jedoch aus der arbeitsvertraglichen Treuepflicht insbes dann ergeben, wenn der AN erhebliche betriebliche Erfahrungen verwendet hat, sowie als Folgewirkung aus einem Wettbewerbsverbot, Ullmann aaO, das aber regelmäßig bes Bedingungen unterliegt.

8. Sind die Voraussetzungen des Abs 2 erfüllt, erfolgt der **Rechtserwerb** **24** des AG originär im Augenblick der Fertigstellung des Entwurfs kraft Ges. Der AG erlangt das Recht auf das eD iSd Abs 1. Der Rechtserwerb ist vollständig, die Beschränkung der Rechtsübertragung in inhaltlich angemessenem Umfang gem der im UrhR geltenden Zweckübertragungstheorie hat im geltenden Design-R keine Grundlage, vgl Schricker/Loewenheim 69b/12 für § 69b UrhG. In der Entscheidung darüber, ob, wann und in welchen Ländern eine Anmeldung erfolgen soll, ist der AG frei. Er bestimmt auch allein die Art der Anmeldung, die Schutzdauer und die Aufrechterhaltung ohne Verpflichtung, dem AN das ggf eingetragene Design vor dem Fallenlassen anzubieten. Bei bes Konstellation, zB bei vertraglicher Abrede oder wegen eines bes Schutzbedürfnisses des AN, etwa in dessen bes begründeten Interesse an der Bekanntmachung der Entwerferbenennung nach §§ 10 und 19, 20, kann der AG zur Anmeldung verpflichtet sein. Wenn in solchen Fällen einer Anmeldepflicht der AG nach mit Fristsetzung verbundener Aufforderung nicht anmeldet, kann der AN auf eigene Kosten unter eigenem Namen anmelden; nur der Rechtsgedanke von § 13 III ArbEG ist anwendbar, nicht auch die Regelungstechnik dieser Bestimmung. Der AG kann jedoch Zug um Zug gegen Aufwendungsersatz die Übertragung der Anmeldung verlangen. Weitere Folge des Rechtserwerbs des AG ist sein alleiniges BenutzungsR. Er entscheidet darüber, ob, wann, wie lange und in welchem Umfang das eD verwertet wird; er kann auch Lizenzen erteilen oder das eD auf einem Dritten übertragen. Eine Verwertungspflicht besteht ebensowenig, v Gamm 2/15, wie eine Einschränkung der Verwertung auf den anfangs vorgesehenen Zweck. Das BenutzungsR des AG setzt eine Design-Anmeldung nicht voraus, und ist auch vom weiteren Bestehen des Arbeitsverhältnisses mit dem Entwerfer unabhängig. Bedenklich dürfte jedoch die Annahme einer Rückwirkung des Abs 2 auf vor dem Inkrafttreten des GeschmMG 2004 entstandene Entwürfe sein, so BGH GRUR 01, 155, 157 – Wetterführungspläne für Computerprogramme iSd § 69b UrhG, wenn damit Nutzungen legalisiert würden, die im Rahmen des § 2 GeschmMG 1986 über das Erlaubte hinausgingen.

25 **9. Vergütungsanspruch; Sonderleistungsprinzip.** **a)** Die dem AG vermittelten Rechte an dem fertigen Entwurf lösen keinen gesonderten **Vergütungsanspruch** des AN aus, wenn es sich um einen gebundenen Entwurf iSd Abs 2 handelt; Ges und Begr schweigen zur Frage der Vergütung. Abs 2 folgt daher dem allg arbeitsrechtlichen Grds, dass die von einem AG geleistete arbeitsvertragliche Entlohnung Gegenleistung für sämtliche dem AG im Rahmen des Arbeitsverhältnisses zur Verfügung gestellten Arbeitsergebnisse ist, darunter auch Designentwürfe iSd § 7. Dieser Grds galt für die Vorgängervorschrift des § 2 GeschmMG 1986 ebenso, s 2. Aufl 2/10, Abs 2 gleicht insofern § 20 II ArbEG für einfache technische betriebliche Verbesserungsvorschläge und §§ 69b iVm 32 UrhG für gebundene Computer-Programme von AN, dazu Dreier/Schulze 69b/10. Abs 2 ist zwar tatbestandlich zT an § 69b I UrhG orientiert, ohne dass er aber durch eine den §§ 43, 32 UrhG entsprechende allg Vergütungsregelung ergänzt wird, deren Anwendbarkeit dort ohnehin str ist, näher Bayreuther GRUR 03, 573 ff. Nicht anwendbar ist die gesonderte Vergütungspflicht nach dem ArbEG, sie bildet eine auf AN-Erfindungen begrenzte gesetzl Ausnahme, BGH GRUR 02, 149, 152 – Wetterführungspläne II, Rn 16. Mit der freiwilligen Gewährung einer angemessenen Zusatzvergütung, etwa im Rahmen eines betrieblichen Incentive-Systems kann der AG dennoch einen Ansporn für die Kreativität des AN im industriell-gestalterischen Bereich geben. Mit der Erstarkung des eingetragenen Designs zu einem VerbotsR mit absoluter Sperrwirkung erscheint die gänzliche Vergütungsfreiheit nicht mehr zweifelsfrei, es gleicht in seinen Schutzwirkungen jedenfalls dem Registerrecht des eingetragenen GebrM, das im Rahmen des Monopolprinzips des ArbEG, wenn auch erst nach Entstehung der Rechte beim Erfinder und Rechtsüberleitung auf den Arbeitgeber, eine Vergütungspflicht rechtfertigt; aA Meier-Beck FS Reimann S 321.

26 **b)** Wenn der AN über die arbeitsvertraglich geschuldete Entwurfstätigkeit hinaus eine außergewöhnliche schöpferische Gestaltungsleistung zur Verfügung gestellt hat, löst dies nicht ohne Weiteres einen eigenständigen Vergütungsanspruch aus. Handelt es sich jedoch iSd sog **Sonderleistungsprinzips** um ein Werk der angew Kunst und liegt der hohe Rang der Gestaltung außerhalb der durch Aufgabenstellung und regelmäßige Vergütung charakterisierten arbeitsvertraglichen Verpflichtung, Schricker/Rojahn 43/67 f mwN; ähnl v Gamm 2/16, oder ist das Werk deutlich über jede Erwartung hinaus erfolgreich, ist zu prüfen, ob es sich um eine Sonderleistung iSd § 32 I 3 UrhG (früher § 36 I UrhG) oder des § 32a UrhG (Bestsellerparagraph) handelt, die Anwendung dieser Vorschriften ist durch die Rechtszuweisung an den AG gem § 69b nicht ausgeschlossen, BGH GRUR 02, 149, 152 f – Wetterführungspläne II. Das kann vergleichbar für Designentwürfe gelten; an ihnen verbleibt zwar nach Abs 2 kein persönlichkeitsrechtlicher Kernbestand an Urheberrechten, jedoch eignet hochstehenden Designentwürfen uU ein höherer urheberrechtlicher Gehalt als manchen Softwareentwürfen, vgl Wandtke/Bullinger 69a/35. Eine solche Sonderleistung liegt vor, wenn das geschaffene Werk zu Vorteilen bei dem AG geführt hat, die vor dem Hintergrund der gesamten Beziehungen des Entwerfers zum AG in einem auffälligen Missverhältnis zu der von ihm gezahlten (ggf arbeitsvertraglichen) Vergütung stehen, BGH aaO, BAG GRUR 66, 88, 89 f – Abdampfverwertung. Dann ist in Anpassung der arbeitsvertraglichen Vergütung eine gesonderte Vergütung veranlasst. Wenn ein Rechtsanspruch auf angemessene Vergütung besteht, eine Einigung jedoch nicht zustandekommt, kann eine Bestimmung gem § 612 II ivM §§ 315, 316 BGB erfolgen; dabei sind einzelfallbezogene Billigkeitserwägungen anzustellen, BGH GRUR 90, 193, 194 – Auto-Kindersitz; GRUR 2007, 52, 53 ff – Rollenantriebseinheit II. Haben mehrere Entwerfer mitgewirkt, ist grds eine Aufteilung nach dem Umfang der Mitwirkung an dem Entwurf vorzunehmen; die Quotelung ist wegen der größeren Sachnähe regelmäßig Sache der Mitentwerfer untereinander.

10. Nach Abs 2 können die Arbeitsvertragsparteien eine **abweichende** 27 **Vereinbarung** treffen; zur Rechtswahl für den Arbeitsvertrag s Rn 18. Die Vereinbarung kann zB zum Inhalt haben, dass die Rechte an einem Entwurf bei dem AN verbleiben oder dass der AN berechtigt ist, eine Design-Anmeldung im eigenen Namen vorzunehmen, wenn der AG hieran kein Interesse hat, ggf mit einem Nutzungsvorbehalt des AG. Sie kann die Vergütung betreffen, etwa in Form einer laufenden Vergütung während der Nutzung des – ggf geschützten – Entwurfs oder einer abschließenden Pauschalvergütungssumme und kann ggf mit dem Ende des Arbeitsverhältnisses eingestellt oder fortgesetzt werden. Wichtig sind solche vertraglichen Abmachungen insbes in Bezug auf mögliche freie Entwürfe des AN. Die Arbeitsvertragsparteien können schon im Arbeitsvertrag, während des Arbeitsverhältnisses oder nach Fertigstellung des freien Entwurfs eine Überleitung der Rechte an dem Design auf den AG vereinbaren, wenn dieser hieran Interesse hat. Ebenso wie bei AN-Erfindungen und AN-UrhR wird diese Rechtseinräumung nicht selten durch ein konkludentes Handeln beider Parteien erfolgen, der rechtsgeschäftliche Willen muss aber an äußeren Umständen festzumachen sein, s Nbg GRUR 70, 135, OLG Karlsr Mitt 98, 101, wobei die strengen Maßstäbe nach dem ArbEG vorliegend nicht angewendet werden können; BGH GRUR 78, 244, 246 – Ratgeber für Tierheilkunde; KG GRUR 76, 265; Hbg GRUR 77, 558; weit Nachw Schricker/Rojahn 43/40 ff (UrhR). Im Zweifel geht die so vertraglich eingeräumte Befugnis zur Anmeldung und zur Verwertung nur in dem Umfang auf den AG über, der für die betriebliche Auswertung der Gestaltung erforderlich ist, ohne dass allerdings die Beschränkungen des Zweckübertragungsgedankens greifen, s Rn 21. Vereinbarungsinhalt kann auch sein, dass der AN berechtigt ist, im Rahmen seiner arbeitsvertraglichen Tätigkeit auch für sich selbst oder für Dritte Entwürfe anzufertigen, womit sich allerdings der AG regelmäßig seiner Rechte aus Abs 2 begibt. In einer Einzelfallregelung kann ein konkreter Entwurf zum Gegenstand einer Vereinbarung gemacht werden. Möglich ist auch eine allg Regelung; diese kann in einem Individualvertrag oder in einem Kollektivvertrag enthalten sein. Da kein Formzwang besteht, kann die Vereinbarung auch durch konkludentes Handeln entstehen, Furler 2/8. Es muss sich jedoch stets um eine vertragliche Regelung handeln; es ist daher

nicht möglich, allein aus dem allg Inhalt oder aus dem Wesen des Arbeitsverhältnisses, wie das § 43 UrhG vorsieht, Folgerungen zu ziehen. Die Beweislast für Bestehen und Inhalt von abweichenden Vereinbarungen obliegt
nach allg Grds dem AN.

VI. Gemeinschaftsgeschmacksmuster

28   **1.** Der **Regelungsgehalt** in § 7 und in Art 14 GGV ist identisch. Entsprechungen sind: § 7 I 1 zu Art 14 I, § 7 I 2 zu Art 14 II, § 7 II zu Art 14
III GGV. Die Regelung in Art 14 III GGV enthält als weiteren Vorbehalt,
dass die anwendbaren innerstaatlichen Rechtsvorschriften nichts anderes
vorsehen. Für das deutsche Recht ergibt sich daraus keine Abweichung zur
Rechtslage nach § 7 II. Aus Art 14 I ergibt sich implizit die Möglichkeit der
Übertragung des Rechts auf das GGM; ein Entwerfer kann daher sein Recht
auf das GGM per Vertrag auf seinen Rechtsnachfolger übertragen, EuGH
GRUR 09, 867 Rn 69, 72 – FEIA/Cul de Sac; Einzelh § 29 Rn 19.

29   **2.** Für die **gemeinschaftliche Rechtsausübung** war in Art 15 S 2 VO-
Vorschlag 1999 vorgesehen, dass die Bedingungen zur Ausübung eines gemeinschaftlichen Rechts von den Mitinhabern vertraglich festgelegt werden
und dass andernfalls die Rechtsvorschriften des Mitgliedstaats Anwendung
finden, in dem das Recht ausgeübt wird. Für den Fall, dass keine vertragliche Regelung erfolgt, enthielt Art 14 II der VO-Vorschläge v 20.10.00 und
v 23.11.00 detaillierte Regelungen. Diese Vorschläge haben keinen Eingang
in Art 14 GGV gefunden. Die Regeln für die Rechtsausübung ergeben sich
daher aus der allg Gleichstellung des GGM als Gegenstand des Vermögens
mit dem DesignR des maßgeblichen Mitgliedstaats, Art 27 GGV. Bei eingetragenen GGM ist das Recht des Mitgliedstaats des Inhabers maßgeblich, der
im Register an erster Stelle eingetragen ist, Art 27 III b) GGV. Bei nicht
eingetragenen GGM ist das Recht des Mitgliedstaats des Inhabers maßgeblich, der von den gemeinsamen Inhabern einvernehmlich bestimmt wurde,
Art 27 III a) GGV. Wenn eine einvernehmliche Bestimmung nicht erfolgt
ist, greift das für den Amtssitz maßgebliche Recht, Art 27 IV GGV, also
spanisches Recht ein.

30   **3.** Für **unabhängige Entwurfstätigkeit** war im VO-Vorentwurf 1991
eine Regelung vorgesehen. Das Recht auf das nicht eingetragene GGM
sollte jedem der unabhängigen Entwerfer zustehen, Art 13 II a); das Recht
auf das eingetragene GGM sollte demjenigen zustehen, der zuerst die Anmeldung einreicht, Art. 13 II b). Diese Vorschläge sind zwar später nicht
aufgegriffen worden; die damit übereinstimmende Rechtslage ergibt sich
jedoch aus den allg Bestimmungen der GGV. Bei eingetragenen GGM hat
demnach der Erstanmelder das Recht auf das GGM; maßgeblich ist der
Zeitrang, s Rn 28 iVm Rn 9. Bei nicht eingetragenen GGM ergibt sich die
Möglichkeit des Entstehens von mehreren Rechten daraus, dass formelle
Schutzvoraussetzung nur das öffentliche Zugänglichmachen ist, Art 11 I
GGV. Für den Zeitrang von nicht eingetragenen GGM ist daher der Zeitpunkt der jeweiligen Rechtsbegründung maßgeblich. Das entspricht der
Regelung in § 6 III MarkenG für Marken und Kennzeichen, die durch Be-
nutzung entstehen. Wenn das öffentliche Zugänglichmachen zu einer Of-
fenbarung iSd Art 7 GGV geführt hat, kann diese Offenbarung jedoch der

Neuheit oder Eigenart eines nicht eingetragenen GGM entgegenstehen, das später der Öffentlichkeit zugänglich gemacht worden ist.

Formelle Berechtigung

8 **Anmelder und Rechtsinhaber gelten in Verfahren, die ein eingetragenes Design betreffen, als berechtigt und verpflichtet.**

Übersicht

1. Entwicklung. Die Rechtszuweisung des § 8 ist Art 17 GGV unter **1** redaktioneller Verkürzung nachgebildet. Art 20 MPI-E und Art 15 Grünbuch waren auf das Anmeldeverfahren begrenzt, § 47 GRUR-E 2000 reagierte auf die seinerzeit schon geplante Ausdehnung der Wirkung auf alle Verfahren über GGM, wie sie dann für Art 17 GGV verbindlich wurde. § 8 ist Nachfolgeregelung des § 13 I GeschmMG 1986 mit seiner gesetzl Vermutung der Urheberschaft des Design-Anmelders. Zwar konnte nach § 7 I GeschmMG 1986 allein der wahre Urheber sein Recht auf das eD durch Anmeldung ausüben und kraft Anmeldung auch ohne Eintragung Ansprüche aus dem eD erheben; die Eintragung des Anspruchstellers in das Designregister hatte keine Bedeutung für die Aktivlegitimation. Für die Durchführung von Amts- und Gerichtsverfahren bedurfte es daher der klarstellenden gesetzl Vermutung, Einzelh 2. Aufl 13/2. Ein enger Zusammenhang besteht mit der Definition des Inhabers des eD gem § 1 Nr 5, Einzelh § 1 Rn 40. § 8 ist grds vergleichbar mit der gesetzl Vermutung des § 28 I iVm § 31 MarkenG und der gesetzl Fiktion des § 7 I PatG.

2. § 8 hat den **Zweck,** eine auf Verfahrenszwecke beschränkte, insoweit **2** jedoch notwendige gesetzl Klarstellung zu geben, welche Person in Verfahren über angemeldete und eingetragene Designs für die das Verfahren durchführenden Instanzen baw als aktiv- bzw passivlegitimiert zu gelten hat. Weil die verfahrensrechtliche Bedeutung der Design-Anmeldung sich auf die Rechtsbeziehungen des Anmelders zum DPMA beschränkt und nach § 27 I der Design-Schutz mit Registereintragung beginnt, knüpfen § 8 und der ergänzende § 1 Nr 5 die rechtszuweisende Wirkung an den formellen Anmeldungsakt bzw die Registereintragung an. § 8 gewährleistet damit, dass nicht jedes einzelne über das eD geführte Verfahren, insbes das Eintragungsverfahren, BGH GRUR 97, 890, 891 – Drahtbiegemaschinen (PatR), mit der Frage nach der wahren Entwerfereigenschaft oder der materiellen Berechtigung der eingetragenen Inhaberschaft am eD und der daraus folgenden Aktiv- oder Passivlegitimation belastet wird und Nachweis geführt werden muss. Das gilt auch, falls ein materiell Nichtberechtigter, zB Nicht-Entwerfer oder Nichtinhaber, aus dem für ihn eingetragenen Design vorgeht. Die Rechtsnatur der Zuweisung soll nach der Begr zu § 8 GeschmMG 2004 in einer – nach allg Rechtsgrds unwiderleglichen – gesetzl Fiktion bestehen. Das trifft nur teilw zu, Rn 4. Insbes kann mit der Beschränkung der Wirkung des § 8 auf Verfahren nicht durch die Registereintragung die wahre materielle Berechtigung in allen denkbaren Fallgestaltungen präjudiziert werden, s auch Beyerlein WRP 04, 676, 681. Falls die Berechtigung am Designentwurf bzw eD und die im Registerverfahren begründete Rechtsstellung verschiedenen Personen zukommen, ist eine Korrekturmöglichkeit notwendig und vorgesehen, welche die Begr zu § 8 GeschmMG 2004 unzureichend auf Vindikationsverfahren nach § 9 I beschränkt, Rn 4.

3   **3. a)** Der **sachliche Anwendungsbereich** betrifft allg Berechtigungen, Verpflichtungen und Verfahrensstellung in eingeleiteten Verfahren über ein angemeldetes oder eingetragenes Design in Bezug auf das Recht auf das eD nach § 7 I (Entwerferrecht) ebenso wie das Recht aus dem eD. Die Begriffe Anmelder und Rechtsinhaber sind, wie sich aus der Überschrift des § 8 und für den Rechtsinhaber aus § 1 Nr 5 ergibt, im registerrechtlichen, nicht materiellrechtlichen Sinn zu verstehen. Damit ist zunächst das Eintragungsverfahren vor dem DPMA betroffen. Für das Eintragungsverfahren wird zugunsten eines nach § 7 am eD nicht Berechtigten dessen Anmelderschaft so lange aufrechterhalten, Begr zu § 8 GeschmMG 2004, wie sie nicht gem § 9 auf Veranlassung des wahren Berechtigten entzogen worden ist. Das DPMA darf nicht prüfen, ob der Anmelder zur Anmeldung berechtigt ist und ob die in der Anmeldung gemachten Angaben zutreffen, § 19 Rn 9; iVm § 19 II hindert § 8 das DPMA auch entgegen eigener abweichender, ggf zutreffender Erkenntnisse daran, die Berechtigung des Anmelders gegenüber dem DPMA, die Eintragung des Designs zu verlangen und ggf als Inhaber des eD eingetragen zu werden, aber auch die vollzogene Eintragung des Design-Inhabers in Frage zu stellen, Nachweise über die Berechtigung zu fordern oder sogar die Anmeldung zurückzuweisen, BPatGE 41, 195 (PatR). Dies gilt auch bei Widersprüchlichkeiten, die sich aus einer Entwerferbenennung ergeben können. Wesentlicher weiterer Anwendungsbereich der Klarstellung des § 8 ist der Zivilprozess. Die Gerichte haben von der legitimen Inhaberschaft des Anmelders und des eingetragenen Design-Inhabers als Anspruchssteller oder -gegner auszugehen und können ihm gegenüber wirksam Handlungen vornehmen, Begr zu § 8 GeschmMG 2004. Dies gilt sowohl für Aktivprozesse mit Ansprüchen auf Unterlassung, Schadensersatz und Auskunft aufgrund eines eingetragenen Designs als auch für Passivprozesse in Verfahren über die Feststellung der wahren Berechtigung mit Herausgabe oder Löschung des eD gem § 9, über die Nichtigkeit des eD aufgrund eines älteren Rechts gem § 33 II und über andere Ansprüche gegen den eingetragenen Design-Inhaber, zB aus unberechtigter Verwarnung oder Zustimmung zur Registerberichtigung. Das gilt für Verfügungsverfahren ebenso wie im Klageverfahren, LG Düss GRUR 56, 689. Nach allg Ans ist § 8 schließlich auch im Strafverfahren anwendbar, Furler 13/6; v Gamm 13/2; dabei macht jedoch der Amtsermittlungsgrds eigenständige Feststellungen erforderlich, wenn Zweifel in Bezug auf die Richtigkeit der Inhaberschaft bestehen, RGSt 30, 146.

4   **b)** § 8 regelt **Legitimationskonflikte** unvollständig, die daraus entstehen, dass Anmelderstellung oder Registereintragung von der wahren Berechtigung des Entwerfers nach § 7 I – zB wegen widerrechtlicher Entnahme – bzw des – zB nach außerhalb des Registers stattgefundener Rechtsübertragung gem § 29 – nunmehrigen materiellrechtlichen Inhabers abweichen, ebenso Beyerlein, WRP 04, 676, 681; Günther/Beyerlein, 8/3; Kazemi, MarkenR 07, 149, 153. Die Begr zu § 8 GeschmMG 2004 will dies mit einer – nicht widerleglichen – gesetzl Fiktion regeln und hat dabei ausschließlich Vindikationslagen iSd § 9 im Auge. Insoweit entscheiden die §§ 1 Nr 5 und 8 diesen Konflikt iSd der Registerlage und zu Lasten des wahren Berechtigten, der auf § 9 I verwiesen ist; zu der durch die Registereintragung geschaffenen formellen Legitimation mit möglichem Durchgriff auf die materielle Rechtslage s § 19 Rn 10 und bei Falscheintragung § 29 Rn 14. Die Beurteilung als gesetzl Fiktion würde jedoch die Verteidigung gegen Ansprüche in Verletzungsverfahren ausschließen, die auf die Design-Eintragung bei fehlender materieller Rechtsposition gestützt sind. In solchen Fällen versagt die Korrekturmöglichkeit des § 9, weil es dem Verletzungsbeklagten an der Aktivlegitimation des iSv § 9 I Berechtigten für eine Widerklage fehlt, zumal in diesen Fällen auch keine Notwendigkeit zur Registerkorrektur mit Wirkung ggü der Allgemeinheit besteht. Hier bedürfte es einer widerleglichen gesetzl Vermutung, die § 8 entgegen der Begr tatsächlich auch darstellt. Zwar sind beide Vorschriften als – nach allg Grds unwiderlegbare – gesetzl Fiktion formuliert. Jedoch schwankt die Begr zu § 1 Nr 5 GeschmMG 2004 bei der Einordnung des Rechtscharakters, Einzelh s § 1 Rn 40, und das für die Annahme einer Fiktion in der Begr zu § 8 GeschmMG 2004 gebrauchte Argument, eine widerlegliche gesetzl Vermutung vermittle keine belastbare Rechtsposition, ist durch diejenige des § 28 I MarkenG für gleichgelagerte Fälle widerlegt, s insofern Ströbele/Hacker 28/4. Vielmehr handelt es sich – vergleichbar dem klarer formulierten § 28 I MarkenG – der Sache nach um eine in demselben Verfahren widerlegbare Vermutung. Der Angegriffene kann somit innerhalb desselben Verfahrens den Einwand fehlender sachlicher Berechtigung erheben, aA Stöckel/Lüken S 443. Jedenfalls bleibt eine Fiktionswirkung des § 8 auf Vindikationslagen iSv § 9 I beschränkt bei Ansprüchen des wahren Berechtigten auf Übertragung oder Löschung, was auch gegenüber einem Nichtigkeitsverlangen nach § 33 II aus einem widerrechtlich entnommenen älteren Design-R gilt, und gleicht insoweit derjenigen des § 7 I PatG. Im Übrigen schließt § 8 den Einwand der Nichtberechtigung nicht aus.

4. Der **persönliche Anwendungsbereich** des § 8 erstreckt sich zum **5** einen auf den im Register eingetragenen Inhaber des Design-VollR, § 1 Nr 5. Die Fiktions- bzw Vermutungswirkung, dazu Rn 4, geht mit der Eintragung des Inhaberwechsels auf den Erwerber über, im Anmeldungsstadium mit der Anzeige des Rechtsübergangs zu den Akten, § 29 Rn 14. Bestimmte Berechtigungen gehen jedoch schon mit Stellung des Umschreibungsantrags über, zB Beschwerdeberechtigung, Einzelh § 23 Rn 24, § 29 Rn 14. Zum anderen ist Adressat im Eintragungsverfahren die in der Design-Anmeldung als Anmelder bezeichnete Person oder der dem DPMA nachgewiesene Rechtsnachfolger als Anmelder, § 32 Rn 2. In diesem Verfahrensstadium steht die in § 8 angesprochene Verpflichtung (genauer: Obliegenheit) des Anmelders im Vordergrund, dem DPMA gegenüber im Verfahren mitzuwirken insbes durch Einreichung von Unterlagen und Zahlung von Kosten. Der iSd § 7 I wahre Berechtigte ist nicht Anmelder und kann auf das Eintragungsverfahren keinen Einfluss nehmen; er ist zunächst auf die Durchsetzung des Anspruchs nach § 9 verwiesen. Vor Einreichung der Anmeldung fehlt die Rechtsstellung als Anmelder und ist § 8 nicht anwendbar.

5. Übergangsrecht, Gemeinschaftsgeschmacksmuster, Internatio- 6 nale Eintragungen. Die Legitimationswirkung des § 8 gilt ab dem 1.6.04

auch für zuvor angemeldete und eingetragene Designs, § 72 III (§ 66 GeschmMG 2004), § 72 Rn 2. Art 17 GGV sieht für GGM ebenfalls eine dem Inhalt des § 8 entsprechende Fiktionswirkung vor, Einzelh Ruhl 17/ 7 ff. Das HMA überlässt für internationale Anmeldungen und Eintragungen Regelungen über die Rechtsfolgen der Eintragungswirkung iSv Art 14 I, II HMA 1999 dem nationalen bzw regionalen Recht.

Ansprüche gegenüber Nichtberechtigten

9 (1) **Ist ein eingetragenes Design auf den Namen eines nicht nach § 7 Berechtigten eingetragen, kann der Berechtigte unbeschadet anderer Ansprüche die Übertragung des eingetragenen Designs oder die Einwilligung in dessen Löschung verlangen. Soweit in die Löschung eingewilligt wird, gelten die Schutzwirkungen des eingetragenen Designs in diesem Umfang als von Anfang an nicht eingetreten. Wer von mehreren Berechtigten nicht als Rechtsinhaber eingetragen ist, kann die Einräumung seiner Mitinhaberschaft verlangen.**

(2) **Die Ansprüche nach Absatz 1 können nur innerhalb einer Ausschlussfrist von drei Jahren ab Bekanntmachung des eingetragenen Designs durch Klage geltend gemacht werden. Das gilt nicht, wenn der Rechtsinhaber bei der Anmeldung oder bei einer Übertragung des eingetragenen Designs bösgläubig war.**

(3) **Bei einem vollständigen Wechsel der Rechtsinhaberschaft nach Absatz 1 Satz 1 erlöschen mit der Eintragung des Berechtigten in das Register Lizenzen und sonstige Rechte. Wenn der frühere Rechtsinhaber oder ein Lizenznehmer das eingetragene Design verwertet oder dazu tatsächliche und ernsthafte Anstalten getroffen hat, kann er diese Verwertung fortsetzen, wenn er bei dem neuen Rechtsinhaber innerhalb einer Frist von einem Monat nach dessen Eintragung eine einfache Lizenz beantragt. Die Lizenz ist für einen angemessenen Zeitraum zu angemessenen Bedingungen zu gewähren. Die Sätze 2 und 3 finden keine Anwendung, wenn der Rechtsinhaber oder der Lizenznehmer zu dem Zeitpunkt, als er mit der Verwertung begonnen oder Anstalten dazu getroffen hat, bösgläubig war.**

(4) **Die Einleitung eines gerichtlichen Verfahrens gemäß Absatz 2, die rechtskräftige Entscheidung in diesem Verfahren sowie jede andere Beendigung dieses Verfahrens und jede Änderung der Rechtsinhaberschaft als Folge dieses Verfahrens werden in das Register für eingetragene Designs (Register) eingetragen.**

Übersicht

1   **1.** Der **Regelungsgehalt** des § 9 ergibt sich daraus, dass Rechtsbehelfe für den Fall zur Verfügung stehen müssen, dass das in § 7 geregelte Recht auf das eingetragene Design verletzt worden ist. In der obligatorischen Bestimmung des Art 11 I c) GRL ist hierzu vorgesehen, dass bei einer Nichtberechtigung des Anmelders oder Rechtsinhabers das Muster von der Eintragung ausgeschlossen oder für nichtig erklärt wird. In Übereinstimmung mit der Regelung für GGM kann auch ein Anspruch auf Übertragung geltend gemacht werden. Alle weiteren Regelungsdetails sind an die Vorschriften über GGM angelehnt. Eine ähnliche Regelung enthält § 8 PatG. Nichtberechtigung kann sich insbes daraus ergeben, dass der Gegenstand eines eD einem Entwurf oder einer Entwurfsumsetzung des Entwerfers entnommen worden ist. Bei einer Parallelentwicklung, wie sie auch im Bereich des DesignR vorkommen kann, s BGH GRUR 69, 90, 93 – Rüschenhaube, greift Abs 1 S 1 nicht ein. Gegen den seltenen Fall eines Parallelentwurfs spricht ein Anscheinsbeweis und im Verfügungsverfahren eine Anscheinsvermutung, KG GRUR-RR 02, 49, 50 UrhR). Die Darlegungs- und Beweislast obliegt daher dem Anmelder, Köln GRUR 00, 43, 44 (UrhR), zumal wenn ihm der Berechtigte vor der Anmeldung den Gegenstand des SchutzR offenbart hat, BGH GRUR 01, 823, 825 – Schleppfahrzeug. Ansonsten muss geprüft werden, ob sich die Nichtberechtigung als beweisbedürftige Tatsache aus der Gesamtheit und dem Zusammenwirken einzelner Umstände ergibt, BGH GRUR 04, 936, 937 – Barbara. Die Widerrechtlichkeit der Eintragung muss nicht zwingend die Folge einer Entnahme sein, sie kann sich auch aus einem gesetzlichen oder vertraglichen Verbot ergeben. Der Nichtberechtigte muss die Gestaltung des Berechtigten zwar gekannt haben. Unerheblich ist jedoch, ob die Kenntnis befugt oder unbefugt erlangt wurde, weil Anspruchsgrundlage nicht die unbefugte Kenntniserlangung, sondern die fehlende Anmeldebefugnis ist. Das eD muss mit dem Gegenstand der Kenntnis im Wesentlichen übereinstimmen; der Anspruchsgegner kann sich auf frühere Kenntnis berufen, s BGH GRUR 81, 186, 189 – Spinnturbine II. Verschulden des Nichtberechtigten ist nicht erforderlich, BGH GRUR 96, 42, 43 – Lichtfleck. Bei Verschulden kann Anspruch auf Schadensersatz bestehen, BGH GRUR 97, 890, 891 – Drahtbiegemaschine, zB auf entgangene Lizenzgebühren, FfM GRUR 87, 886, 890. Bei einem Arbeitnehmerdesign ist allein der Arbeitgeber zur Anmeldung berechtigt, s § 7 Rn 16. In Entwicklungs- oder Verwertungsverträgen kann vereinbart werden, dass von mehreren Entwerfern nur einer als Anmelder auftritt oder dass der Träger des Verwertungsrisikos anstelle des Entwerfers die Anmeldung vornimmt.

2. Für **Gemeinschaftsgeschmacksmuster** bestehen weitgehend gleiche **2** Regelungen. § 9 I 1 entspricht Art 15 I GGV. Die Anerkennung als rechtmäßiger Inhaber ist auf nicht eingetragene GGM zugeschnitten. Bei eingetragenen GGM kommt als andere Möglichkeit die Übertragung in Betracht, s Art 16 I GGV; Hamm GRUR-RR 10, 195 – Motorrollermodelle. Entsprechungen sind: § 9 I 2 zu Art 15 II, § 9 II zu Art 15 III, § 9 III zu Art 16, § 9 IV zu Art 15 IV GGV.

3. Die wichtigsten **Ansprüche,** die ggü Nichtberechtigten bestehen, sind **3** in Abs 1 geregelt. Eine Prüfung der Schutzfähigkeit findet nicht statt, BGH GRUR 79, 692, 694 – Spinnturbine II; GRUR 01, 823, 825 – Schleppfahrzeug. Der Berechtigte hat ein Wahlrecht zwischen dem Anspruch auf Übertragung und dem Anspruch auf Einwilligung in die Löschung. Dieses Wahlrecht kann grds bis zur Erfüllung bzw bis zur Rechtskraft eines Urteils ausgeübt werden; Bestimmungen des VerfahrensR können jedoch Einschränkungen zur Folge haben. Die Klage geht auf Übertragung des SchutzR und auf Einwilligung in die Umschreibung, BPatGE 9, 196, 199, dh in die Eintragung als Rechtsinhaber. Nach Hamm GRUR-RR 10, 195, 196 – Motorrollerdesign – richtet sich der Antrag auf Abgabe einer Willenserklärung iVm der Anerkennung der Inhaberschaft, hierzu Rn 2. Der Anspruch auf Einwilligung in die Übertragung der Inhaberschaft kann auch schon geltend gemacht werden, wenn eine Anmeldung noch nicht zu einer Eintragung geführt hat, Hamm GRUR-RR 10, 196; aufgrund seiner vermögensrechtlichen Ausrichtung ist § 32 bzw Art 34 II GGV entspr anwendbar. Mit der Übertragung wird der Berechtigte neuer Rechtsinhaber mit allen Rechten und Pflichten, die sich aus der jeweiligen Rechtsposition ergeben. Die Löschung begründet dagegen keine Rechte und Pflichten des Berechtigten. Der Berechtigte kann zwar eine Neuanmeldung vornehmen, aber außerhalb der Schonfrist gem § 6 offenbarte Designs können der Schutzfähigkeit entgegenstehen. Den Vorzug verdient daher idR die Übertragung, Peifer S 94. Mitentwerfer haben nicht die in Satz 1 geregelten Ansprüche, sondern nur den in Satz 2 geregelten Anspruch auf Eintragung der Mitinhaberschaft in das Register. Sämtliche Ansprüche müssen im Wege der Klage geltend gemacht werden, Abs 2. Beispiel für eine Übertragungsklage bei Mes/Eichmann F.13. Außergerichtliche Erfüllung durch Umschreibung, s § 29 Rn 11, oder durch Verzicht, s § 36 Rn 5, ist möglich.

4   **4.** Die **Ausschlussfrist** von drei Jahren beginnt mit dem Tag der Bekanntmachung des eingetragenen Designs, Abs 2. Das ist die Bekanntmachung iSd § 20 S 1, 2. Ob der Berechtigte Kenntnis von der Bekanntmachung gehabt hat, spielt für die Ausschlussfrist keine Rolle. In der Bekanntmachung muss jedoch der Gegenstand des eingetragenen Designs erkennbar sein. Bei einer Aufschiebung der Bildbekanntmachung beginnt daher die Ausschlussfrist mit der Nachholung der Bildbekanntmachung nach § 21 III. Die Befristung dient einem angemessenen Interessenausgleich, Begr § 9 II. Wenn der eingetragene Inhaber bei der Anmeldung oder bei einem späteren Rechtserwerb bösgläubig war, besteht daher keine Ausschlussfrist, Abs 2 S 2. Bösgläubigkeit ist Kenntnis der fehlenden Berechtigung iSd § 7 I 1. Der Anspruchsgegner muss die tatsächlichen Umstände gekannt haben, aus denen sich seine Nichtberechtigung ergibt. Bei langer Untätigkeit des Berechtigten kann auch bei fehlender Gutgläubigkeit des Nichtberechtigten Verwirkung, s § 49 Rn 7, eintreten. Nach Ablauf der Ausschlussfrist besteht nur noch die Möglichkeit der Nichtigerklärung, BGH GRUR 05, 567, 568 – Schweißbrennerreinigung.

5   **5.** Welche Auswirkungen der **Wechsel der Rechtsinhaberschaft** hat, ist in Abs 3 geregelt. Mit der Eintragung des Berechtigten in das Register erlöschen Lizenzen und sonstige Rechte, Satz 1. Aus Satz 2 ergibt sich ein WeiterbenutzungsR zugunsten des früheren Inhabers und/oder eines Lizenznehmers. Voraussetzung dafür ist, dass er das eingetragene Design verwertet oder dazu tatsächliche und ernsthafte Vorkehrungen getroffen hat. Das sind dieselben Kriterien, die Voraussetzung für ein VorbenutzungsR sind, § 41 I 1. Weitere Voraussetzung ist, dass innerhalb einer Frist von einem Monat eine einfache Lizenz beantragt wird. Die Frist beginnt kenntnisunabhängig mit der Eintragung des Berechtigten in das Register. Satz 3 bestimmt, dass die Lizenz für einen angemessenen Zeitraum zu angemessenen Bedingungen gewährt werden muss. Maßgeblich sind die jeweiligen Umstände des Einzelfalls. Für die Angemessenheit des Zeitraums kommt es insbes auf die bisherige Dauer der Benutzung bzw auf die Intensität der Vorbereitung an. Für die

Angemessenheit der Bedingungen können sich Anhaltspunkte insbes aus der Lizenzanalogie, s § 42 Rn 26, ergeben. Voraussetzung für das WeiterbenutzungsR ist jedoch nur der fristgemäße Antrag auf Erteilung einer Lizenz, nicht auch die Einigung über die Modalitäten der Lizenz. Ggf entscheidet das Gericht entweder auf Antrag des neuen Inhabers des eD oder auf Antrag des zur Fortsetzung berechtigten Verwerters. Satz 4 bestimmt, dass dieser kein WeiterbenutzungsR hat, wenn er in dem für die Rechtsbegründung maßgeblichen Zeitpunkt bösgläubig, s Rn 4, war.

6. Die **Wirkung der Löschung** ist, dass die Schutzwirkungen des eingetragenen Designs als von Anfang an nicht eingetreten gelten. Das ergibt sich aus Abs 1 S 3, der durch das Gesetz v 10.10.13 eingefügt wurde. Die Rückwirkung der Einwilligung in die Löschung auf den Anmeldetag hatte sich vor dem Inkrafttreten des Gesetzes v 10.10.13 aus einer richtlinienkonformen Auslegung ergeben, Voraufl 9/6. Die Einfügung von Abs 1 S 3 dient daher der Klarstellung, Begr § 9. Eine partielle Einwilligung in die Löschung und dementspr eine nur partielle Wirkung der Löschung kann in Betracht kommen, wenn sich die Nichtberechtigung nur auf einen Teil des eingetragenen Designs bezieht, zB bei gemeinsamer Entwurfstätigkeit, Entwurfsverbindung oder Bearbeitung, s § 7 Rn 7, 8, 10. Für die Behandlung dieser Teilwirkung im Register bietet § 35 in entspr Anwendung einen Lösungsweg.   **6**

7. Durch Abs 4 werden **Registereintragungen** für alle Vorgänge vorgeschrieben, die für die Öffentlichkeit von Interesse sein können. Das sind die Einleitung eines gerichtlichen Verfahrens gem Abs 2, die rechtskräftige Entscheidung in diesem Verfahren, jede andere Beendigung dieses Verfahrens und jede Änderung der Inhaberschaft als Folge dieses Verfahrens. Woher die Registerbehörde die für die Eintragung erforderlichen Informationen erhält, ist nicht geregelt. Die Informationen können daher sowohl durch das Gericht als auch durch interessierte Verfahrensbeteiligte erfolgen. Die Registerbehörde nimmt die Eintragung nur vor, wenn der eintragungspflichtige Tatbestand zweifelsfrei ist.   **7**

Entwerferbenennung

10 Der Entwerfer hat gegenüber dem Anmelder oder dem Rechtsinhaber das Recht, im Verfahren vor dem Deutschen Patent- und Markenamt und im Register als Entwerfer benannt zu werden. Wenn das Design das Ergebnis einer Gemeinschaftsarbeit ist, kann jeder einzelne Entwerfer seine Nennung verlangen.

Übersicht

1. Entwicklung. Der Inhalt des § 10 wurde erst mit der Reform zum 1.6.04 in das GeschmMG 2004 aufgenommen. Trotz der urheberrechtlichen Grundlage des bis zum 31.5.04 geltenden DesignR, das mit Vollendung des Musters ein UrheberpersönlichkeitsR des Urhebers entstehen ließ, war im nationalen Rahmen – anders als im PatR – dessen Hervorhebung durch   **1**

Nennung in Register und GeschmM-Blatt in früherer Zeit kein Anliegen von bes rechtspolitischer Relevanz. Dies auch nicht, als mit dem 1.7.88 eine transparente Registrierung und Recherchierbarkeit von Designs eingeführt wurde, womit auch eine Publizierung des Urhebers des Designs hätte verbunden werden können. Erst der MPI-E in Art 21 mit der Strenge eines elementaren Anmeldeerfordernisses gem Art 39 I d) und – leicht abgeschwächt – das Grünbuch in Art 16 sehen die Entwerferbenennung vor. Gleichwohl gibt sie die GRL nicht vor; den Anstoß, im nationalen Recht die Person des Entwerfers hervorzuheben, gab Art 18 S 2 GGV. § 10 gilt für die vom 1.6.04 an angemeldeten Designs, § 73 III, eine Nachholung der Benennung für AltR ist nicht vorgesehen und wäre dem DPMA auch technisch kaum möglich, Begr § 67 III GeschmMG 2004. Einzelh zu Grundlagen, Wesen und Auswirkungen des DesignerpersönlichkeitsR s Allg Rn 15 ff.

2   **2.** Die Entwerferbenennung hat den **Zweck,** den berechtigten Interessen des Entwerfers selbst, nicht seines Rechtsnachfolgers, an der Anerkennung seiner schöpferischen Leistung Rechnung zu tragen, dazu Allg Rn 17. Mit Hilfe der Bekanntmachung wird den Entwerfern eine angemessene Publizität durch öffentliche Dokumentation der bes, sonderrechtlich geschützten gestalterischen Leistung eröffnet. Ihnen wird die Möglichkeit gegeben, sich durch die Tatsache geschützter Designs einen bes Ruf als Designer zu erarbeiten, Begr § 10 GeschmMG 2004. Dadurch soll insgesamt die Stellung des Designers gestärkt und dem Sinn und Zweck des DesignR gedient werden, die Fortentwicklung des Formenschatzes zu fördern, Begr aaO. Dabei muss der Entwerfer keine bestimmte Staatsangehörigkeit besitzen, etwa diejenige eines Mitgliedstaats der EU, PVÜ oder der WTO, v Mühlendahl, Bericht GRUR 03, 136. Im Gegensatz zu den entspr Vorschriften des PatR (§ 37 PatG, Art 81 EPÜ) ist die Entwerferbenennung nicht als eine vom Anmelder dem Patentamt gegenüber einzuhaltende Anmeldeformalität ausgestaltet. § 10 begründet weder eine Pflicht des Design-Anmelders zur Nennung noch einen Anspruch des Entwerfers gegenüber dem DPMA. Die Nennung ist vielmehr Gegenstand eines darauf gerichteten gesetzl Anspruchs des Entwerfers im Innenverhältnis zum Anmelder oder Rechtsinhaber, Begr zu § 10. Diesen Anspruch kann der Entwerfer geltend machen, muss dies aber nicht. Die Einreichung einer Entwerferbenennung als Teil der in einer Design-Anmeldung zu machenden Angaben nach § 11 V Nr 4 ist daher Kannvorschrift. Ist eine Nennung unterblieben und weist der Entwerfer das DPMA auf seine Entwerfereigenschaft hin, wird das DPMA den Inhaber dazu hören und bei dessen Zustimmung die Eintragung nachholen. Hat der Entwerfer den Anspruch auf Nennung erhoben und leisten Anmelder oder Rechtsinhaber dem nicht Folge oder nennen sie einen falschen Entwerfer, muss der Entwerfer seinen Anspruch auf zivilrechtlichem Weg, ggf gerichtlich als Design-Streitsache bei der Patentstreitkammer (§ 52) geltend machen, vgl prozessuale Einzelh OLG Karlsr Mitt 04, 22. Dementsprechend darf nach S 2 ein vollständiges Entwerferteam (dh Gruppenname, den idR eine Entwerfermehrheit sich selbst gegeben hat) mangels eigenem PersönlichkeitsR nicht benannt werden, wie es demgegenüber Art 18 S 2 GGV vorsieht; das gilt auch für jur Personen und Personengesellschaften. Sind Entwerfer Mitglieder eines solchen Teams, können ausgewählte oder sämtliche Mitglieder des Teams benannt werden, dies jedoch einzeln namentlich.

Die persönlichkeitsrechtlichen Gründe für den Anspruch auf Nennung gelten ebenso für den Anspruch des Entwerfers auf Nichtnennung. Ein bekannt gemachter Entwerfer kann das Löschen der Nennung vom Anmelder verlangen; er kann auch gegenüber dem DPMA Löschung seines Namens beantragen, dem das DPMA nach Anhörung und Zustimmung des eingetragenen Inhabers entspricht. Allerdings verbleibt es in solchen Fällen bei der Nennung des Entwerfers im Designblatt, da Designblätter immer den Registerinhalt zum Zeitpunkt der Eintragung wiedergeben. Eine nachträgliche Änderung eines Designblattes liefe diesem Ziel zuwider.

3. Bes Vorschriften für die **Form** der Benennung, abgesehen von der **3** notwendigen Schriftlichkeit, bestehen nicht. Ein Hinweis auf die Angabe ist im amtlichen Anmeldevordruck vorgesehen, das DPMA stellt ein ergänzendes Formblatt zur Verfügung (Vordruck-Nr R 5707 – derzeit Ausgabe 1.14 –), unter www.dpma.de im Internet abrufbar), Unterzeichnung des Anmelders oder Rechtsinhabers ist erforderlich, zur Schriftform § 23 Rn 48 ff. Es braucht nicht mitgeteilt zu werden, wie der Übergang des Rechts auf das eD auf den Anmelder iSd § 7 I oder dass ggf der Rechtserwerb als Arbeitgeber nach § 7 II erfolgt ist. Die Benennung kann auch nach Eintragung des Designs nachgebracht werden, sie wird dann nachgetragen und ist Gegenstand der Änderungsmitteilungen im Designblatt. Für den **Inhalt** der Angabe ist nach § 6 VI DesignV der § 6 I Nr 1, 3, II–IV DesignV maßgebend analog zum erforderlichen Inhalt der Anmelderangabe. Der Entwerfer ist anhand seines Vor- und Zunamens als Einzelperson identifizierbar zu machen, Phantasienamen einer Person, selbst ein ggf bekanntes Pseudonym iSe Urheberbezeichnung des § 13 S 2 UrhG, oder eines Entwerferteams sind nicht zulässig, Begr zu § 10, auch die Anschrift ist genau anzugeben, die Angabe des Wohnsitzes genügt nicht, vgl auch § 7 II Nr 1 PatV. Mitentwerfer sind jeder einzeln in derselben Weise aufzuführen, die Benennung eines Entwerferteams, so Art 18 S 2 GGV, ist in § 10 nicht aufgegriffen, Begr § 10. Die Versicherung, dass weitere Entwerfer nicht beteiligt seien, vgl § 7 II Nr 2 PatV, ebenso wie die Mitteilung, der Entwerfer habe auf die Nennung verzichtet, sind nicht erforderlich. Im Falle einer Sammelanmeldung muss die Zuordnung des einzelnen Entwerfers oder mehrerer gemeinschaftlicher Entwerfer zu den betreffenden Designs klargestellt sein. Fehler bei den vorstehenden Erfordernissen rügt das DPMA als Mängel iSv § 16 I Nr 3, Einzelh § 16 Rn 16 f. Es stellt aber keine Nachforschungen an.

4. Gemeinschaftsgeschmacksmuster. Art 18 GGV sieht ebenfalls fa- **4** kultativ eine Entwerferbenennung vor. Über das deutsche Recht hinausgehend ist es nach Art 18 S 2 GGV zulässig (nicht zwingend, aA Ruhl 18/6), dass im Falle einer Gemeinschaftsarbeit die Nennung des Entwerferteams unter seinem gemeinschaftlichen (Phantasie-)Namen an die Stelle der Einzelnennungen tritt. Art 36 III e) GGV erweitert dies dahingehend, dass alternativ auch eine Erklärung über den Verzicht auf Nennung eingereicht werden kann, s auch Art 1 II d) GGDV. Nach Abschn 5.2.4 PrüfHb prüft das HABM weder den Inhalt der Entwerferbenennung oder der Verzichtserklärung noch beanstandet es deren gänzliches Fehlen.

5. Internationale Eintragungen. Die Entwerferbenennung gegenüber **5** der WIPO ist grds fakultativ, jedoch dürfen einige Bestimmungsstaaten diese für ihren Anteil vorschreiben, R 8 I a) GAO, wenn sie der WIPO dies zuvor notifiziert hatten (zu den „declarations" s § 11 Rn 101), woraus dort bei unterschiedlichen Personen von Schöpfer und Anmelder ggf Folgerungen für die Anmeldeberechtigung gezogen werden, s Einzelh in den Erläuterungen der WIPO zum Anmeldeformular (www.wipo.int/hague/en/forms, Formular DM/1.inf(E) Stand 7. 13).

Abschnitt 3. Eintragungsverfahren

Anmeldung

11 (1) **Die Anmeldung zur Eintragung eines Designs in das Register ist beim Deutschen Patent- und Markenamt einzureichen.** Die **Anmeldung kann auch über ein Patentinformationszentrum eingereicht werden, wenn diese Stelle durch Bekanntmachung des Bundesministeriums der Justiz und für Verbraucherschutz im Bundesgesetzblatt dazu bestimmt ist, Designanmeldungen entgegenzunehmen.**

(2) **Die Anmeldung muss enthalten:**

1. **einen Antrag auf Eintragung,**
2. **Angaben, die es erlauben, die Identität des Anmelders festzustellen,**
3. **eine zur Bekanntmachung geeignete Wiedergabe des Designs.**

Wird ein Antrag nach § 21 Absatz 1 Satz 1 gestellt, kann die Wiedergabe durch einen flächenmäßigen Musterabschnitt ersetzt werden.

(3) **Die Anmeldung muss eine Angabe der Erzeugnisse enthalten, in die das Design aufgenommen oder bei denen es verwendet werden soll.**

(4) **Die Anmeldung muss den weiteren Anmeldungserfordernissen entsprechen, die in einer Rechtsverordnung nach § 26 bestimmt worden sind.**

(5) **Die Anmeldung kann zusätzlich enthalten:**

1. **eine Beschreibung zur Erläuterung der Wiedergabe,**
2. **einen Antrag auf Aufschiebung der Bildbekanntmachung nach § 21 Absatz 1 Satz 1,**
3. **ein Verzeichnis mit der Warenklasse oder den Warenklassen, in die das Design einzuordnen ist,**
4. **die Angabe des Entwerfers oder der Entwerfer,**
5. **die Angabe eines Vertreters.**

(6) **Die Angaben nach den Absätzen 3 und 5 Nummer 3 haben keinen Einfluss auf den Schutzumfang des eingetragenen Designs.**

(7) **Der Anmelder kann die Anmeldung jederzeit zurücknehmen.**

Übersicht

I. Allgemeines

1 **1. Entwicklung.** § 11 gilt für die vom 1.6.04, dem Inkrafttreten des GeschmMG 2004 an eingereichten Designanmeldungen, Art 6 I Geschm-MRefG, dazu überblicksartige Information des DPMA Bl 04, 273. Die Vorschrift ist die Nachfolgeregelung von Teilen des § 7 GeschmMG 1986 (Anmeldeerfordernisse), greift aber auch Elemente der §§ 8b, 10 GeschmMG 1986 (aufgeschobene Bildbekanntmachung bzw Eintragungsverfahren) auf. Mit § 11 endete die Systematik des ursprünglichen Ges von 1876 bezüglich der Anmeldeerfordernisse, sie orientiert sich jetzt in Anordnung und Inhalt vor allem an Art 36 GGV, dessen Regelungsaufbau an Art 26 GGV anschließt. Einfluss der GRL besteht für die Gestaltung des Eintragungsverfahrens nicht, Begr Allg II 1. a) GeschmMG 2004. Die mit der Novellierung des GeschmMG im Jahre 1988 eingeführte, seinerzeit nicht unumstrittene Zentralisierung der Geschmackmustereinreichung und -bearbeitung beim DPMA und die Einführung des Grds der Bildwiedergabe des Musters im Interesse praxisgerechter Publizierung und Recherchierbarkeit der SchutzR waren 2004 mittlerweile selbstverständlich geworden. Schon der – patentrechtlich orientierte – Entwurf 1940, Englert S 28, sah eine Einschränkung der Zuständigkeit der Amtsgerichte auf die bloße Annahme und Weiterleitung von GeschmM-Anmeldungen mit Führung eines nachrangigen örtlichen Zweitregisters bei zentraler Zuständigkeit des Patentamts für die Eintragung in das GeschmM-Register und für Rechtsmittel vor. Der Entwurf 1977 verfolgte den Gedanken dezentraler Annahme bei zentraler Zuständigkeit des DPMA für die Eintragung weiter. In ihm war ferner erstmals der Grds der Bildwiedergabe formuliert, der wiederum auf Art 5 I HMA 1960 fußt. Die Systematik des § 11 hat ihre historische Grundlage in den Entwürfen zur GMV, die in Art 39 MPI-E und Art 34 Grünbuch aufgegriffen ist. Die geschützten Muster der ehemaligen DDR (Urheberscheine, Patente für industrielle Muster) waren nach dem durch Art 2 X Nr 5 GeschmMRefG aufgehobenen § 16 I ErstrG zu GeschmM mit einem Inhalt gem dem ab 1.7.88 geltenden GeschmMG umgewandelt worden, mit Ausnahme der Schutzvoraussetzungen und Schutzdauer, § 5 S 1 ErstrG, was aber jetzt angeglichen ist, Einzelh § 60 Rn 1 ff. Für die ab 3.10.90 angemeldeten GeschmM von Anmeldern aus dem Beitrittsgebiet galt von vornherein das GeschmMG 1986; Einzelh zu den durch die Wiedervereinigung seinerzeit notwendig gewesenen Übergangsregelungen s Nachtrag EVtr/ErstrG II Rn 8 ff mwN; zum Anmeldeverfahren nach dem Recht der ehemaligen DDR Richter, GRUR Int 89, 755 f. Einzelh zu den Änderungen des Regelungsinhalts und -umfangs des § 11 gegenüber der hauptsächlichen Vorläufervorschrift des § 7 GeschmMG 1986 s 3. Aufl 11/2; im Folgenden sind die

Veränderungen durch die Neufassung des Ges von 2004 ausführl nur noch dort angesprochen, wo dies für die Rechtspraxis veranlasst ist, Einzelh Rn 89 ff.

2. Regelungsinhalt und -umfang des § 11 betreffen den Kern der 2 Anmeldeerfordernisse, weitere anmeldungsnahe Regelungen sind auf andere Vorschriften verteilt. In Umsetzung der zentralen Registerzuständigkeit des DPMA gem § 19 I schreibt Abs 1 die Anmeldung beim DPMA oder den dezentralen Patentinformationszentren vor, Rn 16. Zentraler Punkt des § 11 ist die Systematik in der Auflistung der beiden unterschiedlichen Arten von Anmeldeerfordernissen, Rn 3. Dementspr enthält Abs 2 die grundlegenden Voraussetzungen, ohne deren Erfüllung eine rechtswirksame Anmeldung nicht vorliegt und infolgedessen ein prioritätsschaffender Anmeldetag isd § 13 I nicht besteht. Der Grds der Offenbarung des Designs ausschließlich durch eine bildliche Wiedergabe und nicht durch das Originalerzeugnis, Abs 2 S 1 Nr 3 (Grds der Bilddarstellung), und die Straffung des Eintragungsverfahrens sind ausgeprägt verwirklicht. Dementsprechend besteht die Möglichkeit des Schutzes einer flächenmäßigen Oberflächengestaltung als einzige Möglichkeit der Offenbarung des Designs durch ein Originalerzeugnis, Abs 2 S 2, nur sachlich und zeitlich eng eingeschränkt auf der Grundlage von sog flächenmäßigen Designabschnitten, Rn 54 ff. Die näheren Einzelheiten der Anmeldeerfordernisse aus Abs 2 S 1 bedürfen nach Abs 4 der Definition und Ausfüllung durch die DesignV, Rn 6, ebenso wie die Wiedergabealternative des flächenmäßigen Designabschnitts, Abs 2 S 2. Abs 5 schließlich listet einige fakultative weitere Angaben auf, wobei diese Aufzählung nicht vollständig ist und durch die Erfordernisse der DesignV ergänzt wird. Abs 6 stellt in Ergänzung zu Abs 4 Nr 3 den formalen, allein Zwecken des Eintragungsverfahrens dienenden Charakter der Angabe von Warenklassen und Erzeugnissen klar und will dadurch sonst denkbare einschränkende Rückschlüsse auf den Schutzumfang des Designs unterbinden, Rn 87. Abs 7 schließlich bringt die Selbstverständlichkeit der jederzeitigen Rücknahmemöglichkeit einer Anmeldung zum Ausdruck, Rn 88. Die Befugnisse des DPMA im Eintragungsverfahren und die Rechtsfolgen der Nichtbeachtung der Anmeldeerfordernisse nach § 11 und der zugehörigen Bestimmungen der DesignV, sind nicht in dieser Vorschrift, sondern in § 16 geregelt; beide Gesetzesbestimmungen hängen daher eng zusammen. Die meisten mit der Anmeldung des Designs, seiner Aufrechterhaltung und sonstigen Nebenverfahren zusammenhängenden Kosten sind nicht im Sachgesetz selbst verankert, sondern im PatKostG konzentriert, § 16 Rn 19.

3. Die Systematik der klaren Trennung in Anmeldeerfordernisse, die 3 unverzichtbar sind, um mit ihrem Eingang beim DPMA den Anmeldetag zu begründen, Abs 2 S 1, und solche, die für die Eintragung Voraussetzung sind, ohne den Anmeldetag zu tangieren, Abs 3 und 4, stimmt mit dem PatR, MarkenR (§§ 34 III PatG, 32 II MarkenG), und dem europäischen DesignR (Art 36 GGV) überein. Mängel bei den **elementaren Anmeldeerfordernissen** nach Abs 2 bewirken, soweit das DPMA einen diesbezüglichen Mängelbescheid nach § 16 I Nr 2 iVm IV 2 erlassen hat, bis zu ihrer fristgemäßen Beseitigung eine entspr Verschiebung des Anmeldetags isd § 13. Ein Anmeldetag besteht erst, wenn insofern das letzte fehlende Mindesterfordernis erfüllt ist, § 16 Rn 11, 15. Dagegen lässt eine Fehlerhaftigkeit bei den **nicht elementaren Anmeldeerfordernissen** des Abs 3 sowie 4 iVm mit den Vorschriften der DesignV ebenso wie bei den fakultativen Anmeldungselementen des Abs 5, die aufgrund der Prüfungsvorschrift des § 16 I Nr 3 iVm IV 1, welche die Systematik der Abs 2 bis 5 aufgreift, beanstandet wurde, das Datum der Einreichung der Anmeldung unberührt. In den genannten drei Fällen der Fehlerhaftigkeit zieht die Nichtbeseitigung des Mangels die Zurückweisung der Anmeldung nach sich, § 16 IV 3. Nur die Zurückweisung wegen Nichterfüllung von nicht elementaren Anmeldungserfordernissen lässt den Prioritätstag unberührt, sodass nach Art 4 A III PVÜ jedenfalls die Wirkung dieser fehlerhaften Anmeldung zum Zweck von Nachanmeldungen erhalten bleibt. Dasselbe gilt bei fehlerhafter Zahlung der Anmeldegebühr. Zu den zahlreichen Erfordernissen nach Abs 3, 4 und 5 und der Möglichkeit, sie nachzubringen Rn 66 ff und § 16 Rn 16 ff.

4   **4. Übersicht über die grundlegenden Anmeldeerfordernisse und -möglichkeiten.** Zum allg Ablauf eines Eintragungsverfahrens s § 16 Rn 3. Grundanforderungen für eine rechtswirksame Anmeldung sind: In formeller Hinsicht ein Eintragungsantrag, dessen rechtlicher Mindestinhalt aus der Antragserklärung, die im jetzt zwingend vorgeschriebenen amtlichen Vordruck bereits enthalten ist, Rn 18, der eindeutig identifizierenden Bezeichnung des Anmelders (Antragstellers), Rn 22, und der Unterschrift, Rn 18, besteht. Dem ist eine bildliche Wiedergabe der schutzrelevanten Merkmale des Designs beizufügen, Rn 23 ff. Die Erzeugnisangabe muss enthalten sein, Abs 3, allerdings hindert ihr Fehlen seit dem 1.1.14 nicht mehr die Zuerkennung eines Anmeldetags, Rn 63. Die weiteren Ausgestaltungen der Anmeldung sind fakultativ. Die Berücksichtigung zT gegensätzlicher Anmelderinteressen hat mit den §§ 11, 12, 21 zu einer Regelung von vier möglichen Varianten des Anmelde- und Eintragungsverfahrens geführt, die zT auch miteinander kombinierbar sind. Der Kostenersparnis für den Anmelder dienen folgende Anmeldungsvarianten: Sammelanmeldung als verfahrensmäßige Zusammenfassung von bis zu 100 Designs, § 12, und der vorübergehend wirksame Verzicht auf die Bekanntmachung der Wiedergabe des Designs, was nur für eine verkürzte Schutzdauer von höchstens 2½ Jahren (30 Monate) ab dem maßgeblichen Prioritätstag möglich ist, § 21 I, sog Aufschiebung der Bekanntmachung. Dagegen zielt auf Verbesserung der Aussagekraft der Wiedergabe im Interesse einer sichereren Durchsetzbarkeit des Designschutzes der als Originalerzeugnis beifügbare flächenmäßige Designabschnitt, insbes gedacht für Textil- und andere flächige Designs, Abs 2 S 2, Rn 54 ff, dies allerdings zwingend zu kombinieren mit der Aufschiebung der Bekanntmachung nach § 21 und damit nur für einen begrenzten Zeitraum zulässig; damit kann der Anmelder zugleich Kosten einsparen. Weitere Verfahrensvarianten, die nach dem GeschmMG in seiner bis zum 1.6.04 geltenden Fassung gegeben waren, sind abgeschafft, Einzelh Rn 89 ff, § 12 Rn 18 ff. Trotz dieser differenzierten Anmeldemöglichkeiten werden angemeldete Designs vom DPMA im Rahmen des Eintragungsverfahrens nicht auf Schutzfähigkeit im materiellen Sinne geprüft (§ 19 II, lediglich sog RegisterR); Ausnahmen von diesem Grds betreffen nach § 18 Fälle fehlender Designeigenschaft (§ 1 Nr 1), sowie Verstöße gegen die öffentliche Ordnung, die guten Sitten und dem Missbrauch von Hoheitssymbolen (§ 3 Nrn 3, 4), dazu § 18 Rn 1 ff, § 3 Rn 17 ff.

5   **5.** Die Verpflichtung zur Zahlung einer **Anmeldegebühr** regelt das DesignG selbst nicht (zum früheren **Bekanntmachungskostenvorschuss** s

Voraufl 11/83 ff). Dies ist grds Gegenstand der die einzelnen SchutzR-Ges übergreifenden Bestimmungen der §§ 3 I und 5 PatKostG. Danach werden mit der Einreichung der Anmeldung Gebühren fällig, die den Verwaltungsaufwand des DPMA und die erste Schutzperiode abdecken und deren Höhe sich aus dem jeweils aktuellen Gebührenverzeichnis zu § 2 PatKostG ergeben. Die Folgen einer nicht fristgerechten (dh auch der unterbliebenen) Zahlung sind ieL Inhalt des § 6 I 2, II PatKostG, müssen aber wegen der Besonderheiten des DesignR zusätzlich durch § 16 III teilweise gesondert behandelt werden. Einzeln zur Anmeldegebühr werden unten, Rn 80 ff, näher behandelt, das Mahnverfahren bei nicht vollständiger Gebührenzahlung in § 16 Rn 7 ff. Das DPMA hat neben dem allg Gebührenmerkblatt (Vordruck A 9510, derzeit Ausgabe 1.14) ein Merkblatt über Gebühren und Auslagen für Designs mit Berechnungsbeispielen herausgegeben (Vordruck-Nr R 5706 – derzeit Ausgabe 1.14), die auch im Internet unter www.dpma. de abrufbar sind.

II. Anmeldung zur Eintragung, § 11

1. Rechtsgrundlage der Erfordernisse einer zur Eintragung führenden 6
Designanmeldung ist nicht allein § 11; sie sind auch weiteren Vorschriften zu entnehmen. Die grundlegenden Anmeldeerfordernisse enthält das DesignG selbst. Neben der Zentralvorschriften in Gestalt des Abs 2 sowie Abs 3 verweist Abs 4 allg auf zwingend einzuhaltende andere Anmeldeerfordernisse der DesignV. Durch die Verweisung des § 23 III 4 auf Verfahrensvorschriften des PatG fließen die weiteren Erfordernisse nach § 124 PatG (Wahrheitspflicht) und § 126 PatG (deutsche Amtssprache) in das Eintragungsverfahren ein, § 23 Rn 62 f. Rechtlich gleichrangig, BGH GRUR 70, 258, 260 – Faltbehälter (PatR), sind die Bestimmungen der auf Grund der Ermächtigung des § 26 I erlassenen DesignV v 2.1.14 (BGBl I S 18 = Bl 14, 264, die ggü den Bestimmungen der bis zum 9.1.14 geltenden GeschmMV einige Änderungen beinhaltet, zu weiteren Änderungen s § 26 Rn 2. Diese enthält weitere zwingend und nicht zwingend zu erfüllende Anmeldevoraussetzungen, § 16 Rn 10 ff. Die Erfüllung der zwingend oder fakultativ einzuhaltenden Vorschriften der DesignV dient der raschen und zweckmäßigen Durchführung des Eintragungsverfahrens und der Bekanntmachungen im Designblatt. Im Zusammenhang mit den Anmeldeerfordernissen stehen die Bestimmung über die Anmeldegebühr, § 16 I Nr 1. Schließlich sind allg Verfahrensgrds insbes des Zivilprozessrechts, insbes der Grds des rechtlichen Gehörs von Bedeutung, auch der Grds der Verhältnismäßigkeit der Mittel, bei der Durchführung der Verfahren vor dem DPMA sowohl von Anmelder, eingetragenem Inhaber, einem antragstellenden Dritten als auch vom DPMA zu beachten. Das von den Auskunftsstellen des DPMA in München, Jena und Berlin versandte und im Internet unter www.dpma.de abrufbare Merkblatt für Designanmelder (Vordruck Nr R 5704 – derzeit Ausgabe 1.14), gibt ergänzende Hinweise insbes zu den Anmeldeerfordernissen; es hat keine Rechtssatzqualität.

2. Der Begriff der Anmeldung ergibt sich aus Abs 2 und § 3 DesignV 7
als der einheitliche Rechtsakt der Einreichung des Antrags auf Eintragung eines Designs, der auch die Anmelderidentität nennt, Abs 2 S 1 Nr 1, 2, zusammen mit der Offenbarung des Designs durch die beizufügende Wie-

dergabe, Abs 2 S 1 Nr 3, mit ihrer Sonderform nach Abs 2 S 2. Wie bei technischen SchutzR und Marken stellt die Anmeldung im Wortsinne des Abs 2 ausschließlich den Antrag auf Eintragung in das Register (nebst der Wiedergabe als Offenbarung des Schutzgegenstands) dar. Der Begriff Anmeldung hat neben der möglichen Fixierung des Altersrangs, § 13, demnach nur verfahrenstechnische Bedeutung. Die Wirkung einer nach dem HMA für den Bestimmungsstaat Deutschland hinterlegten Anmeldung, Art 7 I a HMA 1960, bzw registrierten Anmeldung, Art 14 I HMA 1999, kommt der einer Anmeldung nach dem DesignG gleich, ohne einen nationalen Anmeldetag zu begründen. Der Übergang von einem Eintragungsantrag für eine 3-D-Marke auf die Eintragung eines Designs (oder umgekehrt) innerhalb desselben Verfahrens ist unzulässig, vgl BGH GRUR 01, 239 – Zahnpastastrang (MarkenR).

8   **3.** Die **rechtliche Bedeutung der Anmeldung** äußert sich in materiell- und formellrechtlichen Wirkungen. Sie ist zunächst der verfahrensrechtliche Antrag auf Durchführung des Eintragungsverfahrens mit abschließender Eintragung in das Register. Ihre **materiellrechtliche Wirkung** erschöpft sich in der Begründung eines Anmeldetags, § 13, für das angemeldete Design, ggf auch einer Priorität iSv Art 4 A II, III PVÜ für eine Nachanmeldung und in der Begründung eines (übertragbaren und pfändbaren) Anspruchs auf Eintragung des Designs als Anwartschaftsrecht, auch Anspruch auf das eD genannt, vgl § 33 II 1 MarkenG, unter der Voraussetzung, dass die Anmeldungserfordernisse erfüllt sind und keine Schutzhindernisse iSv § 18 entgegenstehen. Dagegen ist der Eintritt des Schutzes nach dem DesignG von der Anmeldung abgekoppelt und eine der Wirkungen der Eintragung, § 27 I. Das stimmt überein mit den übrigen gewerblichen Formalschutz-R, vgl §§ 49 I iVm 58 I 2 PatG, 11 I GebrMG, 4 Nr 1 MarkenG. Mit Schöpfung des Designs, welche die neue und mit Eigenart ausgestattete Gestaltung iSd Schutzvoraussetzungen des § 2 I entstehen lässt, wird zwar weiterhin ein AnwartschaftsR eigenen Charakters begründet, das auch einen gewissen Schutz gegen die Vereitelung der Rechtsvollendung durch Anmeldung gewährt, § 7 Rn 3, dieses Stadium bleibt aber bis zur Eintragung in das Register bestehen, die erst das AnwartschaftsR mit rechtsvollendender Wirkung auf das Schutzniveau eines absolut wirkenden ImmaterialgüterR hebt, und das erst zu diesem Zeitpunkt als eD iSd DesignG bezeichnet werden kann. Zu den Wirkungen der Eintragung § 19 Rn 9f. Das (positive) BenutzungsR besteht jedoch schon vor der Anmeldung, § 38 Rn 4. Zu den materiellrechtlichen Wirkungen der Anmeldung gehört die zu einem definierten Zeitpunkt erfolgte Offenbarung und Festlegung des konkreten Schutzgegenstands, auf den sich das später gewährte VerbietungsR bezieht, wofür die nach Abs 2 S 1 Nr 3, § 37 I erforderliche Wiedergabe des Designs maßgebend ist. Diese Wirkung bindet auch die Verletzungsgerichte, § 16 Rn 13. Die Anmeldung muss die Einheitlichkeit des Anmeldungsgegenstands wahren, Einzelh § 1 Rn 29; mehrere Designs können Gegenstand mehrerer Einzelanmeldungen sein, Varianten von Designs werden sinnvollerweise in einer Sammelanmeldung, § 12, zusammengefasst, was nur im DesignR möglich ist. Nach § 8 ist der Anmelder bis zu einer Korrekturanzeige beim DPMA, § 29 Rn 13, ggf erst nach Maßgabe eines erfolgreich durchgesetzten Übertragungsanspruchs, berechtigt und verpflichtet, kann also diesen Schutz geltend machen. Mit einer iSd Abs 2 rechtswirksamen Anmeldung wird der

Schutzbeginn in zeitlicher Hinsicht und iVm §§ 27 II, 28 in seiner Dauer festgelegt. Die Anmeldung eines Designs begründet nicht die Begehungsgefahr seiner verletzenden Benutzung, § 42 Rn 14 mwN abw Meinungen; ebenso Eichmann in Eichmann/Kur S 108.

Daneben hat die Anmeldung **verfahrensrechtliche Bedeutung.** Sie ist 9 der verfahrensrechtliche Antrag auf Eintragung in das Designregister und setzt damit das Eintragungsverfahren vor dem DPMA in Gang, selbst wenn das Design gem den §§ 2 ff in materiellrechtlicher Hinsicht nicht schutzfähig ist. Die eingereichten Anmeldungsunterlagen, somit auch die Wiedergabe, gehen in das Eigentum des DPMA über; Einzelh und zur Aufbewahrung und Rückgabe § 22 Rn 7, 14.

III. Allgemeine Verfahrensvoraussetzungen für Anmelder

1. Wer Anmelder und Inhaber, also **Rechtsträger** eines eD sein kann, ist 10 im DesignG ebenso wenig wie in der GGV ausdrücklich geregelt. Deshalb gelten die allg Grds der **Parteifähigkeit,** wie sie bezügl der Personeneigenschaft vergleichbar in § 7 MarkenG aufgeführt sind. Geeignete Rechtssubjekte sind rechtsfähige (unabhängig von der Geschäftsfähigkeit iSd §§ 104, 106 BGB) natürliche und jur Personen und rechtsfähige Personengesellschaften. Jur Personen des Privatrechts und öffentlichen Rechts, rechtsfähige Vereine, §§ 21 ff BGB, Stiftungen, § 80 BGB, OHG, KG, §§ 124 I bzw 161 II HGB und Partnerschaftsgesellschaften, § 7 II PartGG iVm § 124 I HGB, sind rechts- und damit parteifähig. Dies gilt auch für die BGB-Gesellschaft (§§ 705 ff BGB) als Außengesellschaft, BVerfG NJW 02, 3533; BGH Mitt 01, 176 ff – Rechtsfähigkeit der BGB-Gesellschaft; BGH NJW 02, 1207; BPatG GRUR 04, 1031 f (MarkenR); Mitt PräsDPMA Bl 05, 2, nicht jedoch für nicht parteifähige Personenmehrheiten, wie dem nichtrechtsfähigen Verein (nur passiv parteifähig, §§ 54 BGB, 50 II ZPO, str, vgl Ströbele/Hacker 7/7 mwN, aA Ingerl/Rohnke 7/13 für das MarkenR), hier können nur alle Mitglieder als Mitanmelder gemeinsam anmelden, Rn 14; ferner Zweigniederlassungen als solche, BGHZ 4, 62, 65. Die Inhaberschaft einer Vorgesellschaft vor Eintragung der Gesellschaft ebenso wie die einer Liquidationsgesellschaft nach Auflösung und Registerlöschung ist möglich, BPatGE 41, 162 – ETHOCYN/Entoxin; Ströbele/Hacker 7/7; Ingerl/Rohnke 7/9. Keine Beschränkungen bestehen bezüglich der Staatsangehörigkeit des Anmelders, etwa der Angehörigkeit zu einem Verbandsland der PVU, einem Mitgliedstaat der Welthandelsorganisation WTO oder einem Staat mit gegenseitiger Inländerbehandlung nach zweiseitigen Abkommen, Ströbele/Hacker 7/10, es ist auch kein sonstiger rechtl Bezug zu Deutschland gefordert, zB Wohnsitz, gewöhnlicher Aufenthalt oder Niederlassung. Vorstehende Inhaber können auch gemeinschaftlich Rechtsträger sein. Ob dies bei ausländischen Gesellschaften materiellrechtlich der Fall ist, ist nach dem Recht des Staats des Sitzes oder der Errichtung zu beurteilen, Benkard/Schäfers 34/1. Behörden als solche, auch Ministerien, können nicht anstelle ihres Rechtsträgers Anmelder oder Rechtsinhaber sein.

2. Die **Prozessfähigkeit** des Anmelders ist Voraussetzung für die Einlei- 11 tung (Anmeldung) und das Betreiben des Eintragungsverfahrens. Sie muss nach den allg Verfahrensgrds, § 51 ff ZPO, vorliegen und kommt allen natürlichen Personen zu; bei jur Personen ist die Prozessfähigkeit durch die gesetzl Vertreter gegeben. Soweit heilbar, hindert ihr Fehlen nicht die materiellen Wirkungen der Anmeldung. Für den Geschäftsunfähigen muss sein gesetzl Vertreter handeln, mit dem das DPMA korrespondiert, zB mit dem Betreuer bei angeordneter Betreuung. Dies gilt auch für beschränkt Geschäftsfähige, Nirk/Kurtze 7/29, da die von der Anmeldung bewirkte materielle Rechtsänderung zugleich nach § 3 I 1 PatKostG eine Gebührenpflicht auslöst, dazu Benkard/Schäfers vor § 17/8, die iSv § 107 BGB nicht nur vorteilhaft ist, wie hier Nirk/Kurtze aaO, aA v Gamm 7/22, Furler 7/10. Prozessunfähige können bis zur Entscheidung ihres gesetzl Vertreters zum Verfahren zugelassen werden, § 56 II ZPO. Bleibt dessen Genehmigung, die zulässig ist, BGH GRUR 84, 871 – Schweißpistolenstromdüse II (PatR) und nach § 184 BGB rückwirkende Kraft hat, iSv § 108 I, II 2 BGB nach angemessener Entscheidungsfrist aus, gilt die Anmeldung nach der erforderlichen Feststellung des DPMA gem § 16 IV 2 als nicht eingereicht. Ihr unzutreffendes Unterbleiben kann im Verfahren vor den ordentlichen Gerichten (Löschungs-, Verletzungsklage) nicht gerügt werden, § 16 Rn 12. Zur Zulässigkeit der Prozessstandschaft einer Tochtergesellschaft im Konzern Benkard/Schäfers 34/10.

12   3. Das **Rechtsschutzinteresse** des Anmelders ist eine nicht im Ges ausdrücklich angesprochene Voraussetzung für ein rechtswirksames Betreiben des Eintragungsverfahrens in materiellrechtlicher wie verfahrensrechtlicher Hinsicht. Es ergibt sich aus dem allg Rechtsgrds, dass niemand staatliche Einrichtungen zur Verfolgung nicht schutzwürdiger Ziele in Anspruch nehmen darf, entweder, dass mutwillig ein von der Rechtsordnung nicht gebilligtes, dass ein auf anderem Weg leichter erreichbares oder nochmals dasselbe Ziel angestrebt wird. Das Bedürfnis nach Rechtsschutz ist eher großzügig anzuerkennen, es folgt regelmäßig schon aus der Anmeldung selbst, ohne gesondert dargelegt werden zu müssen, BGH Mitt 06, 314, 315 – Mikroprozessor (PatR). Es besteht grds auch für aussichtslose oder ohne Weiteres vernichtbare Anmeldungen, BGH GRUR 74, 146 – Schraubennahtrohr (PatR), zB bei offensichtlich vorweggenommenen Gegenständen (zB Anmeldung von Gemälden alter Meister). Eine offensichtlich fehlende Designfähigkeit ist verfahrensrechtlich keine Frage des allg Rechtsschutzbedürfnisses, sondern durch die spezielle Regelung über Eintragungshindernisse nach § 18 auf die dort genannten Punkte beschränkt und kann iÜ allenfalls Gegenstand eines von dritter Seite anzustrengenden Nichtigkeitsverfahrens sein, vgl Loth 8/5, Busse, GebrMG 8/5; Bühring 8/4. Das Rechtsschutzbedürfnis kann daher nur in bes und offensichtlichen Ausnahmefällen, FfM GRUR 55, 212, des Rechtsmissbrauchs oder der Mutwilligkeit fehlen, BPatGE 29, 42; 29, 79; Mutwilligkeit wird idR im Zusammenhang mit beantragter Verfahrenskostenhilfe relevant, Einzelh § 24 Rn 4. Für eine identische Nachanmeldung wird demselben Anmelder das rechtliche Interesse an einer solchen Doppelanmeldung nicht zuerkannt, BGH GRUR 82, 371, 372 – Scandinavia, str für die erneute Anmeldung eines identischen älteren Rechts Dritter, Busse aaO, Loth aaO, Ströbele/Hacker 26/222; das DPMA greift alles dies regelmäßig nicht auf. Das Rechtsschutzinteresse ist gegeben zur Behebung einer falschen Anmeldestrategie, zB Neuanmeldung desselben Designs mit besserer oder anderer Wiedergabe, vgl auch BGH Mitt 06, 315. Das Doppelschutzverbot ist nicht einschlägig beim Nachsuchen des Schutzes für denselben Gegenstand nach den unterschiedlichen Schutz-Ges, zB einer

Flächengestaltung (bspw Firmenlogo) auch als Bildmarke, eines Modells als 3-D-Marke, von typografischen Schriftzeichen nach den bes Anmeldevoraussetzungen des § 7 VII DesignV neben den allg insbes für eine grafische Flächengestaltung. Bei Parallelität von Design- und Markenschutz sollte der Designschutz zeitlich vorangehen, um nicht die neuheitsschädliche Wirkung der Bekanntmachung der registrierten Marke zu provozieren, im umgekehrten Fall mag die Neuheitsschonfrist helfen, v Mühlendahl, Bericht GRUR 03, 137.

4. Die **Anmeldeberechtigung** des Anmelders, nämlich als Urheber des **13** Designs allein persönlich zur Anmeldung aktivlegitimiert zu sein und so die materiellrechtlichen Wirkungen einer Anmeldung herbeizuführen, ist keine Bedingung für die Einleitung des Eintragungsverfahrens. Die Aktivlegitimation des Anmelders wird gesetzlich seit dem 1.6.04 (GeschmMRefG) und vom DPMA unterstellt; die wahre Berechtigung des sodann Eingetragenen ist ggf im Verfahren nach § 9 festzustellen. Die Anmeldeberechtigung war hingegen im bis dahin geltenden Recht, § 7 I GeschmMG1986, 2. Aufl 7/4, eine noch urheberrechtlich geprägte materiellrechtlich wirkende Schutzvoraussetzung, war ohnehin durch die Urheberschaftsvermutung des § 13 GeschmMG1986 entschärft. Davon zu unterscheiden ist das Recht des Entwerfers auf das eD gem § 7 I, Einzelh § 7 Rn 3.

5. Mehrere Personen, auch natürliche und jur Personen gemischt, können **14** als **Mitanmelder** eine Anmeldung einreichen. Sie handeln in notwendiger Streitgenossenschaft, § 62 ZPO, BGH GRUR 67, 656 – Altix; GRUR 2004, 685, 688 – LOTTO, Einzelh Hövelmann Mitt 99, 129, 131 (PatR), weil über die beantragte Eintragung nur einheitlich entschieden werden kann, BPatGE 21, 214; BPatG Bl 99, 45; BPatG Bl 99, 159 (PatR). Eine BGB-Gesellschaft als Außengesellschaft ist heute eine eigene Rechtsperson und keine Streitgenossenschaft, Palandt/Sprau 705/24. Die Anmeldung ist immer durch sämtliche Mitanmelder einzureichen, dh mit den ihre Identität festlegenden Angaben, § 6 III DesignV, Rn 22, auch wenn einer der Mitanmelder geschäftsführend tätig wird. Für sämtliche Mitanmelder gilt für die Einreichung der Anmeldung die Schriftform, die bloße Benennung eines Mitanmelders durch einen anderen Mitanmelder reicht nicht aus. Die Anmeldung muss einheitlich gefasst sein, abweichende Anträge einzelner Mitanmelder sind unzulässig, die Anmeldegebühr wird nur einmal erhoben, BPatGE 20, 95. Vor dem BPatG wird ein säumiger Mitanmelder durch den handelnden Mitanmelder vertreten, BPatG Bl 99, 45. Bei Ausscheiden eines Mitanmelders wird die Anmeldung von den Verbleibenden weitergeführt, sie ist auf diese nach § 29 III umzuschreiben, PA Bl 54, 263, soweit der Ausgeschiedene nicht widerspricht. Zur Rücknahme einer solchen Anmeldung Rn 88. Mitanmelder müssen nach § 14 I DPMAV einen gemeinsamen Zustellungs- und Empfangsbevollmächtigten bestimmen und angeben, soweit sie nicht einen gemeinsamen Vertreter bestellt haben, der für sie handelt, Einzelh § 58 Rn 15. Ist der Zustellungsbevollmächtigte auch Mitanmelder und im Eintragungsantrag so angegeben, erklärt er inzident, dass er gemeinsamer Vertreter der weiteren Mitanmelder sei; er kann dann den Eintragungsantrag allein und mit Wirkung für die Mitanmelder unterzeichnen, BPatG 4 W (pat) 702/91 v 24.2.91 (unveröff). Zur Zustellung förmlicher Bescheide und Beschlüsse des DPMA an Mitanmelder s § 23 Rn 54. Die materielle Berechtigung als Mitanmelder und die ideellen Anteile am Entwurf haben die Prätendenten außerhalb des Registerverfahrens untereinander zu klären.

15   6. Einen **Vertreter** (Verfahrensbevollmächtigten) braucht der Anmelder mit Niederlassung oder Wohnsitz im Inland nicht zu bestellen, es steht ihm frei, sich in jeder Lage des Verfahrens durch einen Verfahrensbevollmächtigten vertreten lassen, § 13 I DPMAV. Eine Pflicht zur Bestellung besteht jedoch für Anmelder, die iSv § 58 I keine Inländer sind, § 58 Rn 3. Bis zur Bestellung eines solchen Inlandsvertreters des Auswärtigen bleibt die Anmeldung schwebend wirksam, § 58 Rn 10, ist aber mängelbehaftet; die Bestellung kann rückwirkend nachgeholt werden. Unterbleibt die Bestellung trotz Aufforderung des DPMA, ist die Anmeldung zurückzuweisen, § 58 Rn 10. Allg zur Vertretung und Vollmacht § 58 Rn 14 ff. Sind von einem Anmelder mehrere Vertreter oder von mehreren gemeinschaftlichen Anmeldern mehrere nicht sozietätsverbundene Vertreter mit unterschiedlicher Anschrift bestellt, muss einer der Vertreter als **zustellungsbevollmächtigter Vertreter** bestellt und angegeben werden, der für die übrigen Vertreter als Adressat patentamtlicher Mitteilungen fungiert, § 14 I, II DPMAV, auch § 58 Rn 15.

IV. Annahmezuständigkeiten, § 11 Abs 1

16   Nur die Einreichung einer Designanmeldung bei einer dafür **zuständigen Stelle** ist rechtswirksam. Dies ist nach Abs 1 S 1 zunächst das DPMA. Die Einreichung dort kann wirksam in dessen Dienststellen München, Jena oder Berlin erfolgen, Mitt PräsDPA 98, 381; 99, 49. Schriftwechsel in Designsachen unmittelbar mit der Dienststelle Jena beschleunigt die Bearbeitung, Mitt PräsDPMA 99, 49. Die Zuleitung an das DPMA ist durch persönliche Übergabe, Einwurf in den Nachtbriefkasten der Annahmestelle oder Zustellung durch die Post – Postleitzahlen des DPMA s Mitt PräsDPA Bl 93, 205 – möglich. Die Aushändigung muss wegen der notwendigen Dokumentationswirkung an zuständige Annahmebeamte erfolgen; beliebige Patentamtsangehörige sind zur rechtswirksamen Annahme nicht befugt. Annahmebefugt sind nach Abs 1 S 2 nach dem Vorbild des § 34 II 1 PatG auch ausgewählte (nicht alle) **Patentinformationszentren** (PIZ), insbes Mitt PräsDPMA Bl 99, 169, auch wenn die weitere Sachbearbeitung beim DPMA erfolgt. Eine Einreichung dort begründet ebenfalls den Anmeldetag, insoweit ist der Eingang der weitergeleiteten Sendung beim DPMA nicht maßgebend. Voraussetzung für die Annahmezuständigkeit ist die Bekanntmachung des betreffenden PIZ durch das BMJ im BGBl, was mit Bek vom 5.10.04 (BGBl I S 2599 = Bl 04, 479) erfolgt ist, ergänzt durch Bekanntmachung v 9.4.09 (BGBl I S 815 = Bl 09, 201). Dies sind derzeit die PIZ (mit unterschiedlichen Eigennamen) in Aachen, Bremen, Chemnitz, Dortmund, Dresden, Halle, Hamburg, Ilmenau, Kaiserslautern, Nürnberg, Saarbrücken und Stuttgart, die in Bl 13, 51 ff mit Hinweis auf ein einschlägiges Faltblatt des DPMA und mit näheren Angaben auch im Internet unter www.dpma.de aufgeführt sind. Die PIZ haben eine Annahmezuständigkeit ausschließlich für Anmeldungen, weder für weitere Verfahrenserklärungen noch für Zahlungen. Sie dokumentieren den Tag der Entgegennahme und leiten die Anmeldung ohne weitere Prüfung an das DPMA weiter. Das gilt ebenso für die Wirksamkeit von Verfahrenserklärungen oder Zahlungen, die bei PIZ eingehen, soweit sie nicht von vornherein zurückgewiesen werden. Nur beim

DPMA oder den befugten PIZ eingereichte Anmeldungen können rechtswirksam sein, grds RGZ 71, 104, 107, PA Bl 55, 185, v Gamm 7/22. Zur rechtswirksamen Begründung des Anmeldetags s § 13 Rn 4.

V. Eintragungsantrag, § 11 Abs 2 Satz 1 Nr 1

1. Die **rechtliche Funktion** des Eintragungsantrags besteht darin, als **17** Verfahrenserklärung einer dazu rechtlich berufenen Person, Rn 10 ff, vor der zuständigen Behörde, Rn 16, das zur Eintragung und Bekanntmachung führende Verfahren in Gang zu setzen, die Person zu bezeichnen, die als Inhaber des angemeldeten Designs in das Register eingetragen werden soll und das mit der beigefügten Wiedergabe offenbarte Design als Schutzgegenstand dem bezeichneten Anmelder zuzuordnen. Dieser Inhalt ist Mindestvoraussetzung des rechtswirksamen Eintragungsantrags, Abs 2 S 1 Nrn 1, 2 und insoweit auch vorgedruckter Inhalt des verbindlich zu verwendenden Formblatts nach § 4 I DesignV, zur ebenfalls – jedoch nicht mehr für die Zuerkennung eines Anmeldetages – notwendigen Erzeugnisangabe s Rn 62 ff. Insoweit handelt es sich um zwingend einzuhaltende Anmeldeerfordernisse iSv § 16 I Nr 2, IV 2, BPatGE 32, 50, BPatG Bl 92, 281; Nirk/Kurtze FS v Gamm, 1990, S 444; zur Wirkung § 16 Rn 13. Für Sammelanmeldungen sieht § 5 II DesignV unter entspr Erweiterung der Antragserklärung weitere Erfordernisse vor, Einzelh § 12 Rn 7, § 16 Rn 16. Daneben legt § 6 DesignV weitere Angaben des Eintragungsantrags zur Identität von Anmelder, Vertreter und Entwerfer fest, s Rn 22. Bezüglich der Anmelderangaben des § 6 I, III DesignV hat die Nichtbeachtung die Unwirksamkeit des Eintragungsantrags zur Folge. Die übrigen Angaben der §§ 5 und 6 DesignV sind zwar ebenfalls zwingend und haben insofern auch Bedeutung für die Richtigkeit der Registereintragung und deren Bekanntmachung sowie die Zügigkeit des Eintragungsverfahrens, jedoch können sie bei Fehlern Gegenstand eines Mängelbescheids sein, ohne den Anmeldetag zu berühren, § 16 Rn 16 f.

2. Die **Form** des in Papierform eingereichten Eintragungsantrags muss – **18** zwingend – gem § 9 DPMAV, § 5 I DesignV durch Verwendung des amtlichen **Formblatts** für den Antrag und damit schriftlich gewahrt werden. Dazu gehört ebenso verbindlich gem § 7 IV 1 DesignV das Formblatt zur Aufbringung der grafischen Darstellung als Wiedergabe, ggf Bilddatenträger, und ggf § 5 II Nr 2 DesignV das Anlageblatt bei Sammelanmeldungen, weil letzteres den zahlreichen denkbaren Fallgestaltungen Rechnung trägt und damit Missverständnissen und Auslassungen vorbeugt (derzeit Vordruck-Nr R 5703/2.14 – Antrag – und R 5703.1/1.14 – Wiedergabeformblatt, ggf R 5703.2/1/14 – Sammelanmeldungs-Anlageblatt – ergänzend die Ausfüllhinweise Formular R 5703, sämtlich verfügbar unter www.dpma.de/design/formulare), dazu aktuell Mitt PräsDPMA Bl 08, 370, zuvor Bl 06, 1, Bl 04, 268. An die Stelle des Wiedergabeformblatts mit aufgebrachter Wiedergabe darf seit 1.11.08 gem § 7 V DesignV ein mit aufgespielten Bilddateien versehener **Datenträger** treten, Einzelh Rn 37. Die gänzlich **elektronische Einreichung** einer Designanmeldung ist seit 1.3.10 durch Nutzung der Software „DPMAdirekt", seit 12.11.13 auch über den Webservice „DPMAdirektWeb" zulässig, s näher § 25 Rn 5. Zusätzliche Angaben zur Anmeldung können formfrei gemacht werden, wobei das DPMA für die Entwerferbenennung gem § 10 und die Inanspruchnahme von Ausstellungsschutz gem § 15 IV weitere Formblätter geschaffen hat (sämtlich bei der DPMA-Auskunftsstelle zu beziehen, abrufbar über Internet unter www.dpma.de/design/formulare). Das Formblatt der Anlage zum Eintragungsantrag, das bei Sammelanmeldungen zu verwenden ist, bildet nur zusammen mit dem Vordruck des Eintragungsantrags einen vollständigen Antrag, Einzelh § 12 Rn 5. Mit Hilfe von EDV selbsterstellte Formulare dürfen seit dem 12.11.13 nicht mehr verwendet werden. § 9 I 3 DPMAV aF, welcher dies bis dahin vorsah, wurde durch Art 2 Nr 3a V v 1.11.13 (BGBl I S 3906) aufgehoben. Veraltete amtliche Formblätter, Eigenentwürfe des Anmelders und formfreie Anmeldungen beanstandet das DPMA, reicht sie zurück, fortgesetzte Nichtverwendung des geltenden amtlichen Formulars führt letztlich zur Zurückweisung der Anmeldung; eine Anmeldetagsverschiebung gem § 16 I Nr 3 iVm IV 2 ist mit der Beanstandung indessen nicht verbunden. Formblätter sollen so ausgefüllt werden, dass sie maschinenlesbar sind, § 9 II DPMAV. Nach § 10 I DPMAV gilt bei Einreichung des Eintragungsantrags-Formulars im Original mit dem Erfordernis der eigenhändig vollzogenen Original-**Unterschrift** strenge Schriftform. Mitanmelder müssen den Antrag sämtlich mitunterzeichnen, anders, wenn erkennbar ein gemeinsamer Vertreter tätig wird. Bei Bestellung eines Vertreters genügt dessen Unterschrift. Fehlende Zeichnungsberechtigung („i. A.") kann durch Genehmigung geheilt werden, was das DPMA in geeigneten Fällen anregt.

19   Der Eintragungsantrag ist ferner in **deutscher Sprache** einzureichen, § 23 III 3 iVm § 126 PatG, wie sich auch aus § 14 I DesignV schließen lässt. Abweichungen von diesem Erfordernis werden wegen des Formblatterfordernisses und des Fehlens längerer textlicher Ausführungen in den elementaren Anmeldungsunterlagen selten relevant. Fremdsprachige Unterlagen sind nach der zum 1.11.98 erfolgten Streichung des § 126 S 2 PatG aF (BGBl I S 1827) nicht mehr unbeachtlich, Begr zu Art 2 Nr 32 des 2. PatGÄndG, Bl 98, 382, 386, 407. § 21 II–V GeschmMV regelte umfangreich den Umgang mit in anderer Sprache abgefassten Unterlagen, die nicht zu den Unterlagen der Anmeldung zählen. Deshalb wurde die komplizierte Formulierung in § 21 GeschmMV, für deren umfangreiche Detailregeln in der Praxis kein Bedarf bestand, in der Nachfolgevorschrift, § 14 DesignV, zugunsten einer klaren Regelung geändert. Das DPMA kann den Anmelder nach § 14 I DesignV auffordern, eingereichte fremdsprachige Schriftstücke innerhalb einer angemessenen Frist in deutscher Übersetzung nachzureichen, Einzelh § 23 Rn 63. Im Gegenschluss aus § 14 II 1 DesignV ergibt sich, dass eine fristgemäße Nachreichung der geforderten Übersetzung den Einreichungstag des fremdsprachigen Schriftstücks erhält, die darin enthaltenen Angaben bzw Erklärungen damit als am Einreichungstag wirksam beim DPMA eingegangen zu betrachten sind.

20   **3.** Die **Antragserklärung** auf Eintragung eines Designs in das Register, das Gegenstand der miteingereichten Wiedergabe ist, ist in dem zu verwendenden amtlichen Antragsformular bereits vorgedruckt. Das macht Auslegungsprobleme hinfällig, die mit frei formulierten Antragserklärungen einhergehen können, welche das DPMA beanstandet. Gleichwohl können bei Sammelanmeldungen zur Zahl der Designs versehentlich Differenzen zwischen den Angaben im Antragsformular, Anlageblatt und den eingereichten Wiedergaben auftreten, Einzelh zur Richtigstellung § 12 Rn 6. Die An-

tragserklärung ist iÜ auslegungsfähig, § 133 BGB, Begleitumstände, insbes miteingereichte Erklärungen oder Unterlagen, können auf einen eindeutigen Willen schließen lassen. Soweit die amtliche Auslegung nicht dem Willen des Anmelders entspricht, obliegt es ihm, alsbald die Anmeldung zurückzunehmen und das Gewollte neu anzumelden oder auf einen beschwerdefähigen Zurückweisungsbeschluss hinzuwirken. Widersprüche und Unklarheiten von nicht elementarer Art können aufgrund nachträglicher Erklärungen des Anmelders behoben werden, BPatG GRUR 89, 346. Ist ein Anmelder wegen Minderjährigkeit oder aus anderen Gründen in seiner Geschäftsfähigkeit beschränkt (§§ 106, 114 BGB), Rn 11, ist dem Antrag das schriftliche Einverständnis seines gesetzl Vertreters beizufügen, §§ 107, 111 BGB.

4. Eine **Berichtigung** von in Texten enthaltenen Schreib- oder sprach- **21** lichen Fehlern der in § 319 ZPO angesprochenen offensichtlichen Art ist zulässig. Ebenso die Berichtigung eines – zB bezüglich der Designzahl einer Sammelanmeldung – in sich widersprüchlichen, aber anhand der miteingereichten Wiedergaben auslegungsfähigen Eintragungsantrags, BPatGE 31, 27; BPatG GRUR 89, 346, ohne dass damit der Anmeldetag verschoben werden muss, zu den Auslegungsgrds s § 12 Rn 6. Für Mängel der Wiedergabe gilt Vergleichbares nur in dem Ausnahmefall kleiner und offensichtlicher technischer Unzulänglichkeiten, weil eine nachgereichte Bearbeitung leicht eine unzulässige inhaltliche Änderung bewirken kann; letzteres trifft für die Zurückziehung einer fehlerhaften von mehreren Darstellungen der Wiedergabe wegen Erweiterungsgefahr meist zu, Rn 45. Die nachträgliche Zuordnung einzelner ungeordneter Darstellungen zu einer bestimmten Wiedergabe durch das DPMA erfordert inhaltliche Interpretation des Dargestellten und wird nur in ganz offensichtlichen Fällen zulässig sein; das DPMA versucht zunächst eine informelle Klärung, s auch § 16 Rn 14. Ist ein Wortlogo als Design angemeldet, kommt die Berichtigung eines Schreibfehlers nicht, allenfalls bei Offensichtlichkeit unter Verschiebung des Anmeldetags in Betracht, da es sich im Ergebnis um eine deutliche optische Änderung handelt. Dasselbe gilt für typografische Schriftzeichen aufgrund ihrer differenzierten und für Fachleute aussagekräftigen Maßverhältnisse. Andersartige Berichtigungen sind wie **Änderungen** zu behandeln. Änderungen der Antragserklärung selbst sind unzulässig, zB trotz ggf identischer Offenbarungsmittel der Übergang von einem Eintragungsantrag für eine 3-D-Marke auf die Eintragung eines Designs (oder umgekehrt) innerhalb desselben Verfahrens, vgl BGH GRUR 01, 239 – Zahnpastastrang (MarkenR); es bedarf vielmehr einer weiteren Anmeldung. Auch der Anmelderaustausch außerhalb einer Rechtsnachfolge ist nicht zulässig. Die Änderung der Erzeugnisangabe im Antrag kann trotz ihres Formalcharakters wegen ihrer materiellrechtlichen Auswirkung, Rn 63, nur bis zur Eintragung erfolgen, zur Änderung von Prioritätsangaben § 14 Rn 13. Änderungen der Wiedergabe sind unzulässig, BayObLG GRUR 73, 35, v Gamm 7/38; der Grds der Einheit und Konkretheit des mit der Anmeldung festgelegten Schutzgegenstands verbietet eine Ergänzung, Nachreichung oder Auswechslung der Wiedergabe unter Beanspruchung des Altersrangs des Eintragungsantrags. Daher sind nachgebrachte Änderungen, zB mit dem Ziel der Offenbarungsverbesserung, unbeachtlich, BPatGE 33, 222, Kelbel GRUR 89, 632. Es besteht kein Anspruch auf Zugrundelegung des Nachgebrachten, auch nicht unter

entsprechender Verlegung des Anmeldetags; sie nimmt das DPMA als unbehelflich zu den Akten. Denn die Identität des angemeldeten Schutzgegenstands wäre anderenfalls nicht mehr gewährleistet und das DPMA zu einer
unzulässigen Identitätsprüfung aufgerufen, die ihm im Rahmen der Feststellung des Anmeldetags nicht zusteht, BPatGE 33, 222; BPatG 10 W (pat)
708/03 v 10.8.06 (unveröff). Krit zur Identitätsprüfung Kühne VPP Rundbrief 07, 17. Diese Grds gelten nicht für Änderungen, die vor dem rechtswirksam festgestellten Anmeldetag, nachdem er zuvor aufgrund Mängelbescheids iSv § 16 IV 2 hin suspendiert war, vorgenommen worden sind, um
Auflagen des Mängelbescheids nachzukommen; in dieser Verfahrensphase
sieht das DPMA Änderungsmöglichkeiten großzügiger. Die zum bis 31.5.
04 geltenden DesignR ergangene Rspr zu Verbesserungsmöglichkeiten an
dem weiteren, ausschließlich zur Bekanntmachung bestimmten Wiedergabe-
exemplar – BPatGE 33, 222, dazu Rn 53 – ist überholt, weil die Bekanntmachung nach § 20 – anders als früher – nunmehr schutzrechtliche Bedeutung hat, s § 20 Rn 6, wie sich aus dem Erfordernis der Reproduktionseignung nach Abs 2 Nr 3 ersehen lässt; ohnehin war bereits mit Neufassung des
§ 6 GeschmMV zum 1.6.04, s Rn 6, die Einreichung des weiteren, seinerzeit in Grenzen änderbaren Bekanntmachungsexemplars der Wiedergabe
entfallen, Rn 53. Änderungen von Designs, die sich als Weiterentwicklungen oder Varianten des Designs darstellen, können zum Gegenstand gesonderter weiterer, zweckmäßigerweise in einer Sammelanmeldung zusammen-
gefasster Anmeldungen gemacht werden, § 12 Rn 2.

VI. Identität des Anmelders, Abs 2 S 1 Nr 2

22   Die **Identität des Anmelders,** Abs 2 S 1 Nr 2, muss durch die in § 6 I–
III DesignV vorgeschriebenen Angaben festgelegt werden und soll ihn als
Rechtsträger und Verfahrensbeteiligten zweifelsfrei identifizieren, BGHZ 21,
168, 173; BGH Bl 90, 157 – Meßkopf; Bl 84, 209, 210 – Transportfahrzeug;
BPatGE 33, 262; BPatG Bl 00, 220 – Ringmodelle II; 10 W (pat) 707/99
v 20.12.99 – Malerrollen (veröff in juris), zit bei Anders GRUR 00, 257,
271; Bl 00, 285 – Identifizierbarkeit des Anmelders. Dies ist ein elementares
Anmeldeerfordernis, BPatG Bl 92, 281; BPatG Bl 00, 220; Nirk/Kurtze FS
v Gamm, 1990, S 444, § 16 Rn 11, und begründet bei zunächst fehlender
Identifizierbarkeit iSv § 6 I, III DesignV und fehlender Auslegungsfähigkeit
der Angaben keinen Anmeldetag und bis zur Klarstellung zu dessen Verschiebung iSv § 16 I Nr 3, IV 2. Nach der angegebenen Identität richtet
sich die Prüfung der persönlichen Übereinstimmung der Inhaber von Vor-
und Nachanmeldung bzw der Rechtsnachfolge im Falle der Prioritätsinanspruchnahme durch das DPMA, § 14 Rn 7. Bei natürlichen Personen ist
nach § 6 I 1 Nr 1 DesignV der Vor- und Zuname anzugeben, bei jur Personen oder einer Personengesellschaft (OHG, KG, Partnerschaft) nach § 6 I 1
Nr 2 DesignV die Firma nach Maßgabe der Eintragung im zugehörigen
Register, § 6 I 1 Nr 2b DesignV, insbes im Handelsregister (Spalte 2a, Ge-
werberegister, Handwerksrolle genügt nicht), die Bezeichnung der Rechtsform (AG, OHG, KG, Partnerschaft) kann auf die übliche Weise abgekürzt
werden (§ 6 I 1 Nr 2a DesignV; bei Partnerschaft auch „und Partner"). Einzelkaufleute sind nach § 18 I, 19 I Nr 1 HGB zu bezeichnen. Geschäftsbe-
zeichnungen („Blumencenter") genügen nicht als Name. Aus den Angaben

muss sich klar ergeben, ob die Anmeldung für den Anmelder unter seiner Firma oder unter seinem bürgerlichen Namen erfolgt. Findet durch die Beanstandung und Ermittlungen des DPMA hier im Wege der Klarstellung eine Auswechslung der Rechtsperson statt (zB ist Anmelder die natürliche Person, nicht die Personenhandelsgesellschaft), ist dies eine anmeldetagsverschiebende Richtigstellung iSv § 16 IV 2. Bei einer BGB-Gesellschaft sind der Name, die Anschrift, die Rechtsform und Name und Anschrift mindestens einer vertretungsberechtigten Person anzugeben, § 6 I 1 Nr 2c DesignV, nicht mehrere Einzelpersonen, insoweit ist § 6 III DesignV nicht anwendbar, Mitt PräsDPMA Bl 05, 2. Zur eindeutigen Identifizierung gehört nach § 6 I Nr 3 DesignV ferner die Angabe der Anschrift, BPatG Bl 92, 281, mit Straße, Hausnummer, Postleitzahl und Ort, bezogen auf den Wohnsitz oder den Sitz des Geschäftsbetriebs. Bei ausländischer Anschrift ist nach § 6 I 2 DesignV auch der Staat anzugeben, wobei der Ortsname zu unterstreichen ist. Dazu können auch Bezirk, Provinz, Bundesstaat des Wohnsitzes oder Sitzes des Anmelders oder die für ihn maßgebliche Rechtsordnung benannt werden, § 6 I 3 DesignV. Sind Angaben dieser Art lückenhaft, muss das DPMA eine Auslegung der Angaben versuchen und dazu auf sämtliche Anmeldeunterlagen zurückgreifen, hieraus müssen sich am Ende zweifelsfreie Schlüsse ziehen lassen. Das liegt bspw vor, wenn aufgrund einer verständigen Würdigung Zweifel an der Person des Anmelders ausgeschlossen sind, etwa dann, wenn eine Postsendung richtig ausgeliefert würde, BPatG aaO – Identifizierbarkeit des Anmelders. Unrichtige oder ungenaue Parteibezeichnungen, zB nicht ausgeschriebener Vorname, BPatG aaO, sind unschädlich und können mit ex-tunc-Wirkung berichtigt werden, wenn trotz der Berichtigung die Identität der Partei gewahrt bleibt, BGH NJW 77, 1686; anders jedoch, wenn mehrere Rechtspersonen als Anmelder in Betracht kommen, BPatGE 33, 262. Letzteres ist regelmäßig nicht für eine Privatperson der Fall, wenn mit ihrem Personennamen eine KG firmiert, BPatG aaO – Ringmodelle II. Das DPMA kann zur Klärung vom Anmelder einen unbeglaubigten Handelsregisterauszug fordern. Die Rückfrage beim Inlandsvertreter eines ausländischen Anmelders ist nicht geboten, BPatG Bl 92, 281; BPatG aaO – Ringmodelle II. Aus den Angaben zum Anmelder muss sich klar ergeben, ob sie sich auf einen einzigen oder eine Mehrheit von Anmeldern beziehen. Für jeden der Mitanmelder sind die für den einzelnen Anmelder vorgeschriebenen Angaben zu machen, § 6 III DesignV. Zur Benennung von Vertretern Rn 76, zur Mehrheit von Anmeldern iÜ Rn 14.

VII. Wiedergabe des Designs, Abs 2 S 1 Nr 3

1. a) Grundsätze. Die Wiedergabe nach Abs 2 S 1 Nr 3 durch Abbil- **23** dungen hat – ebenso wie die Offenbarungsalternative des flächenmäßigen Designabschnitts nach Abs 2 S 2, s Rn 54 ff – für die Schutzbegründung des eD und deshalb auch für das Eintragungsverfahren absolut **zentrale Bedeutung.** Sie ist die notwendige Offenbarung des Designs, ohne dass – anders als im PatR oder GebrMR – schriftliche Ausführungen irgendeinen für die ursprüngliche Offenbarung konstitutiven Beitrag leisten dürfen. Der Detailreichtum insbes bei dreidimensionalen Erscheinungsformen von Designs stellt regelmäßig hohe Anforderungen an die Aussagekraft der Wiedergabe, ähnlich den Anforderungen an die Offenbarung von 3-D-Marken, v Falckenstein, GRUR 99, 881. Die Offenbarung erfolgt regelmäßig durch Abbildungen des Designs und der Schutz bestimmt sich nach ihnen, nur im Ausnahmefall durch kleine flächenmäßige Designabschnitts-Originalstücke, Abs 2. Der Aufwand, den angesichts des Qualitätsabfalls zwischen Original und Abbild der Anmelder zum Erreichen einer optimalen Wiedergabe treiben darf, ist durch die praktisch-technischen Erfordernisse des Verfahrens über die Eintragung und Bekanntmachung eingeschränkt. Um unter diesen Voraussetzungen einen für die Praxis noch tauglichen Designschutz zu erreichen, bestehen umfangreiche Bestimmungen, teils im Ges selbst, überwiegend in der DesignV. Sie sollen die Anmelderschaft anhalten, ein Optimum der Wiedergabe anzustreben, dienen dazu, Missbräuche durch Ausnutzen unzureichender Wiedergaben zu verhindern, schließlich, das Eintragungsverfahren praktikabel zu gestalten.

24 **b)** Der Abs 2 Nr 3 verankerte **Grundsatz der Bildwiedergabe** für die Offenbarung des Designs besagt, dass die Anmeldung im Regelfall eine bildhafte Wiedergabe des zu schützenden Designs enthalten muss, Begr zu Art 1 2. i) GeschmMRefG; dazu schon Kelbel GRUR 87, 143. Er stimmt überein mit dem internationalen Rechtsstandard, zB Art 36 I c) GMV, Art 5 I HMA 1960, Art 5 I iii) HMA 1999. Darin drückt sich das Vertrauen in die Leistungsfähigkeit heutiger fotografischer, grafischer und elektronischer Wiedergabetechniken aus. Wesentlicheres Motiv ist aber einerseits das Vermeiden übermäßigen Aufbewahrungsraums der Designstelle des DPMA für als Darstellung eingereichte Erzeugnisse, deren schwierigere Handhabung sowie die Verringerung von Verlustschäden, Kelbel GRUR 89, 636, andererseits die Notwendigkeit einer geeigneten Vorlage für die Bekanntmachung der Wiedergabe. Der Grds der Bildwiedergabe ist wegen weitergehender Bedürfnisse in ausschließlicher Form nicht durchsetzbar; Abs 2 S 2 lässt daher eine Ausnahme zu in Form flächenmäßiger Designabschnitte, Rn 54 ff. Jedoch ist die Einreichung von Originalmodellen zur Darstellung einer dreidimensionalen Erscheinungsform seit 1.6.04 nicht mehr statthaft.

25 **c)** Der **Begriff der Wiedergabe** wird im Ges selbst (Abs 2 S 1 Nr 3) ebenso wenig definiert wie das Wiedergabemedium. Sie ist als Inbegriff des Inhalts der in der Designanmeldung eingesetzten bildlichen Mittel die schutzrechtlich relevante Offenbarung des Designs. Die durch Abs 2 S 2 fakultativ zugelassenen flächenmäßigen Designabschnitte sind nicht als Wiedergabe definiert, sondern eine gleichbedeutende Offenbarungsalternative. Dementsprechend ist der auf dem Bilddatenträger iSv § 7 V DesignV gespeicherte Dateiinhalt auch vor Sichtbarmachung auf dem Bildschirm die Wiedergabe. Des Näheren füllt § 7 DesignV, der in Wortwahl und inhaltlich weitgehend Art 4 GGDV übernimmt, den Wiedergabebegriff in zwei weiteren Ebenen aus. Danach hat die Wiedergabe aus mindestens einer fotografischen oder sonstigen grafischen Darstellung des Designs, § 7 I 1 DesignV, zu bestehen, worunter eine auf fotografischem oder grafischem Weg oder durch elektronische Verfahren hergestellte einzelne Abbildung verstanden wird. Der physische Bildträger der Darstellung darf ein Blatt mit Bild oder – neuerdings gem § 7 V DesignV – ein Datenträger mit Bilddatei sein. Ziel ist, dass unter Verwendung heute gängiger Wiedergabemedien unter Einschluss des Computerbildschirms der Wiedergabeinhalt sich durch schlichte Aufsicht wahrnehmen lässt. Damit erfüllen Bildmedien, für die dies nicht oder allenfalls unter erhöhtem apparativem Aufwand gilt, wie zB Diapositive, Filmnegative oder Hologramme, den Wiedergabebegriff nicht, sind also als elementarer Anmeldungsmangel zu bewerten; die solche Wiedergabeformen ausdrücklich untersagende Vorschrift des § 6 IV 5 GeschmMV 2004 ist allerdings wegen Ungebräuchlichkeit solcher Medien bereits mit der Neufassung der Absätze 1–4 des § 6 GeschmMV durch Art 2d V v 15.10.08 (BGBl I S 1995) entfallen. Der Wiedergabe muss mindestens eine Darstellung zugrunde liegen, sie darf sich aus mehreren, max 10 (früher 7) Darstellungen zusammensetzen, § 7 I 1 DesignV. Eine Darstellung wiederum zeigt inhaltlich eine in § 7 III 3 DesignV sog Ansicht des Designs, also einen bestimmten Aspekt des Designs in perspektivischer, größenmäßiger (zB Totale, Detail), farblicher und/oder darstellungstechnischer Hinsicht (zB Außenansicht, Schnittbild). Mehrere Darstellungen im Rahmen einer Wiedergabe bilden keine untrennbare Einheit, BPatG 4 W (pat) 85/88 v 25.8.89 (unveröff), weshalb nachträglich im Wege einer Teilrücknahme der Anmeldung, Rn 88, oder des Teilverzichts die Herausnahme einer nicht dazugehörigen, inhaltlich oder rechtlich problematischen Darstellung aus dem Konvolut der Wiedergabe nicht grds ausgeschlossen ist. Wegen des Änderungs- und Erweiterungsverbots ist dies nur in engen Grenzen zulässig, vgl den allg Rechtsgedanken des § 35 letzter Halbs. Das DPMA lässt dies deshalb nur unter Anmeldetagskorrektur zu, Rn 45.

d) Die **rechtliche Bedeutung der Wiedergabe** des Designs – die Ausführungen dieses Abschnitts gelten ebenso für den **flächenmäßigen Designabschnitt** nach Abs 2 S 2 – besteht darin, dass sie nach Abs 2 Nr 3, § 16 IV 2 unverzichtbare materiellrechtliche und formelle Wirksamkeitsvoraussetzung für die Entstehung des eD durch Anmeldung und Eintragung. Die Wiedergabe ist nicht bloße Anlage zum Eintragungsantrag, sondern als Darlegung des Schutzgegenstands, in dessen Schutzinteresse das Eintragungsverfahren allein Sinn macht, ein zweiter konstitutiver Teil der Anmeldung. Beide Anmeldungsteile bestimmen zusammen die Einheit und Konkretheit des eD, sie legen den Schutzgegenstand fest, BGH GRUR 62, 144, 146 – Buntstreifensatin I, GRUR 63, 328, 329 – Fahrradschutzbleche, GRUR 65, 198, 199 – Küchenmaschine, GRUR 66, 97, 98 – Zündaufsatz, GRUR 77, 602, 604 – Trockenrasierer. Das eD wird als Schutzgegenstand mit der Anmeldung materiell unkorrigierbar, BayObLG GRUR 73, 35, Papke FS Nirk, 1992, S 857, nach Maßgabe der in der Wiedergabe enthaltenen Merkmale, § 37 I, BPatGE 33, 222, umrissen. Der in der Wiedergabe verkörperte Gestaltungsgedanke in Bezug auf die Erscheinungsform eines Erzeugnisses oder eines Teils davon stellt die Offenbarung dar und ist insoweit Gegenstand der Schutzfähigkeits- und Schutzumfangsprüfung durch DPMA bzw die Gerichte, Kelbel, GRUR 89, 632, Eichmann GRUR 89, 20, Nirk/Kurtze 7/121 und FS v Gamm, 1990, S 446, 453 f. Nicht das vom Anmelder zurückbehaltene Originaldesign, seine Entwürfe oder Zeichnungen, sondern das der Wiedergabe Entnehmbare ist maßgebend, § 37 I, Kelbel GRUR 89, 632; nicht das auf dem Klage-Design beruhende Produkt ist Gegenstand der Prüfung auf Verletzung, sondern die der Wiedergabe entnehmbare Gestaltung, Hmb GRUR RR 07, 268 – Handydesign (Ls) mit zust Anm v Spranger in Hartwig, DesignE 3, 92. Mit der ordnungsgemäßen Anmeldung entsteht Schutz für alle offenbarten Einzelelemente des Designs, soweit sie die materiellen Schutzvoraussetzungen des DesignG erfüllen, BGH GRUR 66, 98. Insgesamt wird also gesetzestechnisch nur versucht, ungerechtfertigte

26

Rechtsvorteile verhindern, die sich aus einer mangelhaften Wiedergabe ziehen lassen könnten, BPatGE 33, 129, und eine über das Dargestellte hinausgehende spätere Schutzbeanspruchung zu unterbinden. Insoweit können die
Ergebnisse früherer Rspr wesentlich herangezogen werden, BGH GRUR
62, 144, 146 – Buntstreifensatin I, GRUR 67, 375, 377 – Kronleuchter,
GRUR 77, 602, 604 – Trockenrasierer. Bleibt der Inhalt der eingereichten
Wiedergabe hinter der vom Anmelder für den Schutz vorgesehenen Erscheinungsform zurück, geht das zu seinen Lasten, BPatGE 31, 28. Das gilt
auch, wenn der Anmelder bestimmte mit ihrer Wiedergabe in den Schutz
einbezogene Einzelmerkmale für unwichtig oder ungewollt mitabgebildete
weitere Erzeugnisse für unmaßgebliches Beiwerk hält, BGH GRUR 12,
1139 – Weinkaraffe. Neben der schutzbegründenden Wirkung hat der Offenbarungsumfang der Wiedergabe mit seiner Bekanntmachung nach § 20
S 1 rechtliche Bedeutung als neuheitsschädlicher Formenschatz iSv § 2 II.

27   **2. a)** An **Inhalt und Qualität der Wiedergabe** stellt das Ges selbst in
Abs 2 S 1 Nr 3 allein die beiden Anforderungen, dass das Design gezeigt
wird und die Wiedergabe zur Bekanntmachung geeignet sein muss; zur
Offenbarungswirkung des flächenmäßigen Designabschnitts Rn 56. Die
Gewährleistung der Deutlichkeit und Vollständigkeit der beanspruchten
Schutzmerkmale, wie nach § 7 III Nr 2 GeschmMG 1986 und § 6 IV
GeschmMV 2004, ließ sich als Schutzvoraussetzung nicht aufrechterhalten,
weil erfahrungsgemäß keine Formulierung gewährleistet, schutzrechtlich
noch brauchbare von unzureichenden Wiedergaben zuverlässig objektiv
abzugrenzen, Einzelh 2. Aufl 7/29–32. Ohnehin liegt im Registerverfahren
die Bestimmung der zu schützenden Gestaltungsmerkmale und deren ausreichende Wiedergabe in der Hand des Anmelders. Die DesignV versucht in
§ 7 III, VI, VII eine gute Qualität des Bildinhalts zu gewährleisten, Rn 39 ff.
Für Wiedergaben sich wiederholender Flächendesigns und typografischer
Schriftzeichen bestehen nach § 7 VI, VII DesignV weitergehende Anforderungen, Rn 31 f.

28   **b) Grundsätze zur Interpretation des Wiedergabeinhalts.** Als Beur-
teilungsinstanz für den Offenbarungsumfang der Wiedergabe als neuheitsschädlicher Formenschatz gelten die Fachkreise iSd § 5 und gilt andererseits
hinsichtlich der Bestimmung der Eigenart anhand des Gesamteindrucks des
Designs der informierte Benutzer iSv § 2 III. Unter Berücksichtigung der
die Wiedergabeoffenbarung flankierenden Erzeugnisangabe, Abs 3, Rn 62 ff,
wird ihnen als geläufig unterstellt, dass die Bildwiedergabe mit dem Aussagegehalt eines niedergelegten Originaldesigns nicht gleichgesetzt werden
kann, da Abbildungen in der Regel optische Unvollkommenheiten und
Reduktionen enthalten, BGH GRUR 67, 375, 377 – Kronleuchter, Kelbel
aaO, positiver eingestellt Eichmann Mitt 95, 374, auch Begr, zu Art 1 2. i).
Gleichwohl werden diese Unvollkommenheiten in Kauf genommen und hat
schon bisher die Rspr im Falle eingereichter Abbildungen des Designs
Schutz ausschließlich für die Merkmale des Gegenstands gewährt, die der
Wiedergabe entnommen werden können, BGH GRUR 62, 144, 146 –
Buntstreifensatin I, GRUR 67, 377, GRUR 77, 602, 604 – Trockenrasierer,
GRUR 01, 503, 505 – Sitz-Liegemöbel, was jetzt in § 37 I niedergelegt ist.
Der Schutzgegenstand kann nur aus den der Wiedergabe entnehmbaren
Merkmalen rekonstruiert werden, Kelbel GRUR 89, 632. Das Originaler-
zeugnis wird in Löschungs- und Verletzungsverfahren neben der Bildwie-

dergabe nicht zu Vergleichszwecken herangezogen, Nirk/Kurtze 7/40, Kelbel GRUR 87, 143 (insoweit bedenklich EuG v 18.3.10 T-9/07 – Grupo Promer Mon Graphic/OHIM-PepsiCo, veröff in juris; allerdings relativiert durch EuGH GRUR 12, 506, 509 – Runder Werbeträger; hierzu Becker GRUR Int 12, 610), was die Beweisführung des Designinhabers erschweren kann. Andererseits können Darstellungen nur dann ein für die Praxis geeignetes Wiedergabemittel sein, wenn das mit ihnen Offenbarte nicht auf das gleichsam nur mit Zirkel und Lineal Ermittelbare eingeengt wird. Merkmale, die sich erst bei genauestem Hinsehen feststellen lassen, sind regelmäßig kein den Gesamteindruck bestimmender Wiedergabeinhalt; andererseits kann bes Produktart oder hohe Designdichte den informierten Benutzer zur stärkeren Beachtung von Details veranlassen, Düss in Hartwig, DesignE 3, 135 – Aluminiumfelgen. Nach alledem kann interpretierende Auslegung gerechtfertigt sein. Insofern ist elementar, dass sich der – entspr aussagekräftigen – zweidimensionalen Wiedergabe die dreidimensionale Erscheinungsform entnehmen lässt, allg s § 2 Rn 29; gewisse geringfügige Abweichungen zwischen den Inhalten einzelner Darstellungen einer Wiedergabe können zB optisch-technisch erklärbare Folge der jeweiligen Darstellungsperspektive, Beleuchtungsverhältnisse u. ä. sein. Die Auslegung eröffnet auch **Gestaltungsmöglichkeiten:** Die Wiedergabe kann die Größenverhältnisse abgebildeter Einzelmerkmale zueinander deutlich machen, auch wenn Maßangaben unzulässig sind, Rn 41. Sie kann nur einen Teil eines Erzeugnisses betreffen, wenn dies verdeutlicht wird, Rn 34. Abstrahierende Wiedergabemittel können breiteren Schutz geben, zB Reduzierung auf schwarz-weiße Grafik, vgl Ruhl GRUR 10, 297, oder Fotodarstellung statt konkreter Buntfarbe, grafische Strichzeichnung statt Fotografie, Abbildung einer Grundform ohne markttübliche Applikationen (zB ein Gebinde ohne die für den Verkauf aufgebrachten Etiketten oder Beschriftungen). Im Einzelfall kann es sich aber umgekehrt gerade nicht um eine schutzerweiternde Abstrahierung, sondern um die Wiedergabe einer gewollt neutralen, ungestalteten Fläche handeln, Ruhl aaO. Im Gegensatz zu den technischen SchutzR schaffen indessen schriftliche Präzisierungen, etwa durch Beschreibungen, Ansprüche, separate Maßangaben nicht zusätzliche berücksichtigungsfähige Bestandteile der Wiedergabe, Rn 67.

c) Nach Abs 2 S 1 Nr 3 muss der **Wiedergabeinhalt das Design** sein. **29** Neben der geforderten Eignung zur Bekanntmachung, Rn 38, ist dies die einzige im Ges selbst enthaltene qualitative Anforderung an die Wiedergabe. Es handelt sich um eine unkritische Übernahme der Wendung von der erforderlichen Wiedergabe der Marke aus dem deutschen und europäischen MarkenR auf eD. Dort ist eine Teilansicht der Marke, die wesentliche Gestaltungsmerkmale im Dunkeln lässt, zwar keine ausreichende Markenwiedergabe, erlaubt aber und verpflichtet zur Nachbesserung, BPatGE 43, 247 f – Penta Kartusche mwN. Im DesignR ist der in Abs 2 S 1 Nr 3 verwendete Begriff des Designs enger und nach § 37 I beschränkt auf die in der Wiedergabe sichtbar gemachten, damit abschließend offenbarten und nicht ergänzungsfähigen Merkmale der Erscheinungsform. Design iS dieser Vorschrift ist allein dasjenige, was im Einzelfall der Betrachter empirisch anhand der in der Wiedergabe deutlich und vollständig sichtbaren Schutzmerkmale in seinem Gesamteindruck entnehmen kann. Dasjenige, was als Schutzmerkmal sich der eingereichten Wiedergabe (noch) klar erkennbar entnehmen lässt, erfüllt den relativ zu verstehenden Designbegriff des Abs 2 S 1 Nr 3, und mag es wegen schlechter Wiedergabe nur Splitter eines umfassenderen Gestaltungsgedankens betreffen. Öffentlichkeit und DPMA haben weder Anspruch auf die Wiedergabe eines in sich geschlossenen Gestaltungsgedankens noch auf eine differenzierte Wiedergabe. Weder ist der Schluss erlaubt, die Wiedergabe dürfe in qualitativer Hinsicht ausschließlich das so verstandene Design, nämlich in Alleinstellung und nichts Weiteres, etwa Beiwerk zeigen, noch ist die Vorstellung angebracht, das wiedergegebene Design könne nur als Erscheinungsform eines in sich gestalterisch geschlossenen, zB wirtschaftlich handelbaren Erzeugnisses als Ganzes sein. Letzterem steht schon § 1 Nr 1 entgegen, wonach auch die durch bes Merkmale geprägten Teile der Erscheinungsform von Erzeugnissen Design iSd dieser Vorschrift und damit auch des Abs 2 S 1 Nr 3 sind. Enthält eine Designanmeldung, mit der Schutz für ein einziges Design nachgesucht wird, eine Wiedergabe mit Darstellungen von ersichtlich mehreren, im Detail voneinander abweichenden Designs, verbleibt als im Gesamteindruck wiedergegebenes Design eines, dessen Merkmale allen Abbildungen gemeinsam entnehmbar sind (gleichsam die Schnittmenge), BGH GRUR 01, 503, 505 – Sitz-Liegemöbel, BGH GRUR 12, 1139 – Weinkaraffe, eine Vermehrung der Schutzgegenstände wird dadurch unterbunden. Jedoch handelt es sich dabei – genauer – um eine Anmeldung mehrerer unterschiedlicher Designs, weshalb das DPMA – wie auch das HABM, Ruhl 36/62 – zur Bereinigung vor Eintragung eine Uminterpretation in eine Sammelanmeldung zulässt. Die Designfähigkeit kann fehlen, wenn das Wiedergegebene nicht als Erzeugnis oder Teil davon angesprochen werden kann, zB Kombination von Backware und Uhr.

30 **3. a)** § 7 VI und VII DesignV definieren nach dem Vorbild des Art 4 III, IV GGDV den erforderlichen konkreten Inhalt von einzureichenden **Wiedergaben spezieller Designarten** genauer. Es handelt sich dabei um sich wiederholende Flächendesign, § 7 VI DesignV und typografische Schriftzeichen, § 7 VII DesignV. Damit wird Rücksicht genommen auf den bes, erweiterten Schutzbereich dieser Schutzgegenstände. Dort nicht geregelt ist der Schutz von Teilen einer Erscheinungsform als Design, dazu Rn 34. Der Schutz der genannten beiden bes Designarten ergäbe sich aus den Wiedergaben als solchen nach § 37 I nicht ohne Weiteres, auch das Eintragungsantragsformular sieht keine Hinweise hierauf vor. Der Realakt der Vorlage von Wiedergaben, die den Bestimmungen des § 7 VI bzw VII DesignV genügen, enthält somit konkludent den Hinweis des Anmelders, dass über die sich aus den Darstellungen nach § 7 I DesignV ableitbare Schutzwirkung hinausgehend der Verbund der dargestellten Schutzgegenstände eine bes Schutzwirkung entfalten soll; diese Bestimmungen erlauben auch eine Abgrenzung zum allgemeineren Fall des BGH GRUR 01, 503, 505 – Sitz-Liegemöbel, s Rn 29. Die Rückführung auf den mit der Einreichung zum Ausdruck kommenden bes Offenbarungswillen des Anmelders vermeidet Zweifel daran, ob iSv Art 80 I 2 GG im Verordnungsweg mittelbar Schutzwirkungen zugesprochen werden können, die sich dem Ges selbst, insbes § 37 I, § 61, nicht entnehmen lassen, ob also die Verordnungsermächtigung des § 26 I Nr 2 hierfür ausgereicht hat. Für das Vorbild des Art 4 III und IV GGDV konnten solche Fragen nicht entstehen, weil die Verordnungsermächtigung des Art 107 GGV sehr offen formuliert ist. Eine Klarstellung des bes Charakters der Designart für die Prüfung der Schutzfähigkeit und des

-umfangs kann sich für den Fachverkehr iSv § 5 bzw den informierten Benutzer iSv §§ 2 III 1, 38 II, auch aus der Erzeugnisangabe ergeben. Nicht von § 7 VI, VII DesignV erfasst sind bes Schutzgegenstände wie Computer-Bildschirminhalte, auch Bildschirm-Icons als solche, die im Wege des Screenshots oder durch Abfotografieren als flächige Gestaltung wiedergegeben werden können.

b) Bei **sich wiederholenden Flächendesigns,** § 7 VI DesignV, ist **31** Schutzgegenstand die bes übergreifende gestalterische Wirkung der rhythmischen Aneinanderreihung derselben Gestaltungselemente, zB fortlaufende Rapports auf Textilien, Tapeten, Teppichen, Kombinationen von Kacheln in fortlaufender festgelegter Anordnung. Sie bedürfen zum Ausdruck der Besonderheit, dass es sich um sich wiederholende Flächendesign handelt, im Falle der Bildwiedergabe der von § 7 VI DesignV vorgegebenen bes Wiedergabeweise. Gedacht ist daran, dass die Wiedergabe mindestens zwei (bzw zwei Gattungen von mehreren) Darstellungen enthält, von denen eine das für die Wiederholung bestimmte Design selbst zeigt (den Rapport), während die andere gleichsam aus der Vogelschau eine Überblicksbetrachtung der über eine größere Fläche sich erstreckenden Designwiederholungen zeigt, wobei auch diese letztgenannte Darstellung den sonstigen Vorschriften des § 7 DesignV genügen muss. Diese bes Zusammenhänge werden durch den – an sich ausreichenden – Realakt der Einreichung häufig nicht genügend verdeutlicht, weshalb sie durch Beifügung einer Beschreibung erläutert werden können und sollten. Sofern das DPMA anhand der Wiedergabe den Fall eines Wiederholungsdesigns erkennt, fordert es eine ggf fehlende Darstellung des Rapports nach. Zu flächenmäßigen Designabschnitten als Wiederholungsdesigns Rn 60.

c) Vergleichbares gilt nach § 7 VII DesignV für die Anmeldung eines Designs, das aus **typografischen Schriftzeichen** besteht. Diese Sonderregelung verschafft über die Übergangsbestimmungen des § 61 hinausgehend aufgrund bes Anforderungen an die Wiedergabe im Ergebnis einen Schutzinhalt eigener Art für typografische Schriftzeichen, § 1 Nr 2. Die Historie dieser Regelung ist verwickelt und der zutreffende Schutzgegenstand nicht völlig klar; zu der im vorliegenden Zusammenhang fehlenden Relevanz des SchriftzG und den Regelungsgehalt des typografische Schriftzeichen betreffenden § 61s § 61 Rn 1 f, zur Abweichung des Begriffs „typographisches Schriftbild" in Art 1b) GRL und Art 3b) GGV s § 1 Rn 21. § 7 VII DesignV tradiert damit nach Anlass, Sinn dieser Sonderregelung und fortbestehendem Schutzbedürfnis den Gehalt des SchriftzG aF, ohne dass dies allerdings bei der Bestimmung des Schutzgegenstands, §§ 1–6, und des Schutzbereichs, § 37 I, bes erwähnt wird. Damit stellt sich auch hier die Frage einer ausreichenden Rechtsgrundlage, vgl Rn 31, s auch den insofern gegebenen Anwendungsbereich dieses Teils von § 1 Nr 2, § 1 Rn 27. Der Schutzgegenstand nach dieser Vorschrift beschränkt sich nicht, wie sonst bei eD, allein auf Kontur und optische Binnenstruktur des konkret abgebildeten Gegenstands, was ansonsten einer kleinteiligen Flächengestaltung mit Hilfe buchstabenartiger Einzelformen entspräche, sondern vermittelt dem Fachverkehr und dem informierten Benutzer auf der Grundlage der zu wählenden Erzeugnisangabe „Typografische Schriftzeichen" als Inbegriff der Gestaltung der Schriftzeichen, Ziffern, ggf Zeichen und Symbole das durch sie insgesamt zum Ausdruck kommende Schriftbild, Einzelh § 61 Rn 3, was mit

„Design, das aus typografischen Schriftzeichen besteht", nur unzulänglich umschrieben ist. Die bes Anmutung des Schriftbilds lässt sich mit wenigen Buchstaben und Ziffern und ohne einen damit gebildeten Text nicht vermitteln, sondern nur kumulativ durch eine Wiedergabe des durch § 7 VII DesignV vorgeschriebenen Inhalts. Die Vorschrift gebraucht zur Umschreibung der notwendigen Vielzahl der schriftbildprägenden Schriftzeichen anders als § 6 VI GeschmMV wie Art 2 I Nr 1 SchriftzG wieder den Begriff „(Zeichen-)Satz", der auch eine Auswahl von Schriftzeichen oder die Verwendung der für Fachleute das Schriftbild charakterisierenden Wörter oder Sätze erlaubt. Vorgeschrieben ist seit dem Inkrafttreten der DesignV am 10.1.14 nicht mehr die vollständige Folge der Buchstaben (A–Z) des betreffenden Alphabets in Groß- und in Kleinschreibung und der arabischen Ziffern (1-0). Vielmehr ist jetzt – lediglich – ein „vollständiger Zeichensatz" sowie ein fünfzeiliger Text, beides in der Schriftgröße 16 Punkt notwendig. Durch die nunmehr offene Formulierung ist die Anmeldung von Zeichensätzen möglich, die der Definition des § 6 VI GeschmMV nicht genügt hätten, also bspw unvollständige Alphabete, da der Anmelder nun die Vollständigkeit des Zeichensatzes selbst bestimmen kann. Die Wiedergabe darüber hinausgehender Schriftzeichen, Zubehör, Akzente, Fleurons usw verbietet § 7 VII DesignV nicht. Der fünfzeilige Text muss keine inhaltliche Aussage haben, vielmehr reicht eine stereotype Wiederholung das Schriftbild bes charakterisierender Buchstabenfolgen aus. Ein Nichtanmelden von Elementen des Alphabets, zB Kleinbuchstaben, hat die Interpretation zur Folge, dass dieses Alphabet nur aus dem Rest, hier zB Großbuchstaben besteht. Bei Schriftfamilien, also stilistisch aufeinander abgestimmten und nach dem Gesamteindruck zusammengehörenden Sätzen gleicher Schriftgarnituren (= Schnitte, Variationen) in Fettenabstufungen, Schräglagen oder Verzerrungen, Kelbel S 12 f, kann zwar zweifelhaft sein, ob diese insgesamt als ein Design oder jede Schriftgarnitur als gesondertes Design gilt. Da auch einzelne Garnituren in den Verkehr kommen können, andererseits die Praxis davon ausgeht, dass Garnituren jedenfalls innerhalb einer Schräglage idR nicht selbständig schutzfähig sind, ist es sinnvoll, dieser Zweifelsfrage dadurch zu entgehen, dass jede der Schriftgarnituren als eigenständiges Design zum Inhalt einer Sammelanmeldung gemacht wird, ausgenommen unterschiedliche Grade (= Größen) einer Garnitur, weil § 7 VII DesignV 16 Pkt. Schriftgröße vorschreibt. Das DPMA versteht darunter wegen möglicher unterschiedlicher Definition dieser Maßeinheit die Einhaltung einer Schrifthöhe von ungefähr 5 mm. Für die zutreffende Einordnung im Eintragungsverfahren als typografische Schriftzeichen ist ieL der fünfzeilige Text und vor allem die Erzeugnisangabe „Typografische Schriftzeichen" im Zusammenhang mit der Warenklassenangabe 18-03 dienlich.

33   **d)** Weichen die eingereichten **Wiedergaben der speziellen Designarten fehlerhaft** von den Vorgaben des § 7 VI bzw VII DesignV ab, wird die mit dem jeweiligen Inhalt der eingereichten Wiedergabe verbundene bes Schutzwirkung nicht erreicht. Fehlt einer der in § 7 VI vorgeschriebenen Darstellungsinhalte, verbleibt es bei der Darstellung einer Flächengestaltung ohne den übergreifenden Zusammenhang der rhythmischen Designwiederholung. Vergleichbares gilt für typografische Schriftzeichen bei Nichtbeachtung der (im Vergleich zu § 6 VI GeschmMV in der bis 9.1.14 geltenden Fassung nun nicht mehr so hohen) Anforderungen des § 7 VII DesignV;

dann stehen die Buchstaben bzw der fünfzeilige Text lediglich für sich als je gesonderte Flächendesigns ohne die übergreifende Schutzbeanspruchung des Schriftbilds. Dass indessen das DPMA eine eingereichte Wiedergabe von Flächendesigns überhaupt als nach Maßgabe des § 7 VI bzw VII DesignV unzureichend erkennt, kann insbes bei der Wiedergabe von Wiederholungsmustern in Frage stehen, sofern nicht der Anmelder vorab entspr Hinweise gegeben hat, s Rn 31. Deshalb kann die zwingende Ausgestaltung der Erfordernisse in § 7 VI und § 7 VII sich der Sache nach nur auf den materiellrechtlichen Aspekt der ausreichenden Offenbarung der Besonderheit der betreffenden Designart und ihrer damit einhergehenden Schutzbeanspruchung beziehen. Das DPMA kann und darf die Erfüllung dieser Mussbestimmungen weder überprüfen noch durchsetzen, die beeinträchtigte Schutzwirkung mangelhaft wiedergegebener Wiederholungsdesigns oder typografischer Schriftzeichen ist auch nicht in den Katalog der dem DPMA zur Überprüfung zugewiesenen materiellrechtlichen Punkte des § 18 aufgenommen. Sind Fehler als solche erkannt, relevant und Inhalt von Mängelbescheiden, muss wegen der durch die Mängelbehebung herbeigeführten Änderung des wiedergegebenen Designs, verbunden mit einer andersartigen Schutzbeanspruchung, eine Verschiebung des Anmeldetags iSv § 16 I Nr 2, IV 2 erfolgen. Dies mag nur dann nicht gelten (Mängelbescheid unter Beibehaltung des Anmeldetags nach § 16 I Nr 3, IV 1), sofern der Fehler nicht für den Schutzbereich erhebliche Details betrifft und der Ordnungscharakter im Vordergrund steht, zB nur vierzeiliger Text, falsche Größe der Schriftzeichen. Im Hinblick auf seine eher erläuternde Wirkung wird die Auswechslung eines vorhandenen fünfzeiligen Textes zulässig sein, so zum dreizeiligen Text aF BPatG 4 W (pat) 701/98 und 702/98 v 1.7.98 (unveröff), eine Nachreichung fehlenden Textes kommt ohne Verschiebung des Anmeldetags nicht in Betracht.

e) Teile der Erscheinungsform von Erzeugnissen sind als anmeldefähi- **34** ge Designs mit § 1 Nr 1 zulässig, s auch § 1 Rn 15, während dem Geschm-MG 1986 ein Teilschutz für eigenständig schutzfähige Elemente eines umfassend dargestellten Designs – dessen Geltendmachung sich häufig erst nachträglich im Streitfall als notwendig erwies – in Betracht kam. Ob die Geltendmachung solchen Teilschutzes (Elementenschutzes) nach geltendem Ges noch zulässig ist, war zunächst str. Mit BGH GRUR 12, 1139 – Weinkaraffe ist der Teilschutz für das harmonisierte deutsche und europäische DesignR allerdings abzulehnen, § 38 Rn 39. Das klarstellende Herausgreifen eines gegenüber der Gesamterscheinungsform eingeschränkten Anmeldungsgegenstands ist zweckmäßig und vermeidet die Problematik des Teilschutzes in folgenden Fällen: Die Einbeziehung der übrigen Teile in den Designschutz ist wegen sonst schutzbeschränkender Überbestimmung der Schutzmerkmale nicht angeraten, sie bedürfen keines Schutzes oder der Schutz ist rechtlich ausgeschlossen, zB anspruchsvoll gestaltete Frontblende eines elektrischen Backofens mit iÜ nicht schutzbedürftigem kastenförmigem Gehäuse, neuartig gestalteter Griffteil eines iÜ vorbekannten Handhabungsgeräts, ähnlich der frei gestaltbare Griffteil eines im Anschlussbereich genormten elektrischen Netzsteckers. Zur getrennten Wahrnehmbarkeit der wiedergegebenen unterschiedlichen Seiten eines Designs vgl. Mü GRUR-RR 10, 170 – Geländewagen. Auch mehrere optisch trennbare Teile eines Erzeugnisses können als jeweils eigenständiges Design in einer Sammelanmeldung zusammengefasst werden. Ebenso lassen sich Verzierungen, Einzelh § 1 Rn 13, als Teile der Erscheinungsform des Erzeugnisses verstehen und in der Anmeldung so wiedergeben. Die Wiedergabe solcher Teile als Anmeldungsgegenstände regelt die DesignV nicht. Das praktische Problem besteht in der darstellungsmäßigen Abgrenzung von den übrigen Teilen der Erscheinungsform, die nicht mitgeschützt sein sollen. Vergleichbar dem Vorgehen des HABM nach Abschn 4.3 des PrüfHb akzeptiert das DPMA folgende Verfahrensweisen: Gepunktete Linien (zB als imaginäre Fortsetzung zB von Konturen oder Kanten über den beanspruchten Teil hinaus) können die Anordnung des zu schützenden Teils im Gesamtzusammenhang des Erzeugnisses andeuten und stellen klar, dass die mit solchen Linien angedeuteten weiteren Teile nicht am Schutz teilnehmen sollen (grafischer Disclaimer), s auch § 35 Rn 12. Zur Klarstellung sollte diese optisch erfolgte Schutzbeschränkung in einer Beschreibung erläutert werden. Dies soll nach den PrüfRL auch ein Hilfsmittel sein, um in der betreffenden Ansicht nicht sichtbare Kanten zu verdeutlichen, vgl BPatGE 43, 247 – Penta Kartusche (3-D-Marke, für DesignR abzulehnen), die auf anderen Ansichten offen sichtbar sind, bspw, um eine Orientierung des Modells im Raum anzudeuten (letzteres bedenkl, weil nur das verwendungsunabhängig Sichtbare geschützt werden kann). Erlaubt ist ferner die Umrandung von Merkmalen, für die Schutz beansprucht wird. Schließlich sind Färbungen in einer Schwarz-Weiß-Zeichnung zulässig, um die Schutzmerkmale zu kennzeichnen. Soll die Wiedergabe dagegen ein aus mehreren Einzelteilen ästhetisch/funktional **zusammengesetztes Erzeugnis** zeigen, darf es nicht in mehrere Erzeugnisteile zerlegt, sondern muss in diesem Zusammenhang zusammengebaut abgebildet werden, vgl auch Abschn 4.2.1 PrüfHb; anderenfalls wird davon ausgegangen, dass diese nicht ein Erzeugnis als Ganzes darstellen, sondern eine gem der Wiedergabe mustergemäß festgelegte Anordnung getrennter Einzelteile mehrere Designs. Ein gestalterisch zusammengehöriger **Satz (Set) von Erzeugnissen** erfordert regelmäßig nur dann keine Sammelanmeldung und ist Gegenstand einer einzigen Wiedergabe, wenn der Satz ausschließlich als so angeordnete, zusammengehörige Einheit in den Verkehr gelangt, zB Salatbesteck aus zwei Teilen, Kehrschaufel mit einsteckbarer Bürste; anderenfalls – zB Möbelprogramm, Kaffeeservice, Besteckset – ist eine Sammelanmeldung mehrerer, wenn auch gestalterisch zusammengehöriger Muster angezeigt, zur Abgrenzung § 12 Rn 8, s auch Eck, GRUR 98, 977 ff.

35 **4. a)** Die **fotografische Darstellung** muss, wie sich auch aus dem – zum 1.11.08 weggefallenen – ausdrücklichen Ausschluss von Dias und Negativen durch § 6 IV 5 GeschmMV 2004 schließen lässt, aus Lichtbildern als Positivabzüge auf Papier in der körperlichen Form eines Blattes bestehen. Die Beschränkung auf Positiv-Papierabzüge oder andere vergleichbare Papiervorlagen, zB Ausdrucke von Digitalbilddateien, soll unmittelbare Erkennbarkeit der wiedergegebenen Merkmale ohne Zuhilfenahme von Betrachtungs- oder Reproduktionsgeräten gewährleisten. In dieser Hinsicht stehen Fotokopien und gedruckte Vorlagen auf Papier den Lichtbildern gleich, DPA Mitt 90, 82. Sie können farbig oder schwarz-weiß gehalten sein; eine farbige Vorlage führt auch zur farbigen Reproduktion im Designblatt ohne Mehrkosten, Einzelh zur Bekanntmachung § 20 Rn 4. Aus dem Formblatterfordernis des § 7 IV DesignV lässt sich schließen, dass auf Trans-

parentpapier oder –folie aufgebrachte Wiedergaben oder Blaupausen, sonstige transparente Folien, Negativplatten, Mikrofiches, Hologramme, Videoband oder per E-Mail übersandte Bilddateien nicht zulässig sind, s aber Rn 37. Der Mangel derartiger unzulässiger Wiedergabemedien lässt sich durch Nachreichung eines zulässigen Mediums nicht unter Beibehaltung des Anmeldetags heilen, Rn 25, vielmehr schafft erst die Einreichung auf einem zulässigen Medium die Grundlage für die Zuerkennung eines Anmeldetags durch das DPMA. Zu den formal-technischen Erfordernissen Rn 49 ff.

Sonstige grafische Darstellungen sind in § 7 I 1 DesignV zwar wie- **36** derum aufgeführt, aber nicht weiter definiert und haben auch sonst keine bes verfahrensmäßigen Auswirkungen. Sie sind mit allg grafischen Techniken hergestellt. Darunter fallen Strichzeichnungen, eher flächig angelegte Strukturen, zB mit Pinsel angelegte Modegraphik, Aufdrucke, überhaupt zB fotokopierte Vorlagen oder Drucke auch in farbiger Fassung sowie typografische Schriftzeichen, Eichmann Mitt 89, 192. Die Darstellungen müssen keine Originale sein, auch Vervielfältigungen als Fotokopien oder maschinelle Drucke reichen aus. Soweit eine zweidimensionale Gestaltung dargestellt wird, lassen Vervielfältigungsstücke bei Einhaltung der Dimensionen des § 8 II 2, 3 DesignV die Grenze zum flächenmäßigen Designabschnitt nach Abs 2 S 2 fließend werden. In solchen Grenzfällen ist eine Klarstellung unabdingbar, verfahrensrechtlich wegen des für einen flächenmäßigen Designabschnitt zwingend mitzustellenden Aufschiebungsantrags nach § 21 I 1 und materiellrechtlich wegen der uU unterschiedlichen Schutzwirkung. Die optischqualitativen und technischen Anforderungen an die grafische Darstellung lassen sich aus § 7 III DesignV erschließen. Soweit es sich um Strichzeichnungen handelt, besteht Vergleichbarkeit mit den technischen Anforderungen an die Zeichnungen nach § 12 PatV nebst zugehöriger Anlage 2 und § 7 GebrMV. Danach müssen Linien gleichmäßig schwarz, scharf begrenzt und nicht verwischbar sein. Mit Bleistift oder freihändig mit Kugel- oder Filzschreiber gezeichnete Darstellungen erfüllen diese Anforderungen idR nicht. Dreidimensionale Merkmale können durch Schraffuren, Schattierungen oder Schrägsichten verdeutlicht werden. Schnittzeichnungen sind zulässig; sie können ergänzend fotografisch nicht darstellbare Innenkonturen von Hohlkörpern klarstellen. Technische Zeichnungen sind zwar grds zugelassen, BayObLG GRUR 73, 35, sie sind aber regelmäßig ungeeignet, den optischen Gesamteindruck des zu schützenden Gegenstands zu vermitteln, Gerstenberg/Buddeberg Einl 6 b. Dasselbe gilt für Schnitte iSv Textil-Schnittmusterbögen. Zu den formal-technischen Erfordernissen Rn 49 ff.

b) Bilddatenträger sind gem § 7 V DesignV anstelle des Wiedergabe- **37** formblatts als Träger der Darstellungen für die im Übrigen in Papierform erfolgende (also nicht rein elektronische) Designanmeldung seit 1.11.08 zugelassen. Der Vorteil liegt (im Falle vorhandener elektronischer Bilddaten) in der Vermeidung von Medienbrüchen in Folge des Papierausdrucks beim Anmelder und des nachfolgenden Scannens der einzelnen Darstellungen der Wiedergabe durch das DPMA als häufig qualitätsmindernden Faktoren, ferner in besserer Übersichtlichkeit und Handhabbarkeit der eingereichten Wiedergaben und Darstellungen insbes bei Sammelanmeldungen im Gegensatz zu einem Konvolut mitunter zahlreicher papierener Wiedergabeformblätter. Die Bestimmungen stellen sich weniger differenziert dar als im vergleichbaren § 8 V MarkenV. Zur Art des Datenträgers verweist § 7 V 3

DesignV auf die Internet-Seite des DPMA www.dpma.de; DV-technische Einzelerfordernisse sind dort in den Rubriken Design>Anmeldung>Erforderliche Angaben>Anmelder und Datenträgerformate und „FAQ" zu entnehmen. Demnach akzeptiert das DPMA unter dem Gesichtspunkt des Massenverfahrens CD (CD-R, CD-RW) oder DVD (DVD-R, DVD+R, DVD-RW, DVD+RW), s auch Merkbl S 7, andersartige Datenträger wie zB USB-Stick, Speicherkarten, sind derzeit unzulässig, aber nach Maßgabe künftig veröffentlichter Zulassung nicht grds ausgeschlossen. Jede der Darstellungen einer Wiedergabe ist als gesonderte Datei zu behandeln, als Dateiname ist eine Bezeichnung gem der Nummerierung des § 7 II 1–2 DesignV, Rn 52, vorgeschrieben und ausreichend, § 7 V 5 bzw 8 DesignV. Die Vorschrift listet des Weiteren EDV-technische Voraussetzungen auf: Grafik-Dateiformat JPEG = *.jpg, mit Unterformen), weitere zulässige Formate werden ggf auf der Internet-Seite des DPMA (www.dpma.de) bekannt gemacht werden, womit wegen des Speicherbedarfs derzeit aber nicht zu rechnen ist; als Speicherort das Stammverzeichnis eines ansonsten leeren Datenträgers, § 7 V 5 DesignV; die Grafik-Auflösung 300 dpi; die max. Dateigröße einer Darstellung von 2 MB, § 7 V 6–7 DesignV. Den Offenbarungsinhalt der Wiedergabe betrifft das Erfordernis der Lesbarkeit der Datei, § 7 V 2 DesignV; anderenfalls liegt keine Wiedergabe vor bzw keine, auf die ohne aufwendige zusätzliche Maßnahmen zugegriffen oder sie reproduziert werden kann, und gilt dann als nicht eingereicht, § 7 V 4 DesignV und verstößt gegen Abs 2 S 1 Nr 3; der Mangel kann nur unter Anmeldetagsverschiebung iSv § 16 IV 2 behoben werden. Dasselbe gilt auch für andere als die vom DPMA bekanntgemachten Bilddatenformate (zB *.pdf, *.raw, *.pict (Mac)), weil diese erst eine – uU in die Bildqualität eingreifende – Umsetzung in ein zugelassenes Format mit bes Software erfordern würden. Sind dagegen Erfordernisse des § 7 V 6–7 DesignV nicht erfüllt, lassen sie sich im Allg durch Nachreichung zulässiger Bilddateien ohne Anmeldetagsverschiebung erfüllen, es sei denn, dass daraus eine Änderung der Wiedergabe außerhalb der zu wahrenden Identität des Designs folgt, zB bei völlig unzureichender Auflösung, § 7 V 6 DesignV, allg zu Grenzen zulässiger Änderungen Rn 21. Bestimmte, leicht behebbare Mängel (Bildgröße 2 MB überschritten, mehrere und offensichtlich abgrenzbare Designs auf einer Abbildung, offensichtliche Zuordnungsfehler der Darstellungen, leicht abgrenzbares und offensichtlich überflüssiges Beiwerk) bereinigt das DPMA durch elektronische Bildbearbeitung eigenständig. Für die rein **elektronische Designanmeldung** – ob über den Webservice DPMAdirektWeb oder mit der Software DPMAdirekt – gelten die vorstehenden Einzelanforderungen an darin aufgenommene Wiedergaben zwar nicht kraft expliziter Regelung die DesignV, da die die DesignV diese Einreichungswege nicht en detail nicht behandelt, s auch Rn 18, § 25 Rn 5. Durch elektronische „Plausibilitätsprüfungen" wird die Einhaltung dieser Vorgaben jedoch bei der Nutzung von Webservice bzw. Software technisch geprüft. Auch eine elektronische Designanmeldung ist daher nur bei Einhaltung der gleichen Anforderungen möglich.

38   **5.** Die **Eignung der Wiedergabe zur Bekanntmachung** (Reproduktionseignung) nach Abs 2 S 1 Nr 3 gilt für alle Wiedergabeformen. Weil die Anforderungen an die Reproduktionseignung sich mit dem Fortschreiten der Scan-, Aufnahme- und Wiedergabetechnik ändern können, ist nicht entscheidend, ob eine Bekanntmachung nach jeglichem Stand der Technik undurchführbar wäre. Vielmehr soll eine Rechtsgrundlage gegeben sein für die Zurückweisung von Vorlagen, welche die im Massengeschäft des DPMA noch wirtschaftlich einsetzbaren Erfassungs- und Reproduktionsverfahren überfordern. So waren Diapositive und Negative durch § 6 IV 5 Geschm-MV 2004 ausdrücklich für unzulässig erklärt, weil sie zusätzliche Maschinen-ausstattung und Reproduktionsschritte erfordern; die Vorschrift ist lediglich wegen praktischer Bedeutungslosigkeit gestrichen worden, Rn 25. Ferner sind nach § 7 III 4 DesignV nicht wischfeste Vorlagen nicht erlaubt, weil zB die Oberfläche der Darstellung den Einwirkungen der Bildverarbeitungsver-fahren physikalisch nicht standhält, Störungen bei der Bilderfassung verursa-chen können und einer bes Behandlung bedürfen; hierunter können auch auf der Darstellung nachträglich aufgebrachte Retuschierungen fallen, so ausdrücklich Art 4 I 2e) GGDV für Tinte und Korrekturflüssigkeit. Der Anwendungsbereich der Vorschrift liegt ferner dort, wo die Art der Vorlage auf der Verarbeitungsstufe spezifische optische Verschlechterungen mit sich bringt, welche die Weiterverarbeitung behindern oder die Erkennbarkeit des Dargestellten beseitigen, DPA Mitt 90, 82, zB bereits gerasterte Abbildungen oder sonstige Texturen, welche die Erkennbarkeit beeinträchtigendes Moiré, Interferenzen oder Farbverschiebungen verursachen, ferner Hologramme, die bei unterschiedlichen Betrachtungswinkeln wechselnde Farbspiele zei-gen, BPatGE 48, 184 – Hologramm, zarte, im Original gerade noch er-kennbare Konturen, die beim Scannen verloren gehen, zB bei Glaselemen-ten, Ruhl 36/14. Problematisch sind auch in Originalgröße winzige Bild-schirm-Icons als Designs, die sich nicht ohne bis zur Unkenntlichkeit gehende Vergröberung auf ein zur Bekanntmachung geeignetes Maß ver-größern lassen. Gerasterte Abbildungen beanstandet das DPMA idR nicht. Technische Mängel der Abbildung, zB mangelnde Helligkeit, Kontrast und Farbsättigung der Vorlage, schlagen zwar auf das Reproduktionsergebnis durch, stellen jedoch die Bekanntmachungseignung der Vorlage nicht grds in Frage. Dem DPMA ist eine dies verbessernde Bildnachbearbeitung nicht erlaubt. Die Nachreichung eines Zweitstücks der Wiedergabe besserer Qua-lität allein als Vorlage für die Bekanntmachung kommt nicht mehr in Frage, Rn 21, ohnehin würde eine notwendige Nachreichung die Frage nach einer ursprünglich fehlenden Bekanntmachungseignung aufwerfen. Rechtliche Folge des Fehlens der Eignung zur Bekanntmachung ist nach Abs 2 S 1 Nr 2 iVm § 16 I Nr 3, IV 2 als Auswirkung einer entspr Mängelrüge des DPMA die Suspendierung des Anmeldetags, § 16 Rn 13, mit Heilungsmöglichkeit unter Verschiebung des Anmeldetags.

6. Die Wiedergabe muss ferner **dauerhaft** und **unverwischbar** sein, was **39** nicht das Ges, sondern § 7 III 4 DesignV vorschreibt. Dies ist notwendig, weil im Streitfall die in der Anmeldung eingereichte Original-Wiedergabe, die – anders als im MarkenR – in bekanntgemachter Form derzeit nicht zum abschließenden Bestandteil des Registers wird, beigebracht und inter-pretiert werden muss. Die eingereichte Wiedergabe dient nicht nur der An-schauung des Schutzgegenstands für die gewählte Dauer der Aufrechterhal-tung des Schutzes, sondern soll darüber zeitlich hinausgehend im Interesse der Neuheitsprüfung den Formenschatz für die Öffentlichkeit auf Dauer dokumentieren, zumal die durch das DPMA gewährleistete dauerhafte Be-kanntmachung im Designblatt hinter dem Wiedergabeoriginal qualitativ zurückbleiben kann. Flüchtige Wiedergabemedien lassen nicht nur den Schutz des konkreten Designs, sondern auch den darin verkörperten Formenschatz in dem Maße entfallen, wie Schutzmerkmale nicht mehr erkennbar sind. Eine erneute Einreichung einwandfreier Stücke kann den Schutz nicht wiederaufleben lassen. Das Problem der Dauerhaftigkeit ist unterdessen weitgehend entschärft als Folge der vom DPMA durchweg vorgenommenen Speicherung und dauerhaften Sicherung sämtlicher Bilddaten der gescannten oder auf Datenträger eingereichten Wiedergaben, zu früheren Fragen der Dauerhaftigkeit s 3. Aufl 11/38. Die Dauerhaftigkeit und Wischfestigkeit ist zwar zwingendes Erfordernis, wird jedoch durch Abs 2 S 1 Nr 3 iVm § 16 I Nr 3 nicht als elementares Anmeldeerfordernis eingestuft, dessen Fehlen den Anmeldetag nicht begründet, sondern iSv Abs 4, welches Gegenstand eines Mängelbescheids nach § 16 I Nr 3 iVm IV 2 ist (strenger Art 10 I c GGDV für GGM, etwas entschärft durch Abschn 4.4 PrüfRL). Ihr Fehlen wird aber nur gerügt werden können, wenn sie nach Art der Vorlage bereits vor Weiterverarbeitung im DPMA mit Sicherheit zu erwarten ist, dann wird ggf die Mängelbeseitigung in der Nachreichung einer identischen, jedoch insofern mängelfreien Wiedergabe bestehen. Das DPMA muss in jedem Einzelfall die fraglichen Qualitätsmängel nachweisen, BPatG Mitt 90, 156. Ist die Herstellung der Dauerhaftigkeit oder Wischfestigkeit durch erneute Einreichung einer insofern einwandfreien identischen Wiedergabe nicht absehbar, muss die Anmeldung nach § 16 IV 3 zurückgewiesen werden. Ein bes Aspekt von Dauerhaftigkeit ist die Wiedergabe eines nur zeitweise seine Erscheinungsform beibehaltenden Designs, zB eine nur kurze Zeit haltbare Lebensmittelkreation oder der Bildschirminhalt eines eingeschalteten Computers. Solche flüchtigen Gestaltungen sind auf einem dauerhaften Medium zu dokumentieren. Beim Erfordernis der Unverwischbarkeit kommt auch der Aspekt der Bekanntmachungseignung, Rn 38, in Betracht.

40   **7. a) Optische Störungen des Abbildungsinhalts** sucht § 7 III 1, 2 DesignV zu unterbinden. Satz 1 dieser Vorschrift fordert zwingend eine Darstellung des Designs auf **neutralem Hintergrund.** Neutralität in diesem Sinne ist eine optisch zurücktretende Gestaltung des Hintergrunds mit genügender optisch-inhaltlicher Distanz zum Gegenstand des Designs, sodass Verwechslungen oder verwirrendes Ineinanderfließen von Umgebung und Design ausgeschlossen sind, ähnl Abschn 2.3.2 PrüfHb. Ggf vorhandene ähnliche Strukturen des Hintergrundes sollen zB durch Unschärfe und weiche Übergänge im optischen Eindruck deutlich hinter die Gestaltung des dargestellten Designs zurücktreten, weitere Beisp bei Eichmann Mitt 89, 191. Somit kann trotz ihrer Erkennbarkeit eine Landschaft, wenig strukturierte Hauswand, unauffällige Zimmertapete, verschwommene Zimmereinrichtung einen genügend neutralen Hintergrund bilden. Nicht gefordert, jedoch zweckmäßig ist – noch weitergehend – eine einheitlich, zB unifarben hell bis mittelgrau gehaltener Hintergrund nach Art von Studioaufnahmen. Grenzwertig ist zB ein dunkler Schlagschatten, in dem Kanten des abgebildeten Pflastersteins untergehen, BPatG Bl 89, 357 – Pflasterstein (noch zulässig). Weil das Erfordernis zwingend ausgestaltet ist und die inhaltliche Offenbarung durch die Wiedergabe behandelt, handelt es sich um einen Mangel bei Wiedergabeerfordernissen iSd Abs 2 S 1 Nr 3, der im Falle amtlicher Beanstandung sich nur unter Anmeldetagsverschiebung beheben lässt. Das BeanstandungsR des DPMA ist jedoch eingeschränkt, Rn 44, eine

Mängelrüge daher nur bei schwersten optischen Störungen gerechtfertigt, die im Grenzbereich zur anmeldetagsschädlichen Nicht-Offenbarung liegen. Zur Mängelbehebung Rn 46.

b) Beiwerk soll die Darstellung des Designs gem § 7 III 2 DesignV nicht **41** aufweisen (ebenso 6 IV 2 GeschmMV 2004). Darunter werden alle in der Wiedergabe mitabgebildeten Gegenstände oder Details verstanden, die nicht zu dem iSv Abs 2 S 1 Nr 3 wiederzugebenden Design gehören, also überflüssig sind und eher stören oder irritieren, zB zwei Finger, die eine Spielkugel halten und dabei das Spielbrett ein wenig verdecken, BPatGE 30, 245 – Kugelspiel, ein LKW-Chassis, wenn nur Schutz für das aufsitzende Fahrerhaus nachgesucht werden sollte, BPatGE 30, 239 – Fahrerhaus, der mitabgebildete Standsockel einer Weinkaraffe, BGH GRUR 12, 1139 – Weinkaraffe, eine schmückende Vase auf der an sich zu schützenden Kommode, Gesamtabbildung einer Zimmereinrichtung (Ambiente) nach Art von ausgeschmückten Präsentationsunterlagen, darunter das zu schützende Design. Regelungszweck soll sein, durch Vermeidung solcher häufig mitdargestellter, nicht zum Design gehörender Gegenstände die Qualität der Wiedergabe zu steigern. Hierfür sind Anmeldebestimmungen jedoch wenig geeignet; die Abgrenzung von Design und Beiwerk ist grds materiellrechtlicher Natur und nicht dem DPMA zur Prüfung überwiesen, Rn 44 f, sondern letztlich – nach Klärung des Offenbarungsgehalts der Wiedergabe – der wertenden Betrachtung des informierten Benutzers vorbehalten, s auch § 2 Rn 21. Erst dieser wird anhand der Erzeugnis- oder Warenklassenangabe und seiner Kenntnisse auf dem dadurch vorgegebenen Warengebiet Design und Beiwerk zu trennen versuchen. So wird er Präsentationshilfen, zB Kleiderpuppen oder -bügel für Kleidung, welche die sachgerechte Offenbarung erst möglich machen, als notwendiges Beiwerk ohne Weiteres erkennen. Ist ferner die Erzeugnisangabe für den allein beabsichtigten Schutzgegenstand präzise und eng genug und stellt übereinstimmend damit die Wiedergabe das Design optisch deutlich heraus, können uU andersartige mitabgebildete Erzeugnisse, etwa wenn sie im Bild nur angeschnitten und höchst unvollständig sind, vgl Hmb 5 U 166/07 v 11.3.09 (Schutzgegenstand Kabelbinder mit ausschnitthaft mitabgebildeter, unter Bürotisch verlaufender Verkabelung) aus der Prüfung ausscheiden. Insofern handelt es sich um anhand von Wiedergabe und Erzeugnisangabe objektivierbare Beiwerksfälle. Anderenfalls sind kraft Mitabbildung andere Gegenstände zusammen mit dem an sich zu schützenden Design Teil einer Gesamtoffenbarung. Sind solche abgebildeten Einzelgegenstände ästhetisch aufeinander abgestimmt und stehen sie ersichtlich in einem funktionalen Zusammenhang, zB eine Glaskaraffe mit angepasstem Sockel, kann dies objektiv ein – zwar für den Schutz so nicht vorgesehenes, aber vielleicht noch sinnvolles – Kombinationsmuster einer festgelegten räumlichen Anordnung sein, BGH aaO. Häufiger liegt ein solcher Zusammenhang nicht vor, so dass es sich dann um eine fahrlässig zum Schutz angemeldete, durch die Abbildung in ihrer Anordnung festgelegte Kombination mehrerer Gegenstände insbesondere dann handelt, wenn die mitabgebildeten Gegenstände unter dieselbe Erzeugnisangabe fallen, zB ein Arrangement mehrerer Sofas, von denen nur eines Schutzgegenstand sein sollte. Greifen auch diese Interpretationshilfen nicht, müssen die unterschiedlichen Gegenstände als Sammelanmeldung interpretiert werden, für die die Wiedergabeweise auf einer einzigen Darstellung nach § 7 IV 2 DesignV unzulässig ist und allenfalls nach Beanstandung durch das DPMA durch Auftrennung der Wiedergaben anmeldetagsunschädlich bereinigt werden kann. Reduzierung oder Erweiterung des Offenbarten auf das Gewollte durch nachgereichte Wiedergabe, zB Weglassen weiterer Schutzgegenstände oder Beseitigung den Schutzgegenstand teilweise verdeckenden Beiwerks, ist regelmäßig nur unter Änderung des Anmeldetags möglich. Was das Eintragungsverfahren und das PrüfungsR des DPMA anbetrifft, ist § 7 III 2 DesignV als Sollvorschrift nach allg Grds verbindlich, sofern nicht im Einzelfall der Einhaltung gravierende Gründe entgegenstehen. Das DPMA beanstandet Beiwerk deswegen regelmäßig; in völlig eindeutigen Fällen der Überflüssigkeit entfernt das DPMA durch elektronische Bildbearbeitung das Beiwerk und dokumentiert dies in den Akten. Weil mit Neufassung des § 6 GeschmMG zum 1.11.08 die bis dahin geforderten Mehrexemplare der Wiedergabe entfallen sind, ist die frühere Rspr – BPatGE 33, 222 – gegenstandslos, wonach Beiwerk, das die Konturen des Gegenstands nicht verdeckt, im Interesse einer deutlicheren Bekanntmachung durch Nachreichung des für die Bekanntmachung dienenden, bereinigten Blatts beseitigt werden kann. Das **Verbot von Zusätzen** schriftlicher oder bildlicher Art auf dem Wiedergabeformblatt und in der Wiedergabe selbst, wie Erläuterungen, Symbole oder Maßangaben, etwa nach Art technischer Zeichnungen, § 7 IV S 3, bzw III S 2 DesignV (ebenso § 6 II 2 bzw 6 IV 2 GeschmMV 2004), soll verhindern, dass beiwerks- und beschreibungsähnliche Erläuterungen in die Wiedergabe mit einbezogen werden. Die Gestattung des Hinweises „oben" auf dem Wiedergabeformblatt nach § 6 II 2 GeschmMV 2004 ist zum 1.11.08 als sachlich entbehrlich weggefallen. Zur Rechtswirkung einer zu diesem Erfordernis ausgesprochenen Beanstandung des DPMA s Rn 46.

42 **c)** Der inhaltlichen wie technischen Qualität der Wiedergabe kommt entscheidende Bedeutung zu, Nirk/Kurtze 5/41, Rn 28, 48. Der Anmelder sollte also im Interesse möglichst breiter Erkennbarkeit der Schutzmerkmale den **häufig gemachten Fehler** nachlässiger Bildherstellung vermeiden. Zwar ist die in der Praxis kaum rechtlich umsetzbare Vorschrift des § 6 IV 4 GeschmMV 2004 zum 1.11.08 weggefallen (so aber Art 4 Abs 1e) S 2 GGDV), wonach die Wiedergabe von einer Qualität sein musste, die alle Einzelheiten, für die Schutz beansprucht wird, klar erkennbar macht. Gleichwohl sollten das nach den Umständen beste Wiedergabemedium gewählt und die Darstellungsmöglichkeiten insbes durch optische Freistellung des Schutzgegenstandes und die angemessene Anzahl von Darstellungen und ihrer Inhalte ausgeschöpft werden. Besser ist die fotografische statt einer gedruckten, insbes gerasterten Darstellung. Die Originalvorlage ist deutlicher als deren Fotokopie oder Fax-Ausdruck. Inhaltliche Qualität iSv besserer Erkennbarkeit gewährleisten Studioaufnahme statt Sofortbild, Fotografie statt Strichzeichnung, Einzeldarstellung des Designs anstatt einer mit anderen Gegenständen überfrachteten Werbe-/Katalogabbildung. Digitale Bilddateien auf eingereichtem Datenträger vermeiden ggf qualitätsmindernde Medienbrüche. Die Telefax-Übermittlung eines farbigen oder Graustufen-Bildes erwies sich für Offenbarungszwecke schlechthin ungeeignet. Die Inhalte der Telefaxdarstellungen und der nachgereichten Darstellungen wichen regelmäßig voneinander ab. Im Zuge der Neuverkündung der DesignV am 9.1.14 wurde deshalb mit § 4 II die Telefax-Übermittlung von Wiedergaben für unzulässig erklärt. Damit wird in Designsachen erstmals von der generel-

len Zulässigkeit der Telefax-Übermittlung gem § 11 I DPMAV abgekehrt. Allerdings existieren mit den zwei elektronischen Diensten DPMAdirekt und DPMAdirektWeb mittlerweile weit bessere Übermittlungswege.

8. Für die **Prüfungs- und Beanstandungsbefugnisse des DPMA** in   **43** Bezug auf die optische Qualität einer Bildwiedergabe bilden die **Rechts-grundlage** Abs 2 S 1 Nr 3 und der Verweis gem Abs 4. Diese Differenzie-rung greift § 16 I Nr 2 einerseits und Nr 3 andererseits iVm § 16 IV 2 auf. Das DPMA hat jede Designanmeldung auf die Erfüllung der Erfordernisse zu prüfen. Die Abstufung besteht in der Schwere der Rechtsfolgen der Be-anstandung, wann also der Art des Mangels dazu führt, dass bis zu seiner Behebung eine Verschiebung des Anmeldetags nach § 16 IV 2 erfolgt, Rn 45, oder wann eine Mängelbeseitigung den Anmeldetag unberührt lässt, Rn 46, und schließlich, wann Mängel der Wiedergabe von vornherein keine Beanstandung rechtfertigen, Rn 47. Einzelh § 16 Rn 11 ff.

a) Der **Umfang der Beanstandungsbefugnis** des DPMA bei fehlerhaf-   **44** ten Wiedergaben unterliegt von vornherein der Einschränkung, dass der Offenbarungsumfang Obliegenheit des Anmelders ist. Mangels Befugnis zur näheren Überprüfung des vom Anmelder gewählten Wiedergabeinhalts, BPatGE 30, 237 – Fahrerhaus; 30, 244 – Kugelspiel; 33, 221, ist für das DPMA ohne Bedeutung, was der Anmelder durch Auslegung und Vervoll-ständigung einer unzureichenden Wiedergabe beanspruchen könnte, die Wiedergabe dies aber nicht konkret zeigt. Eine definierte Schutzbeanspru-chung des Designinhabers anhand der Wiedergabe ist – abgesehen von den Fällen des § 18 – für das Eintragungsverfahren weitgehend irrelevant; sie findet gem § 37 I anhand des Inhalts der Wiedergabe und ggf erst im Rah-men der Anträge statt, die er in (Verletzungs-)Verfahren vor den ordentli-chen Gerichten stellt. Die eingereichte Wiedergabe muss das DPMA daher als vom Anmelder als qualitativ ausreichend gewollt behandeln, soweit noch Schutzmerkmale erkennbar sind. Das EingriffsR beginnt erst dort, wo die Wiedergabe nichts klar Erkennbares mehr zeigt. Damit ist ein über Elemen-tares hinausgehendes PrüfungsR des DPMA entbehrlich, so im Ergebnis BPatG Bl 89, 358; BPatGE 30, 239; 30, 245. Sachlich problematisch ist die Definition des PrüfungsR des DPMA dahin, sie beschränke sich lediglich auf die Überprüfbarkeit der optischen und technischen Qualität der Wiederga-be, BPatG Bl 89, 357 – Pflasterstein, BPatGE 30, 237; 30, 244; 33, 221, Nirk/Kurtze 7/61, unscharf in 7/105; noch strenger v Gamm 7/28, Kelbel GRUR 87, 143. Diese Zielrichtung ist in ihren Erfordernissen und Einzelh bisher nicht praktisch umsetzbar verdeutlicht worden. Sie könnte auch Abs 2 S 1 Nr 3 iVm § 16 IV 2 und § 7 DesignV nicht entnommen werden.

b) Was Mängel der **Wiedergabe des Designs** mit der **Rechtsfolge der**   **45** **Suspendierung des Anmeldetags** bei Beanstandung anbelangt, hat das BPatG die Prüfungskompetenz des DPMA auf eine kursorische Offensicht-lichkeitsprüfung der Wiedergabeinhalts und damit auf äußerst gravierende Mängel der Designwiedergabe beschränkt, BPatGE 30, 244 – Kugelspiel; 33, 221, so, wenn die Wiedergabe vollständig fehlt oder sie offensichtlich kei-nerlei Schutzmerkmale mehr erkennen lässt, BPatGE 30, 239 – Fahrerhaus; 30, 243 – Kugelspiel; BPatG 4 W (pat) 704/97 v 10.12.98, veröff in juris, Ls in CR 99, 507; Nirk/Kurtze 7/132; zur Wortwahl und Interpretation der Rspr Papke FS Nirk, 1992, S 853 f. So sollen die wegen Nichterkennbarkeit irgendwelcher Schutzmerkmale offensichtlich sinnlosen bzw ungerechtfertigten, bzw die bis zur Unkenntlichkeit verstümmelten Wiedergaben ausgeschlossen werden, Papke FS Nirk, 1992, S 854. Das PrüfungsR hat das BPatG später geringfügig, nämlich durch Einbeziehung der Erzeugnisangabe erweitert, so bei Wiedergabe des Designs durch Telefax-Abbildung (seit 10.1.14 nicht mehr zulässig, Rn 42), wenn nur Umrisse und kaum schemenhaft irgendeine Binnenstruktur des angegebenen Erzeugnisses erkennbar sind, BPatG 4 W (pat) 704/97 v 10.12.98, veröff in juris = CR 99, 507 (Ls), 4 W (pat) 703/96 v 28.4.98 und 4 W (pat) 704/96 v 28.3.98 (beide unveröff). Somit liegt die Eingriffsgrenze nun beim nahezu vollständigen Fehlen des nach der Erzeugnisangabe erwartbaren Wiedergabeinhalts. Dann hat das DPMA die Befugnis zu einer Beanstandung, die eine Verschiebung des Anmeldetags bis zur Behebung der beanstandeten Mängel nach sich zieht, § 16 I Nr 2 iVm IV 2. So ist eine gänzlich fehlende Wiedergabe fristgemäß nachzureichen, eine mit den geschilderten schwerwiegenden Mängeln behaftete Wiedergabe durch eine mängelfreie zu ersetzen. Enthält eine Wiedergabe Darstellungen offensichtlich unterschiedlicher Designs, kommt uU eine prioritätsunschädliche Umwandlung in eine Sammelanmeldung in Betracht, Rn 29; im Übrigen erstreckt sich in solchen Fällen der Schutzbereich auf die Merkmale, die dem von allen Darstellungen vermittelten Gesamteindruck des Designs entsprechen, BGH GRUR 01, 503, 505 – Sitz-Liegemöbel; BGH GRUR 12, 1139 – Weinkaraffe, s auch Rn 41. Verstoßen einzelne von mehreren Darstellungen einer Wiedergabe derart gegen die Qualitätsgrundsätze, dass sie für sich genommen im obigen Sinne rechtsunwirksam wären, macht dies nicht die sich auf die übrigen zulässigen Darstellungen stützende Wiedergabe insgesamt unzulässig, weil die Wiedergabe durch mehrere Darstellungen keine untrennbare Einheit ist, BPatGE 30, 243 – Kugelspiel, BPatG 4 W (pat) 85/88 v 25.8.89 (unveröff). Dann trägt eine solche Darstellung zur Offenbarung nichts bei. Im Übrigen kann die Beseitigung einer die Gesamtoffenbarung der Wiedergabe ungünstig beeinflussenden einzelnen Darstellung darin bestehen, diese ersatzlos zurückzuziehen, BPatG 4 W (pat) 100/88 v 10.7.89, (unveröff), sofern die Wiedergabe noch weitere brauchbare Darstellungen aufweist. Diese ältere Rspr unterliegt nach geltendem DesignG aber der Einschränkung, dass die Identität des Designs entspr den Grds zum Teilverzicht iSv § 35 gewahrt bleiben muss, s § 35 Rn 10, soweit auf ggf erfolgte Beanstandung des DPMA hin die Zurückziehung eine Anmeldetagsverschiebung vermeiden soll; anderenfalls kann die Wiedergabe nur unter Neubestimmung des Anmeldetags verbessert werden. Neuartige anmeldetagsverschiebende Beanstandungsgründe leiten sich aus unzulässigen Datenträgern bzw Daten iSv § 7 V 2–4 DesignV ab, sofern die Wahrnehmbarkeit der Wiedergabe verhindert ist, wie nicht lesbare Datenträger, falsches Datenformat, dazu Rn 37.

46   c) Ein **Beanstandungsrecht des DPMA ohne Anmeldetagsverschiebung** besteht bei Verstößen gegen die sonstigen Anforderungen des Abs 4 iVm § 7 DesignV an die Wiedergabe, Rn 49 ff, soweit diese nicht jene gravierenden der Abs 2 S 1 Nr 3 betreffen. Dies betrifft Wiedergaben ohne neutralen Hintergrund, mit Beiwerk, die nicht dauerhaft oder nicht wischfest sind, unzulässige Erläuterungen etc, oder mehrere Darstellungen oder Design auf einem Blatt enthalten. Zugleich muss der Mangel seiner Art nach behebbar sein. Dies kann auf Beanstandung hin durch Retuschierung, Ausschneiden oä erfolgen. Retuschierungen müssen dauerhaft und wischfest

§ 11

sein, § 7 III 4 DesignV. Ergebnis muss die Nachreichung einer das Design identisch zeigenden, jedoch den Mangel nicht mehr aufweisenden Wiedergabe (bzw Darstellung) sein. Zur Mängelbehebung durch Verzicht auf die fehlerhafte Darstellung Rn 45.

d) Optisch-inhaltlich störende, aber rechtlich unmaßgebliche Mängel der **47** Wiedergabe, die **keine Beanstandungsbefugnis** des DPMA auslösen, sind ein geringfügig die Merkmale des Schutzgegenstands verdeckendes Beiwerk (eine Spielkugel haltende Finger), BPatGE 30, 244, nicht verdeckendes Beiwerk (s aber Rn 41) und zugleich ein zT störender Hintergrund (Lastwagenchassis in einer Fabrikhalle), BPatGE 30, 239 – Fahrerhaus, oder ein die Erkennbarkeit auf den ersten Blick nicht verhindernder, uU gleichwohl störender Hintergrund (schwarzer Schlagschatten eines Pflastersteins, in dem die Konturen teilweise verschwimmen), BPatG Bl 89, 357 – Pflasterstein. Die aus § 20 ableitbare amtliche Pflicht zur Gewährleistung einer guten Reproduktion der Wiedergabe im Rahmen der Bekanntmachung erlaubt es dem DPMA nicht, für das Eintragungsverfahren zur Behebung von sichtlichen, jedoch weniger gravierenden Offenbarungsmängeln eine deutlichere oder vollständigere Wiedergabe mit zwingender Wirkung einzufordern, BPatGE 33, 222, auch nicht bei Einverständnis des Anmelders. Zur bisherigen Praxis und der umfangreichen Diskussion über die zulässigen Anforderungen an die Wiedergabe nach dem GeschmMG 2004s 2. Aufl 7/31 f. Das DPMA nimmt solche Mängel hin, soweit darin nicht zugleich beanstandungsfähige Mängel des § 7 DesignV liegen.

e) Die **zweckmäßige Anmeldetaktik des Anmelders** besteht ganz **48** generell darin, im wohlverstandenen eigenen Interesse qualitativ hochwertige und umfassende Abbildungen als Wiedergabe einzureichen, s auch Abschn 2.3.1 PrüfHb; Gerstenberg/Buddeberg 7 B 3c aa; Richter GRUR 88, 586; Rehmann Rn 92; Spranger in Hartwig, DesignE 3, 98. Naheliegend ist insbes bei dreidimensionalen Designs die Zusammensetzung der Wiedergabe aus mehreren Darstellungen, die den Schutzgegenstand aus unterschiedlicher Perspektive (Ansicht) und ggf in Teilaspekten zeigen, wovon auch § 7 I, III 3 DesignV ausgeht. Auch Detailaufnahmen maßgeblicher Schutzmerkmale sind im Rahmen von max 10 Darstellungen ergänzend möglich. Sie können komplizierte oder für den Gesamteindruck wesentliche Elemente verdeutlichen; erläuternde Hinweise in einer Beschreibung sind dann zweckmäßig. Zulässig ist ein Nebeneinander von grafischer und fotografischer, farbiger und Schwarz-Weiß-Darstellung, Kelbel GRUR 87, 144, GRUR 89, 637, auch unterschiedlicher technischer Herstellung und Formate. Unterschiedliche Einfärbung desselben Designs in verschiedenen Ansichten verunklart die wahre Designzahl und führt zu Beanstandungen durch die Designstelle (Übergang auf Sammelanmeldung). Im Falle von Hohlformen ist die Beifügung von Schnittzeichnungen bei entspr Erläuterung in einer Beschreibung sinnvoll. Prägen Farben wesentlich die Eigenart des Designs, reichen Schwarz-Weiß-Darstellungen nicht aus; dann sollte jede vielleicht verletzungsrelevante Farbvariante Gegenstand einer gesonderten (Sammel-) Anmeldung sein. Umgekehrt umfassen Schwarz-Weiß-Darstellungen nicht, wie aber insbes für das MarkenR vertreten, alle Farben, sondern nur Farben mit einem Helligkeitswert, die den in der Wiedergabe enthaltenen Grauabstufungen ungefähr entsprechen, BGH GRUR 11, 1112, 1116 – Schreibgeräte, Eichmann in Eichmann/Kur S. 104f, aA Hartwig Mitt 08, 317 ff, allg

Ruhl GRUR 10, 299 (unzutreffend – und seit dem 10.1.14 mit der Unzulässigkeit der Telefaxübertragung von Designwiedergaben obsolet – ist der Verweis von Schmidt, GRUR 01, 653, 655, sowie dem folgend Ströbele/Hacker 32/21 auf eine liberale Zulassung der prioritätsbegründenden Wirkung vorab per Telefax eingereichter Schwarz-Weiß-Wiedergaben durch die Designstelle, wenn das nachgereichte Farb-Original verbindlich sein soll, verfehlt dort das Zitat von BPatG 4 W (pat) 704/97 (nicht 705/97) v 10.12. 98, dazu Rn 45). Der Anmelder ist in der zweckmäßigen Auswahl der vorgenannten Darstellungsaspekte frei und unterliegt insofern keinen Vorgaben (wie zB 6 isometrische Ansichten in Japan oder zeichnerische Darstellung in USA und Kanada angeraten). Die zeichnerische Wiedergabe in der prioritätsbegründenden deutschen Designanmeldung kann aber im Hinblick auf engere Vorschriften in Ländern der Nachanmeldung zweckmäßig sein, Rehmann in Eichmann/Kur S 296, hier kann eine Sammelanmeldung mit je Anmeldung unterschiedlichen Darstellungsmitteln zweckmäßig sein, § 12 Rn 2. Für das Eintragungsverfahren ist es unschädlich, wenn eine von mehreren Wiedergaben optisch-technische Mängel aufweist, BPatGE 30, 243 – Kugelspiel; Eichmann Mitt 89, 193, entscheidend ist der der Wiedergabe entnehmbare Gesamteindruck. Im Hinblick auf die spätere Bestimmung des materiellen Offenbarungsgehalts erfordert die Wiedergabe von dreidimensionalen Designs nicht, dass sich vor allem bei komplizierten Formen aus der Wiedergabe genaue Maße, Radien von Kreisausschnitten, Krümmungen unregelmäßiger Kurven und andere Maßverhältnisse nach Art einer technischen Zeichnung entnehmen lassen, BGH GRUR 77, 602, 604 – Trockenrasierer. Es genügt, wenn sich der die Eigenart bestimmende Gesamteindruck hinreichend deutlich ergibt. Andererseits darf sich der gestalterische Gehalt aus der eingereichten Wiedergabe nicht nur erahnen lassen, BGH aaO. Persönliche Voraussetzung ist das Anschauungsvermögen des informierten Benutzers, dazu § 2 Rn 29. Unter Berücksichtigung des Standes der Entwicklung brauchen diesem die schutzbegründenden Merkmale nicht schon bei flüchtiger Betrachtung ins Auge zu springen. Andererseits soll die Erkennbarkeit sich nicht erst bei gründlichster Betrachtung und Analyse ergeben. Dies schon deshalb, weil in der Veröffentlichung im Designblatt schwer erkennbare Details uU nicht mehr wiedergegeben werden und so der Vorrecherche nach interessierenden eD nicht zugänglich sind.

49   **9.** Differenzierte **technisch-formale Erfordernisse** dienen der gleichmäßigen und praktikablen Durchführung des Verfahrens über die Eintragung und Bekanntmachung als Massenverfahren. Sie sind nach § 7 DesignV neben den inhaltlichen Voraussetzungen der Wiedergabe, Rn 27, zu erfüllen. Die nachstehenden formal-technischen Erfordernisse müssen eingehalten werden. Als Anmeldungserfordernisse iSd Abs 4 rügt das DPMA einen Verstoß dagegen mit Mängelbescheid gem § 16 I Nr 3 iVm IV 2, ohne dass das allerdings den Anmeldetag berührt. Der Anmelder kann dies durch Nachreichung ansonsten identischer, den Fehler nicht mehr aufweisender Stücke beheben.

50   **a)** Die fotografische Darstellung und sonstige grafische Darstellung muss auf das amtliche **Wiedergabe-Formblatt**, Rn 18, aufgeklebt oder aufgedruckt (idR aufkopiert oder EDV-Ausdruck von Formular einschließlich Bild) werden, § 7 IV 1 DesignV, ebenso Art 4 I a) GGDV. Für jedes Design ist ein Formblatt zu verwenden, dabei dürfen mehrere Darstellungen zu dem betreffenden Design auf einem Formblatt nebeneinander angebracht werden, soweit hierfür und für die nach § 7 II 3 DesignV daneben anzubringende Nummerierung Platz bleibt, und untereinander ein Abstand von mindestens 1 cm eingehalten wird, Merkbl S 6, ggf sind mehrere Formblätter zu verwenden. Diese Formblätter enthalten ein Feld für die Angabe der Nummer des Designs, in jedem Fall erforderlich bei Sammelanmeldungen. Größenbeschränkungen sind zwangsläufig durch das Wiedergabe-Formblatt mit einem größten nutzbaren Satzspiegel knapp unter DIN A 4 bedingt, es bestehen weder Bestimmungen über Mindestmaße noch über das Blattmaterial als Träger der grafischen Darstellung. Auf die weitergehenden Vorschriften des Art 4 GGDV – ua keine Faltung oder Heftung der Blätter, Einhaltung eines Satzspiegels – hat das DPMA verzichtet. Nachstehend ergänzend die bis zum 1.11.08 dazu geltenden Vorschriften des § 6 GeschmMV 2004: Vergrößerungen auf das Format 6 × 8 cm für Eintragung und Bekanntmachung mussten möglich sein, § 6 IV 4 GeschmMV 2004, relevant zB für in Originalgröße winzige Bildschirm-Icons als Muster. Zusätzliche Bestimmungen betrafen das Blattmaterial als Träger der grafischen Darstellung, § 6 II 1 GeschmMV 2004; das Erfordernis weißen oder hellgrauen, nicht durchscheinenden Papiers schloss transparente Vorlagen (Folien) oder getönten Grund, zB bei Blaupausen aus.

b) Eine Wiedergabe darf aus bis zu **10 Darstellungen** bestehen (bis 1.11. **51** 08 nur max 7 Darstellungen), wobei jede Darstellung nur eine Ansicht des Designs zeigen darf, § 7 III 3 DesignV. Die Erhöhung der Zahl soll Raum geben für die Übernahme einer höheren Anzahl von Darstellungen aus ausländischen Voranmeldungen, zB Japan (dort mindestens 7 Darstellungen), ohne in einer deutsche Nachanmeldung auf Darstellungen verzichten oder sie bei gewünschtem gleichem Offenbarungsgehalt in eine Sammelanmeldung aufteilen zu müssen. Die Auswahl der Ansichten durch den Anmelder wird sich danach richten, wie das Charakteristische der Gestaltung herausgearbeitet und/oder die Abweichungen vom Formenschatz optisch in den Vordergrund gerückt werden können, Ruhl 36/59. Reichen dennoch 10 Ansichten zB bei differenzierter Formgebung nicht aus, ist als Umgehungslösung eine Sammelanmeldung desselben Designs denkbar mit je einem sich gegenseitig ergänzenden Bündel von Ansichten. Über die Zahl 10 hinausgehende Darstellungen sind nicht zugelassen, auch wenn sie zur umfassenden Dokumentation des Designs sachlich sinnvoll wären. Ist – wie vorgeschrieben – eine Nummerierung vorhanden, bleiben über die zehnte hinausgehende Darstellungen unberücksichtigt. Sollen auf entsprechende Beanstandung des DPMA hin überzählige eingereichte Darstellungen an die Stelle dafür wegfallender Darstellungen treten, lässt das DPMA das nur unter Verschiebung des Anmeldetags zu, s auch Rehmann in Eichmann/Kur S 293. Werden überzählige Darstellungen zu demselben Design ohne jegliche Nummerierung eingereicht, ist unbestimmt, welche zur Offenbarung gehören sollen, worin ein Mangel nach § 16 I Nr 3 mit Verschiebung des Anmeldetags bis zur Behebung gesehen wird. Eine die Einheit der Wiedergabe manifestierende körperliche Verbindung der zusammengehörigen Abbildungen, so Kelbel GRUR 87, 144, war und ist nicht verlangt.

c) Die **Nummerierung** der Designs und der zugehörigen Darstellungen **52** einer Designwiedergabe ist elementar für deren Identifizierung und Durchzählung, erst recht bei Sammelanmeldungen. Dazu gelten die differenzierten und oft zu Fehlern führenden Bestimmungen des § 7 II 1, 2 DesignV. Die Nummerierung – gegliedert nach der Dezimalklassifikation – in arabischen Zahlen – ist bei einer sog Einzelanmeldung (dh Gegensatz zur Sammelanmeldung des § 12) vorzunehmen, sobald die Wiedergabe aus mehr als einer Darstellung besteht, und in jedem Fall bei einer Sammelanmeldung. Bei Wiedergabe zu einer Einzelanmeldung sind die Darstellungen mit „1", „2", „3" usw, max „10" zu versehen. Soweit es sich um eine Sammelanmeldung handelt, ist die Nummerierung ausgeweitet, Einzelh s § 12 Rn 5. Die **Anbringung der Nummerierung** ist im Falle der Verwendung des Wiedergabeformblatts nicht klar geregelt. Soweit das Formblatt nur eine Darstellung enthält, kann die Nummerierung im dafür vorgesehenen Feld im Kopf des Formulars eingetragen werden, bei mehreren darauf aufgebrachten Darstellungen ist die Nummerierung in eindeutiger Zuordnung neben der betreffenden Darstellung einzutragen. Weitere **schriftliche Erläuterungen,** Anmelderangaben oder Maßangaben auf der Darstellung sind nicht erlaubt, § 7 IV 3 DesignV, und werden beanstandet; das Amt retuschiert diese nicht, auch nicht durch nachträgliche elektronische Bildbearbeitung, etwa auf Wunsch des Anmelders. Das DPMA akzeptiert aber im Falle einer Schnittzeichnung insbes eines Hohlkörpers oder komplizierter dreidimensionaler Formung eine weitere Darstellung mit Einzeichnung der Schnittlinie („A" – „B"). Nachstehend ergänzend die bis zum 1.11.08 insofern geltenden Vorschriften des § 6 GeschmMV 2004: Die Wiedergabe durfte nur aus max 7 Darstellungen bestehen, § 6 I 2 GeschmMV 2004, damit konnten verstärkt Probleme wegen zu geringer Darstellungszahl bei Anmeldungen mit Auslandsbezug auftreten (s. o.); diente die Anmeldung als Voranmeldung für eine Nachanmeldung in Ländern, in denen mehr als 7 Darstellungen zulässig und zweckmäßig waren, ließ sich eine hierfür ausreichende Anzahl an Darstellungen einreichen iVm einem auf Deutschland beschränkten Disclaimer für die überzähligen Darstellungen, der Prioritätsbeleg enthielt auch die überzähligen Darstellungen. Die zu verwendenden Wiedergabeformblätter durften als Zusätze die Angabe „oben" und den Namen nebst Anschrift des Anmelders enthalten, § 6 II 2 und Nr 2 S 2 GeschmMV 2004.

53   **d)** Der Anmelder braucht die **Wiedergabe nur in einfacher Ausfertigung** einzureichen. Seit 1.11.08 sind nach Wegfall des § 6 I 4 GeschmMV 2004 weitere zwei übereinstimmende Überstücke nicht mehr erforderlich. Damit ist auch die früher nach BPatGE 33, 222 für zulässig erachtete Möglichkeit entfallen, das als Bekanntmachungsvorlage vorgesehene weitere Exemplar einer an sich optisch mängelbehafteten Wiedergabe (zB bei dargestellten Strukturen, die Moiré verursachen können), als verbessertes Mehrstück ausschließlich für Bekanntmachungszwecke nachzureichen, s auch Rn 21. Nachstehend ergänzend zu der bis dahin geltenden Rechtslage: Je ein Exemplar der Wiedergabe wurde zur Dokumentation des GeschmM (Referenzexemplar), zur Einsichtnahme nach § 22 (Einsichtsexemplar) oder Versendung an Gerichte und – als verlorenes Bearbeitungsexemplar – zur Herstellung der Bekanntmachung im damaligen GeschmM-Blatt verwendet. Die Übereinstimmung der Exemplare musste in jeder – insbes in inhaltlicher und technischer – Hinsicht gegeben, das DPMA der Identitätsprüfung enthoben sein. War dies nicht möglich, konnte das DPMA gem § 6 VII GeschmMV 2004 im Wege der kostenpflichtigen Ersatzvornahme vorgehen.

VIII. Einreichung eines flächenmäßigen Designabschnitts, § 11 Abs 2 Satz 2

1. Entwicklung. Abs 2 S 2 eröffnet eine Alternative zur bildlichen Wie- **54** dergabe des Designs durch Einreichung eines Designoriginals, dieses jedoch beschränkt auf die Dimensionen eines flächenmäßigen Designabschnitts. Die Parallelregelung für GGM bilden die Art 36 I c) 2, 50 GGV, der flächenmäßige Designabschnitt wird dort als „Probe" bezeichnet. Diese Möglichkeit der Verdeutlichung des Designs muss im Gegensatz zur Vorgängerregelung des § 7 IV GeschmMG 1986 nach Abs 2 S 2 zwingend mit der Aufschiebung der Bildbekanntmachung nach § 21 verfahrenstechnisch kombiniert sein, wodurch sie bis max 30 Monate nach dem Prioritätstag befristet ist. Danach lässt sich zwar der Schutz durch Erstreckung nach § 21 II 1 fortführen, jedoch muss dann der Designabschnitt durch eine nachzureichende Bildwiedergabe ersetzt werden, § 21 II 2.

2. Der **Zweck** der Einreichung flächenmäßiger Designabschnitte besteht **55** darin, als Alternative zu der nicht selten unzureichenden und in der Herstellung für den Anmelder kostenaufwendigen bildlichen Wiedergabe die Offenbarung des Designs durch das in seinem Aussagegehalt per se unübertreffbare flächenmäßige Originalerzeugnis jedenfalls in einem Teil davon (Abschnitt) zu erlauben, insbes, wenn ein großflächiges Erzeugnis in voller Ausdehnung nicht einreichbar wäre. Diese Durchbrechung des Grds der Bildwiedergabe nimmt Rücksicht auf Bedürfnisse der Praxis, Loschelder Mitt 87, 83. Angesprochen ist insbes die Textilindustrie, zu deren Anliegen Pataky GRUR 90, 968 ff. Zum Einen kann eine Fotografie oder grafische Darstellung manche Oberflächenstrukturen, -schattierungen, -effekte und Farbvariationen für Zwecke der Schutzgewährung nicht differenziert und anschaulich genug wiedergeben, Begr zu § 7 aF Nr 2b, BGH GRUR 62, 144, 146 − Buntstreifensatin I, Loschelder aaO. Zum Anderen soll der Anmelder überflüssigen Aufwand vermeiden können, den die Herstellung von Bildwiedergaben von Saisonartikeln verursacht, für die idR ohnehin die kostensparende Aufschiebung der Bildbekanntmachung nach § 21 ohne nachfolgende Schutzerstreckung gewählt wird. Zugleich mit dieser kostengünstigen Offenbarungsverbesserung geht mit der Wahl dieser Wiedergabeform in materiellrechtlicher Hinsicht einher, dass der Schutz der Flächengestaltung von der dreidimensionalen Tiefe des Trägers dieser Fläche grds unabhängig ist; dadurch wird das zweidimensionale Dekor der Oberflächengestaltung als Schutzgegenstand verselbständigt und ist auf unterschiedliche, allerdings bedingungsgemäß gleichermaßen flache Träger übertragbar. Die Kombination mit der Aufschiebung der Bildbekanntmachung nach § 21 ist zwingend, aber auch bes kostengünstig, dazu Rn 81, § 21 Rn 5. Dieses Junktim beschränkt den spezifischen Schutz flächenmäßiger Designabschnitts-Originale auf längstens 30 Monate nach dem Prioritätstag.

3. a) Der **Schutzgegenstand** iSv Abs 2 S 2 ist nicht nur verfahrensmäßi- **56** ger, sondern auch materiellrechtlicher Natur und im Ges als flächenmäßiger Abschnitt definiert − was den Träger der Gestaltung mit einschlösse −, die Begr gibt keine nähere Erläuterung. Art 5 I GGDV spricht deutlicher von einem zweidimensionalen Muster, das sich nach dieser Vorschrift zudem auf ein Papierblatt aufkleben lassen muss und ua nicht dicker als 3mm sein darf. Diesen strengen Anforderungen folgt Abs 2 S 2 iVm § 8 DesignV nicht. Mit dem Realakt der Einreichung eines flächenmäßigen Designabschnitts beschränkt der Anmelder die beabsichtigte Schutzwirkung von vornherein auf die Flächigkeit iSd Abs 2 S 2 und schließt damit eine Dreidimensionalität des Schutzgegenstands weitgehend aus. Zur Abgrenzung kommt es allein auf die optische Erscheinungsform an, nicht auf die Verwendung des Gegenstands, RG GRUR 38, 343 – Preßkämme, BGH GRUR 62, 144, 145 – Buntstreifensatin I. **Flächenmäßig** bedeutet demnach ein iW zweidimensionales, ebenes Design, ebenso Abschn 4.5, 11.7 PrüfL, was leicht plastische dreidimensionale Strukturen im Muster, zB Prägung, Riffelung, Noppen, Texturen nicht ausschließt. Reine geometrische Zweidimensionalität wie die eines Blattes Papier ist nicht gefordert; Gegensatz zur Flächigkeit sind deutlichere Erhebungen des Trägers der flächigen Gestaltung in der dritten Dimension und das a priori dreidimensionale Modell. Soweit die flächenmäßige Gestaltung auf einen als solchen dreidimensionalen Träger aufgebracht ist, zB Keramikkachel, Dekor von Behältern, setzt dies voraus, dass der Träger dieser Gestaltung eine ebene Seite – meist die Oberseite – aufweist, auf der die Flächengestaltung aufgebracht ist. Bedingung ist auch, dass eine schutzbestimmende Vorder- und eine insofern irrelevante Rückseite definiert werden können, denn nach § 8 II 1 DesignV muss die Rückseite des Abschnitts die Nummerierung tragen. Flächenmäßigkeit besteht nicht bei gewölbter Trägeroberfläche, zB Porzellanvase, oder bei gewellter Oberfläche, die aufgebrachtes Dekor bei Schrägsicht optisch verzerrt erscheinen lässt oder es teilweise verdeckt. Flächenmäßig ist enger zu verstehen als der Begriff der Oberfläche iSv § 7 IV GeschmMG 1986. Darin waren auch gewölbte Erzeugnisse als Träger der Gestaltung einbezogen, zB bis hin zu zylindrischen Gegenständen; die dies zulassende Entscheidung des BPatG (4 W (pat) 701/ 95 v 8.5.95 – unveröff, betr einen Brauseschlauch) ist jetzt obsolet. Diese Einschränkung ggü der bisherigen Rechtslage ist gewollt, andererseits großzügig im Vergleich mit Art 5 II GGDV (3mm Dicke, keine Faltung des Trägers erlaubt).

57　　**b)** Eine **dreidimensionale Ausdehnung** des Materials selbst, zB die Textur eines Stoffgewebes (zB Samt, Strickware), eingeprägte Strukturen in einer Tapete oder Matte, Gravuren und andere Strukturen in Glas, die Vermittlung eines bestimmten haptischen Oberflächengefühls (sog Tastmuster) darf in materiellrechtlicher Hinsicht die Flächigkeit der Erscheinungsform des Musters nicht beseitigen. So sind auch durchbrochene Strukturen ohne optisch wirksame Dreidimensionalität, zB geklöppelte Textilien, flache Gitter, flache Noppen eine flächenmäßige Gestaltung. Ist so die flächenmäßige Erscheinungsform des Designs gewahrt, ist die Erstreckung des Trägers in der Tiefe irrelevant, weil sie am Schutz nicht teilnimmt. Ohnehin ist sie durch die einzuhaltenden Dimensionen nach § 8 II 2–4 DesignV beschränkt. Darüber hinausgehende dreidimensionale Strukturen des Flächenmusters nehmen am Schutz nicht teil. Die an sich geringe zulässige Dicke eines Designabschnitts nach § 8 II 3 DesignV von max 25mm gibt hierfür keinen Anhaltspunkt; es handelt sich um eine von zwingenden verfahrenstechnischen Zweckmäßigkeitsüberlegungen bestimmte Vorschrift, die zur Auslegung, wie weit dreidimensionale Gestaltungselemente der Trägeroberfläche in den Schutz einbezogen sein sollen, nicht herangezogen werden kann, weil die Bedeutung dieser Vorschrift sich in der Regelung formaler Voraussetzungen für das Anmeldeverfahren iSd neuen § 26 I Nr 3 erschöpft,

Eichmann GRUR 89, 20, aA Nirk/Kurtze 7/51 (zu § 7 IV GeschmMG id bis 31.5.04 geltenden Fassung). Soweit indessen die bes gestalterische Wirkung durch die Eigenschaften der Unterlage oder die räumlichen Elemente wesentlich mitbestimmt wird, zB bei aufgesetzten, plastischen Ornamenten, auftragenden Noppen, demnach die Flächigkeit verlassen werden muss, um die bes Eigenart des Designs herbeizuführen, reicht die materiellrechtliche Schutzbeschränkung auf flächenmäßige Designs zu einer umfassenden Begründung des Schutzes für die maßgeblichen Gestaltungselemente nicht mehr aus, Kelbel GRUR 87, 144; 89, 638 (zu § 7 IV GeschmMG id bis 31.5.04 geltenden Fassung). Indiz dafür kann zB sein, dass die reine Aufsicht zur Kenntnisnahme von dem neuen und eigenartigen Effekt nicht genügt, der spezifische Gesamteindruck somit erst durch Einbeziehung einer oder wechselnder Schrägsicht auf die Fläche erzielt wird, indem die dreidimensionale Strukturierung des Trägermaterials und die Flächengestaltung so sehr eine Einheit bilden, dass letztere nicht ohne Aufgabe der Eigenart auf andere, anders strukturierte Trägermaterialien übertragen werden könnte. Gleichwohl können solche Indizwirkungen im Einzelfall fehlen, wenn zB erst eine wechselnde Betrachtungsrichtung bes Glanz-, Farb- oder Changeanteffekte der Fläche hervorruft, BGH GRUR 62, 144, 146, 147 – Buntstreifensatin I, GRUR 60, 395, 396 – Dekorationsgitter, oder die reliefartige Struktur erkennbar macht, Kelbel GRUR 89, 639. Die schutzbegründenden Merkmale zB von geripptem Blech, durchbrochenen Matten, dickem Flechtwerk, Gittern, werden daher nach Abs 2 S 2 idR mehr erfasst und bedürfen der bildlichen Wiedergabe iSd Abs 2 S 1 Nr 3. Bei der Beurteilung des Schutzbereichs, zB im Löschungs- und Verletzungsfall, ist folglich nur das schutzbegründend, was sich bei einer solchen Aufsicht als Schutzgegenstand dem hinterlegten Designabschnitt entnehmen lässt.

c) Designabschnitt bezeichnet einen Ausschnitt aus einem ausgedehnteren Flächenerzeugnis, wenn die zu schützende Gestaltung in ihrer schutzbegründenden Eigenart auf dem Designabschnitt einerseits sinnvoll geschlossen Platz findet, zB das auf einer Stoff- oder Tapetenbahn gleichmäßig durchgehende oder sich laufend wiederholende Webmuster oder Dekor (Rapport) als Wiederholungsmuster, Rn 31, vgl § 8 III DesignV für Wiederholungsdesigns, andererseits das vollständige Erzeugnis in seiner flächigen Ausdehnung darüber hinausgeht. Als Abschnitt ist die so wiedergegebene Abschnittsgestaltung nicht dem Einwand ausgesetzt, es handele sich bei dem in den Verkehr gebrachten Gesamterzeugnis um eine vom geschützten Flächenabschnitts-Design nicht erfasste, andere Designgestaltung. Ist die flächenmäßige Gestaltung auf dem Designabschnitt – gemessen am beabsichtigten Schutz – nur ausschnittweise enthalten, ist eine gedankliche Ergänzung zum vollständigen Schutzgegenstand nicht zulässig, auch nicht durch Rückschluss vom verkehrsfähigen Erzeugnis. Es bleibt beim Schutz des Ausschnitt-Teils ohne Schutz für äußere Form, Umrisslinie und Schnitt. Weil der Träger der flächigen Gestaltung am Schutz nicht teilnimmt, ist es bei reiner flächigen Aufdrucken oder Dekoren/Ornamenten möglich, die Flächengestaltung als solche auch auf andersartige Träger zu übertragen, soweit diese als optisch neutral die flächige Gestaltung als solche unverändert lassen, zB Aufdruck von Dekor auf glattem Kunststoff statt auf Glanzpapier oder Blech, und nicht durch die Oberflächenstruktur des Trägers optisch verändert wird. Die Definition des Abschnitts bedingt eine Abgrenzung zum – seit 1.6.04 unzu-

58

lässigen – Modell. Die Einreichung vollständiger Modelle – zB Kleidungs-
stücke, Tischdecken, Handtücher, Waschlappen, Bierdeckel, Postkarten-
Originale, Erzeugnisse mit Klapp- oder Drehfunktion – wird, selbst wenn
die Dimensionen des § 8 II 2, 3 DesignV eingehalten werden, dem gesetzl
Schutzgegenstand nicht gerecht, da nach Abs 2 S 2 nur die zweidimensionale Flächigkeit geschützt ist. Dann steht der nicht mehr zulässige Modellcha-
rakter im Vordergrund, Kelbel GRUR 87, 144, zumal unklar bleibt, ob
Vorder- oder Rückseite die geschützte Fläche sein soll, Eichmann GRUR
89, 21. Dann ist die bildliche Wiedergabe nach Abs 2 S 1 Nr 3 zu wählen,
aA wohl Eichmann aaO für Umrisslinien. Keine Abgrenzungshilfe bieten die
formalen Anmeldeerfordernisse des § 8 II DesignV, Rn 57, 61. Bes Bestimmungen gelten für **Wiederholungsdesigns** iSd § 8 III DesignV; anders als
bei der bildlichen Wiedergabe solcher Designs, die mehrere Ansichten des
Designs in Überblicks- und Detaildarstellung enthalten kann, Rn 31, muss
in diesem Fall der Designabschnitt nicht nur das vollständige Design als solches iS des vollständigen, in sich geschlossenen Gestaltungsgedankens zeigen,
sondern darüber hinaus die Einbettung in den Rapport mit den sich anschließenden gleichartigen Designs. Dies wird nur bei kleinteiligen Designs
gelingen, weil bei großzügigen Wiederholungsdesigns die Flächenausdeh-
nungen des § 8 II 2, 3 DesignV nicht eingehalten werden können, Rn 61.

59   Nicht notwendig als Wiederholungsdesign zu verstehende **Kombinationen** von einzelnen Flächengestaltungen, zB zusammengehörige, die Einzelteile übergreifende Ornamente aus Einzelkacheln, Teilbilder auf einzelnen,
aneinander zu legenden Spielzeugteilen, die nur in zusammengesetzter Form
Schutz genießen sollen, Kelbel GRUR 87, 144, können ebenfalls grds den
Begriff des flächenmäßigen Designs erfüllen und können, soweit technisch-
praktisch möglich, durch den Abschnitt im Rechtssinne dargestellt werden.
Eine Beschreibung, Abs 5 Nr 1, Rn 66, kann ihre Eigenschaft und die Zusammensetzung der Kombination der Einzelteile erläutern. Die Zusammengehörigkeit der Teile muss an ihnen selbst dauerhaft und eindeutig auf der
Rückseite kenntlich gemacht werden, und durch Befestigung auf einem
Träger (Papier, Folie, Netz) fixiert sein. Für Zwecke des Eintragungsverfahrens müssen sie in einer auf Dauer haltbaren zusammengesetzten Form eingereicht werden; Maße und Gewichte nach § 8 II 2–4 DesignV gelten für
das zusammengesetzte Erzeugnis.

60   4. Die **Inanspruchnahme des Schutzes** nach Maßgabe der Abschnitt-
Flächengestaltung bedarf rechtlich als solche keiner bestimmten Form und es
würde der Realakt der Einreichung des flächenmäßigen Designabschnitts
genügen. Jedoch stellt Abs 2 S 2 die zwingende Verbindung dieser Einreichung mit der Aufschiebung der Bekanntmachung iSv § 21 her, weshalb
Einreichung des Designabschnitts und Antrag auf Aufschiebung zusammen
in der Anmeldung erfolgen müssen, zum Aufschiebungsantrag § 21 Rn 4.
Weder die Einreichung des flächenmäßigen Designabschnitts oder alternativ
der Antrag auf Aufschiebung der Bildbekanntmachung lassen sich nachreichen, allenfalls als Neuanmeldung. Innerer Grund ist die materiellrechtliche
Koppelung dieser Offenbarungsform des Designs an den Nachbildungsschutz nach § 38 III kraft Aufschiebung, § 21 Rn 6. In praktischer Hinsicht
erfolgt die Einreichung zB durch Teile von Stoffbahnen, Tapetenstücken,
Keramikteilen, auf Papier aufgeklebten Teilen von Erzeugnissen (Ausschnit-
ten). Mit Hilfe von Musterlaschen (wie im Textilbereich verwendet) oder in

Ansichtskatalogen miteinander verbundene Designs von Erzeugnissen akzeptiert das DPMA nicht. Die zusätzliche Einreichung von fotografischen oder grafischen Darstellungen als Wiedergabe ist zwar für Zwecke der ursprünglichen Offenbarung des Designs nicht zulässig und iÜ auch unnötig, möglich ist eine Beigabe solcher Wiedergaben lediglich im Vorgriff auf deren Einreichung zum Zweck der späteren Erstreckung der Schutzdauer nach § 21 II 2 mit beigegebener notwendiger Klarstellung dieses Zwecks. Ein als unzureichend erkannter Designabschnitt kann nicht unter Wahrung des Anmeldetags durch nachträglichen Übergang auf die Bildwiedergabe nach Abs 2 S 1 Nr 3 geheilt werden, auch wenn vorsorglich eine fotografische oder sonstige grafische Wiedergabe eingereicht war. Die nach § 7 V GeschmMG 1986 bestehende Möglichkeit einer Kombination der bildlichen und einer flächenmäßigen Darstellungsform besteht im geltenden Ges nicht mehr. Ist das flächenmäßige Design ein Wiederholungsmuster, Rn 31, muss der Designabschnitt nach § 8 III DesignV – ebenso wie gem § 7 VI für Bildwiedergaben – den Wiederholungscharakter des Designs verdeutlichen; diese Mussvorschrift hat materiellrechtliche Bedeutung, das DPMA kann die Einhaltung mangels materiellrechtlichem PrüfungsR aber nicht einfordern. Eine Kombination von Bilddarstellung als Überblicksaufnahme und des Designabschnitts – vergleichbar der kombinierten Darstellung nach § 7 V GeschmMG 1986– zur besseren Veranschaulichung in solchen Problemfällen iSv §§ 7 VI, 8 III DesignV ist nicht gesetzeskonform, weil die Darstellungsarten nach Abs 2 S 1 Nr 3 und Abs 2 S 2 als aliud gedacht sind; auch materiellrechtlich wäre das Zusammentreffen von zwingendem Nachbildungsschutz kraft Designabschnitt gem § 38 III und absolutem Schutz kraft bildlicher Wiedergabe, § 38 I, nicht lösbar.

5. Formvorschriften für flächenmäßige Designabschnitte enthält § 8 **61** DesignV. Für ein Design müssen zwei übereinstimmende Designabschnitte eingereicht werden, § 8 I DesignV (Art 5 III 2 GGDV für GGM: 5 Proben). Das Trägermaterial muss eine definierte Oberseite aufweisen und eine Rückseite zum Aufbringen evtlr Musterangaben. Nach § 8 II 3 DesignV ist eine Dicke des Trägers von bis zu 2,5 cm gestattet, was abhängig ist von der eingenommenen Fläche des Abschnitts. Größere Dicke – max 2,5 cm – geht einher mit einer kleineren Fläche von 50 × 100 cm, geringere Dicke – max 1,5 cm – mit einer größeren Fläche von 75 × 100 cm. Die Größe der Designabschnitte soll das Format DIN A 4 (29,7 × 21 cm) nicht überschreiten, § 8 II 2 DesignV, Über dieses Format hinausgehende Ausdehnungen müssen sich auf flexible Träger beziehen (Textilien, Folien, Papiere etc), denn sie müssen auf das Maß DIN A 4 zusammenlegbar sein, § 8 II 3 DesignV. Zulässig ist also auch flexibles Trägermaterial, zB Stoff-, Papier-, Folienbahnen, die zur vollständigen Betrachtung erst auf einer Unterlage ausgebreitet werden müssen; die angegebene Dicke des Designabschnitts gilt für den ausgebreiteten Zustand. Damit scheiden Darstellungen durch großflächige und starre Teile (zB Bleche) aus. Starre Träger (zB Keramik, Blech, Hartkunststoff) brauchen nicht, soweit sie flexibel sind, in eine ebene Fläche gepresst zu werden, BPatG 4 W (pat) 701/95 v 8.5.95 (unveröff, s auch Rn 57). Der Erleichterung der Aufbewahrung der Erzeugnisse dient die Einschränkung des Gewichts aller in einer Anmeldung zusammengefassten Designabschnitte einschließlich Verpackung auf 15 kg, § 8 II 4 DesignV. Im Falle einer Sammelanmeldung muss jeder einzelne der eingereichten Musterabschnitte auf der Rückseite gem § 8 II 1 DesignV eine fest angebrachte Nummerierung tragen, die den Zusammenhang mit dem Eintragungsantrag herstellt. Nach § 8 II 5 DesignV dürfen schließlich keine flächenmäßigen Designabschnitte eingereicht werden, die verderblich sind, deren Aufbewahrung gefährlich ist, insbes wenn sie leicht entflammbar, explosiv, giftig oder mit Schädlingen behaftet sind; das DPMA sendet in geeigneten Fällen zurück oder fordert sonst den Anmelder zur umgehenden Abholung auf oder kündigt die Vernichtung an. Die nach § 8 II 2–4 DesignV vorgegebenen Dimensionen bzw das Gewicht des Designabschnitts, seine Nummerierung nach § 8 II 1 DesignV, die Identität der beiden einzureichenden Abschnitte und die Gefahrenfreiheit nach § 8 II 5 DesignV haben zwingenden Charakter iSv § 16 I Nr 3, IV 2, s § 16 Rn 16, Verstöße führen zum Mängelbescheid und bei ausbleibender oder unzureichender Mängelbeseitigung zur Zurückweisung der Designanmeldung, ohne allerdings den prioritätsbegründenden Anmeldetag aufzuheben, sofern die Offenbarung als solche gegeben ist, BPatGE 31, 27. Die Mängelbeseitigung darf die ursprüngliche Offenbarung und die Identität des Designs, vgl § 35, nicht tangieren. Das DPMA prüft die vorstehenden formalen Erfordernisse; die Einhaltung der Flächenmäßigkeit im materiellrechtlichen Sinn (Fehlen der Dreidimensionalität), Rn 56 f, prüft es nicht.

IX. Die Angabe der Erzeugnisse, § 11 Abs 3

62   Die **Angabe der Erzeugnisse,** in die das Design aufgenommen werden oder bei denen es verwendet werden soll, Abs 3, hat den **Zweck,** zunächst dem DPMA eine Vorstellung vom Einsatzbereich des Designs zu vermitteln, damit es eine evtle Warenklassenangabe des Anmelders nach Abs 5 Nr 3 auf ihre Plausibilität überprüfen kann. Das dient der inhaltlichen Richtigkeit der Registerführung und Bekanntmachung. Ferner hat die Öffentlichkeit vitales Interesse an einer aussagekräftigen Recherche, sich nämlich eine Vorstellung von der hauptsächlichen Verwendung der Designgestaltung machen zu können, vor allem dann, falls eine Warenklasse sich als zu ungenaues Suchraster erweist, vgl auch Schickedanz GRUR 99, 291 f, 296. Diesem Ziel maß das GeschmMG 2004 einen hohen Stellenwert bei: Es forderte die Erzeugnisangabe bereits in der Anmeldung nicht nur **zwingend,** sondern sogar als elementaren Anmeldungsbestandteil mit der Folge, dass bei gänzlich fehlender Angabe sich bis zu ihrer Nachreichung der Anmeldetag verschob. Diese Strenge bei einer Angabe vordergründig rein formalen Inhalts war für einen Anmelder unerwartet und bedurfte deshalb bes Aufmerksamkeit. Das überstieg auch deutlich die Vorbildregelung des Art 36 II GGV und war so im Referentenentwurf des Ges nicht vorgesehen. Im Eintragungsverfahren vor dem DPMA zog die Vorschrift häufig Anmeldetagsverschiebungen nach sich, was dem Gesetzgeber trotz der weitreichenden mittelbaren Wirkungen der Erzeugnisangabe, Rn 63, nicht angemessen erschien. Der Rang der Erzeugnisangabe wurde deshalb mit dem GeschmMModG abgestuft, indem sie aus dem Katalog der anmeldetagsbegründenden Bestandteile der Anmeldung, Abs 2, gestrichen und in den neuen Abs 3 überführt wurde. Das entspricht nun auch dem Gemeinschaftsrecht, Art 36 II GGV und trägt zu einer weiteren Harmonisierung der Rechtsordnungen bei.

63   Die **rechtliche Bedeutung** der Erzeugnisangabe stellt sich ambivalent dar. So tangiert die Erzeugnisangabe nicht die für die Anmeldungsqualität

elementaren Voraussetzungen des Abs 2 S 1; sie hat ebenso wie die Warenklassenangabe äußerlich Ordnungscharakter, nach Abs 6 soll ihr eine darüber
hinausgehende schutzbeeinflussende Wirkung nicht beigelegt sein, so schon
BGH GRUR 96, 57, 59 – Spielzeugautos – bezügl Warenklasse, s aber
Rn 87. Der Inhalt der Erzeugnisangabe wurde danach früher für die Auslegung von Antragserklärungen und von Einzelheiten der Wiedergabe für
irrelevant erachtet, BPatGE 30, 237 f – Fahrerhaus; unscharf noch BPatG
GRUR 89, 346; dazu v Falckenstein GRUR 91, 102. Dies ist heute nicht
mehr haltbar; die erhebliche Reichweite der **mittelbaren Auswirkungen**
der Erzeugnisangabe, ebenso wie der Angabe der Warenklasse, insbes der aus
Beidem abzuleitende Produktbereich der mustergemäßen Erzeugnisse, war
bei der Neufassung des Ges im Jahre 2004, insbes des Abs 6, wohl noch
nicht voll erkannt worden. Die Systematik des jetzigen DesignG erfordert
zur Prüfung der Schutzfähigkeit von eD die Erzeugnisangabe und eine evtl
darauf sich stützende Warenklassenbestimmung: Sie ist bei der Neuheitsprüfung ein starker Anhaltspunkt dafür, welche Fachkreise für die Kenntnisnahme von einem älteren, neuheitsschädlich offenbarten Design iSv § 5 S 1
in Betracht kommen. Vergleichbares gilt für die Beurteilung der Eigenart im
Hinblick auf die Auswahl des zutreffenden informierten Benutzers. In diesem Prüfungszusammenhang lenkt die Erzeugnisangabe – zunächst, soweit
notwendig – die Interpretation der Wiedergabe bei der Herausarbeitung
des zu schützenden Designs gegenüber mitabgebildetem Beiwerk, s Rn 41
mwN der Rspr, sodann die heranzuziehenden nächstkommen-
den Vergleichsdesigns; die Erzeugnisangabe ermöglicht und beeinflusst anhand des sonstigen nahekommenden Formenschatzes die Bestimmung des
maßgeblichen Grades der Gestaltungsfreiheit des Entwerfers gem § 2 III; erst
sie erlaubt die Erkennung und schutzrechtliche Gewichtung technisch-funk-
tioneller Merkmale des Designs. Auch der Frage, ob ein Schutzausschluss
wegen ausschließlicher technischer Bedingtheit, Verstoßes gegen die öffentliche Ordnung oder guten Sitten oder wegen fehlender Sichtbarkeit bei „bestimmungsgemäßer Verwendung" greift (§§ 3, 4), lässt sich regelmäßig nur
anhand der Art des Erzeugnisses und seiner Verwendung nachgehen. Ferner
richtet sich bei äußerst unzulänglicher Wiedergabe in einer Designanmeldung die Beanstandungsbefugnis des DPMA wesentlich danach, welchen
grds Darstellungsinhalt es anhand der Erzeugnisangabe noch erwarten durfte,
Rn 45. Die Erzeugnisangabe kann sich auch bei der Beurteilung der sachlichen Identität von Erst- und Nachanmeldung auswirken, § 14 Rn 8. Eine
unzutreffende Erzeugnisangabe kann somit die Prüfung der Anmeldung,
insbes aber die Schutzfähigkeitsprüfung wegen Heranziehung unrichtigen
und damit regelmäßig fernerliegenden Formenschatzes zu Gunsten des Designinhabers fehlleiten, vgl Hinweis v Bulling/Langöhrig/Hellwig Rn 122.
Solche Fehlleitung ist jedenfalls im Verletzungsverfahren für den Kläger
nachteilig, Rehmann Rn 20, weil sie dem sorgfältig recherchierenden Verletzer gegenüber dem Schadensersatzanspruch den Einwand fehlenden Verschuldens erlaubt. Die Erzeugnisangabe ist schließlich ein Recherchekriteri-
um prüfender ausländischer Ämter (zB Tschechien). Die aus alledem zu
folgernde **Rechtsnatur** der Erzeugnisangabe ist noch nicht abschließend
geklärt, und wohl als rechtserhebliche Wissenserklärung zu beurteilen. Bei
inhärenten Unklarheiten der die Gesamtheit der Wiedergabe bildenden Darstellungen, wozu auch erkennbares Beiwerk beitragen kann, ist sie Ausle-
gungsmittel, § 37 Rn 11. Der weitergehende Charakter einer das Eintra-

gungsbegehren von vornherein gegenständlich einschränkenden Willens-, insbes in die eingereichte Wiedergabe eingreifende Schutzverzichtserklärung kommt ihr mit Rücksicht auf Abs 6 nicht zu.

64 Den **Warenbegriff der Erzeugnisangabe** kann der Anmelder nicht frei bestimmen. Er muss eine Auswahl treffen unter den vorgegebenen Warenbegriffen der umfangreichen deutschsprachigen **Warenliste für eD,** § 9 I 1 DesignV. Die Warenliste (zusammen mit der Warenklasseneinteilung, § 9 I 2 DesignV) wird seit dem 1.1.13 nur mehr im Bundesanzeiger veröffentlicht. Davor wurde sie als Anlage 2 zu § 8 GeschmMV im Anlageband zum BGBl veröffentlicht, was sich wegen des insoweit notwendigen, wiederkehrenden (dazu Rn 70) Verkündungsverfahrens als zu aufwändig erwiesen hat. Die Warenliste basiert zunächst auf der von der WIPO (OMPI) zur 10. Fassung der Locarno-Warenklassifikation, dazu Rn 70, herausgegebenen Warenliste in deutscher Sprache mit ca 5500 Positionen. Hinzu kommen derzeit etwa 1000 Positionen aus einer „erweiterten Warenliste", die die Designstelle des DPMA führt, um diverse Lücken in der der amtlichen Fassung englisch/französisch geführten Locarno-Warenliste zu füllen. Zweck dieser Vereinheitlichung der Warenbegriffe ist eine Verfahrensbeschleunigung und die Recherchierbarkeit anhand von standardisierten und zugleich zutreffenden Suchbegriffen in Design-Datenbanken dank eines einheitlichen Thesaurus. Die aus der Locarno-Warenliste und der erweiterten Warenliste bestehende offizielle deutsche Warenliste ist zugänglich über die Internet-Seite des DPMA (www.dpma.de). Der Anmelder muss anhand der Liste eine Warenangabe wählen, die möglichst treffend und klar den Schutzgegenstand umschreibt. Der Fall, dass die Warenliste auch keinen annähernd zutreffenden Begriff enthält, ist nicht geregelt. Der Anmelder kann zunächst versuchen, in der Warenliste auf der Internet-Seite des DPMA (http://www.dpma.de/ service/klassifikationen/locarnoklassifikation) mit der Suchfunktion einen passenden Begriff zu finden; im Übrigen lässt das DPMA an Stelle einer Eigenschöpfung des Anmelders den allgemeineren Oberbegriff zu. Schlägt auch dies fehl, kann im Benehmen mit dem Sachbearbeiter des DPMA ein vom Anmelder gewählter neuer Begriff verwendet werden, der dann auch in die erweiterte Warenliste aufgenommen wird. Die Angabe lediglich der Ordnungs-Nr der Warenliste („S 1114") wird akzeptiert, jedoch nur so weit, wie nicht aus abweichenden Belegungen in anderen Sprachfassungen Uneindeutigkeiten folgen, Kühne, VPP Rundbrief 07, 17. Marken, Phantasiebezeichnungen, beschreibende Zusätze, veraltete ungebräuchliche Begriffe sind nicht zugelassen, ebenso wenig gegen die öffentliche Ordnung oder die guten Sitten verstoßende Erzeugnisangaben (entspr Anwendung von § 3 I Nr 3), Rehmann Rn 101. Demnach sind auch Modellnamen, Fabrik- oder Geschäftsnummern des Herstellers ebenso wenig erlaubt wie nicht verkehrsübliche Begriffe oder nach Art eines Schutzanspruchs formulierte Bezeichnungen. Nachdem ferner das in § 1 Nr 1 angesprochene Schutzmerkmal der Verzierung, dazu § 1 Rn 13 – anders als vor dem HABM nach Art 2 II GGDV, Abschn 8.3, 5.2.3.2 PrüfHb – im DesignG nicht als Regelungsgegenstand aufgegriffen wurde, ist eine pauschale Bezeichnung eines Flächendesigns mit „Verzierung", „Ornament" nicht klar genug und es muss durch den unmittelbaren oder übergeordneten Anwendungsbereich definiert werden („Verzierung von Porzellan, Papier" oder „Druckerzeugnis", „Tapete", jedoch Angabe der dafür neu geschaffenen Warenklasse 32 möglich). Maßstab für die Auswahl ist letztlich, nach welchen passenden und geläufigen

Begriffen die Öffentlichkeit recherchieren würde. Daher können sich Präzisierungen der Anwendung auch erst durch Hinzuziehung der Warenklasse ergeben, zB Backöfen (Haushalt) = Kl. 07-02, Backöfen (Bäckerei) = Kl. 23-03. Bei Designs, die im Gewand einer bestimmten Erzeugnisart eine davon abweichende Funktion erfüllen, zB als Telefon geformtes Radio, Ferrari-Sportwagen als Friseurstuhl, vgl Hoge Raad GRUR Int 97, 756, dazu Ruijsenaars GRUR Int 97, 687, soll die Erzeugnisangabe der Zweckbestimmung folgen, das DPMA kann uU auch eine zusätzliche Angabe der Erzeugnisse entspr der äußeren Erscheinung verlangen oder nach § 9 II 3 DesignV selbst hinzufügen, vgl die ähnliche Problematik bei mehrdeutiger Warenklasseneinordnung, Rn 73. Bei nicht interpretierbaren fremdsprachigen Angaben besteht die Gefahr der Beurteilung als Nichtangabe mit der Konsequenz der Anmeldetagsverschiebung. Bei hoher Designdichte sollte eine sehr allg Erzeugnisangabe (zB „Taschen", „Gehäuse") eingeengt und präzisiert werden („Sporttaschen", „Gehäuse für …"). Bei Teilen komplexer Erzeugnisse ist es zweckmäßig, das komplexe Erzeugnis zu benennen (anstatt von „Teil von…"). Die Anpassung der Erzeugnisangabe einer eingetragenen Anmeldung im Register vAw im Gefolge einer amtlichen Neufassung der Warenliste ist nicht vorgesehen, im Gegensatz zur Änderung der Warenklassen, wie sich auch aus § 9 III DesignV schließen lässt.

In der **Angabe** ist zu dem Design mindestens ein Erzeugnis zu benennen. **65**
In einer Sammelanmeldung ist die Angabe zu jedem einzelnen Design zu machen, auch wenn sie für zahlreiche Designs der Anmeldung übereinstimmen sollte, es sei denn, der Anmelder erklärt, die Benennung gelte für alle Designs der Anmeldung. Die sog Gruppierung (dh gruppenweise Anordnung) der Erzeugnisangaben nach Maßgabe der Warenklassenreihenfolge ist mit dem Wegfall des § 8 II GeschmMV 2004 zum 1.11.08 nicht mehr vorgeschrieben, Einzelh s 3. Aufl 11/64. Die **Prüfungs- und Entscheidungsbefugnis** des DPMA erstreckt sich auf Vorhandensein, inhaltliche Richtigkeit und rechtliche Zulässigkeit der Erzeugnisangabe. Fehlt die Erzeugnisangabe in der Anmeldung gänzlich, ergeht ein Mängelbescheid nach § 16 I Nr 3 iVm IV 1mit der Folge der Zurückweisung der Anmeldung bei ausbleibender Nachholung der Angabe, § 16 IV 3. Die Fehlerhaftigkeit einer an sich vorhandenen Angabe bleibt nach dem insofern neutralen Wortlaut des Abs 3 und § 9 II 3 DesignV zwar ohne Sanktion; Sinn und Zweck der Erzeugnisangabe, Rn 62, dürften aber dahin führen, eine ins Auge springende, mutwillig und missbräuchlich wirkende Unrichtigkeit als Nichtangabe zu werten. Ist somit eine Angabe in der Anmeldung enthalten, sind jedoch objektiv nicht passende Begriffe der Warenliste, unnötigerweise vom Anmelder selbst geschöpfte, unklare oder sonst unzulässige Begriffe, Rn 64, benutzt, versucht das DPMA zunächst mit einer Anfrage nebst einem seiner Auffassung nach zutreffenden Vorschlag den Anmelder zu einer entspr Berichtigung zu bewegen. Schlägt das fehl, ist das DPMA zur Ergänzung mit einer seiner Auffassung nach zutreffenden Erzeugnisangabe befugt, § 9 II 2 DesignV, nicht jedoch nach § 16 I Nr 3, IV zur Mängelrüge oder Streichung. Auf den ggf vAw hinzugefügten Warenbegriff wird nicht im Register und Designblatt hingewiesen, jedoch wird die Warenklassenangabe aufgrund der Kompetenz des § 9 I 2 DesignV entsprechend gefasst. Die spätere **Änderung,** also auch eine Korrektur der Erzeugnisangabe ist allenfalls bis zur Eintragung des Designs möglich und auch nur, um Beanstandungen des DPMA nachzukommen. Wegen des wesentlichen Einflusses der Angabe auf

die Beurteilung der Schutzfähigkeit am Prioritätstag, Rn 63, sind nachträgliche Änderungen unzulässig, denn anderenfalls könnte einer erhobenen Nichtigkeitsklage durch bloße Änderung der Angabe nachträglich die Grundlage entzogen werden, vgl auch Ruhl 36/39.

X. Beschreibung, § 11 Abs 5 Nr 1

66   **1.** Abs 5 Nr 1 gestattet fakultativ die Einreichung einer Beschreibung als Annex zu der in der Anmeldung enthaltenen bildlichen Wiedergabe, dabei bezieht § 10 I 1 DesignV flächenmäßige Designabschnitte iSd Abs 2 S 2 mit ein. Sie hat den **Zweck,** die eingereichte Wiedergabe bzw den flächenmäßigen Designabschnitt zu erläutern. **Erläuterung** bedeutet nach § 10 I 1 DesignV, dass die nähere Erklärung sich nur auf solche Merkmale beziehen darf, die sich auf der Wiedergabe bzw dem flächenmäßigen Designabschnitt erkennen lassen. Erläuterung kann auch die Deutung zwar sichtbarer, aber in ihren Bedingtheiten sonst unverständlicher oder missdeutbarer optischer Zusammenhänge sein. Daraus können durchaus materiellrechtlich bedeutsame Offenbarungswirkungen folgen, § 37 Rn 10. Eine Beschreibung kann daher unterschiedliche Ziele haben. Sie kann Hilfestellung bei der Ermittlung des Schutzgegenstands geben, indem sie die Bedeutung auf der Wiedergabe sichtbare Merkmale näher umschreibt. Sie kann die Funktion oder den Inhalt einzelner Darstellungen innerhalb der Gesamtwiedergabe klarstellen, zB die in 2 Darstellungen bildlich dokumentierte unterschiedliche optische Wirkung derselben Stehlampe einmal im ein- und einmal im ausgeschalteten Zustand, vgl BGH GRUR 74, 737, 738 – Stehlampe oder die Tatsache, dass inhaltlich sich überschneidende Darstellungen ein Wiederholungsdesign gem § 7 VI DesignV veranschaulichen. Ferner kann die Beschreibung klarstellen, dass eine Darstellung die Ausschnittvergrößerung einer anderen Darstellung ist, aus welcher Blickrichtung eine Ansicht aufgenommen wurde etc. Eine Beschreibung ist ferner hilfreich, wenn ein- und dasselbe Erzeugnis wandelbare, bildlich dokumentierte Erscheinungsformen annehmen kann, zB Schrankbett in geschlossenem Zustand (als Schrank sichtbar) und im aufgeklappten Zustand (schrankartige Zarge mit waagerechtem Bett), mit einigen Handgriffen in gänzlich unterschiedliche Erscheinungsformen abwandelbare Spielzeugfiguren. Die Beschreibung kann aber auch der schutzausschließenden Interpretation sichtbarer Merkmale vorbeugen, zB die gestalterische Wesentlich- oder Vorrangigkeit vermeintlich bloß technisch oder funktionell bedingter Merkmale iSv § 3 I Nr 1 betonen. Sie kann bei unsorgfältiger Formulierung aber auch unbeabsichtigt schutzbeschränkende Wirkung entfalten, Rn 67, § 37 Rn 10. Keine Beschreibung ist die Erklärung eines **Teilverzichts** (Disclaimer), um bestimmte offenbarte Gestaltungsmerkmale in der Anmeldung nachträglich vom Schutz auszuschließen. Hierfür ist nach ihrer Zweckbestimmung nicht mehr die Beschreibung das geeignete Mittel, wie für das bisherige GeschmM-R für zulässig gehalten, sondern im Interesse der Klarstellung die dafür jetzt vorgesehene Teilverzichtserklärung iSd § 35 Nr 1, Einzelh § 35 Rn 3 ff.

67   **2.** Der Begriff der Erläuterung durch Beschreibung setzt zwingend die **Sichtbarkeit des Beschriebenen** in der Wiedergabe voraus, Abs 5 Nr 1, § 10 I 1 DesignV, BGH GRUR 74, 737, 738 – Stehlampe. Angaben über die Neuheit oder Eigenart des Designs oder seine technische Funktion sind ebenso unzulässig, § 10 I 2 DesignV. Weil die Beschreibung kein Wiedergabeersatz ist, kann sie im DesignR nicht dazu dienen, nicht sichtbar gemachte, zB fotografisch oder zeichnerisch misslungene Darstellungen von Schutzmerkmalen, selbst wenn man sie beim Erzeugnis erfahrungsgemäß als vorhanden unterstellen könnte, in den Schutz einzubeziehen, zB bestimmte, die Eigenart begründende Farben, die in einer Schwarz-Weiß-Darstellung nicht oder nur angedeutet erkennbar sind, umgekehrt die Schutzeinbeziehung aller Farben, wenn nur eine bestimmte Farbe eines Designs offenbart ist, zur Schwarz-Weiß- und Farbwiedergabe Hartwig, Mitt 08, 317 ff, Ruhl 36/50 ff, oder die nicht abgebildete Rückseite eines Erzeugnisses. Die Rspr zur Bedeutung einer Beschreibung für die Wiedergabe einer Marke, zB BGH GRUR 07, 55, 57 – Farbmarke gelb/grün II, BPatGE 43, 247 – Penta Kartusche, ist hierher nicht übertragbar. Die Beschreibung kann den abgebildeten Schutzgegenstand nicht erweitern, BGH GRUR 62, 144, 145 – Buntstreifensatin I, GRUR 63, 328, 329 – Fahrradschutzbleche, GRUR 74, 737, 738, Düss GRUR 56, 45. Ihr Inhalt kann sich auch nicht auf sonstige Umstände, zB das Herstellungsverfahren, die Materialzusammensetzung, die Oberflächenbeschaffenheit oder die Verwendung des Erzeugnisses beziehen, soweit dies in der Wiedergabe nicht auch optisch hervortritt. Zurückhaltung erscheint deshalb geboten bei Ausführungen über lediglich ertastbare Eigenschaften von Oberflächenstrukturen oder Werkstoffen (zB samtig, hölzern, glatt, sog Tastmuster), auch wenn diese Schutzmerkmale iSd § 1 Nr 1 sein, bildlich aber nicht genügend dargestellt werden können, vgl aber § 37 Rn 10. Die Beschreibung hat auch nicht den Sinn, die Herausarbeitung der konkreten schutzbegründenden Merkmale eines Designs im Verletzungs-/Löschungsstreit vorwegzunehmen, U. Krieger FS Vieregge, 1995, S 493 ff, was in einem späteren Streitfall uU sogar schädlich wirken könnte, § 37 Rn 10. Die Beschreibung bedarf sorgfältiger Formulierung, zumal Worte den optischen Eindruck nur unzureichend wiedergeben können, BGH GRUR 67, 375, 378 – Kronleuchter, GRUR 74, 738. Eine bes Gefahr sind Hervorhebungen von Merkmalen, zB Zweckangaben, Angaben zur Anordnung im Raum, Heraushebung eines Merkmals des Designs als gestalterisch bes bedeutsam, was spiegelbildlich zu einer Abwertung der übrigen Merkmale und uU unbeabsichtigt zu deren Schutzausschluss führen kann, vgl BGH GRUR 63, 329; 74, 738; Gerstenberg/Buddeberg Einf 7, 7 B 3c aa, jedoch nur, wenn der Wortlaut eindeutig ist, BGH GRUR 63, 329. Wertende Erläuterungen der offenbarten Merkmale sind daher problematisch. Zur Konkretisierung des Schutzgegenstands ist die Formulierung von Schutzansprüchen, etwa nach dem Vorbild von Patentansprüchen, oder die Hervorhebung und Abgrenzung der Schutzmerkmale mit Hilfe einer Beschreibung weder notwendig noch zulässig, RG GRUR 38, 343 – Preßkämme, BGH GRUR 63, 329, GRUR 66, 97, 98 – Zündaufsatz, Düss GRUR 56, 45, Kelbel GRUR 87, 143, Eichmann GRUR 89, 20, U. Krieger, aaO S 493, aA Schickedanz GRUR 99, 295; wegen der damit einhergehenden Ausschließungswirkung wäre es auch riskant für von einem solchen Anspruch nicht erfasste, den Gesamteindruck gleichwohl mitbestimmende Gestaltungsmerkmale. Zur Erläuterung in der Wiedergabe markierter Schutzverzichte durch die Beschreibung § 35 Rn 12.

3. Zu den **Formvorschriften** gehört die schriftliche Einreichung der Beschreibung auf einem gesonderten Blatt, § 10 II 1 DesignV. Weder enthält **68**

der Eintragungsantrag hierfür ein Feld (anders der Eintragungsantrag des
HABM jedenfalls für kurze Beschreibungen), noch gibt das DPMA dafür ein
Formblatt heraus. Die Schriftlichkeit der Beschreibung bedeutet Erläuterung
in der Form eines fortlaufenden Textes, was grafische oder sonstige Gestaltungselemente (zB Bemaßung, Pfeile als Symbole einer Bewegung) als Er-
läuterungsmittel ausschließt, § 10 II 2 DesignV. Wird die Wiedergabe nach
§ 7 V DesignV auf einem Datenträger eingereicht, kann auch die Beschreibung als Text – in dem vorgeschriebenen Grundformat „*.txt" – darauf
gespeichert sein, § 10 III 1 DesignV. Der Umfang der Beschreibung darf 100
Wörter für ein Design nicht überschreiten, § 10 II 1 DesignV, diese Begrenzung stimmt überein mit Art 1 II (a) GGDV. Die Beschreibung einzelner
Designs einer Sammelanmeldung muss diese zweifelsfrei entspr der vorgeschriebenen Nummerierung bezeichnen. Hier können die Beschreibungen
nach Designnummern geordnet in einem Dokument zusammengefasst werden, § 10 II 3 DesignV; dasselbe gilt für eine Textdatei (s. o.), § 10 III 2
DesignV. Die inhaltliche Gliederung der Beschreibung ist frei, zur un-
zweckmäßigen Formulierung von Ansprüchen Rn 67. Die Nachreichung
der Beschreibung außerhalb der Designanmeldung ist nicht grds ausgeschlossen, jedoch problematisch. Hat die Beschreibung offenbarungsbeeinflussende
Wirkung, Rn 66 f, ist eine Nachreichung in materiellrechtlicher Hinsicht
unzulässig und wirkungslos, soweit damit eine Schutzbereichsänderung, insbes -erweiterung herbeigeführt wird. Unter demselben Vorbehalt steht die
nachträgliche Änderung einer im Register verlautbarten Beschreibung. Diese Frage prüfen die Gerichte ggf bei der Feststellung des Gehalts der ursprünglichen Offenbarung und des dadurch vermittelten Schutzbereichs.
Probleme vermeidet eine Einreichung bereits in der Anmeldung. Das
DPMA nimmt während des Eintragungsverfahrens eine nachgereichte Beschreibung an, so lange ist auch ein Austausch zulässig. Eine vom Anmelder
ausschließlich für die Bekanntmachung bestimmte, von der ursprünglich
eingereichten Fassung abweichende Beschreibung ist unzulässig (Übereinstimmung von Eintragung und Bekanntmachung). Das DPMA prüft den
Inhalt der Beschreibung im Hinblick auf folgende Aspekte. Grafische oder
sonstige Gestaltungselemente als Beschreibungsinhalt bemängelt es nach § 16
I Nr 3. Verstoßen Ausführungen in einem Beschreibungstext gegen die öffentliche Ordnung oder die guten Sitten iSv § 3 I Nr 3 und würde die beantragte Bekanntmachung im Designblatt diesen Verstoß publik machen, sehen
DesignG und DesignV hierfür keine ausdrückliche Sanktion vor. Der Grds
der Gesetzmäßigkeit des Verwaltungshandelns gebietet dem DPMA, analog
zu den Befugnissen gem § 18 bei Designs, eine Beanstandung mit Einräumung einer Mängelbehebung, bei Fruchtlosigkeit die Zurückweisung der
Anmeldung. Im Register und Designblatt wird die Beschreibung im Wortlaut eingetragen bzw bekanntgemacht, § 15 II Nr 5 DesignV, der gesonderte
Antrag auf Bekanntmachung der Beschreibung (gem § 13 II Nr 6 Geschm-
MV 2004) ist ab 1.11.08 entfallen; die Veröffentlichung ist kostenfrei. Im
Falle der aufgeschobenen Bekanntmachung nach § 21 III wird die Beschreibung erst bei Nachholung der Bildbekanntmachung eingetragen, § 15 IV
DesignV. Bei Überlänge ergeht zunächst Mängelbescheid, dann schneidet
das DPMA ggf den Beschreibungstext an seinem Ende ab ohne Berücksichtigung inhaltlicher Zusammenhänge. Nachstehend ergänzend die bis zum
1.11.08 insofern geltenden Vorschriften der §§ 9, 13 GeschmMV 2004: Die
Beschreibung wurde im Register und GeschmM-Blatt im Regelfall nicht

veröffentlicht und es erschien lediglich ein Hinweis auf eine bei den Akten befindliche Beschreibung, § 13 II Nr 6 GeschmMV 2004. Sie wurde nur auf Antrag des Anmelders im vollen Wortlaut im Register eingetragen, §§ 9 III 1, 13 II Nr 7 GeschmMV 2004, und dann so im GeschmM-Blatt bekanntgemacht. Wurde die Beschreibung nur einfach eingereicht anstatt dreifach, wie von § 9 II 1 GeschmMV 2004 vorgeschrieben, forderte das DPMA Mehrstücke nach, bei Auslagenerstattung fertigte es auch Kopien. Die Überlänge des Textes der Beschreibung wurde regelmäßig nicht beanstandet, solange im Register lediglich der Hinweis nach § 13 II Nr 6 GeschmMV 2004 erschien.

XI. Antrag auf Aufschiebung der Bildbekanntmachung, § 11 Abs 5 Nr 2

Mit dem fakultativen Antrag nach Abs 5 Nr 2 wird die Bekanntmachung **69** der Wiedergabe im Designblatt, die ansonsten der Eintragung des Designs in das Register zeitlich unmittelbar nachfolgt, verhindert und bis längstens 30 Monate (2½ Jahre) nach dem Prioritätstag verschoben, § 21. Der entspr Antrag ist im Eintragungsantrag zu stellen und kann wegen der materiellrechtlichen Auswirkungen nicht nachgebracht, auch nicht zurückgenommen werden; jedoch kann die Verkürzung der Aufschiebungsdauer beantragt werden, um die Bildbekanntmachung vorzuziehen. Einzeln zu Beantragung, Durchführung und Rechtswirkungen der Aufschiebung der Bildbekanntmachung § 21 Rn 4 ff.

XII. Verzeichnis der Warenklassen, § 11 Abs 5 Nr 3

1. Nach Abs 5 Nr 3 kann der Anmelder fakultativ in der Anmeldung eine **70** oder mehrere Warenklassen angeben. **Zweck** der Einordnung des angemeldeten Designs in eine Warenklasse ist es, insbes das Designblatt für Recherchen in SchutzR und Formenschatz erschließbar zu machen. An der Recherchierbarkeit der SchutzR besteht ein öffentliches Interesse, Begr § 11, der zutreffenden Einordnung in die Warenklasse kommt daher erhebliche Bedeutung zu, die das DPMA durch Prüfungs- und Entscheidungsbefugnis zu gewährleisten hat, Rn 74. Das dazu notwendige Klassifikationssystem ist eigenständig und hat keine Berührungspunkte mit den Klassifikationssystemen für technische SchutzR und Marken. Nach diesem allg Vorbild sehen Abs 5 Nr 3 sowie § 9 I 2 DesignV für einzutragende Designs eine Klassifikation vor. Das DesignG gibt in Abs 5 Nr 3 die Art der Klassifikation nicht vor und verweist in § 26 I Nr 5 auf den Verordnungsweg; § 9 I 2 DesignV macht die nach § 9 I 3 DesignV im Bundesanzeiger veröffentlichte Einteilung der Klassen und Unterklassen verbindlich. Die Einteilung der Klassen und Unterklassen übernimmt dem Wortlaut der ergänzend zum HMA entstandenen Internationalen Klassifikation für gewerbliche Muster und Modelle nach dem Abkommen von Locarno v 8.10.68 in deutscher Übersetzung mit geringfügigen, iW sprachlichen Anpassungen, zum Inkrafttreten für Deutschland 1990 BGBl II S 1677 = Bl 91, 64. Die Klassifikation gilt ab 1.1.14 in ihrer 10. Fassung, s Hinweis des DPMA Bl 14, 2. Bereits mit der VO v 10.12.12 (BGBl I 2630) wurden § 8 GeschmMV geändert und die

Anlagen zur GeschmMV aufgehoben. Seitdem wird die Einteilung der Klassen und Unterklassen im Bundesanzeiger bekannt gemacht. Die aktuelle Fassung mit Wirkung vom 16.4.09 in die Anl 1 zur insoweit geänderten DesignV eingearbeitet; zur Veröffentlichung und Einsichtnahme s Rn 64, auf die Neufassung in (seitens der WIPO nichtamtlicher) deutscher Übersetzung kann über die Website des DPMA (www.dpma.de) zugegriffen werden; zu früheren Fassungen Mitt PräsDPA Bl 88, 146; 91, 145; 04, 37 f; 09, 1. Die amtliche englische Fassung ist unter http://www.wipo.int/classifications/nivilo/pdf/eng/locarno/LOC_10e.pdf abrufbar. Die EuroLocarno-Warenliste basiert auf der Warenliste der Locarno-Klassifikation, wird aber vom HABM selbständig fortgeschrieben, s Rn 97. Für das Anmeldeverfahren vor der Designstelle ist die jeweils aktuelle Fassung verbindlich, § 9 I 2 und 3 DesignV. Die Klassifikation enthält 32 (Haupt-)Klassen und 219 Unterklassen, wesentliche Neuerung der 9. Ausgabe war der Wegfall der Kl. 99 „Verschiedenes" und die Neuschaffung der Kl. 32 für grafische Symbole, Logos, Zierelemente für Oberflächen und Verzierungen; zur zugehörigen Warenliste Rn 64. Die Unterklassen der Klassifikation ergänzen die oft recht breiten Hauptklassen. Aktualisierung der Locarno-Klassifikation erfolgt jeweils nach Sitzungen des Sachverständigenausschusses nach Art 3 des Locarno-Abkommens, der in ca. 3- bzw 5-jährigem Turnus über Änderungen der Klassifikation und der Warenliste beschließt.

71   2. Die **rechtliche Bedeutung** der Warenklassenangabe erschöpft sich – im Gegensatz zum MarkenR – in ihrer verfahrenstechnischen Ordnungsfunktion. Ihr soll keinerlei Bedeutung für den Schutzbereich des eD zukommen, wie Abs 5 aussagt, BGH GRUR 96, 57, 59 – Spielzeugautos; Loschelder Mitt 87, 83; Eichmann GRUR 89, 22; v Gamm 7/36 Rn 87, s jedoch Rn 72. Demnach beseitigt eine falsche klassifikatorische Einordnung der Bildbekanntmachung des Designs im Designblatt bzw DPMAregister nicht unmittelbar deren allg neuheitsschädliche Wirkung. Nur bei Sammelanmeldungen hatte die einzuhaltende einheitliche Warenklasse eine darüber hinausgehende rechtliche Wirkung, Voraufl § 12 Rn 9, zum Wegfall dieses Erfordernisses § 12 Rn 2.

72   Die Einordnung in die Warenklasse hat aber **faktische** und damit mittelbar erhebliche rechtliche **Auswirkungen.** Die Warenklasse kanalisiert die vorsorglichen Recherchen des Publikums nach ggf der eigenen Schöpfung neuheitsschädlich entgegenstehendem Formenschatz und geschützten, kollisionsbegründenden eD. Sie lenkt im selben Maße von abseits klassifizierten eD ab, mag die Erscheinungsform des Designs als solche auch für das recherchierte Gebiet relevant sein. Daher kann eine Recherche, die anhand der Warenklasse vorgenommen wird, lückenhaft bleiben, nicht alle entgegenstehenden Gestaltungen oder Kollisionsfälle aufzeigen und damit falsche Sicherheit geben. Für Verletzungsfälle hat die Einordnung in Warenklassen zwar keine Auswirkung, weil der Verletzer sich unter Geltung des absoluten Schutzes des eD nach § 38 I, II nicht auf die trotz sorgfältigster Recherche fehlende Auffindbarkeit einer entgegenstehenden geschützten Gestaltung berufen kann; die Sperrwirkung des eD gilt umfassend. Aus diesem Grund besteht keine Notwendigkeit für sog Übertragungsklassen (so noch unter dem Nachbildungsschutz nach § 7 VIII 2 GeschmMG 1986), Einzelh Rn 95. Dennoch sollte der Anmelder bei klassenübergreifender Verwendbarkeit der Gestaltung solchen Konflikten, sofern sie absehbar sind, durch

Mehrfachangaben von Klassen, Rn 73, entgegenwirken. Ansonsten gleichen die erheblichen mittelbaren Auswirkungen der – ggf unrichtigen – Warenklassenangabe denen einer Erzeugnisangabe, Einzelh Rn 63.

3. Die **Angabe** der Warenklasse in der Anmeldung ist durch Abs 5 Nr 3 **73** nicht vorgeschrieben. Der Anmelder kann darauf verzichten. Er kann sie auch bis zur Entscheidung des DPMA über die einzutragende Warenklasse nachbringen, wie sich aus der abschließenden Entscheidungskompetenz des DPMA aus § 19 II über eine – ggf streitige – Angabe gem Abs 5 Nr 3 ableiten lässt. Soweit Angaben gemacht werden, muss nach § 9 I 2 DesignV die im Bundesanzeiger bekannt gemachte Warenklasseneinteilung, Rn 70, herangezogen werden. Regelmäßig genügt die Angabe einer einzigen Warenklasse. Die Wendung über das „Verzeichnis" in Abs 5 Nr 3 wird relevant, wenn bei Einzelanmeldungen für ein Erzeugnis mehrere Warenklassen zutreffen, wenn zB das Produkt unterschiedlich einzuordnenden Zwecken dient (zB universelles Dekor für Teppichbahnen – Kl. 5–06, Vorhänge – Kl. 6–10, Geschirr – Kl. 7-01). Der Anmelder muss das Verzeichnis nicht in vor- und nachrangige Klassen aufteilen, Mehrfachangaben sind gleichwertig. Als Warenklassenangabe genügt die Hauptklasse, zB „Klasse 26", der Anmelder kann auch die Unterklasse ergänzen, zB „Klasse 26-05". Die Warenklassen brauchen nach Entfall des damaligen § 8 II GeschmMV zum 1.11.08 nicht mehr in einer klassenmäßigen Gruppierung angeordnet zu werden. Die zutreffende Warenklasse muss sich aus der Erzeugnisangabe erschließen, damit ist in erster Linie der Zweck oder die Funktion des Erzeugnisses bestimmend, nur hilfsweise das Erzeugnis als solches (zB Halter für Küchenhandgeräte in Klasse 7-04 und nicht in Klasse 8-08). Falls für Erzeugnisse, die Bestandteile anderer Produkte sind, eine bes Klassifizierung fehlt, werden sie sinnvollerweise in die Klasse des Hauptprodukts eingeordnet (s obiges Beispiel für Küchengeräte). Die Warenklasse ist ggf im dafür vorgesehenen Feld des Anmeldungsformulars einzutragen. Mehrfachangaben sind geordnet in einer formfreien separaten Übersicht zusammenzustellen. Häufigere Zuordnungsprobleme bestehen bei Etiketten als „Drucksachen, Druckvorlagen" (Kl. 19-08, uU besser „Grafiken", Kl. 32-00), typografische Schriftzeichen in Kl. 18-03, ebenso HABM.

4. Im **weiteren Verfahren** erstreckt sich das PrüfungsR des DPMA auf **74** Vorhandensein und inhaltliche Richtigkeit der Warenklassenangabe. Die Klassenangabe des Anmelders ist für das DPMA nicht verbindlich, was sich aus § 19 II ergibt, Loschelder Mitt 87, 85, Kelbel GRUR 87, 147. Fehlt die Angabe, legt das DPMA die Warenklasse anhand der Erzeugnisangabe nach aus § 19 II ohne weitere Rückfrage fest. Insofern handelt es sich nicht um eine beschwerdefähige Entscheidung, wie sich im Umkehrschluss aus der Kompetenzregelung des § 26 II 2 Nr 1 ergibt, aA v Gamm 10/9, zumal die Klasseneinteilung nicht wie im MarkenR, v Gamm aaO, schutzbestimmende Funktion hat. Ist eine gemachte Angabe ersichtlich unrichtig oder bestehen Differenzen mit dem Anmelder über die zutreffende Klassifizierung, wird vor der amtlichen Entscheidung der Anmelder gehört. Eine Ergänzungsbefugnis des DPMA wie bei Erzeugnisangaben gem § 9 II 3 DesignV besteht hier zwar nicht, kann sich aber mittelbar durch Hinzufügung eines Warenbegriffs zur Erzeugnisangabe ergeben. Das DPMA entscheidet abschließend, § 19 II. Die geklärte Warenklassenangabe wird im Register vermerkt, § 15 I Nr 9 DesignV. Im Designblatt sind die Bekanntmachungen der eingetragenen Anmeldungen ab 1.1.04 nicht mehr nach der Warenklasseneinteilung geordnet; entspr Sachrecherche ist seitdem in DPMAregister (http://register. dpma.de), früher: „DPMApublikationen", möglich. Im Designblatt enthaltene Konkordanzlisten („Vergleichshinweise") stellen den Zusammenhang zwischen einem dem Leser bereits bekannten Aktenzeichen und der Fundstelle der Bekanntmachung entspr dem Aktenzeichen (früher der Warenklasse) in dem betreffenden Heft des Designblatts her. Nach Einführung einer neuen Fassung der Klasseneinteilung findet eine Aktualisierung der bekanntgemachten Warenklasse statt auf Antrag des Designinhabers oder vAw anlässlich einer erfolgten Aufrechterhaltung des Schutzes, § 9 III DesignV.

XIII. Entwerferbenennung, § 11 Abs 5 Nr 4

75   Der Anmelder kann nach Abs 4 Nr 4 mit der Anmeldung eine **Entwerferbenennung** einreichen; sie ist nicht vorgeschrieben, zumal hier PersönlichkeitsR des Entwerfers zu beachten sind. Soweit die Angabe gemacht wird, muss sie gem § 6 Abs 5 iVm § 6 Abs 1 Satz 1 Nr 1, Sätze 2 und 3 sowie Abs 2 und 3 DesignV nähere Angaben zum Entwerfer aufführen, wie sie auch für die Bezeichnung der Person des Anmelders gelten, ausführl Rn 22, also auch die genaue Anschrift des Entwerfers. Weitere Einzelh zur Entwerferbenennung § 10 Rn 3.

XIV. Angabe des Vertreters, des Zustellungs- und Empfangsbevollmächtigten, § 11 Abs 5 Nr 5

76   Der Design-Anmelder oder –Inhaber kann einen dem DPMA zu benennenden **Vertreter** mit der Wahrnehmung seiner Interessen beauftragen, soweit die Vertretung nicht vorgeschrieben ist, Einzelh zur Vertretung Rn 15, § 58 Rn 4, 5, 14 ff. Zu den Vertreterangaben gehört auch die **Zustellungs- und Empfangsbevollmächtigten**, der gem § 14 DPMAV bestellt werden muss, falls mehrere Verfahrensbeteiligte oder Vertreter dem DPMA gegenübertreten; es handelt sich um einen auf Zustellungs- und Empfangszwecke begrenzten Vertretungsfall, Einzelh § 58 Rn 15. Der Vertretername muss mit Anschrift angegeben werden, weil das DPMA das weitere Verfahren über den bestellten Vertreter, Inlandsvertreter bzw Zustellungs-/Empfangsbevollmächtigten abwickelt, § 58 Rn 2. Wegen der Einzelh der Angabe von Namen und Anschrift des Vertreters verweist § 6 IV 1 DesignV auf Abs 1 Satz 1 und Abs 2 derselben Vorschrift. Danach ist der vollständige Vertretername sowie Anschrift mit Postleitzahl, Ort, Straße und Hausnummer, bezogen auf den Wohnsitz oder den Sitz der Kanzlei anzugeben, § 6 I 1 Nr 1 DesignV. Ist ein Vertreter aus dem Bereich der EU nach § 58 II bestellt, s § 58 Rn 5, sind für den dann notwendigen inländischen Zustellungsbevollmächtigten zusätzlich dieselben Angaben zu machen wie für einen inländischen Vertreter. Soweit eine Allgemeine Vollmacht, Gattungs- oder Angestelltenvollmacht hinterlegt ist, Einzelh § 58 Rn 17, soll auf die vom DPMA zugeteilte Vollmachtsnummer hingewiesen werden, § 6 IV 2 DesignV. Zur internen Verfahrensbeschleunigung vergibt das DPMA **Kennnummern** (Codenummern) für den Anmelder, Vertreter und eingereichte Angestelltenvollmachten. Die Kennnummern sollen in den vom

DPMA herausgegebenen Formularen in den betreffenden Feldern eingetragen werden, § 16 DPMAV.

XV. Weitere Angaben im Eintragungsantrag

1. Im Eintragungsantrag sind **weitere Angaben** zur Vervollständigung 77 der Verfahrensdaten möglich: Zur Klarstellung, dass mehrere eingereichte Wiedergaben nicht ein einziges Design repräsentieren, sondern mehreren, in einer **Sammelanmeldung** zusammengefassten Designs zugeordnet sind, muss im Eintragungsantrag klargestellt werden, dass eine Sammelanmeldung mehrerer Designs vorliegt und sie als solche eingetragen werden sollen, Einzelh § 12 Rn 5. Weitere Angaben sind nicht vorgesehen, insbes nicht wie früher eine Bestimmung der bekanntzumachenden Darstellungen oder ein WahlR für die Bekanntmachung der Abbildung in Farbe.

2. Für die zur Inanspruchnahme einer **ausländischen Priorität** iSv § 14 78 I 1 erforderlichen Angaben (Zeit, Land, Aktenzeichen der Voranmeldung) sieht das amtliche Formular ein bes Feld vor, dazu § 14 Rn 9 ff; § 11 I DesignV stellt insoweit keine weiteren Voraussetzungen auf. Bei Sammelanmeldungen können für einzelne Designs unterschiedliche Prioritäten gegeben sein, was gesondert, etwa auf einem beigefügten Blatt, zu vermerken ist. Für die Inanspruchnahme einer **Ausstellungspriorität** iSv § 15 fordert § 11 II 2 DesignV über die in § 15 III vorgeschriebenen Angaben (Tag der erstmaligen Zurschaustellung, Ausstellung, Nachweis über die Zurschaustellung) hinaus weitere Angaben, Einzelh § 15 Rn 6. Die andersartige **Neuheitsschonfrist,** § 6, braucht im Eintragungsantrag oder in weiteren Unterlagen nicht erwähnt zu werden, § 6 Rn 9.

3. Die Erklärung des unverbindlichen **Interesses an der Vergabe von** 79 **Lizenzen** ggü der Allgemeinheit ist nicht im Ges, aber in der DesignV behandelt. Es handelt sich um einen bes Informationsservice des DPMA, der sich an die in das Patentregister nach § 23 I 1 PatG einzutragende Erklärung des Patentanmelders oder -inhabers zur Lizenzbereitschaft anlehnt, deren Rechtsfolgen dort allerdings zwingend und unwiderruflich sind und Jahresgebührenermäßigung bewirkt. Vorliegend ist die im amtlichen Anmeldungsformular vorgesehene Erklärung, § 3 II Nr 7 DesignV, Hinweis auf ein demgegenüber unverbindliches und damit widerrufliches Interesse an der Vergabe von Lizenzen am eD, das gem § 15 II Nr 1 DesignV in das Register eingetragen wird, Mitt PräsDPA Bl 86, 77; 86, 349, Merkbl S 4. Zu ihr sind der oder die Design-Anmelder oder -inhaber befugt, sie verpflichtet sie nicht zur Lizenzvergabe an Interessenten. Die Erklärung kann jederzeit zur Eintragung nachgebracht und aufgrund Antrags wieder gestrichen werden; all dies ohne Gebührenfolgen. Die Erklärung können Interessenten in DPMAregister und im Designblatt recherchieren.

XVI. Anmeldegebühr

1. Die **Anmeldegebühr** für Designs ist Gegenstand des § 3 I PatKostG. 80 Dass deren Zahlung unabdingbar ist, wird im DesignG lediglich in § 16 I–III behandelt. Zu den allg Zahlungsgrds § 16 Rn 19 ff, zu Merkblättern des

DPMA Rn 18. Nach § 3 I PatKostG werden mit der Einreichung der Anmeldung Gebühren fällig, deren jeweilige Höhe sich aus dem Gebührenverzeichnis zu § 2 dieses Ges ergibt. Die Zahlung ist zwar keine Wirksamkeitsvoraussetzung für die Designanmeldung und deshalb auch nicht in § 11 II behandelt, die Nichtzahlung blockiert allerdings den Eintritt in die Sachprüfung, § 5 I 1 PatKostG, und zieht bei endgültig unzureichender Zahlung die Zurückweisung der Anmeldung nach sich, Einzelh § 16 Rn 4, 9. Anmeldegebühr ist allein die Gebühr, die für die Anmeldung zur Eintragung in das Register zu entrichten ist. Andere, im Abschnitt „1. Anmeldeverfahren" des Gebührenverzeichnisses aufgeführte Gebühren sind keine Anmeldegebühren, sondern von je eigener Art, zB BPatGE 33, 128 für die Modellgebühr des § 7 VI 2 GeschmMG 1986; auch die aufgrund der Teilung einer Sammelanmeldung uU nachzuzahlende Gebühr, ist aufgrund der Neuregelung des § 12 II 3 eine ergänzende Gebühr eigener Art, § 12 Rn 16, Nirk/Kurtze 7/79 (zum alten R) mit eigenständiger Rechtsfolge bei Nichtzahlung. Die Anmeldegebühr ist zwar eine reine Verfahrensgebühr; ihre Fälligkeit, Zahlung oder Nichtzahlung haben aber nach dem PatKostG eigenständige Rechtswirkung auf die materiellrechtliche Bestandskraft der Anmeldung allein kraft Ges und bedürfen keiner weiteren Mitwirkungsakte des DPMA, was auch in § 16 II zum Ausdruck kommt. Weder das PatKostG noch das DesignG verpflichtet das DPMA zur Versendung von Gebührenbenachrichtigungen; die Feststellung der gesetzl fingierten Rücknahme der Anmeldung bei Nichtzahlung der Anmeldegebühr nach § 16 II hat ausschließlich klarstellenden und deklaratorischen Charakter.

81   2. Für die **Höhe der Anmeldegebühr** im Einzelfall sind die im Gebührenverzeichnis, Anlage zu § 2 des PatKostG, aufgeführten jeweils aktuellen Beträge maßgebend. Bei der Anmeldegebühr wird grds unterschieden, ob die Anmeldung in körperlicher Papier-(= Schrift-)form oder − kostenbegünstigt − auf ausschließlich elektronischem Weg (dh online) eingereicht ist, dazu Rn 18, § 25 Rn 5. Die Einreichung der Wiedergabe und ggf. Beschreibung auf Datenträger gem §§ 7 V, 10 III DesignV ist keine derart gebührenmäßig begünstigte körperlose elektronische Einreichung iSd § 25. Die Anmeldegebühr (Nrn 341000−341500 des Gebührenverzeichnisses) beträgt bei Anmeldung eines einzelnen Designs 70 EUR (Papierform) bzw 60 EUR (elektronische Anmeldung). Bei einer Sammelanmeldung Anmeldegebühr pro Design 7 EUR (Papierform) bzw 6 EUR (elektronische Anmeldung), dabei mindestens 70 EUR bzw 60 EUR. Diese Gebühren decken eine erste fünfjährige Schutzperiode ab, die Aufrechterhaltung nach § 28 I ist ab dem 6. Schutzjahr erforderlich. Bei beantragter Aufschiebung der Bekanntmachung nach § 21 I gilt die niedrigere Anmeldegebühr für ein Design von 30 EUR, bei Sammelanmeldung 3 EUR pro Design bei einer Mindestgebühr von 30 EUR (hier ohne Unterscheidung nach Papierform und elektronischer Form); die geringeren Gebühren spiegeln die in diesem Fall nach § 21 I 1 verkürzte Schutzdauer wieder. Fällig ist die Anmeldegebühr mit Einreichung der Anmeldung, § 3 I PatKostG, und sie ist innerhalb einer dreimonatigen Frist nach Eintritt der Fälligkeit zu bezahlen, § 6 I 2 PatKostG. Mit der Zahlung ist sie verfallen. Sie wird daher nicht zurückgezahlt bei − auch alsbaldiger − Rücknahme der Anmeldung bzw Verzicht auf das eD, PA Bl 52, 29, BayObLG GRUR 65, 205, bei Zurückweisung der Anmeldung unter Feststellung der Schutzunfähigkeit des Designs nach § 18, oder nach Zurückweisung der Anmeldung wegen Nichtbehebung von Mängeln, § 16 V 2, 3. Sie wird dagegen zurückgezahlt bei wirksamer Anfechtung der Zahlung wegen Erklärungsirrtums, BPatGE 1, 27; 2, 19 oder bei Zahlung erst nach fruchtlosem Ablauf der dreimonatigen Zahlungsfrist des § 6 I 2 PatKostG, weil die Anmeldung dann nach § 6 II PatKostG nicht mehr besteht. Teilbeträge oder sonst rechtsunwirksame Zahlungen oder Zahlungen ohne Rechtsgrund, zB bei Verzicht vor oder gleichzeitig mit der Anmeldung, PA Bl 36, 202, werden erstattet. Verfahrenskostenhilfe für die Anmeldegebühr ist möglich, § 24 Rn 2.

3. Bei **Nichtzahlung,** auch nicht vollständiger Zahlung der Anmeldege- 82 bühr innerhalb der dreimonatigen Zahlungsfrist des § 6 I 2 PatKostG gilt die Anmeldung kraft Ges als zurückgenommen, § 6 II PatKostG. Es handelt sich um eine nicht verlängerbare Ausschlussfrist. Die vorstehende Regelung gilt uneingeschränkt nur für Anmeldungen von je einzelnen Designs (Einzelanmeldungen). Für Sammelanmeldungen ist dieser Grds des PatKostG gem § 16 III durch ein zwischengeschaltetes Mahnverfahren modifiziert, Einzelh § 16 Rn 7. Seit Inkrafttreten des PatKostG am 1.1.02 besteht für das DPMA keine gesetzl Pflicht zur Versendung von Gebührenbenachrichtigungen mehr; bei Anmeldegebühren bestimmt allein die gesetzl Zahlungsfrist über die Rechtzeitigkeit vollständiger Zahlung. Bei Nichteinreichung einer zutreffend bezifferten SEPA-Basis-Lastschriftmandats mit Verwendungszweck versendet das DPMA eine Kosteninformation als freiwilligen Service, die rechtlich unverbindlich ist und keine Fristen in Gang setzt, vgl auch § 28 Rn 5. Abweichend von § 6 II PatKostG, wonach bei Eintritt der gesetzl Rücknahmefiktion keine Reaktion des Amts erforderlich ist, schreibt § 16 II vor, dass das DPMA diese Wirkung feststellt, Einzelh zum Verfahren bei Nichtzahlung § 16 Rn 5, 9.

XVII. Keine Schutzumfangsbestimmung, § 11 Abs 6

Abs 6 soll klarstellen, dass die Angabe des Erzeugnisses – Abs 3 – und der 83 Warenklasse – Abs 5 Nr 3 –, Einzelh Rn 63 bzw Rn 71, nur als Ordnungsfaktor für das Eintragungsverfahren Bedeutung haben. Soweit aus ihnen auf einen Zweck oder Einsatzbereich des Designs geschlossen werden könnte, soll dies für die Bestimmung des Schutzumfangs des Designs irrelevant sein. Die Begr zu § 11 V GeschmMG 2004, beschränkt sich hierzu auf die Klarstellung, dass der Schutz von (dort sog) Flächenmustern – Dekor, Verzierung – unabhängig von der Oberfläche sein soll, auf die sie aufgebracht sind, also letztlich unabhängig vom angemeldeten Gegenstand bzw Träger der Oberfläche und deren Zweck, und damit ein eigenständiges Erzeugnis. Indessen geht Abs 6 darüber hinaus und stellt nach seinem Wortlaut, übereinstimmend mit Art 36 VI GGV, den verwendungsunabhängigen Schutzbereich jeglicher eD aus § 38 II 1 entnommen werden kann. Nicht das gem dem eD gestaltete konkrete Erzeugnis einschließlich seinem Anwendungszweck repräsentiert den Schutzgegenstand, sondern die Erscheinungsform als solche, der allein Eigenart zukommt, BGH GRUR 96, 57, 59 – Spielzeugautos, mag diese Erscheinungsform zB in einem realen Auto, in einem Spielzeugauto oder in einem Gebrauchsgegenstand anderer Gewerbezweige (zB Telefon, Schlüsselanhänger, Lampe in Form dieses Autos) umgesetzt sein, Einzelh § 2 Rn 7. Der Anwendungsbereich des Abs 6 ist somit neben der erwähnten Klarstellung erweitert um den Ausschluss des im Streitfall aus einer Erzeugnis- oder Warenklassenangabe hergeleiteten Einwands des andersartigen Zwecks eines die geschützte Erscheinungsform übernehmenden Erzeugnisses (sog Gestaltungsübertragung, dazu § 2 Rn 7, 15, § 37 Rn 3; Hartwig GRUR-RR 09, 201 ff). Demgegenüber haben in anderen, nicht von Abs 6 erfassten Zusammenhängen Erzeugnis- und Warenklassenangabe weitreichende Bedeutung als unverzichtbarer Fachgebiets- und Sachhinweis, Einzelh Rn 45 und insbes Rn 63, 72, § 3 Rn 20.

XVIII. Rücknahme der Anmeldung, § 11 Abs 7

84   Die **Rücknahme** der Anmeldung ist die Rücknahme des Verfahrensantrags auf Eintragung des angemeldeten Designs. Inhaltlich muss die Rücknahme mit sofortiger, vorbehaltloser und endgültiger Wirkung erklärt sein. Dies muss ggf ausgelegt werden: So ist das erklärte Einverständnis des Anmelders mit der Übernahme vorhandener Unterlagen der wegen Nichtzahlung verfallenen Anmeldung für eine Neuanmeldung als Rücknahme auszulegen; die Ankündigung der Nichtzahlung von Gebühren ist keine Rücknahme, Schulte 34/433 mwN, auch nicht zB die Rücknahme mit gleichzeitigem Antrag auf Aufschiebung der Bildbekanntmachung, um letztere zunächst zu verhindern, vgl BPatGE 45, 8 – Neuronales Netz (bezügl Offenlegung im PatR). Die Rücknahmeerklärung ist formfrei und auch per Fax ohne Bestätigungsschreiben wirksam, BPatGE 44, 212 – Nutmutter. Sie ist jederzeit, also auch noch im Rechtsmittelverfahren nach einer Zurückweisungsentscheidung vor Eintritt der Rechtskraft möglich und solange die Eintragung nach § 19 II noch nicht vollzogen ist (danach Verzicht nach § 36 I Nr 2, dazu § 36 Rn 5). Die Rücknahme darf dem DPMA ggü nur der in der Anmeldung benannte **Anmelder,** sein zu den Akten angezeigter Rechtsnachfolger, sein gesetzl oder sein dazu bevollmächtigter Vertreter, nicht ein Dritter erklären, und sei er auch außerhalb des Registers materiellrechtlich berechtigt, soweit nicht dessen wahre Inhaberschaft an der Anmeldung beim DPMA vergleichbar den sachlichen Voraussetzungen eines Umschreibungsantrags Akteninhalt geworden ist, zu diesen § 29 Rn 13, § 32 Rn 7. Ein wahrer Berechtigter kann also die Rücknahme durch den Anmelder nicht verhindern, solange er nicht diese Legitimation als Anmelder erhalten hat, § 8 Rn 3 f, § 29 Rn 13; er muss gerichtliche Mittel (Klage, einstweilige Verfügung, Sequestrierung) in Anspruch nehmen, bei Misslingen bleibt nur der Schadensersatzanspruch, Schulte 34/440. Mitanmelder müssen sämtlich die Rücknahme erklären, PA Mitt 33, 250. Die Rücknahme einzelner Designs einer Sammelanmeldung ist zulässig. Die Teilrücknahme iSd Rücknahme einzelner Elemente der Anmeldung (zB Eintragungsantrag, Erzeugnisangabe, Wiedergabe) ist nicht möglich; jedoch kann auf Teile des Schutzbegehrens verzichtet werden, insbes auf einzelne Darstellungen der Wiedergabe (unter Wahrung des Erweiterungsverbots), was sich verfahrensrechtlich als Änderung der Anmeldung darstellt, Schulte 34/430, zur Änderung des Eintragungsantrags Rn 21, zur Einschränkung der Wiedergabe Rn 25, 45. In der Zurückweisung eines weitergehenden Hauptantrags und Stattgabe eines Hilfsantrags auf Eintragung in dem durch Verzicht eingeschränktem Umfang durch DPMA/BPatG liegt keine Teilrücknahme der Anmeldung, BPatGE 24, 202, eine hilfsweise Rücknahme ist nicht zulässig,

Ruhl 47/2. Die Rücknahme kann nicht widerrufen werden, BGH GRUR 77, 485, 486 – Rücknahme der Patentanmeldung; GRUR 85, 919, 920 – Caprolactam (PatR), jedoch aufgrund der materiell- und verfahrensrechtlichen Doppelnatur der Rücknahmeerklärung unter den Voraussetzungen der §§ 119 ff BGB angefochten werden, BGH GRUR 77, 486. Der Widerruf der Rücknahme kann nicht in eine Neuanmeldung umgedeutet werden, BGH GRUR 85, 919. Die **Wirkung** der Rücknahme ist ex nunc, somit bleibt die prioritätsbegründende Wirkung der Anmeldung erhalten, Art 4 A III PVÜ, dem weiteren Eintragungsverfahren wird die Grundlage entzogen. Eine rechtzeitig entrichtete Anmeldegebühr wird wegen eingetretenen Verfalls der Gebühr nach Rücknahme nicht zurückgezahlt; dagegen hat die verspätete Zahlung der Anmeldegebühr, Rn 82, die Rücknahmefiktion des § 6 II PatKostG zur Folge und ist wegen Entfalls iSd § 10 II PatKostG zurückzuzahlen. Nach wirksamer Rücknahme der Anmeldung sind die Akten zu schließen und einschließlich der Wiedergabe nach der internen Hausverfügung des DPMA aufzubewahren, Einzelh § 22 Rn 7; eine neuheitsschädliche Wirkung der Bekanntmachung im Designblatt kann nicht eintreten. Bei Rücknahme in der Beschwerdeinstanz besteht kein Anspruch des Anmelders auf eine die Wirkungslosigkeit der angefochtenen Zurückweisungsentscheidung feststellende Entscheidung des BPatG, BPatG 25 W (pat) 262/03 v 15.5.07 (zum MarkenR, veröff unter www.bpatg.de).

XIX. Abgelöstes und weitergeltendes Recht

1. Entwicklung. Das bis 2004 geltende GeschmMG sah in § 7 IV–VI   **85** GeschmMG 1986 mehrere bes Darstellungsformen („Darstellung" ist gleichbedeutend mit „Wiedergabe" im geltenden Ges) und in § 8a GeschmMG 1986 bes Schutzwirkungen für die in einer Sammelanmeldung enthaltenen und vom Anmelder als solche definierten Abwandlungsmuster vor, die im GeschmMG 2004 nicht aufgegriffen und weitergeführt worden sind. Gleichwohl sind nach den Übergangsbestimmungen des § 72 II, III und § 73 IV diese AltR, soweit sie bis zum 1.6.04 eingetragen waren, bis zum Ende ihrer Aufrechterhaltung in ihrer je bes Weise wirksam, Begr § 66 GeschmMG 2004. Sie sind dann so zu beachten, können gegen Nachbildungen durchgesetzt werden und unterliegen insbes im Streitfall der Prüfung auf Vorliegen der spezifischen Schutzvoraussetzungen und der Löschung im Register. Nachstehend werden die Darstellungsvarianten des § 7 IV–VI GeschmMG 1986 und fortwirkende Besonderheiten angemeldeter und eingetragener typografischer Schriftzeichen behandelt, zu Fortwirkungen bei Abwandlungen von Grundmustern nach § 8a GeschmMG 1986s § 12 Rn 18 ff. Zur rechtlichen Bedeutung von Übertragungsklassen gem § 7 VIII 2 GeschmMG 1986 als bes Warenklassen vor weiterhin eingetragenen Alt-Designs Rn 95. Zum weitergeltenden Nachbildungsschutz § 72 Rn 3 f.

2. a) Darstellung der Oberfläche durch ein flächenmäßiges De- **86** **sign.** Obwohl § 7 IV GeschmMG 1986 unmittelbar nur den **Zweck** hatte, eine Alternative zur Bilddarstellung nach § 7 III Nr 2 GeschmMG 1986 bereitzustellen, schuf die Vorschrift zugleich materielles Recht, indem damit zugleich der neuartige Schutzgegenstand der Gestaltung der Oberfläche eines Erzeugnisses definiert wurde. § 7 IV GeschmMG 1986 gestattete anstelle der Bilddarstellung die Darstellung des Designs durch ein flächenmäßiges (Original-) Design des Erzeugnisses selbst oder eines Teils davon, wobei der Schutz ausschließlich der Oberflächengestaltung zur Bedingung gemacht war. Es handelte sich zB um Stoffbahnen, Tapetenstücke, Keramikteile, auf Papier aufgeklebte oder in Taschen eingesteckte Teile, Musterlaschen oder -kataloge. Die für die wirksame Anmeldung eines so dargestellten Oberflächenmusters geltenden Schutzvoraussetzungen und die damit einhergehenden spezifischen Schutzwirkungen wirken nach der Übergangsvorschrift des § 72 II 1 auch im Rahmen des geltenden Ges fort. Diese Nachwirkungen sind zahlenmäßig nicht gering, da von dieser Darstellungsmöglichkeit reger Gebrauch gemacht worden war. Zu den Besonderheiten der Anmeldung solcher Designs s 2. Aufl 7/46 ff. Die Darstellungsmöglichkeit des § 7 IV GeschmMG 1986 hat in der Möglichkeit der Einreichung eines flächenmäßigen Designabschnitts nach Abs 2 S 2 und § 8 DesignV eine eingeschränkte Nachfolge gefunden, Rn 54 ff.

87 **b) Schutzgegenstand** war dem Grds nach die Gestaltung der Oberfläche, unabhängig von dem verwendeten Träger. Die gesetzl Vorgaben waren unscharf und problematisch, weil der seinerzeit neuartige Schutz der Oberflächengestaltung nicht zwangsläufig nur rein zweidimensionale Gestaltungen erfasste – anders als jetzt ein flächenmäßiger Designabschnitt nach Abs 2 –, sondern weil eine dreidimensionale Ausdehnung des Trägermaterials selbst als Oberflächenstruktur oder des Trägers der Oberflächengestaltung (Erzeugnis), zB eine Wölbung oder wellenartige Struktur, die Oberfläche mitprägen kann. Entscheidend und der Vorschrift nicht eindeutig entnehmbar war, inwieweit der Anmelder durch diese Darstellungsform auf den Schutz dreidimensionaler Gestaltungsmerkmale verzichtet hat. Ihr Sinn war grds der Schutz von Designs, also als zweidimensional – flächenmäßig – aufzufassende Gestaltungen, da eine Oberfläche als Schutzgegenstand dem GeschmMG sonst fremd war, diese allerdings angepasst an die Form des Trägers dieser Oberfläche, also uU gleichsam eine geometrische Abwicklung einer durchaus zulässigen gekrümmten, welligen, gewölbten Oberfläche. Für die Abgrenzung einer Oberflächengestaltung als (zweidimensionales) Design von Modellen ist auf die ästhetische Wirkung abzustellen, RG GRUR 38, 343 – Preßkämme, BGH GRUR 62, 144, 145 – Buntstreifensatin I, und nicht auf die Verwendung des Gegenstands. Unproblematisch ist es daher, wenn das Oberflächenmuster lediglich eine – gleichsam schon vorhandene – Fläche bedeckt, zB Musterung oder Oberflächeneffekte auf Stoffen, Tapeten, Blechen, auch gewölbten Trägern. Die Träger waren grds austauschbar, so dass eine als flächenmäßiges Design verstandene Oberflächengestaltung auch auf gewölbten oder zylindrischen Trägern aufgebracht sein konnte, BPatG 4 W (pat) 701/95 v 8.5.95 – unveröffentlicht, betr. einen zylindrischen Brauseschlauch. Soweit jedoch die bes gestalterische Wirkung durch die Eigenschaften der Unterlage oder die räumlichen Elemente wesentlich mitbestimmt wird, zB bei aufgesetzten, plastischen Ornamenten, also die Zweidimensionalität verlassen werden muss, um die Eigentümlichkeit zu begründen, reicht die materiellrechtliche Wirkung der Schutzbeschränkung nach § 7 IV GeschmMG 1986 zu einer umfassenden Begründung des Schutzes für die maßgeblichen Gestaltungselemente nicht mehr aus, Kelbel GRUR 87, 144; 89, 638, aus dem so dargestellten Design kann dann kein Schutz für die dreidimensionale Gestaltung hergeleitet werden. Indiz für eine Überschreitung dieser Darstellungsmöglichkeit kann zB sein, dass die reine Auf-

sicht zur Verdeutlichung des neuen und eigentümlichen Effekts nicht genügt, der spezifische Eindruck somit erst durch Einbeziehung einer – ggf wechselnden – Schrägsicht auf die Oberfläche erzielt wird, oder dass die Strukturierung des Trägermaterials und die Oberflächengestaltung so sehr eine Einheit bilden, dass letztere nicht ohne Aufgabe der Eigenart auf andere, anders strukturierte Trägermaterialien übertragen werden könnte. Gleichwohl können solche Indizwirkungen im Einzelfall fehlen, wenn zB erst eine wechselnde Betrachtungsrichtung bes Glanz-, Farb- oder Changeanteffekte der Oberfläche hervorruft, BGH GRUR 62, 144, 146, 147 – Buntstreifensatin I, GRUR 60, 395, 396 – Dekorationsgitter, oder die reliefartige Struktur erkennbar macht, Kelbel GRUR 89, 639. Die schutzbegründenden Merkmale zB von geripptem Blech, Reifenprofilen, durchbrochenen Matten, Flechtwerk, Gittern, Tapeten mit kräftigen Strukturen und Vergleichbarem konnten daher auf diese Weise oft nicht mehr ausreichend dargestellt, ein spezifischer Schutz nicht begründet werden. Zu weiteren Beispielsfällen 2. Aufl 7/48. Bei Oberflächenmustern gem § 7 IV GeschmMG 1986, die am 1.6.04 angemeldet, aber noch nicht eingetragen waren, wird bei großzügiger Auslegung des Begriffs der Flächenmäßigkeit gem Abs 2 S 2 die Schutzfähigkeit keine Probleme bereiten.

c) Im Zusammenhang mit der Darstellung durch flächenmäßige Erzeug-   **88**
nisse hatte die die **Kombinationen von Oberflächenmustern** betreffende Vorschrift des § 6 II GeschmMAnmV die klarstellende Bedeutung, dass flächenmäßige Designs, die auf losen Träger-Einzelteilen aufgebracht sind und nur in zusammengesetzter Form Schutz genießen sollen, als Darstellung nach § 7 IV GeschmMG 1986 zugelassen sind, Kelbel GRUR 87, 144. Die Oberflächengestaltung erstreckt sich dann auch auf die Einzelteile, zB übergreifende Ornamente auf Kacheln, Bilder auf ineinander greifenden Spielzeugteilen. Die Zusammengehörigkeit der Teile musste an ihnen selbst dauerhaft und eindeutig kenntlich gemacht werden. Diese Möglichkeit ist in der Praxis kaum aufgegriffen worden.

3. Die **kombinierte Darstellung** nach § 7 V GeschmMG 1986 schuf **89**
durch Kombination der Darstellung durch ein Bild – § 7 III Nr 2 GeschmMG 1986 – und der Darstellung mit Inanspruchnahme des Oberflächenschutzes – § 7 IV GeschmMG 1986, Rn 86 ff – im Rahmen nur einer Anmeldung die Möglichkeit des gleichzeitigen Schutzes der dreidimensionalen Gestaltung und – davon unabhängig – ihrer mitdargestellten Oberfläche, zB Form einer Kanne, aufgebrachtes Dekor oder Kleidungsschnitt und verwendete Stoffvariante. Von dieser Möglichkeit wurde kaum Gebrauch gemacht, weshalb für Einzelh auf die Kommentierung in der 2. Aufl 7/52 verwiesen wird. Probleme kann eine nur teilweise gegebene Schutzfähigkeit entweder der dreidimensionalen Gestaltung oder der Oberflächengestaltung bereiten, da das Design zunächst als insgesamt schutzunfähig beurteilt werden müsste. Um keine Verschlechterung ggü der davor liegenden, sich ggf auf zwei separate Anmeldungen stützenden Rechtslage eintreten zu lassen, kann die Schutzfähigkeit insgesamt bejaht, jedoch die gebotene Einschränkung in den Entscheidungsgründen klargestellt werden, Nirk/Kurtze 7/57. Bessere Information der Öffentlichkeit gewährleistet der im Register einzutragende Teilverzicht, und nur noch Teilschutz geltend zu machen. Damit verbliebe statt einer Gesamtlöschung der Eintragung lediglich eine Teillöschung des unzulässigen Teils.

90   4. Die **Darstellung durch das Modell** nach § 7 VI GeschmMG 1986
hatte den Zweck, für Ausnahmefälle Unzulänglichkeiten der Bilddarstellung
zu vermeiden, wenn nach Auffassung des Anmelders trotz optimaler einge-
setzter Wiedergabetechniken die Bilddarstellung die Schutzmerkmale des
Modells nicht deutlich und vollständig zeigen konnte. Geschütztes Design
war dann anstelle einer bildlichen Darstellung das hinterlegte Modell selbst
in allen seinen Einzelheiten. Um den Gebrauch dieser Möglichkeit zu steu-
ern, fand eine Zulassungsprüfung durch das DPMA statt, dazu, insbes zur
Problematik einer verweigerten Zulassung und den einzuhaltenden, zT
zwingenden Anmeldebestimmungen bei Modelldarstellung ausführl 2. Aufl
7/54 f. Überdies war mit der Anmeldung eine erhebliche Zusatzgebühr zur
Abdeckung der bes Verwaltungskosten dieser Hinterlegungsart zu entrichten,
die sich bei Verlängerungen der Schutzdauer auch gegenwärtig noch fort-
setzt, Einzelh § 28 Rn 9. Auf der Grundlage einer Modelldarstellung vor
dem 1.6.04 eD bleiben nach § 72 I auch im jetzt geltenden Recht aufrechterhalten bis zu ihrem Erlöschen, Begr zu § 66 GeschmMG 2004. Aus ihnen
können also weiterhin Benutzungs- und Abwehrrechte geltend gemacht
werden, wie aus jedem anderen übergeleiteten AltR, Rn 85. Zur speziellen
Akteneinsicht § 22 Rn 13. Soweit bei Inkrafttreten des GeschmMG 2004
eine solche Anmeldung noch nicht eingetragen war, entfiel die Darstellungsmöglichkeit durch das Original und das Eintragungsverfahren war auf
der Grundlage der nach § 7 VI GeschmMG 1986 miteinzureichenden fotografischen oder grafischen Darstellung als Wiedergabe nach Abs 2 S 1
Nr 3 ohne Änderung des Anmeldetags fortzusetzen, Begr zu § 66 Geschm-
MG 2004, bei fehlender und notwendiger Nachreichung der Wiedergabe
unter Verschiebung des Anmeldetags. Mit dem 1.6.04 entfiel die Zusatzgebühr für die Modelldarstellung als gegenstandslos.

91   5. Die sog **Übertragungsklasse,** § 7 VIII 2 GeschmMG 1986, zum Begriff krit Kirschner/Strunkmann-Meister Mitt 94, 9 f, sollte der Schwäche
der Klassifikationsangabe entgegenwirken, dass die Verwendung eines in
einer Warenklasse eingeordneten Designs nicht dessen Verwendung für Erzeugnisse anderer Warenarten erkennen lässt und so die Recherche Dritter,
die sich von der angegebenen Warenklasse leiten lassen, fehlgeleitet werden
kann, s auch Rn 72. Dadurch konnte unter Geltung des Nachbildungsschutzes von Alt-GeschmM der Einwand eines Verletzers begünstigt sein, der
insbes bei fehlender anderweitiger Veröffentlichung sich auf die Nichtauf-
findbarkeit bei Recherchen und damit auf Unkenntnis der Verwendung des
fraglichen Designs für Erzeugnisse einer anderen Warenklasse beruft, Kelbel
GRUR 87, 147. Die zusätzliche Angabe solcher Klassen war daher auch für
Erzeugnisse möglich, auf die das Design übertragen werden soll, zB Verwendung eines Dekors von Porzellan ebenso auf Tischwäsche, Papierservietten,
Küchengeräten, Baukeramik. Die Übertragungsklassen fanden sich in Auflis-
tungen in den Anhängen einer jeden Ausgabe des GeschmM-Blatts, das
auch die Hauptveröffentlichung des zugehörigen GeschmM enthielt. Die
den Nachbildungsschutz unterstützende Wirkung von Übertragungsklassen
war ab dem 1.6.04 entbehrlich geworden und entfallen, weil von diesem
Datum an entspr dem absolut wirkenden Designschutz nach § 38 I, II es auf
die Kenntnis oder Unkenntnis eines Verletzers von der geschützten Gestaltung nicht mehr ankommt. Ihre praktische Wirkung ist schon seit dem
28.10.01 obsolet, weil eine nach diesem Datum begonnene Benutzung einer

iSd Nachbildungsschutzes unabhängigen Parallelschöpfung verfolgbar wurde, § 72 II 2.

XX. Gemeinschaftsgeschmacksmuster

1. Die **Rechtsquellen** für die verfahrensmäßigen Eintragungsvorausset- 92
zungen von GGM und die zu beachtenden Einzelheiten sind dreistufig. Die grundlegenden Bestimmungen finden sich in den Art 35–44 GGV, nähere Ausführungsbestimmungen in den Art 1–9 GGDV, schließlich in Abschn 1–11 der Prüfungsrichtlinien für GGM des HABM. Die **Regelungssystematik** für die Zentralvorschrift zum Anmeldungsinhalt des Art 36 GGV entspricht derjenigen des § 11 DesignG. Auch hier wird zwischen einem für die Begründung eines Anmeldetags zwingend vorausgesetzten und anderen zwingenden, schließlich auch fakultativen Anmeldungserfordernissen unterschieden. Allerdings enthält Art 36 IV GGV einen Hinweis, dass im Zusammenhang mit der Anmeldung eine Eintragungs- und Bekanntmachungsgebühr zu zahlen ist (im Bezug auf die Anmeldegebühr indirekt in § 16 I Nr 1 DesignG geregelt), dagegen keine Vorschrift über die Rücknahme der Anmeldung (§ 11 VII DesignG). Dementspr gelten die vorstehenden Ausführungen zum DesignG über den Inhalt von Eintragungsantrag und Wiedergabe auch für GGM mit den nachfolgenden Besonderheiten und Abweichungen. Zu der für deutsche Anmelder straffen Verwaltungspraxis des HABM s § 23 Rn 63.

2. Zur Einreichung der **Anmeldung** eines GGM beim DPMA und de- 93
ren Weiterleitung an das HABM s § 62. Die **Anmeldung** kann mit – vorgeschriebenem – Eintragungsantrag-Formblatt mit Anlagen (auch im Internet: https://oami.europa.eu/ohimportal/de/), s auch Rn 94, oder elektronisch über das Internet eingereicht werden (dazu s. u.). Das HABM rät (zu Recht) von Einsendung per Fax ab, zur Verfahrensweise bei Faxeingang und dessen Anerkennung enthält Abschn 1.7.2.3 PrüfHb nähere Bestimmungen, Einzelh Ruhl 36/25 ff, die nicht fristgemäße Nachreichung einer Faxbestätigung führt zum Verlust der Anmeldung. Der **Antrag auf Eintragung** eines GGM ist auf amtlichen Formblättern zu stellen, von denen unterschiedliche vorgehalten werden, insbes auch zum Aufbringen der Wiedergabe bzw Probe; verwendet werden können auch ihnen gleichende selbsterstellte Formulare, Mitt PräsHABM ABl 02, 556. Der Antrag muss zwar ebenso wie nach § 11 III DesignG eine **Erzeugnisangabe** enthalten, Rn 62 ff, ebenso wie nun im DesignG ist dieses Anmeldeerfordernis nicht als zwingend zur Begründung des Anmeldetags ausgestaltet, also bei gänzlichem Fehlen lediglich der nicht anmeldetagsverschiebenden Mängelrüge des HABM ausgesetzt. Für die Angabe der Identität des Anmelders reichen, soweit der Anmelder eine Kennnummer des HABM erhalten hat, der Name und die Kennnummer aus. Die **Warenklassen- und Erzeugnisangabe** richtet sich gem Art 3 GGDV unmittelbar nach der Klassifikation einschließlich des Verzeichnisses der Erzeugnisse (Warenliste) auf der Grundlage des Locarno-Abkommens, Rn 70, dazu zuletzt Mitt PräsHABM 2/08 ABl-online 12/08. Weil das HABM die Warenliste weiter differenziert und in die Amtssprachen übersetzt hat, zudem laufend überarbeitet und neu gebildete Warenbegriffe alsbald einarbeitet, wird sie als EuroLocarno-Klassifikation bezeichnet, die über die Homepage des HABM (s. o.) erreichbar ist. Die Benutzung der Begriffe

dieser Klassifikation spart Ermittlungen des HABM und Übersetzung, beschleunigt daher das Eintragungsverfahren deutlich, Schlötelburg Mitt 03, 100, 101. Eine nicht ganz zutreffende Erzeugnisangabe berichtigt das HABM, wenn es „naheliegt", Abschn 5.1.4.4 PrüfHb. Erzeugnis- und Warenklassenangabe beeinflussen den Schutzbereich des GGM nicht, Art 36 VI GGV. Die Aufschiebung der Bekanntmachung kann beantragt werden, Einzelh s § 21 Rn 14. Die Anmeldung eines GGM muss zusätzlich eine Angabe zu der **Sprache** der Anmeldung (sog erste Sprache), einer der Sprachen der Gemeinschaft, und zur sog zweiten Sprache, einer der fünf Amtssprachen des HABM, enthalten, zum Sprachenregime § 23 Rn 66. Zur elektronischen Anmeldung hat der PräsHABM eine ausführl Regelung getroffen (Beschluss v 26.6.03, ABl 03, 1640 = Bl 03, 366), ersetzt durch den „Grundsatzbeschluss zur elektronischen Übermittlung" aufgenommen – Beschluss N EX-07-4 des PräsHABM –, ABl-online 9/07, dort insbes Art. 3 und Art 14–17 zum „e-filing". Besonderheiten sind das elektronische Anmeldeformular mit der Wiedergabe und ggf Prioritätsnachweisen als Anhang gem Art 15 des zit Beschlusses mit max Dateigrößen als zwingende Bestimmungen. Beachtlich ist bei angemeldeter Teilnahme der Verzicht auf eine bes, weitergehende Authentifizierung nach Art der qualifizierten elektronischen Signatur, vgl § 25 Rn 5.

94 **3.** Die **Wiedergabe** selbst unterliegt nach Art 36 I c) GGV denselben (wenigen) inhaltlichen Vorgaben wie nach § 11 II 1 Nr 3 DesignG. Seit Neufassung des § 6 GeschmMV zum 1.11.08 laufen die Anmeldeerfordernisse stärker auseinander. Zwar bestehen nach Art 4 I GGDV unterdessen weniger strenge formale Anforderungen an die die Darstellung enthaltenden Blätter. So dürfen die Darstellungen der Wiedergabe neben ihrer Aufbringung auf dem amtlichen Wiedergabe-Formblatt (gilt auch für die Proben, ansonsten entspr der DesignV,) auch die sog gesonderten Blätter sein, dh Exemplare, die selbst Darstellung sind (zB Fotoabzüge, grafischer Druck ohne gesonderten Träger). Letztere müssen Formalien einhalten, so einheitlich die Größe DIN A 4 (nicht kleiner), ferner einen Satzspiegel von 26,2 × 17 cm mit linkem Seitenrand von 2,5 cm sowie Angabe der Darstellungsnummer. Wegen unterschiedlicher vorgeschriebener Formblätter für die Wiedergabe sind die Anmeldeerfordernisse somit nicht kompatibel. Andererseits darf die Wiedergabe nach Art 4 II GGDV nur aus max. 7 Darstellungen bestehen (§ 7 I 2 DesignV: 10 Darstellungen). Für den Inhalt der Wiedergabe gelten die allg Qualitätsanforderungen, ausdrücklich angesprochen sind das Erfordernis des einheitlich neutralen Hintergrunds – was wohl Fehlen von Beiwerk mit einschließt – und der Freiheit von Retuschen, Art 4 I e) GGDV. Die **Proben** – entspr dem flächenmäßigen Designabschnitt nach § 11 II 2 DesignG – dürfen nur weit geringere Dimensionen als nach § 8 DesignV aufweisen, insbes eine Dicke von lediglich max 3mm, Art 5 GGDV; dies gilt auch sich wiederholende Flächendesigns, Art 5 IV 2 GGDV. Außerdem müssen Proben in fünf Exemplaren eingereicht werden, Art 5 III 2 GGDV. Im Vergleich zu den Anmeldeerfordernissen des DesignG ist damit die Einreichungsmöglichkeit von Proben aus diesen praktischen Gründen erheblich eingeschränkt. Zur Anmeldung typografischer Schriftzeichen s § 61 Rn 9. Die **Beschreibung,** Art 36 III (a) GGV, 1 II (a) GGDV, unterliegt denselben formalen Regeln wie nach dem DesignG und der DesignV, jedoch interpretiert Abschn 5.2.2 PrüfHb unter Bezugnahme auf

Art 36 VI Gemeinschaftsgeschmacksmusterverordnung, der nach Ruhl, Art 36 Rn 92, nur klarstellenden Charakter hat, die Wirkung dahin, dass ihr Inhalt den Schutzbereich des GGM als solchen nicht berühre; damit kann sie insbes nicht einschränkend wirken. Die Beschreibung wird lediglich zu den Akten genommen; in das Register wird nur ein Hinweis darauf eingetragen, Art 69 II (o) GGDV. Besteht Bedarf, den Inhalt der Beschreibung zur Kenntnis zu nehmen, muss somit Akteneinsicht genommen werden, Art 74 III GGV. Ein Disclaimer muss also durch gesonderte Erklärung eingeführt werden, für deren Bekanntmachung jedoch auch kein Raum ist. Eine beantragte Änderung der Beschreibung wird abgelehnt, Mitt PräsHABM 4/05, ABl 05, 1092, ebenso wenig eine nachgereichte Beschreibung akzeptiert, Abschn 5.2.2 PrüfHb.

4. Die **Anmeldegebühren** sind in der GGGebV bestimmt. Eine Sockel- **95** gebühr für die Eintragung, dh die Anmeldegebühr, beträgt 230 EUR, für die Bekanntmachung 120 EUR. Bei Aufschiebung der Bekanntmachung tritt an deren Stelle die Gebühr von 40 EUR. Zu den Eintragungs- und Bekanntmachungsgebühren bei Sammelanmeldungen § 12 Rn 23. Abbuchungskonten können eingerichtet werden und vereinfachen die Fristwahrung, Einzelh Schlötelburg Mitt 03, 100, 101.

XXI. Internationale Eintragungen

1. Das System Internationaler Eintragungen nach dem Haager Musterab- **96** kommen in seinen verschiedenen Fassungen ist in Int Rn 3 ff dargestellt. Umfangreiche, kommentarartige Erläuterungen insbes zum Anmeldeverfahren enthält der „Guide to the International Registration of Designs", Chapter II, abrufbar über www.wipo.int/hague/en (allg Internetseite der WIPO: www.wipo.int). Für die **Anmeldeberechtigung** des Anmelders ist die Rechtslage des Mitgliedslands entscheidend, Einzelh s Int 5. Einzelne Bestimmungsstaaten können der WIPO notifizieren, dass die Anmeldeberechtigung nur dem Entwerfer (Schöpfer) zukommt und diese ggf auf den Anmelder übertragen wurde, R 8 GAO (nicht Deutschland). Die **Benennung der Vertragsparteien** (bzw Mitgliedstaaten), in denen Schutz erlangt werden soll, richtet sich zunächst nach der gegebenen Anmeldeberechtigung des Anmelders, sodann mit der jeweils für seinen Herkunfts- und den gewählten Zielstaat gültigen Fassung des HMA, wobei auch Kombinationen mehrerer Fassungen Bedeutung haben. Dies kann zu komplizierten Überlagerungen oder – umgekehrt – zu Benennungsausschlüssen führen, Einzelh in den offiziellen Erläuterungen der WIPO zum Anmeldeformular, Hinweis Rn 97, sowie in Abschn 04.36 ff des o. g. „guide"; Beisp für mögliche und ausgeschlossene Benennungen auch bei Gluthe, VPP-Rundbrief 09, 97. Die sog Selbstbenennung bei Auswahl eines Bestimmungsstaats ist zulässig, zB kann ein Anmelder mit einer aus der HMA-Vertragspartei Deutschland hergeleiteten Anmeldeberechtigung Deutschland als Bestimmungsstaat benennen, Art 7 II HMA 1960, dazu Raible GRUR 89, 172, und Art 14 III HMA 1999; Deutschland hat keine dem entgegenstehende nationale Rechtslage notifiziert. Wegen Zugehörigkeit zu den beiden heute aktiven Abkommensfassungen steht der Schutz in Deutschland Anmeldern aller Verbandsparteien offen. Eine vorherige Design-Eintragung in der BRD (wie die Basismarke für eine IR-Markenanmeldung) ist hierfür nicht erforderlich. Eine frühere

Priorität kann in Anspruch genommen werden. Eine internationale Eintragung auf der Grundlage des HMA 1934 erstreckte sich automatisch auf alle Vertragsstaaten, Art 4 II 2 HMA 1934, davon ausgenommen war jedoch der Ursprungsstaat des Anmelders, Art 1 HMA 1934.

97 **2.** Die **Anmeldung** kann nach Wahl des Anmelders entweder direkt beim Internationalen Büro oder über das DPMA eingereicht werden, § 67. Das DPMA leitet Anmeldungen ohne Prüfung unverzüglich an das Internationale Büro weiter, § 68. Für die Anmeldung in Papier muss das Formblatt des Internationalen Büros verwendet werden, R 7 I GAO, bei Telefax A 203 (a) VR. Das Formblatt steht in englischer, französischer oder spanischer **Sprache** zur Verfügung, R 6 I GAO. Das Formblatt ist ähnlich dem Formblatt für die internationale Registrierung von Marken strukturiert. Das Formblatt (Formblatt DM/1.inf (E) Stand 7.13), ebenso wie umfangreiche Erläuterungen zu dessen einzelnen Positionen sind abrufbar unter www.wipo.int/hague/en mit weiteren links. Durch die Sprache des Antrags wird grds die Sprache des Schriftverkehrs festgelegt, R 6 III iii) GAO. Die Verwendung einer zulässigen Sprache ist elementares Anmeldeerfordernis, anderenfalls wird kein Anmeldetag begründet, R 14 II a) GAO und nur unter dessen Verschiebung heilbar. R 14 II b) GAO enthält in abschließender Aufzählung weitere in diesem Sinn **zwingende Erfordernisse** als Mindestinhalt der Anmeldung:

Name und Anschrift des Anmelders, Angabe der für den Anmelder maßgeblichen Vertragspartei, Zahl der Designs und der Wiedergaben, Warenklassenangabe und Erzeugnisangabe (entspr § 11 II Nr 4), Benennung mindestens einer Vertragspartei, Unterschrift, Art 5 I HMA 1999; R 7 III GAO, sowie die Wiedergabe(n), für die Schutz beantragt wird.

Sammelanmeldungen von bis zu 100 Designs sind zulässig, R 7 III v GAO. Die Anmeldung kann zusätzlich enthalten: Benennung eines Vertreters, Angaben zur Identität des Schöpfers (= Entwerferbenennung, für Bestimmungsstaat Deutschland nicht zwingend), Beschreibung, Angaben zur Prioritätsbeanspruchung, Antrag auf Veröffentlichung in Farbe, Antrag auf Aufschiebung der Veröffentlichung, Art 5 III HMA 1999; R 7 V GAO. Zahlr Mitgliedstaaten haben zu einzelnen dieser Angaben oder andere bes Erfordernisse notifiziert, die dann ggf dort erfüllt werden müssen. Allg gilt, dass solche weitergehenden nationalen Erfordernisse nur gefordert werden dürfen, wenn sie in HMA und GAO vorgesehen und der WIPO notifiziert sind, Übersicht über diese Besonderheiten in den Erläuterungen zum Anmeldeformular (s. o.) und in der Auflistung der notifizierten „declarations" (www.wipo.int/hague/en/declarations/declarations.html); Deutschland hat keine zusätzlichen Erfordernisse notifiziert. Die **Einreichung** der Anmeldung kann per Telefax erfolgen, wenn der Antrag keine in Farbe zu veröffentlichende Wiedergabe enthält, A 203 (a) VR. Wenn das Original des Antrags innerhalb von 20 Tagen nachgereicht wird, ist das Datum des Telefaxzugangs maßgeblich. Anderenfalls ist die Anmeldung unwirksam, A 203 (b) VR, vergleichbar GGM, Rn 97. Einzeln zur Angabe des Anmelders, Schriftform enthalten A 201 f, 301 VR. Seit Anfang 2008 ist auch die elektronische Anmeldung zulässig (e-filing), A 204 (a) (i) VR, Information Notice No. 13/2007 v 27.12.07. Die Anmeldung per e-filing erfolgt nach Anlage eines Benutzerkontos als webservice (unter Benutzung eines Internetbrowsers – empfohlen ist aus Kompatibilitätsgründen Mozilla Firefox) auf den Internetseiten der WIPO. Der Eingang der Anmeldung wie auch jeden elektronischen Schriftstücks wird umgehend elektronisch bestätigt, A 204 (b) VR. Für die Veröffentlichung finden die ordnungsgemäß nachgereichten Originale der Wiedergaben Verwendung. Zum Anmeldetag s § 13 Rn 7. Die **Rücknahme** der Anmeldung oder Eintragung, auch bezügl einzelner benannter Vertragsparteien, hat ggü dem Int Büro zu erfolgen Art 16 I iv) HMA 1999, R 21 I a) iii) GAO.

3. Eine **Wiedergabe** des Designs in grafischer oder fotografischer Form **98** ist essentieller Bestandteil der Anmeldung, Art 5 I HMA 1999. Einzeln bestimmen R 9 GAO und A 401–405 VR. Alle Wiedergaben müssen zur Veröffentlichung geeignet sein, R 9 II a) GAO. Für jede Wiedergabe genügt ein Exemplar, A 401 (b) VR. Eine Anmeldung darf sowohl grafische als auch fotografische Darstellungen enthalten; die Darstellungen können – auch gemischt – farbig oder schwarz-weiß sein, A 401 (a) VR. Die Wiedergabe kann sich aus einer nicht begrenzten Zahl von Darstellungen zusammensetzen, A 05.10 des „guide" (vgl Rn 100). Anforderungen an die grafischen und fotografischen Darstellungen ergeben sich aus A 404 VR. Dasselbe Erzeugnis kann aus mehreren Blickwinkeln gezeigt werden, R 9 I 2 GAO. Die Wiedergabe darf weder ganz noch teilweise Darstellungen anderer Designs enthalten (Beiwerk), muss freigestellt vor neutralem Hintergrund sein und ohne schriftliche Zuätze auf dem Bild wie Erläuterungen, Bemaßung, Schnittlinien, Retuschierungen ua, A 402 (c) VR; die Sachbearbeitung des Internationalen Büros wirkt häufig in informellen Kontakten mit dem Anmelder darauf hin. Der Wiedergabeinhalt muss im üblichen Gebrauchszustand gezeigt und so orientiert sein, wie ihn der Anmelder bekanntgemacht wünscht, A 401 (d), 402 (a), 404 (a) VR. Erscheinungsmerkmale, für die kein Schutz beansprucht wird, können in einer Beschreibung genau bezeichnet oder durch bes Mittel (optischer Disclaimer, vgl Rn 34) dargestellt sein, R 9 II b) GAO; A 403 VR. Bei Einreichung in Papierform müssen die Darstellungen auf einem weißen, nicht durchscheinenden Papier aufgebracht sein (aufgeklebt, Papierausdruck), ein Blatt im Format DIN A4 kann bis zu 25 Wiedergaben enthalten, A 401 (c) VR. Das Format der Wiedergabe muss rechteckig sein, A 401 (e) VR; das Mindestmaß einer Seitenlinie der Darstellung ist 3 cm, das Höchstmaß beträgt 16 × 16 cm, A 402 (b) VR. Für den Fall elektronischer Anmeldung sind die bes Anforderungen an die Bilddateien dem Bulletin zu entnehmen. Die Hinzufügung einer Beschreibung der Wiedergabe ist grds optional, einige Bestimmungsstaaten fordern dies jedoch. Überschreitet der Umfang 100 Wörter, ist eine Zusatzgebühr iHv 2 CHF für jedes weitere Wort zu entrichten. Durch Art 5 I iii) HMA 1999 wurde für Anmeldungen, die ausschließlich dieser Abkommensfassung unterliegen, die Möglichkeit eröffnet, anstelle einer grafischen oder fotografischen Wiedergabe ein zweidimensionaler Designabschnitt („specimen") einzureichen. Einzureichen sind ein Exemplar für WIPO und je ein weiteres für nationale Ämter von Bestimmungsstaaten, soweit sie dies notifiziert haben, insbes solche mit prüfenden Ämtern. Sind Bestimmungsstaaten der Fassung 1960 betroffen, kann ein Design eingereicht werden, das von einer bildlichen Designwiedergabe begleitet sein muss. Voraussetzung für die Einreichung ist in jedem Fall, dass es sich um einen zweidimensionalen Designabschnitt handelt und dass zugleich die Aufschiebung der Veröffentlichung beantragt ist. Die Designs können gefaltet sein und dürfen (gefaltet) das Format DIN A 4 nicht überschreiten, wobei sie vergleichbar dem Wiedergabeblatt aufgebracht (geklebt) sein müssen. Sie müssen in einem Paket enthalten sein, R 10 II GAO; dessen Höchstmaße (30 × 30 × 30 cm) und Höchstgewicht (4 kg) sind in A 406 (a) und (b) VR geregelt. Für typografische Schriftzeichen bestehen keinerlei Sonderregelungen. Zur Beseitigung von beanstandeten Mängeln sollte das Einvernehmen mit dem Sachbearbeiter des Int Büros gesucht werden, vgl § 23 Rn 70.

99   **4.** Die **Anmeldegebühren** sind an die WIPO direkt in Schweizer Franken zu bezahlen, anders als für Anmeldeunterlagen ist eine indirekte Zahlung an oder über das DPMA nicht möglich. Die Zahlung kann nach Registrierung auch elektronisch mit Kreditkarte erfolgen („e-payment"), Einzelh unter www.wipo.int/hague/en, s auch § 16 Rn 32. Die Gebührentatbestände sind im Grds in R 12 GAO geregelt. Die wichtigsten Gebühren sind: Eine Grundgebühr für ein Muster (397 CHF); Zusatzgebühren für jedes weitere Muster in derselben (Sammel-)Anmeldung (19 CHF); sog Standard-Benennungsgebühr für jede benannte Vertragspartei in 3 Stufen („Level",), abhängig vom benannten Staat nach Maßgabe einer Staatentabelle (42, 60, 90 CHF), ggf entspr gestaffelte Zusatzgebühr für weitere Muster (2, 20, 50 CHF), ggf eine sog individuelle Benennungsgebühr für die zwischenstaatlichen Organisationen der EU und der OAPI, s Int Rn 6, sowie für die Einzelstaaten Bulgarien, Kirgisien, Moldawien und Ungarn (ebenso aufgeteilt in eine Grundgebühr und ggf Zusatzgebühren); fixe Veröffentlichungsgebühr von 17 CHF für jede Wiedergabe; zusätzliche Veröffentlichungsgebühr von 150 CHF für jede angefangene weitere Seite, (soweit die Darstellung in Papier vorliegt). Die Veröffentlichungsgebühr wird bei Aufschiebung der Bekanntmachung erst zu diesem späteren Zeitpunkt erhoben. Die Höhe der Gebühren ergibt sich aus dem Gebührenverzeichnis in der ab 1.1.10 geltenden derzeitigen Fassung, für von der UNO anerkannte Entwicklungsländer als Bestimmungsstaaten besteht ein Abschlag von 10%. Wenn zB eine Sammelanmeldung fünf Designs enthält und elf Vertragsparteien ohne gesteigerte oder individuelle Benennungsgebühr benannt werden und wenn keine Besonderheiten hinzukommen, betragen die Anmeldegebühren insges ca 800 Euro. Der Kostenvorteil internationaler Anmeldungen, zB ggü einer GGM-Anmeldung beginnt erst bei höheren Designzahlen, Gluthe, VPP-Rundbrief 09, 102. Die nicht unkomplizierte Gebührenberechnung insbes bei zahlr Bestimmungsstaaten ist durch eine online-Berechnungshilfe und durch ein strukturierendes Berechnungsformular auf der Website der WIPO erleichtert (www.wipo.int/hague/en/fees), dort sind auch Zahlungsweisen, Fristen erläutert und einschlägige Formulare, Merkblätter abrufbar. Zu den Erneuerungsgebühren s § 28 Rn 11, zu den Gebühren für die Eintragung von Änderungen sowie für Auszüge, Auskünfte und Kopien s § 19 Rn 15.

Sammelanmeldung

12 (1) **Mehrere Designs können in einer Anmeldung zusammengefasst werden (Sammelanmeldung). Die Sammelanmeldung darf nicht mehr als 100 Designs umfassen.**

(2) **Der Anmelder kann eine Sammelanmeldung durch Erklärung gegenüber dem Deutschen Patent- und Markenamt teilen. Die Teilung**

lässt den Anmeldetag unberührt. Ist die Summe der Gebühren, die nach dem Patentkostengesetz für jede Teilanmeldung zu entrichten wären, höher als die gezahlten Anmeldegebühren, so ist der Differenzbetrag nachzuentrichten.

Übersicht

I. Allgemeines

1. Die **Entwicklung** des § 12 lässt sich zurückverfolgen bis zum **1** GeschmMG 1876. Von Anfang an bestand das Bedürfnis für eine rationale Möglichkeit, umfangreichere Kollektionen von Mustervarianten insbes des Textilbereichs in einfacher Weise zusammenfassen zu können. Dieser Zweck der Sammelanmeldung wurde bei ihrer Vorläuferform, der Paketniederlegung nach § 9 IV 1 und 2 GeschmMG 1876, § 7 der Musterregisterbestimmungen – häufig Paketanmeldung genannt – noch deutlicher. Dort war in rein äußerlich-formaler Weise die Zusammenfassung mehrerer niederzulegender Muster in einer äußeren Umhüllung notwendig, Hamm RPfl 62, 417, BPatG GRUR 86, 538 mwN, Jauß Mitt 84, 89. Die Möglichkeit, mehrere Schutzgegenstände in einer Anmeldung zusammenzufassen, war seitdem nicht in Frage gestellte Grundsubstanz in allen Reformvorschlägen, wobei schon der Entwurf 1977 die Höchstzahl der Muster einer Sammelanmeldung mit 100 festlegte, allerdings ohne Warenklassenbeschränkung. Allein § 7 IX GeschmMG 1986 wich mit 50 Mustern nach unten ab; auch MPI-E und Grünbuch sahen – wie jetzt Abs 1 S 2 – 100 Muster als Höchstzahl vor. Mit der Übernahme der Regelungssubstanz in den § 7 IX GeschmMG 1986 und die Umbenennung in Sammelanmeldung erfolgte 1988 eine Modernisierung. Wesentliche Neuerungen waren die Begrenzung auf eine einzige Warenklasse, Anmeldungs-Verfahrensvarianten zur unterschiedlichen Behandlung der einzelnen Schutzgegenstände einer Sammelanmeldung (unterschiedliche Darstellungsformen der § 7 III–VI GeschmMG 1986, Grundmuster und Abwandlungen nach § 8a GeschmMG 1986 bestimmbar), das Recht zur Teilung der Sammelanmeldung, die aufwendigere Registerführung und Bekanntmachung (gesonderte Angabe von Übertragungsklassen je Muster gem § 7 VIII 2 GeschmMG 1986, Bekanntmachung in Farbe oder Schwarz-Weiß); zu den Übergangsbestimmungen Rn 18 und § 11 Rn 89 ff. Diese Vielzahl von Verfahrensvarianten ist durch das geltende Ges vermindert worden, s § 11 Rn 1, jedoch führt § 12 im Kern den § 7 IX GeschmMG 1986 fort.

2   **2.** Ursprünglich bestand der Sinn einer Sammelanmeldung von Designs darin, mehrere, sich zumindest in groben Zügen – dh im Rahmen der **einheitlichen Warenklasse** – ähnelnde Designs, zB eine Variantenreihe, Kollektion, ein Set von Designs, mehrere verletzungsbedrohte Teilmerkmale der Erscheinungsform eines Erzeugnisses in einer gemeinsamen Anmeldung zusammenzufassen und damit eine iW einheitliche Durchführung des Eintragungsverfahrens zu veranlassen, verbunden mit deutlichen Gebührenvorteilen. Die gemeinsame Anmeldung einer Vielzahl von Designs durch den gleichen Anmelder brachte auch für das DPMA im Eintragungsverfahren den Vorteil mit sich, die Designs nicht einzeln, sondern gemeinsam bearbeiten zu können. Außerdem wurden GeschmM im GeschmM-Blatt bis 2004 nach Locarno-Klassen geordnet bekannt gemacht. Bereits seitdem richtet sich die Sortierung allerdings nach dem Eintragungstag. Das Erfordernis einer einheitlichen Warenklasse führte oft dazu, dass Anmelder willkürlich auch Warenbegriffe innerhalb der Erzeugnisangabe platzierten, die zum abgebildeten Gegenstand überhaupt nicht passten, nur um in den Genuss der Sammelanmeldung zu gelangen. Die Folge waren Eintragungen unpassender Warenbegriffe, was bei der Recherche zu sog Fehltreffern führt, also Anzeige von eD, die in keinem Verhältnis zur Suchabfrage stehen. Das Warenklassenerfordernis zeigte sich somit als obsolet und wurde mit dem GeschmMModG gestrichen.

3   **3.** Der **Zweck der Sammelanmeldung** liegt weiterhin in der Rationalisierung der Anmeldemöglichkeiten nicht nur von Großanmeldern. Daraus ergibt sich eine erhebliche Bedeutung für die Praxis. Neben diesem quantitativen Aspekt kann die Sammelanmeldung auch die materiellrechtliche Sicherheit verbessern; die Sammelanmeldung ist insbes angezeigt, wenn die Überschneidung der Schutzbereiche ähnlicher Designs sich im Vorhinein nicht abschätzen lässt, zB bei Kollektionen enger Varianten eines Designs und bei gestalterisch zusammengehörigen Sets von Designs, s auch Rn 8, § 11 Rn 34. Weil das DesignG nicht ästhetische Lehren, übergreifende Gestaltungsgedanken schützen kann, sondern nur die wiedergegebene Erscheinungsform des betreffenden Erzeugnisses für sich, s § 1 Rn 7, sollte man nicht auf einen vermutlich mehrere Designvarianten abdeckenden breiteren Schutzbereich eines für repräsentativ erachteten Designs vertrauen. Vielmehr sollte jede, auch nur geringfügige gegenständliche Abweichung jeweils für sich zum Gegenstand einer eigenen Anmeldung im Rahmen einer Sammelanmeldung gemacht werden. Ferner erleichtert die Sammelanmeldung die Begründung mehrerer gleicher Prioritäten für ein Design anhand mehrerer Wiedergaben mit unterschiedlichen Darstellungsmitteln (Fotografien, zeichnerische Darstellungen, bestimmte Perspektiven) im Hinblick auf Nachanmeldungen in Ländern mit unterschiedlichen, insbes strengeren Wiedergabeerfordernissen, zB Japan, Schlötelburg Mitt 03, 100, 101, § 11 Rn 48, was durch Erhöhung der Darstellungszahl auf 10 im Jahre 2008, § 7 I 1 DesignV, § 11 Rn 51, erleichtert ist. Keine Sammelanmeldung wird geschaffen durch die Einreichung mehrerer Darstellungen von im Detail abweichenden Mustern im Rahmen der zu einer Einzelanmeldung eingereichten Wiedergabe, BGH GRUR 01, 503, – Sitz-Liegemöbel, BGH GRUR 12, 1139 – Weinkaraffe, auch § 11 Rn 29. Dagegen wird – meist ungewollt – unter Schutznachteilen eine „Sammelanmeldung" faktisch geschaffen durch Wiedergabe des zu schützenden Musters anhand einer Katalogabbildung mit zahlreichem Beiwerk (zB Möbel in einem eingerichteten Zimmer mit zahlreicher weiterer Ausstattung), § 11 Rn 41.

4. Die **rechtliche Bedeutung** der Sammelanmeldung ist ungewöhnlich. **4** Die Zusammenfassung mehrerer und nicht durch ein in gegenständlicher Hinsicht einheitliches Schutzanliegen verbundener Schutzgegenstände in nur einer Anmeldung ist für andere gewerbl SchutzR nicht vorgesehen. Die Sammelanmeldung hat als solche allerdings keine materiellrechtliche Bedeutung, sondern ausschließlich register- und verfahrenstechnische Auswirkungen. Sie berührt weder für einzelne Designs in Anspruch genommene Prioritäten noch den jeweiligen Schutzbereich, Loschelder Mitt 87, 85, insbes kann aus einer Sammelanmeldung nicht auf eine Zusammengehörigkeit einzelner Designs im Rahmen eines komplexen Erzeugnisses iSv § 1 Nr 2 oder auf einen auf mehrere Designs mosaikartig verteilten gemeinsamen Gestaltungsgedanken geschlossen werden. Die Designs bleiben trotz gemeinsamer Anmeldung je gesonderte Schutzgegenstände mit allerdings einigen übereinstimmenden Schutzmerkmalen wie dem Anmeldetag, damit dem Ausschluss gegenseitiger Neuheitsschädlichkeit, v Gamm 7/33, und gleichem Beginn der Schutzdauer. Die materiellrechtliche Selbständigkeit der Designs einer Sammelanmeldung bedeutet ferner, dass sich für jedes Design der Sammelanmeldung eine eigene Priorität in Anspruch nehmen lässt, es eigenständig aufrechterhalten oder fallengelassen, geltend gemacht oder angegriffen werden kann, Gegenstand von Lizenzen, eines dinglichen Rechts, einer Zwangsvollstreckung, eines Insolvenzverfahrens oder einer Übertragung sein kann, s bes deutlich Art 37 IV GGV. Grund des Mengenrabatts bei den Gebühren ist die standardisierbare Behandlung durch verfahrenstechnische Vereinfachungen. Sie liegen in der einheitlichen Wirkung bestimmter Anträge, insbes des Antrags auf Aufschiebung der Bekanntmachung der Wiedergabe, § 5 III DesignV und eines Akteneinsichtsantrags, auch in der Einheitlichkeit des Eintragungs- und Bekanntmachungsvorgangs sowie von Entscheidungen des DPMA, zB den Feststellungen und Beschlüssen nach § 16 IV. Wählt der Anmelder die Sammelanmeldung, erstreckt sich die in dem Eintragungsantrag verkörperte Willenserklärung kraft Gesetzes auch auf diese einheitlichen Wirkungen. Grenzen hat die einheitliche Behandlung dort, wo für einzelne Designs einer Sammelanmeldung Abweichungen durch die unterschiedlichen Wiedergabeformen des § 11 II 1 Nr 3 bzw § 11 II 2 möglich sind, die Erzeugnisangabe unterschiedlich sein kann, § 5 II 1 Nr 2c DesignV, ferner eine Teilung der Sammelanmeldung erlaubt ist, Abs 2 iVm § 12 DesignV.

II. Eintragungsantrag und allgemeine Erfordernisse, Abs. 1

1. a) Der bes Inhalt des **Antrags** auf Eintragung als Sammelanmeldung **5** ergibt sich aus § 5 II DesignV. Wegen der Verwechslungsmöglichkeit mit einer Mehrheit von Einzelanmeldungen oder mit einem einzigen Design, das durch mehrere Darstellungen wiedergegeben wird, welche aber die gestalterische Einheit des Wiedergegebenen nicht erkennen lassen, ist für die Designmehrheit der Sammelanmeldung ein eindeutiger Verfahrensantrag erforderlich. Der Realakt der bloßen Zusammenfassung mehrerer Darstellungen oder flächenmäßiger Designabschnitte in einer gemeinsamen Verpackung reicht als solcher nicht aus. Der Antrag besteht nach § 5 II 1 Nr 1 DesignV darin, dass im vorgeschriebenen amtlichen Formular des Eintragungsantrags, § 11 Rn 18, zusätzlich die Tatsache einer Sammelanmeldung und die Zahl der Designs vermerkt wird, für welche die Eintragung beantragt ist. Ohne einen solchen Antrag werden mehrere Designs regelmäßig als Einzelanmeldungen gesondert behandelt. Die Zusammenfassung mehrerer Einzelanmeldungen zu einer Sammelanmeldung aus freien Stücken erst im Lauf des Eintragungsverfahrens akzeptiert das DPMA nicht. Es verlangt dies jedoch im Falle beantragter Verfahrenskostenhilfe im Interesse der Kostenminimierung.

6   **b)** Das amtliche Formular des Eintragungsantrags allein reicht für die zusätzlichen erforderlichen Angaben zu einer Sammelanmeldung nicht aus. Als Ergänzung muss das vom DPMA herausgegebene **Anlageblatt** zum Eintragungsantrag verwendet werden (Vordruck-Nr 5703.2 – derzeit Ausgabe 01.14 –, unter www.dpma.de im Internet abrufbar), § 5 II 2 DesignV, s auch § 11 Rn 18. Es schließt durch die Zuordnungsangaben Missverständnisse über die **Zahl der angemeldeten Designs** in ihrer Zuordnung zu den Wiedergaben und zu den jeweils darauf bezogenen Angaben, Anträgen und Erklärungen aus, dazu auch Merkbl S 5. Es dient auch der rationellen Datenerfassung. Das Anlageblatt muss deshalb verwendet werden, § 5 II 2 DesignV. Soweit der Anmelder mit Hilfe von EDV selbsterstellte Formulare verwendet, müssen sie das Layout des amtlichen Vordrucks iW übernehmen, näher Mitt PräsDPA Bl 96, 138. Das Anlageblatt ist nicht eigener Eintragungsantrag, sondern bildet nur zusammen mit dem Vordruck des Eintragungsantrags einen vollständigen Antrag. § 5 II 1 Nr 2a) DesignV fordert als Inhalt des Anlageblatts eine fortlaufende Nummerierung der Designs, die Angabe der Zahl der zu den einzelnen Designs eingereichten Darstellungen, § 5 II 1 Nr 2b) DesignV und schließlich eine Angabe zu den Erzeugnissen, § 5 II 1 Nr 2c) DesignV. Das bedeutet im Einzelnen: – Die für Sammelanmeldungen bes wichtige und Irrtümern vorbeugende **fortlaufende Nummerierung** nach §§ 5 II 1 Nr 2a), 6 II 1–3 DesignVDesignV ist zum einen im Anlageblatt vorzunehmen und zum anderen in den Wiedergabeformblättern zur Identifizierung der Darstellungen der jeweilige Wiedergabe der mehreren Designs, zum Anbringungsort s § 11 Rn 52. Die Reihung der Designs im Anlageblatt (nebst Angabe der Zahl der zu diesem Design gehörigen Darstellungen der Wiedergabe) muss in arabischen Ziffern erfolgen, beginnend mit der Ziffer 1. Diese Vorschriften geben keine bestimmte Reihenfolge der durchzunummerierenden Designs vor, auch nicht anhand evtlr Unterklassen oder Hauptklassen. Allerdings muss die Zuordnung der Angaben in dem Anlageblatt zu den Wiedergaben und ihren Darstellungen bzw den flächenmäßigen Designabschnitten eindeutig gewährleistet sein. Die Art der Nummerierung der Darstellungen der Wiedergabe ist in § 7 II DesignV vorgeschrieben: Die Zahl vor dem einzufügenden Punkt dient zur Bezeichnung der lfd. Nummer des Designs (übereinstimmend mit dem Anlageblatt und dem Kopf des Wiedergabe-Formblatts), sodann ist hinter dem Punkt eine weitere Ordnungszahl anzubringen für die Durchnummerierung der zugehörigen Darstellungen, Beispiel: Für Design 1 der Sammelanmeldung mit 3 Darstellungen „1.1“, 1.2“, „1.3“; für Design 2 mit 2 Darstellungen „2.1“, „2.2“, für Design 3 mit nur einer Darstellung entfällt die nachstehende Ordnungszahl, die Bezeichnung lautet dann „3“. Das DPMA macht uU Vorschläge zu einer zutreffenden Nummerierung. – Die Angabe nach § 5 II 1 Nr 2b) DesignV, aus welcher **Zahl von Darstellungen** die Wiedergabe des betreffenden Designs besteht, dient letztlich einer Kontrolle der Zuordnung der Darstellungen zum zutreffenden Design; die Zuordnung erfolgt schon durch die vorgeschriebene Durchnummerierung nach § 7 II 1–3 DesignV. Dass auf einem Blatt Wiedergaben mehrerer Designs einer Sammelanmeldung nicht vereint sein dürfen, bestimmt § 7 I 4 DesignV; die Beachtung kann auch der unbeabsichtigten Mitabbildung mitbestimmenden Beiwerks vorbeugen, dazu § 11 Rn 41. § 5 II 1 Nr 2c) DesignV lässt die Wahl bei der **Erzeugnisangabe,** Einzeln § 11 Rn 62 ff. Sie kann entweder nach ihrer Art für alle Designs der Sammelanmeldung einheitlich (zB „Tapetendessins“), oder für jeweils jedes Design der Sammelanmeldung unterschiedlich sein; die Angaben können dann aber nicht im Anlageblatt gruppenweise zusammengefasst werden, sondern müssen für jedes Design einzeln eingetragen werden. Wendungen wie „Kollektion/Sortiment/Satz von …“ sind keine geeignete Erzeugnisangabe.

c) Fehler; Änderung, Berichtigung des Antrags. Die in § 5 II 1 **7** Nr 1 und 2 DesignV vorgesehenen Angaben zur Sammelanmeldung machen erfahrungsgemäß bei hoher Designzahl und je Design unterschiedlichen Angaben die Ausfüllung der Anmeldungsunterlagen komplex und fehleranfällig und fordern vom Anmelder sorgfältige Ausarbeitung. Ist für das DPMA die Tatsache einer Sammelanmeldung unklar, können weitere Umstände, insbes die Inhalte der Wiedergaben zur Auslegung herangezogen werden und im Antrag fehlende Angaben ergänzen, BPatGE 31, 27. Die nicht seltenen Abweichungen zwischen den Angaben im Antragsformular, Anlageblatt oder eingereichter Designzahl sind bei sich aus widersprüchlichen Angaben ergebenden Unklarheiten grds der Auslegung anhand der Gesamtheit der Unterlagen und dem erkennbar gewordenen wirklichen Willen des Anmelders zugänglich. Bestehen keine vernünftigen Zweifel an dem wirklich Gewollten, ist dieses maßgebend. Sind insbes die Wiedergaben folgerichtig durchnummeriert, spricht dies eher für die zutreffende Designzahl als davon abweichende, im Gesamtzusammenhang offenbar unrichtig eingetragene Angaben in Antrag und Anlageblatt, BPatG 10 W (pat) 708/02 v 16.6.05; 10 W (pat) 705/03 v 11.11.04 (beide veröff in juris, Bericht in GRUR 06, 461), der Anmelder kann dann die Klarstellung (dh Bestätigung solcher Auslegung) ohne Rechtsnachteil nachbringen, BPatGE 31, 27. Weicht dagegen die Zahl der tatsächlich eingereichten Designs von jeglicher in den Antragsteilen erklärten Designzahl nach oben oder unten ab, ohne dass nach gebotener Auslegung eine Präferenz erkennbar wird, was insbes bei erheblichen Abweichungen der Fall sein wird, muss das DPMA mit diesbezüglicher, diese Differenzmuster betreffenden anmeldetagsverschiebender Wirkung durch Mängelbescheid nach § 16 I Nr 2 entweder eine zusätzliche Antragstellung fordern, weil für solche überschießenden Designs der Eintragungsantrag fehlt – § 11 II 1 Nr 1 –, oder eine Nachreichung von Wiedergaben/Designabschnitten fordern, weil bei Unterschreitung zu dem vorliegenden eindeutigen Antrag Wiedergaben/Designabschnitte entgegen

§ 11 II 1 Nr 3 nicht eingereicht sind. Soweit bei Heilung des Mangels eine Sammelanmeldung mit Designs unterschiedlichen Anmeldetags entsteht und nicht insgesamt eine Anmeldetagsverschiebung stattfinden muss, wird diese vom DPMA nach Abs 2 vAw geteilt. Daraus folgt keine Nachzahlungspflicht des Abs 2 S 3, soweit nicht die Mängelbehebung wiederum eine Überschreitung der max zulässigen Designzahl herbeiführt. Bei nicht zuordenbarer überschießender Wiedergabezahl kann auch auf die betreffenden überzähligen Designs verzichtet werden. Widersprüche und Unklarheiten von nicht elementarer Art können aufgrund nachträglicher Erklärungen des Anmelders behoben werden, BPatG GRUR 89, 346.

8   **2. Allgemeine Erfordernisse einer Sammelanmeldung** nach Abs 1 S 2 sind die Beschränkung der Designzahl auf nicht mehr als 100 Designs, Rn 9, und die nach § 8 II 4 DesignV die Einhaltung eines Höchstgewichts von 15 kg für ein Konvolut von flächenmäßigen Designabschnitten, Rn 10. Diese Erfordernisse sind iSv § 16 IV 1 zwingend vorgeschrieben, was sich aus dem Wortlaut des Abs 1 S 2 und § 8 II 4 DesignV ergibt, s auch Kelbel GRUR 89, 634. Es handelt sich jedoch nicht um für die Begründung des Anmeldetags elementare Bestimmungen, weil sie in § 16 I Nr 2, IV 2 nicht als solche erfasst sind. Die (abzulehnende) Verneinung des zwingenden Rechtscharakters im bis zum 30.5.04 geltenden Recht durch BPatG Bl 93, 28 ist bereits durch das GeschmMG 2004 gegenstandslos geworden. Die Nichteinhaltung dieser zwei Erfordernisse ist ein Mangel, für dessen Behebung der Sonderweg der prioritätsunschädlichen Teilung der Sammelanmeldung nach Abs 2 vorgesehen ist, s Rn 14. Das DPMA schlägt dann mit Mängelbescheid die Teilung der Sammelanmeldung nach Abs 2 vor. Ist dies fruchtlos, ergeht allerdings Zurückweisungsbeschluss nach § 16 IV 3. Für die **Wiedergaben** der Designs bzw die flächenmäßigen Designabschnitte gelten bei Sammelanmeldungen keine Sondervorschriften, insbes keine Vereinfachungen; daher muss jedes Design der Sammelanmeldung nach den allg Vorschriften des § 11 II 1 Nr 3 bzw § 11 II 2 wiedergegeben bzw durch den flächenmäßigen Designabschnitt repräsentiert sein. § 6 I 4 DesignV, wonach für jedes Design ein gesondertes Wiedergabeformblatt zu verwenden ist, stellt klar, dass es unzulässig ist, mehrere Designs einer Sammelanmeldung zusammen auf einem Blatt wiederzugeben, wie häufig auf Katalogabbildungen. Auch für den Umfang und Inhalt einer **Beschreibung**, § 11 V Nr 1, s § 11 Rn 68, bestehen keine Sonderbestimmungen. Sie muss sich nach § 10 II 1 DesignV auf 100 Wörter für jedes Design der Sammelanmeldung beschränken; die bis 1.11.08 vorgegebene max Wörterzahl von 200 für die gesamte Anmeldung ist entfallen. Die Beschreibungen sind auf einem oder mehreren gesonderten Blättern einzureichen, § 10 II 1 DesignV, und können (und sollten sinnvollerweise) nach Designnummern geordnet in einem Dokument zusammengefasst werden, § 10 II 3 DesignV.

9   **a)** Die **zulässige Designzahl** einer einzureichenden Sammelanmeldung reicht nach Abs 1 S 2 von 2 bis einschließlich 100 Designs (vor dem GeschmMG 2004 max 50 Designs, abweichend bei GGM, Rn 23). Die Begrenzung der Designzahl soll ieL eine noch handhabbare Aktenführung gewährleisten und wohl auch zur Gebühreneinsparung übersteigerten Designzahlen begegnen. Die **Anzahl der Designs** bestimmt sich nach der Anzahl der anzumeldenden Schutzgegenstände. Mehrere **Designs** sind zB eine Kollektion von Varianten, wie sie etwa bei Textilerzeugnissen zur Prä-

sentation in Mappen oder Laschen miteinander verbunden sind. Feste Kombinationen von Designs (zB nach Art eines Mosaiks) gelten dagegen als ein einziges Design. Bei einem **Satz von Designs** (sog **Setanmeldung**), zB Tasse/Untertasse, Bestecksatz aus Messer/Gabel/Löffel, insbes wenn sie auch einzeln vermarktet werden, lässt sich zwar die gemeinsame, übergreifende ästhetische Lehre als solche nicht als eD schützen, Rn 3, weshalb das Set nicht als ein einziges Design angemeldet werden sollte; berücksichtigen lässt sich der gestalterische Zusammenhang durch eine Sammelanmeldung der einzelnen Komponenten als eigenständige Designs unter Einschluss des Sets als weiterem Design (teilweise abw Abschn 4.2.3 PrüfHb), s auch § 11 Rn 34 und Eck, GRUR 98, 977 ff. So kann Umgehungen des Gesamteindrucks der Kombination begegnet werden, die Dritte durch Veränderung, Weglassen oder Austausch einzelner Komponenten versuchen könnten. Die hier angemessene Anmeldetaktik ist Aufgabe des Anmelders; das DPMA trägt das Beantragte ohne nähere Beurteilung des Set-Charakters ein. Zur Abgrenzung vom Einzeldesign und zu aus mehreren Teilen zusammengesetzten Erzeugnissen § 11 Rn 34. Maßgebend für die Bestimmung der verfahrensmäßig relevanten Designzahl ist grds die offensichtlich erkennbare Zahl der eingereichten Wiedergaben, BPatGE 31, 27. Die Antragserklärung ist auslegungsfähig, § 133 BGB, soweit Begleitumstände, insbes miteingereichte Erklärungen oder Unterlagen, ohne weiteres auf einen eindeutigen Willen schließen lassen. Stimmen Antrag und zugehörige Zahl der Darstellungen überein, kommt bei Überschreitung der Höchstzahl der Designs die Teilung nach Abs 2 in Betracht, Rn 14, die das DPMA in solchen Fällen dem Anmelder zunächst auch vorschlägt. Reagiert der Anmelder nicht, werden die gem der Nummerierung ersten 100 Designs berücksichtigt, um die Rechtsfolge der Unwirksamkeit der Sammelanmeldung als Ganzes zu umgehen. Differieren dagegen nach dem Inhalt der Wiedergaben bzw Designabschnitte offensichtlich die Zahl der Designs und der Eintragungsantrag innerhalb der zulässigen Höchstzahl der Designs, reicht es aus, den Eintragungsantrag nachträglich zu korrigieren, BPatGE aaO, s auch Rn 6, 12.

b) Soweit in einer Sammelanmeldung anstelle der Bildwiedergabe Designabschnitte iSv § 11 II 2 eingereicht sind, dürfen sie einschließlich ihrer Verpackung das **Gewicht** von 15 kg nicht überschreiten, § 8 II 4 DesignV (bis 2004 10 kg nach § 6 I Nr 3 MusterAnmV). Bei Überschreitung des Gewichts besteht die gebotene Mängelbehebung auch hier in der Teilung der Sammelanmeldung nach Abs 2.   **10**

3. Die **Anmeldegebühr** für eine Sammelanmeldung ist Ausdruck eines   **11** Mengenrabatts für Sammelanmeldungen. Jedes darin enthaltene Design erfordert eine Anmeldegebühr von 6 EUR (Anmeldung elektronisch) bzw von 7 EUR (Papierform). Voraussetzung ist aber nach Art eines Sockelbetrags für eine Sammelanmeldung die Zahlung einer Mindestgebühr von 60 EUR bzw 70 EUR (Nr 341 200 bzw 341 300 des Gebührenverzeichnisses), sodass in ihr die Anmeldegebühren für 10 Designs bereits inbegriffen sind (zB 3 Designs: 60/70 EUR). Diese Mindestgebühr stimmt mit der Anmeldegebühr für Einzelanmeldungen überein, so dass erst für die über die Zahl von 10 hinausgehenden Designs die reduzierte Anmeldegebühr von jeweils 6/7 EUR (zB 12 Designs: via DPMAdirekt 60+12=72 EUR bzw als Papieranmeldung 70+14=84 EUR) hinzuzurechnen ist. Bei einer Anmeldung über DPMAdirektWeb können derzeit maximal 10 Designs eingereicht werden, die Anmeldegebühr auf diesem Einreichungsweg beträgt demnach immer 60 EUR. Diese Gebühren reduzieren sich jeweils auf 30 EUR je Anmeldung bzw 3 EUR für jedes auf das 10. Design folgende Design (Nr 341 500 des Gebührenverzeichnisses), sofern von der Aufschiebung der Bekanntmachung nach § 21 I Gebrauch gemacht wird (zB 3 Designs: 30 EUR, 12 Designs: 36 EUR), s auch § 21 Rn 5. Die Anmeldegebühr ist mit Einreichung der Anmeldung fällig, § 3 I PatKostG, und innerhalb einer dreimonatigen Frist nach Eintritt der Fälligkeit zu bezahlen, § 6 I 2 PatKostG, Einzelh § 11 Rn 80 ff. Bei **Nichtzahlung,** dh völlig fehlender Zahlung der Anmeldegebühr innerhalb der dreimonatigen Zahlungsfrist des § 6 I 2 PatKostG gilt die Anmeldung als zurückgenommen, § 6 II PatKostG. Bei Eingang einer nur teilweisen, **nicht vollständigen Zahlung** schafft § 16 III dagegen für Sammelanmeldungen eine von § 6 II PatKostG zugelassene, abweichende, dem Anmelder günstigere Auffangregelung im Hinblick darauf, dass die Unübersichtlichkeit umfangreicherer Sammelanmeldungen zu Irrtümern über die Designzahl oder zu Berechnungsfehlern führen kann. Einzelh zur Gebührenzahlung und dem bei Nichtzahlung durchzuführenden weiteren Verfahren s § 16 Rn 4 ff.

12   **4.** Die **teilweise Mangelhaftigkeit** einer Sammelanmeldung bewirkt ggü Einzelanmeldungen von Designs eine Komplizierung des Verfahrens. Zu unterscheiden ist, ob der Mangel ein einzelnes Design einer Sammelanmeldung betrifft oder die Anmeldung insgesamt, weil die Verbindung in einer Sammelanmeldung lediglich verfahrensmäßige Bedeutung hat, Rn 4. Eine Beanstandung und Sanktion des DPMA beschränkt sich in folgenden Fällen auf das einzelne mangelhafte Design, lässt aber die übrige Sammelanmeldung unberührt: Fehlende Designeigenschaft oder gegen Ordnungsvorschriften verstoßende Designs iSd §§ 1 Nr 1, 3 I Nrn 3 und 4, deren Anmeldung nach § 18 zurückgewiesen werden kann; fehlende oder völlig unzureichende Wiedergabe bzw Designabschnitt iSd § 11 II S 1 Nr 3 und S 2, deren Mangelhaftigkeit nach § 16 IV Gegenstand eines Mängelbescheids ist; fehlende oder nicht eindeutige Erzeugnisangabe, § 11 Rn 62 ff; schließlich mangelhafte Identifizierung eines angemeldeten Designs im Antrag nach Maßgabe der fortlaufenden Nummerierung, dazu Rn 6. Solche Mängel müssen durch Korrektur beim einzelnen Design geheilt werden, ggf kann das betr Design durch Rücknahme aus der Gesamtanmeldung entfernt werden, § 11 Rn 88; in Betracht kommt auch eine Teilung der Sammelanmeldung zur Überweisung der streitigen Design in eine Teilanmeldung, s Rn 14. Weisen dagegen sämtliche Designs der Sammelanmeldung einen Mangel der beschriebenen Art auf oder sind Anträge, Erklärungen oder die Zuordnungsangaben von Designs und Wiedergaben bzw Designabschnitten uneindeutig, ist die Sammelanmeldung als Ganze betroffen. Dann wird die Sammelanmeldung nach § 18 (betr materiellrechtliche Mängel) insgesamt beanstandet bzw nach § 16 IV insgesamt bemängelt. Ebenso betrifft die Überschreitung der Designzahl und die Überschreitung des Gesamtgewichts, Rn 9 f, die Anmeldung als Ganzes, was durch Teilung oder Rücknahme von Designs behoben werden kann.

III. Teilung der Sammelanmeldung, Abs 2

13   **1. a)** Das Recht zur **Teilung** von Sammelanmeldungen nach Abs 2 und von sog Sammeleintragungen (so insbes in § 18 DesignV bezeichnet, eine

noch nicht durchgesetzte Kurzbezeichnung für die eingetragene Sammelanmeldung, abzulehnen sind jedenfalls Begriffe wie „Sammelmuster" bzw
„Sammeldesign") ist bereits tradiertes Recht. Dies ist zunächst eine Umsetzung des für Patente geltenden freien TeilungsR gem Art 4 G PVÜ in das
DesignR, s § 39 PatG und § 4 VII GebrMG, vorliegend jedoch bezogen auf
die Auftrennung der gebündelten Verfahren über verschiedene Designs,
nicht auf die Aufteilung des Gegenstands nur eines Designs. Abs 2 ist zwar
nach seinem Wortlaut grds auf das freie (mängelunabhängige) TeilungsR des
Art 4 G II PVÜ hin konzipiert, zB um einzelne Designs einer Sammeleintragung abtrennen und auf neue Inhaber übertragen zu können. Häufiger
Zweck ist es aber in der Anmeldungsphase, bestimmte Mängel der Anmeldung, die an sich gegen zwingende Erfordernisse verstoßen, ohne Prioritätsverlust und unkompliziert durch bloße Erklärung des Anmelders beseitigen
zu können, Begr § 12 II GeschmMG 2004, Kelbel GRUR 89, 639. Grds ist
im Hinblick zB auf die Überschreitung der Höchstzahl von 100 Designs
einer Sammelanmeldung unklar, welche Designs vom Ausschluss betroffen
sind, so dass die Anmeldung insgesamt mängelbehaftet ist, s Furler 9/11, aA
BPatG Bl 93, 28, Nirk/Kurtze FS v Gamm, 1990, S 443. Das TeilungsR
schafft stattdessen den Zustand gleichsam einer insoweit nur schwebenden
Fehlerhaftigkeit der Anmeldung, vorbehaltlich der wirksam vorgenommenen
Teilungserklärung. Erst die Ausübung des TeilungsR, nicht schon die gesetzl
Zulassung der Teilung als solcher in Abs 2 kann den Mangel beseitigen, aA
Nirk/Kurtze FS v Gamm, 1990, S 443, 446. Dh, bleibt eine Teilungserklä-
rung in solchen Fällen aus, ist die Sammelanmeldung insgesamt zurückzuweisen, § 16 IV 3. Als Rechtsfolge bleibt der Altersrang der Anmeldung
auch hinsichtlich der geteilten Anmeldungen erhalten.

14 **b)** Der **Anwendungsbereich** des TeilungsR des Anmelders liegt vor allem bei folgenden **Mängeln** einer Sammelanmeldung (insoweit handelt es
sich genauer um eine Teilungsobliegenheit): Überschreitung der Höchstzahl
von 100 Designs, Überschreitung des Höchstgewichts der flächenmäßigen
Designabschnitte einschließlich Verpackung von 15 kg, § 8 II 4 DesignV, s
Rn 9 f, schließlich, wenn wegen behobener elementarer Mängel einzelner
Designs das DPMA für diese einen verschobenen Anmeldetag gem § 16
IV 2 anerkennen musste. Im letztgenannten Fall teilt das DPMA die Sammelanmeldung aus verfahrenstechnischen Gründen – vAw und gebührenfrei
– in Teile gleichen Anmeldetags. Auf diese Fälle der Mangelhaftigkeit ist das
TeilungsR nicht beschränkt: Der Anmelder kann es ferner ausüben, um im
Interesse einer schnellen Eintragung eine Sammelanmeldung in einen die
Eintragungsvoraussetzungen erfüllenden Teil und in einen anderen Teil auf-
zuspalten, der hinsichtlich der Anmeldeerfordernisse unzulässige, problematische und ggf vom DPMA bereits beanstandete Designs enthält. Damit kann
jedenfalls der mängelfreie Teil der Anmeldung rasch eingetragen und bekanntgemacht werden. In **anderen Fällen** ist die Teilung entweder vAw
erforderlich oder nach dem freien Willen des Designinhabers möglich. Die
Teilung vAw nimmt das DPMA gem §§ 11 IV, 18 II DesignV vor, wenn
einzelne Designs einer Sammelanmeldung oder -eintragung nach § 29 III
umgeschrieben werden sollen und sich dementsprechend die Anmelder-
bzw Inhaberangabe iSv § 6 I DesignV ändert, dasselbe gilt bei Auseinander-
fallen der Vertreterangaben gem § 6 IV DesignV während des Eintragungsverfahrens und auch nach Eintragung, § 12 IV DesignV und § 18 II 1 De-

signV analog. Abs 2 betrifft auch das freie, prioritätsunschädliche TeilungsR, er steht weder zeitlich nacheinander gestaffelten Teilungen noch gleichzeitiger Aufspaltung in mehr als zwei Teilanmeldungen/-eintragungen entgegen, wovon auch § 12 I DesignV ausgeht. Abs 2 lässt sich ferner keine zeitliche Grenze für die Ausübung des TeilungsR entnehmen. Insbes besteht keine Beschränkung auf den Zeitraum, in dem begrifflich eine Anmeldung in der Phase zwischen Einreichung und der Beseitigung der Mängel noch nicht zum VollR erstarkt ist, da anderenfalls das freie TeilungsR ausgeschlossen und eine Teilung auch als Voraussetzung der Teilübertragung angemeldeter Designs nicht vollziehbar wären.

15 **2. a)** Eine schriftliche **Teilungserklärung** ist Voraussetzung der Teilung. Weitere förmliche Voraussetzungen sind nach § 12 II DesignV die Angabe eines vom DPMA bereits mitgeteilten Aktenzeichens der zu teilenden Anmeldung, § 12 II Nr 1 DesignV, und die Abgrenzung der den jeweiligen Anmeldungen zugewiesenen Designs durch Angabe der laufenden Nummern der abzuteilenden Designs, § 12 II Nr 2 DesignV. Diese Formalien sind zwingend zu erfüllen, um das DPMA in die Lage zu versetzen, die Teilung verfahrensmäßig durchzuführen; anderenfalls wird die Teilungserklärung vom DPMA nicht vollzogen. Keine Teilungserklärung ist in den vAw vorgenommenen Teilungsfällen, s Rn 14, erforderlich; hier ergeben sich Anlass und Umfang der Teilung aus den teilgeänderten Angaben über Anmelder bzw Inhaber oder Vertreter. Die Änderung – dh ein anderer Zuschnitt – einer beantragten Teilung ist bis zum Vollzug durch das DPMA möglich. Ist die Teilungserklärung unzulässig oder sonst rechtsunwirksam oder behebt sie den Mangel nicht, verbleibt es beim Schwebezustand, Rn 13, mit der Folge der Zurückweisung der Sammelanmeldung insgesamt, wobei ggf auch inzident über die Rechtswirksamkeit der Teilungserklärung befunden wird.

16 **b)** Die aufgrund einer Teilung nach Abs 2 S 3 **nachzuzahlende Gebühr** ist so zu bemessen, als wären die Teilanmeldungen von vornherein als Anmeldungen je für sich eingereicht worden und dafür jeweils die tarifgemäßen Anmeldegebühren angefallen. Ergibt sich ein Fehlbetrag der bisher gezahlten zu diesen zusammengerechneten Anmeldegebühren, ist diese Differenz nachzuzahlen. Es handelt sich nicht um eine gesonderte Gebühr für die Teilung als solche, Begr § 12 II GeschmMG 2004. Diese Gebühr wird nur aufgrund der Teilung während des Anmeldestadiums bis zur Eintragung der Sammelanmeldung fällig, nicht auch nach ihrer Eintragung. Nach § 18 I DesignV sind für eine Teilung nach Eintragung in das Register, welche begrifflich keine Teilung einer Sammelanmeldung mehr ist, nur die Voraussetzungen des § 12 I, II und IV DesignV einzuhalten, wodurch die Nachzahlungspflicht des § 12 III DesignV ausgenommen ist. Nachzahlungen ergeben sich rechnerisch aber nicht in allen Teilungsfällen, sondern nur, wenn in der abgetrennten Anmeldung weniger als zehn Designs verbleiben, so dass für diese Anmeldung die höhere pauschale Mindestanmeldegebühr von 60/ 70 EUR anfällt, Rn 11, (Beispiel für Anmeldung in Papierform: Teilung von 55 Designs in 20 und 35 Designs, dh 385 EUR ursprüngliche Anmeldegebühr, erfordert keine Nachzahlung, weil aus 140 EUR und 245 EUR = 385 EUR zusammengesetzt, dagegen die Abtrennung von bspw 5 Designs eine Nachzahlung: Ursprüngliche Anmeldegebühr 385 EUR, nach Teilung sind die Anmeldegebühren zusammengesetzt aus 50 × 7 EUR = 350 EUR zuzüglich 70 EUR Mindestgebühr für 5 Designs = addiert zu 420 EUR, Nachzahlung 35 EUR). Keine Nachzahlungspflicht verursacht die Teilung vAw, s Rn 14. Keine Nachzahlungspflicht auch bei einer Teilung nach Eintragung, weil der Nachzahlung nur Anmeldegebühren zugrunde gelegt werden, während die Aufrechterhaltungsgebühr für jedes einzelne eD zu entrichten ist und für sie keine Mindestgebühr vorgesehen ist, vgl Nrn 342 100 ff des Gebührenverzeichnisses. Soweit eine Differenzgebühr nachgezahlt werden muss, ist sie nach den allg Zahlungsbestimmungen des § 3 I PatKostG mit Eingang der Teilungserklärung fällig und innerhalb der Dreimonatsfrist des § 6 I PatKostG zu entrichten. Unterbleibt die fristgerechte Zahlung, wird die Teilung durch das DPMA nicht vorgenommen, § 11 IV DesignV, es handelt sich nicht um einen Fall der als nicht abgegeben geltenden Teilungserklärung nach § 6 II PatKostG. Weil die Nachzahlungsgebühr eine Gebühr eigener Art und keine (Teil-)Anmeldegebühr ist, handelt es sich nicht um eine Nichtzahlung der Anmeldegebühr; die Anmeldung bleibt ungeteilt und gilt nicht als zurückgenommen. Allerdings bleiben die Mängel weiter bestehen, zu deren Behebung die Teilung (erfolglos) erklärt war, und werden dann Gegenstand weiterer Sanktionen des DPMA nach § 16 IV, Rn 17.

3. Der **Vollzug der Teilung** erfolgt nicht schon durch die Teilungserklä- **17** rung als solche; aus § 12 III DesignV lässt sich schließen, dass die Teilung als rein verfahrensrechtliche Erklärung der Vornahme durch das DPMA bedarf. Es wird nach dieser Vorschrift erst tätig, wenn die Teilungserklärung, Rn 15, und die nachgezahlte Gebühr, soweit diese anfällt, s Rn 16, vorliegen. Ist dies der Fall, trennt das DPMA die Vorgänge durch Anlage einer Teilungsakte, vgl § 18 II 2 DesignV, und Vergabe eines neuen Aktenzeichens. Damit sind bei geeigneter Teilung zugleich die ggf bestehenden Mängel der Sammelanmeldung beseitigt, zu deren Behebung die Teilung erklärt worden war. Das DPMA behandelt im weiteren Verfahren nach den allg für die Teilung und Ausscheidung im PatR entwickelten Grds, s Benkard/Schäfers 39/39 ff mwN, die geteilten Anmeldungen in der Verfahrenslage weiter, die im Zeitpunkt der Teilung bestand. In der noch ungeteilten Anmeldung vorgenommene Verfahrenshandlungen oder abgegebene Erklärungen bleiben für die getrennten Anmeldungen wirksam, zB gestellte Anträge, Prioritätsangaben oder Einreichung eines Prioritätsbelegs. Die für die ursprüngliche Anmeldung erteilte Vollmacht gilt für die geteilten Anmeldungen weiter, BPatG Bl 88, 167. Eine nach § 6 I S 2 PatKostG noch laufende dreimonatige Zahlungsfrist für die Anmeldegebühr der Stammanmeldung bleibt unverändert, ggf tritt die erforderliche Differenzzahlung nach Abs 2 S 3 hinzu, unterliegt jedoch einer eigenen Zahlungsfrist, Rn 16. Im Übrigen wird das Verfahren auf das Bestehen zweier Anmeldungen umgestellt. Bei Teilung vor der Eintragung der Anmeldung im Register wird jede eingetragene Teilanmeldung gesondert eingetragen und im Designblatt bekanntgemacht; auf eine Teilung nach Eintragung machen Änderungshinweise im Designblatt aufmerksam. Bei der Teilung vAw, Rn 14, werden Designs mit übereinstimmenden Angaben (Anmeldetag, Anmelder bzw Inhaber, Vertreter) unter einem neuen Aktenzeichen zusammengefasst, der Inhaber wird benachrichtigt. Die Aktenzeichen sind in Register und Designblatt durch Querverweis erschließbar. Der Registerauszug der jeweiligen Teilanmeldung verweist auch auf die anderen Designs bzw die Tatsache der Abtrennung.

IV. Übergangsrecht, fortgeltende Bestimmungen

18   **1. Das GeschmMG** in seiner bis 1.6.04 geltenden Fassung sah in seinem
§ 8a die Möglichkeit vor, im Rahmen einer Sammelanmeldung einen Verbund aus einem **Grundmuster und Abwandlungen** zu definieren, wobei
letztere vom Grundmuster gestalterisch eng abhängen, und hierfür bestimmte Vorteile zu erreichen, Rn 19. Der spezifische Schutz von Abwandlungsmustern nach § 8a GeschmMG 1986, ist mit dem GeschmMG 2004 entfallen, weil die für Abwandlungsmuster nach altem Recht charakteristische
Nichtbekanntmachung mit dem absoluten Schutz eines eingetragenen
GeschmM noch weniger vereinbar war als es dies schon mit dem bisher
geltenden Nachbildungsschutz der Fall gewesen war, Begr zu Art 1 2.i
GeschmMRefG). Zudem beschränkte sich der Kostenvorteil auf die Bekanntmachung, während die Verfahrensgebühren unverändert blieben und
die weit reichenden materiellrechtlichen Einschränkungen, denen Abwandlungsmuster unterliegen, s Rn 22, die schutzrechtliche Qualität der Abwandlungsmuster fragwürdig machten. Nach der Übergangsvorschrift des
§ 73 IV gilt für Abwandlungen von Grundmustern der Nachbildungsschutz
bis zu ihrem Erlöschen weiter, soweit diese mit Inkrafttreten des neuen Ges
am 1.6.04 bereits im damaligen Musterregister eingetragen waren. Somit
können über viele Jahre parallel zum geltenden DesignR noch eingetragene
Abwandlungen von Grundmustern als SchutzR eigener Schutzwirkung und
ohne Bildbekanntmachung begegnen. Diese Fortgeltung war nicht vorgesehen für am 1.6.04 angemeldete, aber noch nicht eingetragene Abwandlungsmuster. Die Umwandlung dieser GeschmM in solche nach dem
GeschmMG 2004 ohne Besonderheiten gem § 72 III (§ 66 III GeschmMG
2004) ist abgeschlossen, § 72 Rn 5, Einzelh 3. Aufl 12/18.

GeschmMG 1986 § 8a Grundmuster, Abwandlungen

(1) Hat ein Anmelder im Eintragungsantrag erklärt, daß ein von ihm bezeichnetes
Muster oder Modell einer Sammelanmeldung als Grundmuster und weitere Muster
und Modelle als dessen Abwandlungen behandelt werden sollen, so trägt das Patentamt diese Erklärung in das Musterregister ein und veröffentlicht in der Bekanntmachung nach § 8 Abs. 2 mit einem Hinweis auf die Eintragung der Erklärung nur die
Abbildung des Grundmusters.

(2) Ein Anmelder, der eine Erklärung nach Absatz 1 abgegeben hat, oder sein
Rechtsnachfolger kann sich nicht darauf berufen, daß eine Abwandlung auf Grund
ihrer abweichenden Merkmale auch im Verhältnis zum Grundmuster neu und eigentümlich sei.

(3) Der Schutz der Abwandlungen endet mit dem Erlöschen des Grundmusters. § 7
Abs. 10 ist auf Anmeldungen nicht anzuwenden, für die eine Erklärung nach Absatz 1
abgegeben wird.

19   **2. Zweck** der Einführung eines bes definierten Schutzes von Abwandlungen eines Grundmusters im Rahmen einer Sammelanmeldung nach § 8a
GeschmMG 1986 war vornehmlich, die seinerzeit hohen Bekanntmachungskosten für die Abbildung der Darstellung von Abwandlungen eines
Grundmusters im GeschmM-Blatt entbehrlich zu machen. Da enge Varianten von Designs sich ähneln, können der vorzugsweise verwendeten
Schwarz-Weiß-Abbildung eines jeden abgewandelten Designs häufig außer
variierten Grauabstufungen oder sonst kaum erkennbarer Abweichungen

kaum zusätzliche Informationen entnommen werden, weshalb deren Bekanntmachung unterbleiben konnte. Das hat gravierende Rechtsfolgen, Rn 20–22. Die GRL schreibt eine dem § 8a GeschmMG 1986 entsprechende Regelung nicht vor.

3. Einheitlichkeit. Die Bestimmung von Grundmuster und Abwandlungen setzte materiellrechtlich nach § 8a II GeschmMG 1986 die Übereinstimmung wesentlicher, den Gesamteindruck in eigentümlicher Weise bestimmender Gestaltungsmerkmale der Schutzgegenstände voraus, während Einzelheiten, die diesen Gesamteindruck nicht verändern, in den Abwandlungen abweichend gestaltet sein konnten, Eichmann GRUR 89, 19. Typischer Fall waren zB in enger Anlehnung, dh schutzrechtlicher Abhängigkeit an ein neuartiges Dessin dieses ergänzende Dessinvarianten. Es war daher zB unzulässig, ein Stoffmuster als Grundmuster zu führen und ein Kleid als dessen Abwandlung; jedoch war es umgekehrt möglich, variierte Dessins eines Kleides (Grundmuster) als Abwandlungen anzumelden. Wurde missbräuchlich eine Abwandlungserklärung für ein Muster abgegeben, das gestalterisch in Wirklichkeit an das Grundmuster nicht angelehnt war, ist die Durchsetzung des Nachbildungsschutzes dem Einwand ausgesetzt, die Öffentlichkeit habe von dieser Gestaltung – fehlende anderweitige Offenbarung unterstellt – keine Kenntnis nehmen können. Auch bei typografischen Schriftzeichen konnten Grundmuster und Abwandlungen bestimmt werden. Die Erklärung nach § 8a GeschmMG 1986 und der Antrag auf Aufschiebung der Bildbekanntmachung nach § 8b GeschmMG 1986 konnten kombiniert werden. Das führte dann dazu, dass auch die Abbildung der Darstellung des Grundmusters zunächst nicht im GeschmM-Blatt bekanntgemacht wurde. Die erforderliche Bezeichnung des Grundmusters einerseits und der Abwandlungen andererseits musste eine zweifelsfreie Zuordnung zueinander gewährleisten.

4. a) Die Erklärung hat auch unter Geltung des DesignG fortdauernde **rechtliche Wirkungen,** die in materiellrechtlicher Hinsicht überwiegend den Zweck haben, die schutzrechtliche Verselbständigung von Abwandlungen ggü dem Grundmuster strikt zu unterbinden: Die Schutzdauer der Abwandlung endet mit dem Erlöschen des Grundmusters, § 8a III 1 GeschmMG 1986. Die Schutzdauer einer Abwandlung kann nur in Verbindung mit und übereinstimmend mit dem Grundmuster aufrechterhalten oder – im Falle der Aufschiebung der Bildbekanntmachung – erstreckt werden; umgekehrt kann die Schutzdauer des Grundmusters ohne Einbeziehung – dh unter Aufgabe – seiner Abwandlungen verlängert bzw erstreckt werden. Das TeilungsR des § 7 X GeschmMG 1986, § 12 II DesignG, innerhalb desselben Komplexes von Grundmustern mit Abwandlungen ist ausgeschlossen, § 8a III 2 GeschmMG 1986, nicht jedoch für andere Teile einer Sammelanmeldung, die durchaus weitere Komplexe von Grundmustern mit Abwandlungen enthalten kann. Die gesonderte Übertragung von Abwandlungen auf einen Erwerber ist ausgeschlossen, aA Loschelder Mitt 87, 85. Weitere materiellrechtliche Folgen der Erklärung sind nach § 8a II GeschmMG 1986: Die Abbildung der Darstellung der Abwandlung ist nicht im GeschmM-Blatt bekanntgemacht und auch nicht in DPMAregister einsehbar; somit repräsentiert nach dem Gesetzeszweck die Abbildung der Darstellung des Grundmusters zugleich die Abwandlungen jedenfalls für Bekanntmachungs- und Recherchezwecke. Mangels Bildbekanntmachung ist Einsicht in die Akten

20

21

von Abwandlungsmustern zwar nach dem Wortlaut der § 11 S 2 Nr 2, 3 GeschmMG 1986, § 22 S 2 nur beschränkt möglich mit der Folge, dass insoweit die Gestaltungsmerkmale der Abwandlung den Formenschatz nicht in neuheitsschädlicher Weise bereichern würden. Soweit jedoch außerhalb einer gewählten Aufschiebung der Bildbekanntmachung nach § 8b GeschmMG 1986 die Abbildung der Darstellung des Grundmusters bekanntgemacht ist, besteht nach Entstehungsgeschichte, Sinn und Zweck der ges Regelung über Grundmuster und Abwandlungen nicht nur für dieses freie Akteneinsicht, § 11 S 2 Nr 1 GeschmMG 1986, § 22 S 1 DesignG, sondern auch bezüglich der zugehörigen Abwandlungen, BPatG GRUR 06, 174 – Schulheftseiten. Somit besteht in diesen Fällen Neuheitsschädlichkeit der Merkmale auch des Abwandlungsmusters, so im Ergebnis v Falckenstein FS Beier, 1996, S 491. Diese Auswirkung tritt nicht ein, wenn der Einsichtnehmende lediglich im Rahmen eines beschränkten Einsichtsrechts persönliche Akteneinsicht in das Grundmuster – und damit auch in die Abwandlungsmuster – durchsetzen konnte.

22 **b)** Die Erklärung bewirkt ferner, dass entsprechend der in § 8a II GeschmMG 1986 vorgeprägten Willenserklärung des Anmelders den so bezeichneten Gegenständen nur die **Schutzwirkung von Abwandlungen** zukommen soll. Die Erklärung verändert nicht den Charakter von Grundmuster und Abwandlung als je eigene Schutzgegenstände und lässt die je eigenen Schutzvoraussetzungen und grds auch Schutzwirkungen unangetastet, aA Kelbel, GRUR 89, 640. Die den Gesamteindruck bestimmenden Merkmale des Abwandlungsmusters müssen daher ggü dem Formenschatz neu und eigentümlich sein. Insofern besteht grds auch Nachbildungsschutz für die Abwandlung, wenn sie, selbst unter Einbeziehung der mit dem Grundmuster übereinstimmenden Merkmale, ggü dem Formenschatz neu und eigentümlich ist. Die Einschränkungen, die das Grundmuster auf diese grds Ausgangslage nimmt, sind wegen der unvollständigen Formulierung des § 8a II GeschmMG 1986 kompliziert, unklar und str, obwohl letztlich Ziel dieser Vorschrift es lediglich ist, die Abhängigkeit der Abwandlung vom Grundmuster durchzusetzen. Gesichert dürfte sein, dass der in § 8a II GeschmMG 1986 nach Art eines rechtshindernden Einwands bestehende gesetzl Ausschluss von Abwehransprüchen im Ergebnis einer Schutzunfähigkeit des Abwandlungsmusters gleichkommt, sofern dessen bestimmende Merkmale ggü dem Grundmuster einen die Eigentümlichkeit begründenden Abstand aufweisen. Diese an sich paradoxe Regelung ist nur verständlich mit Rücksicht auf die von Abs 2 zwingend vorausgesetzte gestalterische Abhängigkeit der Abwandlung vom Grundmuster. Diese Auswirkung besteht auch unabhängig davon, ob das Grundmuster selbst neu und eigentümlich ist. Fehlt diesem selbst die Schutzfähigkeit, kann eine demggü eigenständige Schutzfähigkeit des Abwandlungsmusters, sofern vorhanden, gleichwohl nicht durchgesetzt werden, Eichmann, GRUR 89, 19, Mitt. 95, 376, im Ergebnis auch Kelbel GRUR 89, 640. Umgekehrt kann trotz der gesetzl bestimmten schutzrechtlichen Abhängigkeit der Abwandlung vom Grundmuster bei der Verteidigung der Abwandlung nicht auf die Neuheit und Eigentümlichkeit allein des Grundmusters zurückgegriffen werden, Eichmann aaO, v Falckenstein FS Nirk, 1992, S 243. Gegen die Inanspruchnahme aus einer Abwandlung kann somit eingewendet werden: Die Schutzunfähigkeit der Abwandlung als Gesamtheit von maßgeblichen Merkmalen des

Grundmusters und der Abwandlung; ferner die Schutzunfähigkeit des Grundmusters; schließlich auch die im Verhältnis zum Grundmuster selbstständige Schutzfähigkeit der Abwandlung. Im Übrigen braucht der Schutzumfang der Abwandlung wegen der Prioritätsgleichheit von Grundmuster und Abwandlung nicht nach Maßgabe ihrer Nähe zum Grundmuster bestimmt zu werden, v Falckenstein FS Nirk, 1992, S 235 f; aA v Gamm 8a/5. Die Bestimmung der Neuheit und Eigentümlichkeit des Grundmusters sowie dessen Verteidigung bleiben von alledem unberührt; wird indessen das Grundmuster für nichtig erklärt, fallen auch die Abwandlungen. Ist die Abwandlung in Wirklichkeit vom Grundmuster nicht gestalterisch abhängig, die Möglichkeit der Erklärung nach § 8a GeschmMG 1986 somit missbraucht worden, kann der in Anspruch genommene Dritte einwenden, er habe das unzutreffenderweise als Abwandlung bezeichnete Design mangels Bildbekanntmachung in seiner tatsächlichen Ausgestaltung dem GeschmM-Blatt sowie der Datenbank DPMAregister nicht entnehmen können und verschafft dem Verletzer den Einwand mangelnder Schutzfähigkeit des Abwandlungsmusters, Eichmann GRUR 89, 19. Die fehlende Abhängigkeit ist jedoch kein Nichtigkeitsgrund iSd § 33 I, weshalb im Falle behaupteter fehlender Abhängigkeit und Schutzfähigkeit das Abwandlungsmuster auch das Grundmuster eigenständig angegriffen werden muss, während im letzteren Fall auch das Grundmuster angegriffen werden kann, wenn auch diesem die Schutzfähigkeit fehlt.

V. Gemeinschaftsgeschmacksmuster, internationale Eintragungen

1. Gemeinschaftsgeschmacksmuster. Die Möglichkeit einer Sammel- **23** anmeldung ist durch Art 37 GGV, Art 2 GGDV eröffnet, Abschn 6 PrüfHb regelt Einzelh der Amtspraxis. Es bestehen einige beachtliche Unterschiede zu den deutschen Regelungen. Die Zahl der Muster einer Sammelanmeldung in Papierform kann beliebig hoch sein. Erfahrungen des HABM deuten jedoch darauf hin, dass es für die fehlerfreie Vorbereitung der Anmeldung und auch die zügige Durchführung des Eintragungsverfahrens zweckmäßig ist, sich auf eine bisher gebräuchliche Zahl von Mustern (50–100) zu beschränken. Die elektronische Sammelanmeldung von GGM ist ohnehin auf 99 Muster mit je max 7 Ansichten beschränkt, Art 4 Beschluss Präs-HABM v 25.6.03, ABl HABM 03, 1640, ersetzt durch „Grundsatzbeschluss zur elektronischen Übermittlung" = Beschluss N EX-07-4 des PräsHABM-, ABl-online 9/07, dort insbes Art 3 und Art 14–17 zum „E-Filing". Zu beachten ist, dass im GemeinschaftsR für Sammelanmeldungen die – im deutschen DesignR ab dem 1.1.14 aufgehobene, s Rn 2 – Beschränkung auf eine Warenklasse gilt, einzig Verzierungen sind davon ausgenommen, Art 37 I 2 GGV, Einzelh in Abschn 6.2.3 PrüfHb, s auch Rn 9. Das TeilungsR und – bei Mängeln der Warenklasse – die Teilungspflicht sind in Art 37 IV 3, Art 2 II GGDV normiert; ein mängelunabhängiges freies TeilungsR besteht nicht, Art 37 IV 3 GGV, Ruhl 37/13. Die Beanstandung von Mängeln und deren Behebung sind Gegenstand von Art 10 III 1d), 3, 4 GGDV. Die Anmeldegebühr, Art 37 II GGV, ist nach dem Gebührenverzeichnis der GGGebV durch eine an der Musterzahl orientierte dreistufige Gebührenhöhe geprägt; neben der für jedes angemeldete GGM geltenden Eintragungsgebühr (Grundgebühr einer Anmeldung) von 230 EUR fallen für das 2. bis 10. Muster eine weitere Festgebühr von 115 EUR und sodann für jedes darüber hinausgehende Muster jeweils eine Gebühr von 50 EUR an. Die Bekanntmachungsgebühren sind ebenso gestaffelt (120 EUR, 60 EUR, dann je 30 EUR), bei Aufschiebung der Bekanntmachung 40 EUR, 20 EUR, dann je 10 EUR. Im Falle unzureichender Gebührenzahlung wird nach Art 10 VI GGDV in einer § 16 III vergleichbaren Weise verfahren.

24 **2. Internationale Eintragungen.** Auch das HMA 1960 und 1999, dazu allg Int 3 ff, erlauben die Einreichung von Sammelanmeldungen. Eine Sammelanmeldung kann bis zu 100 Designs umfassen, R 7 III v) GAO. Alle Erzeugnisse, die Gegenstand einer Sammelanmeldung sind, müssen derselben Warenklasse zugehörig sein, Art 5 IV HMA 1999; R 7 VII GAO. Maßgeblich ist die internationale Klassifikation von Locarno in der nunmehr geltenden 10. Fassung, s § 11 Rn 70. Einzelne Staaten können der WIPO notifiziert haben, dass eine bes Einheitlichkeit der Muster (unity of design) gewahrt sein muss, Art 13 HMA 1999, zu solchen „declarations" der Staaten s § 11 Rn 101. Für alle Designs müssen die benannten Vertragsparteien und eine eventuelle Aufschiebung der Veröffentlichung einheitlich sein. Wenn ein Design für mehrere Klassen bestimmt sein soll, bedarf es einer eigenständigen Anmeldung für jede weitere Klasse. In der Praxis wird eine Ausnahme für Gegenstände gemacht, die zwei gleichwertige Funktionen aufweisen. Das ist zB bei einem Radiowecker der Fall, der sowohl als Wecker (Klasse 10) als auch als Radio (Klasse 14) ausgestaltet ist. Jedes Design muss mit einer Ordnungsnummer gekennzeichnet sein. Die Nummerierung muss am Rand außerhalb der Darstellung erfolgen. Für Darstellungen desselben Designs aus verschiedenen Blickwinkeln ist eine zweistellige Nummerierung (zB 1.1, 1.2, etc) vorgeschrieben, A 405a VR, die Regelung entspricht § 7 II 2 DesignV, Rn 6.

Anmeldetag

13 (1) **Der Anmeldetag eines Designs ist der Tag, an dem die Unterlagen mit den Angaben nach § 11 Abs. 2**

1. beim Deutschen Patent- und Markenamt

2. oder, wenn diese Stelle durch Bekanntmachung des Bundesministeriums der Justiz im Bundesgesetzblatt dazu bestimmt ist, bei einem Patentinformationszentrum

eingegangen sind.

(2) **Wird wirksam eine Priorität nach § 14 oder § 15 in Anspruch genommen, tritt bei der Anwendung der §§ 2 bis 6, § 12 Absatz 2 Satz 2, § 21 Absatz 1 Satz 1, § 33 Absatz 2 Satz 1 Nummer 2 und § 41 der Prioritätstag an die Stelle des Anmeldetags.**

Übersicht

1 **1.** Eine Vorschrift mit dem Inhalt des Abs 1 war im GeschmMG 2004 neu. Sie hat ihr Vorbild in den §§ 35 II PatG, 4a II GebrMG, 33 I MarkenG und in Art 38 I GGV. Die gesonderte Bestimmung des Anmeldetags ist bereits Gegenstand des Art 41 MPI-E und des Art 36 Grünbuch gewesen. Mit Abs 1 werden zwei **Zwecke** verfolgt. Zum einen soll bei Vorliegen den elementaren Anmeldungsvorschriften des § 11 II genügender Unterlagen der Anmeldetag als eindeutig definiertes Datum den Beginn der mehreren materiellrechtlichen Wirkungen und verfahrensrechtlichen Folgen der Designanmeldung markieren. Zum anderen wurden die dezentralen Einreichungsmöglichkeiten für eine Anmeldung der hergebrachten Einreichung beim DPMA gleichgestellt. Abs 2 hat ebenfalls zwei Ziele, nämlich zum einen den redaktionellen Grund, die anderenfalls an Ges verstreut an gebotener Stelle einzufügende, immer gleichlautende umständliche Ersetzung des Anmeldetags durch den Prioritätstag zusammenzufassen, Begr § 13 II GeschmMG 2004, zum anderen sind hier darüber hinausgehend wesentliche materiellrechtliche Schutzbeeinflussungen verborgen, Rn 3.

2. Der **Anmeldetag** ist nach Abs 1 das Datum der Einreichung ausrei- 2
chender Anmeldeunterlagen iSd § 11 II, s § 11 Rn 3, 16 f. Er ändert sich nach § 12 II 2 auch bei wirksamer Teilung einer Sammelanmeldung nicht mehr, aber bei Vorliegen von vom DPMA gerügten elementaren Mängeln verschiebt er sich nach § 16 I Nr 2, IV 2 bis zur deren Behebung. Der Anmeldetag hat zahlreiche **Wirkungen.** Ist er wirksam begründet, wird zugleich der Inhalt der Anmeldung in nicht mehr erweiterbarer Weise festgelegt, zu Änderungen der Anmeldung § 11 Rn 21. Dies betrifft die Wirkung als Eintragungsantrag mit dem Inhalt der darin gemachten Angaben, die Identität des Anmelders, insbes aber die Festlegung der mit der Wiedergabe vermittelten Offenbarung des eD iSv § 5, die mit Begründung des Anmeldetags nicht mehr erweitert werden kann. Der Anmeldetag ist Stichtag für die Beurteilung der Neuheit und Eigenart nach § 2 II, III ggü dem bis zu diesem Tag entstandenen Formenschatz, bestimmt also den Altersrang (Zeitrang) der Anmeldung und legt fest, dass mit und nach diesem Tag offenbarter Formenschatz nicht neuheitsschädlich wirkt. Der Altersrang kann nur durch wirksame Inanspruchnahme der Priorität einer Voranmeldung nach §§ 14, 15 vorverlegt werden. Er setzt ferner – soweit nicht aufgrund einer Voranmeldung die Prioritätsfrist für denselben Schutzgegenstand zuvor ausgeschöpft wurde – die Frist zur Einreichung einer Nachanmeldung unter Inanspruchnahme dieses Altersrangs in Gang, s § 14 Rn 6. Ist ein Anmeldetag wirksam begründet worden, bedeutet die so entstandene Designanmeldung eine für eine spätere Prioritätsinanspruchnahme geeignete Grundlage, auch wenn die Anmeldung später entfällt, Art 4 A II, III, 4 C IV PVÜ. Vom Anmeldetag hängt ab, ob ein nachveröffentlichtes eD nach § 33 II Nr 2 gleichwohl als älteres Recht einen besseren Zeitrang hat und insofern bereits eine Sperrwirkung relativer Art entwickelt, Einzelh § 34 Rn 6. Bis zu diesem Zeitpunkt müssen gutgläubige Vorbenutzungshandlungen iSd § 41 erfolgt sein, um dem Recht aus dem eingetragenen Design entgegengehalten werden zu können. Der Anmeldetag muss in die zwölfmonatige Neuheitsschonfrist des § 6 fallen. Ab dem Anmeldetag zählt die Schutzdauer des eD, § 27 II, nicht immer jedoch die 30-monatige Aufschiebungsdauer nach § 21 I, Rn 3. Der Anmeldetag bestimmt darüber, ob gem den Übergangsvorschriften des § 61 (typografische Schriftzeichen), § 72 (allg Übergangsregelung), § 73 (Rechtsdurchsetzung) das eD in seiner bisherigen oder in der jetzt geltenden Fassung anzuwenden ist. Die Anmeldegebühr wird am An-

meldetag fällig, § 3 I PatKostG und die dreimonatige Ausschlussfrist zur Entrichtung der Anmeldegebühr nach § 6 I 2 PatKostG zählt ab diesem Tag. Kein national gültiger Anmeldetag wird begründet durch die Anmeldung eines internationalen GeschmM nach dem HMA bei Benennung der Bundesrepublik Deutschland, auch wenn die Rechtswirkung der dortigen Anmeldung materielle Wirkung in Deutschland hat, § 11 Rn 6, § 68 Rn 2. Auch die Anmeldung eines eingetragenen GGM und die Offenbarung eines nicht eingetragenen GGM schaffen keinen Anmeldetag nach nationalem Recht iSd § 13.

3 **3.** Nach Abs 2 tritt der wirksam in Anspruch genommene **Prioritätstag** für einige Rechtswirkungen an die Stelle des Anmeldetags. Dies betrifft nicht nur die mit dem prioritätsbegründenden Altersrang zusammenhängenden Rechtswirkungen, also die Vorverlegung des Tags, bis zu dem die die Schutzfähigkeit des angemeldeten Designs ausschließenden Tatsachen offenbart sein mussten, § 2 II, III (Neuheit und Eigenart), § 5 (Offenbarungszeitpunkt). Abs 2 iVm § 6 erlaubt die Kumulierung der Neuheitsschonfrist mit der Prioritätsfrist, so dass die Neuheitsschonfrist der Prioritätsanmeldung noch vorgelagert sein kann, § 6 Rn 8. Vorverlegt sind die Wirkungen des Anmeldetags auch insoweit, als die Teilung einer Sammelanmeldungen nach § 12 II auch eine wirksam in Anspruch genommene Priorität nicht berührt. Die Vorverlegung der Wirkung des Anmeldetags auf den Prioritätstag vereitelt aber auch entgegenstehende Rechte Dritter, soweit solche im Prioritätsintervall als ältere Rechte iSd § 33 II Nr 2 oder als Vorbenutzungsrechte iSv § 41 hätten begründet werden können. Die Vorverlegung gilt auch für die 30-monatige Frist für die Aufschiebung der Bildbekanntmachung nach § 21 I 1. Die 30-Monatsfrist rechnet dann bereits vom Prioritätstag an, so dass Abs 2 sie – bezogen auf den inländischen Anmeldetag – im Ergebnis um das Prioritätsintervall verkürzt, § 21 Rn 3. Hingegen bleibt für den Beginn und die Berechnung der Schutzdauer des eD der Anmeldetag maßgebend, § 27 II.

4 **4.** Der **Tag der Einreichung der Anmeldung** ist die kürzeste Zeiteinheit zur Abgrenzung des Altersrangs ggü davor oder gleichzeitig und danach angemeldeten Designs; es kommt zur Festlegung nicht (wie bis 1988) auf Stunde oder Minute an, § 8 I DPMAV. Er wird durch den Tag ihres Eingangs beim **DPMA** bestimmt, Abs 1 Nr 1, BGH GRUR 71, 565, 567 – Funkpeiler, BPatGE 17, 202 mwN, unabhängig davon, ob die Anmeldung in der Annahmestelle des DPMA in München, Berlin oder Jena eingeht. Hinzugetreten sind mit dem GeschmMG 2004 Einreichungen bei ausgewählten dezentralen **Patentinformationszentren,** Abs 1 Nr 2, wie seit längerem für Patentanmeldungen möglich, eine Einreichung dort begründet ebenfalls den Anmeldetag, insoweit ist der Eingang der weitergeleiteten Sendung beim DPMA nicht maßgebend, Einzelh § 11 Rn 16. Der Eingang wird durch Eingangsstempel, im DPMA durch den Perforations-Datumsstempel festgehalten. Die Aufgabe der Anmeldung auf der Post begründet in keinem Fall den Anmeldetag, Verzögerungen im Postweg gehen zu Lasten des Anmelders, BVerfG Bl 90, 247; BGH GRUR 89, 38 f – Schlauchfolie. Das gilt ab 1.3.05 auch für eine versehentlich beim Europäischen Patentamt eingereichte Designanmeldung und andere Schriftstücke, die von dort als Irrläufer an das DPMA weitergegeben werden; die früher zwischen beiden Ämtern bestehende Verwaltungsvereinbarung zur rechtlich privilegierten,

nämlich prioritätsunschädlichen Weiterleitung hat sich als unzulässig erwiesen, BPatGE 49, 5 – Irrläufer, und ist seit 1.3.05 beendet, Mitt PräsDPMA Bl 05, 145, 273, Bl 06, 77, krit Benkard/Schäfers 34/140. Die Einreichung beim HABM in Alicante begründet ebenfalls keinen Anmeldetag. Das DPMA ist seit 1986 an sämtlichen Wochentagen durchgehend annahmebereit. Die Einreichung bei der Dienststelle des DPMA in Jena lässt die Zeitverzögerung für die DPMA-interne Weiterleitung von München oder Berlin an die Designstelle entfallen. Die vom DPMA ausgestellte Empfangsbestätigung beurkundet den Eingang der in ihr aufgeführten Unterlagen, BPatG Mitt 87, 31, sofern deren Fehlen nicht bei Eingang aktenkundig gemacht worden ist, BPatGE 28, 109; BPatG Bl 01, 153. Allerdings weist das DPMA nunmehr auf dem Blatt „Empfangsbestätigung" des Antragsformulars – dem Blatt, das an den Anmelder zurückgesandt wird – darauf hin, dass die Vollständigkeit der Anmeldung und insb der vom Anmelder angegebenen Bestandteile vom DPMA erst nach Eingang der Anmeldegebühr geprüft wird. Die Anmeldung ist keine fristgebundene Verfahrenshandlung und daher als solche einer Wiedereinsetzung nicht zugänglich. Die Wirkung des Tages der Einreichung als Anmeldetag kann durch Verschiebung als Folge einer Beanstandung des DPMA wegen Fehlens elementarer Erfordernisse der Anmeldung nach § 11 II 1 Nrn 1–3, § 16 I Nr 2, IV 2 entfallen sein, woraus sich erhebliche Konsequenzen für den Bestand des angemeldeten Designs ergeben können, s § 16 Rn 13, 18.

5. Die **Zuerkennung des Anmeldetags** ist ein in § 16 I Nr 3 gebrauchter Begriff, sachnäher ist der in § 16 IV 2 gebrauchte Begriff „Anerkennung", weil die Begründung des Anmeldetags kraft Ges erfolgt, das DPMA stellt den Anmeldetag im Eintragungsverfahren lediglich formell fest, zur Begrifflichkeit s auch § 16 Rn 11. Davon ist zu unterscheiden, ob aufgrund inhaltlich ausreichender Anmeldungsunterlagen materiellrechtlich ein Anmeldetag begründet worden ist. Fehlt es nach §§ 11 II 1 Nrn 1–3, 16 I Nr 2 an den elementaren Anmeldevoraussetzungen, schafft dies nach Abs 1 schon kraft Ges keinen Anmeldetag. Nach § 16 I Nr 2 hat das DPMA diese Voraussetzungen des Anmeldetags zu prüfen. Schweigt das DPMA hierzu und trägt die Anmeldung ein, ist auf diese Weise der Anmeldetag anerkannt, jedoch ohne Präjudiz für eine tatsächlich gegebene materielle Schutzfähigkeit (Designfähigkeit, Neuheit, Eigenart). Sind die Voraussetzungen nicht erfüllt, kann auf Mängelbescheid iSd § 16 IV 2 hin der Anmeldetag erst durch Behebung des betreffenden Fehlers begründet werden, der Anmeldetag wird also gleichsam verschoben. Unterbleibt die Behebung solcher Mängel, oder beharrt der Anmelder auf dem unzulässigen Anmeldetag, BGH Bl 08, 357 – Angussvorrichtung (GebrM), wird zwar die Anmeldung zurückgewiesen, § 16 IV 3, ein – etwa für Prioritätsbeanspruchung nutzbarer, § 14 Rn 4 – Anmeldetag ist aber dadurch nicht verblieben, § 16 Rn 18. Eine gesonderte Vorabentscheidung des DPMA über einen streitigen Anmeldetag ist unzulässig, BPatGE 50, 276 (PatR). Mängel bei sonstigen Erfordernissen haben ebenso wenig Einfluss auf den begründeten Anmeldetag wie die Zahlung einer nicht ausreichenden Anmeldegebühr.

6. Gemeinschaftsgeschmacksmuster. Eine dem Abs 1 vergleichbare **6** Vorschrift existiert mit Art 38 I GGV, während Abs 2 in der GGV kein Gegenstück hat. Art 39 GGV erweitert die Wirkung einer beim HABM anmeldetagsbegründenden Anmeldung um ihre prioritätsbegründende Wirkung für Nachanmeldungen in den Mitgliedstaaten, weil die GGV ein eigenständiges System der Prioritätsbeanspruchung geschaffen hat, § 14 Rn 17, und gleicht damit Art 4 A II PVÜ. Nach § 62 darf eine für das HABM bestimmte Anmeldung eines GGM beim DPMA eingereicht werden. Die Rechtswirkung dieser Einreichung stellt Art 35 I GGV dem Eingang unmittelbar beim HABM gleich, sie wirkt also ggf anmeldetagsbegründend, eine Ausnahme sieht Art 38 II GGV vor. Das DPMA ist nach Art 7 II GGDV zu verschiedenen Bearbeitungsschritten verpflichtet, Einzelh § 62 Rn 1 ff. Das HABM konnte gem Art 111 II, III, 101a) vor der offiziellen Eröffnung des GeschmM-Bereichs am 1.4.03 bereits ab 1.1.03 Anmeldungen entgegennehmen, allerdings mit anmeldetagsbegründender Wirkung zum 1.4.03.

7   **7. Internationale Eintragungen.** Sofern die internationale Anmeldung von Designs nach dem HMA keine Mängel aufweist, deren Behebung eine Anmeldetagsverschiebung nach sich zieht, gilt als internationaler Anmeldetag grds der des Eingangs der Anmeldungsunterlagen beim Internationalen Büro, Art 9 I HMA 1999, R 13 III ii) GAO; nach Beseitigung derartiger Mängel gilt der verschobene Anmeldetag, Art 9 III HMA 1999. Dieser wird bei alleiniger Anwendung der Abkommensfassung 1999 vorverlegt auf den Tag des Eingangs beim nationalen Amt, sofern die indirekte Einreichung gewählt war – beim DPMA nach §§ 67, 68 möglich – und diese Unterlagen innerhalb eines Monats bei der WIPO eingehen, Art 9 II HMA 1999, R 13 III i) GAO bzw 6 Monate nach national vorgeschriebener Sicherheitsüberprüfung, R 13 IV GAO. Ein nationales Schutzverweigerungsverfahren lässt den Anmeldetag unberührt. Der Anmeldetag wirkt sich dahin aus, dass er regelmäßig auch der Tag der internationalen Eintragung, Art 10 II a) HMA 1999 ist, von dem an die Anmeldungswirkung in den Bestimmungsstaaten eintritt, Art 14 I HMA 1999, während die Veröffentlichung die Wirkung der Eintragung bestimmt, Art 14 II HMA 1999. Für einige Rechtswirkungen tritt der Prioritätstag an die Stelle des Anmeldetags, zB für die Berechnung der Aufschiebungsdauer bei gewählter Aufschiebung der Veröffentlichung, zu sonstigen Wirkungen vgl allg Rn 2, 3, soweit auf internationale Eintragungen anwendbar

Ausländische Priorität

14 (1) **Wer nach einem Staatsvertrag die Priorität einer früheren ausländischen Anmeldung desselben Designs in Anspruch nimmt, hat vor Ablauf des 16. Monats nach dem Prioritätstag Zeit, Land und Aktenzeichen der früheren Anmeldung anzugeben und eine Abschrift der früheren Anmeldung einzureichen. Innerhalb der Frist können die Angaben geändert werden.**

(2) **Ist die frühere Anmeldung in einem Staat eingereicht worden, mit dem kein Staatsvertrag über die Anerkennung der Priorität besteht, so kann der Anmelder ein dem Prioritätsrecht nach der Pariser Verbandsübereinkunft entsprechendes Prioritätsrecht in Anspruch nehmen, soweit nach einer Bekanntmachung des Bundesministeriums der Justiz und für Verbraucherschutz im Bundesgesetzblatt der andere Staat aufgrund einer ersten Anmeldung beim Deutschen Patent- und Markenamt ein Prioritätsrecht gewährt, das nach Voraussetzungen und Inhalt**

dem Prioritätsrecht nach der Pariser Verbandsübereinkunft vergleichbar ist; Absatz 1 ist anzuwenden.

(3) **Werden die Angaben nach Absatz 1 rechtzeitig gemacht und wird die Abschrift rechtzeitig eingereicht, so trägt das Deutsche Patent- und Markenamt die Priorität in das Register ein.** Hat der Anmelder eine Priorität erst nach der Bekanntmachung der Eintragung eines Designs in Anspruch genommen oder Angaben geändert, wird die Bekanntmachung insofern nachgeholt. **Werden die Angaben nach Absatz 1 nicht rechtzeitig gemacht oder wird die Abschrift nicht rechtzeitig eingereicht, so gilt die Erklärung über die Inanspruchnahme der Priorität als nicht abgegeben. Das Deutsche Patent- und Markenamt stellt dies fest.**

Übersicht

I. Allgemeines

1. Die **Entwicklung** der Vorschriften über die Prioritätsinanspruchnahme **1** war mit der Vorgängerregelung des § 14, dem § 7b GeschmMG 1986, bereits in ruhige Bahnen gelangt. Über die Zersplitterung der Vorgängerregelungen dieses § 7b GeschmMG 1986s 2. Aufl 7b/1. In der ehemaligen DDR wirksam begründete PrioritätsR bleiben für die nach § 16 I ErstrG umgewandelten GeschmM bestehen, Einzelh Nachtrag EVtr/ErstrG 1992 II Rn 13. § 14 regelt die Prioritätsinanspruchnahme übereinstimmend mit den Grds der §§ 41 PatG, 6 II GebrMG, 34 MarkenG. Die Frist von 16 Monaten des Abs 1 S 1 war durch Art 13 Nr 2 des 2. PatGÄndG v 16.7.98 (BGBl I S 1827 = Bl 98, 382) in § 7b GeschmMG 1986 eingefügt worden. Abs 2 war in seiner Substanz mit Wirkung vom 1.1.95 durch Art 13 II Nr 1 MarkenRreformG v 25.10.94 (BGBl I S 3082 = Bl 94, Sonderheft S 36) in § 7b GeschmMG 1986 eingefügt worden. Das jetzt geltende Ges hat die so entstandene Fassung des § 7b GeschmMG 1986 übernommen. § 14 betrifft ausschließlich die formalen Voraussetzungen für die Inanspruchnahme der Priorität im Rahmen des Eintragungsverfahrens vor dem DPMA und baut damit auf den nicht im DesignG geregelten materiellrechtlichen Voraussetzungen für die Entstehung des PrioritätsR und Rahmenbedingungen für dessen Inanspruchnahme auf, die vielmehr Gegenstand innerstaatlich anzuwendenden Konventionsrechts der PVÜ („Staatsverträge") sind, Rn 3. Die wirksame Inanspruchnahme der Priorität ist an die Erfüllung konkreter formaler Voraussetzungen geknüpft, woraus sich materiellrechtliche Wirkungen, Rn 14f, ergeben können. Die Möglichkeit der Inanspruchnahme einer inneren Priorität für ebenfalls im Inland später angemeldete Weiterentwicklungen des eD, vergleichbar den §§ 40 PatG, 6 I GebrMG, ist bis heute nicht geschaffen, eine analoge Anwendung kommt nicht Betracht, weil keine Gesetzeslücke besteht, BPatG GRUR 06, 582 – Probenkopf. Die Möglichkeit, die Priorität der Anmeldung eines Nichtberechtigten in Anspruch zu nehmen, wie sie § 10c III GeschmMG 1986 vorgesehen hatte, konnte im geltenden Ges entfallen wegen des Übergangs auf das Prinzip der Gewährung absoluten Schutzes mit der Eintragung des Designs und des Übertragungsanspruchs nach § 9 I 1.

2   **2.** Für die Begründung des weitgehend weltweit geltenden Altersrangs für ein Design genügt die erste Anmeldung in einem Land, das nach § 14 für solche Prioritätsanmeldungen anerkannt ist, Rn 3. **Zweck** der wirksamen Inanspruchnahme der Priorität einer solchen vorangehenden ausländischen Erstanmeldung (Voranmeldung) ist es dann, der inländischen Nachanmeldung den Altersrang dieser Erstanmeldung zu sichern. Dann darf bei der Beurteilung der Neuheit und Eigenart des im Inland nachangemeldeten Designs nur von dem Formenschatz ausgegangen werden, der bis zum Tag der Erstanmeldung entstanden war; der Prioritätstag tritt insoweit an die Stelle des Anmeldetags, s auch § 13 II. Somit wirken sich die im Zeitraum zwischen dem Prioritätstag und dem Anmeldetag der inländischen Nachanmeldung (sog Prioritätsintervall) hinzutretenden Bereicherungen des Formenschatzes insoweit nicht mehr nachteilig aus, die förmliche Prioritätsinanspruchnahme vorausgesetzt. Die Prioritätsfrist räumt dem Anmelder eine Überlegungsfrist ein, ob und in welchen den Staatsverträgen angehörigen Staaten bzw den in Abs 2 angesprochenen einzelnen Staaten eine Nachanmeldung zweckmäßig erscheint. Es ist dann entbehrlich, den Anmeldungsgegenstand sofort und gleichzeitig in sämtlichen Staaten anzumelden, für die Schutz erstrebt wird. Zudem steht die Erstanmeldung der Schutzfähigkeit der im Prioritätsintervall eingereichten, veröffentlichten Anmeldungen identischer Gegenstände entgegen, Art 4 B PVÜ. Die mit der Nachanmeldung bewirkte Schutzposition des eD gegen Verletzungshandlungen wird jedoch nicht um den Zeitraum des Prioritätsintervalls in die Vergangenheit zurück erstreckt, vielmehr entsteht der Designschutz erst mit der Eintragung, § 27 I, und wirkt von diesem Zeitpunkt an in die Zukunft.

3   **3.** Die Rechtsvorteile der Inanspruchnahme einer **ausländischen Priorität** erstrecken sich nach Maßgabe des allg Begriffs „Staatsvertrag" in Abs 1 S 1 auf Angehörige von Staaten der Pariser Verbandsübereinkunft (PVÜ) nach Art 2, 3, 4 und Art 4bis PVÜ **(Unionspriorität).** Die Unionspriorität kann nur von Angehörigen solcher Mitgliedstaaten, und auch nur in diesen Mitgliedstaaten wahrgenommen werden. Die Geltung der PVÜ ist durch Art 2 I 1, Art 3 I 1 TRIPS-Abkommen auf Angehörige von Mitgliedstaaten dieses Abkommens ausgeweitet, wodurch kaum noch relevante Lücken der Mitgliedschaft verbleiben. Darüber noch hinausgehend bestehen mit Nicht-Mitgliedstaaten der PVÜ (einschließlich TRIPS) zwar keine bilateralen Abkommen mit an die PVÜ angelehnten Regelungen. Deutschland gewährt jedoch seit 1997 sämtlichen Mitgliedstaaten der Welthandelsorganisation (WTO) gem Art 2 I TRIPS-Abk (dort Verweis auf PVÜ) ein PrioritätsR im Umfang des Art 4 A PVÜ unabhängig davon, ob einzelne Mitgliedsländer oder Ostblockstaaten Vorbehalte gem Art 65, 66 TRIPS-Abk geltend gemacht haben, Mitt PräsDPMA Bl 97, 213, (Fortschreibung der Mitgliedstaaten der Abkommen jeweils Aprilheft des Bl). Nach Abs 2 tritt für einzelne

Staaten neben die vorgenannten staatsvertraglich vereinbarten Prioritätszubilligungen eine vergleichbare, auf faktischer Grundlage anerkannte **bilaterale Priorität.** Erkennt der Staat der Voranmeldung in Deutschland begründete Prioritäten im eigenen Staat an, wird umgekehrt auch eine in diesem Staat vorgenommene Voranmeldung in Deutschland als prioritätsbegründend anerkannt, Begr MarkenRreformG Bl 94, Sonderheft S 131 (zu § 7b II GeschmMG 1986). Die Feststellung dieser Gegenseitigkeit muss im BGBl bekanntgemacht sein. Für eD war das bislang einzig für Ecuador geschehen, BGBl 95 I S 534 = Bl 95, 204, was durch PVÜ-Beitritt dieses Landes 1999 gegenstandslos ist. Das PatR betreffende weitere Bekanntmachungen aufgrund des sachlich identischen § 41 II PatG sind für Design-Prioritäten unmaßgeblich.

II. Erstanmeldung

1. Die **Erstanmeldung** wirkt nur prioritätsbegründend, wenn sie – spä-   **4** testens zum Zeitpunkt der Nachanmeldung, Benkard/Ullmann Einl Int Teil/31 –, die Erfordernisse einer wirksamen Anmeldung nach den Rechtsvorschriften des Staates der Erstanmeldung erfüllt; dadurch wird der Anmeldetag festgelegt, Art 4 A II, III PVÜ. Maßgebend als Erstanmeldung ist jene formell ordnungsgemäße Anmeldung, in der das Design, dessen Priorität in Anspruch genommen wird, erstmals offenbart ist, Art 4 C II PVÜ, BGH GRUR Int 60, 506, 508 – Schiffslukenverschluss (PatR); die Offenbarung der Erstanmeldung ergibt sich nach Art 4 H PVÜ aus der Gesamtheit der Unterlagen, also auch aus offenbarten Merkmalen, auf deren Schutz unterdessen verzichtet ist. Maßgebliche Offenbarung ist auch eine nachgereichte, nach dem Titel der Anmeldung von ersichtlich überflüssigem Beiwerk befreite Wiedergabe, wenn solche Nachreichung nach der Rechtslage im Land der Erstanmeldung zulässig ist, insbes das ausländische Amt diese Nachreichung der Eintragung zugrundegelegt hat, Hmb 5 U 166/07 v 11.3.09 (unveröff). Erstanmeldung sind auch erstmals offenbarte Merkmale einer Anmeldung, deren übrige Teile bereits früher offenbart worden sein können, Art 4 F S 2 PVÜ, BGH GRUR Int 60, 508 – Schiffslukenverschluss (PatR), Einzelh zur sachlichen Identität s Rn 8. Nachfolgende Anmeldungen desselben Offenbarungsgehalts gelten nicht mehr als Ersthinterlegung, ausgenommen den Fall, dass die vorhergehende Anmeldung bis dahin weder offengelegt noch Grundlage einer Prioritätsinanspruchnahme war, sie durch Rücknahme, Verzicht, Zurückweisung untergegangen ist und aus alledem keinerlei Rechte mehr daraus verblieben sind, Art 4 C IV PVÜ, Benkard/ Ullmann Einl Int Teil/33 mwN. Nur unter diesen Voraussetzungen kann eine identische spätere Anmeldung eine neue Priorität entstehen lassen. Da der Offenbarungsgehalt der Erstanmeldung für den Fristbeginn maßgebend ist, bleiben Verschiebungen des Prioritätstags, die nach einem auf die Erstanmeldung anzuwendenden innerstaatlichen Recht zulässig sein können, unbeachtlich, PA Bl 34, 128, soweit nicht mit der Verschiebung die Rechte der vorangegangenen Anmeldung in der Art 4 C IV PVÜ entsprechenden Weise gänzlich entfallen sind, Benkard/Ullmann Int Teil/52. Letzteres ist zB bei ausländischer Nachanmeldung eines in Deutschland erstangemeldeten Designs der Fall, wenn dessen Anmeldetag wegen Mangelhaftigkeit nach § 16 IV 2 verschoben worden ist; dann ist Prioritätstag der verschobene

Anmeldetag. Ob die Erstanmeldung nach verbindlicher Festlegung des Anmeldetags im weiteren Verfahren Bestand hat oder wegfällt, berührt die damit begründete Priorität nicht mehr, Art 4 A III, 4 C IV PVÜ. Den Offenbarungsgehalt der **Schutzrechtsart** für die Nachanmeldung als Design als geeignet unterstellt, kann die Erstanmeldung eine ausländische Patent-, GebrM-, Erfinderschein- oder Designanmeldung sein, der Wechsel der Schutzrechtsart von der Vor- zur Nachanmeldung ist möglich, abl Stauder FS Reimann, 2009 S 449 ff. Auch eine Markenanmeldung ist als Voranmeldung zulässig, da die prioritätsbegründende Offenbarung der konkret-individuellen Gestaltung genügt, was bes interessant ist im Falle von Bild- und 3-D-Marken (ausgeschlossen für GGM, Rn 17). Die bes Zweckbestimmung der Marke, insbes ihre Unterscheidungsfunktion, ist für Prioritätsfragen im DesignR unmaßgeblich. Für eD ist keine die Grenzen der Schutzrechtsart überschreitende innere Priorität vorgesehen, BPatGE 31, 199, zB einer inländischen Patentanmeldung für eine inländische Designanmeldung, BPatG GRUR 06, 582 – Probenkopf, auch nicht eines deutschen GebrM als Voranmeldung, Beschluss des DPA (Musterregister) v 4.5.93, Az MR 92 04689.4 (unveröff). Nicht prioritätsbegründend ist ein nach den Art 11, 110a V 2 GGV existent gewordenes nicht eingetragenes GGM. Art 4 A II, III PVÜ ist darauf nicht anwendbar, ihm fehlt die Staatsbezogenheit, die Fixierung durch einen förmlichen Anmeldetag, und ihm steht auch entgegen, dass dies im Ergebnis die Anerkennung einer gemeinschaftsweiten inneren Priorität zur Folge hätte, wofür keine Rechtsgrundlagen existieren. Im umgekehrten Prioritätsfall kann nach deutscher, aber nicht anderwärts geübter Praxis, Benkard/Ullmann Einl Int Teil/55, Schulte 41/15, einer ausländischen Designanmeldung grds auch eine Nachanmeldung als GebrM, BPatGE 9, 214; 9, 218; 31, 199; BPatG Mitt 97, 87, oder als Patent folgen, da Art 4 E II PVÜ keine abschließende Regelung ist, BPatG 4 W (pat) 138/77 v 25.4.79 (unveröff); DPA Bl 86, 229; Benkard/Ullmann aaO; Schulte aaO; aA Schickedanz S 4, Stauder aaO. Nicht in Anspruch genommen werden kann die Priorität einer deutschen Designanmeldung für ein europäisches Patent, Art 87 I EPÜ, und für ein inländisches GebrM (dh keine innere Priorität).

5   **2.** Nach dem **Grundsatz der Auslandspriorität** muss die Erstanmeldung in einem anderen Mitgliedstaat als demjenigen der Nachanmeldung wirksam geworden sein, Art 4 A I PVÜ; BGH GRUR 82, 31, 32 – Roll- und Wippbrett, was für eD den Ausschluss des Selbstbenennungsrechts im Rahmen der PVÜ bei einzelstaatlichen Anmeldungen, nicht jedoch des Gemeinschaftsrechts bedeutet; keine innere Priorität, sondern Auslandspriorität schafft die Voranmeldung eines GGM, weil diese nach Art 39 GGV die Wirkung einer nationalen Anmeldung auch in anderen PVÜ-Mitgliedstaaten als nur Deutschland hat, vgl GemMarken gem Art 32 GMV, Ströbele/ Hacker 34/3. Kein Zusammenhang besteht mit der Nationalität oder dem Sitz des Vor- und Nachanmelders; nach allg Ans ist auch die ausländische Voranmeldung eines Inländers für seine inländische Nachanmeldung prioritätsbegründend, PA Bl 10, 6; LG Konstanz Mitt 84, 71; Wieczorek, Mitarbeiterfestschrift für E. Ulmer 1973 S 242 mwN; aA v Gamm 7/12. Prioritätsbegründend sind ferner Hinterlegungen nach internationalen Abkommen: Art 66 EPÜ für europäische, Art 11 III PCT für internationale Patentanmeldungen, Art 4 II HMA 1934, Art 7 I (a) HMA und Art 14 I

HMA 1999 für internationale Hinterlegungen von Mustern und Modellen. Sofern im Rahmen dieser Abkommen der Anmelder auf der Grundlage einer deutschen Voranmeldung die Bundesrepublik Deutschland als Bestimmungsstaat unter Beanspruchung dieser Priorität benannt hatte, muss mindestens ein weiterer Staat benannt sein, BPatGE 23, 266 (für EPÜ). Die Möglichkeit der Prioritäts-Selbstbenennung ist nach dem HMA nicht zugelassen, Raible GRUR 89, 172 f, es gilt ausschließlich der Grds der Auslandspriorität; im Ergebnis ebenso Bossung GRUR Int 75, 277; anders die ausdrücklichen Regelungen des Art 87 I EPÜ, s Bossung aaO, und Art 8 II b PCT (PatR). Die Erstanmeldung muss ferner ein Angehöriger eines Mitgliedstaats der PVÜ (auch TRIPS, Rn 3) eingereicht haben, Art 2 und 3 PVÜ. Dies gilt auch für sämtliche Mitanmelder, KPA Bl 1904, 261 (für ein vergleichbares bilaterales Abkommen).

III. Nachanmeldung

1. Die **Nachanmeldung** eines Designs oder eines GebrM, Art 4 C I bzw **6** 4 E I PVÜ, muss beim DPMA wirksam innerhalb der **Prioritätsfrist** von 6 Monaten nach dem Tag der Erstanmeldung eingereicht sein, hingegen innerhalb von 12 Monaten, sofern eine Patentanmeldung vorausging. Der Charakter der Erstanmeldung entscheidet über die Länge der Frist, BPatGE 9, 218, offen gelassen in BPatG Mitt 97, 87, s auch Rn 4. Die Frist für die Einreichung der Nachanmeldung beginnt nach § 4 C II PVÜ, s auch § 187 I BGB, mit dem auf die Erstanmeldung folgenden Tag; Berechnung des Ablaufs nach § 188 II BGB. § 193 BGB ist auf diese Frist anwendbar; Art 4 C III PVÜ gibt eine vergleichbare Fristverlängerung. Demggü ist nachrangig, dass das DPMA Geschäftssachen täglich annimmt, § 8 I DPMAV, § 13 Rn 4. Mussten elementare Mängel der Anmeldung iSv § 16 I Nr 2, IV 2 beseitigt werden, so gilt als Tag der Nachanmeldung der verschobene, vom DPMA gem § 16 IV 2 festgestellte Zeitpunkt, dazu Kelbel GRUR 87, 142; derartige Mängel müssten also noch innerhalb der Prioritätsfrist beseitigt werden. Wenn durch diese Verschiebung die Frist zur Nachanmeldung überschritten wurde, mag zwar eine Nachanmeldung eingereicht werden, der Schutzfähigkeit des eD steht dann jedoch dessen Erstanmeldung neuheitsschädlich entgegen. Wiedereinsetzung in die versäumte Prioritätsfrist ist zulässig, § 23 III 3 iVm Gegenschluss aus § 123 I 2 PatG, jedoch nicht, wenn die Nachanmeldung bei der europäischen Anmeldebehörde vorbereitet wurde, BPatG Bl 08, 409 – Mehrfach-Funkgerät. Ihre Gewährung führt nicht zu einer Rückverlegung des Anmeldetags der Nachanmeldung auf den letzten Tag der versäumten Prioritätsfrist, sondern lässt den Anmeldetag unberührt; allerdings ergibt sich daraus faktisch eine Verlängerung der Prioritätsfrist, BPatGE 49, 61 ff – Tragbare Computervorrichtung, ebenso BPatG 10 W (pat) 712/02 v 3.2.05 (veröff in juris). Keinen Zusammenhang mit der Frist für die Nachanmeldung hat die Frist für die Inanspruchnahme einer Neuheitsschonfrist; diese kann der Prioritätsfrist auch vorgelagert sein (Kumulation), dagegen verlängert der in Anspruch genommene Ausstellungsschutz die Prioritätsfrist nicht, § 15 V, kann ihr also zur Verhinderung der sog Kettenpriorität weder vor- noch nachgelagert sein. Der „Verbrauch" der Priorität im Falle der nochmaligen Inanspruchnahme derselben Priorität für eine weitere Nachanmeldung desselben Gegenstands in demselben Land lässt sich bezweifeln und ist iÜ str, Einzelh Bremi/Liebetanz Mitt 04, 148 mwN; solange dies national nicht abschließend entschieden ist, gebietet die Vorsicht, eine Priorität nicht derart mehrfach in Anspruch zu nehmen, um mögliche Neuheitsschädlichkeit bezügl der zweiten Nachanmeldung zu hindern.

7   **2.** Die geforderte **Identität in personeller Hinsicht** besteht darin, dass der Anmelder der Nachanmeldung mit dem eingetragenen Inhaber der Erstanmeldung entweder identisch oder dessen Rechtsnachfolger sein muss, Art 4 A I PVÜ, Entwerferidentität ist nicht erforderlich. Die Erhebung einer Übertragungsklage gegen den Erstanmelder verschafft noch keine personelle Identität, BGH GRUR 08, 629 – Angussvorrichtung für Spritzgießwerkzeuge II. Der Nachanmelder muss wie der Erstanmelder, Rn 4, jedenfalls zur Zeit der Nachanmeldung, Benkard/Ullmann Einl Int Teil/36 mwN, Angehöriger eines PVÜ-Mitgliedstaats (auch TRIPS, s Rn 3) sein, Art 2 PVÜ, oder dort Wohnsitz oder Niederlassung haben, Art 3 PVÜ, was das DPMA regelmäßig als gegeben unterstellt. Die Rechtsnachfolge erfasst im Allg das eD als Ganzes, sie kann sich aber auch auf den Erwerb des PrioritätsR als solchem beschränken, KPA Bl 1906, 129, eine Gesamtrechtsnachfolge ist nicht erforderlich, Benkard/Ullmann Int Teil/35. Die Übertragbarkeit des PrioritätsR richtet sich nach dem für den Erwerber dieses Rechts geltenden nationalen Recht; nach den §§ 398, 413 BGB ist keine bes Form erforderlich, KPA aaO. Die Rechtsnachfolge kann sich auch aus Zwangsvollstreckung in die Voranmeldung ergeben. Nicht ausreichend als Rechtsnachfolge ist die Berechtigung am Design gem § 7, Schulte 41/27. Der Übergang des PrioritätsR muss vor der Nachanmeldung eingetreten sein, ein danach erfolgter Erwerb wirkt nicht zurück, Schulte 41/28. Das PrioritätsR wirkt auch zugunsten bei der Nachanmeldung hinzugetretener Mitanmelder, KPA Bl 1910, 5. Ob das erworbene PrioritätsR mit einer ersten wirksamen Inanspruchnahme in dem bes Fall verbraucht ist, dass eine Weiterübertragung bezügl desselben Gegenstands an einen geänderten Nachmelderkreis stattfindet, und demzufolge kein erneutes, späteres PrioritätsR genutzt werden kann, ist str, Schulte 41/28, ausführl Teschemacher Mitt 07, 536, 538 ff gg neuere Spruchpraxis des EPA (PatR), allg zum Verbrauch der Priorität Rn 6. Das DPMA verlangt in der Formalprüfung keine Nachweise für die Übertragung des PrioritätsR, und wird nur bei Namensungleichheit nachfragen, ansonsten, zB in Gerichtsverfahren kann der Nachweis dieser Rechtsnachfolge später geführt werden.

8   **3.** Das PrioritätsR reicht nur so weit, wie **sachliche Identität** mit dem Inhalt der Erstanmeldung besteht, Art 4 A II PVÜ („dasselbe Muster"). Bei der Prüfung der sachlichen Identität werden die in der Erstanmeldung offenbarten Merkmale mit den durch die Nachanmeldung unter Schutz gestellten Merkmalen verglichen; in beiden Fällen ist dies idR der gesamte Offenbarungsgehalt der Wiedergabe bzw des flächenmäßigen Designabschnitts, soweit nicht ausdrücklich bestimmte Merkmale vom Schutz ausgenommen sein sollen. Der relevante Offenbarungsgehalt wird nach neuerem Verständnis durch die Erzeugnisangabe beeinflusst, anhand deren sich überflüssiges Beiwerk als solches abgrenzen lässt, s Rn 4 und § 11 Rn 41; das kann dazu führen, dass die sachliche Identität nicht anhand der ursprünglichen Unterlagen der Erstanmeldung, sondern nach deren von Beiwerk bereinigtem Wiedergabeinhalt beurteilt wird, Hmb 5 U 166/07 v 11.3.09

(unveröff). Mit dieser Maßgabe ist Beurteilungsmaßstab jene Identität der beiden Anmeldungsinhalte, die auch bei der Neuheitsprüfung isv § 3 II gilt, so dass sich die Merkmale allenfalls in unwesentlichen Einzelheiten unterscheiden dürfen, vgl § 3 II 1, s auch BGH GRUR 04, 133, 135 – Elektronische Funktionseinheit mwN (PatR), Schulte 41/34. Nur für solche engsten Abwandlungen, die sich in diesem Identitätsrahmen halten, kommt die Inanspruchnahme mehrfacher (Gesamt-)Priorität in Betracht, Ruhl 41/18. Abwandlungen dagegen, welche über die in der Wiedergabe des Designs der Erstanmeldung sichtbaren Schutzmerkmale hinausgehen, kommt auch dann keine sachliche Identität zu, wenn sie eine ästhetische Lehre oder einen allg Gestaltungsgedanken mit der Erstanmeldung gemeinsam haben. Die Beanspruchung von (Teil-, Mehrfach-)Prioritäten aus früheren Designanmeldungen ist problematisch. Zwar sind bei Schutzansprüchen technischer SchutzR Teil- und Mehrfachprioritäten bezügl einzelner Schutzmerkmale gem Art 4 F S 1 PVÜ anerkannt, Schulte 41/38 mwN, einschränkend BGH GRUR 02, 146, 148 – Luftverteiler (PatR), ebenso jedenfalls bezügl einzelner Waren und Dienstleistungen einer Markenanmeldung, Ströbele/Hacker 34/5, 7. Die im PatR geltende Auffassung, ein Merkmalsüberschuss in der weiterentwickelten Nachanmeldung wirke seinerseits prioritätsbegründend und Mehrfachprioritäten seien zulässig, ist jedoch wegen der Einheitlichkeit des eD – Erscheinungsform eines ganzen Erzeugnisses, § 1 Nr 1 – nicht auf das DesignR übertragbar. Die prioritätsbegründende oder -nutzende Relevanz einzelner Gestaltungsmerkmale oder einer Unterkombination kann sich daher nicht auf ausgewählte einzelne Merkmale und die Beurteilung ihrer Identität erstrecken, wie auch Teilschutz nicht beansprucht werden kann, Einzelh zur Ablehnung des Teilschutzes § 38 Rn 39 f. Dementsprechend besteht bei Kombinationsmustern dasselbe Design der Nachanmeldung regelmäßig in der gesamten Kombination; eine weitergehende Aufdifferenzierung der im Wege ihrer Wiedergabe beanspruchten Einzelmerkmale und Würdigung als noch dasselbe Design ist nicht möglich. Die Änderung der Offenbarungsform zwischen Erst- und Nachanmeldung, der Wechsel also zwischen fotografischer, grafischer oder Darstellung durch flächenmäßigen Designabschnitt, stellt die sachliche Identität zwar grundsätzlich nicht in Frage. Jedoch müssen weiterhin alle Merkmale der Voranmeldung erkennbar sein und keine weiteren Merkmale offenbart werden. Eine unterschiedliche Warenklasse von Vor- und Nachanmeldung ist unschädlich. Keine Frage der Mehrfachpriorität ist es, wenn für Designs einer Sammelanmeldung je unterschiedliche Prioritäten gelten sollen, zum dann erforderlichen bes weiteren Verfahren Rn 14. Der Umfang der Offenbarung der Erstanmeldung wird von den zuständigen Stellen des Landes der Nachanmeldung festgestellt, BGH aaO, Benkard/Ullmann Einl Int Teil/39; zum Umfang der Prüfung, die im DesignR nicht Sache des DPMA ist, s auch Rn 14; näher Straus GRUR Int 95, 103 ff mwN (PatR).

IV. Verfahren der Inanspruchnahme

1. a) Erst die förmliche **Prioritätserklärung** ggü dem DPMA macht den 9 Altersrang der Erstanmeldung für die Nachanmeldung beim DPMA nutzbar. Die erforderlichen Angaben werden durch die Rahmenbestimmungen des Art 4 D PVÜ vorgegeben, darüber hinaus konkretisiert § 14 I die formellen

Erfordernisse. Die Prioritätserklärung besteht nach Art 4 D PVÜ in der Angabe von Anmeldetag und Land der – ggf jeweiligen – Erstanmeldung. Die Staaten können weitere Erfordernisse bestimmen, was mit Abs 1 S 1 für Aktenzeichen und Abschrift der Erstanmeldung verwirklicht ist. Nach bis 1998 geltendem Recht war die Prioritätserklärung in einem zweiten Schritt durch die Angabe des Aktenzeichens und die Einreichung einer Abschrift der Voranmeldung zu ergänzen. Diese komplizierte und fehleranfällige Verfahrensabfolge ist nach Abs 1 S 1 durch eine Zusammenfassung aller vier Erfordernisse und ihre Erfüllung in der weit gesteckten Frist von 16 Monaten nach der Erstanmeldung abgelöst.

10   **b)** Die Prioritätserklärung – Angabe von **Zeitpunkt und Land** der Voranmeldung – ist schriftlich, zur Schriftform § 23 Rn 48–50, und in deutscher Sprache einzureichen, § 23 III 3 iVm § 126 PatG, § 11 I DesignV. Der Anmeldetag („Zeit") und der PVÜ/WTO-Mitgliedstaat der Erstanmeldung („Land") sind richtig und vollständig anzugeben (zB ausreichend „3.4.2004, USA"); die alternative Angabe von Zeit oder Land reicht nicht aus, KPA Bl 1914, 220. Anstelle der Angabe von Zeit und Land kann sogleich die Abschrift der Voranmeldung treten, Mitt PräsDPA Bl 88, 26, auch eine ausländische Eintragungsurkunde, soweit sie auch die Wiedergabe enthält. Den elektronischen Prioritätsbeleg des US-Patentamts (USPTO) in CD-Fassung akzeptiert das DPMA nicht, solange ausschließlich Schriftform einzuhalten ist (anders HABM, vgl Mitt 12/04 Präs HABM). Das amtliche Formular für den Eintragungsantrag sieht für die Erklärung ein Feld vor, das bei Einzelanmeldungen von Designs und im Falle von Sammelanmeldungen – hier vorbehaltlich abweichender designbezogener Einzelangaben – für sämtliche angemeldeten Schutzgegenstände einheitlich gilt. Soweit dagegen voneinander abweichende Prioritätsangaben für einzelne Designs einer Sammelanmeldung erforderlich sind, müssen diese aus Platzgründen in einer Erklärung auf gesondertem Blatt, jeweils bezogen auf die zugehörige Nachanmeldung, genau bezeichnet werden, damit eine zweifelsfreie Zuordnung möglich ist. Zu Übersetzungen fremdsprachiger Prioritätsbelege § 23 Rn 63.

11   **c)** Das ergänzend anzugebende **Aktenzeichen** muss vollständig und richtig sein, was auch der Fall ist, wenn trotz fehlerhafter Angabe das gemeinte, zutreffende Aktenzeichen erkennbar ist, Schulte 41/66. Die **Abschrift** muss eine dem Urtext genau entsprechende Zweitschrift der Erstanmeldung sein. Dies ist idR eine Fotokopie der Textteile. Eine Übersetzung reicht nicht aus, BPatGE 14, 204, s auch Art 4 D III 3 PVÜ. Die Eintragungsurkunde zu der Voranmeldung reicht aus, wenn sie die Wiedergabe des eD enthält. Sind Erst- und Nachanmeldung deutschsprachig und haben sie identische Unterlagen, genügt zusammen mit einem entsprechendem Hinweis eine Durchschrift (Doppel) der Anmeldungsunterlagen, BPatG Mitt 71, 34. Eine vom Anmeldeamt der Erstanmeldung beglaubigte Abschrift – Prioritätsbeleg – geht über eine bloße Abschrift hinaus und ist nicht erforderlich, BPatGE 21, 172. Die Beglaubigung wird vom DPMA nicht gefordert, Mitt PräsDPA Bl 88, 26 iVm Bl 69, 2, ist aber seit jeher anerkannt und unschädlich, aA Keil Mitt 72, 208. Zur vollständigen Abschrift gehören auch sämtliche Abbildungen, Zeichnungen und dgl, Art 4 D III 1 PVÜ, die Inhalt der Erstanmeldung sind und deren Gegenstand darstellen, BGH GRUR 79, 626, 627 – Elektrostatisches Ladungsbild, BPatGE 17, 254. Dies gilt in bes Maße für das DesignR, da hier die Offenbarung durch Textpassagen regelmäßig entbehr-

lich ist und fehlt. Da die Übereinstimmung von Erst- und Nachanmeldung für das DPMA und das interessierte Publikum feststellbar sein muss, BGH Bl 72, 171, 172 – Prioritätsverlust (PatR), sind als „Abschrift" der Wiedergabe identische Exemplare zu fordern. Dies liegt auch im Interesse des Anmelders, wenn er Einwendungen gegen die Schutzfähigkeit begegnen möchte, die sich auf eine mangelnde Identität von Vor- und Nachanmeldung stützen. Jedoch akzeptiert das DPMA idR von den ursprünglichen Fotografien oder grafischen Darstellungen gefertigte Fotokopien. Die Abschrift braucht den Erteilungsantrag der Erstanmeldung nicht zu enthalten, BPatG Mitt 71, 34; BPatGE 33, 35. Dem Erfordernis der Vollständigkeit der Abschrift entsprechen bloße Bezugnahmen auf eine andere Anmeldung oder Aufträge zur Entnahme oder Fertigung von Ablichtungen aus einer anderen Akte nicht, BPatGE 15, 191; 16, 58. Eine Übersetzung der Abschrift der Voranmeldung oder des Prioritätsbelegs braucht nur auf Anforderung des DPMA eingereicht zu werden, Mitt PräsDPA Bl 88, 26.

d) Die **Frist** von 16 Monaten nach dem Prioritätstag gilt einheitlich für **12** sämtliche Angaben im Zusammenhang mit der Prioritätsbeanspruchung (Zeit, Land und Aktenzeichen der Erstanmeldung und die Einreichung ihrer Abschrift); Fristberechnung nach §§ 187 I, 188 II BGB; § 193 BGB ist anwendbar, zur Fristberechnung § 23 Rn 52. Die Frist ist nicht verlängerbar, jedoch Wiedereinsetzung in diese Frist statthaft, zuletzt BPatG GRUR 09, 94 – Dreidimensionale Daten, § 23 Rn 5. Damit ist gesetzestechnisch die von Art 4 D III 2 PVÜ vorgeschriebene, dem Nachanmelder eingeräumte Dreimonatsfrist nach Einreichung der Nachanmeldung mit eingeschlossen. Abs 1 S 1 folgt damit § 41 I PatG (Begr Art 12 Nr 2 des 2. PatÄndG, Bl 98, 411), nicht dem am früheren Recht orientierten komplizierten zweistufigen Anforderungsverfahren wie nach § 34 III MarkenG oder der ursprünglichen Fassung des § 7b GeschmMG 1986; damit fehlt aber auch die Warnfunktion der früher vorgeschriebenen patentamtlichen Aufforderungsbescheide. Die 16-Monatsfrist konnte so geräumig gefasst werden, weil die Eintragung und Bekanntmachung der Prioritätsangaben abgekoppelt ist von den Eintragungen zur Anmeldung, Begr zu § 14 GeschmMG 2004, Rn 14. Regelmäßig ist 16 Monate nach dem Prioritätstag die Anmeldung eingetragen, die vorgängige Eintragung und Bekanntmachung hindert nicht die nachträgliche Inanspruchnahme der Priorität, zum Verfahren Rn 14.

e) Änderungen der Angaben sind nach Abs 1 S 2, § 11 III DesignV **13** jederzeit innerhalb der Sechzehnmonatsfrist des Abs 1 S 1 möglich. Auch die eingereichte Abschrift gilt insoweit als „Angabe" iSv Abs 1 S 2, Mitt PräsD-PA Bl 88, 26. Die geänderte Angabe ist dann maßgebend, unabhängig von ihrer Richtigkeit. Änderung ist auch die Vervollständigung um noch fehlende Angaben oder Unterlagen oder deren Austausch, allg Ans, Benkard/Schäfers, 41/15. Nach Ablauf dieser Frist sind Änderungen nicht mehr zulässig, BGH GRUR 74, 212, 213 – Spiegelreflexkamera; BPatGE 12, 135. Anfechtung wegen Irrtums ist ausgeschlossen, PA Mitt 37, 56; Speckmann GRUR 54, 7; Schulte 41/72. Wiedereinsetzung in die jeweilige Frist kann beantragt werden, BPatGE 27, 213 (PatR). Eine Hinweispflicht des DPMA auf offensichtlich fehlende oder unrichtige Angaben des Anmelders, falls eine Änderung noch innerhalb der Frist möglich erscheint, ergibt sich in entsprechender Anwendung des § 139 ZPO zwar nicht, BGH GRUR 74, 213, GRUR 74, 214, 216 – Elektronenstrahlsignalspeicherung, BPatG

GRUR 87, 286. Gleichwohl entspricht unter den genannten Voraussetzungen ein solcher Hinweis einer angemessenen Sachbehandlung, BGH GRUR 74, 213, BPatGE 12, 138. Die in BPatGE 7, 105; 20, 185, statuierte generelle und differenzierte Prüfungspflicht des DPMA knüpft an Besonderheiten der Patentverfahren an und ist auf das Formalverfahren der Registereintragung von Designs nicht übertragbar, insbes nach Einführung der Wiedereinsetzungsmöglichkeit in die Frist für die Angaben durch das GPatG ab 1.1.81, s auch Benkard/Schäfers 41/7. Das Unterlassen eines an sich gebotenen Hinweises hindert daher nicht den Fristablauf. Andererseits ist das DPMA vAw verpflichtet, aufgrund der ihm als Behörde (nicht dem Einzelbediensteten) vor Ablauf der Erklärungsfrist allg zugänglichen und nicht nur intern eröffneten Wissensquellen die ihm ggü erklärten Prioritätsangaben bei erkennbar hoher Wahrscheinlichkeit ihrer Unrichtigkeit auszulegen, bei sicheren Rückschlüssen richtigzustellen und infolgedessen als rechtzeitig eingegangen zu behandeln, BGH GRUR 74, 213; 74, 216. Die in dieser Weise verbindlich dem DPMA unterstellten Kenntnisse ergeben sich aus öffentlichen Druckschriften des Auslands, Patentblättern, Gazetten, Bulletins und anderen Periodika der ausländischen Ämter und Organisationen und anderen öffentlich zugänglichen Datenträgern (zB INPADOC-Dienste). Das DPMA hat bei der Feststellung der Unrichtigkeit der Angaben und deren amtlicher Richtigstellung alle angegebenen Umstände, wie Datum, Bildung, Größenordnung und Besonderheiten des Aktenzeichens, Wohnsitz und Nationalität von Anmelder und Erfinder, Inhalt der Abschrift der Voranmeldung insgesamt zu würdigen, BGH GRUR 74, 213; 74, 216, BPatGE 17, 44. Richtigstellung ist daher nicht möglich, wenn bei sich genommen jeweils plausiblen, jedoch sich widersprechenden Angaben die tatsächlich unrichtige Angabe nicht feststellbar ist, BGH GRUR 74, 216, oder das DPMA keine Unterlagen hat, aus denen die zu ergänzenden Angaben entnommen werden könnten, BPatGE 12, 136.

14   **2.** Im **weiteren Verfahren** über die Prioritätserklärung prüft das DPMA die förmlichen Voraussetzungen der Inanspruchnahmeerklärung, nach den Möglichkeiten des Registerverfahrens vAw auch die Plausibilität der Angaben, insbes die PVÜ/WTO-Angehörigkeit des Voranmeldungsstaats, der Identität der Inhaber von Vor- und Nachanmeldung oder ihrer Rechtsnachfolger (soweit mit vertretbarem Aufwand möglich), und die Möglichkeit ihrer Vervollständigung oder Richtigstellung. Dazu gehört auch im Interesse der Richtigkeit des Registers die kursorische Prüfung, ob die Frist zur Inanspruchnahme der Priorität gewahrt ist, BPatGE 9, 213; 9, 219 (GebrMR); BPatG Mitt 98, 311 – SMP (MarkenR), auch wenn hier Fragen des materiellen Rechts berührt sind, s auch BGH GRUR 85, 34 – Ausstellungspriorität, ferner die Abweichung der Gegenstände von Vor- und Nachanmeldung, greift dies jedoch nur in einem ganz offensichtlichen Fall auf, der aber nicht vorliegt, wenn jedenfalls Teilübereinstimmungen erkennbar sind, BPatG 10 W (pat) 709/02 v 21.4.05 mwN (unveröff). Ein unterbliebener Hinweis hindert jedoch nicht den Eintritt der Verwirkung der Priorität, BGH GRUR 74, 212, 213 – Spiegelreflexkamera, GRUR 74, 214, 216 – Elektronensignalspeicherung und die sachliche Identität von Vor- und Nachanmeldung, und reagiert auf Abweichungen in der persönlichen Identität, zB bei abweichenden gesellschaftsrechtlichen Zusätzen eines Firmennamens. Das DPMA macht auf eine offensichtlich fehlende Übereinstimmung aufmerksam. Die Eintragung einer Designanmeldung, die keine Prioritätserklärung enthält, wird nicht bis zum Ablauf der 16-monatigen Prioritätserklärungsfrist des Abs 1 S 1 aufgeschoben, um eine evtl nachfolgende Inanspruchnahme noch berücksichtigen zu können. Vielmehr regelt Abs 3 S 2, dass erst nach Bekanntmachung der Eintragung des angemeldeten Designs ordnungsgemäß eingereichte Prioritätsangaben nacheingetragen und -veröffentlicht werden, um Verzögerungen der schutzbegründenden Eintragung zu vermeiden. Die Feststellung der nicht ordnungsgemäßen Abgabe der Erklärung und Versagung der Eintragung der Priorität nach Abs 3 S 3, 4 erfordert einen beschwerdefähigen Beschluss, der in einem gesonderten Vorabverfahren ergehen kann, BGH GRUR 73, 139 – Prioritätsverlust; BPatGE 38, 22. Analog gilt dies für die Zurückweisung verspätet vorgebrachter Änderungen rechtzeitig gemachter Prioritätsangaben. Beharrt der Anmelder trotz rechtskräftiger Feststellung der Nichtabgabe der Erklärung auf dem angegebenen Prioritätstag, ist die Anmeldung allein mit dem inländischen Anmeldetag weiterzubehandeln und ohne die Priorität einzutragen, soweit die Eintragung im Übrigen veranlasst ist. Eine Zurückweisung der Anmeldung als Ganze kommt nicht in Betracht, weil § 14 eine abschließende Regelung des Verfahrens über die Prioritätsinanspruchnahme darstellt und eine unzulässige Prioritätsinanspruchnahme kein Zurückweisungsgrund bezügl allg Anmeldungserfordernisse iSv § 16 I Nr 3, V ist, aA Nirk/Kurtze 7b/16. Enthält eine Anmeldung für ein Design mehrere Prioritäten oder sind für Designs einer Sammelanmeldung unterschiedliche Prioritäten in Anspruch genommen, braucht die Anmeldung nicht geteilt zu werden. Die ordnungsgemäß in Anspruch genommene Priorität wird in das Register eingetragen, § 15 II Nr 8 DesignV, Art 4 D II PVÜ, und im Designblatt bekanntgemacht. Zuständig für die Prüfung ist der Bedienstete des gehobenen, § 4 I WahrnV.

3. Der **Verlust der Priorität** tritt kraft gesetzl Fiktion ein, falls eine Prioritätsbeanspruchung von vornherein unterblieben ist oder die Angaben bzw Abschriftseinreichung nach Ablauf der Sechzehnmonatsfrist fehlen, unvollständig oder unrichtig geblieben sind und der Mangel auch im Wege der Auslegung und Richtigstellung durch das DPMA, Rn 14, sich nicht beseitigen ließ; die Prioritätserklärung gilt bei Fristablauf als nicht abgegeben, Abs 3 S 1. Dies hält sich im Rahmen des Art 4 D IV PVÜ, der darüber hinausgehende Sanktionen ausschließt. Die Feststellung durch das DPMA nach Abs 3 S 4 ist lediglich registerrechtlicher Nachvollzug der gesetzl eingetretenen Wirkung. Ist die Prioritätsfrist noch nicht abgelaufen, kann nach Rücknahme der Anmeldung oder Verzicht auf das eD eine neue Anmeldung eingereicht und dafür die Priorität erneut beansprucht werden, BGH GRUR Int 60, 506, 507 – Schiffslukenverschluss. Im Gegensatz zur früheren Rechtslage, wonach auch die Klärung der Prioritätsfrage letztlich den Gerichten oblag, BPatGE 25, 210, hat nunmehr die auf formellem Gebiet liegende negative feststellende Entscheidung des DPMA nach Abs 3 S 4, die im Wege der Beschwerde und Rechtsbeschwerde nachprüfbar ist, materiellrechtliche Bindungswirkung für die mit Designstreitsachen befassten Gerichte. Denn nach der Systematik des § 14 kann eine Priorität nicht ohne Erfüllung der förmlichen Voraussetzungen zuerkannt werden, so wohl auch BPatGE 33, 37, aA v Gamm 7b/5. Dagegen besitzt die (positiv wirkende) Eintragung der Priorität keine Bindungswirkung über die bloße Beurkundung hinaus, dass das DPMA die formalen Voraussetzungen der Prioritätsinanspruchnahme und damit für die Eintragung der Priorität für gegeben erachtet hat. Die materiellrechtlichen Voraussetzungen der Priorität, zB Bestimmung der zutreffenden Erstanmeldung, sachliche und personelle Identität, können im Rahmen der Prüfung der Schutzfähigkeit im Nichtigkeits- oder Löschungsverfahren bestritten und gerichtlich nachgeprüft werden mit dem möglichen Ergebnis, dass die im Register eingetragene Priorität zu Unrecht in Anspruch genommen worden ist, ggf mit negativen Folgen für die Schutzfähigkeit des angegriffenen eD.

16　**4.** Ein **Prioritätsbeleg** (Prioritätsbescheinigung) ist eine gem Art 4 D III PVÜ auf Antrag vom DPMA ausgestellte und beglaubigte Urkunde, die dem Nachweis der inländischen Anmeldung im Falle der Inanspruchnahme ihrer Priorität für eine ausländische Nachanmeldung vor dem dortigen Amt dienen. Die beurkundende Wirkung des Prioritätsbelegs bleibt unabhängig vom späteren Schicksal der Anmeldung erhalten, Art 4 A III PVÜ. Ein auf das Datum der ursprünglichen Einreichung der – auch mängelbehafteten – Unterlagen ausgestellter Prioritätsbeleg wird daher unabhängig vom Ergehen eines Mängelbescheids nach § 16 IV 1 und auch nach der Zurückweisung der Anmeldung, § 16 IV 3, gefertigt. Aufgrund der rechtskräftigen Feststellung eines verschobenen Anmeldetags nach § 16 IV 2 kann als Anmeldezeitpunkt allerdings nur noch dieser Anmeldetag bescheinigt werden, Rn 4. Es ist üblich, mit Stellung des Antrags auf Ausstellung des Prioritätsbelegs zum Zwecke der Beglaubigung Überstücke der Wiedergabe bzw eine Darstellung des flächenmäßigen Designabschnitts dem DPMA mit einzureichen. Stattdessen kann auch die Fertigung von Ablichtungen der eingereichten Unterlagen – für 0,50 EUR/Seite, Nr 302100 Kostenverzeichnis zur DPMAVwKostV – beantragt werden, sofern nach Auffassung des Anmelders die reduzierte Qualität für die Zwecke der Nachanmeldung ausreicht. Für den Prioritätsbeleg selbst werden nach der DPMAVwKostV 20 EUR erhoben, Nr 301300 Kostenverzeichnis. Die Gebühren und ggf Auslagen können vorschussweise verlangt werden, § 7 I DPMAVwKostV, die Lieferung gegen Rechnung ist die Regel. Das DPMA heftet die eingereichten oder gefertigten Designabbildungen der Urkunde an. Werden zu diesem Zweck weniger oder abweichende Designabbildungen eingereicht als in der Anmeldung enthalten, erteilt das DPMA keinen Prioritätsbeleg. Bei Nichtzahlung der Anmeldegebühr mit der Folge der Rücknahmefiktion wird der Prioritätsbeleg gleichwohl erteilt. Die Festlegung des Wortlauts des Prioritätsbelegs ist eine Verwaltungsmaßnahme des PräsDPMA – zum geänderten Erscheinungsbild Mitt PräsDPMA Bl 00, 229 –, und mit der Beschwerde nicht anfechtbar, BPatG Bl 90, 370. Manche Ämter akzeptieren als Prioritätsbeleg auch die Eintragungsurkunde der Voranmeldung.

V. Gemeinschaftsgeschmacksmuster

17　Die GGV musste die Möglichkeit der materiellrechtlich wirksamen Beanspruchung der Priorität einer anderweitigen Voranmeldung unabhängig von den einschlägigen Bestimmungen der PVÜ eigenständig regeln, weil die EU nicht Mitglied der PVÜ ist; jedoch ist über Art 2 TRIPS die PVÜ verbindlich, Ruhl 41/1. Dies geschieht durch Art 41 GGV. Prioritätsbegründend sind nach Art 41 I GGDV ausschließlich GeschmM, auch ein früheres GGM – vgl Abschn 5.2.1.1 PrüfHb – (innere Priorität), und GebrM, nicht die übrigen Schutzrechtsarten, ebenso wenig das nicht eingetragene GGM. Auch Voranmeldungen von Marken, insbes Bild- und 3-D-Marken sind damit ausgeschlossen. Die Prioritätsfrist beträgt einheitlich 6 Monate, Art 41 I GGV, Wiedereinsetzung ist nicht zulässig, Art 67 V GGV. Die Inanspruchnahme der Priorität regelt Art 42 GGV, wobei die Definition der Prioritätserklärung (Tag der Voranmeldung, Land) in Art 1 I f) GGDV erfolgt. Eine Besonderheit ggü § 14 ist das Recht des HABM, eine Übersetzung der Voranmeldung anzufordern, sofern die Sprache der Voranmeldung nicht in einer der fünf Amtssprachen des HABM abgefasst ist, Abschn 5.2.1.1 PrüfHb. Für die Einreichung der Prioritätsangaben gilt nicht wie nach § 14 eine einheitliche und zugleich geräumige Frist; die Prioritätserklärung (Zeit, Land) muss vielmehr bereits innerhalb eines Monats nach Anmeldung eingereicht sein, Art 8 II GGDV, für die Nachreichung von Aktenzeichen und Abschrift der Voranmeldung gilt die nicht viel längere Frist von 3 Monaten nach dem Anmeldetag, Art 8 I GGDV. Die einzureichende Abschrift der Voranmeldung muss vom Amt der Voranmeldung beglaubigt und von dessen Bescheinigung über den Anmeldetag begleitet sein; als Wiedergabe genügt auch eine genaue Fotokopie, diese bei ursprünglicher Farbwiedergabe ebenfalls in Farbe; bei Voranmeldung beim HABM (innere Priorität) genügt die Angabe von Aktenzeichen und Anmeldetag des GGM, Art 2 des Beschlusses des PräsHABM EX-03–5, ABl 03, 869 f.

VI. Internationale Eintragungen

Die Inanspruchnahme einer Auslandspriorität für eine **internationale** 18 **Anmeldung** nach dem HMA, s allg Int Rn 3, folgt den allg, durch Art 4 PVÜ vorgegebenen Regeln (Prioritätsfrist, Prioritätserklärung, einzureichende Unterlagen), R 7 V c) GAO, s Rn 9–13. Die Prioritätsfrist beträgt maximal 6 Monate, eine in der Prioritätserklärung beanspruchte darüber hinausgehende Frist beachtet das Internationale Büro nicht. Zum Ausschluss der Selbstbenennung bei Prioritätsinanspruchnahme s Rn 5. Davon zu unterscheiden ist die zulässige Selbstbenennung eines Bestimmungsstaats, s § 11 Rn 96. Das Anmeldeformular sieht auch die Inanspruchnahme mehrerer Prioritäten für ein Design vor, vgl dazu Rn 8, ebenso sind Teilprioritäten möglich, Abschn 04.48 des „guide" (s § 11 Rn 96).

Ausstellungspriorität

15 (1) **Hat der Anmelder ein Design**
1. **auf einer amtlichen oder amtlich anerkannten Ausstellung im Sinne des am 22. November 1928 in Paris unterzeichneten Abkommens über internationale Ausstellungen oder**
2. **auf einer sonstigen inländischen oder ausländischen Ausstellung**

zur Schau gestellt, kann er, wenn er die Anmeldung innerhalb einer Frist von sechs Monaten seit der erstmaligen Zurschaustellung einreicht, von diesem Tag an ein Prioritätsrecht in Anspruch nehmen.

(2) **Die in Absatz 1 Nummer 1 bezeichneten Ausstellungen werden vom Bundesministerium der Justiz und für Verbraucherschutz im Bundesanzeiger bekanntgemacht.**

(3) **Die Ausstellungen im Sinne des Absatzes 1 Nummer 2 werden im Einzelfall vom Bundesministerium der Justiz und für Verbraucherschutz bestimmt und im Bundesanzeiger bekanntgemacht.**

(4) **Wer eine Priorität nach Absatz 1 in Anspruch nimmt, hat vor Ablauf des 16. Monats nach dem Tag der erstmaligen Zurschaustellung des Musters diesen Tag und die Ausstellung anzugeben sowie einen Nachweis für die Zurschaustellung einzureichen. § 14 Absatz 3 gilt entsprechend.**

(5) **Die Ausstellungspriorität nach Absatz 1 verlängert die Prioritätsfristen nach § 14 Absatz 1 nicht.**

Übersicht

1   **1.** Die **Entwicklung** der Ausstellungspriorität beruht auf der Umsetzung des Art 11 PVÜ, Begr § 15, wenngleich dort beschränkt auf internationale Ausstellungen, deren Privilegierung unabhängig von § 15 besteht, Rn 3, und auf dem auch die Beanspruchung einer solchen Ausstellungspriorität im Rahmen einer Anmeldung nach dem HMA beruht, R 7 V d) GAO. Die Gewährung einer Ausstellungspriorität hat auch im DesignR lange Tradition, bis zum Inkrafttreten des GeschmMG 2004 regelte Art 2 des Ausstellungsgesetzes (AusstG) v 18.3.1904 (RGBl S 141 = Bl 1904, 181) idF des IntPatÜG v 21.6.76 (BGBl II S 649 = Bl 76, 268) diese Art der Priorität. Der Kreis der privilegierten Ausstellungen wurde durch dieses Ges vor allem für das Gebiet Deutschlands deutlich weiter gezogen als nach Art 11 PVÜ. Dieser Umfang sollte auch durch die nach dem Vorbild des § 35 MarkenG ins GeschmMG 2004 selbst aufgenommene Ausstellungspriorität nicht verändert werden, Begr § 15 GeschmMG 2004. Nachdem die Ausstellungspriorität im GeschmMG 2004 auch für die letzte der vom AusstG noch erfassten Schutzrechtsarten spezialgesetzl geregelt war – nach zuletzt § 6a GebrMG durch Art 2 VIII des GeschmMRefG und § 35 MarkenG –, war das AusstG jeglichen Regelungsgegenstands entleert und wurde durch Art 4 Nr 1 des GeschmMRefG aufgehoben. Weder MPI-E noch Grünbuch sahen eine Ausstellungspriorität vor. § 15 GeschmMG 2004 war in seinem Abs 2 noch auf Ausstellungen iSd heutigen Abs 1 Nr 2 begrenzt. Internationale Ausstellungen iSd Abkommens über internationale Ausstellungen, s Rn 3, waren noch nicht vom Gesetzeswortlaut umfasst. Auch wenn diese im Gegensatz zu § 35 I Nr 1 MarkenG nicht ausdrücklich erwähnt waren, sollte dies den durch sie vermittelten Ausstellungsschutz nicht ausschließen, Begr zu § 15 GeschmMG 2004, zumal anderenfalls Deutschland gegen die Pflichten eines Mitglieds dieses Abkommens verstieße. Der Gesetzgeber hat sich im GeschmMModG dann dazu entschlossen, diese Unsicherheit zu beseitigen und § 15 – wie zeitgleich auch § 6a GebrMG – überwiegend (mit Ausnahme der Fristenregelung im früheren Abs 3, dem nunmehrigen Abs 4) der Formulierung von § 35 MarkenG angepasst.

2   **2.** Die Ausstellungspriorität hat den **Zweck,** einer öffentlichen Zurschaustellung eines Designs auf einer Ausstellung die neuheitsschädliche Wirkung dadurch zu nehmen, dass einer nachfolgenden Anmeldung dieses Designs der Altersrang der Schaustellung gesichert wird. Allerdings muss sie nicht in Anspruch genommen werden, um vor Nachteilen zu bewahren, die sich aus der Präsentation von Erzeugnissen ergeben, die oft unter großem Zeitdruck erfolgen, welcher die vorherige Einreichung einer Anmeldung nicht mehr zulässt. Insoweit schützt bereits die Neuheitsschonfrist, § 6, die als Gegeneinwendung bei behaupteter fehlender Neuheit des eingetragenen Designs zur Verfügung steht. Die Ausstellungspriorität gewährt entgegen dem häufigen − unscharfen − Sprachgebrauch „Ausstellungsschutz" keinen (vorübergehenden) Schutz iSv Benutzungs- und Abwehrrechten. Ihre Rechtswirkungen sind mit denen der Unionspriorität einer Erstanmeldung iSv § 14 I vergleichbar, v Gamm 7a/10. Der **Anwendungsbereich** hat unterschiedliche Aspekte: Die Ausstellungspriorität nach § 15 unterscheidet sich in ihrer räumlichen Geltung von der Unionspriorität; der breitere Anwendungsbereich für Ausstellungen iSd Abs 1 wirkt nur für Designanmeldungen nach dem DesignG und gibt keine universell geltende Altersrangverschiebung, auf die man sich bei einer ausländischen Nachanmeldung im Rahmen der PVÜ/WTO berufen könnte. Die Schaustellung kann daher für Nachanmeldungen desselben Gegenstands in Staaten, deren Rechtsordnung den Ausstellungsschutz nicht kennt, neuheitsschädlich sein, vgl entspr § 6 Rn 3 zur Neuheitsschonfrist. Dies trifft lediglich nicht für Schaustellungen auf Ausstellungen zu, die anerkannte internationale Ausstellungen sind, Rn 3, und insoweit ausschließlich für die Mitgliedstaaten dieses Abkommens. Nach Abs 5, der auf Art 11 II 1 PVÜ zurückgeht, ist es unzulässig, eine Auslandspriorität nach § 14 und den Ausstellungspriorität nach § 15 zu kumulieren, dh einander vor- oder nachzuschalten und dadurch den Altersrang noch weiter zu verschieben (keine sog Kettenpriorität). Sie können nur alternativ in Anspruch genommen werden, und nebeneinander nur im Rahmen der max zeitlichen Grenze einer der beiden Altersrangverschiebungen. Die persönliche Privilegierung des Anmelders aufgrund der Neuheitsschonfrist weicht vom Ausstellungsschutz stark ab, § 6 Rn 2 ff. Die Voraussetzungen des Ausstellungsschutzes sind von jenen der Neuheitsschonfrist unabhängig; beide können unabhängig voneinander in Anspruch genommen werden und auch hintereinander geschaltet werden, zB Vorveröffentlichung durch den späteren Anmelder iSv § 6 im In- oder Ausland, innerhalb der dadurch in Gang gesetzten Neuheitsschonfrist vorgenommene Präsentation auf einer Ausstellung iSv Abs 1, dann innerhalb der Ausstellungsprioritätsfrist Anmeldung beim DPMA. Zur Entstehung eines nicht eingetragenen GGM s Rn 8.

3. Die Ausstellungspriorität kann nach Abs 1 für internationale Ausstel- **3** lungen sowie für solche **Ausstellungen** in Anspruch genommen werden, die nach Abs 4 das BMJV bestimmt hat. Beide Ausstellungstypen werden vom BMJV im BAnz bekanntgemacht, dem folgend werden diese auch im Bl nachveröffentlicht. Internationale Ausstellungen sind nach Abs 1 Nr 1 Ausstellungen iSd Abkommens über internationale Ausstellungen v. 22.11. 28, RGBl 30 II 727, mit Änderungen Bl 57, 346, 347; 68, 346; 74, 248; 91, 156. Die speziellen Bekanntmachungen solcher internationalen Ausstellungen unter Bezug auf § 3 V 3 PatG im BAnz sind indessen nur für das PatR von Bedeutung. Nach Abs 1 Nr 2 privilegierte Ausstellungen werden im Einzelfall vom BMJV bestimmt und vor ihrer Eröffnung im BAnz bekanntgemacht, Abs 4. Das können nationale und ausländische Ausstellungen sein. Ausstellungen von sehr begrenzter regionaler Bedeutung gehören regelmäßig nicht dazu. In der ehemaligen DDR wurde nur für die Leipziger Messe sechsmonatiger Ausstellungsschutz gewährt, Richter GRUR Int 89, 754 mwN. Er wurde durch E Nr 1 § 12 anerkannt und in das DesignR übergeleitet, Einzelh Nachtrag EVtr/ErstrG 1992 II Rn 13.

4   **4. Die Bekanntgabe des Erzeugnisses** auf einer Ausstellung iSd Abs 1 wirkt nur prioritätsbegründend, wenn es sich dabei um eine dort an die Allgemeinheit gerichtete Schaustellung handelt. Das Bekanntmachen unter einzelnen ausgewählten Geschäftspartnern ohne eine förmliche, allg Zurschaustellung, zB bei fehlendem eigenem Ausstellungsstand, BGH GRUR 83, 31, 32 – Klarsichtbecher, oder Präsentation in einem Hotelzimmer ist keine privilegierte Schaustellung, BGH GRUR 77, 796, 798 – Pinguin mit krit Anm Henssler, Furler 7/29. In solchen Fällen muss der Schausteller Dritten Geheimhaltung auferlegen, Nirk/Kurtze 7/49. Es genügt, wenn das Ausstellungsstück ein Einzelexemplar und auch ggf unverkäuflich ist, BGH GRUR 82, 371, 373 – Scandinavia. Der Ausstellungsschutz beginnt am Tag der Präsentation des Erzeugnisses ggü der Allgemeinheit (Schaustellung), Abs 1; meist trifft sie mit dem Beginn der Ausstellung zeitlich zusammen. Die frühere Regelung des AusstG, dass der Ausstellungsschutz erst am Tag nach der Schaustellung einsetzte, und deshalb eine am Tag der Schaustellung beim DPMA eingereichte Anmeldung der Anmeldung des zur Schau gestellten Gegenstands vorging, VG Mü Bl 61, 62, ist durch die geltende Formulierung abgelöst. Die Vorbereitung der Schaustellung, zB der öffentliche Antransport im Ausstellungsgelände und der Aufbau der Schaustücke auf dem Stand vor Beginn der Ausstellung, ist in den Ausstellungsschutz mit einbezogen. Die Priorität ggü anderweitigen neuheitsschädlichen Offenbarungen wird dennoch erst mit Eröffnung der Ausstellung begründet, BGH GRUR 75, 254, 255 – Ladegerät II, Karlsr GRUR 73, 27 – Ladewagen. Werbliche Hinweise auf die bevorstehende Ausstellung mit Abbildung des auszustellenden Gegenstands sind daher vom Ausstellungsschutz noch nicht umfasst, ggf aber neuheitsschädlich. Die Schaustellung kann auch erst später im Verlaufe der Ausstellung beginnen. Auch Ausländer, die nicht Angehörige der Mitgliedstaaten der PVÜ zu sein brauchen, können den Ausstellungsschutz in Anspruch nehmen; gegenseitige Schutzgewährung ist keine Voraussetzung, BGH GRUR 85, 34, 35 – Ausstellungspriorität. Der Anmelder muss mit dem Aussteller identisch oder dessen Rechtsnachfolger sein, auch ein Lizenznehmer kann wirksam ausstellen, RG GRUR 32, 958 – Sprühteufel; Bühring 6a/2. Das ausgestellte Erzeugnis muss mit dem zum Schutz angemeldeten Gegenstand identisch sein (sachliche Identität). Abs 1 spricht zwar nicht wie § 14 I von „demselben Design", jedoch kann der Sinn des mit § 15 in Anspruch genommenen PrioritätsR davon nicht abweichen. Das Material, aus dem die Serienexemplare gefertigt sind, muss nicht dasselbe des Ausstellungsstücks sein, sofern die Erscheinungsformen übereinstimmen, BGH GRUR 82, 373. Enthält – wie nicht selten – das später angemeldete Design eine Veränderung ggü dem ausgestellten Erzeugnis, kann für Abwandlungen, die sich innerhalb der Neuheitsidentität iSv § 2 II bewegen, Ausstellungsschutz beansprucht werden, vgl § 14 Rn 8; besteht Identität noch im Bereich desselben Gesamteindrucks, entfällt zwar Ausstellungsschutz, jedoch kann bei rechtzeitiger Anmeldung die Neuheitsschonfrist geltend gemacht werden, s § 6 Rn 7. Weit Einzelh zur personellen und sachlichen Identität § 14 Rn 7 f.

5. Die sechsmonatige **Prioritätsfrist,** innerhalb der die Anmeldung ein- **5** zureichen ist, beginnt mit der tatsächlichen Schaustellung auf der privilegierten Ausstellung. Dadurch ist gewährleistet, dass diese Frist ausgeschöpft werden kann; dies war nach bisherigem Recht nicht immer möglich, weil die Frist in jedem Falle mit dem Tag der Eröffnung der Ausstellung rechnete ohne Berücksichtigung einer evtl erst späteren Zurschaustellung; zur Fristberechnung § 23 Rn 52. Wiedereinsetzung ist zulässig, die ältere gegenteilige Rechtslage, dazu Fischer GRUR 59, 403, gilt nicht mehr, § 23 Rn 5. Spätere, anderweitige Veröffentlichungen des Designs nach Begründung des Ausstellungsschutzes sind unschädlich, Abs 1. Abs 5 schließt in Übereinstimmung mit Art 11 II 1 PVÜ die Kumulation der halbjährigen Ausstellungspriorität mit der Auslandsprioritätsfrist aus (Vermeidung der sog Kettenpriorität). Die Bezugnahme auf lediglich die PVÜ/WTO-Prioritätsfrist gem dem allein in Bezug genommenen § 14 I wird die entsprechende Frist mit einschließen, die nach § 14 II bei auf Gegenseitigkeit eingeräumten Prioritäten gilt.

6. Die **Inanspruchnahme** des Ausstellungsschutzes ist in Abs 4 S 1 sowie **6** § 11 II DesignV detailliert geregelt. Es bedarf wie bei der Inanspruchnahme einer Auslandspriorität iSv § 14 einer Prioritätserklärung. Deren notwendige drei Angaben bestehen nach Abs 4 aus der offiziellen, im BAnz (dem folgend im Bl) bekanntgemachten Bezeichnung der Ausstellung („Ausstellung"), dem Tag des Beginns der Schaustellung („Tag") und einem Nachweis der Zurschaustellung. Der nach Abs 4 S 1 geforderte Nachweis über die tatsächliche Zurschaustellung, die sog Ausstellungsbescheinigung, soll auf dem vom DPMA herausgegebenen Formblatt gefertigt werden, § 11 II 4 DesignV (Sollvorschrift bezüglich des Formblatts; Vordruck-Nr R 5708 mit Anlageblatt – derzeit Ausgabe 1.14 –, unter www.dpma.de im Internet abrufbar). Die Messebescheinigung wird auf Antrag des Ausstellers von der für den Schutz des geistigen Eigentums zuständigen Stelle des Veranstalters der Ausstellung ausgefertigt, was noch während der Messe geschehen muss, § 11 II 2 DesignV; nachträgliche Bescheinigungen erteilt der Veranstalter idR ohnehin nicht. Regelmäßig beschafft der Aussteller dazu Abbildungen des Ausstellungsstandes mit dem zur Schau gestellten mustergemäßen Erzeugnis, welche dem Antrag beigefügt werden, wobei im Interesse eines Belegs für die sachliche Identität der Inhalt der Darstellungen des Ausstellungsstücks mit der später einzureichenden Wiedergabe möglichst identisch sein sollte. In der Ausstellungsbescheinigung muss die Messegesellschaft – sinnvollerweise durch einen den Ausstellungsstand inspizierenden Vertreter – bestätigen, dass das Design in das entsprechende Erzeugnis aufgenommen oder dabei verwendet worden ist und auf der Ausstellung offenbart wurde, § 11 II 3 DesignV, ferner muss sie die beigefügte Darstellung über die tatsächliche Offenbarung beglaubigen, § 11 II 5 DesignV. Für die Ausstellungsbescheinigung erhebt die Messegesellschaft idR (mitunter nicht geringe) Gebühren. Der prozessuale Wert der Ausstellungsbescheinigung besteht darin, dass das Gericht nicht verpflichtet sein wird, einem gegenteiligen Zeugenbeweisangebot nachzugehen. Falls die erstmalige Offenbarung (Zurschaustellung) nicht mit dem Eröffnungstag der Ausstellung zusammenfällt, muss der Tag dieser erstmaligen Offenbarung in der Messebescheinigung angegeben sein,

§ 11 II 3 Nr 3 DesignV. Übereinstimmend mit der förmlichen Inanspruchnahme einer Unionspriorität nach § 14 I müssen diese Angaben bzw. Unterlagen bis zum Ablauf des 16. Monats nach Beginn der Schaustellung beim DPMA vorliegen; ein Nachbringen ist nicht zulässig, Abs 4 S 1. Fristberechnung nach §§ 187 I, 188 II BGB; § 193 BGB ist anwendbar, Einzelh § 23 Rn 52. Wiedereinsetzung in diese Frist ist zulässig, § 23 Rn 5. Das DPMA prüft diese Angaben nicht und trägt sie nach Abs 4 S 2 iVm § 14 III 1 in das Register ein, § 15 II Nr 9 DesignV, s zum weiteren Amtsverfahren, insbes zur Frage der sachlichen Identität s auch § 14 Rn 14. Zum Verlust des Ausstellungsschutzes wegen innerhalb der Frist unrichtig oder unvollständig gebliebener Angaben s den in Abs 4 S 2 in Bezug genommenen § 14 III, dazu § 14 Rn 13, 14. Obwohl verbindlich vorzulegen, ist der Beweiswert solcher Bescheinigungen nicht unumstritten, näher Fischer GRUR 59, 406. Weigert sich die Messegesellschaft, die Ausstellungsbescheinigung auszustellen, verbleibt nur die Berufung auf die Neuheitsschonfrist gem § 6.

7 **7. Bisheriges Recht.** Nach dem bis zum Inkrafttreten des GeschmMG 2004 am 1.6.04 anzuwendenden AusstG war eine Prioritätserklärung des Anmelders für die Inanspruchnahme des Ausstellungsschutzes nicht vorgeschrieben und konnte jederzeit nachgebracht werden, BGH GRUR 85, 34; PA Bl 59, 257, auch nach Eintragung des Designs, s 2. Aufl 7b/14f. Insoweit galten die beiden Zweimonatsfristen des § 7b I 1 in seiner 1988 geschaffenen ursprünglichen Fassung ebenso wenig wie die 16-Monatsfrist derselben Vorschrift in der 1998 geänderten Fassung. Die nach § 3 IV 2 PatG erforderliche Bescheinigung über die tatsächliche Zurschaustellung, s Begr zum AusstG, Bl 04, 183, konnte zu Nachweiszwecken auch für Designs unter Vorlage von Abbildungen des Ausstellungsstandes oder dgl vom Veranstalter der Ausstellung auf Antrag gefertigt werden und war zu Nachweiszwecken sinnvoll, aber ebenfalls nicht vorgeschrieben. **Übergangsrecht GeschmMG 2004:** § 15 gilt für Anmeldungen, die nach dem Inkrafttreten des GeschmMG 2004 am 1.6.04 eingereicht worden sind. Die ab dem 1.6.04 beanspruchbare halbjährige Prioritätsfrist wirkte vom Anmeldetag in die Vergangenheit, somit längstens bis zum 1.12.03 zurück. Weil in diesem Halbjahreszeitraum noch nicht die strengen Erklärungs- und Nachweispflichten des Abs 3 GeschmMG 2004 erfüllt werden mussten, war klarzustellen, dass diese insoweit noch keine Gültigkeit haben durften und erst am 1.6.04 einsetzten. Das geschah durch § 23 GeschmMV 2004, der § 10 II 2–5 GeschmMV 2004 insoweit außer Kraft setzte. Das wirkte sich dahin aus, dass nachwirkend für nach dem 1.6.04 und bis zum 1.12.04 eingereichte Anmeldungen (max ½ Jahr nach Inkrafttreten des Ges) noch die Erfüllung der bisherigen Erfordernisse genügte.

8 **8.** Für **Gemeinschaftsgeschmacksmuster** gewährt Art 44 GGV eine Ausstellungspriorität, jedoch beschränkt auf internationale Ausstellungen, Rn 3, was die Bedeutung deutlich einschränkt. Im Abl HABM wird darüber jeweils rechtzeitig informiert. Art 44 III GGV verbietet ausdrücklich die Kumulierung national gewährten Ausstellungsschutzes mit der Auslandspriorität nach Art 41 GGV. Das bedeutet, dass nationale Ausstellungen zwar im nationalen Umfang den Altersrang bestimmen, soweit dafür Ausstellungsschutz gewährt wird, nicht jedoch für GGM. Diesen steht die nationale Zurschaustellung neuheitsschädlich entgegen. Dem kann nur die Inanspruchnahme der Neuheitsschonfrist nach Art 7 II GGV entgegenwirken,

§ 6 Rn 11. Die Inanspruchnahme des Ausstellungsschutzes ist nach Art 9 GGDV zweistufig bei knappen Fristen. Hat der Anmelder in der Anmeldung die Prioritätserklärung (Tag der erstmaligen Offenbarung, Name der Ausstellung) abgegeben, muss die Messebescheinigung innerhalb von drei Monaten dem HABM nachgereicht werden, § 9 I GGDV. Wird die Prioritätserklärung indessen nachgereicht, muss dies innerhalb von einem Monat nach dem Anmeldetag geschehen, innerhalb von drei Monaten nach Zugang dieser Erklärung beim HABM muss die Messebescheinigung nachfolgen, § 9 II GGDV. Für den Inhalt der Bescheinigung gelten keine Besonderheiten, Einzelh Rn 6. Aufgrund der erstmaligen Präsentation auf einer Ausstellung wird – unter den Offenbarungsvoraussetzungen der Art 11 II, 110a V 2 GGV – regelmäßig ein nicht eingetragenes GGM entstanden sein.

9. Internationale Eintragungen. Die Inanspruchnahme einer Ausstellungspriorität für eine internationale Design-Anmeldung nach dem HMA, s allg Int Rn 3 ff, ist ebenfalls ausschließlich auf international anerkannte Ausstellungen iSd Art 11 PVÜ beschränkt, dazu Rn 3. Auch hier ist die Kumulierung von Prioritätsfristen untersagt, Art 11 II 1 PVÜ. Für die Inanspruchnahme des Ausstellungsschutzes sind nach R 7 V d) GAO die üblichen Angaben (Inanspruchnahme von Ausstellungsschutz, Ort und Tag der erstmaligen Zurschaustellung des betreffenden Designs, vgl. Rn 6) zu machen, jedoch bereits in der internationalen Anmeldung und nicht später. Die zu erbringenden Nachweise zur Frage der Übereinstimmung der Designs richten sich nach den jeweiligen innerstaatlichen Vorschriften, Art 11 III PVÜ, für den Bestimmungsstaat Deutschland also nach Abs 3 S 1, Einzelh Rn 6.

Prüfung der Anmeldung

16 (1) **Das Deutsche Patent- und Markenamt prüft, ob**

1. **die Anmeldegebühren nach § 5 Absatz 1 Satz 1 des Patentkostengesetzes und**

2. **die Voraussetzungen für die Zuerkennung des Anmeldetages nach § 11 Absatz 2 vorliegen und**

3. **die Anmeldung den sonstigen Anmeldungserfordernissen entspricht.**

(2) **Gilt die Anmeldung wegen Nichtzahlung der Anmeldegebühren nach § 6 Absatz 2 des Patentkostengesetzes als zurückgenommen, stellt das Deutsche Patent- und Markenamt dies fest.**

(3) **Werden bei nicht ausreichender Gebührenzahlung innerhalb einer vom Deutschen Patent- und Markenamt gesetzten Frist die Anmeldegebühren für eine Sammelanmeldung nicht in ausreichender Menge nachgezahlt oder wird vom Anmelder keine Bestimmung darüber getroffen, welche Designs durch den gezahlten Gebührenbetrag gedeckt werden sollen, so bestimmt das Deutsche Patent- und Markenamt, welche Designs berücksichtigt werden. Im Übrigen gilt die Anmeldung als zurückgenommen. Das Deutsche Patent- und Markenamt stellt dies fest.**

(4) **Das Deutsche Patent- und Markenamt fordert bei Mängeln nach Absatz 1 Nummer 2 und 3 den Anmelder auf, innerhalb einer bestimmten Frist die festgestellten Mängel zu beseitigen. Kommt der**

Anmelder der Aufforderung des Deutschen Patent- und Markenamts nach, so erkennt das Deutsche Patent- und Markenamt bei Mängeln nach Absatz 1 Nummer 2 als Anmeldetag nach § 13 Absatz 1 den Tag an, an dem die festgestellten Mängel beseitigt werden. Werden die Mängel nicht fristgerecht beseitigt, so weist das Deutsche Patent- und Markenamt die Anmeldung durch Beschluss zurück.

Übersicht

I. Allgemeines

1   **1. Entwicklung.** § 16 löste die vergleichsweise intransparenten Vorläuferbestimmungen des § 10 III–V GeschmMG 1986 ab durch eine enge inhaltliche Kopplung an die Anmeldevorschriften des § 11 nach dem Vorbild der §§ 42 PatG, 35 MarkenG, die wiederum auf dem Vorbild des Art 90 EPÜ und Art 36 GMV beruhen. Diese Systematik wiesen auch dem Vorbild der Entwürfe zur GMV auch Art 46 II, 47 f MPI-E und Art 42 II, 43 f Grünbuch auf. Der Entwurf 1977 sah noch keine Vorschriften über die Prüfungsbefugnisse der Hinterlegungsbehörde vor. Der ab 1.7.88 geltende, die mängelbedingte Fiktion der Nichteinreichung der Anmeldung bestimmende § 10 IV GeschmMG 1986 wurde mit Wirkung vom 1.1.02 durch Art 18 Nr 6 KostbereinG mit verändertem Inhalt zu § 10 V GeschmMG 1986. § 10 IV GeschmMG 1986 erhielt in diesem Zuge mit der Regelung der Folgen der Teilzahlung von Anmeldegebühren für Sammelanmeldungen einen gänzlich neuartigen Inhalt, der sich im geltenden § 16 III wiederfindet. Bekanntmachungskosten in GeschmM-Sachen wurden aufgrund der Aufhebung des entsprechenden Kostentatbestandes Nr 302310 mWv 1.1.10 nicht mehr erhoben – § 16 I Nr 2 und IV GeschmMG 2004 waren deswegen seitdem obsolet. Beide Vorschriften wurden erst mit Art 6 Nr 1a) aa),

Nr 2b) d G v 19.10.13 (BGBl I S 3830) mWv 25.10.13 aufgehoben, die Vorschriften entspr umnummeriert.

2. Die **Systematik** der dem DPMA durch § 16 verliehenen Prüfungsbe- **2** fugnisse spiegelt die rechtliche Rangfolge der in § 11 II – V aufgelisteten Anmeldeerfordernisse wieder. Insgesamt ist dem DPMA im Eintragungsverfahren eine durchgängige Prüfung auf formelle Mängel auferlegt, aber eine darüber hinausgehende Prüfungsbefugnis, insbes auf materiellrechtliche Schutzfähigkeit ausgeschlossen (abgesehen von den Tatbeständen des § 18). Das schließt an § 10 II 2 GeschmMG 1986 an, wonach der Eintragung seit jeher keine materielle Prüfung auf Schutzfähigkeit des Designs vorangehen durfte, BayObLG GRUR 73, 35 f, BPatGE 1, 224, BPatG Bl 89, 357 – Pflasterstein, 30, 237 – Fahrerhaus, 30, 244; 33, 221. Unabhängig davon kann bei Mutwilligkeit das Rechtsschutzbedürfnis für die Durchführung des Eintragungsverfahrens fehlen, § 11 Rn 12. Im Zusammenhang mit diesen Prüfungsbefugnissen nehmen entgegen der früheren gesetzgeberischen Absicht, sämtliche Kostenvorschriften für den Bereich der gewerbl SchutzR im PatKostG an einem Ort zu vereinigen, Bestimmungen über Kosten in § 16 breiten Raum ein, weil Besonderheiten des DesignR, nämlich die Gebühren für Sammelanmeldungen, Abs 3, und der frühere Vorschuss auf die Bekanntmachungskosten als ein zu spezieller Regelungsgegenstand für das PatKostG erschienen. Die Bestimmungen über die Prüfung der ausreichenden Zahlung der Anmeldegebühr (und des früheren Auslagenvorschusses) hat der Gesetzgeber in § 16 bewusst an den Anfang gestellt, um deutlich zu machen, dass ohne ausreichende Zahlung das DPMA die Anmeldung nicht weiter bearbeitet, Begr zu § 16 GeschmMG 2004, was aber § 5 I 1 PatKostG ohnehin als allg Grds normiert.

3. Allgemeiner Verfahrensgang im Eintragungsverfahren. Allg Ver- **3** fahrensanweisungen für Anmelder und DPMA enthalten die §§ 8–21 DPMAV, zu Bestimmungen über die Führung der elektronischen Akte s § 25 Rn 4. Nach Annahme der Anmeldungsunterlagen mit Vermerk des Eingangstags, § 8 I DPMAV, wird zunächst die Empfangsbescheinigung mit vergebenem Aktenzeichen und Zahlungsaufforderung für die Anmeldegebühr ausgestellt, § 8 II DPMAV. Die Empfangsbescheinigung beweist den Eingang der im Eintragungsantrag vermerkten Unterlagen; fehlen gleichwohl solche Unterlagen, muss dies in ihr vermerkt sein, BPatGE 28, 111; BPatG Bl 01, 154. Bei unzureichender oder Nichtzahlung der Anmeldegebühr für eine Einzelanmeldung stellt das DPMA nach Ablauf der dreimonatigen Zahlungsfrist des § 6 I 2 PatKostG die gesetzl fingierte Zurücknahme der Anmeldung gem Abs 2, § 6 II PatKostG fest. Soweit es sich dagegen um die unzureichende Anmeldegebühr für eine Sammelanmeldung handelt, gilt nicht das PatKostG, sondern findet nach Ablauf dieser Dreimonatsfrist zunächst das bes Mahnverfahren des DPMA nach Abs 3 unter Einräumung dem Anmelder gesetzter Nachfristen statt mit der Folge deutlich verzögerter Eintragung des Designs. Bei fruchtlosem Fristablauf ist nach Abs 3 S 2 die Anmeldung erledigt. Erst nach ausreichender Zahlung beginnt die weitere Bearbeitung der Anmeldung, § 5 I 1 PatKostG. Sämtliche registerrechtlichen Sachprüfungen, auch solche anmeldetagssuspendierender Natur, stehen somit unter dem Vorbehalt der vorhergehenden ausreichenden Gebührenzahlung, weshalb allein die Zahlung durch Einziehungsermächtigung (nach SEPA-Regeln) die sofortige Weiterbearbeitung sicherstellt. Der Sachbearbeiter des gehobenen Dienstes prüft sodann nach Abs 2 S 3 die Anmeldung auf die Schutzhindernisse isv § 3 I Nr 3, 4, § 18 Rn 4 f, auf Mängel bei zwingenden und sonstigen Erfordernissen isv § 11, Rn 11 ff, fertigt, soweit erforderlich, einen Mängelbescheid, Rn 12, prüft die Erzeugnisangabe und vergibt die Warenklasse, § 9 I 2 DesignV, § 11 Rn 74, erfasst die Bibliographiedaten im elektronischen Register. Bei Mängelfreiheit wird die Eintragung verfügt und durch DV-Freigabe vollzogen, der Anmelder erhält kostenfrei eine Eintragungsurkunde, §§ 25 I DPMAV, 17 DesignV. Sodann bereitet die Redaktionsstelle die Bekanntmachung von Bibliographietext und unterdessen gescannter Wiedergabe im Designblatt vor, dazu § 20 Rn 2 ff. Die Eintragung (Schutzbeginn) kann nach wenigstens 10 Tagen erfolgen, was nur durch sofortige zutreffende Zahlung und entbehrliche Mängelbeanstandung erreichbar ist, bei Mängeln tendiert die Bearbeitungszeit gegen durchschnittlich 3,5 Monate. Die Eintragung wird bereits am Folgetag in der elektronischen Publikationsplattform DPMAregister veröffentlicht. Die Bekanntmachung im Designblatt folgt nach 3–4 Wochen. Ein Beschleunigungsantrag ist anders als bspw in § 38 MarkenG gesetzl nicht vorgesehen. Zu Fristen bei Mängelbescheiden s Rn 17. Der Verfahrensbeschleunigung von Seiten des DPMA dienen die einschränkenden Bestimmungen zu Fristverlängerungsgesuchen und die Entscheidung nach Lage der Akten nach §§ 18, 19 DPMAV. **Fristverlängerungsanträgen** kann das DPMA bei Fristen, die es selbst gesetzt hat, und ausreichender Begründung stattgeben, § 18 II DPMAV, bei weiterer Verlängerung muss ein berechtigtes Interesse nachgewiesen, in mehrseitigen Verfahren auch das Einverständnis der anderen Beteiligten glaubhaft gemacht werden, § 18 III DPMAV. Die Rspr hat Fristgesuche mit formelhaften Begründungen ohne nähere Tatsachenangabe nicht anerkannt, zB Arbeitsüberlastung, BPatG Mitt 71, 53, Rückfrage beim Mandanten, BPatGE 20, 26, Eingang baldiger Instruktionen, BPatGE 16, 223, nach erster Gewährung erneut dieselbe Begründung, BPatGE 9, 22. Die Ablehnung eines Fristgesuchs durch das DPMA muss förmlich und begründet erfolgen, BPatGE 4, 13. Gesetzl Fristen sind nicht verlängerbar. Der Anmelder muss bei Inanspruchnahme von Fristen und Fristverlängerungen in Rechnung stellen, dass jede Verzögerung die Schutzentstehung hinausschiebt. Der Grds des benutzerfreundlichen Verfahrens, vgl Erwägungsgrd 24 GGV für das HABM, gilt auch für das DPMA und ist in internen Bearbeitungsrichtlinien festgeschrieben. Das Eintragungsverfahren wird durch die Eröffnung eines Insolvenzverfahrens nicht isv § 240 ZPO unterbrochen, BPatG Bl 99, 265 – Konkurs; Ströbele/Hacker 32, 99. Dasselbe gilt beim Tod eines Beteiligten, es wird mit den zu ermittelnden Erben fortgesetzt, s auch § 19 Rn 7.

II. Anmeldegebühr, § 16 I Nr 1, II, III

4   **1. a)** Die Verpflichtung zur Zahlung einer **Anmeldegebühr** enthält das GeschmMG nicht. Dies ist grds Gegenstand der Zentralvorschrift des § 3 I PatKostG, wonach mit der Einreichung der Anmeldung Gebühren fällig werden, deren Höhe sich aus dem Gebührenverzeichnis zu § 2 dieses Ges ergibt. Auch die Folgen der nicht fristgerechten (dh auch der unterbliebenen) Zahlung sind in erster Linie Inhalt des § 6 I 2, II PatKostG, werden aber zusätzlich im DesignG, Abs 1 Nr 1 und Abs 2 teilweise behandelt,

Rn 5, 7. Die Zahlung der Anmeldegebühr ist zwar keine Wirksamkeitsvoraussetzung für eine Designanmeldung und ist deshalb auch nicht bei den Anmeldeerfordernissen in § 11 II–IV behandelt. Aber die Nichtzahlung hindert zunächst jegliche Sachprüfung, § 5 I 1 PatKostG, Rn 3, und zieht bei endgültig unzureichender Zahlung die Rücknahmefiktion der Anmeldung nach sich. Einzeln zur Höhe und Fälligkeit der Anmeldegebühr § 11 Rn 80 ff. Weder das PatKostG noch das DesignG verpflichtet das DPMA zur Versendung von Gebührenbenachrichtigungen, s auch Rn 5. Der Anmelder ist seit dem Inkrafttreten des PatKostG am 1.1.02 gehalten, Zahlungsfristen selbst festzustellen und zu überwachen. Im Regelfall enthält die Eingangsbestätigung eine Zahlungsaufforderung, Rn 3.

b) Bei gänzlicher **Nichtzahlung der Anmeldegebühr,** worunter auch   **5** eine unzureichende Zahlung (weniger als 60 bzw 70 EUR) zu verstehen ist, innerhalb der dreimonatigen Zahlungsfrist des § 6 I 2 PatKostG gilt kraft Ges die Anmeldung als zurückgenommen, § 6 II PatKostG, Abs 2. Es handelt sich um eine nicht verlängerbare Ausschlussfrist. Allein die gesetzl Zahlungsfrist bestimmt über die Rechtzeitigkeit vollständiger Zahlung. Bezüglich der Anmeldegebühr (anders als für Aufrechterhaltungsgebühren) übersendet das DPMA keinerlei Gebührenhinweise. Abweichend von § 6 II PatKostG, wonach bei Eintritt der gesetzl Rücknahmefiktion keine Reaktion des Amts erforderlich ist, schreibt Abs 2 vor, dass das DPMA diese Wirkung feststellt. Dieser Akt hat lediglich deklaratorische Bedeutung, Begr zu § 16 GeschmMG 2004, stellt aber klar, dass damit das Eintragungsverfahren abgeschlossen ist. Die Feststellung hat Beschlusscharakter und ist anfechtbar. Sie bindet bei Rechtskraft die ordentlichen Gerichte, der Anmelder kann sich, falls es in einem Prioritätszusammenhang darauf ankommen sollte, dort nicht entgegen dieser amtlichen Feststellung darauf berufen, die Anmeldung sei wirksam gewesen und nicht verfallen. Die vorstehenden Grds gelten auch für die gänzlich ausgebliebene Zahlung der Anmeldegebühr einer Sammelanmeldung; ist sie dagegen teilweise (zumindest 60 bzw 70 EUR) gezahlt, greift nach Abs 3 ein bes Mahnverfahren ein, Einzeln Rn 7.

2. a) In § 16 sind **besondere Mahnverfahren** vorgesehen für nicht aus-   **6** reichend, dh teilweise entrichtete Zahlungen der Anmeldegebühr, Abs 3, und zwar nur im Falle von Sammelanmeldungen, nicht bei Einzelanmeldungen. Abs 3 gilt auch nicht für die gänzliche Nichtzahlung der Anmeldegebühr. Der Anmelder kann bei Sammelanmeldungen und Teilzahlung (zumindest 60 bzw 70 EUR) der gesetzl Fiktion der vollständigen Rücknahme der Anmeldung, Rn 5, entgehen. Das vorgesehene amtliche Gebührenmahnverfahren und die Anrechnung von Teilzahlungen, die ansonsten allg als Nichtzahlung beurteilt werden, Rn 25, stellt eine Privilegierung ggü den strengeren Grds des PatKostG dar, denn der Ges-Geber erkennt ersichtlich an, dass Anmeldern bei der Berechnung der für Sammelanmeldungen zutreffenden Gebühren leichter Fehler unterlaufen können. Der Anwendungsbereich des Abs 3 beschränkt sich demnach auf die zwar angezahlte, aber nicht zureichende Zahlung der **Anmeldegebühr** für eine Sammelanmeldung iSv § 12. Ist das innerhalb der Dreimonatsfrist ab Einreichung der Anmeldung gem § 6 I 1 PatKostG der Fall, beanstandet das DPMA die Zahlungshöhe und setzt eine amtliche, daher nicht wiedereinsetzungsfähige, jedoch der Weiterbehandlung zugängliche, nach § 18 I DPMAV bestimmte, uU verlängerbare Frist zur Zahlung des entsprechend der Designzahl noch fällig gebliebenen Restbetrags. Der Anmelder hat dann mehrere Optionen: – Er kann den fehlenden Gebührenbetrag nachzahlen, womit der Beanstandung des DPMA abgeholfen ist. – Alternativ kann der Anmelder umdisponieren, keine Nachzahlung leisten und eine Bestimmung treffen, für welche Designs der gezahlte Gebührenbetrag als ausreichende Anmeldegebühr gelten soll, Abs 3 S 1. Ergibt die Bestimmung der in der Sammelanmeldung verbleibenden Designs einen nicht unterbringbaren Zahlungsüberschuss, ist dieser nach § 10 II PatKostG zurückzuzahlen, weil die beantragte Eintragung insoweit unterbleibt. – Schließlich kann der Anmelder auch diese Bestimmung unterlassen; dann legt nach Abs 3 S 1 das DPMA anhand der Nummerierung der Designs fest, bis zu welchem Design die Anmeldegebühr von dem gezahlten Gebührenbetrag abgedeckt ist, eine Lösung, an welcher ein Anmelder das geringste Interesse haben dürfte. Kriterium hierfür ist nach der Begr GeschmMG 2004, zu § 16, die Reihenfolge der Bezeichnung der Designs; rechtlicher Ansatzpunkt ist die vorgeschriebene Durchnummerierung gem §§ 5 II 1 Nr 2a), 7 II 1–3 DesignV. Verbleibt es nach alledem endgültig bei der Teilzahlung der Anmeldegebühr, gilt nach Abs 3 S 2 die Sammelanmeldung in Bezug auf jene Designs, deren Anmeldegebühr von der Teilzahlung nicht abgedeckt sind, als zurückgenommen, was das DPMA durch Beschluss feststellt, Abs 2, 3.

7   **b)** Dass eine **Zahlungsanforderung** nach Abs 3 vor Zurückweisung der Anmeldung ergehen soll, ergibt sich aus der amtlichen Zahlungsfrist in Abs 3 S 1, die notwendiger und typischer Bestandteil einer Gebührenmahnung ist. Sie ergeht nach Ablauf der Dreimonatsfrist für die Zahlung der Anmeldegebühr, und verlängert im Ergebnis die Zahlungsfrist deutlich, zur Rechtsgrundlage der Frist § 11 Rn 85. An die Gebührenmahnung müssen wegen der Bedeutung für den Fortgang des weiteren Eintragungsverfahrens und den angestrebten Rechtserwerb kraft Eintragung hohe rechtliche Anforderungen gestellt werden. Ihre wirksame Zustellung räumt dem Inhaber eine Nachholungsfrist ein, deren Länge nach Maßgabe des § 18 I DPMAV zu bemessen ist und iÜ im pflichtgemäßen Ermessen des DPMA liegt. Deshalb ist in begründeten Fällen auch eine Verlängerung der Frist zulässig, § 18 II, III DPMAV. Entsprechend den rechtlichen Anforderungen an Gebührenbenachrichtigungen nach früherem Recht muss als Mindestinhalt der Benachrichtigung die Angabe der Nachholungsfrist, die Rechtsfolge der Zurückweisung bei ausbleibenden Zahlung und die Bezifferung des noch fehlenden Gebührenbetrags umfassen. Fehler bei diesen Angaben machen die Benachrichtigung unwirksam, BPatGE 11, 79; 14, 14; BPatG Mitt 75, 93, und setzen keine Frist in Gang. Dasselbe gilt für zusätzliche Angaben, wenn sie unrichtige Vorstellungen über die Voraussetzungen des Rechtsverlusts erwecken. Fälschliche Anrechnung tatsächlich nicht geleisteter Zahlungen macht die Benachrichtigung unwirksam, BPatGE 16, 108. Behebbare Unklarheiten heben die Wirkung nicht auf, s BGH in BPatGE 7, 271. Geleistete Teilzahlungen müssen gebührenmindernd angerechnet sein. Die Benachrichtigung als solche ist nicht beschwerdefähig. Über die Wirksamkeit einer Benachrichtigung kann nur zusammen mit der Zurückweisung oder der Weiterbehandlung entschieden werden, BPatGE 3, 11. Die Form der Nachricht muss § 20 DPMAV entsprechen; Abdruck des Dienstsiegels reicht aus, BGH GRUR 71, 246, 248 – Hopfenextrakt. Die Benachrichtigung kann auch von Angestellten des DPMA erlassen werden, BPatGE

15, 119. Die Benachrichtigung bedarf der förmlichen **Zustellung,** § 23 Rn 53 ff, nach interner Richtlinie des DPMA regelmäßig in Form des Übergabeeinschreibens gem § 4 VwZG oder gegen Empfangsbekenntnis, § 5 VwZG. Adressat ist der Anmelder, an seiner Stelle nach § 7 I 2 VwZG zwingend der bestellte Vertreter, BPatGE 3, 55, kein anderer Dritter, § 23 Rn 54, ausgenommen nach der Praxis des DPMA ein Pfändungspfandgläubiger zur Wahrung seiner Interessen, PA Bl 36, 224, s auch dessen Registereintragung gem § 30 II. Bei Mitanmeldern sind deren Zustellungsbevollmächtigtem so viele Ausfertigungen der Gebührenmahnung zuzustellen, wie Beteiligte vorhanden sind, BPatG 4 W (pat) 701/92 v 28.4.92 (unveröff). Unrichtige Zustellung macht die Benachrichtigung unwirksam; Heilung des Mangels ist möglich, BPatGE 17, 10; dazu § 23 Rn 60. Die ordnungsgemäß zugestellte Benachrichtigung kann das DPMA nicht widerrufen oder zurücknehmen. Unwirksame Benachrichtigungen sind jedoch im Interesse der Klarstellung durch Rücknahme oder Aufhebung zu beseitigen, BPatGE 3, 11. Vom Zeitpunkt der Zustellung der Benachrichtigung an ist innerhalb der gesetzten amtlichen Frist zu zahlen. Fristberechnung nach §§ 187 I, 188 II BGB; § 193 BGB ist hier anwendbar, § 23 Rn 52.

4. Die gesetzl Fiktion der **Rücknahme der Anmeldung** stellt im Falle des Abs 3 (Anmeldegebühr für Sammelanmeldung) das DPMA nach fruchtlosem Ablauf der von ihm bestimmten Zahlungsfrist durch Beschluss fest, und zwar bei Nichtzahlung der gesamten Anmeldegebühr der Anmeldung insgesamt, so schon Abs 2, und bei endgültig gebliebener Teilzahlung desjenigen Teils der Anmeldung, der durch die Teilzahlung nicht abgedeckt ist. In diesem Fall muss der Beschlusstenor demnach zusätzlich diejenigen Designs gemäß der Durchnummerierung bezeichnen, für die diese Wirkung eingetreten ist. Die Rücknahmewirkung wird, wie allg bei der Anmeldegebühr, vgl § 6 II PatKostG, durch Abs 3 fingiert und tritt kraft Ges mit dem Ablauf der vom DPMA gesetzten Nachzahlungsfrist ein, unabhängig davon, zu welchem Zeitpunkt der lediglich deklaratorisch wirkende Feststellungsbeschluss rechtskräftig wird. Wegen der unmittelbar wirkenden gesetzl Rücknahmefiktion ist diese Frist wiedereinsetzungsfähig, Rn 12, zur Wiedereinsetzung § 23 Rn 5 ff. Der Beschlussinhalt nach Abs 3 bindet die ordentlichen Gerichte, dazu § 18 Rn 7. **8**

III. Sachprüfung der Anmeldung und Mängelbehebung

1. Die **Rechtsgrundlage** für das Verfahren zur Prüfung und Behebung von sachlichen Mängeln der Anmeldung und für die Rechtsfolgen unzureichender Mängelbehebung bilden Abs 1 Nrn 2 und 3 iVm Abs 4. Genügen Anmeldungen den Bestimmungen, erkennt das DPMA nach Abs 1 Nr 2 den Anmeldetag zu und veranlasst die Eintragung durch Verfügung in der Anmeldeakte und ohne Beschlussfassung. Es hat Anmeldungen, die an gravierenden Mängeln iSv Abs 1 leiden, die nicht behoben wurden, von der Eintragung auszuschließen. Soweit Beseitigung von Mängeln der Anmeldeunterlagen erforderlich ist, wird in Abs 1 Nrn 2 und 3 und Abs 4 S 2 zwischen Mängeln unterschieden, deren Behebung zusätzlich die Verschiebung des Anmeldetags nach sich zieht, Rn 13, und weniger gravierenden Mängeln ohne solche Verschiebung, Rn 16. In beiden Fällen führt die erfolglose Mängelrüge, also die Nichtbehebung der beanstandeten Mängel zur Zu- **9**

rückweisung der Anmeldung, Abs 4 S 3, Rn 18. Damit wurde bereits mit dem GeschmMG 2004 die nach dem bis dahin geltenden Recht bestehende Unsicherheit behoben, welche Mängel bei Anmeldeerfordernissen (unter Einbeziehung der damaligen MusterAnmV) die Wirksamkeit der Anmeldung ausschließen, vgl dazu BPatGE 32, 50.

10   **2. a) Zwingende Erfordernisse für die Zuerkennung des Anmeldetags** iSv Abs 1 Nr 2 enthält iW § 11 II, auf den Abs 1 Nr 2 verweist und womit die Sanktionen des Abs 4 S 2 bezüglich der Feststellung des Anmeldetags korrelieren. Zwingend vorgeschrieben sind für eine Anmeldung: Rechtswirksamer Eintragungsantrag, § 11 II 1 Nr 1, § 11 Rn 17 ff mwN; die elementaren, in § 11 II 1 Nr 2 und § 6 I DesignV bezeichneten Angaben zur Identifizierung des Anmelders, § 11 Rn 22; Verwendung der deutschen Sprache dafür, § 23 III 3 iVm § 126 PatG, § 14 DesignV, § 11 Rn 19, und schließlich eine Wiedergabe des Designs, alternativ ein flächenmäßiger Designabschnitt nach § 11 II 1 Nr 3 bzw § 11 II 2, § 11 Rn 23 ff bzw 54 ff unter Ausschluss unzulässiger Wiedergabeformen, § 11 Rn 25, 35–37. Das Fehlen dieser zwingenden Voraussetzungen für die Begründung eines Anmeldetags bewirkt nicht bereits kraft Gesetzes und mit Bindungswirkung erga omnes die materiellrechtliche Unwirksamkeit der Anmeldung, auf die sich Dritte – etwa zur Rechtfertigung einer Benutzung des Designs – berufen könnten. Vielmehr obliegt die Feststellung der Erfüllung dieser elementaren Voraussetzungen durchweg und allein dem PrüfungsR des DPMA. Wird die Anmeldung ohne Weiteres alsbald eingetragen, ist der Einreichungstag der Anmeldeunterlagen als Anmeldetag zuerkannt, zum Begriff der Zuerkennung § 13 Rn 5. Anderenfalls findet ein erst durch Beanstandungsbescheid eingeleitetes Mängelbeseitigungsverfahren nach Abs 4 S 2 statt, in welchem festgestellt wird, ob und ggf wann ein Anmeldetag begründet wurde, Rn 13, und das bei Ergebnislosigkeit unabhängig von der Rechtsnatur des beanstandeten Mangels verfahrensrechtlich zur Zurückweisung der Anmeldung als konstitutivem Akt führt und in den Fällen des Abs 1 Nr 2 zur materiellrechtlich wirksamen Feststellung der Nichtbegründung eines Anmeldetags. Schutzausschlüsse iSv § 18 sind keine Erfordernisse des Abs 1 Nr 2 und ziehen als solche nicht das Mängelbeseitigungsverfahren nach Abs 4 nach sich.

11   **b)** Ein **Mängelbescheid** des DPMA iSv Abs 4 S 1 ergeht bei Nichterfüllung der in Rn 11 aufgeführten zwingenden Erfordernisse. Das Aufgreifen des Mangels durch das DPMA hat konstitutive und nicht lediglich deklaratorische Wirkung, weshalb Dritte sich nicht nachträglich auf das Fehlen der zwingenden Anmeldevoraussetzungen berufen können. Die konstitutive Wirkung des Mängelbescheids des DPMA nach Abs 4 S 2 drückt sich auch in der Wendung von einer Anerkennung eines Anmeldetags aus, zur Begrifflichkeit s auch Rn 11 und § 13 Rn 5. Ebenso wie ein auf Mängelbescheid hin rechtskräftig verschobener Anmeldetag die Designabteilung des DPMA im Nichtigkeitsverfahren und die ordentlichen Gerichte bei der Beurteilung der Schutzfähigkeit des eD bindet, so gilt dies auch, wenn die Designstelle des DPMA entgegen der wahren Sachlage das Fehlen einer der genannten Minimalvoraussetzungen einer wirksamen Designanmeldung übersieht und nicht rügt; ein Nichtigkeitsbegehren kann dann nicht darauf gestützt werden, dass ein Anmeldetag nicht begründet worden sei, vielmehr gilt der eingetragene Anmeldetag; es handelt sich nicht um einen Nichtigkeitsgrund iSd § 33 I, für die Registereintragung gilt die Vermutungswirkung des § 8, § 8 Rn 2. Der Mängelbescheid in Fällen des Abs 1 Nr 2 löst demnach die gesetzl bestimmte schwebende Unwirksamkeit der materiellrechtlichen Wirkung der Anmeldung aus. Die Unwirksamkeit wird in ihrer Reichweite von der vom DPMA für erforderlich gehaltenen Mängelbeseitigung bestimmt. Bis zum Eintritt der Rechtskraft des Zurückweisungsbeschlusses nach Abs 4 S 3 dauert das förmliche Registrierverfahren einstweilen fort. Wegen dieser weitreichenden Folgen muss der Mängelbescheid aus Rechtssicherheitsgründen förmlich ergehen, vgl Gegenäußerung BReg zu Nr 6 zu § 10 III GeschmMG 1986. Mindestinhalt des Bescheids muss daher sein: Substantiierte, eindeutige und abschließende Umschreibung des Mangels unter Angabe der betroffenen Vorschrift, damit eine nachvollziehbare Möglichkeit zur Nachbesserung eröffnet ist; die Benennung der zu erfüllenden Rechtsvorschriften allein genügt nicht, BPatGE 14, 196, BPatG Mitt 73, 54; weiterhin die Mitteilung, dass der Tag der Einreichung der mängelbehafteten Unterlagen nicht als rechtswirksamer Anmeldetag gilt; die Aufforderung zur Mängelbeseitigung innerhalb von einer vom DPMA festzulegenden Frist des Abs 4 S 1 – idR nach Amtspraxis 1 Monat, § 18 I DPMAV – gerechnet ab Zustellung des Bescheids; schließlich der Hinweis auf die drohende Rechtsfolge der Zurückweisung der Anmeldung bei fruchtlosem Ablauf dieser Frist. Fehler des Mängelbescheids, wozu auch die Übersendung einer unzureichenden Zahl von Ausfertigungen für die Mitanmelder gehört, § 7 II VwZG, setzen die Frist nicht in Lauf. Der Mängelbescheid begründet aufgrund seines nur vorbereitenden, nicht abschließenden Charakters keinen so weitgehenden Vertrauensschutz, BGH GRUR 72, 536, 537 – Akustische Wand, dass das DPMA vor Erlass des abschließenden Feststellungsbeschlusses gehindert wäre, aufgrund späterer Erkenntnisse weitere Mängel bei zwingenden Erfordernissen in der Form des Abs 4 S 1 mitzuteilen. Dann ist eine weitere Frist einzuräumen. Die Mängelbeseitigungsfrist des Abs 4 S 1 ist eine amtliche Frist und verlängerbar. Wiedereinsetzung kann nicht beantragt werden, weil ggf der Verlust der Anmeldung nicht unmittelbar auf Ges beruht (anders zB die Rücknahmefiktion des § 36 II 1 MarkenG), sondern auf einer Entschließung des DPMA, s auch § 23 Rn 6. Der Mängelbescheid hat keinen Beschlusscharakter und ist nicht beschwerdefähig.

c) Die **Suspendierung des Anmeldetags** (im Zusammenhang mit der **12** Mängelbeanstandung häufig zu weitgehend Verschiebung des Anmeldetags genannt) lässt nach Abs 4 S 2 die kraft Ges eintretende, an das Ergehen des Mängelbescheids anknüpfende materiellrechtliche Wirkung, dass der Einreichungstag der ursprünglichen Anmeldungsunterlagen wegen der festgestellten gravierenden Mängel iSv Abs 1 Nr 2 nicht mehr weiter als Anmeldetag anerkannt werden kann. Eine solche Wirkung tritt, soweit gravierende Mängel eine wirksame Antragstellung oder Offenbarung vereiteln, in gleicher Weise ein wie bei den anderen gewerbl SchutzR, vgl § 36 II 2 MarkenG. Bei rechtskräftig festgestellter und entsprechend beurkundeter Verschiebung des Anmeldetags ist für die davor liegenden Zeitraum keine Prioritätswirkung eingetreten. Der Inhaber kann daher vor den ordentlichen Gerichten nicht geltend machen, das DPMA habe zu Unrecht die Eintragung des ursprünglichen Einreichungstags als Anmeldetag versagt, aA Nirk/Kurtze 7/ 121, s auch § 14 Rn 15, § 18 Rn 7. Die Rechtswirkungen des ursprünglichen Tags der Einreichung der Unterlagen als Anmeldetag werden nur bei erfolgreicher Anfechtung des abschließenden Feststellungsbeschlusses des DPMA wiederhergestellt. Keine Verschiebung des Anmeldetags tritt im Falle der Beanstandung eines iSv § 18 schutzunfähigen Designs ein, Rn 11.

13   **d)** Die **Beseitigung festgestellter Mängel** ist während der schwebenden Unwirksamkeit der Anmeldung nach Abs 3 S 1 gestattet. Andere Änderungen des Schutzbegehrens, zB des Schutzgegenstands – soweit es sich nicht um ein aliud handelt – oder die Nachreichung von Anträgen oder Erklärungen, welche die Schutzentstehung beeinflussen, akzeptiert das DPMA, insbes dann, wenn die Wiedergabe des Designs fehlte und man dessen Identität nicht nachprüfen kann, auch wenn die nachgereichte Wiedergabe in Widerspruch zu den anfänglich gemachten, ergänzenden Angaben zur Nämlichkeit des Designs nach § 11 III, § 11 V Nrn 1, 3 (Erzeugnisangabe, Beschreibung, Warenklasse) steht. Die Mängel können durch Nachreichung mängelfreier Unterlagen oder Erklärungen oder, soweit möglich, durch Verzicht auf mängelbehaftete Anmeldungsteile behoben werden. Das DPMA weitet diese Möglichkeiten dahin aus, dass es im Benehmen mit dem Anmelder die Nachreichung verbesserter Wiedergaben als Ersatz für eine schwer mängelbehaftete, jedoch noch rechtswirksame ursprüngliche Wiedergabe unter Verschiebung des Anmeldetags erlaubt und so die Weiterverfolgung der Anmeldung unter insofern sinnvolleren Voraussetzungen ermöglicht (grds sinnvoll, jedoch rechtl bedenkl). Ist für eine Sammelanmeldung der Anmeldetag suspendiert, lässt das DPMA die Nachreichung weiterer neuer Designs (= aliud) nicht zu, zu möglichen Änderungen s auch § 11 Rn 21. Beseitigt ein fristgemäß eingegangener Schriftsatz die Mängel nach Auffassung des DPMA noch nicht, entspricht es im Hinblick auf die Schärfe der gesetzl Regelung einer angemessenen Sachbehandlung und dem Grds des rechtlichen Gehörs, den Anmelder darauf hinzuweisen, soweit er den fortbestehenden Mangel möglicherweise noch fristgemäß beseitigen kann oder ihm eine kurze Nachfrist einzuräumen.

14   **e)** Sind die Mängel behoben, ergeht der **Feststellungsbeschluss** nach Abs 4 S 2, der zu einer **Verschiebung des Anmeldetags** auf den Tag des Eingangs der Mängelbehebung beim DPMA führt, bei Nichtbehebung innerhalb der gesetzten Frist oder bei Beharren des Anmelders auf dem unzulässigen Anmeldetag, BGH Bl 08, 357 – Angussvorrichtung (GebrM), wird die Anmeldung nach Abs 4 S 3 zurückgewiesen, Rn 18. Der Beschluss muss folgenden Mindestinhalt aufweisen: Feststellung, dass die bezeichneten beanstandeten Mängel behoben sind; Feststellung des Eingangstags des Schriftsatzes, der die Mängel abschließend beseitigte, bei sukzessiver Beseitigung der beanstandeten Mängel ist der Eingang des jüngsten Schriftsatzes maßgebend; Mitteilung der Rechtsfolge des Abs 4 S 2, dass der festgestellte Eingangstag als Anmeldetag anerkannt wird. Der Beschluss ist zu begründen, förmlich zu erlassen, mit Rechtsmittelbelehrung zu versehen und vAw zuzustellen, § 47 I 1, II 1 PatG, § 23 III 3 iVm § 127 PatG, an den Zustellungsbevollmächtigten von Mitanmeldern in genügender Anzahl, § 7 II VwZG. Damit ist das DPMA gebunden und am Geltendmachen weiterer Erfordernisse zwingender Natur gehindert, BPatGE 25, 149 mwN. Nach Eintritt der Rechtskraft ist die Anmeldung mit diesem Anmeldetag in das Register einzutragen, im Falle eines vom Anmelder erklärten Rechtsmittelverzichts, der die Eintragung beschleunigt, alsbald nach Erlass des Beschlusses, sofern die weiteren Eintragungsvoraussetzungen bereits erfüllt sind; zum Rechtsmittel s Rn 18.

Der rechtskräftig gewordene Feststellungsbeschluss nach Abs 4 S 2 hat konstitutive Bedeutung und Bindungswirkung für die ordentlichen Gerichte. Die Eintragung des Anmeldetags hat durch Feststellung der Erfüllung der Anmeldevoraussetzungen zu dem festgestellten Datum abschließende beurkundende Wirkung für den verlautbarten Anmeldetag, v Gamm 10/15 f, das ist weder im Nichtigkeitsverfahren vor der Designabteilung des DPMA noch im Verletzungs- und Löschungsverfahren überprüfbar, aA Günther Beyerlein 13/6. Dies folgt aus der gesetzl Aufgabenzuweisung durch Abs 1 iVm Abs 4 S 2 und der Gewährung des bes Rechtswegs nach § 23 IV zur rechtskräftigen Entscheidung solcher Fragen.

3. a) Die Nichterfüllung **anderer zwingend einzuhaltender Erfor-**   **15**
dernisse wird zwar als Mangel der Anmeldung behandelt, bewirkt jedoch keine Verschiebung des Anmeldetags; die erforderlichen Handlungen sind somit nachholbar. Solche Erfordernisse sind zunächst die in § 11 III–V aufgelisteten: Vorhandensein einer Erzeugnisangabe, § 11 III, § 11 Rn 17; Höchstumfang und Inhalt der Beschreibung, § 11 V Nr 1, § 10 I und II DesignV, § 11 Rn 68; fehlerhafter Antrag auf Aufschiebung der Bildbekanntmachung nach § 11 V Nr 2, § 5 III DesignV, § 11 Rn 69; fehlerhafte, insbes unvollständige Entwerferbenennung, § 11 V Nr 4, § 6 V DesignV, § 11 Rn 75; mängelbehaftete Angabe des Vertreters, § 11 V Nr 5, § 6 IV DesignV, § 11 Rn 76 f. Zahlreiche weitere zwingend zu erfüllende und ebenso im Falle ihrer Angabe ordnungsgemäß zu machende Angaben ergeben sich aus weiteren, in § 11 IV global in Bezug genommenen Vorschriften: Nichtverwendung des amtlichen Anmeldungsformulars, § 11 Rn 18, sachlich unrichtige (dh nicht gänzlich fehlende) bzw die Höchstzahl von Warenbegriffen überschreitende Erzeugnisangabe, §§ 5 II 1 Nr 2c), 9 I 1, II DesignV, § 11 Rn 64 f; Angabe der Designzahl bei Sammelanmeldungen, § 12 I 2, § 5 II 1 Nr 1 DesignV, § 12 Rn 8; Zuordnung der eingereichten Wiedergaben zu den angemeldeten Designs bei Sammelanmeldungen durch Nummerierung, § 5 II 1 Nr 2, § 7 II 1–3 DesignV; Mängelfreiheit der Wiedergabe (Einhaltung der Zahl der Darstellungen, der Ansichten, Durchnummerierung, formale Bestimmungen und Zahl der Ausfertigungen, störender Darstellungsinhalt) iSv § 7 DesignV, § 11 Rn 35 ff, dasselbe für flächenmäßige Designabschnitte gem § 8 DesignV, § 11 Rn 61. Die Bedeutung von **Sollvorschriften,** zB § 7 III 2 DesignV (beiwerksfreie Darstellung) liegt darin, dass sie ein zu beachtendes Gebot aufstellen, von dem allein bei ungewöhnlich schwierigen Umständen abgewichen werden darf, was der Handlungspflichtige rechtfertigen können muss. Die fehlende oder unrichtige Warenklassenangabe, § 11 V Nr 3, § 9 I DesignV, § 11 Rn 7, ist kein Fall einer Beanstandung iSd Abs 4 S 1, weil dem DPMA nach § 19 II kraft Ges die abschließende Entscheidung zugewiesen ist.

b) Der **Mängelbescheid** gem Abs 4 S 1 hat die zu behebenden Mängel   **16**
zu benennen, Einzelh Rn 12. Vorlage der Vertretervollmacht und Bestellung eines Inlandsvertreters, § 58 Rn 10, 17, sind keine dem Mängelbescheid nach Abs 4 S 1 zugängliche Anmeldungserfordernisse, sondern Voraussetzungen für den Verfahrensfortgang. Untätigkeit des Anmelders führt jedoch als allg Rechtsverstoß (§ 18 DPMAV, § 58 I) ebenfalls entsprechend zu einem Mängelbescheid. Die Beanstandung unrichtiger oder unvollständiger Prioritätsangaben erfolgt nicht durch Mängelbescheid iSd Abs 4, sondern durch Hinweise; werden sie nicht befolgt, verfällt der Prioritätsanspruch,

§ 14 III 3, 4. Die im Mängelbescheid ferner dem Anmelder zu setzende Frist zur Beseitigung der Mängel, auch ihre Verlängerung – was jedenfalls einen begründeten Antrag voraussetzt –, stehen im pflichtgemäßen Ermessen des DPMA, regelmäßig sind 1 Monat für inländische, 2 Monate für auswärtige Anmelder zu gewähren, § 18 I DPMAV, zu Fristverlängerungen s § 23 Rn 52. Diese Frist ist nicht wiedereinsetzungsfähig, weil der Rechtsnachteil der Anmeldungszurückweisung auf einer Entschließung des DPMA und nicht unmittelbar auf dem Gesetz beruht, § 23 Rn 6. Bestimmte Mängel kann das DPMA selbst beheben: Nicht beizubringende und isv § 9 DesignV zulässige Warenklassenangaben einschließlich ihrer Unterklassen formuliert das DPMA anhand der Anmeldeunterlagen ohne Gewähr für deren Richtigkeit, § 19 II.

17   **4.** Die **Zurückweisung der Anmeldung** ist nach Abs 4 S 3 zu beschließen, falls innerhalb der vom DPMA gesetzten Mängelbeseitigungsfrist, Rn 12, 17, keine oder nur solche Unterlagen eingehen, die den gerügten Mangel nicht beheben. Dies gilt sowohl für Mängel, die zur Suspendierung des Anmeldetags führen, Rn 13, 15, als auch für sonstige Mängel, Rn 16. Allerdings berücksichtigen DPMA oder BPatG eine alsbald nach Fristablauf erfolgte Mängelbehebung und sehen so von der Zurückweisung der Anmeldung ab, Ströbele/Hacker 91/6, das DPMA geht hierauf idR auch ein, solange der Zurückweisungsbeschluss noch nicht wirksam geworden ist, dh zur Postabfertigungsstelle abgegeben wurde; anderenfalls verbleibt der Weiterbehandlungsantrag nach § 17. Die Anmeldung wird durch Formalbeschluss des Bediensteten des gehobenen Dienstes, § 26 II 1, zurückgewiesen. Der Beschluss beendet mit Eintritt der formellen Rechtskraft das Eintragungsverfahren. Materielle Bindungswirkung besteht dahingehend, dass die zurückgewiesene Anmeldung keine Rechtswirkungen mehr hat, insbes keinen Eintragungsanspruch mehr trägt. Hinsichtlich der Begründung eines Anmeldetags iSd § 13, insbes zum Zwecke der Einhaltung einer Prioritätsfrist oder zur Begründung einer solchen Frist für Nachanmeldungen unterscheiden sich die Rechtswirkungen des Zurückweisungsbeschlusses. Bei Nichterfüllung anmeldetagsbegründender Erfordernisse, Abs 1 Nr 2, wird sachlich nicht nur die Anmeldung zurückgewiesen, sondern auch – vergleichbar zum Fall des Abs 4 S 2 bei Mängelbeseitigung – inzidenter festgestellt, dass ein Anmeldetag nicht begründet worden ist, vgl Begr zu § 16 GeschmMG 2004. Das DPMA tenoriert ausschließlich die Zurückweisung, die Beschlussgründe enthalten ggf die genannte Feststellung; das sollte im Interesse der Klarheit in den Tenor mit aufgenommen werden. Damit besteht im Ergebnis eine unwirksame Einreichung der Anmeldung. In den übrigen Fällen, also bei Mängeln bei Erfordernissen nach Abs 1 Nr 3 bleibt der wirksam begründete Anmeldetag unberührt und für die Anmeldung kann trotz ihres Wegfalls ihre Priorität in Anspruch genommen werden und kann Grundlage von Nachanmeldungen sein. Die Zurückweisungsbeschlüsse nach Abs 4 S 3 sind mit Gründen zu versehen und förmlich zuzustellen. Gegen sie ist die Beschwerde nach § 23 IV statthaft; zur aufschiebenden Wirkung der Beschwerde § 23 Rn 21.

IV. Allgemeine Grundsätze für Kosten und Zahlung

1. Rechtsgrundlage für Zahlungen an das DPMA bzw BPatG sind zahl- **18**
reiche Vorschriften. Zu den erhobenen Kosten gehören Gebühren und Auslagen, zum Begriff der Gebühren s Benkard/Schäfers vor § 17/7, zum Begriff der Auslagen Schulte Anh 15 PatKostG 1/14, zur Zahlungsweise gem
PatKostZV s Rn 21. Die Gebühren des Eintragungs- und Beschwerdeverfahrens sind im PatKostG (KostbereinG v 13.12.01, BGBl I S 3656 = Bl 02,
14, zuletzt geändert durch Art 4 des Ges v 19.10.13, BGBl I S 3830 = Bl
13, 362) dem Grds nach bestimmt (insbes Anmeldegebühr, Aufrechterhaltungsgebühr mit Verspätungszuschlägen, Beschwerdegebühr, § 3 PatKostG,
und weitere) sowie im Einzelnen der Höhe nach aufgelistet und insofern
abschließend im dazugehörigen Gebührenverzeichnis, Anl zu § 2 des Pat-
KostG aufgeführt. Wegen der Zentralisierung dieser Gebührenvorschriften
im PatKostG schafft das DesignG selbst keine Rechtsgrundlage für die Gebührenzahlung, sondern es beschränkt sich allenfalls auf Hinweise auf je
nach Verfahrenssituation zu zahlende Gebühren, ohne diese insofern vollständig zu benennen (zB Weiterleitungsgebühren iSv §§ 62, 68). Neben
dem PatKostG gilt in vergleichbarer Regelungsstruktur für weitere Gebühren und für vom DPMA getragene Auslagen die DPMAVwKostV (Neufassung v 14.7.06, BGBl I 1586 = Bl 06, 253, auch Hinweis DPMA Bl 06,
253) mit Kostenverzeichnis zu § 2 I DPMAVwKostV, Nachfolgeregelung der
mehrfach geänderten DPMAVwKostV v 15.10.91. Sie bestimmt Gebühren
und Auslagen ua für Registerauszüge, Bescheinigungen, Akteneinsicht, Abschriften. Diese Regelungen sind für den Bereich des DPMA abschließend,
das VwKostG ist im Verfahren vor dem DPMA nicht anwendbar, § 1 III
Nr 3 VwKostG. Die jeweils vorangestellten allg Regelungen von PatKostG
und DPMAVwKostV über Fälligkeit, Folgen der Nichtzahlung usw sind
eigenständig und nur bei Lücken in einer Regelung wechselweise ausfüllend
heranziehbar, BPatG GRUR 06, 175 – Schulheftseiten. An das BPatG sind
in Designsachen originär keine Gebühren zu entrichten (die Beschwerdegebühr ist an das DPMA zu zahlen), jedoch ggf Auslagen (Schreibauslagen,
Telekommunikationsdienstleistungen und Zustellungskosten) gem § 1 I 2
PatKostG nach dem GKG und Kosten im Justizverwaltungsverfahren (zB
Schreibauslagen für Beschlussabschriften, soweit veranlasst) nach der JV-
KostO. Für den Fall künftiger Erhöhungen des Gebührentarifs trifft § 13 Pat-
KostG Übergangsregelungen. Das Kostenmerkblatt des DPMA speziell für
Designs (Gebühren und Auslagen, Vordruck R 5706, derzeit Ausgabe 1.14)
gibt eine für diese SchutzR typische Auflistung nebst Berechnungsbeispie-
len, daneben besteht das allg Kostenmerkblatt des DPMA (A 9510, Ausgabe
4.14), beides abrufbar über die Homepage des DPMA www.dpma.de.

2. Zahlungspflicht besteht ab **Fälligkeit** der Kosten, § 3 PatKostG und **19**
innerhalb einer vorgegebenen Zahlungsfrist. Gebühren werden entweder
zum gesetzl bestimmten Zeitpunkt fällig (zB Aufrechterhaltungsgebühr) oder
im Falle von Verfahrensgebühren, wie der Anmeldegebühr, grds mit rechts-
wirksamem Eingang des Antrags. Gebühren der DPMAVwKostV werden
mit Beendigung der gebührenpflichtigen Amtshandlung und Auslagen mit
ihrer Entstehung fällig, § 6 DPMAVwKostV, soweit nicht ein bes Fälligkeitszeitpunkt bestimmt ist, zB in einer Gebührenmahnung nach Abs 3. Das
DPMA kann nach § 5 I 1 PatKostG nach § 7 I DPMAVwKostV auch allg

Auslagenvorschüsse verlangen oder die Vornahme der Amtshandlung von der Zahlung oder Sicherstellung der Gebühr oder des Auslagenvorschusses abhängig machen. Wird ansonsten eine Kostenübernahmeerklärung abgegeben – die vom DPMA regelmäßig nicht gefordert wird –, ist der Erklärende der Kostenschuldner iSv § 5 I Nr 3 DPMAVwKostV. Auslagen des BPatG werden nach § 9 I GKG mit Erlass der Kostenentscheidung oder Beendigung des Verfahrens fällig. **Zahlungspflichtiger** sind der Anmelder, eingetragene Inhaber oder Antragsteller, § 4 PatKostG, § 5 DPMAVwKostV. Zahlungen eines Dritten sind bis zur Genehmigung des Zahlungspflichtigen unwirksam. Mehrere Zahlungspflichtige (Mitanmelder, -inhaber, -antragsteller) einer Schuld sind Gesamtschuldner, § 421 BGB, ein Gesamtschuldner kann mit Wirkung für die übrigen erfüllen, § 422 BGB. Bis auf beitreibbare Kosten, insbes die Gebühren und Auslagen der DPMAVwKostV, soweit nicht Vorschuss verlangt wurde, ist die Zahlung mangels gesetzl Sanktionen bei Nichtzahlung nicht erzwingbar, meist knüpft aber das Ges an die Nichtzahlung eigenständige Konsequenzen, vgl § 6 II PatKostG, § 8 I DPMA-VwKostV. Das DPMA kann daher nicht ohne geäußerten Willen des Kostenschuldners aufrechnen oder überzahlte oder nicht bestimmbare Beträge für anderweitig offene Posten des Schuldners verwenden, zur Verrechnung s auch Rn 22. Neu eingeführt ist für beim DPMA beantragte Bescheinigungen, Ausfertigungen, Abschriften und zu deren Herstellung ggf eingereichte Unterlagen ein ZurückbehaltungsR des Amts bis zur Zahlung der betreffenden Kosten, § 7 III DPMAVwKostV, das bei erteilter Einziehungsermächtigung gegenstandslos ist und von dem die Designstelle iÜ zurückhaltend Gebrauch macht. Die **Zahlungsfristen** werden allg in § 6 PatKostG bestimmt. Verfahrenshandlungen, die eine gesetzl bestimmte Zahlungsfrist iSv § 6 I 1 PatKostG auslösen, sind im Designbereich der Weiterbehandlungsantrag, § 17 II, und die Beschwerdeeinlegung, § 23 IV, ansonsten gilt für nicht fristgebundene Verfahrenshandlungen ohne bes Regelung, dh für die Designanmeldung die Dreimonatsfrist des § 6 I 2 PatKostG. Für die Aufrechterhaltung des eD gilt § 7 PatKostG. Die Erstreckungsgebühr folgt eigenen Regeln, § 21 I 1, § 21 Rn 8. Soweit das DPMA für Kosten iSd DPMAVwKostV Zahlungsfristen ausspricht, gilt nach § 7 II DPMAVwKostV für deren Bemessung die 1- bzw 2-Monatsfrist des § 18 I DPMAV mit eingeschränkter Verlängerungsmöglichkeit gem Abs 2, 3 dieser Vorschrift.

20 **3.** Die **Zahlungsweise** ist Gegenstand der Verordnung über die Zahlung der Kosten des Deutschen Patent- und Markenamts und des Bundespatentgerichts (Patentkostenzahlungsverordnung – PatKostZV) v 15.10.03 (BGBl I S 2083 = Bl 03, 409). Sie wurde zuletzt durch Art 4 der Verordnung vom 1.11.13 (BGBl. I S. 3906) geändert; Inkrafttreten der Änderungen, mit denen die SEPA-Regeln für Lastschrifteinzugsermächtigungen eingeführt worden sind, am 1.12.13, Art 6 II der Verordnung. Die PatKostZV gilt auch für die in der DPMAVwKostV geregelten Kosten. Die nachstehenden Angaben haben den Sachstand April 2014. Einzahlungen sind auf das Konto der Bundeskasse Halle/DPMA, IBAN: DE84 7000 0000 0070 0010 54 und BIC (SWIFT-CODE): MARKDEF1700 zu leisten, Mitt PräsDPMA Bl 03, 320; Bl 05, 145, andersartige Zahlungen, insbes auf Rechnung, auf das in ihr benannte verbindliche Konto. § 1 PatKostZV bestimmt neben der nach wie vor möglichen Bareinzahlung bei den beiden Geldstellen des DPMA (§ 1 Nr 1 PatKostZV) durch Zahlung an den Schaltern der Dokumentenannahme in München, Berlin und Jena folgende unbare Zahlungsformen: Giro-überweisung auf das genannte Konto der Bundeskasse Halle/Saale (§ 1 I Nr 2 PatKostZV); Bareinzahlung bei einem in- oder ausländischen Geldinstitut zur Überweisung auf das genannte Konto (§ 1 I Nr 3 PatKostZV); SEPA-Basis-Lastschriftmandats mit Angaben zum Verwendungszweck (§ 1 I Nr 4 PatKostZV), entweder als Einmal- oder zum jeweiligen Fälligkeitszeitpunkt automatisch ausgeübtes Dauermandat, zu letzterer Mitt PräsDPMA Nr 8/13 Bl 05, 1; die Verwendung des Formulars A 9530 für das SEPA-Basis-Lastschriftmandat und des Formulars A 9532 für die Angaben zum Verwendungszweck, jeweils Ausgabe 10.13, ist notwendig, beide sind über die Homepage des DPMA im Internet (www.dpma.de) verfügbar. Weitere Einzelheiten zur Zahlung mit SEPA-Basis-Lastschriftmandat s Homepage des DPMA. Andere Zahlungsarten sind nicht zugelassen; Zahlung per Kreditkarte ist baw nicht vorgesehen (anders HABM). Einzahlung bei den Geldstellen des DPMA, § 1 I Nr 1 PatKostZV – zur Quittierung von Sammeleinzahlungen durch Sammeleinzahlungslisten iSv § 1 II PatKostZV s Mitt PräsDPA Bl 98, 381 – sowie Einzahlung iSd § 1 I Nr 3 PatKostZV ist die Einzahlung von Bargeld zur Gutschrift auf das genannte Konto der Bundeskasse Halle, Giroüberweisung ist die Überweisung von Konto zu Konto, Mitt PräsDPA Bl 92, 7. Das BPatG hat keine eigene Geldstelle; die früher vom DPMA geführte gemeinsame Zahlstelle ist seit längerem aufgehoben, Mitt PräsBPatG/DPA Bl 91, 145. Gleichwohl kann ein SEPA-Basis-Lastschriftmandat mit Angaben zum Verwendungszweck auch wirksam an das BPatG übersandt werden, so zur Einziehungsermächtigung BGH GRUR 94, 189, 190 – Müllfahrzeug, zum früheren Abbuchungsauftrag (PatR).

4. Der **Einzahlungstag** richtet sich nach der Zahlungsweise iSv § 1 Pat-   **21** KostZV, Rn 21, und wird von § 2 PatKostZV bestimmt. Grds gilt der Tag des Eingangs beim DPMA bzw BPatG als Einzahlungstag. Dieser ist bei Bareinzahlung bei einer Geldstelle des DPMA deren Tag (§ 2 Nr 1 Pat-KostZV), bei Giroüberweisung (erst) der Tag der Gutschrift für das DPMA auf dem Konto der Bundeskasse Halle/Saale (§ 2 Nr 2 PatKostZV) und bei Übergabe oder Übersendung eines SEPA-Basis-Lastschriftmandats mit Verwendungszweck der Tag des Eingangs beim DPMA bzw BPatG, § 2 Nr 4 S 1 PatKostZV. SEPA-Basis-Lastschriftmandat und Verwendungszweck können auch per Telefax übermittelt werden. Das SEPA-Basis-Lastschriftmandat muss allerdings binnen eines Monats im Original nachgereicht werden, § 2 Nr 4 S 2 PatKostZV, um den Tag des Telefaxeingangs als Zahlungstag zu erhalten, Gegenschluss aus § 2 Nr 4 S 3 PatKostZV. Andernfalls – bei Nachreichung des Originals später als einen Monat nach dem Telefaxeingang – gilt der Tag der Nachreichung als Zahlungstag, § 2 Nr 4 S 3 PatKostZV. Existiert bereits ein gültiges SEPA-Basis-Lastschriftmandat des Zahlungspflichtigen aus einem vorangegangenen Verfahren, so genügt die Übersendung eines Verwendungszweck-Formulars (Vordruck A 9532) unter Angabe der Mandatsreferenznummer. Demnach sind Übersendung bzw SEPA-Basis-Lastschriftmandats einschließlich Verwendungszweck so rechtzeitig zu veranlassen, dass der damit gegebene Einzahlungstag innerhalb der zu wahrenden Zahlungsfrist liegt. Abweichend hiervon ist bei Einzahlung von Bargeld bei einem Geldinstitut iSd § 2 Nr 3 PatKostZV bereits der Tag dieser Bareinzahlung der Einzahlungstag, Mitt PräsDPA Bl 92, 7. Somit ist für die letztgenannte Überweisungsart der Einzahlungstag vorverlegt trotz bankseitig zwischengeschalteter Übertragung, BPatGE 46, 61, was, wenn das DPMA/ BPatG wegen dieser ihm nicht als solche erkennbaren Bareinzahlung eine Fristüberschreitung rügen sollte, durch Tagesstempelaufdruck auf dem Einzahlungsbeleg oder in vergleichbarer Weise nachzuweisen ist, Hinweis DPA Bl 91, 361; Mitt PräsDPA Bl 96, 325. Dieses Privileg erfasst jedoch nicht den Ablauf der Frist für eine mit der Zahlungsfrist gleichlaufende Frist für die Abgabe einer Verfahrenserklärung, zB die Beschwerdefrist, BPatGE 2, 67. Für späte Zahlung empfiehlt sich somit die Bareinzahlung oder – überdies unabhängig von Geschäftszeiten – die Telefax-Übersendung eines SEPA-Basis-Lastschriftmandats mit Verwendungszweck (mit Nachreichung des Originals des SEPA-Basis-Lastschriftmandats innerhalb eines Monats). Ist am Ort der Einzahlung ein staatlich anerkannter Feiertag, am Leistungsort des DPMA München jedoch nicht, kann nach BPatGE 21, 107 noch am darauf folgenden Werktag nach Maßgabe der PatKostZV eingezahlt werden, PA Bl 08, 204; BPatGE 21, 108. Ist am Leistungsort München ein Feiertag, s Übersicht in Mitt PräsDPA Bl 95, 377, verlängert sich die Zahlungsfrist nach § 193 BGB. Eine Erklärung über die Verrechnung der Kostenschuld mit einem beim DPMA bestehenden Guthaben muss innerhalb der Zahlungsfrist beim DPMA eingegangen sein, PA Bl 12, 217; 28, 301. Die Anweisung des Gebührenschuldners an das DPMA, eine Beschwerdegebühr von seinem dortigen Lichtbildstellenkonto abzubuchen, ist – zu Recht – nach Auffassung des DPMA unzulässig, Mitt PräsDPA Bl 95, 339 gegen BPatG GRUR 94, 362. Ist beim Postgirokonto des Einzahlers nachweisbar gem allen ordnungsgemäß gemachten Angaben abgebucht, jedoch beim DPMA nicht gutgeschrieben, kann sich der Einzahler nach dem Beweis des ersten Anscheins auf einen tatsächlichen Eingang berufen, BPatG Mitt 74, 119; dies gilt nicht bei fehlerhafter Anweisung mit der Folge der Fehlleitung des Betrags, BPatGE 27, 16.

22 **5.** Der **Verwendungszweck** der Zahlungen muss durch Angabe des vollständigen Aktenzeichens – ggf mit Prüfziffer –, nach Sachlage zwingend auch der ggf angefochtenen Entscheidung, BGH GRUR 89, 506, 508 – Widerspruchsunterzeichnung, sowie der Gebührennummer gem den Anlagen zum PatKostG bzw der DPMAVwKostV und des Einzahlers auf dem Gutschriftsträger oder mit Begleitschreiben mitgeteilt werden, s Mitt PräsD-PA Bl 80, 46; 96, 229; Bl 99, 170; Bl 02, 1. Fehlt bei Zahlung lediglich diese Angabe und lässt sie sich vor oder nach Fristablauf eindeutig feststellen, ist die Zahlung rechtzeitig, BGH GRUR 74, 279, 280 – Erba (MarkenR), BPatGE 2, 197; 18, 124, Bendler Mitt 62, 98. Die Angabe kann dann bis zum Ablauf eines Jahres nach Ablauf der Zahlungsfrist nachgeholt werden, BPatGE 18, 124. Das DPMA kann erkennbare Unrichtigkeiten nachträglich richtigstellen, PA Bl 04, 394; 1906, 247; 57, 368. Ein für die Entrichtung mehrerer Gebühren nicht ausreichender Betrag ist in der durch § 366 II BGB bestimmten Tilgungsfolge zu verwenden, BPatGE 17, 7, sowie BPatGE 33, 129 für den Vorrang der Anmeldegebühr ggü der Modellgebühr. Zahlung unter Vorbehalt macht, soweit das DPMA die Zahlung nicht deshalb zurückweist, die Zahlung nicht wirkungslos, KPA Bl 1900, 16, PräsKPA Bl 1914, 336; der Vorbehalt allein begründet keinen Rückzahlungsanspruch. Überzahlte Beträge anderen Verwendungszwecks kann der Einzahler anstelle einer Rückerstattung ganz oder teilweise auf andere eD oder SchutzR umbuchen lassen.

6. Vorauszahlungen sind grds möglich. Als vor Fälligkeit geleistete Zah- 23
lungen haben sie keinen Rechtsgrund und können vom Einzahler zurückge-
fordert oder vom DPMA zurückgezahlt werden, ohne sie verwahren zu
müssen, Schulte Anh 15 PatKostG 5/14, 17. Von letzterem soll kurz vor
Fälligkeit abgesehen werden, Schulte aaO, zB vor Ablauf der Schutzdauer
und Zahlungseingang bei unterbliebener Verwendungsangabe. Die zulässige,
dh nach § 5 II PatKostG fristgerechte Vorauszahlung von Aufrechterhaltungsgebühren führt die Aufrechterhaltung mit Zahlungseingang herbei,
nicht erst bei Schutzdauerablauf, dh Fälligkeit, Schulte aaO 5/12, nur anders
im MarkenR gem § 47 V MarkenG. Ein Verzicht auf das eD bis zu diesem
Zeitpunkt rechtfertigt die Rückzahlung der vorausgezahlten Gebühr nicht.
Bei Aufrechterhaltungsgebühren für eD ist die Vorauszahlungsmöglichkeit
eingeschränkt auf frühestens 1 Jahr vor Fälligkeit (Schutzdauerablauf), § 5 II
PatKostG, s auch § 28 Rn 5, und das Vorbild des § 47 III 3 MarkenG. Die
Vorauszahlung beschränkt sich damit auf die nächste fällig werdende Aufrechterhaltungsgebühr. Zur Berücksichtigung einer eventuellen Gebühren-
erhöhung zwischen zulässiger Vorauszahlung und Fälligkeit § 13 I Nr 3 Pat-
KostG. Fällt vor Eintritt der Fälligkeit, zB durch Verzicht auf das eD vor
Schutzdauerablauf, der Rechtsgrund fort, ist die bereits geleistete Vorauszahlung zu erstatten, Schulte aaO 5/16. Vorauszahlungen auf noch nicht entstandene Auslagen gelten als Vorschüsse und sind zurückzuzahlen, wenn
die Auslagen nicht mehr entstehen können, wobei nach §§ 6 II, 10 II
DPMAVwKostV bei Kosten iS dieser Vorschrift eine Erstattungsgebühr von
10 EUR pro Erstattungsvorgang einbehalten wird.

7. Eine **Teilzahlung** gleicht der Nichtzahlung, da sie grds nicht den 24
Rechtserfolg der Zahlung des vollen Kostenbetrags herbeiführt. Sie ist zurückzuzahlen, wenn der Rechtserfolg auch durch Zahlung der vollen Gebühr nicht mehr erzielt werden könnte. Eine Teilzahlung (Ratenzahlung) ist
für Gebühren des PatKostG nicht vorgesehen, nach der Neufassung der
DPMAVwKostV, Rn 19, auch nicht für dort erfasste Kosten. Im Falle von
Sammelanmeldungen kann dagegen eine Teilzahlung der Anmeldegebühr
nach Abs 3 einen teilweisen Rechtserfolg herbeiführen, Einzelh Rn 7.

8. a) Die **Rückzahlung** von Gebühren findet in bestimmten Fällen statt. 25
Hauptfall sind nach § 10 I PatKostG vorausgezahlte Gebühren, die nicht
mehr fällig werden können. Die Regelung ist für ihren Regelungsbereich
abschließend, abweichende Gesichtspunkte des MarkenR gelten nicht, BGH
GRUR 08, 549, 550 – Schwingungsdämpfung. In diesem Sinne nicht mehr
fällig werdende **Gebühren** sind vorausbezahlte Aufrechterhaltungsgebühren
mit danach folgendem Schutzrechtsverzicht noch vor Fälligkeit der Aufrechterhaltungsgebühr nach § 3 II PatKostG, zu dieser Fälligkeit § 28 Rn 5.
Nicht denkbar ist dies bei Erstreckungsgebühren, denn die Vorauszahlung
der Erstreckungsgebühr nach § 21 II bewirkt im Gegensatz zu einer Aufrechterhaltungsgebühr unmittelbar die Erstreckung, die Gebühr ist damit
verfallen und eine Anmeldungsrücknahme oder ein Schutzrechtsverzicht, die
ggf darauf folgen, kein Rückzahlungsgrund. Nicht verbraucht ist auch der
Überschuss nicht mehr anrechenbarer Teilzahlungen auf die Anmeldegebühr
bei Sammelanmeldungen, Rn 7. Ein bes Fall der Rückzahlung ergibt sich
aufgrund erfolgter Zahlung und sodann vom DPMA bzw BPatG bestimmter
Nichterhebung dieser Kosten wegen unrichtiger Sachbehandlung gem § 9
PatKostG, § 9 I 1 DPMAVwKostV. Dies setzt Verfahrensfehler voraus, die in

Kühne 321

keiner Hinsicht zu rechtfertigen, eindeutig rechtswidrig sind, Einzelh Schulte Anh 15 PatKostG 9/6 f. Nicht grob fehlerhaft in diesem Sinne sind aber das Vertreten abweichender Rechtsansicht, BGHZ 93, 213, unzweckmäßige oder verzögernde Behandlung, auch nicht, wenn sie etwa dazu führt, dass durch eine zwischenzeitliche Erhöhung des Tarifs bereits gezahlte Vorschüsse unzureichend werden, die Erhebung des Differenzbetrags ist gleichwohl veranlasst, BPatG Mitt 71, 176 mwN. Für die Nichterhebung können auch Billigkeitserwägungen in engen Grenzen eine Rolle spielen, auch wenn diese nach Wegfall des § 9 II DPMAVwKostV 1991 im Designbereich nur bei ausdrücklicher formeller Regelung noch zu berücksichtigen sind, BGH GRUR 08, 550, Schulte aaO 10/8 f. Zur Nichterhebung bei Verfahrenskostenhilfe § 24 Rn 15. Die Regelung des § 10 I 1 PatKostG kann den allg Rückzahlungsgrund bei **fehlendem Rechtsgrund** der Zahlung nach § 812 BGB nicht ausschließen. Dieser Grund kann von vornherein gefehlt haben, zB bei fehlendem oder unwirksamem Antrag, oder rückwirkend durch wirksame Anfechtung weggefallen sein, BPatGE 1, 26; Bl 72, 262. Fallen Entrichtung der Gebühr und Wegfall des Gebührentatbestands, zB Wegfall des Antrags, Anhängigkeit der Anmeldung, auf denselben Tag, ist die Gebühr als rechtsgrundlos gezahlt zurückzuzahlen, BPatGE 17, 5. Nur in den bes geregelten Fällen des § 23 II 3 iVm §§ 73 III 2, 80 III PatG (Beschwerdegebühr) ist die Rückzahlung aus **Billigkeitsgründen** gestattet. Auf die Rückzahlung nicht fällig gewordener Kosten besteht ein öffentlich-rechtlicher Erstattungsanspruch, s auch Bruckner Mitt 79, 162 mwN, der beim Empfänger der Zahlung (DPMA, BPatG, BGH) geltend zu machen ist. Eine dem Art 9 GGGebV gleichende Regelung über die Nichterstattung von Kleinbeträgen besteht nicht, jedoch mittelbar für Kosten der DPMAVwKostV gem § 9 IV dieser Vorschrift als Niederschlagung unter den Voraussetzungen des § 59 BHO, Rn 28. Über die Erstattung ist durch beschwerdefähigen Beschluss zu entscheiden, BPatG 22, 49. Es gilt dann die dreißigjährige Verjährungsfrist für rechtskräftig festgestellte Ansprüche, § 197 I Nr 3 BGB, der Anspruch ist aber nach Aktenvernichtung, § 22 Rn 7, nicht mehr durchsetzbar, Bruckner aaO. Fälschlicherweise vom DPMA zurückgezahlte Kosten lassen die ursprüngliche Gebührenschuld nicht wieder aufleben, BPatGE 13, 166; 30, 213. Dennoch sind die Kosten wieder einzuzahlen; der Rechtscharakter des Anspruchs ist str, s Schulte aaO 1/25 mwN. Solche Kosten können nicht beigetrieben werden, sondern das DPMA muss die Wiedereinzahlung gerichtlich geltend machen, BPatGE 30, 213, unter Aufgabe von BPatGE 22, 50, Schulte aaO. **Keine Rückzahlung** findet statt, wenn die Zahlung nach Stellung des Antrags oder Herbeiführung des Rechtserfolgs verfallen ist, zB Erstreckung nach § 21 II oder Aufrechterhaltung gem § 28 I nach Schutzdauerende innerhalb der Nachfrist des § 7 I PatKostG, auch wenn der Antrag danach zurückgenommen wurde, BPatGE 5, 227; 11, 56; 11, 203 (PatR). Die Gebühr ist auch einzubehalten, wenn dies zwar unbillig erscheint, die Vorschriften aber eine Rückzahlung aus Billigkeitsgründen nicht vorsehen, BPatGE 10, 145; 13, 63; 16, 34; Mitt 71, 117; GRUR 83, 366.

26   **b)** Der **Entfall der Gebühr** nach § 10 II PatKostG regelt zwei unterschiedliche Situationen des nachträglichen Wegfalls nicht gezahlter Gebühren. Nach der 1. Alternative wird unter der Voraussetzung, dass wegen Nichtzahlung der zugehörigen Gebühr aufgrund gesetzlicher Fiktion die

Anmeldung (des Designs) bzw der Antrag weggefallen ist, diese Gebühr nicht mehr erhoben, wenn der beantragte Erfolg – Design-Eintragung bzw beantragte Amtsmaßnahme – nicht erfolgt ist. Dies soll Gebührenbeitreibung entbehrlich machen, falls der Erfolg – entgegen dem Zahlungsvorbehalt des § 5 I 1 PatKostG – dennoch eingetreten ist, Begr PatKostG § 10. Mehr Bedeutung hat dies für verspätet und damit erst nach Eintreten der gesetzl Fiktion geleistete Zahlungen, zB Anmeldegebühr. Mit dem – gleichsam ex tunc wirkenden – Entfall der Gebühr entsteht ein Anspruch auf Rückerstattung des gezahlten Gebührenbetrags. Die 2. Alternative betrifft den (vermutlich seltenen) Fall einer zunächst als wirksam behandelten und erst nachträglich sich als fehlgeschlagen herausstellenden, einer Scheinzahlung. Dies ergibt sich, wenn für das DPMA durch eine eingeräumte Einziehungsermächtigung die Gebühr (Anmeldung, Erstreckung, Aufrechterhaltung, Weiterbehandlung) zunächst als gezahlt gelten konnte, sie aber durch Widerruf der Einziehung oder Kontounterdeckung sich als nicht gezahlt erweist und damit im Ergebnis die Rücknahmefiktion der Anmeldung bzw das Erlöschen des eD gem § 6 II PatKostG, § 16 III 2 auslöst, Begr PatKostG § 10. Dann verfällt eine Einzelanmeldung bzw die Erstreckung oder Aufrechterhaltung des Einzel-Designs, im Gegensatz zu einem teilweisen Rechtserfolg bei Sammelanmeldungen (Teilanmeldegebühr iSv § 16 III, Teilerstreckungsgebühr, § 21 Rn 8, Teilaufrechterhaltungsgebühr gem § 28 II). Wollte man dieses Risiko moderner, beschleunigter Zahlungswege nicht eingehen, müsste das DPMA die Gutschrift oder sogar die Widerrufsfrist für die Einziehung abwarten, was im Interesse der Verfahrensbeschleunigung vermieden werden soll, Begr aaO. Sofern in solchen Fällen einer Scheinzahlung die beantragte Amtshandlung (Eintragung der Anmeldung, der Erstreckung, der Aufrechterhaltung, Weiterbehandlung) noch nicht vorgenommen wurde, entfällt die Gebühr rückwirkend und braucht nicht mehr gezahlt zu werden, der bis dahin vom DPMA betriebene Sachaufwand geht zu seinen Lasten. Damit sollen Beitreibungsfälle für die an sich fälligen und zunächst als gezahlt behandelten Gebühren vermieden werden, Begr aaO. Zwar wollte man auch Missbräuche durch bewusstes Platzenlassen der Zahlungen mit der Folge einer durch Ges fingierten Rücknahme des Antrags und der Erstattung gezahlter Gebühren verhindern, indem man eingezahlte Teilbeträge nicht erstattete, § 10 II 2 PatKostG aF; Begr aaO; aufgrund der Streichung dieser Bestimmung durch Art 2 XII Nr 5 GeschmMRefG werden zur Vermeidung von Ungleichbehandlung erfolgte Teilzahlungen jetzt zurückgezahlt, Begr zu dieser Vorschrift. Wurde indessen die Amtshandlung des DPMA, also die Eintragung – insbes der Erstreckung – schon vorgenommen, muss die Gebühr beigetrieben werden, weil eine rückwirkende Löschung der betreffenden Eintragung nicht möglich ist, Begr PatKostG aaO, Rn 28. Eine vergleichbare Entfallsregelung besteht mit § 8 II DPMAVwKostV für Gebühren iS dieser Vorschrift.

9. Die **Beitreibung** von Kosten findet statt, wenn trotz unterbliebener **27** Zahlung der Rechtserfolg einer Zahlung, die Amtshandlung iSd § 10 II PatKostG, eingetreten ist, zB früher durch Bekanntmachung im GeschmM-Blatt oder bei Entfall einer gewährten Verfahrenskostenhilfe, heute wahrscheinlicher der Fall, wenn nach Erteilung eines SEPA-Basis-Lastschriftmandats und nachfolgendem Gebühreneinzug das DPMA eine Amtshandlung vornimmt (zB Eintragung), seitens des Kontoinhabers dann aber dem Einzug widersprochen wird. Dies betrifft die in § 10 II genannten Gebühren und die in der DPMAVwKostV vorgesehenen Kosten. Dann muss die Gebühr nachentrichtet oder bei Ausfall nach § 1 V JBeitrO beigetrieben werden, soweit sie nicht niedergeschlagen wird. Zuständig ist für Kosten des DPMA und des BPatG das Bundesamt für Justiz, § 2 II JBeitrO (zuletzt geändert durch Art 4 IX G v 29.7.09, BGBl I S. 2258, teilw abgedruckt in Bl 07, 89). Über Einwendungen entscheidet bei Gerichtskosten das BPatG, § 8 I iVm § 1 Nr 4, 6, 7 JBeitrO, bei Kosten des DPMA aufgrund Klageerhebung das Gericht, in dessen Bezirk die Beitreibung stattgefunden hat, § 8 I, II 2 analog. Die **Niederschlagung** beitreibbarer Kosten, dh der befristete oder un-befristete Verzicht auf Weiterverfolgung des Zahlungsanspruchs, ist nach § 59 I Nr 2 BHO nur zulässig, soweit die Einziehung erfolglos sein wird oder die Kosten der Einziehung außer Verhältnis zur Höhe des Anspruchs stehen würden. Zu diesen Kosten kann auch der im Einzelfall erforderliche Verwaltungsaufwand gerechnet werden; iÜ kann für bes Härtefälle Stundung oder Erlass beantragt werden, Einzelh in den Verwaltungsvorschriften (VV) zu § 59 BHO, auch zum Einziehungsverzicht bei Kleinbeträgen.

V. Fortgeltendes Recht

28   **1.** Fortgeltendes Recht für sämtliche bei den Amtsgerichten und beim DPMA **vor dem 1.7.88 eingereichten Alt-Anmeldungen** besteht nicht mehr, nachdem am 30.6.03 mit Erreichen der Höchstlaufzeit von 15 Jahren die letzten verbliebenen GeschmM dieses Geltungszeitraums des Ges erlo-schen sind. Einzelh s 2. Aufl 8c/4.

29   **2.** Für **Alt-GeschmM der ehemaligen DDR,** die mit dem 1.5.92 auf das gesamte Bundesgebiet erstreckt wurden, gilt für die nach diesem Datum fällig gewordenen Gebühren und Auslagen der Tarif des PatKostG und der DPMAVwKostV.

VI. Gemeinschaftsgeschmacksmuster

30   Das PrüfungsR und Einzelh des **Prüfungsverfahrens** des HABM erge-ben sich aus den Art 45 ff GGV, 10 f GGDV. Sie weisen keine jedenfalls strukturellen Abweichungen ggü den oben dargestellten, für das DPMA maßgebenden Regelungen auf. Einzelh ergeben sich auch aus den Prüfungs-richtlinien zum GGM, angenommen durch Beschluss des PräsHABM, ABl 04, 222. Zur allg Verwaltungspraxis und dem strengen Fristenregime s jedoch auch § 23 Rn 65, 67 ff. **Gebühren** erhebt das HABM auf der Grundlage von Einzelvorschriften der GGV selbst und des Art 107 II GGV. Zusammengefasst ist das Gebührenwesen in der Gebührenverordnung (GG-GebV, Verordnung (EG) Nr 2246/2002 der Kommission vom 16. Dezember 2002 über die aus die Harmonisierungsamt für den Binnenmarkt (Marken, Muster und Modelle) zu entrichtenden Gebühren für die Eintragung von Geschmacksmustern – Abl EG Nr. L 341 v 17.12.02, S. 54, geändert durch VO/EG Nr. 877/2007 der Kommission v 24.7.07, Abl EG Nr. L 193 v 25.7.07, S. 16). Sie enthält in Zusammenfassung dem PatKostG, der DP-MAVwKostV und der PatKostZV vergleichbare allg Regelungen und ebenso in einer Anlage die Gebührenbeträge. Es werden eine Eintragungsgebühr

(230 EUR, 2.-10. GSM: je 115 EUR, jedes ab dem 11. GSM: 50 EUR), eine Bekanntmachungsgebühr (120 EUR, 2.-10. GSM: je 60 EUR, jedes ab dem 11. GSM: 30 EUR) sowie eine entsprechend gestaffelte Aufschiebungsgebühr erhoben. Einzeln werden, soweit im vorliegenden Rahmen angezeigt, bei den betreffenden Einzelbestimmungen des DesignG (Anmeldung § 11, Verlängerung § 28) im Abschnitt über GGM dargestellt. Die Gebührenhöhen können in Zukunft wegen geänderter Haushaltsgrundsätze des HABM gelegentlich verändert sein (uU auch sinken, bei GemMarken bereits erfolgt), weshalb die aktuelle Gebührenhöhe den Internetseiten des HABM entnommen werden sollte. Gebühren sind in Euro und unmittelbar an das HABM, nicht durch Vermittlung des DPMA, zu zahlen. Art 7 GGGebV sieht für verspätete Gebühreneingänge eine eng begrenzte Heilungsmöglichkeit unter Entrichtung eines Verspätungszuschlags vor, von dem nur abgesehen wird, wenn der Einzahler nachweisbar spätestens 10 Tage vor Fristablauf das Notwendige bereits veranlasst hatte. Das HABM erlässt ferner nach Ablauf der Zahlungsfrist für die Anmeldegebühr eine Gebührennachricht, die eine Zuschlagsgebühr auslöst. Die Nichtrückzahlung geringfügiger Überzahlungen, Art 9 I GGDV, bis zu 15 EUR bestimmt der Beschluss des PräsHABM v 20.1.03, ABl HABM 03, 876. Mit der Einrichtung laufender Konten, aus denen das HABM Gebühren abrufen darf, befasst sich der aktualisierende Beschluss Nr EX 06-1 des PräsHABM, ABl 06, 324, ua muss das Anfangsguthaben 3000 EUR betragen. Die elektronische Zahlung per Kreditkarte ist zulässig; der Anwendungsbereich ist bezügl GGM im Beschluss EX-03–3 des PräsHABM, ABl 03, 858 bestimmt, neu (und bezügl GGM – nicht Gemeinschaftsmarken – unklar) geregelt in Art 18–20 des „Grundsatzbeschluss zur elektronischen Übermittlung" – Beschluss Nr EX-07-4 des PräsHABM –, ABl-online 9/07.

VII. Internationale Eintragungen

Mit Einzelheiten geeigneter **Kommunikation** zwischen der WIPO und **31** dem Anmelder, auch per Fax und auf elektronischem Weg, befassen sich umfangreich die A 201–204 VR, s insbes zur Anmeldung per Fax § 11 Rn 101. Die WIPO hat sich in A 203c) und 204 (b) VR verpflichtet, den Eingang einer Sendung per Fax oder E-Mail auf demselben Weg zu bestätigen. Der Gang der **Formalprüfung** der Anmeldungen internationaler Designs gleicht iW der nationalen Eingangsbearbeitung. Bei Nichterfüllung eines zwingenden Erfordernisses („irregularity") wird zur Mängelbeseitigung innerhalb von 3 Monaten aufgefordert, Art 8 I HMA 1999; R 14 I GAO. Soweit es Mängel bei elementaren Anmeldeerfordernissen betrifft, s § 11 Rn 101, hat die Behebung eine Verschiebung des Anmeldetags zur Folge, Art 10 I 1 HMA 1999; R 14 II GAO. Bei fruchtlosem Fristablauf gilt die Anmeldung als zurückgenommen, die gezahlten Gebühren werden erstattet, ausgenommen die Grundgebühr, R 14 III GAO. Die meisten Fehler unterlaufen bei der Musterdarstellung, der Gebührenberechnung, Vertreterbestellung und Erzeugnisangabe, Gluthe VPP-Rundbrief 09, 99. **Gebühren** sind in Schweizer Franken zu bezahlen, R 28 I GAO, und können nach A 801 VR mit Einzugsermächtigung, Giroüberweisung auf die Konten der WIPO und nach Registrierung und Freischaltung online mit Kreditkarte entrichtet werden. Einzeln der Zahlungsweise, des Zahlungszeitpunkts sind in R 27 GAO aufgeführt.

Weiterbehandlung der Anmeldung

17 (1) **Ist nach Versäumung einer vom Deutschen Patent- und Markenamt bestimmten Frist die Designanmeldung zurückgewiesen worden, so wird der Beschluss über die Zurückweisung wirkungslos, ohne dass es seiner ausdrücklichen Aufhebung bedarf, wenn der Anmelder die Weiterbehandlung der Anmeldung beantragt und die versäumte Handlung nachholt.**

(2) **Der Antrag zur Weiterbehandlung ist innerhalb einer Frist von einem Monat nach Zustellung des Beschlusses über die Zurückweisung der Designanmeldung einzureichen. Die versäumte Handlung ist innerhalb dieser Frist nachzuholen.**

(3) **Gegen die Versäumung der Frist nach Absatz 2 und der Frist zur Zahlung der Weiterbehandlungsgebühr nach § 6 Absatz 1 Satz 1 des Patentkostengesetzes ist eine Wiedereinsetzung nicht gegeben.**

(4) **Über den Antrag beschließt die Stelle, die über die nachgeholte Handlung zu beschließen hat.**

Übersicht

1 **1. Entwicklung.** § 17 brachte für deutsche gewerbl SchutzR erstmals die Weiterbehandlungsmöglichkeit nach dem Vorbild des Art 121 EPÜ. Dasselbe ist für Patente (§ 123a PatG), GebrM (§ 21 I GebrMG), dort Verweis auf § 123a PatG) und für Marken (§ 91a MarkenG) nach Art 21 des KostbereinG zum 1.1.05 eingeführt, während für GeschmMG dies zunächst ebenso durch Ergänzung des § 10 VI GeschmMG 1986 vorgesehen war. Mit der leicht vorgezogenen Einführung zum 1.6.04 sollte eine baldige nochmalige Änderung des GeschmMG vermieden werden, Begr zu § 17 GeschmMG 2004, zu Art 2 XI GeschmMRefG. Die Gefahr zusätzlicher Belastungen des DPMA durch neuartige Weiterbehandlungsanträge, die mit einem Inkrafttreten bereits zum 1.1.02 zusammen mit den übrigen Änderungen des KostbereinG befürchtet wurde, so BeschlussEmpf und Bericht KostbereinG zu Art 21, wurde für den 1.6.04 als tragbar beurteilt. Alle früheren Entwürfe – Entwurf 1977, GRUR-Entwurf 2000, MPI-E und Grünbuch sahen keine Weiterbehandlungsmöglichkeit vor, zur GGV Rn 10. In Abs 3 ist – wie zugleich in § 123a PatG – zum 1.7.06 der Ausschluss der Wiedereinsetzung in die Antragsfrist auf die damit einhergehende Frist zur Zahlung der Weiterbehandlungsgebühr ausgedehnt worden, Art 7 Nr 1 des Ges zur Änderung des patentrechtlichen Einspruchsverfahrens und des PatKostG v 21.6. 06 (BGBl I S. 1318 = Bl 06, 225).

2 **2.** § 17 hat den **Zweck,** in engem Zusammenhang mit der Prüfungs- und Sanktionsbefugnis des DPMA bei Designanmeldungen nach § 16 I, IV den Verlust der Designanmeldung als Folge einer Versäumung bestimmter Fristen, idR als Folge von Beanstandungsbescheiden mit Fristsetzung, unkompliziert, rasch und ohne nennenswertes Verfahrensrisiko ungeschehen zu machen. Es handelt sich für begrenzte Anwendungsfälle um eine formalisierte Abhilfemöglichkeit ohne die Notwendigkeit einer Beschwerdeeinlegung. Insofern füllt die Einführung eine gewisse Lücke, s Rn 3. Die Möglichkeit der Wiedereinsetzung in den vorigen Stand, § 23 III 3 iVm § 123 PatG, wird ergänzt, nicht überlagert, Rn 4, was die Begr zu § 17 GeschmMG 2004, verkennt, wenn sie sich von der Einführung der Weiterbehandlungsmöglichkeit einen Wegfall vieler Wiedereinsetzungsfälle erhofft. Geringfügige Überschneidungen bestehen mit der Einlegung einer Beschwerde, Rn 5. § 17 erlaubt eine – allerdings kostenpflichtige – Wiederherstellung der vorherigen Verfahrenslage, ohne ggü dem DPMA – wie im Falle beantragter Wiedereinsetzung – die Fristversäumung rechtfertigen und Nachweise vorlegen zu müssen und eine zeitraubende Überprüfung zu provozieren. Die Weiterbehandlung bietet damit in den dafür geeigneten – nicht allzu vielen – Fällen einen weniger schwerfälligen, ggü der Beschwerde auch kostengünstigeren Weg der Weiterführung jedenfalls des Eintragungsverfahrens über das angemeldete Design. Vergleich der Wiederherstellungsmöglichkeiten in Rn 5. Die Einführung der Weiterbehandlungsmöglichkeit trifft in der Literatur auf teils heftige Vorbehalte; der Hauptvorwurf lautet auf eine unnötige Verfahrenskomplizierung angesichts ohnehin gegebener Beschwerdemöglichkeit mit evtlr Abhilfe, zB Braitmayer in FS 50 Jahre BPatG S 127 ff; van Hees/Braitmayer Rn 1330 ff; Ströbele/Hacker 91a/3; Bühring, 21/77; Bender, Mitt 06, 63; zusammenfassend mwN Hövelmann Mitt 09, 1 ff. Bisher blieb die Möglichkeit im Design-Eintragungsverfahren nahezu ungenutzt.

3. Der **Anwendungsbereich** der Weiterbehandlungsmöglichkeit unter-   **3** scheidet sich elementar von demjenigen einer Wiedereinsetzung in den vorigen Stand und auch von dem einer Beschwerdeeinlegung mit vorgeschaltetem Abhilfeverfahren, dazu Rn 5. Er beschränkt sich nach Abs 1 auf **versäumte Fristen,** die das DPMA (nicht BPatG) im Anmeldestadium gesetzt hat und als amtliche Fristen deshalb der Wiedereinsetzung nicht zugänglich sind, Einzelh § 23 Rn 6, zu den übrigen Fristen Rn 4. Dies sind die Fristen für die unterbliebene oder verspätete Beseitigung vom DPMA gerügter Mängel der Anmeldung, ungeachtet, ob sie elementare oder sonstige Anmeldungserfordernisse isd § 11 II–V betreffen, § 16 I Nr 2, 3, IV 1, s § 16 Rn 10 ff, weil in beiden Fällen nach Fristversäumung übereinstimmend die Zurückweisung der Anmeldung vorgesehen ist; die Aufforderung zur Nachzahlung von Anmeldegebühren bei einer Sammelanmeldung nach § 16 III. Damit eröffnet § 17 im Falle der Nichterfüllung solcher Anmeldungserfordernisse eine zeitlich begrenzte Erweiterung der Möglichkeit, ohne Verfall der Anmeldung und Notwendigkeit einer Neuanmeldung dasselbe Eintragungsverfahren weiterführen zu können und damit einen – wenn auch dadurch noch weiter verschobenen – Anmelde- bzw Eintragungstag zu wahren. § 17 ist auch anwendbar auf eine vom DPMA gesetzte Frist für die Stellungnahme auf eine Beanstandung der Unzulässigkeit eines Designs gem § 18 hin, auch wenn es sich hierbei nicht um einen Mängelbescheid verfahrensrechtlicher Natur, sondern um eine Anhörung zu dem gerügten materiellrechtlichen Mangel handelt. Anders als im Wiedereinsetzungsfall ist bei Versäumung einer solchen Frist § 17 auch dann anwendbar, wenn dies auf einer Sorgfaltspflichtverletzung beruht. Die Versäumung einer dieser Fristen muss nach Abs 1 ferner mit der **Zurückweisung der Anmeldung** ver-

knüpft sein. Der Zusammenhang der Zurückweisung „nach" Versäumung der Frist (nicht zB „infolge", „wegen") meint schon nach dem Wortsinn keine streng kausale Ursachenkette, sondern es genügt ein eher zeitlich abfolgendes Zusammenwirken von Fristversäumung und Zurückweisung der Anmeldung. Anderenfalls wäre bei strengerem Verständnis der Kausalität – weil regelmäßig für eine Zurückweisung nicht die Fristversäumung als solche, sondern die Nichterfüllung der vom DPMA geforderten Handlungen ursächlich ist – die Vorschrift durchweg unanwendbar, vgl van Hees/Braitmayer Rn 1330 ff; zur Kausalitätsfrage Hövelmann Mitt 09, 1; Grabrucker in Fezer, Handbuch Markenpraxis Bd I 2 Rn 192.

4   **Kein Anwendungsbereich** für § 17 besteht im Falle der Versäumung unmittelbar vom Gesetz bei Fristversäumung vorgesehener Rechtsnachteile, also aller der Wiedereinsetzung zugänglichen Fristen, § 23 Rn 5. Im Anmeldestadium sind das die Fristen für die Zahlung der Anmeldegebühr iSd § 16 I Nr 1, und zwar nicht nur die dreimonatige Zahlungsfrist für die Anmeldegebühr von Design-Einzelanmeldungen nach § 6 I 2 PatKostG, s auch § 16 Rn 4, sondern auch die Frist zur Zahlung der Anmeldegebühr für Sammelanmeldungen des § 16 III 1, 2, 16 Rn 7. § 17 ist ferner nicht anwendbar auf Zurückweisungen von Anmeldungen unmittelbar aus anderen Gründen als der Fristversäumung, zB wegen Vorliegens eines unzulässigen Anmeldungsgegenstands iSd § 18, dann fehlt es an jeglicher Kausalität der Fristversäumung für die Zurückweisung. Für andere Beschlussinhalte als die Zurückweisung von Anmeldungen, zB Feststellung der Prioritätsverwirkung nach § 14 III 4, Löschung nach § 36, ist mangels geeignetem Gegenstand und fehlender Abhängigkeit von amtlich gesetzten Fristen § 17 ebenfalls nicht statthaft. Weil Abs 1 die Weiterbehandlung auf vom DPMA gesetzte Fristen beschränkt, ist die Vorschrift nicht auf eine Anmeldungszurückweisung durch das BPatG anwendbar, soweit von dort eine dem Fall des Abs 1 vergleichbare Fristbestimmung erfolgen sollte. Nicht anwendbar ist § 17 schließlich auch auf die einmonatige Antragsfrist des Abs 2 für den Weiterbehandlungsantrag selbst und die in dieser Frist zu zahlende Weiterbehandlungsgebühr; diese Frist ist abschließend, wie sich auch aus dem zusätzlichen Ausschluss der Wiedereinsetzungsmöglichkeiten in Abs 3 schließen lässt. Nach alledem schließen sich § 17 und § 123, anders als nach Art 121 EPÜ, wegen Bezugnahme auf rechtlich unterschiedlich gestaltete Fristen gegenseitig aus, vgl Ströbele/Hacker 91a/2, aA Schulte, GRUR Int 08, 710, 711.

5   **4. Eine Alternative zur Weiterbehandlungsmöglichkeit** des § 17 und auch eine jedenfalls verfahrensmäßig sinnvolle Maßnahme ist die Beschwerdeeinlegung, zB bei Geltendmachung einer Unrechtmäßigkeit des Zurückweisungsbeschlusses in der Sache. Der Weiterbehandlungsantrag kann eine schneller wirksame Alternative darstellen, wenn ein an die Fristversäumung anknüpfender Zurückweisungsbeschluss aufzuheben wäre, sofern der Anmelder auf die Beanstandung hin in der Sache angemessen reagiert, also eine Situation der begründeten Abhilfe herbeigeführt werden kann, § 23 IV 3 iVm § 73 III 1 PatG, man aber das kosten- und zeitaufwendige Beschwerdeverfahren vermeiden möchte. Indessen wird bei bloßer Fristversäumung durch den Anmelder Unrechtmäßigkeit des Zurückweisungsbeschlusses kaum vorliegen, sodass eine Beschwerde in der Sache selbst aussichtslos wäre, vgl auch Hövelmann Mitt 09, 1, 4. Die bloße Stellung des Weiterbehandlungsantrags suspendiert nicht den Zurückweisungsbeschluss, er beseitigt erst

im Erfolgsfall den Beschluss vollständig. Dagegen schiebt eine wirksam eingelegte Beschwerde die Wirkung des ergangenen Beschlusses auf unter Vorbehalt der Entscheidung derselben Instanz über eine Abhilfe bzw bei Vorlage der Beschwerde des BPatG, Einzelh § 23 Rn 33 ff. Parallele vorsorgliche Beschwerdeerhebung ist aber zweckmäßig, wenn die Erfolgsaussicht des Weiterbehandlungsantrags zweifelhaft erscheint, die Monatsfrist für die Nachholung möglicherweise nicht ausreicht oder befürchtet werden muss, dass die rechtzeitige Nachholung bzw. Antragsgebührenzahlung im DPMA verspätet erkannt und bearbeitet wird, vgl Grabrucker in Fezer, Handbuch Markenpraxis I 2 Rn 194; Hövelmann aaO. Zudem stellt die Anfechtung der Versagung einer Weiterbehandlung lediglich diese Versagungsentscheidung zur Überprüfung, nicht die zugrunde liegende, izw unterdessen erfolgte und rechtskräftig gewordene Anmeldungszurückweisung, Ströbele/ Hacker 91a/12. Die Weiterbehandlung kann hilfsweise zu einer erhobenen Sachbeschwerde beantragt werden, Benkard/Schäfers 123a/7, bei Erfolg der Beschwerde wird zumindest die Beschwerdegebühr zurückgezahlt, auch ein umgekehrtes Hilfsverhältnis ist möglich, Hövelmann aaO. Der Weiterbehandlungsantrag ist kostengünstiger (100 EUR) als die Beschwerde (200 EUR). Die Beschwerdefrist und die Antragsfrist nach § 17 beginnen übereinstimmend mit der Zustellung des Zurückweisungsbeschlusses, ihre Dauer ist mit 1 Monat identisch; die Beschwerdefrist ist der Wiedereinsetzung zugänglich, die Antragsfrist nicht.

5. a) Für den **Antrag** auf Weiterbehandlung besteht Antragsberechtigung **6** nur für den Anmelder, nicht den Inhaber eines bereits eingetragenen Designs. Wurde die Anmeldung auf einen Rechtsnachfolger übertragen, so ist dieser nach Anzeige der Rechtsnachfolge dem DPMA ggü antragsberechtigt, § 29 Rn 13. Die **Antragsfrist** beträgt einen Monat und beginnt nach Abs 2 Satz 1 mit der Zustellung des auf der Fristversäumung beruhenden **Zurückweisungsbeschlusses,** also dieselbe Frist, in der eine Beschwerde eingelegt werden kann. Auf den Zeitpunkt der Erkenntnis über die Fristversäumung, vgl § 123 II 1 PatG für den Wiedereinsetzungsantrag, kommt es deshalb nicht an. Die Antragsfrist ist eine aus Rechtssicherheitsgründen nicht verlängerbare, BPatGE 50, 92 – Weiterbehandlung, und nach Abs 3 auch der Wiedereinsetzung nicht zugängliche Ausschlussfrist im Unterschied zur wiedereinsetzungsfähigen Beschwerdefrist und zu Art 121 EPÜ. Vor Erlass oder Zustellung des Beschlusses betrachtet die Designstelle den Antrag als unstatthaft. Für den Antrag gilt Schriftform, dazu § 23 Rn 48–50. Nach § 13 DesignV ist darin das Aktenzeichen der Anmeldung, der Name des Anmelders und das Datum des Beschlusses, auf den sich der Antrag bezieht, zu nennen. Er muss das Weiterbehandlungsbegehren iSd § 17 erkennen lassen. Eine konkludente Antragstellung durch bloße Zahlung der Antragsgebühr, wie nach R 135 I AOEPÜ (allein durch Gebührenzahlung), van Hees/Braitmayer Rn 1168, ist angesichts der geforderten inhaltlichen Angaben des Antrags schwierig, abl Benkard/Schäfers 123a/8; jedenfalls müsste der Überweisungsträger oder die Einziehungsermächtigung diese Angaben enthalten und vor allem unterschrieben sein, vgl zur Beschwerdeeinlegung, § 23 Rn 29. Eine sachliche Begründung des Antrags ist entbehrlich, ein erläuternder Hinweis aber zweckmäßig, wenn noch kein Beschluss zugestellt ist, aber bevorsteht. Die **Nachholung der versäumten Handlung,** also die ausstehende Zahlung oder Beseitigung des vom DPMA beanstandeten

Mangels der Anmeldung muss nach Abs 2 S 2 nicht zusammen mit dem Antrag, aber innerhalb der Antragsfrist stattgefunden haben. Inhaltlich muss die Nachholung inhaltlichen Anmeldungsmängeln in einem ernsthaften, ausreichenden Bemühen um sachliche Beseitigung des vom DPMA beanstandeten Mangels bestehen, mag sie vielleicht auch letztlich erfolglos geblieben sein, die Herbeiführung vollständiger Eintragungsfähigkeit ist nicht gefordert, vgl van Hees/Braitmayer aaO Rn 1170. Ein Fristgesuch ist keine Nachholung, BPatGE 50, 93 – Weiterbehandlung, sondern nur deren Ankündigung. Die Nachholung ersetzt für die Designstelle analog zur Praxis bei Wiedereinsetzungsanträgen, § 23 Rn 10, den Weiterbehandlungsantrag, sofern die Gebühr gezahlt ist und die Angaben nach § 13 DesignV dem Schriftsatz entnehmbar sind, aA Benkard, EPÜ, Art 121/14. Dann erfolgt die Weiterbehandlung gleichsam vAw, insbes bei Nachholung bspw noch vor Beschlussfassung, obwohl eine dem § 123 II 3 PatG entsprechende Vorschrift fehlt. Weitere Voraussetzungen sind nicht zu erfüllen, insbes bedarf es, anders als bei Wiedereinsetzungsanträgen, keiner Rechtfertigung der Versäumnisgründe, dementsprechend auch keines Nachweises dieser Gründe.

7   **b)** Die **Weiterbehandlungsgebühr** von 100 EUR, die in Abs 3 und Nr 341 600 des Gebührenverzeichnisses (Anlage 1 zu § 2 I PatKostG) verankert ist, wird mit Antragstellung fällig. Als Antragsgebühr iSv § 6 I 1 PatKostG ist sie innerhalb der einmonatigen Antragsfrist zu zahlen, Mitt PräsDPMA 05, 1, Ströbele/Hacker 91a/8, erst mit Eingang der Gebühr wird der Antrag weiterbearbeitet, § 5 I PatKostG. Wird die Gebühr unvollständig oder nicht fristgemäß entrichtet, gilt nach §§ 3 Nr 1, 6 II PatKostG nach Ablauf der Monatsfrist der Weiterbehandlungsantrag als nicht vorgenommen. Eine unvollständig gebliebene oder verspätete Zahlung wird wegen Entfalls nach § 10 II PatKostG zurückgezahlt, wenn das DPMA die Weiterbehandlung noch nicht vorgenommen hat, was zwingend ist angesichts der nach § 5 I 1 PatKostG geforderten vorangehenden vollständigen und rechtzeitigen Gebührenzahlung und der anderenfalls zwischenzeitlich eingetretenen Fiktion der Antragsrücknahme, aA Ströbele/Hacker 91a/8 (MarkenR). Die Frist zur Zahlung der Weiterbehandlungsgebühr ist nicht wiedereinsetzungsfähig, § 17 III, s auch Rn 1. Zur Verfahrenskostenhilfe § 24 Rn 2.

8   **c)** Die **Entscheidung** über die beantragte Weiterbehandlung trifft gem Abs 4 die Designstelle des DPMA als die zur Entscheidung über die nachgeholte Mängelbeseitigung bzw Zahlung sachlich berufene Stelle des DPMA durch beschwerdefähigen und zustellungsbedürftigen Beschluss, der bei Versagung der Weiterbehandlung zu begründen ist, §§ 47 I 3 PatG, 61 I 3 MarkenG analog. Die Weiterbehandlung ist vorzunehmen, wenn die versäumte Handlung nachgeholt wurde. Ist die Nachholung gleichwohl ungenügend, ergeht ein nochmaliger Zurückweisungsbeschluss. Die Gewährung der Weiterbehandlung durch bloße faktische Weiterbearbeitung der Anmeldung ist nicht zulässig. Bei fehlender Nachholung (zB keine substantielle Befassung mit dem gerügten Mangel, ausgebliebene Sachgebühr) ist die Weiterbehandlung zu versagen. Die gewährte Weiterbehandlung wird nicht nochmals überprüft (etwa im sachlichen Zurückweisungsbeschluss oder in der Beschwerdeinstanz). Die funktionelle Zuständigkeit liegt analog zur Zurückweisung der Anmeldung beim Formalsachbearbeiter, § 26 II 1, § 7 I Nr 1 WahrnV; die Vorschrift über die Zuständigkeit bei Wiedereinsetzungsanträgen, § 7 I 1 WahrnV, ist auf die sachlich und rechtlich einfacher gela-

gerten Weiterbehandlungsanträge nicht anwendbar. Die Beschwerde gegen die Versagung der Weiterbehandlung suspendiert diese Entscheidung, aber nicht den Eintritt der formellen Rechtskraft des Beschlusses über die Zurückweisung der Anmeldung.

6. Die **Wirkung** des ordnungsgemäßen Weiterbehandlungsantrags nebst 9 Nachholung der Handlung und Gebührenzahlung besteht in dem ersatzlosen Wegfall aller Rechtswirkungen eines unter den Voraussetzungen des Abs 1 ergangenen Zurückweisungsbeschlusses, sei er bereits zugestellt, oder erlassen und noch nicht zugestellt, mit Wirkung ex tunc, Hövelmann Mitt 09, 1, 3. Ein vorzeitiger wirksamer Weiterbehandlungsantrag kann auch einem zu erwartenden, noch nicht gefassten Zurückweisungsbeschluss die Grundlage entziehen, der dann nicht ergeht. Bei Gewährung der Weiterbehandlung gilt die nachgeholte Handlung als rechtzeitig vorgenommen, das Eintragungsverfahren wird fortgesetzt. Die formelle Rechtskraft des Zurückweisungsbeschlusses kann mangels Rechtswirkung des Beschlusses nicht eintreten, es bedarf keiner Aufhebung des Beschlusses. Die formelle Rechtskraft in der Hauptsache (Zurückweisung der Anmeldung) tritt indessen bei Ablehnung der Weiterbehandlung durch das DPMA (zB nicht ordnungsgemäßer Weiterbehandlungsantrag, Streit über Fristeinhaltung, zutreffende Art der Frist) ein und entfällt erst im Erfolgsfall des Weiterbehandlungsantrags rückwirkend. Ob die Gewährung unanfechtbar ist, analog zu § 123 IV PatG für gewährte Wiedereinsetzung, ist im einseitigen Anmeldeverfahren mangels Beschwer irrelevant, Benkard/Schäfers 123a/15, krit Bühring 21/73f mwN. Ein WeiterbenutzungsR analog zu § 123 V, VII PatG ist gesetzlich nicht vorgesehen und auch unnötig, weil im Anmeldestadium, auf das allein sich § 17 bezieht, s Rn 3, gem § 27 I noch kein VerbotsR besteht, das entfallen wäre und rückwirkend wieder aufleben könnte.

7. Für **Gemeinschaftsgeschmacksmuster** sieht die GGV keine Weiter- 10 behandlungsmöglichkeit entspr Art 121 EPÜ, Art 82 GMV, § 17 GeschmMG vor. Dasselbe gilt für **internationale Eintragungen** nach dem HMA.

Eintragungshindernisse

18 Ist der Gegenstand der Anmeldung kein Design im Sinne des § 1 Nummer 1 oder ist ein Design nach § 3 Absatz 1 Nummer 3 oder Nummer 4 vom Designschutz ausgeschlossen, so weist das Deutsche Patent- und Markenamt die Anmeldung zurück.

Übersicht

1. Die **Entwicklung** des § 18 beruht zum einen auf § 7 II GeschmMG 1 1986, welcher zum 1.7.88 ein PrüfungsR des DPMA einführte zur Feststellung der Unzulässigkeit angemeldeter Designs bei Verstößen gegen die öffentliche Ordnung oder die guten Sitten. Art 47 GGV als Vorbild kam hinzu, Begr § 18 GeschmMG 2004, vergleichbar waren schon Art 46 I MPI-E und Art 42 I Grünbuch. Prüfungsbefugnisse des Hinterlegungsamts gehörten nicht zum Regelungsziel der GRL. Im Entwurf 1977 fehlten Bestimmungen über Schutzausschlüsse isd § 18, demgemäß auch über ein PrüfungsR des Patentamts. § 18 erweitert die Prüfungsbefugnis des DPMA im Bereich des materiellen Rechts, neu ist die Überprüfung auf fehlende Designeigenschaft, § 1 Nrn 1–3, Rn 2 und Missbrauch von Zeichen öffentlichen Interesses, § 3 I Nr 4, Rn 3. § 18 gilt – ohne die Notwendigkeit von Übergangsregelungen bezügl § 7 II GeschmMG 1986 – für die ab dem 1.6.04 eingereichten Designanmeldungen. Ein neues Anwendungsgebiet für § 18 Art 1 hat das 1. ÄndG zum GeschmMG v 29.7.09 (BGBl I S 2446 = Bl 09, 328) eröffnet mit der durch § 69 ermöglichten Schutzverweigerung für internationale Eintragungen nach dem HMA, soweit sich diese auf das Gebiet der Bundesrepublik Deutschland erstrecken, Rn 8. Der rechtspolitische **Zweck** der Prüfung ist unterschiedlich. Für die Beanstandung von Designs, die gegen die guten Sitten verstoßen, steht im Vordergrund, zu verhindern, dass solche Designs in den amtlichen Bekanntmachungen zu eD mit dem Anschein staatlicher Überprüfung und Billigung veröffentlicht und verbreitet werden, § 3 Rn 17. Für die Beanstandung von Designs, die gegen die öffentliche Ordnung verstoßen oder geschützte Hoheitszeichen betreffen, § 3 I Nr 3, 4 steht die Wahrung der ordnungspolitischen Hoheit des Staates ggü unzulässig monopolisierenden und verwirrenden SchutzR Einzelner im Vordergrund. Die Zurückweisung von Designanmeldungen, die keine Designs isd § 1 Nr 1 betreffen, soll vorab und ohne die Notwendigkeit der Durchführung von Nichtigkeitsverfahren eindeutig nicht dem DesignG unterfallende Gegenstände vom Designschutz ausschließen; damit sollen die Grenzen zwischen den SchutzR des gewerblichen Rechtsschutzes und UrhR gewahrt bleiben und iÜ staatliche Organe nicht unnötig belastet werden. Aus diesen Zweckbindungen ergibt sich andererseits die Beschränkung des EingriffsR des DPMA. Die vorstehenden Prüfungsbefugnisse des DPMA haben Ausnahmecharakter angesichts des Schwergewichts seiner rein formellen Prüfungsbefugnisse gem § 19 II.

2 **2. a)** Gestaltungen, denen isd § 1 Nr 1 die **Designeigenschaft fehlt** und die zum Designschutz angemeldet sind, lösen ein EingriffsR des DPMA aus. Die nach altem Recht (GeschmMG 1986) hM, dass auch offensichtlich schutzunfähige Gegenstände einzutragen und bekanntzumachen sind, v Gamm 10/11, aA BPatGE 1, 223, um das formelle Registrierungsverfahren nicht mit str materiellrechtlichen Abgrenzungsfragen zu belasten, s Gerstenberg/Buddeberg 1 A Nr 4d, ist mit Einführung des § 18 nicht mehr haltbar. Weil die Definition des Erzeugnisses (§ 1 Nr 2) sowie des komplexen Erzeugnisses (§ 1 Nr 3) inhaltlich auf § 1 Nr 1 rückbezogen sind, umfasst das PrüfungsR der Sache nach auch diese Unterpunkte. Nicht Sache des DPMA ist die Frage, ob Neuheit und Eigenart des angemeldeten Designs vorliegen, demgemäß auch nicht die Frage, ob im Rahmen des § 1 Nr 4 gem § 4 eine bestimmungsgemäße Verwendung darauf Einfluss hat. Da DPMA muss also prüfen, ob folgende Schutzgegenstände vorliegen, die zu Beanstandungen führen müssen: Verfahren und andere Nichterzeugnisse (unkonkrete Gestalt, fehlende Sichtbarkeit, ästhetische Lehren, Textinhalte, künstlerische Unikate, dem Charakter eines ganzen Erzeugnisses widersprechende Kombination von Gegenständen, zB Backware und Uhr), Einzelh § 1 Rn 1, 25, 30, 37, 38; Tiere, Pflanzen, organische und anorganische Naturprodukte (soweit es

sich nicht um deren Nachbildung bzw Bearbeitung handelt), menschliche Körper, § 1 Rn 32, 33, 36; Computerprogramme, § 1 Nr 2, § 1 Rn 22. Angesichts des rechtspolitischen Zwecks, Rn 1, schutzunfähige Gegenstände vom Schutz auszuschließen und nicht – unter Verstoß gegen die Ziele des § 19 II – das DPMA mit der Fortbildung des materiellen Rechts in schwierigen Abgrenzungsfällen zu betrauen, wird sich das EingriffsR des DPMA auf grobe und eindeutige Verstöße gegen das Gebot der Designeigenschaft beschränken.

b) Weiteres Gebiet der Prüfungs- und Beanstandungsbefugnis des DPMA **3** sind Gestaltungen, die zwar die materiellen Schutzvoraussetzungen, Rn 2, erfüllen mögen, die aber durch Einzelbestimmungen kraft Ges **vom Schutz ausgeschlossen** sind. Von den 4 Fallgruppen des § 18 sind nach § 18 der Prüfungsbefugnis des DPMA unterworfen die Nr 3 – Verstoß des Designs gegen die öffentliche Ordnung oder die guten Sitten – und Nr 4 – Designs mit missbräuchlicher Benutzung von Zeichen hoheitlicher Art oder von öffentlichem Interesse. Die Befugnis des DPMA zur Beanstandung bei Verstößen gegen die öffentliche Ordnung und die guten Sitten, Einzelh § 3 Rn 18 f, muss im Lichte der gebotenen Einschränkungen des Schutzausschlusses betrachtet werden, § 3 Rn 20, sowie der Frage, inwieweit ein Hoheitszeichen missbräuchlich benutzt wird, § 3 Rn 26 f.

3. Die Befugnis des DPMA zur **Prüfung** nach § 18 erlegt ihm eine Kon- **4** trolle aller der nach ordnungsgemäßer Zahlung der Kosten weiterbehandlungsfähigen Anmeldungen auf die in § 18 genannten Ausschlussgründe auf. Der Umfang der Prüfung muss sich auf das im Registerverfahren Angemessene beschränken, was nicht nur die materiellrechtliche Seite, Rn 1, 2, betrifft. Verfahrensrechtlich ist bedeutsam, dass eine vollständige Sachverhaltsaufklärung nach der Offizialmaxime in komplexen Fällen diesen Maßstab übersteigt und oft auch objektiv nicht möglich ist. Die Prüfung auf einen Verstoß gegen die öffentliche Ordnung, § 3 I Nr 3, unterliegt Einschränkungen, § 3 Rn 20, ein Verstoß wird regelmäßig nur in eindeutigen Fällen bejaht werden können. Vergleichbares gilt für sittenwidrige Designs; hier muss das DPMA die jeweils maßgeblichen Anschauungen feststellen und benennen, gegen die das Design seiner Auffassung nach verstößt. Die Beanstandung des Missbrauchs von Hoheitszeichen ausländischer Staaten und von internationalen zwischenstaatlichen Organisationen, § 3 I Nr 4, wird idR nur bei notifizierten und bekanntgemachten Zeichen, § 3 Rn 23, in Betracht kommen. Im Falle des Eindrucks, dass das angemeldete Design inländische Hoheitszeichen und sonstigen Zeichen öffentlichen Interesses missbrauchen könnte, welche im Registerverfahren nicht vollständig ermittelbar sind, fordert das DPMA vom Anmelder im Rahmen von dessen Mitwirkungspflicht, BPatGE 7, 154 (MarkenR), die Erklärung, dass das Design nach seinem besten Wissen kein Zeichen dieser Art darstelle oder ihm nahekomme, BPatGE 18, 111 f; Ströbele/Hacker 8/514. In ganz offensichtlichen Fällen fehlender Schutzfähigkeit fragt das DPMA beim Anmelder zurück und regt die Rücknahme an.

4. Die **Beanstandung** übermittelt das DPMA dem Anmelder nach dem **5** allg Grds des rechtlichen Gehörs analog zu § 42 II S 1 Nr 3 PatG, auch wenn er im Gegensatz zu Art 47 II GGV im DesignG nicht ausdrücklich vorgeschrieben ist, und fordert ihn innerhalb einer gesetzten Frist, § 18 DPMAV, zur Stellungnahme auf. Ein Mängelbescheid iSd § 16 IV wäre fehl am Platz, sofern der Mangel seiner Art nach sich nicht beheben lässt, Rn 6. Vielmehr hat die Beurteilung der Schutzausschließungsgründe die Ausfüllung unbestimmter Rechtsbegriffe zum Gegenstand, deren Vorliegen einem Beurteilungsspielraum unterliegt, der auf eine Bejahung oder – auf stichhaltige Ausführungen des Anmelders zum Nichtvorliegen von Ausschlussgründen hin – auch auf eine Verneinung der Unzulässigkeit des Designs hinausläuft. Der Beanstandungsbescheid des DPMA suspendiert daher auch nicht den Anmeldetag iSv § 16 IV 2, und verursacht keine Zeitrangverschiebung analog zu § 37 II MarkenG, wie sie im Falle beanstandeter internationaler Eintragungen analog zu § 113 I 2 MarkenG ohnehin ausgeschlossen wäre. Der Beanstandungsbescheid verzögert allerdings bis zu seiner Erledigung die Prüfung der formellen Ordnungsmäßigkeit der Anmeldeunterlagen. Die im Beanstandungsbescheid eingeräumte amtliche Frist zur Stellungnahme ist bei Versäumung dem Weiterbehandlungsantrag nach § 17 zugänglich, § 17 Rn 3. Der Beanstandungsbescheid kann sich auch auf einen unzulässigen Teil des gesamten Designs beziehen und insoweit uU eine – wenn auch sehr eingeschränkte – Änderungsmöglichkeit durch Teilverzicht nach den Grds des § 35 eröffnen, Rn 6.

6 **5.** Die **Änderungsmöglichkeiten** der Wiedergabe bzw des flächenmäßigen Designabschnitts auf eine Beanstandung hin sind begrenzt, weil das Design seiner Substanz nach den Mangel der Unzulässigkeit in sich trägt. Das gilt insbes, wenn das Fehlen der Designeigenschaft gerügt wird, vgl schon die für solche Fälle durch § 35 Nr 1 ausgeschlossene Teilverzichtsmöglichkeit, § 35 Rn 4. Zunächst kann der Anmelder der Auffassung des DPMA entgegentreten. Ferner kann eine – allerdings zwingend die Identität des Designs beibehaltende – Beschränkung des Designs versucht werden, etwa entspr den Grds des Teilverzichts, §§ 35, 36 II, dazu § 35 Rn 3 ff, 11 f, um das betreffende Detail der Wiedergabe vom Designschutz und insbes einer Bekanntmachung auszunehmen. Dabei darf sich die Änderung nur auf die beanstandeten Punkte beziehen, andere, in diesem Zuge vorgenommene Änderungen sind unzulässig, weil der Anmeldetag vorliegend durch die Beanstandung nicht suspendiert ist, vgl § 16 Rn 11. Das DPMA gestattet im Benehmen mit dem Anmelder die Nachreichung einer entspr geänderten Wiedergabe unter Verschiebung des Anmeldetags (grds sinnvoll, jedoch rechtlich fragwürdig). Die Änderung der in diesem Zusammenhang zu beachtenden Erzeugnisangabe, § 3 Rn 19, kann uU bereits aus dem Verbotsbereich herausführen, fortbestehende Richtigkeit der Angabe unterstellt. Die Beanstandungsgründe nach Abs 1 Nr 3 müssen (erst) im Zeitpunkt der abschließenden Entscheidung im Instanzenzug vorliegen, nicht schon am Anmelde- oder Prioritätstag, Benkard/Mellulis 2/3 c. Daher können unterdessen erfolgte Gesetzesverschärfungen dem Design im Verlauf eines längerdauernden Eintragungsverfahrens die Schutzfähigkeit nehmen, wie umgekehrt sich ordnungspolitische Vorgaben oder sittliche Anschauungen gelockert haben können.

7 **6.** Die **Zurückweisung der Anmeldung** erfolgt durch begründeten beschwerdefähigen und zustellungsbedürftigen Beschluss, wenn die Beanstandung des DPMA nicht ausgeräumt ist. Zur Frage, nach welchem maßgeblichen Zeitpunkt sich die Entscheidungsgesichtspunkte richten s § 33 Rn 4. Befinden sich unzulässige Designs in einer Sammelanmeldung, wird nur die Anmeldung dieser Designs zurückgewiesen, vgl Art 11 III 2 GGDV.

Bezieht sich die Beanstandung des DPMA auf einen Teil eines Designs, ist keine Teilzurückweisung bezüglich des beanstandungsfähigen Teils statthaft; das DPMA ist nicht befugt, von sich aus den schützbaren Gegenstand zu bestimmen. Es bedarf der Mitwirkung des Anmelders, ggf durch Teilverzicht, Rn 6, dann ist uU kein Raum mehr für eine Zurückweisung der Anmeldung. Der Zurückweisungsbeschluss lässt den Anmeldetag nicht entfallen, weshalb dieser Priorität begründen und Grundlage von Nachanmeldungen im Ausland sein kann, Art 4 C IV PVÜ. Gegen den Beschluss ist die Beschwerde nach § 23 IV statthaft. Die Zurückweisung der Anmeldung hat mit Eintritt der formellen Rechtskraft konstitutive Bedeutung und materielle Bindungswirkung für die ordentlichen Gerichte, der Anmelder kann die seiner Meinung nach bestehende Unrichtigkeit der rechtskräftig gewordenen Entscheidung nicht anderweitig geltend machen. Keine Bindungswirkung besteht dagegen hinsichtlich der materiellen Schutzfähigkeit, wenn entgegen § 18 ein in Wahrheit schutzunfähiges Design vom DPMA eingetragen wird, Fezer 8/414. Die Unrichtigkeit der Eintragung des Designs muss dann Gegenstand eines Nichtigkeitsverfahrens iSv § 34a oder einer Widerklage im Rahmen eines Verletzungsprozesses sein und ist insoweit von der Designabteilung des DPMA bzw von den ordentlichen Gerichten nachprüfbar. Für den Beschluss der Designstelle zuständig ist wegen der Schwere der Sanktion gem § 26 II 2 Nr 1 ausschließlich ein rechtskundiges Mitglied des DPMA iSv § 23 I 2 iVm § 26 II 2 PatG.

7. Für **Gemeinschaftsgeschmacksmuster** sehen Art 47 GGV, 11 **8** GGDV, Abschn 5 PrüfungsRL einen dem § 18 gleichendes Prüfungs- und Beanstandungsverfahren vor. Das AnhörungsR des Anmelders ist ausdrücklich vorgesehen. Ist das angemeldete GGM in einem der Mitgliedstaaten nach den Kriterien des Art 9 GGV unzulässig, reicht dies für das HABM aus, dessen Schutzfähigkeit insgesamt zu verneinen, Maier/Schlötelburg S 8. Für **Internationale Eintragungen** nach dem HMA erlauben Art 8 I HMA 1960 bzw Art 12 I HMA 1999 eine Schutzverweigerung für einen nationalen/regionalen Teil. Für den deutschen Teil ist die Rechtsgrundlage einer Schutzverweigerung vAw aus den in § 18 aufgeführten absoluten Gründen nunmehr mit § 69 geschaffen, Einzelh s dort.

Führung des Registers und Eintragung

19 (1) **Das Register für eingetragene Designs wird vom Deutschen Patent- und Markenamt geführt.**

(2) **Das Deutsche Patent- und Markenamt trägt die eintragungspflichtigen Angaben des Anmelders in das Register ein, ohne dessen Berechtigung zur Anmeldung und die Richtigkeit der in der Anmeldung gemachten Angaben zu prüfen, und bestimmt, welche Warenklassen einzutragen sind.**

Übersicht

I. Allgemeines

1   **1. Die Entwicklung** des § 19 beruht auf den §§ 8 I und 10 II Geschm-
MG 1986, ist aber durch die Beschränkung auf die Eintragung enger gefasst
als die Vorgängerregelung, welche die Bekanntmachung im GeschmM-Blatt
mit einschloss, was heute nach dem Vorbild des Art 49 GGV gesondert in
§ 20 geregelt ist. Der in Abs 1 fortgeführte § 8 I GeschmMG 1986hatte mit
Wirkung vom 1.7.88 die zentrale Registerführung des DPMA eingeführt.
Er bereinigte damit die zuvor seit Beginn des GeschmMG herrschende Zersplitterung der Zuständigkeiten für die Registerführung, die nach § 9
GeschmMG 1876 zunächst ungeteilt bei den Amtsgerichten lag, dagegen ab
1953 in der Bundesrepublik teilweise, nämlich nach Art 4 § 4 I des 5. ÜG
zentralisiert beim DPA für Designanmeldungen von Auswärtigen, in der
DDR generell bei der Zentralbehörde. Die bei Schaffung des GeschmMG
1986 noch nicht allseits akzeptierte Zentralisierung der Registerführung
beim DPMA, Abs 1, ist heute nicht mehr in Frage gestellt, die Begr äußert
sich dazu nur noch kurz und verweist iW auf § 8 GeschmMG 1986. Abs 2
übernimmt § 10 II 1 und 2 GeschmMG 1986inhaltlich identisch. Er bildet
die Rechtsgrundlage, definiert und begrenzt zugleich die Zuständigkeit des
DPMA für die Eintragung von Designs. Der Entwurf 1940 sah eine zwei-
gleisige Registerführung vor sowohl des die Anmeldung dezentral annehm-
menden Amtsgerichts mit einem örtlichen Zweitregister als auch des RPA,
dem die Eintragung in eine zentrale GeschmM-Rolle obliegen sollte; für die
Bekanntmachung der Eintragungen war ein Musterblatt vorgesehen. Der
Entwurf 1977 sah ebenfalls die zentrale Registerführung und Bekanntmachung in einem Musterblatt vor, der GRUR-Entwurf 2000 unternahm in
diesem Punkt eine Synthese aus altem GeschmMG und der GGV. Art 49
MPI-E und Art 47 Grünbuch machen die Eintragung von der Entrichtung
einer Eintragungsgebühr abhängig. Muster der ehemaligen DDR wurden
mit dem Inkrafttreten des ErstrG am 1.5.92 in GeschmM umgewandelt;
seitdem richten sich Eintragung und Bekanntmachung ausschließlich nach
DesignR, § 16 I ErstrG. Die BReg hat es abgelehnt, nach dem Vorbild des
Art 1 II a) GGV ein nicht eingetragenes nationales Design einzuführen; es
würde dem hergebrachten Schutzrechtssystem zuwiderlaufen und wäre wegen Überlagerung durch das nicht eingetragene GGM ohnehin überflüssig,
Begr Allg II b) GeschmMG 2004.

2   **2. Systematik.** § 19 fasst in knapper Form nur ausgewählte, konstituie-
rende Teile des Eintragungsverfahrens zusammen, weitere zentrale Aspekte
der Registerführung sind nach dem Vorbild der GGV Gegenstand anderer
Vorschriften, so die Schutzentstehung mit Eintragung, § 27 I, die Bekanntmachung, § 20, schließlich auch die Vorschriften der DesignV. Andererseits
führt § 19 zweckmäßigerweise die beiden Rechtsgrundlagen für das Register selbst und die Zuständigkeit zu dessen Führung zusammen, die in der

GGV in den Art 72 und 48 an entfernten Orten behandelt sind. Abs 1 begründet die Befugnis des DPMA zur Führung des Registers für eD und steht damit in enger Verbindung zur zentralen Bearbeitungszuständigkeit des DPMA nach § 11 I. Auf die Hervorhebung der Pflicht des DPMA zur Prüfung der Eintragungsvoraussetzungen und auf deren Aufzählung, woraus bei deren Erfüllung die Pflicht zur Eintragung folgt, ist entgegen einem verbreiteten Gesetzgebungsbrauch (§ 49 I PatG, § 8 I 1 GebrMG, § 41 S 1 MarkenG, Art 48 S 1 GGV) verzichtet, macht aber aufgrund der Natur der Sache keinen Unterschied. Abs 2 begrenzt die Überprüfungsbefugnis des DPMA bei der Registerführung auf bestimmte formelle Aspekte des Verfahrens, konstituiert also den Charakter als bloßes Registrierverfahren. Dies wird im 2. Halbs des Abs 2 ergänzt um die rein registerbezogene Endentscheidung des DPMA über die Eintragung der zutreffenden Warenklasse, während die weiteren wichtigen, auch in das materielle Recht hineinreichenden Überprüfungsbefugnisse nach §§ 16 und 18 nur dort behandelt sind. Die Leitlinien des § 19 werden von den Vorschriften der DesignV ergänzt, die in wesentlichen Teilen der bis zum 9.1.14 geltenden GeschmMV entspricht. Letztere hatte mWv 1.6.04 die frühere MusterAnmV und MusterRegV zusammengefasst.

II. Registerführung

1. Zweck der Registerführung nach § 19 ist ieL, der Öffentlichkeit eine Übersicht über den Bestand und die bibliografische Einzelheiten der eingetragenen Designs zu geben. Das gewährleistet zugleich die Recherchierbarkeit der Schutzrechtslage im Einzelfall. Die Registereintragung gibt dem Publikum sowie beteiligten Behörden – darunter dem DPMA selbst – und Gerichten Sicherheit über den Rechtsstand und die formelle Inhaberschaft am eD und den sonstigen Inhalt der bibliographischen Angaben, zur Bildinformation s Rn 4. In einem zweiten Schritt lässt sich mit Hilfe der Warenklassen und – in Verbindung mit und ab dem Zeitpunkt der Bekanntmachung nach § 20 – anhand der bekanntgemachten Wiedergaben der in eD repräsentierte Teil des Formenschatzes ermitteln. Die zentrale Registerführung des DPMA ist die Hintergrundfunktion des Hosts einer Datenbank, weil die Registerdaten sich weltweit on-line abfragen lassen. Zweck der Registerführung ist dagegen nicht die Dokumentation einer vorangegangenen Amtsprüfung auf Schutzfähigkeit iSd §§ 1 ff, ausgenommen jene des § 18; hierzu fehlt dem DPMA die Befugnis, Abs 2. Die Organisationsform der Designstelle des DPMA (bisher „Geschmacksmusterstelle" und bis 2004 „Musterregister" genannt) als mit der Registerführung für eD beauftragten Einheit und die Durchführung des Eintragungsverfahrens sind Gegenstand des § 23, § 23 Rn 2.

2. Das **Register für eD,** im Ges kurz als „Register" bezeichnet entspr der Legaldefinition in § 9 IV, wird vom DPMA zentral geführt, Abs 1; die Bezeichnung „Musterregister" in seiner früheren doppelten Bedeutung (Register, zugleich Organisationseinheit) ist seit 2004 veraltet. Mit den Musterregistern der Amtsgerichte nach dem bis 1988 geltenden GeschmMG besteht kein Zusammenhang. Die Registereintragung erfolgt durch Freigabe eines zuvor gespeicherten Datensatzes (Bibliographiedaten) für die Einsichtnahme gem § 22 S 1. Die Daten bleiben auf Dauer abrufbar. Der Inhalt war lange nur reine Textinformation. Teils wurde zunehmend eine zumindest repräsentative Darstellung der Wiedergabe des Designs entnommen und den Bibliographiedaten beigegeben. Eine vollständig recherchierbare Bildinformation ist auch nicht stellt auch die Bekanntmachung im früheren Geschm-M-Blatt dar, da Anmelder nach GeschmMG 1986 einzelne Darstellungen zur Bekanntmachung auswählen konnten, s § 22 Rn 8. In DPMAregister sind derzeit zu allen Eintragungen ab 2004 alle eingereichten Darstellungen einsehbar. Die durchgängige Bildinformation zu allen Alt-GeschmM wird derzeit begonnen, wann alle schutzbegründenden Darstellungen aller beim DPMA seit 1988 eingetragenen Designs aber verfügbar sein werden, ist noch nicht absehbar.

5   **3.** Die **Eintragung der Anmeldung** im Design-Register schließt zusammen mit der Bekanntmachung der Eintragung nach § 20 das mit der Einreichung der Anmeldungsunterlagen beim DPMA begonnene Eintragungsverfahren ab, das im Falle der Aufschiebung der Bekanntmachung nach § 21 erst mit der Erstreckung des Schutzes, deren Eintragung und der nachgeholten Bekanntmachung im Register endet, BPatGE 48, 194 – VKH für das Erstreckungsverfahren. Gem § 15 I DesignV wird in jedem Falle als bibliografisches Grundgerüst eingetragen: § 15 I Nr 1 – Aktenzeichen; Nr 2 – Wiedergabe; Nr 3 – Designnummer; Nr 4 – Anmelder; Nr 5 – Anschrift des Anmelders; Nr 6 – Anmeldetag iSd § 13, Nr 7 – Eintragungstag; Nr 8 – Erzeugnisangabe; Nr 9 – Warenklassen. Was die Warenklasseneintragung anbelangt, so bestimmt Abs 2, wie schon nach bisherigem Recht, das Vorrecht des DPMA bei dieser Angabe, Einzelh § 11 Rn 74. Nach den jeweiligen Umständen treten bis zu 13 weitere Angaben hinzu, die in § 15 II DesignV im Einzelnen aufgezählt sind, hierauf wird verwiesen (DesignV s Anhang II). Die Wiedergabe ist erst seit 1.1.13 integraler Bestandteil des Datensatzes der Eintragung, s Rn 4. Die Veröffentlichung der Anschrift ist für ab 1.6.04 angemeldete Designs datenschutzrechtlich nach § 4 I BDSG zulässig. Das Aktenzeichen hat ab dem Jahr 2005 folgendes Schema: eD erhalten zur Kennzeichnung der Schutzrechtsart das Präfix „40", die folgenden vier Ziffern bezeichnen das Anmeldejahr, danach folgt die sechsstellige Anmeldenummer, zuletzt die Prüfziffer, Mitt PräsDPMA 03, 225; 07, 353, wobei die erste Ziffer der sechsstelligen Anmeldenummer eine weitere Bedeutung hat („0" = Papieranmeldung, „1" = über DPMAdirekt bzw „2" = über DPMAdirektWeb eingereicht). Zuvor galt bis 1989 das Präfix „M", danach „4", die folgenden zwei Ziffern bezeichnen das Anmeldejahr, die weiteren die laufende Nr, die bei typografischen Schriftzeichen im Nummernkreis über 50 000, bis 1989 über 80 000 liegt, Mitt PräsDPA Bl 90, 3; Bl 98, 209, die abschließende einstellige Prüfziffer ist bei Eingaben mit anzugeben, Mitt PräsDPA Bl 80, 46; 94, 301; 96, 229. Ohne zutreffendes Aktenzeichen ist eine verfahrensmäßige Zuordnung einer Eingabe idR nicht möglich und diese daher unwirksam; ist eine Zuordnung anhand begleitender anderer Angaben möglich, ist dies unschädlich und als offenbare Unrichtigkeit iSv § 319 ZPO berichtigungsfähig, BPatG Bl 06, 295. Die zur Warenklasse einzutragende Unterklasse vergibt das DPMA ebenso wie die Hauptklasse letztlich aufgrund eigener Beurteilung nach Abs 2, § 9 I 2 DesignV. Typografische Schriftzeichen haben seit der 9. Fassung der Locarno-Klassifikation eine eigene Warenklasse, Einzelh § 11 Rn 32, 70. Im Falle der Einreichung einer Beschreibung wurde der Text früher nur auf Antrag – und erst seit 1.1.04

ohne zusätzliche Kosten – eingetragen, § 13 II Nr 7 GeschmMV 2004, ansonsten verblieb es bei einem Hinweis auf die bei den Akten befindliche Beschreibung, § 13 II Nr 6 GeschmMV 2004. Dies wurde mit Art 2 V der V v 15.8.08 (BGBl I 1995) geändert – seit dem 1.11.08 wird jegliche eingereichte Beschreibung, die den Erfordernissen des § 9 GeschmMV bzw nunmehr § 10 DesignV entspricht, eingetragen und bekannt gemacht, § 15 II Nr 5 DesignV. Während der Aufschiebung der Bekanntmachung nach § 21 sind alle auf die Erkennbarkeit des Erzeugnisses und auf die Wiedergabe bezogenen Registerangaben unterdrückt (ua Erzeugnis, Warenklassenangabe, Sammelanmeldung, bei der Priorität das Land der Voranmeldung bzw die Ausstellung), die im Falle der Erstreckung nachgetragen werden, § 15 IV 2 DesignV. Zur verkürzten Sozietätseintragung s Mitt PräsDPA Bl 95, 1. Weitere eintragungspflichtige Tatsachen ergeben sich aus anderen Vorschriften des Ges, so gem § 9 IV iVm § 16 Nr 6 DesignV die Einleitung und Beendigung eines gerichtlichen Verfahrens gegen einen Nichtberechtigten iSv § 9 I (Vindikationsklage), die Angabe des Entwerfers gem § 10 iVm § 15 II Nr 4 DesignV, soweit dieser benannt ist, ferner Prioritätsangaben nach § 14 III 1, § 15 IV 2 iVm § 15 II Nrn 8, 9 DesignV, die Aufrechterhaltung gem § 28 I 2, der Inhaberwechsel gem § 29 III iVm § 16 Nr 3 DesignV, Einräumung beschränkter dinglicher Rechte und Zwangsvollstreckungsmaßnahmen gem § 30 II, III iVm § 15 II Nrn 11, 12 DesignV, Anhängigkeit und Ergebnis eines Nichtigkeitsverfahrens nach § 34a oder einer Widerklage nach § 52b, § 16 Nr 7 DesignV bzw § 52b IV iVm § 16 Nr 8 DesignV, Löschung, § 36 iVm § 16 Nr 9 DesignV, ferner Fortschreibungssachverhalte gem § 16 DesignV. Eintragungen zu den nach dem HMA angemeldeten internationalen GeschmM mit Bestimmungsstaat Deutschland, s Rn 15, enthält das Register nicht; zur Kartei dieser Anmeldungen § 22 Rn 3.

4. Nicht eingetragen werden alle Tatsachen, die weder im DesignG **6** noch in §§ 15, 16 DesignV aufgeführt sind und auf deren Eintragung daher kein Anspruch besteht. So werden nicht eingetragen: Veräußerungsverbote (§§ 135–137 BGB), Nießbrauch Dritter, Vormerkung, Widerspruch, Bedingungen, Bruchteile der Inhaberschaft gemeinschaftlicher Inhaber, einfache und ausschließliche Lizenz, s auch Schulte 30/14. Eine dem § 30 II PatG gleichende Ermächtigung des PräsDPMA zur Bestimmung weiterer eintragungspflichtiger Tatsachen fehlt im DesignG.

5. Änderungen und Fortschreibungen eingetragener Registeranga- **7** ben, insbes über den Inhaber (sog Umschreibung), die Anschrift, den Vertreter, müssen dem DPMA zwar nicht unverzüglich mitgeteilt werden, wie sich § 16 Nr 3 DesignV entnehmen lässt, sind jedoch angeraten, damit das Register aktuell und aussagekräftig bleibt, ggf die formelle Legitimation, Rn 10, in Anspruch genommen werden kann und reibungsloser Schriftverkehr stattfindet. Den Antrag auf Änderung eines Namens oder einer Anschrift des SchutzR-Inhabers, Vertreters, Zustellungsbevollmächtigten regelt § 27 DPMAV (Aktenzeichen, eingetragener Name, Anschrift, ggf Vertretername und -anschrift, Vordruck-Nr R 5742 – derzeit Ausgabe 1.14 –, auch unter www.dpma.de im Internet abrufbar). Einen nach § 29 III bes geregelten Fall stellt die Änderung des Namens des Designinhabers dar, zur Umschreibung des Inhabers und die Berichtigung einer unzutreffenden Umschreibung, § 29 Rn 11 ff, 17. Nach Tod des Anmelders kann eine Eintragung nicht vor Nachweis des Erbrechts des Erben erfolgen. Die **Berich-**

tigung vAw einzutragender Tatsachen, deren Unrichtigkeit sich für das DPMA herausgestellt hat, nimmt es jederzeit vor; sie ist weder auf die Korrektur von Schreib- und Eingabefehlern, PA Mitt 21, 109, noch auf offenbare Unrichtigkeiten isv § 319 ZPO beschränkt; geht es darüber hinaus, sollte der Eingetragene gehört werden, Busse, PatG 30/39 f, offengelassen in BPatG 10 W (pat) 705/03 v 11.11.04 Bericht in GRUR 06, 461, veröff in juris). Zur Berichtigung der Designzahl in Sammelanmeldungen s § 12 Rn 6. Auch eine nicht gebotene Eintragung des angemeldeten Designs – zB nach vom DPMA verkannter Anmeldungsrücknahme, BPatG Bl 02, 221 – Nutmutter – verpflichtet zur Löschung vAw als Register-Berichtigungsmaßnahme; ein ggf nach § 36 gestelltes Löschungsbegehren eines Dritten ist dann als Registerberichtigungsantrag zu werten, BPatG Mitt 06, 271 (Ls, veröff in juris, GebrM). Die Berichtigung kann auch vom Designanmelder oder -inhaber, auch für mehrere und unterschiedliche Schutzrechtsarten beantragt werden, § 26 II DPMAV. Der Antrag muss die in § 26 I DPMAV vorgeschriebenen Angaben enthalten (Aktenzeichen, Antragsteller, ggf Vertreter, fehlerhafte Eintragung und ihre Richtigstellung); hierfür besteht ein Vordruck des DPMA (Vordruck-Nr R 5740 – derzeit Ausgabe 1.14 – ‚abrufbar im Internet unter www.dpma.de). Eine zu Unrecht vom DPMA eingetragene Aufrechterhaltung des Schutzes ist nicht ohne Weiteres widerrufbar, sondern muss unter Abwägung der beiderseitigen Rechtspositionen, insbes des geschaffenen Vertrauenstatbestands, geprüft werden, BPatGE 47, 91 (MarkenR). Ebenso wie der Vermerk der Eintragung wirkt die **Löschung** der Eintragung des Designs im Register, § 36, §§ 19, 20 Nr 6 DesignV, konstitutiv für den Entfall des SchutzR, zum Löschungsverfahren § 36 Rn 3 ff. Gelöscht wird gem § 16 Nr 9 DesignV durch Aufnahme eines Vermerks in das dafür vorgesehene Datenfeld des Registers; die früheren Eintragungen bleiben sichtbar. **Eintragungsfähige Nachträge** nach §§ 15 II, 16 DesignV, wie die Eintragungen zu Gerichtsverfahren über Inhaberstreite nach § 9, die Einräumung beschränkter dinglicher Rechte oder deren Übertragung und Maßnahmen der Zwangsvollstreckung nach § 30 I oder die Eröffnung eines Insolvenzverfahrens über das Vermögen des Designinhabers sind auf Antrag der Berechtigten gem § 9 IV bzw § 30 II, III, Wiedereinsetzung gem § 16 Nr 4 DesignV, Teilung der Sammeleintragung, § 16 Nr 5 DesignV, in das Register einzutragen; die Tatsachen sind nachzuweisen, §§ 29, 30 DPMAV.

8 6. Die **Eintragungsurkunde** als Eintragungsmitteilung über die Eintragung der Anmeldung wird dem bzw den eingetragenen Inhabern kostenfrei erteilt, §§ 25 DPMAV, § 17 DesignV und übersandt. Eine GbR erhält nur eine Urkunde. Die für Patente ausgegebene kostenpflichtige Schmuckurkunde ist für GeschmM nicht vorgesehen, § 25 II DPMAV, Mitt PräsDPA Bl 96, 1. Die Eintragungsurkunde hat den in § 15 DPMAV abschließend aufgeführten genannten Inhalt, enthält derzeit – anders als die Marken-Eintragungsurkunde, BPatG Mitt 05, 383 – keine Wiedergabe des bekanntgemachten eD, was jedoch geplant ist. Sie verbrieft nicht die Schutzfähigkeit des dokumentierten eD. Eine bes Anmeldebescheinigung zu Nachweiszwecken nach Versagung der Eintragung, wie von v Gamm 8/9 gefordert, wird nicht ausgestellt und ist auch obsolet angesichts eines mit Gründen versehenen Zurückweisungsbeschlusses nach den §§ 16 IV 3, 18. Zum Registerauszug sowie zu Einsichtnahme- und Recherchemöglichkeiten § 22 Rn 2 f.

III. Rechtswirkung der Eintragung

1. Die **Eintragung** des Designs im Register, wirkt für das Entstehen, den **9** Inhalt, den Fortbestand, die Ausübung und das Erlöschen des Design-R konstitutiv und zugunsten des eingetragenen Inhabers, § 27 I. Sie beurkundet abschließend und für die Gerichte bindend den Registerinhalt, insbes den Schutzgegenstand des eD nach Maßgabe jener Wiedergabeunterlagen, die nach der Eintragungsakte das DPMA der Eintragung zugrundegelegt hat. Damit ist ohne Registeränderung eine Berufung auf davon abweichende Tatsachen unbehelflich, zB wird ein bestimmter Lila-Farbton durch das eingereichte und so eingetragene konkrete Farbdesign festgelegt, nicht durch eine später im Streitverfahren nachbenannte RAL-Nr, BGH GRUR 05, 427, 428 – Lila-Schokolade (MarkenR). Die Eintragung bewirkt keine Erstreckung des Schutzes zurück auf den Anmeldetag, näher § 27 Rn 2 (anders wohl bei GGM, str, Rn 14), zum früheren, abweichenden Recht Rn 11 f. Die Eintragung begründet – insoweit jedoch rückwirkend – auch die Eigenschaft des eD als ein prioritätsjüngeren eD entgegenstehendes älteres Recht iSv § 33 II Nr 2, § 33 Rn 6. Sie erzeugt in materiellrechtlicher Hinsicht die gesetzl Vermutung der Schutzfähigkeit (Designfähigkeit, Neuheit, Eigenart) des eD, § 39, und schafft damit eine Beweiserleichterung für die Rechtsdurchsetzung, Einzelh § 39 Rn 2, und eine Beweislastumkehr zu Lasten desjenigen, der im Streitfall diese Schutzaussage der Registereintragung bestreitet. Zum anderen begründet die Eintragung iVm § 1 Nr 5 die formelle Legitimation des eingetragenen Inhabers, Einzelh Rn 10. Mit der Registereintragung entfällt als Folge des durch § 22 S 1 gewährten allg EinsichtsR in den Registerinhalt das dem Informationsanspruch nach dem Verbraucherinformationsgesetz (VIG) entgegenstehende GeheimhaltungsR des Anmelders, näher Beyerlein WRP 09, 714 ff. In formeller Hinsicht beurkundet die Eintragung im Ergebnis die – ggf erst nach Beschreiten des Rechtswegs gebildete – rechtskräftige Rechtsauffassung des DPMA bzw der Gerichte im selben Rechtszug, dass die Anmeldung den Vorschriften entsprach und stellt dafür einen öffentlichen und gerichtsverwertbaren Nachweis bei der Einleitung der Rechtsdurchsetzung dar. Abs 2 setzt den für das eD als reinem RegistrierR althergebrachten Grds um, dass der Registerbehörde keine materiellrechtliche **Prüfungszuständigkeit** zukommt, Begr Allg zu Art I 1. d) GeschmMG 2004, Einzelbegr zu § 19 GeschmMG 2004; LG Offenburg GRUR 51, 73; LG Düss Bl 54, 153, abgesehen von der bes Prüfungskompetenz des DPMA nach § 18. Die Eintragung bietet daher ungeachtet der Vermutung des § 39 keine Richtigkeitsgewähr für die materiellrechtliche Schutzfähigkeit des eD. Dasselbe gilt iVm § 1 Nr 5, § 8 für die im Register verlautbarte Inhaberschaft des Eingetragenen am eD. Das Register kann also vernichtbare ScheinR enthalten und unrechtmäßige Inhaber verlautbaren. Dies bleibt mit Wirkung für die Allgemeinheit der Überprüfung im Nichtigkeitsverfahren oder in einer Widerklage vorbehalten, bzw in einem Löschungsverfahren bei Geltendmachung eines besseren Inhaberrechts iSv § 9 I. Es besteht auch keine Sperrwirkung des Registers gegen Nachanmeldungen desselben Gegenstands, v Gamm 8/8. Die Publizitätswirkung der Eintragung ist in Abs 2, §§ 1 Nr 5, 8, 39 nur mittelbar angesprochen, sie gleicht derjenigen der anderen gewerbl FormalschutzR. Sie entspricht der Handelsregistereintragung nach § 15 II 1 HGB; darüber hinaus hat sie weder eine positive (wie Grundbucheintragung) noch negative Publizitätswirkung (Nichtverlautbarung von Tatsachen als verbindlich, § 15 I HGB), BPatGE 17, 16 (für Pat-Rolle). Daraus folgt, dass sie allerdings in diesem eingeschränkten Maße öffentlichen Glauben genießt und insoweit von überprüfenden Gerichten zu beachten ist, Nirk/Kurtze 8/9. Die beurkundende Wirkung der eingetragenen Tatsachen muss jedermann gegen sich gelten lassen, soweit er sie kannte oder hätte kennen müssen, v Gamm 8/6, 10/7.

10   2. Die Eintragung verschafft (nur) eine formelle **Legitimation des eingetragenen Inhabers** am eD. Mangels Überprüfung der gemachten Angaben, Abs 2, gibt die Eintragung durch das DPMA keine Richtigkeitsgewähr für die materielle Inhaberschaft. Insofern hat die Eintragung in das Register lediglich deklaratorische (rechtsbekundende) Wirkung, allg Ans, BayObLG GRUR 73, 35 mwN; LG Düss aaO; v Gamm 8/6; Nirk/Kurtze 8/6. Auch die Eintragung eines Nichtberechtigten macht die Eintragung als solche nicht unrichtig. Die Fiktion (Vermutung) des § 1 Nr 5, des § 8 und die gesetzl Vermutung des § 39 streiten allerdings für die Richtigkeit der Inhaberschaftsangabe bis zu ihrer Löschung bzw Widerlegung, Einzelh § 8 Rn 2 f, § 39 Rn 2 f. Das ermöglicht auch, dass der fälschlich Eingetragene Ansprüche aus Verletzung (Auskunft, Unterlassung, Schadensersatz) geltend machen kann und umgekehrt der Verletzer diesem gegenüber solche Ansprüche auch erfüllen kann, beides mit Wirkung für den wahren Berechtigten, Günther/Beyerlein 8/4. Die Möglichkeit des gutgläubigen Erwerbs eines eD besteht aufgrund der nur formellen Registerstellung unmittelbar zwar nicht, jedoch mittelbar, wenn eine gutgläubig erlangte Falscheintragung nicht binnen drei Jahren nach Bekanntmachung des eD vom wahren Berechtigten angefochten wurde, § 9 II, oder wenn Verwirkung des Vindikationsanspruchs eingetreten ist, § 9 Rn 4 f, Kazemi, MarkenR 07, 149, 153. Die Eintragung verschafft dem eingetragenen Inhaber eine umfassende formelle Legitimation. Auch ohne ausdrückliche Regelung, vgl § 30 III 2 PatG und § 8 IV 2 GebrMG, ergibt sich dies aus dem Sinn und Zweck der Registerführung und dem in diesem (engen) Rahmen begründeten öffentlichen Glauben. Unabhängig von der zugrundeliegenden – möglicherweise abweichenden – materiellen Rechtslage kann grds nur der Eingetragene am weiteren Verfahren vor dem DPA aktiv oder passiv teilnehmen, wirksam Anträge stellen, zB auf Löschung oder die Einwilligung dazu abgeben gem § 36 I Nr 2, 4, BGH GRUR 79, 145, 146 – Aufwärmvorrichtung, BPatGE 1, 130; 3, 141, Rechtsmittel einlegen und als Einzahlender die Rechtswirkung von Gebührenzahlungen herbeiführen. An ihn sind Bescheide des DPMA zuzustellen, BPatGE 1, 130; er ist passivlegitimiert für Nichtigkeitsverfahren nach § 34a, und kann Antragsgegner bei Akteneinsichtsanträgen sein und so ggf die Einwilligung nach § 22 S 2 Nr 2 erklären. Die formelle Legitimation gibt kraft § 42 I im Gegensatz zum GeschmMG 1986 die Klagebefugnis in Verletzungsprozessen und die Befugnis zur Wahrnehmung von Rechten ggü Verletzern und Dritten. Auf der Eintragung eines Nichtberechtigten bauen auch die gegen diesen zu richtenden Ansprüche nach § 9 auf, Einzelh § 9 Rn 3. Stimmen materielle Rechtslage und Eintragung nicht überein, bleibt der eingetragene Inhaber bis zur Eintragung der Änderung bzw Löschung des eD formell legitimiert und kann über fremdes Recht verfügen, zB lizenzieren oder auf das eD verzichten, Benkard 30/18, und die Löschung im

Register betreiben. Die Berichtigung einer unrichtig eingetragenen Inhaberänderung kommt daher nicht mit Wirkung ex tunc in Betracht, BPatGE 50,
4 – Mischvorrichtung. Zur Legitimationsänderung durch Umschreibung
und Durchbrechungen der formellen Legitimation bei bes Rechtsänderungen § 29 Rn 11 ff. Im Verfahrensstadium zwischen Anmeldung und Eintragung bleibt auch bei materiellrechtlich wirksamem Inhaberwechsel nach
§§ 29 III iVm 32 der in der Anmeldung bezeichnete Anmelder ggü dem
DPMA berechtigt und verpflichtet, es sei denn, dass dieser Wechsel dem
DPA förmlich mitgeteilt worden ist, BPatG Bl 93, 345. Dem eingetragenen
Inlandsvertreter ist zuzustellen, auch wenn die Niederlegung des Mandats
bereits angezeigt ist, Einzelh § 23 Rn 54. Die Niederlegung der Vertretung
durch einen Inlandsvertreter muss, um formell wirksam zu werden, nach
§ 58 IV dem DPMA bzw BPatG angezeigt sein, die Registereintragung ist
dann für dessen Berechtigung und Verpflichtung nicht mehr maßgebend,
Einzelh § 58 Rn 8.

IV. Übergangsrecht, fortgeltende Bestimmungen

1. Eingetragene Alt-GeschmM nach der **bis zum 1.7.88** geltenden Fas-　**11**
sung des GeschmMG der Bundesrepublik Deutschland sind nach Ablauf
der höchstmöglichen Schutzdauer von 15 Jahren spätestens zum 30.6.03
erloschen, so dass die seinerzeit bei den Amtsgerichten und dem DPA örtlich verteilten Zuständigkeiten für die Führung des Musterregisters, des
Namensverzeichnisses und die Bekanntmachungen in der Handelsregisterbeilage des Bundesanzeigers historisch sind. Mangels noch einschlägiger
GeschmM ist auch die diesbezügliche Übergangsvorschrift des § 72 I gegenstandslos. Auch nach dem Inkrafttreten der GRL am 28.10.01 hat sich für
das verbleibende Zeitintervall bis zum 30.6.03 keine Änderung ergeben,
weil die GRL auf diese nicht bei einer nationalen Zentralbehörde verwalte-
ten GeschmM nicht anwendbar ist, Begr § 66 GeschmMG 2004. Einzelh zu
diesen AltR s 2. Aufl 8/17–20.

2. Das Register für GeschmM, die **nach dem 1.7.88** und noch vor In-　**12**
krafttreten des GeschmMG in seiner ab 1.6.04 geltenden Fassung eingetragen worden sind, nach § 8 GeschmMG 1986 und das Register für typografische Schriftzeichen nach Art 2 I Nr 5 S 1 SchriftzG aF wurden als Einheit
geführt. Solche GeschmM bzw typografische Schriftzeichen bestehen nach
der Übergangsregelung des § 72 II weiter und unterliegen, soweit die Eintragung erfolgt ist, nicht dem ab dem Inkrafttreten des geltenden Ges aktuellen Regelungen, BPatG GRUR 05, 412 ff – Schreibgerät, sondern – zB
hinsichtlich der Berichtigung einer Eintragung – bisherigem Recht, BPatG
10 W (pat) 705/03 v 11.11.04 (veröff in juris; Bericht in GRUR 06, 461).
Für diese AltR werden nur seit dem 1.6.04 geänderte Zustellanschriften
bekanntgemacht. Auch sonst verbleiben Eintragungen von Fortschreibungen
des Registerstands nach Maßgabe aktuellen Rechts. War die Eintragung bei
Inkrafttreten des GeschmMG 2004 noch nicht vollzogen, gilt neues Recht
für das gesamte Eintragungsverfahren, § 72 II. Die Wirkung der Eintragung
solcher eD war mit der heutigen formellen Bedeutung der Eintragung des
eD in das Register iÜ vergleichbar, Einzelh Rn 9–10, abgesehen von dem
wichtigen Umstand, dass sie für das Entstehen, den Fortbestand und das
Erlöschen des DesignR nicht konstitutiv war, allg Ans, BGH GRUR 57,

291, 292 – Europapost, BPatGE 1, 224, BPatG Bl 93, 345, v Gamm 8/6 –, weil zB der GeschmM-Schutz schon mit der Einreichung einer ordnungsgemäßen Anmeldung eines schutzfähigen Designs durch den berechtigten Anmelder beim DPMA entstand.

13   **3. Muster der ehemaligen DDR** waren nach § 10 I 1 MuVO in das vom DPA fortgeführte Register für industrielle Muster, E Nr 1 § 3 V eingetragen. Die in § 10 I MuVO vorgeschriebene Bekanntmachung der Eintragung erfolgte in dem vom Patentamt der DDR herausgegebenen Warenzeichen- und Musterblatt, das 1990 vom DPA weitergeführt und 1992 eingestellt wurde, Mitt PräsDPA Bl 90, 377; 92, 177. Verfahren, in denen nach § 10 II MuVO die Bekanntmachung ausgesetzt war, sind unterdessen durch nachgeholte Bekanntmachung oder durch Löschung abgeschlossen, § 19 III ErstrG. Fortschreibungen des Registerstands enthalten seitdem das Register und das Designblatt. Zu Möglichkeiten der Recherche im Altbestand § 22 Rn 13.

V. Gemeinschaftsgeschmacksmuster, Internationale Geschmacksmuster

14   **1. Gemeinschaftsgeschmacksmuster.** Rechtsgrundlage der Eintragung in das als elektronische Datenbank geführte Register für GGM sind die Art 48 und 72 GGV, Art 13, 69 GGDV, Abschn 9.1 PrüfHb. Voraussetzungen und Inhalt der Eintragung eines GGM und die Wirkungen sind dem deutschen Recht vergleichbar, auch die Rechtsbegründung erst mit Eintragung, dagegen über das deutsche Design-R hinausgehend wird mit Eintragung der Schutz als GGM ab dem rechtswirksamen Anmeldetag verlautbart, sog Rückdatierung, Art 48 S 2 iVm Art 12 S 1, Ruhl 48/2, ohne dass nach der Lit eine rückwirkende Schutzgewährung damit verbunden sein soll, Ruhl 12/1, 19/2 ff; Bulling/Langöhrig/Hellwig S 30; Haberl WRP 02, 905, 908; aA wohl Maier/Schlötelburg S 17, was nach dem Wortlaut der zit Vorschriften der GGV fraglich erscheint; dieser wichtige Punkt ist durch die Rspr bislang noch nicht abschließend geklärt. Der Inhalt der einzutragenden Tatsachen ist in Art 69 GGDV umfangreich aufgelistet. Es werden auf Antrag auch Lizenzen eingetragen und gelöscht, Art 32 V GGV, 26 GGDV unter Berücksichtigung der Definitionen bestimmter Lizenztypen in Art 25 GGDV, Einzelh Verfahrensrichtlinien des HABM, Teil E Kapitel 5, ABl 05, 152 ff. Darüber hinaus gehen auch die genaueren Regelungen über die Sozietätsangabe, Art 14 II b) GGDV und die beiden Sprachen, Art 14 II k). Vergleichbar ist die Eintragung eines GGM in seiner ggf nach Art 25 GGV geänderten Form, fakultativ mit der Wiedergabe einer Teilverzichtserklärung des Inhabers oder des Tenors einer amtlichen oder gerichtlichen Entscheidung über die teilweise Nichtigkeit, Art 18 GGDV. Auch eine Eintragungsurkunde als Wiedergabe und Bescheinigung des Eintragungsinhalts wird gem Art 17 GGDV erteilt, sie wird nicht (mehr) per Post verschickt, sondern ist von der Website des HABM über den Online-Zugang zu den Akten (OAF) herunterzuladen. Änderungen des bloßen Namens (Firma) und Anschrift des Inhabers erfolgen gem Art 19 GGDV, ein Sammelantrag ist zulässig, sofern mehrere GeschmM zugleich betroffen sind. Inhaberwechsel (Umschreibungen) sind nach Art 23 GGDV, Änderungen bei Lizenzen nach Art 24 GGDV zu beantragen und zu vollziehen. Die Eintragung verschafft eine formelle Berechtigung, Ruhl vor 14–18/5. Zu Recherchemöglichkeiten § 22 Rn 16. Zur Berichtigung von Eintragungen und Bekanntmachungen vAw oder auf Antrag Mitt PräsHABM 4/05, ABl 05, 1092. Das GGM ist lt Jahresbericht 2007 im Durchschnitt nach 6 Wochen eingetragen.

2. Internationale Eintragungen. Die WIPO nimmt die **Eintragung** 15 des angemeldeten internationalen Designs nach dem HMA, s allg Int Rn 3 ff, in das internationale Register unmittelbar nach dem Eingang der Anmeldung vor, sofern das Gesuch alle zwingenden Erfordernisse erfüllt, § 11 Rn 101, und die vorgeschriebenen Gebühren entrichtet sind, Art 10 I HMA 1999, R 15 I GAO, § 11 Rn 103. Der Inhalt der einzutragenden Tatsachen ist in R 15 II GAO festgelegt. Lizenzerteilung wird nicht eingetragen, A 17 des „Guide" (s § 11 Rn 100). Die Eintragung hat nach Art 14 I HMA 1999 zunächst nur die Rechtswirkung einer Anmeldung, jedoch einer Eintragung nach Art 7 I HMA 1960. Für Eintragungen, die sich auf Deutschland erstrecken, bestimmt dagegen § 71 I – über Art 14 I HMA 1999 hinausgehend – die Gleichwirkung mit einer nationalen Eintragung, Einzelh § 71 Rn 2 f. Somit tritt die Rechtswirkung im Falle unterbliebener vorläufiger Schutzverweigerung – zB des DPMA gem § 69– nicht erst mit Ablauf der 6-monatigen Mitteilungsfrist für eine vorläufige Schutzverweigerung ein, Art 14 II a) HMA 1999, ansonsten am Tag der Rücknahme der Schutzverweigerung, Art 14 II b) HMA 1999. Dementsprechend bestimmt sich die Rechtswirkung der Eintragung nach nationalem Recht, der deutsche Anteil verschafft somit formelle Berechtigung, Einzelh s Rn 10. **Änderungen** von Eintragungen, zB Namens-/Firmenänderung, Anschrift, Vertreter, Telefon, Fax, E-Mail sind in Art 21 GAO angesprochen, nähere Erläuterungen in A 14 des „Guide". Zu Inhaberänderungen s § 29 Rn 20. Die Gebühren für die Eintragung im internationalen Register sowie für Auszüge, Auskünfte und Kopien daraus sind in den Abschnitten V und VI des Gebührenverzeichnisses zum HMA geregelt, abrufbar im Internet unter der Adresse http://www.wipo.int/about-wipo/en/finance/hague.html.

Bekanntmachung

20 Die Eintragung in das Register wird mit einer Wiedergabe des eingetragenen Designs durch das Deutsche Patent- und Markenamt bekannt gemacht. Sie erfolgt ohne Gewähr für die Vollständigkeit der Abbildung und die Erkennbarkeit der Erscheinungsmerkmale des Designs.

Übersicht

1. Entwicklung. § 20 übernimmt nahezu identisch die Bestimmungen 1 über die Bekanntmachung eingetragener GeschmM von § 8 II 1, 3, 4 GeschmMG 1986. Die systematische Stellung des § 20 hat ihr Vorbild in der Auftrennung der Vorschriften über die Eintragung und Bekanntmachung

gem den Art 48 (Eintragung) und 49 (Bekanntmachung) GGV, die wiederum Vorläufer in Art 49 f MPI-E und Art 45, 47 Grünbuch haben. Eine
Bekanntmachung in einem Musterblatt sah auch schon der Entwurf 1977
vor. Eine Anpassung an die neuartigen Bekanntmachungsmedien drückt sich
im Wegfall eines ausdrücklichen Hinweises auf ein – seinerzeit papiernes –
GeschmM-Blatt, der in § 8 II 1 GeschmMG 1986 enthalten war und den
auch Art 49 GGV noch enthält. Gleichwohl blieb das GeschmM-Blatt als
Name für die elektronische Publikation erhalten. Das bis zum Inkrafttreten
des GeschmMG 2004 existente Namensverzeichnis (§ 3 MusterRegV, näher
2. Aufl 8/16) als nicht verkörperte Untermenge von Eintragungen des Musterregisters wurde abgeschafft. Es setzte sich vorläufig lediglich fort als bes
Abschnitt im GeschmM-Blatt und der Sache nach als nach § 23 II DPMAV
id bis zum 11.11.13 geltenden Fassung vom DPMA auf Antrag durchgeführ-
te Auskunft (Recherche) anhand des Namens des Designinhabers, Einzelh
§ 22 Rn 4. Mit Inkrafttreten des GeschmMG 2004 ist auch die vom DPMA
vorzunehmende Eigenherstellung von bekanntzumachenden Abbildungen
von Oberflächenmustern und Modellen iSv § 7 IV–VI GeschmMG 1986
nach Maßgabe des § 8 II 3 GeschmMG 1986 (bis 1.1.02: S 2), § 9 Muster-
RegV entfallen. Nach grundlegender Änderung der Kostenbestimmungen
durch das KostbereinG war bereits zum 1.1.02 die Umstellung von der
nachschüssigen Entrichtung der tatsächlich entstandenen und vom DPMA
zunächst verauslagten Bekanntmachungskosten auf die Vorschussregelung
nach § 5 I 1 PatKostG auch für Altmuster erfolgt. § 20 Satz 3 GeschmMG
2004, wonach die Kosten der Bekanntmachung als Auslagen zu erheben
waren, war infolge der Nichterhebung dieser Kosten seit dem 1.1.10 gegenstandslos und wurde erst durch Art 6 II des G v 19.11.13 (BGBl I 3830) mit
Wirkung zum 25.11.13 aufgehoben.

2   **2. a)** Die **Bekanntmachung** hat den **Zweck,** die Öffentlichkeit von der
Eintragung des Designs und insbes über die dazugehörige Wiedergabe zu
unterrichten, Begr zu § 22 GeschmMG 2004, und damit die Recherchierbarkeit der durch das eD erfolgten Bereicherung des Formenschatzes zu
eröffnen. In industriepolitischer Hinsicht sollen Unternehmen und Verbände
der Notwendigkeit enthoben sein, eigene Dokumentationen von Designs
ihres Fachgebiets vorzuhalten, Begr A I 3, B I 1 GeschmMG 1986, was aber
nur für den vergleichsweise geringen, im Designblatt veröffentlichten Formen-
menschatz zutrifft. Ferner kann sich der Importhandel schneller einen Überblick darüber verschaffen, welche in den Verkehr zu bringende Designs
Schutzrechte verletzen könnten, Begr aaO. Zwar eröffnet bereits die Eintragung im Register nach § 22 S 1 unbeschränkten Zugang zu den bibliographischen Daten. Weil die Wiedergabe bis zum 1.1.13 – Änderung § 13 I
GeschmMV durch Art 2 IV a) V v 10.12.12 (BGBl I 2630) – nicht integraler Bestandteil der Eintragung war (anders im MarkenR), bestand der bes
Nutzen der Bekanntmachung in der Veröffentlichung sämtlicher Darstellungen (jdf ab 1.6.04) der Wiedergabe des eD als umfangreiche Erstinformation, anhand der durch die zugleich eröffnete Befugnis freier Akteneinsicht
ggf der Schutzbereich des eD in den Einzelh recherchiert werden kann. Das
Geschmackmusterblatt als Bekanntmachungsmedium **in Papierform**
wurde ab dem 1.1.04 eingestellt, Mitt PräsDPMA Bl 03, 355. Sie erfolgt
seitdem als elektronische Publikation. Der auf dem Bildschirm sichtbare
Bekanntmachungsinhalt des Designblatts folgt dem Layout der früheren Pa-

pier-Version. Das Designblatt ist über die amtliche allg Internet-Publikationsplattform „DPMAregister" unter der Adresse http://register.dpma.de einsehbar, und damit weltweit online abfragbar. Die Anordnung der Bekanntmachungen in den Hauptteilen des Designblatts richtete sich bis Sommer 2004 nach der Haupt- und Unterklasse, seitdem erfolgt die Veröffentlichung in chronologischer Reihenfolge der Eintragungen, weil bei Recherchen alle Auswahlkriterien, insbes die Warenklasse, in der Suchmaske in DPMAregister anwählbar sind, Einzelh § 22 Rn 3. Die Bekanntmachung folgt ca 1 Monat nach Eintragung im Register. Die Bekanntmachungen erfolgen seit 2008 jeden Freitag mit Vorverlegung bei Feiertagen, Mitt PräsDPMA Bl 07, 465, analog dem Patent- und Markenblatt. Das Designblatt lässt sich seit 2010 ganz oder in Teilen elektronisch abonnieren und wird im Rahmen des Dienstes DPMAkurier per E-Mail übersandt. Es enthält weiterhin keine Verweise auf die Bekanntmachungen zu den nach dem HMA, dazu Rn 10, eingetragenen GeschmM, auch wenn Deutschland Bestimmungsstaat ist. Zur zusätzlichen Musterkartei des DPMA s § 22 Rn 3.

b) Die **Bekanntmachung der Textteile** folgt identisch den Eintragungen im Register, § 19 Rn 5. Soweit in das Register eine Tatsache eingetragen wird, wird sie bekannt gemacht, was ab 1.11.08 eine vorhandene Beschreibung immer mit einschließt, der gesonderte Antrag, sie bekanntzumachen, ist entfallen, Einzelh § 11 Rn 81. Im Zeitpunkt der Bekanntmachung kann infolge der 3- bis 4-wöchigen Herstellungszeit der Veröffentlichung ihr Inhalt überholt sein und vom Registerstand und von der materiellen Rechtslage abweichen. Verhindern lässt sich die Bekanntmachung daher nur durch rechtzeitige Rücknahme der Anmeldung vor Eintragung. Ein nach Eintragung, aber vor Bekanntmachung eingegangener Verzicht oder ein vor der Bekanntmachung eingetragener Löschungsvermerk machen die Eintragung des Designs nicht unrichtig und haben keine Rückwirkung; die Bekanntmachung erfolgt, soweit sie nicht vorher gestoppt werden kann, die Löschung der Eintragung wird alsbald nachgetragen und bekanntgemacht. Eine trotz rechtzeitigen Verzichts in fehlerhafter Weise erfolgte Bekanntmachung sollte das DPMA umgehend durch Widerruf formal ungültig machen; dies würde für die Zukunft zwar freie Akteneinsicht verhindern, die eingetretene Möglichkeit der Kenntnisnahme und damit die Bereicherung des Formenschatzes jedoch nicht ungeschehen machen. Fortschreibungen, Änderungen und Berichtigungen im Register, § 19 Rn 7, zB Wechsel des Inhabers, Vertreters, Orts- und Namensänderungen werden unter der Überschrift „Verschiedenes" bekannt gemacht.

c) Gegenstand der Bildbekanntmachung ist die vom Anmelder eingereichte und vom DPMA letztlich für die Bekanntmachung bestimmte Wiedergabe des eD mit allen ihren Darstellungen. Besteht die Wiedergabe aus mehreren Darstellungen, werden seit 1.1.04 sämtliche Darstellungen bekannt gemacht. Zur früheren Auswahlmöglichkeit s Rn 8. Nach BPatGE 33, 222, konnte bisher im Ausnahmefall eine nur für die Bekanntmachung nachgereichte, ggü der Designwiedergabe verbesserte Abbildung zugrundegelegt werden; diese Nachreichung ist durch das zwingende Erfordernis der Bekanntmachungseignung der Wiedergabe, § 11 II 1 Nr 3 und zudem seit 1.11.08 durch Wegfall des § 6 IV GeschmMV (3 einzureichende Exemplare) nicht mehr zulässig. Eine farbige Wiedergabe wird auch farbig wiedergegeben gem der am 13.2.04 in Kraft getretenen Änderung des § 8 II 1 Muster-

RegV (2. ÄndV zur MusterRegV v 29.1.04, BGBl I 135 = Bl 04, 83), dazu
Mitt PräsDPMA Bl 04, 83, somit nicht mehr, wie davor, in schwarz-weiß
unabhängig davon, ob die Vorlage schwarz-weiß oder farbig gehalten war.
Die früher notwendige, gesonderte Anordnung eines Farbteils im
GeschmM-Blatt für Bekanntmachungen in Farbe konnte im elektronischen
GeschmM-Blatt entfallen. Soweit die zunächst aufgeschobene Bekanntmachung nach § 21 III nachzuholen ist, wird die Bekanntmachung der Wiedergabe erst zu diesem Zeitpunkt veranlasst; im Falle flächenmäßiger Designabschnitte isv § 11 Abs 2 S 2 ist Grundlage der Bekanntmachung die ggf
gem § 21 II 2 nachgereichte Bildwiedergabe.

5   **3.** Die Bekanntmachung hat mehrere **rechtliche Wirkungen:** Zu diesem Zeitpunkt tritt die Neuheitsschädlichkeit der abgebildeten geschützten
Gestaltung ein, vorausgesetzt, dass das Design nicht zuvor in einem isv § 2
II identischen Offenbarungsumfang außerhalb des Registerverfahrens bekannt geworden ist. Insofern verschafft die Bekanntmachung den relevanten
Fachkreisen des betreffenden Wirtschaftszweigs unter der Voraussetzung
normalen Geschäftsverlaufs bei zumutbarem Aufwand Kenntnis von dem eD
isd § 5, allg dazu LG Düss DesignR Bd 3, 183 – Clog. Diese neuheitsschädliche Wirkung erstreckt sich auch auf den für Patente maßgeblichen Stand
der Technik iSd § 3 I PatG, BGH GRUR 98, 382, 385 – Schere (zu § 11
GeschmMG 1876). Weitere Wirkung ist nach § 22 S 2 Nr 1 die Gestattung
unbeschränkter Einsicht Dritter insbes in die Wiedergabe, näher v Falckenstein FS Beier 1996 S 488, aA v Gamm 8/14, 8b/2. Die Bekanntmachung lässt, unabhängig von der konkreten Schutzrechtslage, Recherchen im
Formenschatz zu, Begr aaO, zu Art und Weise von Recherchen § 22 Rn 2.
Die Bekanntmachung eines nach dem HMA, dazu Rn 10, eingetragenen
Musters im Bulletin der WIPO hat die gleichen Rechtswirkungen; ihre
Beachtung durch die Fachkreise isv § 5 ist daher obligatorisch, wird aber oft
vernachlässigt. Wenn eine andere Vorveröffentlichung fehlt, schafft die Bekanntmachung zugleich ein gemeinschaftsweit wirkendes nicht eingetragenes
GGM isd Art 11 GGV, diese Kumulation schließen weder GGV noch DesignG aus. Der Vorteil im Hinblick auf den Schutz durch das nicht eingetragene GGM besteht darin, dass seine ausreichende Offenbarung amtlich und
allen Fachkreisen bekanntgemacht ist und im Offenbarungsumfang keinem
Zweifel unterliegt. Dieser Umfang der Offenbarung dürfte sich aber auf die
Abbildungen im Designblatt in ihrer häufig etwas reduzierten Bildqualität
beschränken; die mit der Bekanntmachung eröffnete Wahrnehmung unbeschränkter Akteneinsicht gem § 22 S 2 Nr 1, zu deren Durchführung s § 22
Rn 5f, gehört wohl nicht zwingend zum Bekanntwerden im Zuge des normalen Geschäftsverlaufs der in der Gemeinschaft tätigen Fachkreise iSv § 5
und Art 11 II 1 GGV. **Keine Wirkung** hat dagegen die Bekanntmachung
von Text und Bild oder deren Unterbleiben, BGH GRUR 79, 548, 549 –
Blumenwanne, auf den materiellrechtlichen Inhalt und Schutzbereich des
eD, Begr zu § 20 GeschmMG 2004. Für die Verfolgung von Verletzungen
ist die Bekanntmachung nach seit 2004 geltender Rechtslage (absoluter
Schutz mit Sperrwirkung) irrelevant geworden, weil der Schutz des eD an
die Eintragung als solche anknüpft und nicht mehr, wie unter dem Gesichtspunkt des Nachbildungsschutzes, an die Information des Verletzers über die
geschützte Gestaltung. Die Bekanntmachung braucht daher nicht die Qualitätsanforderungen zu erfüllen, die für die Wiedergabe selbst nach § 7 III

DesignV maßgebend sind. Anderes gilt für die nachgeholte Bekanntmachung gem § 21 III; hier findet die Umwandlung des Nachbildungsschutzes in Vollschutz mit der Bekanntmachung statt, § 38 III. Der Schutz farbiger Gestaltungen erfordert keine Bekanntmachung in Farbe, auch wenn diese sich nach der Farbart der Vorlage richtet, Einzelh Hartwig Mitt 08, 317 ff. Grund für den Ausschluss der Gewähr für die Bekanntmachungen nach S 2 ist neben dem unvermeidbaren Qualitätsverlust der Wiedergabe in elektronischen und gedruckten Medien die Klarstellung des lediglich repräsentativen Charakters der Bildbekanntmachung, Kelbel GRUR 87, 145; er wird auch mit dem Massengeschäft des Registerwesens ohne zumutbare Möglichkeit einer individuellen Nachbesserung der Bekanntmachungsvorlage begründet, Begr § 22 GeschmMG 2004. Genaue Information über die Schutzmerkmale verschafft daher ausschließlich die Einsicht in die Wiedergabe bzw den flächenmäßigen Designabschnitt im Wege der Akteneinsicht, § 22 Rn 5 ff. Allerdings ist die elektronische Bekanntmachung insb in der auf DPMAregister zugänglichen Datenbank mittlerweile qualitativ so gut geworden – was auch an dem immer größeren Anteil elektronische eingereichter Wiedergaben liegt – dass selbst Gerichte ziehen im Streitfall die Akte mit der Original-Wiedergabe nicht mehr anfordern. Die Berichtigung einer Bekanntmachung setzt eine entsprechende Eintragung voraus, dazu § 19 Rn 7.

4. a) Fortgeltendes Recht und Übergangsregelungen. Bekanntmachungen älterer GeschmM sind weiterhin Recherchegegenstand. Soweit es allerdings eingetragene Alt-GeschmM nach dem GeschmMG in seiner **bis zum 1.7.88** geltenden Fassung betrifft, sind diese nach Ablauf der höchstmöglichen Schutzdauer von 15 Jahren spätestens zum 30.6.03 erloschen, so dass seit langem keine Bekanntmachungen in der Handelsregisterbeilage des BAnz mehr erfolgen, Einzelh s 2. Aufl 8/19.   **6**

b) ED, die nach Maßgabe des GeschmMG 1986 **ab dem 1.7.88 angemeldet** und noch vor dem Inkrafttreten des geltenden Ges am 1.6.04 zwar eingetragen, aber noch nicht bekannt gemacht waren, bestehen nach den Übergangsbestimmungen des § 72 II, III weiter und unterliegen ab dem Inkrafttreten den aktuellen Regelungen. Für deren Bekanntmachung ergeben sich jedoch keine Änderungen, zumal die Umstellung auf das elektronische GeschmM-Blatt bereits zum 1.1.04 erfolgte. Zum GeschmM-Blatt in bisheriger Papierform gilt Folgendes: Die Anordnung der Bekanntmachungen in den Hauptteilen des GeschmM-Blatts richtete sich ebenfalls nach der Haupt- und Unterklasse, die typografischen Schriftzeichen wurden in einem bes Teil zusammengefasst, Änderungen und Fortschreibungen enthielt ein weiterer Abschnitt. Aus Kostengründen wurden nicht sämtliche Abbildungen der Darstellung des GeschmM veröffentlicht, das DPMA wählte letztlich eine repräsentative Abbildung aus, § 8 II 2 MusterRegV, dazu Eichmann Mitt 89, 193, GRUR 89, 20 f; so wurde der Formenschatz bereichert, ohne auf einfache Weise vollständig recherchierbar zu sein. Heute nicht mehr benötigter Bekanntmachungsinhalt war die ebenfalls unter „Vergleichshinweise" geführte Information über die Übertragungsklassen nach § 7 VIII 2 GeschmMG 1986, Einzelh § 11 Rn 95. Einzelangaben betrafen ferner die für Sammelanmeldungen zulässige Kombinationen von Grundmustern und Abwandlungen (§ 8a GeschmMG 1986), § 12 Rn 18 ff. Die Bekanntmachung folgte etwa 2 Monate nach Eintragung im Musterregister; das GeschmM-Blatt erschien zweimal monatlich, zu Möglichkeiten der Ein-   **7**

sichtnahme § 22 Rn 2 f, Zusammenfassungen der einzelnen Ausgaben des Namensverzeichnisses halbjährlich. Die rechtlichen Wirkungen der Bekanntmachung der Eintragung nach früherem Recht unter den Bedingungen des Nachbildungsschutzes gingen weiter als heute. Soweit nicht anderweitige allg Information erfolgte, machte erst die Bekanntmachung die Öffentlichkeit mit dem geschützten GeschmM bekannt und schützte so den Inhaber des eingetragenen Rechts von diesem Zeitpunkt an besser vor Nachbildungen. Nach den Grds des objektiv-relativen Neuheitsbegriffs, BGH GRUR 69, 90, 92 – Rüschenhaube, war das GeschmM-Blatt ein Veröffentlichungsorgan, dessen Kenntnis aufgrund der inhaltserschließenden Angabe von Warenklassen nach § 7 VIII GeschmMG 1986 in den betreffenden Fachgebieten jedem Nachbilder zugemutet werden konnte, hierzu allg BGH GRUR 69, 94. Die Berufung des GeschmM-Verletzers auf eine nicht vorwerfbare Unkenntnis der benutzten Gestaltung wird bei Bekanntmachung der Abbildung im GeschmM-Blatt in praktisch allen Fällen ausgeschlossen gewesen sein.

8   **5.** Eintragungen zu **Gemeinschaftsgeschmacksmustern** werden in dem vom HABM herausgegebenen Blatt für GGM bekannt gemacht, Art 49, 73. Entgegen dem Namen handelt es sich von Anfang an um eine elektronische, über das Internet abfragbare Veröffentlichung (über http://www.oami.europa.eu). Den näheren Inhalt des Blatts legen Art 14, 16, 70 GGDV fest. Die Fortschreibung des Inhalts (update) erfolgt seit Herbst 2007 täglich. Lt Jahresbericht 2007 folgt der Eintragung die Bekanntmachung nach 3–8 Wochen. Farbig eingereichte Wiedergaben werden ohne Erhebung zusätzlicher Bekanntmachungskosten gem Art 14 II c) GGDV farbig veröffentlicht. Zum zugrundeliegenden Inhalt des Registers für GGM § 19 Rn 14. Für nicht eingetragene GGM bestehen naturgemäß weder amtliche Bekanntmachungen noch demgemäß eine amtlich gewährleistete Recherchemöglichkeit.

9   **6.** Die Eintragung einer **Internationalen Designanmeldung** nach dem HMA, dazu allg Int 3 ff, wird in dem von der WIPO herausgegebenen „International Designs **Bulletin**", Art 10 III HMA 1999; R 26 I (i) GAO, grds sechs Monate nach der Eintragung, R 17 I (iii) GAO veröffentlicht, der Anmelder kann in der Anmeldung auch eine sofortige Veröffentlichung (unter Berücksichtigung der technischen Vorbereitungszeit) beantragen, R 17 I (i) GAO, bei Aufschiebung der Bekanntmachung s § 21 Rn 15. Eine Schutzbewilligung bzw Rücknahme der vorläufigen Schutzverweigerung – für Deutschland gem § 69 III – hat keine weitere Veröffentlichung im Bulletin zur Folge. Die Veröffentlichungen im Bulletin werden in Deutschland als ggf gewähltem Bestimmungsstaat nicht nochmals im Designblatt veröffentlicht, jedoch ist eine solche Veröffentlichung in DPMAregister geplant. Die Veröffentlichung im Bulletin findet nicht mehr in Papierform statt, sondern nur noch auf der Website des Internationalen Büros, R 26 III GAO (www.wipo.int/hague/en/bulletin). Eine gewünschte – nicht weiter kostenpflichtige – Bekanntmachung in Farbe muss der Anmelder im Eintragungsantrag bes vermerken. Bis zur Veröffentlichung hält das Internationale Büro die Eintragung geheim, jedoch kann der Inhaber es bitten, einem bestimmten Dritten einen Registerauszug zu übersenden oder diesem die Einsicht zu gestatten; diese für die Aufschiebungsphase geschaffene Regelung des Art 11 IV b) wendet das Internationale Büro in allen Geheimhaltungssituationen vor der Veröffentlichung an. Zu den Bekanntmachungskosten s § 11 Rn 99. Die Veröffentlichung hat keine eigenständige Schutzwirkung, vielmehr richtet sich die dadurch ausgelöste Schutzwirkung nach jeweiligem nationalem Recht, für den deutschen Anteil s Rn 5. Zur Recherche in den Veröffentlichungen s § 22 Rn 17.

Aufschiebung der Bekanntmachung

21 (1) **Mit der Anmeldung kann für die Wiedergabe die Aufschiebung der Bekanntmachung um 30 Monate ab dem Anmeldetag beantragt werden. Wird der Antrag gestellt, so beschränkt sich die Bekanntmachung auf die Eintragung des einzutragenden Designs in das Register.**

(2) **Der Schutz kann auf die Schutzdauer nach § 27 Absatz 2 erstreckt werden, wenn der Rechtsinhaber innerhalb der Aufschiebungsfrist die Erstreckungsgebühr nach § 5 Absatz 1 Satz 1 des Patentkostengesetzes entrichtet. Sofern von der Möglichkeit des § 11 Absatz 2 Satz 2 Gebrauch gemacht worden ist, ist innerhalb der Aufschiebungsfrist auch eine Wiedergabe des einzutragenden Designs einzureichen.**

(3) **Die Bekanntmachung mit der Wiedergabe nach § 20 wird unter Hinweis auf die Bekanntmachung nach Absatz 1 Satz 2 bei Ablauf der Aufschiebungsfrist oder auf Antrag auch zu einem früheren Zeitpunkt nachgeholt.**

(4) **Die Schutzdauer endet mit dem Ablauf der Aufschiebungsfrist, wenn der Schutz nicht nach Absatz 2 erstreckt wird. Bei eingetragenen Designs, die auf Grund einer Sammelanmeldung eingetragen worden sind, kann die nachgeholte Bekanntmachung auf einzelne eingetragene Designs beschränkt werden.**

Übersicht

1. Die **Entwicklung** der im nationalen DesignR seit 1.7.88 mit § 8b **1** GeschmMG 1986 eingeführten Verfahrensalternative der Aufschiebung der Bekanntmachung (richtiger: der Bekanntmachung der Wiedergabe, häufig kurz und auch in § 11 IV Nr 2 DesignV Bildbekanntmachung genannt) ergab sich ua aus Art 5 III a) Nr 3 iVm Art 6 IV HMA 1960. Die Aufschiebung griff in veränderter Form aber auch die schon seit 1876 bestehende Möglichkeit der sog versiegelten Niederlegung nach § 9 IV 1 GeschmMG in seiner bis 1.7.88 geltenden Fassung wieder auf. Auch Art 50 GGV sieht eine aufgeschobene Bekanntmachung der Wiedergabe vor, ebenso schon Art 51 MPI-E und Art 46 Grünbuch. Der Entwurf 1977 sah noch die versiegelte Niederlegung vor. Die GRL schreibt die Aufschiebung nicht vor, sie bleibt eine Option der Mitgliedstaaten. Die ab 1.6.04 wesentliche sachliche Änderung ggü § 8b GeschmMG 1986 ist – nach gemeinschaftrechtlichem Vorbild, Rn 14 – die längere mögliche Aufschiebungsdauer von 30 Monaten ($2^1/_2$ Jahre) anstatt, wie bisher, 18 Monaten ($1^1/_2$ Jahre), allerdings jetzt unter Einrechnung einer evtl in Anspruch genommenen Prioritätsfrist, Rn 3. Neu ist ferner das zwingende Junktim der Einreichung eines flächenmäßigen Designabschnitts mit der Aufschiebung gem § 11 II 2. Der Klarstellung dient auch Abs 3, 2. Halbs, der eine bisher geübte Rechtsauffassung und Praxis des DPMA gesetzlich festschreibt. Die gesonderte Gebühr von seinerzeit DM 15,– für den Aufschiebungsantrag als solchen war schon zum 1.1.02 mit dem Inkrafttreten des PatKostG entfallen.

2   **2.** § 21 hat mehrere **Zwecke.** Für wirtschaftlich kurzlebige Gestaltungen, bspw nur eine Saison lang marktgängige Textilgestaltungen, s Begr zu § 21 GeschmMG 2004, erspart sie dem Anmelder die fünfjährige Erstschutzdauer und auch die Notwendigkeit einer Bekanntmachung der Wiedergabe, Kelbel GRUR 85, 673, indem eine kürzere Schutzdauer von 30 Monaten ($2^1/_2$ Jahre, sog Kurzschutz) bei deutlich verringerten Anmeldegebühren gewählt werden kann. Damit ist dem Anmelder die Möglichkeit eingeräumt, zunächst größere Kollektionen von Designs anzumelden, in der Aufschiebungsfrist die wirtschaftlich nicht erfolgreichen Erzeugnisse auszusondern und nur die wichtigsten Stücke für die Bekanntmachung der Wiedergabe vorzusehen, Begr § 21 GeschmMG 2004, Kelbel GRUR 87, 146, Loschelder Mitt 87, 84. Die Aufschiebung eignet sich auch, Zwischenergebnisse einer längerdauernden Designentwicklung vorübergehend durch wiederholte Anmeldung und Eintragung verbilligt jedenfalls mit einem Nachbildungsschutz abzusichern, ohne dass die Öffentlichkeit durch die Bekanntmachung bildlich näher unterrichtet wird, und erst die Endfassung des Designs uneingeschränkt veröffentlichen zu lassen. Weiterer Zweck ist es, angesichts der Verkürzung der Schutzdauer Anmeldegebühren zu sparen, Rn 5; Kostenvorteile sind das Hauptziel des § 21, Kelbel GRUR 87, 146, Loschelder Mitt 87, 84 (zu § 8b GeschmMG 1986). Schließlich ist die Aufschiebung auch zwingende gesetzl Voraussetzung für die Einreichung flächenmäßiger Designabschnitte iSv § 11 II 2 anstelle einer Bildwiedergabe. Demggü tritt zurück, dass die Aufschiebung der Bekanntmachung der Wiedergabe Dritten den optischen Eindruck der geschützten neuen Gestaltung vorenthält, eine Kompensation besteht in der Einschränkung der Schutzwirkungen auf den Nachbildungsschutz während der Aufschiebungsdauer, § 38 III, Begr § 21, § 38 III GeschmMG 2004. Der Zweck der Vorschrift besteht nicht in der Unterbindung jeglicher Offenbarung ggü der Öffentlichkeit, krit Pataky GRUR 90, 971, die maßgeblichen Fachkreise werden ohnehin häufig auf anderen Wegen Kenntnis erlangen (zB Fachzeitschriften, Ausstellungen, Präsentationen). Die Aufschiebung der Bekanntmachung ist auch für typografische Schriftzeichen möglich. Die Begr geht davon aus, dass nach Ablaufen der Aufschiebungsfrist für die Mehrzahl solcher eD der Schutz beendet ist, was nach der Statistik des DPMA auch zutrifft.

3   **3.** Die dem Anmelder eingeräumte **Aufschiebungsfrist** beträgt 30 Monate, Abs 1 S 1. Diese Frist rechnet ab dem inländischen Anmeldetag, Abs 1 S 1, ggf alternativ nach dem Tag einer in Anspruch genommenen Auslands- oder Ausstellungspriorität, Abs 1 S 1 iVm § 13 II, ebenso Art 50 I GGV, Art 10 I a) HMA 1999, 6 IV a) HMA 1960, R 16 I GAO. Die Prioritätsfristen werden also auf die Aufschiebungsfrist angerechnet; das führt in diesen

Fällen für das inländische eD zu einer Verkürzung der tatsächlichen Aufschiebungsdauer von $2^1/_2$ herunter auf bis zu 2 Jahre nach seinem Anmeldetag (6-monatige Prioritätsfrist vorausgesetzt). Dadurch wird aber die dem Anmelder eingeräumte Überlegungsfrist von $2^1/_2$ Jahren, Rn 2, letztlich nicht gemindert, aber auch durch in Anspruch genommene Priorität nicht verlängert. Sie kann dagegen verlängert sein auf bis zu $3^1/_2$ Jahren, wenn eine ggf vorgelagerte Neuheitsschonfrist nach § 6 ausgeschöpft wird, Loschelder Mitt 87, 84. Die Prioritätsfrist muss iSv § 13 II wirksam in Anspruch genommen und in der Formalprüfung des DPMA anerkannt worden sein. Ein nachfolgender Verzicht auf die Priorität oder die Berufung auf die materielle Unwirksamkeit der Prioritätsbeanspruchung verlängert nach der Praxis des DPMA die Aufschiebungsfrist, anders das HABM, Ruhl 50/12. Die Aufschiebungsfrist endet nach Abs 1 S 1 nach 30 Monaten oder zum Zeitpunkt der vorzeitigen Erstreckung nach Abs 3. Davon müssen die uU verzögerte Nachholung der Bekanntmachung gem Abs 3 und die daran anknüpfenden Rechtswirkungen unterschieden werden, Einzelh Rn 10 f.

4. a) Der **Antrag auf Aufschiebung** der Bekanntmachung muss nach **4** Abs 1 S 1 mit der Anmeldung eingereicht werden, demnach im Falle gewählter **Bildwiedergabe** iSv § 11 II Nr 3 nicht Bestandteil der Anmeldung selbst sein. Der Zeitbereich eines „mit" der Anmeldung einzureichenden Antrags ist nicht näher bestimmt, gemeint ist der noch unmittelbare zeitliche Zusammenhang. Da außer dem damit verbundenen Verkürzung der Schutzdauer gem Abs 1 S 1 der Antrag im Anmeldestadium keine materiellrechtliche Wirkung hat, ist er vor Eintragung des Designs nur verfahrensrechtlich bedeutsam, so dass er bis zur Bearbeitungsaufnahme mit Entscheidung über die Eintragung nachgebracht werden kann. Danach ist die Anmeldung zur Eintragung iSv § 11 I 1 sachlich erledigt und wird die Öffentlichkeit über den Inhalt der Anmeldung unterrichtet, so dass danach ein Antrag nicht mehr „mit" der Anmeldung vorliegt. Auch die Rücknahme des Antrags mit der Folge der Umorientierung von der kürzeren Schutzdauer nach Abs 1 S 1 auf die erste Schutzdauer von fünf Jahren nach §§ 27, 28 I ist dementsprechend noch bis zur Eintragung möglich, dies setzt die Nachzahlung der Differenz zur normalen Anmeldegebühr voraus. Weil die Rechtswirkungen solcher Rücknahme der vorzeitigen Erstreckung nach Abs 3 entspricht, welche schon mit der Anmeldung beantragt werden kann, Rn 7, ist letztere vorzuziehen. Unverzügliche Anfechtung der Antragstellung aufgrund eines Erklärungs- oder Inhaltsirrtums nach §§ 119 ff BGB erscheint im Hinblick auf die materiellrechtliche Schutzdauerbestimmung jedoch möglich, zur Anfechtung s Schulte Einl/83. Wird der Aufschiebungsantrag erst nach Zahlung der vollen Anmeldegebühr gestellt, ist diese Gebühr verfallen und der Differenzbetrag wird nicht zurückgezahlt; dann könnte die alsbaldige Rücknahme des Antrags zweckmäßig sein. Nach Rücknahme des Antrags wird die gezahlte geringere auf die dann zu zahlende volle Anmeldegebühr angerechnet. Der amtliche Vordruck für die Anmeldung sieht für den Antrag ein Auswahlfeld vor. Der Antrag gilt bei Sammelanmeldungen nach § 5 III DesignV aus verfahrentechnischen Gründe einheitlich für sämtliche so angemeldeten Designs; eine Mischung testweise mit Kurzschutz angemeldeter und anderer Designs ist in einer Sammelanmeldung nicht möglich. Für die Einreichung und Bildqualität der Wiedergabe gelten unabhängig von der Stellung des Aufschiebungsantrags die allg Anforderungen, § 11 Rn 23 ff, auch wenn der Anmelder beabsichtigt, das eD mit Ablauf der Aufschiebungsdauer verfallen zu lassen. Die Einreichung eines **flächenmäßigen Designabschnitts,** § 11 II 2, anstelle einer Bildwiedergabe, setzt den Aufschiebungsantrag voraus, wegen des gesetzl Junktims in dieser Vorschrift muss der Antrag hier in der Anmeldung enthalten sein. Fehlt dennoch der Antrag, geht das DPMA nach dem damit erkennbaren Anmelderwillen von der konkludenten Antragstellung aus. Werden dagegen ein flächenmäßiger Designabschnitt und eine Bildwiedergabe zusammen und ohne Aufschiebungsantrag eingereicht, entsteht eine mehrdeutige Verfahrenslage (Wiedergabe erst für das Erstreckungsverfahren vorgesehen oder Bildwiedergabe gewollt), was das DPMA durch Anfrage klärt. Ein grundlegender Anmeldungsmangel mit Verschiebung des Anmeldetags iSv § 16 IV 2 besteht lediglich bei offenkundiger Verschiedenheit des Inhalts von zusammen eingereichter Bildwiedergabe und flächenmäßigem Designabschnitt, vgl auch Rn 9.

5   **b)** Die **Wirkung der Aufschiebung** besteht, was die angestrebten **Vorteile** anbelangt, in einer Verkürzung der an sich fünfjährigen Erstschutzdauer auf die Hälfte (30 Monate), fehlende Prioritätsinanspruchnahme vorausgesetzt, sonst s Rn 3, zu Schutzbeginn und Berechnung der Schutzdauer § 27 Rn 2 f. Das rechtfertigt geringere Kosten, nämlich d. proportionale Verringerung der Anmeldegebühr. Vorteil ist auch die allein durch den Aufschiebungsantrag eröffnete Möglichkeit, als Offenbarung des Musters flächenmäßige Designabschnitte nach § 11 II S 2 zu verwenden anstelle einer mit Kostenaufwand herzustellenden Wiedergabe nach § 11 II S 1 Nr 3. Weitere Folge ist die Verringerung des der Öffentlichkeit zugänglichen Eintragungs- und Bekanntmachungsumfangs, insbes ohne Abbildung im Designblatt. Schließlich ist das AkteneinsichtsR Dritter deutlich eingeschränkt, § 22 S 2 Nr 1, dazu § 22 Rn 9. Die Anmeldegebühren ermäßigen sich von 60 bzw 70 EUR auf 30 EUR und von 6 bzw 7 EUR auf 3 EUR für jedes in einer Sammelanmeldung über die ersten 10 Muster hinausgehende Design bei einem Mindestbetrag von 30 EUR (Nrn 341 400 und 341 500 des Gebührenverzeichnisses zum PatKostG). Die ermäßigten Beträge gelten unabhängig davon, ob die Anmeldung in Papierform oder elektronisch eingereicht wird. Den nach Abs 1 S 2 verringerten Eintragungsumfang im Register bestimmt § 15 IV DesignV näher. Insoweit entfallen alle insbes auf den Schutzgegenstand hindeutenden Angaben des § 15 I Nrn 2, 3, 8, 9, II Nrn 4–9 DesignV, allerdings nicht der Prioritätstag (§ 15 Nrn 8, 9 DesignV) im Falle der Inanspruchnahme einer solchen. Dem folgt die Bekanntmachung im Designblatt. SchutzR-Recherchen sind daher praktisch nicht möglich, auch nicht auf dem Umweg über die Ermittlung ausländischer Parallel-eD. VorbenutzungsR aufgrund gutgläubiger Parallelentwicklung gem § 41 können trotzdem nicht entstehen, krit Kur GRUR 02, 668.

6   Die Auswirkungen des Antrags bringen dem Inhaber auch gravierende **Nachteile:** Nach § 38 III besteht während der Aufschiebungsdauer kein absoluter Schutz des eD gegen Benutzung durch Dritte iSd § 38 I, II, sondern lediglich ein Nachbildungsschutz, der einen objektiven und einen sich nach den Möglichkeiten der Kenntnisnahme durch den Dritten bemessenden subjektiven Nachbildungstatbestand voraussetzt. Soweit der mutmaßliche Nachahmer nicht auf andere Weise von dem in der Aufschiebungsphase befindlichen eD nachweisbar Kenntnis erhalten hat, zB durch Marktbe-

obachtung, auf Messen oder durch Fachveröffentlichung, begünstigt die Nichtbekanntmachung der Wiedergabe die nicht vorwerfbare Unkenntnis übereinstimmender Gestaltungen isd objektiv-relativen Neuheitsbegriffs alter Prägung, BGH GRUR 69, 90, 94 – Rüschenhaube; GRUR 78, 168, 169 – Haushaltsschneidemaschine I, und damit den Ausschluss des Tatbestands der Nachbildung. Wie hier (zum alten R) Nirk/Kurtze 8b/4, Eichmann Mitt 95, 373, Einzelh § 38 Rn 46. Die gegenteilige Auffassung, die wegen der grds Akteneinsichtsmöglichkeit die allg Zugänglichkeit unterstellt, v Gamm 8b/2 unter Berufung auf die Gegenäußerung BReg, zu Nr 8, übersieht, dass die den maßgeblichen Fachkreisen zumutbare allg Ermittlungspflicht noch keine das Geheimhaltungsinteresse des Designinhabers überwiegende Akteneinsichtsberechtigung gibt, § 22 Rn 10, näher v Falckenstein FS Beier, 1996, S 489. Um dem Einwand fehlender Nachahmung zu begegnen, muss der Designinhaber das Design öffentlich machen, entweder durch vorgezogene Bekanntmachung nach Abs 3, die aber zeitverzögert stattfindet, Rn 7, oder am zweckmäßigsten das Design der Öffentlichkeit zB durch Ausstellen, Inverkehrbringen, Presseberichte offenbaren, dazu Kur, GRUR 02, 668, oder die von Hause aus beschränkte Akteneinsicht durch eine – wenig öffentlichkeitswirksame – generelle Einwilligungserklärung in die Akteneinsicht aufheben, § 22 Rn 8. Soweit das Design nicht bereits anderweitig veröffentlicht worden ist, bereichert das Fehlen der Bekanntmachung der Wiedergabe den Formenschatz nicht, das eD steht prioritätsjüngeren SchutzR nicht neuheitsschädlich entgegen.

5. a) Mit der **Erstreckung der Schutzdauer,** Abs 2, dh einer eigenständig bezeichneten Form der Aufrechterhaltung des Schutzes, kann der Inhaber die Aufschiebungsphase beenden; sie hat den **Zweck,** dem eD über das Ende der Aufschiebungsfrist hinaus für die volle Erstschutzfrist von fünf Jahren Schutz zu gewähren. Die Erstreckung ist entweder angezeigt, wenn sich während der Aufschiebungsfrist herausstellt, dass Erzeugnisse mit der geschützten Designgestaltung länger marktgängig sind als nur für die Aufschiebungsfrist oder sobald bislang auf diese Weise unter Verschluss gehaltene mustergemäße Erzeugnisse in den Verkehr gebracht werden sollen. Die Erstreckung muss noch innerhalb der Aufschiebungsfrist erfolgen. Sie kann gem Abs 4 S 2 auf ausgewählte eD einer Sammeleintragung beschränkt werden. Das DPMA trifft weder eine Rechtspflicht, auf den bevorstehenden Ablauf der Aufschiebungsfrist hinzuweisen noch erlaubt das PatKostG Gebührenmahnungen, somit ist die Fristüberwachung Sache des Designinhabers. Das DPMA erinnert zur Zeit durch freiwilligen Service an den Fristablauf, sofern nach 25 Monaten keine Erstreckungsgebühr eingegangen ist, eine Verbindlichkeit von Absendung und Zugang ist damit nicht verbunden. Abs 3 S 2 normiert die frühere Praxis, dass der Designinhaber auch eine **vorzeitige Erstreckung** veranlassen darf. Die vorgezogene Erstreckung beschränkt sich nicht auf die Phase bis zur Eintragung, sondern ist bis zum Ablauf der Aufschiebungsfrist möglich. Soll die Bekanntmachung zu einem bestimmten vorgezogenen Termin erfolgen, ist neben der Gebührenzahlung – wie auch sonst für die Erstreckung – nach dem Wortlaut des Ges ein gesonderter Antrag erforderlich. Hinsichtlich der Bekanntmachung im Designblatt ist zu beachten, dass die Bekanntmachungen idR wöchentlich freitags stattfindet, § 20 Rn 2. Insoweit muss wegen der technisch bedingten Vorlaufzeit des DPMA für die Bekanntmachung von ca 3–4 Wochen die

Kühne 355

vorzeitige Erstreckung entsprechend früher beantragt werden. Allerdings folgt die elektronische Bekanntmachung auf der Publikationsplattform DPMAregister (mit der Möglichkeit der Information Dritter durch den Überwachungsdienst DPMAkurier im Falle einer solchermaßen eingerichteten Überwachung einer Klasse bzw eines bestimmten Anmelders) bereits einen Tag nach der elektronischen Erstreckungsverfügung durch den zuständigen Sachbearbeiter der Designstelle. In dem gesonderten Antrag ist neben dem Aktenzeichen der Eintragung und dem Namen des Designinhabers der angestrebte Erstreckungstermin zu beantragen. Die vorzeitige Zahlung der Erstreckungsgebühr allein genügt dann nicht, denn ohne begleitenden Antrag wird sie als Vorauszahlung auf die Erstreckungsgebühr gewertet, die nach Abs 2 S 1 zum Ende der Aufschiebungsfrist die Erstreckung bewirkt, Rn 8; das gilt auch bei einer dem DPMA eingeräumten SEPA-Dauermandaten.

8   **b)** Die **Zahlung der Erstreckungsgebühr** innerhalb der Aufschiebungsfrist, Abs 2 S 2, genügt für die Herbeiführung der Erstreckung zum Ablauf der vollen gesetzlichen Aufschiebungsdauer, soweit die Designanmeldung eine Bildwiedergabe iSd § 11 II 1 Nr 3 enthielt. Neben der Zahlung bedarf es zwar keiner in einem Antrag verkörperten Willenserklärung, jedoch müssen als Angabe des Verwendungszwecks notwendige, letztlich antragsähnliche Zuordnungsangaben insbes bei Sammelanmeldungen gem § 19 I, II DesignV gemacht werden, Einzelh § 28 Rn 3. Die Höhe der Erstreckungsgebühr beträgt bis zum Ablauf der Aufschiebungsfrist einheitlich 40 EUR für eine Einzelanmeldung, bei Sammeleintragungen 4 EUR für jedes eD bei einem Sockelbetrag von 40 EUR (Nrn 341 600, 341 700 Gebührenverzeichnis PatKostG). Verfahrenskostenhilfe ist möglich, BPatGE 48, 194 – VKH für das Erstreckungsverfahren. Zusammen mit der Anmeldegebühr von 30 EUR ergibt sich demnach mit der Erstreckungsgebühr für die erste fünfjährige Schutzdauer gegenüber einer sofortigen Erstschutzdauer von 5 Jahren keine k Gebühren-Mehrbelastung. Zur Vorauszahlung und zu der erforderlichen Angabe des Verwendungszwecks der Gebührenzahlung, ohne die die Erstreckung nicht durchführbar ist, § 16 Rn 23, 24. Die Erstreckungsgebühr muss bis zum Ablauf der Aufschiebungsfrist entrichtet sein, Abs 2 S 1. Kritisch ist hierbei, dass keine Nachfrist für die Zahlung nach Ablauf der Aufschiebungsfrist eingeräumt ist. Es ist kein Verspätungszuschlag vorgesehen, Folge der Neufassung des § 7 Abs 2 PatKostG durch Art 2 XII Nr 4b) des GeschmMRefG, weil gem Begr zu dieser Vorschrift Verspätungszuschläge nur noch bei Aufrechterhaltungsgebühren gefordert werden sollen. Es ist auch keine Gebührenbenachrichtigung vorgesehen; auf die nach Art 5bis PVÜ erforderliche Nachfrist ist keine Rücksicht genommen. Der Ablauf der Aufschiebungsfrist hindert nicht die Anwendung des § 193 BGB auf die daran gekoppelte, gleichzeitig ablaufende Frist für die Zahlung der Erstreckungsgebühr, dahin tendierend wohl BPatG 10 W (pat) 701/99 v 31.7.00 (unveröff), explizit so für die zuschlagsfreie Zahlung der Verlängerungsgebühr nach § 9 III 1 aF BPatG 10 W (pat) 705/01 v 28.3.03 (Orientierungssatz in juris); die Erstreckungsgebühr kann also im Falle des § 193 BGB noch kurz nach Erlöschen des eD mit rückwirkender Kraft gezahlt werden, das eD lebt dann wieder auf. Im Falle eines dem DPMA eingeräumten SEPA-Dauermandats mit entsprechendem Verwendungszweck wird – als unverbindlicher Service – dem Inhaber/Inhabern nach 25 Monaten der

Aufschiebungsdauer mitgeteilt, dass die Erstreckungsgebühr mit Ablauf der Aufschiebungsfrist von seinem Konto eingezogen werden wird. Bei unzureichender Zahlung ist für eine Einzelanmeldung mit Ablauf der Aufschiebungsfrist die Schutzerstreckung ausgeschlossen und das eD erlischt von Ges wegen und ohne weitere Mitwirkung des DPMA mit Wirkung ex nunc, Begr zu § 21; für einen Feststellungsbeschluss des DPMA über die Nichterstreckung ist kein Raum. Im Falle einer Sammeleintragung wird – nach Hinweisbescheid – die unzureichende Zahlung in analoger Anwendung von § 28 II auf die eD verrechnet. Ist die Gebührenzahlung zwischen DPMA und Inhaber str, ergeht bei unzureichender Zahlung beschwerdefähiger Beschluss mit der Feststellung der Nichterstreckung. Bei Nichterstreckung entfällt der bis dahin bestehende Nachbildungsschutz nicht rückwirkend; das deutsche Ges hat die harte Regelung des Art 50 IV 2 GGV zu Recht nicht übernommen, Einzelh Rn 14. In die Frist zur Zahlung ist Wiedereinsetzung möglich, § 23 III 3 iVm § 123 PatG, ein Weiterbehandlungsantrag gem § 17 nicht statthaft, § 17 Rn 4.

c) Die **Einreichung der Wiedergabe** ist neben der Zahlung der Erstre- **9** ckungsgebühr nach Abs 2 S 2 und den Angaben nach § 19 I, II DesignV zwingende zusätzliche Voraussetzung der Erstreckung, allerdings nur in Fällen, in denen zuvor in der Anmeldung statt der bildlichen Wiedergabe ein flächenmäßiger Designabschnitt iSd § 11 II 2 eingereicht war. Frist hierfür ist die Aufschiebungsfrist, Abs 2 S 2, sie ist wiedereinsetzungsfähig. Somit soll mit der Erstreckung der außerhalb der Aufschiebungsfälle allg bestehende Grds der Bildwiedergabe nach § 11 II 1 Nr 3, § 11 Rn 23 ff Geltung erhalten. Der Inhaber des eD muss also eine fotografische oder grafische Wiedergabe nachreichen, die den formalen und inhaltlichen Anforderungen des § 7 DesignV genügt, das DPMA fordert hierzu nicht auf. Die eingereichte Wiedergabe muss den Designabschnitt wiedergeben. Sie bestimmt als Vorlage für die Bekanntmachung die Information der Öffentlichkeit über diese Bereicherung des Formenschatzes und den fortan geltenden Schutzbereich bis zum Erlöschen des eD. Hierbei stellt sich nicht nur für das DPMA die Frage der Identität des Bildinhalts der nachgereichten Wiedergabe mit dem im Akten vorhandenen flächenmäßigen Designabschnitt, die früher dadurch vermieden war, dass das DPMA selbst die Herstellung der Bilddarstellung gegen Auslagenerstattung besorgte (vgl § 8 II 2 GeschmMG 1986 – ab 1.1.02: § 8 II 3 GeschmMG 1986). Weil Original und Reproduktion idR leicht voneinander abweichen, die Bildwiedergabe von Hause aus weniger differenziert sein wird, s schon BGH GRUR 67, 375, 377 – Kronleuchter, § 11 Rn 28, bleibt eine strikte Identität theoretisch. Anhaltspunkte für eine Identitätsbeurteilung bietet das Ges in § 2 II im Zusammenhang mit der Übereinstimmung von Designs im Rahmen der Neuheitsprüfung. Demnach ist eine Bildwiedergabe, die vernachlässigbare Unschärfen und geringere Präzision der Binnenstruktur, Perspektivänderungen oder Farbabweichungen enthält, und die nur zu unwesentlichen Unterschieden der Designmerkmale führen, ausreichend für die Fortführung des Designschutzes in der Erstreckungsphase. Gehen die Abweichungen darüber hinaus, stimmen Designabschnitt und nachgereichte Bildwiedergabe nicht in diesem Sinne überein und entfällt der Designschutz wegen des Fehlens einer auf der ursprünglichen Offenbarung beruhenden Bildwiedergabe, Begr zu § 21, teilw aA Ruhl 36/21 f (Designabschnitt soll maßgebend bleiben). Daher kommt eine

Auslegung der nachgereichten Bildwiedergabe in Anbetracht der ursprünglichen Offenbarung außer zu Zwecken der Identitätsprüfung nicht in Betracht. Das Problem der materiellrechtlichen Identität ist dem Designinhaber überantwortet, das DPMA hat keine Prüfung auf Übereinstimmung vorzunehmen, so nachdrücklich die Begr aaO. Deshalb nimmt das DPMA nur eine unverbindliche kursorische Offensichtlichkeitsprüfung vor und weist ggf den Inhaber jedenfalls auf grobe Abweichungen hin. Die verbindliche Identitätsprüfung wird im Verletzungsverfahren von den ordentlichen Gerichten auf Bestreiten ausreichender Identität hin nachgeholt und kann so den Klageabweisungsantrag rechtfertigen. Jedoch ist die mangelnde Identität und daraus folgend die Schutzunfähigkeit für sich genommen kein nach § 33 vorgesehener Nichtigkeitsgrund und demnach weder Grundlage für einen Nichtigkeitsantrag nach § 34a noch für eine Widerklage auf Feststellung der Nichtigkeit. Aus diesen Gründen bewahrt das DPMA den Designabschnitt bis nach Schutzdauerablauf auf, Einzelh § 22 Rn 7. Wird die Wiedergabe bis zum Ende der Aufschiebungsfrist nicht eingereicht, entfällt der Designschutz wie im Falle der Nichtzahlung der Erstreckungsgebühr von Ges wegen, Begr aaO, ein Beschluss des DPMA ist nicht erforderlich, jedoch ergeht eine formlose Mitteilung. Ist die Nachreichung dagegen str, zB wegen elementarer Mängel der Wiedergabe iSd § 11 Abs 2 S 1 Nr 3, Einzelh § 11 Rn 45, entscheidet das DPMA ggf durch Beschluss mit der Feststellung, dass die Erstreckung nicht bewirkt sei. Ist die Erstreckung unterblieben, wird das eD gelöscht.

10   **d)** Die ordnungsgemäße Gebührenzahlung, ggf zusammen mit der Nachreichung der Bildwiedergabe, bewirkt kraft Ges die **Erstreckung** des Schutzes. Die **Wirkungen** der Erstreckung bestehen im sofortigen Übergang auf die fünfjährige Schutzdauer nach § 28 I 1, Nirk/Kurtze 8b/6, 13 (zum GeschmMG 1986), nicht erst zum Ablauf der Aufschiebungsfrist, ferner wird die Bekanntmachung der Wiedergabe nachgeholt, Rn 11. In Abs 3 ist allerdings nicht berücksichtigt, dass die tatsächliche Nachholung im Designblatt regelmäßig um 3–4 Wochen verzögert ist infolge der technisch bedingten Vorbereitung der Bekanntmachung, sofern der Designinhaber, was ihm unbenommen ist, die Aufschiebungsfrist des Abs 1 S 1 zur Schaffung der Voraussetzungen für die Erstreckung der Schutzdauer nach Abs 2 voll ausschöpft. Allerdings folgt die elektronische Bekanntmachung auf der Publikationsplattform DPMAregister bereits einen Tag nach der elektronischen Erstreckungsverfügung, s Rn 7. Die „Dauer der Aufschiebung" mit ihren eingeschränkten Schutzwirkungen nach § 38 III endet erst mit der tatsächlichen Nachholung der Bekanntmachung. Weil § 38 III auf die in Abs 1 S 1 bestimmte Aufschiebungsdauer Bezug nimmt, verbietet der Schutzzweck der Bekanntmachung, § 38 Rn 46, ein Erstarken des eD zum absolut wirkenden SchutzR mit Sperrwirkung iSd § 38 I, II schon mit formalem Aufschiebungsfristende bei vorübergehend noch fehlender Bekanntmachung der Wiedergabe. Die Erstreckung läss einen neuen Schutzabschnitt beginnen und wirkt nicht zurück auf die Aufschiebungsphase, für die § 38 III den Nachbildungsschutz bestimmt. Deshalb kann die Verfolgung einer fortgesetzten eD-Verletzung für die Aufschiebungsphase am fehlenden subjektiven Nachbildungstatbestand scheitern, während mit der Erstreckung die Legitimität einer solchen Benutzung entfällt und unterbunden werden kann, Berlit GRUR 04, 640. Ein für diese Fälle diskutiertes WeiterbenutzungsR, vgl

§ 123 V und VII PatG, Kur, GRUR 02, 668, ist nicht in das Ges aufgenommen, krit Rehmann Rn 196, auch ein VorbenutzungsR iSv § 41 ist nicht gegeben, § 38 Rn 46. Im Falle der ursprünglichen Einreichung eines Designabschnitts nach § 11 II 2 besteht die eigenartige Konsequenz, dass während der Aufschiebungsdauer der Nachbildungsschutz auf der Grundlage einer optisch optimalen ursprünglichen Offenbarung besteht, welcher mit der Erstreckung sich zwar zu einem absoluten Schutz verschärft, dieser jedoch geschwächt durch eine izw optisch dahinter zurückbleibende bildliche Offenbarung des eD. Grundlage der Prüfung der Neuheit und Eigenart im Streitfall ist ab Erstreckung die nachgereichte Wiedergabe nach Maßgabe des zum Prioritätszeitpunkt geltenden Formenschatzes.

e) Sind Zahlung der Erstreckungsgebühr und ggf Nachreichung der Bild- **11** wiedergabe erfolgt, nimmt das DPMA die **Nachholung der Bekanntmachung** vor. Dies geschieht aus Anlass des Ablaufs der Aufschiebungsfrist, die ggf verkürzt sein kann, Rn 7. Im Zuge der Nachholung der Bekanntmachung wird das Register um die Wiedergabe und die noch fehlenden Textangaben erweitert, § 15 IV 2 DesignV. Diese Eintragungen werden in DPMAregister sowie – mit kurzem Hinweis auf die Fundstelle der Erstbekanntmachung – in einem bes Teil des Designblatts bekanntgemacht. Wurde die Aufschiebungsfrist für die Zahlung der Erstreckungsgebühr bzw die Nachreichung der Wiedergabe ausgeschöpft, ist die Bekanntmachung entsprechend verzögert, Rn 10, s auch Mü GRUR-RR 10, 169 – Geländewagen, lediglich bei frühzeitiger Zahlung bis zum Beginn der Vorbereitungszeit erfolgt die Bekanntmachung zeitgleich mit der Erstreckung. Durch Verzicht auf das eD (bei bezahlter Erstreckungsgebühr) vor Beginn der Vorbereitungszeit kann die Nachholung der Bekanntmachung im Designblatt verhindert werden, BPatG Bl 04, 468 – Multifunktionaler Transporter. Allerdings ist zu beachten, dass die Bekanntmachung auf der elektronischen Publikationsplattform DPMAregister bereits einen Tag nach der elektronischen Erstreckungsverfügung erfolgt, s Rn 7. Für die nachgeholte Bekanntmachung ist die Gewähr ebenfalls durch § 20 S 2 ausgeschlossen, Begr § 21.

6. Übergangsbestimmungen. Bei Inkrafttreten des geltenden Geschm- **12** MG 2004 konnten **Alt-GeschmM** sich noch in der Phase der 18-monatigen Aufschiebung der Bildbekanntmachung gem § 8b GeschmMG 1986 befinden. Nach dem Grds, dass im Regelfall das neu in Kraft getretene Ges auch auf bestehende Alt-GeschmM anzuwenden ist und es davon nur enge Ausnahmen, insbes nach §§ 72 II, III, 73 III, IV gibt, Begr zu § 66 Geschm-MG 2004, wurde eine bei Inkrafttreten des GeschmMG 2004 noch laufende 18-monatige Aufschiebungsdauer auf 30 Monate nach Prioritätstag verlängert. Dies hing nicht davon ab, ob die Eintragung bei Inkrafttreten des GeschmMG 2004 schon erfolgt war. Es handelt sich um eine Analogie zur Schutzdauerverlängerung für bestehende Alt-GeschmM von 20 auf 25 Jahre, s auch Begr zu § 66 GeschmMG 2004. Der nach bisherigem Recht durch die Anmeldung des Alt-GeschmM begründete Nachbildungsschutz blieb allerdings nach § 72 III über das Inkrafttreten des GeschmMG 2004 hinaus so lange erhalten, wie das Alt-GeschmM noch nicht eingetragen war. Damit besteht eine Ausnahme von dem Grds der Rückwirkung der neuen gesetzlichen Regelung auf Alt-GeschmM, um die für Alt-GeschmM mit der Einreichung einer rechtswirksamen Anmeldung bereits voll begründeten Schutzwirkungen nicht nachträglich zu zerstören, Begr zu § 66 GeschmMG

2004. Ab Eintragung dieser in der Aufschiebungsphase befindlichen Alt-GeschmM verblieb es zwar beim Nachbildungsschutz, dieser wechselte zu diesem Zeitpunkt seine Rechtsgrundlage in § 38 III, sodass er im Falle der Erstreckung zum Schutz mit Sperrwirkung nach § 38 I, II erstarkte. Im Schutzergebnis besteht von der Eintragung an insofern kein Unterschied mehr zwischen vor und nach dem Inkrafttreten angemeldeten eD mit Aufschiebung der Bildbekanntmachung. Mit Inkrafttreten des GeschmMG 2004 stellte im Falle der Erstreckung der Schutzdauer das DPMA die Anfertigung von Abbildungen zuvor eingereichter flächenmäßiger Designabschnitte nach § 7 IV GeschmMG 1986, 9 I MusterRegV ein. Dem Designinhaber oblag dann nach Abs 2 S 2 die Nachreichung der Wiedergabe innerhalb der Aufschiebungsfrist, dazu Rn 9. Ist in einer eingetragenen Sammelanmeldung die Aufschiebung der Bildbekanntmachung von Alt-GeschmM nach § 8b GeschmMG 1986 kombiniert gewesen mit der Bestimmung von Grundmustern und Abwandlungen nach § 8a GeschmMG 1986, so verbleibt es nach § 73 IV 1 auch im Falle der Erstreckung bezüglich der Abwandlungsmuster dauerhaft bei der Nichtbekanntmachung, kombiniert mit dem Nachbildungsschutz. Jedoch war bei Inkrafttreten des GeschmMG 2004 das Institut des Abwandlungsmusters ersatzlos entfallen und die Rechtsgrundlage für die Nichtveröffentlichung allein auf § 21 umgestellt. Daher gilt anderes, soweit am 1.6.04 eine solche Sammelanmeldung noch nicht eingetragen war; dann oblag dem Anmelder vor Eintragung die Beantragung der Aufschiebung der Bildbekanntmachung (alternativ: Umwandlung in normale Sammelanmeldung, § 12 Rn 18), woraus zunächst die Nichtbekanntmachung der Wiedergabe bzw der flächenmäßigen Designabschnitte der Abwandlungsmuster folgte. Im Falle der Erstreckung konnte die dann nachzuholende Bildbekanntmachung anhand der in den Akten befindlichen Wiedergabe des Abwandlungsmusters oder – im Falle eines eingereichten flächenmäßigen Designabschnitts – anhand der nachzureichenden, davon gefertigten Wiedergabe erfolgen, s auch § 12 Rn 21 f.

13   **7. Gemeinschaftsgeschmacksmuster.** Die Aufschiebung der Bekanntmachung der Wiedergabe ist iW in Art 50 GGV, Art 15 GGDV und Abschn 5.2.5 des PrüfHb geregelt. Bei grds gleichen Rahmenbedingungen bestehen einige, nicht nur geringfügige Abweichungen vom deutschen Recht. Auch hier rechnet im Falle einer Prioritätsinanspruchnahme die 30-monatige Aufschiebungsfrist vom Prioritätstag an, vgl ausführl Abschn 5.2.5.2 PrüfHb insbes auch zu unterschiedlichen Prioritätsfristen in einer Sammelanmeldung. Der Aufschiebungsantrag muss Bestandteil der Anmeldung sein, Art 1 II b) GGDV und kann nicht kurzfristig nachgereicht werden (anders § 21 I), sonst bleibt nur Rücknahme der Anmeldung, keine Rücknahme des Antrags, Ruhl 50/2 f. Es wird eine gesonderte Aufschiebungsgebühr an Stelle der Bekanntmachungsgebühr gefordert. Die Aufschiebung kann auch für einzelne Muster einer Sammelanmeldung beantragt werden, Art 50 V GGV. Eine für den Inhaber – jedenfalls aus deutscher Sicht – gefährliche Regelung besteht darin, dass eine unterbliebene Erstreckung das GGM rückwirkend vernichtet, Art 50 IV S 2 GGV, 15 III a GGDV. Damit soll ein folgenloses Fallenlassen angemeldeter, aber nicht verwertbarer Muster ohne Aufwand von Bekanntmachungskosten möglich sein, Ruhl 50/1. Die Aufschiebung der Bildbekanntmachung bildet also keine eigenständige Form eines Kurzschutzes wie nach § 21 I GeschmMG, sondern ist lediglich als bes Anfangsphase in die erste fünfjährige Schutzdauer eines GGM eingebettet und setzt so zwingend die Erstreckung voraus; während der Aufschiebung besteht im Grunde nur eine schwebende Schutzgewährung vorbehaltlich der Erstreckung. Diese Rückwirkung kann aufgrund von Art 51 II GGV auch nicht durch einen ex-nunc wirkenden Verzicht auf das GGM umgangen werden. Ob diese Regelung den Interessen der an einem Kurzschutz interessierten Branchen entgegenkommt, wird sich erst erweisen müssen. Der Aufschiebungsantrag muss zwingend Bestandteil der Anmeldung sein. Er kann sich bei Sammelanmeldungen auch auf einzelne Muster beziehen. Nach Eintragung des GGM ist Antrag auf vorzeitige Erstreckung zulässig. Spätestens 3 Monate vor Ablauf der Aufschiebungsfrist sind die Bekanntmachungsgebühren zu zahlen und müssen – bei Verwendung von Proben als Wiedergabe – ggf die nachzureichenden Wiedergaben nach Art 15 I a)–c) eingereicht, bei Sammelanmeldung auch Angaben gemacht sein, auf welche Muster sich die Erstreckung beziehen soll, sofern die Erstreckung nicht alle GeschmM erfassen soll. Diese frühzeitige Einreichung gilt auch für eine beantragte vorzeitige Erstreckung, deren Termin der Inhaber angeben kann, dann aber auch gegen sich gelten lassen muss. Innerhalb dieser Dreimonatsfrist sind nach Art 15 II–IV GGDV evtle, vom Amt gerügte Mängel abschließend zu beheben, Abschn 5.2.5.5 PrüfHb. Eine fehlgeschlagene vorzeitige Erstreckung gilt als nicht erfolgt; wenn die restliche Aufschiebungsfrist noch ausreicht, lässt sich die Erstreckung wiederholen, Bulling/Langöhrig/Hellwig Rn 175. Greift der Inhaber während der Aufschiebung des GGM einen Verletzer gerichtlich an, muss er die geheim gehaltenen Registerangaben der Gegenseite mitteilen, Art 50 VI GGV; dies dürfte eine Prozessvoraussetzung darstellen. Für Eintragungen internationaler GeschmM nach dem HMA, in denen die EU benannt ist, besteht im Falle der gewählten Aufschiebung lediglich die in Rn 14 näher ausgeführte Folge eines bloßen Anmeldungsschutzes, Art 106d I GGV. Das Verfahren zur Prüfung einer Schutzverweigerung, von deren Ausbleiben nach Art 106d II GGV das Entstehen des Eintragungsschutzes abhängt (str; aA Voraufl, wonach von schwebender Zubilligung des Eintragungsschutzes auszugehen ist), wird nach Art 106f I 1 GGV erst nach der „Veröffentlichung" der internationalen Eintragung, also nach der Bildbekanntmachung des internationalen Designs durchgeführt. Es – und mit ihm das Entstehen des Eintragungsschutzes mit Rückwirkung auf den Tag der internationalen Eintragung (nach Ruhl, Art 106e Rn 2, gar mit doppelter Rückwirkung auf den Tag der Anmeldung der internationalen Eintragung) – ist also davon abhängig, ob der Inhaber des internationalen Designs den Schutz erstreckt und so die Bildbekanntmachung herbeiführt. Entscheidet er sich aber gegen die Erstreckung des EU-Teils, ergibt sich mit dessen Löschung, dass die internationale Eintragung hinsichtlich der Benennung der EU zu keiner Zeit Schutz, nicht einmal Nachahmungsschutz, entfaltet hat.

8. Auch bei **Internationalen Eintragungen** nach dem HMA, dazu allg **14** Int 3 ff, kann die Veröffentlichung auf Antrag aufgeschoben werden, Art 5 V iVm Art 11 HMA 1999. Das gilt auch für den deutschen Anteil, weil das GeschmMG diese Option iSv Art 11 I a) HMA 1999 zulässt. Einige Mitgliedstaaten lassen eine Aufschiebung nicht zu, für diese muss bei gewünschter Aufschiebung auf Hinweis der WIPO die Benennung innerhalb eines Monats zurückgenommen werden, R 16 II GAO, Einzelh in den Erläute-

rungen zum Anmeldeformular, s § 11 Rn 101. Der Zeitraum für die Aufschiebung beträgt 30 Monate, wenn das HMA 1999 und daneben das HMA
1960 maßgeblich ist (Prinzip der jüngsten anwendbaren Abkommensfassung), Art 11 I HMA 1999, R 16 I a) GAO, und maximal 12 Monate, wenn
ausschließlich das HMA 1960 maßgeblich ist, Art 6 IV a) HMA 1960, R 16
I b) GAO; haben indessen Bestimmungsstaaten kürzere Aufschiebungsfristen
notifiziert, dann gilt für diese Anmeldung die kürzeste Frist, Art 11 II ii)
HMA 1999. Im HMA 1934 fehlte die Aufschiebungsmöglichkeit. Die maximale Dauer der Aufschiebung rechnet ab dem Anmeldetag, bei einer Prioritätsbeanspruchung nach dem Prioritätsdatum, R 16 I a) und b) GAO. Bei
einer Aufschiebung der Veröffentlichung unterbleibt zunächst jegliche Veröffentlichung im Bulletin. Das hat für Staaten oder Regionen, die nicht schon
der Eintragung im internationalen Register (so zB Deutschland, § 19
Rn 15, und EU, s Rn 14) Eintragungswirkung beilegen, die Folge, dass
während der Aufschiebungsdauer die Schutzwirkung der Eintragung gem
Art 14 I HMA 1999 lediglich auf den Status einer Anmeldung verharrt;
denn die Veröffentlichung unterbleibt definitionsgemäß bei Aufschiebung
mit der Folge, dass auch die Frist für die Schutzverweigerungsoption des
nationalen Amts nicht anlaufen kann, R 18 I a GAO, so dass so lange auch
die Schutzeintrittsvoraussetzung des Ablaufs der Frist für die (evtle) Schutzverweigerungsmitteilung nicht eintreten kann, Art 14 II a HMA 1999, s
auch § 69 Rn 2. Seitens des HMA hat die Aufschiebung keine Verkürzung
der Schutzdauer zur Folge, diese richtet sich vielmehr ggf nach jeweiligem
Recht der Vertragspartei, für den deutschen Anteil beträgt sie somit 30 Monate. Ebenso ist auch keine Aussage über eine eingeschränkte Schutzwirkung (zB Nachbildungsschutz) getroffen, wofür ebenfalls jeweiliges Recht
gilt. Ist die Aufschiebungsfrist abgelaufen, findet die **Veröffentlichung** statt,
maßgebend ist die kürzeste Aufschiebungsdauer unter den benannten Vertragsparteien nach Maßgabe der von ihnen angewendeten Abkommensfassung. Eine Fortsetzung der Schutzdauer nach Art einer Erstreckung ist vom
HMA nicht vorgegeben und ggf von der Vertragspartei geregelt. Voraussetzung für die Veröffentlichung ist die Nachentrichtung der vorgeschriebenen
Gebühren und im Falle der Einreichung eines Musterabschnitts als Darstel-
lungsersatz die Nachreichung der Wiedergabe, sämtlich 3 Monate vor Ablauf der Aufschiebungsdauer. Andernfalls wird die internationale Eintragung
ohne Veröffentlichung gelöscht, Art 11 VI a) HMA 1999; R 16 V GAO; ob
diese Löschung ex tunc oder ex nunc wirkt, dürfte vom Recht der bestimmten Vertragspartei abhängen, s für Deutschland Rn 8, für EU (gar kein
Schutz entfaltet) Rn 13. Während der Dauer der Aufschiebung kann auf die
Anmeldung ganz oder teilweise verzichtet werden, Art 11 V HMA 1999,
Erklärungen darüber müssen 3 Monate vor Ende der Aufschiebungsfrist
vorliegen, A 601 VR. Versiegelte Anmeldungen waren nur nach dem HMA
1934 möglich.

Einsichtnahme in das Register

22 (1) **Die Einsicht in das Register steht jedermann frei. Das Recht,
die Wiedergabe eines eingetragenen Designs und die vom Deutschen Patent- und Markenamt über das eingetragene Design geführten
Akten einzusehen, besteht, wenn**

1. die Wiedergabe bekannt gemacht worden ist,
2. der Anmelder oder Rechtsinhaber seine Zustimmung erteilt hat oder
3. ein berechtigtes Interesse glaubhaft gemacht wird.

(2) Die Einsicht in die Akten nach Absatz 1 Satz 2 kann bei elektronisch geführten Akten auch über das Internet gewährt werden.

(3) Die Akteneinsicht nach den Absätzen 1 und 2 ist ausgeschlossen, soweit eine Rechtsvorschrift entgegensteht oder soweit das schutzwürdige Interesse des Betroffenen im Sinne des § 3 Absatz 1 des Bundesdatenschutzgesetzes offensichtlich überwiegt.

Übersicht

I. Allgemeines

Entwicklung. § 22 führt die Vorschrift des § 11 GeschmMG 1988 über **1** die Einsichtsmöglichkeiten unter leichter redaktioneller Anpassung inhaltlich identisch fort. § 11 GeschmMG 1988 eröffnete mit Wirkung ab 1.7.88 erstmals im Design-R die bei anderen gewerblichen SchutzR längst üblich gewordenen Recherchemöglichkeiten. Zwar war schon nach § 11 GeschmMG 1876 eine Einsichtnahme möglich, jedoch nur in vergleichsweise rudimentärer Weise, Einzelh 2. Aufl 11/9. Die Entwürfe 1940 und 1977 gingen durch Zulassung auch der Einsicht in die Anmeldung, also einer Form der Akteneinsicht, darüber hinaus. Im MPI-E enthielt der zuletzt eingefügte Art 51a, im Grünbuch Art 72, eine vergleichbare Regelung. § 22 wird durch die Zuständigkeits- und Durchführungsbestimmungen des § 22 DPMAV ergänzt, Rn 6. § 22 hat den **Zweck,** den Zugang der Allgemeinheit zu dem Inhalt der Eintragungen und den dahinter stehenden Aktenvorgängen zu regeln. Obwohl keine sachliche Änderung ggü der vorherigen Rechtslage eingetreten ist, so auch Begr § 22 GeschmMG 2004, wird das umfassende EinsichtsR der Allgemeinheit mit der seitdem geltenden Sperrwirkung des Schutzes eingetragener Designs begründet, Begr aaO. Ferner sollte die unbeschränkt einsehbare Bekanntmachung der Wiedergabe im GeschmM-Blatt zwar umfassende informative Funktion haben, war jedoch wegen der elektronischen Umsetzung der Wiedergabe nicht immer zufriedenstellend. Seit jeher bestand daher das Bedürfnis, über den der Öffentlichkeit allg angebotenen Informationsgehalt des Registers und GeschmM-Blatts hinaus weitere Tatsachen präzis zu erfahren. So ist die Schutzrechtsrecherche durch Einsichtnahme angezeigt, wenn die Neuheitsschädlichkeit offenbarter

Merkmale oder der Schutzumfang anhand der Originalwiedergabe näher bestimmt und die Rechtsverhältnisse von Anmelder und Anmeldung sowie der Gang des Eintragungsverfahrens geprüft werden sollen. Die Einsichtsmöglichkeiten in das Register einerseits und die Akten sowie Wiedergabe andererseits sind unterschiedlich geregelt, um berechtigten Interessen des Anmelders oder eingetragenen Inhabers Rechnung zu tragen, dazu Rn 8 ff. Zu den Recherchemöglichkeiten allg Kirschner/Strunkmann-Meister Mitt 94, 8 ff. Zur Erstattungsfähigkeit von Recherchekosten in Design-Streitsachen allg § 23 Rn 41. Abs 2 und 3 wurden durch Art 6 Nr 3d G v 19.10. 13 (BGBl I S 3830) eingefügt und entsprechen § 31 IIIa, IIIb PatG, § 62 III, IV MarkenG, § 8 VI,VII GebrMG. Da die Akten in Designsachen in den nächsten (3) Jahren vorerst nicht elektronisch geführt werden, sind Abs 2 und 3 derzeit ohne Regelungswirkung.

II. Recherchemöglichkeiten

2   1. Die **Recherche im Register** ist nach S 1 jedermann freigestellt, gebührenfrei und gleicht derjenigen des EDV-Pat- und GebrM-Registers innerhalb des Dienstes DPMAregister des DPMA (früher DPINFO) anhand des Aktenzeichens, das den kompletten Datensatz zu dem betr eD erschließt. Inhalt des Datensatzes sind die nach §§ 15, 16 DesignV eingetragenen bibliographischen Daten des Anmelders und des eD, die zugehörigen Darstellungen gehörten zunächst nicht formell zum Register, wurden aber seit 1.6.04 mit aufgenommen, seit 1.1.13 auch formell Registerinhalt, s § 20 Rn 2, im Übrigen über das elektronische Designblatt, Rn 3, erschließbar, zur Anmelderrecherche Rn 4. Der Datenbestand des Registers reicht zurück bis 1.7.88; einbezogen sind nicht die eD mit Ursprung in der ehemaligen DDR. Der Registerbestand ist zugänglich durch: – Online-Zugang über Internet in DPMAregister mit der Adresse http://register.dpma.de. Der Zugang ist gebührenfrei, Mitt PräsDPA Bl 91, 257; – Persönlich vorgenommene, entgeltfreie Abfrage am Datensichtgerät während der Dienststunden in den Recherchesälen des DPMA in München und Berlin (bisherige Bezeichnung: Auslegehallen, Mitt PräsDPMA Bl 07, 305), nicht in der Dienststelle Jena des DPMA, anhand des vorbekannten Aktenzeichens mit Assistenz durch dortige Bedienstete, allg Mitt PräsDPMA Bl 04, 422. Die Benutzungsgebühren für DEPATIS-Patentrecherchen (dazu Geschäftsbedingungen gem Mitt PräsDPMA Bl 07, 361) gelten hier nicht; – Vergleichbare Abfrage in Patentinformationszentren entspr den jeweiligen dortigen Konditionen, s Verzeichnis der Patentinformationszentren, Einzelh § 11 Rn 16; – Einholung einer mündlichen Auskunft durch Vorsprache bei den Auskunftsstellen des DPMA in München, Berlin und Jena (gebührenfrei, Ausnahmefall für einfach gelagerte Fälle), sowie Beratung über die Recherchemöglichkeiten; – Einholung einer telefonischen Auskunft zu einem anzugebenden Aktenzeichen bei der Auskunftsstelle des DPMA in München und Berlin (Tel. München 0 89/21 95-34 02, Berlin 0 30/2 59 92-0 oder -2 20, Mitt PräsDPMA Bl 99, 269, gebührenfrei); – idR schriftliche Beantragung eines schriftlichen Registerauszugs zu einem mit seinem Aktenzeichen zu benennenden eD, Gebühr 20 EUR für einen beglaubigten, 15 EUR für einen unbeglaubigten Auszug pro Aktenzeichen (Nrn 301 100, 301 110 des Kostenverzeichnisses zur DPMAVwKostV), welche zB für Gerichtsverfahren

Beweis für den Registerinhalt und damit für die Existenz und Schutzwirkung des eD in seinem eingetragenen Umfang erbringen.

2. Darüber hinaus bietet das DPMA folgende **zusätzliche Informations- und Recherchemittel** an. In erster Linie Recherchen mit dem Produkt/Schutzgegenstand als Ausgangspunkt dient das **Designblatt.** In die dort ab 1.1.04 vorgenommenen Bekanntmachungen ist die Einsicht online zu nehmen (kostenfrei) auf der Plattform des DPMA für die online-SchutzR-Veröffentlichungen (DPMAregister http://register.dpma.de). Dazu hat das DPMA ein Informations-Faltblatt herausgegeben, das auch den online-Zugang zu GGM und Internationalen GeschmM nach dem HMA erläutert (ebenso über Internet abrufbar). Die Einsicht ist auf zwei Wegen möglich: In die einzelnen wöchentlichen Ausgaben des Designblatts, wiedergegeben als druck- und herunterladbare pdf-Dateien, oder Aufruf einer Suchmaske für Recherchen zB nach Aktenzeichen, Anmelder-/Inhabernamen, Klassifikation, Erzeugnissen; der Datenbestand besteht ab 1.7.88. Das Designblatt in der bis zum 1.1.04 herausgegebenen Papierform liegt in den Recherchesälen des DPMA in München und Berlin und in den Patentinformationszentren auf (vgl die in § 11 Rn 16 genannten und weitere Zentren gem Informationsblatt des DPMA über diese Zentren, auch www.dpma.de). Über den Dienst DPMAkurier kann das Designblatt ganz oder in Teilen kostenfrei abonniert werden. Ergänzend zeigt die **Musterkartei,** die nach Einführung des elektronisch geführten GeschmM-Blatts am 1.1.04 nicht mehr weitergeführt wird, heftübergreifend gesammelt und nach Warenklassen geordnet die einzelnen Bildbekanntmachungen der Schutzrechte aus dem GeschmM-Blatt seit dem 1.7.88 und erleichtert dadurch Sachrecherchen mit dem Warengebiet als Ausgangspunkt. Die Kartei ist in den Recherchesälen des DPMA in München und Berlin und in der Dienststelle Jena des DPMA, zugänglich. Für Aktenzeichenrecherchen geeignet ist eine weitere **Schutzrechtskartei** des DPMA, die in der Dienststelle Berlin geführt wird und die in ausgewählten Staaten national und bei der WIPO international nach dem HMA hinterlegte Muster mit Bild enthält, Mitt PräsDPA Bl 93, 205; die Kartei ist bis 1996 aktualisiert worden, bezüglich dem HMA bis 1999. Kostenpflichtige Online-Recherchen und zT Überwachungen zu diversen nationalen, regionalen und internationalen eD sind auch anhand des Datenbestands mehrerer gewerblicher Anbieter möglich (u. a., ohne Vollständigkeit: Thomson Reuters -SAEGIS).

3. Die **Namensrecherche** nach § 23 II DPMAV id bis zum 11.11.13 geltenden Fassung, sollte vorwiegend kleinen und mittleren Unternehmen den Bezug des Designblatts ersparen, indem es Auskünfte des DPMA zur Frage gestattet, ob und welche Anmeldungen Dritte eingereicht haben, sog Anmelderrecherche. Einzelheiten s Voraufl § 22 Rn 4. Diese kostenpflichtige Namensrecherche durch das DPMA ist allerdings mit der Inbetriebnahme der amtlichen Publikationsplattform DPMApublikationen − dem heutigen Dienst **DPMA-Register,** Einzelh s Rn 2, − am 1.1.04 obsolet geworden. Seitdem kann der Interessent über das Internet selbst im Register nach Design-Anmelder/-Inhabernamen recherchieren. § 23 DPMAV wurde durch Art 2 X der V v 1.11.13 (BGBl I 3906) aufgehoben. Automatisierte Überwachungsdienste für eD nach mehreren Auswahlkriterien (Rechtsstände nach Aktenzeichen, Anmelder-/Inhabernamen, Warenklassen) mit E-Mail-Benachrichtigung über die Ergebnisse bietet das DPMA mit dem Dienst

DPMAkurier auf Aktivierung hin kostenfrei an, ferner einen kostenpflichtigen automatisierten Download von Registerdaten des DPMA unter dem Namen DPMAconnect.

III. Akten- und Wiedergabeeinsicht

5 **1.** Die **Einsicht in die Akten** über das eD erlaubt die Kenntnisnahme von allen vom Anmelder, eingetragenen Inhaber oder von Dritten eingereichten Unterlagen, insbes von der Wiedergabe (auch nach Teilverzicht obsoleten Darstellungen), aber auch Schriftsätzen, Fristgesuchen, Prioritätserklärungen, Wiedereinsetzungsanträgen, Gebührenzahlungsvorgängen, BPatGE 1, 44; 12, 109; 17, 21. Kein EinsichtsR besteht für Teile von Designakten, die grundrechtliche Positionen wie Menschenwürde und persönliche Intimsphäre betreffen, denkbar bspw bes persönliche Verhältnisse zur Begründung von Wiedereinsetzungsanträgen, BPatGE 17, 21. Es besteht ferner nicht für andere Akten als Designakten, wozu Akten rechtlich selbständiger Verfahren zählen, zB über Verfahrenskostenhilfe, Akteneinsichtsverfahren Dritter, Ausstellung von Prioritätsbelegen, BPatGE 12, 108; 17, 28. Das gilt auch, wenn sie das Aktenzeichen der Anmeldungsakte tragen, Schulte 31/14; sie werden in ein Beiheft genommen, s auch Mitt PräsDPA Bl 72, 33. Akteneinsicht setzt einen **Antrag** an das DPMA zur Prüfung und technischen Vorbereitung der Durchführung voraus. Für die Rechtswirksamkeit des Antrags gelten die allg Grundsätze, vgl auch § 11 Rn 11 f. Antragsberechtigt ist jeder Dritte. Der Antrag auf Akteneinsicht ist spätestens 10 Tage vor dem beabsichtigten Einsichtstermin unter Angabe des Aktenzeichens an das DPMA zu richten, Mitt PräsDPA Bl 69, 201. Die persönliche Einsichtnahme ist nur in den Dienststellen des DPMA (München, Berlin, Jena) möglich, § 22 II 1 DPMAV, in der Dienststelle Jena ist sie bei nicht versendeter Akte und freiem EinsichtsR sofort möglich. **Gebühren** werden im Falle freier Akteneinsicht und für die Einsicht in die Akten des eigenen SchutzR (auch Anmeldung) nicht erhoben; die Gebührenfreiheit umfasst auch Ablichtungen aus Akten. Für Akteneinsicht in die der beschränkten Einsicht unterliegenden Akten von eD Dritter besteht Gebührenpflicht, Einzelh Rn 12. Die hergebrachte persönliche Einsichtnahme in die Original-Designakten in den Räumen des DPMA lässt sich durch Antrag auf Lieferung von **Ablichtungen** genau zu bezeichnender Aktenteile ersetzen, § 22 II 2 DPMAV, Mitt PräsDPA Bl 72, 62, was in der Praxis weitgehend bevorzugt wird. Der Antrag wird wie ein Akteneinsichtsantrag behandelt und berechnet (s. o.). Somit sind ggf 90 EUR, Rn 12, zu zahlen, soweit nicht schon für vorausgegangene Akteneinsicht entrichtet, Gebührenfreiheit bei freier bzw das eigene SchutzR betreffender Akteneinsicht, Nr 301 410 Kostenverzeichnis zur DPMAVwKostV; gem dieser Kostenbestimmung sind daneben die Auslagen des DPMA zu tragen, die 0,50 EUR/Seite für die ersten 50 Ablichtungsseiten, für jede weitere Seite 0,15 EUR betragen (Nr 302 100 Kostenverzeichnis). Bei beschränkter Einsichtsberechtigung, s Rn 9 ff, kann die Lieferung nur in dem Umfang stattfinden, wie Einsicht eingeräumt ist. Die Einsicht in die im Rahmen eines Beschwerdeverfahrens vor dem BPatG angefallenen **Gerichtsakten** entspricht den oben dargestellten Grds. Hierfür gilt gem § 23 IV 3 der § 99 III PatG. Diese Vorschrift verweist zwar auf § 31 PatG weiter; sachgerecht ist es, auch hier § 22 anzu-

wenden. Auf die Bitte um Übersendung einer anonymisierten Beschlussab-
schrift ist § 22 nicht anzuwenden, BPatGE 32, 133; 32, 172; 32, 273, aA
BPatGE 32, 242. Der Bitte wird bei zu veröffentlichenden Entscheidungen
kostenfrei entsprochen; bei anderen Entscheidungen muss ein nicht nur pri-
vates Interesse vorliegen, Schulte 99/23.

2. Die Einsichtnahme in die **Wiedergabe** ist ein Unterfall der Aktenein- 6
sicht, Rn 5, und wird gleich behandelt. Sie dient dem Interessenten dazu,
die Wiedergabe besser zu analysieren als anhand der im Designblatt bekanntgemachten Wiedergaben, wenn diese wegen eines möglichen technischen
Qualitätsabfalls nicht letzten Aufschluss über die schutzbegründenden Merkmale geben sollten. Der Einsichtnahme diente das bis zum 1.11.08 einzureichende Zweitstück unter den drei eingereichten Exemplaren der Wiedergabe bzw dient das Zweitstück des flächenmäßigen Designabschnitts. Die
Einsicht in flächenmäßige Designabschnitte nach § 11 II 2 und in nach früherem Recht eingereichte Oberflächengestaltungen und Modelle, § 7 IV–VI
GeschmMG 1986, ist nur in der Dienststelle Jena des DPMA möglich, § 22
IV DPMAV. Dies gilt auch, wenn die Akten sich beim BPatG befinden und
dort zur fraglichen Zeit nicht benötigt werden. Unabhängig hiervon kann
das in einer Löschungs- oder Verletzungssache angerufene Gericht beim
DPMA Akten und das Einsichtsexemplar der Wiedergabe bzw den flächenmäßigen Designabschnitt anfordern.

3. Die **Aufbewahrungsfristen** für Bildwiedergaben, Designabschnitte 7
regeln §§ 26 DesignV, 31 DPMAV sowie für Design-Akten interne Verfügungen des DPMA. Die Bildwiedergabe des GeschmM, § 11 II 1 Nr 3, § 7
DesignV, wird auf Dauer aufbewahrt, § 26 DesignV. Jedoch braucht nach
BPatG Mitt 90, 157, die technische Haltbarkeit der Wiedergabe 25 Jahre
nicht zu überschreiten (nach geltendem Ges der Höchstschutzdauer entspr
angepasst wohl jetzt 30 Jahre, § 11 Rn 39). Damit ist auf der Grundlage
bildlicher Wiedergaben, soweit sie bekanntgemacht worden sind, eine Dokumentation des durch bekanntgemachte Design geschaffenen Formenschatzes gewährleistet. Die Wiedergabe geht als Bestandteil der Anmeldung nach
allg Grds in das Eigentum des DPMA über, BPatGE 3, 19. Es handelt sich
nicht wie nach früherem Recht um ein öffentlich-rechtliches Verwahrungs-
verhältnis; das noch in § 12 MusterRegV genannte „verwahren" bezeichnete
lediglich einen faktischen Zustand, aA v Gamm 7/28. Die Designakten
werden nach Maßgabe interner Verfügungen des PräsDPMA, Mitt PräsDP-
MA Bl 01, 113 aufbewahrt. Zur Zeit gilt für Akten von Anmeldungen eine
Frist von 3 Jahren nach ihrer rechtskräftigen Erledigung, für Akten von eD
von 5 Jahren nach Ablauf der Schutzdauer. Flächenmäßige Designabschnitte,
die zwar eine auf die Aufschiebungsphase nach § 21 I begrenzte Bedeutung
haben, aber für evtle Rechtsstreite zur Identitätsprüfung weiter vorgehalten
werden müssen, § 21 Rn 9, sind Akteninhalt und werden insbes im Falle der
Erstreckung nach § 21 II für 5 Jahre nach Ende der Schutzdauer aufbewahrt
und nicht als beigefügte Unterlagen iSd § 31 Nr 5 DPMAV lediglich für
drei Jahre. Designabschnitte bewahrt das DPMA ebenso wie (nach altem R)
eingereichte Modelle ein Jahr nach rechtskräftiger Erledigung der Anmeldung oder nach Eintragung drei Jahre nach Schutzdauerablauf auf, § 31
Nrn 1, 5 DPMAV, und bietet sie nach Fristablauf zur Rücknahme/Abho-
lung an. Die Rückgabe wird dokumentiert; bei Fruchtlosigkeit werden die
Gegenstände gem interner Hausverfügung vernichtet.

IV. Freie und beschränkte Akteneinsicht

8   **1. Freie Einsicht** besteht nach S 1 in das Register, dazu § 19 Rn 2, 9. Dasselbe gilt nach S 2 Nr 1 vom Tage der Bekanntmachung der Wiedergabe eines eD im Designblatt an für die Wiedergabe und die Anmeldungsakten. Die Einsicht erstreckt sich grds auch auf Aktenteile, die nicht schutzrechtsbezogene Informationen enthalten; zum Geheimhaltungsinteresse s Rn 10. Die freie Einsicht steht jeder Person offen, dies gilt auch für Rechercheure, obwohl sie typischerweise im Interesse Dritter tätig sind, BGH GRUR 01, 143 – Akteneinsicht XV, GRUR 01, 149 – Akteneinsicht (GebrM). Bevollmächtigte haben die Vertretungsmacht nachzuweisen. Freie Einsicht besteht auch im Falle beschränkter Akteneinsicht, falls der Anmelder oder der eingetragene Inhaber eine schriftliche und insbes ggü jedermann geltende Zustimmungserklärung nach S 2 Nr 2 abgegeben hat, die naturgemäß nur dem DPMA ggü zur Design-Akte abgegeben werden kann. Die Einwilligungserklärung muss unmissverständlich sein und kann nicht widerrufen oder später eingeschränkt werden, BPatGE 3, 22. Jedoch kann sie, was S 2 Nr 2 nicht ausschließt, von vornherein in Bezug auf bestimmte Personen eingeschränkt werden, dann handelt es sich nicht mehr um eine unbeschränkte Akteneinsicht. Eine gegenständliche Einschränkung derart, dass zB die Wiedergabe oder bestimmte Aktenteile nach dem Willen des Zustimmenden ausgeschlossen bleiben, dürfte aufgrund des ggü § 11 S 2 Nr 3 GeschmMG 1986 geänderten Wortlauts nicht mehr zulässig sein, weil das Einsichtsrecht nach dem 1. Halbs des Satz 2 uneingeschränkt die Wiedergabe und die Design-Akte als Ganze umfasst. Die einmal begründete freie Einsicht bleibt auch nach Verzicht auf das eD und nach Löschung der Eintragung weiter bestehen, BGH GRUR 64, 548, 550 – Akteneinsicht I; GRUR 64, 602, 603 – Akteneinsicht II (PatR), solange die Akte aufbewahrt wird, s Rn 7. Bei Einsichtnahme sind die Anmeldungsakte und das Einsichtsexemplar der Wiedergabe jeder Person bei Namensnennung auszuhändigen und bei Einsichtnahme unter Aufsicht eines Bediensteten des DPMA auch ohne Namensnennung vorzulegen. Auftraggeber braucht der Einsichtnehmende nicht zu nennen, BGH GRUR 99, 226 – Akteneinsicht XIV.

9   **2. a)** Nur **beschränkte Einsicht** besteht für Wiedergabe und Design-Akten nach S 2 Nr 1 so lange, wie die Wiedergabe noch nicht bekanntgemacht ist. Dies betrifft die Verfahrensphase von der Anmeldung bis zu dieser Bekanntmachung, ferner die gesamte Aufschiebungsfrist nach § 21 I 1 (30-monatige Regelfrist), § 21 III (verkürzte Aufschiebung). Wird der Schutz nicht nach § 21 II erstreckt, bleibt die Beschränkung der Einsicht bis zum Ende der Aufbewahrungsfrist der Akte, Rn 7, bestehen. Auf Dauer beschränkte Einsicht gilt für Akten zurückgenommener und zurückgewiesener Anmeldungen. Die Beschränkung der Einsicht besteht für diejenige Person nicht, die iSv S 2 Nr 2 eine Zustimmung des Anmelders oder eingetragenen Inhabers erlangt hat und dem DPMA vorlegt, Rn 8; S 2 Nr 2 schließt nicht aus, vielmehr ist es der Regelfall, dass die erforderliche Zustimmung nur bestimmten, dann konkret zu bezeichnenden Personen erteilt wird. Soweit nicht das DesignG im Interesse der Öffentlichkeit Anderes bestimmt, Rn 8, hat der Anmelder und Inhaber des eD für das Verfahrensstadium vor Bekanntmachung iÜ ein schutzwürdiges Geheimhaltungsinteresse.

b) Jedoch kann unter bestimmten Voraussetzungen ein **berechtigtes In-** 10
teresse an der Akteneinsicht ggü diesem Geheimhaltungsinteresse Vorrang
haben. Soweit der Inhaber keine Einwilligung zur Einsichtnahme erteilt
oder eine Stellungnahme zum Akteneinsichtsantrag unterlässt, besteht es,
wenn der Antragsteller erhebliche rechtliche und wirtschaftliche Interessen
vorträgt, die durch die Ausübung des eD behindert sind und die das Geheimhaltungsinteresse des Inhabers überwiegen, BGH GRUR 66, 698, 700
– Akteneinsicht IV, GRUR 73, 154, 155 – Akteneinsicht-Zusatzanmeldung
(= Akteneinsicht XII), BGH GRUR 07, 628 – MOON, BPatGE 1, 53; 23,
278 mwN; 27, 192. Der Hauptfall für ein solches berechtigtes Interesse besteht darin, dass der Inhaber den Einsichtsuchenden zuvor aus dem betreffenden, noch nicht bekanntgemachten eD durch Verwarnung in Anspruch
genommen hat, sofern nicht eine Verwarnung bereits gerichtlich untersagt
ist, BPatGE 27, 192, dasselbe gilt für die Einsicht in eine nationale, zurück-
genommene Anmeldung als Prioritätsanmeldung eines GGM, aus dem ver-
warnt wurde, BPatG GRUR 06, 615 – Akteneinsicht Markenanmeldung
(MarkenR). Auch eine Schutzrechtsberühmung ggü dem Antragsteller oder
der Allgemeinheit, BPatGE 19, 7; 20, 16, führt zu einem berechtigten Interesse des Antragstellers, insbes wenn eine klare Mitteilung des Schutzgegenstands unterbleibt. Ein berechtigtes Interesse kann auch der Arbeitgeber ggü
dem kurz vor der Anmeldung ausgeschiedenen Arbeitnehmerentwerfer iSv
§ 7 II haben, hier überwiegt der arbeitsvertraglich begründete Einsichtsan-
spruch, BPatGE 23, 279 (PatR), umgekehrt wohl auch der Arbeitnehmerentwerfer ggü dem Arbeitgeber im Hinblick auf eine vermutete falsche
oder unterbliebene Entwerferbenennung, DPA Bl 58, 190 (PatR). Auch das
Interesse der Allgemeinheit, dass schutzunfähige SchutzR nicht eingetragen
werden oder bleiben und daraus zu Unrecht AusschließlichkeitsR abgeleitet
werden, ist in die Abwägung mit einzubeziehen, BGH GRUR 07, 628
– MOON). Weitere Fälle eines überwiegenden Interesses: Wirtschaftliche
Behinderung im Ausland durch dortiges ausländisches SchutzR mit Priorität
eines deutschen SchutzR, BPatG Bl 70, 53; BPatGE 14, 19; aA BPatGE 14,
178. Verschärfte Anforderungen an die Berechtigung des Einsichtsinteresses
gelten nach Rücknahme bzw Verzicht auf das angemeldete bzw schon eingetragene Design vor seiner Bekanntmachung. Das Gegeninteresse des Designinhabers auf sein Recht zur informationellen Selbstbestimmung setzt
zunächst seinen Sachvortrag über in den Akten befindliche, unter bes verfas-
sungsrechtlichem Schutz stehende personenbezogene Informationen voraus,
BGH GRUR 07, 628. Das Geheimhaltungsinteresse erstreckt sich in jedem
Fall auf Aktenteile höchstpersönlichen Inhalts (zB Gesundheitsfragen) und
überwiegt bei vertraulichen Details; Aktenteile, die einen Vergleich betreffen, zählen nicht allein deshalb dazu, BPatG 3 ZA (pat) 89/08 v 23.4.09 –
Umfang der Akteneinsicht = Mitt 09, 325 (Ls, Volltext in juris), zum Informationsanspruch nach dem Verbraucherinformationsgesetz (VIG) s § 19
Rn 9 und Beyerlein, WRP 09, 714 ff.

c) Kein berechtigtes Interesse besteht bei zivilrechtlichen Ansprüchen, 11
zB Unterlassung, Beseitigung (§ 13 UWG, §§ 823, 1004 BGB, Vertrag), aus
denen sich bereits ein Akteneinsichtsrecht ergeben könnte, BPatGE 2, 190;
12, 97; aA 19, 7, denn das DPMA kann zur Entscheidung über die Einsicht
mit einer die zivilgerichtliche Entscheidung faktisch gegenstandslos machenden Wirkung nicht befugt sein. Ferner besteht kein berechtigtes Interesse bei

Behauptung widerrechtlicher Entnahme, BPatGE 8, 5; zur bloßen Ausforschung des geschützten Formenschatzes, auch aus allg beruflichen oder wissenschaftlichen Interesse, BPatGE 12, 97; 14, 180 (PatR für Stand der Technik); 14, 237; 32, 269 oder bloßer Tätigkeit auf demselben Fachgebiet, BPatGE 13, 172; für Pfändungspfandgläubiger, BPatGE 6, 221; bei vertraglichem Verzicht auf Akteneinsicht, BPatGE 6, 166; bei bloßer Befürchtung, das SchutzR zu verletzen, BPatGE 27, 192; wenn der Antragsteller die Schutzrechtsberühmung des Designinhabers provoziert hat; bei Hinweis lediglich von Dritten auf das betreffende entgegenstehende SchutzR, Schulte 31/21; wenn ein Bescheid des DPMA einen unveröffentlichten Beschluss des BPatG zitiert, BPatGE 10, 147; 23, 57. Zu differenzieren wird sein, wenn der Antragsteller das Design aus anderer Quelle kennt: Kein EinsichtsR in Wiedergabe und Akte besteht, wenn der Inhaber nachweisen kann, dass der Verwarnte das geschützte Design aus anderer Quelle, zB durch Präsentation oder Vermarktung kennt und die Identität des geschützten Designs mit dem Erzeugnis des Verwarnten unstreitig ist, Nirk/Kurtze 11/16. Dagegen gibt die Tatsache, dass das Design anderweitig bekannt gemacht ist, dem beliebigen unmittelbaren Konkurrenten noch kein Akteneinsichtsrecht, v Falckenstein FS Beier, 1996, S 490; eher bejahend Nirk/Kurtze 11/19. Zum AkteneinsichtsR in Abwandlungsmuster nach § 8a GeschmMG 1986s Rn 13.

12   **d)** Der Antragsteller hat im Falle des beschränkten AkteneinsichtsR mit Antragstellung die **Gebühr** von 90 EUR (Nr 301 400 Kostenverzeichnis zur DPMAVwKostV, früher 30 EUR) zu entrichten. Bei Nichtzahlung entfällt weder der Antrag iSv § 6 II PatKostG, noch greift der Zahlungsvorbehalt des § 5 I 1 PatKostG, vielmehr gilt die DPMAVwKostV autonom, BPatG GRUR 06, 175 – Schulheftseiten. Der nachträglichen Kostenbeitreibung begegnet das DPMA durch Erhebung eines Kostenvorschusses gem § 7 I DPMAVwKostV mit Rücknahmefiktion bei Nichtzahlung, § 8 I DPMAVwKostV. Im **Verfahren** über den Akteneinsichtsantrag muss das DPMA einerseits das Interesse des Antragstellers an Einsicht gegen das Geheimhaltungsinteresse des Anmelders oder eingetragenen Inhabers andererseits sorgfältig und streng abwägen, BGH GRUR 66, 698, 700 – Akteneinsicht IV; 73, 154, 155 – Akteneinsicht Zusatzanmeldung (= Akteneinsicht XII). Der Antragsteller muss sein Interesse durch ins Einzelne gehende, nachprüfbare Tatsachendarstellung, die zur Grundlage der Entscheidung gemacht werden kann, glaubhaft machen, braucht jedoch keinen strengen Beweis zu führen. Das DPMA hat dem Anmelder/Inhaber den Antrag auf Einsicht nach § 14 II DPMAV unverzüglich zur Stellungnahme zuzuleiten, BPatGE 5, 23; 22, 62 (PatR), damit wird das Verwaltungsverfahren zweiseitig. Unterlässt das DPMA dies, verletzt es den Grds des rechtlichen Gehörs, BGH GRUR 78, 99, 100 – Gleichstromfernspeisung. Bestehen Anhaltspunkte dafür, dass der Antragsteller im Interesse Dritter handelt, insbes bei Rechtsvertretern, muss der Auftraggeber genannt werden, BGH GRUR 66, 700, BPatG 7, 95, jedoch kann ein berechtigtes berufliches Eigeninteresse des Anwalts bestehen, BPatGE 20, 262 (hier: Entscheidungsabschrift). Weil das Akteneinsichtsverfahren die Fortführung des Eintragungsverfahrens nicht hemmt, wird mit Eintragung des betroffenen Designs das bes Einsichtsverfahren gegenstandslos. Die Entscheidung über den Antrag ergeht, falls nicht gem Nr 2 zugestimmt ist, Rn 8, durch beschwerdefähigen Beschluss; Akteneinsicht wird erst nach Rechtskraft der stattgebenden Entscheidung gewährt, Schulte 31/44. Zuständig sind in der Designstelle gem § 22 I DPMAV Bedienstete des gehobenen Dienstes, § 4 WahrnV, soweit der Antragsgegner nicht widersprochen hat, im Übrigen – mangels einer ausdrücklichen Regelung entspr § 26 II 1 – der Bedienstete des höheren Dienstes, da die Abwägung der Interessen rechtlich schwierige Fragen berührt. Im Beschwerde- und Rechtsbeschwerdeverfahren entscheidet in vergleichbarer funktioneller Zuständigkeit das jeweils befasste Gericht, BGH GRUR 83, 365 – Akteneinsicht Rechtsbeschwerdeakten. Der Gegenstandswert eines Beschwerdeverfahrens über Akteneinsicht richtet sich nach dem Interesse an dem von der Akteneinsicht betroffenen eD, nicht nach dem des Antragstellers; Richtwert könnte sein, dass er in der Größenordnung von ¼ des Werts des Hauptsacheverfahrens liegt, so für das formalisierte Marken-Widerspruchsverfahren BPatGE 49, 58 f – Gegenstandswert Akteneinsichtsverfahren mwN (hier 2500 EUR), für das es im Design-R indessen kein Äquivalent gibt, weshalb dieser Wert die absolute Obergrenze darstellen dürfte.

V. Übergangsbestimmungen

1. Zur **Einsichtnahme** in die bis zum 1.7.88 bei der jeweiligen Musterregisterbehörde angemeldeten und bis zum 30.6.03 längstens in Kraft befindlichen Alt-GeschmM, die somit keine Schutzwirkungen mehr haben, s 2. Aufl 11/9. Was die Einsicht in die Akten der vom 1.7.88 an angemeldeten Alt-GeschmM anbelangt, gibt es in der Sache keine Abweichungen von der geltenden Rechtslage; für aktuelle Akteneinsichtsanträge ist auch der geltende § 22 anzuwenden, BPatG GRUR 06, 175 f – Schulheftseiten. Soweit nach § 7 IV, V GeschmMG 1986 eingereichte flächenmäßige Oberflächengestaltung die Darstellung des Musters bildete, kann auch hier Einsicht nur in der Dienststelle Jena genommen werden, dasselbe gilt für ein nach § 7 VI GeschmMG 1986 eingereichtes Modell, § 22 IV 1 DPMAV. Beschränkte Einsicht, s Rn 9 ff, besteht für bei Inkrafttreten des geltenden Ges bereits eingetragene Abwandlungsmuster gem § 8a GeschmMG 1986 während ihrer gesamten Schutzdauer, s zur Aufrechterhaltung eingetragener Abwandlungsmuster die Übergangsvorschriften des § 72 III, 73 IV 1, allg § 12 Rn 18 ff. Ein AkteneinsichtsR in Abwandlungsmuster ist aber gegeben, wenn in die Akten des Grundmusters unbeschränkt Einsicht genommen werden kann, BPatG GRUR 06, 174 – Schulheftseiten, ebenso im Ergebnis v Falckenstein, FS Beier, 1996, S 490, s auch § 12 Rn 21. Für GeschmM, für die die Aufschiebung der Bildbekanntmachung nach § 8b GeschmMG 1986 bei Inkrafttreten des GeschmMG 2004 galt, ist die Aufschiebungsfrist auf 30 Monate nach Prioritätstag verlängert, s § 21 Rn 12, entsprechend verlängert sich die Phase der nur beschränkten Möglichkeit für Akteneinsicht. Wird für solche eD der Schutz nicht nach § 21 II erstreckt, verfällt das eD, § 21 IV 1, weshalb die Beschränkung der Einsicht dauerhaft und bis zum Ende der Aufbewahrungsfrist bestehen bleibt, Rn 7.

2. Die **Aufbewahrung von Erzeugnissen und Modellen** bezügl Alt-GeschmM, also der weiteren Unterlagen iSv § 31 DPMAV, die nach § 7 IV– VI GeschmMG 1986 eingereicht waren, nicht jedoch der Designakten, richtet sich nach dem Schicksal der Anmeldung; soweit sie noch vor Eintragung durch Feststellung der Nichteinreichung (§ 10 IV GeschmMG 1986), durch

13

14

Zurücknahme der Anmeldung (§ 10 V GeschmMG 1986in der ab 1.1.02 geänderten Fassung) oder durch Verzicht auf das eD entfallen ist, gilt nach § 31 Nr 1 DPMAV die einjährige Aufbewahrungsfrist nach Wegfall, ggf nach Eintritt der formellen Rechtskraft des entsprechenden Beschlusses. Ansonsten sind nach § 31 Nr 5 DPMAV Erzeugnisse drei Jahre nach Ablauf der Schutzdauer oder nach Eintragung der Löschung (§ 10c GeschmMG 1986) aufzubewahren. Diese Fristen gelten, soweit nicht der Anmelder oder eingetragene Inhaber auf vorherige Aufforderung des DPMA zuvor die Rückgabe der Erzeugnisse beantragt und ihre Abholung bewirkt oder anderweitig darüber verfügt hat, § 31 DPMAV. Nach Fristablauf werden die Erzeugnisse vernichtet.

15   3. Das **Namensverzeichnis** wurde zum Zweck der Anmelderrecherche in jeder Ausgabe des GeschmM-Blatts in Papierform (bis zum 1.1.04) als alphabetische Zusammenstellung der in dem betreffenden Heft enthaltenen Anmeldernamen veröffentlicht, § 8 III MusterRegV. Darüber hinaus erschienen in halbjährlicher Folge Zusammenfassungen dieser Fortschreibungen. Die Fortschreibung des Namensverzeichnisses war demnach eine Kurzbibliographie mit Querverweis zur Fundstelle im GeschmM-Blatt und mit Hilfe der Aktenzeichenangabe auch in das Musterregister. Das Namensverzeichnis wurde seit 1.7.88 aufgebaut; es enthielt keine Altbestände.

VI. Gemeinschaftsgeschmacksmuster, Internationale Eintragungen

16   1. **Gemeinschaftsgeschmacksmuster.** Nach Art 74 GGV markiert für Register- und Akteneinsicht auch hier die mit der Wiedergabe erfolgte Bekanntmachung des GGM den Beginn der unbeschränkten Einsicht, auch das Verfahren ist grds vergleichbar. Ergänzend werden die HABM-Verfahrensrichtlinien zu Art 84 GMV herangezogen, Ruhl 74/1. In das Register für GGM ist die Einsicht nach Art 73 GGDV für jedermann frei, Internet-Adresse für Recherchen in deutscher Sprache in der Datenbasis eSearch Plus, https://oami.europa.eu, mit Ausnahme der Verfahrensphase, in der nach Art 50 GGV die Bekanntmachung aufgeschoben ist; insoweit ist für Dritte (nicht für den Inhaber) die Registereinsicht auf elementare Registerangaben zur Anmeldung beschränkt, was auch für den Inhalt von angeforderten Registerauszügen gilt. Die Registerdaten des HABM sollen ca ab 2015 auch im Dienst DPMAregister der DPMA abfragbar sein. Die Einsicht in die Akten beim HABM ist nach Art 74 GGV von der Bekanntmachung des eingetragenen GGM an ebenfalls unbeschränkt gegeben. Art 74 IV GGV, 72 GGDV definieren die generell von einer Einsicht ausgeschlossene Aktenteile; dies sind inneramtliche Vorgänge und Aktenteile, die der Anmelder oder Inhaber des GGM aufgrund seines bes Interesses vorab dem Amt angezeigt hat, soweit nicht das Interesse des Einsichtsuchenden auch diesem Interesse vorgeht. Bei beschränkter Akteneinsicht findet nach Art 74 II GGV und 74 II GGDV eine Interessenabwägung statt, soweit nicht der Anmelder oder Inh der Einsicht zustimmt, Art 74 I GGV, anderenfalls muss das Akteneinsichtsinteresse überwiegen; beide Vorschriften heben beispielhaft das Vorgehen aus dem Recht gegen den Einsichtsuchenden bes hervor, wobei Art 74 II GGV etwas weiter formuliert ist. Die Akteneinsicht erfordert nach Art 74 einen Antrag und kostet vorab 30 EUR; es wird ein auch im Internet (http://oami.europa.eu) abrufbares Antragsformular vorgehalten. Sie ist im HABM vorzunehmen, Art 74 III GGDV, und kann nach Wahl des Amts auch anhand einer Aktenkopie oder ihrer elektronisch gespeicherten Form stattfinden. Anstelle der Einsicht kann der Interessent, falls dies genügt, für 10 EUR eine unbeglaubigte, für 30 EUR eine beglaubigte Anmeldungskopie beziehen, oder es können Kopien aus den Akten bestellt werden, die unbeglaubigt 10 EUR, beglaubigt 30 EUR für die ersten 10 kopierten Seiten, für die weiteren Seiten dann 1 EUR/Seite kosten. Auskünfte aus den Akten iSv Art 75 GGDV können für 10 EUR zuzüglich 1 EUR für die über 10 Seiten hinausgehenden Auskünfte beantragt werden, wobei im Falle sehr umfangreicher Auskünfte das Amt nach Art 75 S 2 GGDV verlangen kann, dass stattdessen eine Akteneinsicht im Amt erfolgt. Die Aufbewahrungsfristen für Akten ergeben sich aus Art 76 GGDV. Einzelh der Durchführung der unterschiedlichen Einsichtsmöglichkeiten regelt der Beschluss des Verwaltungsrats des HABM v 24.11.03, ABl 04, 304.

2. In die Akten **Internationaler Eintragungen** nach dem HMA, s allg **17** Int 3 ff, kann unmittelbar keine Einsicht genommen werden, etwa vergleichbar dem § 22 S 2. Möglich ist nach R 32 I GAO iv) bzw v) die Anforderung von Kopien oder von schriftlichen Auskünften ua aus dem Akteninhalt sowie einer Fotografie des ggf eingereichten Designabschnitts gegen Gebühr. Daneben lassen sich nach R 32 I i)–iii) Registerauszüge gebührenpflichtig bestellen. Die älteren Ausgaben des dem Designblatt vergleichbaren „International Designs Bulletin" der WIPO für internationale Eintragungen nach dem HMA in Papierform sind in den Recherchesälen des DPMA in München und Berlin einsehbar. Seit 1999 ist das Bulletin elektronisch geführt, konnte als CD-ROM bezogen werden und ist nunmehr ausschließlich online abfragbar. Eine Sachrecherche nach mehreren Kriterien anhand einer Suchmaske ist mit der „Hague Express Structured Search" möglich (www.wipo.int/ipdl/en/search/hague/search-struct.jsp). WIPO bietet auch eine gebührenpflichtige Namensrecherche im internationalen Register an. Die Gebühren sind in einem umfangreichen Abschnitt des Gebührenverzeichnisses aufgeführt. Zugriff besteht auch über die Datenbank für GGM des HABM, Art 71 III GGDV.

Verfahrensvorschriften, Beschwerde und Rechtsbeschwerde

23 (1) **Im Deutschen Patent- und Markenamt werden zur Durchführung der Verfahren in Designangelegenheiten eine oder mehrere Designstellen und Designabteilungen gebildet. Die Designstellen sind für die Entscheidungen im Verfahren nach diesem Gesetz mit Ausnahme des Nichtigkeitsverfahrens nach § 34a zuständig und mit einem rechtskundigen Mitglied im Sinne des § 26 Absatz 2 Satz 2 des Patentgesetzes zu besetzen. § 47 des Patentgesetzes gilt entsprechend.**

(2) **Im Nichtigkeitsverfahren nach § 34a beschließt eine der Designabteilungen des Deutschen Patent- und Markenamts, die jeweils mit drei rechtskundigen Mitgliedern im Sinne des § 26 Absatz 2 Satz 2 des Patentgesetzes zu besetzen sind. Wirft die Sache besondere technische Fragen auf, so soll ein technisches Mitglied im Sinne des § 26 Absatz 2 Satz 2 des Patentgesetzes hinzugezogen werden. Über die Zuziehung**

eines technischen Mitglieds entscheidet der Vorsitzende der zuständigen Designabteilung durch nicht selbständig anfechtbaren Beschluss.

(3) **Für die Ausschließung und Ablehnung der Mitglieder der Designstellen und der Designabteilungen gelten die §§ 41 bis 44, 45 Absatz 2 Satz 2 und die §§ 47 bis 49 der Zivilprozessordnung über die Ausschließung und Ablehnung der Gerichtspersonen entsprechend. Über das Ablehnungsgesuch entscheidet, soweit es einer Entscheidung bedarf, ein anderes rechtskundiges Mitglied des Deutschen Patent- und Markenamts, das der Präsident des Deutschen Patent- und Markenamts allgemein für Entscheidungen dieser Art bestimmt hat. § 123 Absatz 1 bis 5 und 7 und die §§ 124, 126 bis 128a des Patentgesetzes sind entsprechend anzuwenden.**

(4) **Gegen die Beschlüsse des Deutschen Patent- und Markenamts im Verfahren nach diesem Gesetz findet die Beschwerde an das Bundespatentgericht statt. Über die Beschwerde entscheidet ein Beschwerdesenat des Bundespatentgerichts in der Besetzung mit drei rechtskundigen Mitgliedern; Absatz 2 Satz 2 und 3 gilt entsprechend. Die §§ 69, 73 Absatz 2 bis 4, § 74 Absatz 1, § 75 Absatz 1, die §§ 76 bis 80 und 86 bis 99, 123 Absatz 1 bis 5 und 7 und die §§ 124, 126 bis 128b des Patentgesetzes finden entsprechende Anwendung. Im Beschwerdeverfahren gegen Beschlüsse, die im Nichtigkeitsverfahren nach § 34a ergangen sind, gilt § 84 Absatz 2 Satz 2 und 3 des Patentgesetzes entsprechend.**

(5) **Gegen die Beschlüsse des Beschwerdesenats über eine Beschwerde nach Absatz 2 findet die Rechtsbeschwerde an den Bundesgerichtshof statt, wenn der Beschwerdesenat die Rechtsbeschwerde zugelassen hat. § 100 Absatz 2 und 3, die §§ 101 bis 109, 123 Absatz 1 bis 5 und 7 sowie die §§ 124 und 128b des Patentgesetzes finden entsprechende Anwendung.**

Übersicht

I. Eintragungsverfahren

1. Die **Entwicklung** des § 23 beruht in seinem die Organisation der De- **1** signstelle betreffenden Abs 1 auf einer Übernahme des § 10 I GeschmMG 1986. Erst mit § 10 in der ab 1.7.88 geltenden Fassung erfolgte eine vollständige Regelung der funktionellen Zuständigkeit des DPMA für das Eintragungsverfahren. Der Entwurf 1940 sah einen andersartigen funktionellen Aufbau mit einer Prüfungsstelle (entspr dem Musterregister) und einer für Löschungen und Beschwerden zuständigen GeschmM-Abteilung vor. Zur Geschichte der einschlägigen Musterregisterbehörden s Allg Rn 2 und 2. Aufl 10/1. Im Zuge der Einführung des Nichtigkeitsverfahrens für eD beim DPMA, § 34a, gab der Gesetzgeber die Bildung von Designstellen und Designabteilungen im DPMA vor, wobei die Designstellen für alle Entscheidungen im Verfahren nach dem DesignG zuständig sind mit Ausnahme des Nichtigkeitsverfahrens, welches einer der Designabteilungen zugewiesen wird, Abs 1 S 1u 2, Abs 2. Dass die Designstellen mit einem rechtskundigen Mitglied (§ 26 II 2 PatG) entscheiden, entspricht der Regelung in § 23 I 1 GeschmMG 2004. Abs 2 wurde durch das GeschmMModG eingefügt, Abs 3 besteht aus Abs 1 S 2–4 GeschmMG 2004. Die Regelung des Eintragungsverfahrens durch § 23 lehnt sich an das Patenterteilungsverfahren an. Dies zeigen insbes Abs 1 S 3 und Abs 3 durch Übernahme allg Rechtsinstitute und Verfahrensvorschriften, wobei die Verweisung in Abs 1 S 3 erst mit dem GeschmMModG aufgenommen wurde. Die folgenden Abs 4 und 5 der Vorschrift entsprechen dem das Beschwerde- und Rechtsbeschwerdeverfahren betreffenden § 10a GeschmMG 1986. § 10a GeschmMG 1986 brachte erstmals im GeschmMG selbst und für die vom 1.7.88 an eingereichten Anmeldungen eine einheitliche Regelung des Rechtsmittelverfahrens. Der patentrechtlich orientierte Entwurf 1940 sah ein beim RPA durchzuführendes Eintragungs- und Beschwerdeverfahren vor, der Entwurf 1977 enthielt weder Bestimmungen zur Organisation noch zum Rechtsmittelverfahren. Art 18 I, II des Gesetzes v 24.11.11 (BGBl I 2302) fügte mit Wirkung zum 3.12.11 in die das Verfahren vor dem DPMA und vor dem BPatG betreffenden Verweisungsvorschriften in §§ 23 I 4 und II 3 GeschmMG 2004 (die heutigen Abs 3 S 3 und Abs 4 S 3) Verweise auf § 128a PatG (der durch das Kostenrechtsmodernisierungsgesetz v 5.5.04, BGBl I 718 = Bl 04, 321 eingefügt wurde) ein, der Zeugenentschädigung und Sachverständigenvergütung nach dem JVEG vorschreibt. Art 18 I, III desselben Gesetzes fügte ebenfalls mit Wirkung zum 3.12.11 in die das Beschwerde- und Rechtsbeschwerdeverfahren betreffenden §§ 23 II und III GeschmMG 2004 (die heutigen Abs 4 und 5) Verweise auf § 128b PatG ein, der die Vorschriften des Siebzehnten Titels des Gerichtsverfassungsgesetzes (Rechtsschutz bei überlangen Gerichtsverfahren und strafrechtlichen Ermittlungsverfahren) auf Verfahren vor dem BPatG und dem BGH für entsprechend anwendbar erklärt. Abs 4 S 2 enthält eine neue Verweisung auf Abs 2 S 2u 3, der die Hinzuziehung eines technischen Mitglieds zum gewöhnlichen Spruchkörper betrifft. Abs 4 enthält außerdem einen neuen S 4, der auf § 84 II 2, 3 PatG verweist, womit im Beschwerdeverfahren vor dem BPatG gegen Beschlüsse, die im Nichtigkeitsverfahren nach § 34a ergangen sind, nunmehr eine Kostenentscheidung zwingend ergeht, soweit nicht die Billigkeit eine andere Entscheidung erfordert.

2   **2.** Mit der Einführung des Nichtigkeitsverfahrens für eD beim DPMA, § 34a, machten sich Änderungen in der der **Organisation** und Aufgabenzuweisung im Verfahren nach dem DesignG notwendig. Der Gesetzgeber folgte dem Vorbild der §§ 10 I, III GebrMG, 56 MarkenG und gab die Bildung von Designstellen und Designabteilungen im DPMA vor, Abs 1 S 1. Dabei sind die Designstellen für alle Entscheidungen im Verfahren nach dem DesignG zuständig mit Ausnahme des Nichtigkeitsverfahrens, Abs 1 S 2, welches einer der Designabteilungen zugewiesen wird, Abs 2.

3   **3.** Die **Designstelle,** (von 1988 bis 2004: Musterregister; von 2004 bis 2013: Geschmacksmusterstelle), als die mit dem Eintragungsverfahren für eD befasste Organisationseinheit des DPMA wird mit den ab 1.1.14 geltenden § 23 I S 1u 2 erstmals im Ges selbst angesprochen. Davor fehlte im Gegensatz zu § 27 I PatG, § 10 I GebrMG und § 56 I MarkenG, ein Hinweis auf die Organisationseinheit als solche, dazu 2. Aufl 10/2, auch wenn die Geschmacksmusterstelle in §§ 6 DPMAV, 4 WahrnV bereits vor 2014 erwähnt wurde. Die Designstelle steht funktionell bspw der Gebrauchsmusterstelle des DPMA gleich. Nach § 19 I ist die Führung des Registers für eD (= Register gem Legaldefinition in § 9 IV) eine allg Aufgabe des DPMA, die sowohl nach dem GeschmMG 1986 als auch nach dem GeschmMG 2004 keiner bestimmten Untergliederung zugeordnet wurde. Sie konnte daher gem interner Zweckmäßigkeit von bestehenden Organisationseinheiten wahrgenommen werden. Dies war kraft interner Zuständigkeitsregelung seit 1988 das Musterregister in der Dienststelle des DPA in Berlin (West) und ist seit 1.9.98 die Dienststelle Jena des DPMA, Mitt PräsDPA Bl 95, 1, Mitt PräsDPMA Bl 98, 381, Bl 99, 49). Das rechtskundige Mitglied des DPMA, mit dem die Designstellen zu besetzen sind, Abs 1 S 2, muss nach dem in Bezug genommen § 26 II 2 PatG die Befähigung zum Richteramt

nach dem DRiG haben und DPMA-intern zum Mitglied des DPMA berufen sein. Die Aufgaben der Designstellen sind durch Abs 1 S 2, § 26 II 2 und
§ 6 I DPMAV und deren Delegation durch §§ 4, 7 der WahrnV bestimmt.

4. Den **Designabteilungen,** die nach Abs 1 S 1 zu bilden sind, obliegen 4
die Entscheidungen im Nichtigkeitsverfahren nach § 34a, Abs 2 S 1. Eine
Designabteilung ist nach Abs 2 S 1 ein Spruchkörper, der gewöhnlich aus
drei rechtskundigen Mitgliedern iSv § 26 II 2 PatG besteht, vgl zum rechtskundigen Mitglied Rn 3. Ergeben sich besondere techn Fragen, zB bei der
Beurteilung der ausschließlichen techn Bedingtheit von Erscheinungsmerkmalen iSv § 3 I Nr 1, soll ein techn Mitglied iSv § 26 II 2 PatG hinzugezo-
gen werden, Abs 2 S 2. Hierüber entscheidet der Vorsitzende der jeweiligen
Designabteilung durch nicht selbständig anfechtbaren Beschluss, Abs 2 S 3.
Mit beiden Vorschriften wird die Regelung des § 27 III 2, 3 PatG im
Patent-Einspruchsverfahren vor dem DPMA über die Hinzuziehung eines
rechtskundigen Mitglieds beim Auftreten von besonderen rechtlichen
Schwierigkeiten in einem Einspruchsverfahren spiegelbildlich aufgegriffen.
Allerdings müssen die hinzuziehbaren techn Mitglieder nicht der Designab-
teilung angehören (vgl § 27 III 2 PatG), sondern können entsprechend dem
einschlägigen Fachgebiet der techn Frage ausgewählt werden.

5. Bei **Ausschließung und Ablehnung** sind nach Abs 3 S 1, zugleich in 5
Angleichung an § 27 VI PatG, die dort aufgeführten Vorschriften der ZPO
anzuwenden. Die Regelungen gelten für die in Designsachen tätigen Mitglieder des DPMA, Rn 3, 4, und nach § 26 III auch für Bedienstete – dh
Beamte und Tarifbeschäftigte (= Angestellte) – des gehobenen und mittleren
Dienstes im DPMA, zur Ablehnung von Richtern des BPatG s Rn 37. Die
Voraussetzungen der Ausschließung sind in § 41 ZPO normiert. Sind sie
erfüllt, darf der betroffene Bedienstete bereits kraft Ges im Verfahren nicht
mitwirken. Sache des Verfahrensbeteiligten ist dagegen die Ablehnung, mit
der er sowohl die Ausschließungsgründe des § 41 ZPO als auch die Besorgnis der Befangenheit geltend machen kann, § 42 ZPO. Letztere ist begründet, wenn nach objektiv vernünftiger Betrachtungsweise ein Dritter im Einzelfall zu Recht bezweifeln kann, der Bedienstete werde unparteiisch und
nur an der Sache orientiert entscheiden, bspw engere Bekanntschaft oder
Freundschaft, Feindschaft, Spannungen mit dem Verfahrensbevollmächtigten,
völlig unsachliches Verhalten. Ablehnung ist nicht schon gerechtfertigt,
wenn er irriger – jedoch noch nicht abwegiger – Rechtsauffassung ist,
BPatG GRUR 83, 504, an der von dem Beteiligten bekämpften Rechtsansicht festhält oder Aufklärungshinweise oder -empfehlungen iSv § 139 ZPO
gibt. Der Ablehnungsgrund ist schriftlich anzubringen und glaubhaft zu machen, § 44 I, II ZPO. Er muss sich gegen die einzelne Person, ggf mehrere
und tatsächlich damit befasste Einzelpersonen, nicht die Institution (zB Designstelle, Designabteilung als Ganze, Senat des BPatG als solcher) richten
und darf nicht mutwillig und insofern offensichtlich unzulässig sein. Hält der
Abgelehnte das Ablehnungsgesuch für begründet oder ist bereits dem Gesuch stattgegeben worden, tritt nach Abs 3 S 2 der nach der Geschäftsverteilung des DPMA bestimmte Vertreter an seine Stelle. Für unaufschiebbare
Amtshandlungen gilt § 47 ZPO, eine Abhilfeentscheidung zählt hierzu
nicht, BPatG Bl 85, 140. Das Ablehnungsrecht entfällt nach Einlassung, § 43
ZPO. Die Entscheidung über das Ablehnungsgesuch ist unanfechtbar, zuletzt
BGH GRUR 90, 434 – Wasserventil.

II. Wiedereinsetzung in den vorigen Stand

6   1. Die **Wiedereinsetzung in den vorigen Stand** (= WE) hat den **Zweck,** nachteilige Rechtswirkungen infolge der Versäumung einer der uU zahlreichen zu beachtenden Fristen aufzuheben, bei Gewährung gilt die verspätete Handlung als rechtzeitig vorgenommen, Rn 18. Die Voraussetzungen für die Gewährung der WE ergeben sich durch Verweisung in Abs 1 S 4 auf § 123 I bis V und VII PatG. Zur Abgrenzung der WE-Möglichkeit vom Weiterbehandlungsantrag des § 17s § 17 Rn 3 f. Eine Frist ist nicht versäumt, wenn ein Fristgesuch ein falsches Aktenzeichen nennt, aber die im Schriftsatz enthaltenen weiteren Angaben die richtige Zuordnung möglich machen, BGH NJW 03, 3418, 3419 mwN. Eine Frist ist gewahrt, wenn ein Schriftstück bis Fristablauf in die tatsächliche Verfügungsgewalt des zutreffenden Empfängers, unabhängig von internen Zuständigkeiten und Dienstzeiten, gelangt, BVerfG NJW 91, 2076. Bei Streit über die Einhaltung einer Frist kann in der Hauptsache die Fristeinhaltung geltend gemacht und hilfsweise WE beantragt werden, BGH NJW 97, 1312, 1313; NJW 00, 814.

7   2. a) WE ist nur in **Fristen** bestimmter Rechtsnatur statthaft, § 123 I 1 PatG. Sie müssen zum einen ggü dem DPMA oder BPatG, nicht jedoch ggü dritten Institutionen (zB BGH, s Abs 5 S 2 iVm § 106 I PatG, internationales Amt bei Versäumung dortiger Anmeldung, BPatG 10 W (pat) 36/06 v 31.1.08 – Mehrfach-Funkgerät (PatR), Mitt 08, 428 (Ls), v BPatG veröff unter www.bpatg.de) einzuhalten sein. Die Fristversäumung muss zum anderen kraft Ges unmittelbar einen Rechts- oder auch Kostennachteil zur Folge haben, so dass schon die Fristversäumung als solche – ohne Tätigwerden von Ämtern oder Gerichten – die negative Rechtsfolge verursacht, Benkard/ Schäfers 123/4, 5, zB gesetzl bestimmte Fiktion der Anmeldungsrücknahme, Nichtabgabe der Prioritätserklärung, Erlöschen des eD, Fälligkeit des Verspätungszuschlags. **Wiedereinsetzungsfähig** sind demnach im DesignG folgende Fristen: §§ 14 I 1 (Prioritätsfrist, dh Nachanmeldefrist als solche, § 14 Rn 6), Abs 3 S 3 iVm mit Gegenschluss aus § 123 I 2 PatG, was analog gelten muss für die sechsmonatige Prioritätsfrist aus Anlass von Ausstellungen iSd § 15 I, die im PatG wegen § 3 IV PatG nicht mehr vorgesehen ist; §§ 14 I 1, 15 III 1 (16-Monatsfrist für jeweilige Prioritätsinanspruchnahme); § 21 II 1 iVm § 7 II PatKostG (Erstreckungsgebühr während Aufschiebungsfrist), vgl § 21 Rn 8; § 21 II 2 (Nachreichung der Wiedergabe während Aufschiebungsfrist); Abs 4 S 3 iVm §§ 73 II 1, 79 II PatG (Beschwerdeeinlegung) und iVm § 6 I 1 PatKostG (Beschwerdegebühr); Abs 3 S 3 iVm 123 II 1, 2 PatG (zweimonatige Frist für WE-Antrag einerseits, Nachholung der versäumten Handlung andererseits), so BVerfG NJW 67, 1267, BPatG Bl 83, 306, Benkard/Schäfers 123/53, aA noch BPatGE 19, 46; § 34a II (Monatsfrist für Widerspruch gegen Nichtigkeitsantrag); § 69 III (Stellungnahmefrist bei vorläufiger Schutzverweigerung); im PatKostG sind dies die Zahlungsfristen nach § 6 PatKostG, insbes für die Anmeldegebühr nach § 6 I 2 PatKostG, die Aufrechterhaltungsgebühr ohne Verspätungszuschlag nach § 7 I 1 PatKostG, mit Verspätungszuschlag nach § 7 I 2 PatKostG; schließlich nach § 23 II 1 RPflG die Frist zur Einlegung der Erinnerung gegen eine Entscheidung des Rechtspflegers des BPatG. WE-fähig auch die Frist zur Einlegung der Rechtsbeschwerde nach Bewilligung von Verfahrenskostenhilfe für diese Instanz, BGH GRUR 09, 427 – ATOZ II.

b) Nicht wiedereinsetzungsfähig sind zunächst solche Fristen, deren **8** Versäumung keinen unmittelbar durch Ges bestimmten rechtlichen Nachteil zur Folge haben, sondern zu nachteiligen amtlichen Reaktionen führen. Dies sind zB die amtlich gesetzten Zahlungsfristen bzw Mängelbehebungsfristen des § 16 III, § 16 IV 1, Einzelh § 16 Rn 7, 9; gesetzl oder amtlich gesetzte Äußerungsfristen, BPatG Mitt 66, 153; die amtlich gesetzte Frist zur Bestellung eines Inlandsvertreters; richterliche Fristen, BPatGE 31, 30; Terminierungen vor dem BPatG. Dies sind ferner Fristen für Handlungen, die selbst nicht fristgebunden sind, deren rechtzeitige Vornahme aber Rechtsvorteile erhält, zB Neuheitsschonfrist nach § 6. Schließlich besteht ein gesetzl Ausschluss der WE in folgenden Fällen: Die Frist für den Weiterbehandlungsantrag, die Zahlung der Weiterbehandlungsgebühr, die dabei nachzuholende Handlung, § 17 III; die Jahresfrist für die Beantragung einer WE, § 123 II 4 PatG, BPatGE 34, 197, und für den Verfahrenskostenhilfeantrag, soweit mit ihm nach § 134 PatG eine bereits abgelaufene Zahlungsfrist rückwirkend gehemmt werden soll. Auch die Jahresfrist für die Anhörungsrüge nach § 321a ZPO ist nicht wiedereinsetzungsfähig, Schulte Einl 266/46.

3. a) Der **Antrag** auf WE muss schriftlich gestellt werden, zur Schrift- **9** form Rn 48–50, und muss ein solches Begehren jedenfalls konkludent in der Sache erkennen lassen. Sachvortrag über Einhaltung der Frist sowie vorsorglicher Hinweis, alle Vorkehrungen zur Fristwahrung seien büroseits eingehalten worden, kann als hilfsweiser WE-Antrag interpretiert werden, BGH NJW 06, 1518. **Antragsberechtigt** sind allein der Anmelder bzw der in das Register eingetragene Inhaber, BPatGE 1, 129, BPatG Bl 95, 256, sowie Erbe oder Miterbe, BPatGE 29, 245, und bereits ab Eingang seines Umschreibungsantrags auch der neue Inhaber, BPatGE 3, 141; 24, 128; 49, 56. Die WE vAw findet ohne Antragstellung statt, wenn alle Tatsachen, die die WE begründen, aktenkundig sind und die versäumte Handlung innerhalb der Antragsfrist nachgeholt ist, § 123 II 3 PatG, zB auch, wenn der Inhaber sich der Fristversäumung nicht bewusst war, Schulte 123/41. Das BPatG kann eine vAw mögliche, vor dem DPMA unterbliebene WE selbst nach Ablauf der Ausschlussfrist nach § 123 II 4 PatG nachholen, BPatGE 25, 121. Keine WE vAw, wenn zwar die Postsendung am Vortag des Fristendes eingeworfen wurde, aber ein nicht unerheblicher Teil der Postsendungen nicht innerhalb eines Tages zugestellt werden, OVG Münster, NJW 96, 2809.

b) Die zweimonatige **Antragsfrist** des § 123 II 1 PatG beginnt mit dem **10** Wegfall des Hindernisses, das der Vornahme der fristgebundenen Handlung entgegenstand. Der Fristbeginn ist nach § 187 I BGB, Rn 52, zu bestimmen. WE in die versäumte Frist kann beantragt werden, Rn 5. Unabhängig von der Antragsfrist beginnt bereits mit Ablauf der versäumten Frist die einjährige Ausschlussfrist des § 123 II 4 PatG zu laufen; nach deren Ablauf ist ein WE-Antrag endgültig ausgeschlossen, ein dennoch gestellter Antrag unzulässig. Einzige Ausnahme ist die WE vAw, soweit die begründenden Tatsachen vor Ablauf der Jahresfrist amtsbekannt waren, BPatGE 34, 197; WE in die Ausschlussfrist ist nicht möglich. Im bes Ausnahmefall des vollständigen und dauerhaften Schweigens des DPMA auf eine verspätet gezahlte Aufrechterhaltungsgebühr (keine Bekanntmachung des Erlöschens des SchutzR, keine Gebührenrückzahlung) kann die Jahresfrist auch überschritten werden, BPatG Bl 09, 407 – Überwachungsvorrichtung (Ls).

11   Die **Verhinderung an der Fristeinhaltung** liegt vor, wenn dazu geeignete Umstände den Handlungspflichtigen tatsächlich gehindert haben, die Frist einzuhalten, Benkard/Schäfers 123/14, seien es objektive Hinderungsgründe (zB Verlorengehen einer Postsendung) oder subjektive, zB nicht verschuldete Unkenntnis des Fristendes. Die Verhinderung muss in der Person des Anmelders bzw im Register eingetragenen Inhabers, BPatGE 1, 130 (PatR), Benkard/Schäfers 123/13, vorgelegen haben, nicht in einem Dritten, den mangels formeller Legitimation keine Handlungspflicht trifft. Die Kenntnis oder Unkenntnis des Vertreters von maßgeblichen Umständen wird dem Vertretenen zugerechnet, BGHZ 4, 390, 399, BPatGE 13, 91; 15, 54, soweit die versäumten Handlungen zu seinem Aufgabenkreis gehören, BPatGE 13, 90. Bis zum Eingang eines – erst nach Ablauf der Frist gestellten – Umschreibungsantrags sind die Hinderungsgründe nach den persönlichen Verhältnissen des bisher im Register eingetragenen Inhabers zu beurteilen, BPatGE 49, 56 – Triazolverbindungen, anders dagegen nach Eingang eines Umschreibungsantrags mit Umschreibungsbewilligung noch innerhalb der Handlungsfrist nach denjenigen des Erwerbers, BPatGE 3, 141; 49, 56. Ferner muss der Umstand, der zur Fristversäumung geführt hat, objektiv geeignet gewesen sein, hindernd zu wirken und diese allein und in kausaler Weise auch tatsächlich bewirkt haben. Bewusstes Nichtbeachten des Fristablaufs ist kein solches Hindernis, da objektive Kenntnis vorlag, BGHZ 2, 347, 350, BPatG Mitt 73, 176, auch bei irrtümlicher Motivation, BPatGE 6, 198. Umstände, von denen einer die Nichtbeachtung der Frist schuldhaft macht, nehmen einem ansonsten objektiv geeigneten und nicht verschuldeten Hindernis, zB einem mitursächlichen Fehler des DPMA, die allein maßgebliche Kausalität, BGH GRUR 74, 679, 680 – Internes Aktenzeichen; NJW 97, 1312, 1313; BPatGE 19, 43, jedoch kann Organisationsverschulden durch nachfolgende objektiv überholende Kausalität wirkungslos werden, BGH NJW 07, 2778, 2779. **Wegfall des Hindernisses** ist bei Unkenntnis oder Irrtum der Zeitpunkt, zu dem der Handlungspflichtige die Fristversäumung und damit die Notwendigkeit der Antragstellung und Nachholung der Handlung bei Aufbieten zumutbarer Sorgfalt, BGH NJW 59, 2063, BPatGE 13, 90; 15, 54, BPatG Mitt 73, 170 mwN, hätte erkennen können, BPatG Mitt 73, 170, BPatGE 15, 54, zu den Anforderungen bei Überlagerung zweier Fristen BPatG GRUR 09, 94 – Dreidimensionale Daten; Benkard/Schäfers 123/54, insbes bei positiver Kenntnis. Es kommt auf die tatsächliche Kenntnis oder das Kennenmüssen der betreffenden Person an, nicht auf fiktive Vorgänge, zB nicht auf den Zeitpunkt einer kraft Gesetzes fingierten Zustellung, mag dieser vor oder nach der tatsächlich zurechenbaren Kenntnisnahme liegen, BPatGE 19, 50.

12   c) Die **Begründung** des WE-Antrags muss innerhalb der Antragsfrist, Rn 8, vorgelegt werden, § 123 II 2 PatG. Im Einzelnen ist verständlich und sachlich in sich geschlossen darzulegen, wer, wann und aus welchem Grund die Frist versäumt hat und welche Vorkehrungen gegen Fristversäumnisse beim Antragsteller oder seinem Vertreter getroffen waren, BGH NJW 08, 3501; BPatGE 29, 246, dass also das Verschulden an der Fristversäumung nach Auffassung des Antragstellers damit ausgeschlossen werden kann. Ferner muss ausgeführt werden, wann das Hindernis weggefallen ist, um damit auch die Rechtzeitigkeit der Antragstellung nachzuweisen. Dieser Sachvortrag muss die relevanten Tatsachenkomplexe vollständig angesprochen haben.

Das Nachschieben weiterer, neuer Gründe nach Ablauf der Antragsfrist ist unzulässig, BGHZ 2, 342, 345; 5, 157, 160, BGH NJW 91, 1892, Kirchner Mitt 72, 26. Allerdings sind nachgereichte Erläuterungen unklarer und Vervollständigungen zu fristgerecht vorgetragenen Tatsachenkomplexen zulässig, BGH aaO, NJW 98, 1870; sie dürfen die Begründung jedoch nicht auf eine andere Grundlage stellen, BPatGE 19, 46. Dem DPMA obliegen nach § 139 ZPO begrenzte Aufklärungs- und Hinweispflichten, BGHZ 5, 161, – bei schadhaftem Telefax-Empfangsgerät s Rn 16 –, die aber nicht die zutreffende Begründung nahelegen dürfen, Benkard/Schäfers 123/51 mwN. Die so vorgetragenen Tatsachen müssen zusätzlich **glaubhaft gemacht** werden; die Anforderungen sind weniger streng als an Beweismittel; vorzulegen ist eine eidesstattliche Versicherung, § 294 ZPO, des Antragstellers selbst und/oder Dritter; soweit sachlich erschöpfend, reichen amtliche Bescheinigungen, Atteste, Sendeprotokolle bei Fax, unbeglaubigte Kopien von Vorgängen und anwaltliche Versicherung aus. Die Belege müssen vorgelegt werden; die Anregung an das DPMA, diese zu beschaffen, genügt ebenso wenig, BGH Bl 59, 229, wie das bloße Angebot der Vorlage. Ein Empfangsbekenntnis macht eine Zustellung nicht glaubhaft, wenn die Kenntnisnahme auch früher möglich war, BPatGE 19, 50. Mittel zur Glaubhaftmachung der – inhaltlich rechtzeitig vorgetragenen – Tatsachen können bis zur Entscheidung über den Antrag nachgebracht werden, § 123 II 2 PatG. Amts- oder gerichtsbekannte Tatsachen, zB Akteninhalt oder allg bekannte Vorgänge, brauchen nicht glaubhaft gemacht zu werden, RGZ 131, 264; Schulte 123/44, Verweis darauf ist aber zweckmäßig. Erscheint Glaubhaftmachung der Fristwahrung als Zulässigkeitsvoraussetzung eines Rechtsmittels ungenügend, ist Vollbeweis zu erheben und zuvor rechtliches Gehör zu gewähren, BGH NJW 07, 1457.

d) Die **Nachholung der versäumten Handlung,** zB Gebührenzahlung, Antragstellung, muss innerhalb der zweimonatigen Antragsfrist, Rn 8, formgerecht stattgefunden haben, § 123 II 3 PatG. WE in diese Frist ist möglich, dies wird auch hier begrenzt durch die einjährige Ausschlussfrist des § 123 II 4 PatG nach Ablauf der versäumten Frist, nicht der ggf dann noch nicht abgelaufenen Nachholungsfrist, BPatG 10 W (pat) 701/06 v 30.11.06 veröff unter www.bpatg.de. Die Nachholung kann den Antrag ersetzen, wenn dem Nachholenden die Fristversäumung nicht bewusst war, Schulte 123/43. Soweit diese Tatsachen vollständig aktenkundig oder offenkundig sind, kann das DPMA die WE aufgrund der Nachholung gewähren, selbst wenn wegen Fristversäumnis bereits eine Entscheidung ergangen ist, Schulte aaO. Das BPatG kann unter diesen Voraussetzungen auch außerhalb der Jahresfrist des § 123 II 4 PatG vAw WE gewähren, wenn das DPMA diese Möglichkeit übersehen hat, BPatGE 25, 121.

4. a) Verschulden an der Fristversäumung liegt im **Grundsatz** vor, wenn der Handlungspflichtige die gebotene und ihm nach den konkreten Umständen auch zumutbare Sorgfalt vermissen ließ, BGH NJW 85, 1710, 1711, BPatGE 24, 129; 24, 142, BPatG Bl 00, 166, es genügt also Fahrlässigkeit. Beurteilungsmaßstab ist, welche Vorkehrungen ein gewissenhafter Handlungspflichtiger in gleicher Lage gegen die Fristversäumung objektiv getroffen hätte und ob diese im Einzelfall von ihm erwartet werden konnten. Der subjektive Maßstab führt dazu, dass an Anwälte weit strengere Anforderungen gestellt werden, Rn 13, als an Rechtsunkundige. Wegen des Maßstabs der persönlichen zumutbaren Sorgfalt hat auch ein juristischer Laie sich zu erkundigen, Schulte 123/78, zB nach Form und Frist BGH NJW 97, 1989, und Bescheide des DPMA sorgfältig zu lesen. Zwar dürfen Fristen voll ausgeschöpft werden, dann ist aber erhöhte Sorgfalt geboten BGH NJW 99, 430; NJW RR 99, 1006, 1007. Die Berufung auf mangelnde Sorgfalt in eigenen Angelegenheiten ist ausgeschlossen, ebenso die Freizeichnung durch Beauftragung möglicherweise unsorgfältiger Dritter, BPatGE 24, 129. Verbleibt nach dem Sachvortrag noch eine Möglichkeit des Verschuldens, ist WE ausgeschlossen, BGH NJW 92, 574.

15   b) Das **Verschulden des Vertreters** wird dem Vertretenen zugerechnet, § 85 II ZPO, BPatGE 1, 134; 7, 232. Vertreter sind auch Untervertreter, Terminsvertreter, Allgemeine Vertreter isv §§ 46 PAO, 53 BRAO, Urlaubsvertreter, – auch ausländische – Korrespondenzanwälte, RGZ 115, 73, die Anwälte einer als solcher beauftragten Sozietät, BGH NJW 91, 2294; angestellter Anwalt, BPatG Mitt 74, 32, das Mitglied eines Patentbüros, BPatGE 1, 134, der den Schriftverkehr mit dem Verfahrensbevollmächtigten führende Nichtanwalt, BPatGE 1, 134; 13, 91, der mit einer einzelnen Verfahrenshandlung Beauftragte, BPatGE 13, 207, der Zustellungsbevollmächtigte, PA Bl 55, 259, BPatGE 1, 135, der Leiter einer Patentabteilung, BPatGE 7, 233, der vollmachtlose Vertreter bei späterer Genehmigung, RGZ 138, 354, Prokuristen und Handlungsbevollmächtigte, letztere für ihren Bereich, Benkard/Schäfers 123/18. Die Dauer der Vertretung reicht bei Anwälten von der Annahme des Mandats, BGHZ 47, 320, 322; 50, 82, 83, jedoch nicht schon der Beauftragung, bis zur Niederlegung; bei anderen Vertretern von der Bevollmächtigung bis zu ihrem Erlöschen. Keine Vertreter sind der mit einer Einzahlung beauftragte Bote, BPatGE 18, 199, Ersatzpersonen bei Zustellung, zB die Ehefrau, BPatGE 2, 206. Versäumnisse von nicht bevollmächtigten **Hilfspersonen** werden dem Vertretenen nicht zugerechnet. Sie sind jedoch zurechenbar, wenn der Auftraggeber selbst die gebotene Sorgfalt verletzt hat, indem er die notwendigen Vorkehrungen gegen Fehlleistungen dieser Hilfspersonen unterlassen hat, Einzelh Rn 14.

16   c) An die **Sorgfaltspflicht des Anwalts** werden von der Rspr strenge Anforderungen gestellt, jedoch dürfen diese nicht überspannt werden, falls insbes dadurch das rechtliche Gehör beeinträchtigt wird, BGH NJW 07, 1455, 1456, daraus können sich Hinweispflichten der Behörde ergeben, BGH GRUR 08, 837, 838 – Münchner Weißwurst, zB bei frühzeitig feststellbarem Unterschriftsmangel, BGH Mitt 09, 91 – Fehlende Unterschrift (Ls). In jüngerer Zeit gewinnt auch der Gesichtspunkt des Anspruchs auf Gewährung wirkungsvollen Rechtsschutzes (Verfahrensgrundrechte, Art 2 I GG iVm dem Rechtsstaatsprinzip, Art 20 III GG) an Gewicht, vgl BGH NJW 06, 1521. Die Pflicht des Anwalts betrifft die eigene Sorgfalt, die Büroorganisation und den Einsatz von Hilfspersonen. Berufliche Überlastung, BGH NJW 96, 997, 998, oder Zeitdruck vor Urlaub oder durch Vertretung eines Abwesenden befreien nicht von sorgfältiger Durchsicht des Posteingangs und -ausgangs auf Fristsachen, BAG Bl 56, 66, BGH GRUR 74, 679, 680 – Internes Aktenzeichen. Abwesenheit, Krankheit, Tod oder sonstige Unterbrechung des Geschäftsbetriebs, BPatGE 3, 225, müssen durch Vertretung oder sofortige Übernahme durch den Sozius aufgefangen werden, BGH MDR 61, 305, Benkard/Schäfers 123/24a mwN. Der Anwalt hat sich bei Unklarheiten, Rechts- und Verfahrensänderungen über die Rechtslage zu vergewissern, BGH NJW 55, 1358, MDR 61, 305, NJW 76, 627, 628, BGH in BPatGE 7, 273, BPatGE 16, 54. Vorsorge für den Fall ungünstiger Entscheidung einer rechtlichen Zweifelsfrage ist zu treffen, BGHZ 5, 275, 279; 8, 47, 55. Das Büro muss so organisiert sein, dass Eingaben richtig adressiert werden, zB auch die zutreffende Telefax-Nr gewählt wird, BGH NJW 99, 583, 584, BGH Mitt 04, 94 (Ls). Die persönliche Überprüfung der Höhe zu zahlender Gebühren, der Überweisungsformulare auf Vorhandensein, Betrag und Unterschrift ist erforderlich, BPatGE 18, 211, BPatG Mitt 76, 219, Schmieder GRUR 77, 245, auch mehrstufige Kontrolle bei Vorbereitung einer Überweisung, s BPatGE 2, 135. Ist der Anwalt nicht mit der Einzahlung von Gebühren beauftragt, bestehen insoweit nur Unterrichtungs- und Hinweispflichten, BPatGE 13, 94; allerdings hat er Mitteilungen an den Mandanten auch dann weiterzuleiten, wenn er angewiesen ist, in der Sache nichts mehr zu unternehmen, BPatGE 15, 55, aA Giliard Mitt 74, 45, Reinländer Mitt 74, 46. Bei Fristsachen, insbes unüblicher Fristsetzung trifft den Anwalt eine noch gesteigerte persönliche Prüfungspflicht, BGH BB 91, 932, BPatGE 9, 132; 16, 54, bei überörtlicher Sozietät ist idR der örtliche bzw zugelassene Anwalt für die Fristenkontrolle zuständig, BGH NJW 94, 1878; 97, 3178. Der Anwalt muss die Vollständigkeit einer fristwahrenden Eingabe, BGH GRUR 79, 626, 628 – Elektrostatisches Ladungsbild, und die zutreffende Bezeichnung des Vertretenen überprüfen, BPatGE 16, 49, zur fehlenden Unterschrift s BGH NJW 06, 1521, 1522. Ausgangskontrollen sind erforderlich BGH NJW 91, 1178 f; 93, 732; 97, 1313, BPatGE 32, 34. Notwendig sind Fristenkalender, Sicherstellung der Eintragungen durch geeignete Hilfspersonen und deren Kontrolle, BGH BB 04, 1189, BPatG GRUR 74, 354, Mitt 76, 219, Notierung von Vorfristen, BGH Bl 52, 438, 439, GRUR 01, 411, 412 – Wiedereinsetzung V, Löschung von Fristen erst nach vollständiger Erledigung des Vorgangs (Weggabe zum Postversand, Faxabgang gem Sendeprotokoll), PA Mitt 55, 58; BVerfG NJW 07, 2839, nochmalige Überprüfung der Einhaltung ordnungsgemäß eingetragener Fristen, BGH Mitt 04, 328. Das verspätete Auffinden einer günstigen Entscheidung rechtfertigt WE nicht, BGH Mitt 09, 292 (Ls) – Entscheidungsfund.

Hilfspersonen des Anwalts insbes die Angestellten der Kanzlei, müssen, **17** um Verschulden auszuschließen, sorgfältig ausgewählt, geschult, erprobt, zuverlässig sein und gemäß ihren Fähigkeiten immer wieder stichprobenartig überprüft werden, BGH VersR 81, 853, BPatG Mitt 87, 199. Die einmalige Fehlleistung der Hilfskraft ist nicht ohne weiteres Indiz für eine mangelhafte Unterweisung und Überwachung, BPatGE 13, 95. Dafür qualifiziertes und eindeutig bestimmtes Hilfspersonal darf den Fristenkalender führen und einfache Fristen überwachen, BGH NJW 65, 1021, GRUR 01, 411, 412 – Wiedereinsetzung V; NJW 06, 1520, 1521, ferner gängige Gebührenzahlung überwachen, BPatG 26, 116, ausgehende Post und Faxabsendungen kontrollieren, BVerfG NJW 96, 309, 310, Vorstehendes jedoch nicht bei ungewöhnlichen Angelegenheiten, zB nach Änderungen des anzuwendenden Rechts, BPatGE 9, 132; Überprüfung durch Anwalt bei Vorlage, nicht erst bei Bearbeitungsaufnahme der Akte ist trotz der erwähnten Befugnisse des Hilfspersonals notwendig, BGH NJW 76, 627, 628; 97, 1311; 97, 1708, 1709, zB Korrekturlesen eines diktierten Rechtsmittelauftrags mit Fristangaben, BGH NJW 96, 853. Eingaben in einen elektronischen Fristenkalender müssen wegen Tippfehlergefahr von zweiter Person überprüft werden, FfM NJW 09, 605; OVG Lüneburg NJW 09, 616. Nach Vorlage einer Fristsache an den sachbearbeitenden RA kurz vor Fristablauf ist dieser für Fristeinhaltung verantwortlich, BGH NJW 97, 1311. Über allg Arbeitsanweisungen hinaus bedarf die Ausführung bes Aufgaben der Einzelanweisung, BGH NJW 80, 457. Einzelanweisungen im konkreten Fall haben Vorrang vor allg Kanzleiorganisation, BGH NJW RR 99, 715, 716. Der Anwalt kann sich bei ordnungsgemäßer Büroorganisation auf die Ausführung mündlicher, BGH NJW 92, 1632, insbes bes klarer Anweisungen verlassen, BGH NJW 91, 1179. Unerwartet eigenmächtiges oder unverständliches Handeln einer Hilfsperson können Verschulden des Anwalts ausschließen, BGH Bl 58, 263, BPatGE 13, 94 f. Der WE-Antrag muss detaillierte Angaben über die getroffenen Vorkehrungen gegen Fehlleistungen des Hilfspersonals enthalten.

18   **d) Einzelfälle,** vgl die Zusammenstellungen der BGH-Rspr v Born, NJW 07, 2088, NJW 05, 2042; Müller NJW 00, 322, 334; NJW 98, 497, NJW 95, 3224: **Abwesenheit, Urlaub:** Privatpersonen brauchen für übliche, zB urlaubsbedingte Abwesenheitszeiten im Hinblick auf mögliche, aber zeitlich nicht absehbare Zustellungen keine bes Vorsorge zu treffen. Der Jahresurlaub, bis zu 6 Wochen, braucht nicht in die allg Ferienzeit zu fallen. Insoweit ist kein Nachsendeauftrag, keine Bestellung eines Zustellungsbevollmächtigten oder einer sonstigen vertrauenswürdigen Empfangsperson erforderlich, anders bei häufigerer oder längerer beruflicher Abwesenheit, BVerfG NJW 76, 1537. Unternehmen und Anwaltsbüros müssen auch bei plötzlicher Geschäftsreise für Vertretung sorgen, PA Mitt 25, 185, Bl 53, 262. Postvollmacht genügt bei voraussichtlich längerer Abwesenheit nicht, PA Bl 55, 190. Bes Vorkehrungen sind zu treffen, wenn etwa aufgrund Terminsberichts des Anwalts mit einer Zustellung zu rechnen ist, dann ist auch für Erreichbarkeit über Mobilfunk zu sorgen, BGH BB 03, 332 (Ls). **Änderung der Rechtslage oder Rechtsprechung:** Für eine Übergangszeit kann die Nichtbeachtung in engen Grenzen entschuldbar sein, BPatGE 1, 20; 6, 198; Hilfspersonen müssen rechtzeitig geschult werden. Nachträglich bekanntgewordene Änderung der Rspr begründet WE-Antrag, BPatGE 6, 198. Mit Gebührenerhöhungen ist üblicherweise zu rechnen, insbes bei allg Bekanntmachung im Bl, BPatG Mitt 08, 26, (Ls). **Fehler der Behörde:** Falschbelehrung, insbes bei Anschein der Vollständigkeit, BPatGE 11, 234; 13, 209, Nichtberücksichtigung unterdessen geänderter Rechtsprechung, BPatGE 27, 214, oder andere amtliche Fehlhandlungen (Nachlässigkeit, unzutreffender Vordruck, Falschzustellung), die zu Fehlern verleiten, begründen die WE, RGZ 129, 175; 145, 252, ebenso nicht erkennbare Fehler, zB Druckfehler im Pat-/DesignBl, RGZ 125, 63, oder Unwirksamkeitsgründe, BPatGE 16, 6. Falsche mündliche Auskünfte entlasten einen Anwalt jedoch nicht, BGH Mitt 94, 280, auch nicht erkennbar nicht abschließend gemeinte Hinweise, und nicht erkennbare Unrichtigkeit oder Unvollständigkeit, BPatGE 16, 6; BPatGE Mitt 86, 115. **Gebührenzahlung:** Der Zahlungspflichtige oder sein Vertreter muss die Höhe und Rechtzeitigkeit selbst feststellen, die Ausführung durch eine Hilfsperson kontrollieren, BPatGE 18, 211, Mitt 76, 219. Nur die durchschnittliche Überweisungsdauer braucht einkalkuliert zu werden, BGH Mitt 60, 59, nicht eine unvorhersehbar ungewöhnlich lange Dauer, BPatGE 3, 143. Danach sind heute zumindest 3 Bankgeschäftstage für die Überweisung zuzüglich ein bankinterner Geschäftstag für die Gutschrift auf dem Empfängerkonto einzukalkulieren, vgl auch §§ 676a II Nr 2, 676g I 1 BGB, BPatG 10 W (pat)

715/02 v 1.9.05 (veröff in juris), veraltet BPatGE 18, 155 (1 Woche), nur 1 Tag Laufzeit begründet Verschulden, BPatG 32 W (pat) 25/03 v 23.4.03 (veröff unter www.bpatg.de) sowie Bericht in GRUR 08, 616 mwN. Bei knapper Frist muss im Zweifel eine schnellere Überweisungsart, dazu § 16 Rn 22, gewählt werden, BPatGE 21, 81. Unerfahrenen Anmeldern kann uU Unkenntnis zugutegehalten werden, BPatG Mitt 80, 39, aA Benkard/Schäfers 123/38. **Krankheit, Unfall:** Nicht sogar extreme Arbeitsüberlastung, jedoch plötzliche auftretende Erkrankungen, Unfälle, BGH NJW 98, 2677, Depressionen, PA Mitt 38, 253, auch die überraschende Notwendigkeit einer Operation, RG JW 35, 2557, nicht jedoch vorhersehbare, insbes wiederholte Erkrankungen, BPatGE 21, 230; BPatG 7 W (pat) 15/07 v 9.7.08 (veröff unter www.bpatg.de), können Fristversäumnisse entschuldigen. Dies gilt auch bei derartigen Erkrankungen von Hilfspersonen, PA Mitt 25, 185; BGH Mitt 04, 328 (Ls). Zu unzureichendem ärztlichem Attest BPatG Mitt 07, 559 (Ls). **Postlaufzeit, sonstige Verzögerung:** Die normale Postlaufzeit, insbes nach Maßgabe der offiziellen Aussagen über die regelmäßigen Postlaufzeiten, ist einzukalkulieren, ihre Beachtung aber auch ausreichend, BVerfG NJW 80, 769 mwN; 83, 1479; BGH NJW 99, 2118; BVerfG Mitt 01, 230, NJW 01, 744, 745; BPatGE 21, 81. IdR genügen drei Werktage, BAG NJW 95, 2575. Daher sind nicht konkret voraussehbare Verzögerungen, zB vor Feiertagen oder an Wochenenden, unschädlich, BVerfG NJW 92, 1952; 94, 1857; Mitt 01, 230; BGH Mitt 08, 92 (Ls); BPatGE 23, 92; anders bei vorhersehbarer Unterbrechung, zB Poststreik, BGH NJW 93, 1332; 93, 1333. Die Nachlässigkeit eines Postbediensteten ist nicht zurechenbar, BVerfG NJW 80, 769. Besteht Anlass für Zweifel an der Einhaltung der normalen Postlaufzeit, ist eine Postauskunft vorzulegen oder vAw einzuholen, BVerfG Mitt 01, 230. Kurierdienste dürfen eingeschaltet werden, die Darlegungslast zur Zuverlässigkeit solcher Dienste darf nicht überspannt werden, BVerfG Mitt 00, 73, 75. Unvorhersehbare Verzögerungen, wie Unfall, ungewöhnlicher Verkehrsstau, BGH NJW 99, 724, 725, können bei persönlicher Vornahme von Handlungen die WE begründen, wenn die Handlung auf zumutbare andere Weise nicht mehr möglich war. Der Anwalt muss bei rechtzeitiger Absendung nicht beim Empfänger nachfragen, BVerfG NJW 92, 38. Mit einer um 5 Arbeitstage verzögerten Weiterleitung einer im selben Instanzenzug fehladressierten Sendung muss gem der insoweit zu übenden Fürsorgepflicht der Instanzen nicht gerechnet werden, BGH NJW 06, 3499. Zu zeitzonenbedingten Verzögerungen s Bericht in GRUR 08, 616 mwN. **Rechtsirrtum:** Irrtum über die Rechtslage, mangelnde Kenntnis oder irrige Auslegung einschlägiger Vorschriften rechtfertigen idR die WE nicht. Dies gilt auch für Ausländer, PA GRUR 51, 509, und bei schlechten Deutschkenntnissen, BPatG 9 W (pat) 28/07 v 16.6.08 (veröff unter www.bpatg.de), in bes Maß für Anwälte auf einem kanzleiüblichen Rechtsgebiet, BGH NJW 71, 1704; 78, 1486; BPatGE 9, 132; 16, 54; 26, 9. Anders bei unvermeidbarem Rechtsirrtum, BPatGE 13, 208 mwN, zB Falschbelehrung, unübersichtlicher Rechtslage, PA Mitt 35, 318, BGH in BPatGE 1, 245; BPatGE 31, 268; BPatG Bl 00, 166, unüblicher Bekanntmachung von Bestimmungen, PA Bl 53, 403, irreführendem Zitat in einem Kommentar bei schwieriger Rechtslage, BPatGE 7, 36, zweifelhafter Rechtslage, BPatG Bl 62, 168, mit ungewöhnlicher Fallgestaltung, BGH GRUR 62, 384, 386 – Wiedereinsetzung III. Rechtsunkundige können auf eine nicht erkennbar unrichtige Auskunft eines Anwalts, der nicht ihr Vertreter ist, vertrauen, sie dürfen aber nicht auf eine mündliche Auskunft vertrauen, die im Widerspruch zu einer schriftlichen amtlichen Belehrung des DPMA steht, BPatG 5 W (pat) 15/00 v 23.12.00 (unveröff). **Telefax:** Auf die Funktionsfähigkeit des amtlichen Empfangsgeräts auch nach Dienstschluss ist Verlass, BGH NJW 94, 1881, dessen Defekt, zB verstümmelter Empfang, BGH NJW 06, 3500, oder ständige anderweitige Belegung unschädlich, jedoch Nachweis durch Sendeprotokoll erforderlich. Von diesem nicht aufgezeigte Störungen im Übertragungsweg sind unverschuldet, BGH NJW 06, 1520; mit Blockade bei äußerst umfangreichem Schriftsatz in späten Nachmittagsstunden muss allerdings gerechnet werden, dann muss wiederholt Übertragung bis Fristablauf versucht werden, BVerfG NJW 07, 2838. Das Sendeprotokoll muss zwar nicht aufbewahrt, BGH NJW 93, 732, jedoch erstellt und sogleich – rechtzeitig genügt, BGH NJW 07, 601, 602 – auf Unstimmigkeiten überprüft werden, BGH NJW 94, 1879; 97, 948; GRUR 00, 1010, 1011 – Schaltmechanismus; Mitt 02, 475 (Ls), allerdings nicht, soweit darin die Empfängerkennung unterdrückt ist, BGH CuR 02, 425. Für Störungen des Sendegeräts gelten die allg Sorgfaltspflichten des Übersenders, zB BGH NJW 07, 601, 602, ggf muss noch ein anderer, rechtzeitiger Übermittlungsweg gewählt werden. Das DPMA braucht zwar auf ein fehlerhaft empfangenes Telefax nicht hinzuweisen, BPatGE 33, 29. Dies ist jedoch angeordnete Amtspraxis, die einen Vertrauenstatbestand begründet. Bei automatisierter Übernahme einer Telefax-Empfänger-Nr aus einem Datenbank-Stammblatt muss dieses auf Vorhandensein oder Änderungen kontrolliert werden, BGH NJW CuR 00, 368. **Verlust von Schriftstücken:** Die gebotene und zumutbare Sorgfalt bei der Behandlung muss beobachtet werden, BGHZ 23, 293. Wiederholter Verlust lässt auf Organisationsverschulden schließen, BPatGE 34, 192. Verlust außerhalb des Verantwortungsbereichs des Handlungspflichtigen, zB bei der Post oder im DPMA, ist unverschuldet, die Umstände des Verlusts brauchen dann nicht aufgeklärt zu werden, BGHZ aaO, BGH NJW 74, 994. Einschreiben statt gewöhnlicher Briefsendung ist nicht erforderlich, BGH NJW 58, 2015, 2016, NJW 74, 994. Eine Nachforschungspflicht besteht nur unter bes Voraussetzungen, BGH NJW 97, 1312, wenn zB der Anwalt in einer Fristsache schriftlich Weisung erbittet und die Antwort ausbleibt, RG Bl 23, 5, BGH NJW 58, 2016. **Zustellung:** Unkenntnis der Zustellung ist nur in Ausnahmefällen ein WE-Grund, zB bei unverschuldeter Unkenntnis von der schriftlichen Mitteilung über die Niederlegung im Postamt oder bei unverschuldeter Unkenntnis eines Ausländers von öffentlicher Zustellung, BGH Bl 58, 34, bei Nichtweitergabe des Schriftstücks durch Ersatzperson (Ehefrau), BPatGE 2, 206, irreführendem Vermerk auf Postbenachrichtigung, PA MuW 40, 60, idR bei fehlendem Zustellungsvermerk auf Briefumschlag, RG JW 31, 2365. Keine WE bei fehlender Überprüfung der gleichzeitigen Zustellung mehrerer Fristsachen, BPatGE 7, 233, bei Unterlassen von Erkundigungen über Zustellungstag bei fehlendem Zustellungsvermerk auf Briefumschlag, RG aaO. Der Anwalt muss Zustellung an ihn und Fristablauf in den Akten vermerken, RG Bl 37, 219; BGH NJW 92, 574. Das Datum im Empfangsbekenntnis gilt, nicht der Eingangsstempel des Anwaltsbüros, BGH VersR 92, 119.

19   **5.** Die **Entscheidung über den Wiedereinsetzungsantrag** trifft die nach § 123 III PatG zuständige Stelle, also Designstelle, Designabteilung oder BPatG. Dies gilt für das DPMA auch bei Versäumung der Beschwerdefrist, soweit es mit der Gewährung der WE zugleich der Beschwerde abhilft, Rn 34, dagegen ist bei beabsichtigter Versagung die Beschwerde zusammen mit dem WE-Antrag dem BPatG vorzulegen. Unzulässig ist daher eine Gewährung der WE ohne Abhilfe der Beschwerde, vielmehr ist das BPatG dann auch für den WE-Antrag zuständig, BGH GRUR 09, 521, 522 – Gehäusestruktur und BPatG GRUR 08, 936 – Gehäusestruktur. Das BPatG kann ausnahmsweise aus verfahrensökonomischen Gründen über einen das Verfahren vor dem DPMA betreffenden Antrag befinden, BPatG 10 W (pat) 704/99 v 10.1.01, insbes, wenn der WE-Antrag erst im Beschwerdeverfahren gestellt wird, BPatG 10 W (pat) 707/01 v 26.8.04 (beide unveröff). Funktionell zuständig ist im Eintragungsverfahren nach Abs 3 S 3 iVm § 123 III PatG regelmäßig der Bedienstete des gehobenen Dienstes, weil er in den meisten Fällen über die nachgeholte Handlung zu befinden hat. Die Zuständigkeit ergibt sich insbes auch aus § 7 I Nr 1 WahrnV, der über die Geschäfte des § 4 I WahrnV (nicht bei rechtlichen Schwierigkeiten) hinaus Bediensteten des gehobenen Dienstes die Zuständigkeit eröffnet, sofern sie über die nachgeholte Handlung zu entscheiden haben. Einem anderen Verfahrensbeteiligten muss rechtliches Gehör gewährt werden, BVerfG NJW 80, 1095, 1096, NJW 82, 2234, ebenso dem Antragsteller, wenn veränderte Nachweispflichten statuiert werden, BVerfG NJW 95, 2544, 2545. Verletztes rechtliches Gehör des Antragsgegners gibt, soweit grds zulässig, der entscheidenden Stelle die Möglichkeit, die Entscheidung vAw zu korrigieren, BGH NJW 95, 2497. Mit der Hauptsache verbundene oder gesonderter Entscheidung ist möglich, § 238 I ZPO. Soweit mündliche Verhandlung vor dem BPatG vorgeschrieben ist, gilt dies auch für das WE-Verfahren, BPatGE 16, 49; es besteht keine Bindung an einen Antrag auf mündliche Verhandlung allein über die WE. Trotz Antrags erfolgt keine mündliche Verhandlung bei unzulässiger Beschwerde und bei beantragter WE in die Frist zur Zahlung der Beschwerdegebühr, BPatGE 1, 136. Die Entscheidung ergeht vor DPMA und BPatG durch Beschluss. Die Gewährung der WE ist nach § 123 IV PatG nicht anfechtbar, BPatG Mitt 91, 63, BGH Mitt 03, 141. Gegen die Versagung sind Beschwerde, Abs 2, und Rechtsbeschwerde, Abs 3 iVm § 100 PatG, statthaft.

6. Die **Wirkung der Wiedereinsetzung** besteht darin, dass die ver-   **20**
säumte Handlung als rechtzeitig vorgenommen gilt, BGH GRUR 95, 333, 334 – Aluminium-Trihydroxid, die Rechtsnachteile der Versäumung sind durch Wiederherstellung der ursprünglichen Rechtslage rückwirkend entfallen. Ein verfallenes eD tritt wieder in Kraft, unterdessen ergangene, auf der Fristversäumnis beruhende Entscheidungen sind gegenstandslos, Benkard/Schäfers 123/69 mwN. Die WE in die Prioritätsfrist führt nicht zu einer Rückverlegung des Anmeldetags der Nachanmeldung auf den letzten Tag der versäumten Prioritätsfrist, sondern lässt den Anmeldetag unberührt; allerdings ergibt sich daraus faktisch eine Verlängerung der Prioritätsfrist, BPatGE 49, 61 ff – Tragbare Computervorrichtung, ebenso 10 W (pat) 712/02 v 3.2.05 (unveröff Parallelverfahren). Die Bewilligung der WE bindet analog zu § 318 ZPO DPMA und BPatG, s BGH NJW 54, 880. Das gilt nicht, wenn das DPMA nicht mehr zuständig war, insbes bei WE in Beschwerdefrist ohne Abhilfeentscheidung, BGH GRUR 99, 574, 576 – Mehrfachsteuersystem, BPatGE 39, 101. Im Verletzungsverfahren ist der Einwand der

arglistigen Erschleichung einer WE zulässig, BGH GRUR 52, 564, 565 – Wäschepresse (PatR), GRUR 56, 265, 269 – Rheinmetall-Borsig. Die Wiederherstellung macht zwischenzeitliche Benutzung nicht nachträglich zur Schutzrechtsverletzung – sog ZwischenbenutzungsR –, BGH GRUR 56, 267, GRUR 63, 519, 522 – Klebemax.

21   **7.** Ein **Weiterbenutzungsrecht** räumt Abs 3 S 3 iVm § 123 V und VII PatG Dritten ein, soweit sie gutgläubig waren in Bezug auf das Nichtwiederaufleben des eD (§ 123 V PatG), dazu BGH GRUR 52, 564, 566 – Wäschepresse, GRUR 63, 519, 522 – Klebemax, Benkard/Schäfers 123/71 mwN, oder in Bezug auf das Nichtentstehen einer Design-Anmeldung, soweit es sich bei dieser um eine inländische Nachanmeldung handelt, die kraft WE-Entscheidung in die versäumte Prioritätsfrist rückwirkend innerhalb der zwölfmonatigen Prioritätsfrist entstanden ist (§ 123 VII PatG). Voraussetzung ist das materielle Erlöschen des eD, nicht die Löschung im Register als Nachvollzug dieser Rechtsänderung, s BGH GRUR 52, 566 (PatR). Die Benutzung ist erst nach Wegfall bzw Nichtentstehen des eD keine Verletzung, eine vor Wegfall aufgenommene Benutzung bleibt unrechtmäßig, RGZ 108, 77, BGH GRUR 56, 269. Aufgrund des WeiterbenutzungsR im eigenen Interesse, nicht im Interesse Dritter geschaffene Erzeugnisse sind keine Verletzung, Schulte 123/172; für sie besteht uneingeschränktes BenutzungsR, das dem VorbenutzungsR gleicht, s Benkard/Rogge 12/22. Benutzungen sind auch ernstlich gemeinte, vorbereitende Maßnahmen. Das WeiterbenutzungsR ist an den Betrieb gebunden, jedoch nicht auf dessen Umfang beschränkt, wie er bei Entstehung des Rechts bestand; insoweit ist das WeiterbenutzungsR übertragbar, § 123 V 2 PatG. Im Fall des § 123 VII besteht eine Überschneidung mit dem VorbenutzungsR des § 41 mit der Folge eines geringen Anwendungsbereichs, Benkard/Schäfers 123/79.

III. Beschwerde-, Rechtsbeschwerdeverfahren, Vorlage

22   **1.** Das Beschwerdeverfahren hat den **Zweck,** die Verwaltungsakte des DPMA im Eintragungsverfahren für eD und zugleich das dem Verfahren zugrundeliegende Begehren des Anmelders oder Inhabers einer Nachprüfung zunächst durch das DPMA selbst – Prüfung der Abhilfe – und ggf sodann durch das BPatG zu unterwerfen. Abs 4 und 5 schaffen hierfür eine Vereinheitlichung und Klarstellung durch unmittelbare Verweisung auf die enumerativ genannten Vorschriften des PatG. Im Übrigen werden Bestehen und Organisation des BPatG, insbes §§ 65–67 PatG, vorausgesetzt. Die Besonderheit des Beschwerdeverfahrens ist die verfahrensmäßige Einheit der Verfahren vor dem DPMA und dem BPatG, BGH GRUR 69, 562, 563 – Appreturmittel. Die vor dem DPMA zulässigen Verfahrenshandlungen können daher auch noch vor dem BPatG vorgenommen werden. Das BPatG entscheidet im Rahmen der gestellten Anträge als zweite, nunmehr gerichtliche Tatsacheninstanz in vollem Umfang über die vom Beschwerdeführer beim DPMA erfolglos gestellten Anträge. Das BPatG kann in diesem Rahmen, aber auch nur als ein die Vorentscheidung überprüfendes Rechtsmittelgericht, BGH GRUR 95, 333, 337 – Aluminium-Trihydroxid; GRUR 98, 938, 939 – Dragon, jede nach der Sache denkbare Entscheidung treffen und damit den beantragten Verwaltungsakt anstelle des DPMA selbst erlassen, BGH aaO, BPatGE 1, 4; 1, 79, VG Mü GRUR 61, 473, soweit nicht

nach Art der beantragten Handlung nur das DPMA selbst tätig werden kann, zB Registereintragung, Bekanntmachung, Gewährung von Akteneinsicht. Das BPatG kann auch Ermessensentscheidungen des DPMA auf Fehlerhaftigkeit und damit auf Zweckmäßigkeit überprüfen, BPatGE 1, 178; 10, 137; 15, 62; 16, 118; einschränkend BPatGE 10, 41.

2. Die **Wirkung der Beschwerde,** § 75 I PatG, besteht darin, dass die   **23** formelle Rechtskraft des angefochtenen Beschlusses nicht eintritt (Suspensiveffekt) und die Wirkung des Beschlusses aufgeschoben wird, BayVGH Bl 58, 195, BPatGE 1, 19, Benkard/Schäfers 75/1 mwN. Dies gilt auch für Beschlüsse mit einer eine gesetzl Rechtsfolge feststellenden Wirkung, Benkard/Schäfers 75/2, zB nach § 14 III 4, § 16 II und § 16 III 3. Das DPMA muss alles unterlassen, was die Ausführung des angefochtenen Beschlusses vorwegnehmen könnte, BPatGE 18, 12, zB Eintragung eines str Löschungsvermerks, Gewährung der str Akteneinsicht. Die aufschiebende Wirkung besteht auch bei solchen Beschlüssen, mit deren Erlass erst Gebühren oder Kosten fällig werden, zB Beschluss über Auslagenerstattung. Die Beschwerde beseitigt dagegen nicht eine gesetzl bestimmte Fälligkeit von Gebühren, zB bei Beschwerdeverfahren über die rechtzeitige Zahlung einer fälligen Aufrechterhaltungsgebühr nach § 28 I 1, § 3 II 1 PatKostG. Die aufschiebende Wirkung tritt mit Erhebung der Beschwerde, also dem fristgerechten Eingang der Beschwerdeerklärung und der rechtzeitigen Zahlung der Beschwerdegebühr ein, BPatGE 6, 188. Ferner muss die Beschwerde statthaft, Benkard/Schäfers 75/3 mwN, und darf nicht offensichtlich unzulässig sein, BPatGE 3, 122. Sonstige Zulässigkeitsvoraussetzungen brauchen insoweit nicht vorzuliegen, BGH GRUR 74, 465, 466 – Lomapect, BPatGE 3, 122. Zur Zweckmäßigkeit einer Beschwerdeeinlegung gegen einen Zurückweisungsbeschluss in Abgrenzung zum Weiterbehandlungsantrag s § 17 Rn 5.

3. a) Die **Zulässigkeit der Beschwerde** setzt zunächst deren **Statthaf-**   **24** **tigkeit** voraus. Nur die im Rahmen des DesignG ergangenen Entscheidungen der Designstelle, Abs 1 S 2, oder der Designabteilung, Abs 2 S 1, sind mit der Beschwerde nach Abs 4 anfechtbar, mangels Zuständigkeit nicht Maßnahmen anderer Bereiche des DPMA (außerhalb des DesignG). Die Beschwerde darf nur einen nach dem DesignG ergangenen beschwerdefähigen Beschluss des DPMA zum Gegenstand haben (auch als Anfechtbarkeit der Entscheidung bezeichnet). Gegen Entscheidungen ohne Beschlusscharakter oder von Organisationseinheiten des DPMA, die andere als die nach dem DesignG zugewiesenen Aufgaben wahrnehmen, ist die spezifisch von Abs 4 vorgesehene Beschwerde kein gesetzl vorgesehenes Rechtsmittel. Ein Beschluss des DPMA ist jede Entscheidung mit abschließender Regelung, die die Rechte der Beteiligten berühren kann, BGH GRUR 94, 724 – Spinnmaschine, BPatGE 15, 136 mwN; 26, 153, weit Nachw Starck GRUR 85, 799. Jede Entscheidung diesen materiellen Inhalts gibt das Beschwerderecht, auch wenn sie nicht förmlich als Beschluss, sondern als „Verfügung", „Bescheid", „Hinweis" bezeichnet ist. Da ferner Unklarheiten über die Verbindlichkeit einer Anordnung des DPMA nicht zu Lasten des Betroffenen gehen dürfen, BPatGE 13, 164, sind fälschlicherweise als Beschluss bezeichnete Handlungen ohne Entscheidungscharakter selbständig anfechtbar. Sind sie nicht als solche deklariert, können Hinweise, Verfügungen, Mitteilungen, einfache Bescheide nicht selbständig angefochten werden, BPatGE 10, 46;

17, 227, sondern nur aufgrund ihrer ggf abschließenden Ausführung durch Beschluss. Die Darlegung einer Rechtsauffassung in einem Bescheid ist kein Beschluss im materiellen Sinn, sondern ein die abschließende Entscheidung vorbereitender Zwischenbescheid, BPatGE 26, 154; 46, 125. Zur Beurteilung, ob ein Beschluss im materiellen Sinne vorliegt, sind die näheren Umstände, wie der verfahrensmäßige Zusammenhang oder der dienstliche Rang des Unterzeichners des Bescheids zu würdigen, BPatGE 26, 154. Die dem Bescheidsadressaten vom DPMA eingeräumte Möglichkeit, noch Stellung zu nehmen, spricht gegen die Beschlusseigenschaft. Soweit bei Sammelanmeldungen über Gegenstände entschieden wird, die nicht die Anmeldung als Ganzes oder notwendigerweise alle darin zusammengefassten Designs gleichermaßen betreffen, sind die hierauf beschränkten Teilentscheidungen beschwerdefähig.

25   **b) Einzelfälle.** Die Beschwerde ist demnach **statthaft** insbes bei folgenden Entscheidungen: Zurückweisung der Anmeldung wegen Mängeln und fehlender Gebühren, § 16 II, III 3, IV 3; Bestimmung der Warenklasse, § 19 II; Feststellung der Nichtinanspruchnahme der Priorität, §§ 14 III 4, 15 III 2; Feststellung der Unwirksamkeit der Teilung, § 12 II 3, § 12 III DesignV, § 12 Rn 17; Feststellung der Nichterstreckung wegen str unzureichender Zahlung der Erstreckungsgebühr, § 21 II 1, oder Nichtnachreichung einer Wiedergabe, § 21 II 2; Versagung der Akteneinsicht, § 22 S 2 Nr 2 und 3 bei fehlendem Einverständnis, BPatGE 23, 57 (GebrM), oder Verneinung berechtigten Interesses; Zurückweisung eines Ablehnungsgesuchs, Abs 1 S 3, Benkard/Schäfers 73/8; Ablehnung der Wiedereinsetzung, Abs 3 S 3 iVm § 123 III PatG; unzureichende Abhilfe, Nichtrückzahlung der Beschwerdegebühr, Abs 4 S 3 iVm § 73 III 1, 2 PatG, PA Bl 54, 18; Verweigerung der Verfahrenskostenhilfe, der Beiordnung, § 24 S 4 iVm § 135 III 1 PatG; Änderung der Verfahrenskostenhilfe, § 24 S 4 iVm §§ 136 PatG, 120 IV ZPO; Umschreibungsverfügung sowie Versagung der Umschreibung, § 29 III, BGH GRUR 69, 43 – Marpin; BPatG Bl 99, 370 f, Einzelh § 29 Rn 16; Versagung einer Änderung, § 16 DesignV, Benkard/Schäfers aaO; Ablehnung der Rückzahlung eingezahlter Gebühren, str, und Anordnung der Wiedereinzahlung, § 16 Rn 26; in Form eines Beschlusses ergehende sonstige Zwischen-, Vorab- oder Teilentscheidungen, BPatGE 28, 94, zB Zurückweisung eines Vertreters, § 58 Rn 18, Zurückweisung der Anmeldung wegen Nichtbestellung des Inlandsvertreters, § 58 Rn 18. **Nicht statthaft** ist die Beschwerde in folgenden Fällen: Mängelbescheid nach § 16 IV 1 als solcher; Bescheid mit Hinweisfunktion, wie Bibliographiemitteilung, BPatG Mitt 84, 33; Eintragungsurkunde; verfahrensleitende Verfügung, wie Fristsetzung, Ablehnung von Beschleunigungs- und Fristgesuchen, BPatGE 10, 40; Eintragungs- und Löschungsverfügung, BPatGE 24, 152; einstweilige Zulassung eines Vertreters, § 58 Rn 18; Bekanntmachung, § 20; gewährte Wiedereinsetzung, Abs 3 S 3 iVm § 123 IV PatG; Bewilligung der Verfahrenskostenhilfe, § 24 S 4 iVm § 135 III 1 PatG; Zwischenbescheid mit rechtlichen Darlegungen, zB über die Rechtmäßigkeit eines Bescheids, BPatGE 3, 11 (Gebührenbenachrichtigung), den Umfang einer Generalvollmacht, BPatGE 3, 15; die nicht förmliche (Inzident-)Feststellung eines Anmelde- oder Prioritätstags, BPatGE 22, 249; formularmäßiger Hinweis über eingetretene Rücknahmefiktion (zB wegen Nichtzahlung, unwirksame Prioritätsinanspruchnahme), BPatGE 47, 11; Ablehnung gesetzl nicht vorgesehener Handlungen oder solcher, auf die kein Anspruch besteht, zB Vorabentscheidung über die Zulässigkeit oder Wirksamkeit von Verfahrensanträgen, Benkard/Schäfers 73/14; Verwaltungsakten, wie zB Geschäftsverteilung, Richtlinien oder Mitteilungen, die der PräsDPMA als Behördenleiter ua in Design-Sachen nach §§ 1 II, 6 DPMAV erlassen hat, zB Prioritätsbeleg, BPatG Bl 90, 370; Untätigkeit oder unangemessener Verfahrensverzögerung, BPatG Bl 83, 184, Starck GRUR 85, 801, aA Benkard/Schäfers vor 73/3, soweit dies nicht der Ablehnung eines Tätigwerdens gleichkommt, BPatGE 30, 120. Ggf muss in solchen Fällen der Betroffene zunächst auf Erlass eines beschwerdefähigen Beschlusses hinwirken, BPatGE 47, 12.

c) Die **Beschwerdeberechtigung** des oder der Verfahrensbeteiligten ist **26** weitere Zulässigkeitsvoraussetzung, Abs 4 S 3 I iVm § 74 I PatG. Das Recht zur Beschwerdeeinlegung hat im – einseitigen – Design-Eintragungsverfahren der Anmelder bzw eingetragene Inhaber. Die mit der Registereintragung entstandene formelle Legitimation, § 19 Rn 10, schließt die Beschwerdeberechtigung ein. Nicht berechtigt insoweit sind Beteiligte an Nebenverfahren wie Akteneinsicht, Schulte 74/11. Beschwerdeberechtigt ist auch der nicht eingetragene Sequester nach Pfändung, BGH GRUR 08, 87, 88 – Patentinhaberwechsel im Einspruchsverfahren. Der Rechtsnachfolger ist im einseitigen Verfahren (idR Eintragungsverfahren) mit Stellung des Umschreibungsantrags beschwerdeberechtigt, § 28 II MarkenG analog, nicht erst mit Vollzug der Umschreibung, str, BPatGE 44, 156, 158; 49, 40 ff mwN; Schulte 74/2; Ströbele/Hacker 66/25, aA BPatGE 49, 50 – Beschwerderecht des neuen materiellrechtlichen Patentinhabers (mit Erwerb der materiellen Inhaberschaft, abzulehnen), s auch § 29 Rn 13; in zweiseitigen Verfahren (Nichtigkeitsverfahren oder Verfahren über Akteneinsicht, Löschung, Umschreibung) muss entgegen früherer Rspr des BPatG nach § 265 II ZPO die Zustimmung des Beschwerdegegners hinzukommen, BGH GRUR 08, 87, 89 f – Patentinhaberwechsel im Einspruchsverfahren, Beitritt des Rechtsnachfolgers als Streithelfer ist möglich, Schulte 74/4. Im Nichtigkeitsverfahren und in den zweiseitigen (Neben-)verfahren, zB Akteneinsicht, Umschreibung, Löschung der Eintragung, Beteiligung des PräsDPMA nach § 77 PatG, treten sich Antragsteller und -gegner als beschwerdeberechtigte Verfahrensbeteiligte ggü. Zur Beschwerdeeinlegung durch Unternehmensmitarbeiter bei Firmenvollmacht § 58 Rn 17. Dann ist eine Anschlussbeschwerde grds möglich, näher Benkard/Schäfers 73/20 mwN. Beschwerdeberechtigt ist auch die verfahrensfehlerhaft nicht beteiligte Partei, nicht jedoch der durch den bloßen Reflex eines Verfahrensfehlers benachteiligte Dritte, BGH GRUR 67, 543, 546 – Bleiphosphit, zB bei irreführenden Registereintragungen. Die Beteiligung an Nebenverfahren gibt nicht die Berechtigung für Beschwerden im Eintragungsverfahren, BPatGE 10, 34. Jeder Mitanmelder kann unter Beachtung der für ihn geltenden allg Zulässigkeitsvoraussetzungen Beschwerde einlegen. Da bei Mitanmelderschaft in prozessualer Hinsicht notwendige Streitgenossenschaft nach § 62 ZPO besteht, BPatG GRUR 79, 697, wirkt die Einlegung ggü sämtlichen Mitanmeldern und macht sie zu Verfahrensbeteiligten. Mitanmelder, die selbst keine Beschwerde eingelegt haben, können jedoch keine Anträge stellen. Soweit keine notwendige Streitgenossenschaft besteht, handeln mehrere Beschwerdeberechtigte unabhängig voneinander, Benkard/

Schäfers 74/7. Beschwerdeberechtigt ist auch ein vom DPMA in das Verfahren nicht offensichtlich zu Unrecht Einbezogener, zB durch fehlerhafte Zustellung an einen im Zuge einer Umschreibung nicht mehr oder noch nicht Beteiligten, BPatGE 33, 264, oder wegen eines Aktenzeichen-Zahlendrehers fälschlich Beteiligten, BPatGE 37, 139, jedenfalls kann er durch Beschwerde seine Verfahrensbeteiligung klären, BPatGE 37, 139. Der Beschwerdeführer muss geschäfts- und prozessfähig, § 99 I PatG iVm § 52 ZPO, sowie postulationsfähig sein. Der iSv § 58 ausländische Beschwerdeführer kann die Beschwerde selbst einlegen, das Verfahren wird erst nach Bestellung eines Inlandsvertreters sachlich fortgeführt, BGH GRUR 69, 437, 438 – Inlandsvertreter, s § 58 Rn 9f. Unterbleibt die Bestellung, so ist die Beschwerde als unzulässig zu verwerfen, BPatGE 2, 21; 17, 13. Ein zweifelsfrei ausgesprochener Rechtsmittelverzicht macht wegen Aufgabe des Beschwerderechts eine später in gleicher Sache eingelegte Beschwerde unzulässig, BPatGE 15, 154.

27   **d)** Das **Rechtsschutzbedürfnis** sowie die **Beschwer** sind weitere, im Gesetz zwar nicht genannte, jedoch seit jeher anerkannte, ungeschriebene Zulässigkeitsvoraussetzungen. Das **Rechtsschutzbedürfnis**, s auch § 11 Rn 12, fehlt zB bei offensichtlich rechtsmissbräuchlicher Beschwerdeeinlegung, BPatGE 29, 79 mwN, zB Schikane, BGH GRUR 74, 146 – Schraubennahtrohr; wenn nicht schutzwürdige Ziele verfolgt werden, BGH GRUR 70, 601, 602 – Fungizid; bei Gleichwertigkeit des Inhalts des angefochtenen Beschlusses mit dem Antrag, der mit dem Rechtsmittel verfolgt wird; bei erheblich querulatorischem Vorgehen; regelmäßig für das Eintragungs-Beschwerdeverfahren nach Ablauf der Höchstschutzdauer, BPatG GRUR 08, 98 – Rauchbarer Artikel. Die **Beschwer** des Beschwerdeführers, BGH GRUR 72, 535, 536 – Aufhebung der Geheimhaltung, besteht in dem Rechtsnachteil, dass mit der angefochtenen Entscheidung sachlich weniger oder anderes gewährt wird als zuvor beantragt: ZB Stattgabe des Hilfsantrags bei Zurückweisung des Hauptantrags, BPatG GRUR 83, 368; hilfsweise beantragte Eintragung mit nach § 16 IV 2 verschobenem Anmeldetag anstelle des ursprünglichen Anmeldetags; Abweichen in Nebenpunkten; vom Anmelder nicht gebilligte Eintragung von Tatsachen. Die Abweichung der Entscheidung vom Antrag ergibt sich idR aus der Entscheidungsformel, in Ausnahmefällen aus den Entscheidungsgründen, BPatGE 11, 230; 28, 189, Benkard/Schäfers 73/19 mwN. Keine Beschwer, wenn die Entscheidung auf den vorliegenden, nicht einen verspäteten Antrag hin ergeht, BGH GRUR 67, 435, 436 – Isoharnstoffäther; wenn mit der Beschwerde ggü dem Verfahren vor dem DPMA ein umfangreicheres Begehren verfolgt wird, Schulte 73/46. Die Beschwer ist zumindest schlüssig vorzutragen, BGH GRUR 67, 194, 195 – Hohlwalze, BPatGE 11, 229; 26, 120. Ob sie tatsächlich vorliegt, ist bei der Begründetheit der Beschwerde zu prüfen, BPatGE 11, 229f, sie muss im Entscheidungszeitpunkt noch vorliegen, BGH Mitt 04, 471 (Ls).

28   **e)** Für die Einlegung der Beschwerde gelten die allg **Formvorschriften.** Sie muss schriftlich, § 73 II 1 PatG, Einzelh zur Schriftform Rn 48–50, und beim DPMA, Annahmestellen München, Berlin oder Jena, und nicht beim BPatG eingereicht werden, ferner nicht bei Patentinformationszentren, § 11 Rn 16. Die in Markensachen mögliche, auf elektronischem Weg einreichbare Beschwerde, Mitt PräsDPMA Bl 03, 318, ist für Design-Sachen noch nicht zugelassen. Falsche Adressierung, insbes die an das BPatG gerichtete Beschwerde, macht die Einlegung nicht unwirksam, BGH Bl 61, 404, BPatGE 18, 70, sofern die Sendung innerhalb der Beschwerdefrist an das DPMA gelangt, BPatGE 18, 67, BPatGE 48, 193 – VKH für das Erstreckungsverfahren. Der unzuständige Annahmebeamte hat insoweit jedoch keine Prüfungspflicht, BGH aaO. Für die Einreichung genügt, dass der Schriftsatz in der für die Einreichung vorgesehenen Weise in die tatsächliche Verfügungsgewalt des DPMA gelangt, zB Nachtbriefkasten, BVerfG NJW 80, 580, 581. Zustellung von Schriftsätzen, § 73 II 2, 3 PatG, findet nur im Beschwerdeverfahren nach Nichtigkeitsentscheidungen und zweiseitigen Verfahren im Design-Eintragungsverfahren statt, zB Akteneinsichts-, Löschungsanträge Dritter, PräsDPMA im Falle des § 77 S 2 PatG. Schriftsätze und Zahlungen, die fristwahrend ausschließlich an das BPatG gerichtet werden können, vgl Beispiele Mitt PräsBPatG Bl 91, 37, gelten dagegen neben dem Eingang beim BPatG auch in der Annahmestelle München des DPMA als zugegangen, Mitt PräsBPatG aaO.

f) Innerhalb der einmonatigen **Beschwerdefrist** muss die Beschwerde **29** beim DPMA eingelegt sein, Abs 4 S 3 iVm § 73 II 1 PatG. Der Beginn der Frist setzt voraus, dass der angefochtene Beschluss mit einer sachlich richtigen Rechtsmittelbelehrung versehen ist, Abs 3 (Beschlüsse der Designstelle) bzw § 34a IV 4 (Beschlüsse im Nichtigkeitsverfahren) jeweils iVm § 47 II 2 PatG, und ordnungsgemäß zugestellt ist, § 73 II 1 PatG. Bei unrichtiger oder unterbliebener **Rechtsmittelbelehrung** tritt an die Stelle der Rechtsmittelfrist die Ausschlussfrist von einem Jahr ab Zustellung des Beschlusses, § 47 II 3 PatG. Die Jahresfrist gilt auch, wenn die Belehrung fälschlicherweise die Anfechtbarkeit des zugestellten Beschlusses ausschließt; die Belehrung muss dann vAw berichtigt werden, wenn die kürzere Frist in Lauf gesetzt werden soll, Benkard/Schäfers 47/24. Die nachgeholte Zustellung einer unterbliebenen oder berichtigten Rechtsmittelbelehrung setzt ihrerseits die Rechtsmittelfrist in Lauf. Die nachträgliche Berichtigung eines bereits wirksam zugestellten Beschlusses bspw wegen offensichtlicher Unrichtigkeit iSd § 319 ZPO setzt keine neue Frist in Lauf, BPatGE 9, 130, sofern nicht die Berichtigung erst die Beschwer herbeiführt, BGHZ 17, 149, 151, oder erst die Richtigstellung des Tenors des Beschlusses – in einem Nichtigkeitsverfahren oder einem anderen zweiseitigen Verfahren – zutreffend den unterlegenen Verfahrensbeteiligten benennt, BPatGE 24, 231, BGH Mitt 91, 200 (Ls).

Eine fehlerhafte **Zustellung** des Beschlusses setzt die Beschwerdefrist **30** nicht in Lauf; zur ordnungsgemäßen Zustellung, insbes an mehrere Beteiligte, und zur möglichen Heilung von Zustellungsmängeln s Rn 60. Nach Verstreichen einer ordnungsgemäß in Lauf gesetzten Beschwerdefrist ist eine Beschwerdeeinlegung unzulässig. Die Frist ist nach den §§ 187 I, 188 II, 193 BGB zu berechnen, dazu Rn 52. Nach allg Ans kann die Beschwerde wirksam vor Beginn der Beschwerdefrist eingelegt werden, also bereits vor ordnungsgemäßer Zustellung des Beschlusses oder trotz fehlerhafter Zustellung, PA Bl 32, 258, Mitt 58, 155; 69, 154, BPatGE 20, 28, aber nicht schon vor Erlass des Beschlusses. Die Beschwerde kann innerhalb der Beschwerdefrist nach Verwerfung als unzulässig oder Feststellung der Nichterhebung erneut eingelegt werden, BGH GRUR 72, 196 – Dosiervorrichtung. Nach Rücknahme einer vorangegangenen, trotz unrichtiger Rechtsmittelbelehrung innerhalb der Monatsfrist nach Zustellung des Beschlusses eingelegten Beschwerde ist die erneute Einlegung nicht zulässig, Benkard/Schäfers 47/22. Wiedereinsetzung in die versäumte Beschwerdefrist ist möglich, Rn 5. Ob sich für jeden von mehreren Beteiligten der Beginn der Beschwerdefrist nach der ihn betreffenden ordnungsgemäßen Zustellung richtet, also individuelle Beschwerdefristen laufen, so ganz überwiegend für das Beschwerdeverfahren das BPatG in seiner neueren Rspr, BPatGE 18, 6; 36, 108; 42, 108; BPatG GRUR 96, 872 – Beschwerdefrist, Bl 00, 226 – Cosmos; Bühring 18/28; Ströbele/Hacker 66/37, oder nach dem Zeitpunkt der spätesten Zustellung mit der Folge einer für alle Beteiligten einheitlichen Beschwerdefrist, so für das schriftliche Verfahren mit Zustellung an Verkündungs Statt vor den ordentlichen Gerichten BGH Bl 62, 166, 167 – Wiedereinsetzung III; NJW 94, 3359, 3360; auch BPatGE 31, 19; Schulte 73/60, ist für das Beschwerdeverfahren noch nicht abschließend geklärt; vorsichtshalber sollte daher jeder Beteiligte die für ihn nach der individuellen Zustellung gerechnete Beschwerdefrist wahren, Schulte 73/60.

31   **g)** Die **Beschwerdeerklärung** als notwendiger Inhalt der Beschwerdeschrift muss den Willen zur Anfechtung der Entscheidung des DPMA deutlich machen, auch wenn der Begriff der Beschwerde nicht ausdrücklich verwendet wird, BPatGE 6, 61; 29, 115; Bl 07, 293. Bezeichnung der angegriffenen Entscheidung und Unterschrift sind notwendig, BPatGE 4, 22; 6, 60; 19, 76. Die Überweisung einer Gebühr in Höhe der Beschwerdegebühr unter bloßer Angabe des Aktenzeichens, des Verwendungszwecks oder mit der Bezeichnung als Beschwerdegebühr genügt nicht, BGH GRUR 66, 50, 52 – Hinterachse, 66, 280, 281 – Stromrichter, PA Mitt 60, 39, BPatGE 6, 61. Eindeutig muss insbes die Beschwerdeerklärung auf dem für das DPMA bestimmten Gutschriftteil eines Überweisungsträgers oder der Einziehungsermächtigung sein und die Unterschrift enthalten. Die Vorverlegung des Einzahlungstags bei bestimmten Überweisungsarten nach § 2 PatKostZV, § 16 Rn 22, gilt nur für die Zahlung, nicht auch für den Eingangstag der begleitenden Beschwerdeerklärung, BPatGE 2, 67. Ohne bes Antrag gilt der Beschluss als in vollem Umfang angefochten, Schulte 73/67, idR aber nur, soweit Beschwer besteht, Benkard/Schäfers 73/28. Die Beschwerdeerklärung muss ferner den Beschwerdeführer eindeutig bezeichnen, BGH GRUR 77, 508, 509 – Abfangeinrichtung, BPatGE 10, 30; 11, 62; 12, 69, BPatG Mitt 83, 113, BPatG GRUR 85, 123. Soweit bei Unklarheit der Beschwerdeerklärung die Auslegung weiterer innerhalb der Beschwerdefrist vorliegender Unterlagen, BVerfG NJW 91, 3140, insbes die Akten der ersten Instanz, BGH GRUR 66, 107, 108 – Patentrolleneintrag, BGH Bl 74, 210, 211, BGH GRUR 77, 509, ergebnislos ist, wird die Beschwerde als unzulässig verworfen, BGH GRUR 77, 509, BPatG Mitt 83, 113, GRUR 85, 123, BPatGE 33, 262. Die Beschwerde braucht nicht begründet zu werden, was dennoch zweckmäßig ist, da die Klarstellung des Begehrens zur zügigen Entscheidung des BPatG beiträgt und auch Kostenauferlegung nach § 80 I 1 PatG ersparen kann, Rn 40.

32   **4. a)** Die **Beschwerdegebühr** ist mit Einlegung der Beschwerde nach § 3 I PatKostG fällig und muss nach §§ 6 I 1 PatKostG, 73 II 1 PatG innerhalb der einmonatigen Beschwerdefrist, Rn 27, entrichtet werden, BPatGE 11, 59, zur Höhe s Rn 31. Eine **Gebührenpflicht** besteht nach dem PatKostG für sämtliche Beschwerden und ohne die frühere gegenständliche Einschränkung. Demnach lösen auch Nebenverfahren, zB über die versagte

Akteneinsicht, die Gebührenpflicht aus. Eine Ausnahme hiervon gilt für Beschwerden in Verfahrenskostenhilfesachen, so im Falle der Versagung der Beiordnung eines Vertreters, BPatG 4 W (pat) 707/95 v 3.4.95; 4 W (pat) 701/97 v 23.3.98 (unveröff), aa BPatG Bl 03, 213 – wartungsfreies Gerät, ferner für Beschwerden des Kostenschuldners gegen eine Entscheidung über eine Erinnerung nach § 11 II PatKostG und § 11 II DPMAVwKostV, vgl Anm zu Nr. 401 300 Gebührenverzeichnis zum PatKostG. Vom DPMA für das Verfahren vor der Designstelle gewährte Verfahrenskostenhilfe schließt die Beschwerdegebühr nicht ein, BPatGE 32, 129; diese muss das BPatG ggf hierfür gewähren, Einzelh § 24 Rn 2. Legen mehrere Beschwerdeberechtigte wegen unterschiedlicher Beschwerdegegenstände Beschwerde ein, besteht keine Streitgenossenschaft und hat jeder für seine Beschwerde eine Beschwerdegebühr zu entrichten, BGH GRUR 87, 348 – Bodenbearbeitungsmaschine; BPatGE 42, 236 mwN, BPatG Mitt 04, 70 – Deformationsmessung; BPatG GRUR 06, 170 – Einspruchsgebühren (PatR) gegen BGH GRUR 1982, 414, 415 –Einsteckschloß, 1984, 36, 38 – Transportfahrzeug hinsichtlich des Begriffs der rechtsmittelführenden „Rechtsgemeinschaft"; bei Zahlung nur einer Beschwerdegebühr gelten alle Beschwerden nach § 6 II PatKostG als nicht erhoben, soweit nicht noch innerhalb der Beschwerdefrist eine Zuordnung erfolgt, BGH GRUR 82, 414, 415 – Einsteckschloß, 84, 36, 37 – Transportfahrzeug I; in Frage gestellt, jedoch nicht entschieden von BGH GRUR 87, 348 – Bodenbearbeitungsmaschine; BPatGE 12, 164. Das gilt auch, wenn dies mit einem gemeinsamen Schriftsatz eines gemeinsam bestellten Verfahrensbevollmächtigten geschieht, BPatGE 12, 159; BPatGE 46, 263. Ob dagegen mehrere gemeinsam vertretene Beschwerdeführer, die in einem gemeinsamen Schriftsatz denselben Antrag bezüglich desselben Beschwerdegegenstands stellen, in Design-Sachen (anders für Patentnichtigkeitsklagen) nur eine Beschwerdegebühr zu zahlen brauchen, muss nach gegenwärtiger Rspr (aaO) bezweifelt werden, insofern gebietet vorsichtige Verfahrensführung die Einzahlung mehrerer Beschwerdegebühren und Antrag auf Rückzahlung der rechtsgrundlos entrichteten Beschwerdegebühren. Wird zugleich gegen mehrere Entscheidungen, zB Vorab-Teilbeschluss und Endentscheidung, Beschwerde eingelegt, ist für jede Beschwerde eine Gebühr zu entrichten. Gegen einen Beschluss, der eine Sammelanmeldung betrifft, ist nur eine Beschwerde einzulegen und eine Beschwerdegebühr fällig. Das gilt auch für den Beschluss, mit dem die Unwirksamkeit einer Teilung festgestellt wird, da zwei Teilanmeldungen nicht entstanden sind.

b) Zahlungsfrist für die Beschwerdegebühr ist die einmonatige Beschwerdefrist, § 6 I 1 PatKostG. Soweit wegen Mängeln einer Rechtsmittelbelehrung oder Zustellung eine Beschwerdefrist nicht in Lauf gesetzt worden war, BPatGE 23, 62, Rn 27 f, unterliegt auch die Entrichtung der Beschwerdegebühr keiner Frist. Wiedereinsetzung in die versäumte Zahlungsfrist ist möglich, BGH Mitt 60, 59, PA Mitt 56, 112, BPatGE 1, 103. Der Verwendungszweck der entrichteten Gebühr ist unmissverständlich anzugeben, § 16 Rn 23. Die Entrichtung nur einer Gebühr für mehrere Beschwerden genügt nicht; hier muss die Klarstellung innerhalb der Beschwerdefrist erfolgen, BPatGE 12, 167, s für Mehrheit von Beschwerdeführern Rn 30. Die Zahlung ist an das DPMA, nicht das BPatG zu richten, Einzelh § 16 Rn 21. Der anzuwendende Gebührentarif des PatKostG hängt davon ab, ob der Beschwerde eine Entscheidung der Designabteilung oder eine **33**

solche der Designstelle zugrundeliegt. Die **Höhe der Beschwerdegebühr** gegen eine Entscheidung der Designabteilung im Nichtigkeitsverfahren nach § 34a beträgt 500 EUR (Nr 401 100 Gebührenverzeichnis PatKostG), gegen einen Kostenfestsetzungsbeschluss 50 EUR (Nr 401 200 Gebührenverzeichnis PatKostG). Die Beschwerde gegen alle Beschlüsse der Designstelle beträgt durchwegs 200 EUR (Nr 401 300 Gebührenverzeichnis PatKostG) unabhängig davon, ob das Verfahren ein einzelnes Design oder eine Sammelanmeldung, Eintragungs- oder Nebenverfahren betrifft.

34   **c)** Bei **Nichtzahlung** – Zahlung in unzureichender Höhe oder nicht bis zum Ablauf der Beschwerdefrist – gilt die Beschwerde nach § 6 II PatKostG als nicht erhoben, ungeachtet, ob die Beschwerdeerklärung rechtzeitig oder verspätet eingegangen oder die Beschwerde in sonstiger Weise zulässig oder unzulässig war, hM, s Benkard/Schäfers 73/46 mwN. Keine Pflicht des DPMA, vor Fristablauf darauf hinzuweisen, BPatG Mitt 98, 314. Das DPMA kann über die als nicht erhoben geltende Beschwerde nicht entscheiden und hat sie ohne weitere Prüfung dem BPatG vorzulegen, Rn 36. Dort trifft der Rechtspfleger die entsprechende Feststellung, § 23 I Nr 4 RPflG; dagegen innerhalb von zwei Wochen Erinnerung nach § 23 II RPflG. Gegen die Entscheidung des dann zuständigen Senats des BPatG ist keine Rechtsbeschwerde nach § 100 PatG statthaft, weil es sich nach Abs 5 S 1 nicht um die Anfechtung einer Entscheidung über eine Beschwerde iSd Abs 4 handelt. Die wegen nicht erhobener Beschwerde ohne Rechtsgrund eingezahlte Beschwerdegebühr ist zu erstatten, BPatGE 1, 105; 1, 108; Schulte Anh 15 PatKostG 10/9. Dagegen ist deren Rückzahlung in das Ermessen des BPatG nach § 80 III PatG gestellt, wenn die Gebühr rechtzeitig gezahlt, die Beschwerde aber zB wegen verspäteter Einlegung unzulässig ist, BPatGE 2, 67; zur Billigkeitsentscheidung Rn 35.

35   **5. a)** Die Möglichkeit der **Abhilfe,** § 73 III 1 PatG, soll das DPMA in die Lage versetzen, ohne Befassung des BPatG das Beschwerdevorbringen vorab zu überprüfen und begründeten Beschwerden, insbes, wenn mit dem Beschwerdevorbringen die zuvor gerügten Mängel der Anmeldung beseitigt wurden, sogleich durch Abänderung des angefochtenen Beschlusses nachzukommen. Aus verfahrensökonomischen Gründen soll das BPatG von der Bearbeitung offensichtlich begründeter Beschwerden entlastet werden, BGH GRUR 85, 919, 920 – Caprolactam, BPatGE 32, 149. Es handelt sich um eine Ausnahme vom Grds, dass das eingelegte Rechtsmittel die Sache bei der nächsthöheren Instanz anhängig macht (Devolutiveffekt). Die Abhilfe ist nach § 73 IV PatG nur im einseitigen Verfahren, zB Eintragungsverfahren zulässig; Mitanmelder sind keine sich ggüstehende Beteiligte, Benkard/Schäfers 73/50. Im Nichtigkeitsverfahren und anderen zweiseitigen Verfahren (zB str Akteneinsicht, Umschreibung, Registerlöschung) ist die Beschwerde ohne Prüfung einer Abhilfe dem BPatG unmittelbar vorzulegen. Die Abhilfemöglichkeit setzt eine eingelegte Beschwerde voraus; Abhilfe kommt nicht vAw, dh ohne Beschwerdeeinlegung in Betracht, auch nicht, wenn das DPMA seine Sachbehandlung unterdessen als fehlerhaft erkannt hat, BPatGE 14, 193; 14, 209, 10 W (pat) 29/00 v 16.8.00 (unveröff). Die Beschwerde muss zulässig sein, wie aus § 73 III 1 PatG geschlossen werden kann. Bei Unzulässigkeit der Beschwerde kommt Abhilfe selbst dann nicht in Betracht, wenn das DPMA die Beschwerde in der Sache für begründet hält, BPatGE 14, 193; 15, 148. Ist eine beantragte Wiedereinsetzung gewährbar und hält das DPMA die Beschwerde im übrigen für zulässig und begründet, dann muss das DPMA dem Wiedereinsetzungsantrag stattgeben und der Beschwerde abhelfen, PA Bl 53, 84, BPatGE 25, 120. Erachtet das DPMA die Abhilfe nicht für gewährbar, muss es die Beschwerde dem BPatG vorlegen, Rn 36.

b) Das DPMA muss das **Abhilfeverfahren** in der einmonatigen Frist des **36** § 73 III 3 PatG abgeschlossen haben. Deren Überschreitung ist nur unter bes Umständen zulässig, zB zur Berücksichtigung einer bei Fristablauf eingegangenen Beschwerdebegründung, BPatGE 19, 23, oder einer mit der Beschwerde verbundenen Ablehnung des für den Erlass des Beschlusses zuständigen Bediensteten des DPMA, über die zunächst entschieden werden muss, BPatGE 27, 24. Nach allg Ans haben jedoch weder die Nichtausschöpfung dieser Frist, Benkard/Schäfers 73/55a mwN, noch ihre Überschreitung verfahrensrechtliche Folgen, BPatG GRUR 85, 373. Ist innerhalb der Frist keine Beschwerdebegründung eingegangen, so ist im Regelfall die Beschwerde dem BPatG vorzulegen, es sei denn, dass das DPMA auf Grund eigener Erwägungen abhilft. Im Verlauf des Abhilfeverfahrens kann die zuständige Stelle die Sache erneut umfassend erörtern, auch weitere Sachaufklärung betreiben und Zwischenbescheide erlassen, BPatGE 27, 32, Schulte 73/106. Soweit die Abhilfe als solche zulässig ist, muss das DPMA der Beschwerde abhelfen, wenn es sodann die Beschwerde für begründet hält. Dies ist der Fall, wenn nach der Sach- und Rechtslage zur Zeit der Abhilfeentscheidung der angefochtene Beschluss aus rechtlichen Erwägungen anders gefasst werden soll oder sich nicht mehr aufrechterhalten lässt, nachdem der Anmelder die Anmeldeerfordernisse (nachträglich) erfüllt oder sein Einverständnis mit dem vom DPMA vorgeschlagenen Vorgehen erklärt hat. Die Abhilfe kann nicht, auch nicht mit Einverständnis des Beschwerdeführers, verweigert werden, um eine Grundsatzentscheidung des BPatG herbeizuführen, BPatGE 8, 154. Die Abhilfe besteht in der Aufhebung des angefochtenen Beschlusses und dem Erlass entweder eines geänderten Beschlusses im Sinne des Beschwerdevorbringens bei Entscheidungsreife oder der Feststellung, dass erneut in die Sachbehandlung eingetreten wird, sog kassatorische Abhilfe, BPatGE 30, 34, Schulte 73/110 mwN. Funktionell zuständig für die Entscheidung über Abhilfe, Rückzahlung der Beschwerdegebühr oder Vorlage an das BPatG ist innerhalb der Designstelle das rechtskundige Mitglied, § 26 II 2 Nr 3. Die gewährte Abhilfe beendet das Beschwerdeverfahren, soweit mit ihr den Anträgen des Beschwerdeführers stattgegeben worden ist. Teilweise Abhilfe nach Teilung der Anmeldung iSv § 12 II, BPatGE 32, 149 (PatR), oder indem einem Hilfsantrag stattgegeben wird, ist möglich, Schulte 73/113. Setzt das DPMA bei kassatorischer Abhilfe das Verfahren fort, kann es auch frühere, bislang nicht erkannte Mängel der Anmeldung noch berücksichtigen, da die Abhilfe als vorbereitende Maßnahme keinen Vertrauensschutz begründet, BGH GRUR 77, 485, 487 – Rücknahme der Patentanmeldung, GRUR 85, 919, 920 – Caprolactam.

c) Die **Rückzahlung der Beschwerdegebühr** muss das DPMA im Ab- **37** hilfeverfahren auch ohne Antrag des Beschwerdeführers prüfen. Hier sind mehrere Fallgruppen zu unterscheiden. Die erste Fallgruppe besteht darin, dass die Beschwerdegebühr schon nach Bereicherungsgrds zwingend vAw zurückzuzahlen ist, wenn sie entweder für eine nach der Sachlage nicht erforderliche, tatsächlich nicht eingelegte, eine vor oder mit Einlegung widerrufene oder – nach § 10 II PatKostG – für eine nach § 6 II PatKostG als nicht erhoben geltende Beschwerde (dh verspätet) entrichtet worden ist, BPatGE 1, 104; 1, 108; BPatGE 2, 61. In einer weiteren Fallgruppe muss das DPMA prüfen, ob in dem Beschluss über die Abhilfe die Rückzahlung nach § 73 III 2 PatG angeordnet werden muss, weil es der Billigkeit entspricht, stRspr. Diese Durchbrechung der Fälligkeitsregel des § 3 I PatKostG ist eine Ausnahmebestimmung, denn grds ist die Gebührenpflicht der Beschwerde vom Verfahrensausgang unabhängig, BPatGE 2, 78; 22, 32; Ströbele/Hacker 71/31. Dann ist nach pflichtgemäßem Ermessen festzustellen, ob bei förmlich fehlerfreier oder angemessener Sachbehandlung der Erlass des angefochtenen Beschlusses, die Einlegung der Beschwerde und damit die Einzahlung der Beschwerdegebühr vermeidbar gewesen wären, BPatGE 9, 210; 24, 211; 26, 22; 32, 147. Dabei sind das Verhalten der Verfahrensbeteiligten sowie die Sachbehandlung des DPMA zu würdigen, insbes dessen etwaige Verletzung von Bestimmungen des materiellen oder Verfahrensrechts, wozu auch ungeschriebene Verfahrensregeln gehören, BPatGE 13, 29 mwN. Als materiellrechtlicher Fehler reicht eine fehlerhafte Beschlussbegründung des DPMA, also ggf der darauf beruhende sachliche Erfolg einer Beschwerde allein nicht aus, BPatG Mitt 69, 79, aber eine völlig neben der Sache liegende Begründung, BPatGE 14, 40, oder das Abweichen von feststehender und anerkannter Rspr, BPatGE 7, 7; 46, 274, als Verletzung materiellen Rechts. Zu den Verletzungen des Verfahrensrechts gehören insbes die Nichtgewährung rechtlichen Gehörs in verschiedenen Erscheinungsformen, insbes durch Nichtbeachtung von sachlichem Vorbringen und Anträgen, BGH GRUR 99, 919 – Zugriffsinformation; BPatGE 16, 42 mwN; 17, 242; 19, 85 mwN; 20, 146, Benkard/Schäfers 80/26 mwN, unterlassene Abhilfe der Beschwerde trotz Beseitigung der den Beschluss tragenden Mängelpunkte, sowie Entscheidung durch einen unzuständigen Bediensteten, BPatGE 4, 13, BPatG Mitt 88, 90, einschränkend PA Bl 55, 359, BPatG Mitt 72, 74. Verletzungen ungeschriebener Verfahrensregeln sind Verstöße gegen eine ökonomische Verfahrensführung, insbes Nichtgewährung einer kurzen Nachfrist nach Ablauf der Bescheidserwiderungsfrist, BPatGE 9, 179; 14, 212 mwN; 20, 26 mwN; 24, 212, Benkard/Schäfers 80/29, soweit nicht der Beschwerdeführer seine Mitwirkungspflicht verletzt hat, BPatGE 14, 42; 16, 32; 20, 99; 21, 77, die Verbindung der Ablehnung eines rechtzeitigen Fristgesuchs mit der Sachentscheidung oder Unterlassen eines dem DPMA leicht möglichen Hinweises auf unwirksame Design-Anmeldung, was die Beschwerde erübrigt hätte, BPatG 10 W (pat) 712/99 v 6.11.00 (unveröff). Eine Rückzahlung entfällt, wenn der Verfahrensfehler für die Entscheidung (nicht allein) kausal war, also mitwirkende andere Gründe sie rechtfertigen, BPatGE 13, 68; 14, 30; 36, 38 oder wenn eine Beschwerde rein vorsorglich eingelegt war und zurückgenommen wird, Schulte 73/150. Die Rückzahlung kommt auch nach Rücknahme einer wirksam eingelegten Beschwerde gem § 80 III, IV PatG in Betracht, BPatGE 2, 66; 21, 22, einschränkend BPatGE 9, 33, Schlüter, Mitt 64, 51, aA BPatGE 2, 78; 5, 25; auch für diese Fälle gelten die allg Billigkeitsgesichtspunkte. Fehlt ein Antrag des Beschwerdeführers auf Rückzahlung, muss nur über eine zu gewährende Rückzahlung Beschluss gefasst werden; schweigt der Beschluss insoweit, ist die Rückzahlung abgelehnt, BPatGE 17, 62. Ist die Rückzahlung beantragt, muss entschieden und im Ablehnungsfall eine Begründung gegeben werden, BPatGE 14, 210; 17, 62. Der die Rückzahlung ablehnende Beschluss ist, auch wenn der Beschwerde im übrigen abgeholfen wird, mit der Beschwerde anfechtbar, PA Bl 54, 17. Ein Antrag auf Rückzahlung ist nach Erlass der Abhilfeentscheidung unzulässig, kann aber in eine Beschwerde gegen den Abhilfebeschluss umgedeutet werden, wenn durch ihn stillschweigend die Rückzahlung abgelehnt worden ist, BPatGE 17, 63. Die Rückzahlung veranlasst im Falle nicht rechtswirksam eingelegter, dem BPatG vorgelegter Beschwerde der Senat des BPatG, Schulte 73/157.

d) Die **Vorlage der Beschwerde** an das BPatG muss nach Verneinung **38** der Abhilfemöglichkeit oder bei Unzulässigkeit einer Abhilfe erfolgen, BPatGE 29, 115, bei Unzulässigkeit der Beschwerde oder nach fruchtlosem Ablauf der Monatsfrist des § 73 III 3 PatG durch Beschluss des DPMA, jedoch ohne sachliche Stellungnahme. Das BPatG ist im Weiteren ausschließlich zuständig, das DPMA grundsätzlich nicht beteiligt, abgesehen vom Sonderfall des § 77 PatG. Nach Vorlage kann das BPatG die Beschwerde nicht zur weiteren Prüfung der Abhilfe an das DPMA zurückgeben, auch nicht bei sachlich verfrühter Vorlage oder nach verspätetem Eingang einer Beschwerdebegründung, BPatGE 19, 23 mwN. Das DPMA unterrichtet den Beschwerdeführer nicht über die Vorlage, Benkard/Schäfers 73/56. Über Abhilfe, Vorlage und Rückzahlung der Beschwerdegebühr entscheidet das rechtskundige Mitglied, §§ 23 I 2, 26 II 2 Nr 3. Nach Rücknahme der Beschwerde während des Abhilfeverfahrens entscheidet das BPatG über eine beantragte Rückzahlung der Beschwerdegebühr, BPatGE 12, 31, Benkard/Schäfers 73/54, aA mit guten Gründen Schulte 73/156. Die Vorlageentscheidung ist mangels Beschwer mit der Beschwerde nicht, die Abhilfeentscheidung nur insoweit anfechtbar, als entgegen dem Antrag infolge rein kassatorischer Abhilfe die Endentscheidung oder Rückzahlung der Beschwerdegebühr versagt wurde, zu letzterem BPatG 10 W (pat) 19/06 v 3.5.07 – Röntgenstrahlungserzeuger (veröff unter www.bpatg.de); Schulte 73/117.

6. a) Das **Verfahren vor dem Bundespatentgericht** – Einzelh Ben- **39** kard/Schäfers 78 ff, 86 ff – wird in Abs 4 S 2–4 durch Einzelverweisungen auf das PatG sowie auf Abs 2 Sätze 2 und 3 geregelt. Zudem erklärt der dabei ebenfalls in Bezug genommene § 99 I PatG in weitem Umfang Vorschriften des GVG und der ZPO für entsprechend anwendbar, s Übersicht bei Benkard/Schäfers 99/5 f, Schulte 99/5 f. Beteiligter des Beschwerdeverfahrens sind im Eintragungsverfahren der Beschwerdeführer, der Anmelder; Antragsteller und Designinhaber, soweit die Beschwerde ein Nichtigkeitsverfahren, bzw Antragsteller und Anmelder/Designinhaber, soweit sie ein anderes zweiseitiges Verfahren betrifft, zB Akteneinsicht, streitig gewordener Löschungsantrag Dritter nach § 36 I Nrn 3, 4, im Fall des § 77 PatG auch der Präsident des DPMA. Nach § 97 I 1 PatG besteht kein Anwaltszwang, soweit jedoch Inlandsvertretung für das Verfahren vor dem DPMA nach § 58 erforderlich ist, s § 58 Rn 2, gilt diese auch vor dem BPatG, § 97 I 2 PatG. Die Vollmachtsurkunde ist zu den Gerichtsakten zu reichen; sie verbleibt dort und kann nicht im weiteren Verfahren vor dem DPMA verwendet werden, Mitt PräsBPatG Bl 70, 33. Eine inhaltlich genügende Vollmacht kann sich bei den beigezogenen Akten des DPMA befinden, BPatGE 1, 11; 1, 121. Dagegen genügt nicht die Bezugnahme auf eine beim DPMA eingereichte Allgemeine Vollmacht, s § 58 Rn 16, da diese nur für das Verfahren vor dem DPMA gilt, BPatG Mitt 73, 18. Zur Rüge mangelnder Bevollmächtigung s § 97 III 1 PatG. Das Gericht hat den Mangel vAw zu berücksichtigen, sofern der Vertreter kein Rechts- oder Patentanwalt ist. Das Gericht kann einen vollmachtlosen Vertreter einstweilen zulassen, § 89 ZPO, § 58 Rn 18. Der PräsDPMA kann – durch Beauftragte – nach § 76 PatG im Beschwerdeverfahren schriftliche und im Termin mündliche Erklärungen abgeben oder nach § 77 PatG dem Verfahren förmlich beitreten. Für die Ausschließung und Ablehnung von Richtern des BPatG gilt Abs 2 S 3 iVm § 99 PatG und den §§ 41 ff ZPO; die Entscheidung über das Gesuch ist unanfechtbar, § 99 II PatG, insbes ist § 46 II ZPO nicht anwendbar, vgl insofern auch Abs 1 S 2.

40   **b)** Zuständig für das **Beschwerdeverfahren** über Beschlüsse des DPMA in Design-Sachen ist ein Beschwerdesenat des BPatG in der nach Abs 4 S 2 vorgesehenen Besetzung. Nach der ab 2013 geltenden Geschäftsverteilung ist dies derzeit der 30. Senat (Marken-Beschwerdesenat), s aktuell Bl 14, 40 (jeweils Februarheft), zuvor der 10. Beschwerdesenat und davor der 4. Beschwerdesenat, s Überblick über die Rspr des BPatG in GeschmM-Sachen bis 2001 v Falckenstein GRUR 01, 673 und Zusammenstellung in Anhang I. Der Senat hat grds in der Besetzung mit drei rechtskundigen Mitgliedern zu entscheiden, Abs 4 Satz 2 1. HS. Wenn die Sache besondere techn Fragen aufwirft, soll nach Abs 4 Satz 2 2. HS iVm Abs 2 Satz 2 ein techn Richter hinzugezogen werden. Um dem Erfordernis des gesetzl Richters zu genügen, Art 101 GG könnte das BPatG hierzu in Abhängigkeit von den mögl Fachgebieten s § 21e I GVG genügende Geschäftsverteilung vornehmen, in der die jeweiligen techn Richter genannt werden. Nach Abs 4 Satz 2 2. HS iVm Abs 2 Satz 3 entscheidet über die Hinzuziehung des techn Richters der Vorsitzende des Senats. Ausschließung und Ablehnung sind möglich, Rn 37. Der Rechtspfleger des BPatG ist für die Feststellung zuständig, dass eine vom DPMA wegen unzureichender Beschwerdegebühr vorgelegte Beschwerde als nicht erhoben gilt, § 23 I Nr 4 RPflG. Eine Güteverhandlung (§ 278 ZPO) ist nicht veranlasst, Winkler, VPP-Rundbrief 02, 82. Das Verfahren findet grds als **schriftliches Verfahren** statt. Schriftsätze sind dann bis zur Abgabe des Beschlusses an die Postabfertigungsstelle, BGH GRUR 67, 435, 436 – Isoharnstoffäther, GRUR 82, 406 – Treibladung, zu berücksichtigen. **Mündliche Verhandlung** findet in den Fällen des § 78 PatG statt, insbes wenn mündliche Verhandlung nicht nur hilfsweise beantragt ist. Die Nichtberücksichtigung des Antrags auf mündliche Verhandlung ist Rechtsbeschwerdegrund des § 100 III Nr 3 PatG, BGH GRUR 03, 1067, 1068 – Bach-Blüten Ohrkerze, ältere gegenteilige Rspr ist mit Einführung dieser Vorschrift obsolet. Hatte im zweiseitigen Verfahren allein die sodann obsiegende Beteiligte mündliche Verhandlung hilfsweise für den Fall des möglichen Unterliegens gestellt, wie dies einer weitverbreiteten Praxis entspricht, kann sich die andere Beteiligte nicht auf Verletzung rechtlichen Gehörs wegen fehlender Durchführung einer mündlichen Verhandlung berufen, BGH GRUR 08, 731, 732 – alpha-CAM. Eine Güteverhandlung (§ 278 ZPO) ist nicht veranlasst, Winkler, VPP-Rundbrief 02, 82. Eine mündliche Verhandlung ist auch entgegen dem Antrag des Beschwerdeführers, BGH GRUR 63, 279 f – Weidepumpe, entbehrlich, wenn die Beschwerde als unzulässig zu verwerfen ist oder ihr in allen Punkten entsprochen werden soll. Nach einmaliger mündlicher Verhandlung kann sie nicht nochmals beantragt werden, BPatGE 10, 297, so dass das Gericht vAw auf wiederholten Antrag Wiedereröffnung nur bei Sachdienlichkeit beschließt, § 91 III 2 PatG. Die Nichtberücksichtigung des Antrags ist Rechtsbeschwerdegrund, die frühere gegenteilige Rspr ist mit Einführung des § 100 III Nr 3 PatG überholt, BGH GRUR 03, 1067, 1068 – Bach-Blüten-Ohrkerze (MarkenR). Der Übergang vom mündlichen in das schriftliche Verfahren ist mit Zustimmung der Beteiligten zulässig. Damit wird auf die Möglichkeiten und Grds der mündlichen Verhandlung verzichtet, BGH GRUR 74, 294, 295 – Richterwechsel II; hierauf sind die Beteiligten zuvor hinzuweisen. Grundlage der Entscheidung kann dann nur der schriftliche Niederschlag der Ergebnisse der mündlichen Verhandlung in den Akten – Protokolle, überreichte Unterlagen – werden. Gestattung der Nachreichung von Schriftsätzen nach mündlicher Verhandlung, § 283 ZPO, bedeutet keinen Übergang in das schriftliche Verfahren, BGH aaO. Der Konzentration der Verhandlung in möglichst einer mündlichen Verhandlung dienen § 87 II PatG und § 273 ZPO. Die Öffentlichkeit der mündlichen Verhandlung richtet sich nach § 69 PatG, konkretisiert durch § 22 S 2 Nr 1: In der Anmeldungsphase ist nichtöffentlich, sobald nach Eintragung die Wiedergabe gem § 20 S 1 bekanntgemacht worden ist, öffentlich zu verhandeln. Ein Verstoß gegen § 69 I PatG eröffnet die zulassungsfreie Rechtsbeschwerde, § 100 III Nr 5 PatG. Für die Terminsbestimmung und Ladung gilt § 89 PatG; Terminsverlegung findet nach § 227 ZPO statt, zB bei Erkrankung, Urlaub, anderweitigem Gerichtstermin. Die Folgen des Ausbleibens eines Beteiligten richten sich nach § 89 II PatG, ein Versäumnisurteil ist nicht vorgesehen. Der Gang der Verhandlung ist in §§ 90, 91 PatG grob umrissen. Zwar nach Maßgabe der Anträge (Antragsgrds) gilt für die Sachverhaltsermittlung nach § 87 I PatG der Amtsermittlungsgrds, fehlt also eine Bindung des Gerichts an das Vorbringen und die Beweisanträge der Beteiligten. Dabei muss nicht in jede denkbare Richtung ermittelt werden, sondern nur, wenn Sachverhalt und Vorbringen der Beteiligten dazu Anlass geben, BPatG Mitt 65, 112, zum dabei gerechtfertigten Aufwand BGH GRUR 99, 920, 922 – Flächenschleifmaschine. Für die Erhebung von Beweisen, § 88 PatG, gilt das Unmittelbarkeitsprinzip sowie nach § 93 I PatG der Grds freier Beweiswürdigung. Dem BPatG obliegt die allg Aufklärungspflicht nach § 139 ZPO, es hat rechtliches Gehör zu gewähren, § 93 II PatG. Dieser Grds gilt bei Nichterscheinen in mündlicher Verhandlung nur eingeschränkt, s BPatGE 8, 41. Schriftsätze sind in der mündlichen Verhandlung bis zu ihrer Schließung, vorbehaltlich einer Wiedereröffnung, zu berücksichtigen. Verspätetes Vorbringen ist in Design-Sachen zuzulassen, die §§ 282 II, 296 II ZPO können nicht angewendet werden, Winkler VPP-Rundbrief 02, 82 f (PatR, MarkenR). Der wesentliche Inhalt der Verhandlung, insbes die Anträge, werden nach § 92 PatG, §§ 160 ff ZPO protokolliert.

c) Die **Entscheidung** im Beschwerdeverfahren ergeht als Beschluss, § 79 **41** I PatG. Eine nicht statthafte oder sonst unzulässige Beschwerde wird als unzulässig verworfen, eine zulässige, aber in der Sache unbegründete zurückgewiesen. Ist die Beschwerde begründet, wird die angefochtene Entscheidung des DPMA aufgehoben, und es wird in der Sache selbst entschieden, soweit sie, zB durch Vorlage nunmehr mängelfreier Unterlagen, entscheidungsreif ist. Anderenfalls wird die Sache aus den Gründen des § 79 III PatG an das DPMA mit bindender Wirkung zur Weiterbehandlung zurückverwiesen, ferner sind ggf iSv § 577 IV ZPO Anordnungen auszusprechen, da das BPatG Vollzugshandlungen nicht selbst vornehmen kann, Rn 20. Ändert sich nach Zurückverweisung der Gegenstand im Verfahren vor dem DPMA in entscheidungserheblicher Weise, zB durch Vorlage anderer Unterlagen, entfällt insoweit die Bindungswirkung. Die Entscheidung des BPatG schafft auch Selbstbindung bei erneuter Behandlung derselben Sache, Schulte GRUR 75, 573. Sie ergeht durch Verkündung, § 94 I 1, Zustellung an Verkündungs statt, § 94 I 4 PatG oder Zustellung im schriftlichen Verfahren, § 94 I 5. Die Entscheidung ist zu begründen, § 93 I 2, § 94 II PatG, zur unzureichenden Beschlussunterzeichnung BPatG Mitt 09, 92 – Unterschriftsmangel. Mit der Zustellung, bei mehreren Beteiligten an den letzten Zustellungsempfänger, wird die Entscheidung wirksam. Davon zu unterscheiden sind der Beginn der Rechtsmittelfrist durch Zustellung der Entscheidung, § 102 I PatG, dazu, insbes bei mehreren Beteiligten, Rn 27, ferner der Beginn der Frist zur Begründung eines Rechtsmittels und für den Antrag auf Tatbestandsberichtigung nach § 96 PatG. Ein Rechtsmittelverzicht kann die Umsetzung der Entscheidung, zB die Eintragung des GeschmM, beschleunigen.

42   **d)** Die **Auferlegung von Verfahrenskosten** erfolgt im einseitigen Eintragungsverfahren nicht. Nur bei mehrseitigen Verfahren (zB Akteneinsicht, Umschreibung, Löschung) ist dafür Raum, bei Nichtigkeitssachen Pflicht, Abs 4 S 4 iVm § 84 II 2, 3 PatG, es gilt § 80 I 1 PatG (über Abs 4 S 3). Werden von DPMA oder BPatG keine Kosten auferlegt, entweder im Beschlusstenor ausdrücklich oder durch sein Schweigen in diesem Punkt, gilt der Grds, dass jede Partei ihre Kosten einschließlich evtlr außergerichtlicher Kosten selbst trägt, der Beschwerdeführer jedenfalls auch bei Erfolg seiner Beschwerde die Gerichtskosten (dh Beschwerdegebühr und Auslagen, s § 1 I 2 PatKostG iVm dem GKG), BPatGE 8, 212. Eine Kostenentscheidung in zweiseitigen Verfahren außerhalb von Nichtigkeitsverfahren muss (nur) ergehen, wenn sie durch Billigkeitsgründe veranlasst ist. Bes Umstände, die in solchen zweiseitigen Verfahren zur Kostenauferlegung führen, sind das prozessuale Verhalten eines Beteiligten, nicht jedoch schon der Erfolg oder Misserfolg des Rechtsmittels an sich, BPatGE 12, 239 mwN. In Akteneinsichtssachen hat idR der unterlegene Beteiligte die Kosten zu tragen, BPatGE 3, 30; 5, 113, aA BPatGE 1, 34. In Nichtigkeitsverfahren gilt dagegen regelmäßig das Unterliegensprinzip, sodass insoweit Kostenauferlegung die Regel sein wird, soweit nicht die Billigkeit eine andere Entscheidung erfordert, Begr GeschmMModG zu § 23 (anders zB Widerspruchsverfahren im MarkenR). Soweit Kostenantrag gestellt ist, muss das Gericht das Absehen von einer Kostenentscheidung begründen. Das Gericht kann aus Billigkeitsgründen nach § 80 III PatG die **Rückzahlung der Beschwerdegebühr** anordnen. Die Entscheidung ergeht vAw, ein Rückzahlungsantrag ist lediglich Anregung an das Gericht; zu den Rückzahlungsgründen Rn 35.

43   **e)** Die **Festsetzung der erstattungsfähigen Kosten** durch den Rechtspfleger setzt voraus, dass durch Kostenentscheidung Kosten auferlegt worden sind und die formelle Rechtskraft (Unanfechtbarkeit) dieser Entscheidung eingetreten ist. Dann kann der anspruchstellende Verfahrensbeteiligte einen entsprechenden Kostenfestsetzungsantrag stellen. Kosten sind Verfahrenskosten (idR Beschwerdegebühr und Auslagen) und die den Beteiligten entstandenen Kosten, soweit sie zur zweckentsprechenden Wahrung der Ansprüche und Rechte notwendig waren. Notwendige außergerichtliche Kosten sind vornehmlich die Kosten der Vertretung durch einen RA, PA oder Erlaubnisscheininhaber, Einzelh, insbes zu weiteren erstattungsfähigen Kosten Benkard/Schäfers 80/36ff. Die Höhe der Gebühren bestimmt sich für RA nach dem RVG. Die für PA mangels gesetzl Regelung von der Patentanwaltskammer herausgegebene Gebührenordnung für Patentanwälte v 1968 nebst Anpassungen wenden PA ersichtlich nicht mehr an. Seit 1998 wenden Nichtigkeits-, Markensenate und der Gebrauchsmustersenat des BPatG für Patentanwälte die BRAGO/RVG an, BPatGE 41, 6ff – Kostenfestsetzung in Markenverfahren; BPatG GRUR 99, 65 – Gegenstandswert im Widerspruchsverfahren; GRUR 99, 66 – P-Plus, vgl Ströbele/Hacker 71, 20ff. Für Design-Sachen ist dies derzeit zwar noch nicht entschieden, aber insbes im Nichtigkeitsverfahren zu erwarten, weil sich die Abrechnung nach dem Gegenstandswert zunehmend als übliche Vergütung isd § 612 II BGB erweist, vgl Bühring 18/96 mwN (Gbm). Das setzt eine zu beantragende Bestimmung des Gegenstandswerts des Verfahrens voraus. Bestimmte Regelwerte haben sich für Design-Verfahren bislang weder herausgebildet noch ist darüber gerichtlich befunden, dürften aber den des § 23 III 2 RVG von 4000 EUR nur in Ausnahmefällen schwierigen Inhalts übersteigen, ohnehin kamen für GeschmM nur Nebenverfahren zweiseitiger Natur in Frage, vgl für Markensachen Ströbele/Hacker 71/22. Mit der Einführung des Nichtigkeitsverfahrens für eD wird es aber künftig bei der Bestimmung des Gegenstandswert auf den Wert des eD selbst ankommen, weshalb mit weitaus höheren Gegenstandwerten zu rechnen ist. Neben den Vertreterkosten sind eigene Kosten und Auslagen des Beteiligten erstattungsfähig, Einzelh Benkard/Schäfers 80/49ff. Der Kostenfestsetzungsbeschluss enthält die Gegenstandswertbestimmung, BPatG Bl 08, 451. Rechtsbehelf dagegen und gegen die einzelnen Kostenansätze des Kostenfestsetzungsbeschlusses des DPMA ist die beim BPatG einzulegende Beschwerde, § 62 II 4 PatG, mit Beschwerdegebühr von 50 EUR (Nr 491200 Kostenverzeichnis PatKostG). Gegen den Kostenfestsetzungsbeschluss des Rechtspflegers des BPatG ist die ebenfalls dort einzulegende Erinnerung gegeben, § 23 II RPflG, Mitt PräsBPatG Bl 75, 121; beide Rechtsbehelfe sind somit innerhalb von zwei Wochen nach der Zustellung des Festsetzungsbeschlusses einzulegen. Der RPfl des BPatG kann der Erinnerung abhelfen, ansonsten legt er die Erinnerung dem Senat des BPatG vor. Die darüber ergangene Entscheidung des Gerichts ist unanfechtbar, BGH Mitt 03, 143 (Ls). Wiedereinsetzung in Fristen, die dem BPatG ggü zu wahren sind, ist möglich, Abs 4 S 3 iVm § 123 I bis V PatG. Die §§ 124 und 126 bis 128 PatG, Rn 62–64, sind anzuwenden.

f) Das **Ende des Beschwerdeverfahrens** tritt – neben dem Eintritt der **44** Rechtskraft der Endentscheidung – durch Rücknahme der Beschwerde oder durch Rücknahme der Design-Anmeldung bzw Verzicht auf das eD ein. Die Rücknahme der Beschwerde lässt den angefochtenen Beschluss und damit die ggf darin getroffene Sachentscheidung im Umfang der Rücknahme rechtskräftig werden; im Gegensatz hierzu entzieht der Entfall des eD (Rücknahme der Anmeldung, Verzicht) dem Verfahren die Grundlage und macht die angefochtene Sachentscheidung gegenstandslos. Nach Rücknahme kann das Beschwerdeverfahren nicht vAw fortgesetzt werden, BPatGE 1, 88; 2, 83; 17, 94. Im Umfang der Rücknahme ist die Beschwerdeberechtigung verbraucht, eine spätere Erweiterung auf den ursprünglichen Umfang ist nicht möglich, BPatGE 17, 96. Die Rücknahme ist nach hM bis zur Verkündung des Beschlusses des BPatG (mündliche Verhandlung) bzw dessen Heraugabe an die Postabfertigungsstelle (Zustellung an Verkündungs statt oder schriftliches Verfahren) möglich, BGH GRUR 69, 562, 563 – Appreturmittel; GRUR 88, 364, 365 Epoxidationsverfahren; Busse/Keukenschrijver 79/8; vgl Bühring 18/67. Die Beschwerde kann auch zum Teil zurückgenommen werden. Die Rücknahme ist schriftlich zu erklären, unterzeichnetes Telefax genügt, BPatG Mitt 09, 574 – Widerruf der Beschwerderücknahme (Ls). Die erfolgte Rücknahme kann nicht widerrufen oder angefochten werden, BPatGE 6, 185; BPatG Mitt 09, 574; sie ist nicht von der Einwilligung eines Beschwerdegegners abhängig. Während der Beschwerdefrist kann die Beschwerde erneut eingelegt werden, Benkard/Schäfers 73/59. Im Verfahren vor dem BPatG ist der Verzicht diesem ggü zu erklären, BPatGE 8, 30; 10, 141, aA BPatG Mitt 73, 19. Anspruch auf eine gerichtliche Feststellung der Wirkungslosigkeit des angefochtenen Beschlusses aufgrund Rücknahme/Verzichts besteht im einseitigen Verfahren nicht, BPatG 25 W (pat) 262/03 v 15.5.07 (MarkenR, unveröff). Im mehrseitigen Verfahren kann die Rücknahme zur Kostenpflicht des Beschwerdeführers führen, Abs 4 S 3 iVm § 80 I, IV PatG.

45   **7.** Die **Rechtsbeschwerde** ist das einzige Rechtsmittel gegen Beschlüsse der Beschwerdesenate des BPatG, Einzelh zu dem grds revisionsmäßig ausgestalteten Verfahren s Benkard/Rogge 100 ff. Sie ist nach Abs 5 nur dann **statthaft,** wenn sie sich gegen einen Beschluss iSv Abs 4 richtet und entweder das BPatG nach Abs 5 S 1 die Rechtsbeschwerde zugelassen hat oder der Rechtsbeschwerdeführer nach Abs 5 S 2 einen der in § 100 III PatG aufgezählten Verfahrensmängel rügt, was die Rechtsbeschwerde auch bei unterbliebener Zulassung statthaft macht. Beschluss iSd Abs 5 S 1 ist nur eine zweitinstanzliche Entscheidung des BPatG, die neben der Sachentscheidung über eine Beschwerde nach Abs 4 (Normalfall) auch die Feststellung zum Inhalt haben kann, die Beschwerde gelte als nicht erhoben, ferner die Ablehnung einer Kostenentscheidung, soweit im Rahmen des Hauptsacheverfahrens erfolgt, BGH GRUR 01, 139 – Parkkarte. Nicht statthaft ist die Rechtsbeschwerde gegen die Versagung von Verfahrenskostenhilfe durch das BPatG, § 135 III 1 PatG, dagegen ist für das Rechtsbeschwerdeverfahren in der Hauptsache Verfahrenskostenhilfe gewährbar, § 138 PatG. Ferner keine Rechtsbeschwerde gegen eine isolierte Kostenentscheidung und in Kostenfestsetzungssachen sowie die Gebühren eines beigeordneten Anwalts. Über die Zulassung der Rechtsbeschwerde hat das BPatG vAw zu befinden; sie kann nicht beantragt, auch nicht im Wege der Beschlussergänzung gem § 321 ZPO, allenfalls angeregt werden, BPatGE 50, 17 – Anhörungsrüge mwN. Eine willkürlich unterlassene Zulassung kann eine Gegenvorstellung bei diesem Gericht rechtfertigen, BGH NJW 04, 2529, 2530, auch eine außerordentliche Beschwerde beim BGH, idR wird aber der Sachverhalt von einem Zulassungsgrund des § 100 III PatG erfasst. Bei fehlender Aussage in Tenor oder Gründen des Beschlusses ist die Rechtsbeschwerde nicht zugelassen. Eine Nichtzulassungsbeschwerde ist nicht vorgesehen, Benkard/Rogge 100/19 mwN, es bleibt allenfalls die zulassungsfreie Rechtsbeschwerde. Diese kann nur auf einen der in § 100 III Nrn 1 bis 6 PatG genannten Verfahrensmängel gestützt sein, um dadurch Statthaftigkeit herzustellen, die dortigen Rechtsbeschwerdegründe sind abschließend, BGH GRUR 08, 1027, 1028 – Cigarettenpackung mwN. Zunächst genügt die Behauptung eines solchen Mangels, das „Vorliegen" iSd § 100 III PatG ist nach ganz hM nicht erforderlich. Die Begründung der Rechtsbeschwerde muss dies substantiieren, § 102 III, IV PatG. Es ist darzulegen, dass die angegriffene Entscheidung gerade auf der Gesetzesverletzung beruht, § 101 II PatG. Diese Kausalität wird in den Fällen des § 100 III Nr 1, 2, 4 und 5 PatG unwiderleglich vermutet, sind dagegen Vorenthaltung rechtlichen Gehörs oder Begründungsmangel behauptet, § 100 III Nr 3, 6 PatG, ist sie näher zu prüfen. Umfangreiche Rspr hat sich insbes zum Zulassungsgrund der Versagung rechtlichen Gehörs durch BPatG (§ 100 II Nr 3 PatG), nicht des DPMA, BGH GRUR 01, 139 – Parkkarte, und des Umfangs der Begründungspflicht des BPatG (§ 100 II Nr 6 PatG) gebildet. Was die Gewährung ausreichenden rechtlichen Gehörs anbelangt, s ausführl Benkard/Rogge 100/24 ff; Schulte 100/34 ff, ist grds davon auszugehen, dass Sachvortrag vom BPatG – wozu es auch verpflichtet ist, BGH GRUR 09, 91, 92 Antennenhalter m. w. N. – zur Kenntnis genommen wurde, BGH GRUR 00, 140, 141 – Tragbarer Informationsträger, woraus eine gesteigerte Darlegungslast für das von der Rechtsbeschwerde behauptete Gegenteil folgt, BGH GRUR 99, 919, 920 – Zugriffsinformation. Fehlende Hinweise gem § 139 ZPO und Unterlassen einer Fristsetzung für einen Sachvortrag verletzen den Anspruch auf rechtliches Gehör nicht, BGH GRUR 00, 597, 598 – Kupfer-Nickel-Legierung; GRUR-RR 08, 457, 458 – Tramadol, hierzu ist auch vorzutragen, was auf einen entsprechenden gerichtlichen Hinweis hin dargelegt worden wäre, BGH GRUR 08, 1126, 1127 – Weisse Flotte, auch das Nichtaufgeifen angebotener Beweismittel als solches, BGH Bl 02, 419 – Zahnstruktur. Mit dieser Gehörsrüge kann die inhaltliche Richtigkeit der angefochtenen Entscheidung nicht zur Überprüfung gestellt werden, BGH GRUR 09, 90, 91 – Beschichten eines Substrats mwN. Zu den sehr eingeschränkten Möglichkeiten, einen vermeintlichen Begründungsmangel mit Erfolg anzugreifen s ausführl Benkard/Rogge 100/34 ff, Schulte 100/52 ff. Ein Begründungsmangel liegt grds vor, wenn das BPatG in seiner Entscheidung ein selbstständiges Angriffs- oder Verteidigungsmittel als solches nicht behandelt hat, während ein Übergehen einzelner für ein solches Mittel zur Begründung gegebenen Argumente regelmäßig keinen Mangel darstellt. Eine sonst sachlich fehlerhafte oder unvollständige Begründung rechtfertigt die zulassungsfreie Rechtsbeschwerde regelmäßig nicht, zuletzt BGH GRUR 08, 458, 459 – Durchflusszähler, sofern nicht die angegriffene Entscheidung nicht erkennen lässt, welche tatsächlichen Feststellungen und rechtlichen Erwägungen für die getroffene Entscheidung maßgebend waren.

Die **allgemeinen Zulässigkeitsvoraussetzungen,** dh Einhaltung der **46** einmonatigen Rechtsbeschwerde- und Begründungsfrist, § 102 I, III PatG, Form und Beschwer, müssen erfüllt sein. Den Zwang zur Bestellung eines beim BGH zugelassenen Vertreters für das Rechtsbeschwerdeverfahren statuiert § 102 V 1 PatG; diese Wirksamkeitsvoraussetzung gilt bereits für die Einlegung und Begründung der Rechtsbeschwerde, BGH Bl 84, 367, mit Ausnahme des Antrags auf Verfahrenskostenhilfe und eines Verzichts auf das eD. Die wirksam eingelegte Rechtsbeschwerde hat aufschiebende Wirkung, § 103 PatG, Rn 21. Die Zustellung der Schriftsätze und die Frist für die Abgabe von Gegenerklärungen richtet sich nach § 105 I PatG. Der Präs-DPMA kann auch am Rechtsbeschwerdeverfahren nach Maßgabe der §§ 76, 77 PatG teilnehmen, § 105 II PatG. Zuständig ist nach der Geschäftsverteilung der I. Zivilsenat des BGH, zuletzt Bl 09, 134. Zur **Verhandlung** s

§ 107 I PatG. Der Umfang der Nachprüfung des mit der Rechtsbeschwerde Vorgebrachten richtet sich nach der Art der Sachrüge. Die tatsächlichen Feststellungen des BPatG sind grds bindend, § 107 II PatG. Der BGH kann daher insoweit nicht Sachverständige hören oder die Tatsachenwürdigung des BPatG inhaltlich überprüfen und sie durch eine eigene Würdigung ersetzen. Daher ist neues tatsächliches Vorbringen zurückweisen. Ausnahmen gelten für verfahrensbezogene Tatsachen zur Frage der Zulässigkeit der Rechtsbeschwerde, zur Wiedereinsetzung, zu den der Rüge nach § 102 IV Nr 3 PatG zugrundeliegenden Tatsachen. Soweit in diesem Zusammenhang jedoch Rechtsverstöße gerügt sind, ist der BGH im Falle der zugelassenen Rechtsbeschwerde zur vollen rechtlichen Nachprüfung befugt. Rechtsbegriffe als solche, die einem Beurteilungsspielraum unterliegen, sind nachprüfbar, zB Bestimmung der Priorität oder des Anmeldetags, BGH GRUR 71, 565, 567 – Funkpeiler, ferner Verstöße gegen Denkgesetze (Logik), Erfahrungssätze und dagegen verstoßende Beweiswürdigung, Ermessensmissbrauch, fehlerhafte und mit der Rechtsbeschwerde gerügte Ermittlung von Tatsachen, Verfahrensvoraussetzungen für das Beschwerdeverfahren vor dem BPatG. Unter diesen Voraussetzungen kann der angefochtene Beschluss aufgehoben werden, auch wenn die Sachrüge selbst unbegründet war. Dagegen werden im Falle der nicht zugelassenen Rechtsbeschwerde ausschließlich die in zulässiger Weise gerügten Mängel nachgeprüft. Die **Entscheidung** ergeht durch Beschluss, der zu begründen und den Beteiligten zuzustellen ist, § 107 I, III PatG. Die Entscheidung kann auf Verwerfung der Rechtsbeschwerde als unzulässig, § 104 PatG, ihre Zurückweisung als unbegründet oder auf Aufhebung und Zurückverweisung an das BPatG lauten. Der BGH kann bei Aufhebung in der Sache selbst nicht entscheiden, auch nicht bei Entscheidungsreife, § 108 I PatG. Das BPatG ist an die – tragenden – Gründe gebunden, § 108 II PatG. Die Verwerfung oder Zurückweisung der Rechtsbeschwerde ist nicht anfechtbar. Für die Kostenentscheidung nach § 109 I 1 PatG gelten die allg Grds, Rn 40, abweichend jedoch § 109 I 2 und 3 PatG. Die Kostenfestsetzung richtet sich nach allg Grds der ZPO, § 109 III PatG, Rn 41. Für die Gerichtskosten gilt § 102 II PatG. Die doppelte volle Gebühr ist zu erheben; sie wird mit Einlegung der Rechtsbeschwerde fällig. Für die Erstattungsfähigkeit von Rechtsanwaltskosten und -auslagen gelten ebenfalls die allg Grds, s auch Rn 41. Nach § 102 V 4 iVm § 143 V PatG erhält auch der Patentanwalt [13]/10 Gebühren.

47   **8.** Die **Vorlage an den EuGH** soll die gemeinschaftsweit einheitliche Auslegung von Rechtsfragen – im vorliegenden Zusammenhang der GRL, des darauf aufbauenden DesignG und der GGV – gewährleisten. Nach Art 234 III EG trifft den BGH als der letzten nationalen, voll überprüfenden gerichtlichen Instanz (anders die Verfassungsbeschwerde) sowohl für den Rechtszug über das BPatG insbes in Fragen des Eintragungsverfahrens als auch der Zivilgerichte in Verletzungs- und Nichtigkeitsstreitfällen eine Vorlagepflicht, wenn die betreffende Rechtsfrage entscheidungserheblich und die Auslegung einer gemeinschaftsrechtlichen Vorschrift noch nicht oder nicht umfassend erfolgt, sie umstritten ist oder wenn beabsichtigt ist, von der Rspr des EuGH abzuweichen, BVerfGE 73, 339, 369 ff; 75, 233, 245. Eine in solchen Fällen unterlassene Vorlage nimmt dem Rechtsbeschwerdeführer bzw der Klagepartei den EuGH als gesetzl Richter iSd Art 101 S 2 GG, dazu zählt nicht jeder Verstoß gegen die Vorlagepflicht, BVerfG GRUR 05,

52 – Unvollständige EuGH-Rechtsprechung; BPatGE 50, 19 – Anhörungsrüge. Die Verfahrensbeteiligten haben kein Antragsrecht, sondern können die Vorlage bezüglich bestimmter Rechtsfragen anregen. Die Fortentwicklung der Rspr des EuGH darf nicht nur eine entfernte Möglichkeit sein; die Vorlage ist daher entbehrlich, wenn eine einschlägige Entscheidung des EuGH zu dieser Rechtsfrage bereits vorliegt oder die zutreffende Anwendung des GemeinschaftsR keinen vernünftigen Zweifeln unterliegt, BVerfG aaO, BGH NJW 86, 659, 660. Das BPatG ist nur vorlageberechtigt, wenn es kraft Nichtzulassung der Rechtsbeschwerde selbst letztinstanzlich entschieden hat. Da vorlagepflichtige Rechtsfragen idR grds Bedeutung haben, ist nach § 100 II Nr 1 die Rechtsbeschwerde regelmäßig zuzulassen, weshalb die Vorlage durch das BPatG ein seltener Ausnahmefall bleiben wird, vgl Ströbele/Hacker 83/50 mwN, das DPMA ist dazu nicht berechtigt. Der EuGH hat Empfehlungen zur Abfassung von Vorlagen herausgegeben, s GRUR Int 97, 758, so ist die Vorlagefrage abstrakt in Bezug auf die fragliche Bestimmung des Gemeinschaftsrecht zu formulieren und nicht fallbezogen. Das Vorlageverfahren ist kostenfrei, es führt zur Aussetzung des nationalen Verfahrens. Bindungswirkung haben Entscheidungen des EuGH unmittelbar für das vorlegende Gericht und im betreffenden nationalen Verfahren, darüber hinaus aber für alle vorlagepflichtigen Gerichte, BGH GRUR 94, 794, 795 – Rolling Stones. Kein Fall der Vorlage iSd Art 234 III EG ist auf Klage hin die letztinstanzliche Entscheidung des EuGH in dem beim HABM beginnenden Rechtszug nach Art 61 GGV iSe Revisionsgerichts, weshalb wegen der maßgeblichen vorinstanzlichen Tatsachenfeststellungen nur eingeschränkte allg Bindungswirkung besteht. Die Verfahrensbeteiligten des nationalen Rechtsstreits sind am Verfahren vor dem EuGH nicht beteiligt, erhalten aber ebenso wie die Mitgliedstaaten und die EG-Kommission Gelegenheit zur schriftlichen und mündlichen Äußerung. Das vorlegende Gericht hat die Auslegung des EuGH sodann dem konkreten Fall zugrundezulegen.

IV. Anhörungsrüge, § 321a ZPO, Gegenvorstellung

Für den Rechtsbehelf der **Anhörungsrüge** ist Rechtsgrundlage § 321a **48** ZPO iVm § 99 PatG (nicht § 122a PatG) und iVm Abs 4 S 3, eine eigenständige Vorschrift wie §§ 89a MarkenG, 122a PatG, die letztlich auch auf § 321a ZPO verweisen, erschien nicht notwendig. Dieser Behelf besteht aufgrund einer Vorgabe des BVerfG (NJW 03, 1924) seit 1.1.05 als neuartige Möglichkeit zur Abhilfe durch das erkennende Gericht, dh Selbstkorrektur einer Entscheidung mit Weiterbehandlung des Verfahrens in derselben Instanz. Die Rüge ist gegenständlich beschränkt auf Grund und Folgen nicht ausreichend gewährten rechtlichen Gehörs durch das betreffende Gericht, nicht andersartiger Verfahrensverstöße oder Gehörsverletzungen in einer vorhergehenden Instanz, BGH GRUR 08, 932, 933 – Gehörsrügegründung; allg und krit zu dem Institut Sangmeister NJW 07, 2362 ff. Der **Anwendungsbereich** ist in Design-Verfahren gering, weil die Rüge nur subsidiär statthaft ist gegen nicht (mehr) anfechtbare Entscheidungen, § 321a I Nr 1 ZPO. Demzufolge ist die Anhörungsrüge nicht statthaft gegen Endentscheidungen des DPMA oder BPatG, solange – wie meistens – die Erinnerung, Beschwerde bzw Rechtsbeschwerde gegeben ist, Letzteres auch im

Falle unterbliebener Zulassung aufgrund des gleichlaufenden Rechtsbeschwerdegrunds der Versagung rechtlichen Gehörs, § 100 III Nr 3 PatG, BPatGE 50, 18 – Anhörungsrüge. Keine Anwendbarkeit auch bei für sich unanfechtbaren, der Endentscheidung vorausgehenden Zwischenentscheidungen, § 321a I 2 ZPO, zB unanfechtbare Entscheidung des BPatG/BGH über Ablehnungsgesuch, BGH NJW 07, 3786 mit abl Anm v Fölsch. Ebenfalls nicht statthaft als sog sekundäre Gehörsrüge, dh als Rechtsbehelf in zuvor bereits erfolglos durchgeführter Gehörsrügesache, BVerfG NJW 08, 2635, 2636. Somit verbleibt Anwendbarkeit für Entscheidungen des BPatG, die dieses in erster und letzter Instanz trifft (Nebenverfahren zB über Einsicht in Beschwerdeakten, gewährte Wiedereinsetzung erstmals in der Beschwerdeinstanz, Ablehnungsgesuch) sowie bestimmte unanfechtbare Entscheidungen des BPatG in Kostensachen (isolierter Kostenbeschluss des BPatG, der – nicht isolierte – Kostenausspruch im Beschluss, Kostenansatz iSv § 8 PatKostG gem Ausschluss des § 11 III PatKostG, Kostenfestsetzung auf Erinnerung hin durch BPatG-Senat, Gegenstandswertfestsetzung, Verweigerung der Verfahrenskostenhilfe durch BPatG, Entscheidung des BGH, BGH Mitt 05, 393 – Entscheidung über Gehörsrüge). **Verletzung rechtlichen Gehörs** liegt vor bei Nichtbeachtung und Nichterwägen von Vorbringen; insofern gelten gleiche Kriterien wie für den Zulassungsgrund der Versagung rechtlichen Gehörs des § 100 III Nr 3 PatG, Rn 43. Dann können auch offensichtliche Fehlentscheidungen als Folge einer Nichtbeachtung von Verfahrenserklärungen korrigiert werden. Der Gehörsmangel muss entscheidungserheblich geworden sein, § 321a I 1 Nr 2 ZPO. **Zulässigkeitsvoraussetzungen** sind weiter die Einhaltung der Zweiwochenfrist für die Erhebung der Rüge durch den Beschwerten, die ab Kenntnisnahme iSv Kennenmüssen des Mangels (nicht Zustellung der Entscheidung) rechnet sowie der nicht wiedereinsetzungsfähigen, so Schulte Einl 265, Ausschlussfrist von 1 Jahr nach Bekanntgabe der Entscheidung. Weiter zählen dazu Schriftlichkeit mit ausreichenden Sachangaben zur Gehörsverletzung, dazu BGH NJW 09, 1609 f, ferner fristgebundene Glaubhaftmachung der Kenntnisnahme und Darlegung des Gehörsmangels einschließlich seiner Entscheidungserheblichkeit, § 321a II ZPO, dazu Sangmeister aaO 2366 f. Im zweiseitigen **Verfahren** ist bei begründeter Rüge auch der Gegner zum Mangel zu hören, § 321a III ZPO, bei von diesem eingelegten Rechtsmittel ist die Anhörungsrüge als Anschlussrechtsmittel geltend zu machen, Thomas/Putzo 321a/2a. Die zulässige Rüge hemmt nicht den Eintritt der formellen Rechtskraft (§ 705 ZPO) der insofern angefochtenen Entscheidung und hat keine aufschiebende Wirkung, die Rechtskraft wird erst bei begründeter Rüge durchbrochen, BGH Mitt 05, 393 – Entscheidung über Gehörsrüge, aA Baumbach/Lauterbach 321a/3. Die **Entscheidung, § 321a IV ZPO**, betrifft den Mangel und seine kausalen Folgen, nicht die sonstige Sachentscheidung, der Beschluss soll in diesem Punkt kurz begründet werden und ist unanfechtbar (dagegen aber Verfassungsbeschwerde). Ist die zulässige Rüge begründet, wobei Verschulden des Gerichts irrelevant ist, führt das BPatG, ohne die Aufhebung des Vorbeschlusses oder Fortführung des Verfahrens auszusprechen, das Verfahren hinsichtlich des gerügten Mangels ohne Weiteres fort, indem es in die Lage vor der mündlichen Verhandlung bzw dem Abschluss des schriftlichen Verfahrens zurückversetzt wird, insoweit vergleichbar dem erfolgreichen Weiterbehandlungsantrag nach § 17. Das Verfahren wird unter Gewährung des rechtlichen Gehörs und in diesem

Sachumfang fortgeführt; wegen informellen Wegfalls der Vorentscheidung besteht keine inhaltliche Bindung, auch nicht zum Schlechteren hin. Sie lautet auf Aufrechterhaltung oder Aufhebung des Beschlusses mit ersetzender Sachentscheidung. Eine unzulässige Rüge wird verworfen, eine unbegründete Rüge zurückgewiesen, bei vollständiger Verwerfung/Zurückweisung ist eine Gebühr von 50 EUR fällig, für das Verfahren vor dem BPatG gem Nr 403 100 Kostenverzeichnis PatKostG, vor dem BGH gem Nr 1700 GKG. Für **Gegenvorstellungen** gegen die ergangene Entscheidung ist idR durch die Möglichkeit der zulassungsfreien Rechtsbeschwerde bzw Anhörungsrüge kein Raum, BPatG GRUR 07, 157 – Anhörungsrüge; BPatGE aaO, iÜ gilt auch hier eine Zweiwochenfrist, BGH Mitt 05, 44 – Statthaftigkeit einer Gegenvorstellung; dazu auch Ströbele/Hacker 83/4.

V. Allgemeine Verfahrensgrundsätze

1. Die **äußere Form von Eingaben** ist nunmehr nach § 10 II DPMAV **49** allg vorgeschrieben. Im Interesse der Maschinenlesbarkeit (Text- und Bilderfassung, Führung einer elektronischen Design-Akte, vgl § 6 I 1 PatV) muss jedes eingereichte Schriftstück aus dauerhaftem, nicht durchscheinendem Papier im Format DIN A 4 bestehen. Die Schrift muss leicht lesbar und dokumentenecht sein. Formblätter sollen so ausgefüllt werden, dass sie maschinenlesbar sind, § 9 II DPMAV. Das Layout des Textes muss einen Abstand von 2,5 cm vom oberen und linken Seitenrand des Blattes einhalten, die Blätter sind fortlaufend zu nummerieren. Dies sind Mindesterfordernisse für alle SchutzR-Verfahren des DPMA, die in einzelnen Anmeldeverordnungen noch differenziert sind, zB der PatV, nicht jedoch in der DesignV. Bei Verstößen handelt es sich um einen Mangel, der, soweit nicht anders heilbar, zur Aufforderung einer formgerechten Nachreichung führen kann, bei fruchtloser Aufforderung auch zur Zurückweisung der Eingabe oder der Anmeldung, soweit in Anbetracht der Schwere des Mangels der Grds der Verhältnismäßigkeit gewahrt ist.

2. a) Die **Schriftform** besteht aus der Schriftlichkeit der Erklärung und **50** der Unterschrift, letztlich mit Papier als Träger. Von ihr muss als aliud zur Schriftform unterschieden werden das durchweg körperlose elektronische Dokument mit oder ohne elektronischer Signatur, was eigenständig in § 25 iVm den Vorschriften der ERVDPMAV geregelt ist, zu dieser Unterscheidung ausführl BGH Mitt 08, 426 f – Berufungsbegründung per E-Mail. Die Schriftform soll gewährleisten, dass aus dem Schriftstück der Erklärungsinhalt und die erklärende Person hervorgehen und dass die Erklärung mit Wissen und Wollen des Berechtigten dem Empfänger zugeleitet worden ist, BVerfG NJW 02, 3534 f, BGH GRUR 03, 1068 – Computerfax. Die Schriftform ist bei der Anmeldung und anderen Verfahrenshandlungen, Erklärungen und Eingaben einzuhalten, allg Ans, Benkard/Schäfers vor § 34/20; anderenfalls ist die Verfahrenshandlung unwirksam. Für die Anmeldung ist dies in § 11 I nicht ausdrücklich vorgeschrieben, § 4 I 1 DesignV stellt klar, dass die Anmeldung schriftlich oder elektronisch eingereicht werden kann. Wird die schriftliche Einreichungsform gewählt, muss das Formblatt verwendet werden, § 11 Rn 18. Handschriftliche Eingaben wahren die Schriftform. Die telefonische Abgabe von Anträgen und anderen verfahrensbestimmenden Erklärungen bedarf daher – ggf fristgerechter – schriftlicher Bestätigung,

BPatGE 25, 144, Mitt PräsDPA Bl 67, 2. Mündliche Erörterungen mit dem DPMA können aber uU für den Erklärenden einen Vertrauenstatbestand schaffen, BPatG Bl 95, 38. Tonträger oder Datenträger (zB Disketten, CD-ROM) wahren die Schriftform nicht, BGH GRUR 79, 109, 110 – Tonbandbeschreibung, BPatGE 21, 94; ebenso nicht E-Mail (Textform), Rn 51. Eine zB durch Büropersonal versehentlich abgesendete unterschriebene Erklärung ist wirksam, jedoch uU wegen Erklärungsirrtums anfechtbar, soweit Letzteres nicht – zB bei Beschwerderücknahme – ausgeschlossen ist, BPatG Mitt 09, 574 – Widerruf der Beschwerderücknahme (Ls). Zur Schriftform bei elektronischem Schriftverkehr im Verfahrensrecht und ihr Fehlen im Design-Bereich s § 25 Rn 2 f, zu elektronischen Dokumenten s § 25, zur Textform Rn 51.

51 **b)** Die **Unterschrift** als Unterzeichnung des Schriftstücks mit dem Namen ist regelmäßig Bestandteil der Schriftform. Nach § 10 I DPMAV sind sämtliche beim DPMA im Original eingereichten Anträge und Eingaben unterschrieben einzureichen. Die Unterschrift stellt auf einfachste Weise klar, dass der Schriftsatz eine prozessuale Willenserklärung darstellt, für welche die unterzeichnende Person die Verantwortung übernimmt, und nicht nur einen unautorisierten Entwurf. Unterschrift ist der handschriftliche Vollzug des eigenen vollständigen Namens, BGH GRUR 68, 108 – Paraphe, wenngleich bei eindeutiger Identifizierbarkeit des Ausstellers Unterzeichnung mit dem einen Teil eines Doppelnamens genügt, BGH NJW 96, 997. Die Unterschrift kann flüchtig ausgeführt, BGH NJW 97, 3380, und braucht nicht im Ganzen lesbar zu sein, BPatGE 16, 151, ihr Erscheinungsbild muss jedoch die Identität des Unterzeichners erkennen lassen und nicht ohne weiteres nachzuahmende charakteristische Merkmale aufweisen, BGH Bl 85, 141, 142 mwN – Servomotor, anderenfalls fehlt die Unterschrift, vgl BPatG Mitt 09, 92 – Unterschriftsmangel, sowie zahlr Beisp aus der Rspr bei Schulte, Einl/309 mwN, krit zur Rspr Schneider NJW 98, 1844; Schulte Einl/303. Keine rechtsverbindliche Unterzeichnung liegt vor bei Zusatz „i. A.", BGH NJW 88, 210 mwN (nur Erklärungsbote), einer Angabe einer Organisationseinheit des Erklärenden (zB „Fa. X, Patentabteilung"), BGH GRUR 66, 281, oder die Angabe mehrerer Namen einer Anwaltssozietät, BPatG Bl 77, 233; 90, 133, ohne dass die verantwortlich unterzeichnende Person erkennbar wird. Die nachträgliche Genehmigung durch den vertretenen Dritten ist aber möglich. Das gänzliche **Fehlen einer Unterschrift** wahrt regelmäßig die Schriftform nicht. Sie kann aber nachgeholt werden oder durch Anderes ersetzt sein. Bei Nachholung ist die Verfahrenshandlung erst ab Eingang der formgerechten Unterschrift, nicht rückwirkend gültig, BGH GRUR 67, 588; BPatGE 24, 134, Nachholung nach Fristablauf ist nur im Falle gewährter Wiedereinsetzung möglich, Schulte vor 34/313. Die fehlende Unterschrift ist ersetzt, wenn begleitende und bezugnehmende andere Schriftstücke eine der Unterschrift vergleichbare Gewähr für Urheberschaft und Rechtsverkehrswillen ergeben, BGH NJW 57, 990; BGHZ 97, 251, 254. Ein einem nicht unterzeichneten Schriftstück beigehefteter unterzeichneter, darauf Bezug nehmender Verrechnungsscheck reicht als solches begleitendes Schriftstück nicht aus, BGH aaO – Widerspruchsunterzeichnung, BPatGE 46, 107; aA BPatGE 31, 15. Möglich sind auch zweifelsfrei klarstellende Bezugnahmen innerhalb des Schriftstücks, zB im Rahmen einer Gebührenzahlung, BGH GRUR 89, 506; BPatGE 30, 164; 31,

16, BPatG Bl 92, 315, die Unterzeichung einer beglaubigten Abschrift, BGH NJW 08, 2592 (Ls), oder – zunehmend offener unter dem Eindruck des Schriftverkehrs anhand moderner Telekommunikationsmittel – mehrere Indizien im Schriftstück, die zusammen keinen vernünftigen Zweifel lassen, dass die nicht unterschriebene Erklärung (hier: Computerfax ohne Unterschrift) mit Wissen und Wollen des im Briefkopf benannten Erklärenden an das DPMA als zuständige Stelle zugesandt worden ist, BGH GRUR 03, 1068, 1069 – Computerfax; OLG München NJW 03, 3429. Dieser neueren flexibleren Anschauung unterliegt auch das eingangs erwähnte Schriftformerfordernis des § 10 I DPMAV. Jedoch führt das ergänzbare Fehlen einer Unterschrift, selbst wenn sie uU nach den aufgeführten Prinzipien ersetzbar ist, zu Rechtsunsicherheit und in jedem Falle zu erheblicher Verfahrensverzögerung bis hin zur Durchführung eines Rechtsmittelverfahrens (mit iZw aus Billigkeitsgründen nicht rückzahlbarer Beschwerdegebühr).

Die **Eigenhändigkeit** der Unterschrift durch handschriftlichen Vollzug **52** im Original-Schriftstück der Eingabe ist Standardfall der Unterschriftsleistung. **Ausnahmen von der Eigenhändigkeit,** nicht jedoch vom Unterschriftserfordernis als solchem, sind bei Übermittlung von Schriftsätzen durch bes elektronische Kommunikationsmittel anerkannt. Heutiger Stand ist, dass das Schriftstück beim Ersteller sogar unkörperlich auf elektronischem Weg entstanden sein mag (insoweit kein Unterschied zum elektronischen Dokument), beim Empfänger aber im Ergebnis in Papierform einschließlich der Unterschrift vorliegt, Einzelh BGH Mitt 08, 426 f – Berufungsbegründung per E-Mail. Dementsprechend stellt für sämtliche Verfahren vor dem DPMA § 11 DPMAV das **Telefax** mit Wiedergabe der Originalunterschrift dem eigenhändig unterschriebenen schriftlichen Original gleich, s auch § 130 Nr 6 ZPO, krit Bühring 4/196. Auch wenn in § 11 DPMAV nicht ausdrücklich erwähnt, gilt aufgrund jüngerer Rspr dasselbe für **Computerfax.** Die Unterschrift ist dann der auf technischem Wege wieder vom Original-Namens-Schriftzug abgeleitete Name der handelnden natürlichen Person wie bei Telefax, BPatGE 29, 31 mwN, GRUR 92, 603 – Telekopie-Einspruch, was seit langem bei Telegramm und Fernschreiben (beides indes veraltet) als maschinenschriftlich hergestellter Name der Fall war, bei Computerfax die eingescannte Unterschrift, GmS-OGB NJW 00, 2340, 2341, BGH NJW 06, 3784, 3785, überholte aA BPatG GRUR 00, 796, oder auch der Name in Druckschrift, BVerfG NJW 02, 3534, 3535, zB in bei Gericht ausgedruckter pdf-Datei, BGH Mitt 08, 426, 427 – Berufungsbegründung per E-Mail. Dann braucht die Unterschrift nicht durch ein nachgereichtes Original bestätigt zu werden, BPatG Mitt 84, 196, s auch Schulte Einl/308. Die unterschiedlichen Unterschriftserfordernisse bei Telefax und Computerfax für bestimmte Schriftsätze sind rechtens, BVerfG NJW 07, 3117, 3118. Diese Erleichterungen gelten nicht bei Medienwechsel im Übermittlungsweg, zB brieflich eingereichtes Telefax, Überbringung eines Telefax durch Boten, BGH GRUR 81, 410, 412 – Telekopie, letzteres jetzt relativiert durch BGH aaO – Berufungsbegründung per E-Mail. Die Festschreibung für Telefax in § 11 DPMAV war zuvor bereits Amtspraxis, Mitt PräsD-PA Bl 97, 69; Mitt PräsDPMA Bl 02, 10. Die früher bedeutsame Einschränkung, dass das Unterschriftsprivileg nur gilt, wenn eine Frist gewahrt oder der Verlust konkreter Rechtspositionen vermieden werden soll, Einzelh 2. Aufl 10/13, besteht nicht mehr. § 11 II DPMAV gestattet dem DPMA, bei Mängeln der optischen Schriftform die Wiederholung der Fax-

Sendung oder die Einreichung des Fax-Originals zu verlangen, nicht anwendbar bei der Wiedergabe von Designs, § 4 II DesignV. Voraussetzung sind ein offensichtlich verstümmelter Fax-Eingang oder begründete Zweifel an der Vollständigkeit der Übermittlung oder an der Übereinstimmung des übermittelten Fax mit dem Original. Die Beanstandung des DPMA ist wohl fristunschädlich, soweit dem Verlangen des DPMA alsbald oder fristgemäß nachgekommen wird, vgl Art 66 II GGDV, soweit nicht die fehlende Übereinstimmung des Telefax mit dem Original oder mit der Originaldatei des Computerfax erwiesen ist, zur Beweisbarkeit der Übermittlung Riesenkampff, NJW 04, 3296. Eine in einem Computerfax gänzlich fehlende Unterschrift wahrt die Schriftform nicht, erst recht nicht, wenn auch das nachgereichte Original unterschriftslos ist, BPatGE 46, 106; dann verbleibt Nachreichung oder die Feststellung des Rechtsgeltungswillens anhand von Indizien, Rn 49.

53   c) Einen Verzicht auf die eigenhändige Unterschrift bedeutet die **Textform** iSd § 126b BGB, welche eine in lesbaren Schriftzeichen dauerhaft fixierte, nicht an Papier als Träger gebundene Erklärung wiedergibt, zB am Bildschirm lesbare E-Mail, CD-ROM-Inhalt, Computerfax am Bildschirm. Sie ist für Erklärungen und Mitteilungen geeignet, für welche über bloße mündliche Information hinausgehende Information und Dokumentation notwendig und ausreichend sind, nicht für Warn-, Beweis-, Identitätsfunktion, Palandt/Heinrichs/Ellenberger 126b/1. Eine eingehende E-Mail wahrt deshalb nicht die für bestimmende Schriftsätze vorgeschriebene Schriftform, BGH Mitt 09, 92 – E-Mail und Schriftform (Ls). Textform ist im Verfahren vor dem DPMA und BPatG für rechtsverbindliche Erklärungen nicht vorgesehen, mag aber außerhalb dieses Anwendungsbereichs etwa in Form der E-Mail für allg Korrespondenz oder unverbindliche Auskünfte des DPMA ausreichen. Zu elektronisch eingereichten Dokumenten s § 25 Rn 5.

54   3. Die **Berechnung von Fristen,** die im Verfahren vor dem DPMA und den Gerichten gelten, richtet sich nach §§ 222 ZPO iVm 187ff BGB. Zu unterscheiden sind die beiden Arten des auslösenden Ereignisses und – dem folgend – die Festlegung des Fristbeginns, § 187 BGB, und des Fristendes, §§ 188 II, 193 BGB. Fristbeginn nach § 187 I BGB: Tritt ein den Lauf der Frist auslösendes Ereignis im Verlaufe eines Tages ein – idR eine tatsächliche Handlung, zB Zustellung eines Beschlusses, Beginn der Schaustellung – so wird dieser Tag, obwohl die Frist mit diesem Ereignis beginnt, nicht mitgerechnet; der Fristlauf wird von dem darauffolgenden Tag, 0.00 Uhr, an gerechnet, BGH NJW 84, 1358 – Beispiel: Zustellung Montag, Fristbeginn Montag, Fristberechnung ab Dienstag, 0.00 Uhr. Fristbeginn nach § 187 II BGB: Ist der Beginn eines Tages (0.00 Uhr) rechtlich als Fristbeginn maßgebend, zB verlängerte Schutzdauer, so wird dieser Tag in die Frist eingerechnet. Fristende nach § 188 II BGB: Für Tagesfristen endet die Frist mit Ablauf des letzten Tages der Frist (24.00 Uhr), § 188 I BGB. Bei Wochenfristen endet die Frist a) im Falle des § 187 I BGB mit Ablauf des Wochentages (24.00 Uhr), dessen Benennung dem Tag des Fristbeginns entspricht – Beispiel: Bei Fristbeginn durch Ereignis im Lauf eines Montags ist Fristende Montag der darauffolgenden Woche (24.00 Uhr); b) im Falle des § 187 II BGB mit Ablauf des Wochentages (24.00 Uhr), dessen Benennung dem Tag des Fristbeginns vorhergeht – Beispiel: Bei Fristbeginn Dienstag (0.00 Uhr) ist Fristende Montag der folgenden Woche (24.00 Uhr). Das Gleiche gilt im

Grds für die Berechnung von Monats- und Jahresfristen anhand des Datums. Die Berechnung ist jedoch an das Monatsende anzupassen, wenn die Frist an einem Monatsdatum beginnt, das bei Fristende keine Entsprechung findet, zB 31. 5.–30. 6., 31. 1.–28. 2., § 188 III BGB. Das Ende der Frist wird nach § 193 BGB hinausgeschoben, soweit das Fristende auf einen Samstag oder am Leistungs- oder Erklärungsort staatlich anerkannten allg Feiertag fällt und in dieser Frist eine Handlung vorzunehmen (zB Antragstellung) oder eine Leistung zu bewirken ist (zB Gebühreneinzahlung). Die Frist endet in diesem Fall mit Ablauf des nächstfolgenden Werktags. § 193 BGB ist auch auf die Einreichung der Anmeldung bei Ablauf der Prioritäts- oder Neuheitsschonfrist anwendbar, BPatGE 28, 90. Diese Sonderregelung gilt nicht für den Fristbeginn, BPatGE 11, 24; 26, 33. Sie gilt auch nicht für Fristen, die unabhängig von Handlungen oder Leistungen ablaufen, zB die gesetzl Schutzdauer als solche. Ein Ablauf der Schutzdauer hindert aber nicht die Anwendung des § 193 BGB auf eine an die Schutzdauer gekoppelte, gleichzeitig ablaufende Zahlungsfrist, BPatG 10 W (pat) 701/99 v 31.7.00 (unveröff), zB der Erstreckungsgebühr, § 21 Rn 8. Feiertage iSv § 193 BGB sind in München, Jena und Berlin übereinstimmend: Neujahr, Karfreitag, Ostermontag, 1. Mai, Christi Himmelfahrt, Pfingstmontag, 3. Oktober, 1. und 2. Weihnachtstag; zusätzlich für München Dreikönigstag (6. 1.), Fronleichnam, Mariä Himmelfahrt (15. 8.), Allerheiligen (1. 11.), zusätzlich für Jena Reformationstag (31. 10.), Mitt PräsDPMA Bl 99, 121. Die Annahme von Geschäftssachen findet im DPMA an sämtlichen Tagen statt, § 8 I DPMAV, der Altersrang vor Anmeldungen wird am Tag ihres Zugangs begründet, nicht am nächsten Werktag. Zur **Gewährung von Fristen** durch das DPMA s § 16 Rn 3. Für richterliche Fristen gelten die §§ 221 ff ZPO. Gesetzl Fristen sind nicht verlängerbar.

4. a) Die **Zustellung** hat den **Zweck,** ein Schriftstück nachweisbar, **55** nämlich durch Beurkundung in der jeweils vorgeschriebenen Form, an den Adressaten zu übermitteln, so dass dieses mit Zustellung als zugegangen und bekannt gemacht angesehen und diese Tatsache dem weiteren Verfahren zugrundegelegt werden kann, vgl auch Legaldefinition des § 166 I ZPO. Zustellungen in Design-Verfahren sind kraft Verweisung des Abs 3 S 3 durch § 127 PatG geregelt, welcher ab 1.10.09 durch das G v 31.7.09 (BGBl I 2521 = Bl 09, 301) geändert ist. § 127 PatG unterscheidet deutlich zwischen Zustellungen des DPMA und BPatG: Für **Zustellungen des DPMA** verweist § 127 I PatG auf die Bestimmungen des allg für Behörden geltenden VwZG (mit Wirkung vom 1.1.06 in der Neufassung v 12.8.05, BGBl I S 2354 = Bl 06, 4, zuletzt geändert durch Art 17 G v 10.10.13, BGBl I S 3786), diese abweichend ergänzt für das patentamtliche Verfahren um die bes Regelungen der Nrn 1–4 des § 127 I PatG. Ergänzend zum VwZG gelten die Allgemeinen Verwaltungsvorschriften zum VwZG idF v 13.12.66, geändert 1973, vgl Bl 67, 46; 73, 178, sowie damit in Überschneidung als behördliche Anordnung iSd § 1 II VwZG die Hausverfügung Nr 10 des PräsDPMA, derzeit v 1.2.06 (unveröff). Daher sind nach der Praxis des DPMA, soweit es für das Verfahren vor der Designstelle von Belang ist, förmlich zuzustellende Schriftstücke: Bescheide, die eine Fristsetzung enthalten, zB nach § 16 IV 1; Beschlüsse; bestimmende Schriftsätze im zweiseitigen Verfahren, § 14 II DPMAV. Das DPMA hat sich durch § 21 DPMAV und insbes die interne Hausverfügung Nr 10 auf bestimmte Zustellungsarten festgelegt. Durchgeführt wird die Zustellung durch Beauftragung eines zur Briefbeförderung lizenzierten privaten Anbieters von Postdienstleistungen (ab 1.1.08 nicht mehr exklusiv die Deutsche Post AG), §§ 5, 51 PostG, der im Falle der Zustellung mit Einschreiben oder Zustellungsurkunde als beliehener Unternehmer hoheitlich tätig ist, § 33 I PostG. Elektronische Zustellung, zB per E-Mail mit Rück-Empfangsbekenntnis ist fakultativ bzw zwingend nach § 5 IV – VII VwZG, wird vom DPMA erst künftig eingeführt, Mitt PräsDPMA Bl 06, 45. Im Übrigen regelt § 21 DPMAV die nicht zustellungsbedürftige, dh formlose Übermittlung von Dokumenten durch einfachen Brief oder Telefax. **Zustellungen des BPatG** richten sich gem dem geänderten § 127 II PatG nach den allg für Gerichte geltenden Vorschriften der §§ 166 ff ZPO, Einzeln Rn 61.

56   **b) Zustellungsadressat** (Empfangsberechtigter) ist die Person, der das Schriftstück zugestellt werden soll, § 182 II Nr 1 ZPO. Das ist der in den Akten geführte Design-Anmelder bzw die im Register als Inhaber vermerkte Person. Bei jur Personen ist an deren gesetzl Vertreter zuzustellen, § 6 II 1 VwZG, ohne dass der gesetzl Vertreter benannt werden muss, Schulte 127/43, sofern nicht an diese Person unmittelbar, nicht an andere Bedienstete zugestellt werden soll, aA VGH Kassel NJW 98, 920. Vom Zustellungsadressaten ist der tatsächliche Zustellungsempfänger, § 182 II Nr 2 ZPO, insbes als Empfänger der Ersatzzustellung zu unterscheiden. Für die Zustellung an einen Vertreter gelten die §§ 6, 7 VwZG. Ein gewillkürter Vertreter ist anstelle des Vertretenen ausschließlich empfangsberechtigt, wenn er ggü der absendenden Behörde durch Anzeige bestellt und zur Entgegennahme von Zustellungen bevollmächtigt ist sowie – bis zum Abschluss der Instanz – die Vollmacht zu den Akten gereicht hat, eine Falschzustellung an den so vertretenen Inhaber ist unwirksam und berechtigt zur Wiedereinsetzung in eine dadurch versäumte Frist, BPatG 10 W (pat) 11/07 v 8.5.08 (veröff unter www.bpatg.de). Bei bevollmächtigter Sozietät sind alle angehörigen Anwälte empfangsberechtigt, nicht nur der sachbearbeitende Anwalt, OVG Lüneburg NJW 05, 312. Das DPMA stellt, sobald der Vertreter bestellt ist, nach § 7 I 2 VwZG und Hausverfügung grds diesem zu, auch wenn Vollmacht oder Allgemeine Vollmacht (noch) fehlen, BGH GRUR 91, 814, 815 – Zustellungsadressat; BPatG Bl 95, 173, Bl 08, 27. Für die Bestellung des Vertreters genügt insoweit bloße Anzeige oder sein schlüssiges Tätigwerden, BGH aaO, BGH GRUR 91, 37, 38 – Spektralapparat, BPatG Bl 80, 313. Dann ist Zustellung an den Vertretenen unwirksam, BGH aaO – Zustellungsadressat, insbes, wenn zuvor immer an Vertreter zugestellt wurde. Zustellung an den Vertreter findet auch nach dem Tode des Vertretenen statt, BPatGE 22, 287. An den Inlandsvertreter ist so lange zuzustellen, wie der zu bestellende Nachfolger nicht angezeigt ist, § 58 IV macht insoweit die uneinheitliche frühere Rspr obsolet, zu dieser s Voraufl 23/54. Nach BGH Mitt 08, 45 (Ls) kann aber der Anwalt im Parteiprozess weiterhin Zustellungen wirksam entgegennehmen. Eine weitere Zustellung an einen neu bestellten Inlandsvertreter macht die vorangegangene Zustellung an den bisherigen Inlandsvertreter nicht unwirksam, BPatG Bl 96, 358. Die Zustellung an mehrere Verfahrensbeteiligte wird insgesamt erst wirksam, wenn sie durch entsprechende Zahl von Mehrstücken an sämtliche Adressaten bewirkt ist, BGH Bl 62, 166, 167, BPatGE 31, 18, wobei § 7 II VwZG das jedenfalls für den gemeinsamen Zustellungsbevollmächtigten ohnehin vorschreibt, s auch

BPatGE 40, 278; das gilt auch bei Mehreren mit derselben Anschrift, BPat-GE 45, 161 – Verkleidungsplatten. Das DPMA wendet § 7 I 3 VwZG, der die Übermittlung eines einzigen Exemplars bei gemeinsamem Verfahrensbevollmächtigten mehrerer Beteiligter (nicht lediglich Zustellungsbevollmächtigten) gestattet, nicht an. Bei Mehreren ohne gemeinsamen Vertreter gilt § 14 I 2 DPMAV, wonach die Mehrstücke auch an den Erstgenannten der Mehreren zugestellt werden dürfen. Bei Zweifeln an einer durch mehrere Beteiligte erteilten Zustellungsbevollmächtigung, zB unter ihnen bestehende Uneinigkeit, muss an alle Beteiligten getrennt zugestellt werden, die Auswahl gem § 14 I 2 DPMAV gilt dann nicht, BPatG Mitt 05, 570 – RENA-PUR. Sind mehrere Bevollmächtigte bestellt, genügt die Zustellung an einen von ihnen, nicht zwangsläufig an den zuletzt bestellten; wird dennoch allen zugestellt, setzt die früheste Zustellung Fristen in Gang, Sadler 7/12 mwN. Der Verstoß gegen § 7 II VwZG (fehlende Mehrfertigungen) macht die Zustellung unwirksam, PA Bl 58, 136; Heilung ist möglich. Bei Inhaberwechsel ist die Zustellung an den Rechtsnachfolger erst mit Umschreibung im Register zu richten, anders bei Gesamtrechtsnachfolge (zB Erbe), Einzelh zur Änderung der formellen Legitimation s § 29 Rn 13. Nach Insolvenzeröffnung ist an den Insolvenzverwalter zuzustellen, BPatG Bl 08, 27. Die §§ 178 ff ZPO regeln des Näheren die **Ersatzzustellung,** wenn der Zustellungsadressat nicht angetroffen wird. Sie ist je nach Zustellungsart unterschiedlich. Grds kann dann in Wohnung und Haus, hilfsweise durch Niederlegung bei der Post (auch Postagentur, BGH NJW 01, 832) mit Einlegen einer Benachrichtigung in den Hausbriefkasten, im Geschäftsraum, bei Angehörigen der jur Person, ersatzweise zugestellt werden. Die Niederlegung nicht zustellbarer Sendung zur Abholung ist unter einschränkenden Bedingungen in § 5 PostdienstleistungsV bestimmt.

c) Die **Zustellung mit Postzustellungsurkunde** als formstrengste Zu- **57** stellungsart begründet vollen Beweis der Zustellung, soweit es die urkundlichen Angaben der §§ 182 II iVm 418 ZPO betrifft. Trotz umfangreichen Beweiswerts ordnet das DPMA sie iW wegen des kostenaufwendigen Zugangsnachweises nur in Sonderfällen an, zB nach fehlgeschlagener einfacherer Zustellungsart bei Beschlüssen, mit denen Rechtsmittelfristen in Lauf gesetzt werden, Rn 27 f, iÜ genügt nach Hausverfügung des DPMA Übergabeeinschreiben, Rn 53, 56. Durchführung nach § 3 II VwZG iVm § 182 ZPO. Die Übergabe an den Postdienstleister (s Rn 53) nach § 3 I 1 VwZG muss nicht beurkundet werden, Benkard/Schäfers 127/5. Bei Zustellung mehrerer Schriftstücke ist jedes Schriftstück („Sendung") mit der Geschäftsnummer zu versehen, Benkard/Schäfers aaO. In jedem Fall müssen Zeitpunkt und Ort der Zustellung, ggf Bezeichnung der Ersatzperson und Grund der Ersatzzustellung angegeben, ggf Vermerk über die Niederlegung bei Postamt oder Postagentur und die Unterschrift des Zustellungsbeamten enthalten sein, RGZ 124, 22, 27; zu den Einzelh s § 182 ZPO. Mängel bei den Formalien der Zustellungsurkunde, wie auch unzutreffende Eintragungen, machen die Zustellung unwirksam, BGH Bl 56, 66 (Ls), AG Neuruppin NJW 03, 2249 bezügl unvollständigem Niederlegungsvermerk. Wird der Tag der Zustellung nicht gem § 182 II Nr 6 ZPO auf dem ausgehändigten Briefumschlag vermerkt, ist zwar die Zustellung wirksam; die Rechtsmittelfristen werden jedoch nicht in Lauf gesetzt, GmS-OGB NJW 77, 621, 622. Das gleiche gilt bei unzutreffendem Vermerk des Zustellungstags, BPatGE

21, 53. Ein vermerktes späteres Datum gilt zugunsten des Zustellungsempfängers, Benkard/Schäfers 127/6a mwN. Weicht der Inhalt des Formblatts von den gesetzl Bestimmungen ab, so ist dies idR unschädlich, s BPatGE 21, 28. Zu Einzelh bei förmlicher Ersatzzustellung Rn 54 und Benkard/Schäfers 127/32 ff. Auch bei Einhaltung der Formalien der Urkunde ist eine Zustellung unwirksam, wenn Zustellungsempfänger nachweisbar unter der angegebenen Anschrift keine Wohnung (mehr) unterhielt, BPatG Mitt 09, 292 (Ls) – Unwirksame Zustellung, vollständig veröff als 24 W (pat) 43/06 v 3.2.09 unter www.bpatg.de.

58   d) Der Beweiswert der **Zustellung durch eingeschriebenen Brief** beschränkt sich auf den Zugang an den angegebenen Empfänger als solchen mit Datum. Für das DPMA gilt § 4 VwZG. Form ist das Übergabeeinschreiben, welches für Beschlüsse und Bescheide durchweg gewählt wird, bei verweigerter Annahme Zustellungsurkunde. Den geeigneten Empfängerkreis vorausgesetzt, geht die Zustellung mit Empfangsbekenntnis, Rn 57, oder im Abholfach, Rn 58, nach Hausverfügung des DPMA vor. Das sog Einwurfeinschreiben ist in Gerichts- und Verwaltungsverfahren als Zustellungsform unzulässig, BVerwG NJW 01, 458 und weder in ZPO noch in § 4 VwZG vorgesehen. Das gem DPMA-Hausverfügung Nr 10 für problematische Fälle gedachte Einschreiben mit Rückschein, vgl § 175 ZPO, nutzen Designstelle und Designabteilung nicht. Beim Übergabeeinschreiben wird der Zugang im Laufe, nicht zu Beginn des dritten Tages nach § 4 II 2 VwZG gesetzl (widerleglich) vermutet; davon in Gang gesetzte Fristen laufen daher nach § 187 I BGB ab Beginn des folgenden Tages, auch bei tatsächlich früherem Zugang, BVerwGE 22, 11, 13, BFH NJW 67, 1296, PA Bl 55, 217 oder späterem Poststempel, § 193 BGB ist nicht anwendbar, BPatGE 40, 273. Glaubhaftes Bestreiten widerlegt die Vermutung. Dann muss das DPMA Zugang und Zugangstag beweisen, Beweismittel sind der Vermerk „per Einschreiben" auf der Sendung selbst – Verfügung durch Ankreuzen auf dem Aktenexemplar genügt nicht, BPatG 4 W (pat) 726/91 v 2.9.91 (unveröff) –, Absendungsvermerk der Postabsendestelle des DPMA und Auskunft der Post anhand ihres Auslieferungsbelegs. Den amtsinternen Absendungsvermerk als Einschreiben des § 4 II 4 VwZG erhält das Aktenexemplar, die Postabfertigungsstelle vermerkt den Tag der Aufgabe zur Post; die zuzustellende Sendung benötigt keinen Absendungsvermerk, BPatGE 40, 273; der Vermerk ist keine zwingende Formvorschrift, sondern für die 3-Tages-Zustellungsvermutung des § 4 II 2 VwZG maßgebend. Der Empfänger erhält keinen Hinweis auf den fiktiven Zustellungstag. Bei Zustellung mit Rückschein ist der Inhalt des Rückscheins Nachweismittel für Empfang, Empfänger und Datum, § 4 II 1 VwZG, anders als bei Zustellungsurkunde aber nicht für den Inhalt des Schriftstücks. Bei Verlust des Rückscheins gilt die 3-Tages-Vermutung wie beim Übergabeeinschreiben. Zugang ist das Aushändigen an den Adressaten, dessen Ehegatten oder an den Postbevollmächtigten. Werden diese nicht angetroffen, kann an einen dazu bereiten sog Ersatzempfänger (Angehörige, Ehegatte, Postbevollmächtigter, Angestellte in Wohnung oder Geschäft, Inhaber oder Vermieter der Wohnung, Hausnachbarn) ausgehändigt werden. Damit ist zugestellt, auch wenn die Sendung den Adressaten nicht erreicht, BPatGE 2, 204. Förmliche Ersatzzustellung nach den §§ 178 ff ZPO ist nicht möglich, BPatG aaO. Bei unberechtigter Annahmeverweigerung gilt nach § 127 I Nr 1 PatG die Zustellung als bewirkt. Ersatzempfänger dürfen die Annahme verweigern. Auch an einem vorübergehenden Aufenthalt (Hotel, Sanatorium) kann zugestellt werden. Wird keine annahmebereite Person angetroffen, erhält der Adressat einen Abholschein; die Sendung wird bei Postamt oder Postagentur hinterlegt. Die Zustellung ist erst und nur mit Abholung bewirkt, BVerwG MDR 71, 73, 74. Bei Rücklauf der nicht abgeholten Sendung an das DPMA oder nicht möglicher Heilung eines Zustellungsmangels durch Nachweis des Zugangs, etwa durch Auskunft der Post, ist die Zustellung zu wiederholen, Benkard/Schäfers 127/10. Das DPMA stellt dann mit Postzustellungsurkunde zu. Zu den Grds der Verweigerung der Annahme fremdsprachiger Schriftstücke Ahrens NJW 08, 2817.

e) Die **Zustellung gegen Empfangsbekenntnis** regelt § 5 VwZG. Das **59** DPMA und BPatG wählen diese mit einfachem Brief mögliche Zustellung anstelle des Einschreibens nach § 5 IV VwZG, soweit die in dieser Vorschrift genannten berufsmäßigen Vertreter kraft vorliegender Vollmacht tätig sind, die ebenfalls mögliche persönliche Übergabe im DPMA gegen Empfangsbekenntnis ist seltener Ausnahmefall. Die Empfangsperson hat das Empfangsbekenntnis mit Datum und Unterschrift an die Behörde zurückzusenden, was regelmäßig durch Rücksendung per Post geschieht, § 5 VII 1 VwZG, häufig und geduldet auch lediglich per Fax. Damit ist die Zustellung nachgewiesen. Empfangsperson für diese Zustellungsart können nach § 127 I Nr 3 PatG auch Erlaubnisscheininhaber und nach § 182 PAO auch Patenttechniker sein, nicht jedoch Patentassessoren, BPatGE 39, 163. Postbevollmächtigte Vertreter können auch der amtlich bestellte Vertreter, der Allgemeine Vertreter nach § 46 PAO oder § 53 BRAO, oder ein durch Vollmacht ausgewiesener Vertreter, zB Sozius, angestellter Anwalt, Referendar, Anwaltsassessor, dritter Anwalt, Büroangestellte (soweit kein Anwaltszwang) aufgrund wenigstens stillschweigender Duldungsvollmacht sein, BGHZ 14, 342, 346. IdR wird durch einfachen Brief zugestellt, bei eingeschriebenem Brief gilt die Vermutung des § 4 II 2 VwZG (dh am 3. Tag zugestellt) nicht. Das angeheftete, vom DPMA bzw BPatG vorbereitete Empfangsbekenntnis muss die Sendung zweifelsfrei bezeichnen, BGH GRUR 72, 196, 197 – Dosiervorrichtung. Es ist bei Einzelsendungen ein Einzel-, bei mehreren Sendungen kann es ein Sammelempfangsbekanntnis mit Inhaltsliste sein. Das im Empfangsbekenntnis eingesetzte und vom befugten Empfänger unterschriebene Datum dokumentiert die mit Wissen und Wollen des Empfängers oder seines postbevollmächtigten Vertreters erfolgte Entgegennahme – sog Empfangsbereitschaft – und damit das Zustellungsdatum, BGH GRUR 07, 261 – Empfangsbekenntnis; GRUR 72, 197; BPatG Bl 77, 118; zur formgerechten Unterzeichnung Rn 49f. Daher bezeugt der durch Eingangsstempel dokumentierte Eingang der Sendung in der Kanzlei nicht schon den Empfang, BGH NJW 96, 1968, 1969. Fehlende Unterschrift ist nachholbar und macht die Zustellung zunächst nicht unwirksam, BVerwG MDR 72, 893 (Ls); Unterschrift eines Dritten ist genehmigungsfähig. Bei Verweigerung der Annahme insgesamt gilt § 5 II Nr 2 VwZG. Die Verweigerung der Unterschrift allein macht die Zustellung unwirksam, die ggf wiederholt werden muss; darin liegt allerdings ein Verstoß gegen Standespflichten, bei Patentanwälten gegen Berufspflichten, § 12 II Berufsordnung Patentanwälte, vgl Mitt 97, 245. Ein fehlendes Datum macht die Zustellung zunächst unwirksam, soweit nicht der Zugang zB anhand des Eingangsstempels vom DPMA konkretisiert werden kann. Ein unrichtiges Datum kann korrigiert werden, zB später in ein früheres, BPatGE 23, 249. Gegenbeweis gegen das Datum, zB bei Irrtum, ist durch andere Beweismittel, zB Vermerk in Handakte, möglich, BGH NJW 87, 325, jedoch nur, wenn jede Möglichkeit ausscheidet, dass das vermerkte Datum richtig sein konnte, BVerfG Mitt 01, 324, 325; BGH NJW 90, 2125, 2126. Dann gibt das nachgebrachte Datum den Zustellungstag an, BGH Bl 57, 350, Bl 62, 22. Bei unrichtig eingesetztem Datum gilt der tatsächliche Tag des Empfangs, BGH Bl 57, 350, Bl 62, 22; der Nachweis des zutreffenden Tags ist zulässig, BGH NJW 75, 1652, 1653, NJW 79, 2566, NJW 96, 3014. Für den Nachweis, dass die Zustellung erst nach dem Datum des Empfangsbekenntnisses erfolgt ist, gelten strenge Anforderungen, BGH NJW 80, 998. Ein wirksames Empfangsbekenntnis kann nicht widerrufen oder angefochten werden, BGH NJW 74, 1469, 1470. Ungültigkeitsvermerk des Anwalts auf einem ausgefüllten Empfangsbekenntnis, ebenso die Nichtrückgabe machen die Zustellung unwirksam, BPatGE 21, 1. Die inhaltliche Kenntnisnahme von der zugestellten Sendung, bedeutsam zB für Wiedereinsetzungsfälle, kann vor, angesichts der Verantwortung des Bevollmächtigten für die Unterzeichnung des Empfangsbekenntnisses eher selten auch nach dem bescheinigten Zustellungstag liegen, BPatG Bl 77, 118; BPatGE 19, 50; 21, 2. Die Zustellung als elektronisches Dokument mit elektronischem Empfangsbekenntnis sieht § 5 IV–VII VwZG vor; im GeschmM-Bereich ist dies, soweit absehbar, frühestens ab 2010 zugelassen, s § 25 Rn 4.

60   f) Die **Zustellung durch Niederlegung im Abholfach** als Sonderform nach § 127 I Nr 4 PatG trägt der Einrichtung von Abholfächern für ständige Nutzer der Einrichtungen des DPMA in der Dienststelle München (nicht Berlin, Jena) Rechnung. Die Nichtbeachtung der Zustellungsvoraussetzungen des § 127 I Nr 4 macht die Zustellung unwirksam. Die erforderliche schriftliche Mitteilung zu den Akten über die Niederlegung ist nachholbar, BGH MDR 61, 212. Die Zustellung gilt am dritten Tag nach der Niederlegung im Abholfach als bewirkt (unwiderlegliche Vermutung). Die Dreitagesfrist beginnt nach § 187 I BGB mit dem Tag nach der Niederlegung. Eine von der Niederlegung an berechnete Frist läuft mit Beginn des auf den dritten Tag folgenden Tags, § 187 II BGB. Für die Dreitagesfrist gelten Kalendertage, nicht Werktage; § 193 BGB ist daher nicht anwendbar, BPatG Mitt 84, 178. Die Fiktion dieser Zustellung ist maßgeblich, ein Gegenbeweis des tatsächlichen früheren, späteren oder unterbliebenen Zugangs unbehelflich, Benkard/Schäfers 127/17, ggf muss bei Fristversäumung Wiedereinsetzung beantragt werden.

61   g) Die **Zustellung im Ausland** setzt voraus, dass der Empfänger sich nicht nur kurz im Ausland aufhält und fehlerhaft noch kein Zustellungsbevollmächtigter, insbes Inlandsvertreter iSd § 58, benannt ist; zur Pflicht zur Bestellung und die Folgen der Nichtbestellung eines Inlandsvertreters § 58 Rn 2, 9 ff. § 23 III 3 iVm § 127 I Nr 2 PatG bestimmen für diesen Fall und für das Verfahren vor dem DPMA Abweichungen vom VwZG. Das DPMA nimmt gem Kann-Bestimmung des § 127 I Nr 2 S 1 PatG, die als Soll-Bestimmung verstanden werden muss, so Begr PatentrechtsmodernisierungsG zu § 127 PatG, iVm § 184 II 1, 4 ZPO und Hausverfügung die Zustellung an den Auswärtigen mit eingeschriebenem Brief durch Aufgabe zur Post vor, Mitt PräsDPMA Bl 09, 301. Ist dagegen zwar kein im Inland, aber

jedenfalls im EU-/EWR-Raum ansässiger Inlandsvertreter iSd § 58 II bestellt, kann an ihn gem § 127 I Nr 2 S 2 PatG ebenfalls mit eingeschriebenem Brief durch Aufgabe zur Post zugestellt werden; die damit verbundenen Zustellungsunsicherheiten sollen unter den gegebenen rechtlichen Umständen tragbar sein, Begr PatentrechtsmodernisierungsG zu § 127 PatG, Einzelh § 58 Rn 5. In bestimmten, im Design-Bereich früher eher seltenen Verfahrensarten – nunmehr allerdings im Nichtigkeitsverfahren – sind förmliche Zustellungen des DPMA an den auswärtigen und bislang nicht verfahrensbeteiligten Rechtsinhaber so lange ausgeschlossen, wie es ihn nicht vorab formlos über die Notwendigkeit der Inlandsvertreterbestellung informiert hat, weitere Einzelh § 58 Rn 2. Bei Aufgabe zur Post gilt die Zustellung nach 2 Wochen als bewirkt, § 127 I Nr 2 PatG iVm § 184 II 1 ZPO, auch wenn die Sendung als unzustellbar zurückkommt, Schulte 127/97. Das so zuzustellende Schriftstück muss den zusätzlichen Hinweis enthalten, dass nach diesen Vorschriften, insbes im Hinblick auf die Zweiwochenfrist, zugestellt wird, was nach Hausverfügung des DPMA Wirksamkeitsvoraussetzung ist, Schulte 127/96. Der über die Aufgabe zur Post ferner aufzunehmende Aktenvermerk, § 184 II 4 ZPO, ist nicht vor Aufgabe zulässig, aber nachholbar, Bühring 21/108 mwN. Andere Beweisstücke sind hierfür nicht zugelassen. Bei falsch angegebenem Datum gilt das nachweislich richtige, Schulte 127/96 mwN. Unrichtige Anschrift oder fehlender Aktenvermerk macht die Zustellung unwirksam, Benkard/Schäfers 127/19. Im patentgerichtlichen Verfahren gelten für Zustellungen im Ausland nach § 127 II PatG die allg Zustellungsvorschriften der ZPO (§§ 166 ff), insbes §§ 183 f ZPO. Insoweit kann nach § 183 I Nr 1 ZPO an Empfänger in Belgien, Estland, Frankreich, Italien, Luxemburg, Österreich und Spanien auch durch Einschreiben mit Rückschein zugestellt werden. Innerhalb der EU gilt vom 13.11.08 an die VO (EG) Nr 1393/2007 v 13.11.07 über die Zustellung gerichtlicher und außergerichtlicher Schriftstücke in Zivil- und Handelssachen in den Mitgliedstaaten, ABl L 324 v 10.12.07 (aufgehoben ist dadurch die EuZVO = VO (EG) Nr 1348/2000 des Rates vom 29.5.00 gleichen Namens, ABl EG Nr L 160 S 37) mit Durchführungsbestimmungen durch das EG-ZustellungsdurchführungsG v 9.7.01, s Bl 01, 302, dazu Einzelh und Reformpunkte s Sujecki, NJW 08, 1628. Art 14 dieser Verordnung gestattet bei gerichtlichen Schriftstücken generell die Zustellung durch Einschreiben mit Rückschein. In verbleibenden Fällen für das sonstige Ausland sind nach § 183 I Nrn 2, 3 ZPO die aufwendigeren Zustellungswege des § 183 I Nrn 2, 3 ZPO zu wählen, BGH GRUR 93, 476, 477 – Zustellungswesen. Ein Prozessgericht kann im Rahmen einer Auslandszustellung nach § 184 I ZPO die Anordnung treffen, einen inländischen Zustellungsbevollmächtigten zu benennen, dazu BGH GRUR 08, 1030 – Zustellungsbevollmächtigter. Die **öffentliche Zustellung,** § 10 VwZG, ist vorzunehmen, wenn der Aufenthaltsort des Empfängers allg, nicht nur dem DPMA, unbekannt ist, BPatGE 15, 159, und alle anderen Zustellungsarten erschöpft sind. Zunächst ist daher bei Behörden, Datenbanken und in privater Umgebung des Inlands, nicht im Ausland nachzuforschen, soweit der Aufwand verhältnismäßig bleibt, die Versuche sind aktenkundig zu machen, zu den nicht geringen Anforderungen s BPatG 28 W (pat) 227/03 v 7.7.04 – MONTANA (veröff unter bpatg.de). Nicht heilbare, so zuletzt BGH NJW 02, 827, 828 f, Wirksamkeitsvoraussetzungen sind: Verfügung der Zustellung durch die zuständige Stelle, vorliegend die Designstelle bzw Designabteilung; Aushang des

Schriftstücks oder einer Benachrichtigung darüber am Schwarzen Brett des DPMA, PräsDPA Bl 54, 237, im Recherchesaal der Dienststelle München (nicht auch Berlin, Jena), für zwei Wochen, womit die fingierte Zustellung bewirkt ist; Vermerk des Tags des Aushangs und der Abnahme auf dem Schriftstück und Unterschrift. Das DPMA verzichtet auf eine zusätzliche Bekanntmachung im amtlichen Bl. Provoziert der Zustellungsempfänger durch gezielte Zustellungsverhinderung die – dann unwirksame – öffentliche Zustellung, ist seine Berufung auf deren Unwirksamkeit rechtsmissbräuchlich, BGH Mitt 08, 428 – Verhinderte Zustellung (Ls).

62   **h)** Die **Heilung von Zustellungsmängeln** tritt grds bei allen Mängeln ein, soweit das Schriftstück nachweislich tatsächlich dem Zustellungsadressaten (Empfangsberechtigten) zugegangen ist, § 8 VwZG. Heilbare Zustellungsmängel sind: Verstöße gegen zwingende Zustellungsbestimmungen, bezogen auf die jeweils gewählte Zustellungsart, zB falsche Zustellungsart; Nachweis einer durchgeführten Zustellung fehlt, zB Verlust oder nicht mögliche Vervollständigung oder Berichtigung des Nachweises; Zustellung an den falschen Adressaten, insbes an den Schutzrechtsinhaber statt an seinen Vertreter, BPatGE 3, 55; 17, 10; dann Heilung mit positiver Kenntnisnahme des Vertreters, BPatG Bl 08, 27; Zustellung einer vom Original abweichenden Ausfertigung einer Entscheidung, soweit dadurch die rechtsmittelbegründende Beschwer nicht erkennbar wird, BGH NJW 77, 297, 298, Nichtzurücksendung des Empfangsbekenntnisses, insbes wird Empfangsbereitschaft dokumentiert und tritt Heilung des Zustellungsmangels ein, wenn unter Bezugnahme auf die Urteilsausfertigung Rechtsmittel eingelegt wird, BVerwG NJW 07, 3223. Bei Heilung gilt der Tag des nachgewiesenen Zugangs an den Empfangsberechtigten als Zustellungszeitpunkt, den Nachweis hat das DPMA zu führen, BPatGE 17, 10. Heilung tritt auch bei tatsächlichem und nachweisbarem Zugang an den richtigen Adressaten ein, BPatGE 17, 10; 28, 233. Anderenfalls ist wie im Falle nicht heilbarer Zustellungsmängel die Zustellung zu wiederholen. **Nicht heilbar** sind Zustellungen selbst bei Zugang des Schriftstücks bei nicht möglichem Nachweis des Zugangs des Schriftstücks an den zutreffenden Adressaten oder seinen Vertreter, BPatGE 3, 55; bei offensichtlicher Falschbezeichnung der Rechtsperson des Adressaten, nicht nur bei Falschbezeichnung wegen Firmenänderung, BPatGE 22, 10, und bei unbeabsichtigter Zustellung. Nicht heilbar ist auch eine ungenügende Zahl von Ausfertigungen bei mehreren Mitbeteiligten mit gemeinsamem Zustellungsbevollmächtigten entgegen § 7 II VwZG, BPatGE 40, 278, oder mehreren Beteiligten in Verfahren anderer Art. Die fehlende Heilbarkeit betrifft nur die durch die Zustellung in Gang zu setzende Frist, dagegen wird durch tatsächlichen Zugang jedenfalls die Entscheidung, die zugestellt werden sollte, rechtlich wirksam, BGH GRUR 87, 745, 746 – Frischemärkte.

63   **i)** Für **Zustellungen im Verfahren vor dem BPatG** gilt nach § 127 II PatG ausschließlich die ZPO. Die Durchführung der Zustellung ähnelt iW derjenigen des DPMA, sodass auf die obigen Grds, Rn 53–60 verwiesen wird. Jedoch besteht grds eine größere Freiheit bei der Wahl der Zustellungsart, zB nach § 175 ZPO die Zustellung per Einschreiben mit Rückschein als Zustellungsnachweis, ebenso nach § 174 II ZPO als eine Form der Zustellung gegen Empfangsbekenntnis an bevollmächtigte Anwälte die Zustellung einer gerichtlichen Entscheidung per Telefax oder nach § 174 III

ZPO elektronische Dokumente (E-Mail mit Signatur). Förmlich zuzustellen sind Endentscheidungen, § 94 I 3–5 PatG; Zwischenentscheidungen und Verfügungen gem § 99 I PatG in den Fällen des § 329 II 2 und III ZPO; Beschwerde- und andere bestimmende Schriftsätze nach § 73 II 3 PatG, Ladungen, Terminsverlegungen und -aufhebungen (ausgenommen aufgrund Verfahrensbeendigung), gerichtliche Fristsetzungen, für sonstige Schriftstücke genügt formlose Übersendung. Als Zustellungsart wird Zustellungsurkunde und Empfangsbekenntnis praktiziert, nicht Einschreiben. Für die Zustellung im Ausland kann auch auf Einschreiben mit Rückschein zurückgegriffen werden, iÜ gelten die §§ 183, 184, 185 Nr 2 ZPO, tatsächlich wird durch Aufgabe zur Post zugestellt.

5. a) Weitere Verfahrensgrundsätze ergeben sich aus den Verweisun- **64** gen in Abs 4 S 3 und Abs 5 S 2. In entsprechender Anwendung des § 124 PatG haben Anmelder, Inhaber und ihre Vertreter in allen Instanzen nach subjektivem Horizont des Erklärenden vollständige und **wahrheitsgemäße Angaben** zu Tatsachen BGH GRUR 99, 920, 922 – Flächenschleifmaschine, nicht zu persönlichen Kenntnissen oder Wertungen zu machen. Für Anwälte gilt dies schon nach Standespflicht. Die Wahrheitspflicht ist dort relevant, wo Angaben über tatsächliche Umstände als Tatbestandsvoraussetzungen einer Rechtsfolge von Bedeutung sind, zB bei der Bezeichnung des Anmelders im Eintragungsantrag insbes im Hinblick auf die Fiktion der Anmeldereigenschaft und Inhaberschaft nach § 8, die Rechtsstellung des Entwerfers, §§ 7 I 1 und § 10, und bei Sachvortrag zur Begründung von Anträgen, zB bei beantragter Wiedereinsetzung. Unwahre Angaben werden von DPMA und den Gerichten nicht berücksichtigt und können in Anwendung des § 286 I ZPO allg Unglaubhaftigkeit des Sachvortrags nahelegen, Schulte 124/12, und Kostenfolgen haben, BPatGE 1, 173. Im Verletzungsprozess kann bei Erschleichung der Wiedereinsetzung der Einwand der Schutzrechtserschleichung erhoben und hierauf ein Löschungsanspruch gestützt werden. Darüber hinaus kommen Schadensersatz und Strafverfolgung wegen Betrugs in Betracht.

b) Die **deutsche Sprache, § 126 PatG,** dh Hoch-/Schriftdeutsch, ist **65** Amts- und Gerichtssprache. Sie ist vorbehaltlich abweichender Bestimmungen verbindlich. Eine die Einreichung fremdsprachiger Anmeldeunterlagen grds erlaubende Sonderbestimmung wie §§ 35 PatG, 4a GebrMG, 15 MarkenV fehlt im DesignG, weil eine originäre schriftliche Offenbarung und Schutzbeanspruchung für eD keine Bedeutung hat. Für sonstige Unterlagen genügt dem Erfordernis deutscher Sprache auch sprachlich mangelhaftes Deutsch, dagegen nicht eine vom Hochdeutschen abweichende Regionalsprache (Dialekt, zB Niederdeutsch), BGH GRUR 03, 226, 227 – Läägeünnerloage, BPatG Mitt 02, 150 (Ls). Fremdsprachige, dem Fachmann geläufige Fachausdrücke sind zulässig, BPatGE 9, 10; BPatG Mitt 74, 264. Nach Streichung von § 126 S 2 PatG seit 1.11.98 durch das 2. PatGÄndG, wonach bis dahin fremdsprachige Eingaben nicht berücksichtigt zu werden brauchten, sind die Anforderungen großzügiger, vgl Begr 2. PatGÄndG zu Art 2 Nr 32, Bl 98, 407. Das DPMA hat sie zur Kenntnis zu nehmen, auf den Grds der deutschen Verfahrenssprache und die Rechtsfolgen hinzuweisen und, soweit nach pflichtgemäßem Ermessen notwendig – zB zur leichteren Information der Öffentlichkeit oder der Wahrung des rechtlichen Gehörs einer evtln Gegenseite –, unter Festsetzung einer Frist auf die Einreichung einer Übersetzung hinzuwirken. Die zusätzliche Einreichung fremdsprachiger Texte neben vollständigen Unterlagen in deutscher Sprache ist unschädlich. § 21 GeschmMV war identisch mit § 14 PatV und knüpfte wie dieser eine Abstufung der Anforderungen an fremdsprachige Schriftstücke an ihren Inhalt an, zu Einzelheiten s Voraufl § 23 Rn 63. Demgegenüber ist der § 21 GeschmMV ersetzende § 14 DesignV erheblich vereinfacht: angesichts jeglichen nicht in deutscher Sprache eingereichten Schriftstücks kann das DPMA zur Nachreichung einer deutschsprachigen Übersetzung innerhalb einer angemessenen Frist auffordern, § 14 I 1 DesignV. Die Übersetzung muss von einem RA oder PA beglaubigt oder von einem öffentlich bestellten Übersetzer angefertigt sein, § 14 I 2 DesignV. Die öffentliche Beglaubigung der Unterschrift des letzteren (§ 129 BGB) und der Tatsache, dass er für solche Zwecke öffentlich bestellt ist (§ 21 I 2 GeschmMV) ist nach § 14 DesignV nicht mehr notwendig. Welche Frist angemessen ist, wird ieL vom Umfang des Schriftstückes abhängen, jdf nicht unter den Regelfristen von einem Monat bzw zwei Monaten nach § 18 I DPMAV. Die Frist ist verlängerbar, § 18 II, III DPMAV. Geht die angeforderte Übersetzung fristgemäß ein, wird das fremdsprachige Schriftstück als zu seinem Eingangstag eingegangen behandelt, Gegenschluss aus § 14 II 1 DesignV. Wird die angeforderte Übersetzung nicht innerhalb der gesetzten Frist eingereicht, gilt das fremdsprachige Schriftstück als zum Zeitpunkt des Eingangs der Übersetzung eingegangen, § 14 II 1 DesignV. Das fremdsprachige Schriftstück gilt dagegen als nicht eingegangen, wenn die angeforderte Übersetzung nicht eingereicht wird, § 14 II 2 DesignV. Das BPatG kann nach § 142 III ZPO eine Übersetzung anfordern. IÜ, zB bei Verhandlung mit Sprachunkundigen oder Behinderten, gelten die §§ 185–191a GVG.

66   **c)** Dass innerstaatliche Gerichte den Patentbehörden **Rechtshilfe, § 128 I PatG,** leisten, ergibt sich schon aus Art 35 I GG. Das vom DPMA oder BPatG zu ersuchende Gericht ist das Amtsgericht, in dessen Bezirk die Amtshandlung, zB Vernehmung von Zeugen, vorzunehmen ist, § 157 GVG. Nach Art 75 GGV unterstützen das HABM einerseits und DPMA und BPatG andererseits einander mit Auskünften und durch Gewährung von Akteneinsicht. § 128 II, III PatG (Ordnungsmittel des BPatG gegen Zeugen und Sachverständige für Verfahren vor DPMA) hat nur für das Nichtigkeitsverfahren vor der Designabteilung Bedeutung.

67   **d)** Abs 3 S 3 und Abs 4 S 3 verweisen für das Verfahren vor DPMA und BPatG auf § 128a PatG. Nach dieser Vorschrift richten sich die **Entschädigung von Zeugen** und die **Vergütung von Sachverständigen** nach dem JVEG (Art 2 Kostenrechtsmodernisierungsgesetz v 5.5.04, BGBl I S 718, 776). Bei der Entschädigung von Zeugen kommen zB Fahrtkosten, Verdienstausfall und Tagegeld, im Rahmen der Vergütung für Sachverständige, Dolmetscher und Übersetzer zB Fahrtkosten, Honorar, Tage- und Übernachtungsgeld sowie Auslagen in Betracht. Das JVEG kommt insb im Nichtigkeitsverfahren nach § 34a zur entsprechenden Anwendung.

68   **e)** Abs 4 S 3 und Abs 5 S 2 verweisen auf § 128b PatG, der seinerseits für Verfahren vor BPatG und BGH auf die Vorschriften des Siebzehnten Titels des GVG verweist. Der Siebzehnte Titel wurde dem GVG durch Art 1 G v 24.11.11 (BGBl I 2302) angefügt. Seine Vorschriften regeln den **Rechtsschutz bei überlangen Gerichtsverfahren** (und strafrechtlichen Ermittlungsverfahren), Einzelheiten Baumbach/Lauterbach zu §§ 198 ff.

VI. Gemeinschaftsgeschmacksmuster

1. Das **Harmonisierungsamt** für den Binnenmarkt (Marken, Muster 69 und Modelle), deutsch abgekürzt HABM, engl. OHIM, franz. OHMI, span. OAMI, ital. UAMI, ist bereits durch die Verordnung (EG) Nr. 40/94 des Rates vom 20. Dezember 1993 über die Gemeinschaftsmarke mit Sitz in Alicante (Spanien) errichtet und nimmt nach Art 2 GGV auch die ihm durch die GGV übertragenen Aufgaben wahr. Nach Art 102 GGV sind speziell für den GeschmM-Bereich zuständig die Prüfer, die (Marken- und) Musterverwaltungs- und Rechtsabteilung, die Nichtigkeitsabteilungen und die Beschwerdekammern. Vorschriften über die Ausschließung und Ablehnung von Amtsangehörigen bestehen gem Art 97 GGV iVm Art 137 GMV, der Grds des rechtlichen Gehörs ist in Art 62 S 2 GGV konkretisiert und kann iÜ über Art 68 GGV als allg anerkannter Grds des VerfahrensR herangezogen werden. Die Verfahrenspraxis des Amts und der Beschwerdekammern ist ausschließlich gemeinschaftsrechtlich bestimmt und durch die einheitlichen Erfordernisse einer multinational besetzten Behörde geprägt, weshalb man eine – von der Rechtsprechung gestützte – straffe, gelegentlich rigorose Handhabung von Formalien und Fristen einkalkulieren muss, vgl Beispiele Rn 67 ff. Die Berufung auf liberaleres nationales Recht, den Grds des rechtlichen Gehörs oder die Geltendmachung einer Unverhältnismäßigkeit ist regelmäßig unbehelflich; der Behörde und den Gerichten ist insofern weites Ermessen eingeräumt, EuGH v 5.3.09 C-90/08 P – CORPO LIVRE/LIVRE (Ls veröff in juris).

2. Das **Sprachenregime** des HABM richtet sich nach den Art 98–99 70 GGV, Art 80–84 GGDV. Das HABM hat nach Art 98 I GGV die fünf Amtssprachen (englisch, französisch, deutsch, italienisch, spanisch). Die Anmeldung eines GGM ist zwar in jeder Amtssprache der Gemeinschaft (derzeit 23) möglich, Art 98 I GGV, der Anmelder muss zusätzlich nach Art 98 II GGV als zweite Sprache eine der fünf Amtssprachen angeben, die sodann als Verfahrenssprache dient, sofern die Sprache von ihnen abweicht. Das Amt besorgt bei Anmeldungen, die in keiner der fünf Amtssprachen verfasst sind, die – massiv verfahrensverzögernde, weil extern erledigte – Übersetzung in die gewählte 2. Sprache. Im einseitigen Verfahren (zB Eintragungsverfahren) kann die Sprache der Anmeldung auch Verfahrenssprache bleiben, Art 98 III 1 GGV, 80 (a) GGDV, das HABM kann seinerseits Mitteilungen in der gewählten 2. Sprache machen, Art 98 III 2 GGV. Anträge oder Erklärungen, die ein eingetragenes GGM betreffen, müssen eine der Amtssprachen verwenden, Art 80 (b) GGDV. Nicht in der Verfahrenssprache verfasste Schriftsätze müssen innerhalb eines Monats in die Verfahrenssprache übersetzt werden, Art 81 I 2 GGDV. Das HABM kann die Beglaubigung von Übersetzungen fordern, Art 83, 84 GGDV, die dafür gesetzten Frist sind einzuhalten, andernfalls gilt das zu übersetzende Schriftstück als nicht eingereicht. Sehr differenziert ist die Sprachenregelung für Amtsverfahren über die Nichtigkeit, Art 98 IV, V GGV, Art 29 GGDV und für mündliche Verfahren, Art 82 GGDV. Alle amtlichen Veröffentlichungen erfolgen in den fünf Amtssprachen, Art 99 GGV. Die Zulässigkeit des Übergangs von einer Amtssprache des HABM als Verfahrenssprache auf eine andere ist noch str.

3. Die **Schriftform** im Verfahren vor dem HABM erfordert die **Einrei- 71 chung von Schriftstücken** im unterzeichneten Original, per Telefax oder auf elektronischem Weg, Art 65 ff GGDV. Der Zugang – insbes wichtiger – Sendungen beim Amt sollte vom Zusteller nach Ort, Zeit, Umfang und Inhaltsstichwort dokumentiert werden, nach Möglichkeit auch durch das HABM mit Eingangsstempel. In zweiseitigen Verfahren sind Beweismittel mit entsprechender Zahl von Kopien einzureichen. Telefaxübermittlung bedarf idR nicht der Bestätigung durch das Original. Fehlerhafte Telefax-Eingaben werden – nach Mängelbescheid des HABM – erst wirksam mit Nachreichung eines mängelfreien Faxes oder des Originalschriftstücks, Art 66 II GGDV, dazu ausführl Abschn 2.3.4.1 PrüfHb. Die schlechte Qualität der in einer Fax-Anmeldung miteingereichten Wiedergabe darf prioritätsunschädlich verbessert werden durch Nachreichung der Originalvorlage innerhalb eines Monats, Art 66 I 2 GGDV, bei Versäumung dieser Frist gilt der Tag der Nachreichung, kann also die Prioritätswahrung gefährden. Der Sendebericht sollte sorgfältig auf zutreffende Empfängernummer, Fehlerfreiheit und Vollständigkeit geprüft, jeweiliger Sendebericht und generelles Faxprotokoll aufbewahrt werden. Elektronisch eingereichte Schriftstücke (E-Mail) werden nicht Aktenbestandteil, weshalb nachprüfbare Verfahrenserklärungen zweckmäßig als Brief oder Telefax eingereicht werden. Online-Übersendung an und -Zustellung durch das HABM für die dafür zugelassenen Verfahren regelt der „Grundsatzbeschluss zur elektronischen Übermittlung" – EX-13-2 des PräsHABM, ABl-online 14/01 (https://oami.europa. eu/ohimportal/de).

72   4. Die **Fristberechnung** nach Art 56–58 GGDV gleicht derjenigen nach deutschem Recht gem §§ 187 ff BGB, Rn 52. Feiertage am Sitz des HABM wie solche im Land des Anmelders (dh dort fehlende Postzustellung) sind vom Fristlauf ausgenommen Art 58 I, II GGDV sowie vom HABM verbindlich festgestellte Kommunikationsunterbrechungen. Im Herbst eines jeden Jahres teilt der PräsHABM die Tage des Folgejahrs mit, an denen keine Postzustellung an das HABM stattfindet. Grds für amtliche Fristen enthält Abschn 0.2.3 PrüfHb. Freitags ab 16.00 Uhr ist das HABM nicht mehr annahmebereit für Postsendungen. Bei Telefaxübersendung aus westlicher gelegenen Zeitzonen ist einzukalkulieren, dass die Fristen des HABM/EuG um 24.00 Uhr MEZ enden. Grds führt **Fristversäumnis** zum sofortigen Rechtsverlust. Vor Fristablauf beantragte Verlängerung amtlich gesetzter Fristen ist zulässig und grds gewährbar, bedarf aber eingehender, nicht nur floskelhafter Begründung; im Falle einer Verfahrensbevollmächtigung dürfen Hinderungsgründe allein in der Person des Vertretenen vorliegen, Gründe des Verfahrensbevollmächtigten sind unbeachtlich, EuG GRUR Int 08, 334, bestätigt durch EuGH v 5.3.09 C-90/08 P – CORPO LIVRE/LIVRE (Ls veröff in juris). Verspätetes Vorbringen bleibt unberücksichtigt, EuGH aaO. Die **Wiedereinsetzung** in den vorigen Stand wegen im Verfahren vor dem HABM zu wahrender Fristen gleicht im rechtlichen Ausgangspunkt § 123 PatG. Die Frist für Antrag und Nachholung der versäumten Handlung beträgt 2 Monate nach Wegfalls des Hindernisses, die Ausschlussfrist ein Jahr, Art 67 GGV, wobei die sechsmonatige Nachfrist für die Zahlung der Verlängerungsgebühren Teil dieser Ausschlussfrist ist. Der Hinderniswegfall kann bereits durch einen telefonischen Hinweis des HABM bewirkt sein. Eine Besonderheit sind die Antragsgebühr von 200 EUR und das DrittwiderspruchsR eines gutgläubigen Zwischenbenutzers, der damit die Gewährung der Wiedereinsetzung angreifen kann, Art 67 VII GGDV. Zu Fragen der

Wiedereinsetzung hat das HABM Richtlinien erlassen, ABl 04, 770 ff. An die Aufmerksamkeit bezüglich des Wegfalls des Hindernisses für die Fristwahrung sowie allg an die Sorgfaltspflicht werden ganz erheblich strengere Anforderungen gestellt als in Deutschland, vgl zB EuGH 18.1.05 C-325/03 P – BLUE/BILBAO BLUE (MarkenR, veröff in juris), weshalb Wiedereinsetzungen generell sehr selten sind. So ist zB eine zumindest doppelte interne Fristüberwachung nachzuweisen, Versäumnisse eines beauftragten gewerblichen Fristen-/Zahlungsüberwachungsdienstes werden nicht anerkannt; für Sendungen und Zahlungen an das Amt ist ein sehr großzügiger Zeitpuffer einzurechnen (zB bereits ungenügend 7 Tage bei Einschaltung eines privaten spanischen Postzustelldienstes). Die Möglichkeit der **Weiterbehandlung** ist in der GGDV nicht vorgesehen, anders als nach Art 82 GMV. **Zustellungen** von Schriftstücken des HABM sind in Art 66 GGV angesprochen und näher in Art 47–55 GGDV geregelt. Rechtsmittelfähige Beschlüsse und Ladungen stellt das HABM durch Einschreiben mit Rückschein zu, andere Schriftstücke, die eine sonstige Frist in Gang setzen (zB Mängelbescheid) durch Einschreiben, iÜ durch einfachen Brief, Art 48 GGDV. Zugestellt werden kann auch durch eigenhändige Übergabe, Art 49 GGDV, durch Hinterlegung im Abholfach beim HABM, Art 50 GGDV, durch Telefax und E-Mail. Bei Zustellung durch Einschreiben mit oder ohne Rückschein gilt die Sendung pauschal als am 10. Tag nach Aufgabe zur Post zugestellt, Gegenbeweis späteren Zugangs ist hier möglich; bei gewöhnlichen Briefsendungen gilt dagegen die 10-Tages-Fiktion unwiderleglich. Die Privilegierung durch die 10-Tagesfrist entfällt bei vom HABM gewählter Zustellung durch private Kurierdienste (= keine „Post") anstelle fehlender Telefaxverbindung, hier ist Fristbeginn der nachgewiesene tatsächliche Zugang. Von Telefax (Computerfax) macht das HABM umfassend Gebrauch; auslösend ist schon die Angabe der Telefax-Nr in der Anmeldung, PrüfRl Gem-Marken Teil A 1.3.2.1. Insofern gilt die Zustellung mit dem tatsächlichen Eingang des Telefax und damit der Fristbeginn als bewirkt, unabhängig von Feiertagen oder einem Ausfall des Empfängerfaxgeräts, solange das Sendeprotokoll des HABM die ordnungsgemäße Übermittlung ausweist, Einzelh Eisenführ/Schennen 77/30 f. Die Zustellung vom HABM auf die vom Anmelder/Inhaber beim HABM eingerichtete Mailbox („Mitteilungen", Teil des umfassenderen persönlichen Bereichs „User Area" in der neuen Homepage des HABM) regelt Beschluss Nr EX-13-02 PräsHABM und die „Bedingungen für die elektronische Übermittlung an und durch das Amt im Nutzerbereich (User Area), jeweils ABl-online 14/1, s auch Rn 65; hier gilt die Zustellung am fünften Tag nach Bereitstellung in der Mailbox als bewirkt, auch hier unabhängig von der evtl Wahrnehmung durch den Empfänger. Einzelh der öffentlichen Zustellung durch Veröffentlichung in einem speziell dafür vorgesehenen Unterabschnitt der Website des HABM (nicht mehr im Bl für GGM) bestimmt der Beschluss PräsHABM Nr EX-05–06, ABl 05, 1212.

5. Das **Beschwerdeverfahren** vor dem HABM ist in den Art 55 GGV, **73** 34 GGDV geregelt und kurz in Abschn 11.2.2.7 PrüfHb angesprochen und gleicht weitestgehend den Grds der §§ 73 ff PatG (Beteiligte, aufschiebende Wirkung, Zulässigkeitsvoraussetzungen, Abhilfe und Vorlage, Rückzahlung der Beschwerdegebühr). Von der Verfahrensordnung der Beschwerdekammern – Verordnung (EG) Nr. 216/96 der Kommission vom 5.2.96 über die

Verfahrensordnung vor den Beschwerdekammern des Harmonisierungsamts für den Binnenmarkt (Marken, Muster und Modelle) (ABl. EG Nr. L 28 vom 6.2.96, S 11), geändert durch Verordnung (EG) Nr. 2082/2004 der Kommission vom 6. Dezember 2004 (ABl. EG Nr. L 360 vom 7.12.04, S 8), konsolidierte Fassung über die Internet-Seite des HABM zugänglich (https://oami.europa.eu/ohimportal/de), sind für den Beschwerdeführer die Art 7 ff bes zu beachten. Die Frist für die Einlegung der Beschwerde und die Zahlung der Beschwerdegebühr (800 EUR) beträgt 2 Monate nach Zustellung der Entscheidung. Für die Einlegung wird ein auch im Internet abrufbares Formblatt vorgehalten. Abweichend vom deutschen Recht besteht eine Pflicht zur Begründung der Beschwerde, der innerhalb von 4 Monaten nachgekommen werden muss, Art 57 S 3 GGV. Die Formalien sind in eigener Verantwortung des Beschwerdeführers äußerst strikt und fristgerecht einzuhalten; fehlt der Beschwerde bspw klare Antragstellung oder zutreffende Verfahrenssprache (Art 34 I c), II GGDV), wird sie ohne Rückmeldung der Beschwerdekammer sogleich als unzulässig verworfen, Art 35 I GGDV, so entspr für das MarkenR EuG GRUR Int 09, 417 – Neurim PHARMACEUTICALS. Mündliche Verhandlung vor der Beschwerdekammer ist absolute Ausnahme. Gegen die Entscheidung der Beschwerdekammer des HABM besteht innerhalb von 2 Monaten das Rechtsmittel der Klage zum Gericht 1. Instanz (EuG), Art 61 GGV, ein der Rechtsbeschwerde ähnlicher Instanzenzug mit Beschränkung auf bestimmte Klagegründe des Art 61 II GGV. Die Systematik einer zugelassenen und zulassungsfreien Klage, vgl § 100 II und III PatG, besteht hier nicht.

VII. Internationale Eintragungen

74   Zur Anmeldung von internationalen Designs und der Organisation der WIPO s allg Int Rn 3 ff, § 11 Rn 100 ff. Die **Schriftform** ist gem R 2 GAO in A 202 VR geregelt und schließt auch gestempelte oder gedruckte Unterschrift mit ein. Bei elektronischer Übermittlung (E-Mail) muss die Unterschrift nach den Regeln des Internationalen Büros identifizierbar sein. Der Schriftwechsel mit dem Internationalen Büro kann per Telefax erfolgen, außer für Anmeldungen mit farbig bekanntzumachender Wiedergabe, A 203 (a) VR. Schriftstücke gelten mit dem Datum der Telefax-Übermittlung als eingegangen, wenn die Bestätigung durch das Original binnen 20 Tagen nachfolgt, A 203 (b) VR. Der Eingang eines elektronischen Schriftstücks wird umgehend elektronisch bestätigt, A 204 (b) VR. Ebenso ist gegen Entscheidungen des Internationalen Büros kein Rechtsmittel gegeben. Somit bedarf es einer konstruktiven Zusammenarbeit des Anmelders mit den Sachbearbeitern des Internationalen Büros. Die Schriftform folgt allg Grundsätzen, s Rn 48 ff. **Fristen** werden gem R 4 GAO nach üblichen Grds berechnet, Fristverlängerungen gelten bei fehlender Öffnung des Internationalen Büros, R 4 IV GAO. Für Sendungen an das Internationale Büro ist regelmäßig ein Zeitpuffer von mindestens 5 Tagen nach der – nachweisbaren – Aufgabe bei einem Postdienst einzurechnen, anderenfalls wird Fristversäumnis nicht entschuldigt, R 5 GAO mit weiteren Sonderregelungen. Das Eintragungsverfahren vor dem Internationalen Büro kennt bei Fristversäumnis keine Wiedereinsetzung.

Verfahrenskostenhilfe

24 In Verfahren nach § 23 Absatz 1 erhält der Anmelder auf Antrag unter entsprechender Anwendung der §§ 114 bis 116 der Zivilprozessordnung Verfahrenskostenhilfe, wenn hinreichende Aussicht auf Eintragung des Musters in das Register besteht. Auf Antrag ist einem Beteiligten im Verfahren nach § 34a unter entsprechender Anwendung des § 132 Absatz 2 des Patentgesetzes Verfahrenskostenhilfe zu gewähren. Auf Antrag des Rechtsinhabers kann Verfahrenskostenhilfe auch für die Kosten der Erstreckung des Schutzes nach § 21 Absatz 2 Satz 1 und für die Aufrechterhaltungsgebühren nach § 28 Absatz 1 Satz 1 gewährt werden. § 130 Absatz 2 und 3 sowie die §§ 133 bis 135, 136 Satz 1, die §§ 137 und 138 des Patentgesetzes finden entsprechende Anwendung.**

Übersicht

1. Entwicklung. Mit § 24 wurde § 10b GeschmMG 1986 übernommen, Begr zu § 24 GeschmMG 2004. § 10b GeschmMG 1986 brachte ab dem 1.7.88 erstmals in das GeschmMG eine Regelung der Verfahrenskostenhilfe (= VKH) in GeschmM-Sachen. Mit § 24 S 1 GeschmMG 2004 wurde die VKH nunmehr eigenständig im GeschmMG geregelt. Zu weiteren Einzelh der Entwicklung Voraufl 24/1. Mit GeschmMModG wurden mWv 1.1.14 der Regelungsbereich von Satz 1 auf das Eintragungsverfahren beschränkt und Satz 2 eingefügt, der hinsichtlich der VKH für das Nichtigkeitsverfahren § 132 II PatG für entsprechend anwendbar erklärt. Ebenfalls mWv 1.1.14 wurden mit G v 31.8.13 (BGBl I 3533) aus den Verweisungsnormen in Satz 4 – dem früheren Satz 3 – §§ 130 V, 136 S 2 PatG gestrichen, deren Anwendbarkeit sich im Designbereich als nicht sinnvoll erwiesen hat. Die **Regelungssystematik** der VKH im DesignG ist zerstückelt und schwer erschließbar. Sie erfolgt sachlich iW durch Einzelverweisungen des § 24 teils unmittelbar auf Vorschriften der ZPO (§§ 114–116, dort als Prozesskostenhilfe geführt), überwiegend aber auf solche des PatG, wobei die derart in Bezug genommenen §§ 133 und 136 S 1 PatG ihrerseits auf zahlreiche Einzelbestimmungen der ZPO weiterverweisen. Die VKH hat den **Zweck,** Unbemittelte den Bemittelten insofern weitgehend gleichzustellen, als die Verweigerung des nach Art 103 I GG einzuräumenden rechtlichen Gehörs als Ausdruck eines angemessenen Verfahrensablaufs vermieden werden soll, weil dies in funktionalem Zusammenhang mit der Rechtsschutzgarantie, dem Zugang zum Verfahren steht, BGH GRUR 08, 88, 90 – ATOZ. Anmelder, aber auch mittelständische Unternehmen sollen in die Lage versetzt sein, das Eintragungsverfahren durchzuführen. Dem dienen Hemmung von Zahlungsfristen, Zahlungserleichterungen, Beseitigung von

Rechtsnachteilen und die Beiordnung eines Vertreters, Rn 10. Wegen geringer Kosten waren Kostenerleichterungen im Eintragungsverfahren früher bedeutungslos; dies hatte sich angesichts höherer Gebühren und insbes der im Geltungszeitraum des GeschmMG von 1988–2004 erheblich erhöhten Bekanntmachungskosten geändert, danach sind letztere allerdings deutlich gesunken und sind zum 1.1.10 gänzlich entfallen, s Voraufl § 20 Rn 5. Zur VKH allg, insbes nach dem PatG s Kelbel GRUR 81, 5. Allg Hinweise im Merkblatt des DPMA über VKH, Formular A 9540, zuletzt Ausgabe 6.05, dazu Hinweis DPMA Bl 04, 423, abrufbar im Internet unter www.dpma.de.

2 2. Der **Anwendungsbereich** für VKH erstreckt sich auf alle in § 23 geregelten Verfahren, wobei Satz 1 und 3 die Kosten des Eintragungsverfahrens, der Erstreckung nach § 21 II 1 und der Aufrechterhaltung des eD nach § 28 erfassen. § 24 erfasst die Gebühren dieser Verfahren bis zur abschließenden Eintragung des angemeldeten Designs, was sich auf die Anmeldegebühr, ggf die Erstreckungsgebühr, s schon BPatGE 48, 194 – VKH für das Erstreckungsverfahren, bezieht, sowie nach Satz 2 die Gebühren des Nichtigkeitsverfahrens nach § 34a, und der darüber anhängig gewordenen Beschwerde- und Rechtsbeschwerdeverfahren, ferner die dabei entstandenen Auslagen, Satz 4 iVm §§ 130 II 2 PatG, 122 I Nr 1a ZPO einschließlich notwendiger Reisekosten, zB zu einer Verhandlung vor dem BPatG. Die Gewährung von VKH auch für die Weiterbehandlungsgebühr des § 17 erscheint nach Sinn und Zweck der VKH, Rn 1, Rechtszugang und Beistand bei ordnungsgemäßer Sachbehandlung des Anmelders zu gewährleisten, nicht gerechtfertigt. Sie kann auch gewährt werden bei sonstigen Verfahren und Kosten, die Gegenstand der DPMAVwKostV sind, § 130 II 2 PatG iVm § 122 I Nr 1 ZPO, Nirk/Kurtze 10b/12, Benkard/Schäfers 130/18; hierfür spricht auch die Praktikabilität einer funktionell und in der Sache einheitlichen Bewilligungsentscheidung, einschränkend Kelbel GRUR 81, 13. Schließlich sind auf gesonderten Antrag hin auch die Kosten für die Aufrechterhaltung des Schutzes einbezogen, Einzeln Rn 3. **Keine Einbeziehung** in die VKH besteht für Kosten des Beschwerdeverfahrens über die Versagung der VKH durch das DPMA, analog § 127 IV ZPO, was teilw mit ihrer ohnehin bestehenden Gebührenfreiheit begründet wird, BPatG 4 W (pat) 701/97 v 23.3.98 (unveröff); BPatGE 28, 120 (GebrM); BPatGE 43, 191 – Luftfilter; 47, 121 – VKH für das VKH-Beschwerdeverfahren; 47, 151, 153 ff. – Rollrechen; BPatGE 46, 39 – Gebührenfreie Verfahrenskostenhilfebeschwerde; BPatGE 48, 192 – VKH für das Erstreckungsverfahren; aA BPatGE 46, 194 ff – Wartungsfreies Gerät, ferner für die Kosten des Beschwerdeverfahrens über eine versagte Beiordnung eines Anwalts nach ansonsten bewilligter VKH, BPatGE 28, 120, sowie evtl entstandener Aufwand im Rahmen eines Löschungsverfahrens nach § 36. Nicht einbezogen ist auch das Rechtsbeschwerdeverfahren über vom BPatG versagte VKH, mangels Statthaftigkeit der Rechtsbeschwerde gegen die Versagung, Rn 12, und demzufolge zwangsläufiger Erfolglosigkeit des VKH-Antrags, BGH I ZB 105/07 v 14.2.08 (veröff in juris). Nicht einbezogen sind ferner sonstige Auslagen eines Beteiligten wie Schreibkosten, Post-, Fernmeldeentgelte, Privatgutachten, Verdienstausfall bei Reise. Ferner werden nicht erfasst die Kosten von Nebenverfahren wie Umschreibung und Akteneinsicht. Nicht einbezogen sind Kosten ggf der Prozesskostenhilfe zugänglichen Design-Streitsachen, § 52, vor den ordentlichen Gerichten. Die VKH entfällt für an

sich VKH-fähige Kosten, die bereits vor der Stellung des VKH-Antrags gezahlt worden waren und solche, die – zb im Hinblick auf bereits abgelaufene Zahlungsfristen – nicht mehr wirksam bezahlt werden können; demnach kann nur für vor Antragstellung fällig gewordene, aber noch nicht entrichtete VKH-fähige Kosten VKH gewährt werden. Soweit bei Antragstellung fällige Kosten danach noch bezahlt werden, sind sie zu erstatten.

Die Einbeziehung der **Aufrechterhaltungsgebühren** in die Kostenberechnung im Eintragungsverfahren ist nicht (mehr) möglich. Sie ergab sich **3** bis 31.12.13 aus § 24 S 3 iVm § 130 V PatG. Einbezogen werden konnten so viele Aufrechterhaltungsgebühren, wie nach Abzug der vorausgehenden Kosten für das Eintragungsverfahren erforderlich waren, um die Betragsschwelle zu überschreiten, ab der nach § 115 IV ZPO VKH bewilligt werden durfte. Diese Einbeziehung war überzogen, die Übernahme des § 130 V PatG, der auf feingestaffelten Patentjahresgebühren aufbaut, passte nicht zu den großschrittigen Aufrechterhaltungsintervallen des GeschmMG. Die Verweisung auf § 130 V PatG wurde deshalb durch das GeschmMModG mWv 1.1.14 gestrichen.

3. Die **Antragsberechtigung** knüpft an die persönliche Eigenschaft des **4** Antragstellers als Anmelder eines Designs an, der allein den Antrag stellen kann. Was natürliche Personen anbelangt, besteht eine Beschränkung auf Antragsteller aus Deutschland oder der EU nicht mehr, Einzelh zum Wegfall Voraufl 24/4, der Wohnsitz und der dauerhafte Aufenthalt im Ausland oder die Staatsangehörigkeit sind kein Ausschlussgrund mehr, Begr 2. PatGÄndG, Bl 98, 407 f. Berechtigt sind ferner heimatlose Ausländer iSd Ges über die Rechtsstellung heimatloser Ausländer im Bundesgebiet v 25.4.51 (zuletzt geändert durch G v 30.7.04, BGBl 2004 I S 1950), Flüchtlinge nach dem Abk über die Rechtsstellung von Flüchtlingen iSv § 1 des Ges für im Rahmen humanitärer Hilfsaktionen aufgenommener Flüchtlinge v 22.7.80, als asylberechtigt anerkannte Ausländer, auf die nach § 2 des Asylverfahrensgesetzes idF der Bekanntmachung vom 27.7.93 (BGBl I S 1361) die Bestimmungen des Genfer Flüchtlingsabkommens vom 28.7.51 anzuwenden sind, Staatenlosen unabhängig von ihrem Wohnsitz. Auch können unter den einschränkenden Voraussetzungen des § 116 S 1 Nr 1 und 2 ZPO (unzureichende verwaltete Vermögensmasse, Unzumutbarkeit) Parteien kraft Amtes (Insolvenzverwalter, insofern zu den praktischen Hemmnissen Gundlach/Frenzel/Schmidt, NJW 03, 2412 ff, Nachlassverwalter, Zwangsverwalter, Testamentsvollstrecker, nicht: Vormund, Betreuungsperson) den Antrag stellen; vergleichbare Einschränkungen gelten auch für juristische Personen und parteifähige Vereinigungen (zB OHG, KG), wobei hier der Sitz im Inland, EU, EWR und die Rechtsverfolgung im allg Interesse liegen muss, dazu Rn 6.

In Ausnahmefällen der **Mutwilligkeit,** § 114 S 1 ZPO, kann das Rechtsschutzbedürfnis fehlen, BPatGE 29, 42; 45, 51 – Massenanmeldung. Das Vorhandensein von Mutwilligkeit ist immer zu prüfen. Zwar braucht sie nur als gegeben zu „erscheinen", dennoch muss das DPMA den Einwand mit objektiven Tatsachen begründen, weshalb auch naheliegende Vermutungen nicht genügen, BPatGE 40, 226; 43, 189. Diese Nachweise hat dann der Antragsteller zu entkräften, Schulte 130/52, zur verfassungsrechtlichen Abwägung BVerfG NJW 04, 1236 (Ls). Mutwilligkeit besteht, sofern eine verständige Person, welche die Kosten tragen könnte, in gleicher Situation das eD nicht anmelden oder aufrechterhalten würde, BPatG aaO – Massenan-

meldung, allg Baumbach/Lauterbach 114/107 mwN. Dieser Gesichtspunkt
wird insbes für Vielanmelder relevant. Eine fehlende Verwertungsaussicht
oder -absicht ist allein kein Kriterium für Mutwilligkeit, BPatG aaO – Massenanmeldung, weil dies für Einzelanmelder ohne bes Geschäftskontakte
ohnehin schwierig ist, jedoch ein Indiz für Mutwilligkeit, wenn auch zahlreiche vorhergehende SchutzR nicht verwertet werden konnten BPatGE 46,
254; die in neuerer Zeit hierzu vermehrte Rspr (PatR) für Vielanmelder ist
uneinheitlich: Großzügiger BPatG Bl 96, 507 f; BPatGE 36, 257; 41, 48 –
Schneepflug; 40, 226; 42, 179 f; 43, 23; 43, 189 f – Luftfilter; restriktiver
BPatG Bl 96, 361 f; BPatG GRUR 00, 307; BPatGE 38, 229, 232 ff; 42,
180, BPatG 45, 51 – Massenanmeldung (außergewöhnlich hohe Zahl von
Design-Anmeldungen); BPatGE 46, 252 ff; insgesamt ist in Design-Sachen
eher prozessuale Vorsicht angeraten. Von Mutwillen zeugt fehlende Ernsthaftigkeit, nämlich die geäußerte Erkenntnis des Anmelders über das Missverhältnis zwischen dem durch zahlreiche Anmeldungen hervorgerufenen
finanziellen Aufwand und dem erwirtschafteten Ertrag für die Erzeugung,
BPatG 45, 52 – Massenanmeldung. Der Eintragungserfolg für zahlreiche
frühere Anmeldungen ist, anders als bei GebrM und erst recht bei zu prüfenden Patenten, als solcher in Design-Sachen kein Gesichtspunkt, der einer
Annahme der Mutwilligkeit entgegenstehen könnte.

5   **4. a)** Für den schriftlich zu stellenden **Antrag** gelten die §§ 135 I 1,
138 II PatG, aufgrund Auslegung kann auch die Einreichung des Vordrucks
über die persönlichen und wirtschaftlichen Verhältnisse ausreichen. Der Antrag muss für jedes anhängige Verfahren gesondert gestellt werden, also insbes für jedes einzelne Eintragungsverfahren, ferner ggf erneut für die jeweilige Instanz des Rechtszugs – DPMA, BPatG, BGH –, BPatGE 19, 93; 32,
129, das betreffende Verfahren ist im Antrag zu bezeichnen. Die Instanz
erstreckt sich beim DPMA auf das Eintragungsverfahren einschließlich
Erstreckung und Aufrechterhaltung, bei negativem Ergebnis bis zum Fest-
stellungs- und ggf Zurückweisungsbeschluss nach § 16 II–IV, § 18. Für das
Beschwerdeverfahren (sinngemäß Rechtsbeschwerdeverfahren) ist demgemäß innerhalb der Beschwerdefrist beim DPMA bis zur Vorlage der Sache
an das BPatG ein erneuter Antrag zu stellen; bei Abhilfe kann das DPMA
über diesen Antrag selbst entscheiden, Rn 12. Der Antrag kann vor, so Ben-
kard/Schäfers 129/22, mit oder nach Einreichung der Anmeldung oder der
Beschwerde, BPatG Bl 91, 392, BPatGE 32, 130, gestellt werden und muss
vor Abschluss des Verfahrens in der betreffenden Instanz vorliegen, BPatGE
24, 170, BPatG Bl 91, 392. Die Einlegung eines Rechtsmittels (Beschwerde,
Rechtsbeschwerde) in der Sache verlängert nicht die fristhemmende Wirkung des für die vorangegangene Instanz gestellten VKH-Antrags, zur Fristhemmung Rn 9. Die Fortsetzung des Verfahrens über die Eintragung bzw
Beschwerde wird von der Bewilligung von VKH abhängig gemacht, weshalb
das Verfahren so weit vorangebracht werden muss, dass zunächst über die
Erfolgsaussicht entschieden werden kann. Bei fristgebundenen Verfahren (zB
Weiterbehandlung) muss der Antrag innerhalb offener Frist gestellt werden,
BPatG Bl 88, 192; Begründung, Anlagen und Belege können nachgereicht
werden. Der Antrag muss sich zumindest auf die Gebühr erstrecken, deren
Zahlungsfrist läuft. Ist die Zahlungsfrist wegen Mittellosigkeit bereits abgelaufen, kann mit der Wiedereinsetzung in diese Frist zugleich VKH bean-
tragt werden. Bei deren Gewährung tritt Fristhemmung ein, das Zahlungs-

hindernis fällt fort; dagegen nimmt die Ablehnung der Wiedereinsetzung dem parallelen Antrag auf VKH die Erfolgsaussicht; die Mittellosigkeit muss für die Fristversäumung kausal sein, BGH NJW 08, 2855. Zur Entscheidung über die Wiedereinsetzung ist ebenfalls vollständige Glaubhaftmachung der Bedürftigkeit notwendig, Benkard/Schäfers 134/4 mwN. Dann wird die Entscheidung über beide Anträge verbunden. Nach dem Tod des Antragstellers haben die Erben ggf einen erneuten VKH-Antrag zu stellen. Ein abgelehnter Antrag kann bis zur Beendigung der jeweiligen Instanz wiederholt, BPatGE 12, 184; er muss dann aber auf neue Tatsachen gestützt werden, Benkard/Schäfers 135/2, anderenfalls ist Mutwilligkeit, Rn 4, anzunehmen, Schulte 130/53. Für die **Glaubhaftmachung** der die Bedürftigkeit begründenden Tatsachen gelten die §§ 117 II–IV und 118 II, III ZPO. Dem Antrag – bei jedem Mitberechtigten je gesondert, um das Vorschieben Bedürftiger zu unterbinden – ist bei natürlichen Personen als Antragsteller die vorgeschriebene „Erklärung über die persönlichen und wirtschaftlichen Verhältnisse" gem § 1 I ProzesskostenhilfeformularV v 6.1.14 (BGBl I S 34 = Bl 14, 69) in der für das Verfahren vor dem DPMA angepassten Form nebst Belegen beizufügen, Formular A 9541, herunterladbar über die Website des DPMA (www.dpma.de). Parteien kraft Amtes und juristische Personen haben die Glaubhaftmachung mit andersartigen Unterlagen zu erbringen. Die Angaben müssen ausführlich, genau und, soweit lückenhaft, durch Anlagen vervollständigt sein, BGH NJW 86, 62. Belege für Angaben insbes zu Einkommen, Vermögen und Lasten müssen ausreichende Gewissheit über die Einkommens- und Vermögensverhältnisse des Antragstellers sowie von am eD wirtschaftlich Beteiligten verschaffen. Ein Zeugnis einer Gemeindebehörde, etwa iSd früheren „Armutszeugnisses", wird nicht verlangt. Bei unzureichenden Angaben kann weitere Glaubhaftmachung verlangt werden. Der Nachweis ist in jeder Instanz erneut zu führen, jedoch kann bei unveränderten Verhältnissen zur Glaubhaftmachung auf eine andere Sache, zB ein Parallelverfahren oder die Vorinstanz verwiesen werden, BGH BB 90, 1664; NJW 00, 3789 (Ls); NJW 01, 2720, 2721. Ungenügende Glaubhaftmachung führt zur Versagung, § 118 II 4 ZPO. Für jur Personen, parteifähige Vereinigungen (auch OHG, KG) und Parteien kraft Amtes, Rn 4, ist der Nachweis anstelle des Vordrucks zB durch Vorlage der Bilanz oder Auskünfte von berufenen Stellen (zB Industrie- und Handelskammer) zu führen. Die vorzulegenden Belege müssen detailliert und aktuell über die wirtschaftliche Lage des Antragstellers Klarheit geben. Zur erforderlichen Rechtzeitigkeit des Antrags Rn 9.

b) Die **Bedürftigkeit** als Voraussetzung der VKH und Gegenstand der   **6** Glaubhaftmachung, Rn 5, liegt nach § 114 ZPO vor, wenn der Antragsteller die Kosten des Verfahrens überhaupt nicht, nur zum Teil oder nur in Raten aufbringen kann; umfangreiche Einzelh zur Feststellung der Bedürftigkeit in § 115 ZPO, ergänzt durch jährliche Bekanntmachung von Absetzungsbeträgen vom Bruttoeinkommen, zuletzt durch die „Prozesskostenhilfebekanntmachung 2014 – PKHB 2014" v 6.12.13, BGBl I S 4088 = Bl 09, 241. Maßgebend sind nicht nur die Einkünfte, sondern nach § 115 III ZPO auch das vorhandene berücksichtigungsfähige Vermögen, soweit es nach § 90 II, III SGB zur Verfügung steht, dazu Burgard NJW 90, 3240. Dies gilt auch für Minderjährige, soweit sie nicht nur vorgeschoben sind, näher Hübenett GRUR 94, 13. Bei Beziehern unregelmäßiger Einkünfte, zB freiberuflich

Tätigen, Handwerkern u. a., muss zur Anwendung der Tabelle zu § 115 II ZPO das durchschnittliche Einkommen eines Geschäftsjahres in Monatsbeträge umgerechnet werden. Kosten paralleler Verfahren desselben Antragstellers vor dem DPMA oder BPatG, zB zu erwartende Bekanntmachungskosten (künftig wegfallend, § 20 Rn 5), werden als einkommensmindernd berücksichtigt. Gemeinschaftliche Anmelder müssen je für sich bedürftig sein, § 130 III PatG. Bei jur Personen sind die Voraussetzungen des § 116 S 1 Nr 2 ZPO zu prüfen, s auch Rn 4; parteifähige Vereinigungen iSd Vorschrift sind auch Personengesellschaften (OHG, KG). Die mit heranzuziehenden wirtschaftlich Beteiligten sind im Allg die Gesellschafter einer jur Person, BGH NJW 54, 1933, auch die Kommanditisten einer KG, BFH NJW 79, 1904. Die von einer jur Person mit VKH erstrebte Rechtsverfolgung muss im allg, nicht nur rein privatwirtschaftlichen Interesse liegen, also die Versagung der VKH überbetriebliche, gemeinwirtschaftliche Nachteile mit sich bringen, dazu BGH BB 90, 2442; Mitt 05, 165 – Gewährung von Verfahrenskostenhilfe im Nichtigkeitsverfahren; BPatG Mitt 03, 571; Bl 04, 58 (PatR); Baumbach/Lauterbach 116/18 ff mwN. Mangelnde Bereitschaft bei vorhandener Fähigkeit zur Kostentragung schließt die Bewilligung aus, BGH Bl 55, 308.

7   **c)** Weiterhin muss **hinreichende Erfolgsaussicht,** dh im Eintragungsverfahren hinreichende Aussicht auf Eintragung in das Register, Erfolg der Beschwerde usw, nach S 1 bestehen. Da das DPMA bei eD materielle Schutzvoraussetzungen weitgehend nicht prüft, § 19 Rn 9, und die Erfolgsaussicht nur kursorisch, BPatG Mitt 94, 276, wird idR, wenn Eintragungsantrag und Wiedergabe ordnungsgemäß sind, die Erfolgsaussicht gegeben sein, BPatGE 45, 50. Gleichwohl muss das Gesuch dazu Ausführungen enthalten, Nirk/Kurtze 10b/8, Benkard/Schäfers 138/8. Bei Mängeln insbes der Wiedergabe müssen diese behebbar und der Anmelder glaubhaft zur Nachbesserung bereit sein. Nachbesserung hat das BPatG bei völlig unzureichenden, per Telefax eingegangenen und den Schutzgegenstand lediglich schemenhaft andeutenden Wiedergaben für nicht möglich gehalten, BPatG 4 W (pat) 704/96 v 28.3.98 und 703/96 v 28.4.98 (unveröff). Im Nichtigkeitsverfahren nach § 34a verlangt Satz 2 durch Verweisung auf § 132 II PatG – über die Erfolgsaussicht des Antrags hinaus, § 132 I 1, II PatG iVm § 114 Satz 1 ZPO (§ 132 II PatG nicht auch auf Abs 1 Satz 2 dieser Vorschrift) – ein eigenes schutzwürdiges Interesse des Antragstellers. Für das Beschwerdeverfahren ist die Erfolgsaussicht des Beschwerdebegehrens anhand der Gründe der angefochtenen Entscheidung zu bestimmen, BPatGE 2, 209, PA Bl 55, 300; sie ist bei Unzulässigkeit der Beschwerde von vornherein ausgeschlossen, BGH Bl 84, 389, s auch BPatGE 29, 41, andererseits BGH Mitt 03, 532 (Ls). Ist die Rechtsbeschwerde zugelassen worden, kann von Erfolgsaussicht ausgegangen werden, BGH NJW 04, 2022; Benkard/Schäfers 138/4. Bei nicht zugelassener Rechtsbeschwerde wird Erfolgsaussicht nur zuerkannt, wenn der gerügte Verfahrensverstoß substantiiert und so schlüssig vorgetragen wird, dass die Aufhebung der angefochtenen Entscheidung gewisse Wahrscheinlichkeit hat, BGH GRUR 99, 998 – Verfahrenskostenhilfe, dagegen nicht bei nicht schwieriger Rechtsfrage, BGH NJW 98, 1154, aA BVerfG NJW 06, 3412 (Ls.).

8   **5.** Die **Bewilligung der Verfahrenskostenhilfe** ist bei Vorliegen der Voraussetzungen, Rn 3–7, auszusprechen. Maßgebend ist der Zeitpunkt der

Entscheidung, jedoch früher (und bei besserer finanzieller Lage), falls für später mit Verfahrenskosten zu rechnen war und finanzielle Vorsorge zumutbar war, LAG Berlin-Brandenburg, BB 08, 1756 (Ls). Anzuwenden sind die §§ 119, 120 I ZPO. Die zuständige Stelle – Designstelle bzw Designabteilung – beschließt vollständige Kostenbefreiung, wenn das gem § 115 ZPO festzustellende einzusetzende (Rest-)Einkommen den gesetzl Mindestbetrag nicht erreicht, oder setzt die Höhe der an die Bundeskasse abzuführenden Monatsraten, deren Zahlungsbeginn und jeweilige Fälligkeit fest, § 120 I ZPO. Die Höhe der Raten richtet sich nach der Tabelle zu § 115 II ZPO. Nach Maßgabe des Vermögens, soweit dessen Verwertung zumutbar ist, sind ebenfalls Zahlungen zu bestimmen. Die Anzahl der Raten kann festgelegt werden, Kelbel GRUR 81, 8; dies ist im Eintragungsverfahren zweckmäßig, weil jedenfalls für das Eintragungsverfahren die Kosten schon mit der Anmeldung feststehen. VKH wird nicht bewilligt, wenn die Kosten die in § 115 IV ZPO bestimmte Untergrenze von 4 Monatsraten nebst evtln Vermögensanteilen unterschreiten. Die Höchstzahl der Raten ist auf 48 begrenzt; diese Zahl gilt für die Gesamtheit aller Instanzen. Die Zahlungen sind mit Zustellung des Bewilligungsbeschlusses oder zu dem darin bestimmten Zeitpunkt aufzunehmen. Das DPMA kann jedoch die Eintragung des Designs nicht vom vollständigen Eingang aller bewilligten Ratenzahlungen abhängig machen, BPatG 10 W (pat) 114/99 v 17.1.00 (unveröff). Die vorläufige Einstellung der Zahlungen richtet sich nach §§ 136 S 1 PatG iVm 120 III ZPO. Entstehen weitere Kosten, kann die Einstellung wieder aufgehoben werden. Die Entscheidung über VKH vor Einlegung der Rechtsbeschwerde ist möglich und zweckmäßig, Einzelh Benkard/Schäfers 138/6, Anwaltszwang besteht beim BGH insoweit nicht. Der gesamte Schriftverkehr zur VKH wird nicht Bestandteil der Verfahrensakte und unterliegt der beschränkten Akteneinsicht nach § 22 S 2 Nr 2, 3.

6. Schon der Antrag auf Bewilligung der VKH und sodann die Bewilli-   **9**
gung haben mehrfache **Wirkungen.** Bereits mit dem rechtswirksamen Antrag tritt eine **Hemmung von Zahlungsfristen** ein, soweit sie noch laufen oder künftig eintreten, § 134 PatG, weil dessen Bearbeitungsdauer nicht durch den Fristablauf überrollt werden soll. Der Antrag hat daher keine Rückwirkung auf Kosten, die vor Einreichung des Antrags bereits fällig geworden und entrichtet worden sind. Der Antrag bewirkt nicht schon fiktiv die Bearbeitungsaufnahme aufgrund von Zahlung iSd § 5 I 1 PatKostG; somit ist mit einer nicht zahlungsfristgerechten Antragstellung zugleich die Zahlung verspätet. Fristhemmung kann nur eintreten, wenn der Antrag auf VKH nicht offensichtlich aussichtslos ist, Benkard/Schäfers 134/3 mwN, zB nicht rechtsmissbräuchlich ist, Rn 4, aA Nirk/Kurtze 10b/3. Fristhemmend ist nur der erste Antrag; wird er aus sachlichen Gründen abgelehnt (zB fehlende Bedürftigkeit, Erfolgsaussicht), hat ein bei unveränderter Sach- und Rechtslage wiederholter Antrag nicht mehr diese Wirkung, BPatGE 12, 185, Benkard/Schäfers aaO mwN, es sei denn, dass der wiederholten Antrag eine Ablehnung allein wegen formaler Mängel (zB fehlende Unterlagen) vorausging und diese nunmehr beseitigt sind, Benkard/Schäfers aaO mwN. Zur Auswirkung des Antrags auf die versäumte Rechtsbeschwerdefrist BGH NJW 08, 3500. Die Bewilligung der VKH bewirkt weitergehend den **Entfall der sofortigen Zahlungspflicht** und den **Nichteintritt von Sanktionen,** die an eine Nichtzahlung geknüpft sind, §§ 130 II PatG und 122 I

ZPO. Die Zahlungsmaßregeln der Bewilligung treten an die Stelle der Hemmung. Im Falle der **Ablehnung** von VKH ist der bei Antragstellung noch bestehende Fristrest erst mit dem Ablauf von einem Monat nach wirksamer Zustellung des Ablehnungsbeschlusses des DPMA bzw des BPatG (im Falle der Erhebung der Beschwerde gegen die Ablehnung) hinzuzurechnen, § 134 PatG. Weil die Ablehnung der VKH durch das BPatG nicht anfechtbar ist, Rn 12, lebt der Weiterlauf der Zahlungsfrist mit endgültiger Wirkung wieder auf. Zur Fristberechnung § 23 Rn 52; der Tag des Eingangs des Gesuchs wird nicht auf den Fristablauf angerechnet, Benkard/Schäfers 134/ 10 mwN; näher Neumar Mitt 56, 123. Mit Rücknahme des Antrags auf VKH ist die restliche Zahlungsfrist wieder wirksam, nicht erst einen Monat später, Benkard/Schäfers 134/9 mwN.

10   **7. a)** Die **Beiordnung eines Vertreters** nach § 133 PatG dient der sachdienlichen Beratung des Anmelders und Fortführung des Verfahrens. Sie bewirkt die Freistellung von der Zahlung der Kosten des beigeordneten Anwalts, §§ 130 II PatG iVm 122 I Nr 3 ZPO. Die Kosten übernimmt die Bundeskasse, auf sie gehen die Erstattungsansprüche des Anwalts über, Einzelh Rn 14. Die Beiordnung erfordert einen gesonderten, ausdrücklichen Antrag des Verfahrensbeteiligten, ebenso wie bei VKH für jede Instanz gesondert; sie ist nicht in der VKH inbegriffen, setzt deren Bewilligung jedoch voraus. Somit beinhaltet ein VKH-Antrag nicht ohne weiteres auch die Beiordnung BPatGE 50, 28 ff – Beiordnung im Gebrauchsmusteranmeldeverfahren mwN. Soweit allein die Beiordnung beantragt wird, legt das DPMA dies als Antrag auf Bewilligung auch von VKH aus. Wird der VKH-Antrag von einem Anwalt gestellt, ist damit konkludent auch die Beiordnung beantragt, BPatG Mitt 03, 310 – Unterfangkescher; Schulte 133/6 mwN. Beigeordnet werden können RA und PA. Der Antrag auf Beiordnung kann auch Besondere Vertreter iSv § 121 IV ZPO benennen. Als Besondere Vertreter können auch Patentanwälte und Erlaubnisscheininhaber bestimmt werden, Benkard/Schäfers 133/12. Benannt und beigeordnet werden kann ein Einzelanwalt oder eine Anwaltssozietät als GbR, BGH NJW 09, 440 (überholt deshalb Düss Mitt 91, 180), sie müssen im Antrag namentlich benannt werden, auch eine RA-Gesellschaft mbH, OLG Nbg NJW 02, 3715. Stellt der Anwalt des Hauptverfahrens Antrag auf Bewilligung der VKH, ist darin die Wahl des Antragstellers zu sehen, Benkard/Schäfers 133/10. Der Vertreter muss nach § 133 S 1 PatG zur Übernahme bereit sein und kann nicht gegen seinen Willen ausgewählt werden; der Antragsteller hat dem Antrag die Einverständniserklärung des Anwalts beizufügen, fehlt sie, muss die zuständige Stelle sie beim benannten Anwalt nachfordern. Ist kein Anwalt zur Vertretung bereit, muss der Antragsteller die Beiordnung in seinem Gesuch beantragen, § 133 S 2 PatG iVm 121 V ZPO; die zuständige Stelle versucht, Wünschen des Antragstellers Rechnung zu tragen. Muss von ihr ein Anwalt bestimmt werden, ist er zuvor zu hören. Der dann beigeordnete Vertreter ist grds zur Übernahme verpflichtet, §§ 43 I PAO, 48 BRAO und kann die Übernahme nur aus wichtigem Grund ablehnen, s auch Rn 14. Die Beiordnung besteht für die Dauer der bewilligten VKH, dh für die Instanz. Die Entscheidung über die Beiordnung kann mit der Bewilligung der VKH verbunden werden, sie kann auch nur die Beiordnung eines Besonderen Vertreters iSv § 121 IV ZPO betreffen, Benkard/Schäfers 133/3 mwN. Trotz Beiordnungsentscheidung ist eine vom Antragsteller ausgestellte Verfahrensvollmacht vorzulegen. Im Rechtsbeschwerdeverfahren sind nur vor dem BGH zugelassene Anwälte wähl- oder bestimmbar, § 138 III PatG. In Design-Streitsachen nach § 52 ist die Beiordnung und Vergütung eines Patentanwalts nicht Gegenstand des § 24, sondern des Ges über die Beiordnung von Patentanwälten bei Prozesskostenhilfe idF des Ges v 7.9.66, zuletzt geändert durch Art 5 XV G v 10.10.13 (BGBl I S 3799 = Bl 04, 322).

b) Die **Sachdienlichkeit** der Vertretung ist weitere Voraussetzung für die	**11** Beiordnung nach § 133 PatG. Sie ist zu bejahen, wenn der Anmelder das Verfahren sachgemäß weder durch eigene Kenntnisse noch durch die im Rahmen des Verfahrens gesetzl vorgeschriebenen bzw möglichen Hinweise der Designstelle durchführen kann. Weil das DPMA in einfachen Fällen den Antragsteller zu unterstützen hat, BPatGE 12, 181, zudem im Eintragungsverfahren nur beschränkt Prüfung nur beschränkt stattfindet, § 19 Rn 9, und das DPMA in den Mängelbescheiden klärende Hinweise gibt, ist eine Beiordnung idR nicht sachdienlich. Die Rspr zu Patentanmeldungen, wonach weder die Ausgabe von Merkblättern des DPMA noch die vorausgehende Ausarbeitung der Anmeldeunterlagen durch einen Anwalt die Sachdienlichkeit entfallen lassen, BPatG Mitt 94, 277, BPatGE 22, 42, ist daher auf das Design-R nicht anwendbar. Gleiches gilt für den Grds, dass schriftliche Ungewandtheit des Antragstellers oder Kostenersparnis die Beiordnung eines Verkehrsanwalts rechtfertigen, Benkard/Schäfers 133/6; hier ist auf die persönlichen Fähigkeiten des Antragstellers abzuheben. Beiordnung ist daher idR nicht angezeigt bei Beanstandungsbescheiden bezüglich nicht zwingender Anmeldeerfordernisse, BPatG 4 W (pat) 707/95 v 3.4.95 (unveröff), bei genügender Gewandtheit einer Studentin oder eines Erziehers für die Ausfüllung von Formularen, BPatG 4 W (pat) 703/94 v 30.5.94 (unveröff). Ebenfalls keine Sachdienlichkeit, wenn bei bereits fortgeschrittenem Verfahren der Antragsteller die nach Stellung seines VKH-Antrags verbleibenden Verfahrenshandlungen selbst vornehmen kann, BPatGE 22, 41, oder das Eintragungsverfahren bereits abgeschlossen ist, BPatGE 50, 27 – Beiordnung im Gebrauchsmusteranmeldeverfahren. Sie fehlt auch für anwaltliche Beratung vor Beantragung des Designschutzes, BPatG 4 W (pat) 708/95 v 12.9. 95 (unveröff), 30 W (pat) 705/13, und für ein Beschwerdeverfahren über den genauen Inhalt einer Empfangsbescheinigung, BPatG Bl 01, 154. Dagegen muss Beiordnung nach § 133 S 1 2. Alt. PatG stets gewährt werden, falls in einem zweiseitigen Verfahren (insbes Nichtigkeitsverfahren nach § 34a, Akteneinsicht, Umschreibung, Löschung) die Gegenseite anwaltlich vertreten ist, § 133 S 1 PatG. Soll ein Terminsvertreter beigeordnet werden, können die geforderten bes Umstände iSv § 133 S 2 PatG iVm § 121 IV ZPO die geringeren Kosten einer solchen Vertretung oder die Sicherung der Vertretung sein, Benkard/Schäfers aaO. Die Bestellung eines Inlandsvertreters durch den ausländischen Anmelder gem § 58 führt nach Maßgabe der Antragsberechtigung, Rn 4, zur Beiordnung, Pagenkopf GRUR 99, 880.

8. Das **Bewilligungsverfahren** ist ausschließlich schriftlich, § 127 I 1	**12** ZPO. Vor Ablehnung des Gesuchs und zu wesentlichen Tatsachen, die der Verfahrensgegner in einem zweiseitigen Verfahren zulässigerweise vorbringt – Erfolgsaussicht, Mutwilligkeit, dazu BVerfG NJW 91, 2078, unklare Punkte, dazu BVerfG NJW 00, 275 –, ist der Antragsteller binnen angemessener Frist zu hören, PA Bl 56, 374, Benkard/Schäfers 135/9. Anhörungskosten werden nicht erstattet, BPatGE 6, 224. In Verfahren vor dem DPMA nach

§ 23 I 2 entscheidet derzeit regelmäßig das rechtskundige Mitglied der Designstelle. Interne Delegationsmöglichkeiten auf einen Bediensteten des gehobenen Dienstes, insbes die Entscheidungsvorbereitung, richten sich nach der rechtlichen Schwierigkeit der Entscheidung; neben weiteren Aufgaben ist er zur Zurückweisung des Antrags aus förmlichen Gründen (zB keine Bedürftigkeit, Nichtvorlage von Nachweisen) befugt, § 7 I Nr 2, 3 WahrnV. Soweit es im Nichtigkeitsverfahren nach § 34a der Prüfung der Erfolgsaussicht der Rechtsverteidigung und damit einer summarischen Prüfung der Hauptsache bedarf, ist die Entscheidung der Designabteilung vorbehalten, §§ 23 II 1, 26 II 2 Nr 2, § 24 II DPMAV bzw dem nach § 6 III 1 Nr 2 DPMAV beauftragten Mitglied der Designabteilung. Die Versagung der VKH hat das DPMA nach § 23 I 3 iVm § 47 II PatG zu begründen und mit zutreffender Rechtsmittelbelehrung zu versehen. Im Verfahren vor dem BPatG entscheidet der zuständige Senat; der Rechtspfleger kann im Rahmen des § 23 I Nr 2 RPflG mit den in § 20 Nr 4 RPflG bezeichneten Maßnahmen beauftragt werden. Im Rechtsbeschwerdeverfahren – zu den Einschränkungen s § 23 Rn 43 – entscheidet der BGH, § 138 II 2 PatG. Die Entscheidung ist entspr § 47 I 3 PatG zu begründen. Ein **Rechtsmittel** gegen die Bewilligung der VKH besteht nicht, § 135 III 1 PatG, BGH NJW 02, 3554. Gegen die vom DPMA ausgesprochene Versagung der VKH oder der Beiordnung eines Vertreters, § 135 III 1 PatG, sowie gegen eine Änderung, die zu höheren Verpflichtungen des Antragstellers führt, § 136 S 1 PatG iVm § 120 IV ZPO, ist die – allerdings ihrerseits nicht VKH-fähige, Rn 2 – Beschwerde zum BPatG gegeben, auch bei vorgreiflicher Ablehnung der Wiedereinsetzung in die Frist für die betreffende Zahlung. Die früher str Gebührenpflichtigkeit der Beschwerde, Einzelh 3. Aufl 24/12, ist zugunsten der Gebührenfreiheit entschieden gem Nachbemerkung nach Nr 401 300 des Gebührenverzeichnisses zu § 2 PatKostG. Die Versagungsentscheidung des BPatG durch Rechtsbeschwerde anfechten kann weder der VKH-Antragsteller, BGH I ZB 105/07 v 14.2.08 (veröff in juris); BGH GRUR 08, 732 – Tegeler Floristik (MarkenR), noch ein Verfahrensgegner, die Staatskasse nur bei Kostenfreistellung des Antragstellers durch sofortige Beschwerde, § 135 III 2 PatG iVm § 127 III ZPO. Die Einlegung einer Rechtsbeschwerde ohne BGH-Anwalt macht diese überdies von vornherein unzulässig, § 23 Rn 43. Zur sehr begrenzten Zulassung der Rechtsbeschwerde BGH NJW 03, 1126. Der Vertreter kann seine Beiordnung nach § 135 III 1 iVm §§ 133 S 2, 136 S 1 PatG und § 121 II ZPO anfechten, Benkard/Schäfers 133/13. Diese Beschwerde ist nicht gebührenpflichtig, was früher str war, s 3. Aufl 24/12. Die formell rechtskräftig gewordene Versagung einer VKH erwächst nicht in materieller Rechtskraft, weshalb der Antrag zwar erneut gestellt werden kann, ihm aber bei identischer Begründung mangelndes Rechtsschutzbedürfnis entgegensteht, OLG Naumburg, Mitt 04, 136 (Ls). Zur Aktenführung in VKH-Sachen und Einsichtsmöglichkeit § 22 Rn 5.

13   **9. a)** Die **Änderung** der VKH ist nach § 136 S 1 PatG iVm § 120 IV ZPO zu Gunsten und zu Lasten des Antragstellers zulässig, wenn dessen persönliche und wirtschaftliche Verhältnisse bei Antragstellung sich seitdem wesentlich geändert haben. Bei entsprechender Verschlechterung ist die Reduzierung der Monatsraten zu verfügen. Verbesserten sich die Einkommens- oder Vermögensverhältnisse erheblich, muss der Begünstigte auf Anfrage Auskunft geben, § 120a I 3 ZPO. Dann kann die Änderung – nicht

Aufhebung – der VKH von Ratenerhöhung bis hin zur Fälligstellung sämtlicher offener Zahlungen reichen, uU mit Rückwirkung, Thomas-Putzo 120/12; aA Baumbach/Lauterbach 120a/15, jedoch mit unterschiedlicher Gewichtung der Änderungstatbestände, § 120 IV 1 2. Halbs ZPO. Die vorläufige **Zahlungseinstellung** nach § 120 III ZPO unterbricht die Zahlungspflicht, wenn die vom Begünstigten künftig noch zu leistenden Zahlungen einen Überschuss herbeiführen könnten. Für die **Aufhebung** bestehen zwei Rechtsgrundlagen. Auf die teils auf den Bewilligungszeitpunkt bezogenen, teils auf Säumnis zurückzuführenden Aufhebungsgründe des § 136 S 1 PatG iVm § 124 I Nrn 1–5 ZPO wird verwiesen, sie sind abschließend und zugunsten des Antragstellers eng auszulegen, Baumbach/Lauterbach 124/2, Einzelh Benkard 137/3 f. Hinzuweisen ist auf den neuen Tatbestand des § 124 I Nr 4 ZPO in der seit 1.1.14 geltenden Fassung, wonach die Aufhebung erfolgen soll, wenn eine Partei entgegen § 120a II 1–3 ZPO wesentliche Verbesserungen ihrer Einkommens- und Vermögensverhältnisse oder Änderungen ihrer Anschrift absichtlich oder aus grober Nachlässigkeit unrichtig oder nicht unverzüglich mitgeteilt hat. Die andere – ggü den Voraussetzungen des § 124 ZPO leichtere und nicht fristgebundene – Aufhebungsmöglichkeit für den Fall einträglicher Verwertung des von der VKH erfassten eD ergibt sich aus § 137 PatG. Der Begünstigte muss danach der Designstelle ab Gewährung der VKH nach § 137 S 2 PatG jegliche Verwertung anzeigen, ohne dass aber sein Unterlassen speziell sanktioniert wäre. Eine anderweit bekannt gewordene und relevante Verbesserung der wirtschaftlichen Lage muss dann ggf nach § 120a ZPO (s. o.) zur Änderung führen, Benkard/Schäfers 137/10. Die Aufhebung bewirkt die volle Zahlungspflicht für die offenen, auch durch Ratenzahlungen nicht gedeckten Restbeträge. Sie lässt jedoch nicht die nach § 134 PatG gehemmten Fristen wieder aufleben, Benkard/Schäfers 137/15, weil über den Antrag, wenn auch vielleicht aus unzutreffenden Gründen, iSv § 134 PatG entschieden worden war. Ausstehende Kosten, zB durch Ratenzahlung noch nicht abgedeckte Kosten sind nachzuzahlen oder bei Ausfall beizutreiben, dazu § 16 Rn 28. Die Beiordnung eines Vertreters erlischt mit der Aufhebung der VKH. Der beigeordnete Vertreter kann seine Kosten danach unmittelbar gegen den Antragsteller geltend machen, soweit sie nicht auf die Bundeskasse übergegangen sind, Rn 14. Die Vollmacht des beigeordneten Vertreters erlischt dagegen nicht schon mit der Aufhebung der VKH, Baumbach/Lauterbach 86/11. Die VKH erlischt ohne Aufhebung, wenn der Antragsteller verstirbt, FfM NJW 85, 751, Nachlassverbindlichkeit sind dann die vollen Kosten, soweit nicht die Erben ihrerseits VKH beantragen. Die **Entscheidung über die Änderung oder Aufhebung** trifft die Stelle, welche die VKH bewilligt hat, Rn 12, Benkard/Schäfers 137/11, unabhängig von der Instanz, in der sich das Verfahren dann befindet. Änderung und Aufhebung werden vAw nach pflichtgemäßem Ermessen betrieben, die zuständige Stelle hat die ihr bekanntgewordenen Tatsachen zu berücksichtigen. Der Antragsteller oder der beigeordnete Vertreter, in dessen Rechte eine Aufhebung ebenfalls eingreift, ist zuvor zu hören, BPatGE 28, 106. Beim BPatG entscheidet weitgehend der Rechtspfleger, nämlich gem § 23 I Nr 2 RPflG in den Fällen der §§ 120 III, 120a I, II und IV, 124 I Nrn 2 bis 5 ZPO. Für Ablehnung der Änderung oder Aufhebung genügt ein Aktenvermerk; die Änderung oder Aufhebung erfordert einen beschwerdefähigen Beschluss, der zu begründen und zuzustellen ist, Benkard/Schäfers 137/13. Gegen die

Aufhebung der VKH durch das DPMA ist die Beschwerde statthaft, dies ist kein Fall der Unanfechtbarkeit isv § 135 III PatG. Gegen die Entscheidung des Rechtspflegers des BPatG ist die Erinnerung gegeben, § 23 II RPflG.

14   **b)** Die **Aufhebung der Beiordnung** des Vertreters ist veranlasst, wenn sie zur sachdienlichen Erledigung des Verfahrens nicht mehr erforderlich ist. Unabhängig von der Beiordnung als solcher, die weiter bestehen bleibt, können der Antragsteller oder der Anwalt, §§ 43 II PAO, 48 II BRAO, aus schwerwiegenden persönlichen Gründen die Aufhebung beantragen, zB Krankheit des Anwalts, bei wiederholten Handlungen einer Seite, die das gegenseitige Vertrauensverhältnis zerstören, PA Bl 54, 327, Bl 60, 340, bei befürchteter Interessenkollision mit anderem Mandanten PA Bl 60, 340 – auch beim Sozius, BPatGE 14, 144 – oder wenn dem Anwalt ein Verstoß gegen Berufspflichten zugemutet wird. In diesen Fällen der Aufhebung der Beiordnung ist ein anderer Vertreter zu bestimmen. Bei mutwilliger Zerstörung des Vertrauensverhältnisses durch den Anmelder (zB wiederholt falsche Informationen, Beleidigungen) braucht kein anderer Anwalt mehr beigeordnet zu werden, BGH aaO; BPatGE 40, 98. Vorübergehende Unterbrechung des Kontakts mit dem Mandanten, Schleswig NJW 61, 131, oder Arbeitsüberlastung des Anwalts, PA Bl 55, 297, reicht hierfür nicht aus. Diese Grds gelten auch für Erlaubnisscheininhaber. Die **Kosten der Beiordnung** hat der Anwalt gegenüber der Bundeskasse, nicht dem VKH-Begünstigten geltend zu machen, § 122 I ZPO. Die Tarife für die Erstattung legt das Ges über die Erstattung von Gebühren des beigeordneten Vertreters in Patent-, Gebrauchsmuster-, Geschmacksmuster-, Topographieschutz- und Sortenschutzsachen (Vertretergebühren-Erstattungsgesetz) vom 18.7.53 fest, das mit dem 2. PatGÄndG seit 1.11.98 auch in Designsachen gilt und zuletzt durch Art 5 Abs XIV G v 10.10.13 geändert worden ist (BGBl I S 3799 = Bl 04, 321). Ausgehend von einer Grundgebühr von 360 EUR können gemäß § 3b VertrGebErstG für die dort aufgeführten Verfahrensarten vom Beginn der Beiordnung an, § 6 VertrGebErstG, einmalig für den jeweiligen Rechtszug 3/10 bis 20/10 – im Nichtigkeitsverfahren nach § 34a 15/10, im sich anschließenden Beschwerdeverfahren 20/10 – dieser Grundgebühr liquidiert werden. Das Verfahren zur Erlangung der Erstattung regelt eine Verwaltungsvorschrift des BMJ, VwV Vergütungsfestsetzung v 19.7.05, BAnz Nr 147/05 v 6.8.05 S 11 997, Änderung v 26.8.09 in BAnz Nr 136/09 S 3232. Für einen beigeordneten RA im Verletzungsverfahren gelten die §§ 45 f RVG, für einen PA das Ges über die Beiordnung von Patentanwälten bei Prozesskostenhilfe, s Rn 10.

15   **10. Andere Zahlungsvergünstigungen** unabhängig von VKH sind im wesentlichen für Kosten iSd DPMAVwKostV vorgesehen, soweit insofern nicht VKH an die Stelle tritt, Rn 2. Daher verbleiben im Rahmen von Verfahren nach dem DesignG nur unwesentliche Nebenkosten. Die **Nichterhebung von Kosten** ist kein Fall der Zahlungsvergünstigung aus sozialen oder Zweckmäßigkeitsgründen, sondern setzt eine unrichtige Sachbehandlung durch das DPMA voraus, zB falsche Berechnung der Gebühren für eine Sammelanmeldung. Sie ist veranlasst bei Kosten nach dem PatKostG, § 9 PatKostG, bei Kosten nach der DPMAVwKostV, § 9 I DPMAVwKostV, und bei Gerichtskosten nach §§ 11, 12 JVKostO. Zuständig für diese Entscheidung ist die Stelle des DPMA, welche die Kosten angesetzt hat, § 8 II PatKostG bei Kosten dieses Gesetzes, § 11 II DPMAVwKostV bei Kosten gem dieser Verordnung. Den Rechtsbehelf der Erinnerung und den weiteren Rechtsweg zeigen § 11 PatKostG bzw § 12 DPMAVwKostV auf. Ergänzend darf nach § 11 II 2 DPMAVwKostV das BMJ im Wege der Dienstaufsicht über die Erhebung oder Nichterhebung entscheiden; der Selbsteintritt des BMJ setzt eine dienstaufsichtliche Prüfung voraus, etwa als Folge einer Dienstaufsichtsbeschwerde. Diese Befugnis entfällt, sobald das BPatG über die Nichterhebung entschieden hat. Der **Erlass von Kosten,** etwa wegen Bedürftigkeit des Kostenschuldners, ist nach Neufassung der DPMAVwKostV, s § 16 Rn 19, nicht mehr vorgesehen. Ein Erlass beizutreibender Kosten ist ferner nach § 59 I Nr 3 BHO nach Lage des Einzelfalls in bes Härtefällen möglich. Beizutreibende Kosten können nach § 59 I Nr 1 BHO gestundet werden, wenn die sofortige Einziehung mit erheblichen Härten verbunden wäre und die Stundung den Anspruch nicht gefährdet. Die Stundung soll ferner gegen angemessene Verzinsung und idR nur gegen Sicherheitsleistung gewährt werden. **Ratenzahlungen** sind im DesignG als eine Maßregel der VKH möglich, in der DPMAVwKostV sind sie entfallen. Eine gegebene Möglichkeit von VKH schließt das Rechtsschutzbedürfnis für einen Antrag auf Erlass oder Stundung aus, BPatG 10 W (pat) 720/03 v 13.5.04 (derzeit unveröff). Die Möglichkeit der **Kostenermäßigung,** von den Kosten also nur einen Teilbetrag, diesen jedoch mit vollständig tilgender Wirkung zu erheben, bis 2006 § 9 II DPMAVwKostV aF, ist ebenfalls entfallen. Eine **Niederschlagung** einzuziehender Kosten findet gem § 59 I Nr 2 BHO bei – streng zu prüfender und aufgrund von Nachforschungen feststehender – dauernder Aussichtslosigkeit der Beitreibung statt. Zur Streitwertbegünstigung in Design-Streitsachen s § 54.

11. Für **Gemeinschaftsgeschmacksmuster** ebenso wie für **Interna-**   16
tionale Eintragungen nach dem HMA ist keine Verfahrenskostenhilfe vorgesehen, für Angehörige von anerkannten Entwicklungsländern gewährt die WIPO einen Rabatt auf die Gebühren von 10 %.

Elektronische Verfahrensführung, Verordnungsermächtigung

25 (1) **Soweit in Verfahren vor dem Deutschen Patent- und Marken-amt für Anmeldungen, Anträge oder sonstige Handlungen die Schriftform vorgesehen ist, gelten die Regelungen des § 130a Absatz 1 Satz 1 und 3 sowie Absatz 3 der Zivilprozessordnung entsprechend.**

(2) **Die Prozessakten des Bundespatentgerichts und des Bundesgerichtshofs können elektronisch geführt werden. Die Vorschriften der Zivilprozessordnung über elektronische Dokumente, die elektronische Akte und die elektronische Verfahrensführung im Übrigen gelten entsprechend, soweit sich aus diesem Gesetz nichts anderes ergibt.**

(3) **Das Bundesministerium der Justiz bestimmt durch Rechtsverordnung ohne Zustimmung des Bundesrates**

1. **den Zeitpunkt, von dem an elektronische Dokumente bei dem Patentamt und den Gerichten eingereicht werden können, die für die Bearbeitung der Dokumente geeignete Form, ob eine elektronische Signatur zu verwenden ist und wie diese Signatur beschaffen ist;**
2. **den Zeitpunkt, von dem an die Prozessakten nach Absatz 2 elektronisch geführt werden können, sowie die hierfür geltenden organisa-**

torisch-technischen Rahmenbedingungen für die Bildung, Führung und Aufbewahrung der elektronischen Prozessakten.

Übersicht

1   **1.** Die **Entwicklung** des § 25 und der zugehörigen Verordnungen ist nur kurz, trotzdem unstet und unterdessen kompliziert und umfangreich. Die Vorschrift beruht letztlich auf dem Transparenz- und Publizitätsgesetz v 19.7.02 (BGBl I S 2681 = Bl 02, 297), das zur Einfügung der zu § 25 parallelen §§ 125a PatG und 95a MarkenG geführt hat. Dieses Ges hatte auch die §§ 10 VI, 10a, 10b GeschmMG 1986 geändert und in den beiden erstgenannten Vorschriften einen Verweis auch auf § 125a PatG eingefügt. Es handelte sich um eine Umsetzung des das SignaturG v 22.7.97 weiterbildenden Ges zur Anpassung der Formvorschriften des Privatrechts und anderer Vorschriften an den modernen Rechtsverkehr v 13.7.01 (BGBl I S 1542 = Bl 01, 303) für das Verfahren vor dem DPMA, BPatG und BGH in Designsachen. Ursprünglich im Referentenentwurf des GeschmMRefG noch als Verweis auf § 125a PatG in § 23 I 4 enthalten, ist diese Regelung mit § 25 im Regierungsentwurf zu einer eigenständigen Vorschrift gemacht, daher ist die Verweisung auf § 125a PatG in der Begr zu § 23 (idF des Referentenentwurfs) unrichtig. § 25 ist sodann durch Art 1 Nr 13 des am 1.10.09 in Kraft getretenen Patentrechtsmodernisierungsgesetzes (BGBl I S 2521 = Bl 09, 301 mit Begründung Bl 09, 307) umgearbeitet worden, wobei der weitgehende Charakter als Verweisungsnorm erhalten geblieben ist. Zum einen wurde für die elektronische Kommunikation mit dem DPMA auf den inhaltlich gleichlaufenden, im Jahr 2005 durch das JustizkommunikationsG, Rn 7, ua geschaffenen § 130a ZPO verwiesen (Abs 1, 2), was den Vorteil laufender Mitaktualisierung des § 25 hat, Begr PatentrechtsmodernisierungsG zu § 125a PatG, zum anderen wurde die vorhandene Ermächtigungsnorm des Abs 3 Nr 1 um die Verordnungsgebung für die elektronische Gerichtsaktenführung erweitert. Neu aufgenommen wurde schließlich die selbständige Rechtsgrundlage für die elektronische Aktenführung für Designsachen beim BGH und BPatG, Abs 2 S 1, Rn 7. Die Anwendbarkeit auch für das DPMA sollte damit nicht begründet werden, Begr PatentrechtsmodernisierungsG zu § 125a PatG, das DPMA-Verfahren ist vielmehr in Abs 2 S 2 durch den Verweis auf die ZPO indirekt („im Übrigen") angesprochen. Mit den zurückliegenden Änderungen tritt das Bedürfnis nach einer tragfähigen Rechtsgrundlage für die elektronische Aktenführung beim DPMA und bei den Gerichten in den Vordergrund und dabei eine Zersplitterung der Regelungen zu verhindern. Somit ist § 25 eher eine Rahmenvorschrift. Allg zum elektronischen Rechtsverkehr in der Justiz Degen NJW 08, 1473 und NJW 09, 199.

2   **2. a)** § 25 hat den allg **Zweck,** die Amtsverfahren über Designs ebenso wie darüber im Rechtszug entstandene Gerichtsverfahren (BPatG, BGH) mittelfristig möglichst papierlos in elektronischer Form führen zu können und mit der papierlosen Bearbeitung auf Anmelder-/Inhaberseite zusammenzuführen. Aus diesem Ziel ergibt sich nach Abs 1 S 1 der allg Anwendungsbereich in institutioneller und sachlicher Hinsicht. Nach Abs 1 und Abs 2 S 2 dürfen an das DPMA, BPatG und den BGH gerichtete Dokumente, wenn – wie regelmäßig – Schriftform erforderlich ist, in derselben Weise rechtlich qualifiziert alternativ als elektronische Dokumente eingehen (zum Unterschied schriftliches – elektronisches Dokument s § 23 Rn 48, 50). Insofern greift § 25 aufgrund seines allg Wortlauts an sich über Designverfahren hinaus und betrifft grds alle Verfahren, die in der Zuständigkeit des DPMA liegende SchutzR betreffen. Im Rahmen der SchutzR-Verfahren unterliegt der Inhalt der Dokumente nach dem genannten Zweck der Vorschrift möglichst geringen Einschränkungen, damit nicht Medienbrüche die gewollte Papierlosigkeit der Kommunikation und Aktenführung stören.

b) Der **Anwendungsbereich** für das Verfahren vor dem **DPMA** wird 3 durch Abs 1 iVm § 130a I 1 ZPO definiert und kann den Einsatz elektronischer Dokumente für die gesamte ein- und ausgehende Kommunikation des Amtes umfassen, soweit sie in SchutzR-Verfahren zwischen ihm und Anmelder, Inhaber bzw Antragsteller stattfindet. Hauptfall ist die Einreichung elektronischer Designanmeldungen (seit 1.3.10 mit der mit der Software „DPMAdirekt", seit 12.11.13 über den Webservice „DPMAdirektWeb", vergleichbar dem „e-filing" des HABM für GGM bzw des Internationalen Büros der WIPO für internationale GeschmM nach dem HMA), was die mit erheblichen Übertragungsunsicherheiten und Qualitätsmängeln behaftete Telefax-Einreichung überflüssig gemacht hat, § 11 Rn 42, ferner fristgerechte Beschwerdeeinlegung, Begr TransparenzG aaO, Begr PatentrechtsmodernisierungsG zu § 125a PatG und damit zusammenhängende Anträge und Verfahrenshandlungen. Zu dem zusätzlichen, breiten Begriff der sonstigen Handlungen vor dem DPMA zählen auch die elektronische Nachreichung von Unterlagen, vorweggenommene Zahlung durch Einreichung einer Einziehungsermächtigung, Vollmachtsvorlage, Zustimmungserklärung ua. Mit Abs 1 ist dagegen keine bes Regelung über die interne elektronische Aktenführung beim DPMA beabsichtigt, Begr PatentrechtsmodernisierungsG zu § 125a PatG. Nicht erfasst von Abs 1 sind ferner Vorgänge in der allg Verwaltungszuständigkeit des PräsDPMA, zB im dienstlichen Aufsichtsbereich und allg Schriftverkehr. Es besteht kein Zwang zur elektronischen Form, Begr TransparenzG Bl 02, 298. Die Abwechslung von Eingaben in Papier- und elektronischer Form ist baW zulässig; vorläufig muss sich der Verfahrensbeteiligte nicht von vornherein festlegen. In vorwiegend technischer Hinsicht ist Bedingung, dass die jeweiligen Organisationsbereiche des DPMA zu erster interner Weiterverarbeitung in der Lage sind, was ohne die vorherige Definition von Schnittstellen und Formaten, also ohne eine Freigabe seitens des DPMA nach DV-Kriterien nicht möglich wäre, wie dann in der BGH/BPatGERVV und ERVDPMAV erfolgt. Dass die Authentizität des Erstellers des Dokuments und die Unverfälschtheit auf dem Übertragungsweg – jedenfalls für Einreichungen mit der Software „DPMAdirekt" – durch die elektronische Signatur gewährleistet sein soll, ist anstelle der unterbliebenen Verweisung in Abs 1 auf § 130a I 2 ZPO durch Verweis auf den Verordnungsweg in Abs 3 Nr 1 bestimmt, Rn 5.

c) Die in Abs 3 angesprochenen **ergänzenden Vorschriften** haben zent- 4 rale Bedeutung für den Anwendungsbereich des § 25. Die Entstehungsge-

schichte auch dieser Verordnungen ist verwickelt. Ausgangspunkt war die
gleichermaßen für DPMA, BPatG und BGH geltende Verordnung über den
elektronischen Rechtsverkehr im gewerblichen Rechtsschutz – ERvGewRV
v 5.8.03 mit Anlage (BGBl I S 1558 = Bl 03, 320). Sie wurde 2006 im Ergebnis in zwei Verordnungen aufgespalten durch die Verordnung zur Änderung der Verordnung über den elektronischen Rechtsverkehr im gewerblichen Rechtsschutz v 26.9.06 (BGBl I S 2161 = Bl 06, 306). Ihr Art 1
brachte eine Beschneidung der Ursprungsverordnung auf die Verfahren vor
dem BPatG und BGH unter Umbenennung in „Verordnung über den elektronischen Rechtsverkehr beim Bundespatentgericht und beim Bundesgerichtshof (ERVBPatGBGHV)" v 26.9.06 mit Anl (enthaltend Formatvorga-
ben), die wiederum 2007 ersetzt wurde durch die derzeit geltende „Verordnung über den elektronischen Rechtsverkehr beim Bundesgerichtshof und
Bundespatentgericht (BGH/BPatGERVV) v 24.8.07 (BGBl I S 2130 = Bl
07, 368, geringfügig und vorliegend unmaßgeblich geändert im Jahr 2008),
welche die DV-Formatvorgaben integrierte. Daneben wurde für die Verfahren vor dem DPMA neu geschaffen die „Verordnung über den elektronischen Rechtsverkehr beim Deutschen Patent- und Markenamt (ERVDP-
MAV)" v 26.9.06, und zwar in Form des Art 1 der Verordnung über die
Neuregelung des elektronischen Rechtsverkehrs beim Deutschen Patent-
und Markenamt v 26.9.06 (BGBl I S 2159 = Bl 06, 305), ebenfalls mit integrierten DV-Formatvorgaben und ferner mit Änderung ua des § 12
DPMAV. Zu alledem der zusammenfassende Hinweis des DPMA Bl 06, 305
mit Rechtsstand 2006. Diese beiden Parallelverordnungen wurden zum
1.3.10 geändert durch Art 2 Abs 1 der zu diesem Datum neu geschaffenen
„Verordnung zur Einführung der elektronischen Aktenführung und zur Erweiterung des elektronischen Rechtsverkehrs bei dem Patentamt, dem Patentgericht und dem Bundesgerichtshof" v 10.2.10 (BGBl I S 83 = Bl 10,
129). Diese Verordnung erfasste auf Grund des insoweit ergänzten § 1 Nr 4
ERVDPMAV bzw der ebenso ergänzten Anl zu § 1 BGH/BPatGERVV
nunmehr auch Design-Verfahren. Demzufolge ist seit diesem Tag die elektronische – signaturgebundene – Einreichung von Design-Anmeldungen
zulässig. Die ERVDPMAV v 29.6.06 wurde mit Art 1 der V v 1.11.13
(BGBl I S 3906 = Bl 13, 378 ff) abgelöst durch die neue ERVDPMAV v
1.11.13. Die wichtigste dadurch eingetretene Änderung ist die Ermögli-
chung der elektronischen Einreichung von Marken- und Design-Anmeldungen ohne die Nutzung einer elektronischen Signatur ab dem 12.11.13,
über den Webservice DPMAdirektWeb.

5   **3. a)** Die **Einreichung** des elektronischen Dokuments beim **DPMA**
gem Abs 1 iVm § 130a III ZPO erfordert bei online-Übermittlung EDV-
technisch zunächst eine Zugangs- und Übertragungssoftware, die von der
Internetseite des DPMA heruntergeladen werden kann (www.dpma.de), § 3
I 2 und 3 ERVDPMAV. Auch off-line können elektronische Dokumente auf
körperlichem Datenträger an das DPMA übersandt werden, § 3 II ERVDP-
MAV. Erforderlich ist außerdem nach § 3 III ERVDPMAV zertifizierte
elektronische Signatur. Die Vorschrift lässt zur Gewährleistung der Urheberschaft und Datenintegrität wahlweise zu eine – strengere – qualifizierte
elektronische Signatur nach dem SignaturG (vom Nutzer zuvor von Dritt-
anbietern kostenpflichtig zu beschaffende Smartcard, sog Signaturkarte),
Lesegerät und Lesegerät-Software, s Auflistung der Anbieter unter www.

dpma.de) oder eine von einer internationalen Organisation auf dem Gebiet des gewerblichen Rechtsschutzes (in diesem Fall das EPA gemeint, derzeit nicht WIPO oder HABM) herausgegebene „fortgeschrittene elektronische Signatur", soweit sie das DPMA bearbeiten und die Zertifizierung überprüfen (lassen) kann. Darunter ist (Stand Juni 2014) konkret das kostenfreie Client-Paket „EPOline®"-smartcard mit Lesegerät und zugehöriger Lesegerät-Software zu verstehen. Letzteres ist insbes sinnvoll, falls das Paket auf dem Rechner bereits für Pat-Anmeldungen beim EPA eingesetzt wird; Einzelh auf den Internetseiten des DPMA unter „DPMAdirekt" und auf den Internetseiten des EPA. In rechtlicher Hinsicht ist die Einreichung eines elektronischen Dokuments nach § 130 III ZPO mit der Aufzeichnung vollzogen, womit die Speicherung in einem ersten Netzwerkserver gemeint ist, Begr TransparenzG Bl 02, 298, soweit er eine Feststellung des Eingangs im Klartext durch interne Stellen und mit der Zugriffsmöglichkeit für das Verfahren zuständiger Stellen eröffnet; auf eine Ausgabe durch Drucker kommt es nicht an. Die Warnmeldung, ggf Blockade oder Bearbeitung des Dokuments durch eine Firewall oder einen Virenscanner begründet daher noch keinen Eingang. Ebenso begründet die Absendung an das DPMA nicht schon einen Eingang bei Netzwerkausfall auf Empfängerseite. Die zur Einreichung und Fristwahrung bei gestörter Telefax-Verbindung entwickelten Grds sind entspr anwendbar, § 23 Rn 16. Schließlich verpflichtet Abs 1 iVm § 130a I 3 ZPO das DPMA dazu, den Einsender vom Eingang eines zur Bearbeitung untauglichen elektronischen Dokuments zu unterrichten und die einzuhaltenden technischen Rahmenbedingungen mitzuteilen.

b) Die **Einreichung beim BPatG, BGH,** indirekt in Abs 3 Nr 1 ange- **6** sprochen, folgt eigenen Regeln und richtet sich nach der BGH/BPatGER-VV, Rn 4. Verglichen mit den Anforderungen des DPMA, Rn 5, bestehen ähnliche Vorgaben für den Zugang und liberalere bei den zugelassenen Dokumentformaten, § 2 BGH/BPatGERVV. Die Signaturvorgaben sind identisch mit jenen des DPMA, Rn 5, gem dem seit 1.3.10 eingefügten § 2 Abs 2a dieser Verordnung. Weitere Einzelh werden nach § 3 der Verordnung auf den Internetseiten des BGH – www.bundesgerichtshof.de/erv.html – und des BPatG – www.bundespatentgericht.de/bpatg/erv.html – bekanntgegeben.

4. Die interne **elektronische Aktenführung** der **Gerichte** erhält in **7** Abs 2 erstmals eine gesetzl Grundlage in Übernahme des diese Materie betreffenden § 298a I 1 ZPO. Der Verweis auf die einschlägigen Vorschriften der ZPO soll – den allg Verweis nach § 23 II iVm § 99 PatG für das vorliegende Gebiet präzisierend – nicht nur bereits geltende Bestimmungen der ZPO einbeziehen (s. u.), sondern Offenheit schaffen für zu erwartende künftige Änderungen der ZPO im Zuge des Ausbaus der elektronischen Aktenführung bei Gerichten, Begr PatentrechtsmodernisierungsG zu § 125a PatG. Bereits mit dem Ges über die Verwendung elektronischer Kommunikationsformen in der Justiz v 1.4.05 (Justizkommunikationsgesetz – JKomG, BGBl I S 837) sind damit aus der ZPO auch anwendbar § 130b (gerichtliches elektronisches Dokument allg), § 105 (elektronischer Kostenfestsetzungsbeschluss), § 133 I 2 (Zahl einzureichender Abschriften), § 160a (elektronisches Protokoll), § 164 (elektronischer Berichtigungsvermerk), § 174 III (elektronisches Empfangsbekenntnis, ggf auch von Unternehmen), § 186 (elektronische öffentliche Zustellung), § 253 (Entbehrlichkeit von Abschriften), § 298

(Ausdruck für die Akten), § 299 III (Akteneinsicht), § 315 III 2 (Verkündungsvermerk), § 317 III (Urteilsausfertigung), § 319 II 2 (elektronischer Urteilsberichtigungsbeschluss), § 371a und § 416a (Beweiskraft elektronischer Dokumente). Zu alledem ist mit Wirkung vom 1.3.10 ergänzend die „Verordnung über die elektronische Aktenführung bei dem Patentamt, dem Patentgericht und dem Bundesgerichtshof (EAPatV) in Form des Art 1 der „Verordnung zur Einführung der elektronischen Aktenführung und zur Erweiterung des elektronischen Rechtsverkehrs bei dem Patentamt, dem Patentgericht und dem Bundesgerichtshof" v 10.2.10 (BGBl I S 83), zuletzt geä d Art. 4 V v. 2.1.2014 (BGBl I S 18), ergangen. Sie bringt Verfahrensvorschriften zur Aktenführung mit Blick auf bes Erfordernisse elektronischer Dokumente und Aktenteile bei Vernichtung, Bewahrung des Zusammenhangs, Überblicks und Herkunftsnachweis von Aktenteilen sowie Aktenvorlage (§§ 3–5, 8). Die Zulässigkeit und Durchführung der elektronischen Aktenführung beim **DPMA** spricht Abs 2 Satz 2 nur verschleiert an („im Übrigen"), sie ist in der EAPatV der Sache nach teilweise einbezogen, bei der Ausfertigung sogar ausschließlich betroffen (§ 6), auch wenn § 2 EAPatV für das DPMA auf die einschlägigen Vorschriften der ZPO verweist.

8   **5. Gemeinschaftsgeschmacksmuster.** Die elektronische Einreichung der Anmeldungen von GGM und anderer elektronischer Postverkehr ist möglich und wird vom HABM empfohlen, dazu § 11 Rn 93. Nähere Einzelh lassen sich über die Internet-Seiten des HABM – www.oami.europa.eu –, Stichwort „e-filing", abfragen.

9   **6. Internationale Eintragungen.** Einzuhaltende Bedingungen der elektronischen Kommunikation hat das Internationale Büro der WIPO im Bulletin veröffentlicht (über www.wipo.int), A 201 (a) VR. Zur elektronischen Design-Anmeldung s § 11 Rn 97. Das Internationale Büro hat sich in A 204 (b) VR verpflichtet, den Eingang einer elektronischen Sendung auf demselben Weg umgehend zu bestätigen und in A 204 (c) VR für den Fall von Zeitzonendifferenzen eine Bestimmung über das maßgebliche Eingangsdatum solcher Sendungen getroffen.

Verordnungsermächtigungen

26 (1) **Das Bundesministerium der Justiz und für Verbraucherschutz regelt durch Rechtsverordnung, die nicht der Zustimmung des Bundesrats bedarf,**

1. **die Einrichtung und den Geschäftsgang des Deutschen Patent- und Markenamts sowie die Form des Verfahrens in Designangelegenheiten, soweit nicht durch Gesetz Bestimmungen darüber getroffen sind,**
2. **die Form und die sonstigen Erfordernisse der Anmeldung und der Wiedergabe des Designs,**
3. **die zulässigen Abmessungen eines nach § 11 Absatz 2 Satz 2 der Anmeldung beigefügten Designabschnitts,**
4. **den Inhalt und Umfang einer der Anmeldung beigefügten Beschreibung zur Erläuterung der Wiedergabe,**
5. **die Einteilung der Warenklassen,**

6. die Führung und Gestaltung des Registers einschließlich der in das Register einzutragenden Tatsachen sowie die Einzelheiten der Bekanntmachung,

7. die Behandlung der einer Anmeldung zur Wiedergabe des eingetragenen Designs beigefügten Erzeugnisse nach Löschung der Eintragung in das Register und

8. das Verfahren beim Deutschen Patent- und Markenamt für den Schutz gewerblicher Muster und Modelle nach dem Haager Abkommen.

(2) Das Bundesministerium der Justiz und für Verbraucherschutz wird ermächtigt, durch Rechtsverordnung, die nicht der Zustimmung des Bundesrates bedarf, Beamte des gehobenen und mittleren Dienstes sowie vergleichbare Angestellte mit der Wahrnehmung von Geschäften im Verfahren in Registersachen zu betrauen, die ihrer Art nach keine besonderen rechtlichen Schwierigkeiten bieten. Ausgeschlossen davon sind jedoch

1. die Zurückweisung nach § 18 und die Verweigerung des Schutzes einer internationalen Eintragung nach § 69,

2. die Entscheidungen im Nichtigkeitsverfahren nach § 34a und

3. die Abhilfe oder Vorlage der Beschwerde (§ 23 Absatz 4 Satz 3) gegen einen Beschluss im Verfahren nach diesem Gesetz.

(3) Für die Ausschließung und Ablehnung einer nach Maßgabe des Absatzes 2 Satz 1 betrauten Person findet § 23 Absatz 3 Satz 1 und 2 entsprechende Anwendung.

(4) Das Bundesministerium der Justiz und für Verbraucherschutz kann die Ermächtigungen nach den Absätzen 1 und 2 durch Rechtsverordnung, die nicht der Zustimmung des Bundesrates bedarf, auf das Deutsche Patent- und Markenamt übertragen.

Übersicht

1. Entwicklung, Zweck. § 26 ist eine Zusammenfassung der Verordnungsermächtigungen der §§ 12 und 12a GeschmMG 1986 in ihrer zuletzt durch Art 18 Nr 10f des KostbereinG zum 1.1.2002 reduzierten Fassung. § 12 GeschmMG 1986, der eine Ermächtigung zur Verordnungsgebung auch im Hinblick auf Kosten der DPMAVwKostV für das Verfahren vor dem Musterregister enthielt, war als Folge der vorrangigen globalen Ermächtigung des § 1 II PatKostG insoweit gegenstandslos geworden und zum 1.1.2002 nur mit reduziertem Inhalt aufrechterhalten worden. § 26 bringt demggü wenig Änderungen, allerdings sind einige nach jetzt geltendem Ges entbehrliche Ermächtigungen bezüglich eingereichter mustergemäßer Erzeugnisse und der Bekanntmachung entfallen, Einzelh Begr zu § 26. § 26 war nach Verkündung des GeschmMRefG im BGBl am 18.3.2004 bereits vorab am 19.3.2004 in Kraft getreten, Art 6 II 1 GeschmMRefG; zeitgleich waren die §§ 12 und 12a aF entfallen, Art 6 II 2 GeschmMRefG. Mit Wirkung vom 1.7.06 ist Abs 2 S 2 Nr 3 dahingehend eingeschränkt worden, dass das rechtskundige Mitglied iSv § 23 I 1 bei den ihm nach dieser Vor- 1 schrift vorbehaltenen GeschmM-Löschungen im Register von der unproblematischen Löschung bei Beendigung der Schutzdauer entlastet wird, Art 7 Nr 3 Art 7 Nr 3 des Ges zur Änderung des patentrechtlichen Einspruchsverfahrens und des PatKostG v 21.6.2006 (BGBl I S 1318 = Bl 06, 225). Ferner ist Abs 2 S 2 Nr 2 durch Art 1 Nr 2 des 1. ÄndGes zum GeschmMG v 29.7.09 (BGBl I S 2446 = Bl 09, 328) im Hinblick auf die neu eingeführte Pflicht des DPMA zur Prüfung einer Schutzverweigerung für eine internationale Eintragung nach § 69 erweitert worden. Der **Zweck** des § 26 ist, abgesehen von Abs 3, intern-legislatorischer Natur. Die in § 26 in konzentrierter Form enthaltenen Verordnungsermächtigungen dienten zunächst der Vorbereitung des an die veränderten Grds des seit 1.6.04 neu gefassten GeschmMG, aber auch weiterhin der Anpassung des Verfahrens vor der GeschmM-Stelle an geänderte Rechtslagen.

2   **2. Absatz 1** ist Ermächtigung zur Regelung des Geschäftsgangs des DPMA, hier in Bezug auf das Verfahren vor der Designstelle, und zur Bestimmung der Anmeldeerfordernisse und der Registerführung, Begr zu § 26 GeschmMG 2004. Nr 1 gibt die Ermächtigung zum Erlass der Querschnittsnorm der **Verordnung über das Deutsche Patent- und Markenamt** (DPMA-Verordnung – DPMAV), hier ebenfalls in Bezug auf Designsachen. Von dieser Ermächtigung hat das BMJ durch die iW am 1.6.04 in Kraft getretene Neufassung der DPMAV v 1.4.04 (BGBl I S 514 = Bl 04, 296, geändert durch Art 2 der Verordnung über die Neuregelung des elektronischen Rechtsverkehrs beim Deutschen Patent- und Markenamt v 26.9. 06 – BGBl I S 2159 = Bl 06, 305 –, dazu § 25 Rn 3) sowie der Verordnung zur Einführung der elektronischen Aktenführung und zur Erweiterung des elektronischen Rechtsverkehrs bei dem Patentamt, dem Patentgericht und dem Bundesgerichtshof v 10.2.10 (BGBl I S 83 = Bl 10, 129, s Anhang IV), Gebrauch gemacht, wodurch die DPMAV in zahlreichen Punkten erweitert wurde, die wesentlich auch das Verfahren vor der Designstelle betreffen, dazu Mitt PräsDPMA Bl 04, 296. Eine weitere Änderung durch Verordnung zur Änderung der DPMA-Verordnung v 24.3.10 (BGBl I S 330) ergänzte § 1 II DPMAV durch das aktualisierte Zitat des um Nr 8 erweiterten § 26 I zur Schaffung einer Rechtsgrundlage für die Änderung der DesignV im Hinblick auf das neuartige Schutzverweigerungsverfahren nach § 69. Zuletzt wurde die DPMAV durch V v 1.11.13 (BGBl I S 3906) geä. Das BMJV hat die Verordnungsermächtigung des Abs 4 umgesetzt durch die am 10.1.14 in Kraft getretene **Verordnung zur Ausführung des Designgesetzes** (Designverordnung – DesignV) = Art 1 der Verordnung zur weiteren Modernisierung des Designrechts und zur Einführung des Nichtigkeitsverfahrens in Designangelegenheiten v 2.1.14 (BGBl I S 18). Die DesignV übernimmt überwiegend die Regeln der vorherigen GeschmMV. Die wichtigsten Änderungen sind die Nennung der Einreichungswege für Designanmeldungen, § 4 I DesignV, das Verbot der Telefaxeinreichung von Design-Wiedergaben, § 4 II DesignV, Vereinfachung der Übersetzungsobliegenheiten bei fremdsprachigen Schriftstücken, § 14 DesignV, Konzentration aller Designregistereintragungen in §§ 15, 16 DesignV, Vorschriften zum Nichtigkeitsverfahren nach § 34a im neuen Abschnitt 4.

3   **3. Absatz 2 und 3** sind § 27 V und VI PatG nachgebildet. Nebst Ergänzung durch Abs 3 (und dem formal mit heranzuziehenden Art 2 des SchriftzeichenG, Einzelh § 60 Rn 1 f) ist Abs 2 Grundlage für die DPMA-interne

Zuständigkeitsregelung für die Bediensteten Designstelle der **Wahrneh-mungsverordnung** (WahrnV) v 14.12.94 (BGBl I S 3812 = Bl 95, 51). Die Verordnungsermächtigung ist durch Abs 4 ivm § 1 II DPMAV auf den PräsDPMA übertragen. Er hat davon durch die umfassende 2. Verordnung zur Änderung der Wahrnehmungsverordnung v 18.12.07 (BGBl I S 3008 = Bl 08, 2), Gebrauch gemacht; zuletzt wurde sie durch Art 2 V v 1.1.14 (BGBl I S 18) geändert. Hierdurch wurden mit dem neuen § 4 III Beschäf-tigten des mittleren Dienstes erstmals konkrete Geschäfte, nämlich die for-melle Bearbeitung der Akten im Nichtigkeitsverfahren, Gewährung von Akteneinsicht, einschließlich Erteilung von Auskünften über den Akten-inhalt sowie Erteilung von Ablichtungen und Auszügen der Akten, soweit die Einsicht in die Akten jedermann freisteht oder der Anmelder dem Antrag zugestimmt hat, sowie die Bearbeitung von Anträgen auf Änderung einer Registereintragung, die den Wohnort oder die Anschrift des Rechtsinhabers des eingetragenen Designs oder die Änderung von Vertreterangaben betrifft, zugewiesen. Prinzip der WahrnV ist die Delegation aller rechtlich ihrer Art nach nicht schwierigen Arbeiten auf Beamte bzw Angestellte des gehobenen und mittleren Dienstes des DPMA. Dies ist erforderlich, da nach § 23 I 1 ansonsten nur das rechtskundige Mitglied entscheidungsbefugt wäre und damit allzuständig sein müsste. Die Delegationsmöglichkeit besteht nicht für die in Abs 2 S 2 Nrn 1–3 sowie die in § 4 II WahrnV genannten und die in § 7 WahrnV nicht aufgeführten Fallgestaltungen. Verstöße gegen die Dele-gationsbestimmungen machen die Rechtsakte fehlerhaft, s Rspr-Bericht in GRUR 09, 617 mwN. Für die Ausschließung und Ablehnung von Ange-stellten des gehobenen und mittleren Dienstes gelten nach Abs 3 die für den Beamten des höheren Dienstes anzuwendenden Bestimmungen des § 23 III 1, 2 entsprechend, Einzelh § 23 Rn 3.

4. Übertragungsermächtigung. Absatz 4 gestattet dem BMJ, die ihm　**4** in den durch Abs 1, 2 gezogenen Grenzen erteilte Ermächtigung zur Ver-ordnungsgebung auf das DPMA weiterzuübertragen. Seit jeher hat sich das BMJ Erlass und Änderung der DPMAV vorbehalten, während in § 1 II DPMAV von der Übertragungsermächtigung Gebrauch gemacht ist, was ua zur DesignV, Rn 2, und zur Neufassung der WahrnV, Rn 3, geführt hat.

Abschnitt 4. Entstehung und Dauer des Schutzes

Entstehung und Dauer des Schutzes

27 (1) **Der Schutz entsteht mit der Eintragung in das Register.**

(2) **Die Schutzdauer des eingetragenen Designs beträgt 25 Jahre, ge-rechnet ab dem Anmeldetag.**

Übersicht

1   **1.** Die **Entwicklung** des § 27 fußt zum einen auf der Bestimmung des Beginns des Schutzes von eingetragenen Designs im abgelösten GeschmMG 1986, was in der Vorläufervorschrift des § 7 I GeschmMG 1986 undeutlich formuliert war, und wonach der Design-Schutz bereits mit der Anmeldung zur Eintragung beim Patentamt zu erlangen war. Zum anderen sind Quelle des Inhalts des geltenden Abs 1 die in nationales Recht umgesetzten Art 3 I, 10 S 1 und 12 I 1 GRL, in denen das Entstehen des Design-Schutzes mit der Eintragung vorgegeben wird. Auch Art 19 I GGV verleiht für GGM den Schutz erst mit der Eintragung, allerdings mit Rückwirkung zum Anmeldetag, Art 12 S 1 GGV, str, dazu § 19 Rn 14. Dieser gesamteuropäischen Tendenz, die auf den Vorstellungen eines Beginns des Schutzes technischer SchutzR und Marken erst durch einen gesonderten amtlichen Akt beruht, trägt Abs 1 Rechnung. Abs 2 schreibt die Bestimmung über die Bemessung der Schutzdauer des § 9 I GeschmMG 1986 fort und verbindet damit die aus § 9 II GeschmMG 1986 entnommene Aussage über die längstmögliche Schutzdauer (seinerzeit 20 Jahre), wobei aus Art 10 S 2 GRL die Erweiterung auf die max Schutzdauer von 25 Jahren übernommen ist. § 9 I und II GeschmMG 1986 war zwar durch Art 18 Nr 5 KostbereinG mit Wirkung vom 1.1.02 in der Sache bereits so gefasst, wie es jetzt Abs 2 und § 28 I entspricht. Gleichwohl hatte man auf eine Erhöhung der max. Schutzdauer auf 25 Jahre bewusst noch verzichtet, obwohl zu diesem Zeitpunkt die Umsetzungsfrist der GRL (28.10.01) bereits abgelaufen war, welche man aber bezüglich der industriellen Muster der ehemaligen DDR mit der Änderung des § 16 ErstrG, dazu Rn 4, zeitnah zu wahren versuchte, vgl Beschlussempf und Bericht zu Art 10 Nr 6 KostbereinG, s auch Mitt PräsDPMA Bl 03, 320. Der Entwurf 1940 übernahm vom damals geltenden Ges die Höchstschutzdauer von 15 Jahren. Der Entwurf 1977 war Vorbild für die Erhöhung der Höchstschutzdauer auf 20 Jahre im GeschmMG 1986. Die 25-jährige Schutzdauer war bereits Bestand des MPI-E und Grünbuchs. Der GRUR-Entwurf 2000 war bereits von der max. Schutzdauer der GRL von 25 Jahren bestimmt. Vorbild mag auch die von Anbeginn an 25-jährige Schutzdauer von typografischen Schriftzeichen nach dem SchriftzG und dem zugrundeliegenden Wiener Abkommen von 1973, s § 61 Rn 1, gewesen sein.

2   **2.** Die Entkopplung des **Schutzbeginns** vom Akt der Anmeldung gem Abs 1 ist eine der zentralen Neuerungen des geltenden DesignG. Der Design-Schutz gem §§ 37 ff entsteht nach Anmeldung und Formalprüfung durch das DPMA (erst) mit der Eintragung gem § 19 in das Register. Dieser entstandene Schutz wirkt nicht zurück auf den Zeitpunkt der Anmeldung, so ausdrücklich die Begründung zu § 27 GeschmMG 2004 unter Hinweis auf PatR und MarkenR (anders wohl bei GGM, Rn 5), aA Kur GRUR 02, 661, 668. Das lediglich angemeldete Design gewährt – vergleichbar den anderen gewerblichen SchutzR – noch keine gegen Dritte gerichteten Abwehrrechte. Die Schutzentstehung ist nicht Inhalt eines staatlichen Verleihungsakts (wie Patenterteilung) mit vorläufiger Richtigkeitsgewähr, sondern eine durch die Eintragung ausgelöste, unmittelbar durch Ges eintretende Rechtsfolge. Nach § 7 I GeschmMG 1986 entstand dagegen der Nachbildungsschutz bereits im Zeitpunkt der Anmeldung bei der zuständigen Behörde unmittelbar kraft Ges, sofern iÜ die materiellen Schutzvoraussetzungen persönlicher und sachlicher Natur gegeben waren. Dies war dem urheberrechtlichen Ursprung des

GeschmM-Rechts geschuldet, Begr zu § 27 GeschmMG 2004, Einzelh 2. Aufl 7/10. Die damit eingehandelten erheblichen verfahrensrechtlichen Schwierigkeiten beseitigt der erst mit der Eintragung des Designs beginnende Schutz. Abs 1 erlaubt jetzt, eine von materiellrechtlichen Schutzauswirkungen unbeeinflusste reine Anmeldephase zu definieren. In dieser kann die Anmeldung unabhängig von ihrer prioritätsbegründenden Wirkung und ohne Schutzentstehung geprüft werden. Die nach altem Recht bei Anmeldungsfehlern zur Verhinderung der Schutzentstehung notwendige, der Sache nach oft überzogene Sanktion der gesetzl fingierten Beseitigung oder Verschiebung des prioritätsbegründenden Anmeldetags ist auf elementare Mängel der Anmeldung gem § 11 II 1 eingegrenzt, Einzelh § 11 Rn 4, § 16 Rn 11. Über die Definition des Schutzbeginns durch Eintragung geht der Regelungsgehalt des Abs 1 allerdings nicht hinaus. Die Eintragung in das Register ist in § 19 II bestimmt, § 19 Rn 5 ff, die damit eintretenden Schutzwirkungen lassen sich §§ 1 Nr 5 und 37–39 entnehmen.

3. Abs 2 bestimmt die (Höchst-)**Schutzdauer** von 25 Jahren und macht **3** deren Beginn und Ende am Anmeldetag (nicht Prioritätstag) fest, zum Anmeldetag § 13 Rn 2. Die Vorgabe der 25-jährigen Schutzdauer ist insofern nur teilweise zutreffend, weil der Design-Schutz für die Dauer des Anmeldeverfahrens bis zur Eintragung davon ausgespart bleibt. Die Systematik, von einer Höchstschutzdauer auszugehen, die ggf durch Aufrechterhaltung, dh Verhinderung des Schutzwegfalls erreicht werden kann, und nicht, wie sonst, von einer Erstschutzdauer, welche ggf verlängert wird (so Art 12 GGV), soll nach der dazu sehr ausführl Begr zu § 27 GeschmMG 2004, durch das PatKostG vorgezeichnet sein und Art 10 der GRL nicht widersprechen, und iÜ auf dasselbe im Ergebnis hinauslaufen. Die Aufrechterhaltungsmöglichkeiten bis hin zur Höchstschutzdauer sind Gegenstand des § 28, wobei im Falle der Aufschiebung der Bildbekanntmachung zunächst die Erstreckung der Schutzdauer nach § 21 II 1 Bedingung ist. Mit der Schutzdauer von 25 Jahren ist Übereinstimmung mit der für typografische Schriftzeichen geltenden Höchstschutzdauer hergestellt, § 61 Rn 1. Eine verkürzte Schutzdauer von max 2^{1}/$_{2}$ Jahren (30 Monaten) bestimmt § 21 I für den Fall der Aufschiebung der Bildbekanntmachung. Die **Berechnung der Schutzdauer** ist ggü § 9 I GeschmMG 1986 und übereinstimmend mit Art 10 GRL dahin geändert, dass nunmehr der Tag der Anmeldung nach § 187 II BGB in die Schutzdauer mit eingerechnet wird, sie also ggü dem bisherigen Ges einen Tag früher beginnt und endet. Abweichend von § 9 II GeschmMG 1986, der insoweit mit den Regelungen der § 23 I GebrMG, § 47 I MarkenG übereinstimmte, erstreckt sich die Höchstschutzdauer nach Abs 2 nicht bis zum letzten Tag des dem Anmeldetag entsprechenden Monats, also dem verschobenen Fälligkeitstag für Aufrechterhaltungsgebühren iSv § 3 II 1 PatKostG, sondern endet taggenau entsprechend dem Anmeldetag. Diese Regelung ist für SchutzR mit Höchstlaufzeiten auch sinnvoll, weil – anders als bei Marken, vgl § 47 I, V MarkenG – bei Ablauf der Höchstschutzdauer ein bes praktikables Fälligkeitsdatum für Aufrechterhaltungsgebühren, vgl Begr zu § 3 II PatKostG, gegenstandslos ist. Es handelt sich daher wohl nicht um eine redaktionelle Ungenauigkeit. Von der Schutzdauer als Laufzeit zu unterscheiden ist die tatsächliche Dauer des Schutzes, die nach Abs 1 erst mit der Eintragung beginnt, Rn 2, sodass Zuweisung und Ausübungsmöglichkeit des Schutzes immer nur einen Teil der Schutzdauer einnehmen.

4 **4. Übergangsrecht.** Die nicht hohe Zahl an GeschmM, die mit Inkrafttreten des geltenden Ges am 1.6.04 zwar angemeldet, aber noch nicht eingetragen waren, genossen nach § 72 III GeschmMG idF v 13.2.10 bis zur Eintragung Nachbildungsschutz (materielle Schutzfähigkeit vorausgesetzt, jedoch mit den in § 72 II GeschmMG idF v 13.2.10 aufgeführten Einschränkungen), der nach § 7 I GeschmMG 1986 bereits mit der rechtswirksamen Anmeldung entstanden war, Rn 2. Diese Schutzwirkung setzte sich bis zur Eintragung fort und wurde zugleich mit dieser umgewandelt in den absoluten Schutz mit Sperrwirkung mit dem Inhalt der §§ 37 ff. Überdies gilt für GeschmM, die mit Inkrafttreten des geltenden Ges noch bestanden, was sich faktisch nur auf nach dem 1.7.88 angemeldete GeschmM bezieht, nach Abs 2 eine Erweiterung der ursprünglich max Schutzdauer von 20 auf 25 Jahre, wie § 72 II GeschmMG idF v 13.2.10 im Umkehrschluss entnommen werden kann, vgl auch Begr zu § 66 GeschmMG 2004; hiervon konnten diese GeschmM frühestens ab dem Jahr 2008 profitieren, abw Eichmann Mitt 03, 19. Eine Berufung auf eine Schutzdauerbegünstigung als Folge des nicht rechtzeitig bis zum 28.10.01 umgesetzten Art 10 GRL begegnet rechtlichen Problemen, Eichmann aaO. Die Schutzdauer von GeschmM, die aus **ehemaligen industriellen Mustern der DDR** hervorgegangen sind, richtete sich gem § 5 I 1 ErstrG nach bisherigem Recht der DDR. Die Schutzdauer begann mit dem auf die Anmeldung folgenden Tag. Für GeschmM, denen erteilte Urheberscheine zugrundeliegen, betrug die Schutzdauer pauschal 15 Jahre, § 12 II MuVO; für ehemalige eingetragene sowie erteilte Musterpatente bestanden dagegen 5-jährige Schutzperioden, die durch Gebührenzahlung auf bis zu 15 Jahre verlängerbar waren, § 21 MUVO iVm § 1 II GebAO. Sofern nach diesen Bestimmungen die Schutzdauer mit dem 28.10.01 (Ende der Umsetzungsfrist der RiLi) noch nicht abgelaufen war, hat zunächst § 16 ErstrG idF des Art 10 Nr 6 KostenBerG mit Wirkung vom 20.12.01 (gem Art 30 II Nr 4 KostenBerG) und in wortgleicher Übernahme jetzt § 60 II 1 die max mögliche Schutzdauer auf 25 Jahre erhöht, zur insoweit bestehenden Richtlinienkonformität BGH GRUR 05, 1041 f – Altmuster; BPatG GRUR 05, 412 – Schreibgerät und 10 W (pat) 718/03 v 28.10.04 (unveröff). Das Schutzdauerende wird insoweit nicht taggenau anhand des Anmeldetags bestimmt, sondern ist der letzte Tag des Monats, in den der Anmeldetag fällt. Zu einer nach dem 28.10.01 anstehenden Aufrechterhaltung solcher GeschmM § 28 Rn 9; zu diesen Übergangsfragen auch Mitt PräsDPMA Bl 03, 320.

5 **5. Gemeinschaftsgeschmacksmuster.** Der Beginn des Schutzes aus dem **eingetragenen Gemeinschaftsgeschmacksmuster** beginnt mit der Eintragung in das Register, wirkt dann jedoch auf den Anmeldetag zurück, Art 12 S 1 GGV, letzteres wohl anders als nach deutschem Recht (Abs 1), str, dazu § 19 Rn 14. Im Übrigen begründet diese Vorschrift mit der Anmeldung des eingetragenen GGM eine erste fünfjährige Schutzdauer, die gem Art 12 S 2, Art 13 GGV in fünfjährigen Stufen verlängert werden kann. Das HABM versendet Gebührenbenachrichtigungen vor Ablauf der Schutzdauer. Zur Verlängerung der Schutzdauer § 28 Rn 10. Dem **nicht eingetragenen Gemeinschaftsgeschmacksmuster** kommt nach Art 11 GGV eine abschließende dreijährige Schutzdauer zu, die mit dem Tag beginnt, an dem es der Öffentlichkeit innerhalb der EU erstmals in der in Art 11 II, 110a V 2 GGV definierten Weise zugänglich gemacht worden ist. Damit existiert keine von der gemeinschaftsweiten Öffentlichkeit problemlos feststellbare Schutzdauer des nicht eingetragenen GGM. Jedoch gewährt es im Rahmen der genannten relevanten Offenbarung, wenn sie zugleich Grundlage für die Beanspruchung einer Neuheitsschonfrist ist, einen der Schutzdauer des eingetragenen GeschmM vorgeschalteten max einjährigen Nachbildungsschutz.

6. Internationale Eintragungen. Grds gilt, dass mit dem Tag der internationalen Eintragung, Art 10 II a) HMA 1999, in den benannten Vertragsparteien die Wirkung einer dortigen Design-Anmeldung eintritt, Art 14 I HMA 1999. Sodann bestimmt im Grds die nachfolgende Veröffentlichung der internationalen Eintragung die Wirkung der Eintragung, Art 14 II HMA 1999. Vertragsparteien können hiervon Abweichendes, insbes Günstigeres bestimmen. Für Deutschland gilt aufgrund § 71 II die Eintragungswirkung des Abs 1 bereits ab internationaler Eintragung unter dem Vorbehalt unterbliebener oder zurückgenommener Schutzverweigerung, dh Schutzbewilligung nach § 69. Dasselbe gilt für die EU als benannte Vertragspartei, Art 106d I, II GGV.   **6**

Aufrechterhaltung

28 (1) **Die Aufrechterhaltung des Schutzes wird durch Zahlung einer Aufrechterhaltungsgebühr jeweils für das 6. bis 10., 11. bis 15., 16. bis 20. und für das 21. bis 25. Jahr der Schutzdauer bewirkt. Sie wird in das Register eingetragen und bekannt gemacht.**

(2) **Wird bei eingetragenen Designs, die auf Grund einer Sammelanmeldung eingetragen worden sind, die Aufrechterhaltungsgebühr ohne nähere Angaben nur für einen Teil der eingetragenen Designs gezahlt, so werden diese in der Reihenfolge der Anmeldung berücksichtigt.**

(3) **Wird der Schutz nicht aufrecht erhalten, so endet die Schutzdauer.**

Übersicht

1. Entwicklung. § 28 I und II ist eine sinnentsprechende Übernahme des § 9 II und III GeschmMG 1986 in der Fassung, die mit Wirkung vom 1.1.02 schon Art 18 Nr 5 des KostenBerG gebracht hatte. Mit dieser Änderung waren neben der Anpassung an das PatKostG mit Wegfall insbes sämtlicher Gebührenbenachrichtigungen des DPMA auch die Gebührenerleichterungen der § 9 IV-VI GeschmMG 1986 abgeschafft, zu diesen Rn 7. Neu im geltenden Ges ist die Ausweitung der max Schutzdauer auf die von Art 10 GRL vorgegebenen 25 Jahre durch § 27 II. Der Begriff und die Systematik der Aufrechterhaltung des Schutzes anstelle einer Verlängerung des begonnenen Schutzes wurde durch § 3 II PatKostG eingeführt, dazu § 27 Rn 3. Die Intervalle von jeweils 5 Jahren für die Verlängerung bzw Aufrechterhaltung waren bereits mit dem GeschmMG in der Fassung v 1.7.88 eingeführt und stimmen mit Art 10 GRL überein, sodass sich insofern kein   **1**

Anpassungsbedarf ergab. Im Übrigen nimmt die GRL auf die Gestaltung der Aufrechterhaltung keinen Einfluss, Erwägungsgrd 6 GRL, Begr GeschmMG 2004 Allg II 1. a). Der Entwurf 1940 sah Verlängerungsmöglichkeiten nach Art eines Jahresgebührensystems wie im Patentrecht vor. Der Entwurf 1977 war Vorbild für die Einführung fünfjähriger Schutzperioden. Für den GRUR-Entwurf 2000 bestand kein Grund, von den bestehenden Verlängerungsintervallen und der Art und Weise der Verlängerung der Schutzdauer abzugehen.

2   **2.** Die **Aufrechterhaltung des Schutzes** ist nach der durch das PatKostG eingeführten Begriffsbildung seit 1.1.02 an die Stelle der Verlängerung der Schutzdauer getreten. Sie ist nach Abs 1 S 1 in Fünfjahresschritten bis zur Höchstschutzdauer von 25 Jahren, gerechnet ab dem Anmeldetag, möglich. Auch wenn die Höchstlaufzeit von 25 Jahren nach § 27 II kalendermäßig nach dem Anmeldetag bestimmt ist, § 27 Rn 3, hängt das Ende der einzelnen, im Fünfjahresrhythmus aneinander anschließenden Schutzperiode nicht vom kalendermäßigen Ablauf, sondern jeweils von der Aufrechterhaltung des Schutzes iSv Abs 1 S 1 ab. Diese wird nach § 3 II 1 PatKostG von der Zahlung der Aufrechterhaltungsgebühr innerhalb der der Fünfjahresfrist nachgeschalteten Zahlungsfristen des § 7 I PatKostG bewirkt. Das **Ende der Schutzdauer** tritt somit – abgesehen vom Ablauf der Höchstschutzdauer und einem vorzeitigen Verzicht auf das eD – bei fruchtlosem Ablauf der Nachfrist des § 7 I 2 PatKostG ein. Die kalendermäßig bestimmten Fünfjahresfristen haben somit nur Bedeutung als Fälligkeitsfestlegung iSd § 3 II 1 PatKostG für die Zahlung der nächstfolgenden Aufrechterhaltungsgebühr, ebenso Bühring 23/24; Hövelmann Mitt 07, 540 ff mwN (PatR) gg OLG Düss Mitt 07, 143, anders Voraufl, anderenfalls ergäbe sich ein Widerspruch zwischen einem kalendermäßig bestimmten Schutzentfall und einer darüber hinausreichenden Schutzwirkung, aber auch die Notwendigkeit eines die Öffentlichkeit verwirrenden rückwirkenden Wiederauflebens des Schutzes aus Anlass der – bei dieser Sichtweise gleichsam nachgeholten – Aufrechterhaltung. Ein laufendes gerichtliches Verfahren auf Feststellung der Nichtigkeit oder Löschung beeinflusst nicht die Frage der Aufrechterhaltung.

3   **3. a)** Allein durch rechtzeitige und vollständige Zahlung der **Aufrechterhaltungsgebühr,** ggf einschließlich des Verspätungszuschlags, Rn 6, wird unmittelbar für die folgende Schutzperiode die Aufrechterhaltung kraft Ges, Abs 1 S 1, bewirkt und bedarf keines gesonderten Antrags; die Eintragung der Aufrechterhaltung in das Register ist lediglich formaler Nachvollzug. Anders als für die Berechnung der jeweiligen fünfjährigen Schutzdauer als solcher, Rn 2, gilt für die Zahlung nach § 3 II 1 PatKostG die der Vereinfachung dienende Verlegung der **Fälligkeit** der Aufrechterhaltungsgebühr auf den letzten Tag des Monats, in den der Anmeldetag fällt, die Eintragung vorausgesetzt. Die zutreffende Zahlung bewirkt die Verlängerung sofort, BPatGE 19, 171 mwN; 20, 168, sie stellt grds keine rückforderbare Vorauszahlung dar, s auch BGH GRUR 08, 549, 550 – Schwingungsdämpfung. Die Aufrechterhaltung für ein Mehrfaches der Fünfjahresperiode durch **Vorauszahlung** weiterer, über den fälligen Betrag hinausgehender Gebühren ist durch § 5 II PatKostG unterbunden. Hiernach kann frühestens ein Jahr vor dem Fälligkeitsdatum und allein die demnächst anstehende Aufrechterhaltungsgebühr (und ohne Gebührenvorteile) vorausentrichtet werden. Eine

noch vor dieser Jahresfrist liegende Einzahlung kann das DPMA zurückweisen und zurückzahlen. War dies der Fall, muss die Aufrechterhaltungsgebühr bei Eintreten der Vorauszahlungsmöglichkeit oder Fälligkeit nochmals eingezahlt werden. Die fristgerechte und betragsmäßig zutreffende Vorauszahlung bewirkt sofort die Aufrechterhaltung zum Tag der Schutzdauerablaufs; sie tritt nicht erst bei Fälligkeit oder bei Ablauf der Zahlungsfristen des § 7 I PatKostG ein. Wegen dieser Wirkung wird eine zulässig vorausgezahlte Aufrechterhaltungsgebühr nicht erstattet, BPatGE 19, 171; 20, 168. Auch eine Änderung des Gebührentarifs nach Vorauszahlung, aber vor Eintritt der Fälligkeit wirkt sich dann nicht aus, § 13 I Nr 3 PatKostG. Hingegen ist die vorausbezahlte Gebühr nach § 10 I PatKostG zu erstatten, wenn das eD, zB durch Löschung wegen Verzichts oder Nichtigerklärung vor Eintritt der gesetzl bestimmten Fälligkeit wegfällt; dann wird die bereits eingetretene Aufrechterhaltung gegenstandslos. Der Zeitpunkt des Wegfalls ist durch die Löschung im Register gem § 36 I definiert. Keine Regelung ist getroffen für den – wohl seltenen – Fall, dass das Eintragungsverfahren länger dauert als die erste Schutzperiode, also die Aufrechterhaltung mangels „Schutz" noch gegenstandslos ist. Dann bietet sich die entspr Anwendung der für GebrM geschaffenen Regelung des § 3 II 2 PatKostG an, wonach die Fälligkeit der Aufrechterhaltungsgebühr am letzten Tag des Monats der Bekanntmachung der Eintragung im Register iSv § 20 eintritt, dazu Bühring 23/20, s auch Rn 8. Mit der Zahlung sind in antragsähnlicher Weise zum **Verwendungszweck** vollständige Angaben zu machen, denn dem Inhaber obliegt die Zuordenbarkeit der gezahlten Gebühr, was jedenfalls die Angabe des Aktenzeichens der Eintragung, des Zahlungsgrunds und des Namens des Design-Inhabers erfordert, § 19 I iVm IV DesignV, zur Nachholung von Angaben § 16 Rn 23. Bei Eintragung von Sammelanmeldungen kommen zu diesen Angaben die laufenden Nummern derjenigen eD hinzu, deren Schutz erstreckt werden soll, § 19 II iVm IV DesignV. Die Schutzdauer ab Anmeldung für die erste Fünfjahresperiode ist mit der Anmeldegebühr abgegolten.

b) Zahlungspflichtiger für die Aufrechterhaltungsgebühr ist grds der **4** eingetragene Inhaber oder sind ggf sämtliche eingetragene Mitinhaber gemeinschaftlich als Gesamtschuldner, im Ausnahmefall auch einer von ihnen, § 16 Rn 20. Das gilt auch bei Inhaberwechsel, falls der Nachweis des Rechtsübergangs und der Umschreibungsantrag erst nach Fristablauf beim DPMA eingehen, BPatGE 49, 56 – Triazolverbindungen (PatR). An der Aufrechterhaltung interessierte Dritte, zB ausschließliche Lizenznehmer oder Pfandgläubiger, übernahmebereite Arbeitnehmer zur Verhinderung des Fallenlassens durch den Arbeitgeber, Schutzrechtsüberwachungsunternehmen, sind nicht zahlungspflichtig, OLG Karlsr Mitt 04, 462 (Ls), können aber nach §§ 267, 268 BGB durch Zahlung die Aufrechterhaltung des eD bewirken. Das DPMA informiert den eingetragenen Inhaber von dieser Zahlung nicht; widerspricht er nachträglich, so kann das DPMA durch Ablehnung nach § 267 II BGB den Rechtserfolg der Zahlung Dritter unterbinden. Für die Zahlung der Aufrechterhaltungsgebühr allein muss kein Inlandsvertreter iSv § 58 bestellt werden, Schulte 25/20, das gilt nach Praxis des DPMA auch für kurzen Schriftverkehr des DPMA mit dem Auswärtigen über die zutreffende Gebührenhöhe.

c) Die **Zahlungsfrist** für die Aufrechterhaltungsgebühr beträgt 2 Monate **5** nach Eintritt der Fälligkeit, also dem letzten Tag des Monats der betreffenden abgelaufenen Schutzperiode, in den der Anmeldetag fällt, §§ 3 II 1 iVm 7 I 1 PatKostG, Beispiel: Anmeldetag und bevorstehendes Schutzdauerende 16.5., Fälligkeit 31.5., Ende dieser Zahlungsfrist mit Ablauf des 31.7., allg zur Fristberechnung § 23 Rn 52. Diese Zahlungsfrist kann auch an Samstagen, Sonntagen oder Feiertagen enden, dann ist § 193 BGB hierauf anwendbar. Die Zahlungsfrist wird durch eine vor Beginn oder während des Fristlaufs eingetretene Insolvenz nicht unterbrochen, § 240 ist hierauf nicht anwendbar, weshalb der Insolvenzverwalter für rechtzeitige Zahlung sorgen muss und bei anfänglicher insolvenzbedingter Unübersichtlichkeit auch Wiedereinsetzung beantragen kann, BGH GRUR 08, 551, 552 (Rdn 13) – Sägeblatt; dazu Mitt PräsDPMA Bl 08, 413. Zu einer Gebührennachricht ist das DPMA seit Inkrafttreten des PatKostG zum 1.1.02 nicht mehr verpflichtet, anders das HABM, Rn 10, vielmehr muss der Inhaber die Fristen selbst überwachen oder darauf spezialisierte Personen oder Unternehmen damit betrauen. Eine Gebührennachricht zur Aufrechterhaltungsgebühr („Information über den Ablauf der Schutzdauer") versendet das DPMA seitdem und derzeit nur formlos, weder rechtsverbindlich noch unter Gewährleistung von Absendung und Zugang als freiwillige, jederzeit einstellbare Serviceleistung, Hinweis DPMA Bl 01, 365, und zwar 6 Wochen vor Fälligkeit, soweit eine SEPA-Dauermandat erteilt wurde, ansonsten nach Fälligkeit im noch zuschlagsfreien Zahlungszeitraum.

6   **d)** Nach Ablauf der zweimonatigen Zahlungsfrist nach Fälligkeit besteht bis zum Ablauf des 6. Monats nach Fälligkeit, Rn 5, gem § 7 I 2 PatKostG noch eine viermonatige **Nachfrist** zur Zahlung (GGM: 6 Monate), § 193 BGB ist anwendbar. Die Gewährung dieser Nachfrist für die Zahlung der Aufrechterhaltungsgebühr entspricht der Verpflichtung aus Art 5bis PVÜ. Während dieser Nachfrist ist die Aufrechterhaltung nur noch durch Zahlung der betreffenden Aufrechterhaltungsgebühr zuzüglich einem **Verspätungszuschlag** von 50 EUR möglich (Nrn 342 101–401 Gebührenverzeichnis PatKostG). Dieser Verspätungszuschlag ist bei jeder erneut versäumten Aufrechterhaltungsfrist, also ggf wiederholt zu zahlen. Erschwerend kommt Sammeleintragungen hinzu, dass dieser Verspätungszuschlag nicht für die Eintragung insgesamt, sondern für jedes einzelne der darin enthaltenen, zu verlängernden eD zu zahlen ist mit der Folge, dass der Zuschlag ein Vielfaches von 50 EUR, also eine beträchtliche Höhe erreichen kann. Dieser Zuschlag gilt in dieser Höhe auch im Falle der Aufrechterhaltung eines eD mit Darstellung durch das Modell nach § 7 VI GeschmMG 1986. Eine teilweise Entrichtung der Aufrechterhaltungsgebühr lässt den Zuschlag nicht entfallen, Gebühr und Zuschlag bilden eine einheitliche Gebühr, BPatGE 6, 7. Wiedereinsetzung in die Zweimonatsfrist zur zuschlagfreien Zahlung wie auch in die Nachfrist zur zuschlagpflichtigen Zahlung kann beantragt werden. Das DPMA hat bei Streit über den Anfall der Zuschlagsgebühr nicht über diese Beschluss zu fassen, sondern auch den Zuschlag zu fordern und über einen ggf gestellten Antrag auf Rückzahlung des Zuschlags zu befinden, BPatG 10 W (pat) 701/99 v 31.7.00 (unveröff).

7   **e)** Die **Gebührenbeträge** haben nach dem Tarif des PatKostG, mit zunehmender Schutzdauer steigende Tendenz, um die Design-Inhaber entspr dem auch für die technische SchutzR maßgeblichen allg Gedanken zur Prüfung anzuhalten, ob die weitere Aufrechterhaltung des SchutzR-Monopols noch gerechtfertigt ist. Zu entrichten sind – auch für typografische

Schriftzeichen und bei einer Sammelanmeldung – für jedes Muster 90 EUR für die zweite Fünfjahresperiode (6. bis 10. Schutzjahr), für die folgende 120 EUR (11. bis 15. Schutzjahr), dann 150 EUR (16. bis 20. Schutzjahr) und schließlich 180 EUR (21. bis 25. Schutzjahr, Nrn 342 100–400 Gebührenverzeichnis PatKostG). Bei Aufrechterhaltung besteht somit der in die Anmeldegebühr eingearbeitete „Mengenrabatt" einer Sammelanmeldung nicht mehr. Bei **Sammeleintragungen** kann die Aufrechterhaltung auf einzelne eD beschränkt werden, indem die Zahlung der Gebühr entsprechend eingeschränkt wird; der Schutz der übrigen eD wird sodann nicht aufrechterhalten, Abs 2. Hierfür ist eine vorangehende Teilung der Anmeldung oder eine ausdrückliche Verzichtserklärung entbehrlich. Sinnvollerweise wird der Inhaber einer Sammeleintragung bestimmen, welche der eD aufrechterhalten bleiben sollen; diese Erklärung kann er – die fristgerechte Zahlung vorausgesetzt – bis zum Ablauf von einem Jahr nach Ende der Zahlungsfrist nachholen, BPatGE 18, 123 f. Anderenfalls hat das DPMA nach Abs 2 die Befugnis, die aufrechtzuerhaltenden eD anhand der Nummerierung im Eintragungsantrag der Sammelanmeldung nach § 7 II 1–3 DesignV zu bestimmen, bis der eingezahlte Betrag verbraucht ist, vergleichbar § 16 III für die Anmeldegebühr, § 16 Rn 5; ein ggf übrigbleibender Restbetrag wird nach § 10 II PatKostG erstattet, diese Befugnis gilt auch für Sammeleintragungen, in denen nach § 8a GeschmMG 1986 Grundmuster mit Abwandlungen bestimmt sind, Einzelh Rn 9. **Gebührenerleichterungen** in Bezug auf Aufrechterhaltungsgebühr bestehen nur, soweit sie auf gesonderten Antrag hin in eine beantragte Verfahrenskostenhilfe einbezogen werden, Einzelh § 24 Rn 3. Die in § 9 IV–VI aF vorgesehen gewesenen Zahlungserleichterungen für Verlängerungsgebühren (Hinausschiebung der Gebührennachricht, Stundung) sind bereits seit dem 1.1.02 durch Neufassung des § 9 GeschmMG 1986 gem Art. 18 Nr 5 KostenBerG weggefallen.

f) Die **Wirkung der Zahlung** der Aufrechterhaltungsgebühr, ggf nebst **8** Verspätungszuschlag, besteht in der Aufrechterhaltung des Schutzes für die betreffende kalendermäßig bestimmte Schutzdauer, wobei sich die Aufrechterhaltungsmöglichkeit am Ende um die dafür eingeräumte Zahlungsfrist verlängert. Die Zahlung nach Schutzdauerablauf, aber innerhalb der Zahlungsfrist bewirkt die Aufrechterhaltung rückwirkend zum Tag der Schutzdauerablaufs; die Aufrechterhaltung tritt nicht erst bei Fälligkeit und auch nicht erst bei Ablauf der Zahlungsfristen des § 7 I PatKostG ein, anders § 47 V 1 MarkenG. Die Aufrechterhaltung wird nach Abs 1 s 2 im Designregister gem § 19 II eingetragen & § 20 in DPMAregister sowie im Designblatt im Abschnitt für die Änderungsmitteilungen bekanntgemacht sowie dem Inhaber mitgeteilt; zum Widerruf einer unrichtigen Eintragung § 19 Rn 7. Die gezahlten Aufrechterhaltungsgebühren werden nicht zurückgezahlt, wenn der Schutz rückwirkend entfällt, zB durch rechtskräftige Feststellung oder Erklärung der Nichtigkeit. Ein ZwischenbenutzungsR kann im Zeitraum zwischen Ablauf der Schutzdauer und Herbeiführung der Aufrechterhaltung nicht entstehen, weil die gesetzl Wirkungen der Aufrechterhaltung rückwirkend zum Ende der vorangegangenen Schutzfrist eintreten, eine gutgläubig nutzbare Schutzlücke also nicht entsteht. Die Wirkung der **Nichtzahlung** besteht im Erlöschen des eD kraft Ges mit Ablauf der 6-monatigen Nachfrist des § 7 I 2 PatKostG nach Fälligkeit des § 3 II 1 PatKostG mit Wirkung für die Zukunft (ex nunc), s auch Rn 2. Die nachfolgende Löschung im Register ist deklaratorisch, die Bekanntmachung der Löschung kostenfrei. Erfolgte die Eintragung des Designs erst nach Ablauf der ersten Fünfjahresperiode, Rn 2, müssen die Zwei- und Sechsmonatsfrist des § 7 I PatKostG entsprechend, letztere mit der Kostenfolge des Verspätungszuschlags, ab dem Eintragungszeitpunkt angewendet werden, Rn 3. Wird in solchen Fällen die Aufrechterhaltungsgebühr nicht zureichend gezahlt, erlischt das eD mit Ablauf der mit Bekanntmachung der Eintragung und daran anknüpfender Fälligkeit ausgelösten Sechsmonatsfrist in Übereinstimmung mit den allg Grds rückwirkend zum Ablauf der ersten Schutzperiode. Im Falle eines Erlöschens des eD wegen Nichtzahlung der Aufrechterhaltungsgebühr mit anschließender Wiedereinsetzung und damit rückwirkendem Aufleben des Schutzes kann ein WeiterbenutzungsR in Betracht kommen, Einzelh § 23 Rn 19. Gutgläubigkeit als Voraussetzung eines solchen Rechts wird aber nur angenommen werden können, wenn das eD im Register bereits gelöscht war, was bei alsbald gestelltem Wiedereinsetzungsantrag nicht der Fall ist, weil dann auch die Einleitung eines Wiedereinsetzungsverfahrens eingetragen wird, § 16 Nr 4 DesignV. Ist eine Aufrechterhaltung vom DPMA zu Unrecht eingetragen worden, kann diese nur unter bes Anforderungen rückgängig gemacht werden, BPatGE 47, 91 (MarkenR). Umgekehrt kann der Inhaber sich gegen eine seiner Meinung nach unrichtige Löschung mit einem Antrag auf Rückgängigmachung durch Beschluss wenden und bei Ablehnung ggf Beschwerde einlegen, Ströbele/Hacker 47/19.

9   4. Übergangs- und fortgeltendes Recht. Die Verlängerung der Schutzfrist vor dem 1.7.88 angemeldeter Alt-GeschmM, deren letzte zum 30.6.03 erloschen waren, ist gegenstandslos, eine Verlängerung von deren Schutzfrist über die max zulässigen 15 Jahre hinaus auf 20 Jahre nicht möglich, BGH GRUR 05, 1041 f – Altmuster, s iÜ 2. Aufl 9/9 f. Zur Ausweitung der max Schutzdauer nach diesem Datum angemeldeter GeschmM § 27 Rn 4, § 60 Rn 3. Für **Abwandlungen von Grundmustern,** die gem dem am 1.7.88 eingeführten § 8a GeschmMG 1986 eingetragen sind, gilt zwar im geltenden Ges der Nachbildungsschutz weiter, § 73 IV 1, dies hat jedoch auf die Aufrechterhaltungsgebühren keinen Einfluss, die in derselben Höhe zu zahlen sind wie für jedes eD einer Sammeleintragung, Rn 3, 7. § 73 IV 2 bestimmt insofern weiter, dass bei unvollständiger Zahlung der Aufrechterhaltungsgebühren für eine Sammeleintragung, die Grundmuster und Abwandlungen enthält, das DPMA Abs 2 entsprechend in der Reihenfolge zunächst das Grundmuster berücksichtigen muss. Dies ist wohl dahin zu interpretieren, dass zwar innerhalb eines Komplexes von Grundmustern und Abwandlungen die Grundmuster vorgehen, es im Übrigen aber bei der Reihenfolge des Eintragungsantrags bleibt, die Grundmuster also nicht gesammelt vorgezogen werden. Zu den nach früherem Recht gewährten Gebührenvergünstigungen für die Verlängerung von Alt-GeschmM § 24 Rn 15. Die Aufrechterhaltung der Schutzdauer von **typografischen Schriftzeichen,** die vor dem 1.6.04 angemeldet worden waren, ist abweichend von Abs 1 S 1 nach § 61 V erst ab dem 11. Schutzjahr veranlasst, Einzelh § 61 Rn 8. Weiterhin aufrechterhalten werden können auch die auf der Grundlage einer **Darstellung durch das Modell** nach § 7 VI GeschmMG 1986 eingetragenen Alt-GeschmM. Für die aufeinander folgenden fünfjährigen Verlängerungsperioden eines jeden solchen eD sind erhöhte Aufrechterhaltungsgebühren, nämlich 330, 360, 390 und 420 EUR, also jeweils 240 EUR mehr zu entrichten (Nrn 343 100–400 Gebührenverzeichnis Pat-KostG). Die früher jeweils pro Schutzperiode zu zahlende Zusatzgebühr für das Modell ist demnach seit Inkrafttreten des PatKostG zum 1.1.02 in die für diese Sonderfälle deutlich erhöhten Aufrechterhaltungsgebühren integriert. Die höheren Gebühren sollen zur Deckung der von dieser Hinterlegungsart verursachten bes Verwaltungskosten dienen. Die Verspätungszuschläge betragen wie auch sonst 50 EUR pro eD. Sonstige Überleitungsregelungen des § 14 III PatKostG für Verspätungszuschläge aus Anlass des Inkrafttretens des PatKostG zum 1.1.02 sind unterdessen erledigt. Auch die Frage der Anwendung des § 193 BGB auf die mit Ablauf der Schutzfrist endende Frist zur zuschlagsfreien Zahlung der Verlängerungsgebühr nach § 9 III 1, 2 Geschm-MG 1986, wohl bejahend BPatG 10 W (pat) 701/99 v 31.7.00 (unveröff), ist durch das neue Ges unmittelbar erledigt, hat aber Bedeutung für vergleichbare Situationen, s § 21 Rn 8.

5. Gemeinschaftsgeschmacksmuster. Gem Art 12 S 2, Art 13 GGV **10** kann die Schutzdauer des eingetragenen GGM ebenfalls in fünfjährigen Stufen verlängert werden. Zur Amtspraxis sind Richtlinien ergangen, Beschluss Nr EX-08-2 PräsHABM ABl-online 05/08 (www.oami.europa.eu). Das HABM versendet (im Gegensatz zum DPMA) vor Ablauf der Schutzdauer („Ablauf der Eintragung") Gebührenbenachrichtigungen sowohl an die eingetragenen Inhaber von GGM als auch von Rechten daran, Art 13 II GGV, Haftung ist jedoch ausgeschlossen. Für die Stellung des Verlängerungsantrags, näher Art 22 I GGDV, und die Zahlung der Verlängerungsgebühr, Art 22 II GGDV, besteht unabhängig von der Gebührennachricht vor Ablauf der Schutzperiode eine sechsmonatige Frist, § 13 III 1 GGV, die vom letzten Tag des Monats, in den der Schutzdauerablauf fällt, rückrechnet. Es handelt sich um eine Frist zur zuschlagsfreien Antragstellung und Zahlung. Wird sie versäumt, kann innerhalb von 6 Monaten nach dem besagten letzten Tag des Monats gegen Zuschlagsgebühr der Antrag nachgereicht bzw die Gebühr nachgezahlt werden, Art 13 III 2 GGV. Für Sammelanmeldungen gilt mit Art 22 IV GGDV eine dem Abs 2 vergleichbare Regelung. Für die Verlängerung wird ein auch im Internet (Adresse s. o.) abrufbares Formblatt vorgehalten. Die Verlängerungsgebühren enthält (die GGGebV; sie rechnen pro Muster ungeachtet dessen, ob sie Inhalt einer Einzel- oder Sammelanmeldung sind; die Beträge stimmen überein mit denjenigen nach dem PatKostG, s Rn 7. Die dreijährige Schutzdauer des nicht eingetragenen GGM lässt sich naturgemäß nicht verlängern.

6. Die **Internationale Eintragung** nach dem Haager Musterabkom- **11** men, s allg Int 3 ff, hat ebenfalls eine Erstschutzdauer von fünf Jahren, der Fristbeginn richtet sich nach dem Zeitpunkt der internationalen Eintragung, Art 17 I HMA 1999. Durch sog Erneuerung der Eintragung kann die Schutzdauer für weitere Zeiträume von 5 Jahren auf bis zu 15 Jahre verlängert werden, Art 17 II, IIIa) HMA 1999. Die Möglichkeit darüber hinausreichender Verlängerungen richtet sich nach dem Recht der jeweiligen Vertragspartei für nationale Designs, Art 18 III b) HMA 1999. Für den deutschen Teil einer internationalen Eintragung kann daher eine Schutzdauer bis zu 25 Jahren herbeigeführt werden. Erneuerungen können für alle oder für einzelne benannte Vertragsparteien und bei Sammelanmeldungen für alle oder für ausgewählte Designs vorgenommen werden, Art 17 IV HMA 1999.

Sechs Monate vor Ablauf der Schutzdauer erfolgt eine unverbindliche Erinnerung, R 23 GAO; A 701 VR. Die Erneuerung wird durch rechtzeitige Zahlung der vorgeschriebenen Gebühr bewirkt. Für die Erneuerung kann ein Formblatt abgerufen werden (www.wipo.int). Die Gebühr ist zum Erneuerungszeitpunkt fällig, kann aber bis 6 Monate danach gegen eine Zuschlagsgebühr noch entrichtet werden. Vorauszahlung der Erneuerungsgebühr ist möglich, sie gilt als 3 Monate für dem Erneuerungsdatum als eingegangen, R 24 I d) GAO. Bei einer Erneuerung müssen eine Grundgebühr, für jedes weitere Designs einer Sammelanmeldung eine Zusatzgebühr sowie eine Standard-Benennungsgebühr für jede benannte Vertragspartei entrichtet werden. Diese Gebühren betragen rund die Hälfte der entspr Anmeldegebühren, Einzelh im on-line einsehbaren Gebührenverzeichnis (www.wipo.int). Bei unzureichender oder nicht fristgerechter Zahlung unterbleibt die Erneuerung, dazu eingezahlte Gebühren werden erstattet, R 24 III GAO. Umfangreiche Einzelh zur Erneuerung auch in A 19 des „Guide" (s § 11 Rn 100).

Abschnitt 5. Design als Gegenstand des Vermögens

Rechtsnachfolge

29 (1) **Das Recht an einem eingetragenen Design kann auf andere übertragen werden oder übergehen.**

(2) **Gehört das eingetragene Design zu einem Unternehmen oder zu einem Teil eines Unternehmens, so wird das eingetragene Design im Zweifel von der Übertragung oder dem Übergang des Unternehmens oder des Teiles des Unternehmens, zu dem das eingetragene Design gehört, erfasst.**

(3) **Der Übergang des Rechts an dem eingetragenen Design wird auf Antrag des Rechtsinhabers oder des Rechtsnachfolgers in das Register eingetragen, wenn er dem Deutschen Patent- und Markenamt nachgewiesen wird.**

Übersicht

I. Allgemeines

1 **1. Regelungsgegenstand** ist in Abs 1, dass das Recht an einem eingetragenen Design auf einen anderen (= Rechtsnachfolger) übertragen werden kann. Der in Abs 1 geregelte Grds unterscheidet sich in seinem Inhalt nicht von § 3 GeschmM 1876. Aus Abs 2 ergibt sich eine Vermutung für den Fall der Übertragung oder des Übergangs eines Unternehmens. Abs 3 ist die Grundlage für die Eintragung der Rechtsnachfolge in das Register. Für diese Regelungen gibt es keine Vorgabe in der GRL. Inhaltsgleiche Regelungen enthält § 27 I–III MarkenG. Umfassend zur Verwertung von Designschutzrechten durch Veräußerung und zur Wertbestimmung: Eichmann in: Eichmann/Kur § 10.

2. Der **Regelungssystematik** liegt der Grds der freien Übertragbarkeit **2** von ImmaterialgüterR zugrunde. Dieser Grds kann nach Abs 1 gleichwertig durch Übertragung oder Übergang umgesetzt werden, ausführl Eichmann in: Eichmann/Kur, § 10 B. *Übertragung* ist eine vertragliche Vereinbarung oder eine testamentarische Bestimmung über den Gegenstand der Übertragung. *Übergang* ist Rechtsnachfolge als Ergebnis der Übertragung oder des Übergangs einer Gesamtheit von Sachen und Rechten, zB Erbschaft (§ 1922 I BGB), Vermögen einer jur Person (s §§ 45 ff BGB). Gegenstand des Übergangs und der Übertragung ist ein eingetragenes Design, Abs 1, oder der Anmeldung eines eD, § 32. Aus dem Grds der Vertragsfreiheit folgt, dass auch Anwartschaften, s § 7 Rn 3, übertragen werden können. Rechtsnachfolge umfasst die Gesamtheit sämtlicher Rechte und Pflichten des bisherigen Rechtsinhabers; Ausnahmen bedürfen der Klarstellung. Gegenstand der Regelung in § 29 sind nur eingetragene Designs und deren Vorstufen. Sonstige Rechte, zB technische SchutzR, bedürfen der besonderen Übertragung. Das – möglicherweise parallel bestehende – UrhR ist unter Lebenden nicht übertragbar, § 29 I UrhG. Bei einer Übertragung richtet sich der Prozessführungsbefugnis nach der Registereintragung, Düss GRUR-RR 11, 84. Gegen den im Zeitpunkt der Klageerhebung im Register eingetragenen Rechtsinhaber richtet sich sowohl die Nichtigkeitswiderklage als auch der Nichtigkeitsantrag an das DPMA. Wenn eine Rechtsnachfolge nach Rechtshängigkeit eintritt, wirkt ein rechtskräftiges Urteil auch gegen den Rechtsnachfolger, § 325 I ZPO. Eine Rechtsübertragung hat auf den Prozess grds keine Auswirkungen, § 265 II 1 ZPO.

3. Die für die Rechtsnachfolge maßgeblichen **Rechtsnormen** richten **3** sich nach dem Territorialitätsprinzip. Die Übertragung eines eingetragenen Designs erfolgt daher nach deutschem Recht; eine abweichende Parteivereinbarung wäre unbeachtlich, BGH GRUR 10, 828 Tz 17 – DiSC (MarkenR). Deutsches Recht ist für die Übertragung von nationalen SchutzR in einem Sammelvertrag auch dann maßgeblich, wenn in diesem Vertrag zugleich ausländische ImmaterialgüterR übertragen werden, Mü MarkenR 06, 123, 126. Für die Übertragung von ausländischen ImmaterialgüterR ist das Recht des jeweiligen Schutzlands maßgeblich; hierzu hat das Verletzungsgericht vAw die Wirksamkeit zu prüfen, Düss GRUR-RR 11, 84. Zu internationalen Eintragungen Rn 22.

II. Übertragung; Übergang

1. Die Übertragung durch **Einzelvertrag** erfolgt nach den Bestimmun- **4** gen des BGB. Durch den Vertrag wird eine Verfügung über das Recht getroffen – Vollzugsgeschäft –, dem idR ein schuldrechtlicher Verpflichtungsvertrag – Kausalgeschäft – zugrunde liegt; ausführl Kraßer GRUR Int 73,

230. Der Vollzug erfolgt durch verfügenden Vertrag, wie ihn § 398 BGB über § 413 BGB für sonstige Rechte und damit auch für alle übertragbaren ImmaterialgüterR regelt. Das dem Verfügungsvertrag idR zugrundeliegende Kausalgeschäft kann einer der im BGB geregelten schuldrechtlichen Verträge sein, insbes Rechtskauf, § 453 I 2 BGB, oder Schenkungsversprechen, § 518 I 1 BGB, aber auch nur in Verbindung mit typisierten Verträgen stehen, zB Dienstverträgen, Werkverträgen oder Gesellschaftsverträgen. Die Vertragsschließenden können sich auch völlig von den typisierten Verträgen lösen und mit oder ohne Anlehnung an diese frei das Gewollte vereinbaren. Bei einer Sicherungsübertragung erhält der Erwerber idR kein NutzungsR, sondern ähnlich der Sicherungsübereignung eine Sicherungsposition. Im Insolvenzverfahren hat der Erwerber einen Anspruch auf abgesonderte Befriedigung, § 51 Nr 1 InsO, s BGH WRP 98, 609, 611 – Stoffmuster. Der Gegenstand der Übertragung kann aufgrund eigener Gestaltungstätigkeit des bisherigen Rechtsinhabers, durch Rechtserwerb bei einem Arbeitnehmerdesign oder durch sonstigen Rechtserwerb verfügbar sein. Die entgeltliche Übertragung ist ein Austauschverhältnis, das mit der Erbringung der beiderseitigen Leistungen idR abgewickelt und erfüllt ist, BGH GRUR 82, 481, 483 – Hartmetallkopfbohrer. Das ist insbes für die Beurteilung von Leistungsstörungen von Bedeutung; es können jedoch Nebenpflichten bestehen, BGH GRUR 61, 470, 471 – Mitarbeiter-Urkunde. Da sowohl Abschluss des Kausalgeschäfts als auch Übertragung durch Vertrag erfolgen, können beide Verträge zusammengefasst werden; zB kann der Kauf eines DesignschutzR zugleich dessen Übertragung zum Inhalt haben, s BGH GRUR 78, 308, 309 – Speisekartenwerbung.

5 2. Bei Übertragung tritt **Rechtsnachfolge** mit Abschluss des Verfügungsvertrags ein, § 398 S 2 BGB. Wenn Kausalgeschäft und Verfügungsvertrag – wie häufig – gleichzeitig abgeschlossen werden, ist die Übertragung mit Vertragabschluss vollendet. Bei Übergang tritt Rechtsnachfolge mit Abschluss des Vorgangs ein, dem der Übergang zugrunde liegt. Rechtsnachfolge setzt Erwerb von Inhaber voraus. Gutgläubiger Erwerb ist nicht möglich, weil die Registereintragung keine zuverlässige Auskunft über die Inhaberschaft gibt und deswegen keine Grundlage für einen Gutglaubenschutz ist. Eine weitere Übertragung durch den bisherigen Rechtsinhaber wäre daher unwirksam. Der Abschluss eines nur schuldrechtlichen Verpflichtungsvertrags steht einer widersprechenden Übertragung auf einen Dritten jedoch nicht entgegen. Zum Sukzessionsschutz s § 31 Rn 31. Der Wirksamkeit der Übertragung steht nicht entgegen, dass ein Nichtberechtigter eingetragen ist. Der Rechtsnachfolger hat dieselben Rechte wie der bisherige Rechtsinhaber einschließlich des Rechts zur Weiterveräußerung. Mit der Übertragung erwirbt der Rechtsnachfolger das BenutzungsR, s § 38 Rn 4. Wenn der bisherige Rechtsinhaber eine Eintragung herbeigeführt hat, geht auch das VerbietungsR, s § 38 Rn 8, über. Übertragbar ist auch das aus der Entwurfstätigkeit entstehende AnwartschaftsR auf Anmeldung eines eingetragenen Designs, BGH WRP 98, 609, 610 – Stoffmuster. Zur Anmeldung und damit zur Begründung des Designschutzes ist dann der Rechtsnachfolger berechtigt, BGH WRP 98, 610. Zu Maßnahmen, die in Bezug auf eine bestehende Eintragung erfolgen sollen, ist ausschließlich der Rechtsnachfolger berechtigt, zB Teilung einer Sammelanmeldung oder Verlängerung der Schutzdauer. Die Rechtsnachfolge wird auf Antrag in das Register eingetra-

gen, s Rn 11. Diese Eintragung ist Voraussetzung für die Passivlegitimation bei einem Nichtigkeitsantrag, s § 34a Rn 9, nicht jedoch für die gerichtliche und außergerichtliche Geltendmachung von sonstigen Ansprüchen, s § 42 Rn 51, 52, und für Strafanträge gem § 51 IV.

3. Auch ein **künftiges Recht** kann Gegenstand eines Übertragungsver- 6 trags sein. Es kann vereinbart werden, dass ein erst zu schaffendes Design ohne weiteres mit dem Entstehen des künftigen Designs auf den Erwerber übergeht, s BGH GRUR 68, 321, 323 – Haselnuss (UrhR); Hamm BeckRS 09, 28629 – Motorrollerdesign. Der Rechtsübergang, §§ 413, 398 BGB, findet dabei entweder mit der Übergabe oder auch schon mit dem Entstehen des Designs statt, BGH WRP 98, 609, 610 – Stoffmuster. Maßgeblich ist der Vereinbarungsinhalt bzw das Auslegungsergebnis. Nach RGZ 75, 228 muss zwar ausreichend bestimmt oder zumindest bestimmbar sein, welcher Art das zu schaffende Design sein soll. § 40 I 1 UrhG zeigt jedoch, dass sich die Parteien damit begnügen können, die Art der Gestaltung nur nach der Gattung festzulegen oder sogar von jeglicher Konkretisierung abzusehen. Konkretisierungen können sich allerdings aus der Zweckübertragungslehre, s Rn 7, ergeben. Je geringer die Konkretisierung, je weitreichender die zeitliche Bindung und je niedriger die vereinbarte Vergütung ist, desto eher kann allerdings ein gegen § 138 I BGB verstoßender Knebelungsvertrag vorliegen, s BGH GRUR 57, 387, 390 – Clemens Laar. Wenn Vorarbeiten vorhanden sind, kann der Gestalter einem Dritten die Befugnis einräumen, die Vorarbeiten der Vollendung zuzuführen.

4. Der verfügende Vertrag ist an keine **Form** gebunden; die Übertragung 7 kann daher formfrei erfolgen. Das Kausalgeschäft kann jedoch formbedürftig sein, zB das Schenkungsversprechen, § 518 I 1 BGB, oder die Einbringung in eine Gesellschaft im Rahmen eines der Beurkundungspflicht unterliegenden Gesellschaftsvertrags. Für Verträge mit wettbewerbsbeschränkendem Inhalt war bis 1.1.99 Schriftform vorgeschrieben, s 2. Aufl 3/20. Wenn die Vertragschließenden vereinbart haben, dass der Vertrag in schriftlicher Form abgefasst werden soll, ist ein Vertragsabschluss, der dieser Form nicht genügt, idR nichtig, §§ 125 S 2, 127 BGB.

5. Für die **Auslegung** gelten die allg Grds aus §§ 133, 157 BGB, doch 8 kann die Zweckübertragungstheorie Einschränkungen zugunsten des bisherigen Rechtsinhabers zur Folge haben. Die Auslegungsregel des § 44 I UrhG, wonach mit der Veräußerung des Werkoriginals im Zweifel keine Einräumung von Nutzungsrechten verbunden ist, kann zwar auch auf die Veräußerung eines Designs angewandt werden, v Gamm 3/33. Ob sich aus der Veräußerung des Originals eines Designs die Übertragung des Rechts auf das eingetragene Design ergibt, richtet sich jedoch nach den Begleitumständen. Aushändigung der Eintragungsurkunde ist nicht Voraussetzung, aber gewichtiges Indiz für Übertragung. Dasselbe gilt für Aushändigung der Anmeldungsunterlagen vor der Eintragung. Wenn sich die Übertragung auf ein Design bezieht, das auch urheberrechtlichen Schutz genießt, ist der Vertrag zwar nichtig, §§ 29 S 2 UrhG, 134 BGB. Es kann jedoch Umdeutung, § 140 BGB, in ausschließliche Lizenz, s § 31 Rn 7, unter weitestgehender Beibehaltung des sonstigen Vereinbarungsinhalts interessengerecht sein.

6. Wenn **Leistungsstörungen** in Bezug auf das übertragene Recht be- 9 stehen, richtet sich der Haftungsumfang des bisherigen Rechtsinhabers primär nach dem Vereinbarungsinhalt, subsidiär nach dem, was für beide Par-

teien Geschäftsgrundlage geworden ist. Ergänzend greifen die Grds ein, die
für das Kausalgeschäft gelten. Bei entgeltlicher Übertragung liegt idR
Rechtskauf vor, so dass der Veräußerer eines eingetragenen Designs gem
§ 453 I BGB für dessen Eintragung im Zeitpunkt des Vertragsabschlusses
haftet, BGH GRUR 55, 595 – Verwandlungstisch. Nicht nur bei fehlender
Neuheit oder Eigenart, BGH GRUR 78, 308, 310 – Speisekartenwerbung,
sondern auch dann, wenn ein eD seiner Art nach nicht entstehen konnte,
hat der Erwerber Ansprüche aus §§ 453 I, 437 und ggf § 311a II BGB; ausführl Haedicke GRUR 04, 123. Ebenso wie bei einem nur angemeldeten
Patent, BGH GRUR 82, 481, 482/483 – Hartmetallkopfbohrer, trifft das
Risiko dafür, dass ein SchutzR rechtsbeständig ist, allein den Erwerber; verstärkt gilt das für Vereinbarungen über eine erst vorzunehmende Anmeldung
und über künftige Gestaltungen. Wenn allerdings ein eD wegen eigener
neuheitsschädlicher Vorverbreitung, s § 2 Rn 5, schutzunfähig ist, kann der
Erwerber vom Kaufvertrag zurücktreten, BGH GRUR 78, 310, oder Ansprüche auf Minderung, § 437 I Nr 2 BGB, bzw auf Schadensersatz, § 437 I
Nr 2 BGB, geltend machen. Dasselbe gilt, wenn Eigenart deswegen fehlt,
weil vorbekannte Gestaltungen zum Gegenstand einer Anmeldung für ein
eD gemacht wurden. Hat der Käufer jedoch eine faktische Monopolstellung
dadurch erlangt, dass Wettbewerber das eD respektiert haben, verbleibt dem
Verkäufer für die Dauer dieser Monopolstellung ein angemessener Teil des
Kaufpreises, BGH GRUR 78, 310. Dagegen hat der Käufer, wenn abweichende Abreden fehlen, keine Ansprüche gegen den Verkäufer für den Fall,
dass der Gegenstand eines eD zwar eigenständig gestaltet ist, aber keine ausreichende Eigenart aufweist, unscharf insoweit BGH GRUR 78, 310. Die
Rückwirkungsfolgen einer Nichtigkeit sind für GGM in Art 26 II GGV
abgemildert; diese Regelung ergibt auch für eingetragene Designs eine interessengerechte Lösung. Wenn durch die Benutzung eines eD das ältere
Recht eines Dritten verletzt wird, weist der Kauf einen Rechtsmangel auf,
§ 435 BGB; s hierzu BGH GRUR 01, 407, 408 – Bauschuttsortieranlage.
Der Kauf eines eD ist ebenso wie der Kauf eines nur angemeldeten Patents, s
BGH GRUR 82, 482, und mehr noch als der Kauf eines erteilten Patents, s
BGH GRUR 61, 466, 468 – Gewinderollkopf, ein gewagtes Geschäft, so
dass der Verkäufer weder für Markterfolg noch für gewinnbringende Verwertung haftet. Bei Übertragungen, denen kein Kauf zugrunde liegt, richtet
sich die Haftung für Leistungsstörungen nach den für das jeweilige Kausalgeschäft maßgeblichen Grds.

10   **7.** Der **Erwerb von Todes wegen** erfolgt im Erbfall, § 1922 I BGB, mit
dem Anfall der Erbschaft, § 1942 I BGB. Abweichende Bestimmungen können durch Verfügung von Todes wegen getroffen werden. Das kann sowohl
durch Testament, §§ 1937, 2064 ff BGB, als auch durch Erbvertrag, §§ 1941,
2274 ff BGB, erfolgen. Die Übertragung eines eingetragenen Designs kann
sich entweder aus einer Erbeinsetzung, § 2087 I BGB, oder aus einem Ver-
mächtnis, §§ 1939, 2147 ff BGB, ergeben. Bei Miterben entsteht zunächst
Gesamthandsgemeinschaft, § 2032 BGB. Die Zuweisung an einen oder an
mehrere Miterben erfolgt durch Teilungsanordnung des Erblassers, §§ 2048 ff
BGB, oder durch Erbauseinandersetzung, §§ 2042 ff BGB. Der durch Ver-
mächtnis Bedachte wird durch Vollziehung des Vermächtnisses Rechtsnachfolger, § 2147 BGB, also erst mit vertraglicher Übertragung durch den Beschwerten. Wer Erbe ist, bestimmt sich nach §§ 1924 ff BGB; anders als nach

früherer urheberrechtlicher Regelung gilt auch § 1936 BGB. Ein eD geht in das Vermögen des Erben bzw des Vermächtnisnehmers über, so dass mit dessen Tod die gleichen Rechtsfolgen wie mit dem Tod des bisherigen Rechtsinhabers eintreten können.

8. Der Regelung in Abs 2 liegt der Grds der **Unternehmensakzessorie- 11 tät** zugrunde. Wenn ein eingetragenes Design Unternehmensbestandteil ist, geht es im Zweifel auf den Erwerber des Unternehmens über. Die Regelung in Abs 2 soll Voraussetzung insbes dafür sein, dass die Benutzung eines eD auch dann fortgeführt werden kann, wenn hierzu keine Vereinbarung getroffen worden ist. Die hierfür aufgestellte Vermutung ist widerlegbar. Gegen die Vermutung kann sprechen, dass ein eD nicht für das Unternehmen eingetragen ist, zB bei Inhaberschaft eines verbundenen Unternehmens, § 15 AktG, oder eines Gesellschafters. Dieser Handhabung kann zugrunde liegen, dass das eD nicht zum Bestandteil des Unternehmens werden sollte. Bei einem benutzten eD hat die Vermutung mehr Gewicht als bei einem unbenutzten eD. Wenn die Vermutung nicht eingreift, kann sich bei einem benutzten eD Verschaffungspflicht als Nebenpflicht ergeben. Übergang kann insbes durch Verschmelzung, Spaltung, Vermögensübertragung und Formwechsel stattfinden, s § 1 I UmwG. Wenn ein eD in einem Vertrag zum Unternehmenserwerb aufgeführt ist, findet nicht Übergang, sondern Übertragung statt; das kann Auswirkungen auf die Folgen von Leistungsstörungen haben. Eine Ausdehnung der Vermutung auf Vorstufen eines eD, s § 7 Rn 3; § 32 Rn 1, und auf internationale Eintragungen ist idR interessengerecht. Der Regelungszweck macht eine umfassende Anwendung erforderlich. Unternehmen ist daher jeder geschäftlich tätige Betrieb; die Rechtsform ist unmaßgeblich. Der Begriff des Geschäftsbetriebs in § 27 II MarkenG ist aus § 8 I 2 WZG übernommen. Inhaltliche Unterschiede zu der Regelung in Abs 3 ergeben sich daraus nicht. Verpachtung ist keine Unternehmensübertragung, BGH GRUR 02, 967, 969 – Hotel Adlon.

III. Registereintragung

1. Abs 3 sieht die **Eintragung des Inhaberwechsels** im Designregister, **12** die sog Umschreibung, vor. **Zweck** ist eher am Rande das registertechnische Anliegen, das Register aktuell zu halten. Sinn ist vor allem, die durch privatrechtliches Übertragungsgeschäft oder gesetzl Rechtsübergang geänderte materiellrechtliche Inhaberschaft registermäßig nachzuvollziehen mit dem Ziel, dass auf den neuen Inhaber die mit der Registereintragung verbundene formelle Legitimation ggü der Öffentlichkeit und dem DPMA und den Gerichten übergeht. Abs 3 bezieht sich vordergründig auf ein Verhalten von Design-Inhabern ggü dem DPMA; mittelbar bestätigt Abs 3, dass der materielle Übergang des Design-R außerhalb des Registers stattfindet. Weil im Umschreibungsverfahren das DPMA nicht über die Rechtswirksamkeit der Übertragung entscheidet, BPatG Mitt 01, 380, besteht nach Abs 3 und auch nach der DesignV keine Rechtspflicht, dem DPMA eine Änderung in der Inhaberschaft anzuzeigen und den Umschreibungsantrag zu stellen, Kelbel GRUR 87, 147. Das DPMA wird auch nicht vAw tätig, selbst wenn das materielle Unrichtigwerden einer Inhabereintragung, zB als Folge umfassender Rechtsübertragungen im Rahmen von Unternehmenszusammenschlüssen, allg bekanntgeworden sind; das DPMA unterliegt keinem Umschreibungszwang, BPatG aaO; davon abzugrenzen sind Registerberichtigungen vAw, § 19 Rn 7. Genügender Beweggrund, trotz fehlender Rechtspflicht die Umschreibung zu beantragen, dürften für den Rechtsnachfolger die **Wirkungen** der Umschreibung sein. Ist die Rechtsnachfolge nicht formellrechtlich im Register nachvollzogen, ist der Rechtsnachfolger ggü dem DPMA und den Gerichten nicht legitimiert, Einzelh § 19 Rn 10, sondern noch der eingetragene Rechtsvorgänger, BPatGE 49, 56 – Triazolverbindungen. Um Verantwortlichkeitslücken zu vermeiden, sollten die Vertragsparteien daher für die registerrechtliche Übergangszeit klare Zuständigkeiten zB für Zahlung der Aufrechterhaltungsgebühren treffen. Regelungstechnisch bestehen seit jeher die detaillierten Umschreibungsrichtlinien des DPMA mit zahlr Einzelh, gegenwärtige Fassung v 1.1.02, Bl 02, 11 ff. Für eD gelten Vorschriften mit Gesetzeskraft erst seit 1988, zunächst durch § 5 II der früheren MusterRegV. § 29 III GeschmMG 2004 (= § 29 III DesignG) hat § 27 III MarkenG übernommen. Der in der kurzen Zeitspanne vom 1.1.02 bis 30.6.04 im GeschmMG 1986 enthaltene Hinweis, dass bei beantragter Umschreibung schriftliche Nachweise vorzulegen seien, § 13 III GeschmMG 1986 in der durch Art 18 Nr 12 KostenBerG geänderten Fassung – eine Übernahme des gleichzeitig aufgehobenen § 5 II 1 MusterRegV –, blieb vereinzelt.

13   **2. Anwendungsbereich.** Ein die Umschreibung iSd Abs 3 rechtfertigender Inhaberwechsel mit seinen bes Nachweispflichten liegt vor in den Fällen des Abs 1 und 2, also bei rechtsgeschäftlichem oder gesetzl Rechtsübergang vom eingetragenen Inhaber auf einen Dritten. Hauptfall ist die rechtsgeschäftliche Übertragung, Abs 1, 2, Rn 3 ff, andere Fälle sind der Verzicht zugunsten eines Dritten, s PA Bl 54, 263, der Wegfall eines Mitinhabers und Anwachsen seines Anteils bei den übrigen Inhabern, die Erbfolge, Rn 9, die Übertragung auf einen Treuhänder, PA Bl 31, 23, oder Sequester, PA Bl 61, 82, der Erwerb in inländischer Versteigerung, PA Mitt 33, 30. Keine Umschreibung, lediglich ein einseitiger Antrag des eingetragenen Inhabers auf Änderung der Eintragung ist veranlasst zB bei Firmenänderung, Änderung des Vertreters, Sitzverlegung, s Umschreibungsrichtlinien aaO, § 19 Rn 7. Keine Umschreibung erfordert auch die Übertragung bloßer Ausübungsbefugnis, BPatGE 41, 153, oder eine Pfändung des SchutzR, BPatG Bl 01, 191, ohne Änderung der materiellen Inhaberschaft, eine Lizenzvergabe wird nicht eingetragen, was sich im Gegenschluss aus § 15 II Nr 11 DesignV ableiten lässt. Eine Umschreibung ist auch nach Erlöschen des eD möglich, wenn der Erwerber noch bestehende Ansprüche des Rechtsvorgängers aus dem eD geltend machen will, Bühring 8/102.

14   **3.** Die rechtsgeschäftliche Übertragung verschafft als solche zwar ggü der Allgemeinheit die materielle Legitimation, sodass der Erwerber sich Dritten ggü auf den Rechtsübergang unabhängig von der Registereintragung berufen kann. Mit diesem Rechtsübergang ist der Rechtsnachfolger jedoch (noch) nicht registerrechtlich legitimiert. Der **Eintritt der formellen Legitimation** des Rechtsnachfolgers erfolgt erst mit Vollzug der beantragten Umschreibung im Register, zum Inhalt der formellen Legitimation, insbes bei Nichtübereinstimmung von formeller und materieller Rechtsposition § 19 Rn 10. Erst diese bewirkt die Änderung der formellen Legitimation, nicht schon der Eingang des Umschreibungsantrags, BPatGE 25, 219; 26, 127; 34, 81 (Wz); GRUR 84, 40; 02, 374 – Pressform; BPatG Bl 93, 345 (eD); Benkard/Schäfers 30/18, Schulte 30/48, aa BPatGE 3, 142; GRUR 02, 234 f – Verfahrensführungsbefugnis (PatR), denn eine ausdrückliche Legitimationszuweisung ab Stellung des Umschreibungsantrags wie nach § 28 II MarkenG, dazu BPatGE 43, 108 – Ostex/OSTARIX (MarkenR), fehlt im DesignG, aA BPatGE 44, 159. Eine Durchbrechung dieses Prinzips des Legitimationserwerbs kraft Eintragung gilt aber in einigen Sonderfällen, um Berechtigungslücken zu vermeiden; so sind Erben des eingetragenen Inhabers ohne Umschreibung jedenfalls passivlegitimiert, zB für eine Nichtigkeitsklage, wohl auch aktivlegitimiert und daher mit dem Erbgang formell legitimiert. Passivlegitimation gilt auch bei Gesamtrechtsnachfolge bei Gesellschaften, BGH GRUR 79, 145, 146 f – Aufwärmvorrichtung; BPatGE 32, 156, Aktivlegitimation dürfte wegen gewillkürten Rechtsgeschäfts (anders Erbfall) jedoch erst nach vollzogener Umschreibung bestehen, aA Bühring 8/67 (schon mit Gesamtrechtsnachfolge). Ergänzend sind unterhalb der Legitimationsebene schon mit Stellung des Umschreibungsantrags bestimmte, der Rechtswahrung dienende Maßnahmen legitimiert: Das DPMA richtet Zustellungen an den Rechtsnachfolger, wenn Nachweise über die Rechtsnachfolge (insbes sog Umschreibungsbewilligung, materiell richtig: Einwilligung in die Eintragung des Berechtigten) eingereicht sind; die Stellung eines Wiedereinsetzungsantrags und das anschließende Verfahren sowie Beschwerdeeinlegung und -fortführung, BPatG Mitt 01, 503; BPatGE 49, 41 ff mwN, sind dem Rechtsnachfolger möglich, sofern der materielle Rechtsübergang erfolgt ist, BPatGE 24, 127, BPatGE 49, 50. Letzteres ist für die Einhaltung der in diesen Fällen maßgeblichen Fristen wichtig; der Umschreibungsantrag muss innerhalb der für den betr Rechtsbehelf laufenden Frist vorliegen, die Nachweise können auch nach Fristablauf folgen. In diesem Fall sind beide Zessionsparteien am Verfahren beteiligt, Beschlüsse und Verfügungen des DPMA sind beiden zuzustellen, vgl die insoweit der ausdrücklichen Regelung des § 28 III 2 MarkenG ähnliche Sachlage. Gerichtliche Geltendmachung des noch nicht umgeschriebenen GeschmM durch den Erwerber ist möglich, sofern der noch Eingetragene ihm im Wege der gewillkürten Prozessstandschaft die Prozessführungsbefugnis einräumt, Schulte 30/48. Die materiellrechtliche Übertragung hat keine Auswirkung auf ein laufendes zweiseitiges Verfahren, § 265 II ZPO; der Erwerber des eD kann nur mit Zustimmung der Gegenseite die Parteistellung übernehmen, BGH GRUR 98, 940, 941 – Sanopharm. Für das Verfahrensstadium vor Eintragung der Anmeldung in das Register gilt Abs 3 analog iVm § 32. Dann geht nicht die formelle Legitimation, sondern die verfahrensrechtliche Stellung als Anmelder auf den Erwerber über, wenn der Rechtsübergang dem DPA angezeigt und nachgewiesen wird, BPatG Bl 93, 345; anstelle einer Umschreibung erfolgt ein Vermerk in der Anmeldungsakte, § 32 Rn 2.

4. a) Den Antrag auf Umschreibung regelt § 28 DPMAV in den Einzelh. Ihn können nach Abs 3 bei rechtsgeschäftlicher Übertragung der (noch) eingetragene Inhaber oder der Rechtsnachfolger stellen, im Fall des § 9 also auch der obsiegende wahre Berechtigte. Bei Gesamtrechtsnachfolge (Erbgang, gesellschaftsrechtliche Gesamtrechtsnachfolge) ist der Antrag vom Rechtsnachfolger zu stellen, bei Erbgang genügt auch eine Berichtigung vAw, BPatGE 32, 153, was jedoch Nachweise voraussetzt. Für den Antrag soll das Formblatt des DPMA, s Rn 15, verwendet werden, § 28 I DPMAV, deutsche Sprache ist Voraussetzung. Für das Umschreibungsverfahren ist ggf

15

ein Inlandsvertreter zu bestellen, § 58 Rn 9, was nach Abschn 4.2.2. der
UmschreibungsRL des DPMA nur entfallen kann, wenn dem Antrag ohne
Weiteres (dh ohne zustellungsbedürftige Entscheidung oder Beteiligung eines Dritten) stattgegeben werden kann. Zu Reichweite und Ende einer auf
Umschreibungsverfahren beschränkten Vollmacht BPatG Bl 09, 281 – Eintragung des Inlandsvertreters. Der Antrag soll gem den UmschreibungsRL
des DPMA bei Sammelumschreibungen mehrerer SchutzR, was nach § 28
VIII DPMAV zulässig ist, nach Schutzrechtsarten getrennt gestellt werden,
das DPMA bestimmt dann eine Leitakte. Die Umschreibung einzelner Designs einer Sammelanmeldung setzt deren Abtrennung durch vAw vorgenommene, technisch bedingte Teilung nach § 12 II voraus, § 12 Rn 14, 17.
Eine Gebühr für den Umschreibungsantrag ist nach den Umschreibungsrichtlinien 2002 für eD nicht mehr vorgesehen. Einen Sonderfall stellt die
streitige Umschreibung dar, zB veranlasst von Rechtsnachfolgerseite zur
Beseitigung der Eintragung eines Nichtberechtigten gem § 9 I oder veranlasst vom Eingetragenen gegen ein unberechtigtes Umschreibungsanliegen.
Verweigert der eingetragene Inhaber dem Erwerber die Einwilligungserklärung zur Umschreibung, ist er im ordentlichen Rechtsweg auf Einwilligung
zu verklagen; das gerichtliche Urteil in rechtskräftig vollstreckbarer Ausfertigung ersetzt die Einwilligungserklärung, BPatG Mitt 01, 380. Der materiell
berechtigte, jedoch nicht eingetragene Inhaber braucht, soweit er gegen die
Verletzung seines Rechts durch den zu Unrecht eingetragenen Inhaber vorgeht, nicht erst Umschreibung im Register zu verlangen, RG GRUR 34,
664. Mit der gerichtlich erzwungenen umfassenden Eintragung des bzw der
wahren Berechtigten nach § 9 I geht nicht nur die formelle Berechtigung
über, sondern es erlöschen, anders als nach § 31 V, nach § 9 III 1 auch bisher bestehende Lizenzen am angemeldeten oder eingetragenen Designs und
die Monatsfrist zur Lizenzbeantragung des § 9 III 2 beginnt zu laufen, Einzelh § 9 Rn 5 f.

16   **b)** Ein **Nachweis** über den Inhaberwechsel ist vorzulegen im Interesse
sowohl des (noch) eingetragenen Design-Inhabers als auch der Öffentlichkeit, die auf die Rechtsbeständigkeit der Eintragung vertrauen darf, BPatG
Mitt 01, 380; BPatGE 50, 57 f – Markenumschreibung. Insbes ist zu vermeiden, dass dem Eingetragenen durch den Vollzug der Umschreibung die formelle Legitimation unbegründet, zB aufgrund anzweifelbarer Unterlagen
entzogen wird und er zur Wiedererlangung auf den Zivilrechtsweg angewiesen ist, BPatG aaO. Die Art der Nachweise sind im Einzelnen aufgeführt in
§ 28 III DPMAV und den Umschreibungsrichtlinien, aaO, Rn 11. Nachzuweisen ist die gewillkürte Übertragung bzw der gesetzl Rechtsübergang
formell durch Urkunden. Bei rechtsgeschäftlicher Übertragung muss der
materielle Rechtsübergang sich aus Übertragungs- und Annahmeerklärung
ergeben, eine bloße vertragliche Verpflichtungserklärung genügt nicht,
BPatGE 41, 152. Insofern genügt als Nachweis genügt der vom eingetragenen Inhaber oder dessen Vertreter und zugleich vom Rechtsnachfolger oder
seinem Vertreter unterschriebene Umschreibungsantrag, § 28 III Nr 1
DPMAV. Stellt dagegen allein der Rechtsnachfolger den Umschreibungsantrag, muss er entweder eine in deutscher Sprache verfasste Zustimmungserklärung (Umschreibungsbewilligung) des eingetragenen Inhabers beifügen –
daneben sind weitere Nachweise entbehrlich, insbes die Prüfung lediglich
verzögernde Urkunden oder Verträge, die zurückgesandt werden, PräsDP-

MA Bl 00, 305 – oder muss er den Übertragungsvertrag oder eine von beiden Seiten (ggf ihren Vertretern) unterschriebene Erklärung über die Übertragung vorlegen, § 28 III Nr 2. Stellt die Übertragung ein In-sich-Geschäft dar (zB Übertragung durch den GmbH-Geschäftsführer von der GmbH auf ihn als Privatperson), fordert das DPMA den Nachweis der Befugnis zu In-sich-Geschäften. Auch ein von beiden Parteien unterzeichneter Unternehmensübertragungsvertrag oder andere Nachweise sind grds zulässig, § 28 VII DPMAV, wenn sich hieraus ergibt, dass die Inhaberschaft gewechselt hat, BPatGE 41, 152. Hierzu genügt einfache Kopie, sodass insoweit Telefax-Einreichung ausreicht, Umschreibungsrichtlinien aaO. Vorlage durch Rechts-, Patentanwalt oder Erlaubnisscheininhaber genügt, soweit die Bevollmächtigung nicht von dritter Seite angezweifelt wird, § 15 IV DPMAV. Für die Umschreibungsbewilligung, den Übertragungsvertrag oder die Übertragungserklärung sollen die vom DPMA herausgegebenen Formulare verwendet werden, § 28 IV DPMAV (Vordruck-Nr R 5742 – Antrag mit Anlageblatt – bzw R 5744 – Zustimmungserklärung – derzeit Ausgaben 1.14, unter www.dpma.de auch im Internet abrufbar). Beglaubigung der Erklärungen oder Unterschriften sind in den – o. g. – Fällen des § 28 III nicht erforderlich, § 28 V DPMAV. Im Falle eines durch Gesetz bestimmtem Übergangs von Rechten, einer gerichtlichen Entscheidung oder staatlichen Bestellung (idR öffentliche Urkunden), müssen Erbschein oder Testament, vollstreckbares Urteil, Vergleich, Bestellung zum Vormund, Betreuer, Testamentsvollstrecker oder Insolvenzverwalter in beglaubigter Fassung vorgelegt werden. Im Falle der Eintragungen nach § 9 IV als Folge eines Inhaberschaftsstreits muss der Berechtigte tätig werden, das DPMA trägt die vorgesehenen Tatsachen nicht vAw ein, eine Informationsweiterleitung des erkennenden Gerichts an das DPMA ist nicht vorgesehen, § 9 Rn 7. Rechtsübergang im Ausland ist durch Urkunden dieses Staates nachzuweisen; weil die Beglaubigung im Regelfall entfällt, s schon Umschreibungsrichtlinien 1996 gem Mitt PräsDPA Bl 96, 426, ist insoweit die Legalisation von Unterschriften bzw die Befreiung davon regelmäßig nicht erforderlich, zur Legalisation und die Befreiung davon oben HLÜ zuletzt UmschreibungsRL Bl 95, 339, Übersicht über die Mitgliedstaaten zuletzt Bl 10, 153 (jeweils Aprilheft). Zum Übersetzungserfordernis bei fremdsprachigen Urkunden Umschreibungsrichtlinien aaO und § 23 Rn 63. In schwierigen Fällen kann die Vertretungsbefugnis durch eine Bestätigung des PA, RA oder Erlaubnisscheininhabers ersetzt werden.

c) Im **Verfahren** über den Umschreibungsantrag hat das DPMA kein **17** materielles PrüfungsR, BGH GRUR 69, 43, 45 – Marpin (MarkenR), zB bis in die Einzelh der Rechtswirksamkeit eines Übertragungsvertrags, BPat-GE 50, 58 – Markenumschreibung. Führt die formelle Prüfung – in einem dem Registerverfahren zukommenden beschränkten Umfang – indes zu Zweifeln an der Wirksamkeit der Übertragung, oder bleibt die Sachlage unklar, zB bei Vorlage ausländischer Urkunden, oder bestehen Ungereimtheiten in den Unterlagen, muss das DPMA im Hinblick auf die schweren Auswirkungen unberechtigter Umschreibung weitere Nachweise verlangen und/oder sich durch Gewährung rechtlichen Gehörs Gewissheit verschaffen. Letzteres gilt insbes, wenn der Umschreibungsantrag allein vom Rechtsnachfolger gestellt wurde; dann muss der eingetragene Inhaber unter Mitteilung des Umschreibungsantrags gehört werden, BPatGE 41, 153; GRUR 99,

983; Bl 01, 191; Bl 06, 67 f – Umschreibung/Rechtliches Gehör II; Bl 08, 257 – Umschreibungsverfahren; BPatGE 50, 57 – Markenumschreibung, außer bei Vorlage von gerichtlichem Urteil oder vollstreckbarem Vergleich, Bühring 8/73. Auch bei In-Sich-Geschäften iSv § 181 BGB darf das DPMA nähere Berechtigungsnachweise bzw Übersetzungen fordern, § 28 VI DPMAV. Anhörung erfolgt auch bei Umschreibung einzelner Mitanmelder/ -inhaber eines eD. Bei nicht behobenen Zweifeln an der Wirksamkeit der Rechtsübertragung oder dem Inhalt der Urkunden muss das DPMA die Beteiligten, insbes den eingetragenen Inhaber hören, BGH aaO – Marpin; BPatG GRUR 99, 983; BPatGE 41, 153; Bl 01, 191. Das gilt nicht, wenn der eingetragene Inhaber substantiiert ggü dem DPMA die Unwirksamkeit des materiellen Rechtsübergangs dem Umschreibungsantrag des angeblichen Rechtsnachfolgers entgegenhält, oder wenn anderweitig ein Prozess über die Verpflichtung zur Einwilligung in die Eintragung als Rechtsinhaber anhängig ist, BPatG Mitt 01, 380. Bleiben die Zweifel bestehen, ist die Umschreibung durch beschwerdefähigen Beschluss zu versagen, BPatGE 50, 57 – Markenumschreibung. Auf begründete Beschwerde hin verweist das BPatG die Sache zurück an das DPMA, zB zur Behebung von Verfahrensfehlern, BPatG Bl 08, 259 – Umschreibungsverfahren, und verpflichtet es ggf zur Umschreibung, es kann diese nicht selbst vollziehen. Für Kosten des Beschwerdeverfahrens gilt in Umschreibungssachen regelmäßig das Unterliegensprinzip, BPatG Bl 01, 356, soweit aus Billigkeitsgründen nicht, zB wegen Verletzung der Anhörungspflicht, anders zu entscheiden ist, BPatG 10 W (pat) 709/03 v 30.10.03 (veröff in juris). Vor Nachvollzug im Register kann die Umschreibungsbewilligung widerrufen werden, PA Bl 32, 117, BPatGE 46, 44. Reichen die Nachweise für die Umschreibung aus, verfügt der Beamte des gehobenen Dienstes, bei bes rechtlichen Schwierigkeiten der des höheren Dienstes, § 26 II 1, die Umschreibung, die Beteiligten erhalten eine Umschreibungsmitteilung. Für die Eintragung der Rechtsnachfolge bei Mustern von Inhabern in der **ehemaligen DDR** gilt Gleiches, diese Fälle dürften mittlerweile abgeschlossen sein, Einzelh zum Verfahren 2. Aufl 8/9. Das Umschreibungsverfahren wird bei eD-Wegfall gegenstandslos und unzulässig, soweit nicht ein bes Rechtsschutzinteresse geltend gemacht wird, BPatG 10 W (pat) 26/06 v 11.10.06 (veröff unter www.bpatg.de).

18   **d)** Die **Rückumschreibung** findet aufgrund einer fehlerhaften Umschreibung statt; sie ist gesetzl nicht geregelt. Sie ist wie die Umschreibung zu beantragen und Nachweise sind vorzulegen. Weil die Umschreibungsverfügung eine mit Beschwerde anfechtbare Entscheidung des DPMA ist, BGH aaO – Marpin; BPatGE 41, 151, kann sie auch im Rahmen einer Beschwerde gegen die Umschreibungsverfügung beantragt werden. Das DPMA muss nicht in jedem Fall einer inhaltlichen Unrichtigkeit die Umschreibung rückgängig machen, weil der wahre Inhaber des eD zwar seine formelle Legitimation einbüßt, ein Rechtsverlust damit aber nicht verbunden ist, BPatGE 41, 151. Rückgängigmachung ist erforderlich, wenn der früher Eingetragene im Umschreibungsverfahren nicht ausreichend gehört wurde oder sonst schwere Verfahrensmängel vorgelegen haben und die Unrichtigkeit der Umschreibung gerade hierauf beruht, BPatGE 41, 194; BPatG GRUR 99, 983; BPatG Bl 01, 191, BPatGE 46, 94; 50, 56 – Markenumschreibung, oder wenn eine neue Situation vorliegt, die vergleichbar eine Wiederaufnahme des Verfahrens nach §§ 578 ff ZPO rechtfertigen würde, BPatGE 41, 151;

50, 56 – Markenumschreibung, Benkard/Schäfers 30/22, jedoch ist der gute
Glauben des eingetragenen Rechtsnachfolgers geschützt, insbes nach Ablauf
einiger Zeit, BGH aaO – Marpin. Ist trotz dem DPMA unterlaufener Verfahrensfehler die Umschreibung zutreffend, findet keine Rückumschreibung
statt und muss der nicht mehr Eingetragene vor den ordentlichen Gerichten
seine Legitimation wieder erstreiten, BPatG GRUR 99, 983. Die Rückumschreibung im Einverständnis des Eingetragenen ist wie eine Umschreibung
zu behandeln, Benkard aaO. Die Rückumschreibung hat keine Wirkung ex
tunc, BPatGE 50, 4 – Mischvorrichtung.

IV. Gemeinschaftsgeschmacksmuster

1. Der Regelung in Art 28 GGV liegt zugrunde, dass ein **Übergang der**   19
Rechte an einem eingetragenen GGM erfolgen kann. Aus Art 33 I iVm
Art 27 I GGV folgt, dass sich dieser Übergang nach deutschem Recht rich-
tet, wenn der Inhaber im Zeitpunkt des Übergangs seinen (Wohn- oder
Firmen-) Sitz in Deutschland hat. Unter dieser Voraussetzung findet § 29 I
und II auf eingetragene GGM Anwendung. Solange der Rechtsübergang
nicht in das Register eingetragen ist, kann der Rechtsnachfolger die an die
Eintragung gebundenen Rechte nicht geltend machen, Art 28b) GGV. Aus-
genommen ist lediglich die Fristwahrung gegenüber dem Amt, sobald der
Antrag auf Eintragung des Rechtsübergangs bei diesem eingegangen ist,
Art 28c) GGV. Wenn der Rechtsinhaber nach einem ersten Übertragungs-
vertrag einen zweiten Übertragungsvertrag mit einem Dritten abschließt,
braucht sich dieser den ersten Übertragungsvertrag vor der Eintragung des
Rechtsübergangs in das Register nicht entgegenhalten zu lassen, Art 33 II 1
GGV. Ausgenommen ist die Kenntnis von der ersten Übertragung, Art 33
II 2 GGV, und der Erwerb im Rahmen einer Gesamtrechtsnachfolge, Art 33
III GGV. Dasselbe gilt sinngemäß, wenn der Inhaber Lizenzverträge mit
mehren Lizenznehmern abschließt, Art 33 II 1 GGV. Die Regelung in
Art 27 I GGV gilt auch für nicht eingetragene GGM. Bei Mitinhabern rich-
tet sich die Bestimmung des maßgeblichen Rechts nach Art 27 III GGV.

2. Die **Eintragung des Rechtsübergangs** im Register für GGM hat   20
nach Art 33 II 1 iVm Art 28 GGV eine erheblich weitergehende Bedeutung
als nach § 29 III iVm § 19, vgl auch Begr § 29 GeschmMG 2004. Erst die
Eintragung des Rechtsübergangs erlaubt dem Rechtsnachfolger Dritten ggü
die Berufung auf den Rechtsübergang, zB nach Art 19 GGV das Recht aus
dem GGM Dritten ggü geltend zu machen. Auf die Nichterkennbarkeit
einer Rechtsänderung wegen Nichteintragung kann sich ein Gutgläubiger
berufen, es besteht also negative Publizität für die in das Register für GGM
einzutragenden Tatsachen, ähnlich § 15 I HGB. Das macht uU gutgläubigen
Erwerb des GGM möglich, vgl Ströbele/Hacker 27/73 (GemMarkenR).
Rechte aus dem GGM kann der Erwerber erst nach Eintragung geltend
machen, Art 28b) GGV, sodass ggü Dritten eine Berechtigungslücke entstehen kann, wenn der Veräußerer nicht mehr materiell und der Rechtsnachfolger noch nicht formell legitimiert ist. Diese Lücke entsteht zwar nicht bei
Fristen, die ggü dem HABM zu wahren sind und auch vom Rechtsnachfolger wahrgenommen werden dürfen, Art 28c) GGV, es bestehen jedoch
Handhabungsprobleme, weil fristauslösende Zustellungen an den noch eingetragenen Rechtsinhaber zu richten sind, Art 28d) GGV, und nicht an bei-

de Beteiligte, wie im deutschen Recht praktiziert, Rn 13, zur Problematik und einschlägigen Rspr des HABM für GemMarken Ströbele 28/38 ff. Verfahrenseinzelheiten zum Umschreibungsantrag regelt Art 23 GGDV. Der Antrag ist gebührenpflichtig mit 200 EUR je GGM, max 1000 EUR bei mehreren GGM gem Nr 16 – Anmeldung – bzw Nr 17 – eingetragenes GGM – des Gebührenverzeichnisses der GGGebV.

V. Internationale Eintragungen

21   Die Eintragung einer **Übertragung** der vollständigen oder teilweisen Anteile von Internationalen Eintragungen in das Internationale Register ist in Art 17 I i) HMA 1999 iVm R 21 I a) i) GAO geregelt. Einschränkungen ergeben sich daraus, dass auch der Rechtsnachfolger an eine Vertragspartei des HMA gebunden sein muss; zu den möglichen Anmeldeberechtigungen Int Rn 5, und ferner daraus, dass der Erwerber eine Bindung zu derselben Abkommensfassung haben muss, R 27 III GAO, A 13.07–11 des „Guide" (s § 11 Rn 100) mit Beispielen. Während der Phase einer Schutzverweigerung oder Aufschiebung hat die Inhaberänderung im Register keine Auswirkung auf Aufschiebungsdauer oder Schutzdauer, die für den Rechtsnachfolger gelten könnten, A 13.12–13 des „Guide", weitere Auswirkungen bei differierenden Rechtslagen s A 13.15 des „Guide". Fehlt für einzelne Staaten die Berechtigung, kommt nur eine Teilübertragung auf den befugten Erwerber in Betracht. Der materielle Rechtserwerb wird nicht überprüft. Die Eintragung der Änderung wirkt gegenüber Dritten (formelle Berechtigung). Formblätter für die Anzeige der Übertragung sind im Internet abrufbar (www.wipo.int/hague/en/forms). Der neue Inhaber des deutschen Anteils einer Internationalen Eintragung nach dem Haager Musterabkommen der Fassungen 1960/1999 erhält auf Verlangen vom DPMA nach R 21 I b ii) GAO eine Bescheinigung über die Rechtsnachfolge, sofern, wie diese Vorschrift und dementsprechend § 24 DesignV es ausdrücken, diese vorzuliegen „scheint", somit die dem DPMA vorgelegten Nachweise insbes zum Rechtsübergang nach nationalem materiellem Recht plausibel erscheinen. Die Übertragung des deutschen Anteils einer internationalen Eintragung richtet sich ebenso wie bei einer IR-Marke nach deutschem Recht; bei anderen Bestimmungsländern ist das Recht der jeweiligen Staaten maßgeblich, BGH GRUR 10, 828 Tz 17, 18 – DiSC.

Dingliche Rechte, Zwangsvollstreckung, Insolvenzverfahren

30 (1) **Das Recht an einem eingetragenen Design kann**

1. **Gegenstand eines sonstigen dinglichen Rechts sein, insbesondere verpfändet werden, oder**
2. **Gegenstand von Maßnahmen der Zwangsvollstreckung sein.**

(2) **Die in Absatz 1 Nr. 1 genannten Rechte oder die in Absatz 1 Nr. 2 genannten Maßnahmen werden auf Antrag eines Gläubigers oder eines anderen Berechtigten in das Register eingetragen, wenn sie dem Deutschen Patent- und Markenamt nachgewiesen werden.**

(3) **Wird das Recht an einem eingetragenen Design durch ein Insolvenzverfahren erfasst, so wird das auf Antrag des Insolvenzverwalters oder auf Ersuchen des Insolvenzgerichts in das Register eingetragen. Für den Fall der Mitinhaberschaft an einem eingetragenen Design findet Satz 1 auf den Anteil des Mitinhabers entsprechende Anwendung. Im Fall der Eigenverwaltung (§ 270 der Insolvenzordnung) tritt der Sachwalter an die Stelle des Insolvenzverwalters.**

Übersicht

I. Materielles Recht

1. Der **Regelungsgehalt** in Abs 1 ergibt sich daraus, dass das eingetragene Design ein Gegenstand des Vermögens (Überschrift zu Abschn 5) und übertragbar ist. Vorgaben aus der GRL gibt es zu § 30 nicht. Durch Abs 1 wird klargestellt, dass das eD wie sonstige eigenständige Vermögensgegenstände belastet und verwertet werden kann. Außer dem PfandR und dem Nießbrauch können keine sonstigen dinglichen Rechte bestellt werden, weil Buch 3 des BGB für dingliche Rechte eine abschließende Regelung enthält. Änderungen ggü der Rechtslage nach dem GeschmMG 1876 sind nicht eingetreten. Eine inhaltsgleiche Regelung enthält § 29 I MarkenG. Abs 3 enthält Sonderregelungen für Insolvenzverfahren. Durch Abs 2 und Abs 3 S 1 werden Registereintragungen ermöglicht, damit den in diesen Bestimmungen aufgeführten Rechten bzw Maßnahmen Publizität verschafft werden kann.   **1**

2. Für **Gemeinschaftsgeschmacksmuster** bestehen weitgehend inhaltsgleiche Regelungen. Nach Art 29 I und Art 30 I GGV kann das eingetragene GGM verpfändet werden, Gegenstand eines sonstigen dinglichen Rechts und Gegenstand von Maßnahmen der Zwangsvollstreckung sein. Von einem Insolvenzverfahren wird ein GGM nur erfasst, wenn das Verfahren in dem Mitgliedstaat eröffnet wird, in dessen Hoheitsgebiet der Schuldner den Mittelpunkt seiner (wirtschaftlichen) Interessen hat, Art 31 I GGV. Auch nicht eingetragene GGM können von Insolvenzverfahren erfasst werden.   **2**

3. Die **Verpfändung** erfolgt nach den §§ 1273 BGB, weil das eingetragene Design ein eigenständiges VermögensR ist. Nach § 1274 I 1 BGB iVm § 30 I kann die Bestellung des PfandR formfrei erfolgen. Der Pfandgläubiger erlangt kein BenutzungsR; das Recht des Inhabers zur Eigennutzung ist bis zu einer etwaigen Pfandverwertung nicht eingeschränkt, BGH GRUR 94, 602, 604 – Rotationsbürstenwerkzeug. Nach der Pfändung bleibt es Obliegenheit des Rechtsinhabers, durch Gebührenzahlung eine Beendigung der Schutzdauer zu verhindern, Karlsr GRUR-RR 05, 68. Das Recht zur Ausübung bedarf bes Abrede, § 1273 II iVm § 1213 BGB. Die Verwertung erfolgt durch Zwangsvollstreckung, § 1277 BGB, wenn Pfandreife besteht, § 1273 II iVm § 1213 BGB. Statt Verpfändung kann auch Sicherungsübereignung, s § 29 Rn 3, in Betracht kommen.   **3**

4   **4.** Als **dingliches Recht** kommt neben dem PfandR nur der Nießbrauch in Betracht. Die Bestellung kann formfrei erfolgen, §§ 1068 I, 1069 I BGB iVm § 30 I. Der Nießbraucher ist zur Ausübung, § 1068 II ivm § 1030 BGB, Aufrechterhaltung, § 1041 BGB, und zur Verteidigung, § 1065 BGB, berechtigt.

5   **5.** Die **Zwangsvollstreckung** erfolgt nach §§ 857 I, II iVm §§ 828 ff ZPO durch Pfändung. Der Pfändungsbeschluss, § 829 I 2 ZPO, wird durch das AG als Vollstreckungsgericht erlassen, bei dem der Inhaber des eingetragenen Designs seinen allg Gerichtsstand hat, § 828 II ZPO. Der Pfändungsbeschluss ist dem Inhaber des eD zuzustellen, § 829 II S 2–4 ZPO, nicht jedoch auch der Institution, die das Register führt, DPA GRUR 50, 294, AG Mü Mitt 61, 116. Der Pfändungsbeschluss begründet ein Verfügungsverbot und insbes ein Veräußerungsverbot nach §§ 136, 135 BGB, BGH GRUR 94, 602, 604 – Rotationsbürstenwerkzeug. Das eD ist daher nur mit dem PfändungspfandR belastet, verbleibt jedoch bei dem Inhaber, BPatGE 6, 221; diesem steht nach wie vor das Benutzungs- und das VerbietungsR zu, BGH GRUR 94, 604. Die Verwertung des gepfändeten Rechts erfolgt idR durch gerichtlich angeordnete Veräußerung, § 857 V ZPO, AG Mü Mitt 61, 117, nicht durch Überweisung zur Einziehung, DPA GRUR 50, 294; anders bei NutzungsR, LG Bln WRP 60, 291. Da das UrhR nicht übertragbar ist, § 29 S 2 UrhG, können die hierauf bezogenen Schutzbestimmungen der §§ 113, 114 UrhG auf ein eD nicht entspr angewandt werden. Das vor der Anmeldung eines eD bestehende AnwartschaftsR unterliegt der Zwangsvollstreckung nur mit Zustimmung des Entwerfers, da nur dieser das VollR durch Anmeldung zum Entstehen bringen kann, Kohler S 42; Furler 3/21 mwN, v Gamm 3/60, offen geblieben in BGH WRP 98, 609, 610 – Stoffmuster. Dass der Entwerfer die Absicht der Verwertung kundgetan hat, unterwirft das AnwartschaftsR noch nicht der Zwangsvollstreckung, anders BGH GRUR 55, 388, 389 – Dücko – betr Geheimverfahren; denn der Pfändungsgläubiger ist nicht Rechtsnachfolger und daher nicht zur Vornahme der Anmeldung eines eD befugt, s BPatGE 6, 222. Das AnwartschaftsR auf Anmeldung unterliegt jedoch der Zwangsvollstreckung, wenn der Entwerfer das VerwertungsR übertragen und dem Erwerber die Befugnis zur Anmeldung eingeräumt hat, BGH WRP 98, 610. Das PfändungspfandR an der durch die Anmeldung begründeten Anwartschaft setzt sich nach der Eintragung des SchutzR an diesem fort, BGH GRUR 94, 604.

II. Insolvenz

6   **1.** Als **Grundsatz** ist geregelt, dass das gesamte Vermögen des Schuldners von einem Insolvenzverfahren erfasst wird, § 35 I InsO. Sowohl eingetragene Designs als auch Rechte zu deren Nutzung, insbes Lizenzen, gehören daher zur Insolvenzmasse. Auch Anmeldungen von eingetragenen Designs fallen in die Insolvenzmasse, BGH WRP 98, 609, 610 – Stoffmuster. Anwartschaften gehören nur zur Insolvenzmasse, wenn ihr Gegenstand vom Entwerfer erkennbar zur Verwertung bestimmt wurde, weil sie nur dann der Zwangsvollstreckung unterliegen, § 36 I 1 InsO iVm Rn 5. Unabhängig davon fallen AnwartschaftsR in die Insolvenzmasse, wenn dem Zessionar das Recht zur Vornahme der Anmeldung eingeräumt wurde, BGH WRP 98, 610. Die

Eröffnung des Insolvenzverfahrens hat zur Folge, dass Verfügungen des Schuldners unwirksam wären; sämtliche Verfügungsbefugnisse gehen auf den Insolvenzverwalter über, § 80 I InsO.

2. Bei einer **Insolvenz des Lizenzgebers** kann der Verwalter die weite- 7 re Erfüllung des Vertrags ablehnen, § 103 II 1 InsO, und dadurch den Lizenzvertrag beenden. Das eröffnet einerseits dem Verwalter die Möglichkeit einer lastenfreien Neuverwertung, andererseits muss der Lizenznehmer alle Tätigkeiten einstellen. Es kann darauf ankommen, ob bei Insolvenzeröffnung eine Verpflichtung zur Lizenzeinräumung bereits vollständig erfüllt war, Mü GRUR 13, 1125, 1131 (Vorinst LG Mü I GRUR-RR 12, 142). Mit der Bestellung von dinglichen Sicherheiten, s Berger GRUR 04, 20 ff; Hombrecher WRP 06, 219 ff, Übertragung auf einen Treuhänder, s Koehler/Ludwig WRP 06, 1342, 1346, Einräumung eines spezifischen Rücktrittsrechts, s Hölder/Schmoll GRUR 04, 830, 836 und mit vertragsfreundlichen Auslegungen, zB Ruhl 31/25, ist die Insolvenzfestigkeit von Lizenzverträgen nicht sichergestellt. Es gibt daher Bestrebungen zum Schutz von Lizenznehmern, Gesetzesentwurf v 22.8.07, s hierzu Stellungnahme GRUR 08, 138 ff, Gegenvorschlag Ullmann Mitt 08, 49, 53, sowie Slopek GRUR 09, 128; WRP 10, 616; McGuire GRUR 09, 13; Kummer GRUR 09, 293; Dieselhorst CR 10, 69, 74; Hauck GRUR-Prax 13, 437. Zu einem weiteren Gesetzesentwurf v 23.1.12 Bericht GRUR 12, 254; Schmid GRUR-Prax 12, 75; Slopek/Schröer Mitt 12, 533; Berger GRUR 13, 321; Vorschlag von McGuire GRUR 12, 657. Eine Abhilfekonstruktion kann sich aus der Vereinbarung ergeben, dass der Lizenzvertrag aus wichtigem Grund gekündigt werden kann und dass bei einer Kündigung das Nutzungsrecht auf den Lizenzgeber übergeht. Bei dieser Vereinbarung hat bereits vor der Insolvenzeröffnung ein dinglicher Rechtsübergang stattgefunden. Die aufschiebende Bedingtheit dieses Rechtsübergangs steht der Insolvenzfestigkeit nicht entgegen, BGH GRUR 06, 435, Tz 24 – Softwarenutzungsrecht; zustimmend Schulze in: Dreier/Schulze § 112/30; krit Koehler/Ludwig WRP 06, 1342 ff. Zur Insolvenzfestigkeit von Unterlizenzen McGuire/Kunzmann GRUR 14, 28, 34.

3. Bei einer **Insolvenz des Lizenznehmers** wirkt es sich aus, dass Li- 8 zenzverträge pachtähnliche Rechtsverhältnisse sind, § 31 Rn 3. Lösungsklauseln zur automatischen Beendigung oder zur sofortigen Kündigung verstoßen gegen das entspr anwendbare Verbot der Kündigung von Pachtverhältnissen nach einem Antrag auf Eröffnung des Insolvenzverfahrens, § 112 InsO; sie sind deswegen unwirksam, § 119 InsO. Wenn der Lizenznehmer mit kontinuierlich zu leistenden Zahlungen in Verzug gerät, kann Zahlungsunfähigkeit, § 18 InsO, bevorstehen und Anlass für eine Kündigung sein.

III. Registereintragungen

Abs 2 erlaubt die Eintragung der rechtsgeschäftlich oder durch Zwangs- 9 vollstreckung begründeten **Rechte** iSv Abs 1, Rn 1, mit anschließender Bekanntmachung im Designblatt, die Vorschrift übernimmt damit § 29 II MarkenG, im PatR ist diese Eintragungsmöglichkeit nicht vorgesehen. Die Veranlassung der Eintragung ist nicht zwingend vorgeschrieben und wird iW nicht vAw herbeigeführt (Ausnahme su). Sie ist Obliegenheit des Inhabers des Rechts und liegt auch in seinem Interesse, damit Dritte auf die bestehende Rechtseinschränkung aufmerksam gemacht werden und diese oder der Designinhaber die eingetragene Berechtigung nicht beeinträchtigen. Die Eintragung erzeugt gem § 36 I Nr 2 eine Sperrwirkung gegen die vom Designinhaber oder Dritten beantragte Löschung des eD iSv § 36 I Nrn 2–4. Die Eintragung des Rechts ist nicht rechtsbegründend, sondern verschafft ggü DPMA und den Gerichten lediglich die auf diesen Gegenstand beschränkte formelle Legitimation, zu deren Bedeutung § 19 Rn 10, § 29 Rn 12, 14. Eintragungen nach Abs 2 lassen die Verfahrensbeteiligung des Designinhabers als nach wie vor formellem Inhaber in Verfahren vor dem DPMA und den Gerichten unberührt. Die Sicherungsabtretung des eD ist regelmäßig kein Fall der Eintragung nach Abs 2, sondern kann uU – nach Maßgabe der zugrundeliegenden Sicherungsabrede – bis zu einem nach § 29 III einzutragenden Inhaberwechsel reichen. Wird das **Insolvenzverfahren** über das Vermögen des Designinhabers oder den Anteil des Design-Mitinhabers eröffnet, § 27 InsO, und die Eröffnung nach Abs 3 eingetragen, werden insoweit nicht nur Rechtsbeeinträchtigungen verhindert, sondern generell die Vermögenslage des Designinhabers und die Änderung der Verfügungsbefugnis verlautbart.

10   Zum **Antrag** berechtigt ist nach Abs 2 der Gläubiger des Design-(Mit)Inhabers oder ein anderer Berechtigter, nicht der Inhaber selbst, im Falle des Abs 3 der Insolvenzverwalter oder das Insolvenzgericht, welches im Wege der Amtshilfe das DPMA um Eintragung vAw ersucht. Bei gestatteter Eigenverwaltung im Rahmen der Insolvenz, §§ 270–285 InsO, darf der Sachwalter an Stelle des Insolvenzverwalters die Anträge nach Abs 3 S 1 und S 2 stellen, Abs 3 S 3. Der Antrag ist gebührenfrei und formfrei möglich, ein amtliches Formblatt für den Antrag und auch für die Zustimmungserklärung weiterer Berechtigter stehen zur Verfügung (Vordrucke R 5743 bzw R 5744 – derzeit Ausgaben 1.14 – unter www.dpma.de auch im Internet abrufbar). Nachweise der Vollstreckungsmaßnahme (zB Pfändungsbeschluss des Amtsgerichts), der Rechtseinräumung an den Antragsteller (zB Vorlage einer Kopie des betr Einräumungsvertrags bzw Zustimmung zur Einräumung) bzw Nachweis der Eröffnung des Insolvenzverfahrens mit Bestimmung des Insolvenzverwalters oder des Sachwalters sind gem § 29 I DPMAV beizufügen. Dazu gehören auch Angaben zum Inhaber des dinglichen Rechts und ggf seines Vertreters in entsprechender Anwendung des § 28 II DPMAV iVm § 6 I–IV DesignV. Die Tatsachen werden nach § 15 II Nrn 11–13 DesignV eingetragen und in DPMAregister sowie im Designblatt bekanntgemacht. Die Eintragung der **Übertragung** eines beschränkten dinglichen Rechts auf einen neuen Inhaber ist wie diejenige eines Inhaberwechsels zu beantragen und durchzuführen, § 29 II DPMAV, Einzelh § 29 Rn 15 ff. Die **Löschung** der Eintragung kann in gleicher Weise vom Gläubiger, Inhaber des dinglichen Rechts bzw Designinhaber beantragt werden unter Vorlage geeigneter Nachweise.

Lizenz

31 (1) **Der Rechtsinhaber kann Lizenzen für das gesamte Gebiet oder einen Teil des Gebiets der Bundesrepublik Deutschland erteilen. Eine Lizenz kann ausschließlich oder nicht ausschließlich sein.**

(2) Der Rechtsinhaber kann die Rechte aus dem eingetragenen Design gegen einen Lizenznehmer geltend machen, der hinsichtlich

1. der Dauer der Lizenz;
2. der Form der Nutzung des eingetragenen Designs;
3. der Auswahl der Erzeugnisse, für die die Lizenz erteilt worden ist;
4. des Gebiets, für das die Lizenz erteilt worden ist, oder
5. der Qualität der vom Lizenznehmer hergestellten Erzeugnisse

gegen eine Bestimmung des Lizenzvertrages verstößt.

(3) Unbeschadet der Bestimmungen des Lizenzvertrags kann der Lizenznehmer ein Verfahren wegen Verletzung eines Geschmacksmusters nur mit Zustimmung des Rechtsinhabers anhängig machen. Dies gilt nicht für den Inhaber einer ausschließlichen Lizenz, wenn der Rechtsinhaber, nachdem er dazu aufgefordert wurde, innerhalb einer angemessenen Frist nicht selbst ein Verletzungsverfahren anhängig macht.

(4) Jeder Lizenznehmer kann als Streitgenosse einer vom Rechtsinhaber erhobenen Verletzungsklage beitreten, um den Ersatz seines eigenen Schadens geltend zu machen.

(5) Die Rechtsnachfolge nach § 29 oder die Erteilung einer Lizenz im Sinne des Absatzes 1 berührt nicht Lizenzen, die Dritten vorher erteilt worden sind.

Übersicht

I. Allgemeines

1. Der **Regelungshalt** ist an Art 32 GGV, Art 22 GMV und § 30 MarkenG angelehnt. In der GRL gibt es für § 31 keine Vorgabe. Im Geltungsbereich des GeschmMG 1876 war die Möglichkeit der Lizenzierung zwar anerkannt, aber nicht Gegenstand einer gesetzlichen Regelung. In Abs 1 sind einige Grds des Lizenzvertrags geregelt. Aus Abs 2 ergeben sich gesetzliche Ansprüche des Lizenzgebers gegen den Lizenznehmer. Abs 3 regelt die Aktivlegitimation, Abs 4 das Beitrittsrecht des Lizenznehmers. Aus Abs 5 ergibt sich ein Sukzessionsschutz zugunsten des Lizenznehmers. Umfassend **1**

zur Verwertung von Designschutzrechten durch Lizenzerteilung und zur Wertbestimmung: Eichmann in: Eichmann/Kur § 10.

2   **2.** Für **Gemeinschaftsgeschmacksmuster** stimmen die Regelungen weitgehend mit § 31 überein. Entsprechungen sind: Abs 1 zu Art 32 I, Abs 2 zu Art 32 II, Abs 3 zu Art 32 III und Abs 4 zu Art 32 IV GGV. Lizenzen können für das gesamte Gebiet oder für einen Teil der Gemeinschaft erteilt werden. Teil der Gemeinschaft kann das Gebiet eines Mitgliedstaats, aber auch ein enger begrenztes Gebiet sein. Gegen Benutzungshandlungen des Lizenznehmers und von Abnehmern des Lizenznehmers außerhalb des Lizenzgebiets können – abweichend von § 31 Nr 4 – keine gesetzliche Ansprüche geltend gemacht werden. Aus Art 32 V iVm Art 33 II ergibt sich ein nur eingeschränkter Sukzessionsschutz. Die Erteilung und die Übertragung einer Lizenz wird Dritten ggü nur und erst wirksam, wenn sie in das Register eingetragen ist. Dasselbe folgt aus Art 28 iVm Art 33 II 1 GGV für den Übergang der Rechte an einem GGM. Ausnahmen von diesen Erfordernissen der Registereintragungen bestehen für Unternehmensübertragungen, Art 33 III GGV, und für Rechtspositionen, die in Kenntnis des (noch) nicht eingetragenen Vorgangs entstanden sind, Art 33 II 2 GGV.

II. Lizenzvertrag

3   **1.** Zur **Rechtsnatur** der Lizenz gibt § 31 in Abs 2 und 3 lediglich Hinweise darauf, dass es sich um eine vertragliche Regelung handelt. In Abs 1 und 2 sind Beispiele für den Inhalt von Vertragsbestimmungen aufgeführt. Grundinhalt der Lizenz ist, dass der Lizenzgeber sein BenutzungsR, s § 38 Rn 4, auf den Lizenznehmer – ganz oder teilweise – überträgt. Im Rahmen des Lizenzvertrags verzichtet der Rechtsinhaber auf sein ausschließliches BenutzungsR; dieser Verzicht kommt einer Zustimmung gleich, die zur Erschöpfung der Rechte des Rechtsinhabers führt, EuGH GRUR 09, 593 Rn 31, 46 – Copad. Ergänzend kann eine Übertragung des VerbietungsR, s § 38 Rn 8, vereinbart werden. Es handelt sich um einen Vertrag *sui generis,* dessen Inhalt im Rahmen der Vertragsfreiheit von den Vertragsparteien frei bestimmt werden kann. Für einige Branchen können Gestaltungsanregungen aus branchenspezifischen Musterverträgen und Tarifverträgen entnommen werden, s Kur FS Schricker 1995, 503, 505. Für Lizenzverträge können sich Beschränkungen aus § 138 BGB, dem DesignerpersönlichkeitsR, s Allg Rn 18 und Kur FS Schricker 1995, 505, und aus den Vorschriften über wettbewerbsbeschränkende Maßnahmen ergeben. Der Lizenzvertrag ist ein eigenständiger Vertragstyp, BGH GRUR 61, 27, 29 – Holzbauträger, bei dessen Auslegung allerdings auf gesetzlich typisierte Verträge zurückgegriffen werden kann, BGH GRUR 70, 547, 548 – Kleinfilter. Weil Lizenz eine vertragliche Gebrauchsüberlassung ist, besteht idR große Nähe zur Pacht. In bes Fällen können aber auch Parallelen zum Rechtskauf, zum Werklieferungsvertrag oder zur Gesellschaft bestehen, so dass dann Auslegungshilfen aus diesen Vertragstypen gewonnen werden können. Die §§ 320 ff BGB gelten unmittelbar, weil der Lizenzvertrag ein auf den Austausch von Leistungen gerichteter Vertrag ist. Neben den Hauptpflichten können auch ohne ausdrückliche Vereinbarung Neben- und Fürsorgepflichten bestehen, BGH GRUR 61, 470, 471 – Mitarbeiter-Urkunde. Längerfristig angelegte Lizenzverträge sind Dauerschuldverhältnisse, die bes Treuepflichten auferlegen,

BGH GRUR 59, 616, 617 – Metallabsatz; GRUR 65, 135, 137 – Vanal-Patent, und bei Leistungsstörungen der Geschäftsgrundlage gesteigerte Bedeutung zukommen lassen, BGH GRUR 82, 481, 483 – Hartmetallkopfbohrer.

2. Bei der **Auslegung** muss vorrangig der Wortlaut und der dabei erklär- 4
te Parteiwille berücksichtigt werden, BGH GRUR 11, 946 Tz 17 – KD; Begleitumstände und späteres Verhalten können bei nicht eindeutigem Ergebnis eine Rolle spielen, BGH GRUR 98, 561, 562 – Umsatzlizenz. Bei der nach beiden Seiten interessengerechten Auslegung muss der Zweck des Vertrags berücksichtigt werden, BGH GRUR 11, 946 Tz 17. Dabei kann Bedeutung erlangen, dass die Zweckübertragungslehre zwar in § 31 V UrhG ihren gesetzlichen Niederschlag gefunden hat, ihr Anwendungsbereich jedoch umfassender ist, BGH GRUR 96, 121, 122 – Pauschale Rechtseinräumung. Allgemein gehaltene Formulierungen können deswegen durch den Vertragszweck eine einengende Auslegung erfahren, BGH GRUR 96, 122. Bei der Einräumung eines NutzungsR bestimmt sich daher der Umfang des NutzungsR im Zweifel nach dem mit seiner Einräumung verfolgten Zweck, BGH GRUR 86, 885, 886 – Metaxa, weil der Rechtsinhaber NutzungsR nur in dem Umfang einräumen will, den der Vertragszweck erfordert, BGH GRUR 81, 196, 197 – Honorarvereinbarung; GRUR 00, 144, 145 – Comic-Übersetzungen II. Wenn eine ausdrückliche Vereinbarung fehlt, sind die Gesamtumstände, BGH GRUR 96, 122, unter Berücksichtung der Verkehrssitte heranzuziehen, BGH GRUR 86, 886. Dabei kann davon auszugehen sein, dass der Rechtsinhaber im Umfang einer bestehenden Branchenübung VerwertungsR eingeräumt hat, BGH GRUR 86, 886. Bei pauschaler Rechtseinräumung richtet es sich nach der Zweckübertragungslehre, welche NutzungsR eingeräumt sind und ob damit inhaltliche, räumliche und zeitliche Beschränkungen verbunden sind, BGH GRUR 96, 122. Im Zweifel verdient die Auslegung den Vorzug, mit der die Nichtigkeit des Vertrags vermieden wird, BGH GRUR 11, 946 Tz 26. Aus gegenseitiger Fürsorgepflicht können Nebenpflichten erwachsen, BGH GRUR 00, 138 – Knopflochnähmaschinen. Bei internationalen Lizenzverträgen kann das anwendbare Recht in einer Rechtswahlklausel festgelegt sein, Art 3 I Rom I-VO; wenn das nicht der Fall ist, kann es nach Art 4 Rom I-VO auf die Bestimmung der vertragscharakteristischen Leistung oder auf eine sonstige Verbindung mit einem Staat ankommen, hierzu Stimmel GRUR 10, 783.

3. Das **Vertragsgebiet** kann durch Vereinbarung festgelegt werden, Abs 1 5
S 1. Entsprechend dem Geltungsbereich des DesignG ist Lizenzierung für das gesamte Gebiet Deutschlands die Regel. Die Lizenzerteilung für einen Teil dieses Gebiets setzt vertragliche Einigung voraus. Teilgebiete werden häufig durch Bezugnahmen auf politische oder geografische Grenzen festgelegt. Andersartige Bestimmungen, zB durch Postleitzahlen, kommen ebenfalls in Betracht. Die Möglichkeit der Einräumung von Gebietslizenzen hat insbes dann Bedeutung, wenn bundesweit operierende Vertriebsorganisationen nicht zur Verfügung stehen oder wenn eine Gebietsaufteilung die Markterschließung erleichtert.

4. Die **Art der Nutzung** eines eingetragenen Designs knüpft an die ver- 6
schiedenen Arten von Benutzungshandlungen, s § 38 Rn 48 ff an. Wenn keine Beschränkung vereinbart ist, umfasst die Lizenz sämtliche Benutzungshandlungen. Bei umfassender Lizenzerteilung ist der Lizenznehmer insbes

berechtigt, designgemäße Erzeugnisse selbst herzustellen und zu verbreiten. Es kann aber auch nur eine Vertriebsbefugnis mit der Folge eingeräumt werden, dass der Lizenznehmer die Erzeugnisse entweder vom Lizenzgeber oder von dem Inhaber einer Herstellungslizenz zu erwerben hat, BGH GRUR 59, 528, 531 – Autodachzelt; GRUR 66, 576, 580 – Zimcofot. Eine Herstellungslizenz kann auch mit der Maßgabe gewährt werden, dass der Lizenznehmer die Erzeugnisse nur an den Lizenzgeber oder an von diesem benannte Dritte zu liefern berechtigt ist. Sowohl die Herstellungs- als auch die Vertriebslizenz können mit inhaltlichen Beschränkungen versehen werden. Abreden über die Art der Nutzung haben keine quasi-dingliche Wirkung, s Rn 21. Verstöße führen daher nur zu schuldrechtlichen Ansprüchen ggü dem Lizenznehmer, nicht auch zu Ansprüchen ggü dessen Abnehmern und weiteren Erwerbern.

7 **5.** Eine **ausschließliche Lizenz,** Abs 1 S 2, kann eine Alleinlizenz (sole license) sein oder ein AlleinbenutzungsR (single use) begründen. Nach § 31 III 1 UrhG besteht das BenutzungsR unter Ausschluss aller anderen Personen (einschließlich des Rechtsinhabers). Daraus kann sich für das DesignR eine Auslegungsregel ergeben. Das NutzungsR des Lizenznehmers bezieht sich nur auf die ihm vertraglich erlaubte Art der Nutzung, s § 31 III 1 UrhG, so dass der Lizenznehmer inhaltliche, räumliche und zeitliche Beschränkungen einzuhalten hat, die sich aus dem Lizenzvertrag ergeben.

8 **6.** Eine **nicht ausschließliche Lizenz** wird in der Praxis häufig als einfache Lizenz bezeichnet. Bei einer einfachen Lizenz können neben dem Lizenznehmer sowohl der Lizenzgeber als auch weitere Lizenznehmer zur Nutzung des lizenzierten Rechts berechtigt sein, s § 31 II UrhG. Es können dieselben Beschränkungen wie bei einer ausschließlichen Lizenz vereinbart werden.

9 **7.** Es besteht **Ausübungspflicht,** wenn das vereinbart ist; das kann auch bei einfacher Lizenz der Fall sein, BGH GRUR 80, 38, 40 – Fullplastverfahren. Auch die Gesamtumstände können Ausübungspflicht ergeben. Bei Umsatzlizenz mit Ausschließlichkeit besteht idR Ausübungspflicht, BGH GRUR 61, 470, 471 – Mitarbeiter-Urkunde; GRUR 69, 560, 561 – Frischhaltegefäß. Umfang und Fortbestand sind einzelfallbezogen zu bestimmen; bei Unzumutbarkeit kann Ausübungspflicht entfallen, BGH GRUR 00, 138, 139 – Knopflochnähmaschinen. Das kann der Fall sein, wenn trotz Ausschöpfung aller zumutbarer Bemühungen wirtschaftliche Gründe der Ausübung entgegenstehen, BGH GRUR 78, 166, 167 – Banddüngestreuer. Bei Verstoß gegen Ausübungspflicht besteht KündigungsR und Schadensersatzanspruch, BGH GRUR 80, 40, mit allerdings problematischer Schadensberechnung, s Hesse GRUR 72, 505. Bei ausschließlicher Lizenz mit langer Vertragsdauer kann Nichtnutzung auch ohne Verschulden eine außerordentliche Kündigung rechtfertigen, BGH GRUR-RR 09, 284 Tz 20 – Nassreiniger; s auch Rn 13. Wenn Ausübungspflicht beabsichtigt ist, werden idR Mindestlizenzen vereinbart.

10 **8.** Ob der Lizenznehmer zur Erteilung von **Unterlizenzen** befugt ist, richtet sich nach dem Vertragsinhalt. Die Erteilung von Unterlizenzen ist eine bes Art der (Mit-)Benutzung eines eingetragenen Designs. Wenn auch Auslegung ohne Ergebnis ist, bedarf es einer Bewertung der beiderseitigen Interessenlage. Nach BGH GRUR 53, 114, 118 – Reinigungsverfahren – kann Unterlizenz bei ausschließlicher Lizenz erteilt werden. Aus § 35 I 1

UrhG kann auch für das DesignR gefolgert werden, dass Unterlizenzen idR nur bei ausschließlicher Lizenz in Betracht kommen und der Zustimmung des Rechtsinhabers bedürfen. Die treuwidrige Versagung der Zustimmung kann unbeachtlich sein, s § 35 II ivm § 34 I 2 UrhG. Einfache Lizenz berechtigt nicht zur Erteilung einer Unterlizenz. Die Berechtigung zur Unterlizenzierung ist so an den Hauptvertrag gebunden, dass alle Beschränkungen weitergeben werden müssen und weitergehende Rechte nicht begründet werden dürfen. Die Befugnis zur Vergabe von Unterlizenzen kann mit quasi-dinglicher Wirkung ausgeschlossen werden, BGH GRU 87, 37, 39 – Videolizenzvertrag. Bei Verstoß kann der Lizenzgeber daher gegen Unterlizenznehmer die Rechte aus dem eD geltend machen. Die Übertragung des Lizenzvertrags auf einen Dritten bedarf als Vertragsänderung stets der Zustimmung des Rechtsinhabers. Das Erlöschen der Hauptlizenz führt idR nicht zum Erlöschen einer ausschließlichen Unterlizenz, BGH GRUR 12, 914 Tz 15, 18 – Take Fife; GRUR 12, 916 Tz 25 – M2Trade; s auch Rn 31.

9. Die **Vertragsdauer** richtet sich nach dem Vereinbarungsinhalt. Ohne **11** Festlegung eines Endtermins besteht das BenutzungsR für die Dauer des Designschutzes. Streit über die Dauer der Lizenz kann die Durchsetzung von Ansprüchen ggü Abnehmern erschweren. Eine Laufzeit über die maximale Schutzdauer kann Wettbewerbsbeschränkung sein. Neben dem unabdingbaren Recht zur außerordentlichen Kündigung bei gravierenden Leistungsstörungen können Sachverhalte definiert werden, s BGH GRUR 04, 532, 533 – Nassreinigung, die entweder zu Kündigung mit Fristvorlauf oder zu fristloser Kündigung berechtigen. Insbes kann dem Lizenzgeber gestattet werden, das Vertragsverhältnis zu beenden, wenn Mindestumsätze nicht erzielt werden; diese Befugnis besteht idR nicht, wenn Mindestlizenzen vereinbart sind. Nach Vertragsende ist der Lizenznehmer nicht mehr zur Herstellung, je nach Vereinbarung oder Gesamtumständen aber zum Abverkauf noch vorhandener Erzeugnisse berechtigt, BGH GRUR 59, 528, 531 – Autodachzelt, wenn dem Lizenzgeber kein Rückkaufsrecht eingeräumt ist. Die lizenzierte Gestaltung fällt vorbehaltlich abweichender Abreden nach Vertragsende auch dann uneingeschränkt und entschädigungslos in den Herrschaftsbereich des Lizenzgebers zurück, wenn der Lizenznehmer durch seine Werbeaufwendungen den Bekanntheitsgrad erheblich gesteigert hat, BGH GRUR 63, 485, 488 – Micky-Maus-Orangen. Ein Ausgleichsanspruch entspr § 89b HGB besteht idR nicht, Hbg GRUR-RR 09, 339 (zur Markenlizenz ohne Produktion des Lizenzgebers). Nach Beendigung der Schutzdauer ist der Lizenznehmer grds so frei wie jeder Dritte, es können jedoch fortwirkende Treuepflichten sowie zu beachtende MarkenR, BGH GRUR 63, 487, und UrhR bestehen. Nachwirkungen können sich insbes dann ergeben, wenn der Vertrag vor Beendigung der Schutzdauer aufgelöst wird. Wenn der Lizenznehmer einen mit Hilfe des lizenzierten DesignschutzR aufgebauten Vertriebsweg und Kundenstamm ausnutzt und schon während der Laufzeit des Vertrags hinter dem Rücken des Lizenzgebers den Vertrieb einer abgewandelten Ausführungsform aufgebaut, aber erst nach Abschluss dieser Vorbereitung den Vertrag gekündigt hat, kann hieraus ein zeitlich befristetes Vertriebsverbot resultieren, BGH I ZR 21/68 v 13.2.70.

10. Bei **Leistungsstörungen** in Bezug auf das lizenzierte Recht richtet **12** sich der Haftungsumfang des Lizenzgebers primär nach dem Vereinbarungsinhalt, subsidiär nach dem, was für beide Parteien Geschäftsgrundlage geworden ist, § 313 BGB, BGH GRUR 01, 223, 225 – Bodenwaschanlage. Vertragsanpassung nach § 313 BGB kann auch verlangt werden, wenn sich Vertragsgrundlagen nach Vertragsabschluss schwerwiegend verändert haben, BGH GRUR 09, 1526 Tz 70 – DAX. Zur außerordentlichen Kündigung Rn 13. Ergänzend zu § 313 BGB sind die aus der jeweiligen Rechtsnatur des Lizenzvertrags resultierenden Bestimmungen des BGB entspr anwendbar. Insbesondere bei ausschließlicher Lizenz, s Haedicke GRUR 04, 125, richten sich die Ansprüche nach § 453 BGB. Bei einer Lizenz für ein eingetragenes Design haftet der Lizenzgeber dafür, dass das eD im Zeitpunkt des Vertragsabschlusses eingetragen ist und dass die Schutzdauer für die Dauer des Vertrags verlängert wird. Nicht nur bei fehlender Neuheit oder Eigenart, BGH I ZR 21/68 v 13.2.70 – Trinkglasuntersetzer – bestätigt durch BGH GRUR 78, 308, 310 – Speisekartenwerbung; GRUR 93, 40, 41 – Keltisches Horoskop; GRUR 12, 910 Tz 15 – Delcantos Hits, sondern auch dann, wenn ein eD seiner Art nach nicht entstehen konnte, RGZ 68, 293; BGH GRUR 57, 595 – Verwandlungstisch, hat der Lizenznehmer Ansprüche entspr §§ 453 I, 437 und ggf § 311a II BGB. Abweichende Vereinbarungen sind möglich, BGH GRUR 77, 107, 109 – Werbespiegel; GRUR 12, 910 Tz 22. Unrichtige Angaben zur Schutzrechtslage können zur Anfechtung nach § 123 BGB und zu Schadensersatz berechtigen, BGH GRUR 98, 650, 652 – Krankenhausmüllentsorgungsanlage. Der Lizenznehmer kann vertragsgemäß verpflichtet bleiben, wenn einem eD wegen Vorverbreitung des Lizenzgebers die Neuheit fehlt oder wenn ein eD gegenüber einem zum vorbekannten Formenschatz gehörenden DesignschutzR des Lizenzgebers nicht eigenartig ist, BGH 13.2.70. Das gilt jedoch nur, solange die Eintragung dem Lizenznehmer eine faktische Monopolstellung dadurch verschafft, dass Wettbewerber das SchutzR respektieren, s BGH GRUR 77, 109; GRUR 83, 237, 239 – Brückenlegepanzer, sowie BGH GRUR 78, 310 für einen Sonderfall des Kaufs eines eD; ebenso für urheberrechtliche Nutzungsverträge BGH GRUR 93, 42; GRUR 12, 910 Tz 14. Die Vertragspflichten des Lizenznehmers bleiben auch dann bestehen, wenn aufgrund bes Umstände Wettbewerber nicht vorhanden sind, BGH GRUR 83, 239; Karlsr Mitt 09, 419, 420. Die Rückwirkungsfolgen einer Nichtigkeit sind für GGM in Art 26 II GGB abgemildert; diese Regelung ergibt auch für eingetragene Designs eine interessengerechte Lösung. Mit der Löschung eines eD fällt die Zahlungspflicht des Lizenznehmers, BGH GRUR 12, 910 Tz 19. Bei Vereinbarungen über ein erst anzumeldendes eD oder über künftige Gestaltungen kommt es darauf an, welche Bedeutung die Parteien der Herbeiführung eines wirksamen Schutzes beigemessen haben. Auch wenn ein Design eingetragen ist, kann dessen Schutzfähigkeit von untergeordneter Bedeutung sein, wenn die Befugnis zur Verwendung der lizenzierten Gestaltung im Vordergrund steht. Der Lizenzvertrag ist idR ein gewagtes Geschäft, BGH GRUR 57, 596, so dass der Lizenzgeber weder für Fabrikationsreife, BGH GRUR 55, 338, 341 – Brillengläser, noch für geschäftlichen Erfolg, BGH GRUR 74, 40, 43 – Bremsrolle, haftet.

13　**11.** Beide Vertragspartner können durch **außerordentliche Kündigung** das Vertragsverhältnis beenden, wenn die Fortführung des Vertrags bis zum Zeitpunkt der frühestmöglichen ordentlichen Kündigung unzumutbar geworden ist. Bei Dauerschuldverhältnissen ist Kündigung aus wichtigem

Grund zulässig, wenn Interessenabwägung zu Unzumutbarkeit der Vertrags-fortsetzung führt, § 314 I BGB; BGH GRUR 92, 112, 114 – pulp-wash; GRUR 04, 532, 533 – Nassreinigung. Unter Berücksichtigung aller Um-stände des Einzelfalls muss die Fortsetzung des Vertrags bei obj Würdigung unzumutbar sein, BGH GRUR 97, 610, 611 – Tinnitus-Masker; GRUR-RR 09, 284 Tz 13 – Nassreiniger. Das ist insbes beim Wegfall des Vertrags-SchutzR der Fall, BGH GRUR 12, 910 Tz 20 – Delcantos Hits. Ansonsten können Vertragsverletzungen erst nach Missachtung einer Abmahnung zur außerordentlichen Kündigung berechtigen, § 314 II BGB; BGH GRUR 92, 114; GRUR 97, 611. Wenn der Lizenznehmer seiner Vorzugsstellung ge-genüber Wettbewerbern verlustig geht, bewirkt das den Wegfall der Ge-schäftsgrundlage des als Dauerschuldverhältnis ausgelegten Lizenzvertrags, BGH GRUR 82, 481, 483 – Hartmetallkopfbohrer. Der Lizenznehmer ist dann berechtigt, das Vertragsverhältnis für die Zukunft zu lösen, BGH GRUR 57, 595, 596 – Verwandlungstisch; GRUR 93, 40, 42 – Keltisches Horoskop, wobei es keinen Unterschied macht, ob eine ausschließliche oder eine einfache Lizenz erteilt ist, BGH GRUR 83, 237, 239 – Brückenlege-panzer. Bei ausschließlicher Lizenz kann jedoch unterbliebene Nutzung die Fortsetzung eines langjährigen Vertrags für den Lizenzgeber unzumutbar machen, BGH GRUR-RR 09, 284 Tz 20; s auch Rn 9. Wiederholter Ab-rechnungsverzug kann wichtigen Kündigungsgrund nach § 314 BGB erge-ben, LG Mü I Mitt 09, 421. Je stärker die beiderseitigen Treuepflichten aus-geprägt sind, desto strengere Anforderungen bestehen sowohl für den Kündigungsgrund als auch für das Erfordernis einer Abmahnung. Bei nach-geschobenen Kündigungsgründen muss unterschieden werden, ob sie vor der Kündigung bestanden haben, aber noch nicht bekannt waren, oder ob sie nach der Kündigung entstanden sind, BGH GRUR 97, 612. Die Kündi-gung muss innerhalb angemessener Frist erfolgen, § 314 III BGB; die Zwei-wochenfrist aus § 626 II BGB gibt hierfür keinen Maßstab, BGH GRUR 11, 455 Tz 28 – Flexitanks. Bei berechtigter Kündigung besteht ein An-spruch auf Schadensersatz wegen entgangener Lizenzeinnahmen bis zum frühestmöglichen Termin einer ordentlichen Kündigung, BGH GRUR 11, 455 Tz 32; bis dahin besteht eine vertragliche Verpflichtung zur Auskunft und Rechnungslegung fort, BGH GRUR 11, 455 Tz 51.

12. Formbedürftigkeit kann sich nur aus anderen Gesetzen und aus **14** Parteiabrede, § 127 BGB, ergeben. Das Erfordernis der Schriftform aus § 34 aF GWB ist mit Wirkung zum 1.1.99 ersatzlos entfallen. Nach BGH GRUR 99, 776, 777 – Coverdisk – hat diese Rechtsänderung keine nach-trägliche Wirksamkeit von formunwirksamen Abreden zur Folge. Bestäti-gung, § 141 I BGB, nach 1.1.99 kann jedoch zu Wirksamkeit führen, BGH GRUR 99, 777. Bei Formunwirksamkeit kann Anspruch auf Wertersatz gem § 818 II BGB bestehen, BGH GRUR 02, 787, 788 – Abstreiferleiste.

III. Lizenzvergütung

1. Als **Grundsatz** folgt aus § 320 I BGB, dass die Übertragung von Be- **15** nutzungsR nicht ohne Gegenleistung erfolgt, ausführl Eichmann in: Eich-mann/Kur § 10 D. Weil eingetragene Designs ImmaterialgüterR mit Ver-mögenswert sind, ist die Gegenleistung idR ebenfalls vermögenswerter Natur. Bei gesellschaftsrechtlicher Ausgestaltung kann Beteiligung an Substanz oder Gewinn eines Unternehmens in Betracht kommen. Ganz überwiegend wird Vergütung als Geldschuld, s § 244 BGB, vereinbart. Der Vereinbarung von sog Gratislizenzen liegt meistens die Beilegung von Rechtsstreitigkeiten über Bestand und/oder unautorisierte Benutzung von SchutzR zugrunde. An die Stelle der in üblicher Weise ermittelten Vergütung kann als Gegenleistung der Verzicht auf Gegenmaßnahmen treten, zB auf Nichtigkeitsklage. Der Festlegung der Vergütung wird meistens größere Bedeutung als der Konkretisierung von Nutzungsmodalitäten beigemessen. Wenn dennoch auch nach Gesamtbetrachtung als Ergebnis bleibt, dass dem Parteiwillen eine finanzielle Gegenleistung entspricht, besteht Anspruch auf Lizenzzahlungen in angemessener Höhe, BGH GRUR 85, 129, 130 – Elektrodenfabrik, und in angemessenen Modalitäten; der Anspruch kann gem § 316 iVm § 315 BGB bestimmt werden.

16 **2.** Eine **Umsatzlizenz** trägt dem Parteiwillen nach angemessener Erfolgsbeteiligung am besten Rechnung. *Stücklizenz* wird vielfach als Oberbegriff benutzt, obwohl Bemessungsgrundlage auch Flächenmaße, zB bei Stoffen und Tapeten, oder Längenmaße, zB bei Bändern oder Schläuchen, sein können. Die in der Praxis vorherrschende *Prozentlizenz* bezieht sich auf einen bestimmten Prozentsatz aus jedem einzelnen lizenzpflichtigen Geschäft. Bezugsgröße für diese Form der Vergütung ist idR der Umsatz, den der Lizenznehmer mit den lizenzgemäßen Erzeugnissen erzielt. Wenn der Vertrag keine Definition enthält, ist der Netto-Rechnungsendbetrag aus den voll abgewickelten Geschäften maßgeblich, RG GRUR 43, 248. Der Zeitpunkt der Entstehung des Anspruchs auf Lizenzgebühren ist frei vereinbar, BGH GRUR 98, 561, 562 – Umsatzlizenz, ansonsten durch Auslegung zu ermitteln, BGH GRUR 04, 532, 534 – Nassreinigung. Bei der Vereinbarung eines Nettopreises hat der Lizenzgeber idR keinen Anspruch auf Erstattung der Mehrwertsteuer, BGH NJW 02, 2312 – Videofilmverwertung. Ob die Zahlungspflicht des Lizenznehmers bei Abnahmeweigerung, Rücktritt oder Nichtzahlung des Abnehmers entfällt, muss durch Einzelfallauslegung ermittelt werden, wenn keine vertragliche Regelung getroffen worden ist, BGH GRUR 98, 562. Es kann auch eine prozentuale Beteiligung am Gewinn, zB am Rohgewinn, vereinbart werden, s BGH GRUR 97, 610, 611 – Tinnitus-Masker. Anstelle einer Prozentlizenz kann eine *Betragslizenz* in der Weise vereinbart werden, dass für jeden lizenzpflichtigen Vorgang ein bestimmter Geldbetrag zu entrichten ist. Bei Betragslizenzen kann Anpassung an Marktentwicklungen mit Wertsicherungsklauseln oder durch Änderungsvereinbarung herbeigeführt werden. Weil Wertsicherungsklauseln genehmigungsbedürftig sind, s § 3 WährG, und das Ergebnis von Änderungsverlangen häufig ungewiss ist, werden Betragslizenzen idR nur für einmalige oder kurzfristige Nutzungen vereinbart. Bei Umsatzlizenzen für Nutzungen, die in großem Umfang erwartet werden, kann die Vereinbarung von sog Abstaffelungen interessengerecht sein. Umsatzlizenzen sind auch für abgewandelte Ausführungen zu entrichten, wenn sie in den Schutzumfang, s § 38 Rn 14 ff, eines lizenzierten eingetragenen Designs fallen. Das gilt auch, wenn der Lizenznehmer eine Einwilligung des Lizenzgebers nicht eingeholt hat, BGH I ZR 21/68 v 13.2.70, weil bei einem Verstoß gegen eine Beschränkung der Lizenzgeber das Recht aus dem eD gegen den Lizenznehmer geltend machen kann, s Rn 21, 24. Bei gestatteten Änderungen besteht ein vertraglicher Vergütungsanspruch.

3. Welcher **Lizenzsatz** angemessen ist, richtet sich primär nach der Ver- 17
kaufsbedeutung des vertragsgemäßen Designs und nach dem marktbezogenen
Vorarbeiten des Lizenzgebers. Weil Designlizenzen idR Produktlizenzen
sind, können Prozentsätze höher als bei anderen ImmaterialgüterR liegen.
Die angemessene Lizenzgebühr ist daher im allg höher als zB bei einer Markenlizenz, BGH GRUR 75, 85, 87 – Clarissa. Der übliche Rahmen liegt
zwischen 1% bis 10%, s die Sachverständigenbekundung in BGH GRUR
93, 55, 58 – Tchibo/Rolex II. Honorarempfehlungen von Verbänden, s Mü
ZUM 93, 153, und brachenspezifische Musterverträge, s Kur FS Schricker
1995, 505 ff, können der Orientierung dienen. Wenn keine bes Umstände
Berücksichtigung finden, bilden 5% einen interessengerechten Orientie-
rungswert. Abweichungen nach oben sind häufiger als Abweichungen nach
unten. Ein Lizenzsatz von 10% gilt als relativ hoch, BGH GRUR 91, 914,
917 – Kastanienmuster. Höhere Prozentsätze können bei außergewöhnlicher
Verkaufsbedeutung des Designs, zB im Bereich des Merchandising, angemessen sein.

4. Eine **Pauschallizenz** wird häufig in Verbindung mit einer Umsatzli- 18
zenz vereinbart. Kostenintensiven Vorarbeiten des Lizenzgebers kann durch
eine Einstandszahlung Rechnung getragen werden, zB BGH GRUR 61, 27,
28 – Holzträger. Es liegt idR ausschließlich im Risikobereich des Lizenznehmers, wenn der Wert der Nutzungen den Wert der Einstandszahlung
nicht erreicht. Ob neben einer Umsatzlizenz ein Designerhonorar in Ansatz
gebracht wird, hängt insbes von den branchenüblichen Gepflogenheiten und
von der Höhe der Umsatzlizenz ab, BGH GRUR 91, 914, 917 – Kastanienmuster.

5. Mindestlizenzen werden zur Absicherung des Vergütungsinteresses 19
des Lizenzgebers bei Umsatzlizenzen vereinbart, zB BGH GRUR 74, 40, 43
– Bremsrolle. Das Risiko eines Fehlschlags bei den erwarteten Umsätzen
trägt der Lizenznehmer; gravierende Änderungen von Bemessungsgrundla-
gen können jedoch eine Anpassung rechtfertigen, BGH GRUR 74, 43;
GRUR 01, 223, 225 – Bodenwaschanlage. Bei Verträgen, die auf längere
Zeit ausgelegt sind, werden Mindestlizenzen häufig für zeitliche Teilab-
schnitte vereinbart. Eine zeitlich gestaffelte Erhöhung von Mindestlizenzen
kann sachgerecht sein. Umsatzlizenzen werden auch ohne ausdrückliche
Vereinbarung angerechnet; Ausnahmen setzen Eindeutigkeit voraus.

6. Eine Verpflichtung zur **Rechnungslegung** wird bei Umsatzlizenzen 20
idR vertraglich festgelegt und konkretisiert. Durch die Rechnungslegung
soll die Grundlage für eine ordnungsgemäße Abrechnung geschaffen werden, BGH GRUR 97, 610, 611 – Tinnitus-Masker. Diese Verpflichtung
besteht entspr § 259 BGB auch, wenn es die Parteien versäumt haben, eine
vertragliche Regelung zu treffen, RGZ 127, 244. Bei längerer Vertragsdauer
ist in periodischen Zeitabständen Rechnung zu legen und im Anschluss
hieran die daraus resultierende Vergütung zu entrichten. Erforderlich ist eine
geordnete Zusammenstellung der einzelnen lizenzpflichtigen Vorgänge, die
dem Lizenzgeber die Prüfung der Richtigkeit und Vollständigkeit ermöglicht, BGH GRUR 62, 398, 400 – Kreuzbodenventilsäcke II. Wenn die
Parteien in Wettbewerb stehen, kann der Lizenznehmer die Abnehmer einer
neutralen Auskunftsperson bekannt geben, Einzelh 2. Aufl § 14a/16. Zur
Prüfung der Unterlagen des Lizenznehmers durch einen Buchsachverständigen ist der Lizenzgeber nur bei ausdrücklicher Vereinbarung berechtigt,

BGH GRUR 61, 466, 469 – Gewinderollkopf. Es kann Erstattungspflicht
für Prüfungskosten durch den Lizenznehmer für den Fall vereinbart werden,
dass substantielle Fehler in der Rechnungslegung festgestellt werden. Wenn
begründeter Verdacht dafür besteht, dass die Rechnungslegung unrichtig ist,
kann Abgabe der Versicherung an Eides Statt gem §§ 259 II, 261 BGB verlangt werden, s BGH GRUR 62, 400.

IV. Gesetzliche Ansprüche

21   **1.** Die **Bedeutung** der Regelung in Abs 2 ist nicht auf eine Ergänzung
des Lizenzvertrags ausgerichtet. Vielmehr werden vertragliche Absprachen
vorausgesetzt. Eine weitgehend inhaltsgleiche Regelung enthält § 30 II MarkenG. Wenn Vereinbarungen bestehen, werden sie im Rahmen des Abs 2
mit quasi-dinglicher Wirkung ausgestattet. Ein Verstoß des Lizenznehmers
gegen eine Klausel des Lizenzvertrags steht der Erschöpfung, s § 48 Rn 8,
nur entgegen, wenn es sich um einen der gesetzlich geregelten Verstöße
handelt; diese sind abschließend aufgezählt, EuGH GRUR 09, 593 Rn 50,
51 – Copad. Die Geltendmachung von gesetzlich geregelten Verstößen gegen den Lizenzvertrag kann nicht nur gegen den Lizenznehmer, sondern
auch gegen – sowohl unmittelbare als auch mittelbare – Abnehmer des Lizenznehmers erfolgen. Es handelt sich daher um gegen jedermann wirkende
Ansprüche aus dem SchutzR, BGH GRUR 11, 820 Tz 23 – Kuchenbesteck-Set.

22   **2.** Die **Dauer der Lizenz** ergibt sich aus der vertraglichen Regelung
über die Vertragsdauer, Rn 11. Benutzungshandlungen des Lizenznehmers
nach Vertragsende berechtigen den Lizenzgeber zur Geltendmachung der
Rechte aus dem DesignschutzR, soweit keine Auslaufregelungen bestehen.

23   **3.** Vereinbarungen über die **Form der Nutzung** beziehen sich auf die
Ausgestaltung der lizenzgemäßen Erzeugnisse. Insbes Form- und Farbgebung, aber auch Format können festgelegt werden. Festlegungen können
durch Bezugnahmen auf Musterexemplare erfolgen oder konkretisiert werden. Statt einer beschreibenden Festlegung kann auch eine Vereinbarung
darüber getroffen werden, welche Ausgestaltungen dem Lizenznehmer nicht
gestattet sind.

24   **4.** Die **Auswahl der Erzeugnisse,** für die ein eingetragenes Design benutzt werden darf, richtet sich nach den Erzeugnissen, die Gegenstand der
Eintragung sind, s § 11 II Nr 4. Eine Festlegung durch Muster oder in
gleichwertiger Weise kann die Durchsetzung von Ansprüchen ggü Abnehmern des Lizenznehmers erleichtern. Beschränkung auf bes Waren setzt
Einigung voraus. Bei einem für Druckerzeugnisse bestimmten eD kann zB
ein Lizenznehmer für Bücher und Broschüren, ein anderer für Postkarten
und Poster berechtigt werden. Auch eine Aufspaltung in Bezug auf verschiedene Materialien ist möglich, zB bei Figuren auf Holz, Kunststoff, Metall,
textile Materialien etc. Ob der Lizenznehmer berechtigt ist, ein für ein bestimmtes Erzeugnis eingetragenes eD auch für andere Erzeugnisse zu verwenden oder Änderungen vorzunehmen, die den unmittelbaren Gegenstand
des eD variieren, ist unter Beachtung der Zweckübertragungstheorie, s
Rn 4, durch Auslegung zu ermitteln, wenn der Vertrag keine ausdrückliche
Regelung enthält.

5. Bei einer **Gebietslizenz** ist das BenutzungsR des Lizenznehmers auf **25** das vertraglich festgelegte Gebiet beschränkt, Rn 5. Gebiet hat dabei nur geografische Bedeutung, EuGH GRUR Int 09, 716 Rn 34 – Copad. Außergebietliche Benutzungshandlungen haben gesetzliche Ansprüche des Lizenzgebers zur Folge.

6. Ob eine **Qualitätsvereinbarung** getroffen worden ist, muss sich aus **26** dem Wortlaut des Lizenzvertrags ergeben. Ansonsten kann die Nichteinhaltung von Qualitätsstandards nur schuldrechtliche Ansprüche auslösen, weil Nr 5 einen Verstoß gegen eine Bestimmung des Lizenzvertrags zur Voraussetzung hat. Der Lizenzgeber kann die Qualität der Waren dadurch kontrollieren, dass er besondere Klauseln in den Lizenzvertrag aufnimmt, die den Lizenznehmer verpflichten, seinen Vorgaben zu folgen, EuGH GRUR Int 09, 716 Rn 44 – Copad. Der Lizenzgeber kann ein berechtigtes Interesse an der Einhaltung einer Mindestqualität insbes dann haben, wenn er selbst designgemäße Erzeugnisse in den Verkehr bringt oder wenn weitere Lizenzen erteilt worden sind oder erteilt werden sollen; hierzu BGH GRUR 11, 820 Tz 23 – Kuchenbesteck-Set. Haftungserwägungen können ebenfalls Anlass für Mindestfestlegungen sein. Qualitätsstandards können insbes durch Beschreibung und durch Bezugnahmen auf Musterexemplare festgelegt werden. Die Qualität von Prestigewaren beruht nicht nur auf ihren materiellen Eigenschaften, sondern auch auf ihrer luxuriösen Ausstrahlung, EuGH GRUR Int 98, 140 Rn 45 – Parfums Christian Dior/Evora. Eine Beeinträchtigung dieser Ausstrahlung ist geeignet, sich mittelbar auf die Qualität der Waren auszuwirken; ob das der Fall ist, richtet sich nach den jeweiligen Einzelumständen, EuGH GRUR Int 09, 716 Rn 31, 57.

V. Gerichtsverfahren

1. Die **Aktivlegitimation des Lizenzgebers** ist weder in § 31 noch in **27** vergleichbaren Bestimmungen, s Rn 1, geregelt. Bei einer ausschließlichen Lizenz kann der Rechtsinhaber eigene Ansprüche gegen einen Verletzer geltend machen, soweit er durch die Verletzung betroffen ist oder sonst wie ein schutzwürdiges Interesse an der Rechtsverfolgung hat, BGH GRUR 11, 711 Tz 15 – Cinch-Stecker. Das ist ua der Fall, wenn einzelne NutzungsR bei ihm verblieben sind oder er sich eine fortlaufende Teilhabe an dem wirtschaftlichen Ertrag vorbehalten hat, BGH GRUR 98, 379, 381 – Lunette; GRUR 08, 896 Tz 24 – Tintenpatrone I; Mü OLGR 04, 115 mwN. Der Anspruch des Rechtsinhabers auf Schadensersatz setzt eine gewisse Wahrscheinlichkeit für einen Schadenseintritt voraus. Das ist auch bei einer ausschließlichen Lizenz der Fall, wenn der Lizenzgeber an der Ausübung der Lizenz durch den Lizenznehmer wirtschaftlich partizipiert, BGH GRUR 08, 896 Tz 26, 27; GRUR GRUR 11, 711 Tz 16. Rechtsinhaber und Lizenznehmer sind nicht Mitgläubiger iSd § 432 BGB; jeder von ihnen kann daher gesondert den Ersatz seines Schadens verlangen, BGH GRUR 08, 896 Tz 38, 39. Wenn der Rechtsinhaber und der Inhaber einer ausschließlichen Lizenz den Verletzer gemeinsam auf Ersatz des ihnen entstandenen Schadens in Anspruch nehmen, sind sie notwendige Streitgenossen, BGH GRUR 12, 430 Tz 20 – Tintenpatrone II.

2. Regelungen zur **Aktivlegitimation des Lizenznehmers** enthält **28** Abs 3. Grundsatz ist nach S 1, dass der Lizenznehmer ein Verletzungsverfahren nur mit Zustimmung des Lizenzgebers anhängig machen kann. Zwischen ausschließlicher Lizenz und einfacher Lizenz wird dabei nicht unterschieden, unscharf Begr § 42 I. Der Lizenznehmer hat Verletzungsansprüche aus eigenem Recht, wenn der Lizenzgeber zugestimmt hat, Hbg GRUR-RR 05, 265, 266. Nach BGH GRUR 07, 877 Tz 32 – Windsor Estate – soll bei einer Markenverletzung dem Lizenznehmer kein eigener Schadensersatzanspruch zustehen, weil dieser Anspruch in § 14 VI MarkenG allein dem Markeninhaber zugewiesen sei, krit Steinbeck GRUR 08, 110, 113. Das trifft jedoch nicht zu, weil der Lizenznehmer in die Position des Lizenzgebers einrückt, BVerfG GRUR 01, 43 – Klinische Versuche. Ebenso wie im PatR, BGH GRUR 08, 896 Tz 39 – Tintenpatrone I, hat daher auch im DesignR der Lizenznehmer eine eigene Schadensersatzberechtigung. Jedenfalls kann der Lizenznehmer aus abgetretenem Recht eigenständig Schadensersatz fordern, Köln WRP 09, 1290, 1295; Petry/Schilling WRP 09, 1197. Die nach Abs 3 S 1 erforderliche Zustimmung kann Einwilligung, § 183 BGB, oder Genehmigung, § 184 BGB, sein. Konkludente Erklärung genügt nicht, zB Mü Mitt 97, 123, 125. Zustimmungsbedürftig ist sowohl Klage als auch Antrag auf Erlass einer einstweiligen Verfügung. Gegenstand der gesetzlichen Regelung ist zwar die Einleitung von Gerichtsverfahren, aber es genügt, dass die Zustimmung dem Gericht als Entscheidungsvoraussetzung vorliegt. Im Hauptsacheverfahren kann Zustimmung bis zur letzten mündlichen Verhandlung erklärt werden, wenn der Vortrag nicht verspätet ist. Soll im Eilverfahren eine Beschlussverfügung erwirkt werden, muss die Zustimmung vor dem Erlass des Beschlusses vorliegen. Weil das Zustimmungsbedürfnis dem Interesse des Lizenzgebers dient, bedarf auch die außergerichtliche Geltendmachung von Ansprüchen der Zustimmung. Nach einer Klage des Lizenznehmers kann der Lizenzgeber entspr Abs 4 beitreten. Im Geltungsbereich des GeschmMG 1876 war der Lizenznehmer bei ausschließlicher Lizenz, BGH GRUR 98, 379, 381 – Lunette, nicht auch bei einfacher Lizenz zur Rechtsverfolgung berechtigt. Macht der Rechtsinhaber nach Aufforderung nicht innerhalb angemessener Frist ein Verletzungsverfahren anhängig, hat das die Aktivlegitimation des ausschließlichen (nicht auch des einfachen) Lizenznehmers zur Folge. Die Angemessenheit der Frist hängt von der Eilbedürftigkeit des Verletzungsverfahrens insbes aus der Sicht des Lizenznehmers ab. Der Anspruch des Inhabers eines NutzungsR ist der Höhe nach auf den Schaden beschränkt, der ihm selbst entstanden ist, BGH GRUR 99, 984, 988 – Laras Tochter. Alle Regelungen zur Aktivlegitimation stehen unter dem Vorbehalt der abweichenden Vertragsbestimmung. Der Grds der Vertragsfreiheit gibt zwar breiten Gestaltungsspielraum; häufig werden Lizenznehmer aber nur zur Beobachtung und zur Mitwirkung verpflichtet.

29   3. Das in Abs 4 geregelte **Beitrittsrecht** des Lizenznehmers trägt der Individualität des Schadensersatzanspruchs Rechnung. Bei Klagen auf Feststellung der Schadensersatzpflicht muss die Wahrscheinlichkeit des Schadenseintritts beim Lizenznehmer bestehen. Bei einer ausschließlichen Lizenz wird der Schaden des Lizenznehmers nach den Grundsätzen ermittelt, die für den Schaden des Schutzrechtsinhabers Anwendung finden. Bei einfachen Lizenzen können die Auswirkungen von Verletzungshandlungen Dritter einem bestimmten Lizenznehmer nicht ohne weiteres zugeordnet werden. Das kann es zweckmäßig machen, dass alle Lizenznehmer dem Verfahren beitre-

ten. Mehrere Lizenznehmer mit gleicher Berechtigung können Gesamtgläubiger sein. Der Anspruch des Inhabers eines NutzungsR ist der Höhe nach auf den Schaden beschränkt, der ihm selbst entstanden ist, BGH GRUR 99, 984, 988 – Laras Tochter. Das kann gemeinsame Anspruchsdurchsetzung zweckmäßig machen. Wegen der Gleichartigkeit der Ansprüche iSd § 60 ZPO erlangt der Beitretende nur die Rechtsposition eines Streitgenossen, BGH GRUR 07, 877 Tz 31 – Windsor Estate. Der Rechtsinhaber und der ausschließliche Lizenznehmer sind jedoch nicht Mitgläubiger iSd § 432 BGB, BGH GRUR 08, 896 Tz 38 – Tintenpatrone I. Die weiteren Zulässigkeitsvoraussetzungen richten sich nach allg VerfahrensR, Begr § 31 IV. Die Akzessorietät des Anspruchs auf Rechnungslegung hat zur Folge, dass auch für diesen Anspruch Beitritt möglich (und zweckmäßig) ist.

4. Die sog **gewillkürte Prozessstandschaft** ist als Geltendmachung eines fremden Rechts in eigenem Namen nach allg Grds zulässig, wenn eine **30** Ermächtigung des Rechtsinhabers vorliegt und ein eigenes schutzwürdiges Interesse verfolgt wird, zB BGH GRUR 61, 635, 636 – Stahlrohrstuhl I; GRUR 09, 181 Tz 18 – Kinderwärmekissen. Dabei können auch wirtschaftliche Interessen herangezogen werden, mwN BGH GRUR 09, 484 Tz 49 – Metrobus. Lizenznehmer können daher in Prozessstandschaft Ansprüche geltend machen, BGH GRUR 61, 237; GRUR 81, 652 – Stühle und Tische. Vorzug der Ermächtigung kann sein, dass sie außerhalb des Lizenzvertrags erklärt und deswegen als gesonderte Urkunde vorgelegt werden kann. Auch aus Rechtsabtretung kann sich Prozessstandschaft ergeben, BGH GRUR 91, 223, 225 – Finnischer Schmuck. Abtretungsfähig ist zB der Anspruch auf Schadensersatz (sowohl des Lizenznehmers auf den Lizenzgeber als auch des Lizenzgebers auf den Lizenznehmer).

VI. Sukzessionsschutz

Die Regelung in Abs 5 hat zur Folge, dass es Dritten versagt ist, Rechte **31** gegenüber dem Lizenznehmer geltend zu machen, die sie nach Abschluss des Lizenzvertrags erworben haben. Das gilt sowohl für den Rechtserwerb durch Übergang und Übertragung eines eingetragenen Designs nach § 29 als auch für die Erteilung von weiteren Lizenzen. Im Geltungsbereich des GeschmMG 1876 hat es keine gesetzliche Regelung für den Sukzessionsschutz gegeben, s hierzu 2. Aufl 3/21 und 3/22. Ein Teilaspekt des Sukzessionsschutzes war erstmals in § 33 UrhG gesetzlich einer gesetzlichen Regelung. Als Reaktion auf BGH GRUR 82, 411 – Verankerungsteil – sind 1986 die §§ 15 III PatG und § 22 III GebrMG eingefügt worden. § 15 III PatG war zwar Vorbild für Abs 5, Begr § 31 V, aber auch schon § 30 V MarkenG enthält eine inhaltsgleiche Regelung. Der Sukzessionsschutz trägt dem Vertrauen des Lizenznehmers auf den Fortbestand seiner Rechtsposition Rechnung, um insbes die Amortisation seiner Investitionen zu gewährleisten, Begr § 33 UrhG; Begr § 31 V; BGH GRUR 12, 914 Tz 16 – Take Five; GRUR 12, 916 Tz 24 – M2Trade; hierzu Haedicke Mitt 12, 429; Meyervan Raay NJW 12, 3691; Trimborn MarkenR 12, 460; Rieken/Conraths MarkenR 13, 63; Dammler/Mellulis GRUR 13, 781; Greifeneder/Veh WRP 14, 17; McGuire/Kunzmann GRUR 14, 28. Schutz genießen alle Arten von Lizenzen, also zB auch einfache Lizenzen, Begr § 31 V, und Vertriebslizenzen. Ansprüche Dritter aus nachfolgenden Vertragsabschlüssen können nur ggü der Vertragspartei bestehen, von der das eD übertragen oder die Lizenz erteilt worden ist.

Angemeldete Designs

32 Die Vorschriften dieses Abschnitts gelten entsprechend für die Rechte, die durch die Anmeldung von Designs begründet werden.

Übersicht

1 **1.** In § 32 ist **Regelungsgegenstand,** dass Anmeldungen von eingetragenen Designs als Gegenstand des Vermögens anerkannt werden und deswegen die Bestimmungen für insoweit als entsprechend anwendbar gelten. Schon bei der Anmeldung eines eD ist daher Rechtsnachfolge, Bestellung von dinglichen Rechten und Lizenzierung möglich. Das hat aber auch zur Folge, dass der Zugriff Dritter auch auf Anmeldungen von eingetragenen Designs eröffnet wird. Anmeldungen können ebenso wie Eintragungen von eingetragenen Designs Gegenstand von Maßnahmen der Zwangsvollstreckung sein und durch Insolvenzverfahren erfasst werden. Eine inhaltsgleiche Regelung enthält § 31 MarkenG. Anmeldungsanwartschaften, s 7 Rn 3, werden von § 32 nicht unmittelbar erfasst. Der vermögensrechtliche Charakter dieser Anwartschaften hat jedoch zur Folge, dass Rechtsnachfolge und Lizenzierung trotzdem möglich sind. § 29 I, II und § 31 I finden dabei ebenfalls entspr Anwendung. Aufgrund seiner vermögensrechtlichen Ausrichtung ist § 32 auch auf die in § 9 I 1 geregelten Ansprüche ggü nichtberechtigt eingetragenen Inhabern von eingetragenen Designs entspr anwendbar, § 9 Rn 3.

2 **2.** Für das **Amtsverfahren** bewirkt § 32, dass die eintragungspflichtigen oder eintragungsfähigen Tatsachen, die in Gesetzesabschnitt 5 angesprochen sind, und deren Eintragung in das Register während eines noch laufenden Eintragungsverfahrens (noch) nicht zulässig ist, vom DPMA zu berücksichtigen sind. An die Stelle der Eintragung tritt ein entsprechender Vermerk in den Anmeldungsakten. Der Vermerk hat lediglich interne Informationsfunktion und wird Dritten nur unter den bes Umständen der beschränkten Akteneinsicht nach § 22 Nrn 2, 3 zugänglich. Mit Eintragung des Designs werden die geprüften und in den Akten vermerkten Rechtsänderungen zum Registerinhalt.

3 **3.** Für die Anmeldungen von **Gemeinschaftsgeschmacksmustern** besteht mit Art 34 II GGV eine Parallele zu § 32. Auch hiernach werden die im Anmeldestadium erfolgten eintragungsfähigen Rechtsänderungen in der Anmeldungsakte vermerkt, Art 23 VII, 24 IV, 26 VII GGDV.

Abschnitt 6. Nichtigkeit und Löschung

Nichtigkeit

33 (1) Ein eingetragenes Design ist nichtig, wenn

1. die Erscheinungsform des Erzeugnisses kein Design im Sinne des § 1 Nummer 1 ist,
2. das Design nicht neu ist oder keine Eigenart hat,
3. das Design vom Designschutz nach § 3 ausgeschlossen ist.

(2) Ein eingetragenes Design wird für nichtig erklärt, wenn

1. es eine unerlaubte Benutzung eines durch das Urheberrecht geschützten Werkes darstellt,
2. es in den Schutzumfang eines eingetragenen Designs mit älterem Zeitrang fällt, auch wenn dieses eingetragene Design erst nach dem Anmeldetag des für nichtig zu erklärenden eingetragenen Designs offenbart wurde,
3. in ihm ein Zeichen mit Unterscheidungskraft älteren Zeitrangs verwendet wird und der Inhaber des Zeichens berechtigt ist, die Verwendung zu untersagen.

Der Inhaber des eingetragenen Designs kann wegen Nichtigkeit in die Löschung einwilligen.

(3) Die Nichtigkeit wird durch Beschluss des Deutschen Patent- und Markenamts oder durch Urteil auf Grund Widerklage im Verletzungsverfahren festgestellt oder erklärt.

(4) Die Schutzwirkungen der Eintragung eines Designs gelten mit Unanfechtbarkeit des Beschlusses des Deutschen Patent- und Markenamts oder der Rechtskraft des Urteils, mit dem die Nichtigkeit festgestellt oder erkärt wird, als von Anfang an nicht eingetreten.

(5) Die Nichtigkeit kann auch noch nach Beendigung der Schutzdauer des eingetragenen Designs oder nach einem Verzicht auf das eingetragene Design festgestellt oder erklärt werden.

Übersicht

I. Allgemeines

1   **1.** Am Anfang der **Entwicklung** hat gestanden, dass nach § 10c II Nr 1 des GeschmMG 1876 die Löschung eines eingetragenen Designs ua wegen fehlender Schutzfähigkeit beantragt werden konnte. Diese Regelung hat weiterhin Gültigkeit, wenn das eD vor dem 28.10.01 eingetragen worden ist; hierzu Voraufl § 33 Rn 10. In Art 11 GRL sind erstmals Nichtigkeitsgründe aufgeführt worden, wobei Abs 1 für absolute Nichtigkeitsgründe umsetzungspflichtige und Abs 2 für relative Nichtigkeitsgründe fakultative Bestimmungen enthalten hat. Die Umsetzung der GRL erfolgte in der Weise, dass nach § 33 die Feststellung der Nichtigkeit und nach § 34 die Einwilligung in die Löschung verlangt werden konnte. Die Differenzierung hat sich daraus ergeben, dass zur Geltendmachung der Nichtigkeit jedermann berechtigt war, während die Einwilligung in die Löschung nur von dem Inhaber des betroffenen Rechts verlangt werden konnte. In § 33 des Gesetzes v 10.10.13 sind die jedermann betreffenden Nichtigkeitsgründe in Abs 1 geregelt; in Abs 2 sind die Nichtigkeitsgründe aufgeführt, die Inhabern von älteren Rechten zugewiesen sind. Inhaltliche Änderungen haben sich daraus nicht ergeben. Grundlegend geändert wurde das Verfahren zur Herbeiführung der Nichtigkeit. Ansprüche nach § 33 und § 34 GeschmMG 2004 konnten nur im Wege einer Klage geltend gemacht werden. An die Stelle der klageweisen Geltendmachung ist in § 33 III des Gesetzes v 10.10.13 die Einreichung eines Nichtigkeitsantrags beim DPMA oder alternativ die Erhebung einer Nichtigkeitswiderklage im Verletzungsverfahren getreten.

2   **2.** Der **Regelungszweck** liegt zugrunde, dass im Eintragungsverfahren die materiellrechtlichen Schutzvoraussetzungen im Wesentlichen ungeprüft bleiben und dass ältere Rechte Dritter weder im Eintragungsverfahren noch in einem nachgeschalteten Verfahren zur Geltung gebracht werden können. Weil jedoch die Eintragungen im Register möglichst aussagekräftig sein sollen, wurde die Möglichkeit dafür geschaffen, dass ein schutzunfähiges eingetragenes Design im Register gelöscht werden kann. Wenn materiellrechtliche Schutzvoraussetzungen nicht erfüllt sind, führt das zu absoluten Nichtigkeitsgründen. Die Geltendmachung von älteren Rechten findet ihren Niederschlag in relativen Nichtigkeitsgründen. Diese Begriffe finden bereits in den Überschriften zu Art 51 und 52 GMV Verwendung. In die GRL haben diese Begriffe zwar keinen Eingang gefunden, aber sie veranschaulichen auch für das DesignR prägnant das Wesen der beiden Gruppen von Nichtigkeitsgründen. Wenn die Beseitigung eines ScheinR im Allgemeininteresse liegt, ist nach § 34 S 1 jedermann zur Antragstellung befugt. Mit der Geltendmachung eines älteren Rechts wird ein Individualinteresse verfolgt; die Antragsbefugnis ist daher in § 34 S 2 dem Inhaber dieses Rechts zugewiesen.

3   **3. Regelungsgegenstand** ist die Nichtigkeit eines eingetragenen Designs. Die absoluten Nichtigkeitsgründe sind in Abs 1, die relativen Nichtigkeitsgründe in Abs 2 geregelt. Als terminologische Besonderheit ist für die absoluten Nichtigkeitsgründe eine Feststellung der Nichtigkeit und für die relativen Nichtigkeitsgründe eine Erklärung der Nichtigkeit vorgesehen. Beide Arten der Nichtigkeit haben nach Abs 4 Rückwirkung zur Folge, dh die Schutzwirkungen eines eD gelten als von Anfang an – *ex tunc* – nicht eingetreten. Auch nach dem Erlöschen eines eD kann nach Abs 5 dessen

Nichtigkeit festgestellt werden. Abs 3 bestimmt, dass die Entscheidung über die Nichtigkeit nur durch Beschluss des DPMA oder durch Urteil aufgrund einer im Verletzungsverfahren erhobenen Widerklage erfolgen kann. Aufgrund der Vorgaben in Art 11 I und II GRL und dem Hinweis in ErwGrd 21 GRL gelten die Nichtigkeitsgründe in § 33 I und II als abschließend geregelt. Andersartige Mängel werden daher nicht erfasst, Voraufl 33/8, zB Bösgläubigkeit des Anmelders, Erweiterung bei Teilverzicht. Die Anmeldung durch einen Nichtberechtigten ist nach Art 25 I c) GGV ein Nichtigkeitsgrund; bei einem eD kann der Berechtigte nach § 9 I 1 Übertragung oder Einwilligung in die Löschung verlangen.

4. Die Regelungen für **Gemeinschaftsgeschmacksmuster** sind inhalts- **4** gleich mit den Regelungen für eingetragene Designs. Das Fehlen der Designfähigkeit hat nach Art 25 I a) GGV Nichtigkeit zur Folge. Nach Art 25 I b) kann ein GGM für nichtig erklärt werden, wenn es die Voraussetzungen der Art 4 bis 9 GGV nicht erfüllt, also nicht neu oder nicht eigenartig oder vom Schutz ausgeschlossen ist. Es können auch dieselben relativen Nichtigkeitsgründe wie bei eingetragenen Designs geltend gemacht werden. Entsprechungen sind: Nr 1 zu Art 25 I f, Nr 2 zu Art 25 I d und Nr 3 zu Art 25 I e. Geringfügige Unterschiede im Wortlaut der Kollisionsgründe sind ohne Auswirkungen auf die inhaltliche Identität.

5. Für **internationale Eintragungen** tritt nach § 70 I 1 an die Stelle des **5** Antrags oder der Widerklage auf Feststellung oder Erklärung der Nichtigkeit der Antrag oder die Widerklage auf Feststellung der Unwirksamkeit für das Gebiet der BRD.

II. Absolute Nichtigkeitsgründe

1. Wenn die Erscheinungsform eines Erzeugnisses **keine Designfähig-** **6** **keit** iSd § 1 Nr 1 aufweist, hat das nach Abs 1 Nr 1 die Nichtigkeit des eingetragenen Designs zur Folge. Dieser Nichtigkeitsgrund ist durch die inhaltlich übereinstimmende Regelung in Art 11 I a) GRL vorgegeben. Die Designfähigkeit ist nach § 18 eine der wenigen Schutzvoraussetzungen, die im Eintragungsverfahren vAw geprüft werden. Wenn eine Eintragung in das Register erfolgt ist, kann zwar davon ausgegangen werden, dass das DPMA von der Designfähigkeit des eD ausgegangen ist. Dennoch ist jedermann berechtigt, einen Antrag auf Feststellung der Nichtigkeit wegen fehlender Designfähigkeit zu stellen. Fehlende Designfähigkeit kann sich ua bei einer großzügigen Amtspraxis ergeben, die im weitern Verlauf strenger geworden oder korrekturbedürftig geworden ist. Das kann zB bei der Eintragung von zwei Erzeugnissen der Fall sein, bei denen nicht ersichtlich ist, ob sie Elemente eines Gesamterzeugnisses sind, s BGH GRUR 12, 1139 Tz 32 – Weinkaraffe.

2. Das **Fehlen von Neuheit oder Eigenart** ist ein Nichtigkeitsgrund **7** nach Abs 1 Nr 2. Damit ist ein Teilbereich aus Art 11 I b) GRL umgesetzt, in dem auf die Nichterfüllung der Schutzvoraussetzungen ua der Art 4 (Neuheit) und Art 5 (Eigenart) GRL abgestellt wird. Als Schutzhindernis kommt jedes Design in Betracht, für das eine Offenbarung iSd § 5 festgestellt werden kann und das dadurch dem vorbekannten Formenschatz zugehörig ist. Es ist daher unerheblich, ob es der Antragsteller ist, von dem ein vorbekanntes Design stammt. Eine scharfe Abgrenzung zwischen dem Erfordernis der Neuheit und dem Erfordernis der Eigenart ist nicht möglich, s § 2 Rn 11, weil es einen Beurteilungsspielraum dafür gibt, ob sich bei fehlender Neuheit nach § 2 II 2 Erscheinungsmerkmale in unwesentlichen Einzelheiten unterscheiden oder ob sich bei fehlender Eigenart nach § 2 III 1 der Gesamteindruck eines eingetragenen Designs von dem Gesamteindruck eines vorbekannten Designs unterscheidet. Es kann daher geltend gemacht werden, dass ein eD wegen eines vorbekannten Designs nicht neu, zumindest jedoch nicht eigenartig ist. Die Nichtigkeit kann auch aus mehreren vorbekannten Designs hergeleitet werden. Dabei muss lediglich berücksichtigt werden, dass nicht nur bei der Prüfung der Neuheit, s § 2 Rn 9, sondern auch bei der Prüfung der Eigenart, s § 2 Rn 17, ein Einzelvergleich mit jedem von mehreren vorbekannten Designs erfolgt. Neuheit und Eigenart sind Regelungsgegenstand nicht nur in § 2, sondern auch in § 4. Das Design eines Bauelements eines komplexen Erzeugnisses gilt nach § 4 nur dann als neu und eigenartig, wenn die in dieser Bestimmung aufgeführten Voraussetzungen erfüllt sind. Wenn das nicht der Fall ist, besteht ein Nichtigkeitsgrund, § 4 Rn 6.

8   **3.** Der **Ausschluss vom Designschutz** iSd § 3 ergibt nach Abs 1 Nr 3 ebenfalls einen Nichtigkeitsgrund. Damit ist ein weiterer Teilbereich aus der obligatorischen Vorgabe in Art 11 I b) GRL umgesetzt, in dem auf das Schutzhindernis ua des Art 7 (durch ihre technische Funktion bedingte Designs und Designs von Verbindungselementen) Bezug genommen wird. Daraus ergeben sich die Regelungen in § 3 I Nr 1 und Nr 2. Gegenstand dieser Regelungen sind nicht die Designs als solche, sondern Erscheinungsmerkmale von Erzeugnissen; diese Regelungstechnik stimmt mit Art 8 I und II GGV überein. Der Ausschluss vom Designschutz hat nach § 33 I Nr 3 zur Folge, dass das Design als solches vom Schutz ausgeschlossen ist. Weil es sich dabei um die Erscheinungsform iSd § 1 Nr 1 handelt, erfasst der Nichtigkeitsgrund das eingetragene Design zunächst so, wie es in das Register eingetragen ist. Dieser Situation wird in § 35 I Nr 1 durch die Möglichkeit einer teilweisen Aufrechterhaltung Rechnung getragen, indem durch Feststellung der Teilnichtigkeit oder durch einen Teilverzicht die Grundlage für einen Fortbestand des eD in geänderter Form geschaffen wird. Das Schutzhindernis des Art 8 (Designs, die gegen die öffentliche Ordnung oder gegen die guten Sitten verstoßen) hat in § 3 Nr 3 ihren Niederschlag gefunden. Als weiterer Nichtigkeitsgrund ergibt sich aus der fakultativen Bestimmung von Art 11 II c) GRL die missbräuchliche Benutzung von Zeichen mit öffentlichem Interesse; diese Bestimmung ist durch § 3 Nr 4 umgesetzt. Jeder der in § 3 aufgeführten Gründe für den Ausschluss vom Designschutz ist ein eigenständiger Grund für die Nichtigkeit eines eD. Ist der Gegenstand einer Anmeldung nach § 3 Nr 3 oder Nr 4 vom Designschutz ausgeschlossen, hat das DPMA nach § 18 die Anmeldung zurückzuweisen. Wenn keine Zurückweisung erfolgt ist, kann zwar davon ausgegangen werden, dass das DPMA einen Ausschluss vom Designschutz nicht für erforderlich gehalten hat. Trotzdem besteht die Berechtigung, einen Antrag auf Feststellung der Nichtigkeit eines eD mit der Begründung zu stellen, dass das eD durch § 3 Nr 3 oder Nr 4 vom Designschutz ausgeschlossen ist.

III. Relative Nichtigkeitsgründe

1. Der **Regelungsgehalt** ergibt sich daraus, dass das eingetragene Design **9** einerseits ein eigenständiges SchutzR ist, andererseits in seinen Erscheinungsmerkmalen dem VerbietungsR aus anderen SchutzR unterliegen kann. Strukturell entsprechende Regelungen enthalten § 13 MarkenG und Art 52 II GMV. Ein eD kann sich in seinem Schutzumfang nur mit einem Teil eines älteren SchutzR überschneiden. Ein Nichtigkeitsgrund besteht dann nur, „soweit" eine Kollision mit einem älteren SchutzR besteht. Die sich hieraus ergebenden Modalitäten sind anderweitig geregelt. Das eD bleibt daher in geänderter Form bestehen, § 35 I Nr 2, oder es erfolgt eine entsprechende Eintragung in das Register, § 36 II. Durch Nr 1 und Nr 3 werden die fakultativen Bestimmungen aus Art 11 II a) und b) GRL umgesetzt. Nr 2 dient der Umsetzung der obligatorischen Vorgabe in Art 11 I d) GRL. Die Antragsbefugnis ist in § 34 S 2 geregelt.

2. Urheberrechtsschutz nach Abs 2 S 1 Nr 1 besteht für Werke der Litera- **10** tur, Wissenschaft und Kunst, § 2 I UrhG, wenn es sich um persönliche geistige Leistungen handelt, § 2 II UrhG. Eine unerlaubte Benutzung findet statt, wenn das UrhR widerrechtlich verletzt wird, § 98 I UrhG. Das UrhR muss daher vor dem Anmelde- bzw Prioritätstag des eingetragenen Designs entstanden sein. Mit dem Ablauf der Schutzdauer erlischt das UrhR, s § 64 UrhG. Eine unerlaubte Benutzung eines durch das UrhR geschützten Werks kann darin liegen, dass wesentliche Elemente eines Stoffmusters in ein eD übernommen werden, HABM-NA ICD 7085, 7099. Wie bei Marken kann eine Kollision sowohl bei einer Überschneidung im Schutzumfang als auch ohne eine derartige Überschneidung eintreten. Eine Kollision besteht daher auch, wenn ein geschütztes Werk benutzt wird, das dem Designschutz nicht zugänglich ist, zB bei der Wiedergabe eines Sprachwerks auf einem Erzeugnis. Bei einer teilweisen Kollision kann das eD teilweise aufrechterhalten bleiben, s Rn 1.

3. Ein **eingetragenes Design mit älterem Zeitrang** hat nach Abs 2 S 1 **11** Nr 2 die Nichtigkeit eines jüngeren eD zur Folge, wenn das ältere eD erst nach dem Anmeldetag des jüngeren eD offenbart wurde. Wegen des Prioritätsprinzips hat das ältere DesignschutzR Vorrang vor einem später eingetragenen DesignschutzR, EuGH GRUR 12, 510 Rn 39 – Cegasa. Prioritätsälteres Design kann auch eine internationale Eintragung mit Schutz in Deutschland sein. Weil in Art 11 I d) GRL als umsetzungspflichtiger Vorgabe auch Eintragungen und Anmeldungen von eingetragenen GGM als prioritätsältere DesignschutzR aufgeführt sind, muss insoweit eine richtlinienkonforme Auslegung erfolgen, s Allg Rn 17. Aus nicht eingetragenen GGM kann sich keine Nichtigkeit ergeben. Die Offenbarung eines DesignschutzR, zB durch Bekanntmachung der Wiedergabe, kann der Neuheit und der Eigenart eines prioritätsjüngeren eD entgegenstehen und zu dessen Nichtigkeit nach Abs 1 Nr 2 führen. Gegenstand der Regelung in Nr 2 ist daher nur ein DesignschutzR, das zwar prioritätsälter ist, aber erst nach dem Prioritätstag des jüngeren DesignschutzR der Öffentlichkeit zugänglich gemacht wurde. Das kommt in Nr 2 nicht klar zum Ausdruck, weil der erste Halbsatz wegen des nachfolgenden „auch" den Eindruck einer eigenständigen Regelung erweckt. In Art 11 I d) GRL wird die Maßgeblichkeit der Priorität beim Namen genannt. Eine Nachveröffentlichung kann sich insbes ergeben, wenn die Anmeldetage der beiden DesignschutzR nicht weit auseinanderliegen, wenn sich die Eintragung und damit auch die Bekanntmachung des älteren DesignschutzR verzögert oder wenn dessen Bildbekanntmachung aufgeschoben worden ist. Eine teilweise Nichtigerklärung, s Rn 1, kommt insbes in Betracht, wenn nur einzelne Erscheinungsmerkmale durch das ältere DesignschutzR vorweggenommen sind. Die Nichtigkeit nach Nr 2 setzt voraus, dass das jüngere eD in den Schutzumfang des älteren DesignschutzR fällt. Es muss daher ermittelt werden, ob ein Rechtseingriff iSd § 38 II erfolgt. Eine Kollision besteht, wenn das jüngere DesignschutzR beim informierten Benutzer keinen anderen optischen Gesamteindruck erweckt als das ältere DesignschutzR, EuG GRUR-RR 10, 189 Rn 52 – Grupo Promer. Erzeugnisangaben sind hierfür unmaßgeblich, s § 37 Rn 12. Ob das ältere dem Entwerfer des jüngeren eD bekannt war, spielt keine Rolle; auch ein unabhängig entstandenes ParallelschutzR unterliegt daher der Nichtigkeit.

12   **4. Zeichen mit Unterscheidungskraft** nach Abs 2 S 1 Nr 3 sind Marken und sonstige Kennzeichen. Es kann sich um deutsche Kennzeichen (Marken, § 4 MarkenG, Unternehmenskennzeichen, § 5 II MarkenG, Werktitel, § 5 III MarkenG), um Gemeinschaftsmarken und um IR-Marken mit Schutz in Deutschland handeln. Erforderlich ist, dass das deutsche Recht bzw das UnionsR den Inhaber des Zeichens mit Unterscheidungskraft berechtigt, die Verwendung dieses Zeichens in einem eD zu untersagen. Diese Berechtigung ergibt sich aus den §§ 14 II, 15 IV MarkenG bzw aus Art 9 I GMV. Die Kollision einer Marke mit einem späteren eD setzt die Priorität der Marke ggü dem eD voraus; maßgeblich ist der jeweils früheste Tag der Rechtsbegründung. Kollisionsbegründend können alle Kategorien von Marken sein. Bei Bildmarken und bei dreidimensionalen Marken kann sich eine Überschneidung im Schutzumfang ergeben. Bei Wortmarken ist das zwar nicht der Fall, aber auch der Inhaber einer älteren Wortmarke kann deren Verwendung in einem eD untersagen. Bei einer teilweisen Kollision kann das eD teilweise aufrechterhalten bleiben, s Rn 1. Das Recht zur Untersagung muss nach der maßgeblichen Rechtsordnung uneingeschränkt bestehen. Durch Benutzung erworbene Marken, § 4 Nr 2 MarkenG, und geschäftliche Bezeichnungen, § 5 MarkenG, können einen beschränkten geografischen Schutzbereich haben. Die daraus resultierende Kollision in einem Teilgebiet begründet nur einen Anspruch auf Untersagung für das Teilgebiet, nicht jedoch einen sich auf das Gesamtgebiet auswirkenden Anspruch auf Nichtigerklärung; für das MarkenR ist das in §§ 12, 13 I MarkenG klargestellt.

13   **5.** Es muss **Verwechslungsgefahr** im markenrechtlichen Sinn zwischen dem unterscheidungskräftigen Zeichen und dem Gegenstand des eingetragenen Designs bestehen; eine umfassende Beurteilung der Verwechslungsgefahr ist daher erforderlich, EuG GRUR-RR 10, 326 Rn 53, 99 – Beifa. Eine kollisionsbegründende Verwendung findet nicht nur bei Identität, sondern auch bei Ähnlichkeit zwischen einem Zeichen und einem eD statt. Auch zwischen den von einer Marke und einem eD erfassten Waren kann Identität oder Ähnlichkeit bestehen, EuG GRUR-RR 10, 326 Rn 53; unzutr Schlötelburg GRUR 05, 123, 126. Der Inhaber des Zeichens hat ggü einem eD keine weiter reichenden Rechte als ggü einem anderen Zeichen. Eine Besonderheit bilden lediglich die eingetragenen Designs, deren Gegenstand keine „Ware" im markenrechtlichen Sinn ist, sondern die zweidimensionalen Zeichen iSd MarkenR entsprechen. Wenn zB als Erzeugnisangabe „Logo" eingetragen ist, wird hierdurch eine allumfassende Verwendungsmöglichkeit eröffnet, HABM-BK R 609/2006 v 3.5.07 – MIDAS. Die Verwechslungsgefahr richtet sich bei Wortzeichen nach der Ähnlichkeit in Bild, Klang oder Bedeutung, HABM-NA v 29.3.07, ICD 3317 – CK. Bei einer Bildmarke kommt nur ein visueller Vergleich in Betracht, EuG GRUR-RR 10, 326 Rn 109. Im Nichtigkeitsverfahren vor dem HABM kann der Einwand der Nichtbenutzung erhoben werden, EuG GRUR-RR 10, 326 Rn 67.

6. Für **sonstige Rechte** ergibt sich aus Abs 2 keine Regelung. Anders als **14** § 13 I MarkenG enthält Abs 2 keine allg Bestimmung über sonstige Rechte. Grundlage dafür ist, dass in Art 11 I und II GRL die Nichtigkeitsgründe enumerativ aufgeführt sind. Weder Art 11 GRL noch Abs 2 kann jedoch entnommen werden, dass es sich um abschließende Regelungen auch für die Rechte Dritter handelt, die zur Nichtigkeit eines eD führen können. Der allg Beseitigungsanspruch, s § 42 Rn 10, findet seine Konkretisierung in einem Nichtigkeitsgrund, wenn und soweit durch die Eintragung eines eingetragenen Designs sonstige Rechte Dritter verletzt werden. Der Berücksichtigung von Rechten Dritter, die nicht ausdrücklich geregelt sind, entspricht im Anwendungsbereich des § 11 WZG die außerzeichenrechtliche Löschungsklage, zB BGH GRUR 99, 161, 162 – MAC Dog. In Abs 2 Nr 2 ist nur das Zusammentreffen von zwei eingetragenen Designs geregelt. Ein eD kann aber auch mit einem eingetragenen GGM oder einer internationale Eintragung mit Schutz in Deutschland kollidieren, s § 31 Nr 2 GRUR-E. Als weitere Rechte kommen zB das NamensR und das Recht an der eigenen Abbildung, s § 13 II Nr 1 und Nr 2 MarkenG, in Betracht. Wenn sich der Nichtigkeitsgrund nur auf einen Teil des eD bezieht, können zur Vermeidung einer nicht sachgerechten Gesamtlöschung die §§ 35 Nr 2, 36 II entspr anwendbar sein.

7. Die **Einwilligung in die Löschung** nach Abs 2 S 2 führt nach § 36 I **15** Nr 4 zur Löschung des eingetragenen Designs im Register. Weil es sich um eine Löschung wegen Nichtigkeit handelt, muss die Einwilligung des Rechtsinhabers wegen eines Nichtigkeitsgrunds erfolgen. Die Regelung als S 2 in Abs 2 ergibt, dass nur ein relativer Nichtigkeitsgrund in Betracht kommt. Daraus und aus S 2 folgt, dass eine Teilnichtigkeit möglich ist, Begr § 34. Das hat eine Teillöschung oder entsprechende Registereintragung, s Rn 1, zur Folge. Die Einwilligung ist an keine Bedingung geknüpft. Der Rechtsinhaber kann daher mit seiner Einwilligungserklärung auf eine Aufforderung eines antragsbefugten Inhabers eines der in Betracht kommenden Rechte, aber auch auf einen Nichtigkeitsantrag oder auf eine Nichtigkeitswiderklage reagieren. Die Einwilligung kann sowohl außergerichtlich als auch im Rahmen eines gerichtlichen Vergleichs erklärt werden, Kappl GRUR 14, 326, 330/331. Wenn der Aufforderung eines antragsbefugten Inhabers nicht Folge geleistet wird, kann dieser Klage auf Einwilligung in die Löschung erheben. Weil das eD nicht für nichtig erklärt werden soll, dürfte Abs 3 dieser Klage nicht entgegenstehen. Die für das Nichtigkeitsverfahren zuständigen Designabteilungen des DPMA werden in erster Linie mit absoluten Nichtigkeitsgründen befasst sein; es kann daher sachdienlich sein, dass wegen eines relativen Nichtigkeitsgrunds auch das Zivilgericht angerufen werden kann. Das gilt insbes, wenn sonstige Rechte geltend gemacht werden. Statt der Einwilligung in die Löschung nach Abs 2 S 2 kann ein Verzicht des Rechtsinhabers nach § 36 I Nr 2 in Betracht kommen.

IV. Verfahren

16   **1.** Die **Geltendmachung der Nichtigkeit** kann nach Abs 3 entweder durch einen Beschluss des DPMA nach § 34a IV 1 oder durch ein Urteil aufgrund Widerklage erfolgen, die im Verletzungsverfahren erhoben worden ist. Damit korrespondiert die Regelung in § 52a, wonach die Berufung auf die fehlende Rechtsgültigkeit eines eingetragenen Designs nur durch Erhebung einer Widerklage oder durch Stellung eines Antrags an das DPMA möglich ist. Weil in jeder dieser Bestimmungen den beiden Möglichkeiten das Wort „nur" vorangestellt ist, stehen weitere Wege zur Herbeiführung der Nichtigkeit nicht zur Verfügung. Ausgeschlossen ist insbesondere die Nichtigkeitsklage nach § 33 II GeschmMG 2004 und die Löschungsklage nach § 34 GeschmMG 2004. Diese Regelung entspricht Art 24 I GGV, wonach ein eingetragenes GGM entweder im Amtsverfahren oder aufgrund einer Widerklage für nichtig erklärt wird, die im Verletzungsverfahren erhoben worden ist. Als einzige Ausnahme von der Bindung an das Amtsverfahren bzw an die Widerklage kann eine Klage auf Einwilligung in die Löschung zur Geltendmachung eines relativen Nichtigkeitsgrunds in Betracht kommen, s Rn 15.

17   **2.** Das Begriffspaar **Feststellung oder Erklärung der Nichtigkeit** hat seinen Ursprung in Abs 3; aufgegriffen wird dieses Begriffspaar in Abs 4 und 5 sowie in § 52a und § 52b I. Die Feststellung der Nichtigkeit findet bei einem absoluten Nichtigkeitsgrund statt. Das ergibt sich daraus, dass die Nichtigerklärung in Abs 2 den relativen Nichtigkeitsgründen zugewiesen ist. Bei einem absoluten Nichtigkeitsgrund besteht daher Übereinstimmung mit § 33 II 1 GeschmMG 2004, in dem von der Feststellung der Nichtigkeit die Rede ist. Gegenüber der Löschung nach § 34 GeschmMG 2004 ist zwar sprachlich, inhaltlich aber nur teilweise eine Neuorientierung erfolgt. Der Erklärung der Nichtigkeit liegt zugrunde, dass nach Begr § 33 eine Gestaltungswirkung für erforderlich gehalten wird, wenn lediglich Rechte Einzelner betroffen sind. Dass bei relativer Nichtigkeit eine Heilung möglich sein soll, trifft entgegen Begr § 33 nicht zu, weil es wie fast überall im ImmaterialgüterR keine Besonderheit ist, dass aufgrund einer Gegenleistung auf Maßnahmen gegen den Bestand eines SchutzR verzichtet wird. Der Unterschied zur Begriffswahl in Art 24 I, 81d), 84 I, 85 I, 86 und 87 GGV, in denen einheitlich für alle Nichtigkeitsgründe von einer Erklärung der Nichtigkeit die Rede ist, muss nach Begr § 33 aus rechtsdogmatischen Gründen hingenommen werden, weil bei bereits bestehender Nichtigkeit eine Nichtigerklärung nicht mehr in Betracht komme. Die Unterscheidung zwischen Feststellung und Erklärung der Nichtigkeit erscheint jedoch nicht gerechtfertigt, weil in gleicher Weise bei einem absoluten Nichtigkeitsgrund wie bei einem relativen Nichtigkeitsgrund die Vernichtbarkeit des SchutzR von Anfang an bestanden hat. In beiden Fällen war das SchutzR mit einem Makel versehen, der erst durch die Vernichtung des SchutzR zum Tragen gekommen ist. Dass bei der Antragsbefugnis den unterschiedlichen Interessenlagen Rechnung getragen wird, Begr § 33, steht in keinem Zusammenhang mit der von Anfang an bestehenden Vernichtbarkeit. Dementsprechend gelten nach Abs 4 die Schutzwirkungen der Eintragung eines Designs als von Anfang an nicht eingetreten, wenn dessen Nichtigkeit entweder festgestellt oder erklärt wird. Dogmatische Erwägungen rechtfertigen daher weder die Umständlichkeit der Gesetzessprache noch die

Uneinheitlichkeit im Verhältnis zur GGV, s Stellungnahme GRUR 13, 478; krit auch Beyerlein Mitt 14, 114, 115. Weil die Begrifflichkeit für das Ergebnis keine Rolle spielt, kann durch Auslegung das Gewollte ermittelt werden, wenn die gesetzlich vorgesehene Begriffswahl nicht beachtet wird.

3. Die **Rückwirkung** der Feststellung oder Erklärung der Nichtigkeit ist **18** in Abs 4 geregelt. Voraussetzung ist Unanfechtbarkeit bei einem Beschluss des DPMA bzw Rechtskraft bei einem Urteil des Zivilgerichts. Unter dieser Voraussetzung gelten die Schutzwirkungen der Eintragung eines Designs als nicht eingetreten. Dieselbe Fiktion ist in Art 26 I GGV geregelt, allerdings mit der Abweichung, dass auf den Umfang der Nichtigerklärung abgestellt wird. Dieser Vorbehalt ist auch für ein eingetragenes Design sachgerecht, weil es nach § 35 bei teilweiser Nichtigkeit in geänderter Form bestehen bleiben kann. Die Rückwirkung tritt auch bei einem relativen Nichtigkeitsgrund ein. Für die Löschung nach § 34 GeschmMG 2004 war das unklar; für eine Wirkung *ex tunc* musste daher auf das Gebot der richtlinienkonformen Auslegung zurückgegriffen werden, Voraufl § 34 Rn 10.

4. Die **Folgen der Rückwirkung** sind nicht geregelt. Bei einem noch **19** anhängigen Verletzungsstreit entfällt die Anspruchsgrundlage nicht nur für die Vergangenheit, BGH GRUR 71, 78, 79 – Diarähmchen V, sondern auch für die Zukunft. Weil deswegen eine Klage auf Unterlassung von Anfang an als unbegründet gilt, ist Erledigung der Hauptsache eingetreten. Dasselbe gilt für Ansprüche auf Auskunft, Rechnungslegung, Vernichtung und Feststellung der Schadensersatzpflicht. Dem Wegfall der Anspruchsgrundlage muss in jeder Phase des Verfahrens Rechnung getragen werden, dh selbst noch im Revisionsverfahren, BGH GRUR 04, 941, 942 – Metallblatt. Bei vorläufig vollstreckbarem Urteil besteht Anspruch auf Aufhebung und ggf Rückerstattung nach § 717 III 2 ZPO. Gegen die Vollstreckung aus einem Urteil kann Klage nach § 767 ZPO in Betracht kommen. Bei einer rechtskräftigen Entscheidung kann entspr § 580 Nr 6 ZPO eine Restitutionsklage in Betracht zu ziehen sein, Voraufl 33/8. Wie in Art 26 II a) GGV sollten jedoch Entscheidungen in Verletzungsverfahren nicht erfasst werden, die vor der Entscheidung über die Nichtigkeit rechtskräftig geworden und vollstreckt worden sind. Bei Verträgen über eingetragene Designs ist durch die Feststellung bzw Erklärung der Nichtigkeit eine irreparable Störung der Geschäftsgrundlage mit der Folge eingetreten, dass der Vertragspartner des Rechtsinhabers nach § 313 II 1 BGB zum Rücktritt, s § 29 Rn 8, und bei einem Lizenzvertrag als Dauerschuldverhältnis nach § 313 II 2 BGB zur Kündigung, s § 31 Rn 12, berechtigt ist. Wie in Art 26 II b) GGV sollte bei Verträgen keine Rückwirkung stattfinden, wenn sie vor der Entscheidung über die Nichtigkeit erfüllt worden sind; für Zahlungen zur Vertragserfüllung kann nach Billigkeitsgründen eine Rückerstattung in Betracht kommen. Die juristische Fiktion der Rückwirkung findet an der Realität des tatsächlichen Geschehens ihre Grenzen. Wenn das eD bekanntgemacht worden ist, konnte es von Interessenten wahrgenommen, in das Gedächtnis oder in Publikationen aufgenommen und in Rechercheberichten aufgeführt werden. Weil diese tatsächlichen Vorgänge nicht rückgängig zu machen sind, konnte das eD trotz seiner rückwirkenden Nichtigkeit Eingang in den vorbekannten Formenschatz finden; diese Außenwirkung besteht auch nach der Löschung des eD im Register fort. Dem trägt Abs 4 dadurch Rechnung, dass nur die Schutzwirkungen als von Anfang an nicht eingetreten gelten; die sonstigen Wirkungen bleiben daher bestehen.

20 **5.** Durch Abs 5 wird eine **Feststellung für die Vergangenheit** ermöglicht. Aufgeführt sind die Beendigung der Schutzdauer und der Verzicht auf das eD. In Art 24 II GGV ist allgemeiner von einem Erlöschen des GGM die Rede. Diese Formulierung erfasst auch den Fall, dass der Rechtsinhaber nach Abs 2 S 2 in die Löschung eingewilligt hat. Bei dieser Konstellation kann ebenfalls ein Interesse an einer nachträglichen Feststellung der Nichtigkeit bestehen; Abs 5 sollte daher ggf ausdehnend ausgelegt werden. Entgegen der Formulierung in Abs 5 kann eine Erklärung der Nichtigkeit nicht erfolgen, weil Grundlage dieser Bestimmung ist, dass das eD nicht mehr existent ist; deswegen kann ein nach Begr § 33 erforderlicher Gestaltungsakt nicht mehr erfolgen. Sowohl bei absoluten als auch bei relativen Nichtigkeitsgründen kann daher nur festgestellt werden dass das eD von Anfang an nichtig war. Die Feststellung erfolgt entspr Abs 3 durch Beschluss des DPMA oder durch Urteil aufgrund Widerklage. Entspr § 256 I ZPO sollte ein Feststellungsinteresse bestehen. Das ist zB zur Feststellung der Nichtigkeit als Vorfrage der Fall, wenn sich der Antragsteller gegen Ansprüche des Rechtsinhabers verteidigt hat oder wenn bei einem Vertrag über ein eD ein Anspruch auf Rückgewähr, s Rn 19, geltend gemacht wird.

Antragsbefugnis

34 Zur Stellung des Antrags auf Feststellung der Nichtigkeit nach § 33 Absatz 1 ist jedermann befugt. Zur Stellung des Antrags auf Erklärung der Nichtigkeit nach § 33 Absatz 2 ist nur der Inhaber des betroffenen Rechts befugt. Den Nichtigkeitsgrund gemäß § 33 Absatz 1 Nummer 3 in Verbindung mit § 3 Absatz 1 Nummer 4 kann nur derjenige geltend machen, der von der Benutzung betroffen ist; eine Geltendmachung von Amts wegen durch die zuständige Behörde bleibt unberührt.

Übersicht

1 **1.** Der **Entwicklung** liegt zugrunde, dass Art 11 IV bis VI GRL Regelung darüber enthält, wer bei einem Nichtigkeitsgrund zur Antragstellung berechtigt ist. Diese Vorgaben sind in den §§ 33, 34 des GeschmMG 2004 umgesetzt worden: Zur Erhebung einer Klage auf Feststellung der Nichtigkeit war nach § 33 II 2 jedermann befugt. Ein Anspruch auf Einwilligung in die Löschung eines eingetragen Designs wegen einer Kollision mit einem anderen SchutzR konnte nach § 34 S 2 nur von dem Inhaber des betroffenen Rechts geltend gemacht werden. Diese unterschiedlichen Antragsbefugnisse sind in § 34 des Gesetzes v 10.10.13 zusammenfassend geregelt. Eine inhaltliche Abweichung ggü den bisherigen Regelungen ergibt sich lediglich aus S 3.

2 **2.** Zur Stellung des Antrags auf **Feststellung der Nichtigkeit** nach § 33 I ist nach S 1 jedermann befugt. Weil die Geltendmachung von absoluten Nichtigkeitsgründen im Allgemeininteresse liegt, soll jedes Mitglied der Allgemeinheit zur Antragstellung berechtigt sein. Voraussetzung ist Rechtsfähigkeit bei juristischen Personen und Geschäftsfähigkeit bei natürlichen

Personen (geregelt in §§ 104 ff BGB). Die Staatsangehörigkeit von natürlichen Personen und die nationale Zugehörigkeit von juristischen Personen spielen ebenso wenig eine Rolle wie der Wohnsitz von natürlichen Personen und der Firmensitz von juristischen Personen. Ggf muss ein Inlandsvertreter bestellt werden. Der Antragsgegner kann ggf Sicherheitsleistung verlangen, § 34a Rn 13. Wenn anstelle eines auswärtigen Interessenten ein Inländer auftritt, bedeutet das idR keinen Rechtsmissbrauch. Ein eigenes Interesse an der Feststellung der Nichtigkeit ist nicht erforderlich, BGH GRUR 83, 725 – Ziegelsteinformling I (PatR), solange das eingetragene Design besteht. Zur Antragstellung befugt sind daher auch Patentanwälte und Rechtsanwälte; ein eventuelles Auftragsverhältnis muss nicht offengelegt werden. Wenn nach dem Erlöschen des eD die Nichtigkeit festgestellt werden soll, muss ein Feststellungsinteresse bestehen, § 33 Rn 20.

3. Ein Antrag auf **Erklärung der Nichtigkeit** nach § 33 II kann nach   **3**
S 2 nur von dem Inhaber des betroffenen Rechts gestellt werden. Weil mit der Geltendmachung eines relativen Nichtigkeitsgrunds ein Individualinteresse verfolgt wird, ist nur der Inhaber des betroffenen Rechts zur Antragstellung befugt. Ein Dritter ist auch nicht antragsberechtigt, wenn er an der Nichtigerklärung ein unmittelbares Interesse hat, was zB bei einem Lizenznehmer oder bei einem Nutzungsberechtigten der Fall sein kann. Die Sonderregelung in § 31 II 2 für Verletzungsverfahren ist nicht entspr anwendbar. Der Rechtsinhaber kann jedoch einen von dem Erfolg eines Antrags unmittelbar betroffenen Dritten zur Antragstellung ermächtigen. Das kann insbes zweckmäßig sein, wenn der Rechtsinhaber seinen Firmensitz oder Wohnsitz im Ausland hat und/oder wenn für mehrere SchutzR Nutzungsberechtigungen oder Lizenzen erteilt worden sind. Der Ermächtigte tritt so an die Stelle des Rechtsinhabers, dass diesem keine eigene Antragsbefugnis verbleibt. Bei einer ebenfalls möglichen Vollmacht, §§ 164 ff BGB, wird der Bevollmächtigte im Namen des Rechtsinhabers tätig. Wegen der weitreichenden Wirkungen und zum sicheren Nachweis sollte für Ermächtigung und Vollmacht Schriftform eingehalten sein.

4. Für **Zeichen von öffentlichem Interesse** iSd § 3 I 4 enthält S 3   **4**
eine Sonderregelung. Aus § 33 I 3 folgt zwar, dass die missbräuchliche Benutzung der in Art 6terPVÜ aufgeführten Zeichen und der sonstigen Abzeichen von öffentlichem Interesse einen absoluten Nichtigkeitsgrund ergibt, Begr § 34. Die Geltendmachung dieses Nichtigkeitsgrunds kann jedoch anders als nach § 33 I 2 GeschmMG 2004 nicht von jedermann erfolgen, krit Voraufl 33/4, sondern nur von den in S 3 aufgeführten Berechtigten. Das sind die Institutionen, die von der unberechtigten Benutzung betroffen sind, sowie von Amts wegen die zur Benutzung berechtigten Behörden. Die Antragsbefugnis der zuständigen Behörden des jeweiligen Mitgliedstaats ergibt sich aus der in Art 11 VI GRL geregelten Befugnis der Mitgliedstaaten.

5. Die **Rechtskraft einer früheren Entscheidung** kann einer nochma-   **5**
ligen Befassung mit demselben Streitstoff entgegenstehen. Das Rechtsinstitut der Rechtskraft ist zwar in § 322 I ZPO nur für Urteile gesetzlich geregelt. Zur Vermeidung von einander widersprechender Entscheidungen findet jedoch die Wirkung der materiellen Rechtskraft auch für unanfechtbare Beschlüsse Anerkennung. Das hat Eingang in § 34b S 3 und § 52b II gefunden. Bei gleichem Streitgegenstand und identischen Parteien ist daher ein weiterer Nichtigkeitsantrag unzulässig, wenn die Zurückweisung eines früheren An-

trags rechtskräftig bzw bestandskräftig ist. Das gilt für den Nichtigkeitsgrund der fehlenden Neuheit bzw Eigenart auch dann, wenn neues Material aus dem vorbekannten Formenschatz vorgetragen wird, s BGH GRUR 64, 18 – Konditioniereinrichtung (PatR), weil der Streitgegenstand unverändert bleibt. Weil materielle Rechtskraft nur zwischen denselben Parteien eintritt, sind Dritte nicht daran gehindert, einen inhaltsgleichen Nichtigkeitsantrag zu stellen. Wenn Vertreter, verbundene Unternehmen oder sonstige Nahestehende tätig werden, kann allerdings Rechtsmissbrauch vorliegen.

6   **6.** Eine **Nichtangriffsverpflichtung** kann sich aus einer vertraglichen Abrede oder aus einer nebenvertraglichen Verpflichtung ergeben. Nichtangriffsabreden können insbes in Lizenzverträgen enthalten sein; die daraus resultierende Beschränkung des Wettbewerbs kann allerdings zur Unwirksamkeit führen, Allg Rn 31. Ungeschriebene Nichtangriffsverpflichtungen können sich daraus ergeben, dass eine vertragliche Übertragung oder Gestattung eine Treuepflicht ergibt, bei der ein Nichtigkeitsantrag unzulässige Rechtausübung wäre, zB nach der Übertragung oder Einbringung eines DesignschutzR, Voraufl 33/4.

7   **7.** Die **Darlegungs- und Beweislast** für die Antragsbefugnis aus S 2 obliegt dem Inhaber des betroffenen Rechts. Der Antragsteller muss daher vortragen und erforderlichenfalls nachweisen, dass er bei § 33 II S 1 Nr 1 Inhaber des urheberrechtlich geschützten Werks, bei § 33 II S 1 Nr 2 Inhaber des Designschutzrechts mit älterem Zeitrang und bei § 33 II S 1 Nr 3 Inhaber des Zeichens mit Unterscheidungskraft älteren Zeitrangs ist. Erforderlich ist alleinige Inhaberschaft. Wenn der Inhaber das Recht nicht selbst begründet hat, muss die Rechtsnachfolge dargelegt und ggf bewiesen werden. Bei einer durch einen Arbeitnehmer geschaffenen Gestaltung muss der Rechtserwerb des Arbeitgebers dargelegt und ggf nachgewiesen werden. Bei Mitinhaberschaft muss der Nichtigkeitsantrag von sämtlichen Mitinhabern gestellt werden; Ermächtigung und Bevollmächtigung, s Rn 3, sind jedoch möglich. Für die Antragsbefugnis aus S 3 muss die Betroffenheit von der unberechtigten Benutzung bzw die Befugnis zur Geltendmachung von Amts wegen dargelegt und ggf bewiesen werden. Wenn eine Nichtangriffsverpflichtung entgegenstehen könnte, obliegt die Darlegungs- und Beweislast dem Antragsgegner. Die Rechtskraft einer früheren Entscheidung kann aufgrund eines Einwands des Antragsgegners oder von Amts wegen Berücksichtigung finden; Informationen über frühere Entscheidungen können sich aus Eintragungen in das Register nach § 52b IV 4 ergeben. Für eventuellen Rechtsmissbrauch trägt der Antragsgegner die Darlegungs- und Beweislast.

Nichtigkeitsverfahren vor dem Deutschen Patent- und Markenamt

34a (1) Der Antrag ist schriftlich beim Deutschen Patent- und Markenamt einzureichen. Die zur Begründung dienenden Tatsachen und Beweismittel sind anzugeben. § 81 Absatz 6 und § 125 des Patentgesetzes gelten entsprechend. Der Antrag ist unzulässig, soweit über denselben Streitgegenstand zwischen den Parteien durch unanfechtbaren Beschluss oder rechtskräftiges Urteil entschieden wurde.

(2) Das Deutsche Patent- und Markenamt stellt dem Inhaber des eingetragenen Designs den Antrag zu und fordert ihn auf, sich innerhalb

eines Monats nach Zustellung zu dem Antrag zu erklären. Widerspricht der Inhaber dem Antrag nicht innerhalb dieser Frist, wird die Nichtigkeit festgestellt oder erklärt.

(3) **Wird dem Antrag rechtzeitig widersprochen, teilt das Deutsche Patent- und Markenamt dem Antragsteller den Widerspruch mit und trifft die zur Vorbereitung der Entscheidung erforderlichen Verfügungen. Eine Anhörung findet statt, wenn ein Beteiligter dies beantragt oder das Deutsche Patent- und Markenamt dies für sachdienlich erachtet. Die Vernehmung von Zeugen und Sachverständigen kann angeordnet werden; die §§ 373 bis 401 sowie die §§ 402 bis 414 der Zivilprozessordnung gelten entsprechend. Über Anhörungen und Vernehmungen ist eine Niederschrift zu fertigen, die den wesentlichen Gang der Verhandlung wiedergibt und die rechtserheblichen Erklärungen der Beteiligten enthält; die §§ 160a, 162 und 163 der Zivilprozessordnung gelten entsprechend.**

(4) **Die Entscheidung ergeht schriftlich durch Beschluss. Der Tenor kann am Ende der Anhörung verkündet werden. Der Beschluss ist zu begründen und den Beteiligten zuzustellen. § 47 Absatz 2 des Patentgesetzes gilt entsprechend.**

(5) **In dem Beschluss ist über die Kosten des Verfahrens zu entscheiden; § 62 Absatz 2 und § 84 Absatz 2 Satz 2 des Patentgesetzes gelten entsprechend. Für die Festsetzung des Gegenstandswertes gelten § 23 Absatz 3 Satz 2 und § 33 Absatz 1 des Rechtsanwaltsvergütungsgesetzes entsprechend. Der Beschluss über den Gegenstandswert kann mit der Entscheidung aus Satz 1 verbunden werden.**

Übersicht

I. Der **Regelungsgehalt** von § 34a DesignG, der durch das Gesetz v **1** 10.10.13 eingefügt wurde, betrifft das zum 1.1.14 eingeführte Nichtigkeitsverfahren für eingetragene Designs vor dem DPMA. Das Nichtigkeitsverfahren wurde zu einem großen Teil dem Löschungsverfahren für GebrM nachempfunden, das in §§ 16, 17 GebrMG geregelt ist, hat seinen Bezug aber auch im Markenlöschungsverfahren und dem Nichtigkeitsverfahren nach der GGV. Es wurde als letztes Verfahren beim DPMA zur Vernichtung von dort eingetragenen, jedoch nicht rechtsbeständigen Schutzrechten eingeführt. Bis zum 31.12.13 waren für Entscheidungen über die Rechtsbeständigkeit von GeschmM die ordentlichen Gerichte mit der Eingangszuständigkeit der LG (und dort überwiegend der KfH) zuständig. Das Nichtigkeitsverfahren dient neben der Vernichtung von eD auch der Feststellung bzw Erklärung der Nichtigkeit von gelöschten Eintragungen und solchen eD, auf die bereits verzichtet wurde, § 33 Rn 20. Das Verfahren wurde insbes eingeführt, um eine kostengünstige Möglichkeit zur Feststellung der Nichtigkeit eines eD zu schaffen, Begr A.I.1. zum Gesetz v 10.10.13. Die Verfahrensgebühr ist mit 300 EUR gedeckelt, Rn 6, und es besteht anders als bei einem landgerichtlichen Verfahren kein Anwaltszwang. Das Verfahren tritt an die Stelle der bisherigen Klage auf Feststellung der Nichtigkeit, die als isolierte Klage aufgrund von § 33 III nicht mehr zulässig ist, § 33 Rn 16. Anders als im GebrM-Löschungsverfahren (§ 16 Satz 1 GebrMG) ist die Vernichtung des Schutzrechts jedoch auch im Wege der Widerklage möglich, § 33 III.

2 **II.** Das **Verfahren** ist wie das GebrM-Löschungsverfahren justizförmig ausgestaltet, es handelt sich um ein kontradiktorisches Verfahren mit dessen Besonderheiten. Allerdings ist es daneben grundsätzlich verwaltungsrechtlicher Natur. So sind zwar viele Vorschriften der ZPO durch direkte und indirekte Verweise anwendbar. Gleichzeitig ist das Verfahren aber auch ein nichtöffentliches Verwaltungsverfahren, anders als das patentamtliche Einspruchsverfahren für Patente ab dem 1.4.14, § 59 III 3 PatG in der seitdem geltenden Fassung.

3 **1.** Das kontradiktorische Nichtigkeitsverfahren für eD ist zunächst vom **Verfügungsgrundsatz** (Dispositionsmaxime) geprägt, der in § 21 II Nr 3 III DesignV zum Ausdruck kommt. Der Antragsteller wird durch die Vorschriften angehalten, seinen Antrag zu konkretisieren, indem er die Nichtigkeitsgründe klar zu benennen hat, auf die sich sein Antrag stützt. Das DPMA ist im Gegenzug an diese Festlegung des Streitgegenstandes gebunden, eine Antragserweiterung oder -änderung ist nur mit Einverständnis des Designinhabers oder bei Sachdienlichkeit möglich, § 263 ZPO. Sachdienlichkeit wird allerdings idR vorliegen. Das DPMA kann das eD nur im Rahmen der vom Antragsteller genannten Nichtigkeitsgründe für nichtig erklären, bei ausschließlich auf einen relativen Nichtigkeitsgrund gestütztem Antrag in seiner Entscheidung nicht auf mangelnde Eigenart ausweichen. Außerdem darf das DPMA – anders als im patentrechtlichen Einspruchsverfahren, § 61 I 2 PatG – über die Hauptsache nicht mehr entscheiden, wenn der Nichtigkeitsantrag zurückgenommen wurde. Weiterhin herrscht ein **eingeschränkter Beibringungsgrundsatz** – das DPMA ist grundsätzlich an das Parteivorbringen gebunden, Abs 1 Satz 2, allerdings kann es Tatsachen und Beweismittel berücksichtigen, die ihm anderweitig bekannt geworden sind oder deren Berücksichtigung im öffentlichen Interesse liegt, wenn es hierauf hingewiesen und den Beteiligten eine angemessene Frist zur Stellungnahme eingeräumt hat, § 22 III 2 DesignV.

4 **2. a)** Das Verfahren wird durch einen wirksamen **Nichtigkeitsantrag** eingeleitet. Der Antrag ist beim DPMA – in den Dienststellen München, Jena oder Berlin – einzureichen. Die Patentinformationszentren sind nicht zur Entgegennahme befugt, § 11 I 2 gilt nur für Designanmeldungen.

5 **b) Form und Inhalt des Antrags** ergeben sich aus Abs 1 S 1 sowie aus § 21 DesignV. Der Antrag ist schriftlich zu stellen, Abs 1 S 1. Das amtl Formblatt R 5730 – bzw R 5731 für die Feststellung der Unwirksamkeit einer internationalen Eintragung – (beide derzeit in der Fassung 1.14, online auf www.dpma.de verfügbar) soll verwendet werden, § 21 I DesignV. Mit §§ 1 I Nr 4, 2 I Nr 2 ERVDPMAV id ab 1.7.14 geltenden Fassung ist auch elektronische Antragstellung, mit und ohne elektronische Signatur, möglich. Der Antrag ist zu begründen und Beweismittel sind anzugeben, Abs 1 S 2, und ggf einzureichen, dann in ausreichender Stückzahl, § 17 II 1

DPMAV. Liegen unter Bezug genommene Dokumente beim DPMA nicht vor, kann das DPMA verlangen, diese in ausreichender Stückzahl für das DPMA und die übrigen Verfahrensbeteiligten einzureichen, Abs 1 S 3 iVm § 125 I PatG. Der Antrag muss darüber hinaus nach § 21 II DesignV enthalten: die Designnummer des angegriffenen eD, Name und Anschrift des Antragstellers und die Nichtigkeitsgründe; zielt der Antrag lediglich auf die Teilnichtigkeit des eD ab, den Umfang des Nichtigkeitsbegehrens, § 21 II Nr 5 DesignV.

c) Die **Antragsgebühr** beträgt 300 EUR für jedes angegriffene eD, Geb- **6** Nr 362 100 der Anlage zu § 2 Abs 1 PatKostG. Sie ist innerhalb von drei Monaten ab Antragstellung zu entrichten, §§ 3 I, 6 II PatKostG, bei mehreren Antragstellern von jedem einzelnen, Vorbemerkung A. (2) der Anlage zu § 2 I PatKostG. Andernfalls gilt der Antrag als zurückgenommen, § 6 II PatKostG.

3. Prozessfähige **Verfahrensbeteiligte** sind postulationsfähig, können also **7** ohne anwaltliche Vertretung am Verfahren teilnehmen. Dies gilt nicht für Beteiligte ohne Wohnsitz, Sitz noch Niederlassung im Inland, die einen Inlandsvertreter nach § 58 bestellen müssen, § 58 Rn 3 ff.

a) Weil die Vernichtung von Scheinrechten im öff Interesse liegt, handelt **8** es sich beim Nichtigkeitsverfahren im Hinblick auf die in § 33 I genannten Nichtigkeitsgründe um ein Popularverfahren, § 34 Satz 1, § 34 Rn 2. **Antragsteller** eines hierauf gestützten Nichtigkeitsantrages kann jede natürliche oder jur Person sein, die rechtsfähig oder zumindest insoweit teilrechtsfähig ist. Bei der in § 33 II 1 genannten Nichtigkeitsgründen muss der Antragsteller Inhaber des mutmaßlich verletzten Rechts sein, § 34 S 2, § 34 Rn 3. Hinzu kommt die Sonderregel des § 34 S 3 für die in § 3 I 4 genannten Zeichen von öffentlichem Interesse, die demnach nur von demjenigen geltend gemacht werden können, der von der Benutzung betroffen ist bzw von der zuständigen Behörde, § 34 Rn 4. Unter welchen Voraussetzungen insoweit die Beauftragung eines Strohmanns zulässig sein kann, s Bühring § 16 Rn 50 mwN.

b) **Antragsgegner** im Nichtigkeitsverfahren ist immer der im Register **9** eingetragene Inhaber des eD bzw der Internationalen Eintragung, Abs 2 Satz 1. Auch bei fehlender materieller Berechtigung steht diesem die ausschließliche Prozessführungsbefugnis zu. Mitinhaber sind notwendige Streitgenossen. Die Angabe eines anderen als dem eingetragenen Inhaber oder dessen Gesamtrechtsnachfolger macht den Antrag unzulässig.

4. a) Der wirksame Antrag wird dem Designinhaber nach Zahlung der **10** Gebühr förmlich **zugestellt** mit der Aufforderung, sich innerhalb der gesetzlichen Frist von einem Monat nach Zustellung, Abs 2 S 1, zu dem Antrag zu erklären. Die Frist ist nicht verlängerbar.

b) Innerhalb der Monatsfrist hat der Designinhaber die Möglichkeit, dem **11** Antrag zu **widersprechen.** Andernfalls wird die Nichtigkeit des angegriffenen eD durch rechtsmittelfähigen Beschluss des DPMA festgestellt oder erklärt, § 34a II 2. Voraussetzung ist allerdings, dass der Antrag schlüssig ist, also mit nachvollziehbarer Begründung auf einen Nichtigkeitsgrund nach § 33 I, II gestützt wird. Eine bloße Löschungsverfügung wie im GebrM-Löschungsverfahren, § 17 I 2 GebrMG, würde dem Gesetzeswortlaut – „wird die Nichtigkeit festgestellt oder erklärt" – nicht genügen. Die Nichtigkeit tritt nach dieser Regelung nicht als Rechtsfolge kraft Gesetzes ein. Vielmehr bedarf es eines Beschlusses des DPMA, dessen Inhalt allerdings vorgegeben ist. Der Vorteil liegt darin, dass der Designinhaber (bzw sein Gesamtrechtsnachfolger) eine rechtsmittelfähige Entscheidung mit Rechtsmittelbelehrung erhält und so etwaige Fehler des DPMA bei der Zustellung oder der Fristberechnung, aber auch Zulässigkeitsmängel des Antrags leicht zum Gegenstand einer Beschwerde zum BPatG machen kann. Für den Fall, dass die Widerspruchsfrist versehentlich versäumt wurde, steht das BPatG auch als zweite Tatsacheninstanz offen, um nunmehr zur Sache zu verhandeln.

12   c) Anders als das GebrM-Löschungsverfahren, § 17 III 1 GebrMG, sieht das Nichtigkeitsverfahren für eD mündliche Verhandlungen nicht generell als Grundlage der Entscheidung vor. **Anhörungen** sind allerdings anzuberaumen, wenn eine Partei dies beantragt oder das DPMA sie für sachdienlich hält, § 34a III 2. Anders als im Markenverfahren, § 60 II 1 MarkenG, ist die Sachdienlichkeit im Falle der Beantragung durch eine Partei nicht zu prüfen. Anhörung ist also auch anzuberaumen, wenn das DPMA keine Sachdienlichkeit erkennt, eine Zurückweisung des Antrags wie in § 60 II 2 MarkenG ist nicht vorgesehen. Fehlt ein Antrag, ist Sachdienlichkeit anzunehmen, wenn durch die Anhörung eine schnellere, direktere und umfassendere Aufklärung als im schriftlichen Verfahren zu erwarten ist, Ströbele/Hacker § 60 Rn 4 mwN. Über die Anhörung ist Protokoll zu führen, das den wesentlichen Gang der Verhandlung wiedergibt und die rechtserheblichen Erklärungen der Beteiligten enthält. Die §§ 160a, 162 sowie 162 ZPO finden entsprechende Anwendung, Abs 3 S 4 HS 2.

13   **5.** Der Designinhaber kann vom einem Antragsteller, der seinen gewöhnlichen Aufenthalt nicht in einem EU-Mitgliedstaat oder einem Vertragsstaat des Abkommens über den EWR hat, für die voraussichtl Kosten des Verfahrens, was die Kosten eines evt Beschwerdeverfahren einschließt, Schulte § 81 Rn 201, verlangen, Abs 1 S 3 iVm § 81 VI PatG. Zu beachten sind hierbei die Befreiungen nach Art 17 des Haager Übereinkommens über den Zivilprozess vom 1.3.54 (BGBl 1958 II S 576) für Angehörige von Vertragsstaaten dieses Abkommens, die in einem dieser Staaten ihren Sitz haben. Die Pflicht zur Sicherheitsleistung trifft nicht auch einen auswärtigen Designinhaber, BGH GRUR 05, 359. Leistet der Antragsteller die von der Designabteilung festgesetzte Sicherheit nicht in der festgelegten Frist, § 81 VI 2 PatG, gilt der Antrag als zurückgenommen, § 81 VI 3 PatG.

14   **6.** Bindungswirkung besteht nach Abs 1 S 4, wenn dem Nichtigkeitsantrag eine unanfechtbare Entscheidung über denselben Streitgegenstand und zwischen denselben Beteiligten vorausgegangen ist; dann ist der Antrag unzulässig, Abs 1 S 4. In Betracht kommen hier ieL Entscheidungen über Nichtigkeitswiderklagen nach § 52b. Der Anwendungsbereich der Vorschrift dürfte zumindest im Hinblick auf die absoluten Schutzhindernisse nach § 33 I gering sein, weil bei abgewiesener Nichtigkeitswiderklage ein Antrag durch einen Strohmann gestellt werden kann. Auch kann bei sich abzeichnender Niederlage in einem Verfahren über eine Nichtigkeitswiderklage der Widerkläger noch in der Berufungsinstanz seine Klage zurücknehmen, um so einer dortigen, ihm unpassenden Entscheidung zu entgehen. Eine spiegelbildliche Vorschrift zu Abs 1 S 4 findet sich für die Nichtigkeitswiderklage in § 52b II, s dort Rn 7.

7. Die **Beweiserhebung** erfolgt gem Abs 3 S 3, 4. Über die in Abs 3 S 3 **15** genannten Beweismittel hinaus finden auch die übrigen in der ZPO vorgesehenen Beweismittel Berücksichtigung, § 22 IV 2 DesignV. Beweis wird nach § 22 IV 1 DesignV erhoben, wenn dies sachdienlich oder beantragt wird. Ob mit dem Wortlaut dieser Vorschrift auch Beweis zu erheben ist, wenn die Erhebung des Beweises zwar beantragt, jedoch nicht sachdienlich ist, erscheint vor dem Hintergrund der Prozessökonomie [mehr] als fraglich. Über die Vernehmung von Zeugen und Sachverständigen ist wie über die Anhörung im Übrigen Protokoll zu führen.

8. Bei der **Entscheidung über die Nichtigkeit** folgt die Designabtei- **16** lung ihrer freien, aus dem Gesamtergebnis des Verfahrens gewonnenen Überzeugung, § 22 IV 2 DesignV. Die Entscheidung ergeht schriftlich durch Beschluss, der zu begründen und den Beteiligten zuzustellen ist, Abs IV Satz 1, 3. Dem Beschluss ist eine ordnungsgemäße, § 47 II 1 PatG genügende Rechtsmittelbelehrung beizufügen. Bei Mängeln der Rechtsmittelbelehrung oder der Zustellung beginnt die Beschwerdefrist nicht zu laufen. Ist eine Anhörung durchgeführt worden, kann der Tenor der Entscheidung am Ende der Anhörung verkündet werden, Abs IV S 2.

9. Die **Kostenentscheidung** ist regelmäßig mit der Hauptsacheentschei- **17** dung zu verbinden, Abs 5 S 1. Im Nichtigkeitsverfahren für eD herrscht anders als im Markenlöschungsverfahren, § 63 I MarkenG, der Grundsatz der Auferlegung der Kosten nach Unterliegensprinzip, Abs 5 S 1 HS 2 iVm § 84 II 2 HS 2 PatG iVm §§ 91 ff ZPO. Von der Anwendung der Vorschriften und demgemäßer Kostenverteilung kann abgewichen werden, wenn die Billigkeit eine andere Entscheidung erfordert, § 84 II 2 HS 1 PatG.

10. Wenn der **Gegenstandswert** festgesetzt werden soll, können nach **18** Abs 5 S 2 bereits im Antrag Angaben gemacht werden, § 21 II 1 DesignV. Die Vorschrift dient insbes der Kostentransparenz im Hinblick auf das wirtschaftliche Verfahrensrisiko. So kann den Beteiligten bei beiderseitiger rechts- oder patentanwaltlicher Vertretung mit einer vorläufigen Festsetzung des Gegenstandswerts die Möglichkeit gegeben werden, das Kostenrisiko abzuschätzen. Bei der Festsetzung finden §§ 23 III 2, 33 I RVG Anwendung.

11. Eine **Kostenfestsetzung** erfolgt nur auf Antrag, Abs 5 S 1 HS 2 iVm **19** § 62 II PatG. Über § 62 II 3 PatG anwendbar sind die §§ 103 bis 107 ZPO. Zuständig ist der Kostenbeamte der Designabteilung, § 7 II Nr 1 WahrnV. Erstattungsfähig sind alle Gebühren und Auslagen von DPMA und BPatG unter Einschluss der weiteren Kosten der Beteiligten, die zur zweckentsprechenden Rechtsverfolgung bzw -verteidigung notwendig waren, § 62 II PatG, § 91 I 1 ZPO. Die für die Kostenfestsetzung in GebrM-Sachen anzuwendenden Vorschriften dürften entsprechend gelten, s Bühring § 17 Rn 143 ff.

Aussetzung

34b Ist oder wird während des Nichtigkeitsverfahrens ein Rechtsstreit anhängig, dessen Entscheidung vom Rechtsbestand des eingetragenen Designs abhängt, kann das Gericht die Aussetzung des Rechtsstreits anordnen. Die Aussetzung ist anzuordnen, wenn das Gericht das eingetragene Design für nichtig hält. Ist der Nichtigkeitsantrag unanfechtbar zurückgewiesen worden, ist das Gericht an diese Entscheidung nur gebunden, wenn sie zwischen denselben Parteien ergangen ist. § 52b Absatz 3 Satz 3 gilt entsprechend.

Übersicht

I. Eingetragene Designs

1   **1. Regelungszweck** der durch das Gesetz v 10.10.13 eingefügten Bestimmung ist, eine Doppelbefassung mit demselben Sachverhalt zu vermeiden und dadurch widersprüchliche Entscheidungen zu vermeiden, Begr § 34b. Diese allg Rechtfertigung für eine Aussetzung aufgrund § 148 ZPO, zB BGH GRUR 04, 710, 711 – Druckmaschinen-Temperierungssystem, wird in § 34b dadurch vertieft, dass bei einer Vernichtung des Klagedesigns dem Verletzungsprozess rückwirkend der Boden entzogen und damit das bisherige Verfahren hinfällig würde.

2   **2. Der Regelungsgehalt** ist bereits in der Überschrift ausgewiesen. Die Regelungen über die Aussetzung sind zwar dem Nichtigkeitsverfahren zugeordnet; denn die benachbarten Regelungen der §§ 34a und 34c beziehen sich auf das Nichtigkeitsverfahren vor dem DPMA. Systematisch sind diese Regelungen jedoch einer Besonderheit des Verfahrens in Designstreitsachen zugehörig, weil gem § 52a die fehlende Rechtsgültigkeit eines eingetragenen Designs nur durch eine Nichtigkeitswiderklage oder durch einen Nichtigkeitsantrag geltend gemacht werden kann. Für diese Geltendmachung der Nichtigkeit bestimmt § 34b, dass das Gericht die Aussetzung des Rechtsstreits anordnen kann, wenn über das Klagedesign ein Nichtigkeitsverfahren anhängig ist. In S 1 und 2 ist im Einzelnen geregelt, wann eine Aussetzung in Betracht kommt. Ob das Gericht an die Entscheidung des DPMA über den Nichtigkeitsantrag gebunden ist, ergibt sich aus S 3. Die aufgrund S 4 entspr Anwendung von § 52b III 3 bedeutet, dass während der Aussetzung das Gericht einstweilige Verfügungen erlassen und Sicherheitsmassnahmen treffen kann.

3   **3. Dem Anwendungsbereich** liegt zugrunde, dass während des Nichtigkeitsverfahrens ein Gericht mit einem Rechtsstreit befasst ist, in dem es auf den Rechtsbestand eines eingetragenen Designs ankommt. Dieselbe Abhängigkeit besteht, wenn im Verlauf eines Rechtsstreits ein Nichtigkeitsverfahren in Gang gebracht wird. Das kommt insbes in Betracht, wenn der Bekl zur Geltendmachung der Nichtigkeit des Klagedesigns wegen der Regelung in § 52a einen Nichtigkeitsantrag stellt. Die Formulierung in S 1 erweckt zwar den Eindruck, dass der Rechtsstreit vor oder während des Nichtigkeitsverfahrens anhängig geworden sein muss. Aus § 52a ergibt sich jedoch, dass das Nichtigkeitsverfahren auch im Verlauf eines Rechtsstreits betrieben werden kann. Anders als bei GGM, s Rn 13, kann daher eine Aussetzung nicht nur erfolgen, wenn gegen die Rechtsgültigkeit des DesignschutzR bereits vor Anhängigkeit des Gerichtsverfahrens vorgegangen worden ist. Obwohl generell von der Anhängigkeit eines Rechtsstreits die Rede ist, kann es sich nur um ein Hauptsacheverfahren handeln, weil im Verfahren der einstweiligen Verfügung wegen dessen Eilbedürftigkeit eine Aussetzung nicht in Betracht kommt. Im Verfahren der einstweiligen Verfügung richtet sich daher die Beurteilung des Rechtsbestands des Verfügungsdesigns ausschließlich nach § 39, s auch § 52a Rn 3.

4. Ein **Aussetzungsgrund** ergibt sich nach S 1 daraus, dass ein Recht-   **4** streit anhängig ist, dessen Entscheidung vom Rechtsbestand eines eingetragenen Designs abhängig ist. Nach der Grundnorm des § 148 ZPO erfolgt eine Aussetzung nur bei Vorgreiflichkeit des Rechtverhältnisses, das den Gegenstand des anderen Rechtsstreits bildet. Eine Aussetzung kommt daher nur in Betracht, wenn das Gericht ansonsten der Klage stattzugeben hätte. Keine Vorgreiflichkeit besteht, wenn die Klage in vollem Umfang unabhängig von dem Rechtsbestand des Klagedesigns abweisungsreif ist. Das ist bei Verneinung des Eingriffs in den Schutzumfang und bei Erschöpfung stets der Fall, bei Verjährung und Verwirkung kann zu differenzieren sein.

5. Für die **Anordnung der Aussetzung** kommt nach S 1 eine Ermes-   **5** sensentscheidung und nach S 2 eine Pflichtentscheidung in Betracht. Grundlage der Ermessensentscheidung ist eine Interessenabwägung; die Aussetzung ist daher entgegen Begr § 34b nicht grds freigestellt. Vielmehr muss die mit der Aussetzung verbundene Prozessverzögerung mit den Erfolgsaussichten des Nichtigkeitsverfahrens abgewogen werden, BGH GRUR 12, 512 Tz 22 – Kinderwagen I; ebenso BGH GRUR 13, 925 Tz 20 – VOODOO – zur Gemeinschaftsmarke. Auf der Seite des Bekl findet auch das Interesse Berücksichtigung, keine Eingriffe in seine wirtschaftliche Betätigung auf der Grundlage eines vernichtbaren SchutzR hinnehmen zu müssen, Düss GRUR-RR 07, 259, 262. Zugunsten der Kl ist die durch die Aussetzung verursachte Verfahrensverzögerung zu berücksichtigen, BGH GRUR 04, 710, 712 – Druckmaschinen-Temperierungssystem, weil trotz der beschränkten Geltungsdauer des SchutzR dessen Ausschließlichkeitswirkung praktisch suspendiert wird, Düss GRUR-RR 07, 262. Das gilt in besonderem Maß für ein eD, weil der Schutzgegenstand häufig von so kurzlebiger Natur ist, dass nach einer Aussetzung keine Marktrelevanz mehr bestünde. Ebenso wie im Verfahren über Patentverletzungen, Düss GRUR-RR 08, 333 (LS); Mü GRUR 90, 352, 353, kommt in 1. Instanz eine Aussetzung nur in Betracht, wenn eine Vernichtung des Klagedesigns in hohem Maße wahrscheinlich ist. Das kann zB der Fall sein, wenn das Gericht von der Begründung des Nichtigkeitsantrags überzeugt ist, aber einer Beweiserhebung nicht vorgreifen möchte. Eine Aussetzung kommt nicht in Betracht, wenn der Verspätungseinwand eingreift, s § 52a Rn 5. Wenn bei Vorgreiflichkeit das Gericht das Klagedesign für nichtig hält, muss es nach S 2 die Aussetzung anordnen. Das setzt voraus, dass das Gericht schon aufgrund der Aktenlage von dem Erfolg des Nichtigkeitsantrags überzeugt ist. Kommt das Gericht zu dem Ergebnis, dass das Klagedesign rechtsgültig ist, ist keine Ermessensentscheidung darüber eröffnet, ob es die Aussetzung des Verfahrens anordnet; ein Gegenschluss zu S 2 legt nämlich nahe, dass es für eine Aussetzung keine Rechtfertigung gibt.

6   **6.** Die in S 3 geregelte **Bindungswirkung** setzt voraus, dass zwischen den Parteien des Rechtsstreits ein Nichtigkeitsverfahren stattgefunden hat und dass dabei ein Nichtigkeitsantrag unanfechtbar zurückgewiesen worden ist. Gegen den Zurückweisungsbeschluss darf daher ein Rechtsbehelf nicht mehr zur Verfügung stehen. Das Gericht muss unter diesen Voraussetzungen seiner Entscheidung die Rechtsgültigkeit des Klagedesigns zugrunde legen. Wenn einem Nichtigkeitsantrag unanfechtbar stattgegeben worden ist, muss das von dem befassten Gericht stets berücksichtigt werden, weil diese Entscheidung die Löschung des eD nach § 36 I Nr 5 zur Folge hat und damit Wirkung gegen jedermann entfaltet, Begr § 34b. Ein ggü einem Dritten ergangener Zurückweisungsbeschluss hat keine Bindungswirkung.

7   **7.** Die **Aussetzungsmodalitäten** liegen ebenso wie die Beurteilung des Aussetzungsgrunds im Ermessen des Gerichts. Grundlage hierfür ist, dass die Aussetzung disponibel ist. Das Gericht kann daher nach einer einmal beschlossenen Aussetzung im Rahmen seines Ermessens ein weiteres Mal aussetzen. Umgekehrt kann nach dem Ermessen des Gerichts die Anordnung einer Aussetzung wieder aufgehoben werden, § 150 S 1 ZPO, zB wenn ein Antrag auf Nichtigerklärung zurückgenommen worden sein sollte. Endgültige Klarheit besteht zwar nur bei einer Aussetzung bis zur unanfechtbaren Entscheidung über den Nichtigkeitsantrag; der Begriff der Unanfechtbarkeit wird durch § 34a I 3 und § 52b II nahegelegt. Der Kurzlebigkeit von designorientierten Erzeugnissen wird jedoch angemessen dadurch Rechnung getragen, dass zunächst bis zur Entscheidung des DPMA ausgesetzt wird. Wenn der Nichtigkeitsantrag zurückgewiesen wird, kann das Gericht vom Rechtsbestand des Klagedesigns ausgehen und das Verfahren fortsetzen. Eine in 2. oder 3. Instanz stattgebende Entscheidung über den Nichtigkeitsantrag könnte idR im weiteren Verlauf des Verletzungsprozesses Berücksichtigung finden. Wird dem Nichtigkeitsantrag vom DPMA stattgegeben, rechtfertigt das idR eine weitere Aussetzung bis zum Vorliegen einer unanfechtbaren Entscheidung.

8   **8.** Die **Entscheidung** ergeht durch prozessleitenden Beschluss. Ob die Voraussetzungen für eine Aussetzung erfüllt sind, hat das Gericht vAw zu prüfen. Weil Anträge und Gesuche nur für Sonderfälle vorgesehen sind, zB §§ 246, 248 ZPO, können die Parteien nur Anregungen geben; diese müssen nicht verbeschieden werden. Grundlage der Entscheidung ist eine Prüfung aller Aspekte des Nichtigkeitsantrags und dessen voraussichtlichen Erfolgsaussichten. Weil es um ein Verfahren vor einem anderen Spruchkörper geht, kann nur eine summarische Prüfung erfolgen. Eine Beweiserhebung findet daher nicht statt. Kommt es zB auf die Offenbarung eines Designs an, das der Neuheit oder Eigenart des Klagedesigns entgegensteht, ist es Sache des Bekl, die maßgeblichen Tatsachen für das Gericht so darzulegen, dass eine ausreichende Beurteilungsgrundlage zur Verfügung steht. Ob Glaubhaftmachung nach § 294 ZPO in Betracht kommt, zB Düss GRUR 79, 636, 637, ist zwh. Weil das Gericht zwischen einer Ermessensentscheidung nach S 1 und einer Pflichtentscheidung nach S 2 zu wählen hat, sollte der Beschluss mit Gründen versehen sein. Wenn mündliche Verhandlung stattgefunden hat, muss der Beschluss verkündet werden, § 329 I ZPO. Das gilt nach § 128 II 2 ZPO auch für das schriftliche Verfahren. Wenn keine Verkündung erfolgt ist, muss zugestellt werden, § 329 II ZPO, weil eine Frist in Lauf gesetzt wird, s Rn 7. Wirkung der Aussetzung ist ein faktischer Stillstand des Verfahrens. Der Lauf von prozessualen Fristen hört auf und beginnt nach Beendigung der Aussetzung von neuem, § 249 I ZPO. Die durch die Klageeinreichung eingetretene Hemmung der Verjährung bleibt bestehen. Einer Gerichtsentscheidung bedarf es nicht, wenn beide Parteien das Ruhen des Verfahrens beantragen, § 251 S 1 ZPO, wobei den Parteien freigestellt ist, Modalitäten zu vereinbaren.

9. Dass **vorläufige Maßnahmen** getroffen werden können, ergibt sich **9** aus der Verweisung in S 4 auf § 52b III 3. In Betracht kommt ein auf die Dauer der Aussetzung beschränktes Unterlassungsgebot oder die Anordnung einer Sicherheitsleistung; Einzelh § 52b Rn 12.

10. Gegen die Entscheidung hat die belastete Partei das **Rechtsmittel** der **10** sofortigen Beschwerde, § 252 iVm § 567 I Nr 1 ZPO. Die Beschwerdeschrift muss innerhalb einer Notfrist von zwei Wochen eingereicht werden, § 569 I, II ZPO. Die Einreichung erfolgt beim Ausgangsgericht oder beim Beschwerdegericht (in Designstreitsachen das OLG), § 569 I 1 ZPO. Weil das Ausgangsgericht ggf abzuhelfen hat, § 572 I 1 ZPO, muss spätestens in diesem Verfahrensabschnitt der Beschluss über die Aussetzung begründet werden. Durch § 252 ZPO ist nur eine Überprüfung der Ermessensbeurteilung des Ausgangsgerichts eröffnet, BGH MDR 06, 704; Karlsr Mitt 14, 283 (Ls), nicht jedoch eine eigenständige Ermessensentscheidung.

11. In der **Berufungsinstanz** kann nach einer in 1. Instanz erfolgten **11** Verurteilung großzügiger ausgesetzt werden, weil der Kl durch Sicherheitsleistung von der vorläufigen Vollstreckbarkeit Gebrauch machen kann, Düss Mitt 97, 257, 258. Trotzdem ist eine Aussetzung nur gerechtfertigt, wenn das Nichtigkeitsverfahren hinreichende Erfolgsaussichten bietet, Düss GRUR-RR 02, 369, 377, eine Vernichtung des eD also wahrscheinlich ist, Düss GRUR-RR 07, 259, 263.

12. Auch in der **Revisionsinstanz** kann eine Aussetzung in Betracht **12** kommen, weil bei einer rechtskräftigen Nichtigerklärung des Klage-SchutzR eine Verletzungsklage abweisungsreif ist, BGH GRUR 04, 710, 711 – Druckmaschinen-Temperierungssystem. Das kann selbst dann zu berücksichtigen sein, wenn im PatR eine Nichtigkeitsklage erst nach Abschluss der Tatsacheninstanzen erhoben wurde, BGH GRUR 04, 712. Wenn im DesignR ein Nichtigkeitsantrag erst während des Revisionsverfahrens gestellt wird, wäre jedoch mit einer Aussetzung idR eine unzumutbare Verfahrensverzögerung verbunden, BGH GRUR 12, 512 Tz 22 – Kinderwagen I, weil die Marktrelevanz der unter Schutz gestellten Erzeugnisse häufig nur von kurzer Dauer ist. Eine Aussetzung kommt auch in Betracht, wenn ein Verletzungsstreit und eine Rechtsbeschwerde betr ein Verwaltungsverfahren vor dem DPMA vor demselben Senat des BGH anhängig sind, BGH BeckRS 13, 12000 = GRUR-RR 13, 528 (Ls).

II. Gemeinschaftsgeschmacksmuster

Das GGM-Gericht kann nach Art 91 II 1 GGV ein Verletzungsverfahren **13** aussetzen, wenn bereits vor Beginn des Verfahrens die Rechtsgültigkeit eines eingetragenen GGM auf Grund einer Widerklage vor einem GGM-Gericht angegriffen oder beim HABM ein Nichtigkeitsantrag gestellt worden ist. Ein nach der Erhebung einer Verletzungsklage gestellter Nichtigkeitsantrag erfüllt daher nicht die Voraussetzungen dieser Bestimmung, BGH GRUR 12, 512 Tz 21 – Kinderwagen I; ebenso BGH GRUR 13, 925, 926 Tz 17 – VOODOO – zur Gemeinschaftsmarke. Die Aussetzung kann auf Antrag oder vAw erfolgen, wenn rechtliches Gehör gewährt worden ist und wenn keine bes Gründe gegen die Aussetzung sprechen. Das GGM-Gericht kann jedoch nach Art 91 II 2 GGV auf Antrag einer Partei seinerseits das Verfahren aussetzen und dadurch die Zuständigkeit des Amts wiederherstellen, Art 91 II 3 GGV.

Beitritt zum Nichtigkeitsverfahren

34c (1) **Ein Dritter kann einem Nichtigkeitsverfahren beitreten, wenn über den Antrag auf Feststellung oder Erklärung der Nichtigkeit noch keine unanfechtbare Entscheidung getroffen wurde und er glaubhaft machen kann, dass**

1. **gegen ihn ein Verfahren wegen Verletzung desselben eingetragenen Designs anhängig ist oder**
2. **er aufgefordert wurde, eine behauptete Verletzung desselben eingetragenen Designs zu unterlassen.**

Der Beitritt kann innerhalb von drei Monaten ab Einleitung des Verfahrens nach Satz 1 Nummer 1 oder ab Zugang der Unterlassungsaufforderung nach Satz 1 Nummer 2 erklärt werden.

(2) Der Beitritt erfolgt durch Antragstellung; die §§ 34 und 34a gelten entsprechend. Erfolgt der Beitritt im Beschwerdeverfahren vor dem Bundespatentgericht, erhält der Beitretende die Stellung eines Beschwerdeführers.

Übersicht

1   **I.** Der **Regelungsgehalt** von § 34c betrifft den Beitritt und dessen Voraussetzungen zu einem beim DPMA bzw BPatG anhängigen Nichtigkeitsverfahren nach § 34a. Die Vorschrift hat in MarkenG oder GebrMG kein Vorbild, jedoch in § 59 II PatG und Art 54 GGV. Über Art 54 GGV hinaus ist mit Abs 2 S 2 auch der Beitritt zu einem Rechtsmittelverfahren – dem Beschwerdeverfahren vor dem BPatG – geregelt; die Erhebung einer negativen Feststellungsklage wie in Art 54 I 2 GGV wird von Abs 1 S 1 Nr 2 nicht verlangt. Der Anwendungsbereich dürfte weniger interessant als der von § 59 PatG sein, weil der Vorteil des § 59 PatG gerade ist, dass auch nach Ablauf der Einspruchsfrist noch die Stellung eines Einsprechenden erlangt werden kann, während die Stellung eines (eigenen) Nichtigkeitsantrags ohne Einhaltung einer Frist möglich ist. Der nach § 34c Beitretende hat daher die Alternative, neben dem anhängigen Nichtigkeitsverfahren ein paralleles, eigenes Nichtigkeitsverfahren zu betreiben.

2   **II. 1.** Es bedarf zunächst eines **Nichtigkeitsverfahrens** nach § 34a, einschließlich eines sich anschließenden Beschwerdeverfahrens, Abs 2 S 2; eine unanfechtbare Entscheidung in der Hauptsache darf noch nicht ergangen sein, Eingangssatz von Abs 1 S 1. Ein Beitritt ist daher auch noch nach einer Entscheidung der Designabteilung, jedoch nur innerhalb der Beschwerdefrist möglich. Als Nichtigkeitsverfahren iSv Abs 1 S 1 gilt gem § 66 auch ein Verfahren auf Feststellung der Unwirksamkeit einer internationalen Eintragung nach § 70 I 1.

2. a) Durch einen schriftlichen Antrag erfolgt die Erklärung des Beitritts, Abs 2 S 1 1. Halbs. Der Beitritt ist unter Nennung des Datums der Antragstellung (bekannt gemacht unter „Verfahrensdaten" zum betreffenden eD in DPMA-Register) des dem anhängigen Verfahren zugrundeliegenden Antrags explizit zu erklären. Ohne eine solche Erklärung wird der Nichtigkeitsantrag, Rn 7, als isoliert betrieben behandelt und ein selbständiges Verfahren eröffnet. **3**

b) Die **Antragsbefugnis** für den Beitritt ergibt sich aus Abs 1 S 1 Nr 1, 2. Der Beitretende muss glaubhaft machen, entweder dass er Beklagter in einem gerichtlichen Verfahren ist, in dem wegen Verletzung desselben eD gegen ihn vorgegangen wird oder dass er aus demselben eD abgemahnt und zur Abgabe einer Unterlassungserklärung aufgefordert wurde. Die Glaubhaftmachung wird regelmäßig durch Vorlage der zugestellten Klageschrift oder einstweiligen Verfügung bzw der Abmahnung gelingen. **4**

c) Die **Beitrittsfrist** ergibt sich aus Abs 1 S 2: Sie beträgt drei Monate und beginnt mit der Zustellung der Klageschrift oder den einstweiligen Verfügung bzw dem Zugang der Abmahnung. **5**

3. Ein eigener Nichtigkeitsantrag ist nach Abs 2 S 1 HS 2 iVm § 34a I 1 Voraussetzung für einen wirksamen Beitritt. Das amtl Formblatt R 5730 – bzw R 5731 für die Feststellung der Unwirksamkeit einer internationalen Eintragung – (beide derzeit in der Fassung 1.14, online auf www.dpma.de verfügbar) soll verwendet werden, § 21 I DesignV. Mit §§ 1 I Nr 4, 2 I Nr 2 ERVDPMAV in der ab 1.7.14 geltenden Fassung ist auch elektronische Antragstellung, mit und ohne elektronische Signatur möglich, s § 34a Rn 5. Der Antrag ist zu begründen, Beweismittel sind anzugeben bzw in ausreichender Stückzahl, § 17 II 1 DPMAV, einzureichen. Die Antragsgebühr ist innerhalb der Beitrittsfrist zu entrichten, § 6 I 1 PatKostG, eine Analogie zur in § 3 I 2 Nr 3 PatKostG enthaltenen Fälligkeitsregelung für die Erklärung eines (nicht fristgebundenen) Beitritts zum Einspruchsverfahren scheidet wg der Fristgebundenheit des Beitritts zum Nichtigkeitsverfahren nach Abs 1 S 2 aus. Andernfalls gilt der Nichtigkeitsantrag als zurückgenommen, was den Beitritt unwirksam macht. Die Antragsbefugnis für den Nichtigkeitsantrag ergibt sich für den Beitretenden gesondert – er kann von den in § 34 S 1, 2 genannten Nichtigkeitsgründen nur die geltend machen, für die er selbst antragsbefugt ist. Sicherheit gem § 81 VI PatG ist bei dessen Voraussetzungen auf Verlangen des Designinhabers zu leisten. **6**

III. Mit einem **wirksamen Beitritt** erhält der Beitretende die Rechtsstellung eines selbständigen Beteiligten. Er kann selbständig Anträge stellen und bei einem Beitritt erst innerhalb der Beschwerdefrist selbst Beschwerde einlegen. **7**

Teilweise Aufrechterhaltung

35 (1) **Ein eingetragenes Design kann in geänderter Form bestehen bleiben,**

1. **durch Feststellung der Teilnichtigkeit oder im Wege der Erklärung eines Teilverzichts durch den Rechtsinhaber, wenn die Nichtigkeit nach § 33 Absatz 1 wegen mangelnder Neuheit oder Eigenart (§ 2 Absatz 2 oder Absatz 3) oder wegen Ausschlusses vom Designschutz (§ 3) festzustellen ist, oder**

2. **durch Erklärung der Teilnichtigkeit sowie Einwilligung in die teilweise Löschung oder Erklärung eines Teilverzichts, wenn die Erklärung der Teilnichtigkeit nach § 33 Absatz 2 Satz 1 Nummer 1 oder 3 verlangt werden kann,**

sofern dann die Schutzvoraussetzungen erfüllt werden und das eingetragene Design seine Identität behält.

(2) **Eine Wiedergabe des Designs in geänderter Form im Sinne des § 11 Absatz 2 Satz 1 Nummer 3 ist beim Deutschen Patent- und Markenamt einzureichen.**

Übersicht

I. Allgemeines

1   **1.** Die **Entwicklung** der Teilverzichtsregelung des § 35 steht einerseits in engem Zusammenhang mit § 33 und ergänzt diesen, grds Vorbild ist Art 11 VII GRL, eine Umsetzung für GGM ist mit Art 25 VI GGV erfolgt, Rn 17. MPI-E und Grünbuch, auch der GRUR-E 2000 sahen Teilverzicht und Teilnichtigerklärung noch nicht vor. Die teilweise Aufrechterhaltung als Verteidigungsmöglichkeit des Inhabers eines SchutzR gegen Angriffe auf dessen Rechtsbestand ist im ausländischen Recht weiter verbreitet; Hauptanwendungsbereich der beschränkten Aufrechterhaltung eines SchutzR ist im nationalen Recht das PatR mit gem §§ 21 II, 22 II PatG möglichem Teilwiderruf oder Teilnichtigkeit und entsprechend einer beschränkten Verteidigung des Patents. § 70 I 2 sieht entspr die teilweise Einwilligung in die nachträgliche Schutzentziehung des deutschen Anteils internationaler Registrierungen nach dem HMA vor, s § 70 Rn 2. Die Disclaimer-Lösung für Marken zur Beseitigung von Eintragungshindernissen nach Art 38 II GMV ist in das deutsche MarkenG nicht übernommen; danach werden die Schutzvoraussetzungen von Kombinationsmarken einheitlich beurteilt, le-

diglich Teilverzichte im Bereich des Waren- und DL-Verzeichnisses sind möglich. Nach § 10c GeschmMG 1988 war eine teilweise Löschung nicht vorgesehen.

2. § 35 hat den **Zweck,** dem Designinhaber im Rahmen des durch An- 2 trag beim DPMA bzw Widerklage eingeleiteten Nichtigkeitsverfahrens, § 33, eine Verteidigungsmöglichkeit zu geben, im Interesse der Bestandskraft des eD es nicht ausschließlich nach § 33 vollständig zu vernichten bzw zu löschen, sondern durch einen geringeren Eingriff in seinen Bestand als Rest-Design aufrechtzuerhalten. Dies ist vor allem von Belang, wenn Einzelmerkmale eines eD, bspw technisch-funktionale Merkmale oder Verbindungselemente iSd § 3 I Nr 1 und 2, Elemente von unzulässigem Aussagegehalt, Verwendung von älteren Marken Dritter, die ausschließlich als solche dem Schutzausschluss unterliegen, den Gesamteindruck nicht bestimmen und ggf gestalterisch von untergeordneter Bedeutung sind, nach § 33 I aber die volle Vernichtung des eD rechtfertigen würden. Auch wenn eine teilweise Nichtigerklärung in § 33 nicht angesprochen ist, wird diese im Ergebnis möglich durch Mitwirkung des Designinhabers in Form eines teilweisen Schutzausschlusses bezüglich schutzunfähiger Merkmale des eD. Die Begr (zu § 35 GeschmMG 2004) vergleicht dies im Grds mit dem Beschränkungsverfahren des PatR, § 64 PatG. Treffender ist die Parallele zum Nichtigkeitsverfahren vor dem BPatG, in dessen Rahmen die Feststellung der Teilnichtigkeit vAw zulässig ist und die dem Rechtsinhaber die beschränkte Verteidigung des SchutzR erlaubt, während das Beschränkungsverfahren ein die Nichtigkeitsklage nicht voraussetzendes, vielmehr auf Antrag des Rechtsinhabers eingeleitetes eigenständiges und gebühren-pflichtiges Amtsverfahren darstellt. Eine Parallele besteht auch nach § 38 II GMV zur Aufnahme eines Disclaimers in das Markenregister, mit denen der Markenanmelder Bedenken des HABM bezüglich nicht unterscheidungskräftiger Bestandteile einer Kombinationsmarke ausräumen kann. Hierzu bringt das Identitätsgebot des letzten Halbs eine beträchtliche, möglicherweise in ihren Auswirkungen nicht vorhergesehene Einschränkung, Rn 10. Damit ist die Möglichkeit des Teilverzichts letztlich nur auf optisch geringfügige Ausnahmefälle beschränkt und dürfte in der Praxis kaum Bedeutung erlangen.

II. Anwendungsbereich

1. Der **Anwendungsbereich** des § 35 orientiert sich mit Abs 1 Nr 1 an 3 den **absoluten** Nichtigkeitsgründen des § 33 I; mit Nr 2 werden die **relativen** Nichtigkeitsgründe nach § 33 II S 1 Nr 1 und 3 aufgegriffen. § 35 lässt sich nur anwenden, wenn der geltend gemachte Nichtigkeits- bzw Löschungsgrund sich an einzelnen, dem Teilverzicht zugänglichen konkreten Gestaltungsmerkmalen und nicht ausschließlich an dem angegriffenen eD als Ganzem festmachen lässt, dass ferner diese Einzelmerkmale gegenständlich abgrenzbar sind und dass die Herausnahme dieser Merkmale aus dem Schutzbereich die Schutzfähigkeit erhält, Rn 9, und die Identität des eD nicht ändert, Rn 10. Ist eine Priorität teilweise zu Unrecht in Anspruch genommen, zB wenn die sachliche Identität einzelner Schutzmerkmale fehlt, wird für eD – anders als für aufteilbare Patentansprüche – der sog Prioritäts-disclaimer allenfalls eingeschränkt anwendbar sein, Einzelh BPatGE 47, 40 ff (PatR), § 14 Rn 8. Soweit Nichtigkeitsgründe nach § 35 I Nr 1 iVm § 33 I geltend gemacht werden sollen, ist die Einleitung eines Amtsverfahrens eines Dritten bzw Erhebung der Widerklage eines vom Designinhaber gerichtlich in Anspruch Genommenen Dritten auf Feststellung der Nichtigkeit gem § 33 II Voraussetzung. Die Heranziehung des § 35 I Nr 1 zur Beilegung außergerichtlicher Auseinandersetzungen mit verbindlicher Wirkung ggü jedermann ist nicht möglich, weil nur die Designabteilung bzw ein Gericht die allgemeingültige Feststellung der Teilnichtigkeit treffen kann, wie Abs 1 Nr 1 und § 36 I Nr 5 iVm II zeigen, s auch Begr § 35 GeschmMG 2004. Soll insoweit eine außergerichtliche Einigung erfolgen, lässt sich die eingeschränkte Durchsetzbarkeit des eD durch eine wechselseitige Nichtangriffsabrede mit Wirkung außerhalb des Registers und inter partes festschreiben. Soll die privatrechtliche Einigung allgemeingültige Wirkung erlangen, ist die Eintragung eines Teilverzichts in das Register notwendig, Rn 15. Der Erklärung der Teilnichtigkeit und dem Löschungsanspruch nach Abs 1 Nr 2 kann der Designinhaber dagegen auch außergerichtlich durch Geltendmachung seines Rechts auf Teilverzicht gem § 35 entgehen. Kein Teilverzicht iSd § 35 I Nr 1 ist der Verzicht auf bestimmte Produktbereiche des Designs, ausgedrückt durch nachträgliche Änderung der Erzeugnisangabe, zur Unzulässigkeit solcher Änderung § 11 Rn 65; solcher Verzicht mag jedoch Gegenstand einer privatrechtlichen Abgrenzungsvereinbarung sein.

4   **2. a)** Eine teilweise Aufrechterhaltung des eD kommt nach § 35 I Nr 1 nur in Betracht, wenn als **Nichtigkeitsgrund** fehlende Neuheit oder Eigenart, § 2 II, III, oder Schutzausschlüsse iSd § 3 geltend gemacht sind, Rn 7 f. Ergibt sich die Nichtigkeit dagegen aus fehlender Designfähigkeit iSv § 33 I Nr 1, ist § 35 nicht anwendbar und es kommt nur vollständige Nichtigkeitsfeststellung des eD in Betracht; es wird also gesetzl unterstellt, dass eine Behebung dieses Mangels durch teilweise Änderung des Schutzgegenstands nicht möglich ist. Sind daher mehrere der genannten Nichtigkeitsgründe nebeneinander geltend gemacht und greift nach Auffassung der Designabteilung bzw des Gerichts der Nichtigkeitsgrund der fehlenden Designfähigkeit durch, so treten die weiteren, eine teilweise Aufrechterhaltung nach § 35 Nr 1 grds ermöglichenden Nichtigkeitsgründe zurück, die Nichtigkeit des eD ist festzustellen.

5   **b)** Steht im Rahmen der Überprüfung nach §§ 35 I Nr 1 iVm 33 I der **Neuheit** des angegriffenen eD ein nach §§ 2 II, 4–6 berücksichtigungsfähiges identisches Design entgegen, wird die neuheitsschädliche Übereinstimmung mit einem vorbekannten Design iSd § 2 II 2 durch Verzicht auf den Schutz schon für ein einzelnes offenbartes Schutzmerkmal beseitigt werden können. Bedingung ist nach dem 2. Halbs des Abs 1 jedoch, dass der Teilverzicht zu einer mehr als nur unwesentlichen Änderung des eD im Neuheitssinne führt, weil anderenfalls ein Teilverzicht niemals aus dem Bereich der neuheitsschädlichen Vorwegnahme herausführen könnte, Begr § 35. Sind, wie erforderlich, nicht gänzlich unwesentliche Abweichungen durch Teilverzicht herbeigeführt, erhebt sich nach Erledigung der Frage der Neuheit die Frage der ggü dem vorbekannten Vergleichsdesign verbleibenden Eigenart des verfahrensgegenständlichen eD, Rn 6.

6   **c)** Ist die fehlende **Eigenart** Grundlage eines Nichtigkeitsantrags oder einer Nichtigkeitswiderklage nach §§ 33 I iVm 35 I Nr 1, ist für eine teilweise Aufrechterhaltung Bedingung, dass sich mit dem teilweisen Schutzverzicht im Vergleich mit dem nach § 2 III bisher für die Eigenartsprüfung maßgebenden oder einem anderen, aufgrund der teilverzichtgemäßen Veränderung ggf nunmehr neu heranzuziehenden Referenzdesign des Formenschatzes der unterschiedliche Gesamteindruck des Designs herstellen lässt. Mit der durch den Teilverzicht iSv § 2 III erforderlichen Veränderung gegenüber diesen Gegendesigns steigt aber die Gefahr des Verlusts der Identität des eD, dazu Rn 10, sie ist hier größer als bei einer Änderung lediglich zur Herbeiführung der Neuheit.

d) Schutzausschlüsse nach § 3 betreffen nach § 3 I Nr 1 und 2 einzelne **7** Erscheinungsmerkmale von Erzeugnissen, hingegen nach § 3 I Nr 3 und 4 das Design als Ganzes. Diese Unterschiede hindern nicht eine teilweise Aufrechterhaltung, weil § 33 hiernach nicht differenziert und die Feststellung der vollständigen Nichtigkeit des eD in beiden Fallgruppen vorsieht, § 33 Rn 4. Der Schutzausschluss für Erscheinungsmerkmale von Erzeugnissen, die ausschließlich durch deren technische Funktion bedingt sind, § 3 I Nr 1, Einzelh § 3 Rn 4 ff, oder von sog „must-fit"-Verbindungselementen, § 3 I Nr 2, Einzelh § 3 Rn 13 ff, lässt sich daher unter Wahrung der sonstigen Voraussetzungen durch Verzicht auf den Schutz für diese Merkmale überwinden. Dasselbe gilt für eD, in die Merkmale aufgenommen sind, die einen Verstoß des eD gegen die öffentliche Ordnung oder die guten Sitten bewirken, § 3 I Nr 3, § 3 Rn 17 ff, oder eine missbräuchliche Verwendung von Hoheitszeichen oder anderen Zeichen von öffentlichem Interesse darstellen, § 3 I Nr 4, § 3 Rn 22 ff.

3. Der zweite Anwendungsbereich des § 35 sind nach dessen Abs 1 Nr 2 **8** die **relativen Nichtigkeitsgründe** des § 33 II S 1 Nrn 1 und 3. Das setzt einen Antrag auf Erklärung der Nichtigkeit bzw das Verlangen nach Einwilligung des Designinhabers in die Löschung durch einen nach § 34 S 2 und 3 berechtigten Dritten voraus. Im letzteren Falle ist keine Klageerhebung vorausgesetzt, § 35 I Nr 2 dient demnach auch einer außergerichtlichen Einigung, so auch Maier/Schlötelburg S 50, aA die Begr zu § 35 GeschmMG 2004, die am Gesetzeswortlaut gemessen zu Unrecht ausschließlich von einer Verurteilung zur Einwilligung in die teilweise Löschung ausgeht, obwohl nach den §§ 34–36 GeschmMG 2004 eine Zuweisung der Klärung des Anspruchs auf Einwilligung in die Löschung an ein Gericht entspr § 33 II GeschmMG 2004 fehlte. Gegenständlich ist § 35 insoweit nur anwendbar, wenn Anspruchsgrund die Verletzung von Marken oder von UrhR an einem Werk nach Maßgabe des § 33 II S 1 Nr 1 und 3 ist, § 33 Rn 10, 12. Der Nichtigkeitsgrund des Eingriffs des angegriffenen eD in den Schutzumfang eines älteren, nicht vorveröffentlichten eD, § 33 II S 1 Nr 2, § 33 Rn 11, ist dagegen in § 35 I Nr 2 nicht erfasst. Einem daraus resultierenden Verlangen auf Erklärung der Nichtigkeit lässt sich durch einen teilweisen Schutzverzicht iSd § 35 Nr 2 streitig nicht begegnen. Insoweit muss der Anspruchsgegner einverständliche Lösungen suchen, die ieL auf die Herbeiführung der Eigenart des angegriffenen eD ggü dem älteren eD hinauslaufen, s auch § 38 Rn 16 f.

III. Einschränkungen

1. Die **verbleibende Schutzfähigkeit** des aufrechtzuerhaltenden Rest- **9** eD ist Bedingung für die teilweise Aufrechterhaltung des eD nach § 35. Es muss in seiner eingeschränkten Fassung weiterhin die Voraussetzungen der

Neuheit, Eigenart und des Fehlens anderer Schutzausschlüsse erfüllen. Hatten indes ursprünglich die – später durch Teilverzicht beseitigten – Gestaltungsmerkmale die neue und eigenartige Gestaltung bewirkt, zB Aufnahme von SchutzR Dritter iSd § 33 II S 1 Nr 3, zB attraktiver bekannter Marken, oder von unzulässigen Merkmalen iSv § 3 I, etwa eines missbräuchlich benutzten Hoheitszeichens, in die Erscheinungsform eines Erzeugnisses sonst vorbekannter Form, so entfallen diese durch den Teilverzicht und es verbleibt ein vollständig oder wesentlich vorweggenommenes und damit schutzunfähiges eD. Es ist dann insgesamt für nichtig zu erklären, der Teilverzicht ist unbehelflich.

10 **2.** Die auf die geltend gemachten Nichtigkeitsgründe erfolgte Schutzbereichseinschränkung darf nach dem letzten Halbs **keine Änderung der Identität** des angegriffenen eD herbeiführen. Das Ges definiert den dort gebrauchten Identitätsbegriff nicht. Es unterscheidet allerdings im letzten Halbs zwischen der am Formenschatz orientierten Schutzfähigkeit, weil die Beschränkung kein schutzunfähiges eD erzeugen darf, und einer andersartigen Identität. Die Identitätsbegriffe zur Abgrenzung der Neuheit, § 2 II 2, § 2 Rn 6, und die Designidentität iSd § 35 sind inhaltsverschieden, weil die Anwendung des Identitätserfordernisses iSv § 2 II 2 jeglichen Teilverzicht im Ergebnis unmöglich machen würde und insoweit § 35 Nr 1 leerliefe, Begr zu § 35 GeschmMG 2004, Rehmann Rn 146; aA Bulling/Langöhrig/Hellwig Rn 244, ähnl Ruhl 25/62, die Identität iSd Neuheitsbegriffs des § 2 II 2 unterstellen. Die hier gemeinte Identität betrifft vielmehr nach üblichen Kriterien für die Änderung des Schutzbereichs gewerbl SchutzR den Schutzbereichsvergleich vor und nach Änderung des eD. Somit ist dieses Identitätsgebot ein – unscharf formuliertes – Verbot nachträglicher Änderung, insbes Erweiterung des Schutzgegenstands, es darf kein aliud entstehen, sondern ausschließlich ein minus an Schutzbeanspruchung, vollzogen durch Disclaimer in Bezug auf ausgewählte, in der Wiedergabe bzw dem flächenmäßigen Designabschnitt sichtbar bleibende Gestaltungsmerkmale. Die Identität des Designs iSd § 35 bleibt nach der Begr, aaO, gewahrt, wenn Merkmale entfallen, die das Schutzhindernis beseitigen, ohne dass an ihre Stelle neue Erscheinungsmerkmale treten, bildlich vorstellbar als Wegdenken der betreffenden Merkmale in der Wiedergabe. Nicht stattfinden darf eine Ersetzung durch andere Merkmale oder Hinzufügung zum Zwecke der Abänderung, also eine schutzrechtliche Änderung oder Erweiterung. Deshalb ist die Aussage der Begr, aaO, unscharf, die Identität iSd § 35 bleibe gewahrt, wenn an die Stelle der einzelnen wegfallenden Schutzmerkmale nur eine sich aus dem verbleibenden eD ergebende Ergänzung trete. Gemeint ist, dass ein Schutzmerkmal entfallen kann und an seiner Stelle ein neutraler, gleichsam ungestalteter Zusammenhang verbleibt, meist vorstellbar als eine aus der umliegenden Zone extrapolierte weiße oder farbige Fläche ohne Gestaltungsmerkmale. Ein schutzrechtlich weggedachtes Gestaltungsmerkmal darf weder wegen Wegfalls beschränkender Merkmale (also der unzulässigen Merkmale) noch erst recht durch Hereinnahme weiterer, ursprünglich nicht offenbarter und ggf beschränkend wirkender Schutzmerkmale eine Erweiterung oder Änderung des Schutzbereichs herbeiführen, womit letztlich die erwähnten Ergänzungen oder Ersetzungen gemeint sind. Auch der Verzicht auf einen vorangegangenen Verzicht bewirkt eine unzulässige Erweiterung. Der Schutzausschließungsvermerk schränkt nicht nachträglich die ursprüngliche Offenbarung des Designs ein, dessen ursprüngliche Erscheinungsform auch nach Schutzbeschränkung im neuheitsschädlichen Formenschatz verbleibt.

IV. Durchsetzung

1. a) Die **Durchführung der Schutzbeschränkung** muss im **Grund- 11 satz** dazu führen, dass die ursprünglich offenbarte Erscheinungsform des Designs in allen seinen Erscheinungsmerkmalen bestehen bleibt, auf einzelne dazu gehörende Gestaltungsmerkmale jedoch kein Schutzbegehren mehr gerichtet wird. Dies geschieht durch den Schutzausschließungsvermerk (Disclaimer), der sich bei eingetragenen Designs auf die als Nichtigkeitsgrund sichtbaren und geltend gemachten Einzelmerkmale richten muss. Der Inhalt des Disclaimers bedarf idR zweier Elemente: Unabdingbar ist in materiellrechtlicher Hinsicht die gerichtliche Teilnichtigerklärung oder schriftliche Erklärung eines Teilverzichts des Designinhabers, zur Schriftform § 23 Rn 48–50, welcher die Fälle des § 35 I Nr 1 erfasst, oder seine schriftlichen Einwilligung in die teilweise Löschung in den Fällen des § 35 I Nr 2. Wegen der prozessualen Umsetzung s Rn 13. Weil die schriftliche Erklärung den Schutzausschluss regelmäßig nicht ausreichend präzisieren und veranschaulichen wird, fordert § 20 II 1 DesignV in allen Fällen die Beifügung einer den reduzierten Schutz anschaulich machenden geänderten Wiedergabe bzw flächenmäßigen Designabschnitt. Eine solche Schutzeinschränkung ist bei zweidimensionalen Designs mit schutzrechtlich weggedachten Ornamenten oder Verzierungen gut möglich, zB eine unzulässigerweise aufgebrachte geschützte Marke Dritter, so dass die neutrale, insoweit ungestaltete oder unter anderen, nicht schutzrechtlich angreifbaren Gesichtspunkten gestaltete Oberfläche verbleibt. Bei drei-dimensionalen Designs lassen sich Strukturen, die dem Körper aufgesetzt sind, ohne Eingriff in die dreidimensionale Substanz eher wegdenken. Problematisch sind dreidimensionale Strukturen, welche in einem integralen gestalterischen Zusammenhang mit ihrer Umgebung stehen; ein schutzrechtlicher Verzicht auf diese Struktur ist zwar möglich (vergleichbar dem optischen Nachvollzug des Verzichts durch Wegretuschieren in der Wiedergabe), ob dann ein noch sinnvoller Rest-Schutzgegenstand verbleibt, ist Frage des Einzelfalls.

b) In der **praktischen Durchführung** muss in den verschiedenen Ver- 12 fahrensvarianten des § 35 die Schutzeinschränkung offenbart werden. Die entsprechende Obliegenheit des Designinhabers, eine geänderte Wiedergabe einzureichen, normiert Abs 2, der durch das GeschmMModG mWv 1.1.14 eingefügt worden ist. Für die Änderung der Wiedergabe kommen Retuschen, Umrahmung des fraglichen Merkmals in den – anhand ihrer Nummerierung zu identifizierenden – Darstellungen der Wiedergaben uä in Betracht, wobei § 7 III 4 DesignV verwischbare aufgebrachte Änderungen auf einer Darstellung, was häufig auf nachträgliche Retuschen zutrifft, nicht zulässt. Geänderte Wiedergaben müssen daher in technischer Hinsicht fotografisch oder sonst grafisch, aber auch in ihrer inhaltlichen Qualität einer Ursprungs-Wiedergabe gem § 7 II–III DesignV bzw einem flächenmäßigen Designabschnitt gem § 8 DesignV entsprechen. Wenn von mehreren Darstellungen einer Wiedergabe Darstellungen das Design in einer Ansicht ohne das unzulässige Merkmal zeigen, kann der Teilverzicht auch im Weg-lassen der übrigen Darstellungen bestehen; der Schutz des eD beschränkt sich dann auf die verbleibenden Ansichten vorbehaltlich der oben genannten Einschränkungen. Liegt schriftlich ein Teilverzicht oder eine Einwilligung in die teilweise Löschung vor, hat nach § 20 II 1 DesignV diese Erklärung die einzureichende geänderte Wiedergabe zu ergänzen. Die schriftliche Darlegung der Gestaltungselemente, auf die verzichtet oder in deren Löschung eingewilligt wird, soll nicht mehr als 100 Wörter enthalten, § 20 II 2 DesignV, darf also nur in bes begründeten Ausnahmefällen überschritten werden. Zweckmäßigerweise wird das Schutzmerkmal, auf dessen Schutz verzichtet wird, kurz und ausreichend genau umschrieben und iÜ auf die geänderte Wiedergabe Bezug genommen. Beispiel für Durchführung eines Teilverzichts: Im Falle einer Henkeltasse mit einer Aufschrift volksverhetzenden Inhalts (die Eintragung hier unterstellt) betrifft die Teilverzichtserklärung aufgrund des Ausschließungsgrundes des § 3 I Nr 3 die Aufschrift, nicht das Design insgesamt. Der Disclaimer darf die Aufschrift nicht optisch verändern, etwa durch eine entschärfte Fassung ersetzen, was iZw mit einer wesentlichen optischen Veränderung einherginge (Fall der Ersetzung, Rn 10), noch darf mit der Weglassung der Aufschrift eine Erweiterung des Schutzbereichs auf alle Henkeltassen der sich dann ergebenden Erscheinungsform (ohne Aufschrift) beansprucht werden. Ist mit der Beibehaltung des Schutzbereichs abzüglich des Merkmals, auf das verzichtet wurde, die Identität des Designs gewahrt, würde die verbleibende Schutzfähigkeit der Henkeltasse ohne Aufschrift vom DPMA erneut nach § 20 und im Streitverfahren ggf von den Gerichten geprüft. Hatte diese eine gängige Form und bewirkte erst die (unzulässige) Aufschrift die Neuheit und Eigenart des eingetragenen Designs, entfallen diese zugleich mit dem schutzrechtlichen Verzicht auf die Aufschrift, es entstünde neben der Identitätsänderung ein andersartiger Nichtigkeitsgrund. Nach § 20 II 4 DesignV ist bei eingetragenen Sammelanmeldungen für jedes eD eine gesonderte Teilverzichtserklärung der beschriebenen Art abzugeben. Ist die Erklärung über den Austausch der Wiedergaben nicht eindeutig oder genügen die neuen Darstellungen nicht den Anforderungen des § 7 DesignV und werden solche Mängel nicht oder nicht innerhalb der zur Mängelbehebung gesetzten Frist behoben, gelten die allg Grds, s § 11 Rn 45 ff, § 16 Rn 14 ff.

13   **2. a)** Soweit ein **amtliches Verfahren oder eine Widerklage zur Feststellung der Nichtigkeit** des eD iSd § 35 I Nr 1 durchgeführt wird, kann der Antrag auf Feststellung der vollständigen Nichtigkeit des eD gem § 33 I lauten. Bei möglich erscheinendem Ausspruch der Teilnichtigkeit wird anstelle dessen zur Vermeidung teilweiser Kostentragungspflicht ein Antrag auf Teilnichtigerklärung nach Maßgabe der zu erwartenden Beschränkung zweckmäßig sein, Eichmann in Eichmann/Kur S 71 (anders 3. Aufl). Die Verteidigung des Designinhabers erfolgt durch Antrag auf vollständige oder teilweise Antrags- bzw Klageabweisung, letztere auch hilfsweise zum Hauptantrag auf vollständige Antrags- bzw Klageabweisung möglich. Er kann sich auf vollständige Klageabweisung beschränken, weil die De-signabteilung des DPMA oder das Gericht das eD auch teilweise vernichten kann, da jede Teilvernichtung im Rahmen der Anträge liegt, Schulte 81/102; das setzt aber voraus, dass der Gegenstand einer möglichen Teil-Aufrechterhaltung vom Designinhaber dem DPMA bzw dem Gericht unterbreitet wird, insbes durch Vorlage einer Wiedergabe des eD in der ggf zu beschränkenden Fassung, zum Antrag s u. Die Designabteilung bzw das Gericht hat die Erfüllung der übrigen Bedingungen des § 35, insbes Schutzfähigkeit des Rest-Designs und verbleibende Identität, Rn 9 f, zu prüfen, die Darlegungs- und Beweislast hierfür liegt beim Designinhaber. Wegen dieser Prüfungspflicht ist eine Teilverzichtserklärung des Designinhabers im Prozess kein die Hauptsache erledigendes Ereignis; das Rest-Design bliebe sonst entgegen dem Antragsgrds im Nichtigkeitsverfahren nach § 35 I 2. Halbs auf verbleibende Schutzfähigkeit ungeprüft. Die beschränkte Verteidigung des eD ist auch kein Anerkenntnis gem § 307 ZPO, BGH GRUR 61, 278 – Lampengehäuse; 65, 231, 233 – Zierfalten; 95, 577 – Drahtelektrode; GRUR 04, 138, 141 – Dynamisches Mikrofon. Die beschränkte Verteidigung muss zum Schluss des amtlichen Nichtigkeitsverfahrens bzw der mündlichen Verhandlung durch entsprechenden Antrag klargestellt sein, eine zur Akte gereichte oder in der Verhandlung erörterte Beschränkung oder abgegebene Verzichtserklärung genügt nicht, BGH GRUR 98, 910, 912 – Scherbeneis; BPatG 35 W (pat) 429/08 v 7.4.09 – Beschränkte Verteidigung, veröff unter www.bpatg.de). Die Entscheidung lautet auf Teilaufrechterhaltung bezüglich der im Tenor in Bezug genommenen, noch zulässigen Gestaltungsmerkmale nach Maßgabe der Teilverzichtserklärung unter Einbeziehung und Bezeichnung der vorgelegten geänderten Wiedergabe bzw des flächenmäßigen Designabschnitts. Die Designabteilung bzw das Gericht sollte zuvor verlangen, dass diese Darstellungsmittel und ihr Wiedergabeinhalt die Voraussetzungen des § 11 II 1 Nr 3, §§ 7, 8 DesignV erfüllen, weil der Designstelle vor dem Nachvollzug im Register gem § 36 II hier das ihm sonst zustehende formelle Prüfungs- und BeanstandungsR nicht zukommt. Bei Antrag auf Vollvernichtung trifft den Ast bzw Wider-Kl wegen teilweiser Antrags- bzw Klageabweisung ein Teil der Kostentragungspflicht.

b) Die teilweise Aufrechterhaltung des eD als Folge der **Teilnichtigkeit 14 wegen Schutzrechtskollision** iSd § 33 II 1 Nrn 1, 3 kann innerhalb eines Nichtigkeitsverfahrens, einer Nichtigkeitswiderklage oder außerhalb dieser Verfahren verfolgt werden, Rn 3. Bei der Durchsetzung des Anspruchs nach § 33 II 1 Nr 1, 3 beim DPMA oder vor Gericht im Rahmen des § 35 I Nr 2 gilt für die Antragstellung und die Einführung des Schutzverzichts als beschränkte Verteidigung in das Verfahren Entsprechendes wie im Nichtigkeitsverfahren wg absoluter Schutzhindernisse, Rn 13. Das DPMA und das Gericht haben deshalb vAw auch die Erfordernisse der Schutzfähigkeit und der beizubehaltenden Identität des eD als Bestandteil einer antragsgemäß ausreichenden, den Streitfall beilegenden Einwilligungserklärung zu prüfen. Die Entscheidung lautet auf Erklärung der Teilnichtigkeit. Wird dagegen der Streit außergerichtlich beigelegt durch eine Erklärung des Designinhabers, in die teilweise Löschung einzuwilligen oder auf die streitbefangenen Schutzmerkmale zu verzichten, vgl § 35 I Nr 2, § 36 I Nrn 2–4 iVm II, wird die Frage der verbleibenden Schutzfähigkeit und Identität des eD vom DPMA bzw der gerichtlich nicht geprüft. Eine durch den Teil-Schutzverzicht ex parte eingetretene, sodann eingetragene und bekanntgemachte unzulässige Erweiterung des eD ist für sich genommen kein Nichtigkeitsgrund isV § 33 I, II (anders §§ 21 I 4, 22 I PatG), soweit seine Schutzfähigkeit gegeben ist, so dass es in dieser geänderten, eigentlich unzulässigen Fassung trotz des gesetzl Verbots unangreifbar aufrechterhalten bleiben kann, was eine Regelungslücke in § 33 I darstellt. Nur soweit die Beschränkung zugleich dem eD als Ganzem die Schutzfähigkeit nimmt, kann das eD weiter gem § 33 I angegriffen werden. Das DPMA prüft diese materiellrechtlichen Auswirkungen nicht, sondern trägt in beiden Fällen nach § 36 II den teilweisen Schutzverzicht ein, soweit die geänderte Wiedergabe bzw der flächenmäßige Designabschnitt die Anforderungen nach § 11 II 1 Nr 3, §§ 7, 8 DesignV erfüllt, und macht ihn bekannt, Rn 15.

15   **3.** Die Rechtswirkung der geänderten Aufrechterhaltung auf die Nichtigkeitsklage hin im Falle des § 35 I Nr 1 besteht darin, dass die **Schutzwirkung** des eD sich von Anfang, dh Eintragung an nicht auf die entfallenen Merkmale erstreckt hat (ex-tunc-Wirkung). Mit Rechtskraft bzw Bestandskraft der Entscheidung wird die ursprünglich eingetragene und bekanntgemachte Fassung des eD rückwirkend und mit Wirkung ggü jedermann durch die beschränkte Fassung ersetzt. Jedoch bleibt das bekanntgemachte eD in seiner unbeschränkten Form Bestandteil des Formenschatzes, das eingeschränkte eD bereichert mit seiner Bekanntmachung den Formenschatz zusätzlich. Die nach Teilverzicht erfolgende teilweise Löschung des eD in den Fällen des § 35 Nr 2, Rn 14, hat andere Rechtswirkung. Der Bezug auf den Willen des Designinhabers führt dazu, dass die Löschung keine Rückwirkung hat; die Löschung beurkundet den nur in die Zukunft (ex nunc) wirkenden Verzicht auf den Designschutz. Die Wirkung einer außergerichtlichen Einigung ggü der Allgemeinheit kann nur durch Registereintragung und Bekanntmachung im Designblatt herbeigeführt werden. Die Eintragung der Änderung in das Register regelt § 36 II iVm I Nrn 2–5, § 36 Rn 9, § 20 II DesignV.

V. Übergangsrecht, Gemeinschaftsgeschmacksmuster

16   **1. Übergangsrecht.** Alle nach dem 28.10.01 angemeldeten oder eingetragenen Designs können gem § 33 I angegriffen werden. Für diese eD gilt auch die Möglichkeit der teilweisen Aufrechterhaltung im Rahmen eines Nichtigkeitsverfahrens, mit der die Schutzfähigkeit der verbleibenden, nicht angreifbaren Schutzmerkmale des eD verteidigt werden kann. Diese Rückwirkung gilt nicht für die Geltendmachung der Nichtigkeit nach § 33 II wegen des Vorliegens relativer Nichtigkeitsgründe, weil dies nicht Gegenstand der Prüfung der absoluten Schutzfähigkeit nach § 33 I ist. Ansprüche nach § 33 II können erst ab Inkrafttreten des GeschmMG 2004 erhoben werden, dementsprechend kann der Designinhaber Verteidigungsmöglichkeiten nach § 35 ergreifen.

17   **2. Gemeinschaftsgeschmacksmuster.** § 35 weicht mit der Möglichkeit der teilweisen Aufrechterhaltung lediglich terminologisch von der GGV ab, die von der Beibehaltung in geänderter Form spricht. Die Zweiteilung der Angriffsmöglichkeiten gegen ein eD, wie sie in der Aufteilung zwischen § 33 Abs 1 und 2 und dem folgend in § 35 I Nr 1 und Nr 2 zum Ausdruck kommt, fehlt in der GGV. Absolute und relative Schutzhindernisse sind einheitlich Nichtigkeitsgründe, dementsprechend ist die Beibehaltung des GGM in geänderter Form nach Art 25 VI GGV einheitlich und in der Sache identisch geregelt. Nähere Einzelh der Eintragung der geänderten Fassung des GGM sind in Art 18 GGDV bestimmt, auch hier darf die Teilverzichtserklärung des Inhabers 100 Wörter nicht überschreiten. Das HABM

fordert einen Teil-Abweisungsantrag des GeschmM-Inhabers, Ruhl 25/61.
Die Eintragung kann anstelle der Teilverzichtserklärung auch den Tenor der
Entscheidung des GGM-Gerichts oder des HABM wiedergeben. Für nicht
eingetragene GGM ist eine für jedermann nachvollziehbare Teilnichtigkeit
unter Wahrung ihrer Identität mangels Registereintragung nur schwer
vorstellbar, Maier/Schlötelburg S 51. Die Teillöschung des nationalen Teils
Internationaler Eintragungen ist im HMA nicht geregelt, kann aber nach
Maßgabe des jeweiligen nationalen/regionalen Rechts zulässig sein. § 70 I 4
erklärt § 35 für entsprechend anwendbar, womit die Feststellung (ohne terminologische Unterscheidung von der „Erklärung") der teilweisen Unwirksamkeit für das Gebiet der Bundesrepublik Deutschland iSv § 70 I 1 möglich
ist. Zur nachträglichen Schutzentziehung für den deutschen Anteil Internationaler Eintragungen nach dem HMA s § 70 Rn 2.

Löschung

36 (1) **Ein eingetragenes Design wird gelöscht**

1. bei Beendigung der Schutzdauer;

2. bei Verzicht auf Antrag des Rechtsinhabers, wenn die Zustimmung anderer im Register eingetragener Inhaber von Rechten am einge- tragenen Design sowie des Klägers im Falle eines Verfahrens nach § 9 vorgelegt wird;

3. auf Antrag eines Dritten, wenn dieser mit dem Antrag eine öffent- liche oder öffentlich beglaubigte Urkunde mit Erklärungen nach Nummer 2 vorlegt;

4. bei Einwilligung in die Löschung nach § 9 oder § 33 Absatz 2 Satz 2;

5. auf Grund eines unanfechtbaren Beschlusses oder rechtskräftigen Urteils über die Festsetzung oder Erklärung der Nichtigkeit.

(2) Verzichtet der Rechtsinhaber nach Absatz 1 Nummer 2 und 3 nur teilweise auf das eingetragene Design, erklärt er nach Absatz 1 Num- mer 4 seine Einwilligung in die Löschung eines Teils des eingetragenen Designs oder wird nach Absatz 1 Nummer 5 eine Teilnichtigkeit festge- stellt, so erfolgt statt der Löschung des eingetragenen Designs eine ent- sprechende Eintragung in das Register.

Übersicht

1. Die **Entwicklung** des § 36 reicht über § 10c GeschmMG 1986 bis **1**
zum Entwurf 1940 zurück, der bereits wesentliche Züge enthält. Sie kehren,
abgesehen von dem Löschungsantrag des eingetragenen Inhabers selbst, im
Entwurf 1977 fast wortgleich wieder. Nach dem GeschmMG 1876 bestanden die einzutragenden Tatsachen im wesentlichen in einer Protokollierung
der Willenserklärungen des Anmelders im Zeitpunkt der Anmeldung; da-

nach brach, einzig abgesehen von Eintragungen der Verlängerungen, der Registerinhalt ab. Infolgedessen bestand rechtssystematisch kein Bedarf für eine Löschung. Das GeschmMG in der ab 1.7.88 geltenden Fassung gewährleistete bereits eine allg recherchierbare Fortschreibung des Registerinhalts durch Protokollierung und amtliche Bekanntmachung der Beendigung des Schutzes mit Wirkung ggü der Allgemeinheit. § 36 enthält nicht nur weitere Löschungstatbestände, sondern setzt den jetzt geltenden Rechtsgrds um, dass allein mit der Eintragung des Designs die SchutzR-Position entsteht und fortbesteht und die Löschung der Eintragung sie idR beseitigt. Es entscheidet nicht mehr die dem Willen des Designinhabers unterliegende materiellrechtliche Lage außerhalb des Registers, weshalb bisher die gerichtlichen Sanktionen sich allein auf diesen rechtsgeschäftlichen Willen richteten. Die Konzentration der Löschungsvorschriften in § 36 hat kein Vorbild in GRL, GGV oder GGDV, wo sich entsprechende Bestimmungen verstreut finden. Mit dem GeschmMModG wurde die Terminologie in Abs 1 Nr 5 an diejenige von § 33 I, II angepasst und die neue Möglichkeit der Entscheidung über die Nichtigkeit nach § 34a eingefügt. In Abs 1 wurde ein neuer Satz 2 eingefügt, der klarstellt, dass die Ablehnung einer beantragten Löschung durch Beschluss zu erfolgen hat.

2   **2.** Nach seiner **Regelungssystematik** ist § 36 I unter teilweiser gegenseitiger, unübersichtlicher Verschränkung von Löschungsgrund und Antragsberechtigung in drei Löschungstatbestände gegliedert, die weitere Unterfälle umfassen. Abs 1 Satz 1 Nr 1 und Nr 5 haben die Löschung ohne Mitwirkung des eingetragenen Inhabers gemeinsam, im ersten Fall vAw bei Beendigung der Schutzdauer (Höchstschutzdauer oder Nicht-Aufrechterhaltung), im anderen Fall der Vollzug eines unanfechtbaren Beschlusses der Designabteilung nach § 34a IV bzw die Umsetzung eines vorgelegten rechtskräftigen Nichtigkeitsurteils (vollständige oder Teilnichtigkeit, Abs 2) durch das DPMA, Einzeln Rn 5. Eine zweite Gruppe bilden die Löschungstatbestände des Verzichts des Designinhabers nach Abs 1 Satz 1 Nrn 2–4. Dabei unterscheiden sich Nrn 2 und 3 durch die unterschiedliche Antragsberechtigung; Nr 2 geht von derjenigen des Rechtsinhabers aus, der, soweit zusätzlich ein Mitinhaber, Inhaber beschränkter dinglicher Rechte iSv § 30 vorhanden sind oder ein Fall des § 9 vorliegt, zusätzlich die notwendigen Erklärungen der berechtigten Dritten beibringen muss. Soweit weder solche Mitberechtigten existieren noch nach § 9 IV die Einleitung eines gerichtlichen Verfahrens wegen fehlender Berechtigung des Inhabers in das Register eingetragen sind, schließt Nr 2 auch den Grundfall des – aus unterschiedlichen Gründen – erfolgten Verzichts des berechtigten Alleininhabers auf das eD mit ein. Antragsberechtigt ist stattdessen ein Dritter nach Absatz 1 Satz 1 Nr 3, wobei er die in Abs 1 Satz 1 Nr 2 vorausgesetzte Verzichtserklärung des Inhabers und die ggf erforderlichen Zustimmungserklärungen Dritter in gehöriger Form beizubringen hat. Anders gelagert ist schließlich Abs 1 Satz 1 Nr 4, der Bezug nimmt auf Ansprüche Dritter auf Einwilligung des Inhabers in die Löschung wegen fehlender materieller Berechtigung gem § 9 oder nach einem Rechtseingriff gem § 33 II, weshalb hier ieL Dritte den Löschungsantrag stellen und eine titulierte gerichtliche Einwilligungserklärung vorlegen werden, die auch Mitberechtigungen iSv Abs 1 Satz 1 Nr 2, 3 ergreift. Abs 2 betrifft sämtliche Fälle des Abs 1 Satz 1 Nr 2–4, wenn im Falle der nur teilweise fehlenden Rechtsbeständigkeit des eD keine Löschung, sondern ledig-

lich ein entspr beschränkter Eintrag erfolgt. Der Katalog der Löschungsgründe in § 36 ist abschließend. Kein Fall einer Löschung isd § 36 ist die
Löschung im Wege einer Registerberichtigung nach verfahrensfehlerhafter
Eintragung des Designs, zB wegen Verkennung einer Anmeldungsrücknahme, BPatGE Mitt 06, 271 (Ls, vollständig veröff in juris, GebrM).

3. Die **rechtliche Wirkung der Löschung** ist das Gegenstück zur Ein- **3**
tragung nach § 19 II. Ebenso wie die Eintragung nach § 19 hat – abgesehen
vom Schutzdauerablauf und dem Nachvollzug einer Entscheidung des
DPMA oder eines Gerichts gem § 33 III – die Löschung konstitutive Wirkung für den Bestand des eD als SchutzR. Das DesignR kann entgegen
einem Löschungsvermerk im Register nicht weiterbestehen. Es kann auch
nicht in Widerspruch zu einer fortbestehenden Eintragung formell nie bestanden haben, auch wenn es vernichtbar ist. Die Löschung findet allein im
Falle der Beendigung der Schutzdauer nach Abs 1 Satz 1 Nr 1 und der amtlichen oder gerichtlichen Nichtigkeitsfeststellung bzw -erklärung nach Abs 1
Satz 1 Nr 5, § 33 III, vAw statt und die Beendigung der Schutzdauer tritt
kraft Ges ein, die nachfolgende Löschung hat in diesem Fall auf den Rechtsbestand keinen Einfluss, Rn 4, § 28 Rn 8. Ansonsten bedarf die Löschung
des Anstoßes von Antragstellern und ist der registerrechtliche Nachvollzug
einer Willenserklärung des Inhabers und hat (negative) konstitutive Bedeutung mit Wirkung in die Zukunft (ex nunc), soweit nicht die Löschung
wegen Nichtigkeit gem § 33 erfolgt oder vergleichbar kraft Einwilligung
nach Abs 1 Satz 1 Nr 4 ein nach §§ 9 und 33 II unberechtigtes eD beseitigt
wird (dann ex tunc), vgl Bulling Mitt 07, 59, 62. Die Bekanntmachung der
Löschung im Designblatt ist dagegen in jedem Falle ohne Rechtswirkung.
Die Löschung erfolgt nicht durch rechtsmittelfähigen Beschluss, sondern
durch Verwaltungsakt. Bei offensichtlich verfahrensfehlerhafter Löschung
wird das DPMA auf Hinweise des Inhabers hin das Register vAw durch
entsprechenden Vermerk berichtigen. Ansonsten kann der Inhaber gegen
eine Löschung nur vorgehen durch begründeten Antrag auf Rückgängigmachung, auf den hin ggf ein ablehnender rechtsmittelfähiger Beschluss ergeht,
Ströbele/Hacker 47/19. Denkbar ist dies bei einer Löschung zB auf Grund
einer dem DPMA nicht erkennbaren Unwirksamkeit oder dem späteren
Wegfall einer Verzichtserklärung, etwa fehlende Geschäftsfähigkeit, Anfechtung. Dass ZwischenbenutzungsR nach dem Erlöschen und bis zur Aufhebung einer unrichtigen Löschung entstehen können, ist str und wird zunehmend bejaht, s Bühring 23/41 mwN. Der Löschungsantrag kann sich
auch auf einzelne Designs einer Sammeleintragung beziehen. Der Verzicht
auf das Grundmuster und dessen Löschung ergreifen kraft Gesetzes auch die
Abwandlungen, § 8a III 1 GeschmMG 1986, § 12 Rn 21.

4. a) Die **Löschung wegen Beendigung der Schutzdauer** erfolgt **4**
vAw nach unterbliebener Aufrechterhaltung des Schutzes, § 28 Rn 2, 8, also
nach 5, 10, 15 oder 20 Jahren, nach Ablauf der Höchstschutzdauer von
25 Jahren gem § 27 II oder im Falle der unterbliebenen Erstreckung nach
Ablauf der 30-monatigen Aufschiebung der Bekanntmachung, § 21 IV 1.
Das DPMA löscht die Eintragung vAw, da eine vom unmittelbaren Willen
des Inhabers unabhängige, kraft Ges eintretende Rechtsfolge, RG GRUR
37, 870, AG Bielefeld GRUR 61, 597, verlautbart wird. Insofern ist der
Zeitpunkt der Vornahme der Löschung im Register und deren Bekanntmachung für das Erlöschen des eD unmaßgeblich. Im Falle einer unterbliebe-

nen Aufrechterhaltung des eD erlischt das eD mit Ablauf der Zahlungsfrist für die Aufrechterhaltungsgebühr, § 28 Rn 2, bei Ablauf der Höchstschutzdauer zu dem in § 27 II bestimmten Zeitpunkt. Die Löschung aus diesem Anlass hat naturgemäß keine Rückwirkung.

5 **b)** Abs 1 Satz 1 Nr 2 betrifft den **Verzicht des Inhabers,** also des eingetragenen und nach der Registerlage in seinen Rechten unangefochtenen Inhabers des eD, häufig etwa aufgrund einer vorangegangenen außergerichtlichen Einigung. Die Vorschrift erfasst drei Fälle, die zum Verzicht führen, so den wenig erkennbar angesprochenen Hauptfall des Verzichts des in seiner Inhaberschaft nicht eingeschränkten Inhabers allein, weiter seinen Verzicht, sofern eingetragene Mitinhaber oder eingetragene Inhaber beschränkter dinglicher Rechte isd § 30 I am eD mitberechtigt sind und schließlich seinen Verzicht, wenn Ansprüche des wahren Berechtigten nach § 9 I geltend gemacht sind und dieser dem Verzicht zustimmt, also seine materielle Rechtsposition bekannt und ohne gerichtliches Urteil gewahrt ist. Abs 1 Satz 1 Nr 2 gebraucht hier, wie ähnl die Begr zu § 36 I Nr 2 GeschmMG 2004 eine zu stark zusammenfassende Formulierung. In den vorstehenden Verzichtsfällen besteht Rechtswirkung ex nunc. Ex-tunc-Wirkung hat dagegen die **Einwilligung in die Löschung** in streitigen und gerichtlich entschiedenen Fällen aus Gründen des § 9 und § 33 II 2, weil hier das eD ohne Zustimmung in materielle Berechtigungen bzw ältere Rechte eingegriffen hat, vgl den Nichtigkeitsgrund des Art 11c) bzw d) GRL, Bulling, Mitt 07, 59, 62. Für die Löschungsgründe gem Abs 1 Satz 1 Nr 2–4, dh des Verzichts des Inhabers auf das DesignR, wie auch für die Einwilligung in die Löschung gilt allg, dass nur der kraft Registereintragung formell legitimierte Inhaber, § 19 Rn 9, berechtigt ist, den Antrag zu stellen oder die Verzichts- oder Einwilligungserklärung abzugeben, mag er auch materiell unberechtigt sein, § 8 Rn 2. Der materiell Berechtigte ist erst dazu befugt, wenn er nach Umschreibung gem § 29 III als Inhaber eingetragen ist. Verfügt der eingetragene, jedoch nicht isd § 7 materiell Berechtigte durch **Löschungsantrag** über das Recht, ohne dass er zuvor nach § 9 durch den wahren Berechtigten wirksam in Anspruch genommen wurde, ist letzterer auf Schadensersatzansprüche verwiesen, Begr zu § 36. Ein Löschungsantrag des Inhabers enthält zugleich die Verzichtserklärung, Nirk/Kurtze 10c/5, Loschelder Mitt 87, 86. Er braucht die Worte „Verzicht" oder „Löschung" nicht zu enthalten, jedoch muss der Wille zur sofortigen, endgültigen und ggü jedermann, und nicht nur einem bestimmten Dritten, wirkenden Rechtsaufgabe eindeutig erkennbar sein, BPatGE 12, 82 = 13, 17, Furler 8/9. Die Erklärung, an der Aufrechterhaltung nicht mehr interessiert zu sein, ist mehrdeutig und genügt als Löschungsantrag nicht, BPatG aaO. Ungenügend ist auch die Mitteilung an das DPMA, ggü bestimmten Dritten werde das Designrecht nicht mehr geltend gemacht; der Antrag auf Eintragung eines Vermerks mit inter-partes-Wirkung ist unstatthaft. Auch die Einwilligung in die Löschung nach Abs 1 Satz 1 Nr 4 muss eindeutig, vorbehaltlos und mit abschließender Wirkung formuliert sein. Verzicht und Einwilligungserklärung sind mit ihrer Abgabe wirksam und können als materiellrechtliche Erklärungen nur durch Anfechtung beseitigt werden, BGH Bl 66, 127, 131 – Beschränkter Bekanntmachungsantrag. Verzichtet der Inhaber aufgrund des Verlangens eines Dritten, hat dieser Anspruch auf einen Vollzugsbeleg, um eine ansonsten klärende gerichtliche Geltendmachung zu vermeiden, Eichmann in Eichmann/Kur

S. 96. Der Verzicht ebenso wie die Einwilligung in die Löschung durch einen eingetragenen **Mitinhaber** des eD, ist nur dann ein Löschungsfall, wenn sämtliche Mitinhaber den Löschungsantrag gemeinsam stellen oder die Übrigen dem Löschungsantrag des Mitinhabers zustimmen, Abs 1 Satz 1 Nr 2. Über das eD kann nach den iZw anzuwendenden Regeln über die Gemeinschaft nur gemeinsam verfügt werden, §§ 744 I, 747 S 2 BGB, PA Mitt 33, 250. Die Rechte der Mitinhaber sollen durch den Löschungsantrag nicht geschmälert werden, zunächst soll im Innenverhältnis eine Klärung erfolgen, Begr zu § 36 I Nr 2, 3 GeschmMG 2004. Der Verzicht des Mitinhabers auf seinen Anteil ist daher nicht löschungsfähig; eine materiellrechtliche Anwachsung des Anteils an die übrigen Mitinhaberanteile ist im Ges nicht vorgesehen, Palandt/Sprau 747/1, ob dies von den Teilhabern gewollt ist, muss im Einzelfall ermittelt werden. Es würde sich dann um eine Teilrechtsnachfolge handeln, für deren Nachvollzug im Register die Voraussetzungen der Umschreibung gelten, vgl § 29 Rn 15 ff. Die gem § 30 I am eD beschränkt **Berechtigten** (Inhaber eines vertraglichen Pfandrechts, von Zwangsvollstreckungsmaßnahmen Begünstigter, Einzelh § 30 Rn 1) oder des nach § 9 I wahren Berechtigten können keinen Löschungsantrag stellen, der Löschungsantragsteller muss deren Zustimmung erlangen und in geeigneter Form, Rn 8, beibringen, Abs 1 Satz 1 Nr 2. Nicht derart geschützt ist der Lizenznehmer mangels Registereintragung; er muss bei rechtzeitiger Kenntnis und Verletzung des Lizenzvertrags versuchen, vor Einreichung des Löschungsantrags Unterlassung zu erwirken.

c) Den Löschungsantrag stellt in den Fällen des Abs 1 Satz 1 Nr 3 und **6** auch idR der Nr 4 eine **dritte Person.** Dritter kann jeder sein, der die Erklärungen nach Abs 1 Nr 3 und 4 in der jeweils notwendigen Form, Rn 8, beibringt, ohne selbst Inhaber des betreffenden eD zu sein. Daher ist eine mit der Wahrnehmung höchst eigener Interessen begründete Antragsberechtigung nicht gefordert, auch wenn regelmäßig der berechtigte Dritte iSd §§ 9 I 1, 33 II 2 die Löschung beantragen wird. Der Dritte als Antragsteller nach Abs 1 Satz 1 Nr 3 muss eine materiellrechtlich wirksame Verzichtserklärung des eingetragenen Inhabers des eD, ggf sämtlicher Mitinhaber oder, was in Abs 1 Satz 1 Nr 4 im Ergebnis gleichgestellt ist, dessen bzw deren Einwilligung in die Löschung vorlegen. Diese Erklärungen sind wegen ihrer Bedeutung für den Bestand des eD formbedürftig, Begr zu § 36 GeschmMG 2004, Rn 8. Ist der Dritte zugleich Kläger in einem Verfahren nach § 9, enthält sein Löschungsantrag zugleich die in Abs 1 Satz 1 Nr 2 vorausgesetzte Zustimmung zur Löschung.

d) Wird ein Beschluss des DPMA nach § 33 III, in dem die Nichtigkeit **7** des eD festgestellt oder erklärt wird, unanfechtbar, so bedarf es keines Löschungsantrages durch den Antragsteller, das eD wird vAw gelöscht. Im Falle der rechtskräftigen gerichtlichen Feststellung oder Erklärung der **Nichtigkeit** ist letztlich jedermann für den Löschungsantrag berechtigt, Abs 1 Satz 1 Nr 5, der eine Ausfertigung des rechtskräftig gewordenen Urteils vorlegen kann; ieL wird dies der Nichtigkeitswiderkläger sein. Der Löschungsantrag erfordert neben den allg Voraussetzungen, Rn 6, nach Abs 1 Satz 1 Nr 5 die Vorlage des rechtskräftigen Nichtigkeitsurteils, also dessen beglaubigte Ausfertigung mit Rechtskraftvermerk, § 706 ZPO. Das DPMA wird aber auch ohne solche Vorlage durch einen Antragsteller das ihm nach § 52b IV 3 ohnehin vAw zugegangene rechtskräftige Nichtigkeitsurteil im Interesse der

Registerwahrheit durch Löschung vAw umsetzen, so wohl auch die Begr zu § 33 GeschmMG 2004 unter Bezug auf Abs 1 Satz 1 Nr 5. Diese Löschung hat Wirkung ex tunc.

8   **5.** Für die **Form** des Löschungsantrags selbst gilt die allg Schriftform, Einzelh § 23 Rn 48–50 ff. Die Form der ggf zusätzlich vorzulegenden Erklärungen richtet sich nach dem Aussteller der Erklärung und seiner Berechtigung am eD. Soweit der Rechtsinhaber dem DPMA ggü selbst und im Umfang der für ihn eingetragenen Berechtigung eine Erklärung – Abs 1 Satz 1 Nrn 2–4 – abgibt, genügt die (einfache) Schriftform, vgl § 20 I Nr 1 PatG. Dies gilt für die Verzichtserklärung, wenn er Alleininhaber des eD ist oder die in eine Einwilligung in die Löschung gekleidete Verzichtserklärung. Dasselbe gilt im Falle des Abs 1 Satz 1 Nr 2 für den allein antragstellenden eD-(Mit-)Inhaber hinsichtlich der Zustimmung der übrigen Mitinhaber am eD oder der beschränkt dinglich Berechtigten zur Löschung, ferner die des Kl in einem Verfahren nach § 9, was durch die Registereintragung nach § 9 IV belegt wird, ansonsten könnte die Löschung der Übertragung des eD auf den wahren Berechtigten die Grundlage entziehen; für dessen Zustimmungserklärung reicht gem § 20 III 1 DesignV eine von dem Rechtsinhaber oder dessen Vertreter unterschriebene schriftliche Erklärung aus; eine Beglaubigung der Erklärung oder Unterschrift wird nach § 20 III 2 DesignV nicht gefordert. Stellt dagegen ein Dritter nach Abs 1 Satz 1 Nr 3 den Löschungsantrag, muss die Verzichtserklärung aller eingetragenen Inhaber, ferner ggf auch die des Kl in Fällen des § 9 in öffentlicher oder öffentlich beglaubigter Form eingereicht werden. **Öffentliche Urkunden** können Beweis über die Erklärung erbringen, die vor einer insoweit sachlich zuständigen Behörde oder mit öffentlichem Glauben versehenen Urkundsperson abgegeben worden ist, § 415 I ZPO; zu den Urkundspersonen zählen insbes Notare, Urkundsbeamte und Konsuln. Gerichtliche Vergleiche sind öffentliche Urkunden. Öffentliche Urkunden können nach § 417 ZPO eine Willenserklärung der Behörde selbst enthalten, zB das Urteil, das im Falle eines Klageverfahrens nach § 9 mit Rechtskraft die Einwilligungserklärung des Verurteilten fingiert, § 894 I ZPO. Öffentliche Beglaubigung, § 129 BGB, ist die notarielle Beglaubigung der Unterschrift auf einer vom Erklärenden selbst errichteten schriftlichen Privaturkunde, auf deren Inhalt die Beglaubigung sich nicht erstreckt, Palandt/Ellenberger 129/1 mwN. Die Beglaubigung der Unterschrift durch Verwaltungsbehörde oder Polizei genügt für § 129 BGB nicht, Palandt/Ellenberger 129/2. Eine notarielle Beurkundung der Verzichts- oder der Einwilligungserklärung selbst iSv § 128 BGB ist nicht erforderlich.

9   **6.** Im **Verfahren des DPMA** über den Löschungsantrag oder die Verzichtserklärung werden die allg Voraussetzungen, insbes die formelle Legitimation des Antragstellers, Rn 5, und sonstige erkennbare Wirksamkeitsvoraussetzungen geprüft. Der Antragsteller und das betroffene SchutzR müssen gem § 20 I DesignV ausreichend iSv § 6 I DesignV identifiziert sein. Auswärtige Antragsteller iSv § 58 haben einen Inlandsvertreter zu bestellen. Der Löschungsantrag ist gebührenfrei. Abs 1 Satz 2 stellt klar, dass die Ablehnung eines Löschungsantrags durch Beschluss des DPMA, § 23 I 3 iVm § 47 PatG, zu ergehen hat. Die Löschung wird durch Vermerk in dem dafür vorgesehenen Datenfeld des Registers vollzogen, § 16 Nr 9 DesignV, die früheren Eintragungen bleiben sichtbar. Die Löschung wird bekanntgemacht, eine gesonderte Benachrichtigung des ehemaligen Inhabers darüber erfolgt im Falle einer vorangegangenen Antragstellung. Wegen Schutzfristablaufs ergeht keine Löschungsmitteilung, anders, sofern Oberflächenmuster iSv § 7 IV GeschmMG 1986 bzw flächenmäßige Designabschnitte eingereicht waren; deren Rückgabe wird angeboten und dabei die vollzogene Löschung erwähnt. Der **Teillöschungsvermerk** nach Abs 2 erfordert umfangreichere Eintragungen und Bekanntmachung, um die Merkmale des eD zu definieren, auf deren Schutz verzichtet wurde. Bei gerichtlichem Ausspruch einer Teilnichtigkeit, § 35 Nr 1, muss das rechtskräftige Urteil, welches das beschränkte eD definiert, beim DPMA gem § 52b IV 3 eingehen. Das DPMA setzt dessen Inhalt um unter nachrichtlichem Hinweis auf die Erstveröffentlichung durch die Eintragung und Bekanntmachung der weggefallenen Schutzmerkmale und jener, deren Schutz fortgesetzt wird. Ist die Teilverzichtserklärung oder Einwilligung in die Teillöschung außergerichtlich erfolgt, so findet die Teillöschung statt, wenn die Anforderungen des § 20 III DesignV – Einreichung der geänderten Wiedergabe unter Beachtung der §§ 7, 8 DesignV, Teilverzichtserklärung von max 100 Wörtern – erfüllt sind. Im Designblatt wird die geänderte Fassung im hierfür vorgesehenen Abschnitt bekanntgemacht, unter Wiedergabe entweder der Kernaussage der gerichtlichen Entscheidung oder der Teilverzichtserklärung des Designinhabers mit Klarstellung des verbliebenen Schutzgegenstands.

7. Gemeinschaftsgeschmacksmuster. Der Verzicht des Inhabers auf **10** das GGM ist im Gegensatz zum eingetragenen Design in Art 51 ausführlich geregelt. Art 51 IV 2 GGV schreibt die nachweispflichtige Unterrichtung eines im Register eingetragenen Lizenznehmers vor. Der Verzicht auf ein GGM während der Phase der Aufschiebung der Bekanntmachung hat gem Art 51 II GGV die – im deutschen Ges zu Recht nicht vorgesehene – einschneidende Wirkung, dass das betreffende GGM rückwirkend entfällt. Damit soll verhindert werden, dass der auch im Falle der Nichterstreckung eines solchen GGM mit Rückwirkung erfolgende Verfall des SchutzR durch einen ex nunc wirkenden Verzicht umgangen werden kann. Die Teillöschung, hier Beibehaltung in geänderter Form genannt, ist in Art 25 VI GGV vorgesehen. Die Löschung auf Grund der Nichtigerklärung des GGM sehen Art 53 III GGV, Artt 18, 69 III e), o) GGDV vor.

8. Auf eine im Internationalen Register eingetragene **Internationale** **11** **Eintragung** kann ganz oder für einzelne Vertragsparteien oder Designs einer Sammeleintragung verzichtet werden, Art 16 I iv) HMA 1999, R 21 I a) iii) GAO, s Erläuterung der Einzelh in A 15 des „Guide" (s § 11 Rn 96). Hierfür wird das Formblatt DM/5 vorgehalten (abrufbar über www.wipo. int/hague/en/forms). Die Eintragung ist gebührenpflichtig. Vergleichbares gilt für Beschränkungen, dh Teilverzichte Art 16 I v) HMA 1999, R 21 I a) iv) GAO, s Erläuterung der Einzelh in A 16 des „Guide".

Abschnitt 7. Schutzwirkungen und Schutzbeschränkungen

Gegenstand des Schutzes

37 (1) **Der Schutz wird für diejenigen Merkmale der Erscheinungsform eines eingetragenen Designs begründet, die in der Anmeldung sichtbar wiedergegeben sind.**

(2) **Enthält für die Zwecke der Aufschiebung der Bekanntmachung eine Anmeldung nach § 11 Absatz 2 Satz 2 einen flächenmäßigen Designabschnitt, so bestimmt sich bei ordnungsgemäßer Erstreckung mit Ablauf der Aufschiebung nach § 21 Absatz 2 der Schutzgegenstand nach der eingereichten Wiedergabe des eingetragenen Designs.**

Übersicht

I. Allgemeines

1 **1. Regelungsgehalt** des § 37 ist die Klarstellung dessen, was Grundlage für die in § 38 geregelte Geltendmachung von Rechten aus einem eingetragenen Design ist. Nach ErwGrd 11 GRL wird der Schutz von Designs für diejenigen Merkmale begründet, die in einer Anmeldung sichtbar wiedergegeben sind. Darauf basierend sind in Abs 1 wichtige Beurteilungsgrds geregelt, die von der Rechtspraxis entwickelt wurden und allg anerkennung gefunden haben. Schutzbegründend sind die Erscheinungsmerkmale des Erzeugnisses, die sich aus der Anmeldung ergeben. Weil auf die Sichtbarkeit abgestellt wird, ergibt sich der Schutzgegenstand aus der Wiedergabe als Bestandteil der Anmeldung, s § 11 Rn 23 ff. Das Verletzungsgericht ist wie an die Eintragung einer Marke, BGH GRUR 07, 780 Tz 19 – Pralinenform I, auch an die Eintragung des Klagedesigns gebunden. Abs 2 dient der Rechtsklarheit, weil im Anwendungsbereich des GeschmMG 2004 eine Nachreichung von Wiedergaben für die Zeit nach der Beendigung der Aufschiebung der Bekanntmachung nicht vorgesehen war.

2 **2. Für Gemeinschaftsgeschmacksmuster** enthält die GGV keine Entsprechung zu § 37. Weil die Regelung in Abs 1 einen allg anerkannten Grds des DesignR zum Ausdruck bringt, hat dieser Grds auch ohne ausdrückliche gesetzliche Regelung für eingetragene GGM ebenfalls Gültigkeit, BGH GRUR 12, 1139 Tz 16 – Weinkaraffe. Die allg Auslegungsregeln, s Rn 10 ff, gelten in gleicher Weise für eingetragene Designs wie für eingetragene GGM, BGH GRUR 12, 1139 Tz 22 ff. Die Regelung in § 37 II hat ebenfalls nur klarstellende Bedeutung; sie kann daher für die nachgereichte Wiedergabe, Art 50 IV b) GGV, herangezogen werden.

II. Schutzgegenstand

1. Die **Erscheinungsform** eines Designs, wie sie in § 1 Nr 1 definiert **3** ist, bildet das Fundament des Designschutzes. Schutzgegenstand ist nicht ein bestimmtes Erzeugnis, sondern die Erscheinungsform eines Erzeugnisses, *Schlötelburg* GRUR 05, 123, 124. Weil nicht das Design als solches Schutz genießt, gibt es daher keinen reinen Produktschutz, § 2 Rn 5; *Eck* GRUR 98, 687, 693; *Kur* GRUR Int 02, 661, 662. Anknüpfungspunkt für den Schutz ist die aus der Wiedergabe ersichtliche immaterielle plasische oder flächige Form, BGH GRUR 11, 1112 Tz 49 – Schreibgeräte, dh die konkrete Verkörperung einer gestalterischen Vorstellung, BGH GRUR 74, 406, 409 – Elektroschalter; GRUR 79, 705, 706 – Notizklötze; GRUR 81, 269, 271 – Haushaltsschneidemaschine II. Diese Verkörperung muss geeignet sein, als Vorbild für die Fertigung körperlicher Erzeugnisse, BGH GRUR 11, 1112 Tz 49, dh für die äußere Gestaltung gewerblicher Erzeugnisse zu dienen, BGH GRUR 96, 57, 59 – Spielzeugautos mwN. Dem entspricht im schweizerischen Schrifttum der abstrakte Formenschutz für die immaterielle Form im Gegensatz zum konkreten Formenschutz für das Erzeugnis als solchem. Der hohe Abstraktionsgrad dieser Begriffsbildungen trägt allerdings dem „design approach", hierzu insb *Kur* EIPR 93, 374, 376; GRUR 02, 661, 662; *Ritscher* GRUR Int 90, 559, 560; *Eck* S 138; *Stolz* S 47 ff; *Schramm* S 92; *Becker* GRUR Int 12, 312, 313, des neueren DesignR wenig Rechnung. Mit der schutzbegründenden Funktion, OGH ÖBl 07, 115 Mini – Berner; GRUR 08, 523, 524 – Febreze, der Erscheinungsform ist dagegen nur eine geringe Abstraktion verbunden. Eine konkrete Verbindung mit der realen Warenwelt wird zwar durch das Erfordernis der Erzeugnisangabe hergestellt. Auf den Schutzbereich hat diese Angabe jedoch keine Auswirkungen, Rn 12. Neben der Erzeugnisangabe kann daher das Wesen und die Funktion der Erscheinungsform maßgeblich für die Bestimmung des Schutzgegenstands sein, EuG GRUR-RR 10, 189 Rn 56, 59 – Grupo Promer. Auf die technische Umsetzung einer gestalterischen Vorstellung kommt es nicht an, soweit durch sie kein neuer Gesamteindruck erzielt wird, BGH GRUR 1962, 144, 146 – Buntstreifensatin I; GRUR 11, 1112 Tz 49. Bei dem vielfach diskutierten, zB *Ruijsenaars* GRUR Int 97, 687 ff; *Kur* GRUR Int 98, 353, 355; *Stolz* S 46 ff, Ferrari-Frisierstuhl hat zwar die Verwendung des Erscheinungsbilds eines Spielzeug-Tretautos für einen Kinder-Frisierstuhl eine neue Gebrauchsfunktion ergeben, so die Feststellung des Hoge Raad GRUR Int 97, 756 – Ferrari-Frisierstuhl, aber die Erscheinungsform ist dabei im Wesentlichen unverändert geblieben. Mit einem neuen Verwendungszweck kann daher kein Designschutz begründet werden, wenn die Erscheinungsform im Wesentlichen unverändert bleibt, § 2 Rn 10.

2. Was **Erscheinungsmerkmale** eines eingetragenen Designs sind, ergibt **4** sich nicht unmittelbar aus den Begriffsbestimmungen in § 1 Nr 1 und Nr 2, weil dort auf die Erscheinungsform eines Erzeugnisses abgestellt wird. Durch § 3 I Nr 1 und Nr 2 sind Erscheinungsmerkmale von Erzeugnissen vom Schutz ausgeschlossen, die technisch bedingt sind oder als Verbindungselemente wirken. Dieser Begriffswahl liegt zugrunde, dass von einer vollständigen Erscheinungsform eines Erzeugnisses idR nur einzelne Erscheinungsmerkmale vom Schutzausschluss erfasst werden. Durch Abs 1 wird klargestellt, dass Schutzgegenstand nicht stets die vollständige Erscheinungsform eines Erzeugnisses ist. Maßgeblich sind nur die Erscheinungsmerkmale des Erzeugnisses, die in der Anmeldung des eD sichtbar wiedergegeben sind. Erscheinungsmerkmale wirken jedoch trotz sichtbarer Wiedergabe nicht schutzbegründend, wenn sie vom Designschutz ausgeschlossen sind. Die Schutzausschließungen in § 3 I sind durch die GRL vorgegeben, s § 3 Rn 1, und haben daher Vorrang vor der Schutzbegründung durch § 37 I. Nicht sichtbare Erscheinungsmerkmale können weder durch Beschreibung noch durch Vorlage eines designgemäßen Erzeugnisses Eingang in den Schutzgegenstand finden. Unerheblich ist auch, ob nicht sichtbar wiedergegebene Erscheinungsmerkmale üblicherweise ein bestimmtes Erscheinungsbild aufweisen und ob der informierte Benutzer in der Lage ist, nicht sichtbar wiedergegebene Erscheinungsmerkmale gedanklich zu ergänzen.

5   **3.** Das Kriterium der **Sichtbarkeit** bezieht sich auf die Wiedergabe des Designs, die Bestandteil der Anmeldung ist. Nur die in dieser Wiedergabe sichtbaren Erscheinungsmerkmale eines Erzeugnisses bilden den Schutzgegenstand eines eingetragenen Designs. Das Design muss in der Anmeldung hinreichend konkretisiert sein, um zu vermeiden, dass eine unzureichende Wiedergabe bei der Schutzbeanspruchung ausgenutzt werden kann, BGH GRUR 62, 144, 146 – Buntstreifensatin I; GRUR 11, 1112 Tz 48 – Schreibgeräte. Erscheinungsmerkmale, die in der Wiedergabe nicht sichtbar verkörpert sind, bleiben bei der Bestimmung des Schutzgegenstands unberücksichtigt. Auf bes technische Hilfsmittel, s Koschtial GRUR Int 03, 973, 980, kommt es dabei nicht an. Das gilt sowohl, wenn bei einem Originalerzeugnis nach § 11 II 2 DesignG für den Zweck der Anmeldung Vergrößerungen, Verkleinerungen, Materialvertauschungen oder sonstige Änderungen vorgenommen worden sind, als auch, wenn Vervielfältigungsstücke von dem Gegenstand der Anmeldung abweichen. Wenn nur Schwarz-Weiß-Darstellungen eingetragen sind, ist eine bes Farbgestaltung nicht Gegenstand des eD, BGH I ZR 156/81 v 24.11.83 – Strahlerserie. Durch eine zweidimensionale Darstellung verliert ein Modell nicht seinen dreidimensionalen Charakter; Schutzgegenstand ist vielmehr das Modell, das die Fachkreise des betreffenden Sektors in der Darstellung veranschaulicht sehen. Das Erfordernis der Sichtbarkeit kann für Bauelemente von komplexen Erzeugnissen von schutzbegründender Bedeutung sein, s § 4 Rn 5. Für alle anderen Erzeugnisse ist die Sichtbarkeit im Endgebrauch keine Schutzvoraussetzung, s § 1 Rn 33; unzutr Koschtial GRUR Int 03, 973, 981. Für diese Erzeugnisse wird vielmehr nur eine Selbstverständlichkeit zum Ausdruck gebracht, durch die sichergestellt wird, dass Beschreibungen und designgemäßen Erzeugnissen keine schutzbegründende Funktion zukommt. Für Merkmale, die normalerweise im Inneren sind, kommt es daher entgegen Grünbuch 5.4.7.4 nicht darauf an, ob sie sich unter durchsichtigem Material befinden. Erscheinungsmerkmale, die durch § 3 I Nr 1 und Nr 2 vom Designschutz ausgeschlossenen sind, können zwar in der Anmeldung sichtbar sein, der Schutzausschluss führt jedoch dazu, dass ihnen keine schutzbegründende Wirkung zukommt, s Rn 2. Nicht designfähige Erscheinungsmerkmale haben ebenfalls keine schutzbegründende Funktion.

4. Der **Offenbarungsgehalt** einer Wiedergabe richtet sich danach, wel- **6** chen Gesamteindruck sie erkennbar macht, BGH GRUR 96, 767, 769 – Holzstühle. Es wird zwar auf die Beurteilung durch den informierten Benutzer abgestellt, EuGH GRUR 12, 506 Rn 73 – PepsiCO; BGH GRUR 10, 718 Tz 47 – Verlängerte Limousinen; GRUR 11, 1112 Tz 48 – Schreibgeräte. Weil sich die Anmeldung nach der behördlichen Prüfung an die interessierten Wirtschaftskreise richtet, s Rn 10, kommt es vorrangig auf die Fachkreise des betreffenden Sektors an, BGH GRUR 12, 1139 Tz 23 – Weinkaraffe. Der Offenbarungsgehalt einer Wiedergabe wird daher durch das bestimmt, was die Fachkreise des betreffenden Sektors im Anmeldezeitpunkt ohne bes Bemühung unter Berücksichtigung des Entwicklungsstands auf dem einschlägigen Gebiet dem Gegenstand der Anmeldung entnehmen konnten, s BGH GRUR 67, 375, 377 – Kronleuchter; GRUR 77, 602, 604 – Trockenrasierer. Bei wirksamer Prioritätsbeanspruchung kommt es auf den Kenntnisstand am Prioritätstag an. Der Anmelder bestimmt durch die Art der Wiedergabe, durch die Qualität der Wiedergabe und durch die Anzahl der Darstellungen, wie deutlich das dargestellte Erzeugnis erkennbar ist. Alle Defizite in der Erkennbarkeit gehen zu Lasten des Anmelders. Es genügt nicht, dass sich eine Gestaltung aus der Darstellung nur erahnen lässt; eine derartige Ausweitung des Schutzgegenstands würde zu untragbarer Rechtsunsicherheit führen, BGH GRUR 77, 604. Es kann jedoch ausreichen, dass sich eine Form aus einer Zeichnung durch einfache gedankliche Interpolation erschließt, Düss GRUR 83, 750. Lässt eine zeichnerische Darstellung nicht erkennen, ob der Gegenstand eines eingetragenen Designs aus einem Teil oder aus zwei Teilen besteht, kann das einerseits dazu führen, dass weitergehende Entgegenhaltungen aus dem vorbekannten Formenschatz der Neuheit oder Eigenart des eD entgegenstehen können; andererseits kann sich ein größerer Schutzumfang im Vergleich mit einem eD ergeben, das nur eine der beiden Ausgestaltungen wiedergibt, BGH GRUR 11, 1112 Tz 49.

5. Die **Anmeldung** enthält zwar mehrere obligatorische Bestandteile, s **7** § 11 S 1 iVm §§ 13 I, 16 I Nr 3. Maßgeblich für die Bestimmung des Schutzgegenstands eines eingetragenen Designs ist jedoch nach Abs 1 nur die Wiedergabe des Designs, § 11 II S 1 Nr 3. Diese Wiedergabe kann bei einer Aufschiebung der Bekanntmachung durch einen flächenmäßigen Designabschnitt ersetzt sein. Weil die Bekanntmachung der Eintragung nur der Erstinformation der Öffentlichkeit dient, s § 20 Rn 6, hat die Erkennbarkeit von Erscheinungsmerkmalen in einer Bildbekanntmachung keinen Einfluss auf die Bestimmung des Schutzgegenstands. Maßgeblich ist vielmehr allein, was in der Wiedergabe des Designs erkennbar ist, unzutr Peifer S 100. Die Kenntnisnahme der Wiedergabe erfolgt durch Einsichtnahme in das Register, § 22 S 2. Maßgeblich für den Offenbarungsgehalt der Anmeldung ist zwar in erster Linie die Wiedergabe des Designs; ergänzend können jedoch auch Erklärungen des Anmelders Berücksichtigung finden, s Rn 10. Wenn die Wiedergabe aus mehreren Darstellungen besteht, kann die Gesamtheit dieser Darstellungen den Schutzgegenstand bilden, Rn 11.

6. Jedes der in einer **Sammelanmeldung** zusammengefassten eingetra- **8** genen Designs ist ein eigenständiges SchutzR, s § 12 Rn 3, dessen Schutzgegenstand gesondert ermittelt werden muss. Einzelne Gegenstände können jedoch so zusammengehörig sein, dass sie ein einheitliches Erzeugnis ergeben, s § 1 Rn 29. Bei Bauteilen von komplexen Erzeugnissen ergibt sich diese Zusammengehörigkeit aus dem Erfordernis, dass das Erzeugnis auseinander- und wieder zusammengebaut werden kann, s § 1 Rn 38; § 4 Rn 4. Die Erfordernisse der Neuheit und der Eigenart müssen zwar nicht nur von dem Gesamterzeugnis, sondern auch von jedem Bauelement, s § 4 Rn 5, eigenständig erfüllt sein. Aber für die Beurteilung der Unterschiedlichkeit ggü vorbekannten Designs kann es für den informierten Benutzer von Bedeutung sein, ob es sich um Teile eines Erzeugnisses handelt, die nicht nur wegen ihrer Funktion, sondern auch gestalterisch zusammengehörig sind. Auch auf die Bestimmung des Schutzumfangs kann es sich auswirken, ob der informierte Benutzer ein Bauteil einer gestalterischen Einheit zuordnen kann. Wenn das Erfordernis der Einheitlichkeit, s § 1 Rn 28, der Zusammenfassung von mehreren Gegenständen in einer einzigen Anmeldung entgegensteht, kann ein schützenswertes Interesse daran bestehen, die gestalterische Zusammengehörigkeit eines Ensembles zu dokumentieren. Auch bei Anbauteilen, s § 1 Rn 28, kann es gestalterische Verbindungen geben, die durch Einzelanmeldungen nicht offenbart werden könnten. Möbel-Anbauteile können zB so gestaltet sein, dass die geschmackliche Wirkung nur in ihrer Aneinanderreihung mit anderen zu dem Möbelprogramm gehörenden Teilen zur Geltung kommt, die in Höhe, Proportionen und Erscheinungsbild aufeinander abgestimmt sind, BGH GRUR 75, 383, 385 − Möbelprogramm. In Art 40 I 2 VO-Vorschlag 1993 war vorgesehen, dass alle Erzeugnisse einer Sammelanmeldung (außer im Falle von Verzierungen, s hierzu § 1 Rn 13) derselben Unterklasse oder derselben Serie oder bestimmten Anordnung von Gegenständen anhören müssen. Damit sollten die verschiedenen Möglichkeiten der Innenausstattung erfasst werden, die sich aus einer einheitlichen Designidee ergeben, Begr Art 40 I VO-Vorschlag 1993. In Art 37 I 2 GGV wird nur noch auf die Zugehörigkeit zu derselben Klasse (nicht Unterklasse) abgestellt. Eine gestalterische Zusammengehörigkeit von einzelnen Designs kann bei Sammelanmeldungen aus aufeinander abgestimmten Erscheinungsformen erkennbar sein. Unterstützende Hinweise können sich ggf aus den Erzeugnisangaben, s Rn 11, ggf auch aus einer Beschreibung, s Rn 14, ergeben. Bei Bauteilen, Bestandteilen von Sets uä, s § 12 Rn 8, kann die Zusammengehörigkeit auch dadurch offenbart werden, dass zusätzlich für die Gesamtheit des Schutzbegehrens eine eigenständige Wiedergabe zum Gegenstand der Sammelanmeldung gemacht wird.

9　　**7. Allgemeine Gestaltungsprinzipien** finden keinen Eingang in den Schutzgegenstand, weil schutzbegründend allein die sichtbaren Erscheinungsmerkmale einer Erscheinungsform als solcher sindt. Für Konzepte und Ideen soll es keinen Schutz geben, Grünbuch 5.4.3.4. Deswegen müssen allg Gestaltungsideen und Gestaltungstrends für jeden Entwerfer zugänglich bleiben, BGH GRUR 80, 235, 236 − Play family; GRUR 11, 142 Tz 21 − Untersetzer. Nicht vom Schutzgegenstand umfasst ist daher die Idee für die Gestaltung einer Erscheinungsform, EuG BeckRS 13, 81183 Rn 72 = GRUR-Prax 13, 295 − Uhrenzifferblätter, der einer Gestaltung zugrundeliegende Gedanke, BGH GRUR 74, 406, 409 − Elektroschalter; GRUR 74, 737, 739 − Stehlampe; GRUR 77, 547, 550 − Kettenkerze; GRUR 79, 705, 706 − Notizklötze, die Gestaltungstechnik, BGH GRUR 55, 445 − Mantelmodell; GRUR 62, 147; GRUR 84, 453 − Hemdblusenkleid, das Herstellungsverfahren, s § 1 Rn 36. Außerhalb des Schutzgegenstands liegen auch vorbekannte allg Gestaltungsprinzipien und Gestaltungstrends, BGH GRUR 11,

142 Tz 21, Motive, BGH GRUR 80, 236, der Gestaltungsstil, BGH GRUR 62, 144, Stilrichtungen und Anpassungen an den Zeitgeschmack, BGH GRUR 75, 383, 386 – Möbelprogramm. Insgesamt gilt, dass Stil, Motiv, Technik und Methode als sog abstrakte Eigenschaften der freien Entwicklung nicht vorenthalten werden dürfen, BGH GRUR 77, 550; § 2 Rn 39. Die konkrete Ausgestaltung eines Stilmittels, BGH GRUR 61, 640, 642 – Straßenleuchte, und die Auswahl eines ausgefallenen Motivs, RGZ 1965, 125; BGH GRUR 58, 351, 352 – Deutschlanddecke, können allerdings am Schutz teilhaben.

III. Auslegung

1. Der **Methodik** liegt zugrunde, dass die Anmeldung eines eingetrage- **10** nen Designs sowohl Verfahrenshandlung als auch Willenserklärung ist, BGH GRUR 12, 1139 Tz 23 – Weinkaraffe; Voraufl 37/1. Ebeso wie bei einer Marke, s EuGH GRUR Int 12, 749 Rn 47, 48 – CIPA/Registrar; BGH GRUR 13, 929 Tz 14 – Schockoladenstäbchen, soll durch die Anmeldung der Eintragungsbehörde eine Prüfung ermöglicht und durch die Eintragung den Wirtschaftsteilnehmern eine Information über Rechte Dritter zugänglich gemacht werden. Dieses als Antrag auf eine Registrierung eingereichte Schutzbegehren unterliegt nach § 133 BGB der Auslegung dahingehend, dass der wirkliche Wille zu erforschen ist. Dabei muss auf den Empfängerhorizont der Fachkreise des betreffenden Sektors abgestellt werden, BGH GRUR 12, 1139 Tz 23; Voraufl 37/1; denn es muss dem Interesse des Verkehrs Rechnung getragen werden, klar erkennen zu können, wofür der Anmelder Schutz beansprucht, BGH GRUR 12, 1139 Tz 23. Durch eine Auslegung können ggf Unklarheiten beseitigt werden. Hierzu muss zunächst geklärt werden, wie es sich mit der Verkehrsauffassung verhält. Als Auslegungshilfen kommen insbes die Erzeugnisangabe, Rn 12, Angaben zur Warenklasse, Rn 13, und ggf eine Beschreibung, Rn 14, in Betracht, BGH GRUR 12, 1139 Tz 24, 25.

2. Wenn Darstellungen eines Designs **verschiedene Ausführungsfor-** **11** **men** des Designs zeigen und dadurch Unklarheiten über den Gegenstand des Schutzes entstehen, muss der Schutzgegenstand durch Auslegung ermittelt werden, BGH GRUR 12, 1139 Tz 22 – Weinkaraffe. Enthält eine Einzelanmeldung mehrere Darstellungen, die ein Modell in verschiedenen Ausführungsformen zeigen, sind diese Darstellungen rechtlich als eine einzige Wiedergabe anzusehen, BGH GRUR 01, 503, 505 – Sitz-Liegemöbel. Ergebnis der Auslegung kann sein, dass abweichende Darstellungen bei der Bestimmung des Schutzgegenstands außer Betracht bleiben und dadurch eine Vermehrung der Schutzgegenstände nicht stattfindet, BGH GRUR 01, 505. Der Schutzgegenstand besteht dann gleichsam aus der Schnittmenge der allen Darstellungen gemeinsamen Merkmale, BGH GRUR 12, 1139 Tz 32; Voraufl 11/29; krit Klawitter GRUR-Prax 13, 53, 55. Wenn ein Kaminofen in einer Darstellung mit geschlossener und in einer zweiten Darstellung mit offener Tür wiedergegeben wird, ergeben diese verschiedenen Zustände ein einheitliches Design, Hamm InstGE 8, 233, 237 – Kaminöfen. Bei sog Kombinationserzeugnissen, § 1 Rn 28, kann die Auslegung aber auch ergeben, dass der Schutzgegenstand zwar aus mehreren Erzeugnissen besteht, diese nach der Verkehrsauffassung jedoch ein einheitliches Erzeugnis bilden, BGH GRUR 12, 1139 Tz 32; Voraufl 37/7. Diese Auslegung liegt insbes dann nahe, wenn die abgebildeten Einzelgegenstände ästhetisch aufeinander abgestimmt sind und miteinander in funktionalem Zusammenhang stehen, BGH GRUR 12, 1139 Tz 32; Voraufl 11/41. Wenn vier von sieben Darstellungen eine Weinkaraffe mit Sockel und drei weitere Darstellungen nur die Weinkaraffe zeigen, ist Schutzgegenstand ein Kombinationserzeugnis, bei dem die drei Karaffendarstellungen nur der Verdeutlichung dienen, BGH GRUR 12, 1139 Tz 29; ebenso Vorinst FfM GRUR-RR 08, 333, 334 – Weinkaraffe. Weil durch eine Einzelanmeldung Schutz nur für ein einziges Design begründet werden kann, konnte Schutzgegenstand nicht sowohl das aus Sockel und Karaffe bestehende Kombinationserzeugnis als auch die Karaffe als solche sein, BGH GRUR 12, 1139 Tz 28. Die Eintragungsbehörde sollte Anmelder veranlassen, mehrere Designs nicht in einer einzigen Anmeldung zusammenzufassen, Klawitter GRUR-Prax 13, 55. Wenn jedoch die Auslegung ergibt, dass mehrere eigenständige Designs in einer Anmeldung zusammengefasst wurden, sollte zur Vermeidung der Nichtigkeit entspr § 12 II eine Teilung ermöglicht werden.

12   **3.** Die **Erzeugnisangabe** ist ein zwingend vorgeschriebener Bestandteil der Anmeldung, § 11 III. Obwohl sie keinen Einfluss auf den Schutzumfang eines eingetragenen Designs hat, § 11 VI, können sich aus der Erzeugnisangabe Konkretisierungen des Schutzumfangs ergeben, BGH GRUR 12, 1139 Tz 24, 25 – Weinkaraffe; Voraufl 11/63; 37/11. Der Schutzumfang eines eD wird zwar maßgeblich durch dessen Wiedergabe und nicht durch dessen Erzeugnisangabe bestimmt, FfM GRUR-RR 08, 333, 334 – Weinkaraffe. Das schließt jedoch nicht aus, dass sich aus einer Erzeugnisangabe Konkretisierungen für den Schutzgegenstand ergeben können, Düss GRUR-RR 12, 200, 206 – Tablet PC; Hbg GRUR-RR 13, 138, 141 – Totenkopfflasche; § 11 Rn 63, 72. Als Auslegungshilfe kann sich aus der Erzeugnisangabe ergeben, dass Beiwerk, s § 11 Rn 41, keinen Eingang in den Schutzumfang findet, zumal durch § 7 III 2 DesignV gesetzlich vorgeschrieben ist, dass die Darstellung des Designs kein Beiwerk aufweisen soll. Dasselbe gilt für sonstige Nebensächlichkeiten, zB einer zusätzlichen Darstellung einer Verpackung oder einer Verwendungssitution bei einer produktspezifischen Erzeugnisangabe, Hbg 5 U 166/07 v 4.2.09. Wenn zB die Wiedergabe einen Kleiderständer zeigt, in den diverse diverse Bekleidungsstücke eingehängt sind, kann aus einer Erzeugnisangabe „Kleiderständer" zu folgern sein, dass die Gesamtdarstellung ein Anwendungsbeispiel zeigt, bei dem die zusätzlich erkennbaren Bekleidungsstücke für die Bestimmung des Schutzgegenstands keine Bedeutung haben sollen. Bei der Darstellung eines Kaminofens ist mitdargestelltes Kaminbesteck schmückendes Beiwerk, das nicht in den Schutzgegenstand einbezogen wird, Hamm InstGE 8, 233, 238 – Kaminöfen. Wenn ein Holzbaukasten für „Spiele" eingetragen ist, kann daraus gefolgert werden, dass nicht allein die auf der Oberfläche der Bausteine eingelassenen Dekorationselemente den Schutzgegenstand bilden, EuG BeckRS 13, 82061 Rn 33 = GRUR-Prax 13, 517 – Spielbaukasten. Vielfach finden zwar breit gefasste Erzeugnisangaben Verwendung. Bei der Bestimmung des Schutzgegenstands des DesignschutzR, das mit einem prioritätsälteren DesignschutzR kollidiert, ist es jedoch entgegen EuG GRUR-RR 10, 189 Rn 56 – Grupo Promer – nicht erforderlich, dessen Erzeugnisangabe zu berücksichtigen; denn massgeblich ist allein, ob das jüngere Design keinen anderen Gesamteindruck erweckt.

4. Angaben zur Warenklasse sind zwar fakultativ, § 11 IV Nr 3, und **13** haben keinen Einfluss auf den Schutzumfang eines eingetragenen Designs, § 11 V. Dennoch können sich auch aus Angaben der Warenklasse(n) Konkretisierungen des Schutzumfangs ergeben, BGH GRUR 12, 1139 Tz 24, 25 – Weinkaraffe; Voraufl 11/63, 72. Weil die Angabe der Erzeugnisse die Grundlage für die Warenklassenangabe bildet, s § 11 Rn 73, kann zwar vor allem die Erzeugnisangabe konkretisierende Auswirkungen auf den Schutzumfang haben. Aber wenn zB in der Wiedergabe eine Möbelschrankwand mit einem integrierten Fernsehgerät zu sehen ist, kann die Klassenangabe 6.6 die Auslegung rechtfertigen, dass die Schrankwand den Schutzgegenstand bildet und das Fernsehgerät nur veranschaulichendes Beiwerk ist.

5. Die **Beschreibung**, § 11 Rn 66–68, ist ein wichtiges Instrument für **14** die Auslegung einer Anmeldung, weil sie bestimmungsgemäß, s § 11 V Nr 1, der Erläuterung der Wiedergabe dient, BGH GRUR 12, 1139, Tz 24, 25 – Weinkaraffe; Voraufl 37/7. Ein Umkehrschluss zu § 11 VI ergibt zwar, dass Angaben in einer Beschreibung den Schutzumfang eines eingetragenen Designs mitbestimmen können, BGH GRUR 11, 1112 Tz 55 – Schreibgeräte. Im Interesse der Rechtsklarheit sollte jedoch für den Schutzgegenstand und damit auch für den Schutzumfang allein die Wiedergabe maßgeblich sein und die Beschreibung nur deskriptive Bedeutung haben. Dafür spricht auch, dass für Prioritätsbelege Beschreibungen nicht übersetzt werden und dass bei GGM die Beschreibung nach Art 36 VI GGV keinen Einfluß auf den Schutzumfang hat. Nach der Rechtspraxis zum GeschmMG 1876 konnte der Schutzgegenstand eines GeschmM durch eine Beschreibung beschränkt werden, BGH GRUR 1963, 328, 329 – Fahrradschutzbleche, wenn die Angaben eindeutig waren, BGH GRUR 1962, 144, 146 – Buntstreifensatin I. Der durch eine Schutzbeschränkung zum Ausdruck gebrachte Teilverzicht ist jedoch eine Willenserklärung mit materiellrechtlichem Gehalt. Diese Willenserklärung hat eine andersartige rechtliche Qualität, s §§ 116 ff BGB, als eine rein deskriptive Erläuterung der Wiedergabe. Die gestalterische Wirkung wird nur durch das Design, nicht dagegen durch Angaben in einer Beschreibung festgelegt, BGH GRUR 62, 144, 145 – Buntstreifensatin I mwN; GRUR 63, 328, 329 – Fahrradschutzbleche. Aus dem Inhalt der Beschreibung können sich daher keine schutzbegründenden Merkmale ergeben, wenn sie in der Wiedergabe nicht sichtbar sind, zB die Farbgebung bei einer Schwarz-Weiß-Wiedergabe, die in einer Wiedergabe nicht dargestellte Rückseite einer Raumform, Hinweise auf nicht dargestellte Gestaltungsalternativen, Einzeln § 11 Rn 66 f. Bei mehreren Wiedergaben können Erläuterungen die Einheitlichkeit des Designs klarstellen, BPatG MarkenR 09, 461, 463; § 11 Rn 66, oder die Zugehörigkeit zu einem Wiederholungsdesign dokumentieren. Durch Schutzansprüche, wie sie in einigen Rechtsordnungen möglich oder sogar vorgeschrieben sind, wird der Schutzgegenstand nicht erläutert, sondern verbal verallgemeinert. Eine Beschreibung kann zwar den Schutzgegenstand nicht erweitern, aber die Ursache einer in der Darstellung erkennbaren geschmacklichen Wirkung klarstellend erläutern, zB gestalterische Wirkung eines gläsernen Lampenschafts, wenn die in diesem angeordneten Glühbirnen eingeschaltet sind, BGH GRUR 74, 337, 339 – Stehlampe. Wenn in einer Einzelanmeldung vier von sieben Darstellungen eine Weinkaraffe mit Sockel und drei weitere Darstellungen nur die Weinkaraffe zeigen, hätte nach BGH GRUR 12, 1139 Tz 33 in einer Beschreibung zum Ausdruck gebracht werden können, dass Schutz nur für die Karaffe beansprucht wird. Erklärungen zur Schutzbeanspruchung sind jedoch Willenserklärungen und deswegen nicht rein deskriptiver Natur. Auch Angaben über Vorzüge des Erzeugnisses, Hinweise auf Variationsmöglichkeiten oder auf Empfindungen des Betrachters bzw Benutzers dienen nicht einer Erläuterung der Wiedergabe. Alle über eine Erläuterung der Wiedergabe hinausgehenden Bestandteile einer Beschreibung sind nicht berücksichtigungsfähig und deswegen als nicht vorhanden zu behandeln. Wenn ein Werkstoff oder eine Oberflächenstruktur in einer grafischen oder fotografischen Wiedergabe erkennbar ist, können durch die Beschreibung zusätzliche Hinweise gegeben werden, Eichmann MarkenR 03, 10, 13. Über eine Erläuterung von sichtbaren Erscheinungsmerkmalen geht es idR nicht hinaus, wenn Werkstoffe benannt werden. Wird zB erläutert, dass eine Sitzfläche aus Polystyrol-Partikelschaumstoff besteht, weiß der informierte Benutzer, dass beim Sitzen das Gefühl der Wärme entsteht. Weil die Einreichung von Originaldesigns nicht mehr gestattet ist, muss es durch Angaben in der Beschreibung möglich sein, für die in einer Wiedergabe erkennbaren Erscheinungsmerkmale eines Originaldesigns eine Konkretisierung herbeizuführen. Zur Beschreibung bei Tastdesigns s § 1 Rn 34. Nebensächlichkeiten und sog Beiwerk, s § 11 Rn 41, können mit Hilfe einer Beschreibung bei der Bestimmung des Schutzgegenstands eliminiert werden. Zeigt zB die Wiedergabe einen Kleiderständer mit diversen Bekleidungsstücken, kann einer Beschreibung zu entnehmen sein, dass durch die Bekleidungsstücke nur die Einsatzmöglichkeiten des Kleiderständers veranschaulicht werden sollen. Mit einer derartigen Auslegung wird der Schutzgegenstand ggü der Wiedergabe des Musters zwar inhaltlich eingeengt, sachlich aber konkretisierend ausgedehnt.

15 **6.** Wenn die **Darstellungsweise** für ein Design auslegungsbedürftig ist, muss zu den Fachkreisen des betreffenden Sektors der Personenkreis hinzutreten, der mit Darstellungstechniken für Designs vertraut ist. Das sind insbes Rechercheure und Patentanwälte. Diesem Personenkreis ist bekannt, dass gepunktete Linien in einer graphischen Darstellung zur Kennzeichnung sowohl von versteckten Linien als auch von Elementen verwendet werden, für die kein Schutz beansprucht wird, s Abschn 11.4 PrüfungsRL GGM. Wenn bei der Darstellung einer an einem Schlüsselband befestigten Uhr das Befestigungselement in punktierten Linien ausgeführt ist, wird dadurch zum Ausdruck gebracht, dass insoweit kein Schutz beansprucht wird, EuG GRUR Int 11, 746 Rn 64 – Sphere Time. Bei einem Taschencomputer kann durch eine gepunktete Linie, die auf der transparenten Oberseite parallel zum Gehäuserand verläuft, der Rahmen eines Flachbildschirms erkennbar gemacht sein, Düss GRUR-RR 12, 200, 204 – Tablet PC, wenn eine versteckte Linie erkennbar ist, LG Düss GRUR-RR 11, 361, 365 – Tablet-PC II. Bei einer Explosionszeichnung kann durch gestrichelte Linien erkennbar gemacht sein, dass Bauelemente nicht beim Zusammenbau nicht sichtbar sind, Düss GRUR 12, 206. Durch punktiert dargestellte Anschlussbuchsen in den Seitenwänden eines Taschencomputers kann zum Ausdruck gebracht sein, dass deren exakte Positionierung offen bleiben soll, LG Düss GRUR-RR 12, 365. Wenn Zeiger einer Uhr punktiert ausgeführt sind, sollen diese zwar nicht am Schutz teilnehmen, aber als Gestaltungselemente einer Analoguhr wirken, EuG GRUR Int 11, 746 Rn 64, 68. Schraffuren auf der

Rückseite eines Taschencomputers sind ein Hinweis auf eine reflektierende Oberfläche, Düss GRUR-RR 12, 204. Wenn Schraffuren auf der Vorderseite eines Taschencomputers einen durch punktierte Linien gebildeten Rahmen überdecken, wird eine transparente Oberfläche dargestellt, LG Düss GRUR-RR 11, 365.

7. Durch ein **designgemäßes Erzeugnis** kann zwar veranschaulicht **16** werden, was Grundlage der mit der Anmeldung eingereichten Wiedergabe war. Der Offenbarungsgehalt eines eingetreagenen Designs wird jedoch ausschließlich durch die Erscheinungsmerkmale des Erzeugnisses festgelegt, die in der Wiedergabe von den Fachkreisen des bereffenden Sektors erkannt werden, s Rn 6. Für den Verletzungsstreit ist daher ausschließlich die grafische oder fotografische Darstellung des Erzeugnisses maßgeblich, nicht jedoch ihre Umsetzung in ein designgemäßes Erzeugnis, BGH GRUR 77, 602, 604 – Trockenrasierer; FfM GRUR 88, 122; Düss GRUR 83, 750. Weil sich die Beurteilung der Schutzfähigkeit nur nach der aus der Anmeldung ersichtlichen Wiedergabe richtet, kommt es auf bes Verlegebilder von Decksteinen als Fassaden- oder Dacheindeckungsplatten nicht an, BGH GRUR 08, 153 Tz 21 – Dacheindeckungsplatten. Nach EuGH GRUR 12, 506 Rn 74 – PepsiCo – konnten designgemäße Erzeugnisse, wie geschehen in EuG GRUR-RR 10, 189 Rn 83 – Grupo Promer, zwar zur Bestätigung bereits getroffener Schlussfolgerungen, aber nicht als Begründungsbasis herangezogen werden. Ob bei der Verletzungsprüfung eine unmittelbare Gegenüberstellung des eD mit dem beanstandeten Erzeugnis erfolgt, ist noch nicht geklärt, § 38 Rn 29.

IV. Aufschiebung der Bekanntmachung

Wenn die Aufschiebung der Bekanntmachung beantragt wird, kann die **17** Wiedergabe durch einen flächenhaften Designabschnitt ersetzt werden, § 11 II 2. Wird von dieser Möglichkeit Gebrauch gemacht, ergibt sich für die Dauer der Aufschiebung der Bekanntmachung der Schutzgegenstand eines eingetragenen Designs aus den Erscheinungsmerkmalen des flächenhaften Designabschnitts. Wenn die Erstreckung der Schutzdauer herbeigeführt wird, muss eine Wiedergabe des Designs eingereicht werden, § 21 II. Mit Ablauf der Aufschiebung wird sodann der Schutzgegenstand durch die Wiedergabe bestimmt, § 37 II. Der flächenmäßige Designabschnitt verbleibt zwar in der Akte des eD, ist jedoch für die Bestimmung des Schutzgegenstands ebenso unmaßgeblich wie ein designgemäßes Erzeugnis. Der Zeitpunkt des Wechsels ergibt sich zwar aus der Verweisung auf § 21 II. Aber wenn die Nachholung der Bildbekanntmachung nach § 21 III zu einem früheren Zeitpunkt erfolgt, hat das eine Vorverlegung des Wechsels zur Folge. Maßgeblich ist der Tag, an dem erstmals Akteneinsicht in die Wiedergabe möglich ist, weil ab diesem Zeitpunkt der Öffentlichkeit die Erscheinungsmerkmale des eD aus der Wiedergabe zugänglich sind.

Rechte aus dem eingetragenen Design und Schutzumfang

38 (1) **Das eingetragene Design gewährt seinem Rechtsinhaber das ausschließliche Recht, es zu benutzen und Dritten zu verbieten, es ohne seine Zustimmung zu benutzen. Eine Benutzung schließt ins-**

besondere die Herstellung, das Anbieten, das Inverkehrbringen, die Einfuhr, die Ausfuhr, den Gebrauch eines Erzeugnisses, in das das eingetragene Design aufgenommen oder bei dem es verwendet wird, und den Besitz eines solchen Erzeugnisses zu den genannten Zwecken ein.

(2) **Der Schutz aus einem eingetragenen Design erstreckt sich auf jedes Design, das beim informierten Benutzer keinen anderen Gesamteindruck erweckt.** Bei der Beurteilung des Schutzumfangs wird der Grad der Gestaltungsfreiheit des Entwerfers bei der Entwicklung seines Designs berücksichtigt.

(3) **Während der Dauer der Aufschiebung der Bekanntmachung (§ 21 Absatz 1 Satz 1) setzt der Schutz nach den Absätzen 1 und 2 voraus, dass das Design das Ergebnis einer Nachahmung des eingetragenen Designs ist.**

Übersicht

I. Allgemeines

1. Anfang der Entwicklung hat gestanden, dass nach § 5 S 1 GeschmMG **1** 1876 die Nachbildung eines Musters oder Modells verboten war und dass in § 5 S 2 Beispiele für verbotene Nachbildungen aufgeführt waren, zB die Verwendung für einen anderen Gewerbezweig, die Ausführung in anderen Farben oder in anderen Abmessungen. Das Nachbilden hatte zur Voraussetzung, dass der Entwerfer in Kenntnis des geschützten Musters oder Modells gehandelt hat. In der Entwicklung des UnionsR waren von Anfang an getrennte Regelungen für das VerbietungsR und für den Schutzumfang vorgesehen. Seit dem GRL-Vorschlag 1993 ist auch das Recht aufgeführt, das Muster zu benutzen. In § 38 GeschmMG 2004 wurden sämtliche Bestimmungen über den Schutzumfang und über die daraus resultierenden Rechte zusammengefaßt.

2. Die **Regelungssystematik** ergibt sich im Wesentlichen aus einer Zu- **2** sammenfassung von Normen des UnionsR. Durch Abs 1 wird die obligatorische Regelung aus Art 12 I GRL, durch Abs 2 die obligatorische Regelung aus Art 9 GRL umgesetzt. Vorlage für Abs 3 war die Regelung in Art 19 III iVm Art 19 II GGV für eingetragene GGM. Der Regelung der Rechte aus dem eingetragenen Design liegt zu Grunde, dass der Schutz mit der Eintragung in das Register entsteht, § 27 I. Als Rechtsinhaber gilt der in das Register eingetragene Inhaber, § 1 Nr 5. Werden Ansprüche aus einem eD geltend gemacht, muss zunächst ermittelt werden, ob das beanstandete Erzeugnis in den Schutzumfang des eD fällt. Wenn das der Fall ist, erfolgt für das VerbietungsR die Bestimmung der untersagungsfähigen Handlungen. Das dem VerbietungsR zu Grunde liegende BenutzungsR kann Auswirkungen insbes für das Verhältnis ggü prioritätsjüngeren SchutzR entfalten. Weil während der Dauer der Aufschiebung der Bekanntmachung der Gegenstand eines eD der Öffentlichkeit nicht zugänglich ist, besteht nach Abs 4 für diese Zeit ein Anspruch nur gegen eine Nachahmung des eD.

3. Für **Gemeinschaftsgeschmacksmuster** enthält Art 19 I GGV eine **3** mit Abs 1 weitgehend wortidentische Regelung; geringfügige Abweichungen sind nur redaktioneller Natur. Dasselbe gilt für das Verhältnis von Abs 2 zu Art 10 GGV. Abs 3 entspricht Art 19 III iVm Art 19 II GGV. Dort wird jedoch klarer darauf abgestellt, dass das Register der Öffentlichkeit zugänglich gemacht worden sein muss. Während der Aufschiebung der Bekanntmachung ist die Einleitung eines Gerichtsverfahrens nur möglich, wenn die nicht bekannt gemachten Angaben dem Anspruchsgegner mitgeteilt wurden, Art 50 VI GGV.

II. Benutzungsrecht

1. Der **Grundsatz,** dass die Eintragung eines Designs seinem Inhaber das **4** ausschließliche Recht gewährt, dieses Design zu benutzen, hat erstmals Eingang in Art 12 I 1 des GRL-Vorschlags 1993 gefunden. In der kurzen Erläuterung ist hierzu ausgeführt, dass das Recht aus dem eingetragenen Design ein monopolistisches Recht ist und dass der Rechtsinhaber das ausschließliche Recht ua auf die Benutzung des Designs hat. Die damit angesprochene Sperrwirkung hat Bedeutung sowohl für die Voraussetzungen als auch für die Reichweite des BenutzungsR. Nur die Eintragung eines Designs ist Grundlage des BenutzungsR. Wenn die Eintragung gelöscht wird, hat das den Wegfall des BenutzungsR zur Folge. Wird die Schutzdauer nicht verlängert, entfällt mit dem Ablauf der Schutzdauer das BenutzungsR. Dieser Wegfall des BenutzungsR hat Auswirkungen nur für die Zukunft, nicht auch für die Vergangenheit. Die Nichtigerklärung eines eingetragenen Desigs hat dagegen zur Folge, dass die Schutzwirkungen der Eintragung als von Anfang an nicht eingetreten gelten, § 33 IV. Voraussetzung des BenutzungsR ist zwar die Eintragung des Designs. Aber diese Eintragung entfaltet Rückwirkung nicht nur bis zum Zeitpunkt der Anmeldung, sondern auch für die Zeit vor der Anmeldung, die im Rahmen eines PrioritätsR, s § 14 und § 15, oder im Rahmen der Schonfrist, s § 6, liegt. Benutzungshandlungen und Maßnahmen zur Vorbereitung einer Benutzung können nur im Rahmen des VorbenutzungsR Bedeutung erlangen.

5   **2.** Das BenutzungsR hat zum **Inhalt,** dass der Rechtsinhaber berechtig ist, das eingetragene Design zu benutzen, Abs 1 S 1. Dieses VerwertungsR soll durch später eingetragene Designs Dritter nicht beeinträchtigt werden. Das BenutzungsR ist die wichtigste Auswirkung des Prioritätsgrds, s Allg 13. Für das zeitliche Verhältnis von zwei kollidierenden eingetragenen Designs kommt es daher auf den jeweiligen Anmelde- bzw Prioritätstag an. Ein prioritätsjüngeres DesignschutzR begründet daher kein BenutzungsR ggü einem prioritätsälteren DesignschutzR, EuGH GRUR 12, 510 Rn 39 – Cegasa. Das BenutzungsR wirkt ebenso wie bei technischen SchutzR, BGH GRUR 63, 563, 565 – Aufhängevorrichtung; GRUR 64, 606, 610 – Förderband; GRUR 67, 477, 480 – UHF-Empfänger II; GRUR 89, 411, 412 – Offenend-Spinnmaschine; GRUR 09, 657 Tz 26 – Trägerplatte, und im MarkenR, BGH GRUR 86, 538, 540 – Ola; GRUR 04, 512, 513 – Leysieffer, als AbwehrR gegen Ansprüche aus jüngeren SchutzR, Hbg BeckRS 10, 24928 – Kaminofen; FfM GRUR 13, 1041, 1043 – FTC/F. T. C.; Eichmann Mitt 98, 252, 261; MarkenR 03, 10, 22. Die Berufung auf das BenutzungsR als AbwehrR macht es nicht erforderlich, die Löschung des jüngeren DesignschutzR herbeizuführen. Aber diese Möglichkeit belegt, dass aus einem jüngeren eD keine Rechte ggü einem Erzeugnis bestehen, dessen Erscheinungsform innerhalb des Schutzumfangs des älteren eD liegt, Eichmann MarkenR 03, 22. Auf die Durchsetzbarkeit des prioritätsälteren Rechts ggü dem prioritätsjüngeren Recht kommt es jedoch nicht an, BGH GRUR 04, 514; aA FfM GRUR 13, 1041, 1044. Ebenso wie im PatR, BGH GRUR 63, 565; GRUR 64, 610; GRUR 09, 657 Tz 26, kann sich auf das ältere SchutzR auch berufen, wem dessen Benutzung gestattet worden ist, zB durch Lizenzerteilung.

6   **3.** Der **Umfang** des BenutzungsR wird durch den Schutzgegenstand und dessen Schutzumfang bestimmt, RG GRUR 40, 23, 25 – Wasserrohrkessel (PatR). Schutzgegenstand ist nach § 37 die Erscheinungsform eines eingetragenen Designs und damit nach § 1 Nr 1 eines Erzeugnisses. Sind in einem DesignschutzR Buchstaben enthalten, nehmen sie als solche am Designschutz nicht teil, § 1 Rn 27, und ergeben daher keine Grundlage für ein BenutzungsR ggü einer Marke; daher nur im Ergebnis zutr FfM GRUR 13, 1041, 1044 – FTC/F. T. C. Das positive BenutzungsR erfasst nicht nur designgemäße Erzeugnisse, die mit dem Schutzgegenstand des eD übereinstimmen, sondern auch Abwandlungen, die im Rahmen des Schutzumfangs,

s Rn 27 ff, 33 ff, liegen. Der Inhaber des eD ist daher nicht nur berechtigt, Lizenzen für Abwandlungen des eD zu gewähren, die von dessen Schutzumfang erfasst werden, s § 31 Rn 16, sondern auch Angriffe aus einem jüngeren eD auf diese Abwandlungen abzuwehren. Ebenso wie beim VorbenutzungsR, s § 41 Rn 9, und im PatR, BGH GRUR 02, 231, 234 – Biegevorrichtung; GRUR 09, 657 Tz 27 – Trägerplatte, hierzu Stjerna Mitt 09, 450, 452; GRUR 10, 795, besteht jedoch kein AbwehrR, wenn von Merkmalen Gebrauch gemacht wird, die erst durch das jüngere SchutzR unter Schutz gestellt worden sind. Das BenutzungsR aus einem älteren SchutzR wirkt auch ggü einem jüngeren SchutzR einer anderen Art, wenn die Schutzwirkungen übereinstimmen, zB Patent ggü GebrM, RG GRUR 42, 548, 549 – Muffentonrohre. Überschneidungen von DesignschutzR mit Marken können daher zur Folge haben, dass das BenutzungsR aus einem DesignschutzR auch Ansprüchen aus Marken entgegengehalten werden kann, Eichmann MarkenR 03, 10, 22.

4. Ein **Benutzungszwang** besteht im DesignR nicht. Art 5 B PVÜ bestimmt, dass der Schutz gewerblicher Muster oder Modelle wegen unterlassener Ausübung nicht durch Verfall beeinträchtigt werden darf. Die Nichtbenutzung eines eingetragenen Designs darf daher keine Maßnahmen gegen den Fortbestand der Designeintragung zur Folge haben. Benutzungsabsicht ist keine Eintragungsvoraussetzung, unscharf FfM GRUR 55, 211. Die Situation ist anders als im MarkenR, da § 2 I DesignG im Gegensatz zu § 3 I MarkenG keinen Hinweis auf einen Gebrauchswillen als Schutzvoraussetzung gibt und nur bei Marken aufgrund der beliebig verlängerbaren Schutzdauer und der beschränkten Auswahlmöglichkeiten eine erhebliche Blockierungsgefahr besteht. Ebenso wie bei technischen SchutzR ist es daher grds zulässig, nur Schutzwirkungen in Anspruch zu nehmen. Der Eintragung von Vorratsmustern, s Köln GRUR 56, 141, und von Defensivmustern sowie der Geltendmachung von Ansprüchen aus derartigen Mustern kann daher grds nicht mit dem Einwand des Rechtsmissbrauchs begegnet werden. Hieraus kann eine Ausdehnung des Schutzumfangs über den Bereich hinaus resultieren, der sich aus der Eintragung nur des für die Benutzung vorgesehenen eD ergäbe. Die Schutzwirkungen von eingetragenen Designs dürfen jedoch nicht so begründet und bemessen werden, dass ein Monopol für alle in Betracht kommenden Variationsmöglichkeiten, s Düss GRUR 56, 46; Köln GRUR 56, 140, und damit im Ergebnis ein Schutz für Ideen, Motive, Stile etc entstünde, s hierzu § 37 Rn 9, zumal im DesignR eine Zwangslizenz nicht vorgesehen ist. Wenn eine Benutzung stattfindet, ist es unerheblich, ob designgemäße Erzeugnisse mit dem Gegenstand des eD übereinstimmen. Eine Abweichung der Benutzungsform von dem Gegenstand der Eintragung kann nur Bedeutung erlangen, wenn sich der Rechtsinhaber auf sein positives BenutzungsR beruft, s Rn 6, oder wenn die abweichende Benutzungsform Grundlage für eigenständige Ansprüche (zB aus UrhG, UWG oder nicht eingetragenem GGM) ist.

III. Verbietungsrecht

1. Die **Entwicklung** im UnionsR hat mit dem Regelungsvorschlag begonnen, dass der Inhaber eines Musters das ausschließliche Recht haben solle, es Dritten zu verbieten, im einzelnen aufgeführte Handlungen bei Erzeugnissen vorzunehmen, bei denen dasselbe Muster oder ein Muster mit einem im Wesentlichen ähnlichen Gesamteindruck verwendet wird, Art 9 I GRL-Vorentwurf 1991. Eine Überarbeitung hatte eine Aufteilung in zwei Sätze und inhaltliche Modifizierungen zur Folge. In Satz 1 wurde dem Rechtsinhaber das ausschließliche Recht eingeräumt, das Muster zu benutzen und es Dritten zu verbieten, ein in den Schutzumfang des Musters fallendes Muster zu benutzen. Satz 2 hatte zum Inhalt, dass die erwähnte Benutzung insbes im einzelnen aufgeführte Handlungen in Bezug auf ein Erzeugnis einschließt, in das das Muster aufgenommen oder bei dem es verwendet wird, Art 12 I GRL-Vorschlag 1993.

9   **2.** In Abs 1 S 1 ist als **Grundsatz** normiert, dass der Rechtsinhaber Dritten die Benutzung eines eingetragenen Designs verbieten kann. Konkretisierungen des VerbietungsR ergeben sich aus der Regelung für Benutzungshandlungen in Abs 1 S 2 und aus den spezifischen Anspruchsgrundlagen in § 42 bis § 47 und in § 55 I. Anders als zB in § 14 II MarkenG wird nicht auf eine Benutzung im „geschäftlichen Verkehr" abgestellt. Jegliche Benutzung unterliegt daher dem VerbietungsR, wenn sie nicht durch § 40 oder grundrechtlich freigestellt ist. Die Merkmale der Gewerblichkeit in § 40 Nr 1 und des Geschäftsverkehrs in § 40 Nr 3 geben jedoch Hinweise auf den Schwerpunkt des Anwendungsbereichs. Ob ein eD verletzt wird, ist eine Rechtsfrage, die nicht unstreitig gestellt werden kann, sondern vom Gericht in jeder Verfahrenslage zu prüfen ist, BGH GRUR 11, 1117 Tz 33 – ICE. Als Rechtsinhaber gilt der in das Register eingetragene Inhaber des eD, § 1 Nr 5. Zur Anspruchsberechtigung von Lizenznehmern s § 31 Rn 28, zur Ermächtigung § 31 Rn 30.

10   **3.** Bei **Zustimmung** des Rechtsinhabers in die Benutzung besteht kein VerbietungsR. Eine Zustimmung ist nicht erforderlich, wenn eine der Schrankenregelungen des § 40 oder ein übergeordneter Grundrechtsschutz eingreift. Als unionsrechtlicher Begriff ist Zustimmung einheitlich auszulegen, EuGH GRUR 02, 156 Rn 43 – Davidoff. Die Zustimmung kann sowohl vorher als auch nachträglich erklärt werden, EuGH GRUR 02, 156, Rn 47. Wie im deutschen Recht ist Zustimmung daher Oberbegriff (§ 182 I BGB) für Einwilligung (§ 183 S 1 BGB) und für Genehmigung (§ 184 I BGB), BGH GRUR 09, 856 Tz 64 – Tripp-Trapp-Stuhl. Die Zustimmungserklärung kann formfrei und deswegen auch konkludent erfolgen. Die Zustimmung ist insbes für die Erschöpfung von Bedeutung, s § 48 Rn 8. Die häufigste Modalität der Zustimmung ist die Lizenzerteilung, § 31. Eine Einwilligung für Betreiber von Suchmaschinen kann sich daraus ergeben, dass Abbildungen in das Internet eingestellt werden, BGH GRUR 10, 628, Tz 33 – Vorschaubilder I (UrhR). Wenn Bildmaterial auf einer Internetseite zum Herunterladen angeboten wird, kann das die Erteilung einer Zugangsberechtigung und die Anerkennung von Allgemeinen Geschäftsbedingungen voraussetzen, BGH GRUR 11, 1117 Tz 59 – ICE. Die Benutzung eines eD ohne Zustimmung des Rechtsinhabers erfolgt widerrechtlich.

11   **4.** Das VerbietungsR hat sog **Sperrwirkung.** Das ergibt sich daraus, dass durch Abs 1 S 1 das „ausschließliche" Recht gewährt wird, Dritten die Benutzung des eingetragenen Designs zu verbieten. Bestätigend wirkt, dass die Ausschließlichkeitswirkung des VerbietungsR keiner Einschränkung unterliegt und dass nur der Schutz während der Dauer der Aufschiebung, Rn 64, und der Schutz des nicht eingetragenen GGM, s GGM Rn 19, als subjektives Tatbestandsmerkmal eine Nachahmung voraussetzen. Den Härten, die sich aus

der uneingeschränkten Sperrwirkung ergeben können, wirkt entgegen, dass ein VorbenutzungsR in Anspruch genommen werden kann und dass sich der Anspruchsgegner ggf auf das BenutzungsR aus einem älteren eD berufen kann. Diese Möglichkeiten rechtfertigen eine absolute Sperrwirkung. Die Voraussetzungen des VerbietungsR müssen daher objektiv bestimmt werden und können nicht nach subjektiven Umständen des Verletzers variieren; deswegen kann Gutgläubigkeit des Verletzers zwar bei nicht eingetragenen GGM, nicht jedoch bei eingetragenen GGM Berücksichtigung finden, EuGH GRUR 2012, 510 Rn 55, 56 – Cegasa. Dasselbe gilt für in Deutschland eingetragene Designs. Für die aus dem VerbietungsR resultierenden Ansprüche ua auf Unterlassung, Vernichtung, Auskunft spielt es daher keine Rolle, ob der Anspruchsgegner in Kenntnis des eD oder schuldhaft gehandelt hat. Diese Kriterien können nur für den Anspruch auf Schadensersatz Bedeutung erlangen. Weil vor Aufnahme der Benutzung eine Obliegenheit zur Prüfung der Schutzrechtslage besteht, kann der Verletzer auch ohne Kenntnis des eD zum Schadensersatz verpflichtet sein, § 42 Rn 19, 20.

5. Die **Recherchierbarkeit** von Designeintragungen ist Grundlage für **12** die Sperrwirkung, Begr § 38 III. Ob ein eD als Grundlage für Verbietungsansprüche im Register eingetragen ist, kann nur durch eine gezielte Recherche zuverlässig ermittelt werden. Wer eine gestalterische Neuentwicklung auf den Markt bringen will, ist gehalten, aus eigenem Interesse Nachforschungen zur Schutzrechtslage anzustellen bzw in Auftrag zu geben, weil insbes die Ansprüche auf Unterlassung und auf Vernichtung auch bei etwaiger Unkenntnis des Verletzers durchsetzbar sind. Der Schadensersatzanspruch setzt zwar schuldhaftes Handeln voraus; wer jedoch Nachforschungen zu entgegenstehenden SchutzR unterlässt, handelt grob fahrlässig, § 42 Rn 19, 20. Es muss nach deutschen eingetragenen Designs, nach eingetragenen GGM und nach internationalen Eintragungen recherchiert werden. Wenn designmäße Erzeugnisse im Verkehr sind, kann das Grundlage für eine Namensrecherche sein. Ansonsten ist Ausgangspunkt für eine Recherche die Unterklasse, s § 11 Rn 70, der das Erzeugnis des Dritten zugehörig ist. Hierzu kann die amtliche Warenliste, s § 11 Rn 64, herangezogen werden. Weil die Warenklassen für eingetragene Designs und für GGM übereinstimmen, kann auch der Zuordnungsservice genutzt werden, der über die Homepage des HABM zur Verfügung steht. Bei manchen Erzeugnissen ist die Einordnung in eine einzige Unterklasse nicht gesichert. Einer eng angelegten Recherche kann jedoch entgegenstehen, dass der sachliche Schutzbereich keinen Einschränkungen unterliegt, Rn 14. Wenn die Möglichkeit von Gestaltungsübertragungen besteht, s § 2 Rn 10; § 37 Rn 3, muss das bei der Ausrichtung der Nachforschungen berücksichtigt werden.

6. Der **geografische Schutzbereich** ist als selbstverständliche Folge des **13** Territorialitätsprinzips, s Allg Rn 12, nicht ausdrücklich geregelt. Nur Benutzungshandlungen, die im Inland stattfinden, unterliegen daher dem VerbietungsR. Deswegen können auch bei Einfuhr und Ausfuhr nur inländische Tatbeiträge untersagt werden. Das Territorialitätsprinzip hat zwar zur Folge, dass das VerbietungsR nur inländische Benutzungshandlungen erfasst; diese sind jedoch auch dann verboten, wenn ihr Ursprung oder ihr Ziel im Ausland liegt. Untersagt ist daher das Herstellen von rechtsverletzenden Erzeugnissen, die für den Export bestimmt sind, allg Ans seit Dambach 3/12, sowie das Anbieten im Inland sowohl zum Import als auch zum Export.

14   7. Der **sachliche Schutzbereich** wird im DesignR als Schutzumfang bezeichnet; hier sind beide Begriffe Synonima, zB FfM GRUR-RR 09, 16, 18 – Plasikuntersetzer. Bestimmt wird der sachliche Schutzbereich dadurch, dass sich der Designschutz auf jedes Design erstreckt, das keinen abweichenden Gesamteindruck erweckt (Abs 2 S 1) und Eingang in ein Erzeugnis gefunden hat (Abs 1 S 1). Maßgeblich für das VerbietungsR ist daher nur die Gegenüberstellung des Gesamteindrucks der Erscheinungsform, s Rn 17 und § 37 Rn 3, des eD und des Gesamteindrucks der Erscheinungsform, s Rn 18, des sog Verletzungsgegenstands. Das VerbietungsR ist allumfassend. Es spielt daher keine Rolle, für welche Klasse(en) das eD eingetragen ist. Anders als bei der markenrechtlichen Verwechslungsgefahr kommt es weder auf Warenidentität noch auf Warenähnlichkeit an. Aus einem für Kraftfahrzeuge eingetragenen eD konnte ein VerbietungsR gegen Spielzeugautos bestehen, BGH GRUR 96, 57, 59 – Spielzeugautos. Es sind grds alle Verwendungszwecke geschützt, BGH GRUR 62, 144, 146 – Buntstreifensatin I; GRUR 67, 376, 377 – Kronleuchter. Eine als Papiermuster angemeldete Farbstreifenkombination genießt daher für die verschiedensten Verwendungszwecke Schutz, zB für Tapeten, Verpackungsmaterialien, Bucheinbände, Textilgewebe, BGH GRUR 62, 146. Die Einordnung in Warenklassen dient nur der Vereinfachung der Handhabung bei der Registerführung; damit ist keine Beschränkung des Schutzbereichs verbunden, BGH GRUR 96, 59. In den Schutzumfang eines sog Trocknerballs mit igelartigen Noppen hätte daher ein Massageball mit gleicher Ausgestaltung fallen können, High Court (London) EWHC 1712 (Pat) v 19.7.07, [2007]; Supreme Court (London) EWCA Civ 358 v 23.4.08. Eine bloße Gestaltungsübertragung würde nicht einmal das Erfordernis der Neuheit erfüllen, s § 2 Rn 9. Maßgeblich ist, ob in visueller Hinsicht ein unterschiedlicher Gesamteindruck besteht, EuG GRUR-RR 10, 189 Rn 50 – Grupo Promer. Erscheinungsmerkmale, die den Tastsinn ansprechen, s § 1 Rn 34, können jedoch ergänzend zu berücksichtigen sein, § 37 Rn 5. Die Erzeugnisangabe, § 11 II Nr 4, hat zwar keinen Einfluss auf den Schutzumfang, § 11 V; aus ihr kann sich jedoch eine Konkretisierung des Schutzumfangs ergeben, s § 37 Rn 9. Weil Recherchen ohne Klassenorientierung bes aufwendig sind, s Rn 11, wird eine Beschränkung des Schutzbereichs, zB ähnlich wie im MarkenR, Rehmann Rn 236, oder ein Nachahmungserfordernis bei warenklassenfernen DesignschutzR, Becker GRUR Int 12, 312, 326, für erwägenswert gehalten.

15   8. **Schranken des Schutzbereichs** sind in § 40 als Beschränkungen der Rechte aus dem eingetragenen Design gesetzlich geregelt. Weitere Beschränkungen des VerbietungsR ergeben sich als Konsequenzen daraus, dass auch das Fehlen der Designfähigkeit Berücksichtigung finden muß. Was nicht designfähig ist, zB Naturprodukte, Verfahren, s § 1 Rn 24, 36, unterliegt ebenfalls nicht dem VerbietungsR. Weil in § 4 de facto ein Schutzausschluss geregelt ist, s § 4 Rn 6, erfasst das VerbietungsR auch nicht Bauelemente von komplexen Erzeugnissen, die bei bestimmungsgemäßer Verwendung nicht sichtbar sind, Bulling/Langöhrig/Hellwig Rn 87. Der Schutz einer für den Bildschirm bestimmten Darstellung, s § 1 Rn 26, erstreckt sich nur auf statische Darstellungen mit gleichem Gesamteindruck. Aber bei sich bewegenden Darstellungen kann die Aufeinanderfolge von Bildern, die Lichtbildern gleich oder ähnlich sind, ebenfalls einen Eingriff in den Schutzumfang darstellen. Datenträger für Icons, Homepages etc werden vom Schutz nicht erfasst, weil Computerprogramme vom Schutz ausgeschlossen sind.

IV. Gesamteindruck

1. Die **Beurteilung durch den informierten Benutzer** ist maßgeblich **16** dafür, ob das beanstandete Design ggü dem eingetragenen Design keinen anderen Gesamteindruck erweckt. Zur fiktiven Person des informierten Benutzers § 2 Rn 27 ff; Kur GRUR 02, 661, 668. Zur Ermittlung des Offenbarungsgehalts § 37 Rn 6. Der Schutzgegenstand des eD wird zur Bestimmung des Schutzumfangs dem beanstandeten Design gegenübergestellt. Durch die sachkundigen Beurteilungen aus der Sicht des informierten Benutzers soll gewährleistet werden, dass ein Eingriff in den Schutzumfang nicht vorschnell auf Grund von einfachen Abweichungen verneint oder auf Grund von vordergründigen Übereinstimmungen bejaht wird. Weil sich der Gesamteindruck einer Erscheinungsform aus den einzelnen Erscheinungsmerkmalen einer Gestaltung ergibt, kann es erforderlich sein, sowohl die Gesamtheit einer Gestaltung als auch einzelne Gestaltungsmerkmale zu analysieren. Ebenso wie bei der Prüfung der Eigenart kann es geboten sein, den Gesamteindruck der Einzelmerkmale wertend zu würdigen, zB BGH GRUR 80, 235, 237 – Play-family; Düss GRUR 67, 157; LG Mü I InstGE 1, 225, 233. Besonders bei komplexen Erscheinungsformen muss eine sachkundige Gewichtung einzelner Erscheinungsmerkmale die Grundlage für die Ermittlung des jeweiligen Gesamteindrucks bilden. Dabei kann der informierte Benutzer Unterschiede feststellen, die der Aufmerksamkeit eines gewöhnlichen Verbrauchers völlig entgehen würden, Begr Art 11 I VO-Vorschlag 1993; Hbg NJOW 07, 3055 – Handydesign; LG Köln 33 O 20/07 v 20.5.08. Der informierte Benutzer ist aufgrund seiner Kenntnisse auch befähigt, das richtig einzuordnen, was die Kommission als „intelligente Kopie" missbilligt wissen wollte, Begr Art 11 II VO-Vorschlag 1993. Die Sichtweise des informierten Benutzers ist zwar ganz allgemein maßgeblich dafür, ob ein Erzeugnis in den Schutzumfang eines DesignschutzR fällt. Die bes Bedeutung dieser Sichtweise kommt jedoch zum Tragen, wenn es darum geht, den Grad der Gestaltungsfreiheit des Entwerfers sachkundig zu beurteilen. Wenn das beanstandete Design einen anderen Verwendungszweck als der Gegenstand des DesignschutzR hat, s hierzu § 2 Rn 10; § 37 Rn 3, muss daher der informierte Benutzer den gestalterischen Gegebenheiten beider Bereiche Rechnung tragen, ähnl Hartwig GRUR-RR 09, 201, 202; Becker GRUR Int 12, 312, 325. Auf diesem Weg hat das Beurteilungsvermögen des informierten Benutzers zur Folge, dass ihm die gestalterischen Besonderheiten der jeweiligen Wartengattungen und die jeweiligen Kriterien bekannt sind, die der Gestaltungsfreiheit des Entwerfers auswirken, Eichmann GRUR Int 96, 859, 864.

2. Auf den **Gesamteindruck des eingetragenen Designs** wird in **17** Abs 2 S 1 zwar nicht ausdrücklich abgestellt. Die Prüfung, ob das beanstandete Design keinen anderen Gesamteindruck als das eD erweckt, setzt jedoch voraus, dass auch der Gesamteindruck des eD ermittelt wird. Dem geht die Bestimmung des Schutzgegenstands voraus. Maßgeblich für die Erscheinungsform des eD ist allein die der Anmeldung beigefügte Wiedergabe, § 37 Rn 5. Designgemäße Erzeugnisse sollten keine Berücksichtigung finden, § 37 Rn 12. Eine Beschreibung kann nur unter besonderen Umständen Bedeutung erlangen, § 37 Rn 16. Der Schutzumfang wird zwar nicht durch die Erzeugnisangabe bestimmt, FfM GRUR-RR 08, 333, 334 – Weinkaraffe; bei Unklarheiten kann sie aber konkretisierende Bedeutung erlangen, § 37 Rn 12. Wenn der Gegenstand des eD Erscheinungsformen aufweist, die keinen Eingang in den Schutzgegenstand finden, haben sie für den Gesamteindruck keine maßgebliche Bedeutung. Das kann insbes bei Beiwerk und sonstigen Nebensächlichkeiten der Fall sein, s § 37 Rn 10 ff. Der informierte Benutzer erkennt auch, dass die Erscheinungsmerkmale für den Designschutz unmaßgeblich sind, die das Erfordernis der Designfähigkeit nicht erfüllen und wird das bei der Bewertung des Gesamteindrucks berücksichtigen.

18 **3.** Der **Gesamteindruck des beanstandeten Designs** wird mit dem Gesamteindruck des eingetragenen Designs verglichen, um festzustellen, ob das beanstandete Design keinen anderen Gesamteindruck als das eD erweckt. Das beanstandete Erzeugnis wird vielfach als Verletzungsform bezeichnet. Zuverlässig ergibt sich der Gesamteindruck der Verletzungsform aus einem Originalerzeugnis. Für das Gericht kann es jedoch ausreichen, den Gesamteindruck eines Designs aufgrund von Fotografien zu beurteilen, Mü 29 U 4518/08 v 14.5.09, insbes bei Erzeugnissen, die wegen ihrer Größe nicht als Schriftsatzanlagen in das Verfahren eingeführt werden können. Zum EV-Verfahren § 42 Rn 48. Verzierungen haben häufig keinen anderen Gesamteindruck zur Folge; das kann zB bei einer Halsschleife zu einer stilisierten Tierfigur der Fall sein, Mü 6 U 4546/01 v 30.1.03. Blosse Hinzufügungen führen häufig zu dem, was die Kommission zutreffend als „intelligente Kopie" bezeichnet hat. Einer Reduktion auf gestalterische Grundformen bedarf es jedoch nicht, Klawitter FS 50 Jahre BPatG 2011, 1071, 1078; aA Ruhl GRUR 10, 289, 298, weil durch eine Merkmalsgewichtung unterschiedlichen Einflüssen auf den Gesamteindruck Rechnung getragen werden kann. Bei verschlechterten Ausführungsformen, BGH GRUR 58, 97, 98 – Gartensessel; GRUR 72, 38, 40 – Vasenleuchter; GRUR 96, 767, 770 – Holzstühle; Mü 29 U 4518/08 v 14.5.09, kann der informierte Benutzer erkennen, dass sie ggü dem Gegenstand des eD keinen ausreichend abweichenden Gesamteindruck erwecken, wenn sich die prägenden Erscheinungsmerkmale nicht wesentlich unterscheiden.

19 **4.** Eine **Merkmalsgewichtung** gibt Aufschluss darüber, ob aus der Sicht des informierten Benutzers einzelne Erscheinungsmerkmale für den Gesamteindruck von vorrangiger Bedeutung sind oder in den Hintergrund treten. Die Gewichtung kann ergeben, dass einzelne Merkmale für den Gesamteindruck überdurchschnittliche und andere Merkmale nur durchschnittliche Bedeutung haben, zB BGH GRUR 13, 285 Tz 71 – Kinderwagen II. Einem von anderen Designs bereits bekannten Merkmal wird der informierte Benutzer für den Gesamteindruck der sich gegenüberstehenden Designs allenfalls geringe Bedeutung beimessen, weil es sich um gängige Gestaltungen handelt, BGH GRUR 13, 285 Tz 62, 68. Auch Ähnlichkeiten in Merkmalen, die durch eine technische Funktion bedingt sind, haben für den informierten Benutzer eher geringe Bedeutung; daraus folgt aber nicht, dass Unterschieden in derartigen Merkmalen ebenfalls nur geringe Bedeutung zukommt, BGH GRUR 13, 285 Tz 60. Dem informierten Benutzer ist bekannt, dass Entwerfer solchen Merkmalen große Aufmerksamkeit zukommen lassen, die für die Benutzung im Vordergrund stehen. Hauptbedeutung kommt daher häufig dem Erscheinungsbild zu, das bei der Benutzung besondere Beachtung findet, zB Draufsicht bei einem Tischuntersetzer, FfM GRUR-RR 09, 18, und bei einer scheibenförmigen Werbezugabe für Kindersnacks, EuG GRUR-RR 10, 189 Rn 82 – Grupo Promer, Draufsicht und Schrägansicht bei einem Taschencomputer, LG Düss GRUR-RR 11, 361, 367 – Tablet-PC II, Sitzhöhe und Neigungswinkel der Rückenlehne bei einem Sessel, EuG T-339/12 v 2.4.14 Rn 26, 30 – Lehnsessel, nicht jedoch Anschlussbuchsen, LG Düss GRUR-RR 11, 358, 360 – Tablet-PC I. Wenn Wiedergaben einen gefüllten Puddingbecher in Draufsicht und schräg von oben zeigen, kommt der Oberseite für die Bestimmung des Schutzgegenstands hervorgehobene Bedeutung zu; auf die Verzehrsituation und auf die Ausgestaltung des Deckels kann dann nicht abgestellt werden, unscharf Düss GRUR-RR 13, 140, 146 – Paula. Für den Gesamteindruck unwesentlichen Abweichungen in Details kommt keine wesentliche Bedeutung zu, BGH GRUR 60, 224, 245 – Simili-Schmuck; Hbg GRUR-RR 13, 138, 141 – Totenkopfflasche.

5. In einer **Merkmalsgliederung** können die einzelnen Erscheinungs- **20** merkmale eines eingetragenen Designs aufgelistet werden. Das kann speziell bei komplexen Erscheinungsformen zweckmäßig sein, zB BGH GRUR 10, 718 Tz 34 – Verlängerte Limousinen; GRUR 11, 112 Tz 34 – Schreibgeräte; GRUR 12, 512 Tz 25 – Kinderwagen I; GRUR 13, 285 Tz 33 – Kinderwagen II. Die Aufteilung einer Erscheinungsform in ihre einzelnen Gestaltungsmerkmale gewährleistet die vollständige Erfassung des Gesamteindrucks und erleichtert die anaytische Befassung mit dem Schutzgegenstand. Zugleich ergeben sich durch die Benennung mit „Merkmal 1", „Merkmal 2" etc Kurzbezeichnungen, mit denen in sprachlicher Kurzfassung eine Abgrenzung sowohl ggü Merkmalen aus dem vorbekannten Formenschatz als auch ggü Merkmalen des Verletzungsgegenstands erfolgen kann. Weil es nicht erforderlich ist, sämtliche Einzelheiten akribisch zu erfassen, müssen nur die den Gesamteindruck prägenden Merkmale aufgeführt werden. Die Vorgehensweise ist dieselbe wie bei der Ermittlung der Eigenart, s § 2 Rn 25. Weil der Gesamteindruck mehr als die Summe von einzelnen Erscheinungsmerkmalen ist, kann es der Vervollständigung dienen, dass auch ein übergeordneter Eindruck festgestellt wird, zB dass der Eindruck einer langgestreckten Limousine mit abgerundeten Formen und kräftigem Erscheinungsbild entsteht, BGH GRUR 10, 718 Tz 35, oder dass ein harmonischer und gleichmäßiger Verlauf erzielt wird, BGH GRUR 11, 112 Tz 34.

6. Mit einer **Merkmalsgegenüberstellung** kann in Fortführung einer **21** Merkmalsgliederung, entspr der Vorgehensweise zur Prüfung der Eigenart, § 2 Rn 26, der Vergleich eines eingetragenen Designs mit dem beanstandeten Design konkretisiert werden. Erfasst werden sowohl Übereinstimmungen als auch Abweichungen, ausführl Engel FS Erdmann 2002, 89; Mitt 05, 221; U. Krieger FS Vieregge 1995, 497. Dabei werden auch Erscheinungsmerkmale erfasst, die nicht designfähig, technisch oder funktionell bedingt sind. Die Gewichtung muss jedoch differenzierend erfolgen. Wenn die Merkmalsgegenüberstellung die für den Gesamteindruck des Verletzungsgegenstands maßgeblichen Erscheinungsmerkmale erfasst, kann sie Grundlage für den verbalen Bestandteil des Unterlassungsantrags sein, s § 42 Rn 46. Die Merkmalsgegenüberstellung zur Prüfung des Verletzungstatbestands ist ebenso wie bei der Prüfung der Eigenart, s BGH GRUR 00, 1023, 1025 – 3-Speichen-Felgenrad; GRUR 01, 503, 505; Engel S 96, ein Hilfsmittel, dem sich eine Gewichtung, s Rn 19, der für den jeweiligen Gesamteindruck maßgeblichen Erscheinungsmerkmale anschließen muss.

V. Grad der Gestaltungsfreiheit

22   **1.** Abs 2 S 2 normiert als wichtigen **Grundsatz,** dass der Grad der Gestaltungsfreiheit bei der Beurteilung des Schutzumfangs berücksichtigt werden muss. Der Schutzumfang eines eingetragenen Designs wird durch die Designdichte bei den fraglichen Erzeugnissen einerseits und die Ausnutzung des Gestaltungsspielraums durch den Entwerfer und den dadurch erreichten Abstand des eD vom Formenschatz andererseits bestimmt, BGH GRUR 13, 285 Tz 31 – Kinderwagen II. Berücksichtigungsfähig ist jedes Design aus dem vorbekannten Formenschatz, s § 5 Rn 5. Weil Design nicht ein Erzeugnis als solches, sondern dessen Erscheinungsform ist, s § 1 Rn 7, spielt der Verwendungszweck eines vorbekannten Designs ebenso wenig wie für Neuheit und Eigenart, s § 2 Rn 10, eine Rolle. Für Glasflaschen in Totenkopfform kann daher nicht darauf abgestellt werden, dass es sich bei historischen Kristallschädeln um völlig andere Erzeugnisse handle, unzutr Hbg GRUR-RR 13, 138, 140 – Totenkopfflasche. Weil Gegenstand des Schutzes nur die aus der Wiedergabe ersichtliche Erscheinungsform sein kann, nehmen Gestaltungstrends, Gestaltungsprinzipien etc am Schutz nicht Teil, s § 37 Rn 9, und sind für die Gestaltungsfreiheit ohne rechtliche Bedeutung. Ebenso wie bei der Beurteilung von Neuheit und Eigenart, s § 2 Rn 39, können daher auch bei der Beurteilung des Schutzumfangs nur konkrete Gestaltungsmerkmale von konkreten Vorgestaltungen berücksichtigt werden, BGH GRUR 11, 142 Tz 21, 23 – Untersetzer. Allgemeine Gestaltungsprinzipien und Gestaltungstrends beschränken daher nicht den Schutzumfang, BGH GRUR 11, 142 Tz 21; Hbg GRUR-RR 13, 138, 140. Bei technisch bedingten Merkmalen und bei funktionell bedingten Merkmalen kann die Gestaltungsfreiheit des Entwerfers erheblich eingeschränkt sein. Das erkennt insbes der informierte Benutzer mit der Folge, dass diese Merkmale bei der Beurteilung des Gesamteindrucks in den Hintergrund treten.

23   **2. Hohe Designdichte** hat einen nur einen kleinen Gestaltungsspielraum des Entwerfers zur Folge, BGH GRUR 11, 142 Tz 17 – Untersetzer, GRUR 11, 1117 Tz 35 – Schreibgeräte; GRUR 12, 512 Tz 24 – Kinderwagen I; GRUR 13, 285 Tz 31 – Kinderwagen II. Zwischen dem Gestaltungsspielraum des Entwerfers und dem Schutzumfang eines eingetragenen Designs besteht eine Wechselwirkung, BGH GRUR 11, 142 Tz 17; GRUR 11, 1112 Tz 42; GRUR 12, 512 Tz 24; GRUR 13, 285 Tz 31. Bei Weinkaraffen ist der Gestaltungsspielraum als nicht besonders groß eingeschätzt worden, FfM GRUR-RR 08, 333, 334 – Weinkaraffe. Gebiete mit hoher Designdichte sind zB Schreibgeräte, BGH GRUR 11, 1112 Tz 33; Pkw-Räder, FfM GRUR 95, 116; Düss BeckRS 07, 11285; Damenblusen, LG Mü I InstGE 1, 121, 125; Küchenmöbel, LG Mü I InstGE 1, 225, 233; HABM-NA ICD 3853 v 31.1.08; Schmuckwaren, SchwBG sic! 08, 445, 448 – Bagues; Kaminöfen, LG FfM InstGE 6, 265, 267; Hamm InstGE 8,

233, 242. Designvielfalt ist jedoch nicht gleichzusetzen mit Designdichte, sondern Ausdruck eines weiten Gestaltungsspielraums, BGH GRUR-RR 12, 277 Tz 22 – Milla.

3. Wenn nur **geringe Designdichte** besteht, verfügt der Entwerfer über **24** einen großen Gestaltungsspielraum, BGH GRUR 11, 142 Tz 17 – Untersetzer; GRUR 11, 1112 Tz 42 – Schreibgeräte; GRUR 12, 512 Tz 4 – Kinderwagen I; GRUR 13, 285 Tz 31 – Kinderwagen II; OGH GRUR Int 08, 523, 525 – Febreze. Ein hoher Grad an Gestaltungsfreiheit steht zur Verfügung für Kinderwägen, BGH GRUR 12, 512 Tz 36; GRUR 13, 285 Tz 31; für Sohlen von Freizeitschuhen, BGH GRUR-RR 12, 27 Tz 21, 22 – Milla, für Paintball-Shirts, FfM BeckRS 12, 10682, für zum Genuss von Heißgetränken bestimmte Tassen, FfM GRUR-RR 13, 251, 252 – Henkellose Tasse; für Wodkaflaschen in Form eines Totenkopfs, Hbg GRUR-RR 13, 138, 141 – Totenkopfflasche, für eine mit einem Mikrofon ausgestatte Konferenzeinheit, EuG GRUR Int 11, 55 Rn 62 – Shenzhen Taiden, für die Oberseite eines für Rasenmäher bestimmten Verbrennungsmotors, EuG GRUR Int 12, 66 Rn 36 – Kwang Yang Motor. Auch für Tischuntersetzer aus unregelmäßig angeordneten Stäben wurde von einer geringen Designdichte und deswegen von höheren Anforderungen an die Unterschiedlichkeit ausgegangen, FfM GRUR-RR 09, 16, 18 – Plastikuntersetzer (Vorinst LG FfM InstGE 8, 166 – Blow up), zustimmend BGH GRUR 11, 142 Tz 19 – Untersetzer. Durch Dritterzeugnisse mit unterschiedlichen Erscheinungsformen kann ein hoher Grad an Gestaltungsfreiheit veranschaulicht werden, BGH GRUR 13, 285 Tz 46; Hgb GRUR-RR 13, 138, 141; EuG GRUR Int 11, 55 Rn 59; GRUR Int 12, 66 Rn 37. Wenn es vor dem Prioritätstag eines eD keine ähnlichen Erscheinungsformen gegeben hat, ergibt sich daraus ein hoher Grad von Unterschiedlichkeit, LG Mü I Mitt 09, 40, 42 – Carrybag.

4. Die **technische Bedingtheit** eines Erscheinungsmerkmals kann die **25** Gestaltungsfreiheit des Entwerfers einengen, ggf sogar beseitigen. Technisch bedingte Erscheinungsformen und Erscheinungsmerkmale werden von der Eintragung nicht ausgeschlossen, weil sich die Prüfung hierauf nicht erstreckt. Weil es nur wenige Erzeugnisse gibt, die ausschließlich aus technisch bedingten Merkmalen bestehen, entfalten diese Ausschließungsgründe häufig erst im Verletzungsstreit ihre eigentliche Bedeutung. Die Nichtberücksichtigung von technisch bedingten Merkmalen bei der Festlegung des Schutzumfangs kann zwar gewährleisten, dass sich jeder Entwerfer einer Formgestaltung bedienen kann, die dem Nützlichkeitszweck des Erzeugnisses am besten Rechnung trägt, auch wenn hierdurch Ähnlichkeiten mit dem Gegenstand eines eD entstehen, SchwBG GRUR Int 88, 437, 438 – Tonkopfmodell. Technisch bedingte Merkmale dürfen bei der Ermittlung der Eigenart aber nur dann vollständig ausgeklammert werden, wenn sie in sämtlichen Details an Vorgaben der Technik ausgerichtet sind, Düss BeckRS 07, 11285 – Aluminiumfelgen. Derart umfassende Vorgaben sind jedoch selten, Kur GRUR Int 98, 353, 356. Ähnlichkeiten in Merkmalen, die durch eine technische Funktion bedingt sind, haben für den informierten Benutzer allenfalls geringe Bedeutung, BGH GRUR 13, 285 Tz 60 – Kinderwagenmodell II. Aber es kann nicht allg davon ausgegangen werden, dass auch Unterschieden in Merkmalen, die eine technische Funktion erfüllen, vom informierten Benutzer für den Gesamteindruck nur eine geringe Bedeutung beigemessen wird, BGH GRUR 13, 285 Tz 60. Woraus sich eine technische Funktion ergibt, muss konkret ermittelt werden. Allgemeine Ausführungen zu Vorgaben, die zu berücksichtigen seien, sind daher unzureichend, BGH GRUR 12, 512 Tz 36 – Kinderwagen I. Wenn ein Gestaltungsmerkmal einem Gebrauchszweck dient, hat das keine grds Einengung des Schutzumfangs zur Folge, sofern das Merkmal nicht ausschließlich technisch bedingt ist, BGH GRUR 81, 269, 271 – Haushaltsschneidemaschine II. Dass einzelne Erscheinungsmerkmale durch den Gebrauchszweck vorgegeben sind, ergibt daher nicht ohne weiteres einen engen Schutzumfang, BGH GRUR 81, 271. Wenn für technisch bedingte Erscheinungsmerkmale Variationsmöglichkeiten zur Verfügung stehen, kann daher die Auswahl Eingang in die Bewertung des Gesamteindrucks finden, Düss BeckRS 07, 11285.

26   **5.** Für die **funktionelle Bedingtheit** eines Erscheinungsmerkmals ist zwar ein Schutzausschluss nicht vorgesehen, dennoch kann sie die Gestaltungfreiheit des Entwerfers beschränken, § 2 Rn 38. Gebrauchsbedingte Gestaltungsnotwendigkeiten können den Grad der Gestaltungsfreiheit erheblich einengen, EuG GRUR-RR GRUR-RR 10, 189 Rn 67, 72 – Grupo Promer. Nach Begr Art 11 II VO-Vorschlag 1993 sind hochfunktionelle Muster, bei denen der Entwerfer gegebene Parameter beachten muss, wahrscheinlich ähnlicher als Muster, bei denen der Entwerfer völlige Freiheit genießt. Aus der Sicht des informierten Benutzers können daher funktionelle Erfordernisse eine Einschränkung der Gestaltungsfreiheit des Entwerfers zur Folge und deswegen geringeres Gewicht für den Gesamteindruck haben, HABM-NA Mitt 04, 321 Rn 14 – Deckenleuchte. Bei Handhaben von Türgriffen ist der Gestaltungsspielraum durch Erfordernisse der Funktionalität weitgehend vorgegeben, LG Köln 33 O 20/07 v 20.5.08. Dem informierten Benutzer ist andererseits aber auch bekannt, dass die Gestaltungsfreiheit des Entwerfers zB bei PKW-Rädern, HABM-NA ICD 3853, und bei Kinderwägen, HABM-NA ICD 4323, nur durch deren Funktionalität eingeschränkt ist. Die Grundform eines Rads ist zwar funktionell bedingt, aber weitere Erscheinungsmerkmale eines Rads können Neuheit und Eigenart zur Folge haben, zB bei einer KfZ-Felge, s BGH GRUR 00, 1023, 1025 – 3-Speichen-Felgenrad; FfM GRUR 95, 115, 116. Wenn Spielfiguren wie kleine Puppen Verwendung finden sollen und deswegen an naturgegebene Formen angelehnt sind, ergibt sich auch daraus ein enger Gestaltungsspielraum, BGH GRUR 80, 235, 236 – Play-family. Bei einer Gestaltung, die viel Vorgegebenes enthält, kann daher der Schutz eng an die Kombination der einzelnen Merkmale eines eingetragenen Designs gebunden sein, BGH GRUR 80, 237. Eine Flasche in Totenkopfform muss die Charakteristika von Schädeln aufweisen, weil sie ohne derart notwendige Gestaltungsmerkmale nicht zu erkennen wäre, Hbg GRUR-RR 13, 138, 140 – Totenkopfflasche. Für ein und denselben Produktbereich können sich Beschränkungen der Gestaltungsfreiheit durch Vorgaben sowohl aus der Funktion als auch der Marktsituation ergeben, LG Mü I InstGE 1, 233.

IV. Ermittlung des Schutzumfangs

27   **1.** Die **Entwicklung** im UnionsR war daran ausgerichtet, dass die Regelung des Schutzumfangs in einer ggü der Regelung des VerbietungsR eigenständigen Bestimmung erfolgt und dass dabei die Maßgeblichkeit des Gesamteindrucks das maßgebliche Beurteilungskriterium sein soll. Zunächst sollte sich der Schutzumfang auf jedes Design erstrecken, das in den Augen der maßgeblichen Öffentlichkeit einen im Wesentlichen ähnlichen Gesamteindruck hervorruft, Art 5 I 2 GRL-Vorentwurf 1991. Nach Art 9 I GRL-Vorschlag 1993 sollte nicht mehr auf die Öffentlichkeit, sondern auf den informierten Benutzer abgestellt werden. Das Europäische Parlament hat in der Entschließung v 12.10.95 gefordert, daß die Worte „im wesentlichen" gestrichen werden. Dem ist die Kommission dadurch gefolgt, dass sich nach Art 9 I GRL-Vorschlag 1996 der Schutzumfang auf jedes Muster erstrecken sollte, das sich beim informierten Benutzer nicht durch seinen Gesamteindruck unterscheidet. Dieses der Verwechslungsgefahr des MarkenR ähnliche Kriterium, Eichmann Mitt 98, 252, 259, wurde nicht beibehalten. In seinem Gemeinsamen Standpunkt v 17.6.97 hat schließlich der Rat die endgültige Formulierung geprägt, daß sich der Schutzumfang auf jedes Muster erstreckt, das beim informierten Benutzer keinen anderen Gesamteindruck erweckt. Wechselhaft waren die Hinzufügungen von Beurteilungskriterien. Am Anfang hat gestanden, dass bei der Beurteilung des Gesamteindrucks den Gemeinsamkeiten größeres Gewicht als den Unterschieden beizumessen sei, Art 5 I 2 GRL-Vorentwurf 1991. Dem wurde hinzugefügt, dass bei der Entscheidung über den Schutzumfang das Ausmaß der Unterscheidungskraft zu berücksichtigen sei, Art 5 II GRL-Vorentwurf 1991. Auf die weitere Entwicklung hat es sich ausgewirkt, dass auch für die Beurteilung der Eigenart Grdse normiert werden sollten, s § 2 Rn 9. Das Ergebnis davon war zunächst, dass der erste Grds beibehalten und der zweite Grds modifiziert wurde: Bei der Beurteilung des Schutzumfangs sei grds den Gemeinsamkeiten mehr Gewicht als den Unterschieden beizumessen; zustimmend Beier GRUR Int 94, 716, 722; außerdem sei der Grad der Gestaltungsfreiheit des Entwerfers bei der Entwicklung seines Muters zu berücksichtigen, Art 9 II GRL-Vorschlag 1993. Hierzu ergibt sich aus Begr Art 11 I VO-Vorschlag 1993: Nicht die unwesentlichen Veränderungen seien maßgeblich, die ein Wettbewerber einem nachgebildeten Muster hinzugefügt hat („intelligente Kopie"), sondern die gemeinsamen Merkmale. Hochfunktionelle Muster, bei denen der Entwerfer gegebene Parameter beachten muss, seien wahrscheinlich ähnlicher als Muster, bei deren Gestaltung der Entwerfer völlige Freiheit genießt. Deswegen müsse der Freiheitsgrad des Entwerfers berücksichtigt werden, wenn die Ähnlichkeit zwischen einem älteren und einem jüngeren Muster beurteilt wird. Das Europäische Parlament hat in der Entschließung v 12.10.95 eine Änderung des ersten Grds gefordert: Bei der Beurteilung des Schutzumfangs solle den Gemeinsamkeiten dasselbe Gewicht wie den Unterschieden beigemessen werden. Dem hat die Kommission entgegengehalten, dass die geforderte Änderung den Kriterien ihre spezielle Bedeutung nehmen und sie damit überflüssig machen würde, Begr Art 9 II iVm Art 5 II GRL-Vorschlag 1996. Es wurde daher lediglich beibehalten, dass bei der Beurteilung des Schutzumfangs der Grad der Gestaltungsfreiheit des Entwerfers bei der Entwicklung seines Musters berücksichtigt wird, Art 9 II GRL-Vorschlag 1996.

2. Die **Vergleichsmethode** ist daran ausgerichtet, dass sich der Schutz- **28**
umfang nach dem Gesamteindruck sowohl des eingetragenen Designs als auch des beanstandeten Designs richtet, BGH GRUR 88, 169, 170 – Mes-

sergriff; GRUR 11, 1117 Tz 34 – ICE. Dabei sind nicht nur die Übereinstimmungen, sondern auch die Unterschiede der Designs zu berücksichtigen, BGH GRUR 11, 142 Tz 20 – Untersetzer; GRUR 11, 1117 Tz 36, 37 (nachgeholt von KG BeckRS 13, 16879 – ICE II); GRUR 13, 285 Kinderwagen II; sodann sind deren Auswirkungen auf den Gesamteindruck gegeneinander abzuwägen, BGH GRUR 63, 640, 641 – Plastikkorb. Ob Verwechslungsgefahr besteht, ist unerheblich, BGH GRUR 10, 80 Tz 49 – LIKEaBIKE; Eichmann MarkenR 03, 10, 20. Die Hinzufügung von Wortmarken hat daher keinen Einfluss auf den Eingriff in den Schutzumfang, Eichmann MarkenR 03, 20. Dass eine blickfangartig wirkende Wortmarke mitbestimmend für den Gesamteindruck sein kann, KG BeckRS 13, 16879, kann bei einer Abbildung mehr ins Gewicht fallen als bei einem Nachbau, Klawitter GRUR-Prax 13, 424.

29   **3.** Ob eine **unmittelbare Gegenüberstellung** des eingetragenen Designs mit dem beanstandeten Design erfolgt, ist nicht geklärt. Nach EuGH GRUR 13, 178 Rn 57 – Baena Grupo – war es bei einem eingetragenen GGM nicht rechtsfehlerhaft, dass bei dem jeweils hervorgerufenen Gesamteindruck auf eine unvollkommene Erinnerung abgestellt wurde, die der informierte Benutzer im Gedächtnis behalten habe. Weil Grundlage dieser für das Markenrecht spezifischen Erwägung war, dass es sich bei dem älteren Design um eine Bildmarke gehandelt hat, ist eine Verallgemeinerung nicht angebracht. Bei eingetragenen Designs wird allg eine unmittelbare Gegenüberstellung vorgenommen, zB Hbg NJOZ 07, 3055 – Handydesign; BeckRS 09, 08346 – Außennähte; GRUR-RR 13, 138, 141 – Totenkopfflasche; FfM GRUR-RR 09, 16, 17 – Plastikuntersetzer, dh es findet ein synoptischer Vergleich statt, s SchwBG sic! 05, 23 24 – Armbanduhren. Es wird daher nicht (wie im MarkenR) ein undeutliches Erinnerungsbild zugrundegelegt, Hbg NJOZ 07, 3055; BeckRS 09, 08346. Hierauf wird allerdings in Österreich, zB OGH ÖBl 07, 216, 220 – Mini-Berner; GRUR Int 08, 523, 525 – Febreze, und in der Schweiz abgestellt, SchwBG GRUR Int 04, 883, 885 – Knoblauchpresse; sic! 04, 943, 944 – Herzförmiger Schmuckanhänger. Immerhin kann in der Schweiz das Gericht seine Beurteilung mit einem direkten Vergleich abstützen, SchwBG Hartwig DesignE 4, 19 – Schmuckring. Ein Erinnerungsbild ergibt sich aus dem Marktgeschehen; es ist jedoch zwh, ob für den Offenbarungsgehalt eines eD nicht nur auf die mit der Anmeldung eingereichte Wiedergabe, sondern auch auf das Erscheinungsbild von designgemäßen Erzeugnissen abgestellt werden kann, § 37 Rn 16.

30   **4.** Der **Beurteilungsabstand,** aus dem das beanstandete Design betrachtet wird, ist gesetzlich nicht festgelegt. Auf die Betrachtung aus üblicher Passantenentfernung wurde zwar bei einem Beleuchtungskörper, der an einem Peitschenmast angebracht war, BGH GRUR 61, 640, 642 – Straßenleuchte, und bei einer Außenleuchte, BGH GRUR 81, 273, 275 – Leuchtenglas, abgestellt. Weil für den informierten Benutzer der Einfluss des Gesamteindrucks auf die Kaufentscheidung im Vordergrund steht, kommt es jedoch ebenso wie bei der Beurteilung der Eigenart, s § 2 Rn 21, vorrangig auf den Eindruck an, wie er sich aus der Darbietung in Kaufangeboten und in Werbemaßnahmen ergibt. Bei Erzeugnissen mit sehr kleinen Abmessungen kann es sogar geboten sein, Vergrößerungen hinzuzuziehen, s § 2 Rn 22. Die Gegenüberstellung aus der Nähe kann zwar zur Folge haben, dass Gestaltungsdetails in das Erscheinungsbild einfließen. Der informierte Benutzer weiß jedoch, auf welche Gestaltungskriterien es besonders ankommt, wenn Erzeugnisse sehr klein sind oder bestimmungsgemäß nur aus großer Entfernung wahrgenommen werden.

5. Der maßgebliche **Beurteilungszeitpunkt** ist nach BGH GRUR 11, **31** 142 Tz 18 – Untersetzer – der Zeitpunkt der Anmeldung des eingetragenen Designs. Maßgeblich für die Beurteilung des Schutzumfangs soll es demnach nicht auf den Zeitpunkt ankommen, in dem das beanstandete Design entworfen worden ist; krit Hoffmann Mitt 12, 10, 12. Wegen seiner urheberrechtlichen Ausrichtung war für die Bestimmung des Schutzumfangs im Anwendungsbereich des GeschmMG 1876 der Zeitpunkt der Rechtsbegründung maßgeblich, 2. Aufl § 5 Rn 12 unter Bezugnahme auf BGH GRUR 81, 269, 271 – Stahlrohrstuhl II. Die Neuorientierung durch das GeschmMG 2004 hat es jedoch verpflichtend gemacht, bei der Bestimmung des Schutzumfangs den Grad der Gestaltungsfreiheit zu berücksichtigen, den der Entwerfer bei der Entwicklung seines Designs gehabt hat. Das statisch ausgerichtete Postulat, dass der Schutzumfang eines eD bereits am Prioritätstag feststehen müsse, Ruhl 10/8, 35; Hartwig GRUR-RR 09, 203; Becker GRUR Int 12, 312, 324, wird durch den Gesetzeswortlaut nicht nahe gelegt, in dem auf die Entwicklung „seines" Designs und damit mittelbar auch auf die Gegebenheiten abgestellt wird, die in diesem Zeitpunkt zu beachten waren. Eine inhaltlich identische Wiederholung des in § 2 III 2 für die Ermittlung der Eigenart geregelten Grds kann daher nicht beabsichtigt gewesen sein. In der vergleichbaren Situation des Nichtigkeitsverfahrens wurde dementspr auf die Gestaltungsfreiheit im Prioritätszeitpunkt des angegriffenen GGM abgestellt, EuG GRUR-RR 10, 189, Tz 69, 70 – Grupo Promer. Einengungen der Gestaltungsfreiheit können insbes aus Designrechten Dritter, aber auch aus rechtlichen Vorgaben, s § 2 Rn 37–40, resultieren. Weil sich diese Gegebenheiten auf den Grad der Gestaltungsfreiheit bei dem beanstandeten Design auswirken können, sollten sie im Verletzungsstreit berücksichtigt werden. Eine Schmälerung des Schutzumfangs ist damit nicht verbunden, weil Grundlage des Schutzes die Eigenart des geschützten Designs und damit dessen Abstand zu dem am Prioritätstag maßgeblichen Formenschatz ist, § 2 Rn 15. Wenn vom informierten Benutzer der hierdurch festgelegte Gesamteindruck dem Gesamteindruck des beanstandeten Musters gegenübergestellt wird, müssen sich spätere Entwicklungen nicht zum Nachteil des Entwerfers auswirken. Der informierte Benutzer wird allerdings stets auch im Auge behalten, wie es mit der Gestaltungsfreiheit bei dem geschützten Design bestellt war. Wenn bereits beim Entwurf des geschützten Erzeugnisses die Gestaltungsfreiheit eingeengt war, ist das idR auch beim Entwurf des beanstandeten Erzeugnisses der Fall. Die Beurteilung des Schutzumfangs richtet sich dann danach, wie im dem späteren Entwurf die Erscheinungsmerkmale gestaltet sind, die den schutzbegründenden Merkmalen des älteren Entwurfs entsprechen. Reaktionen auf designgemäße Erzeugnisse können dabei indizielle Bedeutung für den Schutzumfang erlangen.

6. Pauschalierende **Beurteilungsregeln** tragen der Individualität der Be- **32** urteilung des Schutzumfangs nicht Rechnung. Der Grds, dass von Übereinstimmungen auszugehen sei, BGH GRUR 60, 256, 259 – Chérie; GRUR 81, 269, 272 – Haushaltsschneidemaschine II; GRUR 84, 597 – vitra programm; SchwBG GRUR Int 04, 883, 885 – Knoblauchpresse, sic! 04, 943, 944 – Herzförmiger Schmuckanhänger; sic! 08, 445, 448 – Bagues, nicht also von Abweichungen, BGH GRUR 62, 144, 147 – Bundstreifensatin I; GRUR 67, 375, 377 – Kronleuchter, SchwBG GRUR Int 04, 885; sic! 04, 944; sic! 08, 448, war so etabliert, dass er Eingang in die ersten Gesetzesvorschläge gefunden hat. Die Anwendung dieser Regel kann jedoch hinderlich sein, wenn es um die Bedeutung der für die Eigenart maßgeblichen Erscheinungsmerkmale und um die Berücksichtigung einer eingeengten Gestaltungsfreiheit geht, Eichmann Mitt 98, 252, 260. Auch die vorrangige Berücksichtigung von Gemeinsamkeiten, BGH GRUR 65, 198, 201 – Küchenmaschine; GRUR 80, 235, 237 – Play-family, kann einer sachgerechten Bemessung des Schutzumfangs entgegenstehen. Dass Gemeinsamkeiten größeres Gewicht als Unterschieden beizumessen sei, hat daher zu Recht keine Aufnahme in die veröffentliche Fassung des MPI-Entwurfs gefunden, s GRUR Int 90, 566, 567 Fn 5. Auch in die Gesetzgebung ist die ältere Auffassung nicht eingegangen, LG Braunschw 9 O 1056 v 9.6.06 – Handytaschen. Im Verfahren der Gesetzgebung ist als Beurteilungsgrds auch verworfen worden, dass Gemeinsamkeiten mehr Gewicht beizumessen sei als Unterschieden, s § 2 Rn 30. Bei der Beurteilung der markenrechtlichen Verwechslungsgefahr wird zwar mehr auf Übereinstimmungen als auf Abweichungen abgestellt, zB BGH GRUR 98, 924, 925 – salvent/Salventerol; GRUR 99, 588, 589 – Cefallone. Dem liegt jedoch zu Grunde, dass in einem undeutlichen Erinnerungsbild Übereinstimmungen deutlicher als Abweichungen hervortreten, BGH GRUR 74, 30, 31 – Erotex; GRUR 90, 450, 452 – St. Petersquelle; GRUR 98, 925. Unabhängig davon, dass nur das Erinnerungsbild der Marke undeutlich sein kann, findet diese Erwägung im DesignR keine Anwendung, weil das eD und beanstandetes Design unmittelbar einander gegenübergestellt werden, Rn 29.

VII. Reichweite des Schutzumfangs

33   **1.** Als **Grundsatz** ist in § 38 II 1 festgelegt, dass sich der Schutz aus einem eingetragenen Design auf jedes Design erstreckt, das keinen abweichenden Gesamteindruck erweckt. Für den individuell zu bestimmenden Schutzumfang kommt es daher allein darauf an, ob der Gesamteindruck des angegriffenen Designs mit dem Gesamteindruck des eD übereinstimmt, BGH GRUR 11, 142 Tz 13 – Untersetzer. Daraus folgt, dass der Schutzumfang eines eD von dessen Abstand zum vorbekannten Formenschatz abhängt, BGH GRUR 11, 142 Tz 17; GRUR 11, 1112 Tz 42 – Schreibgeräte; GRUR 11, 1117 Tz 35 – ICE; GRUR 13, 285 Tz 32 – Kinderwagen II; ausführl Hartwig GRUR 12, 769. Auf den Grad der Eigenart kommt es dagegen nicht an, weil die Eigenart nicht aufgrund eines Gesamtvergleichs mit allen vorbekannten Gestaltungen, sondern aufgrund eines Einzelvergleichs mit jeder einzelnen vorbekannten Gestaltung ermittelt wird und dabei jeweils verschiedene Merkmale dafür maßgeblich sind, ob und wieweit ein Unterschied im Gesamteindruck besteht, BGH GRUR 11, 142 Tz 14. Es ist zwar befürwortet worden, dass sich der Schutzumfang eines eD nach dem Grad seiner Eigenart richtet, BGH BeckRS 10, 30350 – Baugruppe II; OGH GRUR Int 08, 523, 525 – Febreze; Hambg MD 08, 180, 185; Hamm InstGE 8, 233, 239; Voraufl 38/20. Nach inzwischen ständiger Praxis des

BGH ist jedoch allein der Abstand zum vorbekannten Formenschatz maßgeblich für den Schutzumfang eines eD. Hierzu muss eine Gegenüberstellung des eD mit jedem einzelnen Design aus dem vorbekannten Formenschatz erfolgen, zB BGH GRUR 12, 512 Tz 27 ff – Kinderwagen I; GRUR 13, 285 Tz 36 ff. Auf die Gesamtheit des vorbekannten Formenschatzes ist zwar auch im Geltungsbereich des GeschmMG 1876 abgestellt worden, BGH GRUR 88, 369, 370 – Messergriff; Grundlage hierfür war jedoch, dass bereits bei der Prüfung der Eigentümlichkeit sämtliche Designs aus dem vorbekannten Formenschatz in einem Gesamtvergleich gewürdigt worden sind, § 2 Rn 17.

2. Ein **weiter Schutzumfang** kann sich aus geringer Designdichte erge-   **34** ben und zur Folge haben, dass selbst größere Gestaltungsunterschiede möglicherweise beim informierten Benutzer keinen anderen Gesamteindruck erwecken, BGH GRUR 11, 142 Tz 17 – Untersetzer; GRUR 11, 1112 Tz 42 – Schreibgeräte; GRUR 12, 512 Tz 4 – Kinderwagen I; GRUR 13, 285 Tz 31 – Kinderwagen II. Designvielfalt ist jedoch nicht gleichzusetzen mit Designdichte und kann daher Ausdruck eines weiten Gestaltungsspielraums sein, BGH GRUR-RR 12, 27 Tz 22 – Milla. Wenn kein entgegenstehendes Design in das Verfahren eingeführt worden ist, kann das Gericht von einem weiten Schutzumfang ausgehen, Düss BeckRS 09, 05455 – Leuchte; FfM GRUR-RR 11, 66 – Stiefelette. Einer henkellosen Tasse für Heißgetränke hat FfM GRUR-RR 13, 251, 252 – Henkellose Tasse – wegen geringer Designdichte einen weiten Schutzumfang zuerkannt. Bei Tischuntersetzern aus unregelmäßig angeordneten Stäben besteht wegen geringer Designdichte zwar ein weiter Schutzumfang, BGH GRUR 11, 142, Tz 19 (Vorinst FfM GRUR-RR 09, 18; LG FfM InstGE 8, 166). Wenn jedoch in diesem Bereich der Gegenstand eines eingetragenen Designs eng an eine bereits bestehende Gestaltung angelehnt wäre, könnte nicht von einem weiten Schutzumfang ausgegangen werden. Es kommt daher letztlich darauf an, inwieweit der Entwerfer den ihm zur Verfügung stehenden Gestaltungsspielraum genutzt hat, BGH GRUR 13, 285 Tz 32.

3. Ein **enger Schutzumfang** kann sich bei hoher Designdichte mit der   **35** Folge ergeben, dass bereits geringe Gestaltungsunterschiede einen anderen Gesamteindruck erwecken können, BGH GRUR 11, 142 Tz 17 – Untersetzer; GRUR 11, 1112 Tz 42 – Schreibgeräte; GRUR 11, 1117 Tz 35 – ICE. Die Wechselwirkung zwischen Schutzumfang und Gestaltungsspielraum ergibt, dass der Schutzumfang umso geringer ist, je höher die Designdichte ist, KG ZUM 05, 230, 231; FfM GRUR-RR 09, 16, 17, so dass bereits geringe Gestaltungsunterschiede einen abweichenden Gesamteindruck hervorrufen können, EuG GRUR-RR 10, 189 Rn 72 – Grupo Promer; BGH GRUR 13, 285 Tz 31 – Kinderwagen II. Wenn in einem Produktbereich die schöpferischen Möglichkeiten beschränkt sind, werden Einzelheiten eines Erzeugnisses mehr Beachtung geschenkt, SchwBG Hartwig DesignE 4, 19 – Schmuckring. Designvielfalt bedeutet allerdings nicht Designdichte, sondern ist Ausdruck eines weiten Gestaltungsspielraums, BGH GRUR-RR 12, 27 Tz 22 – Milla. Bei engem Schutzumfang unterliegen dem VerbietungsR nur Gestaltungen, die bes stark ausgeprägte Übereinstimmungen mit dem Gegenstand eines eingetragenen Designs aufweisen. Das kann zur Folge haben, dass nur identische oder fast identische Gestaltungen vom VerbietungsR erfasst werden, BGH GRUR 88, 369, 370 –

Messergriff. Zur Vorbekanntheit einer dem Klagedesign sehr ähnlichen Erscheinungsform müssen daher ggf Feststellungen getroffen werden, BGH GRUR 96, 767, 769 – Holzstühle. Ein enger Schutzumfang kann sich auch durch die Vorbekanntheit eines Erzeugnisses des Anspruchsgegners ergeben, BGH GRUR 04, 939, 940 – Klemmhebel.

36   **4.** Ein **durchschnittlicher Schutzumfang** ergibt sich für den breiten Bereich von Designs, bei denen weder von einem weiten Schutzumfang noch von einem engen Schutzumfang auszugehen ist. Wenn zwar mehrere Designs mit ähnlichen Erscheinungsformen vorbekannt sind, aber keine dieser Erscheinungsformen alle für den Gesamteindruck eines eingetragenen Designs wesentlichen Erscheinungsmerkmale aufweist, hat das einen durchschnittlichen und damit normalen Schutzumfang zur Folge. Das war zB der Fall bei einem marmoriert wirkenden Gemenge von hellem und dunklen Pudding in einem transparenten Becher, das sich von vorbekannten Milcherzeugnissen mit dunklen und hellen Komponenten abgehoben hat, Hbg GRUR-RR 13, 144, 146 – Paula.

37   **5.** Der **Abstand zum Formenschatz,** den ein eingetragenes Design aufweist, bestimmt neben dem Grad der Designdichte den Schutzumfang, BGH GRUR 11, 142 Tz 17 – Untersetzer; GRUR 11, 1112 Tz 42 – Schreibgeräte; GRUR 11, 1117 Tz 35 – ICE; GRUR 12, 512 Tz 4 – Kinderwagen I; GRUR 13, 285 Tz 32 – Kinderwagen II. Es kommt daher darauf an, inwieweit der Entwerfer den ihm zur Verfügung stehenden Gestaltungsspielraum genutzt hat, BGH GRUR 13, 285 Tz 32. Der Grad der Gestaltungsfreiheit soll bei der Beurteilung des Schutzumfangs nur „berücksichtigt" werden; dem entspricht „shall be taken into consideration" in der englischen Fassung von Art 9 II GRL. Durch den Grad der Designdichte wird das allg Gestaltungsumfeld für die Betätigung von Entwerfern veranschaulicht. Eine Konkretisierung des Schutzumfangs ergibt sich daraus, wie bei einem individuellen Entwurf der jeweils zur Verfügung stehende Gestaltungsspielraum genutzt worden ist. Der Grad der Gestaltungsfreiheit bestimmt daher das im Einzelfall maßgebliche Prüfungsniveau. Wie groß konkret der auf dieser Grundlage zu ermittelnde Schutzumfang sodann ist, ergibt sich sodann aus dem Abstand des eD zum vorbekannten Formenschatz. Erforderlich ist eine Gegenüberstellung des eD mit jedem einzelnen Design aus dem vorbekannten Formenschatz, zB BGH GRUR 12, 512 Tz 28 ff; GRUR 13, 285 Tz 42 ff. Über den Abstand eines eD zum vorbekannten Formenschatz entscheidet zwar der jeweilige Gesamteindruck; das schließt es jedoch nicht aus, dass zunächst die für den Gesamteindruck bestimmenden Merkmale analysiert werden, BGH GRUR 13, 285 Tz 34. Weil es um die Feststellung des Abstands geht, den das Klagedesign von einem vorbekannten Design aufweist, stehen die Unterschiede zwischen deren Erscheinungsformen im Vordergrund. Dabei müssen nicht sämtliche Details aufgelistet werden, maßgeblich ist vielmehr die Erfassung der Merkmale, die den Gesamteindruck bestimmen und damit prägen, zB BGH GRUR 12, 512 Tz 28 ff; GRUR 13, 285 Tz 42 ff. Für die Weiterentwicklung eines eigenen früheren Designs stehen die neuen Erscheinungsmerkmale im Vordergrund, damit es zu keiner Verlängerung des Schutzes für das frühere Design kommt. Bei einer neuartigen Grundform haben Übereinstimmungen in dieser Form zur Folge, dass ansonsten bestehende Detailunterschiede unerheblich sind, weil sie den Eindruck einer Ausführungsvariante erwecken,

FfM Mitt 07, 562, 563 – Einhebel-Mischer. Wenn im vorbekannten Formenschatz keine vergleichbaren Gestaltungen zu finden sind, hat das einen weiten Schutzumfang zur Folge, FfM GRUR-RR 11, 66 – Stiefelette; LG Mü I Mitt 09, 40, 42 – Carrybag. Aus der positiven Beurteilung von designgemäßen Erzeugnissen durch designorientierte Fachleute können sich Indizien für einen großen Abstand zum vorbekannten Formenschatz und damit für einen weiten Schutzumfang ergeben. Beispiele sind, dass ein Küchenmöbel mit einem europäischen Designpreis ausgezeichnet wurde, LG Mü I InstGE 1, 225, 232, dass ein Gartenstuhl mit einem Designpreis ausgezeichnet und bei einer Weltausstellung in einem Landespavillion präsentiert wurde, LG Hbg GRUR-RR 09, 123, 125 – Gartenstühle, dass ein Möbelmuster Anerkennung auf einer internationalen Möbelmesse in Fachkreisen gefunden hat, BGH GRUR 75, 383, 386 – Möbelprogramm, dass ein Feuerzeug das Interesse des Rates für Formgebung gefunden hat und für eine der guten Industrieform gewidmete Ausstellung ausgewählt worden ist, BGH GRUR 66, 97, 98 – Zündaufsatz.

VIII. Teilschutz

1. Originärer Teilschutz hat zur Voraussetzung, dass ein eingetragenes **38** Design für die Erscheinungsform eines Teils eines Erzeugnisses, s § 1 Nr 1, eingetragen ist. Einzelh zur Eintragungsfähigkeit § 1 Rn 15. Das Erfordernis der gestalterischen Eigenständigkeit ergibt sich bereits unmittelbar aus der rechtlichen Eigenständigkeit des für eine Teilgestaltung eingetragenen eD. Diese rechtliche Eigenständigkeit ist die Grundlage dafür, dass auch für einen flächenmäßigen Designabschnitt, s § 11 II 2 DesignG, bes Anforderungen gesetzlich nicht festgelegt sind. Der originäre Teilschutz setzt daher lediglich voraus, dass der Erzeugnisteil die Voraussetzungen der Neuheit und der Eigenart erfüllt, BGH GRUR 87, 518, 519 – Kotflügel. Originärer Teilschutz hat bereits im Geltungsbereich des GeschmMG 1876 mannigfach bestanden, ua für für einen Fahrradkettenschützer, für ein Fahrradschutzblech und für eine Fahrradfelge, BGH GRUR 63, 328 – Fahrradschutzbleche, für 36 Karosserieteile eines PKW, BGH GRUR 87, 518. Bei der Prüfung des Gesamteindrucks ist im Verletzungsstreit nur die Erscheinungsform des als eD eingetragenen Erzeugnisteils mit dem entsprechenden Teil der Verletzungsform zu vergleichen, BGH GRUR 11, 1112 Tz 56 – Schreibgerät. Bei einem eD für ein Zwischenstück eines Schreibgeräts durfte daher ein bei dem beanstandeten Kugelschreiber ausgebildeter Clip nicht in die Beurteilung einbezogen werden, BGH GRUR 11, 1112 Tz 56.

2. Abgeleiteter Teilschutz wurde im Geltungsbereich des GeschmMG **39** 1876 gewährt, wenn ein Teil eines Gesamterzeugnisses gestalterische Eigenständigkeit aufwies sowie die Voraussetzungen der Neuheit und der Eigentümlichkeit erfüllt waren. Diese Schutzmöglichkeit ist daraus entwickelt worden, dass in § 1 GeschmMG 1876 das Recht, ein gewerbliches Muster oder Modell „teilweise nachzubilden", ausschließlich dem Urheber vorbehalten war, Einzelh Voraufl 38/28. Dem Wortlaut des GeschmMG 2004 (und der GGV), lässt sich dagegen kein Anhaltspunkt für die Möglichkeit eines abgeleiteten Teilschutzes entnehmen, BGH GRUR 12, 1139 Tz 38 – Weinkaraffe. Die Rechtssicherheit erfordert es, Erscheinungsformen von Teilen eines Erzeugnisses als eingetragene Designs nur dann zu schützen, wenn sie als solche eingetragen sind. Nur hierdurch kann aufgrund einer Recherche zuverlässig festgestellt werden, was Gegenstand des Schutzes ist, BGH GRUR 12, 1130 Tz 40. Ein Teil eines Erzeugnisses kann daher nicht durch die Anmeldung des ganzen Erzeugnisses, sondern nur durch eine eigenständige Anmeldung Schutz erlangen. Zu Auswirkungen auf Anmeldestrategien Klawitter GRUR-Prax 13, 53, 56.

40   **3.** Der **Unterlassungsantrag** muss der Besonderheit Rechnung tragen, dass Schutzgegenstand nur ein Teil eines Erzeugnisses, die sog Verletzungsform jedoch häufig ein Gesamterzeugnis ist. Bei der Prüfung des Gesamteindrucks wird zwar die Erscheinungsform des als eingetragenes Design geschützten Erzeugnisteils nur mit dem entsprechenden Teil der Verletzungsform verglichen, BGH GRUR 11, 1112 Tz 56 – Schreibgerät. Wenn jedoch das rechtsverletzende Teileelement nicht isoliert in den Verkehr gebracht wird, muss der Unterlassungsantrag gegen das Gesamterzeugnis gerichtet sein, in dem das Teileelement enthalten ist, zB *Schreibgeräte, deren oberer Gehäuseteil folgende Merkmale aufweist,* s BGH GRUR 11, 1112; *Schuhe mit einer Schuhsohle gemäß folgender Abbildung,* s FfM GRUR-RR 11, 165 – Milla; *Hemden, deren Stoff eine Gestaltung aufweist … s* Düss BeckRS 11, 22570 – Herrenhemden.

41   **4.** Der **Schadensermittlung** liegt zugrunde, dass der Anspruch auf Schadensersatz nur das rechtsverletzende Teileelement erfasst. Wie bei der Herausgabe des Verletzergewinns ist nur der Gewinnanteil herausgabepflichtig, der auf der Rechtsverletzung „beruht", BGH GRUR 09, 856 Tz 41 – Trip-Trap-Stuhl. Bemessungsgrundlage für den Anspruch auf Schadensersatz ist daher, wie auch bei der Lizenzanalogie, nicht der Verkaufspreis des Gesamterzeugnisses, sondern nur der rechtsverletzende Teil dieses Erzeugnisses. Die Aufteilung folgt dabei nicht nach quantitativen Kriterien, sondern nach den geschätzten Anteilen am Erwerbsinteresse. Bei einem Antrag auf Feststellung der Schadensersatzpflicht ist eine Aufteilung noch nicht erforderlich.

IX. Einzelfragen

42   **1.** Das Kriterium der **Abhängigkeit** ist aus der Regelung in § 4 GeschmMG 1876 entwickelt worden, wonach die freie Benutzung einzelner Motive eines Musters oder Modells zur Herstellung eines neuen Musters oder Modells nicht als Nachbildung anzusehen war. Gegenstück zu dieser freien Benutzung war die abhängige Bearbeitung. Diese urheberrechtl geprägten Grdse sind zwar auf das DesignR nicht ohne weiteres übertragbar. Ebenso wie im PatR, zB BGH GRUR 91, 436, 440 – Befestigungsvorrichtung II, findet jedoch ein Eingriff in ein eingetragenes Design auch dann statt, wenn der Gegenstand des eD als Grundlage für eine Weiterentwicklung dient, Eck S 213; aA Jestaedt GRUR 08, 19, 23. Werden daher in einem Erzeugnis schutzfähige Teile eines eD übernommen und andere Teile eigenständig umgestaltet, führt das zu einer abhängigen Bearbeitung des Gegenstands des eD, BGH GRUR 67, 375, 378 – Kronleuchter; s auch § 7 Rn 10. Bei einer eigenartigen Vasenform kann die Hinzufügung eines Dekors Abhängigkeit zur Folge haben, Eichmann Mitt 98, 252, 260. Bearbeitungen von eingetragenen Designs mit starker Eigenart führen eher zu Abhängigkeit als bei Designs mit schwacher Eigenart, 2. Aufl 4/2; Kur ÖBl 95, 3, 9. Freie Benutzung setzt voraus, dass angesichts der Eigenart der neuen

Erscheinungsform die entlehnten Züge des geschützten Erzeugnisses verblassen, BGH GRUR 02, 799, 800 – Stadtbahnfahrzeug (UrhR). Die Erscheinungsmerkmale des älteren Designs müssen daher in dem neuen Design so zurücktreten, dass das ältere Design nur noch als Anregung zu eigenständiger Gestaltungstätigkeit erscheint, BGH GRUR 02, 801. Unerheblich ist, ob eine neue Gestaltung dazu geeignet ist, die ältere Gestaltung zu ersetzen, BGH GRUR 11, 134 Tz 45 – Perlentaucher. Abhängige Bearbeitung bedarf der Einwilligung des Rechtsinhabers des bearbeiteten Designs; dieser darf seinerseits von der Bearbeitung nur mit Einwilligung des Bearbeiters Gebrauch machen. Abhängigkeit kann auch bestehen, wenn von dem Gegenstand eines eD in einer dem Designschutz nicht zugänglichen Gestaltung Gebrauch gemacht wird. Der Ausnahmebestimmung in § 43 V, dass wesentliche Bestandteile von Gebäuden nicht der Vernichtung unterliegen, liegt zu Grunde, dass für diese Gebäudebestandteile zwar ein Designschutz nicht vorgesehen war, s § 1 Rn 25, sie aber in ihrer Erscheinungsform abhängig von dem Gegenstand eines eD sein können. Auch bei Filmwerken und ähnlichen Werken kann Abhängigkeit bestehen, s Rn 14.

2. Abmessungen sind bei üblichen Wiedergaben nicht ersichtlich und **43** können schon deswegen keinen Einfluss auf den Schutzumfang erlangen, Hamm InstGE 8, 233, 242 – Kaminöfen; LG Düss GRUR-RR 11, 358, 361 – Tablet-PC I. Wenn Abmessungen aus Angaben auf der Wiedergabe, aus der Beschreibung oder aus sonstigen Umständen erkennbar sind, finden sie zwar Eingang in den Gesamteindruck. Bei gattungsgleichen Erzeugnissen sind Größenunterschiede idR jedoch so unbedeutend, dass Abweichungen innerhalb des Schutzumfanges verbleiben. Selbst starke Größenunterschiede haben für den informierten Benutzer idR keinen andersartigen Gesamteindruck zur Folge. Auch wenn wegen starker Verkleinerung Details eines PKWs bei einem Spielzeugauto wegfallen bzw vergröbert werden und wenn Gegenstand des eingetragenen Designs eine etwas andere Version des nachgebildeten PKWs ist, hat das keinen abweichenden Gesamteindruck zur Folge; anders noch BGH GRUR 96, 57, 59 – Spielzeugautos. Andernfalls hätten Hersteller der Originalerzeugnisse keine Möglichkeit, bei Verkleinerungen Rechte gerade gegen schlechte Nachbildungen geltend zu machen. Zur Gestaltungsübertragung s § 2 Rn 10. Größenverhältnisse aufgrund unterschiedlicher Größen können zwar aus einer Wiedergabe ersichtlich sein, sind jedoch für den Gesamteindruck lediglich mitbestimmend, LG Düss GRUR-RR 11, 361.

3. Für eine **farbige Darstellung** wird der Schutzgegenstand durch die **44** Wiedergabe festgelegt, ohne dass es hierzu einer bes Erklärung bedarf, BPatG GRUR 03, 521, 525 – Farbige Arzneimittelkapsel (zum MarkenR). Ob sich aus der Farbgebung des beanstandeten Erzeugnisses gegenüber einer Farbeintragung ein unterschiedlicher Gesamteindruck ergibt, kann entscheidend davon abhängen, welche Bedeutung die Farbgebung für das konkrete Erzeugnis hat. Je mehr zB bei einem eindimensionalen Erzeugnis die Formgebung die Aufmerksamkeit auf sich lenkt, zB bei einem Sportcabriolet, desto mehr tritt die Farbe in den Hintergrund des Interesses. Umgekehrt kann es zB bei den Nationalfarben eines Fan-T-Shirts oder bei dem bunten Fantasiemuster einer Tapete in erster Line die Farbgebung sein, die ins Auge fällt. Bei dem Streifendesign eines Herrenhemds kann daher eine unterschiedliche Farbgebung einen anderen Gesamteindruck erwecken, Düss

Hartwig DesignE 4, 215 – Herrenhemd. Wenn die Fachkenntnis und das Einfühlungsvermögen des informierten Benutzers in die Beurteilung einbezogen werden, kann Klarheit darüber gewonnen werden, ob eine Farbgebung eine für den Gesamteindruck wesentliche Besonderheit oder nur eine gegenüber den weiteren Erscheinungsmerkmalen unbedeutende Variation ist oder weder vorrangige noch nachrangige Bedeutung hat. Das rechtfertigt weder Abstrahierungen, s Ruhl 10/55, noch pauschale Beurteilungsgrundsätze, zB dass Unterschiede tendenziell gering zu gewichten seien, s Ruhl 10/74. Erforderlich ist vielmehr eine Gewichtung der Farbgebung, die der Individualität des jeweiligen eingetragenen Designs Rechnung trägt, Voraufl 38/32; Günther/Beyerlein 38/36. Trotz unterschiedlicher Farbgebung kann daher Übereinstimmung im Gesamteindruck bestehen, LG Düss Hartwig DesignE 3, 363 – Becher.

45   **4.** Wenn einer **Schwarz-Weiß-Eintragung** eine graphische Darstellung zugrunde liegt, wird Schutz für eine Gestaltung unabhängig von einer konkreten Farbgebung beansprucht, BGH GRUR 11, 112 Tz 52 – Schreibgeräte; dieses DesignschutzR verfügt daher über einen größeren Schutzumfang, weil bei der Verletzungsprüfung die angegriffene Form von der farblichen Gestaltung zu abstrahieren ist, BGH GRUR 11, 112 Tz 52. Durch eine kontrastierende Farbgebung könnte allerdings ein gegenüber dem in Schwarz-Weiß dargestellten Klagedesign ein abweichender Gesamteindruck entstehen, BGH GRUR 11, 112 Tz 52. Schnittzeichnungen und Umrisszeichnungen nach Art von technischen Zeichnungen sind meist in schwarzer Farbe ausgeführt; sie dienen dadurch idR der Veranschaulichung von dreidimensionalen Formen, deren farbliche Ausgestaltung nicht festgelegt sein soll. Für den Gesamteindruck eines Kugelschreibers, bei dessen oberen Teil ein zylindrischer Körper von einem spiralförmig durchbrochenen Gehäuse umfasst wird, kann es allerdings eine Rolle spielen, dass sich die umschließende Spirale farblich kontrastierend von dem darunterliegenden Zylinder abhebt, BGH GRUR 11, 112 Tz 52, und dadurch eine zweiteilige Ausgestaltung erkennbar macht. Bei Schwarz-Weiß-Fotografien und bei graphischen Darstellungen, die nicht nach Art von technischen Zeichnungen ausgeführt sind, werden Erscheinungsformen von Erzeugnissen in Grautönen mit unterschiedlicher Abstufung wiedergegeben. Schutzgegenstand ist bei diesen Eintragungen eine den Grauwerten entsprechende abgestufte Tönung, nicht jedoch eine Kombination beliebiger Farben, BPatG GRUR 03, 521, 525 – Farbige Arzneimittelkapsel (zum MarkenR). Es gibt allerdings auch Schwarz-Weiß-Eintragungen, die keine Grautöne, sondern Schwarz und Weiß als Kontrastfarben enthalten, zB bei einem Zebra-Design oder der Tastatur eines Klaviers. Hier ergibt sich der Schutzgegenstand aus der Kontrastwirkung von Schwarz und Weiß als Farben. Abgestufte Grautöne können sich zwar in Nichtigkeits- und Löschungsverfahren gegenüberstehen, im Verletzungsstreit muss jedoch geklärt werden, ob sich aus der Farbgebung des beanstandeten Erzeugnisses ein gegenüber einer Schwarz-Weiß-Eintragung unterschiedlicher Gesamteindruck ergibt. Dabei kann es auf die Bedeutung der Farbgebung für das konkrete Erzeugnis ebenso wie bei Farbeintragungen ankommen, s Rn 44. Anders als im MarkenR, s EuGH GRUR 13, 922 Rn 38 – Specsavers, kann es jedoch keine Rolle spielen, ob die farbliche Ausgestaltung eines beanstandeten Logos mit der Farbgebung übereinstimmt, die für das in Schwarz-Weiß eingetragene Logo des Rechtsinhabers benutzt wird.

5. Wenn sich die **Werkstoffe** unterscheiden, in denen das geschützte Er-   46
zeugnis und das beanstandete Erzeugnis ausgeführt sind, kann das verschiedene Folgen für den Gesamteindruck haben. Bei nicht eingetragenen GGM
und bei flächenmäßigen Designabschnitten sind Werkstoffe ohne weiteres
feststellbar. Bei graphischen Darstellungen sind Materialien selten erkennbar,
LG Düss GRUR-RR 11, 358, 361 – Tablet-PC I. Für die Ermittlung des
Schutzgegenstands kommt es nur auf die Wiedergabe des Designs, nicht auf
das Erscheinungsbild von designgemäßen Erzeugnissen an, § 37 Rn 16.
Wenn ein Erzeugnis aus einem anderen Werkstoff besteht, liegt dem eine
bloße Gestaltungsübertragung zugrunde, die keine neue Erscheinungsform
zur Folge hat, § 2 Rn 10. Von einer Stoffvertauschung kann zwar eine ansprechende Wirkung ausgehen, BGH GRUR 62, 144, 146 – Buntstreifensatin I; GRUR 67, 376, 377 – Kronleuchter. Aber solange keine neue Erscheinungsform entsteht, ergibt sich für den informierten Benutzer kein
abweichender Gesamteindruck. Eine andersartige Materialentwicklung kann
jedoch als abweichendes Erscheinungsmerkmal, § 37 Rn 4, für den Gesamteindruck Bedeutung erlangen, wenn auch die Erscheinungsformen, § 37
Rn 3, unterschiedlich sind. Die Mitberücksichtigung der Materialwirkung
im Rahmen des ästhetischen Gesamteindrucks bewirkt keine Monopolisierung der Materialverwendung, weil die Materialwirkung nur eine von vielen
Gestaltungskomponenten ist und die Bewertung der Materialverwendung für
die Eigenart starke Unterschiede aufweisen kann. Daraus, dass der Designschutz nicht für Werkstoffe monopolisiert werden darf, folgt daher nicht,
dass der durch das verwendete Material erzeugte Eindruck außer Betracht
bleiben muss, anders noch BGH GRUR 80, 235, 236 – Play-family. Facet-
tiertes Kristallglas konnte daher ein mitprägendes Element darstellen, BGH
GRUR 88, 690, 692 – Kristallfiguren; s auch § 1 Rn 12. Das Gestaltungsmerkmal eines metallisch schimmernden Gehäuses konnte ebenfalls von
Bedeutung sein, Düss Hartwig DesignE 3, 326 – Taschenlampe.

6. Eine **mittelbare Designverletzung** kann sich daraus ergeben, dass   47
Teile in den Verkehr gebracht werden, die erst zusammen mit der Verwendung von anderen Teilen zu einem Eingriff in den Schutzumfang führen. Es
geht darum, Umgehungshandlungen zu verhindern; diese sind dadurch gekennzeichnet, dass nicht selbstständig angreifbare Teile geliefert werden und
der Erwerber diese zu einem Erzeugnis komplettiert, dessen Gestaltung obj
eine Rechtsverletzung darstellt. Wenn ein Möbelprogramm nur in seiner
Gesamtheit Designschutz genießt, kann das Liefern von Einzelteilen dieses
Programms mittelbare Designverletzung sein, BGH GRUR 75, 383, 386 –
Möbelprogramm. Keine mittelbare, sondern unmittelbare Verletzung liegt
vor, wenn Einzelteile eines rechtsverletzenden Kombinations-Elektroschal-
ters geliefert werden, damit diese an Ort und Stelle miteinander verbunden
werden, BGH GRUR 74, 406, 410 – Elektroschalter. Bei Kombinationsteilen können Verbreitungshandlungen daher vorbehaltlos verboten sein, LG
Düss GRUR 92, 442. Die Grundorientierung der mittelbaren Verletzung
eines eingetragenen Designs kann an § 10 PatG ausgerichtet sein, LG Düss
GRUR 92, 442. Bei den mittelbar rechtsverletzenden Teilen muss es sich
um Gegenstände handeln, in denen wesentliche Merkmale des eD verwirklicht sind; das sind grds die für die Eigenart maßgeblichen Erscheinungsmerkmale. Die Lieferung von marktüblichen Waren genügt daher nicht, es
sei denn, der Abnehmer wird, zB durch Gebrauchsanleitung, zur Verwirkli-

chung des obj Tatbestands einer Rechtsverletzung veranlasst, s § 10 II PatG. Gegenstand der mittelbaren SchutzR-Verletzung ist grds nur das Verbreiten, also das Anbieten und das Liefern von Teilen, nicht auch deren Herstellung, BGH GRUR 82, 165, 166 – Rigg. Weitere Voraussetzung für mittelbare Designverletzung ist, dass der Lieferer weiß oder es auf Grund der Umstände offensichtlich ist, dass die Teile dazu geeignet und bestimmt sind, in einer Weise verwendet zu werden, die den obj Tatbestand einer Rechtsverletzung erfüllt. Der Nachweis der Offensichtlichkeit setzt die Feststellung von tatsächlichen Umständen voraus, BGH GRUR 01, 228, 232 – Luftheizgerät. Der Anspruch des Rechtsinhabers ist idR darauf bezogen, dass Teile an Abnehmer geliefert werden, ohne diese über die mögliche Verletzungshandlung zu unterrichten und sie zu deren Unterlassung vertraglich durch geeignete Maßnahmen wirksam zu verpflichten, BGH GRUR 75, 368.

X. Benutzungshandlungen

48   **1.** Die **Regelungstechnik** besteht in der Benennung der wichtigsten Formen von Benutzungshandlungen. Diese Benutzungshandlungen sind wie in anderen Gesetzen bezeichnet, zB § 9 S 2 Nr 1 PatG, § 11 I GebrMG, § 14 III Nr 2, Nr 4 MarkenG. Wie in § 14 III MarkenG hat die Aufführung von Beispielen keinen abschließenden Charakter. Die einzelnen Benutzungshandlungen sind nur als Beispiele aufgeführt, BGH GRUR 11, 1117 Tz 30 – ICE; weitere Benutzungshandlungen können daher ebenfalls dem VerbietungsR unterliegen. Eingang in die Auslegung findet sowohl, dass die Regelungssystematik eine Vorgabe des UnionsR ist, als auch, dass durch den strafrechtlichen Bestimmtheitsgrds der Auslegungsfreiheit Grenzen gesetzt sind. Dabei kann ua Bedeutung erlangen, dass die Wiedergabe, s Rn 60, als weitere Benutzungshandlung an anderer Stelle Gegenstand der gesetzlichen Regelung ist. Die auf Wiedergaben ausgerichtete Schrankenregelung des § 40 Nr 3 bringt zum Ausdruck, worum es bei jedem Benutzungsverbot geht, nämlich um die „normale Verwertung" eines eingetragenen Designs. Das gilt sowohl für die geschäftliche Verwertung von Erzeugnissen, in denen ein eingetragenes Design verkörpert ist, als auch von Abbildungen derartiger Erzeugnisse. Den Vorzug verdient eine zweigliedrige Beurteilung, bei der die Benutzungshandlung den Tatbestand bildet und auf dieser Grundlage geprüft wird, ob ausnahmsweise eine Rechtfertigung besteht. Das Kriterium einer desigmäßigen Benutzung, Ruhl 19/36; Klawitter GRUR-Prax 12, 1, 3; Kurtz KSzW 14, 3, 4, wäre noch unschärfer als das Kriterium eines markenmäßigen Gebrauchs. Maßgeblich ist daher nicht die Beeinträchtigung der geschützten Unterscheidbarkeit, s Klawitter GRUR-Prax 12, 3, sondern die Beeinträchtigung des VerwertungsR des Rechtsinhabers, Einzelh § 40 Rn 6, 10, 11. Zur Kontrolle kann dienen, ob durch die nicht autorisierte Benutzung eines geschützten Designs ein Vorteil gezogen wird, Ruhl Mitt 11, 530 (Urteilsanm).

49   **2.** Auf den **Zweck der Benutzungshandlung** kommt es nur beim Besitz, Rn 60, und bei den Beschränkungen der Schutzwirkungen, § 40, an. Ansonsten sind, ebenso wie im UrhR, zB BGH GRUR 82, 102, 103 – Masterbänder, Benutzungshandlungen unabhängig von dem damit verfolgten Zweck untersagt. Das kann insbes bei Wiedergaben Bedeutung erlangen;

dabei können sich Beschränkungen der Schutzwirkungen auch außerhalb der in § 40 geregelten Ausnahmen ergeben, § 40 Rn 8, 10, 11.

3. Der Grds der **Selbstständigkeit der Benutzungshandlungen** hat 50 Geltung für alle ImmaterialgüterR und damit auch für das DesignR, v Gamm 5/47; Nirk/Kurtze 5/16. Das VerbietungsR erfasst das Herstellen, das Inverkehrbringen sowie die alle anderen in Abs 1 S 2 aufgeführten Tätigkeiten als jeweils eigenständige Handlungen. Das gilt in gleicher Weise für Handlungen einer Person wie für Handlungen verschiedener Personen. Der Rechtsinhaber kann gegen den Hersteller oder gegen dessen Abnehmer, aber auch gegen beide Verletzer vorgehen. Verbreitungshandlungen können auch dann untersagt werden, wenn die Herstellung im schutzrechtsfreien Ausland stattgefunden hat oder wenn den untersagten Handlungen ein Erwerb im schutzrechtsfreien Ausland zu Grunde liegt, Allg 15. Kann sich der Hersteller auf einen Rechtfertigungsgrund, zB Zustimmung, berufen, sind auch die nachfolgenden Handlungen, zB Anbieten und Inverkehrbringen, rechtmäßig. Trotz der Selbstständigkeit der Benutzungsarten können diese einen Zusammenhang aufweisen, der dazu führt, dass das Inverkehrbringen durch den Rechtsinhaber oder eines sonstwie Berechtigten zur Erschöpfung des VerbietungsR führt, s § 48. Die Gestattung des Inverkehrbringens kann die Befugnis umfassen, Abbildungen zur Förderung des Inverkehrbringens in verkehrsüblicher Weise zu verwenden, s § 48 Rn 14.

4. Die Benutzung bezieht sich auf ein **Erzeugnis,** zum Begriff s § 1 51 Rn 15 ff. Der Regelungsvorschlag, in dem auf die Benutzung eines in den Schutzumfang des eingetragenen Designs fallenden Designs abgestellt wurde, s Rn 1, war unkompliziert. Nach der endgültigen Regelung ist es erforderlich, dass das eD in ein Erzeugnis aufgenommen oder bei einem Erzeugnis verwendet wird. Diese Regelung hat sich aus einer Anpassung an den Wortlaut des Art 7 II GRL ergeben. Außerhalb des Anwendungsbereichs der Must-Fit-Klausel, s § 3 Rn 12 ff, hat diese Anpassung keine Auswirkung.

5. Das **Herstellen** erfasst den gesamten Vorgang der körperlichen Anfer- 52 tigung von Erzeugnissen, gleichviel in welchem Verfahren und in welcher Zahl, s § 16 I UrhG. Der Herstellung vorgelagerte Vorgänge sind zivilrechtlich nur unter dem Gesichtspunkt der Begehungsgefahr, s § 42 Rn 14, und strafrechtlich nur dann relevant, wenn das Stadium des Versuchs, s § 51 III, erreicht ist. Rechtsverletzende Erzeugnisse können auch bei Dimensionsvertauschung entstehen. Anders als im Geltungsbereich des § 5 S 1 GeschmMG 1876 muss Verbreitungsabsicht nicht zusätzlich festgestellt werden. Wenn jedoch Verbreitungsabsicht besteht, ist das ein Indiz dafür, dass nicht im Rahmen der Ausnahmebestimmung des § 40 Nr 1 gehandelt wird. Unerheblich ist, wo rechtsverletzende Erzeugnisse in den Verkehr gebracht werden sollen, zB im schutzrechtsfreien Ausland. Auch auf den Zeitpunkt des beabsichtigten Inverkehrbringens, zB nach Ablauf der Schutzdauer, kommt es nicht an. Ohne Bedeutung ist auch, ob das Herstellen im eigenen Betrieb erfolgt oder in den Betrieb eines Dritten – ganz oder teilweise – ausgelagert ist. Bei Auftragsproduktion kommt ein Verbot in Betracht, rechtsverletzende Erzeugnisse herstellen zu lassen und zu verbreiten, Düss GRUR 63, 86. Reparatur als verkehrsübliche Erhaltungsmaßnahme ist keine von Abs 1 erfasste Benutzungshandlung, zB das Ausbeulen und Lackieren eines beschädigten Kotflügels, weil insoweit das VerbietungsR dem Einwand der Erschöpfung unterliegt, § 48 Rn 12. Wenn jedoch zum Zweck der Reparatur ein Einzelteil neu angefertigt wird, ist das Neuherstellung. Das gilt auch für Vorrichtungsteile, die dem Verschleiß unterliegen oder beschädigungsanfällig sind, Eichmann GRUR Int 96, 859, 868. Die Neuanfertigung eines Kotflügels ist daher Herstellung iSd Abs 1 S 1. Zum Wiederbefüllen von Erzeugnissen, die nach einem eD gestaltet sind, s § 48 Rn 13.

53   **6.** Das **Anbieten** ist inhaltsgleich mit dem Feilhalten der älteren Terminologie. Anbieten ist jede Maßnahme, die Bereitschaft zum Inverkehrbringen zum Ausdruck bringt. Diese Bereitschaft ist im wirtschaftlichen Sinn zu verstehen, sie fällt nicht mit dem juristischen Begriff des Vertragsangebots, s § 145 BGB, zusammen, BGH GRUR 07, 871 Tz 27 – Wagenfeld-Leuchte. Das Anbieten kann daher auch durch Werbemaßnahmen erfolgen. Es muss konkrete Verkaufsbereitschaft erkennbar sein; bloßes Ankündigen reicht nicht aus, Düss GRUR-RR 01, 25. Ein einziges – auch erfolgloses – Angebot genügt, BGH GRUR 91, 316, 317 – Einzelangebot mwN; GRUR 07, 871 Tz 29. Im Vorfeld der anderen Verletzungshandlungen soll einer Gefährdung der wirtschaftlichen Chancen des Rechtsinhabers entgegengetreten werden, BGH GRUR 07, 871 Tz 29. Rechtsverletzend ist das Anbieten daher auch dann, wenn es sich auf einen Erwerb im Ausland, BGH GRUR 07, 871 Tz 31; Stuttg GRUR Int 98, 806, oder auf die Zeit nach Ablauf der Schutzdauer, BGH GRUR 07, 221 Tz 10 – Simvastin; LG Düss InstGE 1, 19, 21, bezieht. Das Anbieten kann sich auf Originalerzeugnisse erstrecken, die den zollrechtlichen Status von Unionswaren haben, obwohl für Waren das externe Versandverfahren oder das Zolllagerverfahren gilt, EuGH GURR 06, 146, Rn 61 – Class International. Weil das Anbieten ggü dem Inverkehrbringen eine eigenständige Verbreitungshandlung, BGH GRUR 07, 871 Tz 29, mit eigenem Gewicht und eigenem Unrechtsgehalt ist, besteht bereits hierfür eine Verpflichtung zum Schadensersatz, BGH GRUR 06, 143, 145 – Catwalk. Das Vorzeigen eines rechtsverletzenden Erzeugnisses in Original oder in Abbildung reicht aus; einer Übergabe des Erzeugnisses bedarf es nicht, BGH GRUR 82, 371, 372 – Scandinavia. Ein Originalerzeugnis muss noch nicht zur Verfügung stehen; es genügt dessen Beschreibung in Wort oder Bild, BGH GRUR 91, 317. Die Berechtigung zur Weiterveräußerung von designgemäßen Erzeugnissen umfasst grds auch die Befugnis zu angemessener Werbung, § 40 Rn 8.

54   **7.** Das **Inverkehrbringen** ist ein Rechtsbegriff zur Klarstellung, dass nicht nur Veräußerungsgeschäfte verboten sind. Erfasst wird das Zugänglichmachen von rechtsverletzenden Erzeugnissen in ihrer körperlichen Form für Dritte, BGH GRUR 58, 613, 614 – Tonmöbel. Überlassung eines funktionsfähigen Musters genügt, LG Düss Mitt 99, 271. Erforderlich ist der Übergang der Verfügungsgewalt, nicht auch des Eigentums; Leasing, Vermietung und Verpachtung genügen daher, Rn 55. Verwendung als Wanddekoration in einer Gaststätte ist dagegen kein Inverkehrbringen, LG Köln GRUR-RR 09, 47, 48 – Italienische Caffè-Bars, aber Gebrauchen, Rn 58. Im UrhR ist zwar Eigentumsübertragung Voraussetzung der Verbreitung; dem liegen jedoch urheberrechtsspezifische Verpflichtungen aus dem WCT (WIPO Copyright Treaty) und dem WPPT (WIPO Performances and Phonograms Treaty) zugrunde, die in der Info-RL, s hierzu Allg Rn 10, ihren Niederschlag gefunden haben, EuGH GRUR Int 08, 593 Rn 30–32 – P&C/Cassina; krit Goldmann/Möller GRUR 09, 551; v Welser GRUR Int 08, 596 (Urteilsanm). Zum öffentlichen Ausstellen von rechtsverletzenden

Möbeln s Rn 45, zur Gebrauchsüberlassung s Rn 55. Eine Gegenleistung ist nicht erforderlich, so dass auch Schenkung und Leihe untersagt sind. Dem Erwerber muss nur die Verfügungsbefugnis übertragen werden; auf vertragliche Verfügungsbeschränkungen kommt es nicht an. Übergabe zur Verwahrung, Beförderung oder Ausstellung wird nicht erfasst. Rückgabe an den Lieferanten ist Inverkehrbringen, weil eine neue Verfügungsgewalt begründet und dadurch die Möglichkeit eines erneuten Inverkehrbringens eröffnet wird. Bei Rückgabe in Ausübung eines Gewährleistungsanspruchs hat die Abwicklung einer Sonderrechtsbeziehung Vorrang, mit der das Wandlungsrecht ausgeübt wird, Karlsr Mitt 98, 302. Das rechtsverletzend hergestellte Erzeugnis muss nicht eigenständig in den Verkehr gebracht werden; Einbau in ein Gesamterzeugnis und dessen Übergabe ist ebenfalls Zugänglichmachen. Die Reparatur eines PKW durch den Einbau eines rechtsverletzenden Kotflügels hat mit der Aushändigung des PKW an den Auftraggeber ein Inverkehrbringen des Kotflügels zur Folge. Zur Reparatur von komplexen Erzeugnissen s § 73 I. Handlungen vor Übergang der Verfügungsgewalt können Begehungsgefahr begründen und als Versuch strafbar sein. Handlungen ohne Besitzübergabe, aber mit Außenwirkung, können zum Anbieten führen. Das Inverkehrbringen kann sich auf Originalerzeugnisse erstrecken, die den zollrechtlichen Status von Unionswaren haben, obwohl für die Waren das externe Versandverfahren oder das Zolllagerverfahren gilt, EuGH GRUR 06, 146 Rn 61 – Class International.

8. Das **Vermieten** und **Verleihen** sind die wichtigsten Formen des zeitlich begrenzten Inverkehrbringens. Entgeltliche Gebrauchsüberlassung ist Miete, unentgeltliche Gebrauchsüberlassung ist Leihe. Weil Verleihen und Vermieten Sonderformen des Inverkehrbringens sind, findet der Erschöpfungsgrds Anwendung. Die Bestimmungen des UrhR, durch die das Vermieten von der Erschöpfung ausgenommen (§ 17 Abs. 2 UrhG) und das Verleihen einer Vergütungspflicht unterworfen (§ 27 Abs. 2 UrhG) werden, gelten ua nicht für Werke der angew Kunst. Für eingetragene Designs gibt es insoweit ebenfalls keine Einschränkungen des Erschöpfungsgrds. Wenn dieser Grds nicht eingreift, ist das Vermieten und das Verleihen außerhalb des Handelns im privaten Bereich, s § 40 Nr 1, zu nicht gewerblichen Zwecken dem Rechtsinhaber vorbehalten. Werden zB Liegestühle an einem Badestrand vermietet, beeinträchtigt das die Verwertungschancen des Rechtsinhabers. Wenn Liegestühle von einem Sanatorium ohne Berechnung zur Verfügung gestellt werden, ist das ebenfalls eine Rechtsverletzung. Das Ausstatten von Ruhezonen eines Einzelhandelsgeschäfts fällt zwar nicht unter den Begriff des urheberrechtlichen Verbreitens, BGH GRUR 09, 840 Tz 22 – Le-Corbusier-Möbel II; krit G. Schulze GRUR 09, 812. Wegen der urheberrechtsspezifischen Grundlagen dieser Auslegung, s Rn 54, kommt jedoch eine Übertragung auf das DesignR nicht in Betracht.

9. Einfuhr ist die Verbringung von Erzeugnissen aus dem Ausland in das Territorium Deutschlands. Ob das Herkunftsland Mitgliedstaat der EU, Mitglied des EWR oder ein Drittstaat ist, spielt für den Begriff der Benutzungshandlung keine Rolle. Die Beteiligung eines Staates der EU oder des EWR kann jedoch die Erschöpfung des VerbietungsR zur Folge haben, s § 48 Rn 5. Einfuhr setzt nicht voraus, dass die Ware in den inländischen Markt gelangt; Import mit der Absicht des Exports genügt daher. Zur Grenzbeschlagnahme s § 55. Das VerbietungsR erfasst nur eigene Handlungen des

55

56

Verletzers und die Auftragserteilung für Verbringungsmaßnahmen. Auf die Schutzrechtslage in dem beteiligten Staat kommt es nicht an. Untersagt ist daher auch die Einfuhr aus einem schutzrechtsfreien Land. Welche Maßnahmen nach der Einfuhr stattfinden sollen, ist ohne Auswirkung auf den Begriff der Benutzungshandlung, Stuttg GRUR Int 98, 806. Der Einführende kann sich jedoch darauf berufen, dass seine nachfolgenden Handlungen durch Ausnahmen von den Schutzwirkungen freigestellt sind, zB dass das eingeführte Erzeugnis für den privaten Bereich bestimmt ist, s § 40 Rn 2. Einfuhr setzt eine Verbringung in das Schutzterritorium zum Zweck des dortigen Inverkehrbringens voraus; der bloßen Verbringung in das Schutzterritorium im Rahmen des Zollverfahrens des externen Versandverfahrens oder des Zolllagerverfahrens kann daher nicht widersprochen werden, EuGH GRUR 06, 146 Rn 34, 50 – Class International. **Ausfuhr** ist die körperliche Verbringung von Erzeugnissen aus dem Inland in das Ausland. Ob im Bestimmungsland Designschutz besteht, ist unerheblich. Auf den wirtschaftlichen Zweck der Ausfuhr kommt es nicht an. Untersagt ist daher auch die nur vorübergehende Verbringung in ein anderes Territorium. Rückgabe an Lieferanten ist ebenfalls rechtsverletzend, s Rn 54.

57   **10.** Die **Durchfuhr** ist in Abs 1 ebenso wenig geregelt wie in vergleichbaren Bestimmungen anderer Gesetze. Die RSpr insbes zum MarkenR ist auch auf das DesignR anwendbar, Heinze/Heinze GRUR 07, 740, 747. Weil die Aufführung von Benutzungshandlungen in Abs 2 S 2 nicht abschließender Natur ist, Rn 48, muss im Wege der Auslegung ermittelt werden, ob Transit als Verbringung von einem Auslandsstaat über deutsches Gebiet in einen anderen oder in denselben Auslandsstaat einen Eingriff in das dem Rechtsinhaber vorbehaltene BenutzungsR darstellt. Die bloße Gefahr, dass Waren auf dem Transport durch das Inland nicht am ausländischen Zielort ankommen, hat noch keine Rechtsverletzung im Inland zur Folge, EuGH GRUR 07, 146 Rn 24 – Montex Holdings/Diesel; BGH GRUR 12, 1263 Tz 30 – Clinique happy. Für das Bevorstehen einer Rechtsverletzung im Inland kann auch von keiner Erstbegehungsgefahr ausgegangen werden, solange es keine hinreichenden tatsächlichen Anhaltspunkte für ein unbefugtes Inverkehrbringen im Inland gibt, BGH GRUR Int 07, 1035 Tz 14 – Durchfuhr von Originalware. Die ungebrochene Durchfuhr von Waren, die nicht im EWR in den Verkehr gebracht worden sind, durch das Gebiet der Bundesrepublik Deutschland stellt daher keine Rechtsverletzung im Inland dar, BGH GRUR 07, 876 Tz 18 – DIESEL II; das gilt unabhängig davon, ob das Bestimmungsland ein Mitgliedstaat ist oder ob das nicht der Fall ist, BGH GRUR Int 07, 1035 Tz 13. Wenn Schutz im Bestimmungsland besteht, ist wegen des Territorialprinzips, Allg Rn 15, Durchfuhr kein im Inland begangener Teilakt einer ausländischen Schutzrechtsverletzung, BGH GRUR 12, 1263 Tz 18. Der Rechtsinhaber kann die Durchfuhr von Waren im Wege des externen Versandverfahrens durch einen Mitgliedstaat, in dem ein Schutz besteht, nur verbieten, wenn die Waren Gegenstand der Handlung eines Dritten sind, die vorgenommen wird, während für die Waren das externe Versandverfahren gilt, EuGH GRUR 07, 146 Rn 23. Ein einzelstaatliches Durchfuhrverbot für rechtsverletzende Karosserieteile von Kraftfahrzeugen verstieß nicht gegen Art 27 Nr 1 EuGVÜ, EuGH GRUR Int 00, 759 Rn 34 – Renault/Maxicar. Zur Grenzbeschlagnahme s §§ 55, 57a.

11. Wie es sich mit dem **Gebrauch** eines Erzeugnisses verhält, ergibt sich **58** weniger aus der Wortbedeutung als aus dem Regelungszweck, zumal in der englischen Ausgangsfassung der GRL von „*use*" die Rede ist. Der Grds des UrhR, dass die reine Benutzung urheberrechtlich nicht erfasst wird, zB BGH GRUR 91, 449, 453 – Betriebssystem, hat für das DesignR keine Gültigkeit. Untersagt sind insbes alle Maßnahmen der bestimmungsgemäßen Benutzung, auch wenn dabei auf das Erzeugnis nicht körperlich eingewirkt wird. Gebrauch findet daher nicht nur bei Werkzeugen und Vorrichtungen statt, sondern auch bei Erzeugnissen, die nur zum Betrachten bestimmt sind, zB Ziergegenstände, Wandschmuck, Spiegel etc. Auch Teppiche, Tapeten, Bekleidungsstücke, Schmuckwaren etc werden bei bestimmungsgemäßer Benutzung in Gebrauch genommen. Ausstattungen von Räumlichkeiten des Verkaufs und der Ausstellung unterliegen daher dem VerbietungsR. Maßgeblich ist, ob durch den Gebrauch Nutzen von dem Design des Erzeugnisses gezogen wird. Das kann auch bei einer nicht bestimmungsgemäßen Verwendung der Fall sein, zB wenn eine Bodenvase als Schirmständer benutzt wird. Wenn Änderungen vorgenommen worden sind, kommt es darauf an, ob das Erzeugnis noch unter den Schutzumfang eines eingetragenen Designs fällt. Gebrauch setzt nur Verfügungsgewalt, nicht auch Eigentum voraus. Auch Leihe, Leasing und Eigentumsvorbehalt können daher Grundlagen des Gebrauchs sein. Ein Gebrauch findet jedoch durch Vernichtung und bloße Lagerung ohne Außenwirkung nicht statt. Freigestellt sind die in § 40 Nr 1 und Nr 2 aufgeführten Handlungen. Zum Ausstellen Rn 61.

12. Besitz ist die tatsächliche Verfügungsgewalt, s § 854 BGB; mittelbarer **59** Besitz, § 868 BGB, genügt nicht. Der Begriff *stocking* in der englischen Ausgangsfassung der GRL zeigt, dass es auf die Aufbewahrung zu den genannten Zwecken ankommt. Abweichend von § 14 III Nr 2 MarkenG ist Besitz nicht nur zum Anbieten oder Inverkehrbringen untersagt. Erfasst werden daher alle Erscheinungsformen der körperlichen Verfügungsgewalt, die zur Vorbereitung einer der anderen Benutzungshandlungen geeignet sind. Besitz mit Exportabsicht genügt. Spediteure, Frachtführer Lagerhalter etc üben idR keinen qualifizierten Besitz aus, BGH GRUR 09, 1142 Tz 25 – MP3-Player-Import. Anders als beim Gebrauch ist auch die Lagerung untersagt; das gilt auch, wenn die Aufbewahrung zur Vorbereitung des Gebrauchs oder anderer Benutzungshandlungen bestimmt ist.

13. Die **Wiedergabe** von Erzeugnissen ist zwar nicht in Abs 1 S 2, aber **60** in § 40 Nr 3 Regelungsgegenstand. Weil jede Ausnahmebestimmung eine Grundnorm zur Voraussetzung hat, ist die Wiedergabe von Erzeugnissen eine der Benutzungshandlungen, die in Abs 1 S 2 nicht als Beispiel aufgeführt, aber dennoch untersagt ist. Das ausschließliche BenutzungsR des Rechtsinhabers erstreckt sich daher auf die Wiedergabe eines designgemäßen Erzeugnisses, BGH GRUR 11, 1117 Tz 30 – ICE; krit Ruhl Mitt 11, 530 (Urteilsanm). Wiedergabe ist die zweidimensionale Abbildung eines dreidimensionalen oder zweidimensionalen Erzeugnisses, LG Bln BeckRS 08, 10582 – ICE-Frontseite. Das ergibt sich insbes aus dem Erfordernis, dass die Anmeldung eine Wiedergabe des Designs enthalten muss, § 11 II Nr 3 und Art 36 I c) GGV. Auf den urheberrechtlichen Begriff, s §§ 15–22 UrhG, kommt es nicht an. Das WiedergabeR entspricht nur dem Teilaspekt des urheberrechtlichen VervielfältigungsR, der die bildhafte Wiedergabe von körperlichen Gegenständen erfasst, zB BGH GRUR 01, 51, 53 – Parfumflakon I. Als Benutzungshandlung ist Wiedergabe jede Art und jede Form der Erzeugnisabbildung. Dem VerbietungsR unterliegt zB die Wiedergabe von designgemäßen Erzeugnissen in Bildbänden uä. Deswegen bedarf es einer Ausnahmeregelung für Wiedergaben zum Zweck der Zitierung und der Lehre, § 40 Nr 3. Die Wiedergabe kann insbes durch Lichtbild oder grafische Darstellung erfolgen, zB in einem Verkaufskatalog, FfM GRUR 03, 204, 205, oder in einem Aussteller-Katalog, BGH GRUR 11, 1117 Tz 30. Wiederverkäufer können jedoch berechtigt sein, Erzeugnisabbildungen zu Werbezwecken zu verwenden, § 40 Rn 8. Auch durch eine unkörperliche Wiedergabe kann die Erscheinungsform eines Erzeugnisses abgebildet werden. Erfasst wird daher auch die unkörperliche Wiedergabe auf Projektionsflächen, Bildschirmen etc, § 1 Rn 26. Dem VerwertungsR unterliegen alle Modalitäten der Wiedergabe, die sich wirtschaftlich vorteilhaft zugunsten des Berechtigten auswirken können. Das sind insbes Eigenverwertungen durch den Verkauf von Abbildungen oder durch Lizenzvereinbarungen. Wenn kein Eingriff in das VerwertungsR erfolgt, können sich Beschränkungen der Schutzwirkungen auch außerhalb der Normierungen in § 40 ergeben, § 40 Rn 8 ff.

61   **14.** Das **Ausstellen** von rechtsverletzenden Erzeugnissen ist zwar in den Beispielen des Abs 1 S 2 nicht aufgeführt; diese Beispiele sind jedoch unvollständig, Rn 48. Ob das Ausstellen von Möbelstücken zu Dekorationszwecken im UrhR dem Verbreiten zugeordnet werden kann, s EuGH GRUR Int 08, 593 Rn 36 – P&C/Cassina; BGH GRUR 07, 50 Tz 20 – Le Corbusier-Möbel I; GRUR 09, 1127 Tz 22 – Le Corbusier-Möbel II; krit Schulze GRUR 09, 812, hat wegen der urheberrechtsspezifischen Grundlagen dieser Auslegung, Rn 54, auf das DesignR keine Auswirkung. Durch das nicht autorisierte Ausstellen von rechtsverletzenden Erzeugnissen können die wirtschaftlichen Verwertungschancen des Rechtsinhabers beeinträchtigt werden. Anders als im PatR, s BGH GRUR 70, 358, 360 – Heißläuferdetektor – braucht daher nicht zwischen einem zulässigen Ausstellen auf einer allgemeinen Leistungsschau und einem rechtsverletzenden Ausstellen auf einer Verkaufsmesse differenziert zu werden. Die Bestimmungen in den §§ 18, 44 II UrhG für das Ausstellen von unveröffentlichten Werken sind so auf die Besonderheiten des Kunstmarkts zugeschnitten, dass eine entspr Anwendung im DesignR nicht in Betracht kommt. Ausstellen ist Zurschaustellen wie in § 15 I, aber ohne Privilegierungserfordernis, s hierzu § 15 Rn 4. Wenn das Ausstellen der Dekoration oder gleichartigem Nutzungszweck dient, findet Gebrauch statt, Rn 58. Zur Begehungsgefahr für nachfolgende Benutzungshandlungen Rn 62.

62   **15. Begehungsgefahr,** hierzu § 42 Rn 15, kann nach der geschäftlichen Lebenserfahrung aus der Verwirklichung einer Benutzungshandlung für das Bevorstehen anderer Benutzungshandlungen zu folgern sein. Wenn ein Handelsunternehmen Handelsware in Besitz hat, kann idR davon ausgegangen werden, dass eine Verwertung dieser Erzeugnisse im geschäftlichen Verkehr bevorsteht, BGH GRUR 06, 421 Tz 42 – Markenparfumverkäufe. Daraus verallgemeinernd kann aus jeder festgestellten Benutzungshandlung eine Vermutung für das Bevorstehen solcher Handlungen gefolgert werden, die im üblichen Marktgeschehen der festgestellten Benutzungshandlung nachfolgen. Das Herstellen von rechtsverletzenden Erzeugnissen begründet daher eine Vermutung und damit eine Erstbegehungsgefahr für das Anbieten und das Inverkehrbringen dieser Erzeugnisse. Ob umgekehrt das Anbieten und das Inverkehrbringen eine Vermutung für eine vorausgehende Herstellung begründet, kann bei einem Produktionsunternehmen ohne weiteres bejaht werden, bei einem reinen Vertriebsunternehmen dagegen nicht. Wenn auf einer internationalen Fachmesse in Deutschland Waren von einem ausländischen Anbieter ausgestellt werden, begründet das Erstbegehungsgefahr für ein Anbieten oder Inverkehrbringen in Deutschland, Köln BeckRS 13, 16544 – Mikado; in BGH GRUR 10, 1103 Tz 23 – Pralinenform II – wurden dem BerGer für das MarkenR konkrete Feststellungen aufgegeben, krit von der Goeben GRUR 11, 795; nach Mannh GRUR-RR 11, 83, 84 konnte für das PatR von einer bloßen Leistungsschau ausgegangen werden. Benutzungshandlungen im Inland ergeben keine Begehungsgefahr für Ein- und Ausfuhr, Düss BeckRS 11, 22570 – Herrenhemden. Begehungsgefahr für das gesamte Gebiet der EU ergibt sich idR daraus, dass in einem Mitgliedstaat eine Verletzungshandlung begangen wurde, BGH GRUR 10, 718 Tz 56 – Verlängerte Limousinen; GRUR 12, 512 Tz 49 – Kinderwagen I. Für ein Herstellen und Herstellenlassen von rechtsverletzenden Erzeugnissen in der EU besteht bei einem produzierenden Unternehmen eine Begehungsgefahr bereits dann, wenn es entsprechende Erzeugnisse zwar außerhalb der EU herstellen lässt, aber innerhalb der EU anbietet und vertreibt, BGH GRUR 12, 512 Tz 49. Wenn ein Textilhandelsunternehmen Textilien zwar von einem Vorlieferanten bezogen hat, aber ansonsten auch nach eigenen Angaben herstellen lässt, kann Erstbegehungsgefahr für das Herstellen bzw Herstellenlassen bestehen, LG Düss Hartwig DesignE 4, 215 – Herrenhemd.

XI. Aufschiebung der Bildbekanntmachung

Der Regelung in Abs 3 liegt zu Grunde, dass mit der Anmeldung die **63** Aufschiebung der Bekanntmachung für die Wiedergabe beantragt werden kann, § 21 I 1. Weil sich bei dieser Handhabung die Bekanntmachung auf die Eintragung eines eingetragenen Designs in das Register beschränkt, § 21 I 2, erfolgt zunächst keine Bildbekanntmachung. Die Wirkungen des Sperrschutzes sollen jedoch nur eintreten können, wenn Dritte Kenntnis von einem eD nehmen konnten, Begr § 38 III. Solange die Wiedergabe nicht bekannt gemacht worden ist, kann nicht Einsicht in das Register genommen werden, § 22 S 2 Nr 2. Auch ohne Kenntnis aus Bildbekanntmachung oder Akteneinsicht kann jedoch Kenntnis von dem Gegenstand eines eD bestehen, zB aus der Verbreitung von designgemäßen Erzeugnissen oder sonstigen Maßnahmen der Offenbarung. Kenntnis kann sich auch aus einer gezielten Information des Rechtsinhabers ergeben, Kur GRUR 02, 661, 668. Wenn in Kenntnis eines eD ein Eingriff in dessen Schutzumfang erfolgt, ist das Design das Ergebnis einer Nachahmung. Die Darlegungs- und Beweislast richtet sich nach denselben Grds wie beim Schutz des nicht eingetragenen GGM, hierzu GGM Rn 19. Während der Dauer der Aufschiebung der Bildbekanntmachung bestehen die Rechte aus Abs 1 gegen das Nachahmungsdesign. Wird die Bildbekanntmachung nicht nachgeholt, endet die Schutzdauer, § 21 IV 1. Die Nachholung der Bildbekanntmachung hat den Eintritt der Sperrwirkung zur Folge, Begr § 37 II. Eine Rückwirkung tritt jedoch nicht ein, Begr Art 21 II VO-Vorschlag 1993. Wenn zwischen dem

Tag der Anmeldung, s § 13, des eD und dem Tag, an dem die Nachholung der Bildbekanntmachung erfolgt, kenntnisunabhängige Benutzungshandlungen vorgenommen wurden, kann sich hieraus kein VorbenutzungsR ergeben, weil in § 41 I 1 auf die Zeit vor dem Anmeldetag des eD abgestellt wird. In § 33 III GRUR-E war für diese Konstellation ein WeiterbenutzungsR zu angemessenen Bedingungen vorgesehen, s auch Stellungnahme GRUR 02, 954; ausführl Rehmann Rn 194–198. Eine entspr Anwendung der in § 9 Abs 3 S 1 bis 3 getroffenen Regelungen auf die nicht vorhersehbare Wirkung der Nachholung einer Bildbekanntmachung dient dem Bestands- und Vertrauensschutz (s hierzu § 72 Rn 1). Auch § 6 III HalblSchG trägt auf der Grundlage von Art 5 VI, VII RL 87/54 durch ein WeiterbenutzungsR zu angemessenen Bedingungen der Nichtrecherchierbarkeit Rechnung, Begr § 6 III HalblSchG. Nur durch ein WeiterbenutzungsR kann der Vorstellung, s Begr Art 21 II VO-Vorschlag 1993, Rechnung getragen werden, dass ein unabhängig entwickeltes Design von der späteren Veröffentlichung nicht berührt wird.

Vermutung der Rechtsgültigkeit

39 Zugunsten des Rechtsinhabers wird vermutet, dass die an die Rechtsgültigkeit eines eingetragenen Designs zu stellenden Anforderungen erfüllt sind.

Übersicht

I. Eingetragene Designs

1   **1.** Der **Anwendungsbereich** des § 39 ergibt sich im Gegenschluss daraus, dass nach § 52a im Klageverfahren die Rechtsgültigkeit eines eingetragenen Designs nur durch Erhebung einer Nichtigkeitswiderklage oder durch einen Nichtigkeitsantrag an das DPMA in Abrede gestellt werden kann. Die Vermutung der Rechtsgültigkeit aus § 39 entfaltet ihre Wirkung daher im Verfahren der einstweiligen Verfügung und in außergerichtlichen Vorgängen, insbes der Berechtigungsanfrage und der Verwarnung. Die Vermutung ist so allgemein formuliert, dass sie auch auf das Nichtigkeitsverfahren bezogen werden kann, Begr § 39. Zweck der Regelung in § 39 ist die Erleichterung der Rechtsdurchsetzung. Für Entscheidungen über den Bestand eines eD ist daher eine Vermutungsregelung zugunsten des Rechtsinhabers unangebracht, Peukert S 199. Dementsprechend bezieht sich die Regelung in Art 85 I GGV nur auf das Verletzungsverfahren. Praktische Auswirkungen sind unwahrscheinlich, weil der Gegner des Rechtsinhabers sich im eigenen Interesse nach besten Kräften bemühen wird, dessen SchutzR zu vernichten.

2   **2.** Zum **Regelungsgehalt** der Vermutung für die Rechtsgültigkeit eines eingetragenen Designs gibt es keine Vorlage in der GRL. Durch § 39 wird zugunsten des Rechtsinhabers eine Vermutung dafür begründet, dass die für einen Designschutz erforderlichen tatsächlichen Voraussetzungen erfüllt sind.

Diese Vermutung kann durch geeignete Tatsachen widerlegt werden. Das wird dadurch zum Ausdruck gebracht, dass sich die Vermutung auf die Anforderungen bezieht, die an die Rechtsgültigkeit eines eD gestellt werden, Begr § 39. Es wird zwar als Systembruch bezeichnet, Peukert S 196, dass ein materiellrechtlich ungeprüftes SchutzR mit einer Vermutung der Rechtsgültigkeit ausgestattet ist. Die GRL steht jedoch einer Vermutung der Rechtsgültigkeit nicht entgegen, aA Peukert S 197 ff, zumal die Gesetzgebung in Art 85 I GGV für eingetragene GGM eine gleichartige Vermutung etabliert hat. Die Regelung in Art 22 I Rom II-VO ist entgegen Peukert S 198 zeitlich und inhaltlich nicht einschlägig.

3. Vermutungsvoraussetzung ist die Eintragung des eD zugunsten des **3** Rechtsinhabers, weil erst ab der Eintragung in das Register Ansprüche geltend gemacht werden können, § 27 Rn 2. Für den Eintragungsnachweis ist der beglaubigte Registerauszug bestimmt, s § 22 Rn 2. Der Nachweis der Bekanntmachung kann genügen, weil diese Bekanntmachung die Eintragung voraussetzt, § 20 S 1. Einer Entscheidung muss zusätzlich zu Grunde gelegt werden können, dass keine Löschung erfolgt ist. Es genügt idR der unter Beweis gestellte Vortrag, dass das eD unverändert eingetragen ist, zB Mes/Eichmann F 9. Im Eilverfahren ist Glaubhaftmachung für die Eintragung und für ihren Fortbestand erforderlich, zB Mes/Eichmann F 6. Weil die Vermutung zugunsten des Rechtsinhabers wirkt, muss auch die Rechtsinhaberschaft nachgewiesen sein. Hierfür ergibt sich eine Vermutung aus § 1 Nr 5. Wenn Ansprüche aus abgeleitetem Recht geltendgemacht werden, kommt dem Anspruchsteller die zugunsten des Rechtsinhabers wirkende Vermutung zugute.

4. Die **Rechtsgültigkeit** umfasst alle Kriterien, die Gegenstand einer **4** Nichtigkeitswiderklage sein können. Das Gericht kann daher im Anwendungsbereich des § 39 vom Vorliegen der Schutzvoraussetzungen der Neuheit und der Eigenart sowie dem Fehlen von Schutzausschließungsgründen ausgehen, BGH GRUR 11, 242 Tz 9 – Untersetzer; GRUR 12, 512 Tz 20 – Kinderwagen I; GRUR 12, 1139 Tz 10 – Weinkaraffe. Die Vermutung erfasst auch die Designfähigkeit einzelner Erscheinungsmerkmale des eD. Ansprüche ggü Nichtberechtigten und Ansprüche von Inhabern anderer Rechte können zwar zur Löschung eines eD führen, s § 36 I Nr 4. Diese Ansprüche betreffen jedoch nicht die Anforderungen an die Rechtsgültigkeit des eD, sondern die Rechtsinhaberschaft bzw das Verhältnis zu anderen Rechten, so dass insoweit keine Vermutungen bestehen.

5. Im **Eilverfahren** ist es idR nicht ausreichend, dass sich der Antragstel- **5** ler auf die Vermutung aus § 39 beruft. Wenn das Gericht ohne mündliche Verhandlung entscheiden soll, setzt das substantiierte Glaubhaftmachung des Antragstellers insbes zur Eigenart des Verfügungsdesigns voraus. Versucht der Antragsgegner im zweiseitigen Verfahren die Vermutung der Rechtsgültigkeit zu widerlegen, macht das ebenfalls substantiierte Glaubhaftmachung des Antragstellers zur Eigenart erforderlich. Im einseitigen Verfahren sollte der Antragsteller glaubhaft machen, dass und warum mit einer Widerlegung der Vermutung für die Rechtsgültigkeit nicht zu rechnen ist. Das kann Darlegungen zum vorbekannten Formenschatz erforderlich machen. Damit vergleichbar ist, dass nach Art 90 II 2 iVm Art 85 II 1 GGV eine Vermutung für die Rechtsgültigkeit eines GGM spricht, wenn der Rechtsinhaber darlegt, woraus sich die Eigenart des GGM ergibt. Im einseitigen Verfahren sollte zusätzliche Glaubhaftmachung zur örtlichen Zuständigkeit und zur Dringlichkeit, § 42 Rn 50, erfolgen. Zur Versicherung an Eides Statt s Wehlau/Kalbfuss Mitt 11, 165. Der Schutz für eine Erscheinungsform oder für ein Erscheinungsmerkmal eines eD kann auch dann verneint werden, wenn sich der Anspruchsgegner hierauf nicht beruft. Den Einwand der Nichtigkeit, Begr § 39, kann das Gericht daher auch ohne Rüge des Anspruchsgegners berücksichtigen. Ob der Antragsgegner einen Nichtigkeitsantrag nach § 34a gestellt hat, hierzu Kappl GRUR 14, 326, 330, ist dafür unerheblich. Eine Widerlegung der Vermutung kann sich auch aus offenkundigen Tatsachen, § 291 ZPO, und aus dem eigenen Vortrag des Anspruchsstellers ergeben. Das kann auch bei einem älteren DesignschutzR des Anspruchstellers der Fall sein, FfM GRUR-RR 13, 251, 252 – Henkellose Tasse, wenn die Neuheitsschonfrist nicht eingreift. Auch bei Eilbedürftigkeit sollte zwar der Anspruchsgegner idR Gelegenheit haben, zum Schutzumfang Stellung zu nehmen; die Vorlage der Antwort des Anspruchsgegners auf eine Verwarnung kann jedoch ausreichen, FfM GRUR-RR 11, 66 – Stiefelette; BeckRS 12, 10682 – Paintball-Shirt.

II. Gemeinschaftsgeschmacksmuster

6   Nach Art 90 II 1 GGV ist in Verfahren betreffend einstweilige Maßnahmen der nicht im Wege der Widerklage erhobene Einwand der Nichtigkeit des GGM zulässig. Das Gericht hat daher ebenso wie bei Art 85 I 1 GGV von der Rechtsgültigkeit des Verfügungs-GGM auszugehen, Ruhl 90/13; die hieraus resultierende Vermutung der Rechtsgültigkeit kann jedoch durch den Einwand der Nichtigkeit widerlegt werden. Wie bei § 39 kann daher die Rechtsgültigkeit des Verfügungs-GGM durch Glaubhaftmachung dafür in Abrede gestellt werden, dass es als nichtig zu behandeln ist. Für die durch Art 90 II 2 angeordnete entspr Anwendbarkeit des Art 85 II GGV bedarf es einer korrigierenden Auslegung. Die Regelungen in S 1 für die Vermutung der Rechtsgültigkeit kommen nur für nicht eingetragene GGM in Betracht, Ruhl 90/13. Aus S 2 kann nicht gefolgert werden, dass eine Nichtigkeitswiderklage statthaft ist, Nachw GGM Rn 15.

Beschränkungen der Rechte aus dem eingetragenen Design

40 Rechte aus einem eingetragenen Design können nicht geltend gemacht werden gegenüber

1. **Handlungen, die im privaten Bereich zu nichtgewerblichen Zwecken vorgenommen werden;**
2. **Handlungen zu Versuchszwecken;**
3. **Wiedergaben zum Zwecke der Zitierung oder der Lehre, vorausgesetzt, solche Wiedergaben sind mit den Gepflogenheiten des redlichen Geschäftsverkehrs vereinbar, beeinträchtigen die normale Verwertung des eingetragenen Designs nicht über Gebühr und geben die Quelle an;**
4. **Einrichtungen in Schiffen und Luftfahrzeugen, die im Ausland zugelassen sind und nur vorübergehend in das Inland gelangen;**

5. der Einfuhr von Ersatzteilen und von Zubehör für die Reparatur sowie für die Durchführung von Reparaturen an Schiffen und Luftfahrzeugen im Sinne von Nummer 4.

Übersicht

1. Regelungsgehalt des § 40 ist die Festlegung von Ausnahmen zu dem **1** grds uneingeschränkten VerbietungsR. Durch diese Bestimmung wird die obligatorische Vorgabe aus Art 13 GRL umgesetzt; geringfügige strukturelle und sprachliche Abweichungen dienen der Rechtsklarheit. Der Designschutz bleibt zwar bestehen, aber im Rahmen der Ausnahmebestimmungen entfaltet er keine Wirkung, Begr § 40. Bei der Auslegung muss ebenso wie im UrhR, s mwN BGH GRUR 03, 1035, 1037 – Hundertwasser-Haus, eine Abwägung des Interesses des Rechtsinhabers an wirtschaftlicher Nutzung und der durch die Schrankenbestimmung geschützten Interessen erfolgen, s auch BVerfG GRUR 01, 149, 150 – Germania 3. Die Beschränkungen der Rechte aus einem eingetragenen Design dienen unterschiedlichen Interessen; die Rechtsbeschränkungen treten ein, wenn die jeweiligen Voraussetzungen erfüllt sind. Berücksichtigung finden die Beschränkungen daher auch, wenn sich der Anspruchsgegner nicht darauf beruft. Die Schrankenregelungen des UrhG finden entgegen Begr § 40 keine entspr Anwendung, Rn 9.

2. Für Gemeinschaftsgeschmacksmuster enthält Art 20 GGV Rege- **2** lungen, die wortidentisch mit Art 13 GRL sind. Gemeinschaftsgeschmacksmuster unterliegen daher denselben Rechtsbeschränkungen wie eingetragene Designs. Entsprechungen sind: Nr 1 zu Art 20 I a), Nr 2 zu Art 20 I b), Nr 3 zu Art 20 I c), Nr 4 zu Art 20 II a), Nr 5 zu Art 20 II b) und c) GGV. Der einzige Unterschied besteht darin, dass es bei den Transportmitteln für eD auf die Zulassung im Ausland und für GGM auf die Zulassung in einem Drittstaat ankommt.

3. Handlungen im privaten Bereich iSd Nr 1 sind von den Schutz- **3** wirkungen ebenso wie in § 11 Nr 1 PatG ausgenommen. Vorlage dieser Ausnahmebestimmungen ist Art 31a) GPÜ 1975. Ähnliche Regelungen enthalten § 11 Nr 1 PatG, § 12 Nr 1 GebrMG, § 6 II Nr 1 HalblSchG. Nur natürliche Personen können im privaten Bereich handeln. Das Handeln von juristischen Personen des PrivatR und des öffentlichen Rechts findet nicht in einem privaten Bereich statt; auch Personengesellschaften handeln nicht im privaten Bereich. Es muss hinzukommen, dass zu nichtgewerblichen Zwecken gehandelt wird. Eine Handlung dient gewerblichen Zwecken, wenn sie auf einen wirtschaftlichen Vorteil ausgerichtet ist und im geschäftlichen Verkehr stattfindet; sachlich besteht kein Unterschied zu dem Kriterium des geschäftlichen Verkehrs iSd § 14 II MarkenG. Handeln im hoheitlichen und im kirchlichen Bereich dient zwar keinem gewerblichen Zweck, aber es findet nicht im privaten Bereich statt. Die Regelung entspricht damit weitgehend § 6 Nr 1 GeschmMG aF, Begr § 40. Die unterschiedlichen Auslegungen des damaligen Begriffs der Einzelkopie spielen jedoch keine Rolle. Je größer die Anzahl von Vervielfältigungsstücken und je professioneller die Art der Vervielfältigung ist, desto mehr spricht für Handeln zu gewerblichen Zwecken. Wenn die Vervielfältigung nicht selbst hergestellt wird, kommt es nur auf die nachfolgenden Benutzungshandlungen an. Gegen Handeln im privaten Bereich spricht, wenn Ware angekauft und wieder verkauft wird, LG Bln GRUR-RR 04, 16, 17. Ob ein Anbieter von Waren auf einer Internet-Plattform im privaten Bereich handelt, ist aufgrund einer Gesamtschau der relevanten Umstände zu beurteilen. In Betracht kommen ua wiederholte, gleichartige Angebote, ggf auch von neuen Produkten, Angebote erst vor kurzem erworbener Waren, ansonsten gewerbliche Tätigkeit des Anbieters, häufige sog Feedbacks und Verkaufsaktivitäten für Dritte, BGH GRUR 09, 821 Tz 23–25 – Ohrclips.

4   **4. Handlungen zu Versuchszwecken** iSd Nr 2 sind ebenso wie in Art 31b) GPÜ 1975, § 11 Nr 2 PatG von den Schutzwirkungen ausgenommen. Zur Weiterentwicklung von technischen Lehren kann es geboten sein, den Gegenstand einer patentierten Erfindung im Rahmen von vorbereitenden Versuchen zu untersuchen. Für die Entwicklung von Designgestaltungen ist eine vergleichbare Zweckbestimmung schwer erkennbar, aA Ruhl 20/11; denn sämtliche Erscheinungsmerkmale von Erzeugnissen vom Designschutz ausgeschlossen, die ausschließlich durch deren technische Funktion bedingt sind, s § 3 I 1. Vom Schutz ausgenommen ist der Versuch nicht als Beginn der Tatbestandsverwirklichung, sondern als Maßnahme zur Gewinnung von Erkenntnissen, BGH GRUR 96, 101, 112 – Klinische Versuche I. Diese Erkenntnisse müssen sich auf den Gegenstand des benutzten eD beziehen. Die Freistellung bezieht sich daher nicht generell auf Maßnahmen vor der Entscheidung über eine Kommerzialisierung, abweichend Ruhl 20/11, sondern lediglich auf Erkenntnisse über den Gegenstand des benutzten eD.

5   **5. Veranschaulichung und Lehre** sollen durch das VerbietungsR nicht beeinträchtigt werden. Eine ähnliche Regelung enthält § 6 II Nr 3 HalblSchG auf der Grundlage von Art 5 III RL 87/54. Der Regelung in Nr 3 liegt zu Grunde, dass die Wiedergabe eines eingetragenen Designs eine dem Rechtsinhaber vorbehaltene Benutzungshandlung ist, BGH GRUR 11, 1117 Tz 45 – ICE; § 38 Rn 60. Der Begriff der Zitierung in Art 13 I c) GRL entspricht „citation", „cita" und „citazione" in der englischen, spanischen bzw italienischen Sprachfassung. Durch „illustration" in der französischen Sprachfassung kommt nach Begr § 40 der Regelungszweck deutlicher zum Ausdruck. Dem entspricht „illustratie" in der niederländischen Sprachfassung. Zur Auslegung kann nach BGH GRUR 11, 1117 Tz 45 auf die Regelung des ZitatR in § 51 UrhG zurückgegriffen werden, wobei das Bildzitat mit der Wiedergabe eines eD vergleichbar ist. Zulässigkeitsvoraussetzung ist demnach eine innere Verbindung zwischen dem wiedergegebenen Design und eigenen Gedanken des Zitierenden in der Weise, dass die Wiedergabe als Belegstelle oder als Erörterungsgrundlage dient, BGH GRUR 11, 1117 Tz 46. Eine autonome Auslegung verdient jedoch den Vorzug, Klawitter GRUR-Prax 12, 1, 2, zumal Art 20 I c) GGV eine übereinstimmende Regelung enthält, Kurtz KSzW 14, 3, 6. Weil durch § 40 eine obligatorische Vorgabe der GRL umgesetzt wird und für Begriffe des UnionsR eine autonome und einheitliche Auslegung verpflichtend ist, Allg

Rn 17, sollte im Hinblick auf die unterschiedlichen Sprachfassungen eine erläuternde Veranschaulichung maßgeblich sein. Die Wiedergabe in einem Ausstellungskatalog, s BGH GRUR 94, 801, 802 – Museumskatalog, oder in einem Versteigerungskatalog, s BGH GRUR 93, 822, 823 – Katalogbild, kann daher Veranschaulichung auch ohne geistige Auseinandersetzung sein. Eine Illustration iSv Bebilderung genügt jedoch nicht. Darstellungen lediglich zum Schmuck oder zur Verzierung sind daher nicht freigestellt. Die Wiedergabe der Frontseite eines ICE in einem Ausstellerkatalog einer Einrichtung für angewandte Forschung hat der Werbung für das eigene Leistungsangebot, aber nicht dem Beleg eigener Ausführungen gedient, BGH GRUR 11, 1117 Tz 48. Die Abbildung eines designgemäßen Erzeugnisses auf einer Verpackung von Zubehör für dieses Erzeugnis war nach LG Düss 14c O 251/10 v 26.9.13 (zitiert nach Kurtz KSzW 14, 5) eine Zitierung iSv Art 20 I c) GGV. Mit dem Begriff der Lehre ist nicht nur die akademische Lehre, sondern Unterricht aller Art gemeint. Das ergibt sich aus anderen Sprachfassungen, insbes aus „onderricht" in der niederländischen Fassung. Auch Wiedergaben im Unterricht setzen eine erläuternde Befassung voraus. Nur die Wiedergabe als Reproduktion eines geschützten Erzeugnisses ist gestattet, nicht auch Herstellung und Inverkehrbringen. Die Freistellung steht unter dem Vorbehalt, dass die Wiedergabe mit den Gepflogenheiten des redlichen Geschäftsverkehrs vereinbar ist und die normale Verwertung des eD nicht über Gebühr beeinträchtigt. Das macht eine Interessenabwägung unter dem Postulat der Rücksichtnahme erforderlich, wobei der Begriff der Zitierung die Richtung vorgibt. Weil eine umfassende Interessenabwägung erforderlich ist, kann nicht als Regel zugrundegelegt werden, dass Schrankenbestimmungen des UrhR eng auszulegen seien, BVerfG GRUR 12, 389 Tz 17 – Kunstausstellung im Online-Archiv. Das wesentliche Element besteht darin, dass durch die Wiedergabe die normale Verwertung des Desigs nicht beeinträchtigt wird, Begr Art 22 VO-Vorschlag 1993. Eine Rechtsverletzung tritt daher erst dann ein, wenn die Verwertung eines eingetragenen Designs unangemessen beeinträchtigt wird. Das kann insbes der Fall sein, wenn der Inhaber eines eD oder ein Lizenznehmer Abbildungen von designgemäßen Erzeugnissen geschäftsmäßig verbreitet und diese Verbreitungsmaßnahmen durch Wiedergabehandlungen Dritter beeinträchtigt oder gestört werden. Die Freistellung ist nicht auf Schriftwerke beschränkt; die Wiedergabefreiheit besteht daher unabhängig von dem Medium, in dem die Wiedergabe erfolgt, Begr § 40. Die Quellenangabe dient der Information über die gestalterische und betriebliche Herkunft des Gegenstands der Wiedergabe. Die Verpflichtung zur Quellenangabe ergibt sich aus dem DesignerpersönlichkeitsR des Entwerfers und aus dem Verkaufsinteresse des Anbieters von designgemäßen Erzeugnissen. Quelle ist die für die Erscheinungsform maßgebliche Herkunft. Als Quelle ist daher auch der Hersteller oder der Verbreiter (wenn der Hersteller nicht bekannt ist) anzugeben. Der Name des Entwerfers muss angegeben werden, wenn er bekannt oder ohne weiteres ermittelbar ist. Anzugeben ist der Name bzw die Firma in individuell üblicher Weise und in angemessener Form. Ort und Anschrift müssen nicht ausgewiesen werden. Das Unterlassen der Quellenangabe kann zum Schadensersatz verpflichten, KG WRP 12, 1002, 1006 (UrhR mwN).

6. Schiffe und Luftfahrzeuge können über Einrichtungen verfügen, die **6** dem VerbietungsR unterliegen. Wenn diese Transportmittel im Ausland zugelassen sind und nur vorübergehend in das Inland gelangen, sollen insoweit Rechte aus einem eD nicht durchsetzbar sein. Der internationale Güter- und Personenverkehr soll nicht unverhältnismäßig beeinträchtigt werden, Begr § 40. Die Regelung in Nr 4 ist an Art 5ter PVÜ und an Art 31d), Art 31e) GPÜ 1975 angelehnt. Auf Landfahrzeuge erstreckt sich die Regelung in Nr 4 nicht. Die Art der Einrichtungen und die Art der Verbindung mit dem Transportmittel ist unerheblich. Nach dem Wortlaut sind Maßnahmen ggü den Transportmitteln als solchen nicht ausgenommen. Der Regelungszweck kann jedoch auch insoweit Bedeutung erlangen. Die Verkehrsmittel und deren Bestandteile sind nur freigestellt, solange sie vorübergehend in das Schutzgebiet gelangen. Schutzzweck ist daher die Freiheit des grenzüberschreitenden Verkehrs, Hbg GRUR Int 88, 781, 782 – Pflanzen-Transportwagen. Vorübergehend sind zwar nicht nur Maßnahmen des Transits, s Stauder GRUR 93, 305, 307, aber bei einer Verweildauer von mehreren Monaten, s LG Hbg GRUR Int 73, 703, 705 – Rolltrailer, oder gar bis zu einem Jahr, Hbg GRUR Int 88, 782, greift die Freistellung nicht mehr ein.

7   **7. Ersatzteile und Zubehör** für die Reparatur von Schiffen und Luftfahrzeugen können ebenso wie Einrichtungen in diesen Transportmitteln für den internationalen Güter- und Personenverkehr, s Rn 5, Bedeutung haben. Durch Nr 5 ist jedoch nur die Einfuhr von den Schutzwirkungen ausgenommen; Herstellung und Inverkehrbringen im Inland sind durch Nr 5 nicht freigestellt. Der Reparaturzweck muss schon bei der Einfuhr bestehen. Kern des Regelungszwecks ist die Durchführung von Reparaturen an den Transportmitteln; hierauf erstrecken sich daher die Schutzwirkungen ebenfalls nicht. Aus dem Gesamtzusammenhang und aus dem Regelungszweck ergibt es sich, dass die Einfuhr nur freigestellt ist, wenn sie zur Durchführung von Reparaturen an den Transportmitteln bestimmt ist.

8   **8.** Für **Werbeankündigungen** gibt es im DesignR keine spezifischen Regelungen. Während das Anbieten jede Art der Bereitschaft zum Inverkehrbringen umfasst, geht es beim AnkündigungsR um das Recht, in der Öffentlichkeit den Weiterverkauf von Waren anzukündigen, EuGH GRUR Int 98, 140 – Dior/Evora, und für diesen Weiterverkauf zu werben, EuGH GRUR Int 99, 438 – BMW/Deenik. Im Markenrecht ergibt sich das werbliche Ankündigungsrecht unmittelbar aus der gesetzlichen Regelung in § 14 II 5 MarkenG. Im DesignR führt eine erweiternde Anwendung des Erschöpfungsgrundsatzes zum gleichen Ergebnis, § 48 Rn 14.

9   **9.** Die **Schrankenregelungen anderer Gesetze** können auch für das DesignR von Interesse sein. Die Wiedergabe von geschützten Erzeugnissen in einer Fernsehsendung oder in einem Pressebericht über die Eröffnung einer Ausstellung wird in Begr § 40 unter der Voraussetzung des § 57 UrhG als stets zulässig bezeichnet. Nach § 23 Nr 3 MarkenG hat der Inhaber einer Marke nicht das Recht, Hinweise auf die Bestimmung einer Ware zu untersagen; ob diese Bestimmung im DesignR entspr anwendbar ist, blieb in BGH GRUR 11, 1117 Tz 53 – ICE – offen; nach Kurtz KSzW 14, 3, 7 besteht insoweit eine planwidrige Reglungslücke. Eine entspr Anwendung der einschlägigen Schrankenregelungen des UrhR auf das DesignR wird sowohl befürwortet, Rehmann Rn 208; Schulze FS Ullmann 2006, 93, 110, als auch abgelehnt, 4. Aufl 40/1 iVm 38/32. Gesetzliche Schrankenbestimmungen sind das Ergebnis einer vom Gesetzgeber vorgenommenen, grds abschließenden Güterabwägung, BGH GRUR 10, 628 Tz 26 – Vorschaubilder I (UrhR). Einer entspr Anwendung von Schrankenregelungen anderer Gesetze steht entgegen, dass beim verfassungsrechtlichen Schutz des Eigentums nicht nur der Inhalt, sondern auch die Schranken durch die Gesetze bestimmt werden, Art 14 I 2 GG. Beim Versuchsprivileg des Patentrechts hat das BVerfG Wert darauf gelegt, dass der Gesetzgeber nicht nur die Individualbelange des Patentinhabers zu beachten hat, sondern auch die im Interesse des Gemeinwohls erforderlichen Grenzen ziehen muss, BVerfG GRUR 01, 43 – Klinische Versuche. Allein der Gesetzgeber ist es daher, der Schrankenbestimmungen festzulegen und dabei sachgerechte Maßstäbe anzuwenden hat, BVerfG GRUR 01, 149, 151 – Germania 3. Hinweise in Gesetzesmaterialien sind nicht geeignet, an die Stelle einer gesetzlichen Regelung zu treten.

10. Für **Bestimmungshinweise** gibt es im DesignR keine spezifischen **10** Regelungen. Die Eignung einer Ware als Zubehör, Ersatzteil, Ersatzware oder Ergänzungsware für eine andere (Haupt-)Ware kann durch eine hinweisende Bezugnahme auf die Hauptware besonders deutlich dargestellt werden. Dieser Situation wird im MarkenR durch die Ausnahmeregelung in § 23 Nr 3 MarkenG Rechnung getragen, dass der Inhaber einer Marke nicht das Recht hat, Hinweise auf die Bestimmung einer Ware zu untersagen, wobei Zubehör und Ersatzteile als Beispiele aufgeführt sind; eine entspr Anwendung dieser Bestimmung auf das DesignR wird von Kurtz KSzW 14, 3, 7 befürwortet. Bei einer Werbung für Aluminiumräder, die für einen speziellen Sportfahrzeugtyp der Marke Porsche angeboten wurden, hat Anerkennung gefunden, dass nur in einer Gesamtbetrachtung des kompletten Fahrzeugs der ästhetische Eindruck der Aluminiumräder vollständig vermittelt werden kann, BGH GRUR 05, 163, 164 – Aluminiumräder. Nach LG Düss 14c O 251/10 v 26.9.13 (zitiert nach Kurtz KSzW 14, 5) war die Abbildung eines designgemäßen Erzeugnisses auf einer Verpackung von Zubehör für dieses Erzeugnis eine Zitierung iSv Art 20 I c) GGV. Eine Bezugnahme kann gerechtfertigt sein, wenn sie für eine verständliche und vollständige Information der Öffentlichkeit erforderlich ist, EuGH GRUR 05, 509 Rn 39 – Gillette. Wenn lediglich die funktionelle Zugehörigkeit eines Sekundärprodukts veranschaulicht wird, kann der Inhaber eines eingetragenen Designs einen Hinweis auf das von ihm stammende Primärprodukt nicht untersagen. Weil das Verbietungsrecht nur übliche Verwertungshandlungen umfasst, § 38 Rn 48, kann der Berechtigte nicht gegen Handlungen vorgehen, die außerhalb des ihm vorbehaltenen Bereichs liegen. Ähnlich wie im MarkenR, wo den berechtigten Interessen des Rechtsinhabers nicht in unlauterer Weise zuwider gehandelt werden darf, EuGH GRUR 05, 509 Rn 41 – LA-Laboratories, muss aber auch im DesignR das eigene Verwertungsinteresse des Berechtigten gebührend berücksichtigt werden. Allein der Umstand, dass der Rechtsinhaber Waren gleicher Art anbietet, hat allerdings keine unangemessene Beeinträchtigung zur Folge, BGH GRUR 05, 164.

11. Die Berufung auf einen übergeordneten **Grundrechtsschutz** kann es **11** rechtfertigen, dass designgemäße Erzeugnisse ohne Zustimmung des Rechtsinhabers wiedergegeben werden. Die Berichterstattung über Tagesereignisse hat zwar nur in § 50 UrhG eine ausdrückliche Regelung gefunden. Für das DesignR ergibt sich jedoch derselbe Regelungsgehalt aus dem Verfassungsrang des Grundrechts der Medienfreiheit, das insoweit eine Beschränkung des EigentumsR, Allg Rn 14, zur Folge hat. Bei der Abwägung zwischen den Interessen des Rechtsinhabers und dem Interesse an einer ungehinderten Berichterstattung findet Berücksichtigung, dass die Einholung einer Gestattung völlig unpraktikabel wäre. Wenn bei einem Bildinterview Einrichtungsgegenstände (zB Möbel, Leuchten, Blumenvasen) oder sonstige Bestandteile der Einrichtung (zB Tapeten) zu sehen sind, werden Designobjekte nicht um ihrer selbst Willen, sondern im Rahmen einer Bildberichterstattung über ein allgemein interessierendes Thema wiedergegeben. Weil idR davon ausgegangen werden kann, dass sich derartige Berichte förderlich auf den geschäftlichen Erfolg von designgemäßen Erzeugnissen auswirken, BGH GRUR 83, 28, 30 – Presseberichterstattung und Kunstwerkwiedergabe II, kann nicht von einer Beeinträchtigung des VerwertungsR des Rechtsinhabers ausgegangen werden. Die Wiedergabe einer Prestige-Handtasche mit einem geschützten Design in einem gesellschaftskritischen Gemälde kann als Ausdruck der Kunstfreiheit gerechtfertigt sein, Rechtbank Den Haag GRUR-Prax 13, 271.

Vorbenutzungsrecht

41 (1) **Rechte nach § 38 können gegenüber einem Dritten, der vor dem Anmeldetag im Inland ein identisches Design, das unabhängig von einem eingetragenen Design entwickelt wurde, gutgläubig in Benutzung genommen oder wirkliche und ernsthafte Anstalten dazu getroffen hat, nicht geltend gemacht werden. Der Dritte ist berechtigt, das Design zu verwerten. Die Vergabe von Lizenzen (§ 31) ist ausgeschlossen.**

(2) **Die Rechte des Dritten sind nicht übertragbar, es sei denn, der Dritte betreibt ein Unternehmen und die Übertragung erfolgt zusammen mit dem Unternehmensteil, in dessen Rahmen die Benutzung erfolgte oder die Anstalten getroffen wurden.**

Übersicht

1. Gesetzessystematik 1	7. Unabhängige Entwicklung 7
2. Gemeinschaftsgeschmacksmuster 2	8. Gutgläubigkeit 8
3. Regelungstechnik 3	9. Verwertung 9
4. Regelungszweck 4	10. Übertragung 10
5. Benutzung 5	11. Lizenzerteilung 11
6. Anstalten 6	12. Darlegungs- und Beweislast 12

1 **1.** Die **Gesetzessystematik** ergibt sich daraus, dass die Sperrwirkung, § 38 Rn 11, des Designschutzes zu Härten ggü Dritten führen kann, denen ein DesignschutzR weder bekannt war noch bekannt sein konnte. Das VorbenutzungsR – VBR – ist ein Rechtsinstitut, das sich bei technischen SchutzR, s Art 38 I GPÜ 1975, § 12 PatG und die Verweisung in § 13 III GebrMG, seit langem bewährt. Die GRL enthält keine Bestimmung über das VBR, s Eichmann Mitt 98, 252, 261; Kur GRUR 02, 661, 667. Die Möglichkeit der Inanspruchnahme des VBR bei GGM, s Rn 2, rechtfertigt jedoch diese Möglichkeit auch ggü einzelstaatlichen SchutzR.

2 **2.** Für **Gemeinschaftsgeschmacksmuster** enthält Art 22 GGV eine Regelung, die weitgehend wortgleich mit der Regelung in § 41 ist. Zur Glaubhaftmachung der Vorbenutzung s Rn 12. Abweichend von § 41, s

Rn 9, bestimmt Art 22 GGV, dass der Vorbenutzer berechtigt ist, sein Muster für die Zwecke zu verwerten, für die das Muster schon vor dem Anmelde- oder Prioritätstag benutzt worden ist (oder hierzu Vorbereitungshandlungen stattgefunden haben). Diese Zweckbindung ist ein wirtschaftlich ausgerichtetes Kriterium. Wenn zB ein gemusterter Stoff vom Vorbenutzer bisher für Vorhänge benutzt worden ist, darf nicht auf eine Verwertung für Bekleidungsstücke übergewechselt werden.

3. Die **Regelungstechnik** ist darauf beschränkt, dass Voraussetzungen **3** und Ausübungsgrenzen festgelegt werden. Maßgeblich ist der Anmeldetag iSd § 13, s auch Art 22 I GGV, § 12 II 1 PatG. Das VBR hat eine Einschränkung des SchutzR ggü dem Dritten zur Folge, BGH GRUR 65, 411, 413 – Lacktränkeinrichtung. In diese Einschränkung sind Abnehmer einbezogen, wenn die Grenzen des VerwertungsR eingehalten werden. Auf Ansprüche des Inhabers des SchutzR ggü sonstigen Dritten hat das VBR keine Auswirkungen. Die Regelung des VBR ist als rechtshindernde Einwendung ausgestaltet. Der Anspruchsgegner braucht daher nur die Tatsachen vorzutragen, aus denen sich das VBR ergibt. Zeitliche Grenzen für diesen Vortrag ergeben sich nur aus den Bestimmungen des VerfahrensR, die der Beschleunigung des Verfahrens dienen.

4. Regelungszweck des § 41 ist die Schaffung eines interessengerechten **4** Ausgleichs zwischen dem Bedürfnis des Rechtsinhabers an einem umfassenden Sperrwirkungsschutz und dem Interesse Dritter an der Fortführung von Maßnahmen, die bereits vor dem Anmeldetag eines eingetragenen Designs stattgefunden haben, Begr § 41. Das VBR ist daher Investitionsschutz, Grünbuch 6.4.6. Aus Billigkeitsgründen soll verhindert werden, dass ein vorhandener oder bereits angelegter Besitzstand zerstört wird, BGH GRUR 02, 231, 233 – Biegevorrichtung. Die Struktur des Besitzstands kann daher Auswirkungen auf den Umfang des VerwertungsR haben. Billigkeitserwägungen, BGH GRUR 65, 411, 413 – Lacktränkeinrichtung, und Besitzstand, BGH GRUR 03, 507, 509 – Enalapril, sind jedoch keine selbständigen Tatbestandsmerkmale. Die Voraussetzungen sind nicht dieselben wie bei der Verwirkung; auch innerbetriebliche Vorgänge können berücksichtigungsfähig sein, BGH GRUR 03, 510. Die Berufung auf ein vorbenutztes Design ist nur dem Vorbenutzer und seinen Abnehmern gestattet, nicht auch weiteren Marktteilnehmern, High Court (London) [2007] EWHC 1712 (Pat) v 19.7.07 Rn 23.

5. Durch welche Handlung ein Design in **Benutzung** genommen wer- **5** den kann, ergibt sich aus § 38 I 2, weil durch § 41 der Anwendungsbereich des § 38 beschränkt wird. Aus dieser Beschränkungswirkung ergibt es sich, dass Gegenstand des VBR nicht nur identische Designs, sondern alle Designs sind, die vom Schutzumfang eines eingetragenen Designs erfasst werden, s Stellungnahme GRUR 02, 954. Maßgeblich ist daher nicht Identität iSd § 2 II 2, sondern ebenso wie in Art 22 I GGV der Schutzumfang iSd § 38 II. Weil es dabei auf den jeweiligen Gesamteindruck ankommt, § 38 Rn 7, ist es entgegen LG Leipzig Mitt 14, 414 unerheblich, ob ein Teilelement des Verletzungsgegenstands vorbenutzt ist, Hoffmann Mitt 14, 393. Die einzelnen Benutzungsarten sind zwar gleichgestellt, BGH GRUR 03, 507, 509 – Enalapril, können aber Auswirkungen auf den Umfang des VerwertungsR haben. Die Benutzung muss im Inland, dh innerhalb der Grenzen der BRD, stattgefunden haben. Benutzungshandlungen in einem anderen Mitgliedstaat der EU, LG Düss Mitt 01, 561, 565, und bloßer Import, BGH GRUR 03, 509, genügen daher nicht. Der Dritte muss in eigenem Interesse gehandelt haben, BGH GRUR 93, 460, 462 – Wandabstreifer; Mitarbeiter sind grds im Interesse des Betriebsinhabers tätig, BGH GRUR 93, 460, 462 – Wandabstreifer. Herstellung in fremden Werkstätten setzt bestimmenden Einfluss des Dritten voraus, LG Düss E 99, 8, 10. Auslandsbezüge zu inländischem Handeln, zB Export oder Angebot hierzu, schaden jedoch nicht. Die Benutzung muss nicht bis zum Anmeldetag iSd § 13 I andauern, aber nach einer endgültigen Einstellung der Benutzung geht die Anwartschaft auf das VBR unter, BGH GRUR 69, 35, 38 – Europareise. Wenn erst der Erfolg des eD Dritte veranlasst, eingestellte Benutzungshandlungen wieder aufzunehmen, wird von keinem schützenswerten Besitzstand Gebrauch gemacht. Die Anmeldung eines eD ist keine Benutzungshandlung; die nachfolgende Eintragung hat jedoch ein BenutzungsR und damit ein AbwehrR besonderer Art zur Folge, § 38 Rn 4. Beginn oder Vorbereitung der Benutzung in der Zeit zwischen dem Anmelde- bzw Prioritätstag und dem Tag der Eintragung kann zwar ebenfalls einen Besitzstand begründen. Dieser wird jedoch durch § 41 nicht geschützt, zumal vorgesehen ist, dass auch nach einer Aufschiebung der Bekanntmachung die Schutzwirkungen der Eintragung uneingeschränkt in Kraft treten können, § 38 Rn 63.

6   **6. Anstalten** können ausreichen, wenn es noch nicht zu Benutzungshandlungen gekommen ist. Anstalten sind ebenso wie „Veranstaltungen" iSd § 12 PatG Vorbereitungshandlungen aller Art. Es muss sich um wirkliche und um ernsthafte Anstalten handeln; diese Begriffe sind aus Art 22 I GGV übernommen. Die Anstalten müssen den ernstlichen Willen erkennen lassen, eine gewerbliche Benutzung alsbald aufzunehmen, BGH GRUR 64, 20, 23 – Taxilan. Das Design muss daher konzeptionell fertig entwickelt sein. Versuche und unbewusst gewonnene Ergebnisse genügen nicht, BGH GRUR 12, 895 Tz 18 – Desmopressin. Die Fertigstellung eines Entwurfs kann ausreichen, wenn alle wesentlichen Erscheinungsmerkmale des Designs festgelegt sind. Die Erstellung eines Entwurfs reicht jedoch nicht, wenn nicht durch zusätzliche Maßnahmen belegt wird, dass die konkrete Absicht der Inbenutzungnahme bestanden hat. Zusätzliche Maßnahmen können zB die Anfertigung von Konstruktionszeichnungen, die Erteilung von benutzungsrelevanten Aufträgen, die Erstellung eines Handmusters sein. Erforderlich ist eine Gesamtschau der betrieblichen Vorgänge des Dritten. Nach den Vorarbeiten muss alsbald die Aufnahme der Benutzung erfolgen, Mü InstGE 1, 1, 7. Wenn Anstalten eingestellt worden sind, entsteht ebenso wie bei der Einstellung von Benutzungshandlungen kein VBR. Die Anmeldung eines eD ist keine Vorbereitung der Inbenutzungnahme des Gegenstands des eD, zumal die Herbeiführung von Vorrats- und Defensiv-DesignschutzR statthaft ist, § 38 Rn 7; sie kann daher nur im Rahmen der Gesamtbeurteilung aller betrieblichen Vorgänge des Dritten Bedeutung erlangen.

7   **7.** Eine von dem eingetragenen Design **unabhängige Entwicklung** muss Grundlage der Benutzungs- bzw Vorbereitungshandlungen gewesen sein. Unmittelbare widerrechtliche Entnahme, s § 9 Rn 1, führt stets zu abhängiger Entwicklung, BGH GRUR 64, 673, 675 – Kasten für Fußabtrittsroste; Eichmann GRUR 93, 73, 81. Ohne rechtswidriges Verhalten hat Kenntnisnahme von dem Gegenstand des eD abhängige Entwicklung, § 38 Rn 42, zur Folge, wenn der Gegenstand des eD dem Dritten innerhalb der

Neuheitsschonfrist zugänglich geworden ist; mittelbare Kenntnisnahme auf Grund von Informationen durch andere Personen genügt. Auf einen Rechtsvorbehalt, s § 12 I 4 PatG, kommt es nicht an, weil Kenntnis vom Gegenstand des späteren eD stets abhängige Entwicklung zur Folge hat. Redlichkeit des Dritten, s BGH GRUR 64, 675, ist daher nur für Gutgläubigkeit von Bedeutung.

8. Durch das Erfordernis der **Gutgläubigkeit** wird das Erfordernis der **8** unabhängigen Entwicklung ergänzt. Widerrechtliche Entnahme führt stets zu Bösgläubigkeit. Kenntnisnahme vom Gegenstand des eingetragenen Designs innerhalb der Neuheitsschonfrist steht Gutgläubigkeit entgegen, weil der Dritte damit rechnen muss, dass unter Ausnutzung der Neuheitsschonfrist eine Anmeldung für ein eD erfolgen wird. Bei mittelbarer widerrechtlicher Entnahme kann Gutgläubigkeit bestehen, Eichmann GRUR 93, 73, 82. Selbständigkeit der Designentwicklung hat stets Gutgläubigkeit zur Folge.

9. Das Recht zur **Verwertung** berechtigt den Dritten, nach der Eintra- **9** gung des eingetragenen Designs die Benutzung fortzusetzen bzw die durch Anstalten getroffen Vorbereitungshandlungen in die beabsichtigte Benutzung überzuführen. Dabei wird auf eine Identität des Designs abgestellt. Eine völlige Übereinstimmung mit dem Gegenstand des eD ist damit nicht gemeint, weil das VBR für jedes Design gilt, das vom Schutzumfang des eD erfasst wird, s Rn 5; Beyerlein/Günther 41/3. Gemeint dürfte daher sein, dass das verwertete Design in seiner Erscheinungsform mit dem vorbenutzten Design übereinstimmen muss. Aus dem rechtspolitischen Ziel des Investitionsschutzes, Rn 4, ergibt sich, dass zwar keine quantitativen Beschränkungen bestehen, im qualitativen Bereich jedoch insbes keine Annäherungen an den Gegenstand des SchutzR toleriert werden, Eichmann GRUR Int 67, 378, 388 f (zum PatR). Eine Erweiterung des Besitzstands, die eine zusätzliche Einschränkung des SchutzR zur Folge hat, ist daher nicht gestattet, BGH GRUR 02, 231, 234 – Biegevorrichtung. Ebenso wenig wie beim positiven BenutzungsR, § 38 Rn 6, darf von Merkmalen Gebrauch gemacht werden, die durch das SchutzR unter Schutz gestellt worden sind, um dessen Benutzung es geht. Nur solche Änderungen sind erlaubt, die sich auf das Verhältnis zum Gegenstand des eD nicht auswirken, zB Änderungen der Farbe, wenn die Wiedergabe des eD nicht farbig ist, oder Änderungen in der Größe. Das VerwertungsR setzt Benutzungs- oder Vorbereitungshandlungen im eigenen Interesse voraus; Handlungen von Mitarbeitern begründen idR ein VBR des Unternehmens, BGH GRUR 93, 460, 463 – Wandabstreifer. Der quantitative Umfang der Benutzung unterliegt keinen Beschränkungen. Der Dritte darf daher zB von Einzelfertigungen zur Serienherstellung übergehen. Welche Benutzungshandlungen freigestellt sind, ergibt sich aus der Struktur des jeweiligen Besitzstands. Die Benutzungshandlung des Herstellens darf daher auf die üblicherweise nachfolgenden Benutzungshandlungen des Anbietens, des Inverkehrbringens und der Ausfuhr erweitert werden. Wer nur in den Verkehr gebracht hat, zB als Händler, darf dagegen nicht zur Herstellung übergehen; der Hersteller darf jedoch gewechselt werden. Wenn nur ein Gebrauch, zB durch die Ausstellung eines Designobjekts oder durch die sonstige Benutzung von Erzeugnissen stattgefunden hat, darf weder hergestellt werden noch dürfen die Erzeugnisse in den Verkehr gebracht werden. Schutz genießt nur ein gewerblicher Besitzstand, BGH GRUR 02, 233. Durch Handlungen im privaten Bereich, s § 40 Nr 1, wird daher kein VBR begründet.

10   **10.** Eine **Übertragung** des VBR soll nicht stattfinden, weil nur ein eigenständig herbeigeführter Besitzstand Schutz genießt. Das VBR ist daher betriebsgebunden. Nur zusammen mit dem Unternehmen oder dem Unternehmensteil, in dessen Rahmen die Benutzung oder die Vorbereitung der Benutzung stattgefunden hat, kann das VBR rechtmäßig übertragen werden, Abs 2. Übertragung kann auch Übergang, § 29 Rn 2, sein. Bei der Rechtsnachfolge muss das VBR weder bekannt sein noch ausdrücklich erwähnt werden; maßgeblich ist die Rechtsnachfolge in die sachlichen Voraussetzungen des VBR. Bei einer Gebrauchsüberlassung des Unternehmens oder Unternehmensteils, insbes Pacht und Nießbrauch, kann sich der Nutzungsberechtigte auf das VBR berufen. Wirtschaftliche Betrachtungen stehen dem nicht entgegen, weil keine Aufspaltung des VBR erfolgt. Andere als durch Abs 2 gestattete Übertragungen sind ggü dem Inhaber des eingetragenen Designs unwirksam, § 135 I 2 BGB. Weil das VBR nicht selbstständig verkehrsfähig ist, kann es nicht verpfändet und nicht zum Gegenstand von Maßnahmen der Zwangsvollstreckung gemacht werden. Im Insolvenzverfahren fällt das VBR zusammen mit dem Betrieb in die Masse. Eine Übertragung des VBR durch den Insolvenzverwalter ist nur im Rahmen von Abs 2 möglich.

11   **11.** Eine **Lizenzerteilung** ist untersagt, Abs 1 S 3, weil das VBR betriebsbezogen ist und dem eine Aufspaltung nicht Rechnung tragen würde. Eine Lizenzerteilung ist daher ggü dem Inhaber des eingetragenen Designs unwirksam, § 135 I 2 BGB. Das gilt sowohl für ausschließliche als auch für einfache Lizenzen.

12   **12.** Die **Darlegungs- und Beweislast** für die sachlichen Voraussetzungen des VBR richtet sich nach allg Grds. Die Ausgestaltung als rechtshindernde Einwendung hat zur Folge, dass dem Dritten die Beweislast für die Benutzungs- bzw Vorbereitungshandlungen obliegt. Die Beweislast dafür, dass bei dem Dritten keine unabhängige Entwicklung stattgefunden hat, trifft den Rechtsinhaber. Der Nachw der äußeren Umstände genügt, aus denen sich die Möglichkeit der Kenntnisnahme ergibt. Die Beweislast für Gutgläubigkeit obliegt dem Dritten. Die subj Voraussetzungen sind daher dieselben wie beim nicht eingetragenen GGM, so dass auch Beweis des ersten Anscheins in Betracht kommt, GGM Rn 19. Glaubhaftmachung, s Art 22 I GGV, genügt im deutschen VerfahrensR nur für ausdrücklich geregelte Vorgänge, § 294 I ZPO. Das ist ua bei Eilverfahren der Fall, § 938 iVm § 920 II ZPO. Im Hauptsacheverfahren muss der volle Beweis für die sachlichen Voraussetzungen des VBR erbracht werden, Begr § 41. Als Beweismittel für Benutzungs- und Vorbereitungshandlungen kommen in erster Linie Privaturkunden, § 416 ZPO, und sonstige Schriftstücke, zB Zeichnungen, in Betracht. Für Zeugenbeweis, §§ 373 ff ZPO, kann von Bedeutung sein, inwieweit die Aussage durch Urkunden oder andere Anhaltspunkte gestützt wird, BGH GRUR 03, 507, 508 – Enalapril. Weil durch das VBR die Schutzwirkungen des eingetragenen Designs ggü dem Dritten außer Kraft gesetzt werden, muss dem verfassungsrechtlichen Rang, Allg Rn 14, des eD angemessen Rechnung getragen werden. Ebenso wie bei der Offenbarung, s § 5 Rn 4, darf über Art und Zeit der Handlung kein Zweifel bestehen, s auch Beyerlein WRP 04, 676, 679.

Abschnitt 8. Rechtsverletzungen

Beseitigung, Unterlassung und Schadenersatz

42 (1) Wer entgegen § 38 Absatz 1 Satz 1 ein eingetragenes Design benutzt (Verletzer), kann von dem Rechtsinhaber oder einem anderen Berechtigten (Verletzten) auf Beseitigung der Beeinträchtigung und bei Wiederholungsgefahr auf Unterlassung in Anspruch genommen werden. Der Anspruch auf Unterlassung besteht auch dann, wenn eine Zuwiderhandlung erstmalig droht.

(2) Handelt der Verletzer vorsätzlich oder fahrlässig, ist er zum Ersatz des daraus entstandenen Schadens verpflichtet. Bei der Bemessung des Schadensersatzes kann auch der Gewinn, den der Verletzer durch die Verletzung des Rechts erzielt hat, berücksichtigt werden. Der Schadensersatzanspruch kann auch auf der Grundlage des Betrages berechnet werden, den der Verletzer als angemessene Vergütung hätte entrichten müssen, wenn er die Erlaubnis zur Nutzung des eingetragenen Designs eingeholt hätte.

Übersicht

I. Allgemeines

1   **1.** Für die **Entwicklung** war bestimmend, dass die GRL keine Regelungen über Sanktionen enthält. Die Konkretisierung des in § 38 geregelten VerbietungsR erfolgt in der Weise, dass dem Rechtsinhaber oder einem anderen Berechtigten durch § 42 Ansprüche gegen den unberechtigten Benutzer eingeräumt werden. Die wichtigsten Ansprüche sind in § 42 geregelt. Mit der Richtlinie 2004/48/EG v 29.4.04 zur Durchsetzung der Rechte des geistigen Eigentums (ABl EG Nr L 195 v 2.6.04), häufig als Durchsetzungsrichtlinie oder Enforcementrichtlinie (= EnforcementRL) bezeichnet, ist den Mitgliedstaaten aufgegeben worden, die Vorschriften dieser Richtlinie in nationales Recht umzusetzen, s Art 20 I. Die Bundesrepublik Deutschland hat diesen Auftrag mit dem Gesetz zur Verbesserung der Durchsetzung von Rechten des geistigen Eigentums v 7.7.08 (BGBl 2008 I, 1191) erfüllt. Mit diesem Artikelgesetz wurden die einschlägigen Bestimmungen in den jeweiligen Einzelgesetzen zum Schutz des geistigen Eigentums geändert und ergänzt. Bereits das TRIPS-Übereinkommen enthält in Teil III (= Art 41 bis Art 61) Bestimmungen zur „Durchsetzung der Rechte des geistigen Eigentums". Diese Bestimmungen sind jedoch von vielen Mitgliedern des Abkommens nur unvollkommen umgesetzt worden, zB Patnaik GRUR 04, 191 ff. Für die Auslegung des DurchsG ist auch das TRIPS-Übereinkommen heranzuziehen, zumal in den allg Erwägungen, Begr A II 1, und in der EnforcementRL, ErwGrd 4 und 5, auf dieses Abkommen Bezug genommen wird.

2   **2.** Als **Regelungsgehalt** ergeben sich aus Abs 1 S 1 die Voraussetzungen für den Unterlassungsanspruch als dem in der Praxis wichtigsten Anspruch und für den nahezu bedeutungslosen Beseitigungsanspruch. Zugleich wird die Aktivlegitimation, Rn 9, und die Passivlegitimation, Rn 4–8, festgelegt. Wer Täter, Mittäter, Anstifter oder Gehilfe ist, beurteilt sich nach den Grds des StrafR, BGH GRUR 11, 152 Tz 30 – Kinderhochstühle im Internet I. Der Unterlassungsanspruch setzt Begehungsgefahr, nämlich Wiederholungsgefahr oder, wie sich aus Abs 1 S 2 ergibt, Erstbegehungsgefahr voraus. In unausgesprochenem Rückgriff auf Abs 1 S 1 wird in Abs 2 S 1 bestimmt, dass bei Verschulden auch eine Verpflichtung zum Schadensersatz besteht. Von den drei Methoden der Schadensschätzung, s Rn 21 ist der Anspruch auf Herausgabe des Verletzergewinns in Abs 2 S 2 und die Lizenzanalogie in Abs 2 S 3 geregelt. Umfassend zur Durchsetzung von Designschutzrechten: Hess in: Eichmann/Kur § 11.

3   **3.** Für **Gemeinschaftsgeschmacksmuster** ergibt sich aus Art 88 II GGV, dass das nationale Recht des angerufenen Gerichts auf den Schadensersatzanpruch sowie auf Auskünfte zum Zweck der Bestimmung des Schadens anwendbar ist, EuGH GRUR 14, 368 Rn 54 – Gautzsch. Sowohl für den Schadensersatzanspruch als auch für die Ansprüche auf Unterlassung und Beseitigung bestimmt § 62a Nr 1, dass § 42 I und II entspr anwendbar sind. Zum zeitlichen Anwendungsbereich § 62a Rn 6. Die vorbereitenden Ansprüche auf Rechnungslegung und Auskunftserteilung richten sich ebenfalls nach nationalem Recht.

II. Verletzer

1. Täter ist, wer einen Rechtsverstoß selbst, in mittelbarer Täterschaft **4** oder in Mittäterschaft begeht, BGH GRUR 11, 152 Tz 30 – Kinderhoch-stühle im Internet I; GRUR 13, 1229 Tz 29 – Kinderhochstühle im Inter-net II. Bei § 42 ist Täter, wer entgegen § 38 I 1 ein eingetragenes Design benutzt, Abs 1 S 1, also jeder, der ohne Zustimmung des Rechtsinhabers eine rechtsverletzende Benutzungshandlung isd § 38 I 1 vorgenommen hat. Jede einzelne Benutzungshandlung begründet Passivlegitimation. Wer einen Herstellungsauftrag erteilt hat, lässt herstellen; diese Handlungsform kann Gegenstand eines hierauf konkretisierten Unterlassungsanspruchs sein, s § 38 Rn 35. Die Benutzung kann sowohl von einer natürlichen Person als auch von einer juristischen Person oder von einer rechtsfähigen Gesellschaft er-folgt sein, s hierzu § 44 Rn 3. Verletzer kann auch sein, wer die Verwirkli-chung eines Benutzungstatbestands durch einen Dritten ermöglicht oder fördert, BGH GRUR 09, 1142 Tz 29 – MP3-Player-Import. Die hierfür erforderliche Kenntnis kann sich auch daraus ergeben, dass die Zollbehörde im Verfahren der sog Grenzbeschlagnahme einen Hinweis auf die Möglich-keit einer Schutzrechtsverletzung gegeben hat, BGH GRUR 09, 1142 Tz 42; LG Düss InstGE 7, 172, 175. Ob der Täter schuldhaft gehandelt hat, spielt nur bei Ansprüchen aus Abs 2 eine Rolle. Ansprüche aus Abs 1 sowie aus den §§ 43, 46, 46a, 46b und 47 haben weder Vorsatz noch Fahrlässigkeit des Verletzers zur Voraussetzung. Mehrere Täter sind Mittäter, wenn sie eine Benutzungshandlung gemeinschaftlich begangen haben, s § 830 I 1 BGB. Mittäterschaft setzt daher bewusstes und gewolltes Zusammenwirken voraus, BGH GRUR 09, 597 Tz 14 – Halzband. Benutzt ein Dritter ein fremdes Mitgliedskonto bei eBay zu SchutzR-Verletzungen, weil der Inhaber die Zugangsdaten nicht hinreichend vor fremden Zugriffen gesichert hat, muss sich der Inhaber des Mitgliedskontos so behandeln lassen, als ob er selbst gehandelt hätte, BGH GRUR 09, 597 Tz 18. Verletzter ist auch, wer die Verwirklichung eines Benutzungstatbestands durch einen Dritten ermöglicht oder fördert, obwohl er sich mit zumutbarem Aufwand die Kenntnis ver-schaffen kann, dass die von ihm unterstützte Handlung ein absolutes Recht verletzt, BGH GRUR 09, 1142 Tz 29 (PatR). Zur Störerhaftung s Rn 8. Als Verletzer kommen nicht nur die in § 44 aufgeführten Unternehmen in Betracht, sondern auch Privatpersonen, wenn sie zu gewerblichen Zwecken gehandelt haben, § 40 Rn 3, sowie Hoheitsträger. Die Haftung bei hoheitli-chem Handeln richtet sich nach Art 34 GG und § 839 BGB.

2. Als **Teilnehmer** kommen Anstifter und Gehilfen in Betracht. Gehil- **5** fenhaftung setzt objektive Beihilfehandlung und Vorsatz in Bezug auf die Haupttat voraus, BGH GRUR 11, 152 Tz 30 – Kinderhochstühle im Inter-net I. Weil Schutzrechtsverletzungen unerlaubte Handlungen sind, BGH GRUR 02, 618, 619 – Meißner Dekor I, findet § 830 II BGB mit der Folge Anwendung, dass Anstifter und Gehilfen Mittätern gleichstehen und deswe-gen wie Täter behandelt werden. Dabei finden die strafrechtlichen Begriffe Anwendung, nämlich aus § 26 StGB für Anstiftung und aus § 27 StGB für Beihilfe. Als Teilnehmer an einer rechtswidrigen Handlung haftet daher, wer diese zumindest mit bedingtem Vorsatz gefördert oder dazu angestiftet hat, BGH GRUR 09, 597 Tz 14 – Halzband. Der Vorsatz muss neben der Kenntnis der objektiven Tatumstände das Bewusstsein der Rechtswidrigkeit einschließen, BGH GRUR 10, 536 Tz 65 – Modulgerüst II; GRUR 11, 152 Tz 30. Bei Verschulden sind Teilnehmer ebenso wie Täter, s Rn 4 auch zum Schadensersatz verpflichtet.

6 **3.** Für **Vertretungsorgane** von juristischen Personen haftet ein Unternehmen in entspr Anwendung der §§ 31, 89 BGB. Vertretungsorgane können auch persönlich in Anspruch genommen werden, wenn sie für eine Benutzungshandlung ursächlich waren, BGH GRUR 86, 248, 250 – Sporthosen mwN; GRUR 05, 1061, 1064 – Telefonische Gewinnauskunft. Es genügt, dass das Vertretungsorgan von der Handlung Kenntnis und die Möglichkeit der Verhinderung hatte, BGH GRUR 86, 252; GRUR 09, 685 Tz 33 – ahd.de; GRUR 10, 616 Tz 34 – marions-kochbuch; GRUR 12, 184 Tz 32 – Branchenbuch Berg; GRUR 12, 1145 Tz 36 – Pelikan; krit Hühner GRUR-Prax 13, 459. Ob von Unkenntnis ausgegangen werden kann, richtet sich nach den Umständen des Einzelfalls, Hbg WRP 13, 1215, 1217. Wenn eine Kenntnis nicht nachweisbar ist, kann für Organisationsverschulden gehaftet werden, Hbg GRUR-RR 06, 182, 183/184, krit Werner GRUR 09, 820, 822. Das kann bei dauerhaftem Auslandsaufenthalt der Fall sein, nicht jedoch, wenn ein weiterer Geschäftsführer im Inland das operative Geschäft leitet, Hbg WRP 13, 1218. Verhalten im Prozess begründet keine Erstbegehungsgefahr, wenn für die juristische Person eine Unterlassungserklärung abgegeben worden ist, Hbg WRP 13, 1217. Bei mehreren Vertretungsorganen bedarf es einer konkreten Zuordnung der haftungsbegründenden Voraussetzungen. Ansprüche auf Schadensersatz und vorbereitende Rechnungslegung setzen Verschulden des Vertretungsorgans voraus, BGH GRUR 86, 252. Wenn Verschulden festgestellt ist, haftet das Vertretungsorgan gesamtschuldnerisch, §§ 830, 840, 421 ff BGB, mit der jur Person. Bei Inanspruchnahme wegen ungerechtfertigter Bereicherung muss ein Geschäftsführer in seiner Person einen unmittelbaren vermögenswerten Vorteil erlangt haben, BGH GRUR 09, 515 Tz 46 – Motorradreiniger. **Gesellschafter** können nur in Anspruch genommen werden, wenn sie kraft Gesetzes persönlich haften und wenn sie persönlich an der Verursachung einer Benutzungshandlung beteiligt waren.

7 **4.** Die Haftung von Unternehmen für **Arbeitnehmer und Beauftragte** ist in § 44 besonders geregelt. Diese Personen können unmittelbar nur in Anspruch genommen werden, wenn die Voraussetzungen für eine Mittäterschaft oder eine Teilnahme erfüllt sind.

8 **5.** Als **Störer** kann bei der Verletzung absoluter Rechte in Anspruch genommen werden, wer weder als Täter eine Benutzungshandlung vorgenommen hat noch als Teilnehmer beteiligt war, aber in anderer Weise willentlich und adäquat kausal zur Verletzung des geschützten Rechts beiträgt, BGH GRUR 11, 152 Tz 45 – Kinderhochstühle im Internet I; GRUR 11, 1038 Tz 26 – Stiftparfüm; GRUR 13, 1229 Tz 29 – Kinderhochstühle im Internet II. Das setzt die Verletzung von Prüfungspflichten voraus, BGH GRUR 99, 418, 420 – Möbelklassiker; GRUR 08, 702 Tz 50 – Internetversteigerung III; GRUR 09, 1093 Tz 18 – Focus Online. Wenn ein Diensteanbieter im Rahmen des Hosting eine Plattform eröffnet, auf der private und gewerbliche Anbieter Waren im Internet versteigern können, setzt eine Haftung als Störer voraus, dass für den Diensteanbieter zumutbare Kontrollmöglichkeiten bestehen, um die Verletzung von Immaterialgüterrechten zu unterbinden, BGH GRUR 04, 860, 864 – Internet-Versteigerung I. Dabei trifft den Betreiber eine sekundäre Darlegungslast für die in Betracht kommenden Schutzmaßnahmen, BGH GRUR 07, 708 Tz 41 – Internet-Versteigerung II; GRUR 08, 1097 Tz 20 – Namensklau im Internet. Der Betreiber eines Online-Marktplatzes hat die mit einem Unterlassungsanspruch durchsetzbare Verpflichtung zur Verhinderung künftiger Rechtsverletzungen, wenn er von einem Rechteinhaber auf die Rechtsverletzung durch ein auf dem Marktplatz eingestelltes Verkaufsangebot ausreichend konkret hingewiesen worden ist, EuGH GRUR 11, 1025 Rn 124 – L'Oréal/eBay; BGH GRUR 11, 1038 Tz 26; hierzu Paal/Wilkat MarkenR 12, 1; Lehment WRP 12, 149; Nordemann/Czychowski GRUR 13, 986. Hat der Betreiber einer Internetplattform Anzeigen im Internet geschaltet, die über einen elektronischen Verweis unmittelbar zu schutzrechtsverletzenden Angeboten führen, treffen ihn erhöhte Kontrollpflichten, BGH GRUR 13, 1229 Tz 52. Die Verletzung von Prüfungspflichten kann auch bei Fahrlässigkeit die Verletzung einer Rechtspflicht zur Folge haben, die dem Schutz eines absoluten Rechts dient, BGH GRUR 09, 1142 Tz 36 – MP3-Player-Import (PatR). Nach Art 11 S EnforcementRL müssen Anordnungen auch gegen Mittelspersonen beantragt werden können. Diesem Erfordernis entsprechen im deutschen Recht die Grds zur Gehilfenhaftung, s Rn 5, und insbes zur Störerhaftung, BGH GRUR 07, 708 Tz 37. Die Störerhaftung kann auch zum Schadensersatz verpflichten, EuGH GRUR 11, 1025 Rn 120. Im Verfahren der Grenzbeschlagnahme werden Beförderungsunternehmen auch nach Unterrichtung über die Aussetzung der Überlassung nicht ohne weiteres zum Störer, Hbg MarkenR 09, 329, 332; LG Düss InstGE 7, 172, 174.

III. Verletzter

Die Aktivlegitimation für Ansprüche gegen rechtsverletzende Benutzungshandlungen räumt Abs 1 S 1 dem Verletzten ein. Das ist der Rechtsinhaber oder ein anderer Berechtigter. Als Rechtsinhaber gilt der in das Register eingetragene Inhaber eines eingetragenen Designs, hierzu § 1 Rn 40. Andere Berechtigte können insbes Rechtsnachfolger und Lizenznehmer sein. Bei Mitentwerfern ist die vertragliche, ergänzend die gesetzliche Regelung maßgeblich dafür, wer zur Geltendmachung von Ansprüchen legitimiert ist, § 7 Rn 12, 14. Bei Rechtsübergang ist der Rechtsnachfolger aktiv legitimiert; maßgeblich ist der Zeitpunkt des Rechtserwerbs, § 29 Rn 4, nicht der Zeitpunkt einer Änderungseintragung im Register. Zur Aktivlegitimation von Lizenznehmern § 31 Rn 28.

IV. Beseitigung

1. Für das **Designrecht** hat der Beseitigungsanspruch dadurch eine gesetzliche Regelung erlangt, dass § 14a I 1 GeschmMG 1876 der Regelung in § 97 I 1 UrhG nachgebildet war. Der Anspruch ist auf Beseitigung der Beeinträchtigung gerichtet, die sich aus der Benutzung eines eingetragenen Designs ergibt, die entgegen § 38 I, also widerrechtlich erfolgt. Im UrhR hat der Anspruch auf Beseitigung speziell bei dauerhaften Unikaten Bedeutung erlangt, zB BGH GRUR 82, 107 – Kirchen-Innenraumgestaltung; GRUR 95, 668 – Emil Nolde. Bei den Erzeugnissen, für die Designschutz üblicherweise herbeigeführt wird, können Rechtsverletzungen idR durch

9

10

andere Ansprüche ausreichend sanktioniert werden. Auf Erzeugnisse, die sich nicht mehr in der Verfügungsgewalt des Verletzers befinden, hat der Verletzte ohnehin keinen Zugriff. Praktische Bedeutung hat der Beseitigungsanspruch im DesignR daher kaum erlangt, zumal die bes Anwendungsfälle der Ansprüche auf Vernichtung und auf Urteilsbekanntmachung speziell geregelt sind und der gesetzlich geregelte Beseitigungsanspruch nur gegen die Folgen der widerrechtlichen Benutzung eines eD gerichtet ist. Die geringe Bedeutung des Beseitigungsanspruchs ist auch daraus ersichtlich, dass er in den meisten Gesetzen des ImmaterialgüterR nicht aufgeführt ist. Nur in den §§ 97 I UrhG; 8 II UWG ist ein Beseitigungsanspruch vorgesehen.

11   2. Wenn **andere Rechte** verletzt werden und sich daraus fortwirkende Beeinträchtigungen ergeben, besteht ein Beseitigungsanspruch in entspr Anwendung des § 1004 I 1 BGB. Diese Bestimmung findet nicht nur unmittelbare Anwendung auf Besitzstörungen, sondern auch entspr Anwendung auf Beeinträchtigungen von anderen absoluten Rechten. Ein eingetragenes Design kann nicht nur mit den in § 33 II aufgeführten Rechten, sondern zB auch mit den Rechten am Namen und an der eigenen Abbildung kollidieren; das kann einen Beseitigungsanspruch begründen, § 33 Rn 14. Der Beseitigungsanspruch setzt grds einen durch eine Verletzungshandlung bewirkten und fortdauernden Störungszustand voraus, BGH GRUR 09, 685 ahd. de. Fortwirkungen von Verletzungen des DesignerpersönlichkeitsR, s Allg 16, können ebenfalls Beseitigungsansprüche zur Folge haben. Die erforderlichen Beseitigungsmaßnahmen richten sich nach Art und Umfang der Beeinträchtigung, zB BGH GRUR 95, 668, 671 – Emil Nolde.

V. Unterlassung

12   1. Das **Wesen** des Unterlassungsanspruchs ist durch das in § 38 I 1 normierte Verbot geprägt; er richtet sich insbes gegen die in § 38 I 2 aufgeführten Benutzungshandlungen. Voraussetzung ist widerrechtliches Handeln, nicht auch Verschulden. Es braucht nur festgestellt zu werden, dass das beanstandete Erzeugnis in den Schutzumfang des eingetragenen Designs fällt, § 38 II. Ob eine Zustimmung des Rechtsinhabers vorliegt, § 38 I 1, und ob Rechtsbeschränkungen bestehen, § 40, ist nur von Bedeutung, wenn hierfür Anhaltspunkte bestehen. Aus § 45 S 1 folgt ganz allg, dass bei der Einschaltung von Beauftragten wie für eigenes Handeln gehaftet wird. Auch ein Händler kann auf Unterlassung in Anspruch genommen werden. Weitere Voraussetzung ist Begehungsgefahr; diese kann entweder als Wiederholungsgefahr aus früheren Verletzungshandlungen oder als Erstbegehungsgefahr aus dem Bevorstehen von Verletzungshandlungen resultieren. Die Frage, ob eine Aufbrauchsfrist eingeräumt werden kann, hat im DesignR keinen Eingang in veröffentlichte Gerichtsentscheidungen gefunden.

13   2. **Wiederholungsgefahr,** Abs 1 S 1, ist materiellrechtliche Voraussetzung des Unterlassungsanspruchs, BGH GRUR 83, 127, 128 – Vertragsstrafeversprechen; GRUR 84, 214, 216 – Copy-Charge. Die Gefahr der Wiederholung wird grds bereits durch die begangene Verletzung begründet, BGH GRUR 65, 198, 202 – Küchenmaschine. An die Beseitigung der Wiederholungsgefahr sind strengste Anforderungen zu stellen, zumal es niemals ausgeschlossen werden kann, dass eine auf gestalterischem Gebiet liegende Erscheinungsform für ein späteres Erzeugnis wieder aufgenommen

wird, BGH GRUR 65, 202. Besonders offensichtlich ist die Wiederholungsgefahr, wenn sich der Bekl gegen den Unterlassungsanspruch verteidigt und damit das Recht beansprucht, weiterhin Verletzungshandlungen zu begehen, BGH GRUR 60, 256, 259 – Chérie. Nicht ausreichend ist die Einstellung der Verletzungshandlungen, Düss BeckRS 11, 22570 – Herrenhemden, sowie das bloße Versprechen, sich Verletzungshandlungen künftig zu enthalten, BGH GRUR 65, 202.

3. Zur **Beseitigung der Wiederholungsgefahr** ist idR die Zusage einer angemessen Vertragsstrafe erforderlich, BGH GRUR 65, 198, 202 – Küchenmaschine. Die Vertragsstrafe ist zwar eine schuldrechtlich vereinbarte Leistung, s § 339 S 2 BGB, zur Sicherung der Vertragserfüllung und zur Schadenspauschalierung, BGH GRUR 98, 1053, 1054 – Vertragsstrafe/ Ordnungsgeld. Vorrangige Bedeutung kommt jedoch dem Sanktionscharakter und der Verhütung weiterer Rechtsverletzungen zu, BGH GRUR 98, 471, 476 – Modenschau im Salvatorkeller; GRUR 09, 181 Tz 42 – Kinderwärmekissen; WRP 14, 587 Tz 16 – Vertragsstrafenklausel. Eine srafbewehrte Unterlassungserklärung kann die Wiederholungsgefahr auch ohne Annahmeerklärung beseitigen, BGH GRUR 14, 595 Tz 16; sie kann auch nach der üblichen Annahmefrist angenommen werden, BGH GRUR 10, 358 Tz 21 – Testfundstelle. Die Beschränkung der Zusage einer Vertragsstrafe auf Fälle der schuldhaften Zuwiderhandlung hat nur deklaratorische Bedeutung, BGH GRUR 85, 156 mwN. Die Vertragsstrafe muss so hoch sein, dass sich ein Verstoß für den Verletzer voraussichtlich nicht lohnt, BGH GRUR 14, 595 Tz 16. Die Angemessenheit der Vertragsstrafe richtet sich nach den Gesamtumständen des Einzelfalls, BGH GRUR 83, 127, 129 – Vertragsstrafeversprechen; GRUR 94, 146, 147 – Vertragsstrafebemessung. Es kann ausreichen, eine auf einen Höchstbetrag limitierte Vertragsstrafe zuzusagen, BGH GRUR 85, 156; GRUR 85, 937, 938 – Vertragsstrafe bis zu ... II, oder die Bestimmung der Vertragsstrafe gem § 315 I BGB dem Gläubiger zu überlassen, BGH GRUR 78, 192, 193 – Hamburger Brauch, und dem Gericht die Überprüfung zuzuweisen, BGH GRUR 94, 146; GRUR 14, 595 Tz 18. Die richterliche Billigkeitskontrolle kommt auch einem Kaufmann zu Gute, BGH GRUR 10, 358 Tz 30. Trotz der Regelung in § 348 BGB kann eine Herabsetzung nach § 242 BGB erfolgen, wenn die verwirkte Vertragsstrafe in einem außerordentlichen Missverhältnis zur Bedeutung der Zuwiderhandlung stünde, BGH GRUR 09, 181 Tz 41; GRUR 14, 595 Tz 19. Die Rechtsfigur des Fortsetzungszusammenhangs findet keine Anwendung, BGH GRUR 01, 758, 759 – Trainingsvertrag. Bei einer Vertragsstrafenvereinbarung für jedes einzelne Produkt kommt daher eine Zusammenfassung mehrerer Verstöße zu einer einseitigen Zuwiderhandlung nicht in Betracht, BGH GRUR 09, 181 Tz 39. Nach einem Verstoß gegen die Unterlassungserklärung kann der Gläubiger einen gerichtlichen Unterlassungstitel herbeiführen, BGH GRUR 80, 241, 242 – Rechtsschutzbedürfnis, wenn keine weitere Unterlassungserklärung mit erheblich höherer Strafbewehrung abgegeben wird, BGH GRUR 90, 534 – Abruf-Coupon. Auf den Schadensersatzanspruch des Gläubigers ist die Vertragsstrafe nur insoweit anzurechnen, als Interessenidentität besteht, BGH GRUR 08, 929 Tz 9 – Vertragsstrafeneinforderung. Der Schuldner muss nicht nur weitere Verletzungen unterlassen, sondern auch andauernde oder künftige Verletzungen rückgängig machen

14

bzw verhindern; das gilt auch für Dritte, deren Verhalten dem Schuldner wirtschaftlich zugute kommt, wenn ausreichende Einwirkungsmöglichkeiten bestehen, BGH GRUR 14, 595 Tz 26.

15 **4.** Dass auch bei **Begehungsgefahr** ein Anspruch auf Unterlassung besteht, ergibt sich aus Abs 1 S 2. Diese Bestimmung ist mit dem DurchsG (s Rn 1) eingefügt worden. Eine Änderung der vorher auf § 1004 BGB gestützten Rechtspraxis hat sich daraus nicht ergeben. Begehungsgefahr ist Grundlage für vorbeugende Unterlassungsklage bzw Klage wegen drohender Verletzung, s Art 81a) GGV. Der Rechtsinhaber braucht daher nicht die erste Verletzungshandlung abzuwarten; auch die konkrete Gefahr einer bevorstehenden erstmaligen Rechtsverletzung löst den Unterlassungsanspruch aus, BGH GRUR 62, 34, 35 – Torsana; GRUR 94, 530, 532 – Beta. Begehungsgefahr kann sich auch daraus ergeben, dass der Bekl für sich in Anspruch nimmt, zu dem beanstandeten Verhalten berechtigt zu sein, BGH GRUR 87, 125, 127 – Berühmung; GRUR Int 94, 965, oder dass der Bekl eine Benutzungshandlung ankündigt, Mü 29 U 4518/08 v 14.5.09. Die drohende Verletzungshandlung muss sich in tatsächlicher Hinsicht so konkret abzeichnen, dass alle Tatbestandsmerkmale zuverlässig beurteilt werden können, BGH GRUR 10, 1103 Tz 23 – Pralinenform II, und eine zuverlässige Beurteilung unter rechtlichen Gesichtspunkten möglich ist, BGH GRUR 09, 1093 Tz 30 – Focus Online. Dabei kommt es auf die Gegebenheiten im Zeitpunkt der letzten mündlichen Verhandlung an, BGH GRUR 86, 248, 251 – Sporthosen. Die Grds für die Beseitigung der Erstbegehungsgefahr sind weniger streng als für den Wegfall der Wiederholungsgefahr, BGH GRUR 92, 116 – Topfgucker-Scheck; GRUR Int 10, 1001 Rn 27 – DDR-Logo; GRUR 14, 382 Tz 33 – REAL-Chips. Wenn in einen Unterlassungsantrag Benutzungshandlungen mit Erstbegehungsgefahr Eingang gefunden haben, kann bei Ansprüchen sowohl auf Schadensersatz, BGH GRUR 06, 421 Tz 47, als auch auf vorbereitende Rechnungslegung, Bereicherungsherausgabe und Beseitigung nur auf eine bereits festgestellte Benutzungshandlung abgestellt werden. Der Schadensersatzanspruch setzt nämlich voraus, dass zumindest eine Handlung bereits begangen worden ist, die zur Verursachung eines konkreten Schadens geeignet war, BGH GRUR 64, 496, 497 – Formsand. Die Anmeldung eines Designs, das in die Rechte des Inhabers eines älteren eingetragenen Designs eingreift, löst nicht grds einen Unterlassungsanspruch aus, aA Fezer 14/510; v Gamm 14a/19; Ingerl/Rohnke 14/174, sondern nur dann, wenn zusätzliche Anhaltspunkte dafür bestehen, dass eine Benutzung konkret beabsichtigt ist. Weil sowohl Vorratsdesigns als auch Sperrdesigns grds statthaft sind, § 38 Rn 7, kann aus der Anmeldung eines eD nicht gefolgert werden, dass die Aufnahme der Benutzung in absehbarer Zeit bevorsteht. Erwägungen auf der Grundlage der markenrechtlichen Benutzungsobliegenheit sind auf eingetragenen Designs nicht übertragbar. Zur Erstbegehungsgefahr für andersartige Benutzungshandlungen § 38 Rn 62.

VI. Schadensersatz

16 **1.** Am Anfang der **Entwicklung** hat gestanden, dass schon aufgrund des GeschmMG 1876 ein Anspruch auf Schadensersatz geltend gemacht werden konnte. Dabei haben früh die im Bereich der technischen SchutzR entwickelten Methoden der Schadensermittlung auch für das DesignR Anwendung gefunden, BGH GRUR 63, 640, 642 – Plastikkorb. Trotzdem war im DesignR der Schadensersatzanspruch häufig kaum mehr als eine nicht quantifizierte Verhandlungsposition für Vergleichsverhandlungen. Die sog Lizenzanalogie ist zwar am häufigsten herangezogen worden, aber anders als bei technischen SchutzR standen keine etablierten Vergleichswerte für den Lizenzsatz zur Verfügung. Die Verkaufserlöse waren vielfach relativ niedrig, weil in die Kalkulation des Verletzers Kosten weder der Entwicklung noch der Markteinführung Eingang finden mussten, Pitzker GRUR 75, 55, 56. Auch von Kosten für laufende Werbemaßnahmen konnte häufig abgesehen werden, wenn der Verletzer von der Marktaufbereitung des Herstellers und/oder seines Lizenznehmers profitiert hat. Die Angaben über lizenzpflichtige Umsätze konnten gering angesetzt werden, weil Sanktionen für fehlerhafte Rechnungslegungen kaum zu befürchten waren. Ersatz für den entgangenen Gewinn ist fast nie verlangt worden, weil es als unzumutbar angesehen wurde, die eigene Kalkulation unmittelbar oder mittelbar (über Handelsunternehmen) einem Wettbewerber offenzulegen. Die Möglichkeiten der Schadensermittlung nach freier Überzeugung des Gerichts, § 287 S 1 ZPO, sind kaum genutzt worden, s hierzu Rn 38; Hbg GRUR-RR 09, 136; Brandenbg CR 09, 251, 252. Beim Schadensersatz nach dem sog Verletzergewinn konnte kaum etwas dagegen unternommen werden, dass der Verletzer gewinnmindernde Positionen sehr hoch angesetzt und deswegen keinen Gewinn oder jedenfalls keinen nennenswerten Gewinn ausgewiesen hat. Hierzu hat das zu § 14a II GeschmMG 1876 ergangene Urteil „Gemeinkostenanteil", Rn 25, eine Wende gebracht und einen Meilenstein gesetzt. Einen weiteren Anstoß zur Verbesserung der Rechte von SchutzR-Inhabern hat auf gemeinschaftsrechtlicher Ebene die EnforcementRL (s Rn 1), gebracht; zur Entwicklung Kämper GRUR Int 08, 539. Die Mitgliedstaaten müssen daher einen Ausgleich für den durch die Rechtsverletzung erlittenen Schaden sicherstellen, Art 13 I EnforcementRL. Dabei müssen alle in Frage kommenden Aspekte berücksichtigt werden. Wenn die Höhe des tatsächlich verursachten Schadens schwierig zu beziffern wäre, EnforcementRL EwGrd 26, kann auch ein Pauschalbetrag festgesetzt werden. Die Umsetzung in nationales Recht mit dem DurchsG (s Rn 1) lässt inhaltlich ggü der bisherigen Rechtslage keine Änderungen erkennen.

2. Grundlage der **Regelungstechnik** ist, dass Naturalrestitution, § 249 **17** S 1 BGB, bei der Verletzung von ImmaterialgüterR nicht möglich ist und deswegen Geldentschädigung stattfindet, § 251 I BGB. Dabei wird berücksichtigt, dass es um einen angemessenen Ausgleich des Schadens geht, Art 45 I TRIPS, und dass der Schaden bereits durch den Eingriff in ein ImmaterialgüterR entstanden ist, BGH GRUR 09, 856 Tz 76 – Tripp-Trapp-Stuhl; GRUR 12, 1226 Tz 15 – Flaschenträger; Tilmann FS Schilling 2007, 367, 372; v Ungern-Sternberg FS Loewenheim 2009, 351, 357. Einzelheiten ua des Schadensausgleichs sind mit dem DurchsG (s Rn 1) konkretisiert worden. Soweit die Umsetzung sowohl den konkreten als auch den allg Vorgaben der EnforcementRL nicht ausreichend Rechnung trägt, kann eine richtlinienkonforme Auslegung geboten sein, v Ungern-Sternberg GRUR 09, 460, 463. Anspruchsvoraussetzung ist, dass eine Verletzungshandlung begangen, dh ein eingetragenes Design widerrechtlich benutzt worden ist, s § 38

Rn 8. Nach dem allg Grds in Art 3 II EnforcementRL müssen Maßnahmen ua verhältnismäßig sein. Daraus kann gefolgert werden, dass der Verschuldengrad bei der Festsetzung des Schadensersatzes berücksichtungsfähig ist, v Ungern-Sternberg GRUR 09, 465. Wenn der Verletzer ohne Verschulden gehandelt hat, steht dem Verletzten ein Bereicherungsanspruch zu, s § 50 Rn 3. Weil sich der Anspruch auf Ersatz des entgangenen Gewinns bereits aus § 252 BGB ergibt, bedarf es hierzu keiner speziellen Regelung im DesignG, Begr § 139 II PatG. Die drei schon seit langem im ImmaterialgüterR etablierten Methoden der Schadensermittlung stehen daher weiterhin zur Verfügung, Begr § 139 II PatG. Die frühere Regelung in Abs 2 S 3, wonach bei leichter Fahrlässigkeit vom Gericht eine Entschädigung festgesetzt werden kann, die in den Grenzen zwischen dem Schaden des Verletzten und dem Gewinn des Verletzers bleibt, ist aufgehoben worden. Grund dafür ist, dass nach Art 13 II EnforcementRL die Festsetzung einer Entschädigung unterhalb des ermittelbaren Schadens nur in Betracht kommt, wenn kein Verschulden vorliegt, Begr § 139 II PatG; krit v Ungern-Sternberg FS Loewenheim 2009, 364.

18   **3. Vorsatz** ist die Verwirklichung eines rechtswidrigen Erfolgs mit Wissen und Willen, BGH NJW 65, 962, 963, zB das Fortsetzen von Verletzungshandlungen nach Verwarnung, FfM GRUR 57, 622; Düss GRUR 63, 86; Hamm GRUR 79, 242. Vorsätzliches Handeln scheidet aus, wenn vor Vertriebsaufnahme eine qualifizierte Rechtsauskunft eingeholt wurde, die einen Eingriff in den Schutzumfang verneint hat, BGH GRUR 65, 198, 202 – Küchenmaschine. Bedingter Vorsatz genügt, BGH GRUR 58, 613, 614 – Tonmöbel, zB wenn mit der Verletzung eines eingetragenen Designs gerechnet wird und dennoch rechtsverletzende Erzeugnisse vertrieben werden, BGH GRUR 65, 202.

19   **4. Fahrlässigkeit** ist Handeln unter Außerachtlassen der im Verkehr erforderlichen Sorgfalt, § 276 I 2 BGB; BGH GRUR 60, 256, 260 – Chérie. Der Sorgfaltspflicht liegt eine Prüfungsobliegenheit zugrunde, s Rn 13. Der Verletzer handelt idR fahrlässig, wenn er das eingetragene Design gekannt und die für den gestalterischen Eindruck maßgebenden Gestaltungselemente in ihren Wesenszügen übernommen hat, BGH GRUR 65, 198, 202 – Küchenmaschine; GRUR 81, 269, 272 – Haushaltsschneidemaschine II. Dasselbe gilt, wenn es auf Fahrlässigkeit beruht, dass der Verletzer das eD nicht gekannt hat. Es genügt, wenn eine sorgfältige Prüfung der Schutzfähigkeit unterblieben ist, BGH GRUR 58, 509, 511 – Schlafzimmermodell, oder wenn der Verletzer kein älteres Design vorweisen kann, das dem verletzten eD im gestalterischen Eindruck ähnlich ist, BGH GRUR 58, 511; GRUR 60, 260. Der Irrtum des Verletzers, er habe genügend Abstand von dem eD gehalten, schließt Fahrlässigkeit idR nicht aus, BGH GRUR 65, 202; GRUR 81, 272; GRUR 81, 273, 276 – Leuchtenglas. Gesteigerte Prüfungspflicht besteht, wenn die Vorlage bes stark ausgeprägte Eigenart aufweist, BGH GRUR 58, 509, 511 – Schlafzimmermodell; GRUR 60, 260, wenn weitgehende Übereinstimmung mit einem designgemäßen Erzeugnis besteht, BGH GRUR 60, 260; GRUR 66, 97, 100 – Zündaufsatz, wenn designgemäße Erzeugnisse weite Verbreitung gefunden haben, LG Mü I Mitt 09, 40, 43 – Carrybag, oder wenn die Vorlage mit einem Hinweis auf Designschutz versehen war, LG Mü I Schulze LGZ 63, 13. Der Verletzer genügt seiner Sorgfaltspflicht nicht bereits dadurch, dass er sich von rechtskundigen Personen beraten lässt, BGH GRUR 63, 642. Das Gericht kann Umstände berücksichtigen, über deren Bedeutung sich der Verletzer im klaren war, BGH GRUR 60, 260. Bei weitgehender Übereinstimmung können unzutreffende Rechtserwägungen Fahrlässigkeit begründen, BGH GRUR 81, 272; ähnl BGH GRUR 65, 202. Fahrlässig handelt auch, wer sich in einen Grenzbereich des rechtlich zulässigen begibt, BGH GRUR 07, 871 Tz 42 – Wagenfeld-Leuchte; WRP 09, 445 Tz 34 – Motorradreiniger. Nach Verwarnung ist die Fortsetzung des Vertriebs auch bei einem Händler schuldhaft, BGH GRUR 91, 914, 197 – Kastanienmuster.

5. Es besteht eine **Prüfungsobliegenheit,** weil das VerbietungsR mit **20** Sperrwirkung ausgestattet ist, § 38 Rn 23. Den Hersteller trifft grds eine Obliegenheit zur Überwachung der Schutzrechtslage, BGH GRUR 70, 87, 88 – Muschi-Blix; GRUR 77, 598, 601 – Autoscooterhalle; GRUR 06, 575 Tz 28 – Melanie. Wer dieser Obliegenheit nicht Rechnung trägt, handelt idR fahrlässig, BGH GRUR 10, 718 Tz 64 – Verlängerte Limousinen; GRUR 11, 142 Tz 26 – Untersetzer; GRUR 77, 601; FfM GRUR-RR 09, 16, 18 – Plastikuntersetzer; LG Hbg GRUR-RR 09, 123, 126 – Gartenstühle. Nach der Veröffentlichung des SchutzR steht, ebenso wie im PatR, s BGH GRUR 86, 803, 806 – Formstein, ein Prüfungszeitraum von bis zu 4 Wochen, idR ein Monat, zur Verfügung. Die dem inländischen Importeur obliegende Prüfungspflicht, BGH GRUR 63, 642, wird durch pauschale Erklärungen des ausländischen Herstellers nicht außer Kraft gesetzt, Düss GRUR 78, 588. Ein Händler muss begründetermaßen annehmen können, dass eine Prüfung auf die Verletzung von Rechten Dritter zumindest einmal durchgeführt worden ist, BGH GRUR 06, 575 Tz 28. Ein Händler mit umfassendem Sortiment hat keine Prüfungspflicht, solange Anhaltspunkte für eine Verletzung eines DesignschutzR nicht offensichtlich sind. Der Herausgeber eines Sammelkatalogs mit Inseraten ausländischer Hersteller muss ihm zugängliche Erkenntnismöglichkeiten nutzen, um sich nicht an Verletzungen von SchutzR zu beteiligen, FfM MarkenR 01, 162, 163. Bei aufgeschobener Bildbekanntmachung kann Erkundigungspflicht bzw Beobachtungspflicht betr Nachholung der Bildbekanntmachung bestehen.

6. Als **Ermittlungsmethoden** sind der Ersatz des dem Verletzten entgangenen Gewinns, die Ermittlung des sog Verletzergewinns und die sog Lizenzanalogie gesetzlich festgelegt, Rn 17. Diese drei Methoden der Schadensermittlung finden bei allen ImmaterialgüterR, BGH GRUR 72, 189, 190 – Wandsteckdose II, und deswegen schon seit langem auch im DesignR Anwendung, BGH GRUR 63, 640, 642 – Plastikkorb; GRUR 74, 53 – Nebelscheinwerfer. Zur Schadensermittlung bei Teilschutz § 38 Rn 36. Sämtliche Ermittlungsmethoden dienen einem angemessenen Ausgleich des Vermögensnachteils, den der Verletzte erlitten hat, BGH GRUR 95, 349, 352 – Objektive Schadensberechnung. Es geht daher nicht um die Berechnung des Schadens, sondern um die Bemessung des zu seiner Beseitigung zu leistenden Ausgleichs, BGH GRUR 12, 1226 Tz 16 – Flaschenträger; Melullis GRUR Int 08, 678, 683. Aus Art 13 I EnforcementRL ergibt sich die Pflicht zur Festsetzung eines angemessenen Schadensersatzes, ebenso grundlegend v Ungern-Sternberg GRUR 09, 460, 462. Dem Ausgleich für die Beeinträchtigung der Integrität eines SchutzR, Melullis GRUR Int 08, 684, liegt der Rechtsgedanke zugrunde, dass bereits in der Verletzung eines ImmaterialgüterR ein auszugleichender Schaden liegt, s Rn 17. Schon durch die rechtswidrige Verletzungshandlung wird die dem Rechtsinhaber vorbehaltene Dispositionsbefugnis missachtet; der daraus resultierende Schadensersatzanspruch dient auch dem Schutz des Art 14 I GG, BVerfG NJW 03, 1655, 1656. Das mit Hilfe einer der Ermittlungsmethoden gewonnene Zahlenwerk ist für diesen Schadensausgleich nicht das Ergebnis, sondern die Grundlage. Es geht daher nicht um unterschiedliche Rechtsgrundlagen, so Peifer WRP 08, 48, sondern um verschiedene Methoden zur Ermittlung eines angemessen Schadensausgleichs, BGH GRUR 08, 93 Tz 7 – Zerkleinerungsvorrichtung; Melullis GRUR Int 08, 679, 684; Maier-Beck GRUR 09, 893, 900. In Art 13 I EnforcementRL wird zwar an den erlittenen tatsächlichen Schaden angeknüpft. ErwGrd 26 EnforcementRL zeigt jedoch, dass diese Formulierung unscharf ist, weil dort der tatsächlich entstandene Schaden im Sinne der deutschen Rechtsterminologie, Rn 24, verstanden wird, aber die Verpflichtung zum Schadensausgleich hierauf nicht beschränkt sein soll.

22   **7.** Dem Verletzten ist eine **Wahlmöglichkeit** dafür eröffnet, welche der drei Ermittlungsmethoden die Grundlage für die Schadensfestsetzung bilden soll. Die einzelnen Ermittlungsmethoden dürfen zwar nicht miteinander vermengt werden, BGH GRUR 80, 841, 842 – Tolbutamid; GRUR 93, 55, 57 – Tchibo/Rolex II mwN; GRUR 93, 757, 758 – Kollektion Holiday; GRUR 95, 349, 352 – Objektive Schadensberechnung. Aber der Verletzte kann zwischen den drei Ermittlungsmethoden wählen, BGH GRUR 12, 1226 Tz 16 – Flaschenträger, bis der von ihm nach einer der Ermittlungsmethoden ermittelte Anspruch erfüllt oder rechtskräftig zuerkannt worden ist, BGH GRUR 74, 54; GRUR 95, 352; GRUR 00, 226, 227 – Planungsmappe. Das Wahlrecht erlischt auch, wenn eine Entscheidung über eine Berechnungsart für den Verletzter nicht mehr angreifbar ist, BGH GRUR 08, 93 Tz 14 – Zerkleinerungsvorrichtung; ausführl Stjerna Mitt 09, 489, 492. Zur Wahlmöglichkeit hat die Enforcement-RL keine Änderung erforderlich gemacht, Begr § 139 II PatG. Die Wahlmöglichkeit besteht im Betragsverfahren über den Schadensersatzanspruch nicht ohne weiteres bis zum Schluss der letzten mündlichen Verhandlung, so noch BGH GRUR 93, 57, sondern nur im Rahmen der Verspätungsregelungen; ausführl v Ungern-Sternberg GRUR 09, 460, 466. Wenn sich der Kl im Eventualverhältnis auf zwei Ermittlungsmethoden stützt, ist ausschließlich die günstigere Ermittlungsmethode anzuwenden, BGH GRUR 93, 58. Der Verletzte kann für unterschiedliche Zeiträume unterschiedliche Ermittlungsmethoden zugrundelegen, Köln WRP 13, 1236, 1241.

23   **8.** Alle Ermittlungsmethoden können nur eine **Schadensschätzung** zum Ergebnis haben. Das Gericht kann nach § 287 I unter Würdigung aller Umstände aufgrund freier Überzeugung entscheiden, BGH GRUR 10, 339 Tz 21 – BTK mwN. Für den entgangenen Gewinn kann auf den gewöhnlichen Lauf der Dinge oder auf bes Umstände abgestellt werden, § 252 S 2 BGB. Der Verletzte muss jedoch eine tatsächliche Grundlage unterbreiten, die eine Schätzung des entgangenen Gewinns ermöglicht, BGH GRUR 80, 841, 842 – Tolbutamid; GRUR 93, 757, 758 – Kollektion Holiday. Für die Ermittlung des sog des Verletzergewinns folgt aus § 278 ZPO, dass an Art und Umfang der vom Verletzten beizubringenden Schätzungsgrundlagen nur geringe Anforderungen zu stellen sind und dass für deren Würdigung ein großer Spielraum besteht, BGH GRUR 93, 55, 59 – Tchibo/Rolex II.

Beweisschwierigkeiten können Anlass dafür sein, jedenfalls einen Mindestschaden zu schätzen, BGH GRUR 93, 59. Die Schadensschätzung ist weitgehend dem Tatrichter überlassen, aber dieser hat die tatsächlichen Grundlagen der Schätzung in nachprüfbarer Weise festzustellen, BGH GRUR 75, 85, 86 – Clarissa; das RevGer kann nur grds Erwägungen überprüfen, BGH GRUR 80, 844; GRUR 07, 431 Tz 38 – Steckverbindergehäuse; GRUR 09, 856 Tz 42 – Tripp-Trapp-Stuhl. Solange der Verletzer nicht Rechnung gelegt bzw Auskunft erteilt hat, kann idR nur Feststellung verlangt werden, dass Schadensersatzpflicht dem Grunde nach besteht, s Rn 35.

9. Als **entgangener Gewinn,** §§ 249, 251 S 1 BGB, gilt nach § 252 S 2 **24** BGB der Gewinn, der nach Maßgabe der jeweiligen Einzelumstände mit Wahrscheinlichkeit erwartet werden konnte. Über den entgangenen Gewinn, der häufig als konkreter Schaden oder auch als tatsächlicher Schaden bezeichnet wird, entscheidet zwar das Gericht nach freier Überzeugung, § 287 S 1 ZPO, aber der Bekl muss tatsächliche Grundlagen unterbreiten, die eine Schätzung des entgangenen Gewinns ermöglichen, BGH GRUR 80, 841, 842 – Tolbutamid; GRUR 93, 757, 758 – Kollektion Holiday. Nach der Lebenserfahrung kann normalerweise davon ausgegangen werden, dass dem Verletzten Gewinnmöglichkeiten entgangen sind, BGH GRUR 95, 351. Es genügt eine ausreichende Wahrscheinlichkeit für entgangene Umsätze, BGH GRUR 80, 843. Grundlage ist der Gewinn, den der Rechtsinhaber mit designgemäßen Erzeugnissen üblicherweise erzielt; den Absatzzahlen des Verletzers kommt nur indizielle Bedeutung zu, BGH GRUR 93, 759. Rechnerisch sind die Erlöse den produktbezogenen Kosten gegenüberzustellen, BGH GRUR 80, 843.

10. Der Schadensersatz nach dem sog **Verletzergewinn** war schon früher **25** in Abs 2 S 2 geregelt. Nach Art 13 II a) EnforcementRL haben die Gerichte alle in Betracht kommenden Aspekte einschließlich der zu Unrecht erzielten Gewinne des Verletzers zu berücksichtigen. Das war Anlass für eine Anpassung des Wortlauts in Abs 2 S 2. Der Schaden des Verletzers besteht darin, dass der Verletzer die von dem immateriellen Schutzgut vermittelten Marktchancen für sich nutzt, BGH GRUR 12, 1226 Tz 15 – Flaschenträger. Der Verletzergewinn muss grds in voller Höhe herausgegeben werden. Der Verletzer kann nicht geltend machen, der von ihm erzielte Gewinn hätte auch ohne rechtsverletzendes Verhalten erzielt werden können, BGH GRUR 93, 55, 59 – Tchibo/Rolex II; GRUR 12, 1226 Tz 35, oder beruhe teilweise auf eigenen Vertriebsleistungen, BGH GRUR 01, 329, 332 – Gemeinkostenanteil. Gewinnmindernd wirken nur die variablen Kosten, die Herstellung und/oder Vertrieb der schutzrechtsverletzenden Erzeugnisse unmittelbar zugerechnet werden können, BGH GRUR 01, 331. Anrechenbar sind daher die Produktions-, Material- und Vertriebskosten, die Kosten des unmittelbar beteiligten Personals sowie bei Investitionen in Anlagevermögen die Kosten für Maschinen und Räumlichkeiten (anteilig bezogen auf ihre Lebensdauer), die nur für die Produktion und den Vertrieb der rechtsverletzenden Erzeugnisse verwendet worden sind, BGH GRUR 07, 431 Tz 31 – Steckverbindergehäuse. Bei Lohnkosten kommt es darauf an, ob sie dem Gesamtunternehmen oder dem rechtsverletzenden Erzeugnis zuzurechnen sind, Köln WRP 13, 1236, 1239. Für die Abzugsfähigkeit aller geltend gemachten Kosten und für deren Höhe trägt der Bekl die Beweislast, Hbg GRUR-RR 09, 136, 137; Köln WRP 13, 1238. Skonti mindern die Erlöse, die Grundlage der Gewinnermittlung sind. Allg Fixkosten sind bei der Gewinnermittlung nicht abzugsfähig, BGH GRUR 01, 332. Ebenfalls nicht anrechenbar sind Anlauf- und Entwicklungskosten, Marketing- und Verwaltungskosten, Geschäftsführergehälter, Kosten für nicht mehr veräußerbare Produkte sowie Kosten für Anlagevermögen, das nicht konkret der Rechtsverletzung zugeordnet werden kann, BGH GRUR 07, 431 Tz 32–35. Der Schaden besteht allerdings nur in dem Anteil des Gewinns, der gerade auf der Benutzung des SchutzR beruht, BGH GRUR 06, 419 Tz 15 – Noblesse; Mitt 09, 421, 422 – Know-how-Schutz; GRUR 09, 856 Tz 41 – Tripp-Trapp-Stuhl; GRUR 12, 1226 Tz 18. Für den Kauf eines Gebrauchsgegenstands ist idR nicht nur die ästhetische Gestaltung, sondern auch die Funktionalität von Bedeutung, BGH GRUR 09, 856 Tz 45; GRUR 12, 1226 Tz 18. Bei geringem Abstand zu Drittprodukten kann anzunehmen sein, dass der Kaufentschluss nicht nur auf schutzrechtsgemäßer Ausgestaltung, sondern auch auf anderen Faktoren beruht, BGH GRUR 12, 1226 Tz 27. Der Verletzergewinn ist umso höher anzusetzen, je ähnlicher das rechtsverletzende Erzeugnis der geschützten Vorlage ist, Hbg GRUR-RR 09, 138. Die Auswirkung anderer Faktoren auf die Kaufentscheidung unterliegt der Schätzung, zB bei einer auf dem Erzeugnis angebrachten bekannten Marke des Verletzers, BGH GRUR 06, 419 Tz 16, bei Funktionalität und günstigem Preis des Verletzungsgegenstands, BGH GRUR 09, 856 Tz 45. Die Berücksichtigung von anderen Umständen gilt auch für das DesignR, BGH Mitt 09, 422. Entgegen BGH GRUR 09, 856 Tz 45 sollte der geringere Preis eines Plagiats unberücksichtigt bleiben, weil der Verletzer rechtswidrig die Marktchancen des immateriellen Schutzguts genutzt und dabei von den Kosten des Verletzten für Entwicklung und Marketing profitiert hat. Für hochwertige Designtische kann ein Kausalitätsanteil von 80% (bei Nachahmung) bzw 90% (bei Identität) angemessen sein, Köln WRP 13, 1241. Für einen Kinderhochstuhl sind 90%, Hbg ZUM-RD 06, 29 (kritisch), für Damenunterwäsche 60% angesetzt worden, Hbg GRUR-RR 09, 140. Maßgeblich ist der Zeitpunkt des Kaufs, Hbg GRUR-RR 09, 138. Bei der Verletzung eines DesignschutzR kann sich der Verletzer idR nicht darauf berufen, dass von Dritten ähnliche Erzeugnisse vertrieben werden und dass keine Identität zwischen der Verletzungsform und dem Klage-SchutzR besteht, wenn aufgrund der Übereinstimmungen im Gesamteindruck die gleichen Kundenkreise angesprochen werden, LG Mü I Mitt 09, 43 – Carrybag. Welcher Vertriebsstufe der Verletzer zugehörig ist, spielt keine Rolle, Hbg GRUR-RR 09, 137. Innerhalb einer Lieferkette kann von jedem Verletzer die Herausgabe des von diesem erzielten Gewinns gefordert werden, BGH GRUR 02, 532, 535 – Unikatrahmen. Eine Begrenzung in Höhe einer Lizenzgebühr findet nicht statt, Hbg GRUR-RR 09, 139. Entgegen BGH GRUR 12, 1226 Tz 39 (Vorinst FfM GRUR-RR 11, 203) ist die Lizenzanalogie auch als Kontrollüberlegung ungeeignet, weil der Gewinn des Verletzers keinen Zusammenhang mit einer Lizenzgebühr als einer von vielen Faktoren der Kalkulation eines rechtmäßigen Nutzers aufweist; krit auch Kleinheyer/Hartwig GRUR 13, 683, 687. Jedenfalls ist der Tatrichter nicht gehalten, streitigem Parteivortrag zur Lizenzanalogie nachzugehen, BGH GRUR 12, 1226 Tz 39. Zur Verjährung Tilmann GRUR 03, 647, 653.

26   **11.** Die sog **Lizenzanalogie** war jahrzehntelang als probate Methode der Schadensschätzung gewohnheitsrechtlich anerkannt. Art 13 I b EnforcementRL bestimmt, dass eine Festsetzung des Schadensersatzes auch auf der Grundlage von Faktoren erfolgen kann, die mindestens dem Betrag der Vergütung oder Gebühr entsprechen, die der Verletzer hätte entrichten müssen, wenn er die Erlaubnis zur Nutzung des betreffenden Rechts des geistigen Eigentums eingeholt hätte. Nur der Kern dieser Bestimmung hat in Abs 2 S 3 Eingang gefunden. In abstrakter Betrachtungsweise wird eine angemessene Vergütung für den Rechtseingriff ermittelt, BGH GRUR 10, 239 Tz 23 – BTK. Es geht daher nicht um die fiktive Nachzeichnung eines angemessen ausgehandelten Vertrags als Berechnungsmethode, sondern um ein Modell zur Ermittlung des angemessenen Schadensausgleichs, Melullis GRUR Int 08, 679, 683. Eine Konkretisierung ergibt sich daraus, dass nach Art 3 II EnforcementRL Maßnahmen ua sowohl wirksam als auch abschreckend sein müssen, v Ungern-Sternberg GRUR 09, 469, 464. Die sog Lizenzanalogie kommt daher auch zum Tragen, wenn Ansprüche auf Vernichtung, Rückruf oder Entfernen aus den Vertriebswegen, s § 43 I, II, durchgesetzt worden sind. Das ergibt sich auch aus Art 10 I EnforcementRL, wonach diese Ansprüche unbeschadet etwaiger Schadensersatzansprüche bestehen. Der Möglichkeit einer Vervielfachung der Lizenzgebühr nach dem Vorbild der *punitive damages* des US-amerikanischen Rechts s hierzu BGH JZ 93, 261; Klode NJW 09, 1927, ist allerdings im DurchsG eine Absage erteilt worden, Begr § 139 II PatG. Auch der Vorschlag für die Einführung einer doppelten Lizenzgebühr, zB Bodewig/Wandtke GRUR 08, 220, ist nicht aufgegriffen worden. Begr § 139 II PatG. Aber die „angemessene Vergütung" kann über der Vergütung liegen, die der Verletzte zB im Rahmen seines Geschäfts- oder Vermarktungsmodells von Dritten verlangt, Begr § 139 II PatG; Tilmann GRUR 03, 647, 652. Zusätzlich zu dem obj Wert einer angemaßten Benutzungsberechtigung müssen auch die Vor- und Nachteile bewertet werden, die ggü einer vertraglichen Benutzungsberechtigung bestehen, ausführl Tetzner GRUR 09, 6; Kochendörfer ZUM 09, 389. Ein erheblicher Aufschlag kann gerechtfertigt sein, wenn die rechtsverletzenden Erzeugnisse nicht dem Qualitätsniveau von designgemäßen Erzeugnissen entsprechen, BGH GRUR 93, 55, 58 – Tchibo/Rolex II. Nicht abzugsfähig sind Ersatzzahlungen, die der Verletzer seinen Vertragspartnern wegen deren Inanspruchnahme durch den Verletzten erbringt, BGH GRUR 09, 660 Tz 39 – Resellervertrag.

12. Die **Lizenzermittlung** ist lediglich die Grundlage, nicht auch schon **27** das Ergebnis des angemessenen Ausgleichs, der mit Hilfe der Lizenzanologie herbeigeführt werden soll, s Rn 8, 16. Als Ausgangspunkt werden die Nettoabgabepreise des Verletzers herangezogen, BGH GRUR 75, 85, 87 – Clarissa; GRUR 80, 841, 844 – Tolbutamid; GRUR 93, 55, 56 – Tchibo/Rolex II. Bei zusammengesetzten Erzeugnissen ist die sachgerechte Bezugsgröße nach Verkehrsüblichkeit und Zweckmäßigkeit zu bestimmen, BGH GRUR 95, 578, 579 – Steuereinrichtung II. Bei Kombinationsschutz sind sämtliche Merkmale einzubeziehen, BGH GRUR 92, 432, 433 – Steuereinrichtung I; GRUR 92, 599, 600 – Teleskopzylinder. Für die Ermittlung der marktüblichen Lizenzgebühr kann die Bandbreite marktüblicher Lizenzsätze herangezogen werden, BGH GRUR 10, 339 Tz 25 – BTK, hierzu Binder GRUR 12, 1186. Im DesignR bewegen sich Lizenzsätze im Allgemeinen zwischen 5% und 10%, s § 31 Rn 17. In die Ermittlung des Analogie-Lizenzsatzes muss jedoch Eingang finden, dass der Lizenznehmer viele

Vorzüge ggü dem Verletzer hat, zB unaufgefordert regelmäßig Auskunft erteilt und Zahlungen leistet, LG Mü I Mitt 13, 275, 279, und Buchprüfungen gestatten muss, LG Düss GRUR 00, 311. Lizenzerhöhend kann es sich auch auswirken, dass der Lizenzgeber dem Risiko einer Nichtigkeitsklage nicht ausgesetzt ist, LG Düss GRUR 00, 690, 692, und bei Nichtigerklärung nur für die Zukunft die Zahlungspflicht entfällt. Wenn unberücksichtigt bleibt, dass der Verletzer ohne einen Ansatz für Lizenzgebühren kalkulieren konnte, verletzt das sogar den verfassungsrechtlichen Eigentumsschutz aus Art 14 I GG, BVerfG NJW 03, 1655. Insgesamt kann ein Aufschlag in der Größenordnung von 66%, LG Mü I Mitt 13, 279, bis zu 100%, Meier-Beck WRP 12, 503, 507, gerechtfertigt sein. Für hochwertige Designtische liegen 6% daher an der untersten Grenze, Köln WRP 13, 1236, 1241. Die Nachbildung eines hochwertigen Erzeugnisses von beachtlichem Prestigewert konnte einen Lizenzsatz von 10% bis 20% rechtfertigen, BGH GRUR 82, 286, 288 – Fersenabstützvorrichtung; s auch BGH GRUR 91, 914, 917 – Kastanienmuster; GRUR 93, 58; GRUR 06, 143, 147 – Catwalk. Bei längerem Verletzungszeitraum besteht Anspruch auf Verzinsung zu Fälligkeitsterminen, nicht jedoch auf Zinseszinsen, Düss GRUR 81, 45, 53; LG Düss Mitt 90, 101; zur Höhe des Zinssatzes BGH GRUR 82, 289; GRUR 87, 37, 40 – Videolizenzvertrag; Düss Mitt 98, 27, 34; GRUR-RR 03, 209, 211. Es ist nicht erforderlich, dass es bei korrektem Verhalten des Verletzers zum Vertragsabschluss gekommen wäre, BGH GRUR 93, 58. Zahlung nach der Lizenzanalogie führt nicht zum Abschluss eines Lizenzvertrags, BGH GRUR 02, 248, 252 – SPIEGEL-CD-ROM. Unbeeinträchtigt bleiben daher sowohl der Unterlassungsanspruch als auch Schadensersatzansprüche ggü weiteren Verletzern.

28   **13. Sonstige Schäden,** die durch die drei üblichen Ermittlungsmethoden nicht abgedeckt sind, können bei der Verletzung eines eingetragenen Designs nur ausnahmsweise entstehen. Unter bes Voraussetzungen kann ein Marktverwirrungs- oder Diskreditierungsschaden entstanden sein, zB wenn wegen der äußeren Ähnlichkeit mit designgemäßen Erzeugnissen der Rechtsinhaber in Misskredit geraten ist, weil der Eindruck entstehen konnte, er bringe sein Design in gleicher oder minderer Qualität auch zu einem billigeren Preis auf den Markt, BGH GRUR 75, 85, 87 – Clarissa; ausführl Schramm GRUR 74, 617. Marktverwirrung stellt zwar idR einen Störungszustand dar, dem mit Abwehransprüchen, BGH GRUR 01, 841, 845 – Entfernung der Herstellungsnummer II, oder mit wettbewerbsrechtlichen Ansprüchen, BGH GRUR 00, 226, 227 – Planungsmappe, zu begegnen ist. Ein Marktverwirrungsschaden kann jedoch in die Bemessung der Lizenzgebühr einbezogen werden, BGH GRUR 10, 339 Tz 29 – BTK. Für einen etwaigen Imageschaden kommt die Lizenzanalogie nicht in Betracht, FfM GRUR-RR 03, 203, 204. Bei schwerwiegender Beeinträchtigung des DesignerpersönlichkeitsR, s Allg Rn 15 ff, kann Ersatz des immateriellen Schadens verlangt werden. Für Werke der angew Kunst ergibt sich das aus § 97 II UrhG; für DesignschutzR kann auf die Rspr zum allg PersönlichkeitsR zurückgegriffen werden. Bei Verletzungen, die nach obj Maßstäben die persönlichkeitsrechtlichen Belange nicht nennenswert berühren, besteht kein Anspruch auf Ersatz des immateriellen Schadens, BGH GRUR 74, 669, 670 – Tierfiguren; LG Mü I Schulze LGZ 119, 5.

VII. Rechnungslegung; Auskunft

1. Zweck der Rechnungslegung ist die Vorbereitung sowohl des Scha- **29**
densersatzanspruchs als auch des Bereicherungsanspruchs, BGH GRUR 60,
256, 259 – Chérie. Allg Rechtsgrundlage ist schon seit langem Gewohn-
heitsR, BGH GRUR 62, 398, 400 – Kreuzbodenventilsäcke II; GRUR 80,
227, 232 – Monumenta Germania Historia, das dem durch eine unerlaubte
Handlung begründeten Schuldverhältnis und gem § 242 BGB dem Beweisnotstand des Kl Rechnung trägt. Dieser Anspruch ist – allerdings unvollkommen – in Abs 2 S 1 gesetzlich normiert. Die Ausformung erfolgt in
weitgehender Anlehnung an §§ 259–261 BGB. Der Umfang der Rech-
nungslegungspflicht ist unter Abwägung der Interessen beider Parteien und
unter Berücksichtigung der bes Umstände des Einzelfalls im Rahmen einer
Billigkeitsentscheidung abzugrenzen, BGH GRUR 63, 640, 642 – Plastikkorb; GRUR 80, 232; GRUR 81, 535 – Wirtschaftsprüfervorbehalt. Zur
Vorbereitung des Schadensersatzanspruchs genügen für den Rechnungsle-
gungsanspruch dieselben Voraussetzungen wie für den Antrag auf Feststellung der Schadensersatzpflicht, BGH GRUR 65, 198, 202 – Küchenmaschine. Die Rechnungslegung ist eine geordnete Aufstellung, BGH GRUR
85, 472 – Thermotransformator, aller Angaben, die der Kl benötigt, um sich
für eine der Methoden zur Schadensberechnung zu entscheiden und die
Schadenshöhe konkret zu berechnen sowie darüber hinaus die Richtigkeit
der Rechnung nachzuprüfen, BGH GRUR 74, 53 – Nebelscheinwerfer;
Nbg GRUR 67, 540. Dass dieser Anspruch nur iVm dem Gewinnherausga-
beanspruch in Abs 1 S 2 ausdrücklich aufgeführt ist, bedeutet keine Einschränkung, Hamm GRUR 79, 242.

2. Der **Inhalt der Rechnungslegung** hängt von der Art der vorzuberei- **30**
tenden Schadensberechnung ab, BGH GRUR 95, 349, 352 – Objektive
Schadensberechnung. Zur Vorbereitung der Ansprüche auf Ersatz des entgangenen Gewinns oder auf Entrichtung einer angemessenen Lizenzgebühr
kann der Kl die Bekanntgabe der Liefermengen, Lieferdaten und der Liefer-
preise verlangen, BGH GRUR 74, 53; GRUR 80, 233 mwN. Für die Ermittlung des Gewinnherausgabeanspruchs kann zusätzlich die Bekanntgabe
der Gewinnspannen gefordert werden, BGH GRUR 66, 97, 100 – Zündaufsatz; ob weitere Angaben verlangt werden können, hängt von dem
Ergebnis einer Zumutbarkeitsprüfung ab, BGH GRUR 74, 55, die die bei-
derseitige Interessenlage zu erfassen hat. Da das durch ungerechtfertigte Bereicherung Erlangte der Gegenwert einer angemessenen Lizenz ist, besteht
insoweit kein Anspruch auf Bekanntgabe des Verletzergewinns, BGH
GRUR 95, 352. Bis zur Erfüllung des Schadensersatzanspruchs kann der
Kläger grds die Ergänzung bereits gemachter Angaben verlangen, wenn diese
für eine andere Berechnungsart erforderlich ist, BGH GRUR 74, 54. Ein
Importeur hat Einkaufspreise, Mehrwertsteuer und Zölle bekannt zu geben,
BGH GRUR 74, 54/55. Der Nachprüfbarkeit dient die Bekanntgabe der
Namen und Anschriften der Abnehmer, BGH GRUR 63, 640, 642; GRUR
80, 227, 233. Die Verpflichtung zur Rechnungslegung beginnt nicht erst
mit der ersten nachgewiesenen Verletzungshandlung, BGH GRUR 07, 877
Tz 24 – Windsor Estate; GRUR 10, 623 Tz 54 – Restwertbörse. Ältere
Entscheidungen des I. ZS, basierend auf BGH GRUR 88, 307, 308 – Gaby,
sind daher aufgegeben; es besteht Übereinstimmung mit der Praxis des

X. ZS, insbes BGH GRUR 92, 612, 616 – Nicola. Rechnung muss auch für Handlungen gelegt werden, die zwar nach dem Schluss der mündlichen Verhandlung, aber in Fortführung der urteilsgemäßen Handlungen begangen worden sind, BGH GRUR 04, 755, 756 – Taxameter. Wenn der Verletzte die Rechnungslegung als unrichtig beanstandet, obliegt ihm die Darlegungs- und Beweislast, BGH GRUR 93, 897, 899 – Mogul-Anlage. Dasselbe gilt, wenn der Verletzte seinen Schaden anhand abweichender Zahlen berechnet, Düss GRUR-RR 07, 378.

31   **3.** Der **Inhalt der Auskunft** besteht aus den Angaben, die nicht Gegenstand der Rechnungslegung, aber trotzdem zur Schadenschätzung erforderlich sind. Auskunft über Empfänger, Mengen und Preise von Angeboten kann nur verlangt werden, wenn bereits die Abgabe von Angeboten die Möglichkeit eines Schadens begründet hat, BGH GRUR 80, 227, 233 – Monumenta Germania Historia; ungeprüft in BGH GRUR 86, 673, 676 – Beschlagprogramm. Auskunft über Werbemaßnahmen ist zu erteilen, wenn diese über den berechenbaren Schaden hinaus einen zusätzlichen Schaden verursacht haben können, unscharf BGH GRUR 66, 97, 100 – Zündaufsatz, GRUR 81, 273, 276 – Leuchtenglas; GRUR 86, 676. Ein Anspruch auf Auskunft über Maßnahmen des Anbietens besteht daher idR nur bei einem Marktverwirrungs- oder Diskreditierungsschaden. Die Rechnungslegung dient der Schadensberechnung und der Kontrolle; durch die Auskunft soll nur eine Schadensschätzung ermöglicht werden; insoweit geht die Rechnungslegung inhaltlich über die Erteilung einer Auskunft hinaus, BGH GRUR 85, 472 – Thermotransformator. Ein Anspruch auf Auskunft über ähnliche Handlungen besteht zwar nicht, BGH GRUR 00, 907, 910 – Filialleiterfehler; aber der Auskunftsanspruch kann sich auf andere SchutzR oder Schutzgegenstände erstrecken, BGH GRUR 10, 623 Tz 51 – Restwertbörse. Schranken für die Auskunftspflicht können sich ergeben, wenn der Auskunftsschuldner unbillig belastet wäre, BGH GRUR 07, 532 Tz 18 – Meistbegünstigungsvereinbarung, oder wenn das prozessuale Ausforschungsverbot verletzt würde, BGH GRUR 10, 623 Tz 51; LG Mü I GRUR-RR 08, 74, 76. Nicht der Schadensschätzung, sondern der Verhinderung weiterer Rechtsverletzungen durch Dritte dient der Anspruch auf Drittauskunft, § 46.

32   **4.** Mit dem sog **Wirtschaftsprüfervorbehalt** kann erreicht werden, dass die Bekanntgabe von Abnehmern und Angebotsempfängern keinen Wettbewerbsnachteil zufügt. Durch die Einführung des Anspruchs auf Drittauskunft sind jedoch die früheren RSpr-Grds weitgehend überholt, BGH GRUR 95, 338, 341 – Kleiderbügel. Ein Wirtschaftsprüfervorbehalt kommt nur noch in Betracht, wenn eine Drittauskunft über gewerbliche Abnehmer unverhältnismäßig wäre, BGH GRUR 95, 342.

33   **5. Zwangsmaßnahmen** liegt zugrunde, dass die Rechnungslegung eine nicht vertretbare Handlung iSd § 888 ZPO ist und dass ein Zwangsmittel nur dann festgesetzt werden kann, wenn der Schuldner zur Vornahme der erforderlichen Handlung tatsächlich in der Lage ist, BGH GRUR 09, 794 Tz 20 – Auskunft über Tintenpatronen (Vorinst Düss GRUR-RR 09, 190). Dasselbe gilt für die Auskunftserteilung. Der Auskunftsschuldner muss jedoch wie bei der Drittauskunft, § 46a Rn 8, im Rahmen der Zumutbarkeit alle sachdienlichen Ermittlungen durchführen. Wenn nicht eine Konzerngesellschaft, sondern ein anderes Konzernunternehmen über die erforderlichen Kenntnisse verfügt, muss sie alles ihr Zumutbare tun, um sich diese Kennt-

nisse zu verschaffen; notfalls muss sie den Rechtweg beschreiten, BGH GRUR 09, 794 Tz 21. Die Verpflichtung zur Rechnungslegung und Auskunftserteilung kann sich auf Tochterunternehmen erstrecken, BGH GRUR 14, 605 Tz 22 – Flexitank II. Wenn Grund zu der Annahme besteht, dass Rechnungslegung oder Auskunftserteilung nicht mit der erforderlichen Sorgfalt erfolgt sind, kann entspr § 259 II BGB Versicherung an Eides Statt verlangt werden. Es müssen begründete Zweifel, BGH GRUR 60, 247, 248 – Krankenwagen, dafür dargelegt und erforderlichenfalls bewiesen werden, dass die Erklärung unvollständig oder unrichtig ist. Zweifel können sich aus der Unvollständigkeit oder Unrichtigkeit der Erklärung, aber auch aus dem Gesamtverhalten des Schuldners, zB nachfolgende Berichtigung, BGH GRUR 60, 248, ergeben. Bei Unvollständigkeit muss vorab versucht werden, eine Ergänzung zu erzwingen, BGH GRUR 82, 723, 726 – Dampffrisierstab I; GRUR 84, 728, 730 – Dampffrisierstab II. Die Abgabe der Versicherung erfolgt im Vollstreckungsverfahren, wenn ein Urteil hierzu verpflichtet. Im FGG-Verfahren kann die Versicherung an Eides Statt nur abgegeben werden, wenn sich der Schuldner außerhalb eines Urteils verpflichtet hat, § 261 I BGB; Einzelh Eichmann GRUR 90, 584 f.

VIII. Klagearten

1. Die **Leistungsklage** ist auf die Durchsetzung eines Anspruchs gerich- **34** tet. Ein Anspruch kann entweder ein Tun oder ein Unterlassen zum Gegenstand haben, § 194 I BGB. Im DesignR spielt die Klage auf Unterlassen die größte Bedeutung. Ansprüche auf Tun, also auf aktives Handeln werden zB bei Klagen auf Auskunft und Rechnungslegung, s Rn 29–31, auf Drittauskunft, § 46, auf Rückruf, § 43 II, auf Zahlung (Schadensersatz, Bereicherungsherausgabe, Erstattung von Verwarnungskosten) geltend gemacht. Im sog Verletzungsprozess werden üblicherweise Anträge auf Unterlassung, Feststellung der Verpflichtung zum Schadensersatz sowie auf vorbereitende Rechnungslegung und Auskunft gestellt, Rn 45. Eine Besonderheit des Verletzungsprozesses ist, dass im Hauptsacheverfahren die Rechtsgültigkeit des Klagedesigns nur mit einer Nichtigkeitswiderklage oder mit einem Nichtigkeitsantrag an das DPMA in Abrede gestellt werden kann, § 52a. Die Klage auf Abgabe einer Willenserklärung ist ein Sonderfall, weil die Handlungspflicht durch die Rechtskraft des Urteils ersetzt wird, § 894 I ZPO. Wenn ein durchsetzbarer Anspruch besteht, hat die Leistungsklage Vorrang vor der – positiven oder negativen – Feststellungsklage.

2. Gegenstand der **Feststellungsklage** ist das Bestehen eines Rechtsver- **35** hältnisses; sie hat ein rechtliches Interesse an alsbaldiger Feststellung zur Voraussetzung, § 256 I ZPO. Die Feststellung der Zahlungspflicht des Bekl kann beantragt werden, wenn der Kl den Schadensbetrag noch nicht beziffern kann. Zwar kann gem § 254 ZPO im Wege der Stufenklage die Klage auf Rechnungslegung mit der Klage auf Zahlung des daraus sich ergebenden Betrags verbunden werden. Unabhängig davon hat jedoch bei einem Schadensersatzanspruch der Kl zur Klärung der Rechtslage und zur Unterbrechung der Verjährung ein rechtliches Interesse, an der Feststellung der Schadensersatzpflicht, BGH GRUR 58, 613, 614 – Tonmöbel; GRUR 60, 256, 260 – Chérie. Die für die Schadensberechnung erforderlichen Voraussetzungen werden idR erst durch die Erfüllung des Anspruchs auf Rechnungslegung und ggf auf Auskunft geschaffen, BGH GRUR 65, 198, 202 – Küchenmaschine. Es genügt, dass die Entstehung eines Schadens wahrscheinlich, BGH GRUR 60, 259, dh zumindest denkbar und möglich ist, BGH GRUR 01, 849, 850 – Remailing-Angebot. Dass durch Herstellung und Vertrieb von rechtsverletzenden Erzeugnissen ein Schaden entstanden ist, entspricht der Lebenserfahrung; die Wahrscheinlichkeit eines Schadenseintritts unterliegt daher idR keinem Zweifel, BGH GRUR 60, 259; GRUR 65, 202. Bei unmittelbarem Wettbewerbsverhältnis ist mit Wahrscheinlichkeit zu erwarten, dass dem Verletzten durch den Vertrieb von rechtsverletzenden Erzeugnissen ein Schaden entstanden ist, BGH GRUR 01, 503, 506 – Sitz-Liegemöbel. Für die Feststellung der Schadensersatzpflicht genügt der Nachweis, dass der Bekl während der Schutzdauer des verletzten SchutzR überhaupt irgendwelche schuldhaft rechtswidrigen Verletzungshandlungen begangen hat, BGH GRUR 60, 423, 424 – Kreuzbodenventilsäcke I; der Nachweis einer derartigen Handlung genügt, BGH GRUR 64, 496, 497 – Formsand. Maßgeblich ist das Feststellungsinteresse bei Klageerhebung, BGH GRUR 75, 434, 438 – Bouchet; GRUR 08, 258 Tz 18 – INTERCONNECT, so dass nicht zur Leistungsklage übergegangen werden muss, wenn später ein bezifferter Leistungsantrag möglich wird. Das Feststellungsinteresse entfällt auch nach der Neuregelung des VerjährungsR idR nicht wegen der Möglichkeit der Stufenklage, BGH GRUR 03, 900, 901 – Feststellungsinteresse III; GRUR 08, 258 Tz 16. Die vorstehenden Grds gelten entspr für den Anspruch auf Bereicherungsherausgabe, wobei jedoch den unterschiedlichen subj Voraussetzungen Rechnung getragen werden muss.

36   **3.** Die **negative Feststellungsklage** ist auf das Nichtbestehen eines Rechtsverhältnisses gerichtet; Zulässigkeitsvoraussetzung ist ein rechtliches Interesse an alsbaldiger Klärung, § 256 I ZPO. Feststellungsinteresse kann insbes zur Abwehr einer Verwarnung, zB BGH GRUR 87, 518 – Kotflügel; GRUR 95, 697, 699 – FUNNY PAPER, oder einer sonstigen Rechtsberühmung betr die Verletzung immaterieller SchutzR bestehen BGH GRUR 11, 1117 Tz 15 – ICE. Das kann zB bei der Übersendung einer vorbereiteten Lizenzvereinbarung iVm der Geltendmachung eines Anspruchs auf Schadensersatz in Form einer Lizenzgebühr der Fall sein, BGH GRUR 11, 1117 Tz 20. Wenn es um mehrere eingetragene Designs geht, muss das Feststellungsinteresse für jedes SchutzR gesondert geprüft werden, BGH GRUR 11, 1117 Tz 16. Es besteht grds keine Obliegenheit des zu Unrecht Verwarnten, vorher eine Gegenabmahnung auszusprechen, BGH GRUR 04, 790, 792 – Gegenabmahnung; GRUR 06, 168 Tz 11 – Unberechtigte Abmahnung. Hierfür entstandene Kosten sind daher nicht zu erstatten, BGH GRUR 04, 792. Anders kann es sich verhalten, wenn der Verwarnte nach längerer Korrespondenz neuheitsschädliches Material ausfindig gemacht hat, das dem Verwarner ersichtlich nicht bekannt war, FfM GRUR 72, 671. Feststellungsinteresse besteht auch schon bei Anspruchsberühmung, nicht jedoch bei Ankündigung der Prüfung, ob ein Anspruch besteht, BGH GRUR 11, 995 Tz 15 – Besonderer Mechanismus. Auch die Berechtigung einer Löschungsaufforderung kann durch negative Feststellungsklage geklärt werden. Bei Streit über Abwandlung ggü Unterlassungstitel entfällt Feststellungsinteresse nicht durch anhängigen Ordnungsmittelantrag, BGH GRUR 08, 360 Tz 21 – EURO und Schwarzgeld. Die negative Feststellungsklage ist der Unterlassungsklage nachrangig, BGH GRUR 94, 846, 848 – Parallelverfahren II; das gilt auch für das DesignR, Karlsr GRUR 86, 313. Das Feststellungsinteresse kann daher entfallen, wenn eine Leistungsklage nicht mehr einseitig zurückgenommen werden kann, BGH GRUR-RR 10, 496.

4. Die **Gestaltungsklage** ist darauf gerichtet, durch ein unmittelbar rechtsänderndes Urteil eine neue Rechtslage zu schaffen. Weitreichende Bedeutung haben Klagen, wenn sie Auswirkungen auf am Verfahren nicht beteiligte Dritte haben. Diesem Zweck dient ua die Widerklage auf Feststellung oder Erklärung der Nichtigkeit eines eingetragenen Designs nach § 52b. Die Feststellung oder Erklärung der Nichtigkeit entfaltet Wirkung ggü der Allgemeinheit jedoch erst durch die Löschung des eingetragenen Designs nach § 36 I Nr 5. Anders als die Klage auf Erklärung der Nichtigkeit eines Patents, § 81 I 1 PatG, ist daher die Klage nach § 52b eine nur unvollkommene Gestaltungsklage. Zur Vorbereitung der Allgemeinwirkung über § 36 I Nr 5 hat das Gericht dem DPMA eine Ausfertigung des rechtskräftigen Urteils zu übermitteln, § 52b III 2. Bei internationalen Eintragungen ist die Klage nach § 70 I auf Feststellung der Unwirksamkeit entgegen Begr § 70 keine negative Feststellungsklage, weil sie nicht auf Feststellung des Nichtbestehens eines Rechtsverhältnisses gerichtet ist, s Rn 34, sondern ebenso wie die Klage nach § 52b unvollkommene Gestaltungsklage. Hier entsteht die Allgemeinwirkung, wenn das Internationale Büro vom DPMA nach § 70 II über das Urteil unterrichtet worden ist und daraufhin einen Vermerk nach R 20 GAO, s § 70 Rn 4, einträgt. Klagen auf Einwilligung in die Löschung, § 9 I 1 und § 34 S 1, können zwar nur von unmittelbar betroffenen Rechtsinhabern erhoben werden, § 9 I 1 und § 34 S 2. Aber auch diese Klagen sind unvollkommene Gestaltungsklagen; die gesetzlich vorgesehene Allgemeinwirkung tritt durch Löschung nach § 36 I Nr 4 ein. Die Klage auf Schutzentziehung nach § 70 I ist ebenfalls eine unvollkommene Gestaltungsklage. Auch hier entsteht die Allgemeinwirkung über § 70 II und R 20 GAO. Eine Rechtsgestaltung durch Urteilspruch kann auch bei individuellen Rechtsverhältnissen in Betracht kommen. Das ist zB bei einem Antrag auf Herabsetzung der Vertragsstrafe, § 343 I BGB, und bei einer Bestimmung durch ein Urteil, § 315 II 2 BGB, der Fall, wenn bei dem sog Hamburger Brauch, Rn 15, die Festsetzung durch den Gläubiger nicht der Billigkeit entsprochen hat.

5. Die **Widerklage** auf Feststellung oder Erklärung der Nichtigkeit ist **38** neben dem Nichtigkeitsantrag an das DPMA die einzige Möglichkeit, um im Hauptsacheverfahren die Rechtsgültigkeit des Klagedesigns in Abrede stellen zu können, § 52a. Derselbe Grds ergibt sich für eingetragene GGM aus Art 24 I GGV. Im Eilverfahren ist eine Widerklage grds unstatthaft, § 52a Rn 3; für Ansprüche aus einem GGM ist das ebenso der Fall, GGM Rn 15.

IX. Gerichtsverfahren

1. Für die **Darlegungs- und Beweislast** gibt es im DesignR Besonder- **39** heiten. Das Verletzungsgericht ist ebenso wie an die Eintragung einer Marke, BGH GRUR 07, 780 Tz 19 – Pralinenform I, an die Eintragung eines eingetragenen Designs gebunden, Rn 46. Das Fehlen der Rechtsgültigkeit des Klagedesigns kann im Hauptsacheverfahren betr die Verletzung eines eingetragenen Designs nur durch Erhebung einer Nichtigkeitswiderklage oder durch Stellung eines Nichtigkeitsantrags beim DPMA geltend gemacht werden, § 52a. Ansonsten ergibt sich aus § 39 eine gesetzliche, aber widerlegbare Vermutung dafür, dass ein eingetragenes Design alle materiell-rechtlichen Schutzvoraussetzungen erfüllt, § 39 Rn 3. Ähnliche Regelungen bestehen für eingetragene GGM. Hinter die gesetzlichen Vermutungsregelungen tritt zurück, dass aus dem mit „es sei denn" eingeleiteten Halbsatz in § 5 S 1 DesignG und in Art 7 I 1 GGV über die Offenbarung eine Zuweisung der Darlegungs- und Beweislast gefolgert werden könnte, § 5 Rn 21. Nach § 1 Nr 5 wird vermutet, dass als Rechtsinhaber der in das Register eingetragene Inhaber eines eD ist, s hierzu § 1 Rn 40. Ob bei Ansprüchen aus einem nicht eingetragenen GGM das beanstandete Erzeugnis das Ergebnis einer Nachahmung ist, wird auf der Grundlage einer Beweisregel geprüft, GGM Rn 19, 20. Diese Beweisregel findet bei einer Aufschiebung der Bildbekanntmachung für GGM kraft Gesetzes, Art 19 III GGV, und für eingetragene Designs sinngemäß, § 38 Rn 63, Anwendung. Rechtshindernde, rechtsvernichtende und rechtshemmende Tatsachen hat der Bekl zu beweisen. Für Einreden und Einwendungen sowie für gesetzliche Ausnahmevorbehalte obliegt daher die Darlegungslast dem Bekl, zB BGH GRUR 95, 338, 342 – Kleiderbügel (zur Unverhältnismäßigkeit einer Drittauskunft). Wenn der Darlegungslast Genüge geleistet ist, obliegt der anderen Partei die Gegendarlegung. Besonderheiten des Verfahrens, insb negative Feststellungsklage und Eilverfahren, können zu Änderungen der Verteilungsgrds führen. Einem Antrag auf Erlass einer einstweiligen Verfügung kann durch Beschluss nur stattgegeben werden, wenn alle Entscheidungsvoraussetzungen glaubhaft gemacht sind. Gesteigerte Anforderungen an die Glaubhaftmachung bestehen für die Offensichtlichkeit einer Rechtsverletzung.

40   **2.** Dem **Zeugenbeweis,** §§ 373 ff ZPO, sind alle Tatfragen zugänglich. Zu einer neuheitsschädlichen Vorwegnahme des Klagedesigns durch ein vorbekanntes Design darf eine Zeugenvernehmung ebenso wie bei der Behauptung einer offenkundigen Vorbenutzung, s BGH GRUR 63, 311, 312 – Stapelpresse, nur angeordnet werden, wenn substantiiert unter Beweis gestellt ist, dass die Verbreitungshandlung den maßgeblichen Fachkreisen bekannt sein konnte, Zweibr GRUR-RR 05, 241, 242 – Kristalllampen-Sockel. Zur Substantiierung gehören konkrete Angaben über die näheren Umstände, aus denen sich Art, Zeit und Ort der Verbreitungshandlung sowie die Möglichkeit der Kenntnisnahme durch die maßgeblichen Fachkreise ergibt, BGH GRUR 63, 312; Zweibr GRUR-RR 05, 242; s auch § 5 Rn 4. Fehlende Neuheit kann nicht daraus hergeleitet werden, dass ein Zeuge bekundet, vor dem Anmeldetag seien ähnliche Erzeugnisse von Dritten verbreitet worden, wenn einzelne Erscheinungsmerkmale nicht dargelegt werden; das gilt insbes für die Aussage eines Laien auf dem Gebiet der Designgestaltung, BGH GRUR 66, 681, 683 – Laternenflasche; GRUR 67, 375, 378 – Kronleuchter. Auch ungenaue und bruchstückhafte Beschreibungen des als vorbekannt behaupteten Erzeugnisses rechtfertigen es nicht, einer neuheitsschädlichen Vorwegnahme eines eD nachzugehen, Düss GRUR 85, 546. Dieselben Grds gelten, wenn behauptet wird, ein Erzeugnis gehöre zu dem für die Ermittlung der Eigenart maßgeblichen Formenschatz. Es kann eine Beweiswürdigung unter Einbeziehung aller Umstände erforderlich sein, wenn es um die Aufklärung geht, ob für eine Vorverbreitung des Bekl ein Einzelstück zu Prozesszwecken angefertigt und eine technische Zeichnung vordatiert worden ist, BGH GRUR 04, 939, 941 – Klemmhebel. Wenn keine vorbekannten Gestaltungen veranschaulicht werden, ist das Gericht nicht verpflichtet, unsubstantiiertes Vorbringen durch Hinweise näherer Darlegung zuzuführen, Mü GRUR 74, 485. Werden Zeugen pauschal für Vorbekanntheit benannt, würde deren Vernehmung zu einem unzulässigen Ausforschungsbeweis führen, Zweibr GRUR-RR 05, 242; LG Mü I Schulze LGZ 63, 9. Bei nicht eingetragenen GGM hat der Anspruchsgegner die Darlegungs- und Beweislast für die Selbstständigkeit eines Entwurfs, GGM Rn 13. Dabei müssen die einzelnen Merkmale der Gestaltung, deren unbeeinflusstes Entstehen behauptet wird, dem Gericht dargelegt werden, s BGH GRUR 67, 375, 378 – Kronleuchter. Es bedarf daher idR der Vorlage von Entwürfen, Skizzen oder anderen Unterlagen. Zum Nachweis für das VorbenutzungsR s § 41 Rn 12.

3. Der **Augenscheinsbeweis,** §§ 415 ff ZPO, findet im Design-Verlet- **41** zungsstreit nur in stark abgeschwächter Weise Anwendung. Der sog Verletzungsgegenstand muss dem Gericht idR als Originalmuster zur Verfügung stehen. Wenn das möglich ist, genügt fast immer das einfache Betrachten des Originalmusters, ohne dass es einer ausdrücklichen oder konkludenten Beweisaufnahme durch Einnahme des Augenscheins bedürfte. Wenn es nicht möglich ist, ein Originalmuster zur Gerichtsakte einzureichen, weil das Originalmuster zB zu groß oder nicht ausreichend dauerhaft (bei Lebensmitteln oä) ist, muss der sog Verletzungsform möglichst zuverlässig veranschaulicht werden. Hierzu kommen insbes Fotografien in Betracht. Wenn die vom Kl vorgelegten Fotografien die Erscheinungsform des Verletzungsgegenstands zuverlässig wiedergeben und der Bekl deswegen keine Einwendungen erhebt, kann das Gericht idR vom Offenbarungsgehalt dieser Fotografien ausgehen. Dieselben Regeln finden auch auf Designs aus dem vorbekannten Formenschatz Anwendung. Wenn die Datierung nicht gesichert ist, muss zusätzlicher Beweisantritt erfolgen. Hierzu kommt das Zeugnis einer Person in Betracht, die zur Bestätigung des in Anspruch genommenen Datums befähigt ist. Eine Mitteilung desjenigen kann reichen, der das Desig offenbart hat.

4. Ob ein **Sachverständigengutachten,** §§ 402 ff ZPO, einzuholen ist, **42** hängt von den Umständen des Einzelfalls ab. Die Kommission hat Sachverständigengutachten für erforderlich gehalten, wenn der Richter nicht in der Lage ist, ungewöhnliche Konstellationen eigenständig zu beurteilen, Grünbuch 5.5.7. Die Hinzuziehung eines Sachverständigen ist daher geboten, wenn Parteivortrag und Sachkenntnis des Gerichts keine ausreichende Bewertungsgrundlage geben, BGH GRUR 87, 903, 905 – Le Corbusier-Möbel; GRUR 96, 767, 770 – Holzstühle, oder wenn der Streitfall Besonderheiten aufweist, die eine eigenständige Bewertung durch das Gericht erschweren, BGH GRUR 59, 289, 290 – Rosenthal-Vase; GRUR 83, 377, 378 – Brombeer-Muster. Ein Sachverständigengutachten kann daher notwendig sein, wenn die beteiligten Richter dem maßgeblichen Personenkreis nicht angehören oder wenn es um die Bewertung nur noch kleiner Entwicklungsschritte geht, Peifer S 93, wie das insbes in dicht besetzten Designgebieten der Fall ist. Dementspr hat ein OLG ein Gutachten für ein Felgenmuster in Auftrag gegeben und mündlich erläutern lassen, Saarbrücken BeckRS 05, 08060. Zur Eigentümlichkeit einer PKW-Frontklappe hat ein LG zunächst ein Gutachten, dann ein Ergänzungsgutachten und schließlich noch ein Obergutachten eingeholt; LG und OLG haben sich auf das

Obergutachten gestützt, Mü NJOZ 05, 3327. Auch in den bes dicht besetzten Gebieten der Schriften, BGH GRUR 57, 291, 293 – Europapost; GRUR 58, 562, 563 – Candida-Schrift, der Schmuckwaren, BGH GRUR 60, 245, der Glaswaren, BGH GRUR 72, 38 – Vasenleuchter, und der Modeerzeugnisse, zB Mü WRP 91, 517; GRUR 94, 276, ist die Einholung von Sachverständigengutachten angeordnet worden. Häufig kann sich jedoch die erforderlich Sachkunde des Gerichts aus regelmäßiger Befassung mit Fragen des Designschutzes ergeben, BGH GRUR 06, 79 Tz 27 – Jeans I. Ob Erscheinungsmerkmale ausschließlich technisch bedingt sind, kann zuverlässig aber nur von einem Sachverständigen für das betreffende Fachgebiet beurteilt werden. Das war zB bei der Anordnung von Leuchtdioden auf Systemkomponenten für industriellen Bedarf und der Form der zugehörigen Lichtaustrittsflächen der Fall, BGH GRUR 08, 790 Tz 22 – Baugruppe I. Die Hinzuziehung eines Sachverständigen kann auch zur Schadensschätzung geboten sein, zB BGH GRUR 92, 432, 436 – Steuerungsvorrichtung I; GRUR 93, 55, 56 – Tchibo/Rolex II; GRUR 93, 757, 760 – Kollektion Holiday; GRUR 95, 578, 579 – Steuerungsvorrichtung II; GRUR 02, 282, 285 – Bildagentur; Verstoß kann Art 14 I GG verletzen, BVerfG NJW 03, 1655, 1656. Das Gericht kann seine Beurteilung auch auf Privatgutachten stützen, zB BGH GRUR 80, 235, 237 – Play-family; NJW 86, 1928, 1930; BGH I ZR 156/81 v 24.11.83 – Strahlerserie; Mü 6 U 4546/01 v 30.1.03. Privatgutachten sind jedenfalls in Erwägung zu ziehen, BGH GRUR 00, 138, 140 – Knopflochnähmaschinen; GRUR 01, 770, 772 – Kabeldurchführung II. Wenn das Gericht von einem Gutachten abweicht, bedarf es idR einer Erläuterung, zB BGH GRUR 65, 200; GRUR 93, 34, 36 – Bedienungsanleitung.

43 **5.** Der **Streitgegenstand** wird durch den Klageantrag und durch den Grund des erhobenen Anspruchs bestimmt, § 253 II Nr 2 ZPO. Klagegrund ist der Lebenssachverhalt, aus dem der Kl die begehrte Rechtsfolge herleitet, BGH mwN GRUR 07, 1071 Tz 56 – Kinder II. Wenn aus einem SchutzR vorgegangen wird, ergibt sich der Gegenstand der Klage durch den Antrag und das im Einzelnen bezeichnete SchutzR, BGH GRUR 01, 755, 757 – Telefonkarte; GRUR 11, 1043 Tz 26 – TÜV II. Wird ein Anspruch auf mehrere SchutzR gestützt, begründet daher jedes SchutzR einen eigenen Streitgegenstand, BGH GRUR 11, 521 Tz 3 – TÜV I; GRUR 11, 1117 Tz 16 – ICE; ausführl Büscher GRUR 12, 1; Stieper GRUR 12, 5; Döring Mitt 12, 49; Ahrens WRP 13, 129. Das Gericht kann sich daher bei mehreren SchutzR nur auf das SchutzR stützen, auf das sich der K.l zur Begründung seiner Klage berufen hat, BGH GRUR 01, 757. Deswegen muss die Anspruchsgrundlage genau bezeichnet werden, BGH GRUR 07, 691 Tz 18 – Staatsgeschenk. Eine alternative Klagehäufung verstößt gegen das prozessuale Bestimmtheitsgebot, BGH GRUR 11, 521 Tz 9. Der Kl muss daher bei mehreren Streitgegenständen bekanntgeben, worauf er seine Ansprüche in erster Linie stützt und welche Ansprüche in zweiter Linie und ggf in dritter Linie geltend gemacht werden, BGH GRUR 11, 1043 Tz 30. Diese eventuelle Klagehäufung muss bereits zu Beginn des Verfahrens zum Ausdruck gebracht werden; das Gericht hat jedoch nach § 139 I 2 und III ZPO zu belehren, BGH GRUR 12, 1145 Tz 23 – Pelikan. Aus dem zur Auslegung des Klageantrags heranzuziehenden Klagevorbringen kann es sich ergeben, worauf in erster Linie und worauf hilfsweise die Klage gestützt wird, BGH

GRUR 12, 58 Tz 14 – Seilzirkus. Unterschiedliche Streitgegenstände ergeben sich schon bei zwei oder mehr eingetragenen Designs, BGH GRUR 11, 1117, Tz 16; FfM GRUR-RR 12, 367, und erst recht bei nur wesensgleichen Schutzrechtsarten. Das ist nicht nur bei nationalen Marken und Gemeinschaftsmarken der Fall, BGH GRUR 04, 860, 862 – Internet-Versteigerung, sondern auch bei eD und GGM sowie bei eingetragenem DesignschutzR und nicht eingetragenem GGM. Wird dasselbe Klagebegehren auf ein SchutzR und auf wettbewerbsrechtlichen Nachahmungsschutz gestützt, hat das ebenfalls zwei verschiedene Streitgegenstände zur Folge, BGH GRUR 01, 757; GRUR 09, 783 Tz 18 – UHU; GRUR 11, 803 Tz 22 – Lernspiele; GRUR 12, 621 Tz 31 – OSCAR. Es ist eine Besonderheit des DesignR, dass vielfach Schutzmöglichkeiten aus verschiedenen Rechtsgebieten in Betracht kommen, zB Heinrich sic! 08, 661 zu Designerstühlen; Jänich GRUR 08, 873 zu PKWs. Wird ein Klageantrag zB sowohl auf ein DesignschutzR als auch auf UrhR und auf wettbewerbsrechtlichen Nachahmungsschutz gestützt, ergeben sich daraus drei unterschiedliche Streitgegenstände, Berneke WRP 07, 579, 582. Unterschiedliche Streitgegenstände ergeben sich auch, wenn von Erstbegehungsgefahr zu Wiederholungsgefahr gewechselt wird, BGH GRUR 06, 421 Tz 25, und wenn Vertragsstrafeansprüche aufgrund unterschiedlicher Lebenssachverhalte geltend gemacht werden, BGH GRUR 10, 167 Tz 30 – Unrichtige Aufsichtsbehörde. Wenn ein neuer Streitgegenstand in das Verfahren eingeführt wird, ist das eine Klageänderung, BGH GRUR 11, 521 Tz 5; GRUR 11, 1043 Tz 32. Vor dem LG und OLG kommt es darauf an, ob die Klageänderung nach § 263 ZPO sachdienlich ist, die sich aus einer objektiven Klagehäufung ergibt, BGH GRUR 98, 697, 698 – VENUS MULTI. Wenn neuer Sachvortrag erfolgt, finden zusätzlich die Bestimmungen über verspätetes Vorbringen, §§ 296, 296a, 530, 531 ZPO, Anwendung. Im Eilverfahren kann für einen neuen Streitgegenstand die Dringlichkeit entfallen sein, FfM GRUR-RR 11, 66 – Stiefelette. Unterschiedliche Streitgegenstände bilden jeweils einen selbständigen Teil des Streitstoffs, auf den die Zulassung der Revision beschränkt werden kann, BGH GRUR 09, 783 Tz 18. In der RevInst kann kein neues SchutzR eingeführt, mwN BGH GRUR 09, 678 Tz 58 – OSTSEE-POST; GRUR 09, 1162 Tz 46 – DAX, aber von einer alternativen Klagehäufung zu einer eventuellen Klagehäufung übergangen werden, BGH GRUR 11, 1043 Tz 37; GRUR 12, 1145 Tz 23. Zum Streitwert § 54 Rn 6.

6. Die sog **konkrete Verletzungsform** bildet idR die Grundlage für **44** den Unterlassungsanspruch, BGH GRUR 74, 737, 739 – Stehlampe. Der Urteilstenor kann zum Inhalt haben, dass bestimmte Handlungen in Bezug auf ein nachstehend abgebildetes Erzeugnis untersagt werden, zB BGH GRUR 65, 198, 199 – Küchenmaschine. Diese Vorgehensweise kann jedoch die Gefahr mit sich bringen, dass bei geringfügigen Abweichungen einer neuen Ausführungsform Zweifel darüber entsteht, ob diese Ausführungsform noch von dem Urteil erfasst wird. Bewährt hat es sich daher, die wesentlichen Gestaltungsmerkmale des Verletzungsgegenstands verbal zu erfassen und zusätzlich auf eine Abbildung Bezug zu nehmen, s Rn 45. Die konkrete Verletzungsform ist dann nicht nur Beispiel, sondern Streitgegenstand, BGH GRUR 11, 742 Tz 17 – Leistungspakete im Preisvergleich. Für die Bestimmtheit des Unterlassungsantrags ist daher eine Merkmalsgliederung nicht erforderlich, LG Düss GRUR-RR 11, 361, 364 – Tablet-PC. Die in den Antrag aufgenommenen Kombinationsmerkmale der Verletzungsform sind zwar entgegen Hbg GRUR-RR 13, 138, 140 – Totenkopfflasche – nicht überflüssig, sie ergeben aber keine Beschränkung des Streitgegenstands. Die Wiederholungsvermutung erfasst nicht nur die identische Verletzungsform, sondern auch alle im Kern gleichartigen Verletzungsformen, BGH GRUR 96, 290, 291 – Wegfall der Wiederholungsgefahr; GRUR 02, 177, 179 – Jubiläumsschnäppchen; GRUR 06, 421 Tz 39 – Markenparfümverkäufe; GRUR 13, 1071 Tz 14 – Umsatzangaben. Dabei muss jedoch eine den Bestimmtheitsanforderungen genügende Grundlage für die Vollstreckung auch bei abweichenden Handlungsformen vorliegen, BGH GRUR 94, 844, 846 – Rotes Kreuz; GRUR 04, 151, 152 – Farbmarkenverletzung II. Nicht hinreichend bestimmt ist ein Antrag, der sich auf Erzeugnisse entspr dem Klagedesign bezieht. Die Erstreckung eines Verbots auf ähnliche Handlungen verstößt gegen das Gebot der bestimmten Umschreibung der Verletzungsform, BGH GRUR 91, 254, 256 – Unbestimmter Unterlassungsantrag mwN; GRUR 94, 846; GRUR 02, 88; GRUR 02, 178. Ein abstrahierender Verbalantrag mit einer Ergänzung „wie geschehen in …", s FfM WRP 13, 1382, wäre für das DesignR zu unbestimmt. Die konkrete Festlegung der Verletzungsform schließt eine auf allg Stilmittel bezogene Verurteilung aus, BGH GRUR 78, 168, 169 – Haushaltsschneidemaschine I. Wenn Zubehörteile zwar mitgeliefert werden, deren Montage jedoch im Belieben des Benutzers steht, kann ein Verbot auf die Verletzungsform ohne Zubehörteile bezogen sein, BGH GRUR 12, 512 Tz 48; GRUR 13, 285 Tz 53. Ein zu weit gefasster Unterlassungsantrag kann auf die konkrete Verletzungsform zu reduzieren sein, BGH GRUR 99, 760, 761 – Auslaufmodelle. Die Konkretisierung von Gestaltungsmerkmalen und die Auswahl der in den Urteilstenor aufzunehmenden Abbildungen obliegt jedoch dem Kl, BGH GRUR 02, 89. Das Gericht hat ggf auf eine Klarstellung des Klageantrags hinzuwirken, um eine ausreichende Verfahrensgrundlage zu schaffen, BGH GRUR 96, 291; GRUR 02, 89. Unbedeutende Änderungen, die den sachlichen Kern der Verletzungsform unberührt lassen, sind aus vollstreckungsrechtlicher Sicht unbeachtlich, Düss GRUR-RR 01, 25.

45   **7.** Die **Klageanträge** ergeben sich insbes aus der Konkretisierung der Verletzungsform für den Unterlassungsanspruch und aus den üblichen Folgeansprüchen, Beispiel für Klageschrift bei Mes/Eichmann F.9. Der Streitgegenstand wird im DesignR durch eine Abbildung des beanstandeten Erzeugnisses festgelegt, Hbg GRUR-RR 13, 138, 140 – Totenkopfflasche; LG Düss BeckRS 11, 27079 – Gartensitzmöbel; GRUR-RR 11, 361, 364 – Tablet-PC II. Die Verletzungsform kann aber auch dadurch konkretisiert werden, dass auf die Gesamtwirkung von im einzelnen verbal aufgeführten Merkmalen abgestellt und eine Abbildung hinzugefügt wird, zB BGH GRUR 96, 767, 768 – Holzstühle; GRUR 00, 1023, 1024 – 3-Speichen-Felgenrad; GRUR 11, 1112 – Schreibgeräte; GRUR 12, 512 – Kinderwagen I; GRUR 13, 285 – Kinderwagen II; s auch BGH GRUR 13, 961 Tz 11 – Regalsystem; GRUR 13, 1052 Tz 12 – Einkaufswagen III (zu § 4 Nr 9 UWG). Die Abbildung muss die konkrete Verletzungsform vollständig wiedergeben, FfM GRUR-RR 14, 34 – Falttasche. Zum Klageantrag bei Teilschutz § 38 Rn 35. Wenn „insbesondere" auf die Abbildung abgestellt wird, zB AIPPI-Bericht GRUR Int 11, 927, 929, erfolgt eine Verdeutlichung der konkreten Verletzungsform, Hbg WRP 10, 954 (Ls). Ein „insbesondere"-Zusatz ist daher kein Hilfsantrag, kann aber ggf dessen Funktion übernehmen, v Ungern-Sternberg GRUR 11, 486, 488. Durch eine kurz gefasste Merkmalsgliederung, s § 38 Rn 20, können die wesentlichen Merkmale der Verletzungsform aufgelistet werden, zB LG Düss GRUR-RR 11, 364; auf die Merkmale des Klagedesigns kommt es dabei nicht an. Eine sehr detaillierte Merkmalsgliederung, zB BGH GRUR 07, 871 – Wagenfeld-Leuchte, ist nicht erforderlich; auch bei dieser Vorgehensweise wirkt die in den Urteilstenor aufgenommene Abbildung als Konkretisierung der verbalen Beschreibung, BGH GRUR 07, 871 Tz 19. Im Antrag auf Rechnungslegung und Auskunft, s Rn 30, 31, muss dem Bestimmtheitserfordernis dadurch Rechnung getragen werden, dass unter Bezugnahme auf die konkrete Verletzungshandlung Gegenstand sowie Art und Umfang der Auskunft bezeichnet werden, BGH GRUR 07, 871 Tz 21; zum Zeitraum der Rechnungslegung Rn 30. Eine unbefristete Verurteilung ist für alle SchutzR zulässig, solange das SchutzR besteht; nach dem Erlöschen des SchutzR tritt für den Unterlassungsanspruch die Erledigung der Hauptsache ein, BGH GRUR 10, 996 Tz. 16 – Bordako. Die Ansprüche auf Schadensersatz und vorbereitende Auskunft und Rechnungslegung bleiben bestehen, BGH GRUR 09, 79 Tz 13, 14 – Gebäckpresse. Die Klageanträge können zB wie folgt formuliert werden:

I. Der Beklagte wird verurteilt, es bei Meidung … [gerichtsübliche Formulierung für gesetzliche Ordnungsmittel] zu unterlassen, …… [Gattungsbezeichnung] gemäß nachfolgender Abbildung mit insbesondere folgende Merkmalen …… [Auflistung der wesentlichen Gestaltungsmerkmale] herzustellen und/oder anzubieten und/oder in den Verkehr zu bringen.

II. Es wird festgestellt, dass der Beklagte verpflichtet ist, dem Kläger allen Schaden zu ersetzen, der diesem aus Handlungen gemäß Ziffer I entstanden ist und noch entstehen wird.

III. Der Beklagte wird verurteilt, dem Kläger darüber Rechnung zu legen und Auskunft zu erteilen, in welchem Umfang er Handlungen gemäß Ziffer I begangen hat, und zwar unter Vorlage eines Verzeichnisses, aus dem die Daten, Mengen und Preise der Lieferungen, die Gestehungskosten, die Vertriebskosten und der Gemeinkostenanteil für die gelieferten Erzeugnisse sowie die Namen und Anschriften der Abnehmer hervorgehen.

8. Ob alle **Entscheidungsvoraussetzungen** erfüllt sind, muss in Verlet- **46** zungsverfahren bes früh und sorgfältig geklärt werden. An die Eintragung eines eingetragenen Designs und damit auch an die Erfüllung der Eintragungsvoraussetzungen ist das Verletzungsgericht ebenso wie im MarkenR, BGH GRUR 07, 780 Tz 19 – Pralinenform I, gebunden; das gilt grds auch für die Inanspruchnahme einer früheren Auslandspriorität, Hbg GRUR-RR 09, 365. Weil eine Prüfung der materiellrechtlichen Schutzvoraussetzungen des eD im Eintragungsverfahren nicht stattfindet, muss diese Prüfung – anders als in Verfahren wegen Patent- oder Markenverletzung – im Verletzungsverfahren erfolgen. Die Rechtsgültigkeit des Klagedesigns kann jedoch nur unter bes Vorraussetzungen in Abrede gestellt werden, Rn 38. Die Eintragung eines eD begründet eine Vermutung für die Rechtsinhaberschaft,

§ 1 Nr 5, so dass anders als bei nicht eingetragenen GGm, s GGM Rn 12, und in Verfahren wegen UrhR-Verletzung die Prüfung hierauf nur dann erstreckt werden muss, wenn der Bekl die Rechtsinhaberschaft des Kl in Abrede stellt. Ein Zwang zur Klagekonzentration besteht nicht, RG GRUR 38, 782. Bei ausländischen Staatsangehörigen kann die Bestellung eines Inlandsvertreters erforderlich sein. Eine starre Auflistung der einzelnen Prüfungskriterien würde der Individualität jedes einzelnen Verletzungsverfahrens nicht Rechnung tragen; die nachfolgend aufgeführten Prüfungskriterien können daher in Inhalt und Reihenfolge nur als Anhaltspunkte dienen:

1. ggf Berechtigungsanfrage, Rn 51; Verwarnung, Rn 52
2. örtliche und ggf internationale Zuständigkeit, § 52 Rn 4, 5
3. sachliche Zuständigkeit, § 52 Rn 2
4. Zuständigkeit des Designgerichts, § 52 II, III, bzw GGM-Gerichts, § 63 I, II
5. Zivilkammer/Kammer für Handelssachen, § 52 Rn 7
6. Aktivlegitimation, Rn 9
7. Inlandsvertreter bei Klage eines Auswärtigen, § 58 I, II
8. Eintragung des Klagedesigns, § 27 I; bzw Offenbarung des nicht eingetragenen GGM, GGM Rn 7 ff
9. Aufrechterhaltung des Schutzes, § 28
10. Designfähigkeit, § 1 Rn 14 24 ff
11. Schutzgegenstand des Klagedesigns, § 37
12. Neuheit, § 2 Rn 7 ff
13. Eigenart, § 2 Rn 12 ff
14. Passivlegitimation, Rn 4–8
15. Eingriff in den Schutzumfang, § 38 Rn 33 ff
16. Benutzungshandlungen, § 38 Rn 48 ff
17. Ansprüche bei Klage, insbes §§ 42 I, II, 46; Hilfsansprüche, Rn 29–32; ggf § 47
18. Ansprüche im Eilverfahren, insbes §§ 42 I, 46, ggf Beschlagnahme, § 43 Rn 11, ggf §§ 46a, 46b
19. Begehungsgefahr, Rn 13–15
20. Verschulden bei Schadensersatz, Rn 18, 19
21. Ordnungsgemäßheit der Anträge, Rn 44, 45
22. Streitwert, ggf Teilstreitwerte, § 54 Rn 5.

47 9. Als **Einwendungen und Einreden** sowie sonstige Maßnahmen kommen für den Anspruchsgegner Betracht:

1. fehlende Zuständigkeit, Rn 46 Nr 2–4
2. Kammer für Handelssachen statt Zivilkammer, Rn 46 Nr 5
3. kein Inlandsvertreter, Rn 46 Nr 7
4. Prozesskostensicherheit, §§ 110 ff ZPO
5. fehlende Aktiv- oder Passivlegitimation, Rn 46 Nr 6, 14
6. Mängel des Klage- bzw Verfügungsdesigns, Rn 46 Nr 8–13
7. kein Eingriff in den Schutzumfang, Rn 46 Nr 15, 16
8. Mängel der Anträge, Rn 46 Nr 21
9. Berufung auf Rechtsbeschränkungen, § 40
10. Berufung auf Vorbenutzungsrecht, § 41
11. Berufung auf positives Benutzungsrecht, § 38 Rn 4–6
12. Erschöpfung bei Originalware, § 48
13. Verjährung, § 49

14. Verwirkung, § 49 Rn 7
15. Nichtigkeitswiderklage oder Nichtigkeitsantrag an das DPMA, § 52a
16. Vollstreckungsschutzantrag, § 712 ZPO
17. Sicherheitsleistung bei einstweiliger Verfügung, Rn 50

Einwendungen und Einreden sind Verteidigungsmittel isd § 282 I ZPO. Verspätetes Vorbringen kann daher Zurückweisung zur Folge haben, § 296 ZPO. Im Berufungsverfahren werden neue Verteidigungsmittel nur unter den eng gefassten Voraussetzungen des § 531 II ZPO zugelassen.

X. Einstweilige Verfügung

1. Die in den §§ 935, 940 ZPO geregelten **Grundsätze** für den Erlass **48** einer einstweiligen Verfügung finden auch im DesignR Anwendung. Eilentscheidungen können einerseits den Antragsgegner kurzfristig mit einem Herstellungs- und Vertriebsverbot belegen und andererseits den Antragsteller verschuldensunabhängig zum Schadensersatz verpflichten, § 945 ZPO. Es bedarf daher ähnlich wie in Patentsachen, s Fritze GRUR Int 87, 137; Marshall FS Klaka 1987, 101; Rogge FS v Gamm 1990, 467, einer sorgfältigen Abwägung der beiderseitigen Interessen. Zu berücksichtigen ist auch, dass Ansprüche auf ein ungeprüftes SchutzR gestützt werden, LG Düss GRUR 66, 689; Mitt 88, 14, 15. Eine lange Vorbereitungszeit des Antragsgegners und die Gefahr des Auftragsverlusts beim Antragsteller, LG Düss E 99, 36, 38/39, können zusätzlich von Bedeutung sein. Da eingetragene Designs häufig kurzlebige Erzeugnisse schützen, ist jedoch Zurückhaltung weniger als in Patentsachen angebracht. Die Verweisung auf das Hauptsacheverfahren würde ansonsten die Durchsetzung des VerbietungsR in vielen Fällen faktisch vereiteln, LG Mü I InstGE 1, 121, 126. Das stünde im Widerspruch zu dem in Art 50 TRIPS und Art 3 II, 9 I a) EnforcementRL, s hierzu Rn 1, verankerten Gebot des wirksamen Rechtsschutzes, zumal bis zu einer Entscheidung in der Hauptsache eine nachhaltige Schwächung der Originalität und der wettbewerblichen Stellung mustergemäßer Erzeugnisse eintreten kann, Düss GRUR-RR 12, 200, 203 – Tablet PC. Die Abwägung der beiderseitigen Interessen kann allerdings gegen den Antragsteller ausfallen, wenn das Verfügungsdesign durch das HABM für nichtig erklärt worden ist und eine Beschwerde nur wenig Aussicht auf Erfolg hat, Düss GRUR-RR 09, 142 – Crocs. Bei bes problematischer Fallgestaltung kann dem Interesse des Antragsgegners dadurch Rechnung getragen werden, dass die Vollziehung einer einstweiligen Verfügung von einer Sicherheitsleistung, § 921 II 2 ZPO, des Antragstellers abhängig gemacht wird, Jestaedt GRUR 81, 154; Fritze GRUR Int 87, 139; Marshall S 102; Meier-Beck GRUR 88, 866; Rogge S 473 mwN. LG Düss Mitt 95, 192 nimmt Gleichstellung mit erstinstanzlichem Hauptsacheurteil vor.

2. Das **Verfahren** ist dadurch geprägt, dass sämtliche Entscheidungsvor- **49** aussetzungen glaubhaft gemacht werden müssen, §§ 936, 920 II, 294 ZPO. Als Besonderheit ggü dem Klageverfahren wird durch § 39 eine widerlegbare Vermutung für die Rechtsgültigkeit des Verfügungsdesigns begründet. Die Widerlegung der Vermutung für Neuheit und Eigenart setzt idR voraus, dass dem Gericht der relevante vorbekannte Formenschatz aufgezeigt wird, da dieser sowohl bei der Prüfung der Schutzvorsaussetzungen als auch bei der Ermittlung des Schutzumfangs in Vergleich zu dem Gegenstand des eD zu setzen ist. Hierzu bedarf es idR einer Dokumentation durch Muster oder durch Abbildungen, denn allein durch wörtliche Beschreibungen kann die geschmackliche Wirkung einer Gestaltung kaum zuverlässig dargestellt werden, s Stuttg NJW 85, 1651. Ob zur Prüfung der Eigenart mündliche Verhandlung anzuberaumen und dem Antragsgegner Zeit zur Ermittlung vorbekannten Formenschatzes einzuräumen ist, Düss Mitt 88, 15, hängt von der Überzeugungskraft der zur Verfügung stehenden Dokumentation ab. Bei Zweifeln hat mündliche Verhandlung vor schriftlicher Anhörung den Vorzug, Rogge FS v Gamm 1990, 474. Über den Eingriff in den Schutzumfang kann das Gericht idR auf Grund eigener Wertung entscheiden, wenn ihm das angegriffene Erzeugnis im Original oder in gleichwertiger Dokumentation vorliegt. Bei erheblichen Abweichungen kann die Verletzung nur festgestellt werden, wenn ausreichende Sachaufklärung zum vorbekannten Formenschatz stattgefunden hat, FfM GRUR 84, 521. Wenn das eD und das angegriffene Erzeugnis völlig oder weitgehend identisch sind, kann die Verletzung nach Aktenlage bejaht werden; diese Vorgehensweise kann insbes geboten sein, um einen wirksamen Schutz gegen Produktpiraterie zu gewährleisten. Wenn ohne mündliche Verhandlung entschieden werden soll, ist Glaubhaftmachung sowohl zur Eigenart als auch zu allg Entscheidungsvoraussetzungen, insbes örtliche Zuständigkeit und Dringlichkeit, erforderlich, § 39 Rn 5. Beispiel für einen Antrag auf Erlass einer einstweiligen Verfügung bei Mes/Eichmann F.8.

50   **3.** Die fristgebundene **Vollziehung** nach §§ 936, 929 II ZPO, erfolgt durch Zustellung im Parteibetrieb, BVerfG NJW 88, 3141; BGH NJW 90, 122, 124; GRUR 93, 415, 416 – Straßenverengung. Eine durch Urteil erlassene Verbotsverfügung mit Ordnungsmittelandrohung ist jedoch schon ab Verkündung zu beachten; ab diesem Zeitpunkt kann eine Verpflichtung zum Schadensersatz bestehen, BGH GRUR 09, 890 Tz 11, 16. Die Vollziehung einer Beschlussverfügung kann unwirksam sein, wenn im Tenor auf eine farbige Anlage Bezug genommen, aber nur eine Schwarz-Weiß-Kopie zugestellt wird, Hbg GRUR-RR 07, 406; FfM GRUR 09, 995, 996; LG Hbg GRUR-RR 09, 65 einerseits, Köln WRP 10, 561 andererseits. Wenn Sicherheitsleistung angeordnet ist, setzt Vollstreckung den Nachweis der Sicherheitsleistung voraus; der Nachweis muss innerhalb der Vollziehungsfrist zugestellt werden, BGH WRP 96, 207, 208 – Leichtmetallräder. Einstweilige Einstellung der Zwangsvollstreckung kommt nur in bes Ausnahmefällen in Betracht, FfM GRUR 89, 457.

51   **4.** Ob **Dringlichkeit** besteht, richtet sich nach allg Grds. Zusätzlich zu der Besorgnis der Anspruchsvereitelung, § 935 ZPO, muss der Antrag auf Erlass einer einstweiligen Verfügung eilbedürftig sein. Eine analoge Anwendung der wettbewerbsrechtlichen Dringlichkeitsvermutung des § 12 II UWG findet im DesignR keine Anwendung, Hamm WRP 92, 800, 801; Mü OLGR 99, 245; Urt 29 U 1974/01 v 19.4.01. Der Verfügungsgrund, § 940 ZPO, kann sich häufig daraus ergeben, dass bei kurzlebigen Erzeugnissen die Verweisung auf das Hauptsacheverfahren eine Durchsetzung des Unterlassungsanspruchs faktisch vereiteln würde, Düss GRUR-RR 12, 200, 203 – Tablet PC; LG Düss GRUR-RR 09, 14 – Crocs; LG Mü I InstGE 1, 121, 126. Dringlichkeit setzt Kenntnis des Verletzungstatbestands voraus. Kenntnis eines Wissensvertreters ist zuzurechnen, FfM GRUR-RR 11, 66;

WRP 13, 1068, 1069. Dem Antragsteller muss ein Originalmuster des beanstandeten Erzeugnisses zur Verfügung stehen, Düss GRUR-RR 12, 200, 203 − Tablet-PC. Abbildungen genügen nur, wenn sie den Gesamteindruck des Designs, s § 38 Rn 17, so vollständig erkennen lassen, dass eine spätere Verfügbarkeit des realen Erzeugnisses keinen Anlass für eine abweichende Beurteilung ergeben kann. Eine Marktbeobachtungspflicht besteht zwar nicht; aber Nachlässigkeit in eigenen Angelegenheiten kann Dringlichkeit entgegenstehen, Düss GRUR-RR 12, 146, 147. Weil grob fahrlässige Unkenntnis für den Beginn der Verjährungsfrist ausreicht, § 49 Rn 3, kann grob fahrlässige Unkenntnis der Rechtsverletzung auch der Dringlichkeit entgegenstehen, Ahrens/Singer 45/22; Köhler/Bornkamm 12/3.15a; aA Köln MarkenR 04, 158, 159.

XI. Vorgerichtliche Maßnahmen

1. Zweck einer **Berechtigungsanfrage** ist die Vorbereitung der An- **52** spruchsdurchsetzung ohne die Risiken, die sich aus einer unberechtigten Verwarnung ergeben können, Beispiel Mes/Eichmann F.1. An die Stelle der Geltendmachung von Ansprüchen tritt die Frage, auf Grund welcher Umstände sich der Adressat zu Benutzungshandlungen für berechtigt hält, die dem Inhaber des DesignschutzR vorbehalten sind. Dieser Beginn eines vorbereitenden Meinungsaustauschs über die Schutzrechtslage, BGH GRUR 63, 255, 257 − Kindernähmaschinen; GRUR 97, 896, 897 − Mecki-Igel III, ist keine anerkannte Grundlage für einen Schadensersatzanspruch, BGH GRUR 11, 995 Tz 29 − Besonderer Mechanismus, und für eine negative Feststellungsklage, Bruchhausen Mitt 69, 286, 290. Wenn der Adressat eine abweichende Rechtsansicht geäußert hat, kann er dennoch in einem nachfolgenden Gerichtsverfahren kostenfrei nach § 93 ZPO anerkennen, Hbg 5 W 12/06 v 31.1.06. Zur Information über die Schutzrechtslage genügt zwar die Bekanntgabe der Eintragungsnummer, weil der Adressat Einzelheiten durch Einsichtnahme in das Register in Erfahrung bringen kann. Es dient jedoch der Beschleunigung, wenn eine Kopie der Bildbekanntmachung beigefügt wird. Eine Kopie der Anmeldung ist weniger aussagekräftig, weil nicht sichergestellt ist, dass eine Anmeldungskopie mit der Darstellung übereinstimmt, die in die Akten des DPMA gelangt ist. Wenn eine Bildbekanntmachung noch nicht veröffentlicht ist, muss die Darstellung eines eingetragenen Designs durch die Beifügung einer Abbildung veranschaulicht werden, Düss GRUR 79, 719, 721 (zur Verwarnung aus einem versiegelt hinterlegten GeschmM). Wenn Berechtigungsanfragen an Handelskunden gerichtet werden, ist die Komponente der Mitbewerberbehinderung stärker als bei einer Abnehmerverwarnung, s Rn 54, ausgeprägt, weil die Sachkompetenz für einen Meinungsaustausch über die Schutzrechtslage in erster Linie beim Lieferanten liegt. Eine gezielte Mitbewerberbehinderung iSd § 4 Nr 10 setzt jedoch bes missbilligenswerte Umstände voraus. Die Übersendung der Kopie einer Berechtigungsanfrage an einen industriellen Abnehmer des Adressaten steht einer Verwarnung nicht gleich, Düss BeckRS 12, 08563. Eine Irreführung über geistige Eigentumsrechte iSd § 5 Abs 2 Nr 3 UWG kann sich daraus ergeben, dass zwar detaillierte Angaben zum Rechtsbestand gemacht werden, aber nicht erwähnt wird, dass gegen die Erteilung des anspruchsbegründenden Patents Einspruch eingelegt worden ist, Karls WRP

08, 1127, 1129. Entspr gilt, wenn ein anspruchsbegründendes eD Gegenstand einer Nichtigkeitswiderklage ist oder wenn ein Nichtigkeitsantrag eingereicht worden ist. Ein Anspruch auf Kostenerstattung besteht nicht, weil die Berechtigungsanfrage primär im eigenen Interesse des Anfragenden liegt.

53 **2.** Durch eine **Verwarnung** als Maßnahme der außergerichtlichen Streitbeilegung, Eichmann FS Helm 2002, 287, 291; Beispiel Mes/Eichmann F.3, soll ein Gerichtsverfahren entbehrlich gemacht werden. Hierzu erfolgt die Umwandlung eines gesetzlichen Schuldverhältnisses in ein vertragliches Schuldverhältnis, BGH GRUR 98, 953, 954 – Altunterwerfung III. Verwarnung ist daher das ein auf SchutzR gestützte, ernsthafte und endgültige Unterlassungsbegehren, BGH GRUR 79, 332, 334 – Brombeerleuchte; GRUR 97, 896, 897 – Mecki-Igel III, zur Vorbereitung eines Unterlassungsvertrags, BGH GRUR 95, 678, 680 – Kurze Verjährungsfrist; GRUR 97, 931, 932 – Sekundenschnell. Bei Wiederholungsgefahr muss idR die Abgabe einer Unterlassungserklärung gefordert werden, bei (Erst-)Begehungsgefahr genügt die Androhung von Durchsetzungsmaßnahmen für den Fall der Rechtsverletzung, BGH GRUR 11, 995 Tz 30, 31 – Besonderer Mechanismus. Eine unberechtigte Verwarnung kann als Eingriff in den geschützten Gewerbetrieb, § 823 I BGB, Schadensersatzansprüche auslösen, BGH (GZS) GRUR 05, 882, 884 – Unberechtigte Schutzrechtsverwarnung. Das gilt auch für die Verwarnung aus einem GeschmM, BGH GRUR 79, 334. Unbegründetes Vorgehen aus einem SchutzR kann jedoch nur aufgrund einer Interessen- und Güterabwägung als rechtswidrig beurteilt werden, BGH GRUR 06, 432 Tz 24 – Verwarnung aus Kennzeichenrecht II. Dabei kann Berücksichtigung finden, dass eingetragene Designs ohne materiellrechtliche Prüfung eingetragen werden und sich deswegen im weiteren Verlauf als nicht rechtsbeständig erweisen können. An die Sorgfaltspflicht des Verwarner werden daher strenge Anforderungen gestellt, BGH GRUR 79, 336. Nur bei gründlicher Recherche und bei Ausschöpfung aller zur Verfügung stehenden Erkenntnismittel kann daher schuldhaftes Handeln verneint werden, BGH WRP 96, 207, 210 – Leichtmetallräder. Wenn die Verwarnung zur Streitbeilegung führt, hat der Rechtsinhaber einen Anspruch auf Erstattung der ihm entstandenen Anwaltskosten, zB LG FfM GRUR-RR 01, 1, 3. Dieser Anspruch besteht, ebenso wie bei UWG-Abmahnungen, BGH GRUR 70, 189, 190 – Fotowettbewerb; GRUR 84, 129, 131 – shop-in-the-shop, verschuldensunabhängig, nicht jedoch bei sog Schubladenverfügung, BGH WRP 10, 258 Tz 19. Bei schuldhaftem Handeln des Anspruchsgegners kann der Anspruch auf Kostenerstattung auch als Anspruch auf Schadensersatz geltend gemacht werden. Zu erstatten sind die Kosten des Rechtsanwalts und ggf des mitwirkenden Patentanwalts, BGH GRUR 95, 338, 342 – Kleiderbügel; GRUR 09, 888 Tz 24 – Thermoroll. Auch für Unternehmen mit eigener Rechtsabteilung besteht grds ein Erstattungsanspruch, BGH GRUR 08, 928 Tz 14 – Abmahnkostenersatz. Wenn eine Verwarnung unbegründet ist und der Verwarner schuldhaft gehandelt hat, besteht für den Anspruchsgegner ein Anspruch auf Erstattung der ihm entstandenen Abwehrkosten, BGH GRUR 11, 995 Tz 35; Düss GRUR 14, 315, 316. Die Berechtigung einer Verwarnung kann der Verwarnte durch negative Feststellungsklage klären lassen, Rn 36.

54 **3.** Die **Abnehmerverwarnung** gilt zwar als grds zulässig, BGH GRUR 95, 424, 425 – Abnehmerverwarnung. Eine unbegründete Verwarnung von

Abnehmern eines Lieferanten kann aber als Eingriff in den geschützten Gewerbebetrieb des Lieferanten Ansprüche auf Schadensersatz und auf Unterlassung auslösen, BGH GRUR 06, 433 Tz 17 – Unbegründete Abnehmerverwarnung; Stuttg 2 U 11/99 v 10.9.09. Die erforderliche Unmittelbarkeit des Eingriffs in den Gewerbebetrieb ergibt sich daraus, dass Abnehmer leicht geneigt sind, sich der Verwarnung zu beugen, weil sie häufig auf Drittprodukte ausweichen können und deswegen idR nicht bereit sind, die mit einem Rechtsstreit verbundenen Risiken in Kauf zu nehmen, BGH (I. ZS) GRUR 06, 433 Tz 18; BGH (X. ZS) GRUR 06, 219 Tz 14 – Detektionseinrichtung II. Wenn ein Unterlassungsanspruch geltend gemacht wird, besteht entgegen Braunschw Mitt 99, 314/315 keine Wahlmöglichkeit zwischen Unterlassungsklage und Feststellungsklage. Obwohl Abnehmerverwarnungen sogar existenzgefährdende Eingriffe in die Kundenbeziehungen von Lieferanten darstellen können, BGH (GZS) GRUR 05, 882, 884 – Unberechtigte Schutzrechtsverwarnung; GRUR 06, 221 Tz 13, muss der Lieferant berechtigte Verwarnungen nur dann nicht hinnehmen, wenn es sich um unlautere Wettbewerbshandlungen iSd § 3 UWG handelt. Als Grundlage für einen Gegenanspruch kommt § 4 Nr 10 UWG in Betracht. Eine gezielte Mitbewerberbehinderung kann idR nur aus Indizien, zB überhöhte Bezifferung der Vertragsstrafe und des Gegenstandswerts, Massierung von Abnehmerverwarnungen, Hinweis auf Strafbarkeit, gefolgert werden.

4. Eine **Schutzschrift** dient dem Zweck, eine einstweilige Verfügung zu   **55** verhindern oder dem Gericht die Anordnung einer mündlichen Verhandlung nahe zu legen, ausführl Schulz WRP 09, 1472; GRUR-Prax 11, 313; Beispiel Mes/Eichmann F.5. Anlass für die Einreichung einer Schutzschrift ist idR die Verwarnung durch einen Anspruchsteller. Weil Beschlussverfügungen ohne mündliche Verhandlung und ohne Erwiderungsmöglichkeit erlassen werden, kann sich der Anspruchsgegner mit der Schutzschrift rechtliches Gehör, Art 103 I GG, verschaffen. Das Gericht ist verpflichtet, diesem Grds Rechnung zu tragen und deswegen bei einer Beschlussverfügung den Sachvortrag des Antragsgegners zu berücksichtigen, der in einer Schutzschrift glaubhaft gemacht ist, BGH GRUR 03, 456; weit Nachw Mes/Eichmann F. 5 Anm 11. Die Kosten der Schutzschrift hat der Antragsteller zu tragen, wenn die Schutzschrift vor der Zurücknahme oder Zurückweisung eines Verfügungsantrags zu den Gerichtsakten gelangt ist, BGH GRUR 03, 456; GRUR 07, 727 Tz 15. Wenn die Schutzschrift Sachvortrag enthält, besteht ein Anspruch auf Erstattung der vollen Verfahrensgebühr, BGH GRUR 08, 640 Tz 11.

Vernichtung, Rückruf und Überlassung

43 (1) **Der Verletzte kann den Verletzer auf Vernichtung der im Besitz oder Eigentum des Verletzers befindlichen rechtswidrig hergestellten, verbreiteten oder zur rechtswidrigen Verbreitung bestimmten Erzeugnisse in Anspruch nehmen. Satz 1 ist entsprechend auf die im Eigentum des Verletzers stehenden Vorrichtungen anzuwenden, die vorwiegend zur Herstellung dieser Erzeugnisse gedient haben.**

(2) **Der Verletzte kann den Verletzer auf Rückruf von rechtswidrig hergestellten, verbreiteten oder zur rechtswidrigen Verbreitung be-**

stimmten Erzeugnissen oder auf deren endgültiges Entfernen aus den Vertriebswegen in Anspruch nehmen.

(3) Statt der in Absatz 1 vorgesehenen Maßnahmen kann der Verletzte verlangen, dass ihm die Erzeugnisse, die im Eigentum des Verletzers stehen, gegen eine angemessene Vergütung, welche die Herstellungskosten nicht übersteigen darf, überlassen werden.

(4) Die Ansprüche nach den Absätzen 1 bis 3 sind ausgeschlossen, wenn die Maßnahme im Einzelfall unverhältnismäßig ist. Bei der Prüfung der Verhältnismäßigkeit sind auch die berechtigten Interessen Dritter zu berücksichtigen.

(5) Wesentliche Bestandteile von Gebäuden nach § 93 des Bürgerlichen Gesetzbuchs sowie ausscheidbare Teile von Erzeugnissen und Vorrichtungen, deren Herstellung und Verbreitung nicht rechtswidrig ist, unterliegen nicht den in den Absätzen 1 bis 3 vorgesehenen Maßnahmen.

Übersicht

I. Allgemeines

1   **1.** Die **Entwicklung** hat damit begonnen, dass durch § 14 GeschmMG 1876 ua § 26 II des Gesetzes v 11.6.1870 betr das Urheberrecht an Schriftwerken etc für entspr anwendbar erklärt worden ist. Dadurch konnte die Einziehung von Nachbildungsexemplaren im Zivilrechtsweg (und im Strafrechtsweg) verfolgt werden. Durch § 14a III GeschmMG 1974 ist die entspr Anwendung der §§ 98 bis 101 UrhG bestimmt worden. Die in Abs 5 geregelten Ausnahmen gehen auf § 101 II UrhG zurück, der durch § 14a III GeschmMG 1974 für entspr anwendbar erklärt wurde. Mit dem GeschmMG 2004 sind die §§ 43 und 45 an die Stelle der Verweisung getreten. Inhaltsgleich sind ua § 24a GebrMG, § 18 MarkenG, § 140a PatG. In Begr § 43 GeschmMG 2004 wird auf die Begründung zu der Parallelbestimmung des § 140a PatG verwiesen. Im UrhR war der Vernichtungsanspruch bereits in §§ 42, 43 LUG und §§ 37, 38 KUG, später in §§ 98–101 UrhG, gesetzlich geregelt. Außerhalb der gesetzlichen Regelung konnte auf Vernichtung zur Folgenbeseitigung erkannt werden, zB BGH GRUR 90, 997 – Ethofumesat. Die durch Art 10 EnforcementRL vorgeschriebene Möglichkeit von Abhilfemaßnahmen hat Ergänzungen und geringfügige Modifizierungen dieser Bestimmungen erforderlich gemacht. Mit dem DurchsG (s § 42 Rn 1) sind in Abs 2 die Ansprüche auf Rückruf und auf Entfernung aus den Vertriebswegen eingefügt worden. Die früheren Bestimmungen sind in der Gliederung sowie geringfügig im Inhalt und im Wortlaut geändert worden.

Der Wortlaut des Abs 5 sollte eine dem DesignR angepasste Klarstellung bringen, Begr § 43 V.

2. Grundlage des Verbots der Unverhältnismäßigkeit, Abs 4, ist Art 10 **2** III EnforcementRL. Der Verhältnismäßigkeitsgrds trägt dem verfassungsrechtlichen Eigentumsschutz, Art 14 GG, Rechnung, BGH GRUR 06, 504, 508 – Parfümtestkäufe. Es muss daher ein angemessenes Verhältnis zwischen der Schwere der Verletzung und den angeordneten Abhilfemaßnahmen bestehen. Zusätzlich müssen die Interessen Dritter berücksichtigt werden. Inhaltsgleich hat bereits § 43 III GeschmMG 1874 bestimmt, dass sich Verhältnismäßigkeit nach den obj und subj Gegebenheiten des Einzelfalls richtet. Prüfungskriterien sind insbes Verschuldensgrad, Schadensrelation, Ausmaß und Art der Rechtsverletzung, Begr PrPG B II 1c; BGH GRUR 97, 899, 901 – Vernichtungsanspruch. Unter Berücksichtigung aller Umstände des Einzelfalls findet eine umfassende Abwägung des Vernichtungsinteresses des Verletzten und des Erhaltungsinteresses des Verletzers statt, BGH GRUR 97, 901. Anhaltspunkte bieten die in Begr PrPG beispielhaft aufgeführten Kriterien, BGH GRUR 97, 901. Zur Vernichtung kann daher nur verurteilt werden, wenn festgestellt ist, dass der durch die Rechtsverletzung verursachte Zustand nicht auf andere Weise beseitigt werden kann, BGH GRUR 06, 508. Unverhältnismäßigkeit setzt idR Feststellungen zum Grad des Verschuldens voraus; wenn der Verletzer schuldlos oder allenfalls mit geringer Schuld gehandelt hat, kann Vernichtung unverhältnismäßig sein, zumal der Schaden des Verletzers den des Verletzten idR erheblich übersteigt, BGH GRUR 06, 508. Interessen Dritter können bei den Ansprüchen auf Rückruf und auf Entfernung aus den Vertriebswegen eine Rolle spielen, wenn sie ein zu respektierendes Interesse an einer Weiterbenutzung der von ihnen erworbenen Erzeugnisse haben. Das kann insbes bei Gewerbetreibenden der Fall sein, Jestaedt GRUR 09, 102, 103, denen kein Verschulden oder nur ein geringes Verschulden zur Last fällt. Die Regelung in Abs 4 ist eine Ausnahmebestimmung, Begr § 140a PatG. Die Darlegungs- und Beweislast für Unverhältnismäßigkeit obliegt daher dem Verletzer, Düss GRUR-RR 07, 259, 261. Nur der Verletzer kann als Verfahrensbeteiligter, s Rn 8, auch Interessen Dritter ins Feld führen. Auch ggü einem Handelsunternehmen können bes Umstände des Erwerbs und des Vertriebs die Vernichtung rechtfertigen, BGH GRUR 97, 901. Unverhältnismäßigkeit hat den Wegfall der Ansprüche auf Vernichtung, Rückruf und Entfernung aus den Vertriebswegen zur Folge; die Durchsetzung dieser Ansprüche schließt den Schadensersatzanspruch nach der Lizenzanalogie nicht aus, § 42 Rn 26. Wenn der durch die Rechtsverletzung verursachte Zustand der Erzeugnisse auf andere Weise beseitigt werden kann, ist eine Vernichtung zwar unverhältnismäßig. Aber eine Regelung zur Zustandsbeseitigung ist zunächst Sache der Parteien. Zustandsbeseitigung besteht aus dauerhaften Maßnahmen, die eine Fortsetzung der Rechtsverletzung verhindern.

3. Wesentliche Bestandteile von Gebäuden sind durch Abs 5 von den **3** in Abs 1–3 geregelten Maßnamen ausgenommen. Dem Designschutz zugängliche Erzeugnisse können fest mit Bauwerken verbunden und dadurch wesentliche Bestandteile, s § 94 I 1 BGB, der Bauwerke sein. Die Vernichtung derartiger Bestandteile würde den Wert der Bauwerke beeinträchtigen. Das soll durch die Regelung in Abs 5 verhindert werden. Der früheren Regelung, § 43 V GeschmMG 1974, konnte entnommen werden, dass die

Ausnahme nicht nur für Gebäude, sondern umfassender für Bauwerke gilt. Das sind alle mit einem Grundstück fest verbundenen Sachen, s § 94 I BGB, von denen deswegen angenommen wurde, s § 1 Rn 25, dass sie dem Designschutz nicht zugänglich sind, zB Brücken, Unterführungen, Türme, Einfriedungsmauern. Anders als nach Kommentaren zum UrhG werden nicht nur Werke der Baukunst iSd § 2 Nr 4 UrhG erfasst, weil es ganz allgemein um Werterhalt geht. Als gesetzliche Beschränkung der gesetzlich normierten Ansprüche ist die Ausnahmeregelung ggf auch vAw zu berücksichtigen. Vor der festen Verbindung von Erzeugnissen mit einem Bauwerk besteht ein Anspruch auf Unterlassung; nach der Verbindung haften die Beteiligten bei schuldhaftem Handeln auch auf Schadensersatz. Diese Ansprüche sind durch Abs 5 nicht ausgeschlossen. Wenn schon Bestandteile von Bauwerken von der Vernichtung ausgenommen sind, gilt das erst recht für Bauwerke als solche.

4   **4.** Durch Abs 5 sind auch **ausscheidbare Teile** von Erzeugnissen iSd Abs 1 und von Vorrichtungen iSd Abs 1 S 2 von den in Abs 1 bis 3 geregelten Maßnahmen ausgenommen. Wie der Vorgang des Ausscheidens durchgeführt wird, ist unerheblich. Nach dem Ausscheiden muss das Teileelement jedoch wirtschaftlich verwertbar sein, weil der Regelungszweck auf einen Werterhalt ausgerichtet ist. Grundvoraussetzung ist, dass Herstellung und Verbreitung der ausscheidbaren Teile nicht rechtswidrig ist, also keinem Verletzungsanspruch unterliegt. Aus einem Gegenschluss folgt, dass ggü rechtsverletzenden Teilen die in Abs 1 bis 3 vorgesehenen Maßnahmen unabhängig davon verhängt werden können, ob sie ausscheidbar sind. Wirtschaftlichen Härten kann im Rahmen der Prüfung auf Verhältnismäßigkeit, s Rn 2, Rechnung getragen werden. Ansonsten gelten für ausscheidbare Teile von Erzeugnissen und Vorrichtungen dieselben Grdse wie für wesentliche Bestandteile von Bauwerken, s Rn 3.

5   **5.** Für **Gemeinschaftsgeschmacksmuster** ergeben sich die Ansprüche auf Vernichtung, Rückruf und Überlassung aus § 62a Nr 1; zum zeitlichen Anwendungsbereich § 62a Rn 6. Aus Art 89 I d) GGV folgt, dass das Recht des Mitgliedstaats anwendbar ist, in dem die Verletzungshandlung begangen worden ist, EuGH GRUR 14, 368 Rn 52 – Gautzsch.

II. Vernichtung

6   **1.** Der **Regelungszweck** des Vernichtungsanspruchs ist schon durch das PrPG, s Allg Rn 4, verdeutlicht worden: Durch die Vernichtung soll sichergestellt werden, dass schutzrechtsverletzende Erzeugnisse endgültig aus dem Markt genommen werden. Nach Art 46 S 1 TRIPS soll wirksam vor Verletzungen abgeschreckt werden, sofern verfassungsrechtlichen Erfordernissen Rechnung getragen wird. Der Vernichtungsanspruch ist daher nicht nur auf unmittelbare Folgenbeseitigung, sondern auch auf Generalprävention gerichtet, BGH GRUR 95, 338, 341 – Kleiderbügel; GRUR 97, 899, 902 – Vernichtungsanspruch. Die Vernichtung ist verfassungskonforme Inhalts- und Schrankenbestimmung des Eigentums, BGH GRUR 97, 901. Der Vorbehalt der Verhältnismäßigkeit, s Rn 2, dient dem Eigentumsschutz, Köhler GRUR 96, 82, 86. Abweichend von § 102 II UrhG aF unterliegt auch der Vernichtungsanspruch der Verjährung. Die Ansprüche aus § 43 können

auch im strafrechtlichen Adhäsionsverfahren geltend gemacht werden, § 51 Rn 13.

2. Wenn **Erzeugnisse** vernichtet werden, führt das zur Zerstörung der **7** Substanz. Weniger einschneidende Maßnahmen kommen nur bei einem Anspruch auf Überlassung, s Rn 8, und bei Vereinbarungen zur Zustandsbeseitigung, s Rn 2, in Betracht. Der Vernichtungsanspruch richtet sich gegen den Hersteller und gegen denjenigen, der in den Schutzungang eines eingetragenen Designs fallende Erzeugnisse verbreitet hat oder zur Verbreitung vorrätig hält. Die Handlung muss im Inland rechtswidrig, aber nicht schuldhaft erfolgt sein. Erfasst wird auch der Inlandsvertrieb von rechtsverletzenden Erzeugnissen, die im schutzrechtsfreien Ausland hergestellt worden sind. Der Verletzer muss Eigentümer oder Besitzer der Erzeugnisse sein; mittelbarer Besitz genügt, Begr PrPG zu § 25a. Maßgeblich ist der Zeitpunkt der Klageerhebung; für Rechtsnachfolger gilt § 325 ZPO. Drittbesitzer werden nicht erfasst, Spindler/Weber ZUM 07, 257, 259. Der Vernichtungsanspruch besteht auch, wenn der Verletzer durch Gerichtsentscheidung, Hbg UFITA 95 (93) 341, oder vertraglich zur Unterlassung verpflichtet ist. Ungeklärt ist, ob der Ablauf der Schutzfrist entgegensteht, offen gelassen in BGH GRUR 60, 443, 446 – Orientteppich, (passim) bejaht in BGH GRUR 66, 97, 100 – Zündaufsatz. Interessengerecht ist eine Einzelfallwürdigung im Rahmen der Prüfung, ob der Anspruch wegen Unverhältnismäßigkeit ausgeschlossen ist.

3. Die Vernichtung von **Vorrichtungen,** Abs 1 S 2, soll die Herstellung **8** weiterer rechtsverletzender Erzeugnisse erschweren und einen Abschreckungseffekt erzielen, Begr PrPG B II 1c. Die Vorrichtung muss vorwiegend zur Herstellung von rechtsverletzenden Erzeugnissen benutzt werden oder hierfür bestimmt sein. Eine ausschließliche oder nahezu ausschließliche Zweckbestimmung ist nicht mehr erforderlich; das ergibt sich aus Art 10 I 1 EnforcementRL. Wenn die Vorrichtung auch für andere Zwecke verwendet werden kann, muss die bisher überwiegende Zweckbestimmung festgestellt werden. Die Zweckbestimmung muss nicht schon in dem Zeitpunkt erfüllt sein, in dem die Vorrichtung hergestellt wurde, BGH GRUR 60, 443, 446 – Orientteppich. Die theoretische Möglichkeit für anderweitige Verwendungen genügt nicht, BGH GRUR 95, 338, 341 – Kleiderbügel. Erfahrungssätze können unterschied für, zB bei Spritzformen, BGH GRUR 95, 341, als auch, zB bei Nähmaschinen, BGH NJW 68, 2198, gegen Ausschließlichkeit sprechen. Dem Vernichtungsanspruch unterliegen auch ausscheidbare Vorrichtungsteile (zB Formen, Prägestempel, Druckplatten), wenn sie der Herstellung von rechtsverletzenden Erzeugnissen dienen, BGH GRUR 95, 341, nicht jedoch neutrale ausscheidbare Teile, s Rn 4. Der Verletzer muss im Zeitpunkt der Klageerhebung Eigentümer der Vorrichtungen sein; anders als bei der Vernichtung von rechtsverletzenden Erzeugnissen genügt Besitz nicht. Wenn der Verletzer nicht Eigentümer, sondern nur Besitzer ist, kommt nach Spindler/Weber ZUM 07, 247, 261 ein Anspruch auf Entfernen aus den Vertriebswegen in Betracht. Im Antrag muss Konkretisierung der Vorrichtungen erfolgen, BGH NJW 68, 2198.

4. Anstelle der Vernichtung kann der Verletzte die **Überlassung** der **9** rechtsverletzenden Erzeugnisse verlangen, Abs 3. Der Überlassungsanspruch setzt Eigentum des Verletzers im Zeitpunkt der Klageerhebung, s Rn 3, voraus. Bei Sicherung durch einstweilige Verfügung, s Rn 11, kommt es auf das Eigentum im Zeitpunkt der Antragseinreichung an. Die als Gegenleistung zu erbringende Vergütung muss angemessen sein; sie darf die Herstellungskosten nicht übersteigen. Der Anspruch geht auf Besitzverschaffung und Einwilligung in die Eigentumsübergabe Zug um Zug gegen Zahlung der Vergütung. Abweichend von § 43 IV iVm § 43 II GeschmMG 1974 besteht für Vorrichtungen kein Überlassungsanspruch.

10 **5.** Das **Gerichtsverfahren** zur Vernichtung ist zunächst Erkenntnisverfahren, anschließend Vollstreckungsverfahren. Die Aktivlegitimation, s § 42 Rn 9, ist dem Verletzten zugewiesen. Die Passivlegitimation, s § 42 Rn 4 ff, des Verletzers ergibt sich daraus, dass dieser eine Benutzungshandlung vorgenommen hat und deswegen in Anspruch genommen wird. Auf Dritte wird nur abgestellt, wenn Unverhältnismäßigkeit, s Rn 2, geprüft wird. An die Stelle des Anspruchs auf Vernichtung kann ein Anspruch auf Herausgabe zur Vernichtung treten. Die Abwägung der beiderseitigen Interessen kann zum Ergebnis haben, dass dem Verletzten das Risiko einer unkontrollierten Vernichtung nicht zumutbar ist. Das kann zB der Fall sein, wenn Piratereiware mit – wenn auch nur bedingtem – Vorsatz oder in erheblichem Maße fahrlässig erworben wurde, BGH GRUR 97, 899, 902 – Vernichtungsanspruch. Die Anordnung der Herausgabe ist auch gerechtfertigt, wenn der Verletzer zwischenzeitlichen Besitzverlust behauptet, Hamm GRUR 89, 503. Das Gericht verurteilt den Verletzer zur Herausgabe der rechtsverletzenden Erzeugnisse an den Gerichtsvollzieher zur Vernichtung, BGH GRUR 03, 228, 230 – P-Vermerk, bzw Zustandsbeseitigung. Die Vollziehung setzt keine Rechtskraft des Urteils voraus. Bei der Vollziehung aus vorläufig vollstreckbarem LG-Urteil ist der Verletzer durch § 709 ZPO (Sicherheitsleistung) und durch § 717 II ZPO (Schadensersatz), aus vorläufig vollstreckbarem OLG-Urteil durch § 711 S 1 ZPO (Abwendungsbefugnis) geschützt. Die Vollstreckung erfolgt durch den Gerichtsvollzieher, §§ 883, 886 ZPO; dieser führt die Maßnahmen durch oder gibt sie in Auftrag. Die Kosten für Vernichtung, Zustandsbeseitigung und Verwahrung sind solche der Zwangsvollstreckung; sie hat der Verletzer zu tragen, § 788 I 1 ZPO. Wenn nicht zur Herausgabe an den Gerichtsvollzieher verurteilt wird, erfolgt die Vollstreckung nach § 887 ZPO, bei Widerstand des Schuldners kann nach § 892 ZPO ein Gerichtsvollzieher hinzugezogen werden, FfM GRUR-RR 07, 30, 31 – Fotomaterial. Die Verpflichtung zur Kostentragung kann bereits im Erkenntnisverfahren ausgesprochen werden, BGH GRUR 97, 902. Im Strafverfahren kann die Einziehung von rechtsverletzenden Erzeugnissen und von Herstellungsvorrichtungen als Strafmaßnahme angeordnet werden, s § 51 Rn 8.

11 **6.** Als **Sicherungsmaßnahme** kommt eine einstweilige Verfügung zur Sicherstellung des Vernichtungsanspruchs in Betracht. Dabei findet Berücksichtigung, dass der Bekl bis zur Vollstreckung Eigentum bzw Besitz auf Dritte übertragen kann. Zur Vermeidung von durchsetzungsvereitelnden Maßnahmen kann durch einstweilige Verfügung die Herausgabe an den Gerichtsvollzieher angeordnet werden; dieser nimmt oder gibt die Gegenstände in Verwahrung, s § 195 Nr 3 S 2 GVGA. Der Gerichtsvollzieher wird vom Antragsteller beauftragt und ggf von der Gerichtsvollzieherverteilerstelle bestimmt. Es können auch andere Sicherungsmaßnahmen angeordnet werden, § 938 I ZPO, zB Verbot der Rückgabe an den Lieferanten, FfM GRUR-RR 03, 96. Eine Sequestration, dh Verwahrung mit Verwaltung,

§ 938 II ZPO, § 195 Nr 2 S 1 GVGA, ist bei rechtsverletzenden Erzeugnissen und bei Herstellungsvorrichtungen grds nicht erforderlich. Wird Sequestration angeordnet, ergibt die Auslegung idR, dass nur Verwahrung zu erfolgen hat. Der Anordnung einer Sicherheitsleistung bedarf es nicht, weil die Vernichtung nur auf Grund Urteils erfolgen kann. Innerhalb der Vollziehungsfrist muss Auftrag an den Gerichtsvollzieher erteilt sein, Hamm GRUR 92, 888. Bei den Ansprüchen auf Rückruf und auf Entfernung kommt eine vorläufige Herausgabe an den Gerichtsvollzieher nicht in Betracht. Rückruf und Entfernung aus den Vertriebswegen sind endgültige Maßnahmen der Erfüllung und deswegen vorläufigen Maßnahmen durch einstweilige Verfügung nicht zugänglich.

7. Ob eine **außergerichtliche Herausgabeaufforderung** zur Vermei- 12 dung des Kostenrisikos aus § 93 ZPO vor Maßnahmen der Sicherstellung des Anspruchs auf Vernichtung erforderlich ist, hängt von dem Risiko der Vereitelungsgefahr ab. Maßgeblich hierfür ist der Kenntnisstand des Verletzten im Zeitpunkt der Antragstellung. Bei schutzrechtsverletzender Ware ist idR die Besorgnis berechtigt, dass der Verletzer versuchen wird, eine Beschlagnahme zu vereiteln, Hbg GRUR-RR 04, 192; FfM GRUR 06, 264; KG MD 08, 753; Ullmann/Hesse 12/20; aA Braunschweig GRUR-RR 05, 103. Bei rechtsverletzenden Erzeugnissen muss ganz allg befürchtet werden, dass der Antragsgegner die Ware dem Zugriff des Antragstellers nicht freiwillig preisgeben wird; die Gefahr einer Vereitelung des Rechtsschutzes muss daher nicht durch bes Verdachtsmomente belegt werden, Köhler/Bornkamm 12/1.48. Handelsunternehmen können einen Totalverlust und eine Auseinandersetzung mit dem Lieferanten in einfacher Weise dadurch vermeiden, dass die Ware dem Lieferanten oder einem anderen Handelsunternehmen übergeben wird. Für Hersteller liegt es nahe, die beanstandeten Erzeugnisse dadurch vor einem Verlust zu retten, dass sie in ein Land verbracht werden, in dem kein Schutz besteht. Grds ist es daher gerechtfertigt, keine allzu strengen Anforderungen an die Entbehrlichkeit einer Verwarnung zu stellen, Fezer/Büscher 12/22; Teplitzky 41/31; Amschewitz WRP 12, 401. Nicht nur bei sog flüchtiger Ware, Düss WRP 97, 471, 472, also bei Erzeugnissen von geringer Größe, Düss NJW-WettbR 98, 234, 235; Mü NJW-WettbR 99, 239, 240, und bei Hochwertigkeit, Köln NJW-WettbR 00, 303, 304, muss daher mit der Möglichkeit gerechnet werden, dass diese Erzeugnisse dem Zugriff des Antragstellers entzogen werden, Karlsr GRUR-RR 13, 182, 183. Ob eine Vereitelungsgefahr besteht, muss ohnehin nur nach einem etwaigen Kostenwiderspruch geprüft werden. Wenn allerdings die Beschlagnahmeanordnung nicht vollzogen werden ist, muss der Antragsteller hierfür eine schlüssige Begründung darlegen; andernfalls liegt die Annahme nahe, dass kein schützenswertes Interesse für eine Sicherungsmaßnahme bestanden hat, KG MD 08, 753.

III. Rückruf

Eine der in Art 10 I EnforcementRL geregelten Abhilfemaßnahmen ist 13 der „Rückruf aus den Vertriebswegen". Nach ErwGrd 7 EnforcementRL stehen in einigen Mitgliedstaaten Maßnahmen wie ua der Rückruf rechtsverletzender Ware vom Markt auf Kosten des Verletzers nicht zur Verfügung. Anknüpfungspunkt war die niederländische Rechtspraxis, wonach dem Verletzer zur Auflage gemacht werden konnte, urheberrechtswidrige Erzeugnisse aus dem Markt zurückzurufen, s Stellungnahme GRUR 99, 479, 483. Im deutschen Recht war nur ein quasinegatorischer Beseitigungsanspruch entspr § 1004 BGB anerkannt. Weil Abhilfemaßnahmen auf Kosten des Verletzers durchgeführt werden, Art 10 II EnforcementRL, muß der Verletzer ernsthaft zur Rückgabe auf eigene Kosten, dh insbes gegen Erstattung des Kaufpreises und Übernahme der Rückgabekosten, aufgefordert werden, Czychowski GRUR-RR 08, 265, 267; Jänich MarkenR 08, 415; Jestaedt GRUR-RR 09, 102, 103; Jung/Rohlfing Mitt 10, 50, 52. Diese Modalitäten können Eingang in den Urteilstenor finden, zB LG Düss 4a O 44/09 v 13.7.10. Das Gebot der Ernsthaftigkeit macht es erforderlich, den Adressaten über die Rechtsverletzung aufzuklären; auch diese Information kann in den Urteilstenor aufgenommen werden, LG Düss v 13.7.10; Kühnen/Geschke Rn 825 und Fn 894. Wegen dieser Aufklärung kann sich der Adressat nicht mehr auf Unkenntnis berufen, Nägele/Nitsche WRP 07, 1047, 1056. Nach Mannh GRUR-RR 11, 49, 53 sollen keine konkreten Vorgaben zu machen sein. Anders als bei der Vernichtung von Erzeugnissen ist Eigentum oder Besitz des Verletzers keine Anspruchsvoraussetzung. Weil dem Verletzten idR nicht bekannt ist, wie es sich mit den Abnehmern des Verletzers verhält, kann pauschal Rückforderung gefordert bzw durch Urteil aufgegeben werden. Nach Begr § 140a III PatG ist der Anspruch auf Rückruf nur durchsetzbar, wenn dem Anspruchsgegner ein Rückruf noch möglich ist. Voraussetzung wäre demnach rechtliche Verfügungsgewalt des Anspruchsgegners, mwN BGH GRUR 74, 666, 669 – Reparaturversicherung, zB bei Eigentumsvorbehalt, oder zumindest tatsächliche Verfügungsgewalt, ebenso Peukert/Kur GRUR 06, 292, 295; Berlit WRP 07, 732, 734; Dörre/Maaßen GRUR-RR 08, 217, 219; Voraufl 43/5. Wenn Verfügungsgewalt besteht, ergibt sich eine Rückrufpflicht bereits als Maßnahme zur Störungsbeseitigung, Peukert/Kur GRUR 06, 292, 295; Kitz NJW 08, 2374, 2375; Wreesmann Mitt 10, 276, 279. Denn eine Verpflichtung zur Einwirkung auf Abnehmer, um diese von Verletzungshandlungen abzuhalten, kann auch Unterlassungsschuldner treffen, Köln WRP 83, 452; 365; KG WRP 86, 680; Hamm NJW-RR 90, 1197; FfM GRUR-RR 09, 412. Das Gebot der richtlinienkonformen Auslegung, Allg Rn 17, hat zur Folge, dass der Anspruch auf Rückruf nicht mehr unter den Vorbehalt der Verfügungsmacht gestellt werden darf. Geschuldet ist nur die Maßnahme des Rückrufs, nicht auch dessen Erfolg, Mannh GRUR-RR 11, 53; Jestaedt GRUR 09, 102, 105; Jung/Rohlfing Mitt 10, 50, 52. Es kommt hinzu, dass Handelskunden generell ein Interesse daran haben, nicht ihrerseits wegen des Anbietens und Inverkehrbringens von rechtsverletzenden Erzeugnissen in Anspruch genommen zu werden, Dörre/Maaßen GRUR-RR 08, 217, 219; Jung/Rohlfing Mitt 10, 50, 52; s auch schon Köln MD 02, 802. Es ergibt sich aus den Geboten der Wirksamkeit und der Abschreckung, Art 3 II EnforcementRL, dass der Anspruch nicht an einer Besitzweitergabe scheitern darf, Jung/Rohlfing Mitt 10, 50, 53. Adressaten der Aufforderung zur Rückgabe sind die unmittelbaren Abnehmer des Verletzers. Weil der Rückruf „aus den Vertriebswegen" stattfindet, werden Endnutzer nicht erfasst, Mannh GRUR-RR 11, 53; Jänich MarkenR 08, 413, 415; Jestaedt GRUR-RR 09, 102, 103. Nach ErwGrd 25 EnforcementRL sollen Abhilfemaßnahmen den Interessen insbes von privaten Parteien Rechnung tragen. Weil diese Personen durch § 40 Nr 1 von Ansprüchen freigestellt sind, unterliegen sie nicht dem Rückrufanspruch, aA Cychowski GUR-RR 08, 265, 267. Bei geschäftlich und insbes gewerblich tätigen Endabnehmern besteht dagegen ein Bedürfnis für Gefahrenbeseitigung. Der Anspruch auf Rückruf kann allerdings eine stumpfe Waffe sein, weil er – anders als die Ansprüche auf Drittauskunft, § 46 VII, auf Besichtigung und Urkundenvorlage, § 46a III 1, und auf Unterlagenvorlage, § 47b III 1 – nicht im Wege der einstweiligen Verfügung durchgesetzt werden kann, differenzierend Kühnen Rn 1451. Wohl deswegen wird der praktische Nutzen des Rückrufanspruchs als fraglich bezeichnet, Begr § 140a III PatG. Die Vollstreckung erfolgt nach § 888 ZPO, Jänich MarkenR 08, 413, 417, nicht nach § 887 ZPO; aA Jestaedt GRUR 09, 102, 104, weil nur dem Verletzer seine Abnehmer bekannt sind. Eine Vollstreckung gegen Vertragspartner des Verletzers ist nicht möglich, Nägele/Nitsche WRP 07, 1047, 1056.

IV. Entfernen aus den Vertriebswegen

Neben der Vernichtung und dem Rückruf ist „das endgültige Entfernen **14** aus den Vertriebswegen" die dritte der in Art 10 EnforcementRL geregelten Abhilfemaßnahmen. Die Ansprüche auf Rückruf und auf Entfernen aus den Vertriebswegen bestehen kumulativ nebeneinander, Jestaedt GRUR 09, 102, 105, zumal sie inhaltliche Unterschiede aufweisen. Der Verletzte kann daher sowohl Rückruf als auch Entfernen aus den Vertriebswegen verlangen, LG Düss 4a O 427/06 v 12.2.08; Jänich MarkenR 08, 413, 416. Das Erfordernis der Endgültigkeit ist nicht erfüllt, wenn Erzeugnisse in eine Lagerstätte oder in ein schutzrechtsfreies Territorium verbracht werden, weil die Möglichkeit des Rückflusses in kaufmännisch übliche Vertriebswege nicht ausgeschlossen werden kann. Endgültiges Entfernen aus den Vertriebswegen kann ua dadurch erfolgen, dass die Ware vernichtet oder ein Rückgabeanspruch durchgesetzt wird, zB LG Düss 4a O 44/09 v 13.7.10; Jestaedt GRUR 09, 102, 105. Der Entfernungsanspruch kann aber auch in Betracht kommen, wenn eine Warenrückgabe mit hohem organisatorischem Aufwand verbunden wäre, Dörre/Maaßen GRUR-RR 08, 217, 219. Das kann ua der Fall sein, wenn der Verletzer eine Vielzahl von Handelskunden beliefert hat oder die Kosten der Rücksendung unverhältnismäßig hoch wären. Eine Wahlmöglichkeit zwischen dem Rückrufanspruch und dem Entfernungsanspruch ist nur dem Verletzten eröffnet. Der Verletzer kann sich jedoch auf bes Umstände berufen, die Unverhältnismäßigkeit, s Rn 2, zur Folge haben. Die Konkretisierung des Wahlrechts muss spätestens mit dem Klageantrag erfolgen. Wie beim Rückrufanspruch kommt eine einstweilige Verfügung nicht in Betracht. Weil der Verletzer seinerseits eine Wahlbefugnis für die Art der Entfernungsmaßnahme hat, ist nur eine pauschalierende Antragsformulierung möglich. Dem Verletzer muss daher nicht bekannt sein, wo sich die rechtsverletzenden Erzeugnisse befinden, aA Seichter WRP 06, 391, 399; Nägele/Nitsche WRP 07, 1047, 1056. Angaben zu Einzelheiten der Vertriebskanäle müssen daher weder im Klageantrag noch in der Klagebegründung gemacht werden. Kenntnisse des Verletzten können für ein etwaiges Ordnungsmittelverfahren genutzt werden. Der Verletzer muss auch nicht selbst zum Entfernen in der Lage sein, aA Jung/Rohlfing Mitt 10, 50, 52. Wie beim Rückrufanspruch werden Privatpersonen nicht erfasst, aA Cychowski GRUR-RR 08, 265, 267; von gewerblichen Endabnehmern kann jedoch das Entfernen aus den Vertriebswegen gefordert werden, aA Jestaedt GRUR 09, 102, 105.

Haftung des Inhabers eines Unternehmens

44 **Ist in einem Unternehmen von einem Arbeitnehmer oder Beauftragten ein eingetragenes Design widerrechtlich verletzt worden, so hat der Verletzte die Ansprüche aus den §§ 42 und 43 mit Ausnahme des Anspruchs auf Schadenersatz auch gegen den Inhaber des Unternehmens.**

Übersicht

1 **1.** Die **Entwicklung** geht auf § 14a III GeschmMG 1876 zurück, der ua eine Verweisung auf § 100 UrhG aF enthalten hat. Die Regelung in § 100 UrhG aF war an die Regelung in § 13 IV aF (= § 8 II nF) UWG angelehnt, Begr § 110 UrhG aF. Der frühere Satz 2, wonach weitergehende Ansprüche aus anderen gesetzlichen Vorschriften unberührt bleiben, war wegen der allg Regelung des § 50 überflüssig und ist deswegen mit dem DurchsG (s § 42 Rn 1) im Interesse der Vereinfachung gestrichen worden, Begr § 44. Inhaltsgleiche Regelungen enthalten die §§ 99 UrhG, 8 II UWG. In § 14 VII MarkenG ist der Schadensersatzanspruch abweichend geregelt, s Rn 6. § 44 gilt nach § 62a Nr 2 entspr für Gemeinschaftsgeschmacksmuster.

2 **2.** Der **Regelungsgehalt** besagt im wesentlichen, dass es dem Inhaber eines Unternehmens nicht möglich sein soll, sich Ansprüchen des Verletzten deswegen entziehen zu können, weil er an der Rechtsverletzung nicht selbst beteiligt war, sondern Mitarbeiter seines Unternehmens für ihn tätig geworden sind. Dieser Rechtsgrundsatz findet in der Praxis so selbstverständlich Anwendung, dass die in § 44 getroffene Regelung und vergleichbare Bestimmungen in anderen Gesetzen idR nur erwähnt werden, wenn spezieller Parteivortrag hierzu Veranlassung gibt. Die Ansprüche auf Unterlassung sowie auf Vernichtung und Überlassung können auch dann gegen den Inhaber eines Unternehmens geltend gemacht werden, wenn ein Arbeitnehmer oder ein Beauftragter ein DesignschutzR widerrechtlich verletzt hat. Dem Inhaber des Unternehmens werden Zuwiderhandlungen seiner Angestellten oder Beauftragten zugerechnet, weil die arbeitsteilige Organisation eines Unternehmens dessen Verantwortung für diese Personen nicht beseitigen soll, BGH GRUR 03, 453, 455 – Verwertung von Kundenlisten. Der Zuwiderhandelnde muss daher für das Unternehmen tätig geworden sein; ein Handeln für einen Dritten oder im eigenen Interesse reicht nicht aus, BGH GRUR 09, 597 Tz 15 – Halzband. Inhaber eines Unternehmens sind als natürliche Personen nur Einzelkaufleute. Bei Personengesellschaften und bei Kapitalgesellschaften werden diese Rechtspersonen als Inhaber behandelt. Persönlich haftende Gesellschafter und gesetzliche Vertreter können zusätzlich zu dem Unternehmensinhaber haften, § 42 Rn 6. Die Haftung des Unternehmensinhabers bezieht sich auf die in § 42 geregelten Ansprüche auf Unterlassung und Beseitigung sowie auf die in § 43 geregelten Ansprüche auf Vernichtung, Überlassung und Rückruf. Der Schadensersatzanspruch ist anderweitig geregelt, s Rn 6.

3. Ein **Unternehmen** ist eine natürliche Person oder eine juristische Per- **3** son oder eine rechtsfähige Personengesellschaft mit gewerblicher oder beruflich selbstständiger Tätigkeit, § 14 I BGB. Eine Personengesellschaft ist rechtsfähig, wenn sie Rechte erwerben und Verbindlichkeiten eingehen kann, § 14 II BGB. Eine natürliche Person ist zugleich der Inhaber des Unternehmens. Bei einer juristischen Person, insbes AG und GmbH, ist diese Unternehmensinhaber. Auch bei einer rechtsfähigen Personengesellschaft, zB OHG, KG, BGB-Gesellschaft, ist diese Gesellschaft Inhaber des Unternehmens. Neben einer juristischen Person kann auch ihr Vertretungsorgan, neben Personengesellschaften auch ein persönlich haftender Gesellschafter haftbar sein, § 42 Rn 6.

4. Arbeitnehmer sind Personen, die aufgaben- oder weisungsgemäß für **4** einen Arbeitgeber tätig sind, s § 7 Rn 18, 19. Als Tätigkeiten kommen sowohl Entwurfstätigkeit als auch insbes Tätigkeiten im Bereich des Inverkehrbringens und des vorbereitenden Anbietens in Betracht. Ungeschriebenes Tatbestandsmerkmal ist die Unternehmensbezogenheit des Mitarbeiterhandelns; die sekundäre Behauptungslast kann zur Folge haben, dass dem Arbeitgeber Aufklärungspflicht obliegt, Mü GRUR-RR 07, 345, 346.

5. Beauftragter ist, wer für den Unternehmensinhaber in dessen Ein- **5** flussbereich gehandelt hat, BGH GRUR 90, 1039, 1040 – Anzeigenauftrag. Sowohl natürliche als auch juristische Personen und Personengesellschaften können Beauftragte sein. Eine Beauftragung setzt eine Eingliederung in den Betriebsorganismus des Unternehmensinhabers so voraus, dass einerseits der Erfolg des Beauftragten zumindest auch dem Unternehmensinhaber zugute kommt und andererseits der Unternehmensinhaber einen bestimmenden Einfluss auf das rechtsverletzende Verhalten hat, BGH GRUR 95, 605, 607 – Franchisenehmer. Beauftragung liegt idR dem Affiliate-Marketing zugrunde, Renner/Schmidt GRUR 09, 908, 910. Schuldhaftes Handeln des Unternehmensinhabers ist nicht erforderlich; zu Lasten des Unternehmensinhabers besteht eine Erfolgshaftung ohne Entlastungsmöglichkeit, Begr § 44. Der Unternehmensinhaber haftet daher auch für die ohne sein Wissen und sogar gegen seinen Willen von einem Beauftragten begangenen Rechtsverletzungen, BGH GRUR 95, 607. Die verschuldensunabhängige Haftung des Unternehmers verstößt nicht gegen Art 2 I iVm Art 20 III GG, BVerfG NJW 96, 2567.

6. Der Anspruch auf **Schadensersatz** ist durch die Regelung des § 44 **6** nicht ausgeschlossen, sondern ergibt sich aus den durch § 50 für anwendbar erklärten Vorschriften in anderen gesetzlichen Regelungen, s Rn 1. Das gilt auch für die vorbereitenden Ansprüche auf Auskunft und Rechnungslegung. Weil die widerrechtliche Verletzung eines eingetragenen Designs eine unerlaubte Handlung ist, § 52 Rn 4, haftet der Unternehmensinhaber auch für Verrichtungsgehilfen, § 831 I 1 BGB. Die Regelung in § 14 VII MarkenG war in § 44 S 2 bewusst nicht übernommen worden, Begr § 44. Der Entlastungsbeweis für Verrichtungsgehilfen, § 831 I 2 BGB, hat bei der Verletzung eines eD zur Voraussetzung, dass der Inhaber des Unternehmens bei der Leitung des Verrichtungsgehilfen die im Verkehr erforderliche Sorgfalt beachtet hat. Die Verletzung eines eD kann zwar Mitarbeitern nicht ohne weiteres zum Vorwurf gemacht werden. Aufgabe des Geschäftsherrn ist es jedoch, seine Angestellten und Beauftragten so anzuleiten, dass diese in ihrem Tätigkeitsbereich keine DesignschutzR verletzen.

Entschädigung

45 **Handelt der Verletzer weder vorsätzlich noch fahrlässig, so kann er zur Abwendung der Ansprüche nach den §§ 42 und 43 den Verletzten in Geld entschädigen, wenn ihm durch die Erfüllung der Ansprüche ein unverhältnismäßig großer Schaden entstehen würde und dem Verletzten die Abfindung in Geld zuzumuten ist. Als Entschädigung ist der Betrag zu zahlen, der im Falle einer vertraglichen Einräumung des Rechts als Vergütung angemessen gewesen wäre. Mit der Zahlung der Entschädigung gilt die Einwilligung des Verletzten zur Verwertung im üblichen Umfang als erteilt.**

Übersicht

1 **1. Regelungsgehalt** der in § 45 geregelten Abwendungsbefugnis ist, dass sie gegen sämtliche der in den §§ 42 und 43 geregelten Ansprüche geltend gemacht werden können. In Betracht kommen idR jedoch nur die Ansprüche auf Unterlassung und auf Vernichtung. Voraussetzung der Abwendungsbefugnis ist, dass (1) weder vorsätzlich noch fahrlässig gehandelt wurde, hierzu § 42 Rn 18, 19; (2) durch die Erfüllung des Anspruchs ein unverhältnismäßig großer Schaden entstehen würde; (3) dem Verletzten eine Geldentschädigung zuzumuten ist. Wenn nicht schuldhaft gehandelt wurde, erfolgt eine Abwägung der Interessen des Verletzten und des Verletzers. Die in Satz 2 vorgesehene Entschädigung richtet sich nach der für eine Lizenz angemessenen Vergütung, Begr § 45. Mit Zahlung dieser Entschädigung gilt nach S 3 die Einwilligung des Verletzten zur Verwertung im üblichen Umfang als erteilt.

2 **2.** Zum **Anwendungsbereich** muss berücksichtigt werden, dass die Abwendungsbefugnis (wie auch schon durch § 14a III GeschmMG 1876) aus § 101 I UrhG übernommen worden ist. Dort sollte der bei Gemeinschaftswerken, insbes bei Filmwerken bestehenden Schwierigkeit Rechnung getragen werden, sämtliche Rechtsinhaber ausfindig zu machen und sich von diesen NutzungsR einräumen zu lassen, Begr UrhG § 101. Ebenso wie beim Beseitigungsanspruch, § 42 Rn 10, geht es hauptsächlich um um Erzeugnisse, die sich (noch) in der Verfügungsgewalt des Verletzers befinden. Für diese Erzeugnisse ist dem Verletzten die zwangsweise Einräumung eines Verwertungsrechts gegen Entrichtung einer Lizenzzahlung nicht zumutbar. Den Interessen des Verletzers wird ausreichend dadurch Rechnung getragen, dass die in § 43 I, II und III geregelten Ansprüche auf Vernichtung, Rückruf und Entfernung aus den Vertriebswegen durch § 43 IV ausgeschlossen sind, wenn die Maßnahme im Einzelfall unverhältnismäßig wären. Für den Unterlassungsanspruch kommt eine Abwendung nicht in Betracht, weil weitere Benutzungshandlungen des Verletzers nach der Anspruchsgeltendmachung vorsätzlich, zumindest grob fahrlässig wären. Veröffentlichte Gerichtsent-

scheidungen zu § 45 sind bisher nicht bekannt geworden. § 45 gilt nach § 62a Nr 2 entspr für Gemeinschaftsgeschmacksmuster.

Auskunft

46 (1) Der Verletzte kann den Verletzer auf unverzügliche Auskunft über die Herkunft und den Vertriebsweg der rechtsverletzenden Erzeugnisse in Anspruch nehmen.

(2) In Fällen offensichtlicher Rechtsverletzung oder in Fällen, in denen der Verletzte gegen den Verletzer Klage erhoben hat, besteht der Anspruch unbeschadet von Absatz 1 auch gegen eine Person, die in gewerblichem Ausmaß

1. rechtsverletzende Erzeugnisse in ihrem Besitz hatte,
2. rechtsverletzende Dienstleistungen in Anspruch nahm,
3. für rechtsverletzende Tätigkeiten genutzte Dienstleistungen erbrachte oder
4. nach den Angaben einer in Nummer 1, 2 oder Nummer 3 genannten Person an der Herstellung, Erzeugung oder am Vertrieb solcher Erzeugnisse beteiligt war,

es sei denn, die Person wäre nach den §§ 383 bis 385 der Zivilprozessordnung im Prozess gegen den Verletzer zur Zeugnisverweigerung berechtigt. Im Fall der gerichtlichen Geltendmachung des Anspruchs nach Satz 1 kann das Gericht den gegen den Verletzer anhängigen Rechtsstreit auf Antrag bis zur Erledigung des wegen des Auskunftsanspruchs geführten Rechtsstreits aussetzen. Der zur Auskunft Verpflichtete kann von dem Verletzten den Ersatz der für die Auskunftserteilung erforderlichen Aufwendungen verlangen.

(3) Der zur Auskunft Verpflichtete hat Angaben zu machen über

1. Namen und Anschrift der Hersteller, Lieferanten und anderer Vorbesitzer der Erzeugnisse oder Dienstleistungen sowie der gewerblichen Abnehmer und Verkaufsstellen, für die sie bestimmt waren, und
2. die Menge der hergestellten, ausgelieferten, erhaltenen oder bestellten Erzeugnisse sowie über die Preise, die für die betreffenden Erzeugnisse oder Dienstleistungen bezahlt wurden.

(4) Die Ansprüche nach den Absätzen 1 und 2 sind ausgeschlossen, wenn die Inanspruchnahme im Einzelfall unverhältnismäßig ist.

(5) Erteilt der zur Auskunft Verpflichtete die Auskunft vorsätzlich oder grob fahrlässig falsch oder unvollständig, so ist er dem Verletzten zum Ersatz des daraus entstehenden Schadens verpflichtet.

(6) Wer eine wahre Auskunft erteilt hat, ohne dazu nach Absatz 1 oder Absatz 2 verpflichtet gewesen zu sein, haftet Dritten gegenüber nur, wenn er wusste, dass er zur Auskunftserteilung nicht verpflichtet war.

(7) In Fällen offensichtlicher Rechtsverletzung kann die Verpflichtung zur Erteilung der Auskunft im Wege der einstweiligen Verfügung nach den §§ 935 bis 945 der Zivilprozessordnung angeordnet werden.

(8) Die Erkenntnisse dürfen in einem Strafverfahren oder in einem Verfahren nach dem Gesetz über Ordnungswidrigkeiten wegen einer

vor der Erteilung der Auskunft begangenen Tat gegen den Verpflichteten oder gegen einen in § 52 Absatz 1 der Strafprozessordnung bezeichneten Angehörigen nur mit Zustimmung des Verpflichteten verwertet werden.

(9) **Kann die Auskunft nur unter Verwendung von Verkehrsdaten (§ 3
Nummer 30 des Telekommunikationsgesetzes) erteilt werden, ist für
ihre Erteilung eine vorherige richterliche Anordnung über die Zulässigkeit der Verwendung der Verkehrsdaten erforderlich, die von dem Verletzten zu beantragen ist. Für den Erlass dieser Anordnung ist das
Landgericht, in dessen Bezirk der zur Auskunft Verpflichtete seinen
Wohnsitz, seinen Sitz oder eine Niederlassung hat, ohne Rücksicht auf
den Streitwert ausschließlich zuständig. Die Entscheidung trifft die
Zivilkammer. Für das Verfahren gelten die Vorschriften des Gesetzes
über das Verfahren in Familiensachen und in Angelegenheiten der freiwilligen Gerichtsbarkeit entsprechend. Die Kosten der richterlichen
Anordnung trägt der Verletzte. Gegen die Entscheidung des Landgerichts ist die Beschwerde statthaft. Die Beschwerde ist binnen einer
Frist von zwei Wochen einzulegen. Die Vorschriften zum Schutz personenbezogener Daten bleiben im Übrigen unberührt.**

(10) **Durch Absatz 2 in Verbindung mit Absatz 9 wird das Grundrecht
des Fernmeldegeheimnisses (Artikel 10 des Grundgesetzes) eingeschränkt.**

Übersicht

I. Allgemeines

1   **1.** Die **Entwicklung** des Anspruchs auf Auskunft über die Herkunft und
den Vertriebsweg von rechtsverletzenden Erzeugnissen hat mit einer Verweisung in § 14a III GeschmMG idF v 7.3.90 auf § 101a UrhG begonnen. In
dieser Bestimmung war 1988 durch das PrPG ein „Anspruch auf Auskunft
hinsichtlich Dritter" eingeführt worden. Inhaltsgleich sind zur selben Zeit ua
§ 24b GebrMG, § 19 MarkenG, § 140b PatG neu geschaffen worden. In
Art. 16a GRL-Vorschlag 1996 war eine der deutschen Gesetzgebung entsprechende und mit dieser weitgehend übereinstimmende Regelung vorgesehen. Diese Regelung hat zwar keinen Eingang in die GRL gefunden. Die
Mitgliedstaaten waren jedoch berechtigt, außerhalb der umsetzungspflichtigen Bestimmungen der GRL eigenstaatliche Regelungen vorzusehen oder
beizubehalten, ErwGrd 5 GRL. Durch das GeschmMG 2004 ist § 46 an die
Stelle einer Verweisung getreten. Das in Art 8 EnforcementRL geregelte
Recht auf Auskunft hat für § 46 Ergänzungen und geringfügige Modifizie-

rungen erforderlich gemacht. Dem ist mit dem DurchsG (s § 42 Rn 1) Rechnung getragen worden.

2. Der **Regelungszweck** des Anspruchs auf sog Drittauskunft, s Eich- 2 mann GRUR 90, 575, ist nicht auf Pirateriefälle beschränkt, sondern erfasst alle Rechtsverletzungen, BGH GRUR 06, 504 Tz 33 – Parfümtestkäufe; Stuttg GRUR Int 98, 806, 807; Düss GRUR 02, 23, 26. Vorrang hat grds die Aufdeckung der Quellen und der Vertriebswege von schutzrechtsverletzenden Erzeugnissen, BGH GRUR 95, 338, 340 – Kleiderbügel. Die Verwertung der Auskunft setzt im Rahmen von Abs 8 Zustimmung voraus; in anderen Verfahren ist die Verwertbarkeit nicht eingeschränkt. Der selbständige Anspruch aufgrund § 46 besteht unabhängig von dem akzessorischen Anspruch, § 42 Rn 29 ff, zur Vorbereitung einer Schadensschätzung, ausführl Amschewitz WRP 11, 301.

3. Für **Gemeinschaftsgeschmacksmuster** ergibt sich der Anspruch auf 3 Drittauskunft aus § 62a Nr 1. Zum zeitlichen Anwendungsbereich § 62a Rn 6.

II. Auskunftsanspruch

1. Voraussetzung des Anspruchs ist obj Rechtsverletzung; Verschulden 4 ist nicht erforderlich, Begr PrPG B III 4a; BGH GRUR 06, 504 Tz 32 – Parfümtestverkäufe; Zweibr WRP 97, 611, 612; Düss GRUR 02, 23, 26. Zur Auskunft verpflichtet ist, wer im Inland ein rechtsverletzendes Erzeugnis widerrechtlich, s § 38 Rn 10, hergestellt oder verbreitet hat oder an einer Rechtsverletzung unter bes Voraussetzungen beteiligt war, s Rn 6. Weil es um die Vermeidung künftiger Beeinträchtigungen durch Dritte geht, entfällt der Auskunftsanspruch nicht durch eine Unterlassungserklärung des Auskunftsschuldners, BGH GRUR 01, 841, 843 – Entfernung der Herstellungsnummer II.

2. In Abs 1 ist die **Auskunftspflicht des Verletzers** geregelt. Verletzer 5 ist nach § 42 I, wer entgegen § 38 I 1 ein eingetragenes Design benutzt. Die wichtigsten Beispiele für Benutzungshandlungen sind in § 38 I 2 aufgeführt. Verschulden ist nicht erforderlich, Rn 4. Die Auskunftspflicht des Verletzers setzt eine Rechtsverletzung in gewerblichem Ausmaß voraus. Das folgt nicht aus dem Gesetzeswortlaut, sondern aus § 40 Nr 1, wonach gegen Handlungen, die im privaten Bereich zu nicht gewerblichen Zwecken vorgenommen werden, Rechte aus einem eD nicht geltend gemacht werden können, BGH GRUR 12, 1026 Tz 15 – Alles kann besser werden. Damit ist ErwGrd 14 EnforcementRL Rechnung getragen, wonach Maßnahmen nach Art 8 I nur für Rechtsverletzungen angewandt werden müssen, die in gewerblichem Ausmaß, s Rn 6, vorgenommen werden, Begr § 140b I PatG. Privatpersonen unterliegen daher grds nicht der Auskunftspflicht. Wenn sie jedoch Teilnehmer, hierzu § 42 Rn 5, bei einer Rechtsverletzung waren, zB als Gehilfe, können sie als (nicht gutgläubige) Verletzer in Anspruch genommen werden.

3. Der **Auskunftspflicht Dritter,** Abs 2, liegt Art 8 I EnforcementRL 6 zugrunde. Dieser Auskunftsanspruch richtet sich insbes gegen Internet-Provider, Begr § 101 UrhG nF; BGH GRUR 12, 1026 Tz 23 – Alles kann besser werden. Grundvoraussetzung ist offensichtliche Rechtsverletzung oder

Klageerhebung gegen den Verletzer, S 1. Das Kriterium der Offensichtlichkeit entspricht der Voraussetzung für die Anordnung durch einstweilige Verfügung, Begr § 140b II PatG, s hierzu Rn 12. Bei Offensichtlichkeit besteht ein berechtigtes Interesse an der Ermittlung des Verletzers. Die Auskunftspflicht richtet sich gegen Personen, die rechtsverletzende Erzeugnisse in ihrem Besitz hatten, S 1 Nr 1, rechtsverletzende Dienstleistungen in Anspruch genommen haben, S 1 Nr 2, für rechtsverletzende Tätigkeiten genutzte Dienstleistungen erbracht haben, S 1 Nr 3 oder nach Auskunft der genannten Personen an Herstellung, Erzeugung oder Vertrieb von rechtsverletzenden Erzeugnissen beteiligt waren, S 1 Nr 4. Als Dienstleistungen kommen insbes Transport und Lagerung sowie Tätigkeiten von Internet-Providern in Betracht, hierzu Rn 13. Die Auskunftspflicht besteht nur, wenn der Dritte in gewerblichem Ausmaß gehandelt hat, dh zur Erlangung eines unmittelbaren oder mittelbaren wirtschaftlichen oder kommerziellen Vorteils, ErwGrd 14 EnforcementRL. Handlungen zu gewerblichen oder geschäftlichen Zwecken, zB § 51 II, sind zugleich auch Handlungen in gewerblichem Ausmaß, BGH GRUR 12, 1026 Tz 17; Mes GRUR 11, 1083, 1086. Der Auskunftsanspruch gegen Dritte ist ein Hilfsanspruch zur Vorbereitung von Ansprüchen gegen den Verletzer und setzt daher bei diesem keine Rechtsverletzung in gewerblichem Ausmaß voraus, BGH GRUR 12, 1026 Tz 20. Nach § 101 I 2 UrhG kann sich das gewerbliche Ausmaß sowohl aus der Anzahl der Rechtsverletzungen als auch aus der Schwere der Rechtsverletzung ergeben; das gibt Anhaltspunkte auch für das DesignR. Privatpersonen sind zur Auskunft verpflichtet, wenn die Rechtsverletzung ein Ausmaß hat, wie es für gewerbliches Handeln in Betracht kommt, Köln WRP 09, 490, oder wenn sie Teilnehmer einer in gewerblichem Ausmaß vorgenommenen Rechtsverletzung waren, s Rn 5. Ein Verletzer ist zwar bereits bekannt, wenn Klage erhoben worden ist; aber es kann ein berechtigtes Interesse an der Ermittlung weiterer Verletzer bestehen. Der anhängige Rechtsstreit kann auf Antrag bis zur Erledigung des Auskunftsverfahrens ausgesetzt werden, S 2. Bei einem Zeugnisverweigerungsrecht nach §§ 383 bis 385 ZPO besteht keine Auskunftspflicht. Wenn Auskunft erteilt worden ist, kann Auslagenersatz verlangt werden, S 3.

7   **4.** Der **Auskunftsinhalt** ist in Abs 3 geregelt. Gegenstand der Auskunft sind zunächst Angaben über Beteiligte, nämlich Angaben über Hersteller einschließlich Lohnhersteller, Düss GRUR 93, 818, 821, Lieferanten, Vorbesitzer und gewerbliche Abnehmer. Aufgrund Art 8 II a) EnforcementRL müssen auch Angaben über Verkaufsstellen gemacht werden, für die rechtsverletzende Erzeugnisse bestimmt waren. Bekanntzugeben sind daher Verkaufsstellen aller Handelsstufen und auch nur mittelbare gewerbliche Abnehmer, Köln BeckRS 12, 00032. Bei mittelbarer Verletzung, § 38 Rn 47, sind auch Hersteller und sonstige Vorbesitzer von wesentlichen Elementen zu benennen, BGH GRUR 95, 338, 340 – Kleiderbügel; Düss GRUR 93, 821. Erforderlich ist nur tatsächliche Beteiligung, Düss GRUR 93, 822, nicht auch rechtsverletzendes Handeln, Düss GRUR 02, 23, 27. Vorbesitzer sind auch dann zu benennen, wenn sie sich im Ausland befinden und keine Handlungen im Inland vorgenommen haben, Köln BeckRS 12, 00032. Die Auskunftspflicht erfasst auch den Vertrieb nicht erschöpfter Originalware, BGH GRUR 06, 504 Tz 33 – Parfümtestkäufe; GRUR 08, 796 Tz 14 – Hollister, dh Parallelimporte aus Drittländern, Stuttg GRUR Int 98, 806,

807. Bekannt zu geben sind auch insoweit gewerbliche Abnehmer, Hbg GRUR-RR 05, 265, 268. Die nach Nr 1 bekanntzugebende Anschrift umfasst auch eine E-Mail-Adresse, Köln GRUR-RR 11, 305, 308. Die nach Nr 2 bekanntzugebende Liefermenge soll den Rechtsinhaber in die Lage versetzen, den Weitervertrieb von schutzrechtsverletzenden Erzeugnissen zu unterbinden, BGH GRUR 02, 709, 712 − Entfernung der Herstellernummer III. Auskunft muss auch über die Preise erteilt werden, die für die betreffenden Erzeugnisse oder Dienstleistungen gezahlt wurden, Nr 2. Bekanntzugeben sind die tatsächlich bezahlten Einstandspreise. Das vor dem Inkrafttreten des DurchsG ergangene Urteil BGH GRUR 08, 796 Tz 18 − Hollister − ist nur noch insoweit maßgeblich, als keine Angaben über Verkaufspreise zu machen sind. Nicht der Auskunftspflicht unterliegen daher Verkaufspreise und Lieferkonditionen. Bank- und Telefondaten werden ebenfalls nicht erfasst, Köln GRUR-RR 11, 307. Der Auskunftsanspruch erfasst über die festgestellte Verletzungshandlung hinaus auch Handlungen, in denen das Charakteristische der Verletzungshandlung zum Ausdruck kommt, nicht jedoch mögliche andere Verletzungsfälle, BGH GRUR 06, 504, Tz 34, 36; GRUR 08, 796 Tz 15. Weiterreichende Auskunftspflichten können zur Vorbereitung einer Schadensschätzung bestehen, Hbg ZUM 09, 482; s hierzu § 42 Rn 30, 31. Ebenso wie die Rechnungslegung, s BGH GRUR 09, 794 Tz 20, 21 − Auskunft über Tintenpatronen, ist auch die Auskunft eine unvertretbare Handlung; der Schuldner muss hierfür alles ihm Zumutbare unternehmen, um sich ggf Kenntnisse von Dritten zu verschaffen, Rn 8.

5. Die **Erteilung** der Auskunft hat unverzüglich, dh ohne schuldhaftes **8** Zögern, § 121 I 1 BGB, zu erfolgen; das schließt eine angemessene Überlegungsfrist ein. Eine Woche ist idR ausreichend, Mü 6 W 2954/99 v 15.2.00. Dem Verletzten ist ein geordnetes schriftliches Verzeichnis, s § 42 Rn 30, mit einer vollständigen Aufstellung der auskunftspflichtigen Angaben zu übergeben. Angaben über den Umfang der Verletzungshandlungen können zB aufgeschlüsselt nach Bezugs- und Auslieferungsmonat gefordert werden, BGH GRUR 08, 796 Tz 17 − Hollister. Die Zeitpunkte der Lieferungen und der Weitergaben dienen der Überprüfung der Verlässlichkeit und der Vorbereitung der Entscheidung über Maßnahmen gegen Lieferanten und Abnehmer. Mitzuteilen sind alle Vorgänge, die bis zum Zeitpunkt der Auskunftserteilung stattgefunden haben. Auch Angaben der Artikel- und Chargennummern können erforderlich sein, BGH GRUR 08, 796 Tz 17. Bei einem Vertriebsbindungssystem kann eine Konkretisierung durch die Angabe der Herstellungs- oder Seriennummern geboten sein, BGH GRUR 06, 504 Tz 41 iVm Tz 15 − Parfümtestverkäufe. Der Schuldner ist zu Nachforschungen in Geschäftsunterlagen, BGH GRUR 95, 338, 341 − Kleiderbügel, bei Lieferanten, BGH GRUR 03, 433, 434 − Cartier-Ring; Zweibr WRP 97, 611, 615, und sonstigen Vertragspartnern, Köln BeckRS 12, 00032 verpflichtet. In zumutbarem Umfang muss der Schuldner alle ihm zur Verfügung stehenden Möglichkeiten der Information ausschöpfen; ggf kann eine negative Erklärung erforderlich sein, BGH GRUR 06, 504 Tz 40 − Parfümtestverkäufe. Auskünfte zur Richtigkeit von Anschriften, Mü 6 W 2594/99 v 15.2.00, und detektivische Recherchen wegen einer neuen Anschrift, Köln GRUR-RR 06, 31, 32, können nicht verlangt werden. Ein Wirtschaftsprüfervorbehalt kann grds nicht in Anspruch genommen werden,

BGH GRUR 95, 341; KG GRUR 93, 907. Eine Auskunft ist ungenügend, wenn sie nicht ernst gemeint, unvollständig oder von vornherein unglaubhaft ist, BGH GRUR 94, 630, 633 – Cartier-Armreif; GRUR 01, 841, 844 – Entfernung der Herstellungsnummer II; Köln GRUR-RR 06, 31. Wenn Grund für die Annahme besteht, dass eine Auskunft nicht mit der erforderlichen Auskunft erteilt worden ist, muss der Verpflichtete entspr § 259 II BGB zu Protokoll an Eides Statt versichern, dass er die Auskunft nach bestem Wissen so vollständig abgeben hat, als er dazu imstande war, BGH GRUR 01, 845; aA Bremen 2 U 158/00 V 8.3.01. Die Auskunft ist Wissenserklärung, BGH GRUR 94, 632; GRUR 03, 433, 434 – Cartier-Ring; GRUR 06, 504 Tz 40, und daher entgegen Begr PrPG B III 5 stets unvertretbare Handlung, Eichmann GRUR 90, 575. Da der Umfang der Drittauskunft wesentlich von der Wissensbereitschaft des Auskunftsverpflichteten abhängt, besteht am Nachdruck durch Versicherung an Eides Statt bes Bedürfnis, BGH GRUR 94, 633; GRUR 01, 845. Verdacht der Unrichtigkeit genügt, Zweibr GRUR 97, 131.

9 **6.** Bei **Unverhältnismäßigkeit** besteht kein Auskunftsanspruch, Abs 4. Das gilt in gleicher Weise für die Auskunftspflicht des Verletzers wie für die Auskunftspflicht von Dritten. Für eine etwaige Unverhältnismäßigkeit ist im kontradiktorischen Verfahren der Anspruchsgegner darlegungspflichtig, BGH GRUR 95, 338, 340 – Kleiderbügel. Die Auskunft muss geeignet, erforderlich und angemessen sein, Begr § 140b IV PatG. Geboten ist eine am Einzelfall ausgerichtete Abwägung zwischen dem Informationsinteresse des Verletzten und dem Geheimhaltungsinteresse des Verletzers, Düss GRUR 93, 818, 820; Eichmann GRUR 90, 575, 576; Mühlens CR 90, 437; Tilmann BB 90, 1566, 1569. Ebenfalls im Rahmen einer Interessenabwägung muss für jeden Einzelfall geprüft werden, ob die Auskunft unverhältnismäßig ist. Kein ausreichendes Informationsinteresse besteht, wenn kein oder nur ein äußerst geringes Interesse an einer Auskunft besteht, BGH GRUR 12, 1026 Tz 36 – Alles kann besser werden, wenn es sich um einen Einzelfall handelt oder wenn keine weiteren Verletzungen zu besorgen sind, BGH GRUR 06, 504 Tz 39 – Parfümtestverkäufe, und wenn Ersatzansprüche bereits ausgeglichen sind, BGH GRUR 95, 342. Von einer Auskunftsverpflichtung kann nur – ganz oder teilweise – abgesehen werden, wenn im Einzelfall der Verletzte ein außergewöhnlich geringes Informationsinteresse oder der Verletzer ein außergewöhnliches Geheimhaltungsinteresse hat, Düss GRUR-RR 11, 81, 82. Eine vom Gesetzeszweck nicht zu rechtfertigende Ausforschung von Konkurrenten wäre unverhältnismäßiger Missbrauch, BGH GRUR 06, 204 Tz 39. Klare Rechtsverletzung spricht für Verhältnismäßigkeit, Düss GRUR 93, 907. Das allg Interesse von Lieferanten, nicht vom Rechtsinhaber belangt zu werden, führt nicht zu Unverhältnismäßigkeit, BGH GRUR 95, 340.

10 **7.** Ein Anspruch auf **Belegvorlage** kann zwar nicht auf den Gesetzeswortlaut gestützt werden, aber zur Überprüfung der Verlässlichkeit einer Auskunft erforderlich sein, BGH GRUR 01, 841, 845 – Entfernung der Herstellungsnummer II. Weil der Auskunftsschuldner ohnehin zur Offenbarung der Namen seiner Lieferanten und gewerblichen Abnehmer verpflichtet ist und geheimhaltungsbedürftige Daten abgedeckt oder geschwärzt werden dürfen, BGH GRUR 02, 709, 712 – Entfernung der Herstellungsnummer III; Hbg GRUR-RR 05, 265, 270, besteht die Verpflichtung zur

Belegvorlage nicht nur ausnahmsweise, BGH GRUR 01, 845, sondern im Allgemeinen, BGH GRUR 02, 712; GRUR 03, 433, 434 – Cartier-Ring. Die Abdeckung oder Schwärzung von Daten auf Einkaufs- und Verkaufsbelegen kann es erforderlich machen, dass Kopien beglaubigt werden, BGH GRUR 02, 712. Der Anspruch auf Belegvorlage kann zwar nicht auf § 46a gestützt werden, weil es bei der Auskunft nicht um die Begründung eines Anspruchs, sondern um die Ermittlung eines Anspruchsgegners geht. Handhabungsgrundsätze zu § 46a, zB Vertraulichkeitsschutz und Unverhältnismäßigkeit, können jedoch entspr Anwendung finden.

8. Durch Regelungen über die **Haftung** wird den Auswirkungen Rechnung getragen, die eine unrichtige Auskunft haben kann. Wenn ein Auskunftspflichtiger vorsätzlich oder grob fahrlässig, s hierzu § 42 Rn 18, 19, eine falsche oder unvollständige Auskunft erteilt hat, ist er dem Verletzten zum Ersatz des daraus entstehenden Schadens verpflichtet, Abs 5. Der Anspruch auf eidesstattliche Versicherung bleibt davon unberührt, weil durch diesen Anspruch das Entstehen eines Schadens verhindert oder verringert werden kann. Hat keine Auskunftspflicht bestanden, kann Dritten ein Schaden auch dann entstehen, wenn die Auskunft richtig war. In diesem Fall haftet nur, wer wusste, dass er zur Auskunftserteilung nicht verpflichtet war, Abs 6. Die Verpflichtung zum Schadensersatz kann sich auch aus anderen Rechtsgrundlagen ergeben, Schmidhuber WRP 08, 296, 298. Ob überhaupt ein Anspruch auf Schadensersatz besteht, richtet sich nach den allg Bestimmungen, Begr § 140b VI PatG. **11**

III. Verfahren

1. Durch **einstweilige Verfügung** kann nach Abs 7 die Verpflichtung zur Drittauskunft angeordnet werden, wenn eine offensichtliche Rechtsverletzung zu Grunde liegt, Beispiele für Aufforderung und Antrag auf Erlass einer einstweiligen Verfügung bei Mes/Eichmann F.7, F.8. Die Offensichtlichkeit der Rechtsverletzung setzt einen so hohen Grad an Wahrscheinlichkeit voraus, wie das in der konkreten Situation vertretbar ist, Düss GRUR 93, 821; eine abweichende Beurteilung darf kaum möglich sein, Hbg GRUR-RR 05, 212, 213; GRUR-RR 13, 13, 16; Köln GRUR-RR 11, 305, 307. Insbes müssen Eigenart, Braunschw GRUR 93, 669, und Eingriff in den Schutzumfang so glaubhaft gemacht sein, dass die Gefahr einer Aufhebung der anordnenden Entscheidung möglichst gering ist. Von bes Bedeutung ist die Offensichtlichkeit des Verletzungstatbestands, Eichmann GRUR 90, 575, 586; Tilmann BB 90, 1566. Die Offensichtlichkeit einer Rechtsverletzung ist jedoch nicht auf Plagiatsfälle beschränkt, unscharf Begr § 46 III. Auch auf subj Tatbestandsmerkmale kommt es nicht an, LG Mü I InstGE 1, 121, 126. Sämtliche allg Voraussetzungen für den Erlass einer einstweiligen Verfügung müssen erfüllt sein, KG GRUR-RR 07, 381, 383. Eine Dringlichkeitsvermutung besteht nicht, Köln WRP 03, 1008. Ob auf Erleichterungen, insbes Vermutungen, Auslegungsregeln, Anscheinsbeweise abgestellt werden kann, hängt vom Grad der Widerlegungswahrscheinlichkeit ab; dafür kann die Einlassung des Anspruchsgegners von Bedeutung sein. Recherchen und Dokumentationen zur Eigenart können daher erforderlich sein, wenn der Anspruchsgegner keine Gelegenheit zur Stellungnahme gehabt hat, Braunschw GRUR 93, 670. Wegen der Erfüllungsfunktion der Aus- **12**

kunft sind zwar strengere Anforderungen als bei der Grenzbeschlagnahme geboten, aber der Eingriff in die wirtschaftliche Betätigungsfreiheit ist wesentlich geringer als bei einem Herstellungs- oder Vertriebsverbot. Die Anordnung einer Sicherheitsleistung kommt idR nicht in Betracht, Eichmann GRUR 90, 588. Unverzüglichkeit kann konkretisiert werden, zB eine Woche, in bes Fällen auch kürzer, ab Zugang bzw Zustellung.

13 2. Eine **richterliche Anordnung für Verkehrsdaten** kann erforderlich sein, wenn bei Rechtsverletzungen im Internet Daten mit Hilfe von dynamischen IP-Adressen (IP = internet protocol) insbes über FTP-Server (FTP = file transfer protocol) ausgetauscht werden. Bei der Regelung in Abs 9 geht es vor allem um die Bekämpfung von Rechtsverletzungen bei Internet-Tauschbörsen; es handelt sich um ein Vorschaltverfahren zu einem Auskunftsanspruch, Köln MMR 09, 125. Verkehrsdaten iSd § 3 Nr 30 TKG sind Daten, die bei der Erbringung eines Telekommunikationsdienstes erhoben, verarbeitet oder genutzt werden, nicht auch Bestandsdaten, BGH GRUR 12, 1026 Tz 38 – Alles kann besser werden. Im DesignR haben Rechtsverletzungen bei Internet-Tauschbörsen noch zu keinen veröffentlichten Gerichtsentscheidungen Anlass gegeben. Aus S 9 folgt, dass außerhalb des Anwendungsbereichs des Abs 9 S 1 bis 8 Auskunft über personenbezogene Daten nur unter Beachtung der jeweils einschlägigen Datenschutzvorschriften erteilt werden darf.

Vorlage und Besichtigung

46a (1) **Bei hinreichender Wahrscheinlichkeit einer Rechtsverletzung kann der Rechtsinhaber oder ein anderer Berechtigter den vermeintlichen Verletzer auf Vorlage einer Urkunde oder Besichtigung einer Sache in Anspruch nehmen, die sich in dessen Verfügungsgewalt befindet, wenn dies zur Begründung seiner Ansprüche erforderlich ist. Besteht die hinreichende Wahrscheinlichkeit einer in gewerblichem Ausmaß begangenen Rechtsverletzung, so erstreckt sich der Anspruch auch auf die Vorlage von Bank-, Finanz- oder Handelsunterlagen. Soweit der vermeintliche Verletzer geltend macht, dass es sich um vertrauliche Informationen handelt, trifft das Gericht die erforderlichen Maßnahmen, um den im Einzelfall gebotenen Schutz zu gewährleisten.**

(2) **Der Anspruch nach Absatz 1 ist ausgeschlossen, wenn die Inanspruchnahme im Einzelfall unverhältnismäßig ist.**

(3) **Die Verpflichtung zur Vorlage einer Urkunde oder zur Duldung der Besichtigung einer Sache kann im Wege der einstweiligen Verfügung nach den §§ 935 bis 945 der Zivilprozessordnung angeordnet werden. Das Gericht trifft die erforderlichen Maßnahmen, um den Schutz vertraulicher Informationen zu gewährleisten. Dies gilt insbesondere in den Fällen, in denen die einstweilige Verfügung ohne vorherige Anhörung des Gegners erlassen wird.**

(4) **§ 811 des Bürgerlichen Gesetzbuchs sowie § 46 Abs. 8 gelten entsprechend.**

(5) **Wenn keine Verletzung vorlag oder drohte, kann der vermeintliche Verletzer von demjenigen, der die Vorlage oder Besichtigung nach**

Absatz 1 begehrt hat, den Ersatz des ihm durch das Begehren entstandenen Schadens verlangen.

Übersicht

1. Am Anfang der **Entwicklung** hat gestanden, dass zunächst auf der **1** Grundlage des § 809 BGB von der Rechtspraxis für das PatR ein Besichtigungsanspruch als Maßnahme der Beweissicherung geschaffen wurde, BGH GRUR 85, 512 – Druckbalken. Zusätzlich gestützt auf Art 43, 50 TRIPS ist sodann das UrhR gefolgt, BGH GRUR 02, 1046 – Faxkarte. Obwohl diese allg Rechtsgrundlagen einen Besichtigungsanspruch auch für das DesignR eröffnet haben, 3. Aufl 42/31, sind in diesem Bereich weder Gerichtsentscheidungen noch Diskussionen bekannt geworden. Zur Aufklärung des Sachverhalts ist auf der Grundlage von § 142 ZPO auch eine Vorlage von Urkunden und sonstigen Unterlagen angeordnet worden, BGH GRUR Int 07, 157 Tz 42 – Restschadstoffentfernung. Zur Umsetzung der Art 6 und 7 der EnforcementRL ist im DurchsG (s § 42 Rn 1) für alle Rechte des geistigen Eigentums ein Anspruch auf Besichtigung einer Sache und Vorlage einer Urkunde geschaffen worden. Eine Einbehaltung von Mustern sowie eine Beschlagnahme von rechtsverletzenden Erzeugnissen und Produktionsmitteln, s Art 7 I 2 EnforcementRL, ist nicht vorgesehen. Diese Maßnahmen können zwar über § 43 angeordnet werden, § 43 Rn 3, 4, das aber nur dann, wenn das Gericht von der Rechtsverletzung überzeugt ist. Eine Lücke, s Müller-Stoy Mitt 09, 361, 366, besteht jedoch, wenn erst Klarheit geschaffen werden soll; insoweit bedarf es einer richtlinienkonformen Auslegung, s Allg Rn 17. § 46a gilt nach § 62a Nr 1entspr für Gemeinschaftsgeschmacksmuster.

2. Der Anspruch auf **Besichtigung** trägt dem Beweisnotstand Rech- **2** nung, in dem sich ein Rechtsinhaber oder ein anderer Berechtigter (zB klagebefugter Lizenznehmer, s § 31 Rn 20) befinden kann. Im DesignR kann das zB der Fall sein, wenn ein Musterkauf nicht möglich ist oder unzumutbare Kosten verursachen würde. Ein Beweisnotstand kann auch bestehen, wenn eine unzugängliche Sache in Augenschein genommen werden muss, zB bei Drahtgittermatten als Bewehrungsmittel in Stahlbetonbauten (vgl hierzu HABM-Nichtigkeitsabteilung v 16.2.07, ICD 3218, ICD 3226, ICD 3234 und ICD 3242). Weil es um die Begründung der Ansprüche des Berechtigten geht und eine hinreichende Wahrscheinlichkeit für eine Rechtsverletzung bestehen muss, Abs 1 S 1, dient die Besichtigung nicht der Ermittlung, ob eine Rechtsverletzung stattfindet. Eine Besichtigung darf daher insbes nicht zur Ausforschung führen. Es genügt Ungewissheit, ob eine Rechtsverletzung vorliegt, und ein gewisser Grad an Wahrscheinlichkeit dafür, dass ein Rechtseingriff stattfindet, BGH GRUR Int 07, 157 Tz 43 – Restschadstoffentfernung. Die von der Besichtigung unabhängigen Voraussetzungen müssen so weit feststehen, dass es nur noch um die abschließende Beurteilung der Existenz eines Anspruchs geht, FfM WRP 05, 522. Zur Anspruchsbegründung ist eine Besichtigung nur dann erforderlich, wenn andere Maßnahmen zur Beweisermittlung nicht möglich oder unzumutbar sind. Dabei werden im Rahmen einer Interessenabwägung das Integritätsinteresse des vermeintlichen Verletzers und die Beweisschwierigkeiten des Anspruchstellers angemessen berücksichtigt; das kann das Unkenntlichmachen von Teilen der Urkunde rechtfertigen, bei denen es um Interessen Dritter geht, BGH GRUR Int 07, 157 Tz 42. Insges muss die Vorlage zur Aufklärung des Sachverhalts geeignet und erforderlich sowie verhältnismäßig und angemessen sein, BGH GRUR Int 07, 157 Tz 43.

3   **3.** Der Anspruch auf **Urkundenvorlage** dient unter den gleichen Voraussetzungen wie der Besichtigungsanspruch dem Beweisinteresse des Anspruchstellers, weil auch insoweit ein Beweisnotstand bestehen kann, BGH GRUR Int 07, 157 Tz 41 – Restschadstoffentfernung. Die Anordnung der Urkundenvorlage ähnelt der „Anton Piller Order" des UK-Rechts und der „saisie contre-façon" des französischen Rechts, BGH GRUR Int 07, 157 Tz 41. Urkunde ist die schriftliche Verkörperung einer individuellen Aussage. Konstruktionszeichnungen und sonstige Anleitungen sind als Sachen der Besichtigung zugänglich. Bei hinreichender Wahrscheinlichkeit für eine in gewerblichem Ausmaß, § 46 Rn 6, begangene Rechtsverletzung besteht nach Abs 1 S 2 ein Anspruch auch auf Vorlage von Bank-, Finanz- oder Handelsunterlagen, s hierzu auch § 46b I 1.

4   **4.** Die **Durchsetzung** der Ansprüche auf Besichtigung und auf Urkundenvorlage kann im Wege der einstweiligen Verfügung erfolgen, Abs 3 S 1. Weil aufgrund des Beweisnotstands nur eine hinreichende Wahrscheinlichkeit für eine Rechtsverletzung bestehen muss, kann anders als bei § 46 VII eine offensichtliche Rechtsverletzung nicht zur Voraussetzung gemacht werden. Ob die Wahrscheinlichkeit einer Rechtsverletzung besteht, richtet sich nicht nach den Anforderungen für den Erlass einer Unterlassungsverfügung, s § 42 Rn 48, zumal die Beeinträchtigung der Interessen des vermeintlichen Verletzers bei einer Besichtigung wesentlich geringer ist, Kühnen Mitt 09, 211. Alle weiteren Voraussetzungen für den Erlass einer einstweiligen Verfügung bedürfen jedoch der Glaubhaftmachung. Dringlichkeit wird gefordert von Köln WRP 09, 647; Hamm GRUR-RR 13, 306, 307; Eck/Dombroski GRUR 08, 387, 392, nicht jedoch von Düss Mitt 11, 151, 152; GRUR-RR 11, 289, 290; Kühnen GRUR 05, 185, 194; Tilmann GRUR 05, 737, 738; Köklü/Müller-Stoy Mitt 11, 109; Stjerna Mitt 11, 271. Der Berechtigte muss alle ihm verfügbaren Beweismittel vorlegen, Art 7 I 1 Enforcement-RL, und die fehlenden Beweismittel konkret bezeichnen, Art 6 I 1 EnforcementRL. Wenn alle Voraussetzungen für einen Anspruch auf Vorlage oder Besichtigung glaubhaft gemacht sind, s § 42 Rn 49, bestimmt das Gericht nach freiem Ermessen, § 938 I ZPO, aber nur im Rahmen der Antragstellung, § 308 I ZPO, welche Anordnungen zur Erreichung des Zwecks geboten sind. Für den Besichtigungsanspruch können insbes Tatsachenfeststellungen und zugehörige Duldungspflichten angeordnet werden, Beispiel bei Kühnen GRUR 05, 185, 187. Abs 3 eröffnet iVm § 938 I ZPO eine umfassende Regelungsbefugnis, die im Rahmen einer einheitlichen Entscheidung, s Eck/Dombrowski GRUR 08, 387, 389, ergeht. Eines Rückgriffs auf § 485 ZPO für die Tatsachenfeststellungen, wie er vor dem DurchsG stattgefunden hat, insbes Düss InstGE 8, 186 – Klinkerriemchen II; InstGE 9, 41 – Schaumstoffherstellung; InstGE 10, 198 – zeitversetztes Fernsehen; Kühnen Mitt 09, 211, 215, bedarf es nicht. Weil Grundlage der Anordnung eine spezialgesetzliche Regelung ist, kommt es auf den Gesichtspunkt der Hauptsachevorwegnahme, zB FfM GRUR-RR 06, 295, 296 – Quellcode-Besichtigung, nicht an, Begr § 140c PatG.

5. Ein **Schutz von vertraulichen Informationen** kommt vor allem **5** bei Herstellungsverfahren, zB Mü GRUR-RR 09, 191 – Laser-Hybrid-Schweißverfahren, und bei Computerprogrammen, zB KG GRUR-RR 01, 118 – Besichtigungsanspruch (für Softwareprogramme); FfM GRUR-RR 06, 295 – Quellcode-Besichtigung; Rauschhofer GRUR-RR 06, 249, 250, in Betracht. Als vertrauliche Informationen kommen insbes Geschäfts-, Betriebs- und Fabrikationsgeheimnisse in Betracht, BGH GRUR 10, 318 Tz 17 – Lichtbogenschnürung. Die Regelungen in Abs 3 S 2 und S 3 sind wie beim Sicherungsanspruch, s § 46b Rn 4, ausgestaltet. Zum Schutz von vertraulichen Informationen kommt idR die Offenbarung ggü einem zur Verschwiegenheit verpflichteten Dritten, insbes einem neutralen Sachverständigen in Betracht, Begr § 140c PatG; umfassend Müller-Stoy Mitt 09, 361; 10, 267; Zöllner GRUR-Prax 10, 74; Kather/Fitzner Mitt 10, 325. Der Antragsgegner muss hierzu darlegen, welche Informationen geheimhaltungsbedürftig sind und welche Nachteile ihm aus einer Offenbarung erwachsen können BGH GRUR 10, 318 Tz 37. Eine Schutzmaßnahme kann darin bestehen, dass Einsichtnahme in das Sachverständigengutachten durch namentlich benannte rechtsanwaltliche oder patentanwaltliche Vertreter gewährt wird, nachdem diese umfassend zur Verschwiegenheit verpflichtet worden sind, BGH GRUR 10, 318 Tz 23. Die Anträge auf Sachverständigenbegutachtung und auf Duldung der Besichtigung werden zweckmäßig einheitlich, aber in rechtlich getrennten Verfahren verbeschieden, BGH GRUR 10, 318 Tz 8; FfM GRUR-RR 12, 322. Sowohl gegen die Anordnung als auch gegen die Ablehnung von Schutzmaßnahmen sowie ggf gegen deren Umfang findet für die jeweils belastete Partei die sofortige Beschwerde nach § 567 I Nr 2 ZPO statt, Düss InstGE 8, 186; InstGE 9, 41; InstGE 10, 198; Eck/Dombrowski GRUR 08, 387; Kühnen Mitt 09, 211, 217; Zöllner GRUR-Prax 10, 74, 76. Eine Abmahnung ist nur entbehrlich, wenn Vereitelungsgefahr besteht, LG Düss InstGE 11, 35, 40.

6. Weitere **Regelungsinhalte** sind, dass ein Anspruch nicht besteht, **6** wenn die Inanspruchnahme im Einzelfall, insbes bei nur geringfügiger Rechtsverletzung, Begr § 140c II PatG, unzweckmäßig wäre, Abs. 2. Aus Abs 4 ergeben sich Einzelheiten zum Ort der Besichtigung bzw der Vorlage sowie zu den Kosten und zur Gefahrtragung (iVm § 811 BGB) und ein Verwertungsgebot wie bei der Auskunftserteilung (iVm § 46 Abs 8). Wenn sich die Annahme einer Verletzung als unzutreffend erweist, ist der Anspruchsteller dem vermeintlichen Verletzer zum Ersatz des Schadens verpflichtet, der diesem durch die Inanspruchnahme entstanden ist, Abs 5.

Sicherung von Schadensersatzansprüchen

46b (1) **Der Verletzte kann den Verletzer bei einer in gewerblichem Ausmaß begangenen Rechtsverletzung in den Fällen des § 42 Absatz 2 auch auf Vorlage von Bank-, Finanz- oder Handelsunterlagen oder einen geeigneten Zugang zu den entsprechenden Unterlagen in Anspruch nehmen, die sich in der Verfügungsgewalt des Verletzers befinden und die für die Durchsetzung des Schadensersatzanspruchs erforderlich sind, wenn ohne die Vorlage die Erfüllung des Schadenser-**

satzanspruchs fraglich ist. **Soweit der Verletzer geltend macht, dass es sich um vertrauliche Informationen handelt, trifft das Gericht die erforderlichen Maßnahmen, um den im Einzelfall gebotenen Schutz zu gewährleisten.**

(2) **Der Anspruch nach Absatz 1 ist ausgeschlossen, wenn die Inanspruchnahme im Einzelfall unverhältnismäßig ist.**

(3) **Die Verpflichtung zur Vorlage der in Absatz 1 bezeichneten Urkunden kann im Wege der einstweiligen Verfügung nach den §§ 935 bis 945 der Zivilprozessordnung angeordnet werden, wenn der Schadensersatzanspruch offensichtlich besteht. Das Gericht trifft die erforderlichen Maßnahmen, um den Schutz vertraulicher Informationen zu gewährleisten. Dies gilt insbesondere in den Fällen, in denen die einstweilige Verfügung ohne vorherige Anhörung des Gegners erlassen wird.**

(4) **§ 811 des Bürgerlichen Gesetzbuchs sowie § 46 Abs. 8 gelten entsprechend.**

Übersicht

1   **1. Regelungsgegenstand** sind Bank-, Finanz- und Handelsunterlagen. Erfasst werden Aufzeichnungen aller Art, aus denen sich Rückschlüsse auf pfändbare Vermögenswerte, insbes Finanzmittel, Sachwerte und Forderungen ergeben können. Das können zB Buchungsunterlagen, Kontoauszüge, Inventarlisten, Bilanzen, Bilanzunterlagen, Einkaufs- und Verkaufsbelege sein. Grundvermögen und Inventar wird nicht erfasst, FfM GRUR-RR 12, 197, 199. Wenn die Unterlagen umfangreich oder elektronisch gespeichert sind, tritt das Recht auf Zugang an die Stelle der Verpflichtung zur Vorlage. Das daraus resultierende Äquivalenz zur Vorlage ist, dass Kopien bzw Ausdrucke angefertigt werden können. Weil einerseits der Verletzer die in Betracht kommenden Unterlagen idR nicht konkretisieren kann und weil andererseits dem Geheimhaltungsinteresse, s Rn 5, des Verletzers Rechnung getragen werden muss, kommt idR ein Zugangsrecht für einen zur Verschwiegenheit verpflichteten Buchsachverständigen in Betracht. Aus Abs 4 ergeben sich Einzelheiten zum Ort der Vorlage bzw des Zugangs zu den Unterlagen, zu den Kosten und zur Gefahrtragung (iVm § 811 BGB) sowie ein Verwertungsverbot wie bei der Auskunftserteilung (iVm § 46 Abs 8). § 46b gilt nach § 62a Nr 1 entspr für Gemeinschaftsgeschmacksmuster.

2   **2. Regelungszweck** des durch Art 9 II 2 der EnforcementRL vorgegebenen und durch das DurchsetzungsG (s § 42 Rn 1) umgesetzten Anspruchs auf Vorlage von Bank-, Finanz- oder Handelsunterlagen ist die Sicherung von Schadensersatzansprüchen; das ist in der Gesetzesüberschrift klargestellt. Mit dem in § 46a geregelten Anspruch auf Urkundenvorlage bestehen nur in der Methodik teilweise Parallelen. Inhaltlich handelt es sich um eine Ergänzung der Arrestbestimmungen; weil dabei eine Privilegierung der Inhaber von SchutzR ggü anderen Gläubigern erfolgt, wird eine strenge Auslegung befürwortet, FfM GRUR-RR 12, 197.

3   **3.** Es müssen mehrere **Anspruchsvoraussetzungen** erfüllt sein. Grundvoraussetzung ist, dass der Verletzer in gewerblichem Ausmaß, § 46 Rn 6,

gehandelt hat. Die Vorlage der Unterlagen muss zur Durchsetzung des Schadensersatzanspruchs erforderlich sein, den der Verletzte gegen den Verletzer hat. Das ist der Fall, wenn der Verletzer diesen Anspruch nicht erfüllt bzw die Zwangsvollstreckung gefährdet wäre, Begr § 140d I PatG. Es muss jedoch nicht festgestellt werden, dass Maßnahmen der Zwangsvollstreckung erfolglos waren. Vielmehr kann es sich aus mannigfachen Umständen ergeben, dass es fraglich, dh zweifelhaft ist, ob der Schadensersatzanspruch erfüllt werden wird. Derartige Umstände können auch schon vor dem Beginn von Vollstreckungsmaßnahmen und auch schon vor der Verkündung eines Urteils vorliegen. Für eine einstweilige Verfügung muss das Bestehen des Schadensersatzanspruchs offensichtlich sein, s Rn 4. Schließlich müssen sich die Unterlagen in der Verfügungsgewalt, dh in – unmittelbarem (§ 854 BGB) oder mittelbarem (§ 868 BGB) – Besitz des Verletzers befinden. Hierzu genügt Zugriffsmöglichkeit, zB bei Steuerberater oder ausgelagerter Buchhaltung.

4. Zur **Durchsetzung** können Maßnahmen der Vorlage bzw des Zugangs angeordnet werden, wenn das Bestehen des Schadensersatzanspruchs offensichtlich ist, Abs 3 S 1. Es muss daher glaubhaft gemacht werden, dass der Verletzte ggü dem Verletzer einen Anspruch auf Schadensersatz hat, Begr § 140d III PatG. Die Prüfung der Offensichtlichkeit erfolgt nach denselben Grds wie bei § 46 VII, FfM GRUR-RR 12, 197, 198, hierzu § 46 Rn 12. Eine Fehleinschätzung zum Bestehen eines Anspruchs auf Schadensersatz kann zB nicht ausgeschlossen werden, wenn bei einem nur vorläufig vollstreckbaren Urteil die Aktivlegitimation des Anspruchstellers nicht zweifelsfrei ist, FfM GRUR-RR 12, 197, 198. Nur das Bestehen eines Schadensersatzanspruchs muss offensichtlich sein. Für die Glaubhaftmachung der weiteren Voraussetzungen finden die allg Anforderungen Anwendung; das gilt auch für die Gefährdung der Durchsetzung des Schadensersatzanspruchs, Begr § 140d III PatG. Dabei findet Berücksichtigung, dass effektive Möglichkeiten für einen schnellen Zugriff auf Vermögenswerte des Verletzers zur Verfügung stehen sollen und dass ohne einstweiligen Rechtsschutz der Sicherungsanspruch in vielen Fällen ins Leere laufen würde, Begr § 140d III PatG; FfM GRUR-RR 12, 197. Eine Klage zur Sicherung von Schadensersatzansprüchen ist daher nicht opportun.

5. Dem **Schutz von vertraulichen Informationen** wird auf unterschiedliche Weise Rechnung getragen. Wenn der vermeintliche Verletzer Gelegenheit zur Stellungnahme hat, kann er geltend machen, dass vertrauliche Informationen betroffen sind. Sache des Gerichts ist es dann, die erforderlichen Maßnahmen zu treffen, um den im Einzelfall gebotenen Schutz zu gewähren, Abs 1 S 2 und Abs 3 S 2. Wenn eine einstweilige Verfügung ohne vorherige Anhörung des Anspruchsgegners erlassen wird, müssen zwar erst recht Maßnahmen zur Gewährleistung des Vertraulichkeitsschutzes getroffen werden, Abs 3 S 3. Weil dabei aber dem Gericht nicht bekannt ist, welche Informationen schutzbedürftig sind, kann der Vertraulichkeitsschutz idR nur durch die Einschaltung eines Dritten gewährleistet werden, der ggü dem Anspruchsteller zur Verschwiegenheit verpflichtet ist, Begr § 140c III PatG. Das kann zB ein Wirtschaftsprüfer sein, Düss GRUR-RR 11, 81. Der Verletzer ist berechtigt, die ihm zustehende Geltendmachung, s Abs 1 S 2, eines Schutzbedürfnisses ggf auch nach der Durchführung von Sicherungsmaßnahmen wahrzunehmen, § 46a Rn 5.

6   6. Bei **Unverhältnismäßigkeit** besteht nach Abs 2 kein Sicherungsanspruch. Das ist insbes bei nur geringfügiger Rechtsverletzung der Fall, Begr § 140c II PatG. Es besteht Regelungsidentität mit § 46 IV, s hierzu § 46 Rn 8. Von einer Auskunftsverpflichtung kann daher nur – ganz oder teilweise – abgesehen werden, wenn „im Einzelfall" der Verletzte ein außergewöhnlich geringes Informationsinteresse oder der Verletzer ein außergewöhnliches Geheimhaltungsinteresse hat, Düss GRUR-RR 11, 81, 82.

Urteilsbekanntmachung

47 Ist eine Klage auf Grund dieses Gesetzes erhoben worden, kann der obsiegenden Partei im Urteil die Befugnis zugesprochen werden, das Urteil auf Kosten der unterliegenden Partei öffentlich bekannt zu machen, wenn sie ein berechtigtes Interesse darlegt. Art und Umfang der Bekanntmachung werden im Urteil bestimmt. Die Befugnis erlischt, wenn von ihr nicht innerhalb von drei Monaten nach Eintritt der Rechtskraft des Urteils Gebrauch gemacht worden ist. Der Ausspruch nach Satz 1 ist nicht vorläufig vollstreckbar.

Übersicht

1   **1.** Am Anfang der **Entwicklung** der Gesetzgebung hat gestanden, dass durch die Verweisung in § 14a III GeschmMG idF v 7.3.90 auf § 103 UrhG die Bekanntmachung eines Urteils herbeigeführt werden konnte. Vorher konnte eine Veröffentlichungsbefugnis als Maßnahme des Schadensersatzes, KG GRUR 29, 729, oder der Beseitigung, Furler, 3. Aufl 14/20, zugesprochen werden. Durch das GeschmMG 2004 ist § 47 an die Stelle einer Verweisung getreten. Über Gerichtsentscheidungen zur Urteilsbekanntmachung ist im DesignR bisher nicht berichtet worden. Für die durch Art 15 EnforcementRL vorgeschriebene Möglichkeit der Veröffentlichung von Gerichtsentscheidungen ist im DesignR kein Umsetzungsbedarf entstanden, krit Steigüber GRUR 11, 295. Mit dem DurchsG (s § 42 Rn 1) ist lediglich der Text des § 47 geringfügig gekürzt und modifiziert worden. Identische Bestimmungen sind ua in § 140a PatG, § 24e GebrMG, § 19c MarkenG, § 37e SortenschutzG neu aufgenommen worden. Für Gemeinschaftsgeschmacksmuster ist § 47 aufgrund § 62a Nr 1 entspr anwendbar.

2   **2. Regelungszweck** der öffentlichen Bekanntmachung eines Urteils ist die Information der Öffentlichkeit oder eines Teils der Öffentlichkeit über den Ausgang eines Gerichtsverfahrens, um das Fortwirken von Störungen zu verhindern, BGH GRUR 02, 799, 801 – Stadtbahnfahrzeug. Neben diesem Individualinteresse kann es auch darum gehen, potenzielle Verletzer abzuschrecken und die Öffentlichkeit zu sensibilisieren, ErwGrd 27 EnforcementRL, s hierzu § 42 Rn 1, um hierdurch der Generalprävention zu dienen, FfM GRUR 14, 296, 297. Die obsiegende Partei muss ein berechtigtes Interesse an der Urteilsbekanntmachung darlegen, Abs 1 S 1; dabei kommt es darauf an, ob die Veröffentlichung erforderlich und geeignet ist, einem durch die Rechtsverletzung eingetretenen Störzustand entgegenzuwirken, FfM GRUR 14, 297. Das macht eine Interessenabwägung erforderlich,

BGH GRUR 02, 801, bei der alle Umstände zu gewichten sind, BGH GRUR 98, 568, 570 – Beatles-Doppel-CD. Weil der Ruf der verurteilten Partei beeinträchtigt werden kann, soll auch ihr Recht auf informationelle Selbstbestimmung zu berücksichtigen sein, Begr § 140e PatG. Berechtigtes Interesse kann bei öffentlicher Aberkennung der Urheberschaft bestehen, BGH GRUR 02, 801. In Verletzungsfällen besteht ein berechtigtes Interesse idR nur bei bes verwerflicher Rechtsverletzung oder erheblicher Öffentlichkeitswirkung; das kann insbes bei Produktpiraterie der Fall sein. Kein berechtigtes Interesse besteht, wenn die Demütigung der Gegenpartei im Vordergrund steht, Hbg WRP 94, 122, 124 – Jeansüberfärbungen, oder eine Information der Interessenten bereits anderweitig erfolgt ist, BGH GRUR 92, 527, 529 – Plagiatsvorwurf. Darlegungspflichtig ist der Antragsteller, Hamm GRUR 79, 242; LG Mü I GRUR 89, 504.

3. In der **Regelungstechnik** ist § 47 eine Kannbestimmung. Das Gericht entscheidet nach pflichtgemäßem Ermessen, Begr § 140e PatG. Berechtigt ist jede Partei; das kann auch der Bekl sein. Art und Umfang der Bekanntmachung werden im Urteil bestimmt, S 2. Dazu gehören insbes das Publikationsorgan sowie Text, Größe und Häufigkeit der Bekanntmachung. Auch insoweit findet pflichtgemäßes Ermessen Anwendung, FfM GRUR 14, 296, 297. Das Urteil richtet sich auf die Befugnis, auf Kosten des Prozessgegners eine vorformulierte Urteilsinformation in einem konkreten Publkationsorgan und in festgelegtem Umfang bekannt zu machen, FfM GRUR 14, 297; hierzu Kolb GRUR 14, 153; Dönch GRUR-Prax 14, 174 (mit Praxishinweisen). Weil für Einzelheiten der Veröffentlichung das gerichtliche Ermessen maßgeblich ist, können insoweit Anträge des Berechtigten wie Anregungungen zu behandeln sein. Nach § 23 II UWG aF war der verfügende Teil des Urteils bekannt zu machen. Die Veröffentlichung des Rubrums und des Tenors ist daher idR ausreichend, BGH GRUR 98, 568, 570 – Beatles-Doppel-CD. Eine Zusammenfassung der Entscheidung, s Maaßen MarkenR 08, 417, 418, ist nicht vorgesehen. Dass eine Ordnungsmittelandrohung Eingang in die Veröffentlichung finden kann, soll nach Maaßen MarkenR 08, 421 zur Abschreckung und Sensibilisierung dienen können. In § 47 III 1 GeschmMG 2004 war bestimmt, dass die obsiegende Partei beantragen konnte, die unterliegende Partei zur Vorauszahlung der Bekanntmachungskosten zu verurteilen. Ohne diese Regelung besteht lediglich ein zivilrechtlicher Erstattungsanspruch auf der Grundlage des S 1. Weil die Verurteilung zur Urteilsbekanntmachung nicht vorläufig vollstreckbar ist, S 4, muss die Rechtskraft des Urteils abgewartet werden. Als Sonderregelung ist lediglich in § 103 S 4 UrhG vorgesehen, dass das Gericht eine Veröffentlichung des Urteils auch schon vor Eintritt der Rechtskraft anordnen kann. Drei Monate nach Eintritt der Rechtskraft erlischt die Befugnis zur Urteilsbekanntmachung, S 3. Fristgebunden ist nicht die Veröffentlichung, sondern das Gebrauchmachen von der Veröffentlichungsbefugnis; das ist idR die Auftragserteilung der obsiegenden Partei. Weil die vorläufige Vollstreckbarkeit ausgeschlossen ist, kann durch einstweilige Verfügung keine Befugnis zur Urteilsveröffentlichung eingeräumt werden, FfM NJW-RR 96, 423 (für Beschlussverfügung) zu § 12 UWG; ebenso Köhler/Bornkamm 12/4.9; Fezer/Büscher 12/160, anders jedoch bei allg Störungsbeseitigungsanspruch, Ahrens/Bär 37/22; Hasselblatt/Spuhler/Vykdal 3/171, s hierzu Rn 4. Urteilsbekanntmachung kann auch im Strafverfahren angeordnet werden, § 51 Rn 14.

4   **4.** Eine spezifische **Problematik** ergibt sich daraus, dass den Interessen des Kl und der Allgemeinheit idR nur eine baldige Information Rechnung trägt. Maßgeblicher Beurteilungszeitpunkt für das berechtigte Interesse des Kl ist zwar die letzte mündliche Verhandlung in der Tatsacheninstanz, BGH GRUR 02, 799, 801 – Stadtfahrzeug. Weil jedoch die Rechtskraft des Urteils abgewartet werden muss, kann vielfach die gebotene Interessenabwägung erst im Berufungsurteil getroffen werden. Ein Informationsinteresse kann zwar mehrere Jahre hindurch fortbestehen, Maaßen MarkenR 08, 417, 420. Aber der Zeitablauf nach zwei Tatsacheninstanzen kann durchaus dem Informationsinteresse entgegenstehen, KG GRUR 99, 192. Auch ein Bedarf für Abschreckung und Sensibilisierung, s Rn 2, kann am Ende des Verfahrens gering geworden sein. Wegen der mannigfachen Unwägbarkeiten, die zum gesetzlich geregelten Anspruch auf Urteilsveröffentlichung bestehen, kann für den Verletzten in Erwägung zu ziehen sein, auf der Grundlage des allg Störungsbeseitigungsanspruchs Interessenten selbst über eine Gerichtsentscheidung oder über eine Unterlassungserklärung zu unterrichten, Köhler/Bornkamm 12/4.17 bis 4.20; Teplitzky 26/22 bis 28. Bei dieser Vorgehensweise muss jedoch die beseitigungsrechtliche Grundvoraussetzung der Verhältnismäßigkeit sowie das Gebot der Informationsgenauigkeit, BGH GRUR 95, 424, 426 – Abnehmerverwarnung, Beachtung finden.

Erschöpfung

48 Die Rechte aus einem eingetragenen Design erstrecken sich nicht auf Handlungen, die ein Erzeugnis betreffen, in das ein unter den Schutzumfang des Rechts an einem eingetragenen Design fallendes Design eingefügt oder bei dem es verwendet wird, wenn das Erzeugnis vom Rechtsinhaber oder mit seiner Zustimmung in einem Mitgliedstaat der Europäischen Union oder in einem anderen Vertragsstaat des Abkommens über den Europäischen Wirtschaftsraum in den Verkehr gebracht worden ist.

Übersicht

I. Allgemeines

1   **1.** Der **Regelungsgegenstand** des § 48 ist durch die obligatorische Bestimmung des Art 15 GRL vorgegeben. Der Grds der Erschöpfung ist Ergebnis einer langen Entwicklung. In Deutschland hat das RG schon Anfang des vorletzten Jahrhunderts die Lehre vom Verbrauch (auch Konsumtion genannt) angewandt. In der Rspr des BGH hat die Erschöpfung als allg Rechtsregel für das gesamte ImmaterialgüterR Anerkennung gefunden, BGH GRUR 81, 587, 589 – Schallplattenimport I; GRUR 86, 736, 737 –

Schallplattenvermietung. Erschöpfung konnte daher auch für Rechte aus einem DesignschutzR eintreten. Die Rspr des EuGH brachte für alle Bereiche des ImmaterialgüterR eine Weiterentwicklung zur unionsrechtlichen Erschöpfung, s Eichmann GRUR Int 90, 121, 129. Eingang in die Gesetzgebung hat der Erschöpfungsgrds erstmals in Art 32 GPÜ gefunden. Dieser Bestimmung sind ua Art 13 I GMV, Art 7 I MarkenRL und Art 15 GRL nachgebildet. Regelungen mit inhaltsgleichem Kern enthalten § 24 I MarkenG und § 17 II UrhG. Ebenso wie in diesen Bestimmungen dient auch in § 48 die Erweiterung auf das Gebiet des EWR der Klarstellung, s Rn 6.

2. Regelungszweck ist die Freiheit des Warenverkehrs vor unangemessenen Eingriffen des Rechtsinhabers. Dem liegt zwar als Rechtfertigung zu Grunde, dass der Rechtsinhaber bei dem Inverkehrbringen eines Erzeugnisses die Möglichkeit gehabt hat, die Vorteile wahrzunehmen, die ihm das SchutzR gewährt, BGH GRUR 80, 38, 39 – Fullplastverfahren; GRUR 86, 736, 737 – Schallplattenvermietung. Die durch die Erschöpfung eingetretene Freistellung dient jedoch vorrangig dem Interesse der Allgemeinheit, dass nach dem ersten Inverkehrbringen schutzrechtsgemäße Erzeugnisse unbeschränkt verkehrsfähig bleiben, BGH GRUR 86, 737. Gegenüber diesem Zweck der Sicherstellung der Verkehrsfähigkeit tritt das Interesse des Rechtsinhabers an regelnden Eingriffen in den Warenverkehr zurück, BGH GRUR 01, 51, 53 – Parfumflakon. Im Gebiet der EU ist es der Binnenmarkt, in dem freier Warenverkehr gewährleistet sein soll. Aus Art. 28, 30 AEUV folgt, dass SchutzR nicht zu einer Abschottung innerhalb des Gemeinsamen Markts führen dürfen, EuGH GRUR Int 83, 643, 645 – Keurkoop/Nancy Kean Gifts; weit Nachw Eichmann GRUR Int 90, 121, 129. Die Auslegung von Bestimmungen über die Erschöpfung muss daher dem Grds des freien Warenverkehrs in der EU Rechnung tragen, EuGH GRUR Int 96, 1144, Rn 27 – Bristol-Myers Squibb; GRUR Int 97, 627, Rn 18 – Phyterton/Bourdon. Durch die Erschöpfung soll es Inhabern von SchutzR insbes versagt werden, nationale Märkte abzuschotten und dadurch die Beibehaltung von Preisunterschieden zu fördern, EuGH GRUR Int 98, 140, Rn 37 – Dior/Evora; GRUR Int 98, 145, Rn 23 – Loendersloot/Ballantine. Ziel der Auslegung ist es daher, das Funktionieren des Binnenmarktes zu schützen, EuGH GRUR 98, 919, Rn 27 – Silhouette. Verfahrensrechtlich handelt es sich bei der Erschöpfung um einen vAw zu berücksichtigenden Einwand, BGH GRUR 00, 299, 302 – Karate. Die Beweislast für die Voraussetzungen der Erschöpfung hat jedoch der Anspruchsgegner, EuGH GRUR 06, 146 Rn 74 – Class International; BGH GRUR 00, 879, 880 – stüssy I; GRUR 04, 156, 157 – stüssy II; GRUR 05, 505, 506 – Atlanta. Das ist mit dem UnionsR vereinbar, EuGH GRUR 03, 512 Rn 36 – Van Doren/Lifestyle. Wenn jedoch Waren im EWR über ein ausschließliches Vertriebssystem in den Verkehr gebracht werden, obliegt grds dem Rechtsinhaber der Nachweis, dass die Waren ursprünglich (von ihm selbst oder mit seiner Zustimmung) außerhalb des EWR in den Verkehr gebracht worden sind, EuGH GRUR 03, 512 Rn 41; BGH GRUR 04, 158. Zur Beweislast für die Zustimmung des Rechtsinhabers Rn 8.

3. Für **Gemeinschaftsgeschmacksmuster** enthält Art 21 GGV eine mit Art 15 GRL übereinstimmende und mit § 48 inhaltsgleiche Regelung. Die Erweiterung des maßgeblichen Gebiets in § 48 auf EWR-Vertragsstaaten gilt auch für GGM, weil sich diese Erweiterung aus einem Abkommen ergibt, an das auch die EU gebunden ist. Auch nicht eingetragene GGM unterliegen dem Erschöpfungsgrds.

II. Regelungsinhalt

4   **1.** Gegenstand des Erschöpfungseinwands ist ein **Erzeugnis,** das von einem Berechtigten in den Verkehr gebracht worden ist. Es macht keinen Unterschied, ob das Erzeugnis mit dem Gegenstand des SchutzR identisch ist oder ob Abweichungen in den Schutzumfang des SchutzR fallen, BGH GRUR 97, 116, 117 – Prospekthalter. Der Erschöpfung unterliegen jedoch nur die Erzeugnisse in ihrer körperlichen Ausgestaltung, wie sie von einem Berechtigten dem Warenverkehr zugeführt worden sind, nicht auch andere – identische oder ähnliche – Erzeugnisse, EuGH GRUR Int 99, 870, Rn 21 – Sebago; GRUR 10, 723 Rn 31 – Coty Prestige/Simex Trading; BGH GRUR 12, 928 Tz 17 – Honda-Grauimport. Dementsprechend treten die Wirkungen der Erschöpfung nur an konkret in den Verkehr gebrachten Erzeugnissen ein, nicht jedoch an einzelnen ihrer Merkmale. Für das Einfügen von Verlängerungsstücken in die Standardversion der S-Klasse-Modelle der Daimler AG war daher das Inverkehrbringen der Modelle dieser Standardversion ohne Belang, BGH GRUR 10, 718 Tz 55 – Verlängerte Limousinen. Wenn ein komplexes Erzeugnis, s § 1 Rn 39, in den Verkehr gebracht worden ist, erfasst die Erschöpfung auch dessen Bauelemente. Einfügung bezieht sich auf das vollständige Erzeugnis, Verwendung auf einen Teil, § 1 Rn 16, eines Erzeugnisses. Wird ein Erzeugnis ohne Zustimmung des Rechtsinhabers, aber rechtmäßig, zB auf Grund einer bes Regelung für Reparaturteile, in einem Mitgliedstaat in den Verkehr gebracht, ist der Rechtsinhaber in einem anderen Mitgliedstaat mit weniger liberaler Gesetzgebung an der Geltendmachung von Ansprüchen nicht gehindert, Kur GRUR Int 98, 977, 981.

5   **2.** Das **Inverkehrbringen** von designgemäßen Erzeugnissen ist Grundvoraussetzung des Erschöpfungseinwands. Der Begriff ist autonom und einheitlich auszulegen, EuGH GRUR 05, 507 Rn 30 – Peak Holding. Die Verfügungsgewalt muss übertragen worden sein, s § 38 Rn 54, um das Erzeugnis dem Warenverkehr zuzuführen. Erforderlich ist Inverkehrbringen durch den Rechtsinhaber, Rn 7, oder mit dessen Zustimmung, Rn 8. Es genügt daher, wenn das Erzeugnis von einem Wirtschaftsbeteiligten in den Verkehr gebracht wird, der wirtschaftlich mit dem Rechtsinhaber verbunden ist, EuGH GRUR 09, 593 Rn 43 – Copad; GRUR 09, 1159 Rn 24 – Makro/Diesel. Das kann insbes ein Lizenznehmer sein, s hierzu § 31 Rn. 21. Die Verfügungsgewalt muss so übertragen worden sein, dass der Rechtsinhaber den weiteren Vertrieb nicht mehr kontrollieren kann, BGH GRUR 11, 820 Tz 17 – Kuchenbesteck-Set. Ein Inverkehrbringen erfolgt nicht, wenn der Rechtsinhaber Erzeugnisse einführt, um sie zu verkaufen, oder wenn er sie in eigenen Geschäften (oder in Geschäften verbundener Unternehmen) angeboten hat, ohne dass sie verkauft worden sind, EuGH GRUR 05, 507 Rn 44. Vorbereitende Handlungen, zB schuldrechtlicher Vertrag, und Angebote, s Rn 9, genügen nicht. Übergabe im Rahmen eines „ab Werk-Verkaufs" an einen vom Käufer beauftragten Frachtführer genügt auch dann, wenn der Käufer außerhalb des EWR seinen Sitz hat und die Ware dort auch vertrieben werden sollte, BGH GRUR Int 06, 1033 Tz 17 –

ex works. Solange sich eine Lieferung auf dem Transport befindet, ist sie noch nicht in den Warenverkehr gelangt, Mü Mitt 94, 124, 126; auf die frachtrechtliche Verfügungsgewalt kommt es dabei nicht an, unscharf Stuttgt Mitt 98, 382, 383. Warenbewegungen zwischen verschiedenen Betrieben des Rechtsinhabers und Warenverkehr innerhalb eines Konzernverbunds sind kein Inverkehrbringen, EuGH GRUR 05, 507 Rn 44 – Peak Holding; BGH GRUR Int 06, 1033 Tz 15. In selektiven Vertriebssystemen besteht jedoch keine vergleichbare Verbindung, BGH GRUR 07, 822 Tz 13.

3. Maßgebliches **Gebiet** für das erste Inverkehrbringen ist das Hoheitsge- **6** biet der Mitgliedstaaten der EU und der Vertragsstaaten des EWR, s Art 65 EWR-Abkommen v 2.5.92; BGH GRUR 00, 299, 300 – Karate; GRUR 03, 507, 511 – Enalapril. Island, Liechtenstein und Norwegen sind nur EWR-Vertragstaaten. Bei Inverkehrbringen in einem Drittstaat tritt Erschöpfung nicht ein, EuGH GRUR 98, 919 Rn 31 – Silhouette; GRUR Int 99, 870 Rn 13 – Sebago; GRUR 06, 146 Rn 33 – Class International; GRUR 09, 1159 Rn 31 – Diesel/Makro; BGH GRUR 96, 271, 273 – Gefärbte Jeans; GRUR 00, 300; GRUR 00, 879, 880 – stüssy I. Die Zuordnung richtet sich nach der politischen Zugehörigkeit, nicht nach geografischen Begriffen. Durch den Abschluss von Liberalisierungsabkommen wird das Hoheitsgebiet nicht erweitert, EuGH GRUR Int 82, 377; BGH GRUR 85, 924, 925 – Schallplattenimport II. Die Doktrin der internationalen, dh weltweiten Erschöpfung, BGH GRUR 64, 372, 374 – Maja; GRUR 73, 468, 470 – Cinzano (zum WZG); EFTA-GH GRUR Int 98, 309 – Maglite (zum Inverkehrbringen in Norwegen), steht mit der unionsrechtlichen Gesetzgebung nicht in Einklang, EuGH GRUR 98, 921 Rn 21; GRUR Int 99, 871; GRUR 02, 156 Rn 32 – Davidoff; BGH GRUR 00, 301.

4. Als **Rechtsinhaber** wird vermutet, wer mit dieser Bezeichnung im **7** Register eingetragen ist, s § 1 Nr 5. Maßgeblich ist der Zeitpunkt des ersten Inverkehrbringens. Der Rechtsnachfolger muss sich daher das Inverkehrbringen durch den Rechtsvorgänger zurechnen lassen. Erschöpfung tritt auch ein, wenn ein Nichtberechtigter vor der Übertragung eines eingetragenen Designs auf den Berechtigten, s § 9 Rn 3, Erzeugnisse in den Verkehr bringt; das Interesse an der Freiheit des Warenverkehrs hat Vorrang vor Individualansprüchen des Berechtigten.

5. Als unionsrechtlicher Begriff ist **Zustimmung** autonom und einheit- **8** lich auszulegen, EuGH GRUR 02, 156 Rn 43 – Davidoff. Die Zustimmung kann vor, bei oder nach dem Inverkehrbringen erklärt werden, EuGH GRUR 02, 156, Rn 47. Wie im deutschen Recht ist Zustimmung der Oberbegriff (§ 182 I BGB) für Einwilligung (§ 183 S 1 BGB) und für Genehmigung (§ 184 I BGB), BGH GRUR 09, 856 Tz 64 – Tripp-Trapp-Stuhl. Die Zustimmung muss sich nur auf das Inverkehrbringen, nicht auf weitere Modalitäten des Vertriebs beziehen, BGH GRUR 01, 153, 154 – OEM-Version. Zustimmung zur Herstellung genügt nicht, LG Düss InstGE 1, 146, 153. Weil durch die Zustimmung ein Verzicht auf das Verbietungsrecht des Rechtsinhabers zum Ausdruck gebracht wird, muss der Wille zum Verzicht mit Bestimmtheit erkennbar sein, EuGH GRUR 02, 156 Rn 41, 45; GRUR 09, 593 Rn 42 – Copad; GRUR 09, 1159 Rn 22 – Makro/Diesel. Das ist bei einer ausdrücklichen Erteilung der Zustimmung der Fall; eine konkludente Zustimmung kann jedoch ausreichen, EuGH GRUR 02, 156 Rn 46; GRUR 09, 593 Rn 42; GRUR 09, 1159 Rn 23, 25. Auf-

drucke des Herstellers auf der Verpackung (zB von kostenlosen Parfümpro-
ben) können einer konkludenten Zustimmung entgegenwirken, EuGH
GRUR 10, 723 Rn 45 – Coty Prestige/Simex Trading; GRUR 11, 1025
Rn 71 – L'Oréal/eBay. Für eine konkludente Zustimmung reicht es nicht
aus, dass der Rechtsinhaber das Eigentum ohne vertragliche Beschränkungen
übertragen und dabei nicht alle nachfolgenden Erwerber über einen Widerspruch gegen den Weitervertrieb unterrichtet hat und dass auf den Waren
kein Verbotshinweis angebracht ist, EuGH GRUR 02, 256, Rn 47, 56, 57,
60. Bei einem Inverkehrbringen durch einen Dritten im EWR kann eine
konkludente Zustimmung nur angenommen werden, wenn Anhaltspunkte
und Umstände vor, bei oder nach dem Inverkehrbringen innerhalb des
EWR mit Bestimmtheit einen Verzicht des Inhabers auf sein Recht erkennen lassen, EuGH GRUR 09, 1159 Rn 35. Beweis für die Zustimmung
muss der Anspruchsgegner erbringen, EuGH GRUR 02, 156 Rn 54;
GRUR 06, 146 Rn 74 – Class International; BGH GRUR 11, 820 Tz 28 –
Kuchenbesteck-Set; GRUR 12, 626 Tz 20 – CONVERSE I. Eine Umkehr
der Beweislast tritt ein, wenn der Rechtsinhaber seine Waren über exclusive
Vertriebspartner in den Verkehr bringt, die Wiederverkäufer nicht beliefern
dürfen, BGH GRUR 04, 156 – stüssi II. Die Durchsetzung des Schadensersatzanspruchs ist keine Genehmigung, BGH GRUR 09, 856 Tz 64. Durch
Inverkehrbringen in einem Drittstaat tritt Erschöpfung auch dann nicht ein,
wenn der Rechtsinhaber und der ausländische Berechtigte konzernmäßig
miteinander verbunden sind, BGH GRUR 85, 924, 925 – Schallplattenimport II; Leßmann GRUR 00, 741. Auch vorbehaltsloses Inverkehrbringen in
einem Drittstaat wirkt nicht als Zustimmung; diese wird durch allg Bestätigung eines Vorlieferanten zur Verkaufsfähigkeit im Inland nicht ersetzt, FfM
GRUR 00, 1060, 1061. Den Anspruchsgegner trifft die Darlegungs- und
Beweislast grds auch dafür, dass er keine Produktfälschungen vertrieben hat,
BGH GRUR 12, 626 Tz 26 ff. Für sog Customer-Return-Ware tritt bei
Import aus einem Drittstaat ebenfalls keine Erschöpfung ein, Hbg MarkenR
99, 302, 306. Ob bei Auftragsproduktion, hierzu § 38 Rn 52, Zustimmung
vorliegt, muss durch Auslegung ermittelt werden, Köln GRUR 00, 56, 57.

9   **6.** Welche Auswirkung eine **vertragliche Beschränkung** der Zustimmung auf die Erschöpfung hat, hängt von der Art der Beschränkung ab.
Weil Erschöpfung mit dem ersten Inverkehrbringen eintritt, braucht sich die
Zustimmung auf weitere Maßnahmen des Inverkehrbringens nicht zu erstrecken, BGH GRUR 01, 153, 154 – OEM-Version. Vermerke auf Erzeugnissen, die bei dem ersten Inverkehrbringen Verwendungsbeschränken zur Folge haben sollen, hindern daher den Eintritt der Erschöpfung nicht, BGH
GRUR 86, 736, 737 – Schallplattenvermietung. Auch wenn Ersterwerber
vertraglich zur Weitergabe von Verwendungsbeschränkungen verpflichtet
werden, hat das nur schuldrechtliche Bedeutung für die Vertragsparteien,
BGH GRUR 01, 155. Vereinbarungen über eine räumliche Beschränkung
des Vertriebsgebiets hindern den Eintritt der Erschöpfung daher nicht,
EuGH GRUR 05, 507 Rn 56 – Peak Holding; BGH GRUR Int 06, 1033
Tz 16. Erschöpfung tritt jedoch nicht ein, wenn ein Lizenznehmer gegen
Beschränkungen mit sog dinglicher Wirkung verstößt, § 31 Rn 21; EuGH
GRUR Int 12, 36 Rn 44 – Greenstar; BGH GRUR 86, 737. Ist in einem
Lizenzvertrag der Verkauf an Discounter untersagt, kann sich der Lizenzge-
ber dem Weiterverkauf widersetzen, wenn der Weiterverkauf dem Ansehen

der Lizenzmarke schadet; ob das der Fall ist, muss unter Berücksichtigung der Umstände des Einzelfalls beurteilt werden, EuGH GRUR Int 09, 593 Rn 57 – Copad; hierzu Ruess/Slopek WRP 09, 1021, 1027. Dieser Grds ist auch im DesignR anwendbar. Die Kündigung eines Lizenzvertrags ist ohne Auswirkung auf vorher hergestellte Erzeugnisse, Köln GRUR 00, 56, 57.

7. Durch Erschöpfung **nicht freigestellte Handlungen** sind alle Hand- **10** lungen, die dem Rechtsinhaber vorbehalten sind und die weder dieser noch ein autorisierter Dritter im Schutzgebiet, s Rn 6, vorgenommen hat. Der Rechtsinhaber ist daher in der Lage, den sog Parallelimport eines geschütz- ten Erzeugnisses zu verhindern, s auch die AIPPI-Entschließung zu Frage Q 101, GRUR Int 91, 293. Ob sich ein Verkaufsangebot in einem Online- Marktplatz an Verbraucher richtet, die im Schutzgebiet des SchutzR ansässig sind, richtet sich nach den im Einzelfall relevanten Indizien, EuGH GRUR 11, 1025 Rn 65 – L'Oréal/eBay. Grds sind alle Maßnahmen untersagt, die entweder dem Inverkehrbringen oder dessen Vorbereitung dienen. Darüber hinaus unterliegt das VervielfältigungsR nicht der Erschöpfung, BGH GRUR 01, 51, 53 – Parfumflakon. Nicht ohne Zustimmung gestattet ist daher zB die Wiedergabe von Erzeugnissen auf Postkarten und in Druck- werken, soweit nicht die Ausnahme aus § 40 Nr 3 eingreift. Vervielfältigung ist nicht nur die bildhafte Wiedergabe, BGH GRUR 01, 53, sondern auch und insbes die Herstellung von designgemäßen Erzeugnissen. Auf die Beein- trächtigung der Herkunfts- und Garantiefunktion kann nur im MarkenR, mwN BGH GRUR 96, 271, 274 – Gefärbte Jeans, nicht auch im DesignR abgestellt werden. Auch Zustandsveränderungen vor Weiterverbreitung sind zwar nur im MarkenR, s § 27 II MarkenG, Gegenstand einer Ausnahmere- gelung. Integritätsinteresse kann nicht nur wegen einer Kennzeichnung, sondern auch wegen eigenartiger Produktgestaltung bestehen. Eine Beein- trächtigung der Eigenart der Ware, BGH GRUR 96, 274; GRUR 05, 160, 161 – SIM-Lock I, ist daher auch bei einem Designschutz nicht durch die Freiheit des Warenverkehrs gerechtfertigt. Das Entfernen der Verpackung kann geeignet sein, das Image und den Ruf einer Ware zu beeinträchtigen, EuGH GRUR 11, 1025 Rn 79. In die Bewertung fließt ein, dass Ausprä- gung des DesignerpersönlichkeitsR ua ein Änderungsverbot, s Allg Rn 24, sein kann. Nicht freigestellt sind daher solche Bearbeitungsmaßnahmen vor dem weiteren Inverkehrbringen, die erhebliche Auswirkungen auf das Er- scheinungsbild des Erzeugnisses haben. Deswegen darf ein ungemustertes Bekleidungsstück grds nicht gewerblich mit einem Muster versehen werden. Auch ein Umfärben von Textilien kann so in die Eigenart eines Erzeugnisses eingreifen, dass ein andersartiges Erzeugnis entsteht, BGH GRUR 96, 274. Der Rechtsinhaber muss auch keine Maßnahmen hinnehmen, die sich nicht aus der Freiheit des Warenverkehrs, sondern aus Bearbeitungen ergeben, die der Produktion näher als der Erhaltung stehen. Darauf kommt es insbes bei Reparaturen, s Rn 12, und beim Wiederbefüllen von Behältnissen, s Rn 13, an.

8. Durch § 48 **freigestellte Handlungen** ergeben sich aus der Konkreti- **11** sierung des Gesetzeswortlauts durch den Regelungszweck. Grundlage der Erschöpfung ist, dass ein Erzeugnis im Schutzgebiet, s Rn 6, rechtmäßig in den Verkehr gebracht worden ist. Auf die Benutzung derartiger Erzeugnisse hat der Rechtsinhaber grds keinen Einfluss. Aus dem Regelungszweck folgt, dass Maßnahmen des weiteren Inverkehrbringens bei freigestellten Erzeugnissen nicht dem VerbietungsR des Rechtsinhabers unterliegen. In § 17 II UrhG ist das dadurch klargestellt, dass Weiterverbreitung (mit Ausnahme der Vermietung) zulässig ist. Das VervielfältigungsR unterliegt daher im UrhR nicht der Erschöpfung, Rn 10. Das gilt auch für das DesignR; denn es bedürfte keiner Freistellung in § 40 Nr 3 für Wiedergaben insbes in Druckwerken, wenn diese Maßnahmen bereits durch vorher eingetretene Erschöpfung freigestellt wären.

12   **9.** Bei einer **Reparatur** kommt es darauf an, ob die Identität des geschützten Erzeugnisses erhalten bleibt oder ob die Maßnahmen einer Neuherstellung gleichkommen, BGH GRUR 07, 769 Tz 27 – Pipettensystem. Hierzu bedarf es einer Abwägung zwischen den Interessen des Rechtsinhabers und der Abnehmer, BGH GRUR 12, 1118 Tz 26 – Palettenbehälter II. Dabei kann von Bedeutung sein, welche Maßnahmen üblicherweise während der Lebensdauer des Erzeugnisses stattfinden, Düss GRUR-RR 13, 185, 186. Die Reparatur von designgemäßen Erzeugnissen, die der Berechtigte in den Verkehr gebracht hat, ist daher nur zulässig, wenn keine Neuherstellung erfolgt, Eichmann GRUR Int 96, 859, 867. Reparaturteile, § 73 Rn 4, sind davon nicht ausgenommen, Eichmann GRUR Int 96, 867; GRUR Int 97, 595, 603. Auf das Wiederherstellen eines geschützten Erzeugnisses ist der Erschöpfungsgrds nicht anwendbar, wenn ein Austausch oder eine Neuherstellung einer wesentlichen Komponente stattfindet; zulässige Maßnahmen der Reparatur umfassen daher nur geringfügige Eingriffe und Maßnahmen der Wartung, AIPPI-Entschließung zu Frage Q 205, GRUR Int 09, 500.

13   **10.** Die **Wiederbefüllung** von designgemäßen Behältnissen ist dem Erwerber grds freigestellt, weil die Verfügungsbefugnis des Rechtsinhabers mit dem Inverkehrbringen ihr Ende gefunden hat. Ebenso wie im MarkenR findet auch im DesignR keine der Erschöpfung entgegenstehende Veränderung, sondern bestimmungsgemäßer Gebrauch statt, wenn Gaszylinder zum Einsatz in einem Besprudelungsgerät wiederbefüllt werden, BGH GRUR 05, 162, 163 – SodaStream; ausführl Zentek WRP 05, 175, 180. Auch durch den Verkauf von Leichtgewichtsflaschen für Flüssiggas geht das Recht der Wiederbefüllung auf den Käufer über, EuGH GRUR Int 11, 827 Rn 35 – Viking Gas. Dasselbe gilt für standardisierte Getränkeflaschen. Bei einer nicht autorisierten Fremdbefüllung findet jedoch eine Beeinträchtigung des Eigentums statt, wenn sich der Lieferant das Eigentum vorbehalten hat, BGH NJW 03, 3702. Ist ein Wiederbefüllen unüblich, zB bei Flaschen mit Likör, Branntwein etc, kann das Wiederbefüllen einen nicht freigestellten Eingriff in die Produktidentität zur Folge haben.

14   **11.** Die Berechtigung für **Werbeankündigungen** betrifft Erzeugnisse zwar nicht als solche, aber deren wirtschaftliche Verwertbarkeit. Mit dem Inverkehrbringen (durch den Rechtsinhaber oder mit seiner Zustimmung) ist auch das AnkündigungsR erschöpft, EuGH GRUR Int 98, 140 Rn 36 – Dior/Evora; GRUR Int 99, 438 Rn 48 – BMW/Deenik; BGH GRUR 03, 340, 341 – Mitsubishi; GRUR 03, 878, 879 – Vier Ringe über Audi; GRUR 07, 784 Tz 20 – AIDOL. Erzeugniswiedergaben zur verkehrüblichen Unterstützung der Weiterverbreitung liegen daher im Rahmen dessen, was durch Erschöpfung dem VerbietungsR entzogen ist. Zulässig sind werbliche Ankündigungen, die im Zusammenhang mit der Weiterverbreitung stehen und sich im Rahmen dessen halten, was dafür üblich ist, BGH

GRUR 01, 51, 53 – Parfümflakon. Erforderlich ist eine konkrete Bezugnahme auf Originalprodukte, BGH GRUR 07, 784 Tz 21. Über eine werbemäßige Darstellung geht es hinaus, wenn Abbildungen als Schaufensterdekoration wirken und dabei das angebotene Erzeugnis nur als Beiwerk erscheint, Düss GRUR-RR 09, 45, 47. Übliche Maßnahmen der werblichen Unterstützung unterliegen ebenso wenig wie im MarkenR, s BGH GRUR 87, 707, 708 – Ankündigungsrecht I; GRUR 87, 834, 824 – Ankündigungsrecht II, dem VerbietungsR. Für das AnkündigungsR ist es nicht erforderlich, dass im Zeitpunkt der Werbung Erzeugnisse bereits vorrätig sind; es genügt die voraussichtliche Verfügbarkeit im Zeitpunkt des Absatzes, BGH GRUR 03, 340, 342; GRUR 03, 878, 880.

Verjährung

49 **Auf die Verjährung der in den §§ 42 bis 47 genannten Ansprüche finden die Vorschriften des Abschnitts 5 des Buches 1 des Bürgerlichen Gesetzbuchs entsprechende Anwendung. Hat der Verpflichtete durch die Verletzung auf Kosten des Berechtigten etwas erlangt, findet § 852 des Bürgerlichen Gesetzbuchs entsprechende Anwendung.**

Übersicht

1. Der Regelungsgehalt des § 49 ergibt sich aus zwei Verweisungen auf **1** das BGB. Die GRL enthält hierzu keine Regelung. Dieselben Verweisungen enthalten ua § 24c GebrMG, § 20 MarkenG, § 141 PatG, § 102 UrhG. Die Vorschriften des Abschnitts 5 des Buchs 1 des BGB sind die §§ 194 bis 218 BGB über die Verjährung. Aus Satz 2 ergibt sich eine Sonderregelung, die nur für den Anspruch auf Bereicherungsherausgabe, Rn 6, Bedeutung hat. Verjährungsbeginn ist stets der Schluss des Jahres, in dem die in § 199 I BGB aufgeführten Voraussetzungen, s Rn 3 und 4, eingetreten sind. Die Verjährungsfrist beträgt grds drei Jahre, § 195 BGB. Das gilt für alle der in den §§ 40–47 geregelten Ansprüche sowie für Verwarnungskosten, BGH GRUR 92, 176, 177 – Abmahnkostenverjährung – und für Lizenzansprüche, nicht jedoch für Vertragsstrafeansprüche BGH GRUR 95, 678, 679 – Kurze Verjährungsfrist. Der Verjährungsbeginn setzt Kenntnis oder grobfahrlässige Unkenntnis voraus. Ohne Rücksicht auf diese subjektiven Voraussetzungen tritt die Verjährung in zehn Jahren für Schadensersatzansprüche und für sonstige Ansprüche (zB auf Vernichtung) ein, § 199 III Nr 1 und IV BGB. Verjährung findet nur nach Einrede des Verpflichteten Berücksichtigung, § 214 I BGB. Ein zur Interessenwahrnehmung beauftragter Anwalt ist verpflichtet, rechtzeitig Vorkehrungen gegen eine bevorstehende Verjährung zu treffen, BGH NJW 09, 1806 Tz 14. Eine erstmals im Berufungsverfahren erhobene Einrede kann verspätet sein, BGH GRUR 06, 401 Tz 27 – Zylinderrohr; KG GRUR-RR 03, 310, 312. Die Verjährungseinrede ist jedoch unabhängig von den Voraussetzungen des § 531 II Nr 1 bis Nr 3 ZPO zuzulassen, wenn die maßgeblichen Kriterien unstreitig sind, BGH GZS NJW 08, 3434 Tz 11.

2   2. Das **Entstehen des Anspruchs,** § 199 I Nr 1 BGB, ist Grundvoraussetzung für den Verjährungsbeginn. Beim Unterlassungsanspruch tritt an die Stelle der Entstehung die Zuwiderhandlung, § 199 V BGB. Maßgeblich ist der Zeitpunkt, in dem die Benutzungshandlung stattgefunden hat, aus der sich die Wiederholungsgefahr ergibt. Solange die Zuwiderhandlung fortbesteht, tritt für den Unterlassungsanspruch kein Verjährungsbeginn ein, BGH GRUR 74, 99, 100 – Brünowa. Dasselbe gilt für die Ansprüche auf Drittauskunft, Urteilsbekanntmachung und Vernichtung. Für den Anspruch auf Schadensersatz beginnt die Verjährung mit der Beendigung jeder einzelnen schadensstiftenden Handlung, BGH GRUR 78, 492, 495 – Fahrradgepäckträger II; GRUR 84, 820, 822 – Intermarkt II. Der fortlaufende Vertrieb von rechtsverletzenden Erzeugnissen ist eine Vielzahl von vergangenheitsbezogenen Einzelhandlungen mit eigenständiger wirtschaftlicher Bedeutung für den Schadensersatz, BGH GRUR 99, 751, 754 – Güllepumpen. Auf den Gesichtspunkt des Fortsetzungszusammenhangs kommt es dabei nicht an, BGH GRUR 68, 321, 326 – Haselnuss; GRUR 78, 495. Alle Handlungen, die vor Beginn der Verjährung begangen worden sind, unterliegen daher der Verjährung. Dieselbe Aufteilung findet für den Entschädigungsanspruch statt, weil dieser an die Stelle des Schadensersatzanspruchs tritt. Die akzessorischen Ansprüche auf vorbereitende Auskunft und Rechnungslegung richten sich selbständig nach § 195, BGH GRUR 88, 533, 536 – Vorentwurf II; GRUR 12, 1248 Tz 22 – Fluch der Karibik.

3   3. **Subjektive Voraussetzung** für den Verjährungsbeginn ist, dass der Gläubiger von den anspruchsbegründenden Umständen und von der Person des Schuldners Kenntnis erlangt hat, § 199 I Nr 2 BGB. Der positiven Kenntnis gleichgestellt ist, dass Unkenntnis auf grober Fahrlässigkeit beruht. Bei grober Fahrlässigkeit hat der Gläubiger die im Verkehr erforderliche Sorgfalt in bes schwerem Maß außer acht gelassen und naheliegende Überlegungen nicht angestellt, BGH GRUR 12, 1248 Tz 23 – Fluch der Karibik. Für subj Tatbestandsmerkmale kommt auf die Kenntnis der äußeren Umstände an, aus denen subj Merkmale herleitbar sind, BGH GRUR 64, 218, 220 – Düngekalkhandel. Grob fahrlässige Unkenntnis besteht, wenn der Gläubiger eine gleichsam auf der Hand liegende Erkenntnismöglichkeit nicht wahrgenommen hat, BGH NJW 01, 1721, 1722, zB Erkundigungen einfacher Art nicht erfolgt sind, BGH NJW 96, 2933. Eine Verpflichtung zur Marktbeobachtung besteht nicht; der Gläubiger handelt jedoch grob fahrlässig, wenn er sich einer naheliegenden Kenntnis bewusst verschließt, BGH GRUR 12, 1248 Tz 25, 26. Die Kenntnis eines Wissensvertreters genügt, BGH NJW 01, 885, 886, wenn er mit der Erledigung der betreffenden Angelegenheit beauftragt ist, BGH NJW 12, 447 Tz 12. Bei rechtsgeschäftlichen Vertretern ist die Kenntnis idR unbeachtlich; anders jedoch, wenn sie der Verletzte mit der Erledigung bestimmter Angelegenheiten in eigener Verantwortung betraut hat, BGH GRUR 98, 133, 137 – Kunststoffaufbereitung. Der Gläubiger muss sich die Kenntnis von Personen zurechnen lassen, die mit der Rechtsverfolgung oder der Vorbereitung von Rechtsverfolgungen betraut sind; es muss sich um Mitarbeiter handeln, die zur Entscheidung über eine gerichtliche Anspruchsdurchsetzung befugt sind, Hbg GRUR-RR 04, 245. Die Kenntnis von Lizenznehmern genügt nur, wenn sie zum Tätigwerden gegenüber Verletzern verpflichtet oder mit der Ermittlung etwaiger Verletzungen betraut sind, BGH GRUR 98, 137. Wenn der

Anspruch nicht von dem Inhaber eines eingetragenen Designs, sondern zB von einem Lizenznehmer geltend gemacht wird, kommt es auf die Kenntnis des Lizenznehmers an. Das Vorschieben eines Anspruchstellers, der später Kenntnis erlangt hat, wäre jedoch missbräuchlich. Für den Anspruch auf Schadensersatz ist nur die Kenntnis der Verletzungshandlung, nicht auch des Schadenseintritts maßgeblich. Die abweichende Regelung in § 21 II UWG ist auf die kurze Verjährungsfrist in § 21 I UWG zugeschnitten. Alle maßgeblichen Tatsachen müssen so vollständig und sicher bekannt sein, dass sie eine zuverlässige Grundlage für eine aussichtsreiche Klage bilden können, BGH GRUR 88, 832, 834 – Benzinwerbung; NJW 01, 885, 886; GRUR 12, 1248 Tz 30. Die Verletzungshandlung muss daher so konkret bekannt sein, dass substantiierter Sachvortrag mit Beweisantritt möglich ist; Vermutungen, Gerüchte etc reichen nicht aus. Für einen Zahlungsanspruch genügt die Möglichkeit der Feststellungsklage, s § 42 Rn 35, oder der Stufenklage, BGH GRUR 12, 1248 Tz 30.

4. Hemmung der Verjährung tritt insbes durch folgende Vorgänge ein: **4** Erhebung der Klage auf Leistung (zB Unterlassung) oder auf Feststellung des Anspruchs (zB auf Schadensersatz), § 204 I Nr 1 BGB; Zustellung des Antrags auf Erlass einer einstweilige Verfügung (im Urteilsverfahren) bzw Einreichung des Antrags (im Beschlussverfahren), wenn die einstweilige Verfügung innerhalb eines Monats seit Verkündung bzw Zustellung an den Gläubiger dem Schuldner zugestellt wird, § 204 I Nr 9 BGB; s hierzu Maurer GRUR 03, 208; Verhandlungen über den Anspruch (oder anspruchsbegründende Umstände) bis zur Verweigerung der Fortsetzung der Verhandlungen, § 203 S 1 BGB. Ein Abbruch der Verhandlungen kann sich auch daraus ergeben, dass der Berechtigte die Verhandlungen „einschlafen" lässt, BGH NJW 09, 1806 Tz 10, 11. Bei unterschiedlichen Ansprüchen kommt es auf den Streitgegenstand an, BGH GRUR 74, 99, 101 – Brünowa; GRUR 90, 221, 223 – Forschungskosten. Die Hemmung der Verjährung des Unterlassungsanspruchs hemmt daher nicht die Verjährung des Schadensersatzanspruchs, BGH GRUR 84, 820, 822 – Intermarkt II; GRUR 92, 61, 63 – Preisvergleichsliste. Klage auf Feststellung der Schadensersatzpflicht hemmt die Verjährung des Schadensersatzanspruchs, BGH GRUR 60, 193, 196 – Frachtenrückvergütung; GRUR 72, 180, 183 – Cheri. Negative Feststellungsklage und Verteidigung dagegen, BGH NJW 12, 3633 Tz 27; WRP 94, 810, 812 – Parallelverfahren II, Verwarnung und Berechtigungsanfrage hemmen nicht. Bei Rechtsverfolgung endet die Hemmung sechs Monate nach der rechtkräftigen Entscheidung oder anderweitigen Beendigung des Verfahrens, § 204 II 1 BGB. Verhandeln ist jeder Meinungsaustausch über den Anspruch zwischen dem Anspruchsteller und dem Anspruchsgegner, BGH NJW 04, 1654. Erörterungen über die Berechtigung des geltend gemachten Anspruchs genügen, BGH NJW 07, 587 Tz 10. Nach dem Abbruch von Verhandlungen tritt Verjährung frühestens drei Monate nach dem Ende der Hemmung ein, § 203 S 2 BGB. Wirkung der Hemmung ist, dass der Zeitraum in die Verjährungsfrist nicht eingerechnet wird, während dessen die Verjährung gehemmt ist, § 209 BGB.

5. Ein **Neubeginn der Verjährung** tritt insbes durch Anerkenntnis, **5** § 212 I Nr 1 BGB, und durch Vollstreckungshandlungen, § 212 I Nr 2 BGB, ein. Unterlassungserklärung ist abstraktes Schuldanerkenntnis, BGH GRUR 98, 953, 954 – Altunterwerfung III – und damit Anerkenntnis iSd

§ 212 I Nr 1 BGB. Ein Anerkenntnis für andere Ansprüche, zB auf Schadensersatz, ergibt sich daraus nicht. Mit erklärter Annahme oder bei nicht erforderlicher Annahme, s insbes § 151 BGB, tritt Erfüllung des Unterlassungsanspruchs ein. Als gerichtliche Vollstreckungshandlung kommt insbes die Verhängung von Ordnungsmitteln in Betracht. Der hierauf gerichtete Antrag genügt, wenn nicht die Voraussetzungen des § 212 Abs 2 oder 3 eintreten. Mit dem auf das Ereignis folgenden Tag, s § 187 I BGB, beginnt die Verjährung im Ganzen neu. Parteizustellung einer Unterlassungsverfügung hemmt auch dann nicht, wenn Ordnungsmittel angedroht sind, BGH GRUR 79, 121, 122 – Verjährungsunterbrechung. Zahlung der festgesetzten Kosten eines Verfügungsverfahrens hemmt ebenfalls nicht, BGH GRUR 81, 447, 448 – Abschlussschreiben.

6   **6.** Ein Anspruch auf **Bereicherungsherausgabe** besteht auch nach Ablauf der regelmäßigen Verjährungsfrist; das ergibt sich aus der Verweisung auf § 852 BGB in § 49 S 2. Die dortige Verweisung auf §§ 812 ff BGB bezieht sich auf die Rechtsfolgen, nicht auch auf alle Anspruchsvoraussetzungen, BGH GRUR 78, 492, 496 – Fahrradgepäckträger II; GRUR 95, 678, 681 – Kurze Verjährungsfrist; GRUR 99, 751, 754 – Güllepumpen. Es handelt sich daher um einen Anspruch aus unerlaubter Handlung, der in Höhe der Bereicherung nicht verjährt ist, BGH GRUR 99, 754. Wenn der Schadensersatzanspruch verjährt ist, kann daher noch ein unverjährter Bereicherungsanspruch bestehen, Hbg MarkenR 06, 283, 289. Erforderlich ist, dass der Verpflichtete etwas auf Kosten des Verletzten erlangt hat und dass die Voraussetzungen des Schadensersatzanspruchs erfüllt sind, BGH GRUR 95, 681. Der Verletzer muss daher vorsätzlich oder fahrlässig gehandelt haben, § 42 Rn 18, 19. Ohne Verschulden ergibt sich ein Anspruch auf Bereichungsherausgabe aus § 50. Die Ermittlung des Rest-Entschädigungsanspruchs erfolgt nach der Methode der Lizenzanalogie, Hbg MarkenR 06, 289; LG Düss InstGE 1, 33, 37, s § 42 Rn 26; nach LG Düss Mitt 00, 458, 459 besteht ein Anspruch auch auf Gewinnherausgabe, § 42 Rn 25. Der Anspruch auf Bereichungsherausgabe verjährt in zehn Jahren ab Entstehung, ohne Rücksicht hierauf in 30 Jahren ab Begehung der Verletzungshandlung, § 852 S 2 BGB.

7   **7.** Mit dem Einwand der **Verwirkung** soll – unabhängig von der Verjährung – die illoyal verspätete Geltendmachung von Rechten gegenüber dem Verpflichteten als unzulässige Rechtsausübung ausgeschlossen werden, BGH GRUR 81, 652, 653 – Stühle und Tische mwN. Der Verwirkungseinwand findet vAw Berücksichtigung. Voraussetzung ist, dass der Verletzer das Schweigen des Rechtsinhabers als Billigung oder zumindest als Duldung verstehen konnte, BGH GRUR 81, 653. Die zeitlichen und sonstigen Umstände müssen in ihrer Gesamtheit die Beurteilung tragen, dass Treu und Glauben dem Verletzten die Verfolgung des Anspruchs verwehren, mit dessen Geltendmachung der Verletzer nicht mehr rechnen musste, BGH GRUR 01, 323, 325 – Temperaturwächter; GRUR 06, 401 Tz 24 – Zylinderrohr. Die Verwirkung führt zu einer inhaltlichen Begrenzung des Rechts im Verhältnis zwischen Verletztem und Verletzer. Aus der Natur des Verwirkungseinwands folgt, dass es in Bezug auf Schuldformen des Verletzers keine starren Regeln gibt; allg gilt jedoch, dass die Anforderungen an die Verwirkung um so strenger sind, je weniger der Verletzer redlich gehandelt hat, BGH GRUR 63, 478, 481 – Bleiarbeiter; GRUR 75, 434, 437 – Bouchet.

Fahrlässigkeit bei Verletzungsbeginn schließt Verwirkung nicht schon grds aus, führt jedoch zu strengeren Anforderungen bei der Prüfung, ob und wann der Verletzer von der Zulässigkeit seines Vorgehens ausgehen konnte, BGH GRUR 93, 913, 914 – KOWOG. Bösgläubigkeit führt zur Verlängerung der Frist für das Zeitmoment, BGH GRUR 13, 1161 Tz 27 – Hard Rock Cafe. Die Verwirkung des Unterlassungsanspruchs setzt einen wertvollen Besitzstand des Verletzers voraus, BGH GRUR 01, 325; das kann idR nur anhand von Angaben des Verletzers über Umsätze sowie über Werbe- und Vertriebsaufwendungen beurteilt werden, BGH GRUR 89, 449, 451 – Maritim mwN. Dabei kommt es nicht nur auf die Verletzungsumsätze, sondern auch auf deren Relation zu den Gesamtumsätzen an, BGH GRUR 93, 915 mwN. Für die Ansprüche auf Schadensersatz, BGH GRUR 88, 776, 778 – PPC, und auf Bereichungsherausgabe, BGH GRUR 01, 324, genügt das Bestehen eines Vertrauenstatbestands. Der Beginn des Vertrauenstatbestands hat zur Voraussetzung, dass dem Rechtsinhaber die Verletzung bekannt war oder auf Grund zumutbarer Marktbeobachtung bekannt sein konnte, BGH GRUR 93, 915 mwN. Kein Vertrauenstatbestand besteht, wenn der Schuldner davon ausgehen muss, dass der Gläubiger von den ihm zustehenden Ansprüchen keine Kenntnis hat, BGH GRUR 00, 144, 146 – Comic-Übersetzungen II. Das sog Zeitmoment und das sog Umstandsmoment stehen in Wechselwirkung, BGH GRUR 01, 327. Je länger die Zeit der Untätigkeit ist, desto geringere Anforderungen brauchen an den Besitzstand gestellt zu werden; ein bes wertvoller Besitzstand kann innerhalb kurzer Zeit Verwirkung eintreten lassen. Auch die Verwirkung von GestaltungsR richtet sich nach den Umständen des Einzelfalls, BGH GRUR 02, 280, 282 – Rücktrittsfrist. Die Wiederholung gleichartiger Verletzungshandlungen lässt jeweils einen neuen Unterlassungsanspruch entstehen, BGH GRUR 12, 928 Tz 22, 25 – Honda-Grauimport; für das Zeitmoment ist daher die letzte Verletzungshandlung maßgeblich, BGH GRUR 13, 1161 Tz 21. Nur unter bes Voraussetzungen kann der Verletzer einen Vertrauensschutz daraus herleiten, dass der Rechtsinhaber lange Zeit hindurch gegen eine Vielzahl gleicher Rechtsverletzungen nicht vorgegangen ist, FfM WRP 82, 229; Köln GRUR 90, 357.

8. Für **Gemeinschaftsgeschmacksmuster** enthält zwar die GGV keine **8** Regelung über die Verjährung und die Verwirkung, aber nach Art 88 II GGV ist das nationale Recht anwendbar, EuGH GRUR 14, 368 Rn 49 – Gautzsch; s hierzu Hackbarth GRUR-Prax 14, 74, 75. Für die Verjährung bestimmt § 62a Nr 2, dass die Vorschrift des § 49 auf GGM entspr anwendbar ist. Die Verwirkung richtet sich nach dem allg Grds von Treu und Glauben, s Rn 7.

Ansprüche aus anderen gesetzlichen Vorschriften

50 Ansprüche aus anderen gesetzlichen Vorschriften bleiben unberührt.

Übersicht

1   1. Den in § 50 geregelten **Grundsatz** hat es bereits im Anwendungsbereich des GeschmMG 1876 gegeben. Wortidentisch mit § 50 war auch schon in § 14a II GeschmMG 1876 bestimmt, dass Ansprüche aus anderen gesetzlichen Vorschriften unberührt bleiben. Art 16 GRL hat ua zum Inhalt, dass der Schutz von GeschmM Vorschriften des Gemeinschaftsrechts und des nationalen Rechts ua über Marken, über nicht eingetragene Rechte an Mustern und über unlauteren Wettbewerb unberührt lässt. Ansprüche aus den §§ 42, 43, 46 und 47 können daher auch auf – eingetragene und auf nicht eingetragene – GGM sowie auf Bestimmungen des MarkenG und des UWG gestützt werden. Urheberrechtliche Ansprüche können ebenfalls in Betracht kommen, zumal Art 17 GRL ua bestimmt, dass für den Gegenstand eines GeschmM auch urheberrechtlicher Schutz in Anspruch genommen werden kann, hierzu Kur GRUR 02, 661, 669. Wenn Ansprüche auf mehrere SchutzR gestützt werden, hat das unterschiedliche Streitgegenstände zur Folge; dasselbe gilt für das Verhältnis von SchutzR zum wettbewerbsrechtlichen Nachahmungsschutz, § 42 Rn 43. Eine Verurteilung kann nur auf die Anspruchsgrundlage gestützt werden, auf die sich der Kl berufen hat, BGH GRUR 01, 755, 757 – Telefonkarte. Eine Anspruchskongruenz mit Rechten aus Patenten und Gebrauchsmustern, die in Art 16 GRL zusätzlich aufgeführt sind, kann nicht bestehen, Allg Rn 51; § 3 Rn 4. Vorschriften über die zivilrechtliche Haftung, Art 16 GRL, kommen insbes für den Bereicherungsanspruch, Rn 3, und für den Schutz der Anwartschaft, § 7 Rn 3, auf Anmeldung eines DesignschutzR in Betracht. Nach den jeweiligen anderen gesetzlichen Vorschriften richten sich die Verjährung, Begr § 50, und sonstige Modalitäten der Ansprüche.

2   2. Für **Gemeinschaftsgeschmacksmuster** enthält Art 96 I GGV eine mit Art 16 GRL übereinstimmende Regelung. Art 96 II 1 GGV bestimmt, dass ein als GGM geschütztes Muster ab dem Tag, an dem das Muster entstand oder in irgendeiner Form festgelegt wurde, auch nach dem UrhR der Mitgliedstaaten schutzfähig ist. Daraus ergibt sich, dass in keinem Mitgliedstaat die Anwendung des UrhR mit der Begründung versagt werden darf, dass Designschutz bestehe. In welchem Umfang und unter welchen Bedingungen UrhR-Schutz in Anspruch genommen werden kann, wird einschließlich des erforderlichen Grads der Eigenart vom jeweiligen Mitgliedstaat festgelegt, Art 96 II 2 GGV. Für die Anforderungen an die Gestaltungshöhe, Allg Rn 34, ergeben sich daher für die deutsche Rechtspraxis keine Vorgaben aus der GGV. Die Ansprüche aus anderen gesetzlichen Vorschriften gelten in gleicher Weise für eingetragene GGM und für nicht eingetragene GGM. Für Gemeinschaftsgeschmacksmuster ist § 50 aufgrund § 62a Nr 2 entspr anwendbar.

3   3. Der eigenständige Anspruch auf **Bereicherungsherausgabe,** §§ 812 ff BGB, hat vor allem Bedeutung, wenn der Verletzer nicht schuldhaft gehandelt hat, BGH GRUR 65, 198, 202 – Küchenmaschine; GRUR 66, 681, 684 – Laternenflasche. Für verjährte Schadensersatzansprüche ergibt sich ein Anspruch auf Bereicherungsherausgabe aus § 49 S 2. Das ohne Rechtsgrund Erlangte ist der Gebrauch des immateriellen Schutzgegenstands; da das Erlangte seiner Natur nach nicht herausgegeben werden kann, ist gem § 818 II BGB dessen Wert zu ersetzen, BGH GRUR 82, 301, 303 – Kunststoffhohlprofil II; GRUR 87, 520, 523 – Chanel No. 5 (I). Für die Wertbestimmung ist der obj Verkehrswert des Erlangten maßgeblich. Beim Gebrauch eines durch gewerbliche SchutzR bestimmten immateriellen Gegenstands liegt der obj Gegenwert allein in der angemessenen Lizenz, BGH GRUR 82, 303; GRUR 87, 523. Die Ermittlung des Bereicherungsanspruchs folgt daher dem Grds der Schadensermittlung nach der Methode der Lizenzanalogie, BGH GRUR 82, 304; GRUR 87, 523, GRUR 92, 599, 600 – Teleskopzylinder, Einzelh § 42 Rn 26, 27. Zur Vorbereitung kann Rechnungslegung, § 42 Rn 30, verlangt werden, BGH GRUR 96, 57, 61 – Spielzeugautos. Bei dem Anspruch auf Bereicherungsherausgabe besteht kein Anspruch auf Gewinnherausgabe, BGH GRUR 87, 523.

Strafvorschriften

51 (1) **Wer entgegen § 38 Absatz 1 Satz 1 ein eingetragenes Design benutzt, obwohl der Rechtsinhaber nicht zugestimmt hat, wird mit Freiheitsstrafe bis zu drei Jahren oder mit Geldstrafe bestraft.**

(2) **Handelt der Täter gewerbsmäßig, so ist die Strafe Freiheitsstrafe bis zu fünf Jahren oder Geldstrafe.**

(3) **Der Versuch ist strafbar.**

(4) **In den Fällen des Absatzes 1 wird die Tat nur auf Antrag verfolgt, es sei denn, dass die Strafverfolgungsbehörde wegen des besonderen öffentlichen Interesses an der Strafverfolgung ein Einschreiten von Amts wegen für geboten hält.**

(5) **Gegenstände, auf die sich die Straftat bezieht, können eingezogen werden. § 74a des Strafgesetzbuches ist anzuwenden. Soweit den in § 43 bezeichneten Ansprüchen im Verfahren nach den Vorschriften der Strafprozessordnung über die Entschädigung des Verletzten (§§ 403 bis 406c) stattgegeben wird, sind die Vorschriften über die Einziehung nicht anzuwenden.**

(6) **Wird auf Strafe erkannt, so ist, wenn der Rechtsinhaber es beantragt und ein berechtigtes Interesse daran dartut, anzuordnen, dass die Verurteilung auf Verlangen öffentlich bekannt gemacht wird. Die Art der Bekanntmachung ist im Urteil zu bestimmen.**

Übersicht

I. Strafbarkeit

1. Am Anfang der **Entwicklung** stand, dass das GeschmMG 1876 auf zivil- und strafrechtliche Sanktionsbestimmungen des UrhG 1870 verwiesen hat. Durch Art 146 Nr 1 EGStGB 1974 wurde § 14 GeschmMG idF v 7.3.1990 als reine Strafvorschrift ausgebildet. Die Neufassung durch das PrPG, s Allg Rn 3, sollte eine wirkungsvolle Verfolgung und Ahndung von **1**

vorsätzlichen Rechtsverletzungen ermöglichen, Begr PrPG B I 1 a. Gleichartige Regelungen enthalten § 25 GebrMG, § 143 MarkenG, § 142 PatG, §§ 106–111 UrhG. Die Kommission hat am 12.7.05 einen Vorschlag für eine Richtlinie über strafrechtliche Maßnahmen zur Durchsetzung der Rechte des geistigen Eigentums – KOM(2005) 276 – vorgelegt, Bericht GRUR Int 05, 758. Am 26.4.06 folgte ein geänderter Vorschlag – KOM(2006) 168 = GRUR Int 06, 719; Bericht GRUR Int 06, 536; Kritik Hilty/Kur/Peukert GRUR Int 06, 722. Das EU-Parlament hat am 24.5.07 eine legislative Entschließung verabschiedet, TA 2007/145. Der Wirtschafts- und Sozialausschuss der EU hat in seiner Plenartagung v 11./12.7.07 Stellung genommen, ABl C 256. Kritik und Vorschläge zur Umsetzung der sog Strafrechtsrichtlinie bei Ahrens/Wirtz MarkenR 09, 97, 102; Rechtstatsachenvergleich bei Wrede MarkenR 06, 469.

2   **2.** Der **Regelungszweck** ergibt sich daraus, dass der zivilrechtliche Schutz des Verletzen unzureichend sein kann, zB wenn für die Ermittlung von Täter und/oder Ware die zivilrechtlichen Möglichkeiten nicht genügen, wenn gegen den Täter keine Zwangsvollstreckung betrieben werden kann, wenn Urteilszustellung und/oder Zwangsvollstreckung im Ausland betrieben werden müssen oder wenn der Täter die zivilrechtlichen Sanktionen als wirtschaftliche Risikofaktoren in Kauf nimmt, hierzu Kessler in: Geistiges Eigentum und Strafrecht 2011, 155, 156. Besteht besonderes öffentliches Interesse an einer Strafverfolgung, soll diese auch von Amts wegen vorgenommen werden können. Das kann insbes bei gewerbsmäßigem Handeln der Fall sein. Die Strafverfolgung dient zwar in erster Linie der Sanktion, sie kann aber auch Mittel der Prävention sein. Allg zu strafrechtlichen Sanktionen Cremer GRUR Int 02, 511. Umfassend zum Strafrechtsschutz: Wolff-Rojczyk, in: Eichmann/Kur § 12.

3   **3.** Die **Regelungstechnik** besteht im Wesentlichen in der Fortführung der Bestimmungen des § 14 GeschmMG 1986. Die ursprünglich in Abs 1 vorgesehene Einfügung „obwohl es der Inhaber verboten hat" war ebenso missverständlich wie die Einfügung „trotz eines Verbots und ohne Zustimmung des Markeninhabers" in § 143a I MarkenG. Maßgeblich ist allein, dass die Benutzung ohne Zustimmung des Rechtsinhabers erfolgt ist, s § 38 I 1, weil der Strafrechtsschutz der Ergänzung des Zivilrechtsschutzes dient. Das ist auf Vorschlag des Bundesrats klargestellt worden, Abschnitt 2 der BT-Drucks 283/03 v 23.5.03. Es ist daher nicht erforderlich, dass der Rechtsinhaber Dritten ggü ein bes Verbot ausgesprochen hat, Begr § 143a MarkenG, zumal es einer derartigen Maßnahme auch bei anderen Straftatbeständen nicht bedarf. Der strafrechtliche Bestimmtheitsgrds wird nicht beeinträchtigt. Einer Aufführung der einzelnen Benutzungshandlungen bedurfte es nicht; die Bezugnahme auf § 38 I 1 ist ausreichend, Begr § 51. Täter kann nur eine physische Person sein; bei jur Personen richtet sich die Strafdrohung gegen den gesetzlichen Vertreter, der für die Tat verantwortlich ist. Beteiligte können als Mittäter, § 25 II StGB, als Anstifter, § 26 StGB, oder als Gehilfen, § 27 StGB, bestraft werden.

4   **4.** Der **Grundtatbestand** der strafbaren Verletzung eines eingetragenen Designs setzt einen Eingriff in den Schutzumfang eines eD voraus, das sämtliche Schutzvoraussetzungen erfüllt. Es kann sich um ein eD oder um eine internationale Eintragung mit Schutz in Deutschland, s § 71 I, handeln; zu GGM s § 65. In formeller Hinsicht ist insbes erforderlich, dass das eD eingetragen und im Zeitpunkt der Tat nicht gelöscht ist. Materiellrechtlich müssen Designfähigkeit, Neuheit und Eigenart bestehen. Die zustimmungslose Benutzung eines eD richtet sich nach § 38. Der Territorialitätsgrds, Allg Rn 15, hat abweichend von § 7 StGB zur Folge, dass nur im Inland begangene Verletzungshandlungen strafbar sind; der strafrechtliche Schutz kann nicht weitergehen als der zivilrechtliche Schutz, BGH GRUR 04, 421, 423 – Tonträgerpiraterie durch CD-Export. Wenn für ein im schutzrechtsfreien Ausland hergestelltes Erzeugnis die Übergabe im Inland erfolgt, nimmt ein systematisch einbezogenes Speditionsunternehmen an einem rechtswidrigen Inverkehrbringen in Deutschland teil, EuGH GRUR 12, 817 Rn 30 – Donner; BGH GRUR 13, 62 Tz 49 – Italienische Bauhausmöbel; Mü GRUR Int 09, 162 – Möbelnachbauimport (jeweils zum UrhR). Gegen eine Durchfuhr im externen Zollversandverfahren für einen Staat, in dem kein Schutz besteht, kann zwar nicht vorgegangen werden, § 38 Rn 57. Wenn jedoch im Bestimmungsland ein unionsrechtlicher Schutz besteht, findet eine Einfuhr in das einheitliche Wirtschaftsgebiet, s Art 1 III 1 GGV, der EU statt, Rehage Mitt 08, 389, 394, das nach Art 88 II GGV iVm § 65 strafbar ist. Ob das Fotografieren von Messe-Exponaten mit Designschutz als Herstellen iSd § 38 I 2 gewertet werden kann, Brandau/Gal GRUR 09, 120, ist zwh, s § 38 Rn 52. Insges müssen sämtliche Voraussetzungen erfüllt sein, die den zivilrechtlichen Anspruch auf Unterlassung, s § 42 I, begründen. Rechtsbeschränkungen aus § 40 wirken auch im Rahmen des § 51. In subj Hinsicht ist Vorsatz des Täters erforderlich, § 15 StGB. Vorsatz setzt die Kenntnis aller Tatumstände voraus; Unrechtseinsicht genügt, BGH GRUR 13, 62 Tz 65. Auf ein Verbot des Rechtsinhabers kommt es nicht an, Rn 3. Ein Verbotsirrtum ist nur unvermeidbar, wenn der Täter alle Erkenntniskräfte eingesetzt und Zweifel durch Einholung eines Rechtsrats beseitigt hat, BGH GRUR 13, 62 Tz 70. Mit Strafe bedroht ist sowohl das Herstellen als auch das Verbreiten von rechtsverletzenden Erzeugnissen. Nur im Inland begangene Verletzungshandlungen werden erfasst, BGH GRUR 04, 421, 423; GRUR 13, 62 Tz 38. Das Inverkehrbringen im Inland ist daher auch dann strafbar, wenn die Herstellung in einem Land erfolgt ist, in dem kein DesignschutzR verletzt wird, s Allg Rn 15; § 38 Rn 13. Parallelimporte sind strafbar, wenn das SchutzR nicht erschöpft ist, LG Meiningen Mitt 03, 37, 38.

5. Der **Qualifikationstatbestand** setzt zusätzlich zum Grundtatbestand **5** gewerbsmäßiges Handeln voraus. Dieses Tatbestandsmerkmal erfüllt, wer sich durch wiederholte Begehung eine fortlaufende Einnahmequelle von einiger Dauer, BGHSt 1, 383, und einigem Umfang, BGH MDR (D) 75, 725, verschaffen möchte, BGH MDR (Z) 83, 622. Es braucht sich nicht um die Haupteinnahmequelle zu handeln, BGH NJW 53, 955; MDR (H) 76, 633. Handeln im Rahmen eines Gewerbebetriebs ist nicht erforderlich. Es genügt Handeln im geschäftlichen Verkehr, s auch § 40 Rn 2, das auf wirtschaftlichen Vorteil durch Wiederholung ausgerichtet ist. Über den Vorsatz hinaus muss daher Wiederholung oder zumindest Wiederholungsabsicht festgestellt sein, Begr PrPG B I 1 c. Auf eine Absicht zur Gewinnerzielung kann aus einer Gesamtwirkung aller Einzelumstände gefolgert werden, Mannh Mitt 99, 399. Hinweise auf diese Absicht können sich bereits aus Anlage und Ausführung der ersten Tat ergeben. Gewerbsmäßigkeit ist eine bes persönliche Eigenschaft iSd § 50 II StGB, BGHSt 3, 191, 192; BGHSt

6, 260, 261. Der Täter muss außerhalb der Ausnahmebestimmung des § 40 Nr 1 gehandelt haben.

6   **6.** Der **Versuch** ist mit Strafe bedroht, Abs 3, um insbes ein frühes Einschreiten der Strafverfolgungsbehörden und damit eine bes wirkungsvolle Bekämpfung von Schutzrechtsverletzungen zu ermöglichen, Begr PrPG B I 1 c. Der Versuch kann sich auf den Grundtatbestand oder auf den Qualifikationstatbestand beziehen. Erfasst wird der unmittelbare Beginn der Tatbestandsverwirklichung, § 22 StGB, also der zwischen Vorbereitung und Vollendung liegende Handlungsabschnitt. Versuchshandlung kann zB das Bereithalten einer Fälscherwerkstatt oder das Herstellen von Einzelteilen sein, wenn erst mit deren Zusammenfügung die Tat vollendet wird, Begr PrPG B I 1c.

7   **7.** Die Art der **Strafe** bestimmt das Gericht nach allg Grds, § 46 StPO. Das Mindestmaß der Freiheitsstrafe ist 1 Monat, § 38 II StGB, das Höchstmaß 3 bzw 5 Jahre, Abs 1 bzw Abs 2. Die Geldstrafe wird in 5 bis 360 Tagessätzen verhängt, § 40 StGB. Fortsetzungszusammenhang findet keine Berücksichtigung, BGH NJW 98, 1652. In Japan beträgt die Strafe bis zu 10 Jahren Gefängnis (mit Zwangsarbeit) bzw bis zu 10 Millionen Yen, Hinkelmann Mitt 08, 394, 395.

8   **8.** Die Frist für die **Verjährung** beträgt für das Grunddelikt und für das Qualifikationsdelikt 5 Jahre, § 78 I Nr 4 StGB; diese Frist wird mit Beendigung der mit Strafe bedrohten Handlung in Lauf gesetzt, § 78a S 1 StGB. Bei fortgesetzter Handlung beginnt die Verjährungsfrist mit dem Ende des letzten Handlungsteils, BGHSt 24, 221.

II. Verfahren

9   **1.** Ein **Strafantrag** ist für die Verfolgung des Grundtatbestands erforderlich; bei bes öffentlichen Interesse kann die Strafverfolgung auch vAw erfolgen, Abs. 4. Antragsberechtigt ist der Verletzte, § 77 I StGB; aus Abs 6 S 1 kann gefolgert werden, dass das der Rechtsinhaber, s § 1 Nr 5, ist. Der Inhaber einer ausschließlichen Lizenz dürfte ebenfalls antragsberechtigt sein, Kessler in: Geistiges Eigentum und Strafrecht 2011, 155, 157. Bei jur Personen sind deren gesetzliche Vertreter, bei offenen Handelsgesellschaften deren Gesellschafter, RGSt 41, 104, antragsberechtigt, wobei Vertretung durch einen Prokuristen genügt, RGSt 15, 146. Der Inlandsvertreter ist kraft Gesetzes antragsberechtigt, § 58 I. Andere Vertreter, zB Rechtsanwälte oder Patentanwälte ohne Vollmacht zur Inlandsvertretung, bedürfen der Bevollmächtigung. Form und mögliche Adressaten des Antrags ergeben sich aus § 158 II StPO. Die Frist für einen Strafantrag beträgt 3 Monate, § 77b I StGB. Für den Fristbeginn ist Kenntnis des Antragsberechtigten von Handlung und Person des Täters maßgeblich, § 77b II StGB. Der Strafantrag wird idR mit einer Strafanzeige verbunden, Muster bei Wolff-Rojczyk in: Eichmann/Kur § 12 Rn 42.

10   **2.** Ein **Offizialverfahren** wird durchgeführt, wenn der Qualifikationstatbestand verwirklicht ist oder wenn im Rahmen des Grundtatbestands öffentliches Interesse an der Strafverfolgung besteht. Öffentliches Interesse, § 376 StPO, kann sich zB daraus ergeben, dass die Rechtsverletzung in bes Verwerflichkeit oder in großem Umfang stattgefunden hat oder dass von einer öffentlichen Klage bes Abschreckungswirkung erwartet werden kann. Öffentliches Interesse kann zB bei systematisch organisiertem Import aus einem schutzrechtsfreien Land bestehen, Mü GRUR Int 09, 162 – Möbelnachbauimport. Ansonsten findet ein Strafverfahren nur statt, wenn **Privatklage,** § 374 I Nr 8 StPO, erhoben wird und das Gericht das Hauptverfahren eröffnet, §§ 381–383 StPO. Einer öffentlichen Klage kann sich der Verletzte als Nebenkläger anschließen, § 395 II Nr 3 StPO; hierzu Kessler in: Geistiges Eigentum und Strafrecht 2011, 155, 159. Auch vor der Entscheidung über die Eröffnung des Hauptverfahrens kann das Gericht zur Sachverhaltsaufklärung Beweiserhebungen anordnen, § 202 StPO. Es kann geboten sein, von den hierdurch eröffneten Möglichkeiten der Beschlagnahme, §§ 94 ff StPO, und der Durchsuchung, §§ 102 ff StPO, in einem frühen Verfahrensstadium Gebrauch zu machen, wenn die zivilrechtlichen Beweis- und Sicherungsmöglichkeiten des Verletzten nicht ausreichen oder wenn die Gefahr besteht, dass Beweismittel beseitigt werden. Dass beim Grundtatbestand öffentliche Klage nur dann erhoben wird, wenn bes Umstände ein öffentliches Interesse begründen, steht der Durchführung von Beweis- und Sicherungsmaßnahmen nicht entgegen. Zur Akteneinsicht Kessler S 158.

3. Der **Verfall** von Gegenständen wird angeordnet, wenn sie der Täter **11** oder Teilnehmer aufgrund einer rechtswidrigen Tat erlangt hat, § 73 I 1 StGB. Die Anordnung des Verfalls kann sich auf Surrogate, § 73 II 2 StGB, und ggf auf einen Wertersatz, § 73a StGB, erstrecken.

4. Die **Einziehung** kann für Gegenstände angeordnet werden, die durch **12** eine Straftat hervorgebracht oder ua ihrer Vorbereitung gedient haben, Abs 4. Inhaltsgleiche Regelungen enthalten § 110 UrhG, § 143 V MarkenG, § 145 V PatG, § 25 V GebrMG. Gesamtdarstellung bei Deumeland Mitt 09, 24. In Betracht kommt jede der in § 38 I 2 aufgeführten Handlungen, denen der Rechtsinhaber nicht zugestimmt hat, Abs 1 iVm § 38 I 1. Versuch genügt, Abs 3. Die Einziehung richtet sich nicht nur gegen Täter und Tatbeteiligte, sondern über Abs 4 S 2 iVm § 74a StGB auch gegen Dritte, die zumindest leichtfertig einen Beitrag zur Tat bzw Tatvorbereitung geleistet, § 74a Nr 1 StGB, oder in Quasi-Hehlerei tatbezogene Gegenstände erworben haben, § 74a Nr 2 StGB. Weitere subj Voraussetzungen, zB § 74 III StGB, müssen die Drittbeteiligten nicht erfüllen. Die Einziehung dient der Sicherung, indem weitere Straftaten verhindert werden. Für Täter und Tatbeteiligte ist die Einziehung zugleich Sanktionsmaßnahme. Bei Dritten wird zugleich die Unterstützung des Täters bzw die Einziehungsvereitelung geahndet. Wenn ein Anspruch auf Vernichtung uä im sog Adhäsionsverfahren, s Rn 5, geltend gemacht wird, finden nur die Bestimmungen dieses Verfahrens Anwendung, Abs 3 S 2. Zur Sicherstellung von Vermögensgegenständen kann nach §§ 111b I, 111c StPO deren Beschlagnahme erfolgen. Wenn es um Wertersatz geht, kann nach §§ 111b II, 111c StPO der dingliche Arrest angeordnet werden. Auf dieser Grundlage ist zB ein dinglicher Arrest in Höhe von über € 700 000,– in das Gesellschaftsvermögen eines Speditionsunternehmens angeordnet worden, das im Inland Erzeugnisse ausgeliefert hat, s hierzu Rn 4, die im schutzrechtsfreien Ausland erworben worden sind, Mü GRUR Int 09, 162 – Möbelnachbauimport. Beschlagnahme und dinglicher Arrest können nach § 111g StPO auch der bevorzugten Befriedigung von Ersatzansprüchen dienen, Einzelh bei Hansen/Wolff-Rojczyk GRUR 07, 468. Durch Maßnahmen der sog Rückgewinnungshilfe kann Sorge dafür getragen werden, dass die Ermittlungsbehörden Maßnahmen durchführen, die zur Sicherung von Ersatzansprüchen des Rechtsinhabers geeignet sind, Einzelh Wolff-Rojczyk in: Eichmann/Kur § 12 Rn 28 ff. Zur Schadenswiedergutmachung und zur Zurückgewinnungshilfe Kessler in: Geistiges Eigentum und Strafrecht 2011, 155, 163/167.

13   **5.** Im sog **Adhäsionsverfahren,** hierzu Hansen/Wolff-Rojczyk GRUR 09, 644; Kessler in: Geistiges Eigentum und Strafrecht 2011, 155, 166, kann der Verletzte vermögensrechtliche Ansprüche geltend machen, die sich aus der Straftat ergeben, § 403 StPO. Einzelh des hierfür erforderlichen Antrags sind in § 404 StPO geregelt. Wenn es zu keinem Vergleich, § 405 StPO, kommt, trifft das Gericht eine Entscheidung. Eine stattgegebene Entscheidung steht einem zivilgerichtlichen Urteil gleich, § 406 III StPO. Das Gericht kann allerdings von einer Entscheidung insbes dann absehen, wenn die Prüfung des Antrags das Verfahren erheblich verzögern würde, § 406 I 5 und § 406 V StPO. Weil die im Adhäsionsverfahren benötigten Beweise für die Verletzung eines DesignschutzR ohnehin im Strafverfahren erhoben werden müssen, tritt in diesem Bereich idR keine Verzögerung ein, Hansen/Wolff-Rojczyk GRUR 09, 648. Wenn der Antrag zurückgewiesen wird, kann er vor dem Zivilgericht erneut geltend gemacht werden, Hansen/Wolff-Rojczyk GRUR 09, 645. Für das Adhäsionsverfahren kommen insbes die in den §§ 42 und 43 geregelten Ansprüche in Betracht; das sind insbes die Ansprüche auf Unterlassung, Feststellung der Verpflichtung zum Schadensersatz, Schadensersatz, Bereichungsausgleich, Auskunft einschließlich Drittauskunft, Vernichtung etc, Hansen/Wolff-Rojczyk GRUR 09, 646. Wenn Ansprüche aus § 43 geltend gemacht werden, kann eine Einziehung angeordnet werden, Abs 5 S 3. Der Adhäsionskläger kann sowohl an der Hauptverhandlung teilnehmen als auch als Zeuge vernommen werden, Hansen/Wolff-Rojczyk GRUR 09, 646.

14   **6.** Die Möglichkeit der **Urteilsbekanntmachung,** Abs 6, setzt voraus, dass auf Strafe erkannt worden ist und dass der Rechtsinhaber einen Antrag gestellt hat. Der Antragsteller muss ein berechtigtes Interesse für die Urteilsbekanntmachung dartun. Weil es sich um eine für die Öffentlichkeit bestimmte Maßnahme handelt, muss für diese ein Informationsinteresse bestehen. In Betracht kommt nicht nur die Allgemeinheit, sondern auch ein engerer Kreis, zB Fachleute einer speziellen Branche. Bei dem berechtigten Interesse stehen zwar nach dem Gesetzestext die Individualinteressen des Rechtsinhabers im Vordergrund. Wie bei jeder strafrechtlichen Sanktion kann aber auch eine Abschreckungswirkung Eingang in die Interessenabwägung finden, hierzu auch § 47 Rn 2. Nach S 2 wird die Art der Bekanntmachung, hierzu § 47 Rn 3, im Urteil bestimmt. Die Vollstreckung erfolgt gem § 463c StPO.

Abschnitt 9. Verfahren in Designstreitsachen

Designstreitsachen

52 (1) **Für alle Klagen, durch die ein Anspruch aus einem der in diesem Gesetz geregelten Rechtsverhältnisse geltend gemacht wird (Designstreitsachen), sind die Landgerichte mit Ausnahme der Feststel-**

lung oder Erklärung der Nichtigkeit nach § 33 ohne Rücksicht auf den Streitwert ausschließlich zuständig.

(2) Die Landesregierungen werden ermächtigt, durch Rechtsverordnung die Designstreitsachen für die Bezirke mehrerer Landgerichte einem von ihnen zuzuweisen, sofern dies der sachlichen Förderung oder schnelleren Erledigung der Verfahren dient. Die Landesregierungen können diese Ermächtigungen auf die Landesjustizverwaltungen übertragen.

(3) Die Länder können durch Vereinbarung den Designgerichten eines Landes obliegende Aufgaben ganz oder teilweise dem zuständigen Designgericht eines anderen Landes übertragen.

(4) Von den Kosten, die durch die Mitwirkung eines Patentanwalts in einer Designstreitsache entstehen, sind die Gebühren nach § 13 des Rechtsanwaltsvergütungsgesetzes und außerdem die notwendigen Auslagen des Patentanwalts zu erstatten.

Übersicht

I. Regelungsgehalt

Durch Abs 1 werden sämtliche Designstreitsachen ohne Rücksicht auf **1** den Streitwert den Landgerichten (LG) zugewiesen. Die Ausnahmebestimmung in Abs 1 ist durch das Gesetz v 10.10.13 aufgenommen worden. Abs 2 ermächtigt zur Konzentration auf ausgewählte Gerichte. Diese Ermächtigung kann nach Abs 2 Satz 2 auf die Landesjustizverwaltungen übertragen werden. In jedem Fall muss die Zuweisung durch RechtsVO erfolgen. Wenn eine Zuweisung gem Abs 2 erfolgt und die RechtsVO keine Überleitungsregelung enthält, bleibt die ursprüngliche Zuständigkeit des allg LG – sog Außengericht – erhalten, § 261 II 2 ZPO. Durch Abs 3 wird die Möglichkeit einer länderübergreifenden Konzentration eröffnet. In Abs 4 sind Grds für die Erstattung der Gebühren des mitwirkenden Patentanwalts (PA) geregelt. Gleiche oder ähnliche Regelungen enthalten § 19 GebrMG, § 140 MarkenG, § 143 PatG, § 38 SortenschG, § 105 UrhG. Für Streitsachen betr Gemeinschaftsgeschmacksmuster bestimmt § 63 IV, dass § 52 IV entspr anwendbar ist.

II. Zuständigkeit

2   1. Die **sachliche Zuständigkeit** ist für Designstreitsachen durch Abs 1 festgelegt. Für alle Ansprüche aus den §§ 42–47 sind demnach ohne Rücksicht auf den Streitwert die LG zuständig. Die Zuständigkeit der Landgerichte für die Feststellung oder Erklärung der Nichtigkeit nach § 33 ist in § 52b I geregelt. Die ausschließliche Zuständigkeit der LG hat zur Folge, dass AG stets unzuständig sind; der Hinweis darauf, dass keine Rücksicht auf den Streitwert zu nehmen ist, hat nur klarstellende Bedeutung. Die Zuständigkeit eines AG kann auch nicht durch Parteivereinbarung oder durch rügelose Einlassung herbeigeführt werden. Anders als in § 143 I PatG ist die Zuständigkeit der Zivilkammer nicht bindend vorgeschrieben; gem § 95 I Nr 4c GVG kann auch die Kammer für Handelssachen angerufen werden, s Rn 5. Ausschließlich zuständig ist das LG auch dann, wenn ein Arbeitnehmer gegen einen Arbeitgeber Ansprüche geltend macht. Die Gerichte für Arbeitssachen sind nur zuständig, wenn Urheberstreitsachen iSv § 104 UrhG Ansprüche auf Leistung einer vereinbarten Vergütung zum Gegenstand haben, § 104 S 2 UrhG, § 2 II b ArbGG. Die sachliche Zuständigkeit für Streitsachen betr Gemeinschaftsgeschmacksmuster ist in § 63 I geregelt. Für internationale Eintragungen besteht in Deutschland ab dem Tag der Eintragung derselbe Schutz wie bei einem eingetragenen Design, § 71 I; es gelten daher dieselben Regeln wie für eingetragene Designs, Int Rn 3.

3   2. Die **Ausnahmebestimmung** in Abs 1 bezieht sich auf die Feststellung oder Erklärung der Nichtigkeit nach § 33. In § 33 III ist bestimmt, dass die Nichtigkeit durch Beschluss des DPMA oder durch Urteil aufgrund Widerklage im Verletzungsverfahren festgestellt oder erklärt wird. Durch diese Bestimmung soll zum Ausdruck gebracht werden, dass andere Möglichkeiten zur Entscheidung über die Nichtigkeit nicht eröffnet sind, § 33 Rn 16. Einzelheiten zur Nichtigkeitswiderklage sind in § 52b geregelt. Eine eigenständige Nichtigkeitsklage ist im Gegensatz zur früheren Rechtslage, Voraufl 42/37, nicht mehr statthaft. Nach Begr § 52 hat das LG bei einem Nichtigkeitsantrag auf seine Unzuständigkeit hinzuweisen. Weil jedoch bei einer nicht statthaften Klage eine Verweisung nicht in Betracht kommt, muss eine Nichtigkeitsklage zurückgewiesen werden, wenn sie nicht – ggf nach gerichtlichem Hinweis – zurückgenommen wird.

4   3. Die **örtliche Zuständigkeit** richtet sich nach §§ 12 ff ZPO; Einschränkungen können sich aus einer Konzentration gem § 52 II, III ergeben. Allgemeiner Gerichtsstand ist bei gewerblichen Unternehmen der Firmensitz, § 17 ZPO oder der Sitz einer Niederlassung, § 21 ZPO, bei Personen der Wohnsitz, § 13 ZPO. Für ausländische Anspruchsgegner können sich Gerichtsstände aus § 58 III (Inlandsvertreter) und aus § 23 ZPO (Gerichtsstand des Vermögens) ergeben. Von bes Bedeutung ist wie auch sonst im gewerblichen Rechtsschutz der Gerichtsstand der unerlaubten Handlung, sog fliegender Gerichtsstand. Der Begriff der unerlaubten Handlung umfasst jeden rechtswidrigen Eingriff in ein fremdes absolutes Recht, BGH GRUR 62, 310, 313 – Gründerbildnis, also auch in das DesignR. Sowohl das Herstellen als auch das Verbreiten eines rechtsverletzenden Erzeugnisses ist eine unerlaubte Handlung, für die gem § 32 ZPO das Gericht zuständig ist, in dessen Bezirk die Handlung begangen wurde. Klage gegen den Hersteller kann an jedem Gericht erhoben werden, in dessen Bezirk ein rechtsverlet-

zendes Erzeugnis geliefert wurde, BGH GRUR 80, 227, 230 – Monumente Germaniae Historia. Eine durch den Kl veranlasste Einzellieferung ist idR ausreichend, weil hierdurch grds allg Lieferbereitschaft zum Ausdruck gebracht wird, BGH GRUR 80, 230; das gilt auch für eine einmalige Lieferung außerhalb des regelmäßigen Absatzgebiets, Düss GRUR-RR 10, 368. Das auf Grund einer Verbreitungshandlung zuständige Gericht kann auch über ein Herstellungsverbot entscheiden. Weil auch das Anbieten untersagt ist, § 38 I 2, kann auch dort Klage erhoben werden, wo Werbemaßnahmen stattgefunden haben. Bei Anzeigenwerbung ist jedes Gericht zuständig, in dessen Bezirk das Druckerzeugnis bestimmungsgemäß verbreitet wird, BGH GRUR 71, 153, 154 – Tampax; GRUR 78, 194, 195 – profil; die bestellte Versendung eines Einzelexemplars des Druckerzeugnisses reicht jedoch nicht aus, BGH GRUR 78, 196. Bei Abrufbarkeit im Internet ist für ein SchutzR mit bundesweiter Geltung eine dem Zuständigkeitsbereich des angerufenen Gerichts zuordenbare Interessenkollision nicht erforderlich, Mü GRUR-RR 13, 388, 389. Die schlüssige Behauptung einer Verletzungshandlung im Gerichtsbezirk genügt für die Begründung der Zuständigkeit, BGH GRUR 80, 230. Bei Erstbegehungsgefahr kommt jeder Gerichtsort in Betracht, an dem eine Verletzungshandlung zu gewärtigen ist, BGH GRUR 94, 530, 532 – Beta. Im Bestreitensfall muss der Kl Beweis führen, wobei eine Darlegung im Rahmen der dem Kl zur Verfügung stehenden Möglichkeiten ausreichen kann, BGH GRUR 78, 196.

4. Die **internationale Zuständigkeit** für Verletzungsklagen richtet nach **5** dem Wohnsitz des Bekl, Art 2 I EuGVVO. Bei Gesellschaften und juristischen Personen ist insbes der Firmensitz maßgeblich, Art 60 I a) EuGVVO. Weil SchutzR-Verletzungen unerlaubte Handlungen sind, s Rn 3, ist auch das Gericht des Ortes zuständig, an dem das schädigende Ereignis eingetreten ist, Art 5 Nr 3 EuGVVO. Das kann sowohl der Handlungsort (Ort des ursächlichen Geschehens) als auch der Erfolgsort (Ort des Schadenseintritts) sein, EuGH GRUR 13, 98 Rn 39 – Folien Fischer; GRUR 12, 300 Rn 41 – eDate Advertising/Martinez; BGH GRUR 12, 1065 Tz 20, 21 – Parfumflakon II. Es genügt, dass die behauptete Verletzungshandlung schlüssig vorgetragen ist, BGH GRUR 07, 871 Tz 17 – Wagenfeld-Leuchte; GRUR 12, 1065 Tz 15. Für ausländische Bekl kann daher auch das Gericht des Orts angerufen werden, in dem eine SchutzR-Verletzung erfolgt ist (zB durch eine Verbreitungshandlung). Eine Rechtsverletzung erfolgt im Inland, wenn ein Angebot einen hinreichenden wirtschaftlich relevanten Inlandsbezug aufweist, BGH GRUR 12, 621 Tz 36 – OSCAR. Eine Lieferung aus dem Ausland nach Deutschland genügt auch bei einer Testbestellung, Düss GRUR-RR 10, 368. Weil die Schutzwirkungen von DesignschutzR dem Territorialitätsgrds unterliegen, s Allg Rn 15, kann bei einer Internetwerbung jedes Gericht im Schutzterritorium angerufen werden, Mü GRUR-RR 13, 388, 389 (MarkenR); ausführl Deister/Degen NJW 10, 197; M. Köhler WRP 13, 1131. Bei einem Angebot eines süditalienischen Gebrauchtwagenhändlers, das in deutscher Sprache über eine Internetplattform abrufbar war, konnte ein hinreichender Inlandsbezug bestanden haben, LG Mü I MD 14, 94, 99. Erstbegehungsgefahr kann genügen, BGH GRUR 94, 530, 531 – Beta. Der Gerichtsstand des Art 5 Nr 3 EuGVVO steht auch für negative Feststellungsklagen zur Verfügung, EuGH GRUR 13, 98 Rn 52 – Folien Fischer. Die Zuständigkeit für den (Firmen- oder Wohn-) Sitz begründet die Zuständigkeit auch für weitere Bekl, Art 6 Nr 1 EuGVVO, um entspr Art 28 III EuGVVO widersprechende Entscheidungen zu vermeiden, hierzu Sujecki EWS 14, 138. Bei der Verletzung von SchutzR setzt das nicht nur gleiche Verletzungshandlungen, sondern auch dieselbe Rechtslage voraus, EuGH GRUR 07, 47 Rn 27, 31 – Roche Nederland; GRUR 12, 1169 Rn 25 – Solvay; das ist bei einzelstaatlichen DesignschutzR nicht der Fall. Die EuGVVO gilt für sämtliche Mitgliedstaaten der EU, ausgenommen Dänemark, Art 1 III EuGVVO. Für das Verhältnis zu Drittstaaten, ua die Schweiz, findet insbes das LugÜ Anwendung. Nach Art 8 I Rom II-VO ist das Recht des Staates anzuwenden, für den der Schutz beansprucht wird. Die internationale Zuständigkeit für Gemeinschaftsgeschmacksmuster ist in der GGV geregelt, hierzu GGV Rn 22. Zur internationalen Zuständigkeit bei internationalen Eintragungen s Int Rn 8.

6   **5.** Ob **Designgerichte** errichtet werden, ist nach Abs 2 S 1 den Landesregierungen bzw nach Abs 2 S 2 den Landesjustizverwaltungen überlassen. Aus Abs 3 sind die Länder ermächtigt, Aufgaben eines Designgerichts (ganz oder teilweise) dem zuständigen Designgericht eines anderen Landes zu übertragen. Die Zuweisung kann für LG, nicht auch für OLG ausgesprochen werden, BGH GRUR 78, 528. Zuständig in zweiter Instanz ist allein das nach den allg Grds der Gerichtsorganisation übergeordnete BerGer, BGH GRUR 78, 528. Die Einlegung eines Rechtsmittels beim sonst zuständigen Gericht wahrt die Rechtsmittelfrist idR nicht, Mannh InstGE 11, 52 Tz 18. Durch die Zuweisung an eines von mehreren LG wird weder die örtliche noch die funktionelle Zuständigkeit geregelt, sondern die Sachkompetenz in Bezug auf mehrere LG, die eigentlich sachlich und örtlich zuständig wären. Diese Konzentration ist eine Sonderform der sachlichen Zuständigkeit, wie sie auch in anderen Gesetzen vorkommt, BGH GRUR 53, 114, 117 – Reinigungsverfahren. Der Gesetzeszweck gebietet es, bei den zugewiesenen Gerichten ausschließliche Zuständigkeit anzunehmen, BGH GRUR 53, 116. Es handelt sich um eine unverzichtbare Prozessvoraussetzung, die jedoch nur in erster Instanz vAw zu prüfen ist, BGH GRUR 68, 307, 309 – Haftbinde. Die Parteien können nicht die Zuständigkeit eines Außengerichts vereinbaren, BGH GRUR 53, 116; von mehreren Spezialgerichten kann jedoch durch Vereinbarung jedes Gericht für zuständig erklärt werden, BGH GRUR 53, 117. Wenn das Außengericht angerufen wird, hat dieses auf Antrag des Kl an das Designgericht zu verweisen, § 281 I ZPO; ohne Verweisungsantrag ist die Klage abzuweisen. Da die Zuständigkeit der Spezialgerichte eine vAw zu prüfende Prozessvoraussetzung ist, BGH GRUR 68, 309, kann auch der Bekl rügen, BGH GRUR 68, 309. Die Verweisung an das Spezialgericht ist bindend, BGH GRUR 78, 527, 528 – Zeitplaner, nicht jedoch die Verweisung an ein Außengericht. Wenn innerhalb des Spezialgerichts im Geschäftsverteilungsplan Zuweisungen an bestimmte Kammern bzw Senate festgelegt sind, wird der Rechtsstreit ggf durch Beschluss abgegeben; die Parteien können das anregen. Auf eine fehlerhafte Annahme der Zuständigkeit des Ausgangsgerichts kann die Berufung nicht gestützt werden, § 513 II ZPO. Ob eine Rüge erhoben worden ist, spielt anders als bei § 529 II ZPO aF keine Rolle, BGH GRUR 06, 158 Tz 15 – segnitz.de.

7   **6.** Jede Designstreitsache gehört vor die **Zivilkammer,** § 71 I ZPO, weil sie stets dem Landgericht zugewiesen ist, s Rn 2. Rechtsverhältnisse, die sich auf den Schutz von eingetragenen Designs beziehen, sind Handelssachen, § 95 I Nr 5 GVG. Eine Verhandlung vor der **Kammer für Handelssachen** findet jedoch nur statt, wenn der Kl das in der Klageschrift beantragt hat, § 96 GVG. Hat der Kl hierzu keinen Antrag gestellt, kann der Bekl die Verweisung an die Kammer für Handelssachen beantragen, § 98 I 1 GVG. Die Festlegung der funktionellen Zuständigkeit ist daher ausschließlich den Prozessparteien zugewiesen. Der Verweisungsantrag des Bekl muss innerhalb der Klageerwiderungsfrist gestellt werden, § 101 I 2 GVG. Bei einer Verlängerung ist das hieraus resultierende Fristende maßgeblich, Mü OLGR 09, 636. Wenn keine Fristsetzung erfolgt ist, muss der Verweisungsantrag vor der Verhandlung zur Sache gestellt werden, § 101 I 1 GVG.

III. Designstreitsachen

1. In Abs 1 wird dem **Begriff** eine Legaldefinition gegeben, die sich eng **8** an inhaltsgleiche Bestimmungen in anderen Gesetzen anlehnt. Wesentliche Anwendungsvoraussetzung ist, dass über einen Anspruch zu entscheiden ist, der ein im DesignG geregeltes Rechtsverhältnis betrifft. Ausreichend ist ein Bezug zum DesignG dergestalt, dass das Rechtsverhältnis, aus dem der geltend gemachte Anspruch abgeleitet wird, den Bestimmungen dieses Gesetzes unterliegt, BGH GRUR 04, 622 – ritter.de (MarkenR). Erfasst werden auch Ansprüche aus Rechtsgeschäften und rechtsgeschäftlichen Erklärungen, die entweder ihre Grundlage im DesignG haben oder an Regelungen dieses Gesetzes anknüpfen, BGH GRUR 04, 622. Bei einem Streit über die Übertragung eines SchutzR ist das nicht der Fall, BGH GRUR 11, 662 Tz 9 – Patentstreitsache I. Designstreitsachen sind insbes die in §§ 42–47 aufgeführten Ansprüche. In engem Zusammenhang damit stehen positive und negative Feststellungsklagen, soweit sie sich auf ein eingetragenes Design oder auf einen Anspruch aus einem eD beziehen. Es braucht sich nicht um eine vermögensrechtliche Streitigkeit zu handeln, BGH GRUR 55, 83, 86 – Autostadt; aA noch BGH GRUR 53, 114, 117 – Reinigungsverfahren. Designstreitsache ist daher ein Streit betr einen Anspruch aus dem DesignerpersönlichkeitsR des Entwerfers eines Erzeugnisses, das Gegenstand eines eD ist. Es muss kein Anspruch aus dem DesignG betroffen sein, erfasst werden vielmehr sämtliche Ansprüche aus einem in diesem Gesetz geregelten Rechtsverhältnis, Düss GRUR 64, 388; Mü GRUR 84, 162. Daher auch Designstreitsache, wenn es um die Unterlassung einer unberechtigten SchutzR-Berühmung geht, Düss JB 86, 1904; GRUR-RR 12, 305, 306, oder wenn zu entscheiden ist, wer berechtigter Inhaber eines eD ist, BGH GRUR 04, 622; FfM InstGE 2, 168. Die Rspr zu § 143 PatG, wonach diese Bestimmung sämtliche Streitigkeiten erfasst, die – auch ohne Vorliegen eines Patents oder einer Patent-Anmeldung – einen Anspruch auf eine Erfindung oder aus einer Erfindung zum Gegenstand haben oder sonstwie mit einer Erfindung eng verknüpft sind, BGH GRUR 55, 85; BGH GRUR 53, 117; GRUR 68, 307, 310 – Haftbinde; GRUR 11, 662 Tz 9 – Patentstreitsache I, kann auf § 52 nicht übertragen werden. Wenn ein eD nicht herbeigeführt wurde, greifen idR die für eine Spezialisierung maßgeblichen Erwägungen nicht ein. Auf ein gelöschtes eD gestützte Ansprüche, zB auf Schadensersatz und Auskunft, fallen jedoch unter § 52 I. Ansprüche aus wettbewerbsrechtlichem Nachahmungsschutz führen auch dann nicht zu einer Designstreitsa-

che, wenn Designschutz möglich gewesen wäre; anders jedoch, wenn der
Anspruch hilfsweise auf ein eingetragenes GGM gestützt wird, FfM GRUR-
RR 13, 184; hierzu Künzel GRUR-Prax 13, 163.

9   **2.** Der **Anwendungsbereich** des § 52 ist umfassend, weil der Zweck der
Bestimmung eine weite Auslegung gebietet, zum PatR BGH GRUR 53, 114,
116 – Reinigungsverfahren; GRUR 55, 83, 85 – Autostadt; GRUR 11, 662
Tz 9 – Patentstreitsache I; GRUR 13, 756 Tz 10 – Patentstreitsache II; zum
MarkenR BGH GRUR 04, 622 – ritter.de; zum UrhR BGH GRUR 13, 757
Tz 7 – Urheberrechtliche Honorarklage. Maßgeblich ist, ob bei summarischer
Betrachtung eine bes Sachkunde des Gerichts, BGH GRUR 13, 757 Tz 7, und
der mitwirkenden Anwälte, BGH GRUR 11, 662 Tz 9; GRUR 11, 662 Tz 9;
GRUR 13, 756 Tz 10, sowie die Zuweisung zu bes Spruchkörpern, BGH
GRUR 11, 662 Tz 9; Düss GRUR-RR 12, 305, 306, eine Rolle spielen kön-
nen. Designstreitsachen sind daher auch Streitigkeiten betreffend internationa-
le Eintragungen, Düss GRUR Int 68, 100; FfM GRUR 83, 435 mwN; Mannh
GRUR 80, 937, Lizenzverträge, BGH GRUR 53, 116; GRUR 04, 622; BGH
GRUR 11, 662 Tz 9; FfM InstGE 2, 168; Hbg GRUR 61, 132; Mü NJW 63,
2280 (nicht auch Vertriebsverträge, Stuttgt GRUR 57, 122), Schadenshöhe im
Betragsverfahren, Mü JB 73, 430; GRUR 78, 196, Verwarnung, Karlsr GRUR
85, 36, Schutzrechtsberühmung, Düss JB 83, 73; JB 86, 1904; GRUR-RR 12,
305, 306; Nbg Mitt 85, 97; Hbg JB 89, 1904, und Maßnahmen gegen Abnehmerverwarnung, Hbg Mitt 82, 154; Mannh WRP 65, 191. Das Ordnungsmittelverfahren gem § 890 ZPO ist Designstreitsache, wenn dem Unterlassungstitel ein eingetragenes Design zu Grunde liegt, Mü GRUR 78, 499; FfM
GRUR 79, 340; GRUR-RR 06, 68, 69; aA Hbg JB 80, 1729; 86, 1906; denn
auch hier können typisch schutzrechtsspezifische Fragen zu beurteilen sein, zB
die Bedeutung von Abweichungen zwischen ursprünglicher Verletzungsform
und neuer Ausführungsform, Düss GRUR 83, 512; Mü GRUR-RR 06, 68,
69. Dasselbe gilt für Maßnahmen zur Durchsetzung des Auskunftsanspruchs,
Stuttg GRUR-RR 05, 334; Düss GRUR-RR 11, 118, für die Vollstre-
ckungsgegenklage, Düss GRUR 85, 220, und für den Anspruch aus Zusage
einer Vertragsstrafe, Düss GRUR 84, 651; Mü GRUR-RR 04, 190. Keine
Designstreitsache ist jedoch das Beschwerdeverfahren zu einer Kostenentscheidung nach § 93 ZPO, Zweibr GRUR-RR 09, 327.

10   **3. Klagen** sind insbes sowohl Leistungs- als auch Feststellungsklagen. Der
Normzweck gebietet es, auch andere Formen von gerichtlichen Verfahren
mit materiellrechtlichem Streitstoff zu erfassen, zB Verfahren der einstweiligen Verfügung, BGH GRUR 12, 756 Tz 19 und der Nichtzulassungsbeschwerde, Düss GRUR-RR 12, 308, 309. Es genügt, dass in dem Klagevorbringen ein Tatbestand behauptet wird, der die Voraussetzungen für die
Annahme einer Designstreitsache begründet, BGH GRUR 55, 83, 86 –
Autostadt. Maßgeblich ist die objektiv-rechtliche Einordnung des Tatsachen-
vortrags bei summarischer Betrachtung, BGH GRUR 13, 757 Tz 7 – Urheberrechtliche Honorarklage, nicht auch dessen Entscheidungserheblichkeit,
BGH GRUR 04, 622 – ritter.de. Die Behauptung muss schlüssig vorgetragen sein; eine nur formelle Berufung auf eine Bestimmung des DesignG
genügt nicht, Düss Mitt 82, 179. Die Richtigkeit der Behauptung muss
nicht bewiesen sein; die Entscheidung braucht auch nicht auf eine Bestimmung des DesignG gestützt zu sein, Karlsr Mitt 84, 196. Je nach Verfahrenslage gelangt der Rechtsstreit durch Anrufung, Verweisung oder Abgabe an

das Spezialgericht. Gegenansprüche aus einem im DesignG geregelten Rechtsverhältnis, die der Bekl – zB durch Aufrechnung oder Zurückbehaltungsanspruch – in ein Verfahren vor einem allg Gericht einführt, machen nicht das gesamte Verfahren zu einer Designstreitsache; denn das allg Gericht bleibt für die Klage zuständig. Eine Verweisung ist weder für das gesamte Verfahren noch für den Gegenanspruch zulässig; eine Widerklage ist jedoch auf Antrag, § 281 I ZPO, an das Designgericht zu verweisen.

4. Gebührenklagen sind Designstreitsachen, wenn es auf die bes Sach- **11** kunde des Spezialgerichts ankommt, BGH GRUR 13, 756 Tz 10 – Patentstreitsache II (Vorinst KG GRUR-RR 12, 410). Das ist bei einer Klage auf Erstattung von Verwarnungskosten der Fall, wenn Designschutz oder Eingriff in den Schutzumfang noch streitig sind, FfM GRUR-RR 01, 199 (MarkenR). Ist allein über die grds Erstattungspflicht zu entscheiden, fällt das nicht in die Zuständigkeit des Spezialgerichts, BGH GRUR 13, 756 Tz 10; denn die Honorarforderung beruht auf dem Rechtsanwaltsvertrag und den darauf bezogenen gesetzlichen Bestimmungen, BGH GRUR 13, 757 Tz 7 – Urheberrechtliche Honorarklage. Gebührenklagen von Anwälten gegen Auftraggeber fallen daher nur in die Zuständigkeit des Spezialgerichts, wenn Streit über Fragen des Spezialgerichts besteht, FfM Mitt 77, 100; Karlsr Mitt 80, 138, nicht jedoch bei rein bürgerlichrechtlichem Streitgegenstand, FfM Mitt 75, 140; Mitt 77, 100. Die Vergütung des PA kann nicht im Verfahren nach § 11 RVG festgesetzt werden, Düss Mitt 09, 518, 519.

IV. Gerichte für Designstreitsachen

Von den Ermächtigungen in Abs 2 bzw von der Befugnis in Abs 3 haben **12** alle Bundesländer mit mehreren Landgerichten Gebrauch gemacht. Im einzelnen sind das: *Baden-Württemberg* VO v 18.1.88, GBl S 680: LG Mannheim für den Bezirk des OLG Karlsruhe, LG Stuttgart für den Bezirk des OLG Stuttgart; *Bayern* § 30 VO v 16.11.04, GVBl 471: LG München I für die LG-Bezirke des OLG München, LG Nürnberg-Fürth für die LG-Bezirke der OLG Nürnberg und Bamberg; *Berlin* und *Brandenburg* Staatsvertrag v 20.11.95, GVBl I S 288: LG Berlin für die Stadt Berlin und für das Gebiet des Landes Brandenburg; *Bremen:* LG Bremen als einziges LG (das Abkommen v 17.11.92 mit Hamburg erfasst nur technische SchutzR); *Hamburg:* LG Hamburg als einziges LG; *Hessen* VO v 27.8.87, GVBl S 163: LG Frankfurt am Main für alle LG-Bezirke; *Mecklenburg-Vorpommern* VO v 28.3.94, GVOBl S 514: LG Rostock für die Bezirke des OLG Rostock; *Niedersachsen* VO v 22.1.98, GVBl S 66: LG Braunschweig für alle LG-Bezirke; *Nordrhein-Westfalen* VO v 30.8.11, GVNW S 301: LG Düss für den Bezirk des OLG Düss, LG Köln für den Bezirk des OLG Köln, LG Bielefeld für die Bezirke der LG Bielefeld, Detmold, Münster und Paderborn, LG Bochum für die Bezirke der LG Arnsberg, Bochum, Dortmund, Essen, Hagen und Siegen; *Rheinland-Pfalz* VO v 13.4.87, GVBl S 134: LG Frankenthal für die Bezirke der OLG Koblenz und Zweibrücken; *Sachsen* § 14 Nr 4 SächsJOrgVO v 14.12.07, LG Leipzig für OLG-Bezirk Dresden; *Sachsen-Anhalt* VO v 5.12.95, GVBl S 360: LG Magdeburg für alle LG-Bezirke; *Thüringen* VO v 1.12.95, GVBl S 404: LG Erfurt für die LG-Bezirke des OLG Thüringen.

V. Kostenerstattung

13   **1.** Die **Grundsätze** sind in den §§ 91 ff ZPO für alle Zivilgerichtsverfahren einheitlich geregelt; diese Grds gelten daher auch für Designstreitverfahren. Die einzige Spezialnorm bezieht sich auf die Ermittlung der Kosten eines mitwirkenden Patentanwalts und deren Erstattung, Rn 17 ff und § 63 IV. Ansonsten gibt es einige Fragen, die in Designstreitsachen Bedeutung erlangt haben.

14   **2.** Für die **Erstattung von Rechtsanwaltskosten,** ausführl Rojahn/ Rektorschek Mitt 14, 1, bedarf es keiner speziellen Regelung, seitdem die bei einem LG zugelassenen Rechtsanwälte bei allen LG und die bei einem OLG zugelassenen Rechtsanwälte bei allen OLG postulationsfähig sind, § 78 I 1 und I 2 ZPO. Wenn der RA an einem anderen Gericht zugelassen ist, richtet sich die Erstattungsfähigkeit von Reisekosten zur Terminswahrnehmung danach, ob davon ausgegangen werden kann, dass die Partei ohne Mandantengespräch zur Informationserteilung in der Lage gewesen wäre. Das ist bei einem gewerblichen Unternehmen mit Rechtsabteilung der Fall, BGH GRUR 03, 725, ebenso bei einem ausländischen Unternehmen, das einen inländischen RA generell mit der Wahrnehmung seiner Interessen beauftragt hat, Mü MarkenR 04, 194. Wenn nach einem EV-Verfahren ein Hauptsacheverfahren bei einem anderen Gericht anhängig gemacht wird, können die Reisekosten des RA erstattungsfähig sein, den die Bekl für das EV-Verfahren bestellt hatte, Mü GRUR-RR 04, 160. Die Beauftragung eines spezialisierten auswärtigen RA an einem dritten Ort ist nur nur notwendig, wenn bes Umstände vorliegen, BGH GRUR 10, 367 Tz 9; das ist der Fall, wenn es keinen vergleichbaren ortsansässigen RA gibt, BGH Mitt 12, 246. Die Reisekosten des an einem dritten Ort ansässigen RA sind dann in Höhe fiktiver Reisekosten erstattungsfähig, BGH GRUR 04, 886; Mitt 12, 246; MarkenR 12, 74 Tz 9. Bei Klageerhebung an einem dritten Ort kann Erstattungsfähigkeit in voller Höhe bestehen, BGH GRUR 14, 607 Tz. 6. Kosten eines ausländischen Verkehrsanwalts können bis zur Höhe der Gebühren eines deutschen RA erstattungsfähig sein, BGH Mitt 05, 395; BPatG GRUR 11, 463, 464, wenn dessen Hinzuziehung erforderlich war, BGH GRUR 12, 319 Tz 9. Bei einer Vertretung durch einen in einem anderen Mitgliedstaat zugelassen RA im Einvernehmen mit einem bei dem deutschen Gericht zugelassenen RA verstößt es gegen UnionsR, wenn die Erstattung der Kosten des beim Prozessgericht zugelassenen RA abgelehnt wird, EuGH NJW 04, 833 Rn 40. Die Kosten eines RA für eine Verwarnung sind auch dann erstattungsfähig, wenn das beauftragende Unternehmen über eine eigene Rechtsabteilung verfügt, BGH GRUR 08, 928 Tz 14. Angemessen für eine Verwarnung ist idR eine 1,3-Gebühr, BGH GRUR 10, 1120 Tz 30, 31 – Vollmachtsnachweis. Einem Fachanwalt für gewerblichen Rechtsschutz sind „fiktive" Kosten eines PA nicht zu erstatten, Köln GRUR-RR 13, 39, 40. Die außergerichtliche Tätigkeit eines RA vor einem Eilverfahren und vor einem Hauptsacheverfahren (durch einen Entwurf für ein Abschlussschreiben) sind gebührenrechtlich idR verschiedene Angelegenheiten, BGH WRP 09, 744 Tz 10.

15   **3.** Kosten für einen **Musterkauf,** meistens als Testkauf bezeichnet, gehören idR zur zweckentsprechen Rechtsverfolgung, Mü GRUR-RR 04, 190;

NJOZ 09, 486; FfM GRUR-RR 13, 184 Tz 3; Mes GRUR 13, 767, 747. Das gilt jedoch nicht für den Erwerb des eigenen Erzeugnisses der Partei durch den Prozessbevollmächtigten, FfM GRUR-RR 13, 184 Tz 4. Im DesignR muss der Anspruchsteller in der Lage sein, den Gesamteindruck des beanstandeten Designs, § 38 Rn 18, zuverlässig zu veranschaulichen. Hierzu muss idR dem Gericht ein Originalerzeugnis vorgelegt werden. Weil das Sache des Anspruchstellers ist, muss er sich idR ein Originalerzeugnis durch einen Musterkauf beschaffen und dem Gericht zur Verfügung stellen. Wenn es jedoch nur darum geht, die Voraussetzung für einen Gerichtsstand, s Rn 4, zu schaffen, können die Kosten nicht im Rahmen einer zweckentsprechenden Rechtverfolgung dem Anspruchsgegner angelastet werden.

4. Die Erstattungsfähigkeit von **Recherchenkosten** des Bekl richtet sich **16** nach denselben Grds wie in Verfahren über technische SchutzR, FfM GRUR 94, 115. Dass das Recherchenergebnis zur Entscheidungsfindung beigetragen hat, ist nicht erforderlich; im Zeitpunkt der Auftragserteilung muss jedoch aus der Sicht einer sorgfältig abwägenden Partei die Recherche notwendig gewesen sein, FfM GRUR 67, 116; GRUR 94, 115; Düss Beck-RS 11, 02043; InstGE 12, 252; BPatGE 34, 122; Mitt 94, 55; Mü InstGE 5, 79 Tz 8. Wenn das Recherchenergebnis für den Fortgang und das Ergebnis des Verfahrens nicht ganz ohne Bedeutung geblieben und sich deswegen die prozessuale Stellung der Partei vorteilhaft verändert hat, Mü 11 W 1241/94 v 11.6.94; Mitt 89, 93, lag die Recherche im Rahmen zweckentspr Rechtsverfolgung. Andernfalls liegt es nahe, dass nur auf Grund eines bloßen Verdachts recherchiert worden ist, FfM GRUR 94, 115. Auch aus technischen SchutzR kann sich vorbekannter Formenschatz ergeben, FfM GRUR 94, 115. Eine Recherche nach technischen SchutzR zum Beleg für die technische Bedingtheit eines eingetragenen Designs kann ebenfalls zweckentsprechend sein, Köln Mitt 80, 140. Erstattungsfähig können auch Kosten für Auslandsrecherchen sein, FfM GRUR 67, 116; GRUR 94, 115; BPatGE 23, 24; unbeachtlich sind jedoch Gestaltungen, deren Kenntnis von den maßgeblichen Fachkreisen nicht zu erwarten ist, FfM GRUR 94, 115. Recherchenkosten sollen Vorbereitungskosten sein, wenn sie in Erwartung eines Rechtsstreits bereits vor dessen Beginn entstanden sind; das soll für Recherchen sowohl des Bekl, FfM Mitt 95, 111; Köln Mitt 80, 140, als auch des Kl, BPatGE 34, 123, gelten. Erstattungsfähig sind die angemessenen Kosten eines Rechercheurs sowohl für Inlandsrecherchen, Hbg JB 73, 519; Karlsr GRUR 83, 507; Köln Mitt 80, 140; BPatGE 34, 123, als auch für Auslandsrecherchen, Düss GRUR 67, 116; BPatGE 23, 25. Eigenrecherchen des PA sind durch die Mitwirkungsgebühr nicht abgegolten. Zu den abgegoltenen Tätigkeiten gehört die Sichtung, Ordnung und Auswertung von vorbekanntem Material, BPatGE 34, 124, nicht auch dessen Beschaffung, Düss GRUR 69, 104; FfM Mitt 95, 111; Hamm AnwBl 03, 186; Hbg JB 73, 519; Karlsr GRUR 83, 507; Mü Mitt 89, 93; InstGE 5, 79 Tz 6; Mannh Mitt 66, 103. Kosten für Nachforschungen bei Herstellern und Händlern können ebenfalls erstattungsfähig sein, Hamm AnwBl 03, 186. Kosten für die Besichtigung eines Messestands des Anspruchsgegners können erstattungsfähig sein, wenn das eigene Verkaufspersonal nicht zuverlässig beurteilen kann, ob eine Rechtsverletzung stattfindet, Mü GRUR-RR 06, 68, 70. Die Kostenrechnung muss den Zeitaufwand so ausweisen, dass eine Abgrenzung gegenüber den abgegoltenen Tätigkeiten, Mü Mitt 89, 93; InstGE 5,

79 Tz 18, und eine Prüfung der Angemessenheit, BPatGE 23, 26; BPatGE 34, 124, möglich ist. Die Vergütung kann in Anlehnung an das JVEG erfolgen, BPatGE 23, 25; BPatG Mitt 94, 55; Düss BeckRS 11, 02043. Das gilt auch für Fahrtkosten, BPatG Mitt 94, 55, und für sonstige Auslagen. Die Kosten für Auszüge aus Registern und Rollen sind als notwendige Auslagen erstattungsfähig, FfM Mitt 95, 111.

VI. Erstattung von Patentanwaltsgebühren

17   1. Die **Erstattungsberechtigung** nach Abs 4 gilt nur für den Patentanwalt, der in einer Designstreitsache mitgewirkt hat. Patentanwalt ist, wer über eine Zulassung nach der PAO vefügt, BGH GRUR 14, 508 Tz 3. Auf Patentanwälte aus Mitgliedstaaten der EU ist Abs 4 entspr anwendbar, BGH GRUR 07, 999 Tz 15. Eine hieraus resultierende Begrenzung verstößt nicht gegen UnionsR, EuGH NJW 04, 833 Rn 30. Bei anderen mitwirkenden Fachpersonen besteht ein Anspruch auf Erstattung der Kosten dieser Personen, wenn und soweit deren Mitwirkung zur zweckentspr Rechtsverfolgung iSv § 91 I ZPO notwendig war, zB bei Patentingenieuren, Düss NJW 66, 1325; Hbg JB 86, 1567, und bei Patentassessoren, Braunschw Mitt 62, 202; Düss GRUR 67, 326; FfM BeckRS 13, 16793 = GRUR-Prax 13, 477. Wenn die Kosten dieser Mitwirkenden erstattungsfähig sind, ist zur Bestimmung der Obergrenze Abs 4 in entspr Anwendung heranzuziehen, FfM GRUR 62, 166; Düss GRUR 67, 326; Hbg JB 86, 1567; Stuttg GRUR-RR 05, 69, 70. Auf die Erstattungsfähigkeit der Mitwirkungsgebühr sind ohne Einfluss: gemeinsame Kanzlei mit RA, Nürnb GRUR 90, 130, Sozietät mit RA, BGH GRUR 03, 639, 640; Düss GRUR 03, 30; Hbg JB 89, 98, gleichzeitige Tätigkeit als RA, Mü JB 83, 1816; Karlsr AnwBl 89, 107, Hinzuziehung eines Verkehrsanwalts, FfM Mitt 85, 37; Mitt 92, 188; Hbg JB 89, 1700. Die Gebühr des im Zivilprozess in eigener Sache tätigen PA ist erstattungsfähig, BGH Mitt 03, 573, anders noch FfM Mitt 80, 18; Karlsr GRUR 85, 127; Mü Mitt 91, 175; BayVGH NJW 93, 2795. Die Kosten eines weiteren mitwirkenden PA sind nicht erstattungsfähig, Mü Mitt 99, 240.

18   2. Grundlage der **Erstattungspflicht** ist die Mitwirkung in einer Designstreitsache, in der die Gegenpartei die Kosten des Rechtsstreits ganz oder teilweise zu tragen hat. Der Begriff der Designstreitsache folgt der in Abs 1 gegebenen Legaldefinition, Düss GRUR 83, 512. Erfasst werden sämtliche der in Rn 8–10 aufgeführten Streitsachen; das gilt auch für Hilfsanträge, Hbg JB 86, 1744. Der Erstattungsanspruch bezieht sich gesondert auf jedes selbstständige Verfahren, insbes auf jede Instanz in einer Sache, § 15 II 2 RVG, einschließlich der Revisionsinstanz, Düss GRUR-RR 12, 308, 309, auch nach Zurückverweisung, § 21 I RVG. Abs 4 gilt auch für inhaltsgleiche Parallelverfahren, Düss Mitt 84, 99, soweit sich die Mitwirkung auf jedes dieser Verfahren bezieht, Kblz GRUR 84, 536, für das Hauptsacheverfahren im Verhältnis zum sachgleichen Eilverfahren, § 17 Nr 4b RVG, für das Schadensersatz-Betragsverfahren nach vorausgegangenem Feststellungsverfahren, Mü GRUR 78, 196. Keine Erstattungspflicht besteht, wenn die Sachkunde des PA nicht erforderlich ist, Köln GRUR-RR 12, 492, 493, zB bei Vollstreckung einer Auskunftspflicht, Köln GRUR-RR 12, 493, im Kostenfestsetzungs-Beschwerdeverfahren, Zweibr GRUR-RR 09, 327, bei einem Abschlussschreiben, wenn keine Zweifel am Rechtsbestand des zugrundelie-

genden SchutzR bestehen, Düss BeckRS 11, 08591. Für die Erstattungsfähigkeit genügt es, wenn Ansprüche auch auf das DesignG gestützt werden,
Köln Mitt 80, 138; Mitt 90, 196; FfM Mitt 92, 188. Das gilt auch bei Beschränkung auf UWG-Ansprüche im weiteren Verfahrensverlauf, FfM WRP
91, 35; Mitt 95, 278, und FfM Mitt 91, 174 bei Einführung eines DesignschutzR in ein anfängliches UWG-Verfahren. GGf muss bei einer ku-
mulativen Klagehäufung aufgeteilt werden, Stuttg GRUR-RR 09, 79, 80.
Außerhalb des spezialgerichtlichen Zuständigkeitsbereichs kommt es nach
§ 91 I ZPO auf die Notwendigkeit zur zweckentspr Rechtsverfolgung an,
BGH GRUR 11, 662 Tz 15 – Patentstreitsache I; Stuttg GRUR-RR 09,
79, 80. Das kann bei einem UWG-Verfahren der Fall sein, wenn der PA
Recherchen zum vorbekannten Formenschatz durchgeführt hat, FfM
GRUR-RR 11, 118.

3. Für die **Mitwirkung** des PA in einer Designstreitsache ist es erforder- **19**
lich, aber auch ausreichend, dass der PA einen Gebührenanspruch ggü seinem Auftraggeber erlangt hat, Düss InstGE 3, 76, 78; FfM GRUR-RR 13,
184. Eine Prüfung, ob die Mitwirkung notwendig war, findet nicht statt,
BGH GRUR 63, 639, 640; Mitt 04, 373; GRUR 11, 754 Tz 17; GRUR
12, 756 Tz 20. Das gilt auch für das Verfahren der einstweiligen Verfügung,
BGH GRUR 12, 756 Tz 17; Stuttg Mitt 14, 44, 45. Keine Rolle spielt, ob
der PA ggü dem RA eine „Mehrleistung" erbracht hat, BGH GRUR 03,
639; GRUR 11, 754 Tz 17; GRUR 12, 756 Tz 20, oder ob technische
Fragen streitig waren, Köln GRUR-RR 14, 48. Spezifische Fragen des De-
signschutzes – zB Anmeldeverfahren, Priorität, vorbekannter Formenschatz
– müssen nicht zu Grunde liegen, FfM GRUR 65, 506; GRUR 78, 450;
Köln Mitt 80, 139; Mü Mitt 84, 218; GRUR 84, 162. Auf den Umfang und
die Schwierigkeit der Tätigkeit des PA kommt es nicht an, Mü Mitt 01, 91.
Die Mitwirkungsgebühren fallen auch an, wenn der Prozessbevollmächtigte
Fachanwalt für gewerblichen Rechtsschutz ist, Saarbr GRUR-RR 09, 326.
Für die *Verfahrensgebühr* genügt jede streitbezogene, FfM Mitt 03, 573; Mü
GRUR 04, 526, auf die Förderung des Verfahrens bezogene Tätigkeit, Düss
Mitt 84, 537; GRUR-RR 12, 308, 309; KG JB 93, 492; BPatGE 34, 69.
Ausreichend ist die Führung des Schriftwechsels mit dem Prozessbevoll-
mächtigten, Düss Mitt 80, 40, die Prüfung von Schriftsätzen, Düss GRUR-
RR 12, 309, oder von Entwürfen des Prozessbevollmächtigten, Mü Mitt 94,
24; GRUR 04, 536; Saarbr GRUR-RR 09, 326, 327, oder eine beratende
Befassung mit der Designstreitsache, FfM GRUR 65, 506; Mitt 85, 37;
Hamm GRUR 84, 820; BPatGE 34, 69; Mü JB 94, 670; KG WRP 97, 37;
diese kann auch telefonisch erfolgen, Düss GRUR 84, 99; Braunschw Mitt
99, 311. Die Mitwirkung kann zwar auch vor Anhängigkeit des Verfahrens
erfolgen, FfM GRUR 65, 506; Düss Mitt 84, 99; Stuttg Mitt 90, 238, muss
aber auf die Vorbereitung des Verfahrens bezogen sein. Die Beratung über
die Aussichten eines Widerspruchs gegen die Hauptsachentscheidung in
einer Beschlussverfügung ist nicht verfahrensbezogen, Köln WRP 02, 1092.
Mitwirkungsanzeige ist Indiz für die Mitwirkung, BGH GRUR 03, 639,
640; BPatG GRUR 00, 333; Nbg GRUR 03, 29; Hamm Mitt 09, 425; FfM
GRUR-RR 12, 307; GRUR-RR 13, 184, ebenso die Vorlage der Rechnung des PA, Mü Mitt 97, 168; Nbg GRUR 03, 29; Hamm Mitt 09, 425;
FfM GRUR-RR 12, 307. Eine Wiederholung der Mitwirkungsanzeige für
Folgeinstanzen ist nicht erforderlich, Düss GRUR-RR 12, 309. Die Mit-

wirkung kann auch erstmals im Kostenfestsetzungsverfahren glaubhaft gemacht werden, Düss GRUR-RR 12, 309. Als Glaubhaftmachungsmittel, s § 104 II 1 iVm § 294 ZPO, kommt insbes die anwaltliche Versicherung des PA, FfM GRUR 03, 125; Saarbr GRUR-RR 09, 327, oder des RA, KG GRUR 00, 803; Saarbr GRUR-RR 09, 327, in Betracht. Für die *Terminsgebühr* ist Teilnahme an Gerichtstermin ausreichend, Düss KG JB 93, 492; GRUR-RR 03, 126; GRUR-RR 12, 309; Mü GRUR 04, 536. Ausführungen im Verhandlungstermin sind daher nicht erforderlich, Düss GRUR-RR 03, 126; GRUR-RR 12, 309; Mü GRUR 04, 536; OLGR 05, 179. Eine Terminsgebühr kann auch zu erstatten sein, wenn ohne mündliche Verhandlung ein Anerkenntnisurteil, Hamm Mitt 09, 425; Düss GRUR-RR 11, 118, oder ein Verzichtsurteil, Düss GRUR–RR 12, 310, ergeht. Die *Einigungsgebühr* fällt an, wenn der PA zumindest an der Vorbereitung des Vergleichs beteiligt war, Köln Mitt 02, 564; Mü OLGR 05, 179, 180.

20 **4.** Bei **Streitgenossenschaft** fällt ein Mehrfachvertretungszuschlag an, wenn es sich um dieselbe Angelegenheit handelt, VV Nr 1008. Dabei erhöht sich die Verfahrensgebühr für jeden weiteren Auftraggeber um 0,3, aber nach VV Nr 1008 III nur bis maximal 2,0. Weil im Verletzungsstreit Wertgebühren anfallen, s Rn 11, hat die Erhöhung nach VV Nr 1008 II zur Voraussetzung, dass der Gegenstand der Vertretung derselbe ist. Unterlassungsansprüche führen nicht zur Gesamtschuldnerschaft, BGH GRUR-RR 08, 460 Tz 8; Zweibr AnwBl 00, 659; Mü OLGR 01, 291. Das gilt auch bei Inhaltsgleichheit, zB ggü einer Kapitalgesellschaft und deren gesetzlichen Vertreter, BGH WRP 08, 952 Tz 9; Düss GRUR 00, 825. Gesamtschuldnerschaft, § 421 BGB, besteht für den Anspruch auf Feststellung der Verpflichtung zum Schadensersatz, aber nicht für den Anspruch auf Rechnungslegung und Auskunftserteilung, BGH GRUR-RR 08, 460 Tz 15, 16. Gesamtschuldner stehen in Rechtsgemeinschaft, § 59 ZPO; die Vertretung und die Mitwirkung betrifft denselben Gegenstand iSd VV Nr 1008 II. Die Ansprüche auf Unterlassung und auf Auskunft sind ggü mehren Anspruchsgegnern nur gleichartig iSd § 60 ZPO; die Vertretung und die Mitwirkung findet daher nicht in derselben Angelegenheit statt. Bei mehreren Klägern entspricht die Gesamtgläubigerschaft, § 428 BGB, reziprok der Gesamtschuldnerschaft. Die Einzelwerte der gleichartigen Ansprüche werden bei der Bestimmung des Streitwerts, §§ 3, 5, 253 III ZPO, und des Gegenstandswerts für die Gebührenbemessung, § 22 I RVG, zusammengerechnet. Von dieser Handhabung kann bei der Festsetzung eines Gesamtstreitwerts ausgegangen werden, Stuttg JB 98, 302; Karlsr OLGR 98, 96; Mü 11 W 1257/99 v 30.3.99. Zur Vorbereitung der Kostenfestsetzung kann auch noch nachträglich ein Teilstreitwert für den Schadensersatzanspruch festgesetzt werden, Düss GRUR 00, 825.

21 **5.** Für die **außergerichtliche Tätigkeit** ist die Verpflichtung zur Kostenerstattung nicht unmittelbar geregelt. In entspr Anwendung des § 91 I ZPO kommt es darauf an, ob die Mitwirkung des PA im Rahmen einer zweckentspr Rechtsverfolgung liegt, BGH GRUR 11, 754 Tz 15; GRUR 12, 756 Tz 22; GRUR 12, 759 Tz 10 (Vorinst Nbg MarkenR 11, 183). Das ist in der Regel der Fall, wenn der PA Aufgaben übernommen hat, die zum typischen Arbeitsgebiet eines PA gehören, BGH GRUR 11, 754 Tz 27; GRUR 12, 756 Tz 24, 25; GRUR 12, 759 Tz 14, zB die Durchführung von Recherchen, BGH GRUR 11, 754 Tz 30, 35; GRUR 12, 756 Tz 24; GRUR

12, 759 Tz 14. Dasselbe gilt für die Abwehr einer unberechtigten SchutzR-Verwarnung, BGH GRUR 12, 756 Tz 25. Nicht ausreichend ist der unsubstattierte Vortrag, der PA habe eine Recherche durchgeführt, wenn der Prozessbevollmächtigte als Fachanwalt für gewerblichen Rechtsschutz hierzu selbst in der Lage gewesen wäre, BGH GRUR 12, 759 Tz 16, 17. Rechtsgrundlage kann ein Anspruch aus Geschäftsführung ohne Auftrag (§§ 677, 683 S 1, 670 BGB) oder auf Schadensersatz sein, BGH GRUR 11, 754 Tz 6; GRUR 12, 759 Tz 9. Die Höhe der Gebühr richtet sich nach § 14 I RVG iVm Nr 2400 VV. Dabei kommt es insbes auf Umfang, Schwierigkeit und Bedeutung an, LG Düss Mitt 89, 78. Zwar ist die Gebühr für die zeitgleiche Androhung einer Patentnichtigkeitsklage durch die Mitwirkungsgebühr nicht abgegolten, Düss Mitt 95, 188; aber das ist wegen der Möglichkeit einer Nichtigkeitswiderklage, s § 52a, auf das DesignR nicht übertragbar.

6. Zur **Ermittlung der Gebühren,** ausführl Rojahn/Rektorschek Mitt **22** 14, 1, wird auf § 13 RVG verwiesen. Die Gebühren des PA richten sich daher ebenso nach dem Streitwert wie die Gebühren des RA. Ggf müssen Teilstreitwerte gebildet werden, Stuttg GRUR-RR 09, 79, 80. Zu den Kosten des Rechtsstreits iSd § 91 I 1 ZPO gehören insbes die Verfahrensgebühr und die Terminsgebühr. Die Einigungsgebühr trägt grds jede Partei selbst, § 98 S 1 ZPO. Kostenübernahme durch Vergleich bezieht sich grds auf die erstattungsfähigen Kosten; abweichende Erstattungspflicht kann sich aus Vereinbarung oder Auslegung, Düss Mitt 00, 425; Nbg GRUR 54, 179, ergeben. Durch Art 18 Nr 13 des G v 13.12.01, BGBl I 3656 = Bl 02, 14, sind in Abs 5 die Wörter „bis zu einer Gebühr" gestrichen worden. Die Beschränkung des Erstattungsanspruchs der Gebühren des mitwirkenden PA auf eine Gebühr ist aufgehoben worden, weil sie die tatsächliche Arbeitsleistung in den jeweiligen Verfahren und die Stellung des PA nicht berücksichtigt, Begr Art 18 Nr 13 iVm Art 7 Nr 4.

7. Die **Höhe der Gebühren,** ausführl Rojahn/Rektorschek Mitt 14, 1, **23** ergibt sich aus dem Vergütungsverzeichnis (= VV) als Anlage 1 zu § 2 II 1 RVG. Die in diesem Verzeichnis ausgewiesenen Sätze bestimmen nicht nur die Gebühren des RA, sondern ebenso auch des PA. Die Erstattungsfähigkeit setzt voraus, dass die Gebühr auch bei dem RA angefallen ist, an dessen Seite der PA mitgewirkt hat, und dass der PA an der jeweils erforderlichen Tätigkeit des RA mitwirkend beteiligt war. Zu den abgegoltenen Tätigkeiten gehören Akteneinsichten, Mü AnwBl 76, 168; FfM GRUR 79, 77; Mitt 95, 111, nicht jedoch Recherchen. Akteneinsicht durch auswärtigen PA kann zweckentspr sein, BPatG Mitt 94, 55. Die Gebühren werden für jeden Rechtszug gesondert ermittelt, § 15 II 2 RVG. Die Verfahrensgebühr ist in Höhe einer 1,3-Gebühr erstattungsfähig, FfM GRUR-RR 05, 104; InstGE 5, 159, s auch Rn 14.

8. Die **Auslagen** des mitwirkenden PA sind erstattungsfähig, wenn und **24** soweit sie zur zweckentspr Rechtsverfolgung notwendig waren, § 91 I ZPO. Für Post- und Telekommunikationsdienstleistungen kann die Pauschale gem Nr 7002 VV in Anspruch genommen werden, Düss GRUR 84, 651; FfM GRUR 78, 450; Karlsr Mitt 84, 197; Mü GRUR 71, 49; Stuttg Mitt 90, 238; BPatGE 31, 56. Sämtliche Kosten sind für Streitgenossen gesondert festzusetzen, BPatGE 29, 205 mwN. Da jede Partei bundesweit den PA ihres Vertrauens wählen kann und ihr hieraus kein Nachteil entstehen darf, sind

Reisekosten zur Terminswahrnehmung unabhängig vom Sitz des PA erstattungsfähig, FfM Mitt 93, 371; GRUR 98, 1034; Köln Mitt 73, 78; Mitt 80, 139; Mü NJW 64, 1831; Mitt 94, 221 mwN; differenzierend Köln BeckRS 09, 26598. Auch die Auslagen für eine Reise zum Revisionsgericht, Düss GRUR-RR 12, 308, 310, und für mehrere Terminswahrnehmungen sind erstattungsfähig, Karlsr Mitt 84, 197. Nach KG JB 75, 376; Mü Mitt 94, 221 soll die Notwendigkeit der Terminsteilnahme zu prüfen sein. Bei überörtlicher Sozietät reicht es nicht aus, den am Gerichtsort ansässigen PA zu informieren, Mü WRP 07, 565 (für Prozessbevollmächtigten). Im Rahmen zweckentspr Rechtsverfolgung kann auch eine Informationsreise des PA zum Prozessbevollmächtigten, Mü NJW 64, 1731, oder zur Partei, FfM GRUR 64, 467, liegen. Die Ermittlung der Reisekosten kann gem Nr 7003 ff VV erfolgen, Düss Mitt 73, 195.

Geltendmachung der Nichtigkeit

52a Eine Partei kann sich auf die fehlende Rechtsgültigkeit eines eingetragenen Designs nur durch Erhebung einer Widerklage auf Feststellung oder Erklärung der Nichtigkeit oder durch Stellung eines Antrags nach § 34 berufen.

Übersicht

I. Eingetragene Designs

1 **1.** Der **Regelungszweck** der durch das Gesetz v 10.10.13 eingefügten Bestimmung ist darauf ausgerichtet, dass ein eingetragenes Design im Interesse der Allgemeinheit im Register gelöscht werden sollte, Begr § 52a, wenn es nichtig und deswegen ein bloßes Scheinrecht ist. Im Anwendungsbereich des § 39 kann eine Vermutung der Rechtsgültigkeit dadurch widerlegt werden, dass Tatsachen in das Verfahren eingeführt werden, aus denen sich die Nichtigkeit des Klagedesigns ergibt, s § 39 Rn 2. Die durch diese Regelung veranlasste Inzidentprüfung soll vermieden werden, indem der Bekl zur Erhebung einer Widerklage oder zur Einreichung eines Nichtigkeitsantrags bewegt wird, Begr § 52a.

2 **2.** Der **Regelungsgehalt** ergibt sich daraus, dass an die Stelle der Beweislastumkehr, wie sie sich aus § 39 ergibt, eine Antragspflicht tritt, Begr § 74. Einzelheiten zur Erhebung einer Widerklage auf Feststellung oder Erklärung der Nichtigkeit sind in § 52b geregelt. Mit der wahlweisen Möglichkeit der Stellung eines Antrags nach § 34 ist die Einleitung des in §§ 34a ff geregelten Nichtigkeitsverfahrens vor dem DPMA gemeint, wobei sich die Antragsbefugnis aus § 34 ergibt. Während eine Widerklage Eingang in die Gerichtsakte findet, ist ein Nichtigkeitsantrag ein externer Vorgang. Der Bekl muss daher den Nichtigkeitsantrag so in das Verfahren einführen, dass er Grundlage für weitere Maßnahmen des Gerichts bilden kann. Erforderlich ist hierzu ein Nachweis für die Einreichung des Nichtigkeitsantrags und für die Zahlung der für diesen Antrag festgelegten Gebühr. Wenn der Vortrag des Bekl diesen Erfordernissen nicht vollständig entspricht, wird das Gericht einen Hinweis nach § 139 IV ZPO geben müssen. Zur Vermeidung von Verzögerungen ist eine kurze Fristsetzung geboten.

3. Der **Anwendungsbereich** ist nicht ausdrücklich geregelt. Nach Begr **3** § 52a haben die Designgerichte nach dem auch in Art 85 I GGV verankerten Grds von der Rechtsgültigkeit eines eD auszugehen. Gegenstand der Regelung in Art 85 I GGV ist das Klageverfahren; für das Eilverfahren enthält Art 86 GGV spezielle Regelungen. Die Erhebung einer Widerklage kommt in dem auf eine vorläufige Regelung mit einer schnellen Entscheidung ausgerichteten Verfahren der einstweiligen Verfügung nicht in Betracht, s GGM Rn 15. Wenn ein Nichtigkeitsantrag gestellt wird, hat das Gericht nach Begr § 52a die Aussetzung des Verfahrens zu prüfen; eine Verfahrensaussetzung kommt im Eilverfahren ebenfalls nicht in Betracht, Hbg GRUR-RR 04, 245; Köln GRUR-RR 11, 305, 308. Weil Widerklage und Nichtigkeitsantrag nach Begr § 52a dem Bekl wahlweise zur Verfügung stehen, sind beide Möglichkeiten dem Hauptsacheverfahren zugewiesen. Für das Verfahren der einstweiligen Verfügung findet daher nicht § 52a, sondern nach § 39 als allg Grds Anwendung, dass für die Rechtsgültigkeit des Verfügungsdesigns eine Vermutung spricht. Während die Vermutung der Rechtsgültigkeit im Anwendungsbereich des § 39 widerlegbar ist, muss das Gericht im Anwendungsbereich des § 52a seiner Entscheidung das Klagedesign als rechtsgültig zugrundelegen, wenn der Bekl weder Widerklage erhoben noch einen Nichtigkeitsantrag gestellt hat; es greift die Vermutung der Rechtswirksamkeit aus § 39, Kappl GRUR 14, 326, 329. Es genügt daher nicht, dass Tatsachen in das Verfahren eingeführt werden, aus denen sich die Nichtigkeit des Klagedesigns ergibt. Die durch § 39 veranlasste Inzidentprüfung soll vermieden werden, indem der Bekl zur Erhebung einer Widerklage oder zur Einreichung eines Nichtigkeitsantrags bewegt wird, Begr § 52a.

4. Das **Verfahren** ist nur rudimentär geregelt. Hat der Bekl einen Nich- **4** tigkeitsantrag gestellt, ist der weitere Verfahrensverlauf nicht in den Bestimmungen über das Verfahren in Designsachen (Abschnitt 9 DesignG), sondern in § 34b geregelt. Wenn der Bekl Widerklage erhoben hat, ergibt sich aus Art 86 I GGV die Selbstverständlichkeit, dass entweder das KlagschutzR für nichtig erklärt oder die Widerklage abgewiesen wird. Wenn die Widerklage abgewiesen wird, muss über die Begründetheit der Klage entschieden werden; bei einer Rechtsverletzung bedarf es keiner Aussetzung des Verfahrens über die Widerklage, differenzierend Ruhl 85/6. Wird der Widerklage stattgegeben, kann der Prozessökonomie durch eine Aufschiebung der Entscheidung über die Klage Rechnung getragen werden. Über die Nichtigkeitswiderklage ergeht dann ein Teilurteil nach § 301 I 1 ZPO, die Klage wird nach § 148 ZPO bis zur endgültigen Entscheidung über die Widerklage ausgesetzt. Eine Prozesstrennung nach § 145 II ZPO kann nicht angeordnet werden, weil Nichtigkeitswiderklage und Verletzungsklage in rechtlichem Zusammenhang stehen. Als Alternative zur Entscheidung über die Widerklage steht zur Verfügung, dass das Gericht auf Antrag des Inhabers des eingetragenen Designs im Rahmen des § 52b III das Verfahren aussetzen kann. Bei der Entscheidung über die Widerklage kommt es darauf an, ob der Bekl eine Eventualwiderklage oder eine unbedingte Widerklage erhoben hat; ggf erfolgt Klärung durch Auslegung oder durch Prozessleitung nach § 139 I ZPO. Über eine Eventualwiderklage muss nur entschieden werden, wenn der Klage ansonsten stattzugeben wäre, § 52b Rn 5; bei einer Abweisung der Klage besteht kein Grund für eine Entscheidung über die Widerklage. Wenn die Widerklage unbedingt erhoben worden ist, muss das Gericht auch bei einer Abweisung der Klage über die Widerklage entscheiden. Wird der Eingriff in den Schutzumfang des Klagedesigns bejaht, kann das im Grds zur Folge haben, dass der Klage stattzugeben ist, soweit nicht Gründe entgegenstehen, die mit der Rechtsgültigkeit des Klagedesigns nichts zu tun haben, zB Erschöpfung, Verjährung oä. Auf die Rechtsgültigkeit des Klagedesigns kommt es allerdings nicht an, wenn vorbekannter Formenschatz dem Klagedesign so nahe kommt, dass sich daraus ein nur enger Schutzumfang mit der Folge ergibt, dass eine Rechtsverletzung verneint wird, s § 38 Rn 35. Unter dieser Voraussetzung kann daher Vortrag zum vorbekannten Formenschatz auch ohne den in § 52a vorgesehenen Möglichkeiten die Abweisung der Klage zur Folge haben.

5   **5.** Der spätestmögliche **Zeitpunkt der Geltendmachung** richtet sich nach allg Grds der ZPO. Im Rahmen des § 52a sind die Nichtigkeitswiderklage und der Nichtigkeitsantrag die einzigen Möglichkeiten, um den Rechtsbestand des Klagedesigns in Abrede stellen zu können. Wenn von diesen Möglichkeiten kein Gebrauch gemacht wird, kann das die weichenstellende Grundlage für eine Verurteilung bilden. Durch diese enge Verknüpfung mit den Erfolgsaussichten der Klage trägt es dem allg Beschleunigungsgrds Rechnung, Nichtigkeitswiderklage und Nichtigkeitsantrag als Verteidigungsmittel iSd §§ 282 I, II, 296 I, II ZPO zu behandeln, anders noch Mes/Eichmann F.11 Anm 1. Der allg Grds, dass die Widerklage ein bis zum Schluss der mündlichen Verhandlung möglicher Gegenangriff ist, BGH NJW 81, 1217, sollte wegen dieser bes Konstellation keine Anwendung finden. Eine Bevorzugung ggü einem Nichtigkeitsantrag wäre nicht gerechtfertigt, weil sonst die Möglichkeit bestünde, nach einem verspäteten Nichtigkeitsantrag auf eine Nichtigkeitswiderklage auszuweichen. Das Gericht muss rechtzeitig vor dem Verhandlungstermin wissen, ob es vom Rechtsbestand des Klagedesigns auszugehen hat, um sicherstellen zu können, dass der komplette Streitstoff in einem einzigen Termin erörtert wird. Die nachträgliche Zulassung einer Nichtigkeitswiderklage würde die Erledigung des Rechtsstreits verzögern, weil idR neue Tatsachen vorgetragen werden; die Verspätung wäre idR nicht entschuldbar, § 296 I ZPO, bzw grob nachlässig, § 296 II ZPO. Die nachträgliche Zulassung eines Nichtigkeitsantrags würde zwangsläufig eine Verzögerung zur Folge haben, weil der Antrag nur aufgrund einer Aussetzung des Rechtsstreits Wirkung entfalten kann. Im Berufungsverfahren bleibt ein Verteidigungsmittel ausgeschlossen, wenn es im ersten Rechtszug zu Recht zurückgewiesen worden ist, § 531 I ZPO. Eine Zulassung käme nur unter den engen Voraussetzungen des § 531 II in Betracht; im Rahmen des § 52a kann das kaum der Fall sein. Wenn für § 52a die Widerklage als Verteidigungsmittel behandelt wird, findet § 533 ZPO zur Zulassung der Widerklage im Berufungsverfahren keine Anwendung.

6   **6.** Zwischen Nichtigkeitswiderklage und Nichtigkeitsantrag besteht ein **Wahlrecht.** Dem Bekl ist freigestellt, ob er von einem der Verteidigungsmittel Gebrauch macht und für welche der beiden Möglichkeiten er sich ggf entscheidet, Beispiele für Nichtigkeitswiderklage und Nichtigkeits-

antrag bei Mes/Eichmann F.11, F.12. Für den Verspätungseinwand wird zwischen beiden Möglichkeiten nicht unterschieden, Rn 5. Für die Geltendmachung des Fehlens der Rechtsgültigkeit des Klagedesigns genügt die Berufung auf einen von dritter Seite eingereichten Nichtigkeitsantrag nicht, weil § 52a die Antragstellung durch eine Prozesspartei voraussetzt. Wenn der Bekl schon frühzeitig, zB aufgrund einer Verwarnung, einen Nichtigkeitsantrag gestellt hat, ist ihm nicht grds verwehrt, sich im Verletzungsprozess mit einer Nichtigkeitswiderklage auf die fehlende Rechtsgültigkeit des Klagedesigns zu berufen. Der Einwand der Rechtshängigkeit nach § 261 III 1 ZPO steht nur einer weiteren Klage desselben Kl entgegen. Bei einem Amtsverfahren und einem späteren Gerichtsverfahren gibt es daher keine Rechtshängigkeit. Deswegen bedurfte es der Regelungen in § 34b S 3 und § 52b II über die Folgen einer unanfechtbaren Zurückweisung eines Nichtigkeitsantrags. Dieser Regelungskontext legt nahe, dass das Wahlrecht erst dann nicht mehr ausgeübt werden kann, wenn eine der Wahlmöglichkeiten zu einer endgültigen Entscheidung geführt hat. Bis dahin dürfte es dem Bekl nicht verwehrt sein, auch beide Wege zu beschreiten.

II. Gemeinschaftsgeschmacksmuster

Bei einer Klage aus einem eingetragenen GGM haben nach Art 85 I 1 **7** GGV die Gerichte von der Rechtsgültigkeit des Klage-GGM auszugehen. Die Regelung in Art 85 I 1 GGV bezieht sich auf Verletzungsklagen und auf Klagen wegen drohender Verletzung, also bei Erstbegehungsgefahr, § 42 Rn 14. Die Rechtsgültigkeit des Klage-GGM kann daher nach Art 85 I 2 GGV grds nur durch eine erfolgreiche Widerklage in Frage gestellt werden. Wenn eine Widerklage rechtskräftig abgewiesen wurde, ist von der Rechtsgültigkeit des Klage-GGM auszugehen, BGH GRUR 12, 1139 Tz 10 – Weinkaraffe. Eine Ausnahme von dem allg Grds gilt lediglich für den Fall, dass sich der Bekl auf ein ihm zustehendes älteres nationales SchutzR beruft, aus dem sich die Nichtigkeit des prioritätsjüngeren GGM ergibt, Art 85 I 3 GGV. Diese Regelungen sind zwar Art 95 GMV nachgebildet, aber anders als bei Gemeinschaftsmarken hat bei GGM im Eintragungsverfahren keine Prüfung der materiellen Schutzvoraussetzungen stattgefunden. Auf die Nichtigkeit des Klage-GGM kann sich der Bekl trotzdem nur berufen, wenn er Widerklage auf Erklärung der Nichtigkeit des GGM, Art 81d) GGV, erhebt. Der Bekl kann jedoch Beweis dafür antreten, dass aufgrund von Drittgestaltungen das Klage-GGM nur einen engen Schutzumfang hat. Widerklage kann auch erhoben werden, Art 84 III GGV, wenn der Inhaber des GGM noch nicht Partei ist, insbes bei einer Klage eines Lizenznehmers. Diese Handhabung ist entgegen Beyerlein WRP 04, 302, 304 eine Drittwiderklage. Für parallele Klagen soll durch die in Art 95 getroffene Regelung in Hauptsacheverfahren vermieden werden, dass zu GGM und zu nationalen SchutzR unterschiedliche Entscheidungen ergehen. Einstweilige Maßnahmen einschließlich Sicherungsmaßnahmen sind von der Regelung ausgenommen, Art 95 IV GGV. Entsprechend der Vorlage in Art 109 GMV hat die ältere Entscheidung bzw die frühere Rechtshängigkeit den Vorrang, wenn zwischen denselben Parteien wegen derselben Handlung ein zweites Verfahren eingeleitet wird. Dass dabei auf einen „gleichzeitigen" Schutz abgestellt wird, ist nicht in zeitlichem Sinn zu verstehen; gemeint ist „gleicher Schutz" aus übereinstimmenden Erscheinungsmerkmalen. Das ergibt sich ua aus „simultaneous protection" in der englischen Fassung und aus den Voraussetzungen der Identität von Marken und Waren oder Dienstleistungen in Art 109 GMV. Wenn bei Identität von Streitgegenstand und Parteien bereits ein rechtskräftiges Urteil über Ansprüche aus einem nationalen DesignschutzR, Art 95 II 2 GGV, oder aus einem GGM, Art 95 III GGV, vorliegt, weist das Gericht die Klage ab. Bei gleichzeitiger Rechtshängigkeit erklärt sich das später angerufene Gericht für unzuständig, Art 95 I 1 GGV; alternativ hierzu kann es das Verfahren aussetzen, Art 95 I 2 GGV.

Widerklage auf Feststellung oder Erklärung der Nichtigkeit

52b (1) **Die Designgerichte sind für Widerklagen auf Feststellung oder Erklärung der Nichtigkeit eines eingetragenen Designs zuständig, sofern diese im Zusammenhang mit Klagen wegen der Verletzung desselben eingetragenen Designs erhoben werden. § 34 gilt entsprechend.**

(2) **Die Widerklage ist unzulässig, soweit im Nichtigkeitsverfahren (§ 34a) über denselben Streitgegenstand zwischen denselben Parteien durch unanfechtbaren Beschluss entschieden wurde.**

(3) **Auf Antrag des Inhabers des eingetragenen Designs kann das Gericht nach Anhörung der weiteren Beteiligten das Verfahren aussetzen und den Widerkläger auffordern, innerhalb einer vom Gericht zu bestimmenden Frist beim Deutschen Patent- und Markenamt die Feststellung oder Erklärung der Nichtigkeit dieses eingetragenen Designs zu beantragen. Wird der Antrag nicht innerhalb der Frist gestellt, wird das Verfahren fortgesetzt; die Widerklage gilt als zurückgenommen. Das Gericht kann für die Dauer der Aussetzung einstweilige Verfügungen erlassen und Sicherheitsmaßnahmen treffen.**

(4) **Das Gericht teilt dem Deutschen Patent- und Markenamt den Tag der Erhebung der Widerklage mit. Das Deutsche Patent- und Markenamt vermerkt den Tag der Erhebung im Register. Das Gericht übermittelt dem Deutschen Patent- und Markenamt eine Ausfertigung des rechtskräftigen Urteils. Das Deutsche Patent- und Markenamt trägt das Ergebnis des Verfahrens mit dem Datum der Rechtskraft in das Register ein.**

Übersicht

I. Eingetragene Designs

1 **1.** Der **Regelungsgehalt** der durch das Gesetz v 10.10.13 eingefügten Bestimmung ist darauf ausgerichtet, dass nach § 52a durch die Erhebung einer Nichtigkeitswiderklage die Rechtsgültigkeit des Klagedesigns in Abrede gestellt werden kann. Für die Behandlung dieser Widerklage werden in § 52b Einzelheiten festgelegt. In Abs 1 ist die Zuständigkeit des Gerichts geregelt. Aus Abs 2 ergibt sich eine der subjektiven Rechtskraft entspr Bindungswirkung. Durch Abs 3 wird dem Rechtsinhaber die Möglichkeit eröffnet, eine Entscheidung über die Widerklage durch einen Nichtigkeitsantrag an das DPMA zu verhindern. In Abs 4 sind Informationspflichten des Gerichts und Eintragungspflichten des DPMA geregelt.

2. Zur **Zuständigkeit** bestimmt Abs 1 S 1, dass die Designgerichte zuständig sind, sofern Nichtigkeitswiderklagen im Zusammenhang mit Klagen wegen der Verletzung desselben eingetragenen Designs erhoben werden. Diese Regelung ist dadurch erforderlich geworden, dass in § 52 I die Feststellung oder Erklärung der Nichtigkeit nach § 33 vom Anwendungsbereich dieser Bestimmung ausgenommen ist. Die Widerklage muss im Zusammenhang mit einer Verletzungsklage stehen, die auf dasselbe eingetragene Design gestützt ist. Nur diese Identität im Streitstoff rechtfertigt die in Abs 3 geregelte Möglichkeit der Aussetzung. Wenn keine Identität besteht, ergibt sich keine Zuständigkeit aus § 52b I. Weil die Zuständigkeit für Nichtigkeitswiderklagen in § 52 I grds ausgeschlossen und in § 52b I für Widerklagen eine Zuständigkeit nur eröffnet ist, wenn sich die Widerklage gegen das Klagedesign richtet, steht bei fehlendem Zusammenhang nach § 33 III nur die Einreichung eines Nichtigkeitsantrags zur Verfügung.

3. Für die **Klagebefugnis** ergibt sich aus Abs 1 S 2 die entspr Anwendung des § 34. Für die Nichtigkeitsgründe aus § 33 I Nr 1 und 2 hat das keine Besonderheit zur Folge, weil sie nach § 34 S 1 von jedermann geltend gemacht werden können. Einer Prüfung bedarf es daher nur, wenn es um einen Nichtigkeitsgrund aus § 33 II geht, weil insoweit nach § 34 S 2 nur der Inhaber des betroffenen Rechts befugt ist. Aus § 34 S 3 ergibt sich schließlich eine Sonderregelung für die in § 3 Nr 4 aufgeführten Zeichen und Abzeichen.

4. Für die **Widerklage** ist in Abs 1 nur die Zuständigkeit geregelt. Weil es sich um eine bes Form der Klage handelt, die vom Bekl im selben Verfahren gegen den Kl erhoben wird, gelten nach § 253 ZPO die allg Anforderungen an den Inhalt der Klageschrift, Beispiel bei Mes/Eichmann F.11. Die Rechtshängigkeit der Widerklage tritt mit Zustellung des Schriftsatzes ein, s § 261 II ZPO, der die Widerklage enthält. Die Klage selbst muss rechtshängig, s § 261 I ZPO, und noch anhängig sein. Zur Antragsformulierung § 52a Rn 4, zum Streitwert § 54 Rn 6, zum spätestmöglichen Zeitpunkt für die Erhebung der Nichtigkeitswiderklage § 52a Rn 5. Wenn zu einem relativen Nichtigkeitsgrund iSd § 33 II ein Antrag auf Feststellung der Nichtigkeit gestellt wird, ergibt die Auslegung nach § 133 BGB, dass die Erklärung der Nichtigkeit ausgesprochen werden soll; ein Hinweis nach § 139 ZPO ist trotzdem zweckmäßig. Bei einer Widerklage gegen den deutschen Teil einer internationalen Eintragung richtet sich der Antrag auf Feststellung der Unwirksamkeit für das Gebiet der Bundesrepublik Deutschland, § 70 S 1. Wird das Klagedesign vor der Entscheidung über die Widerklage nach § 36 I S 1 Nr 1 – 4 gelöscht, hat das nur eine Teilerledigung zur Folge, weil sich daraus keine Rückwirkung ergibt, BPatG GRUR 11, 657, 659 (PatR).

5. Einer **Eventualwiderklage** liegt eine innerprozessuale Bedingung zugrunde. Möglich ist zB die aufschiebende Bedingung, dass der Klage stattgegeben wird, zB BGH NJW 96, 2306, 2307. Die Bedingung muss grds ausdrücklich formuliert sein, sie kann aber auch aus sonstigen Bekundungen zu folgern sein; ggf sollte nach § 139 I 1 ZPO eine Klärung herbeigeführt werden. Über eine Eventualwiderklage wird nur entschieden, wenn die mit ihr verbundene Bedingung eingetreten ist. Wenn die Bedingung nicht eingetreten ist, ergibt es sich aus dem Wesen der Bedingung nach § 158 I BGB, dass eine Entscheidung nicht in Betracht kommt. Es bedarf daher weder einer Rücknahmeerklärung noch einer Erklärung der Hauptsacheerledigung.

6 **6.** Eine isolierte **Drittwiderklage** kommt in Betracht, wenn der Kl nicht Inhaber des Klagedesigns ist. Diese Sonderform der Widerklage ist statthaft, wenn der Dritte Inhaber einer Rechtsposition ist, die mit dem Klagebegehren in Zusammenhang steht, zB BGH NJW 01, 2094. Speziell für das DesignR bestimmt Art 84 III GGV, dass der Inhaber eines GGM zu unterrichten ist, wenn er bei einer Widerklage noch nicht Partei in dem Rechtsstreit ist, und dass er dem Rechtsstreit beitreten kann. Diese Unterrichtung erfolgt durch die Zustellung der Widerklage, s Rn 4. Ausreichender Zusammenhang besteht insbes, wenn Klage von einem Lizenznehmer erhoben worden ist. Zwischen dem Lizenznehmer und dem Inhaber besteht nach § 62 ZPO notwendige Streitgenossenschaft; weil eine Löschung nach § 36 I S 1 Nr 5 erfolgen kann, muss über das eD einheitlich und unter notwendiger Beteiligung des Inhabers entschieden werden, Begr § 52a.

7 **7.** Die Regelung der **Bestandskraftwirkung** in Abs 2 lehnt sich an Art 86 V GGV an; sie ist erforderlich, weil § 325 ZPO nur für Urteile gilt. An die Stelle der Rechtskraft bei einem Urteil tritt die Unanfechtbarkeit bei einer Entscheidung im Nichtigkeitsverfahren. Das kann bereits bei einem Beschluss des DPMA der Fall sein, wenn die Frist für die Einlegung einer Beschwerde abgelaufen ist oder auf die Einlegung einer Beschwerde verzichtet wurde. Die subjektive Bindungswirkung setzt Identität der Parteien voraus. Der Antragsteller des Nichtigkeitsverfahrens entspricht daher dem potetiellen Widerkläger, der Antragsgegner entspricht dem potentiellen Widerbeklagten. Die Entscheidung des Nichtigkeitsverfahrens muss sich auf denselben Streitgegenstand beziehen, also auf die Frage, ob das Klagedesign nichtig ist. Eine Bindungswirkung tritt daher nicht ein, wenn die Entscheidung im Nichtigkeitsverfahren auf formalen Gründen beruht, zB weil die Antragsgebühr nicht bzw nicht rechtzeitig bezahlt oder eine Zurückweisung wegen Verspätung erfolgt ist. Die nach Begr § 52b bestehende Parallele zu § 34b S 3 hat in Abs 2 zwar keinen unmittelbaren Ausdruck gefunden, weil auf den Inhalt des Beschlusses nicht abgestellt wird. Wenn jedoch einem Nichtigkeitsantrag unanfechtbar stattgegegeben worden ist, muss das von dem befassten Gericht stets berücksichtigt werden, weil diese Entscheidung die Löschung des eD nach § 36 I S 1 Nr 5 zur Folge hat. Die Zurückweisung eines Nichtigkeitsantrags wirkt jedoch nur inter partes, Begr § 52b; Dritte sind daher nicht gehindert, denselben Nichtigkeitsgrund in einem eigenständigen Antrag geltend zu machen. Eine trotz eingetretener Bindungswirkung erhobene Nichtigkeitswiderklage wird als unzulässig zurückgewiesen. Weil dadurch die Geltendmachung der Nichtigkeit nach § 52a gescheitert ist, muss das Gericht vom Rechtsbestand des Klagedesigns ausgehen.

8 **8.** Eine **Aussetzung** des Verfahrens über die Widerklage kann nach Abs 3 S 1 auf Antrag des Inhabers des eingetragenen Designs erfolgen. Der

Widerkl wird dabei vom Gericht aufgefordert, beim DPMA einen Antrag auf Feststellung bzw Erklärung der Nichtigkeit des Klagedesigns zu stellen; zur Terminologie § 33 Rn 17. Für das Nichtigkeitsverfahren kann sprechen, dass bei DPMA und BPatG bes Sachkunde besteht und dass die Amtsgebühr idR niedriger ist als der Gerichtsgebührenanteil für die Widerklage. Vor der Ermessensentscheidung über die Aussetzung sind die weiteren Beteiligten des Verfahrens zu hören; es muss ihnen also rechtliches Gehör gewährt werden. Wird dem Antrag des Rechtsinhabers stattgegeben, soll ein Nichtigkeitsantrag an die Stelle der Widerklage treten; ein Antrag des Rechtsinhabers ist daher nur zulässig, solange über die Widerklage nicht entschieden ist. Weil die Widerklage in jeder Hinsicht wie eine eigenständige Klage behandelt wird, kann lückenfüllend § 273 II Nr 1 ZPO entspr Anwendung finden. Wenn auf dieser Grundlage eine Frist zur Erwiderung auf die Widerklage gesetzt wird, kann ein nach Fristablauf eingebrachter Antrag des Rechtsinhabers nach § 296 I ZPO verspätet sein. Zwar ist eine entspr Anwendung des § 296 ZPO nicht statthaft, BGH NJW 81, 1217, aber das steht einer Fristsetzung zur Vorbereitung eines Verhandlungstermins nicht entgegen. Ohne Fristsetzung kann § 282 I ZPO zu rechtzeitiger Antragstellung verpflichten. Eine Aussetzung ist nur bei Vorgreiflichkeit angebracht, § 34b Rn 4, also nur, wenn es für die Entscheidung über die Klage auf die Rechtsgültigkeit des Klagedesigns ankommt. Die Antragsbefugnis ist dem Rechtsinhaber zugewiesen. Wenn ein Lizenzinhaber Klage erhoben hat, ist der Rechtsinhaber entgegen Beyerlein Mitt 14, 114, 116 zur Antragstellung nicht befugt, solange er nicht Verfahrenspartei ist, s hierzu Rn 6.

9. Die **Einreichungsfrist** für den Nichtigkeitsantrag muss vom Gericht   **9** angemessen festgesetzt werden. Dabei kann Berücksichtigung finden, dass sich die Begründung für die Nichtigkeit und die zum Beleg erforderlichen Tatsachen bereits aus der Widerklage ergeben können. Dem Beschleunigungsinteresse des Kl trägt daher idR eine Frist von einem Monat Rechnung. Weil die Frist keine Notfrist iSd § 224 I 2 ZPO ist, kann sie vor ihrem Ablauf verlängert werden. Voraussetzung hierfür ist ein Antrag und die Glaubhaftmachung von erheblichen Gründen, § 224 II ZPO. Der fristgemäße Nichtigkeitsantrag setzt dessen rechtzeitigen Zugang beim DPMA und die Bezahlung der Gebühr für diesen Antrag voraus. Verspätet eingegangene Nachweise für die rechtzeitige Antragstellung können berücksichtigt werden, solange der Beschluss über die Fortsetzung des Verfahrens noch nicht ergangen ist.

10. Das **Nichtigkeitsverfahren** richtet sich nach den Bestimmungen der   **10** §§ 34a, 34c. Aus der Entscheidung über den Nichtigkeitsantrag ergibt sich für das Gericht, ob das Klagedesign rechtsgültig ist. Dadurch tritt das Nichtigkeitsverfahren an die Stelle der Widerklage. Wenn eine Sachentscheidung über den Nichtigkeitsantrag vorliegt, hat sich die Widerklage in der Hauptsache erledigt. Eine Entscheidung über die Widerklage erfolgt daher nicht. Über die Kosten der Widerklage wird entspr § 91a zu entscheiden sein, wenn beide Parteien Erledigungserklärungen abgegeben haben.

11. Die **Fortsetzung des Gerichtsverfahrens** erfolgt nach Abs 3 S 2,   **11** wenn die Einreichungsfrist nicht eingehalten worden ist. Die Fortsetzung wird durch einen verfahrensleitenden Gerichtsbeschluss den Parteien mitgeteilt. Die Widerklage gilt als zurückgenommen. Aufgrund dieser Fiktion ist die durch § 52a ermöglichte Geltendmachung der Nichtigkeit gescheitert;

das Gericht muss seiner Entscheidung die Rechtsgültigkeit des Klagedesigns zugrundelegen. Die Kosten der Widerklage hat nach § 269 III 2 ZPO der Bekl zu tragen.

12   12. Für die Dauer der Aussetzung können nach Abs 3 S 3 **vorläufige Maßnahmen** getroffen werden. Diese Regelung ist Art 91 III GGV nachgebildet, wonach bei einer Aussetzung das Gericht „einstweilige Maßnahmen einschließlich Sicherungsmaßnahmen" treffen kann. Dabei wird Art 90 GGV in Überschrift und Inhalt aufgegriffen, der das Gericht berechtigt, diese vorläufigen Maßnahmen anzuordnen. Nach deutschem Verfahrensrecht kommt hierfür eine einstweilige Verfügung nach § 935 ZPO in Betracht. Weil das Gericht nach freiem Ermessen bestimmt, welche Anordnungen erforderlich sind, § 938 I ZPO, und dabei ua dem Gegner eine Handlung verboten werden kann, § 938 II ZPO, ist zum Schutz von ImmaterialgüterR eine Unterlassungsverfügung üblich und ausreichend. Das Gericht trifft eine Ermessensentscheidung darüber, ob eine Zwischenregelung sachgerecht ist. Die Zwischenregelung erfolgt nach Abs 3 S 3 für die Dauer der Aussetzung. Interessengerechter sollte die Zwischenregelung bis zum Ergehen einer endgültigen Entscheidung angeordnet werden. Wie bei der Grundentscheidung ist eine Interessenabwägung erforderlich. Ein vorläufiges Unterlassungsgebot kann zB in Betracht kommen, wenn die Gefahr besteht, dass ansonsten Kunden des Kl zum Bekl überwechseln würden. Weil es sich um eine Zwischenentscheidung handelt, finden die allg Grds des Eilverfahrens keine Anwendung; das gilt insbes für das Erfordernis der Dringlichkeit. Die Androhung von Ordnungsmitteln setzt nach § 888 I 1 ZPO einen Antrag voraus; für die einstweilige Verfügung ist ebenfalls ein Antrag erforderlich. Eine Sicherungsmaßnahme kann zB darin bestehen, dass dem Bekl/Widerkl eine Sicherheitsleistung aufgegeben wird. Das kommt für den Fall in Betracht, dass der Klage nach der Aussetzung stattgegeben und der Bekl zum Schadensersatz verurteilt wird. Eine Beschränkung auf die Dauer der Aussetzung ist insoweit nicht angebracht, weil die Zahlungsfähigkeit des Bekl erst relevant wird, wenn aus einem der Klage stattgebenden Urteil vollstreckt wird. Anhaltspunkte können sich auch aus § 46b ergeben; die nach § 46b III 1 erforderliche Offensichtlichkeit des Schadensersatzanspruchs dürfte jedoch keine Voraussetzung sein.

13   13. Zur Information der Allgemeinheit sind **Registereintragungen** vorgesehen. Nach Abs 4 S 2 hat das DPMA die Erhebung der Widerklage und den Tag der Einreichung im Register einzutragen. Hierfür ist das Gericht nach Abs 4 S 1 zur Mitteilung an das DPMA verpflichtet. Wenn das Urteil rechtskräftig ist, muss nach Abs 4 S 3 das Gericht dem DPMA eine Urteilsausfertigung übermitteln. Ein Rechtskraftzeugnis nach § 706 ZPO muss angebracht sein. Das Ergebnis der Widerklage wird sodann vom DPMA mit dem Datum des Eintritts der Rechtskraft in das Register eingetragen. Informationen einer Partei sind für das DPMA nicht ausreichend; das Gericht kann jedoch ggf von jeder Partei auf die Verpflichtungen aus Abs 4 S 1 und 3 hingewiesen werden.

II. Gemeinschaftsgeschmacksmuster

14   Nach Art 81d) GGV sind die GGM-Gerichte für Nichtigkeitswiderklagen ausschließlich zuständig, die im Zusammenhang mit Verletzungsklagen erhoben wurden. Die Nichtigkeitswiderklage ist unzulässig, wenn das HABM über einen Antrag desselben Anspruchs zwischen denselben Parteien bereits eine rechtskräftige Entscheidung getroffen hat, Art 86 IV GGV. Die Entscheidung über eine Nichtigkeitswiderklage hat entweder die Nichtigerklärung des GGM oder die Abweisung der Widerklage zum Inhalt, Art 86 I GGV. Auf Antrag des Rechtsinhabers und nach Anhörung der anderen Parteien kann jedoch das GGM-Gericht nach Art 86 III 1 GGV das Verfahren aussetzen und den Bekl auffordern, innerhalb einer vom Gericht zu bestimmenden Frist beim HABM die Nichtigerklärung zu beantragen. Wenn der Antrag nicht fristgemäß gestellt wird, gilt die Widerklage als zurückgenommen; das Verfahren wird fortgesetzt, Art 86 III 2 GGV. Für die Dauer der Aussetzung kann das Gericht einstweilige Maßnahmen treffen, Art 86 III 3 iVm Art 91 III GGV. Das Gericht muss dem HABM die Erhebung der Widerklage mitteilen und dem HABM eine Ausfertigung der rechtskräftigen Entscheidung zustellen, damit das HABM entsprechende Eintragungen in das Register vornehmen kann, Art 86 II, IV GGV.

Gerichtsstand bei Ansprüchen nach diesem Gesetz und dem Gesetz gegen den unlauteren Wettbewerb

53 **Ansprüche, welche die in diesem Gesetz geregelten Rechtsverhältnisse betreffen und auch auf Vorschriften des Gesetzes gegen den unlauteren Wettbewerb gegründet werden, können abweichend von § 14 des Gesetzes gegen den unlauteren Wettbewerb vor dem für die Designstreitsache zuständigen Gericht geltend gemacht werden.**

Übersicht

1. Regelungszweck des § 53 ist, dass Gerichtsverfahren über eingetrage- **1** ne Designs den für Designstreitsachen zuständigen Gerichten, hierzu § 52 Rn 2–4, auch dann zugewiesen sein sollen, wenn in demselben Verfahren auch Ansprüche aus dem UWG geltend gemacht werden. Die in § 14 UWG geregelte örtliche Zuständigkeit hat ausschließliche Gerichtsstände zur Folge. Diese Ausschließlichkeit wird durch § 53 aufgehoben. Der Regelungsgehalt stimmt mit dem von § 141 MarkenG überein; durch die von dieser Bestimmung abweichende Formulierung soll der Regelungszweck besser zum Ausdruck gebracht werden, Begr § 53.

2. Der **Anwendungsbereich** erfasst alle Ansprüche, die im DesignG ge- **2** regelte Rechtsverhältnisse betreffen; das sind alle Designstreitsachen, § 52. Weitere Voraussetzung der Anwendbarkeit ist, dass derselbe Anspruch auch auf Vorschriften des UWG gegründet wird. Insbes bei Ansprüchen aus § 38 kommt es vor, dass der wettbewerbsrechtliche Nachahmungsschutz aus §§ 3, 4 Nr. 9 UWG als zusätzliche Anspruchsgrundlage angeführt wird. Die Zuständigkeit der Gerichte für Designstreitsachen wird durch keine Art der Inanspruchnahme eines Schutzes auf Grund der Bestimmungen des UWG beseitigt. Wenn das für den Begehungsort zuständige Gericht angerufen wird, ergibt sich aus der ausschließlichen örtlichen Zuständigkeit nach § 14 II 1 UWG kein Regelungsbedarf, wenn dieses Gericht auch für Designstreitsachen zuständig ist. Dem Regelungszweck dient es jedoch, wenn bei unterschiedlichen Kammerzuweisungen der Rechtsstreit der für Design-streitsachen zuständigen Kammer zugeführt wird. Für Streitsachensachen betr Gemeinschaftsgeschmacksmuster bestimmt § 63 IV, dass § 53 entspr anwendbar ist.

Streitwertbegünstigung

54 (1) **Macht in bürgerlichen Rechtsstreitigkeiten, in denen durch Klage ein Anspruch aus einem der in diesem Gesetz geregelten Rechtsverhältnisse geltend gemacht wird, eine Partei glaubhaft, dass die Belastung mit den Prozesskosten nach dem vollen Streitwert ihre wirtschaftliche Lage erheblich gefährden würde, so kann das Gericht auf ihren Antrag anordnen, dass die Verpflichtung dieser Partei zur Zahlung von Gerichtskosten sich nach einem ihrer Wirtschaftslage angepassten Teil des Streitwerts bemisst.**

(2) **Die Anordnung nach Absatz 1 hat zur Folge, dass die begünstigte Partei die Gebühren ihres Rechtsanwalts ebenfalls nur nach diesem Teil des Streitwerts zu entrichten hat. Soweit ihr Kosten des Rechtsstreits auferlegt werden oder soweit sie diese übernimmt, hat sie die von dem Gegner entrichteten Gerichtsgebühren und die Gebühren seines Rechts-anwalts nur nach dem Teil des Streitwerts zu erstatten. Soweit die au-ßergerichtlichen Kosten dem Gegner auferlegt oder von ihm übernom-men werden, kann der Rechtsanwalt der begünstigten Partei seine Gebühren von dem Gegner nach dem für diesen geltenden Streitwert beitreiben.**

(3) **Der Antrag nach Absatz 1 kann vor der Geschäftsstelle des Ge-richts zur Niederschrift erklärt werden. Er ist vor der Verhandlung zur Hauptsache zu stellen. Danach ist er nur zulässig, wenn der angenom-mene oder festgesetzte Streitwert später durch das Gericht heraufge-setzt wird. Vor der Entscheidung über den Antrag ist der Gegner zu hören.**

Übersicht

I. Streitwertbegünstigung

1 **1. Regelungszweck** des § 54 ist es, wirtschaftlich schwachen Prozesspar-teien die Durchführung eines Gerichtsverfahrens auch dann möglich zu ma-chen, wenn auf der Grundlage des festgesetzten Streitwerts das Kostenrisiko einen nicht zumutbaren Gesamtbetrag ausmachen würde. Inhaltsgleiche Regelungen sind § 26 GebrMG, § 142 MarkenG, § 144 PatG. Durch § 54 soll eine Angleichung an andere Regelungen des gewerblichen Rechtsschut-zes erfolgen, Begr § 54 GeschmMG 2004. Das UrhG enthielt keine ver-gleichbare Regelung. Deswegen hatte das urheberrechtlich ausgerichtete

GeschmMG 1876 ebenfalls keine vergleichbare Regelung enthalten. Die Möglichkeit der Streitwertbegünstigung ist verfassungskonform, BVerfG NJW-RR 91, 1134; BPatG Mitt 12, 92, 93. Durch die Möglichkeit der Streitwertbegünstigung ist hinreichend sichergestellt, dass auch in Nichtigkeitsverfahren die Rechtsverfolgung des Antragsgegners nicht unzumutbar beeinträchtigt ist, BPatG Mitt 14, 44. Bürgerliche Rechtsstreitigkeiten, in denen ein Anspruch aus einem im DesignG geregelten Rechtsverhältnis geltend gemacht werden, sind Designstreitsachen, § 52 I. Die Streitwertbegünstigung kann unabhängig von einer Prozesskostenhilfe angeordnet werden. Mit Verfahrenskostenhilfe, § 24, besteht kein Zusammenhang, unscharf Begr § 54. Bei missbräuchlicher Prozessführung kann Begünstigung zu versagen sein, FfM GRUR-RR 05, 296.

2. Das wichtigste Kriterium der **Regelungstechnik** ist, dass von dem 2 vollen Streitwert ein Teilbetrag festgesetzt wird, der sich nach der Wirtschaftslage der begünstigten Partei richtet. Die Parteirolle spielt keine Bedeutung. Ebenso wie bei § 52 I gilt die Regelung nicht nur für Verfahren über Klagen, sondern auch für Verfahren über den Antrag auf Erlass einer einstweiligen Verfügung. Nach dem festgesetzten Teilbetrag richtet sich im Rahmen der detaillierten Regelung in Abs 2 die Verpflichtung der begünstigten Partei zur Zahlung und Erstattung von Gerichtskosten, der Gebühren des eigenen Rechtsanwalts und des Rechtsanwalts des Gegners. Die Ausrichtung der Mitwirkungsgebühr des Patentanwalts am RVG, s § 52 Rn 22, hat zur Folge, dass der Teilstreitwert auch für die Gebühren des mitwirkenden Patentanwalts maßgeblich ist, soweit sich die Gebühren des Rechtsanwalts nach dem Teilstreitwert richten. Der Teilstreitwert findet nur Anwendung, wenn die begünstigte Partei die Prozesskosten ganz oder teilweise zu tragen hat. Bei einer Kostenquotelung erfolgt der Kostenausgleich nach einem Teilstreitwert, BPatG Mitt 12, 92, 93. Die Gebühren der auf Seiten des Gegners tätigen Anwälte richten sich immer nach dem vollen Streitwert. Es findet daher ein „gespaltener Streitwert" mit der Folge Anwendung, dass für Rechtsanwalt und Patentanwalt der begünstigten Partei der volle Streitwert maßgeblich ist, soweit die Gegenpartei zur Kostentragung verpflichtet ist, BPatG Mitt 12, 93.

3. Das **Verfahren** setzt einen Antrag der zu begünstigenden Partei voraus. 3 Es muss glaubhaft gemacht werden, dass die Belastung mit den Prozesskosten nach dem vollen Streitwert die wirtschaftliche Lage der Partei erheblich gefährden würde, Abs 1. Der Antrag muss vor der Verhandlung zur Hauptsache bzw nach einer Heraufsetzung des Streitwerts gestellt werden, Abs 3 Satz 2 und 3. In Verfügungsverfahren muss der Antrag vor der Verhandlung über den Widerspruch, ansonsten frühestmöglich in angemessener Frist gestellt werden. Die Festsetzung gilt nur für die jeweilige Instanz. Die Entscheidung ergeht nach Anhörung des Gegners durch Beschluss in sachgerechter Ermessensausübung. Gegen den Beschluss ist für jeden Beschwerten das Rechtsmittel der Beschwerde eröffnet, § 25 II GKG.

II. Streitwertfestsetzung

1. Der Streitwert für den **Unterlassungsanspruch** richtet sich nach den- 4 selben Grds wie bei anderen SchutzR. Wenn kein bezifferter Antrag gestellt wird, hat das Gericht nach freiem Interesse zu schätzen, § 123 GKG iVm § 3

ZPO. Da der Unterlassungsanspruch in die Zukunft gerichtet ist, kommt es grds auf die maximale Schutzdauer des KlagedesignschutzR an. Bei Erzeugnissen, die einem starken modischen Wandel unterworfen sind, kann es gerechtfertigt sein, einen kürzeren Zeitraum zu Grunde zu legen, Karlsr GRUR 66, 691. Für die Bewertung ist die wirtschaftliche Bedeutung, die das Klagedesign für den Kl hat, in Relation zu der Intensität der Verletzungshandlungen zu setzen, BGH GRUR 14, 206 Tz 16 – Einkaufskühltasche. Maßgeblich hierfür sind in erster Linie die Umsätze, die der Kl mit designgemäßen Erzeugnissen erzielt, sowie die Umsätze, die durch die Verletzungshandlung voraussichtlich erzielt werden können, s BGH GRUR 85, 511, 512 – Stückgutverladeanlage; Karlsr GRUR 66, 691, und der sog Angriffsfaktor, dh die Intensität des Verletzungseingriffs. Mit der Individualität dieser beiden Faktoren wären Regelstreitwerte nicht vereinbar, Nürngb GRUR 07, 815, 816; LG Berlin Mitt 09, 425, 427. Für ein nicht eingetragenes GGM ist bei einem bisherigen Umsatz des Rechtsinhabers von € 22 320.– der Unterlassungsanspruch mit € 80 000.– bewertet worden, LG Düss Hartwig DesignE 4, 215 – Herrenhemd. Bei einem nicht verwerteten SchutzR stehen die Marktbedeutung der streitgegenständlichen Gestaltung und die Ergebnisse einer Lizenzanalogie im Vordergrund. Da das Gericht die Umsätze beider Parteien nicht kennt und vertrauliche Angaben wegen des Grds des rechtlichen Gehörs, Art 103 I GG, nicht verwertbar sind, pflegen sich die Gerichte an dem Streitwertvorschlag des Kl zu orientieren, wenn entweder dieser Vorschlag innerhalb üblicher Grenzen liegt oder der Bekl nicht substantiiert widerspricht, BGH GRUR 85, 512. Die Vorstellungen der Parteien sind für das Gericht zwar nicht verbindlich, aber von indizieller Bedeutung, BGH GRUR 86, 93, 94 – Veränderte Umstände, insbes solange noch keine Sachentscheidung ergangen ist, BGH GRUR 12, 1288 Tz 4. Bei bes Umständen können Abweichungen sowohl nach oben als auch nach unten geboten sein, Hbg WRP 07, 95, 96. Als Nebenforderung geltend gemachte Verwarnungskosten erhöhen nicht den Streitwert, BGH NJW 07, 3289; GRUR-RR 12, 136 (Ls); GRUR-RR 12, 271 (Ls); GRUR-RR 13, 448 (Ls).

5   **2.** Der Streitwert für **andere Ansprüche** ergibt sich idR aus Relationen zum Streitwert für den Unterlassungsanspruch. Für den Antrag auf Feststellung der Schadensersatzpflicht kommt es zwar auf den Schaden an, der dem Kl bis zum Urteil entstanden ist; aber das wertbildende Interesse ist aus der Sicht des Kl im Zeitpunkt der Klageerhebung zu schätzen, BGH GRUR 86, 93, 94 – Veränderte Umstände. Dem vorbereitenden Charakter der Anträge auf Rechnungslegung und Auskunft wird durch einen Abschlag Rechnung getragen, BGH (GSZ) GRUR 95, 701, 702. Die Anträge auf Feststellung der Schadensersatzpflicht und auf Rechnungslegung werden idR zusammen mit $^1/_5$ bis maximal $^1/_4$ des Werts bewertet, der für den Unterlassungsanspruch angemessen ist, zB Karlsr GRUR 66, 691, wenn keine Anhaltspunkte für eine abweichende Handhabung ersichtlich sind. Der Wert des Antrags auf Rechnungslegung und vorbereitende Auskunft macht ca $^1/_5$ bis maximal $^1/_4$ des vorzubereitenden Anspruchs aus, abweichend Haertel GRUR-Prax 13, 327. Aus einem Gesamtstreitwert von € 150 000,– können zB € 130 000,– auf den Unterlassungsantrag, € 15 000,– auf den Antrag auf Feststellung der Schadensersatzpflicht und € 5000,– auf den Antrag auf Rechnungslegung und Auskunftserteilung entfallen. Der Streitwert einer negati-

ven Feststellungsklage entspricht dem Wert einer spiegelbildlichen Leistungsklage (= Unterlassungsklage) des Bekl, KG GRUR-RR 09, 160. Bei Rechtsmitteln gegen die Verurteilung zur Rechnungslegung kommt es auf das Interesse des Bekl an; dasselbe gilt für Rechtsmittel gegen die Verurteilung zur Abgabe einer eidesstattlichen Versicherung, BGH (GSZ) GRUR 95, 702/703 mwN. Bei der Drittauskunft ist der Wert von Ansprüchen gegen die weiteren Beteiligten zu schätzen, Karlsr GRUR 95, 773, und sodann mit einem Abschlag zu versehen, Eichmann GRUR 90, 575, 590; unscharf KG GRUR 92, 611, 612. Eine Bewertung in Höhe von 10% des Unterlassungsanspruchs bei üblichen Sachverhalten bis zu maximal 25% bei Plagiatsfällen (mit großer Breitenwirkung) und bei bes Auskunftsinteresse ist idR angemessen. Der Streitwert eines Besichtigungsanspruchs (zB § 46a) richtet sich nach dem Streitwert der Ansprüche, deren Vorbereitung er dient; der vorbereitende Charakter wird mit $^1/_{10}$ bis $^1/_4$ bewertet, BGH BeckRS 10, 11845 = GRUR-RR 10, 408 (LS). Einstweilige Verbote sind zwar nur vorläufige Regelungen; da es aber selten auch noch zu einem Hauptsacheverfahren kommt, erfolgt häufig kein Abschlag, aA Nürnbg GRUR 07, 815, 816. Bei einstweiligen Verfügungen auf Drittauskunft ist ein Abschlag nicht angebracht, KG GRUR 92, 611, 612, weil die Auskunft endgültiger Natur ist. Je nach der mutmaßlichen wirtschaftlichen Bedeutung von Ansprüchen gegen zu benennende Dritte ist als Wert $^1/_{10}$ bis $^1/_4$ des Werts für den Unterlassungsantrag angemessen. Für die Sicherung des Vernichtungsanspruchs und für die gerichtliche Entscheidung zur Aufrechterhaltung der Grenzbeschlagnahme ist der Verkehrswert der betroffenen Erzeugnisse zu Grunde zu legen; ein Abschlag ist allenfalls in geringer Höhe gerechtfertigt. Eine frühzeitige Ausweisung von Teilstreitwerten kann spätere Meinungsverschiedenheiten vermeiden.

3. Bei einer **Eventualklagehäufung** kommt es nach § 45 I 2 GKG zu **6** einer Addition der auf jede Anspruchsgrundlage entfallenden Streitwerte, soweit eine Entscheidung zu diesen Anspruchsgrundlagen ergeht. Dabei hat jedoch keine schematische Erhöhung des Streitwerts zu erfolgen, BGH WRP 14, 192 Tz 9; ebenso FfM GRUR-RR 14, 280 (anders vorher FfM GRUR-RR 12, 367; krit Labesius GRUR-RR 12, 317, 318; differenzierend Büscher GRUR 12, 16, 23). Mehrere Ansprüche betreffen nur dann denselben Gegenstand, wenn ihnen nicht nur die gleichen wirtschaftlichen Interessen zugrunde liegen, sondern die Ansprüche einander ausschließen, BGH NJW-RR 05, 506; WRP 14, 192 Tz 6. Liegen einem einheitlichen Unterlassungsantrag mehrere Ansprüche iSd § 45 I 2 GKG zugrunde, ergibt sich daher der Streitwert aus dem Hauptanspruch, der für hilfsweise geltend gemachte Ansprüche angemessen zu erhöhen ist, BGH WRP 14 Tz 9; hierzu Bölling WRP 14, 158, 161. Angemessen für den Hilfsanspruch ist eine Erhöhung um 10% des Hauptanspruchs, FfM BeckRS 14, 09139 – Reifenprofil; GRUR-RR 14, 280. Einer erweiternden Auslegung des § 45 I 3 GKG, s Engels GRUR-Prax 11, 523, 524, bedarf es daher nicht. Eine frühzeitige Ausweisung von Teilstreitwerten kann ggf steuernd wirken, Haertel GRUR-Prax 13, 327, 329.

4. Für eine **Nichtigkeitswiderklage** kann sich der Streitwert ebenso wie **7** bei einer Nichtigkeitsklage nach dem wirtschaftlichen Interesse richten, das die Allgemeinheit an der Löschung des SchutzR hat, BGH GRUR 57, 79, 80; Mitt 63, 60. Bei einer Widerklage ergibt der Streitwert des Verletzungsprozesses die nächstliegende Grundlage. Im PatR kommt ein Aufschlag (von zB 25%) für das Allgemeininteresse und in Höhe der aufgelaufenen Schadensersatzforderungen hinzu, BGH GRUR 11, 757, Tz 2, 3 – Nichtigkeitsstreitwert. Wenn eine Nichtigkeitswiderklage als Eventualwiderklage, s § 52b Rn 5, gegen das Klagedesign erhoben wird, handelt es sich um eine Verteidigungsmaßnahme des Bekl, § 52a Rn 5, für die das Allgemeininteresse unerheblich ist. Das wirtschaftliche Interesse an der Widerklage ergibt sich daher aus dem Gesamtstreitwert der Klage einschließlich der Ansprüche auf Schadensersatz sowie auf vorbereitende Auskunft und Rechnungslegung, weil auch insoweit einer Verurteilung entgegengewirkt werden soll. Für eine moderate Handhabung spricht, dass als Alternative die Möglichkeit eines Nichtigkeitsverfahrens vor dem DPMA zur Verfügung steht. Wenn die Widerklage nicht als Eventualwiderklage erhoben wird, findet das Allgemeininteresse zusätzlich Berücksichtigung. Bei einer auf § 9 II gestützten Klage kommt es nur auf das wirtschaftliche Interesse der beiden Prozessparteien bzw auf das Abwehrinteresse des Kl an, s BGH Mitt 91, 159. Die Ansprüche von Klage und Nichtigkeitswiderklage betreffen nicht denselben Gegenstand iSd § 45 I 3 GKG; sie werden daher zusammengerechnet, wenn keine Verhandlung in getrennten Prozessen erfolgt, § 45 I 1 GKG. Zur Eventualwiderklage § 52b Rn 5.

Abschnitt 10. Vorschriften über Maßnahmen der Zollbehörde

Beschlagnahme bei der Ein- und Ausfuhr

55 (1) **Liegt eine Rechtsverletzung nach § 38 Abs. 1 Satz 1 offensichtlich vor, so unterliegt das jeweilige Erzeugnis auf Antrag und gegen Sicherheitsleistung des Rechtsinhabers bei seiner Einfuhr oder Ausfuhr der Beschlagnahme durch die Zollbehörde, soweit nicht die Verordnung (EG) Nr. 1383/2003 des Rates vom 22. Juli 2003 über das Vorgehen der Zollbehörden gegen Waren, die im Verdacht stehen, bestimmte Rechte geistigen Eigentums zu verletzen, und die Maßnahmen gegenüber Waren, die erkanntermaßen derartige Rechte verletzen (ABl. EU Nr. L 196 S. 7) in ihrer jeweils geltenden Fassung anzuwenden ist. Das gilt für den Verkehr mit anderen Mitgliedstaaten der Europäischen Union sowie mit den anderen Vertragsstaaten des Abkommens über den Europäischen Wirtschaftsraum nur, soweit Kontrollen durch die Zollbehörden stattfinden.**

(2) **Ordnet die Zollbehörde die Beschlagnahme an, so unterrichtet sie unverzüglich den Verfügungsberechtigten sowie den Rechtsinhaber. Diesem sind Herkunft, Menge und Lagerort der Erzeugnisse sowie Name und Anschrift des Verfügungsberechtigten mitzuteilen; das Brief- und Postgeheimnis (Artikel 10 des Grundgesetzes) wird insoweit eingeschränkt. Dem Rechtsinhaber ist Gelegenheit zu geben, die Erzeugnisse zu besichtigen, soweit hierdurch nicht in Geschäfts- oder Betriebsgeheimnisse eingegriffen wird.**

1. Die **Entwicklung** weist als Besonderheit auf, dass die sog Grenzbe- **1**
schlagnahme sowohl auf nationales Recht (= nationaler Antrag) als auch auf
Unionsrecht (= Unionsantrag) gestützt werden kann, Überblick AIPPI-
Bericht GRUR Int 09, 826; Hasselblatt/Wagner § 8; Mes/Eichmann F.14.
Im Geltungsbereich des GeschmMG 1876 hat sich die Möglichkeit der
Grenzbeschlagnahme aus § 14a III GeschmMG aF iVm § 111a UrhG ergeben. Die §§ 55–57 weisen hierzu nur redaktionelle Änderungen auf. Inhaltsgleich sind ua § 25a GebrMG, 142a PatG, § 111a UrhG. Eine der Systematik der §§ 55 bis 57a entspr Aufteilung findet sich in den §§ 146–
148 MarkenG. Die VO (EG) Nr 1383/03 ist durch die VO (EU) Nr 608/13
mit der inoffiziellen Kurzbezeichnung GrenzbeschlagnahmeVO (= VO)
abgelöst worden, Einzelh § 57a Rn 1. Für Gemeinschaftsgeschmacksmuster
ist § 55 aufgrund § 62a Nr 3 entspr anwendbar.

2. Regelungszweck ist die wirksame Bekämpfung des grenzüberschrei- **2**
tenden Handels mit schutzrechtsverletzenden Erzeugnissen, Begr PrPG B IV
2. Es sollen Maßnahmen zur wirksamen Bekämpfung des Inverkehrbringens
von Waren ergriffen werden, die Rechte geistigen Eigentums verletzen,
EuGH GRUR Int 00, 163 Rn 25 – Adidas. Die Grenzbeschlagnahme dient
der Sicherung insbes des Vernichtungsanspruchs, Begr PrPG C 1 Nr 5; s
hierzu Ahrens RiW 96, 727; BB 97, 902; Cremer Mitt 92, 163; Meister
WRP 95, 366; Scheja CR 95, 714; Cordes GRUR 07, 483; Rinnert/Witte
GRUR 09, 29. Aus dem Vorrang des UnionsR folgt, dass die Bestimmungen der nationalen Gesetzgebung nur insoweit anwendbar sind, als die VO
keine entgegenstehenden Regelungen enthält, EuGH GRUR Int 00, 163
Rn 3; Mü WRP 97, 175, 176. Der materiellrechtliche Anwendungsbereich
der §§ 55 -57 ist daher auf Parallelimporte sowie auf Kontrollen an den EU-
Binnengrenzen beschränkt, Begr § 142a PatG. Das hat zur Folge, dass nur
etwa 4 % der Fälle in den Anwendungsbereich des nationalen Rechts fallen,
Begr DurchsG Allgemeiner Teil II 2c) (3).

3. Grundlage der **Rechtsverletzung** ist ein DesignschutzR, das in **3**
Deutschland Schutz genießt. Das kann ein eingetragenes Design, eine int
Eintragung mit Schutz in Deutschland, ein eingetragenes GGM oder ein
nicht eingetragenes GGM sein. Die Rechtsverletzung muss widerrechtlich, s
§ 38 Rn 8, sein; Verschulden ist nicht erforderlich. Bei der Ausfuhr werden
Erzeugnisse erfasst, wenn deren Herstellung im Inland das SchutzR des
Rechtsinhabers verletzt hat. Die Beschlagnahme bei der Einfuhr setzt voraus,
dass die Verbreitung der Erzeugnisse das SchutzR des Rechtsinhabers im
Inland verletzen würde; das kann auch bei betriebsinternen Lieferungen zu
befürchten sein, Begr PrPG C 1 Nr 5. Nicht erfasst werden Einfuhren von
Privatpersonen, soweit späteres Inverkehrbringen unwahrscheinlich ist, Begr
PrPG C 1 Nr 5; s hierzu § 40 Rn 3. Nach Art 1 IV VO werden Waren
ohne gewerblichen Charakter im persönlichen Gepäck von Reisenden nicht
erfasst. Auf Parallelimporte erstrecken sich die unionsrechtlichen Maßnahmen der Zollbehörden nicht, Art 1 V VO. Das steht nach BFH GRUR Int
00, 780, 781 – Jockey – einer auf nationales Recht gestützten Beschlagnah-

me von Parallelimporten aus Drittstaaten nicht entgegen, hierzu Beußel
GRUR 00, 188; Blumenröder MarkenR 00, 46; Pickrahn GRUR 96, 383
und die Kritik von Knaak GRUR Int 00, 782.

4   **4. Offensichtlichkeit** der Rechtsverletzung ist nach Abs 1 S 1 allg Voraussetzung der Beschlagnahme. Wegen des Vorrangs des UnionsR und weil
nur eine vorläufige Sistierung erfolgt, genügt der Verdacht einer Rechtsverletzung, Art 17 I, 18 I VO. Für präventiven Antrag genügt schlüssiger Vortrag, weil es nur um die Erteilung eines Überwachungsauftrags geht. Die
Einzelfallprüfung vor der Beschlagnahme erstreckt sich auf das Kriterium der
Erschöpfung, BFH GRUR Int 00, 780, 782 – Jockey. Bei unklaren Voraussetzungen findet eine Beschlagnahme nicht statt, Begr PrPG C 1 Nr 5. Die
gerichtliche Entscheidung, s § 56 Rn 2, richtet sich nach denselben Kriterien
wie die allg Prüfung der Rechtsverletzung. Dabei kann Berücksichtigung
finden, dass die Möglichkeit der Vernichtung nur gesichert werden soll und
dass der Antragsteller zum Schadensersatz herangezogen werden kann, s § 56
Rn 3.

5   **5.** Wann eine **Einfuhr oder Ausfuhr** stattfindet, richtet sich nach allg
Grds, s § 38 Rn 56. Im Verfahren nach § 57a kann eine Beschlagnahme in
einem Mitgliedstaat auch bei einem Transit von einem Drittstaat in einen
anderen Drittstaat erfolgen, EuGH GRUR Int 00, 748 Rn 29 – Polo-
Lauren; GRUR Int 04, 501 Rn 54 – Rolex-Hilfinger. Wenn jedoch ein
Erzeugnis in einem Mitgliedstaat rechtmäßig hergestellt wurde und dazu
bestimmt ist, nach der Durchfuhr durch das Hoheitsgebiet eines anderen
Migliedstaats in einem Drittstaat in den Verkehr gebracht zu werden, ver-
stößt eine Beschlagnahme gegen den Grundsatz des freien Warenverkehrs,
EuGH GRUR Int 04, 39 Rn 30 – Rioglass-Transremar.

6   **6.** Die **Beschlagnahme** erfolgt durch die Zollbehörde. Das ist die Gesamtheit aller mit Zollaufgaben befassten Dienststellen; hierzu gehören insbes die Zollstellen und die Oberfinanzdirektionen (OFD). Zollstellen sind
Hauptzollämter, Zollämter und Grenzkontrollstellen, § 74 II ZG, Einzelh
Schöner Mitt 92, 180; Tönshoff/Seeber NJW 98, 2509. Die Zuständigkeit
ist aufgeteilt. Wenn sämtliche Beschlagnahmevoraussetzungen erfüllt sind,
weist die OFD die Zollstellen an, Sendungen zu prüfen und ggf zu be-
schlagnahmen. Durch die Zollstelle, in deren Verfügungsgewalt die Waren
gelangen, erfolgt die Anordnung der Beschlagnahme und die Durchführung
des anschließenden Verfahrens. Die Zollstelle kann bei Verdacht der Rechtsverletzung Erzeugnisse vorläufig festhalten. Die Beschlagnahme suspendiert
die Verfügungsbefugnis des Verfügungsberechtigten; dieser behält jedoch
mittelbaren Besitz, Begr PrPG B IV 5a; LG Düss InstGE 7, 172, 176. Zur
Störerhaftung von Beförderungsunternehmen § 42 Rn 8. Zum Antrag und
zur Erklärung des Rechtsinhabers § 57 Rn 1, 2.

7   **7.** Die **Unterrichtung** des Verfügungsberechtigten und des Rechtsinha-
bers über die Anordnung der Beschlagnahme muss unverzüglich, s hierzu
§ 121 I 1 BGB, erfolgen, Abs 2 S 1. Dem Rechtsinhaber werden die in
Abs 2 S 2 vorgeschriebenen Informationen mitgeteilt. Die Bekanntgabe des
Anmelders und, soweit bekannt, des Empfängers sind obligatorisch, EuGH
GRUR Int 00, 163 Rn 33 – Adidas. Zusätzlich wird dem Antragsteller die
Besichtigung eröffnet, soweit hierdurch nicht in geschützte Geheimnisse
eingegriffen wird, Abs 2 S 3. Durch die Beschlagnahme soll in erster Linie
dem Rechtsinhaber die Möglichkeit eröffnet werden, die Erzeugnisse unter-

suchen zu lassen, um Beweis erbringen zu können, dass es sich um rechtsverletzende Erzeugnisse handelt, EuGH GRUR Int 01, 57 Rn 47 – Kommission/Französische Republik.

Einziehung; Widerspruch

56 (1) **Wird der Beschlagnahme nicht spätestens nach Ablauf von zwei Wochen nach Zustellung der Mitteilung nach § 55 Absatz 2 Satz 1 widersprochen, so ordnet die Zollbehörde die Einziehung der beschlagnahmten Erzeugnisse an.**

(2) **Widerspricht der Verfügungsberechtigte der Beschlagnahme, so unterrichtet die Zollbehörde hiervon unverzüglich den Rechtsinhaber. Dieser hat gegenüber der Zollbehörde unverzüglich zu erklären, ob er den Antrag nach § 55 Absatz 1 in Bezug auf die beschlagnahmten Erzeunisse aufrechterhält.**

(3) **Nimmt der Rechtsinhaber den Antrag zurück, hebt die Zollbehörde die Beschlagnahme unverzüglich auf. Hält der Rechtsinhaber den Antrag aufrecht und legt er eine vollziehbare gerichtliche Entscheidung vor, die die Verwahrung der beschlagnahmten Erzeugnisse oder eine Verfügungsbeschränkung anordnet, trifft die Zollbehörde die erforderlichen Maßnahmen.**

(4) **Liegen die Fälle des Absatzes 3 nicht vor, hebt die Zollbehörde die Beschlagnahme nach Ablauf von zwei Wochen nach Zustellung der Mitteilung an den Rechtsinhaber nach Absatz 2 Satz 1 auf. Weist der Rechtsinhaber nach, dass die gerichtliche Entscheidung nach Absatz 3 Satz 2 beantragt, ihm aber noch nicht zugegangen ist, wird die Beschlagnahme für längstens zwei weitere Wochen aufrechterhalten.**

(5) **Erweist sich die Beschlagnahme als von Anfang an ungerechtfertigt und hat der Rechtsinhaber den Antrag nach § 55 Absatz 1 in Bezug auf die beschlagnahmten Erzeugnisse aufrechterhalten oder sich nicht unverzüglich erklärt (Absatz 2 Satz 2), so ist er verpflichtet, den dem Verfügungsberechtigten durch die Beschlagnahme entstandenen Schaden zu ersetzen.**

Übersicht

1. Der Verfügungsberechtigte kann **Widerspruch** gegen die Beschlagnahme erheben. Die Frist beträgt 2 Wochen (Berechnung nach §§ 187 I 1, 188 II, 193 BGB) ab Zustellung der Beschlagnahmeanordnung. Der Widerspruch kann formlos erfolgen; einer Begründung bedarf es nicht. Ein rechtzeitiger Widerspruch wird dem Antragsteller unverzüglich mitgeteilt, Abs 2 S 1. Der Antragsteller kann daraufhin den Antrag zurücknehmen, Abs 3 S 1 oder eine gerichtliche Entscheidung vorlegen, Abs 3 S 2. Die Unterrichtung der Verfahrensbeteiligten und die Bekanntgabe der Einziehungsanordnung erfolgen durch förmliche Zustellung; Einzelh regelt das VwZG. Die Beschlagnahme wird aufgehoben, wenn der Antragsteller den Antrag zurücknimmt oder nicht fristgemäß eine gerichtliche Entscheidung vorlegt. Wenn kein Widerspruch eingelegt wird, ordnet die Zollbehörde durch Bescheid die Einziehung der beschlagnahmten Erzeugnisse an, Abs 1. Nachdem die Einziehungsverfügung Bestandskraft erlangt hat, werden idR die beschlagnahmten Erzeugnisse durch die Zollbehörde vernichtet, Begr PrPG B IV 5.

2   **2.** Die **gerichtliche Entscheidung** nach Abs 3 S 2 ergeht in einem Verfahren, das den Mitgliedstaaten überlassen ist. Die Voraussetzungen für den Erlass dieser Entscheidung richten sich daher nicht nach der VO, sondern danach, ob das Bestehen eines Vernichtungsanspruchs glaubhaft gemacht ist, Karlsr GRUR-RR 02, 278, 279. Die Frist zur Vorlage der Entscheidung beträgt 10 Arbeitstage, Mü WRP 97, 975, 977. Wenn die Entscheidung nicht fristgemäß vorgelegt wird, muss die Beschlagnahme unabhängig davon aufgehoben werden, ob der Verfügungsberechtigte Widerspruch erhoben hat, Mü WRP 97, 977. Die Frist zur Vorlage einer gerichtlichen Entscheidung kann idR nur durch Antrag auf Erlass einer einstweiligen Verfügung eingehalten werden, Mü aaO. Antragsgegner ist der Verfügungsberechtigte; das ist idR bei der Einfuhr der Importeur und bei der Ausfuhr der Exporteur. Die Anmeldung durch einen Spediteur im Zollverfahren begründet keine Passivlegitimation, OGH GRUR Int 01, 472, 473; maßgeblich dafür ist nicht der Unterlassungsanspruch, unscharf OGH GRUR Int 01, 473, sondern Eigentum oder Besitz des Verletzers, s § 43 I. Durch die Entscheidung muss Verwahrung oder Verfügungsbeschränkung angeordnet werden, Abs 3 S 2. Diese zivilrechtliche Sicherstellung, Begr PrPG B IV 5, ist insbes auf den Vernichtungsanspruch ausgerichtet, s § 43 Rn 3; hierzu können im Eilverfahren Sicherungsmaßnahmen angeordnet werden, s § 43 Rn 11. Wenn nur ein Anspruch auf Zustandsbeseitigung, s § 43 Rn 4, besteht, kann Verfügungsbeschränkung durch Untersagung der Einfuhr ausgesprochen werden, LG Düss GRUR 96, 66, 68. Die Kosten einer einstweiligen Verfügung hat der Einführer trotz sofortigem Anerkenntnis zu tragen, wenn er vom Antragsteller im Rahmen des Zollverfahrens aufgefordert worden ist, der Vernichtung zuzustimmen, Karlsr MarkenR 13, 153. Die örtliche und die internationale Zuständigkeit kann auch auf § 32 ZPO gestützt werden, s § 52 Rn 4. Solange sich die Erzeugnisse im Zollgewahrsam befinden, findet ein Inverkehrbringen, s § 38 Rn 54, im Inland nicht statt. Die unerlaubte Handlung wird nicht am Sitz der Zollbehörde, aber am Sitz des Destinatärs begangen (naheliegende Erstbegehungsgefahr, s § 42 Rn 14). Die Beschlagnahme wird nach Vorlage der gerichtlichen Entscheidung, Begr PrPG B IV 5, tunlichst jedoch erst nach deren Vollzug, s § 42 Rn 50, aufgehoben.

3   **3.** Der Antragsteller ist dem Verfügungsberechtigten zum **Schadensersatz** verpflichtet, Abs 5, wenn die Beschlagnahme von Anfang an ungerechtfertigt war. Zusätzliche Voraussetzung ist, dass der Antragsteller nach Bekanntgabe des Widerspruchs den Antrag auf Beschlagnahme aufrechterhalten oder die Zurücknahme des Antrags nicht unverzüglich erklärt hat. Keine Schadensersatzpflicht besteht, wenn der Verfügungsberechtigte nicht fristgemäß widersprochen hat. Zu ersetzen ist der durch die Beschlagnahme kausal verursachte Schaden, der bis zur Aufhebung der Beschlagnahme entstanden ist. Die Schadensersatzpflicht beginnt mit dem Zeitpunkt, in dem die Erklärung gem Abs 4 S 1 hätte abgegeben werden können. Wenn eine gerichtliche Entscheidung im weiteren Verlauf aufgehoben oder beschränkt wird, kann sich hieraus eine Schadensersatzpflicht aus § 945 ZPO ergeben.

Zuständigkeiten, Rechtsmittel

57 (1) **Der Antrag nach § 55 Absatz 1 ist bei der Oberfinanzdirektion zu stellen und hat Wirkung für ein Jahr, sofern keine kürzere Geltungsdauer beantragt wird; er kann wiederholt werden. Für die mit dem Antrag verbundenen Amtshandlungen werden vom Rechtsinhaber Kosten nach Maßgabe des § 178 der Abgabenordnung erhoben.**

(2) **Die Beschlagnahme und die Einziehung können mit den Rechtsmitteln angefochten werden, die im Bußgeldverfahren nach dem Gesetz über Ordnungswidrigkeiten gegen die Beschlagnahme und Einziehung zulässig sind. Im Rechtsmittelverfahren ist der Rechtsinhaber zu hören. Gegen die Entscheidung des Amtsgerichts ist die sofortige Beschwerde zulässig; über sie entscheidet das Oberlandesgericht.**

Übersicht

1. Antrag 1
2. Erklärung des Rechtsinhabers 2
3. Rechtsmittel 3

1. Der **Antrag** muss durch den Rechtsinhaber, einen Benutzungsberech- **1** tigten oder durch sonstige Berechtigte bei der OFD gestellt werden, ausführl Mes/Eichmann F. 14 Anm 4. Für Entscheidungen über Anträge auf Tätigwerden der Zollbehörde und Beschlagnahme ist die Außenstelle München der OFD Nürnberg zuständig; weitere Einzelh Mes/Eichmann F. 14 Anm 2. Der Antrag muss auf einem Formblatt gestellt werden, Belege zum SchutzR sowie eine Beschreibung der Waren und sonstige Hinweise enthalten, die für das Tätigwerden der Zollbehörden erforderlich sind, Art 6 III VO. Auswärtige Rechtsinhaber benötigen einen schriftlich bevollmächtigten Inlandsvertreter. Der Antrag hat für 2 Jahre Wirkung, wenn keine kürzere Geltungsdauer beantragt wird, Abs 1 S 1. Nach Art 11 I 2 VO beträgt der Zeitraum für das Tätigwerden der Zollbehörden maximal 1 Jahr; eine Verlängerung ist möglich, Art 12 I VO. Bei den Kosten handelt es sich um eine Rahmengebühr, s Abs 1 S 2 iVm § 178 AO und § 12 I ZKostV. Auslagen, zB für Lagerung, werden gesondert erhoben. Anträge nach § 57 I und nach Art 5 VO können nebeneinander gestellt werden; auf die Gebühr hat das keine Auswirkungen. Die OFD stellt Antragsformulare zur Verfügung. Für Gemeinschaftsgeschmacksmuster ist § 57 aufgrund § 62a Nr 3 entspr anwendbar.

2. Art 6 III n) VO bestimmt, dass dem Antrag eine **Erklärung des** **2** **Rechtsinhabers** beizufügen ist. In dieser Erklärung übernimmt der Rechtsinhaber die Haftung für den Fall, dass das Verfahren eingestellt oder eine Nichtverletzung festgestellt wird. In der Erklärung verpflichtet sich der Rechtsinhaber auch zur Kostenübernahme für das Verbleiben der Waren unter zollamtlicher Überwachung, und für etwaige Übersetzungskosten. Aufgrund dieser Erklärungen ist eine Sicherheitsleistung nicht erforderlich.

3. Die **Rechtsmittel** sind in § 57 II hauptsächlich durch Verweisungen **3** geregelt; im Übrigen gelten die allg Bestimmungen. Der Widerspruch ist kein Rechtsmittel gegen die Beschlagnahme, sondern nur Voraussetzung des vereinfachten Einziehungsverfahrens, Mü WRP 97, 975, 977. Die Beschlagnahme kann daher im Rechtsmittelverfahren unabhängig davon aufgehoben werden, ob Widerspruch eingelegt worden ist, Mü aaO. Gegen die Beschlagnahme und gegen die Einziehung kann der Betroffene bei der anord-

nenden Zollbehörde Einspruch einlegen; die Frist beträgt 1 Woche ab Zustellung, § 67 OWiG. Gegen die Beschlagnahme kann gerichtliche Entscheidung beantragt werden, § 62 OWiG; der Antrag kann bei der anordnenden Behörde, in Eilfällen auch beim AG gestellt werden, § 62 II 2
OWiG iVm § 306 I 2 StPO. Für die gerichtliche Entscheidung und die Entscheidung über den Einspruch ist das AG zuständig, §§ 62 II 1, 68 I 1
OWiG; dieses hat dem Antragsteller rechtliches Gehör zu gewähren, Abs 2
S 2. Gegen die Entscheidung des AG kann innerhalb 1 Woche sofortige
Beschwerde eingelegt werden, Abs 2 S 3 iVm § 311 II 1 StPO; über diese
entscheidet das OLG.

Verfahren nach der Verordnung (EG) Nr. 1383/2003

57a (1) **Setzt die zuständige Zollbehörde nach Artikel 9 der Verordnung (EG) Nr. 1383/2003 die Überlassung der Waren aus
oder hält diese zurück, unterrichtet sie davon unverzüglich den Rechtsinhaber sowie den Anmelder oder den Besitzer oder den Eigentümer
der Waren.**

(2) **Im Fall des Absatzes 1 kann der Rechtsinhaber beantragen, die
Waren in dem nachstehend beschriebenen vereinfachten Verfahren im
Sinne des Artikels 11 der Verordnung (EG) Nr. 1383/2003 vernichten zu
lassen.**

(3) **Der Antrag muss bei der Zollbehörde innerhalb von zehn Arbeitstagen oder im Fall leicht verderblicher Waren innerhalb von drei
Arbeitstagen nach Zugang der Unterrichtung nach Absatz 1 schriftlich
gestellt werden. Er muss die Mitteilung enthalten, dass die Waren, die
Gegenstand des Verfahrens sind, ein nach diesem Gesetz geschütztes
Recht verletzen. Die schriftliche Zustimmung des Anmelders, des Besitzers oder des Eigentümers der Waren zu ihrer Vernichtung ist beizufügen. Abweichend von Satz 3 kann der Anmelder, der Besitzer oder
der Eigentümer die schriftliche Erklärung, ob er einer Vernichtung
zustimmt oder nicht, unmittelbar gegenüber der Zollbehörde abgeben.
Die in Satz 1 genannte Frist kann vor Ablauf auf Antrag des Rechtsinhabers um zehn Arbeitstage verlängert werden.**

(4) **Die Zustimmung zur Vernichtung gilt als erteilt, wenn der Anmelder, der Besitzer oder der Eigentümer der Waren einer Vernichtung
nicht innerhalb von zehn Arbeitstagen oder im Fall leicht verderblicher
Waren innerhalb von drei Arbeitstagen nach Zugang der Unterrichtung
nach Absatz 1 widerspricht. Auf diesen Umstand ist in der Unterrichtung nach Absatz 1 hinzuweisen.**

(5) **Die Vernichtung der Waren erfolgt auf Kosten und Verantwortung
des Rechtsinhabers.**

(6) **Die Zollstelle kann die organisatorische Abwicklung der Vernichtung übernehmen. Absatz 5 bleibt unberührt.**

(7) **Die Aufbewahrungsfrist nach Artikel 11 Absatz 1 zweiter Spiegelstrich der Verordnung (EG) Nr. 1383/2003 beträgt ein Jahr.**

(8) **Im Übrigen gelten die §§ 55 bis 57 entsprechend, soweit nicht die
Verordnung (EG) Nr. 1383/2003 Bestimmungen enthält, die dem entgegenstehen.**

1. Die **Entwicklung** von unionsrechtlichen Maßnahmen der Zollbehör-   **1**
den hat sich daraus ergeben, dass es im Verkehr der Mitgliedstaaten innerhalb
der Union seit 1.1.93 Zollkontrollen grds nicht mehr gibt. Daraufhin wurde
durch die VO (EG) Nr 3295/94 v 22.12.94 über Maßnahmen zum Verbot
der Überführung nachgeahmter Waren und unerlaubt hergestellter Vervielfältigungsstücke oder Nachbildungen in den zollrechtlich freien Verkehr
oder in ein Nichterhebungsverfahren sowie zum Verbot ihrer Ausfuhr und
Wiederausfuhr ein Instrumentarium zum Tätigwerden der Zollbehörden
geschaffen, s hierzu Fritze FS Piper 96, 221 ff. Nach einer Änderung durch
die VO (EG) Nr 241/99 v 25.1.99, ABl EG Nr L 27 v 2.2.99 = Bl 99, 251,
erfolgte eine Neuregelung durch die VO (EG) Nr 1383/03 v 22.7.03, ABl
EG Nr L 196/7 v 2.8.03 = Bl 03, 392 = GRUR Int 03, 1002; hierzu v
Welser EWS 05, 202; Hermsen Mitt 06, 261; Cordes GRUR 07, 483;
Worm/Gärtner Mitt 07, 497; Rinnert/Witte GRUR 09, 29; Eichelberger
Mitt 10, 281; WRP 12, 285. Eine weitere Neuregelung enthält die VO
(EU) Nr 608/13 v 12.6.13 zur Durchsetzung der Rechte geistigen Eigen-
tums durch die Zollbehörden (im Folgenden kurz: VO), ABl EU Nr L
181/15 v 29.6.13, die gem Art 40 II grds seit 1.1.14 in Kraft ist.

2. Der **Regelungsgehalt** des § 57a besteht im Wesentlichen darin, dass   **2**
der Inhalt wichtiger Bestimmungen der VO wiederholt wird. Wegen des
Vorrangs des UnionsR, § 57a VIII, haben die Bestimmungen des § 57a idR
nur bestätigenden Charakter. Der Anwendungsbereich für die Durchsetzung
der Rechte geistigen Eigentums durch Zollbehörden ergibt sich Aus Art 1
VO; ausgenommen sind ua mit Zustimmung des Rechtsinhabers hergestellte
(Original-) Waren und Mengenüberschreitungen bei der Herstellung derartiger Waren, Art 1 V VO. Gegenstand eines Antrags auf Tätigwerden, Art 5
VO, sind Waren, die im Verdacht stehen, ein Recht geistigen Eigentums zu
verletzen, Art 2 Nr 9 VO. Als Recht des geistigen Eigentums kommt ua ein
DesignschutzR in Betracht, Art 2 Nr 1b). Dabei kann es sich um ein GGM,
Art 2 Nr 3a), um ein eingetragenes Design, Art 2 Nr 3b) oder um eine internationale Eintragung, Art 2 Nr 3c), handeln. Bei eingetragenes Designs
und bei internationalen Eintragungen mit Schutz für Deutschland kann das
Tätigwerden der Zollbehörden nur für die BRD und nur durch einen nationalen Antrag beantragt werden. Unionsanträge können nur für Rechte mit
unionsweiter Wirkung gestellt werden, Art 4 VO. Für GGM kann der Antrag daher auf alle Mitgliedstaaten erstreckt werden. Zu den Einzelheiten des
Antragsformulars, Art 6 VO, sowie der Formularerklärung für die Übernahme der Haftung und der Verwahrungskosten, Art 6 III n) und o) VO, s
Mes/Eichmann, F 13. Der nach Art 5 zu stellende Antrag muss innerhalb
von 30 Arbeitstagen verbeschieden werden, Art 9 I VO. Wenn dem Antrag
von der zuständigen Zolldienststelle, in Deutschland ist das die Oberfinanzdirektion München, stattgegeben wird, erhalten die Zollstellen unverzüglich
eine Mitteilung, Art 14 VO. Das Tätigwerden ist zunächst auf ein Jahr beschränkt, Art 11 I 2, kann aber auf Antrag verlängert werden, Art 12 I VO.
Wenn ein Antrag noch nicht gestellt oder noch nicht zugelassen ist, können
die Zollbehörden vorläufig tätig werden, Art 18 I VO. Der Rechtsinhaber

hat dann die Möglichkeit, einen nationalen Antrag auf zu stellen. Das muss innerhalb einer Frist von vier Arbeitstagen, gerechnet ab Zugang der Benachrichtigung über das Festsetzen der Waren, geschehen, Art 5 III a) VO. Wenn einem Antrag stattgegeben worden ist und rechtsverletzende Waren festgestellt werden, erfolgt eine Aussetzung der Überlassung, s Rn 3.

3   **3.** Das **Tätigwerden der Zollbehörden** besteht in einer Aussetzung der Überlassung oder in einer Zurückhaltung von Waren. Nach Stattgabe eines Antrags werden hierüber der Anmelder und der Inhaber einer Entscheidung innerhalb eines Arbeitstags unterrichtet, Art 17 III VO. Vor Stattgabe eines Antrags erfolgt die Unterrichtung an den Anmelder und an den mutmaßlichen Rechtsinhaber, Art 18 III VO. Die Zollbehörden geben den Beteiligten Gelegenheit zur Prüfung der Waren; Art 19 I VO; es können auch Proben und Muster entnommen werden, Art 19 II VO. Der Rechtsinhaber kann einer im Rahmen des Zollverfahrens des externen Versandverfahrens oder des Zolllagerverfahrens erfolgten bloßen Verbringung von Originalwaren nicht widersprechen, die nicht von vorher von ihm oder mit seiner Zustimmung in der Union in den Verkehr gebracht worden sind, EuGH GRUR Int 06, 40 Rn 50 – Class International. Ein Anbieten und ein Inverkehrbringen kann sich auf Originalwaren erstrecken, die den zollrechtlichen Status von Nichtgemeinschaftswaren haben, während für diese Waren das externe Versand- oder das Zolllagerverfahren gilt, EuGH GRUR Int 06, 40 Rn 61. Aus einem Drittstaat in einem Nichterhebungsverfahren in das Zollgebiet der Union verbrachte Waren können als rechtsverletzend behandelt werden, wenn konkrete Anhaltspunkte dafür vorliegen, dass sie zum Inverkehrbringen in der Union bestimmt sind, EuGH GRUR 12, 828 Rn 56, 57 – Philips und Nokia.

4   **4.** Ein **vereinfachtes Verfahren** ermöglicht die Vernichtung der festgesetzten Waren, ohne dass festgestellt werden muss, ob ein Recht des geistigen Eigentums verletzt ist. Hierfür muss innerhalb von zehn Arbeitstagen der Inhaber der Entscheidung bestätigen, dass seines Erachtens ein Recht geistigen Eigentums verletzt ist und dass er der Vernichtung zustimmt, Art 23 I a) und b) VO. Der Anmelder muss bestätigen, dass er der Vernichtung der Waren zustimmt; die Zustimmung wird fingiert, wenn der Anmelder innerhalb von zehn Arbeitstagen weder eine Zustimmungserklärung abgegeben noch einen Widerspruch erhoben hat, Art 23 I c) VO. Die Zustimmungsfiktion ist auch in § 57a IV geregelt. Der Widerspruch muss ggü der Zollbehörde erklärt werden, die über die Festsetzung der Waren unterrichtet hat. Der Widerspruch ist an keine Form gebunden; es genügt daher Nachweisbarkeit. Durch das vereinfachte Verfahren sollen die Nachteile beseitigt werden, die mit der Dauer des normalen Verfahrens und den daraus resultierenden Lagerkosten verbunden sind, EuGH GRUR 09, 482 Rn 26 – Schenker/Valsts. Die Einleitung des vereinfachten Verfahrens nimmt den zuständigen nationalen Behörden nicht die Befugnis, gegen die Einfuhr von erkanntermaßen oder möglicherweise schutzrechtsverletzenden Waren in das Zollgebiet der Union Sanktionen zu verhängen, EuGH GRUR 09, 482 Rn 27, 33.

5   **5.** Für **verderbliche Waren** stehen nur kurze Fristen zur Verfügung. Das sind Waren, die verderben können, wenn sie bis zu 20 Tage aufbewahrt werden, Art 2 Nr 20 VO, zB Tiefkühlprodukte, Backwaren, Konditoreierzeugnisse. Die kurzen Fristen gelten auch, wenn nicht die Waren, sondern not-

wendige Verpackungen oder nicht verderbliche Bestandteile der Waren Gegenstand eines Designschutzes sind. Die Frist sowohl für einen Antrag des Rechtsinhabers, § 57 III 1, als auch für einen Widerspruch des Anmelders, Besitzers oder Eigentümers, § 57 IV 1, beträgt drei Arbeitstage. Eine Verlängerung der Frist ist nicht möglich, Art 23 IV VO.

6. Die **Vernichtung** der festgesetzten Waren erfolgt unter zollamtlicher Überwachung, Art 23 II 1 VO. Die organisatorische Abwicklung der Vernichtung kann von der Zollstelle übernommen werden, § 57a VI. Dem Rechtsinhaber werden die Kosten und die Verantwortung für die Vernichtung auferlegt, § 57a V. Damit in einem etwaigen Rechtsstreit zuverlässige Beweismittel zur Verfügung stehen, bestimmt Art 23 II 2, dass von den zuständigen Behörden vor der Vernichtung Proben oder Muster entnommen werden können. Die Aufbewahrungsfrist für diese Beweismittel beträgt ein Jahr, § 57a VII.

6

Abschnitt 11. Besondere Bestimmungen

Inlandsvertreter

58 (1) **Wer im Inland weder Wohnsitz, Sitz noch Niederlassung hat, kann an einem in diesem Gesetz geregelten Verfahren vor dem Deutschen Patent- und Markenamt oder dem Bundespatentgericht nur teilnehmen und die Rechte aus einem eingetragenen Design nur geltend machen, wenn er im Inland einen Rechtsanwalt oder Patentanwalt als Vertreter bestellt hat, der zur Vertretung im Verfahren vor dem Deutschen Patent- und Markenamt, dem Bundespatentgericht und in bürgerlichen Rechtsstreitigkeiten, die das eingetragene Design betreffen, sowie zur Stellung von Strafanträgen bevollmächtigt ist.**

(2) **Staatsangehörige eines Mitgliedstaates der Europäischen Union oder eines anderen Vertragsstaates des Abkommens über den Europäischen Wirtschaftsraum können zur Erbringung einer Dienstleistung im Sinne des** *Vertrages zur Gründung der Europäischen Gemeinschaft* **als Vertreter im Sinne des Absatzes 1 bestellt werden, wenn sie berechtigt sind, ihre berufliche Tätigkeit unter einer der in der Anlage zu § 1 des Gesetzes über die Tätigkeit europäischer Rechtsanwälte in Deutschland vom 9. März 2000 (BGBl. I S. 182) oder zu § 1 des Gesetzes über die Eignungsprüfung für die Zulassung zur Patentanwaltschaft vom 6. Juli 1990 (BGBl. I S. 1349, 1351) in der jeweils geltenden Fassung genannten Berufsbezeichnungen auszuüben. In diesem Fall kann ein Verfahren jedoch nur betrieben werden, wenn im Inland ein Rechtsanwalt oder Patentanwalt als Zustellungsbevollmächtigter bestellt worden ist.**

(3) **Der Ort, an dem ein nach Absatz 1 bestellter Vertreter seinen Geschäftsraum hat, gilt im Sinne des § 23 der Zivilprozessordnung als der Ort, an dem sich der Vermögensgegenstand befindet; fehlt ein solcher Geschäftsraum, so ist der Ort maßgebend, an dem der Vertreter im Inland seinen Wohnsitz, und in Ermangelung eines solchen der Ort, an dem das Deutsche Patent- und Markenamt seinen Sitz hat.**

(4) **Die rechtsgeschäftliche Beendigung der Bestellung eines Vertreters nach Absatz 1 wird erst wirksam, wenn sowohl diese Beendigung als**

auch die Bestellung eines anderen Vertreters gegenüber dem Deutschen
Patent- und Markenamt oder dem Bundespatentgericht angezeigt wird.

Übersicht

I. Inlandsvertretung

1 **1.** Die **Entwicklung** des § 58, Nachfolgevorschrift des § 16 GeschmMG
1988, hatte einen andersartigen Ausgangspunkt als denjenigen, die Vertretung von auswärtigen Verfahrensteilnehmern vorzuschreiben. § 16 in seiner
ursprünglichen Fassung von 1876 beschränkte den Schutz nach dem damaligen GeschmMG auf im Inland gefertigte Erzeugnisse, eine Vorschrift, die
bald in Widerspruch stand zu Art 5B PVÜ und Art 5 HMA 1934, näher
2. Aufl 16/1. Die Notwendigkeit, einen Inlandsvertreter zu bestellen, war
schon Gegenstand der Entwürfe 1929, 1940 und 1977, was aber erstmals
förmlich § 16 GeschmMG 1988 in der ab 1.7.88 geltenden Fassung vorsah.
Übereinstimmende oder inhaltsgleiche Regeln enthalten die §§ 25 PatG, 28
GebrMG, 96 MarkenG. Diese Vorschriften, so auch § 16 GeschmMG 1988,
sind mit Wirkung vom 1.1.02 durch das KostenBerG neu gefasst und inhaltlich erheblich erweitert worden. Das betrifft in Abs 1 die Einbeziehung jur
Personen und Handelsgesellschaften sowie die Klarstellung, dass es für die
Vertretungsbefugnis auf den Umfang der erteilten Vollmacht ankommt.
Abs 2 eröffnet Anwälten mit Staatsangehörigkeit eines anderen Mitgliedstaats
der EU oder Vertragsstaats des EWR die Vertretungsbefugnis, ohne dafür im
Inland Sitz nehmen zu müssen, Einzelh Rn 5. In diesem Zusammenhang ist
der frühere Abs 2 S 2, wonach in diesem Fall ein inländischer Rechts- oder
Patentanwalt als Zustellungsbevollmächtigter bestellt werden musste, durch
Art 6 Nr 3 des PatentrechtsmodernisierungsG (BGBl I S 2521 = Bl 09, 301)
mit Wirkung v 1.10.09 gestrichen worden, s auch Mitt PräsDPMA Bl 09,
301. Der 2002 neu geschaffene Abs 3 übernimmt Satz 3 des § 16 Geschm-
MG 1988. Abs 4 lässt im Interesse der Kontinuität des Verfahrens das Ende
der Bestellung eines Inlandsvertreters erst zu, wenn ein Nachfolger den Patentbehörden angezeigt ist. § 58 übernimmt identisch diese Regelung des
§ 16 GeschmMG 1988. Damit gelten die Rechte und Pflichten des § 58 der
Sache nach bereits seit dem 1.1.02, weshalb der Ges-Geber von einer Übergangsregelung für vor dem 1.6.04 eingeleitete Verfahren, etwa entspr § 165
VII MarkenG, abgesehen hat. Kein Fall der Inlandsvertretung, sondern eine
Maßgabe im Rahmen der Zustellung im Ausland, s § 23 Rn 59, ist die An-

ordnung des Vorsitzenden des Prozessgerichts nach § 184 I ZPO, einen inländischen Zustellungsbevollmächtigten zu benennen.

2. In Verfahren vor dem DPMA und dem BPatG besteht grds kein An- 2
waltszwang. Das gilt nicht für Verfahrenbeteiligte aus dem Ausland, die einen
Inlandsvertreter bestellen müssen (der Begriff ist heute nur noch eingeschränkt zutreffend, Rn 5). **Zweck** ist die Erleichterung des geschäftlichen
Verkehrs des DPMA mit Beteiligten im Ausland, Begr zu § 58; weit Nachw
RGZ 42, 95. Es soll insbes vermieden werden, dass uU unzuverlässige und
zeitverzögernde Zustellungen im Ausland vorgenommen werden müssen,
Begr aaO, Begr KostenBerG zu Art 7 (§ 25 PatG), Bl 02, 52; Begr PatentrechtsmodernisierungsG zu §§ 25 II und 127 PatG; zusätzlich soll ein
inländischer Gerichtsstand sichergestellt sein, Rn 13. Der auswärtige Inhaber
eines eD muss grds überall dort einen Inlandsvertreter einschalten, wo es um
Anmeldung, Fortführung und Verteidigung eines eD sowie um die Geltendmachung von Rechten aus einem eD geht. Ein nach den Vorschriften des
DesignG geschütztes Recht ist auch das Recht aus einer Internationalen Eintragung nach dem HMA, s Int Rn 3 ff. Zusätzlich soll in Anknüpfung an den
Geschäftsraum beziehungsweise an den Wohnsitz des Inlandsvertreters ein
inländischer Gerichtsstand für Klagen gegen den auswärtigen Inhaber eines
eD begründet werden. Dass der geschäftliche Verkehr mit dem Ausland erleichtert werden soll, liegt sowohl im Interesse der inländischen Behörden,
BGH GRUR 72, 536, 537 – Akustische Wand, als auch im Interesse der inländischen Verfahrensbeteiligten, BGH GRUR 69, 437, 438 – Inlandsvertreter. Hierzu gehört insbes, dass im Interesse der Rechtssicherheit eine ordnungsgemäße Zustellung auch im Inland gewährleistet sein soll, PA Bl 55,
146; BPatGE 1, 32; diese Zustellungsmöglichkeit dient auch der Vereinfachung und der Beschleunigung. Die Inlandsvertretung ist eine Sonderform
der durch Rechtsgeschäft erteilten Vollmacht, § 166 II BGB; Erteilung,
Rechtsfolgen und Beendigung bestimmen sich nach §§ 167 ff BGB, soweit
keine Sonderregelungen bestehen, Einzeln Rn 15 ff. Die **Rechtsnatur** der
Bestellung des Inlandsvertreters zur Verfahrensteilnahme besteht in einer Obliegenheit des Auftraggebers, BGH GRUR 09, 701, 702 – Niederlegung der
Inlandsvertretung. Verstößt er durch Nichtbestellung dagegen, ist die Verfahrensteilnahme oder Geltendmachung von Rechten im Ergebnis nicht möglich, Rn 9 ff, und er hat die Nachteile aufgrund verspäteter oder fehlgeschlagener förmlicher Zustellung im Ausland mit der Folge öffentlicher Zustellung
zu tragen, vgl § 23 I 4 iVm § 127 I Nr 2 PatG, § 23 Rn 59, bis hin zur Zurückweisung der Anmeldung oder des Antrags. Der Obliegenheit nachzukommen liegt für den Regelfall, dass er das Verfahren vor dem DPMA selbst
eingeleitet hat, auf der Hand, und ihm ist dann zuzumuten, sich über das Erfordernis der Inlandsvertretung zu informieren, weshalb in diesen Fällen keine Pflicht des DPMA zur Information darüber besteht, Begr PatentrechtsmodernisierungsG zu § 127 PatG. Wenn er dagegen als Rechtsinhaber erstmals
in ein Verfahren vor dem DPMA einbezogen werden muss, Begr aaO, und
ihm die Notwendigkeit der Inlandsvertreterbestellung nicht erkennbar war,
vgl insofern die Wertung durch die bis zum 30.9.09 geltende Fassung des
§ 94 I Nr 1 MarkenG, muss das DPMA ihn von dem Erfordernis – formlos –
informieren; Diese Situation kann zB aufgrund Löschungsantrags Dritter,
vorläufiger Schutzverweigerung durch DPMA bei international registrierten
Designs eintreten, s Rn 9. Bis dahin sind in solchen Fällen (fristauslösende)

förmliche Zustellungen an ihn unzulässig, Begr PatentrechtsmodernisierungsG aaO. Bleibt diese Vorab-Information fruchtlos, wird diese mit der förmlichen Zustellung verbunden werden können, bevor der Fall unterbliebener Inlandsvertreterbestellung eintritt, Rn 9 ff.

3   **3. Persönliche Bedingung** für die Notwendigkeit der Bestellung eines Inlandsvertreters ist, dass der Verfahrensbeteiligte oder Anspruchsteller, Rn 9 ff, im Inland weder Wohnsitz, Sitz noch Niederlassung hat. Inland ist der Geltungsbereich des DesignG. Die Zugehörigkeit eines Landes zur PVÜ hindert nicht die Anwendung des § 58, Art 2 III PVÜ. Bei Privatpersonen ist nur der Wohnsitz, §§ 7–11 BGB, maßgeblich, nicht die Staatsangehörigkeit (somit „Auswärtiger", nicht Ausländer); ein deutscher Staatsangehöriger, der im Inland keinen Wohnsitz hat, benötigt daher einen Inlandsvertreter, umgekehrt ein Ausländer mit deutschem Wohnsitz oder Sitz keinen Inlandsvertreter. Bei einer aus In- und Ausländern bestehenden Anmeldergemeinschaft muss kein Vertreter nach § 58 bestellt werden; Zustellungen erfolgen nach Amtspraxis ausschließlich an den Inländer, auch wenn das ausländische Mitglied der Gemeinschaft als Zustellungsadressat genannt wurde. Bei jur Personen sowie bei Personengesellschaften (OHG, KG), die klarstellend jetzt auch in § 58 mittelbar („Sitz") angesprochen sind, kommt es ausschließlich darauf an, ob im Inland ein Sitz, § 24 BGB, oder eine Niederlassung fehlt. Niederlassung ist eine Räumlichkeit, von der aus unmittelbare, auf Dauer angelegte Geschäfte geschlossen werden, s § 21 ZPO. Diese Voraussetzungen können auch bei der deutschen Tochtergesellschaft eines ausländischen Unternehmens erfüllt sein, Schickedanz Mitt 75, 127. Dasselbe gilt für die Zweigniederlassung eines ausländischen Unternehmens, wenn sie gem §§ 13d–13g HGB im Handelsregister eingetragen ist, RGZ 41, 66, 69. Auf die sachliche und personelle Ausstattung kommt es dann nicht an, aA RG GRUR 37, 818, da durch die Eintragung sichergestellt ist, dass eine Zustellung an die Niederlassung gem § 21 ZPO erfolgen kann. Eine bloße Betriebstätte, die nicht erkennbar selbstständig am Wirtschaftsverkehr teilnimmt, ist keine Niederlassung iSd Abs 1, BPatG Mitt 82, 77, auch nicht eine rechtlich selbstständige Tochtergesellschaft eines ausländischen Konzerns, RPA Mitt 35, 199. Das Bestehen der Niederlassung im Zeitpunkt der Verfahrensteilnahme bzw Geltendmachung von Rechten genügt; die Absicht für die Errichtung einer Niederlassung dagegen nicht, BPatG GRUR 83, 370.

4   **4. a) Inlandsvertreter iSd Abs 1** kann nur ein PA oder ein RA (ausgenommen beim BGH zugelassener RA, § 172 BRAO) sein. PA ist, wer in die bei der Patentanwaltskammer geführte Liste, § 29 I PAO nF, eingetragen ist, § 30 I PAO. Die Bestellung des PA umfasst dessen allg Vertreter gem § 46 PAO, PA Bl 54, 23; BPatG Mitt 06, 141 – Windenergieanlage (auch zu Patentanwaltsbewerbern). Patentassessoren können gem § 155 II PAO unter den Voraussetzungen des § 155 I Nr 2 PAO in anderen Bereichen als Inlandsvertreter bestellt werden, s hierzu BPatGE 13, 19, Kelbel Mitt 66, 230. Erlaubnisscheininhaber sind nach § 178 PAO ebenfalls vertretungsberechtigt. RA ist, wer zur Rechtsanwaltschaft zugelassen ist und hierüber eine von der Landesjustizverwaltung ausgestellte Urkunde erhalten hat, § 12 BRAO; die Bestellung des RA umfasst dessen allg Vertreter gem § 53 BRAO. Einerseits können mehrere gemeinschaftlich Berechtigte zusammen einen Inlandsvertreter haben, andererseits ist es rechtlich zulässig, dass ein Auswärtiger meh-

rere Inlandsvertreter bestellt. Sowohl bei der Bestellung einer Anwaltssozietät als auch bei der Bestellung mehrerer nicht miteinander in Verbindung stehender Vertreter ist § 84 ZPO entsprechend anwendbar. Aus §§ 26 PAO, 27 BRAO folgt, dass der Inlandsvertreter grds im Geltungsbereich des DesignG eine eingerichtete Kanzlei haben muss; Ausnahmen können sich aus §§ 27, 165 PAO, 29 BRAO ergeben.

b) Die Zulassung von **Vertretern aus dem Bereich der EU oder des** **5** **EWR iSd Abs 2** trägt der Dienstleistungsfreiheit innerhalb der EU Rechnung, s näher Begr KostenBerG zu Art. 7 Nr 9 (§ 25 PatG), Bl 02, 52; Begr Allg Teil A. I. zum PatentrechtsmodernisierungsG. Solche Vertreter können auch nicht im Inland ansässige RA und PA mit Staatsangehörigkeit eines Mitgliedsstaats der EU, des EWR und der Schweiz sein, und zwar RA mit dieser Staatsangehörigkeit und der Berufsbezeichnung gem Anl 1 zu § 1 des Ges über die Tätigkeit europäischer Rechtsanwälte in Deutschland v 9.3.00 (EuRAG) mit Änderung durch Ges zur Änderung [dieses Gesetzes] und weiterer berufsrechtlicher Vorschriften für Rechts- und Patentanwälte, Steuerberater und Wirtschaftsprüfer v 26.10.03 (BGBl I S 2074 = Bl 03, 407); neben diesen Patentanwälte mit einer Tätigkeit, die unter die in Anl zu § 1 des Ges über die Eignungsprüfung für die Zulassung zur Patentanwaltschaft v 6.7.90 aufgeführte Berufsbezeichnung fällt. Der aus Gründen gesteigerter Dienstleistungsfreiheit erforderliche Wegfall des früheren Abs 2 S 2 zum 1.10.09, wonach im Falle der Inlandsvertretung und der Bestellung eines im EU-/EWR-Raum tätigen Anwalts gleichwohl daneben ein inländischer Zustellungsbevollmächtigter bestellt werden musste, lässt nach der Begr PatentrechtsmodernisierungsG aaO Zustellungsprobleme in manchen dieser Staaten fortbestehen. Gleichwohl genügt für das DPMA nun die Aufgabe der an den im Ausland ansässigen Vertreter zuzustellenden Sendung im Inland zur Post und die Wahl der geeigneten Zustellungsart, Begr PatentrechtsmodernisierungsG aaO, Mitt PräsDPMA Bl 09, 301 – Einzelh zu solchen Zustellungen § 23 Rn 59. Ohnehin steht dem Auswärtigen – insbes bei zu befürchtenden Zustellungsproblemen – die Bestellung eines inländischen Zustellungsbevollmächtigten im bisherigen Sinne frei, Begr aaO zu § 25 II PatG. Der Zustellungsempfänger muss demnach Sicherheit und Schnelligkeit der Zustellung und die Kosten der Bestellung gegeneinander abwägen.

5. a) Die **Bestellung** des Inlandsvertreters erfolgt durch Vollmachtserteilung, Rn 2. Gem § 167 I BGB kann die Vollmacht entweder durch Erklärung ggü dem Inlandsvertreter oder ggü dem Dritten (DPMA, BPatG, Gerichte) erteilt werden, dem ggü die Vertretung stattfinden soll. Es ist erforderlich, als Mindestumfang aber auch ausreichend, dass zur Vertretung „gem § 58 DesignG" bevollmächtigt wird. Klargestellt ist seit der Neufassung des § 16 GeschmMG 1986 durch § 58 GeschmMG 2004 auch, dass es für die Vertretungsmacht des Inlandsvertreters auf den Inhalt der rechtsgeschäftlich erteilten Vollmacht ankommt; Ges verleiht nicht mehr in missverständlicher Weise eine Befugnis zu Vertretung, Begr KostenBerG zu Art 7 Nr 9 (§ 25 PatG), Bl 02, 53. Für das Verfahren vor dem DPMA bestimmt § 15 I DPMAV, dass Bevollmächtigte beim DPMA eine schriftliche Vollmacht einzureichen haben; dieses Erfordernis gilt auch für die Bestellung eines Inlandsvertreters, BPatGE 15, 204; 22, 37. Der Inlandsvertreter kann Untervollmacht erteilen, PA Bl 55, 146. Auch im Verfahren vor dem BPatG,

§ 23 II iVm 97 V PatG und im Zivilprozess, § 80 I ZPO, ist eine schriftliche Vollmacht einzureichen. Die Vorlage einer Vollmachtsurkunde ist jedoch nur erforderlich, wenn der Bevollmächtigte kein RA oder PA ist oder wenn ein Vollmachtsmangel gerügt wird, § 15 IV DPMAV, § 23 II iVm 97 VI 2 PatG. Dasselbe gilt im Zivilprozess, wenn ein RA bevollmächtigt ist, § 88 II ZPO. Bei einer außergerichtlichen Geltendmachung von Ansprüchen aus einem eD bleibt es dem Gegner überlassen, ob er einen Nachweis für die Bestellung eines Inlandsvertreters fordert, Rn 11. Die Bestellung des Vertreters wird mit den Angaben nach § 6 IV DesignV in das Register eingetragen, § 15 II Nr 3 DesignV, abl zu datenschutzrechtlich begründeten Einwänden gegen die Eintragung BPatG GRUR 09, 187 – Eintragung des Inlandsvertreters. Bei mehreren Vertretern mit unterschiedlicher Anschrift muss der Vollmachtgeber einen Zustellungsbevollmächtigten angeben, § 14 I DPMAV, Einzeln Rn 16. Änderungen in der Inlandsvertretung sind dem DPMA anzuzeigen und werden im Register vermerkt.

7 **b)** Der **Umfang der Vollmacht** (Vertretungsmacht) im gesetzl Mindestumfang des § 58 erstreckt sich im Amtsverfahren auf die Einleitung, Durchführung und Beendigung des Verfahrens vor dem DPMA, BGH GRUR 72, 536, 537 – Akustische Wand, und vor dem BPatG, BGH GRUR 69, 437, 438 – Inlandsvertreter. Die Vertretungsmacht umfasst dann alle das Eintragungsverfahren betreffenden und mit diesem Verfahren in Zusammenhang stehenden Verfahrenserklärungen, BPatGE 1, 22, wie zB Verzicht auf Priorität, Teilung einer Sammelanmeldung, s BGH GRUR 72, 537 (betr Ausscheidung bei Patentanmeldung), aber auch materiellrechtliche Verfügungen, soweit sie wie die Rücknahme der Anmeldung im Rahmen des Eintragungsverfahrens vor dem DPMA stattfinden, BGH GRUR 72, 537; BPatGE 1, 22, ferner Amtsverfahren über das eD, BPatGE 1, 26; 1, 30, zB Aufrechterhaltung des Schutzes, Nebenverfahren, sowie außergerichtliche und gerichtliche zivilrechtliche Streitigkeiten und Strafanträge einschließlich Vertretung im Strafverfahren, Abs 1. Für diesen Umfang wird die Vollmacht im Außenverhältnis zweckmäßig „gem § 58 DesignG" erteilt, insbes begründet die Einräumung einer geringeren Vertretungsmacht keine Inlandsvertretung iSd § 58. Sie erstreckt sich dann nach hM nicht auf materiellrechtliche Verfügungen über das eD wie Verzicht und diesbezüglicher Löschungsantrag gem § 36 I Nr 2, BPatGE 1, 22 f (betr Verzicht auf erteiltes Patent); 5, 5; 30, 132; Günther/Beyerlein 58/10; Ströbele/Hacker 96/19; Fezer 96/15; Schulte 25/37; aA Ingerl/Rohnke 96/2, auch nicht auf Übertragung und Lizenzierung des eD. Hierfür muss die Vertretungsmacht über den Umfang des § 58 erteilt werden. Das DPMA legt dies regelmäßig so aus, sofern nicht gegenteilige Anhaltspunkte bestehen. Der Normzweck, Rn 2, steht der Verhandlungsfähigkeit des Auswärtigen nicht entgegen, BGH GRUR 69, 438. Der Auswärtige ist daher in seiner Verfügungsmacht über die Anmeldung nicht beschränkt, BPatGE 4, 161, er muss jedoch sämtliche Handlungen des Inlandsvertreters gegen sich gelten lassen, BGH GRUR 69, 438; BPatGE 4, 161. Die Bestellung eines Inlandsvertreters hindert den Auswärtigen nicht daran, Verfahrenshandlungen selbst vorzunehmen, Begr zu § 58, BGH GRUR 69, 438; BPatGE 1, 32, oder durch einen anderen Bevollmächtigten vornehmen zu lassen, BGH GRUR 69, 438; BPatGE 12, 132 mwN; der weitere Bevollmächtigte muss nicht die Qualifikationen aufweisen, die für einen Inlandsvertreter erforderlich ist, BPatGE 4,

162. Der Inlandsvertreter kann eine von ihm abgegebene Erklärung anfechten, BGH GRUR 72, 537; dasselbe gilt für eine durch einen Angestellten
abgegebene Erklärung, BPatGE 1, 27. In Betracht kommen sowohl eine
Anfechtung wegen Irrtums über den Erklärungsinhalt, BGH aaO; BPatGE
1, 27; 12, 131, als auch eine Anfechtung betreffend die Erklärungshandlung,
BGH aaO; BPatGE 1, 32. Wenn ein Inlandsvertreter bestellt ist, muss stets
diesem zugestellt werden, BGH GRUR 93, 476, 477 – Zustellungswesen;
allg zu Zustellungen BGH GRUR 91, 814, 815 – Zustellungsadressat, § 23
Rn 54.

c) Für die **Beendigung** der Inlandsvertretung, Abs 4, ist maßgeblich, ob **8**
die Vollmacht aus dem Geschäftsbesorgungsvertrag, §§ 168 I BGB ivm 675
BGB, fortbesteht. Die Inlandsvertretung endet daher von selbst mit dem Tod
des Inlandsvertreters, § 673 BGB, BPatGE 22, 37, ferner, wenn der Inhaber
des eD nicht mehr Auswärtiger ist. Hauptfall ist die durch Erklärung erlo-
schene Vertretungsbefugnis, wenn der Auswärtige die Bestellung widerruft
oder wenn der Inlandsvertreter niederlegt. Wenn die Bestellung einem Dritten (DPMA, BPatG und andere Gerichte) mitgeteilt war, endet die Inlandsvertretung mit Bekanntgabe der Beendigung an diesen, §§ 168 S 3 ivm
167 I BGB. Wenn indessen der Inlandsvertreter in das Register eingetragen
ist, kommt es nach Abs 4 nicht mehr, wie früher, auf den Fortbestand der
Registereintragung an, vielmehr genügt die Anzeige ggü den Patentbehörden; damit verbunden ist im Interesse der Kontinuität der Inlandsvertretung
die Pflicht des Vertretenen, den nachfolgenden Inlandsvertreter zu benennen; solange dies nicht geschehen ist, bleibt der Vorgänger als Inlandsvertreter weiter verpflichtet, um eine Zwischenphase zu vermeiden, in der
schwierige Zustellungen in das Ausland vorzunehmen wären, Begr Kosten-
BerG zu Art 9 Nr 22 (§ 96 MarkenG), Bl 02, 58; BPatG Bl 07, 422 – Inlandsvertreter. Dies gleicht jetzt der Verfahrensweise im Zivilprozess, wonach
dem Inlandsvertreter zugestellt werden kann, bis ein anderer RA seine
Bestellung angezeigt hat, § 87 I ZPO. Die Mitt PräsDPMA Bl 05, 41 ist
demzufolge überholt und gem Mitt PräsDPMA Bl 09, 241 die Amtspraxis
insofern geändert, als die fortwirkende Vertretungspflicht bei fehlender
Neubestellung nicht für Verfahren oder Verfahrensphasen gilt, in denen keine Verfahrensteilnahme, s Rn 2, 9, veranlasst ist, BGH GRUR 09, 701, 702
– Niederlegung der Inlandsvertretung; BPatG Bl 08, 179 – Inlandsvertreter
II; Bl 09, 30 – Inlandsvertreter III. Deshalb ist bei fehlender Verfahrensteilnahme das Register auf Antrag des weggefallenen Inlandsvertreters in diesem
Punkt zu berichtigen, BGH aaO.

6. a) **Verfahrensteilnahme** mit der Folge, unter den sonstigen Voraus- **9**
setzungen des § 58 einen Inlandsvertreter bestellen zu müssen, s insbes Rn 3,
ist zunächst jede Beteiligung an einem vor dem DPMA oder dem BPatG
anhängigen Verfahren nach dem DesignG. Hauptfall ist die Fortführung des
durch die Anmeldung eingeleiteten Eintragungsverfahrens für das Design.
Weiter ist Inlandsvertretung notwendig für das Löschungsverfahren auf Antrag des Inhabers selbst bei notwendiger Zustimmung Dritter, § 36 I 1 Nr 2,
für das Akteneinsichts-, Umschreibungs-, Kostenfestsetzungs-, Wiedereinset-
zungsverfahren, für die vorzeitige Erstreckung mit Bildbekanntmachung
nach Aufschiebung der Bekanntmachung, § 21 III, bei eingetragenen Sammelanmeldungen die Teilaufrechterhaltung bzw Teilerstreckung für einzelne
eD nach § 21 II, Einwendungen des auswärtigen Inhabers eines international

registrierten Designs in einem vom DPMA nach § 69 eingeleiteten Schutzverweigerungsverfahren, § 69 Rn 3. Hierzu gehören auch durch Dritte eingeleitete Verfahren zur Feststellung der Unwirksamkeit, § 70 I 1, und registerrechtliche Verfahren, insbes Löschungsantrag gem § 36 I 1 Nr 3. Bei
zweiseitigen Verfahren ist Inlandsvertretung notwendig unabhängig davon,
ob der Auswärtige Antragsteller oder Antragsgegner ist, s auch Rn 10f.
Keine Verfahrensteilnahme sind bei sämtlichen oben genannten Verfahren
erfolgende faktische – ggf verfahrenseinleitende – Handlungen wie Design-
Anmeldung, Antragstellung oder Erklärung als solche (zB bei Umschreibung, Anmeldungsrücknahme, Verzicht auf das eD, Einlegung der Beschwerde), Aufrechterhaltung des eD bzw Erstreckung durch Gebührenzahlung, Beschwerdeeinlegung als solche, Namensänderung/Änderung der
Zustellanschrift ggf unter Einschluss kurzer unstreitiger Verfahrenserledigung
ohne förmliche Entscheidung und Zustellungsbedarf. Für ein sich ggf an-
schließendes Verfahren ist alsbald ein Inlandsvertreter zu bestellen. Somit ist
die Bestellung des Inlandsvertreters keine unverzichtbare Voraussetzung für
eine wirksame Design-Anmeldung iSd § 11 II 1. Dasselbe gilt für die Weiterleitung einer beim DPMA eingereichten GGM-Anmeldung an das
HABM gem § 62 bzw Internationalen Design-Anmeldung an die WIPO
gem § 68. Die bloße Inhaberschaft an einem eD begründet (noch) kein
Verfahren, BGH Mitt 09, 193, 194 [15, 16] – Niederlegung der Inlandsvertretung, ebenso an einem international registrierten Design nach dem HMA
mit Benennung Deutschlands, weshalb allein für die Zustellung eines evtln
Nichtigkeitsantrags Dritter nach § 34a oder der amtlichen Mitteilung über
die vorläufige Schutzverweigerung nach § 69 bzw eines Antrags auf Feststellung der Unwirksamkeit einer internationalen Eintragung für das Gebiet der
Bundesrepublik Deutschland nach § 70 I 1 keine ständige Inlandsvertretung
vorgehalten werden muss, zur evtln Informationspflicht des DPMA in solchen Fällen s Rn 2. Dasselbe gilt für die Aufrechterhaltung der Schutzdauer,
soweit sie sich in reiner Gebührenzahlung erschöpft. Abs 1 erstreckt sich
nicht auf die Beteiligung an einem Rechtsbeschwerdeverfahren vor dem
BGH, wo ohnehin Anwaltszwang herrscht, § 102 V 1 PatG. Auch (Streit-
)Verfahren nach anderen Ges, zB wegen Zahlung nach dem PatKostG,
BPatG Bl 07, 422 – Inlandsvertreter, oder DPMAVwKostV, sind keine nach
dem DesignG und erfordern keinen Inlandsvertreter.

10   **b)** Die Bestellung eines Inlandsvertreters ist **Verfahrensvoraussetzung**
für den sachlichen Fortgang des Verfahrens vor dem DPMA und BPatG,
BGH GRUR 69, 437, 438 – Inlandsvertreter, Begr KostenBerG zu Art. 7
Nr 9 (§ 25 PatG), Bl 02, 52. Diese Verfahrensvoraussetzung ist unverzichtbar; sie muss in jeder Lage des Verfahrens vAw geprüft werden, BPatG Bl
87, 114. Solange ein Inlandsvertreter nicht bestellt ist, sind Handlungen des
Auswärtigen oder anderer Bevollmächtigter auf der Aktivseite mit einem
behebbaren Mangel behaftet, BPatG Bl 07, 422 – Inlandsvertreter, und in
rechtsähnlicher Anwendung von § 177 I BGB nur schwebend wirksam, das
Verfahren kommt zunächst zum Stehen; diese Handlungen werden voll
wirksam, wenn nachträglich mit Rückwirkung ein Inlandsvertreter bestellt
wird, BGH aaO. Fällt der Inlandsvertreter nachträglich weg, steht das einer
sachlichen Fortführung des Verfahrens entgegen; eine Unterbrechung des
Verfahrens tritt jedoch nicht ein, BGH aaO. Ohne Bestellung eines Inlandsvertreters hat die Anmeldung eines Auswärtigen zwar prioritätsbegründende

Wirkung, sie kann aber bis zur Bestellung eines Inlandsvertreters sachlich nicht bearbeitet werden, BGH aaO. Dem stehen für das DesignR §§ 11 II, III, IV, 16 I Nr 3, IV nicht entgegen, weil die Bestellung eines Inlandsvertreters nicht für eine ordnungsgemäße Anmeldung, sondern nur für den sachlichen Fortgang des Verfahrens zwingend vorgeschrieben ist. Das DPMA gibt dem Auswärtigen unter Fristsetzung Gelegenheit, innerhalb angemessener Frist einen Inlandsvertreter zu bestellen, auch nach Wegfall eines früheren Inlandsvertreters. Geschieht das nicht, wird die Anmeldung wegen Nichterfüllung sonstiger Erfordernisse zurückgewiesen, § 16 IV 3, s auch BGH GRUR 69, 438, ebenso ein Antrag oder eine Beschwerde als unzulässig, eine Wiedereinsetzung in diese gesetzte Frist ist nicht möglich, BPatGE 31, 30, § 23 Rn 6. Bestellt der auswärtige Designinhaber in der Passivrolle − Gegner in zweiseitigen Verfahren, vgl Rn 9, Beschwerdegegner oder als Adressat einer vorläufigen Schutzverweigerung durch DPMA nach § 69 − trotz Aufforderung keinen Inlandsvertreter, wird das Verfahren fortgesetzt unter Zustellung der amtlichen bzw patentgerichtlichen Sendungen nach § 127 I Nr 2 PatG (idF des PatentrechtsmodernisierungsG) bzw 184 ZPO unter dem von ihm zu tragenden Risiko solcher Zustellung im Ausland, s § 23 Rn 59. Für das Verfahren vor dem BPatG gelten die gleichen Grds, BGH GRUR 69, 438. Fällt der Inlandsvertreter im Verlauf des Beschwerdeverfahrens weg, ist die Beschwerde als unzulässig zu verwerfen, BPatGE 17, 310 mwN. Die richterliche Fristsetzung, die dieser Entscheidung vorausgegangen war, ist nicht wiedereinsetzungsfähig, BPatGE 31, 30. Wenn im Verfahren vor dem DPMA trotz Aufforderung eine Bestellung unterblieben ist, und betrifft die Beschwerde die darauf fußende Amtsentscheidung, ist die Beschwerde insoweit zulässig und der Sachentscheidung zugänglich, BPatGE 15, 206. Hat das DPMA trotz fehlender Vertreterbestellung eine Sachentscheidung getroffen, ist diese aufzuheben, BPatGE 22, 38. Das BPatG kann zurückverweisen oder in der Sache entscheiden, BPatGE 22, 38; BPatG Bl 87, 114.

c) Mit der **Geltendmachung von Rechten** aus einem eD ist ieL die **11** gerichtliche Geltendmachung von Ansprüchen iSd § 42 gegen Rechtsverletzungen gemeint; die Bestellung eines Inlandsvertreters ist sowohl für Hauptsacheverfahren als auch für Eilverfahren erforderlich, Begr KostenBerG zu Art. 9 Nr 22 (§ 96 MarkenG), Bl 02, 58. Anwendungsbereich sind ferner die Anträge an die Zollbehörde gem §§ 55 ff und der Strafantrag nach § 51, vgl Benkard/Schäfers 25/8. Die Bestellung eines Inlandsvertreters ändert aufgrund ihres eingeschränkten Zwecks, Rn 2, nichts daran, dass die Partei in gerichtlichen Design-Streitverfahren aufgrund Anwaltszwangs einen Prozessbevollmächtigte benötigt, in Letzterem kann beides zusammenfallen. Da Anwaltspflicht besteht, § 52 I iVm § 78 I ZPO, und die Anwaltsbestellung auch bei Mandatsniederlegung fortbesteht, Rn 6 f, sind Inlandszustellungen idR gewährleistet. Ein Inlandsvertreter ist zur Beauftragung des Prozessbevollmächtigten berechtigt, RGZ 42, 97. Der Auswärtige bleibt parteifähig, § 50 I ZPO, und prozessfähig, § 51 ZPO. Der Inlandsvertreter ist weder gesetzl Vertreter, RGZ 42, 97, noch Partei kraft Amtes; der Auswärtige ist daher im Rubrum als Partei aufzuführen. Dem Inlandsvertreter kann als gesetzl Bevollmächtigtem wirksam zugestellt werden, RGZ 42, 97. Der auswärtige Bekl benötigt nach RGZ 42, 92 keinen Inlandsvertreter iSv § 58, jedoch bei der Geltendmachung von Gegenrechten, Benkard/Schäfers aaO.

So muss bei einer Löschungsklage der auswärtige Bekl einen Inlandsvertreter bestellen, da die Verteidigung gegen die Löschungsklage der Geltendmachung von Rechten gleichsteht, BGH GRUR 93, 476, 477 – Zustellungswesen. Die verfahrensrechtliche Folge des Fehlens eines Inlandsvertreters richtet sich nach der Parteirolle. Unterbleibt die Bestellung eines Inlandsvertreters, ist die Klage des Auswärtigen als unzulässig abzuweisen; der beklagte Auswärtige ist als säumig zu behandeln, Benkard/Schäfers 25/30. Maßgeblich ist der Zeitpunkt der letzten mündlichen Verhandlung; das Gericht hat Hinweis gem § 139 ZPO zu geben. Nachträgliche Bestellung des Inlandsvertreters ist möglich, RG GRUR 37, 818.

12   **d)** Auch mit einer **Verwarnung** durch den auswärtigen Inhaber werden Rechte aus dem eD geltend gemacht. Der Verwarnungsadressat kann die Bekanntgabe des Inlandsvertreters verlangen, um den Gerichtsstand aus § 58 III, Rn 13, für eine Klage gegen den Rechtsinhaber, zum Beispiel auf negative Feststellung, Löschung oder Schadensersatz, sicherzustellen. Solange die Bestellung nicht bekannt gegeben wird, besteht keine Einlassungsobliegenheit; das kann Kostenfolgen aus § 93 ZPO auslösen.

13   **7.** Durch Abs 3 sollen ein **inländischer Gerichtsstand** und ggf die **örtliche Zuständigkeit** des deutschen Gerichts für Klagen wegen vermögensrechtlicher Ansprüche gegen national gültige eD Auswärtiger bestimmter Staaten und die Vollstreckung sichergestellt werden. Soweit der auswärtige Inhaber nicht dem EU-/EWR-Raum angehört, ist nach Art 4 I EuGVVO der in Abs 3 in Bezug genommene § 23 S 1 ZPO nicht ausgeschlossen, der die inländische örtliche Zuständigkeit bestimmt für Klagen gegen eine Person ohne Wohnsitz im Inland durch den Ort, an dem der Vermögensgegenstand (GeschmM) belegen ist. Das kann auch der deutsche Anteil eines international registrierten Designs nach dem HMA sein, Mü GRUR-RR 04, 95. Abs 3 erweitert die Anknüpfungspunkte, um Zuständigkeitslücken zu verhindern. Primär ist der Ort maßgeblich, an dem der Inlandsvertreter seinen Geschäftsraum hat, also die eingerichtete Kanzlei iSd § 26 PAO, § 27 BRAO. Für Klagen gegen einen auswärtigen Inhaber eines inländischen eD ist daher das Gericht zuständig, in dessen Bezirk der Inlandsvertreter seine Kanzlei hat. Ersatzweise wird auf den – inländischen – Wohnsitz des Inlandsvertreters und wiederum ersatzweise hierzu auf den Sitz des DPMA abgestellt. Sitz des DPMA ist München; die tatsächliche Bearbeitung von Designanmeldungen durch die Dienststelle Jena ist darauf ohne Einfluss. Jede der drei Alternativen in Abs 3 ist subsidiär zu der jeweils vorangehenden Alternative, LG Mü I GRUR 62, 165. Ist ein RA oder PA aus dem EU-/EWR-Ausland als Vertreter bestellt und im Inland nach Abs 2 S 2 lediglich ein Zustellungsbevollmächtigter benannt, ist allein München als Sitz des DPMA Gerichtsstand; die Begründung eines Gerichtsstands an dem Ort, an dem der Zustellungsbevollmächtigte seine geschäftliche Niederlassung hat, erschien dem Ges-Geber nicht sinnvoll, Begr KostenBerG zu Art. 7 Nr 9 (§ 25 PatG), Bl 02, 53. Das gilt auch für international registrierte Designs nach dem HMA mit Schutzerstreckung auf Deutschland, für die iZw kein Inlandsvertreter bestellt ist, Mü aaO. Dagegen ist für auswärtige Inhaber aus dem EU-/EWR-Raum nach dem Klagegegenstand zu differenzieren: Für Klagen gegen den Bestand des eD gilt gem Art 22 Nr 4 EuGVVO ausschließliche inländische Zuständigkeit, in örtlicher Hinsicht die des Abs 3 (s. o.). Für andere Streitgegenstände ist gem Art 3 EuGVVO die Anwendung des § 23 ZPO ausgeschlossen und es gilt internationale Zuständigkeit, näher § 52 Rn 6. Ist eine Klage zuzustellen, kann dies an den Auswärtigen erfolgen, RGZ 42, 95, aber auch an den Inlandsvertreter. Wenn nach Erhebung der Klage der Inlandsvertreter wegfällt oder ein anderer Inlandsvertreter bestellt wird, bleibt das gem Abs 3 bestimmte Gericht zuständig, § 261 III Nr 2 ZPO.

II. Allgemeine Grundsätze zur Vertretung

1. Vertretung des Verfahrensbeteiligten (Design-Anmelder, -Inhaber, **14** Antragsteller) im Verfahren vor dem DPMA und dem BPatG ist nicht vorgeschrieben, aber zulässig, §§ 13–15 DPMAV regeln Einzelh bei Auftreten von Vertretern. Dagegen besteht für auswärtige Verfahrensbeteiligte iSv § 58 eine Pflicht zur Bestellung eines Vertreters, ohne dass dies einem Anwaltszwang gleichkommt, PA GRUR 55, 146; BPatGE 1, 32, Rn 1 ff. Anwaltszwang besteht dagegen im Rechtsbeschwerdeverfahren vor dem BGH, § 102 V 1 PatG. Vertreter kann, abgesehen vom Inlandsvertreter nach § 58, jede natürliche und prozessfähige Person sein, §§ 79 ZPO, 15 III DPMAV, daher keine jur Person als solche. Zum Vertreter wird vom Anmelder oder Design-Inhaber idR ein Patent- oder Rechtsanwalt bestellt, er kann aber auch eine Privatperson mit seiner Vertretung beauftragen. Letztere darf die Vertretung nicht außerhalb der jetzt durch das Rechtsdienstleistungsgesetz (RDG), der Nachfolgeregelung des RBerG, gezogenen Grenzen besorgen, § 3 RDG insbes iVm § 6 RDG, vor allem nicht die Vertretung im Zusammenhang mit einer entgeltlichen Tätigkeit und außerhalb enger persönlicher (privater) Beziehungen ausüben. Zur entgeltlichen gerichtlichen Vertretung sind nur RA, PA, Patentassessoren, §§ 155, 156 PAO, Erlaubnisscheininhaber, §§ 177, 178 PAO, und sog Patenttechniker, § 182 PAO, befugt, zum Umfang der Vertretungsbefugnis von Patentingenieuren, -assessoren und Syndikus-PA im Konzern Ulrich, Mitt 05, 545 ff; zur berufsrechtlichen Seite bei PA und die insofern stattgefundene Aufgabenverlagerung vom DPMA auf die Patentanwaltskammer s Mitt PräsDPMA Bl 09, 361. Die Bestellung mehrerer Vertreter (zB Sozietät) ist zulässig; nach § 13 II DPMAV gilt die Bevollmächtigung für sämtliche Vertreter eines Zusammenschlusses von Vertretern, sofern nicht ausdrücklich daraus einzelne Personen als Vertreter bezeichnet sind. Der Vertreter muss dem DPMA mit den Angaben nach § 6 IV iVm I, II DesignV benannt werden. Ist ein Vertreter bestellt, stellt das DPMA alle Bescheide und Beschlüsse dem Vertreter zu, das gesamte Verfahren wird über ihn abgewickelt. Stellt dann der Anmelder oder Inhaber unmittelbar einen Antrag, entscheidet es trotz fortbestehender Postulationsfähigkeit des Vollmachtgebers darüber regelmäßig erst nach Information und Anhörung des Vertreters. Vertretern teilt das DPMA zum Zweck der internen Verfahrenserleichterung Kennnummern zu, die diese in den vom DPMA herausgegebenen Formularen in den betreffenden Feldern eintragen sollen, § 16 DPMAV. Erscheinen anhand verwendeter unterschiedlicher Briefköpfe und Adressenbezeichnungen die Vollmachtsverhältnisse widersprüchlich, kann die Allgemeine Vollmacht, Rn 18, zur Klärung herangezogen werden, BPatG Bl 08, 334 – Firmenbriefkopf.

2. Ein Zustellungs- und Empfangsbevollmächtigter ist Vertreter, je- **15** doch beschränkt auf Zustellungs- und Empfangszwecke, ist somit nicht (Verfahrens-)Bevollmächtigter iSd ZPO und des VwzG, zum Unterschied und zum Postbevollmächtigten gem Abschnitt 4 Post-AGB Sadler 7/18 f. Er muss bestimmt werden, falls eine Mehrheit von Verfahrensbeteiligten oder von Vertretern dem DPMA gegenübertritt; § 14 DPMAV regelt hierzu mehrere Fallkonstellationen. Wenn nicht ein berufsmäßiger Vertreter bestellt ist, wird von mehreren Verfahrensbeteiligten (Mitanmelder, Mitinhaber) als Zustellungsbevollmächtigter idR ein Mitbeteiligter bestellt, es kann auch ein Dritter sein. § 14 I 1 DPMAV betrifft den Fall, dass mehrere Verfahrensbeteiligte keinen gemeinsamen Vertreter bestellt haben; dann müssen alle Beteiligte – ggf der Vertreter eines Beteiligten – einen Zustellungs- und Empfangsbevollmächtigten bestellen und dem DPMA schriftlich angeben. Das gilt vergleichbar, wenn mehrere Vertreter ohne gemeinsame Anschrift bestellt sind, sei es durch einen alleinigen Verfahrensbeteiligten, § 14 II 1 DPMAV, sei es durch mehrere Verfahrensbeteiligte, § 14 III iVm § 14 II DPMAV. Unterbleibt eine solche Angabe, gilt für das DPMA ohne weitere Rückfrage der in der Anmeldung (Antrag) erstgenannte Mitanmelder (Antragsteller) bzw Vertreter als Zustellungsbevollmächtigter, § 14 I 2 DPMAV, was die bei Fruchtlosigkeit notwendige Zurückweisung der Anmeldung (des Antrags) erspart. Kein Zustellungs- und Empfangsbevollmächtigter muss nach § 14 IV DPMAV bestellt werden, wenn ein Zusammenschluss von Vertretern (idR Sozietät) beauftragt worden ist. Hat dieser Zusammenschluss mehrere Anschriften (überörtliche Sozietät), muss angegeben werden, welche Anschrift maßgebend sein soll, § 14 IV 2 DPMAV; unterbleibt diese Bestimmung, ist die im Briefbogen erstgenannte Anschrift maßgebend, § 14 IV 3 DPMAV. Der Zustellungsbevollmächtigte kann auch stillschweigend bestellt werden, BGH GRUR 91, 37 – Spektralapparat, muss jedoch Kenntnis haben und einverstanden sein, Schulte 34/18. Verweigert ein Verfahrensbeteiligter die Bestellung, kann ein Notgeschäftsführer nach § 744 II BGB benannt werden, BPatG Bl 99, 44; weitere Gegenmaßnahmen s Schulte 34/18. Bei Zustellungsbevollmächtigung sind Bescheide oder Beschlüsse, die der förmlichen Zustellung bedürfen, ihm in ausreichender Zahl von Ausfertigungen für jeden der Verfahrensbeteiligten zuzustellen, § 7 II VwZG, BPatG 4 W (pat) 701/92 v 28.4.92 (unveröff). Das gilt auch dann, wenn im Eintragungsantrag der Zustellungsbevollmächtigte als gemeinsamer Vertreter benannt ist; diese Benennung gilt iZw ausschließlich für die Einreichung der Anmeldung, nicht als Verfahrensvollmacht für das gesamte Eintragungsverfahren, BPatG aaO.

16   3. a) Die **Erteilung der Vollmacht** (iSv Vertretungsmacht) ist eine die Prozessfähigkeit voraussetzende Prozesshandlung. Daher ist keine Anfechtung wegen Irrtums möglich; weitere Einzelh sind entspr §§ 80 ff ZPO geregelt. Die Vollmacht kann formlos erteilt werden; den erforderlichen Nachweis erbringt die Vollmachtsurkunde, die nicht beglaubigt zu werden braucht, § 15 I 2 DPMAV. Bevollmächtigter kann nur eine prozessfähige, mit ihrem bürgerlichen Namen zu bezeichnende Person sein, § 15 III 1 DPMAV, nicht eine zur Person, eine Niederlassung oder Unternehmensabteilung. Auch ein Zusammenschluss von mehreren Vertretern (insbes Sozietät) kann, ggf unter dem gemeinsamen Namen, bevollmächtigt werden, § 15 III 2 DPMAV. Bei Einzelvollmacht muss sie dem DPMA vorgelegt werden, § 15 I 1 DPMAV; eine Übermittlung per Telefax genügt nicht, BFH CR 96, 339. Die Vollmacht ist notwendig, wenn sie über die Befugnis zum

Empfang von Zustellungen oder Mitteilungen des DPMA hinausgeht, § 15 I 1 DPMAV. Sie muss sich auf Verfahren vor dem DPMA und/oder BPatG erstrecken und kann nach § 15 II 1 DPMAV auch mehrere Anmeldungen, eingetragene GeschmM oder Verfahren umfassen. Die Vollmacht für Verfahren vor dem EPA gilt nicht für DPMA und BPatG, Mitt PräsDPA Bl 84, 117. Generalvollmacht und Handlungsvollmacht, § 54 II HGB, können auch die Prozessvertretung einschließen, BPatGE 17, 215; 19, 156, BPatG Bl 76, 189, Winter GRUR 78, 233; insofern braucht, wie auch bei Prokura, § 49 HGB, die Vollmachtsurkunde nicht vorgelegt zu werden, BPatGE 30, 183; BPatG GRUR 91, 127. Ggf ist der Nachweis durch unbeglaubigten Handelsregisterauszug oder andere Urkunden iSv § 415 ZPO, bei Zweifeln des DPMA an der Zeichnungsberechtigung in notariell beglaubigter Form zu führen, BPatGE 19, 156, was auch noch außerhalb der betreffenden Frist erfolgen kann, BPatGE 30, 21. Umfassende Untervertretung bei anwaltlicher Vertretung ist unzulässig, BPatGE 29, 13. Form und Inhalt der Vollmachtsurkunde, oft verkürzt und missverständlich ebenfalls als Vollmacht bezeichnet, richtet sich nach § 15 DPMAV (für DPMA) und § 97 II PatG (für BPatG). Zur Wirkung der bloßen Vertreterbestellung bei Zustellungen § 23 Rn 54. Hauptfall des **Erlöschens** der Vollmacht ist die Mandatsentziehung und die **Niederlegung** der Vertretung. Beides wirkt ggü dem DPMA und anderen Verfahrensbeteiligten, wenn sie jeweils diesen angezeigt ist, § 87 I ZPO; dagegen ist die Bestellung eines nachfolgenden Vertreters Wirksamkeitsvoraussetzung in Verfahren mit Anwaltszwang, die Eintragung des Erlöschens oder Wechsels im Register ist nicht maßgebend, aA BPatG 14.1.87, 5 W (pat) 404/86 (unveröff). Den bisherigen Bevollmächtigten treffen nach § 87 II ZPO nachwirkende Rechte sowie Sorgfalts- und Unterrichtungspflichten, insbes bei wirksamen, an ihn gerichteten Zustellungen, § 172 ZPO, BGH NJW 80, 999; Mitt 08, 45 – Mitteilungen um Parteiprozess (Ls). Die Mandatsniederlegung in Schreiben mit Briefkopf der Sozietät wirkt idR für die gesamte Sozietät, Mitt PräsDPA 94, 1; bei Zustellungen § 23 Rn 54.

b) Sonderformen einer Vollmacht für das Verfahren vor dem DPMA **17** behandelt im Einzelnen die Mitt PräsDPA Bl 94, 301, die frühere Regelungen aufgehoben hat. Die **Allgemeine Vollmacht** wird einem Dritten, einem Anwalt, ggf einer Anwaltssozietät oder einer RA- bzw PA-Gesellschaft mbH, Mitt PräsDPMA Bl 99, 269, dauerhaft für alle Angelegenheiten erteilt, die zum Geschäftskreis des DPMA gehören, bzw im Rahmen der Inlandsvertretung des § 58 für sämtliche Angelegenheiten, die gewerbl SchutzR betreffen. Der Text der Vollmacht ist vorgeschrieben und darf nicht verändert werden, Mitt PräsDPA aaO, Bl 06, 165; notarielle Unterschriftsbeglaubigung ist idR nicht mehr erforderlich. Die Vollmacht wird beim DPMA, Referat 4.3.5., hinterlegt und erhält eine Registriernummer („AV-Nr. …"), zu ihrer Beantragung s auch Mitt PräsDPMA Bl 09, 361 mit Korrektur in Bl 09, 449. In weiteren Verfahren soll dann auf sie als Kennnummer iSv § 6 IV 2 GeschmMV Bezug genommen werden. Nicht mit diesem Vollmachtsinhalt abgestimmt ist der Inhalt der Allgemeinen Vollmacht nach § 15 II 2 DPMAV, der aus § 77 II 2 MarkenV aF stammt und in der DPMAV auf alle SchutzR-Arten ausgedehnt wurde, wodurch der Umfang der 1995 an sich abgeschafften Gattungsvollmacht umrissen ist. Die Allgemeine Vollmacht gilt nicht für das Verfahren vor dem BPatG, hier ist nach

§ 97 II 1 PatG Einzelvollmacht vorzulegen, die sich bei entsprechend weit erteilter Vertretungsbefugnis auch in der beizuziehenden Amtsakte befinden darf. Die Zeichnungsberechtigung muss bei jur Personen durch Bezeichnung der Stellung innerhalb der bevollmächtigenden Firma (zB „i. V.“), bei Dritten durch unbeglaubigte Kopie einer bes Vollmacht nachgewiesen werden, Mitt PräsDPA aaO. Das DPMA kann bei Zweifeln notarielle Beglaubigung fordern. Die Allgemeine Vollmacht kann zur Klärung widersprüchlich erscheinender Vollmachtsverhältnisse herangezogen werden, BPatG Bl 08, 334 − Firmenbriefkopf. Die **Gattungsvollmacht,** für das DesignR zu der Zeit als „Allgemeine Vollmacht in Geschmacksmusterangelegenheiten“ bezeichnet, Mitt PräsDPA Bl 88, 25, beschränkt die dauerhafte Vertretungsbefugnis auf das darin bezeichnete Rechtsgebiet; sie wird ab 1995 nicht mehr neu angenommen, Mitt PräsDPA 94, 301, bis dahin erteilte Gattungsvollmachten bestehen fort. Die sog **Angestelltenvollmacht** räumt angestellten Sachbearbeitern aller den Geschäftskreis des DPMA betreffender Angelegenheiten die erforderliche Vertretungsbefugnis ein, s den festgelegten Vollmachtstext in Mitt PräsDPMA Bl 06, 165. Allgemeine, Gattungs- und Angestelltenvollmachten haben eine Erstlaufzeit von 20 Jahren und können in 10-jährigem Turnus bestätigt werden, was innerhalb des letzten Jahres vor (jeweiligem) Ablauf erfolgen muss, Mitt PräsDPA Bl 06, 165.

18   **c)** Zum Nachweis der Bevollmächtigung ist die Vollmachtsurkunde als Anlage beizufügen, § 15 I 1 DPMAV, soweit nicht ein PA, RA, Erlaubnisscheininhaber oder im Rahmen des § 155 PAO ein Patentassessor auftritt. Soweit für **Mängel einer Einzelvollmacht** Anhaltspunkte gegeben sind, müssen das DPMA nach § 15 IV DPMAV, das BPatG nach § 97 III 2 PatG dies grds vAw berücksichtigen. Der Vertreter kann nach § 89 ZPO einstweilig zugelassen werden, wenn er zwar bevollmächtigt ist, aber (noch) keine Verfahrensvollmacht vorgelegt hat oder (noch) nicht bevollmächtigt worden ist; das erfordert einen − unanfechtbaren − Beschluss, in dem nach freiem Ermessen, insbes bei fristgebundenen Anträgen, BPatG Bl 85, 114, eine Frist zur Vollmachtsvorlage gesetzt wird. Nach erfolglosem Fristablauf wird der vollmachtlose Vertreter durch beschwerdefähigen Zwischenbeschluss zurückgewiesen. Dies kann mit der Entscheidung über die von ihm vorgenommene Handlung verbunden werden. Bleibt dieser ohne Vertretungsmacht und ist er deshalb zurückgewiesen worden, werden unterdessen gezahlte Gebühren nur unter den Voraussetzungen des § 10 II PatKostG, nämlich ua der unterbliebenen Amtshandlung zurückerstattet, da er einstweilen zugelassen war, BPatG aaO. Vollmachtlos vorgenommene einseitige Rechtsgeschäfte, zB Verzicht, sind nach § 180 S 1 BGB nichtig, BPatGE 5, 7; 24, 43; Kosten können im zweiseitigen Verfahren nach § 89 I 3 ZPO auferlegt werden, BPatGE 22, 39. Dagegen sind beim tatsächlich bevollmächtigten Vertreter, der lediglich die Vollmachtsurkunde nicht beibringt, die einseitigen Rechtsgeschäfte nicht unwirksam, können dies aber nach § 174 S 1 BGB durch sofortige Zurückweisung werden, BPatGE 6, 12; 24, 43; 30, 133. Keine einstweilige Zulassung kommt für einen Vertreter in Betracht, dessen Vollmacht unwirksam ist, der aber als vermeintlich Bevollmächtigter auftritt; § 89 ZPO ist nicht anwendbar. Dann sind die vorgenommenen Verfahrenshandlungen unwirksam, eingezahlte Gebühren als rechtsgrundlos gezahlt zu erstatten, BGH GRUR 84, 870, 871 − Schweißpistolenstromdüse II. Entscheidungen ergehen gegen den vermeintlichen

Vollmachtgeber, nicht gegen den Vertreter, Schulte Einl/404. Zu Zustellungen an den vollmachtlosen Bevollmächtigten s § 23 Rn 54. Die Vollmachtsurkunde kann auch noch in der Beschwerdeinstanz, auch nach Ablauf dazu gesetzter behördlicher Fristen, mit rückwirkender Kraft beigebracht werden, BPatGE 33, 219. Die rückwirkende Genehmigung der Verfahrenshandlungen eines vollmachtlosen Vertreters durch den Vertretenen ist möglich; sie muss nicht innerhalb der für die Verfahrenshandlung bestimmten Frist erklärt werden, BPatG Mitt 89, 240, BPatGE 30, 22; 30, 149; 33, 219, aA BPatG Mitt 87, 14. Die Genehmigung erstreckt sich auf sämtliche bisher vorgenommenen Verfahrenshandlungen, von denen einzelne nicht ausgenommen werden können, BGH aaO, dagegen nicht auf wegen des Mangels der Vollmacht bereits als unzulässig verworfene Verfahrenshandlungen, BPatGE 33, 219. Keine Genehmigung ist möglich bei einseitigem Rechtsgeschäft des vollmachtlosen Vertreters, § 180 S 1 BGB, oder bei unverzüglicher Zurückweisung der Verfahrenshandlung des bestellten, die Vollmachtsurkunde jedoch nicht beibringenden Vertreters.

III. Gemeinschaftsgeschmacksmuster

1. Die **Vertretung vor dem HABM** regeln die Art 77, 78 GGV und **19** 61–64 GGDV, ergänzt durch Abschn 11.2 der PrüfRL sowie vom HABM erlassene Einzelregelungen. Ein Vertretungszwang besteht nicht für Personen, die Wohnsitz, Sitz und tatsächliche Niederlassung in der EU haben, sie können sich nach Maßgabe des Art 77 III GGV auch durch Angestellte vertreten lassen, auch mit ihr wirtschaftlich verbundene andere jur Personen, selbst wenn diese nicht innerhalb der EU ihren Sitz oder eine Niederlassung haben. Für alle natürlichen oder jur Personen, die keinen Wohnsitz, Sitz, keine tatsächliche oder nicht nur zum Schein bestehende gewerbliche oder Handelsniederlassung in der EU haben besteht nach Art 77 II GGV die Pflicht zur Bestellung eines Inlandsvertreters, jedoch nicht für die Einreichung einer GGM-Anmeldung als solche. Soweit eine Vertretung wahrgenommen wird, dürfen dies keine Privatpersonen sein, sondern allein in einem der EU-Mitgliedstaaten zugelassene und für das Gebiet des gewerblichen Rechtsschutzes ausübungsberechtigte Rechtsanwälte sowie in die Listen des HABM eingetragene zugelassene Vertreter, Art 78 I GGV. Letztere müssen im Einzelnen den Bedingungen des Art 78 IV–VII GGV genügen; es wird eine Liste allgemein – dh auch für Gemeinschaftsmarken gem Art 93 I) GMV nF – zugelassener und eine besondere Liste ausschließlich für GeschmM-Angelegenheiten zugelassener Vertreter geführt; in Deutschland zugelassene Patentanwälte gehören zu den allgemein zugelassenen Vertretern, Einzelh zur Zulassung und Eintragung s Art 78 IV–VII GGV, Art 61–64 GGDV, Einzelh betr die einzelnen EU-Staaten s Ruhl 78/3 f, betr die Führung der Listen Art 64 GGDV. Erläuterungen und Amtspraxis zur Vertretung in GGM-Sachen enthält die Mitt PräsHABM v 5.12.02, ABl 02, 524, zur Bezeichnung von Vertretern besteht eine Empfehlung des Verwaltungsrats HABM v 18.11.02, ABl 02, 558. Keinen Vertretungsfall in diesem Sinne stellt das Auftreten kraft Unternehmensverfassung vertretungsberechtigter Organe dar, zB Vorstand, Geschäftsführer, auch Prokuristen, Ruhl 77/4 mwN. Eine Gemeinschaft von Vertretenen kann einen gemeinsamen Vertreter benennen, andernfalls gilt der als erste genannte Anmelder als Vertreter; wenn ein dieser Gemeinschaft zugehöriger Auswärtiger ohnehin einen Vertreter bestellen muss, gilt dieser als gemeinsamer Vertreter, soweit nicht der erstaufgeführte Anmelder seinerseits einen zugelassenen Vertreter bestellt hat. Fehlt eine solche Bestellung, kann das HABM den gemeinsamen Vertreter bestimmen, § 61 II 2 GGDV.

20 **2.** Der Vertreter, auch der Angestellte, muss seine **Vertretungsmacht** durch Vorlage einer Vollmachtsurkunde nachweisen, ausgenommen Rechtsanwälte oder einer der zugelassenen Vertreter, Artt 78 III GGV iVm 62 III 2 GGDV. Letztere können eine Vollmacht vorlegen und müssen dies auf Verlangen des HABM oder einer Partei in einem mehrseitigen Verfahren, Art 62 I 2 GGDV. Die Vollmacht kann in jeder Amtssprache der EU verfasst sein und sich auf einen oder mehrere Verfahren erstrecken. Eine allgemeine Vollmacht für sämtliche Verfahren des Vertretenen vor dem HABM ist zulässig, Art 62 III 2 GGDV. Eine fehlende Vollmacht ist in der nach Art 62 IV 1 GGDV vom HABM bestimmten Frist vorzulegen; bei Fruchtlosigkeit wird das Verfahren mit dem Vertretenen fortgesetzt. Abgesehen von der Einreichung der Anmeldung als solcher gelten Handlungen (zunächst) nicht bevollmächtigter Personen als unwirksam, können jedoch nachträglich mit Rückwirkung, Ruhl 78/13, genehmigt werden, das gilt auch für das Auftreten ohne jegliche Vertretungsmacht. Die Bevollmächtigung mehrerer oder einer Gemeinschaft von Vertretern (zB Sozietät) gilt für jeden einzelnen dieser Gemeinschaft, Art 69 IX GGDV. Eine erteilte Vollmacht gilt über den Tod des Vollmachtgebers hinaus und im Übrigen bis zur Anzeige gegenüber dem HABM von ihrem Erlöschen, Art 62 VI. Das Untersystem FINDREP des Internet-Portals MYPAGE des HABM ermöglicht Vertretern die Bearbeitung der eigenen Daten und ihrer Mandanten sowie den Zugang Dritter zu Angaben über Vertreter. Vordrucke des HABM für die Einzel- und allgemeine Vollmacht nebst Merkblatt und für den Antrag auf Eintragung in die besondere Liste zugelassener Vertreter sind im Internet abrufbar (https://oami.europa.eu/).

IV. Internationale Eintragungen

21 Der Anmelder und Inhaber einer internationalen Eintragung kann nach seiner Wahl gegenüber der WIPO einen Vertreter bestellen, weder besteht Vertreter- oder Anwaltszwang noch Vorgaben für Nationalität oder Sitz des Vertreters. Die Bestellung kann im Anmeldeformular selbst oder mit bes Formblatt für Vertreterbestellung und -änderung erfolgen, abrufbar unter www.wipo.int/hague/en/forms, ansonsten ist eine wirksame Einzelvollmacht vorzulegen. Ab wirksamer Bestellung ist der Vertreter alleiniger Zustellungsempfänger. Die Vertreterbestellung wirkt nur gegenüber der WIPO, sie entbindet nicht von einer evtln Inlandsvertreterbestellung nach dem Recht des jeweiligen Bestimmungsstaats, für Deutschland somit gem § 58. Zur Inlandsvertretung im Schutzverweigerungsverfahren s § 69 Rn 3.

Berühmung eines eingetragenen Designs

59 Wer eine Bezeichnung verwendet, die geeignet ist, den Eindruck zu erwecken, dass ein Erzeugnis durch ein eingetragenes Design geschützt sei, ist verpflichtet, jedem, der ein berechtigtes Interesse an der Kenntnis der Rechtslage hat, auf Verlangen Auskunft darüber zu geben, auf welches eingetragene Design sich die Verwendung der Bezeichnung stützt.

Übersicht

1. Am Anfang der **Entwicklung** der Gesetzgebung zur Auskunft über 1 die Schutzrechtslage standen die §§ 146 PatG, 30 GebrMG. Dem lag zu Grunde, dass insbes ermittelbar sein soll, ob eine Schutzrechtsberühmung irreführend ist, Begr § 55 PatG 1936. Auch ohne gesetzliche Regelung ist die entspr Anwendung dieser Bestimmungen für das DesignR befürwortet worden, 2. Aufl 14a/92. In § 22 II des Entwurfs 1940 und § 17 des Entwurfs 1977 waren Bestimmungen vorgesehen, die den Regelungen des PatG und des GebrMG nachgebildet waren. Die Regelung in § 59 trägt den früheren Vorschlägen Rechnung. Die GRL enthält keine Vorgabe für § 59.

2. Die **Berühmung** mit Designschutz erfolgt durch die Verbreitung einer 2 Bezeichnung. Die Bezeichnung muss geeignet sein, den Eindruck zu erwecken, dass ein Erzeugnis durch ein eingetragenes Design geschützt ist. Dieser Eindruck kann durch wörtliche Angaben oder durch Symbole, s Rn 6, erweckt werden. Der Eindruck des Schutzes kann sich auf ein eD oder auf eine internationale Eintragung mit Schutz in Deutschland beziehen. Bei eingetragenen und bei nicht eingetragenen GGM sollte § 59 entspr anwendbar sein. Für die Auslegung kommt es auf das Verständnis sowohl der Werbeadressaten als auch der Personenkreise an, die berechtigtes Interesse an der Auskunft haben können. Auch die Bekanntgabe einer Registernummer und die Verwendung von mehrdeutigen Angaben, zB „Musterschutz" oder „gesetzlich geschützt", können dabei als Berühmung wirken, Ebert-Weidenfellner/Schmüser GRUR-Prax 11, 74, 75. Zur Irreführung durch Schutzrechtshinweise Allg Rn 28. Die Bezeichnung kann auf dem Erzeugnis oder auf der Verpackung angebracht sein oder in Werbemaßnahmen Verwendung finden. Neben den beispielhaft aufgeführten Werbemaßnahmen kommen auch Werbeangaben in Rundfunk, Fernsehen, Internet ua in Betracht. Die Angaben müssen nicht nur in Werbeanzeigen, sondern auch in allen sonstigen Maßnahmen für die Öffentlichkeit, dh für einen nicht von vornherein beschränkten Personenkreis bestimmt sein. Die Verbreitung der Bezeichnung muss zumindest auch in Deutschland stattfinden. Die Vorlage einer ausländischen Werbebroschüre in einem Gerichtsverfahren ist keine öffentliche Werbemaßnahme in Deutschland, LG Düss GRUR-RR 02, 185, 186. Unerheblich ist, ob die Bezeichnung selbst formuliert oder von einem Vorlieferanten übernommen ist. Durch Handelsunternehmen erfolgt jedoch eine Berühmung nur in eigenverantwortlich durchgeführten Maßnahmen.

3. Berechtigtes Interesse an einer Auskunft über die Grundlage einer 3 Berühmung kann sich insbes zur Aufklärung darüber ergeben, ob die Berühmung irreführend ist. Auskunftsberechtigt ist daher, wer durch eine irreführende Berühmung beeinträchtigt sein kann, insbes in der gleichen Branche tätige Wettbewerber. Wenn durch einen Vertreter zur Auskunft aufgefordert wird, muss der Auftraggeber bekannt gegeben werden, um eine Prüfung des berechtigten Interesses zu ermöglichen. Ungeklärt ist, ob das auch für einen Verband iSd § 8 II Nr 2 UWG gilt, ungeprüft LG Düss 4a O 143/03 v 9.12.03. Berechtigtes Auskunftsinteresse kann sich auch daraus ergeben, dass ein Erzeugnis in den Schutzumfang eines DesignschutzR fallen kann, Begr § 59. Auskunftsberechtigt sind daher auch Designer und Unternehmen, die als Entwerfer, Hersteller oder Anbieter von Erzeugnissen in Betracht kommen, die den Schutzwirkungen des der Berühmung zu Grunde liegenden DesignschutzR unterliegen können.

4   **4.** Die **Auskunft** kann ohne Einhaltung von Form und Fristen gefordert werden. Erforderlich sind jedoch Konkretisierung der Berühmung und Darlegung des berechtigten Interesses. Bei mehrdeutigen Bezeichnungen kann Bezugnahme auf weitere Anspruchsgrundlagen, zB § 30 GebrMG, in Betracht kommen. Zur Auskunft verpflichtet ist, wer eine Berühmung eigenverantwortlich verbreitet hat. Gegenstand der Auskunft ist die Bekanntgabe des DesignschutzR, das Grundlage der Berühmung ist. Nach Eintragung genügt die Bekanntgabe der Eintragungsnummer. Vor Eintragung und bei aufgeschobener Bekanntmachung muss nur das SchutzR identifiziert, nicht jedoch dessen Inhalt offen gelegt werden. Für die Erteilung der Auskunft sind weder Form noch Frist vorgeschrieben. Die Nichteinhaltung einer angemessenen Frist kann jedoch Ansprüche auf Kostenerstattung, s insbes § 93 ZPO, und auf Schadensersatz zur Folge haben. Wenn kein ausreichender Schutz besteht, kann die unaufgeforderte Abgabe einer Unterlassungserklärung in Betracht kommen, Ebert-Weidenfellner/Schmüser GRUR-Prax 11, 74.

5   **5.** Die **gerichtliche Durchsetzung** des Auskunftsanspruchs erfolgt durch Leistungsklage. Örtlich zuständig ist das Gericht des allg Gerichtsstands des Auskunftsschuldners. Einer einstweiligen Verfügung steht entgegen, dass Erfüllung verlangt wird und dass eine entspr Anwendung des § 46 VII wegen der spezifischen Zweckbestimmung des in § 46 I geregelten Anspruchs auf Drittauskunft nicht gerechtfertigt ist. Wird nach Erhebung einer Auskunftsklage die geforderte Auskunft erteilt, tritt Erledigung der Hauptsache ein. Bei falscher oder unvollständiger Auskunft kann der Auskunftsschuldner zum Ersatz des Schadens verpflichtet sein, der sich aus der nicht korrekten Auskunft ergeben hat, LG Düss GRUR-RR 02, 185, 186, s auch § 46 V.

Eingetragene Designs nach dem Erstreckungsgesetz

60 (1) **Für alle nach dem Erstreckungsgesetz vom 23. April 1992 (BGBl. I S. 938), zuletzt geändert durch Artikel 2 Absatz 10 des Gesetzes vom 12. März 2004 (BGBl. I S. 390), erstreckten eingetragenen Designs gelten die Vorschriften dieses Gesetzes, soweit in den Absätzen 2 bis 7 nichts Abweichendes bestimmt ist.**

(2) **Die Schutzdauer für eingetragene Designs, die am 28. Oktober 2001 nicht erloschen sind, endet 25 Jahre nach Ablauf des Monats, in den der Anmeldetag fällt. Die Aufrechterhaltung des Schutzes wird durch Zahlung einer Aufrechterhaltungsgebühr für das 16. bis 20. Jahr und für das 21. bis 25. Jahr, gerechnet vom Anmeldetag an, bewirkt.**

(3) **Ist der Anspruch auf Vergütung wegen der Benutzung eines eingetragenen Designs nach den bis zum Inkrafttreten des Erstreckungsgesetzes anzuwendenden Rechtsvorschriften bereits entstanden, so ist die Vergütung noch nach diesen Vorschriften zu zahlen.**

(4) Wer ein eingetragenes Design, das durch einen nach § 4 des Erstreckungsgesetzes in der Fassung vom 31. Mai 2004 erstreckten Urheberschein geschützt war oder das zur Erteilung eines Urheberscheins angemeldet worden war, nach den bis zum Inkrafttreten des Erstreckungsgesetzes anzuwendenden Rechtsvorschriften rechtmäßig in Benutzung genommen hat, kann dieses im gesamten Bundesgebiet weiterbenutzen. Der Inhaber des Schutzrechts kann von dem Benutzungsberechtigten eine angemessene Vergütung für die Weiterbenutzung verlangen.

(5) Ist eine nach § 4 des Erstreckungsgesetzes in der Fassung vom 31. Mai 2004 erstreckte Anmeldung eines Patents für ein industrielles Muster nach § 10 Absatz 1 der Verordnung über industrielle Muster vom 17. Januar 1974 (GBl. I Nr. 15 S. 140), die durch Verordnung vom 9. Dezember 1988 (GBl. I Nr. 28 S. 333) geändert worden ist, bekannt gemacht worden, so steht dies der Bekanntmachung der Eintragung der Anmeldung in das Musterregister nach § 8 *Nummer*[1] 2 des Geschmacksmustergesetzes in der bis zum Ablauf des 31. Mai 2004 geltenden Fassung gleich.

(6) Soweit eingetragene Designs, die nach dem Erstreckungsgesetz auf das in Artikel 3 des Einigungsvertrags genannte Gebiet des übrige Bundesgebiet erstreckt worden sind, in ihrem Schutzbereich übereinstimmen und infolge der Erstreckung zusammentreffen, können die Inhaber dieser Schutzrechte oder Schutzrechtsanmeldungen ohne Rücksicht auf deren Zeitrang Rechte aus den Schutzrechten oder Schutzrechtsanmeldungen weder gegeneinander noch gegen die Personen, denen der Inhaber des anderen Schutzrechts oder der anderen Schutzrechtsanmeldung die Benutzung gestattet hat, geltend machen. Der Gegenstand des Schutzrechts oder der Schutzrechtsanmeldung darf jedoch in dem Gebiet, auf das das Schutzrecht oder die Schutzrechtsanmeldung erstreckt worden ist, nicht oder nur unter Einschränkungen benutzt werden, soweit die uneingeschränkte Benutzung zu einer wesentlichen Beeinträchtigung des Inhabers des anderen Schutzrechts oder der anderen Schutzrechtsanmeldung oder der Personen, denen er die Benutzung des Gegenstands seines Schutzrechts oder seiner Schutzrechtsanmeldung gestattet hat, führen würde, die unter Berücksichtigung aller Umstände des Falles und bei Abwägung der berechtigten Interessen der Beteiligten unbillig wäre.

(7) Die Wirkung eines nach § 1 oder § 4 des Erstreckungsgesetzes in der Fassung vom 31. Mai 2004 erstreckten eingetragenen Designs tritt gegen denjenigen nicht ein, der das eingetragene Design in dem Gebiet, in dem es bis zum Inkrafttreten des Erstreckungsgesetzes nicht galt, nach dem für den Zeitrang der Anmeldung maßgeblichen Tag und vor dem 1. Juli 1990 rechtmäßig in Benutzung genommen hat. Dieser ist befugt, das eingetragene Design im gesamten Bundesgebiet für die Bedürfnisse seines eigenen Betriebs in eigenen oder fremden Werkstätten mit den sich in entsprechender Anwendung des § 12 des Patentgesetzes ergebenden Schranken auszunutzen, soweit die Benutzung nicht zu einer wesentlichen Beeinträchtigung des Inhabers des

---

[1] Richtig wohl: Absatz.

Schutzrechts oder der Personen, denen er die Benutzung des Gegenstands seines Schutzrechts gestattet hat, führt, die unter Berücksichtigung aller Umstände des Falles und bei Abwägung der berechtigten Interessen der Beteiligten unbillig wäre. Bei einem im Ausland hergestellten Erzeugnis steht dem Benutzer ein Weiterbenutzungsrecht nach Satz 1 nur zu, wenn durch die Benutzung im Inland ein schutzwürdiger Besitzstand begründet worden ist, dessen Nichtanerkennung unter Berücksichtigung aller Umstände des Falles für den Benutzer eine unbillige Härte darstellen würde.

Übersicht

1 **1. Entwicklung.** § 60 gehört mit §§ 61, 72, 73 zu den Übergangsvorschriften des DesignG. Wesentliche Teile des ErstrG, welches auch bezüglich GeschmM das Verhältnis der bis zur Wiedervereinigung bestehenden AltR der beiden deutschen Teilstaaten zueinander und deren Integration regelte, s 2. Aufl Allg/7, sind in § 60 übernommen. § 60 hat den **Zweck**, im Interesse einer möglichst weitgehenden Kodifizierung des DesignR in einem einzigen Ges die heute für GeschmM der ehemaligen DDR noch relevanten Bestimmungen des ErstrG in das GeschmMG zu übernehmen, Begr § 60 GeschmMG 2004, und zT zu aktualisieren. Im Übrigen ist das ErstrG in dem Umfang, wie es die 1992 erstreckten GeschmM betrifft, durch Art 2 X GeschmMRefG vollständig aufgehoben, Begr Art 2 X GeschmMRefG, und sind dort alle Hinweise auf diese SchutzR getilgt. Das ErstrG hat somit für eD unmittelbar keinerlei Bedeutung mehr und ist insoweit in § 60 aufgegangen, was Abs 1 nochmals klarstellt, während die verbleibenden Vorschriften des ErstrG für Patente und Marken unberührt bleiben.

2 **2.** Als Ausnahme vom Entfall der Vorschriften des ErstrG gelten die ehemaligen **Schutzvoraussetzungen** für Urheberscheine und Patente für industrielle Muster, nämlich die Musterfähigkeit, Neuheit und der gestalterische Fortschritt, § 1 III MuVO weiter, Einzelh Nachtrag EVtr/ErstrG Rn 12, wobei auch die fehlende Neuheitsschonfrist von Belang ist, § 6 Rn 1. Die Weitergeltung der Schutzvoraussetzungen bestimmte § 5 S 1 ErstrG über den Zeitpunkt der Erstreckung (1.5.92) hinaus. Sie sind nach Maßgabe der Übergangsvorschrift des § 72 II 1 als Schutzvoraussetzungen vor dem 28.10.01 eingetragener Designs weiter maßgebend, s auch Begr Allg E zu Art 1 2. k) GeschmMRefG.

3 **3.** Abs 2 bestimmt die **Ausweitung der Schutzdauer** für alle eD, die am 28.10.01, dem letzten Tag der Frist für die Umsetzung der GRL, noch in Kraft waren, auf max. 25 Jahre. Abs 2 ist eine identische Übernahme des § 16 I 2 ErstrG in seiner durch Art 10 Nr 6 KostenBerG geänderten Fassung, vgl Beschlussempf und Bericht zu Art 10 Nr 6 KostenBerG, der aber weggefallen ist, Rn 1. § 16 I 2 ErstrG idv 20.12.01 bis 31.5.04 gültigen Fassung hatte bereits diese Schutzdauerausweitung gebracht, um der Vorgabe des Art 10 S 2 GRL wenigstens zum 1.1.02 Rechnung zu tragen und koppelte damit die Schutzdauerausweitung von der seinerzeit noch nicht absehbaren Schaffung des neugefassten GeschmMG ab. Abs 2 macht keinen Unterschied zwischen erstreckten GeschmM der ehemaligen Bundesrepublik Deutschland und jenen mit Wirkung vom 1.5.92 in GeschmM umgewandelte und zugleich erstreckten früheren Urheberscheinen und Patenten für industrielle Muster der ehemaligen DDR. Die Vorschrift erfasst nicht die vor dem 1.7.88 angemeldeten Alt-GeschmM, § 72 I, die keine Schutzdauerverlängerung erfahren haben; es handelt sich nicht um eine ungerechtfertigte Ungleichbehandlung, Begr § 66 I GeschmMG 2004, aA Kunst, Mitt 04, 304. Die Schutzdauerausweitung ist gleichwohl von unterschiedlicher Bedeutung. Nach §§ 5 I 1, 16 I 2 ErstrG verblieb es für die vor dem 3.10.90 angemeldeten ehemaligen Urheberscheine und Patente für industrielle Muster der ehemaligen DDR bei der Schutzdauer von 15 Jahren, eine Anpassung an die 20-jährige Schutzdauer der GeschmM der Bundesrepublik Deutschland, deren Schutzdauer schon seit 1.7.88 auf 20 Jahre bemessen war, § 9 II 1 GeschmMG 1986, fand im Zuge der Erstreckung nicht statt. In der Sache privilegiert deshalb Abs 2 bes diese letztgenannten Rechte, deren max Schutzdauer um 10 Jahre verlängert wird, was die in Abs 2 aufgezeigten zwei Aufrechterhaltungsintervalle deutlich machen. Für die übrigen GeschmM verlängerte sich die max Laufdauer um 5 Jahre.

4. Die folgenden Absätze 3–7 sind unmittelbare Übernahmen der §§ 17, **4** 18 und 19 I 1, 26 I, II und 28i, II ErstrG. Abs 3 billigt dem Urheber gegen den Inhaber des GeschmM, welches ein ehemals erteilter Urheberschein gewesen sein muss, eine Weitergeltung eines schon entstandenen **Vergütungsanspruchs** zu. Dieser Anspruch beruhte auf der MuVO-DB und konnte aber am 3.10.90 auch für die Benutzung seitdem erteilter Musterpatente entstehen, soweit sie auf umgewandelten Urheberscheinanmeldungen beruhen, Begr ErstrG § 17. Die Vergütung war als einmaliger Ablösungsbetrag innerhalb der engen Fristen des § 8 MuVO-DB zu entrichten, jedoch konnte bei erweiterter Benutzung eine Nachvergütungspflicht entstanden sein, §§ 2 II, 5, 6 MuVO-DB. Nach dem 1.5.92 darüber entstandene Streitigkeiten sind nicht vor die Schiedsstelle nach dem ArbEG zu bringen, sondern vor die ordentlichen Gerichte, § 50 ErstrG. Abs 4 übernimmt § 18 ErstrG, der ein **Weiterbenutzungsrecht** für die Fälle regelt, in denen ein Muster, das durch einen Urheberschein nach § 4 des ErstrG geschützt war, nach den bis zum Inkrafttreten des ErstrG am 1.5.92 geltenden Vorschriften rechtmäßig in Benutzung genommen wurde. Dieser auf die Bedürfnisse des eigenen Betriebs beschränkte Besitzstand steht Ansprüchen aus einem erstreckten GeschmM entgegen, Einzelh Nachtrag EVtr/ErstrG Rn 20. Vergleichbares regelt Abs 7 in Fortführung des zeitgleich durch Art 2 X Nr 8 GeschmMRefG aufgehobenen § 28 III ErstrG für WeiterbenutzungsR an Mustern, die auf Benutzungen in dem jeweiligen Erstreckungsgebiet beruhen, die vor dem 1.7.90 begonnen wurden. Die Schranken dieses BenutzungsR gleichen jenen des VorbenutzungsR, unterliegen aber einer Billigkeitsregelung für den Konfliktfall, Abs 7 S 2, 3, Einzelh Nachtrag aaO. Abs 5 führt das aufgehobenen § 19 Abs 1 Satz 1 ErstrG fort. Somit steht seit 1.5.92 und auch weiterhin die **Bekanntmachung** der Anmeldung eines erstreckten Patents für ein industrielles Muster der Bekanntmachung eines eingetragenen GeschmM nach § 8 II GeschmMG 1986gleicht. Das bedeutet für solche noch existierenden GeschmM, dass ihre Schutzwirkungen mit Inkrafttreten des geltenden Ges nach § 72 II (am 1.6.04) sich nun nach § 38 richten. Die übrigen umfangreichen Übergangsbestimmungen für das Verfahren bei Musterpatenten des § 19 II–V ErstrG sind unterdessen durch praktische Erledigung gegenstandslos und konnten aufgehoben werden. Abs 6 stellt eine Übernahme des § 26 I, II ErstrG dar, der durch Abs 3 dieser Vorschrift auch auf erstreckte GeschmM anwendbar war, welcher nun durch Art 2 X Nr 7 GeschmMRefG aufgehoben werden konnte. Abs 6 regelt nun für eD gesondert, in welcher Weise durch die Erstreckung zur Koexistenz gebrachte AltR im **Kollisionsfall** zu behandeln sind; solche Konflikte dürften zwar mittlerweile beigelegt worden sein, es bedarf jedoch weiter der grds Regelung, Einzelh s Nachtrag EVtr/ErstrG Rn 17–19.

Typografische Schriftzeichen

61 (1) **Für die nach Artikel 2 des Schriftzeichengesetzes in der bis zum Ablauf des 1. Juni 2004 geltenden Fassung angemeldeten typografischen Schriftzeichen wird rechtlicher Schutz nach diesem Gesetz gewährt, soweit in den Absätzen 2 bis 5 nichts Abweichendes bestimmt ist.**

(2) **Für die bis zum Ablauf des 31. Mai 2004 eingereichten Anmeldungen nach Artikel 2 des Schriftzeichengesetzes finden weiterhin die für sie zu diesem Zeitpunkt geltenden Bestimmungen über die Voraussetzungen der Schutzfähigkeit Anwendung.**

(3) **Rechte aus eingetragenen Designs können gegenüber Handlungen nicht geltend gemacht werden, die vor dem 1. Juni 2004 begonnen wurden und die der Inhaber des typografischen Schriftzeichens nach den zu diesem Zeitpunkt geltenden Vorschriften nicht hätte verbieten können.**

(4) **Bis zur Eintragung der in Absatz 1 genannten Schriftzeichen richten sich ihre Schutzwirkungen nach dem Schriftzeichengesetz in der bis zum Ablauf des 31. Mai 2004 geltenden Fassung.**

(5) **Für die Aufrechterhaltung der Schutzdauer für die in Absatz 1 genannten Schriftzeichen sind abweichend von § 28 Absatz 1 Satz 1 erst ab dem elften Jahr der Schutzdauer Aufrechterhaltungsgebühren zu zahlen.**

Übersicht

1 **1. Die Entwicklung** des Sonderrechtsschutzes für typografische Schriftzeichen durch das SchriftzG ist seit jeher von vergleichsweise geringer Anmeldeaktivität geprägt, zum anderen davon, dass der geplante international vereinheitlichte Rechtsschutz für typografische Schriftzeichen durch das Wiener Abkommen über den Schutz typographischer Schriftzeichen und ihre internationale Hinterlegung vom 12.6.73, zu dem das SchriftzG in seinem Art 1 das ZustimmungsGes darstellt, s 2. Aufl Allg/20, mangels Inkrafttreten dieses Abkommens wegen einer unzureichenden Zahl von Ratifikationen vermutlich auf Dauer gescheitert ist. Schließlich ist die typografischen Schriftzeichen zugebilligte spezifische Höchstschutzdauer von 25 Jahren – ggü anfänglich 15, später 20 Jahren für GeschmM – jetzt durch § 27 II für eD allg erreicht und kein einen Sonderrechtsschutz tragendes Motiv mehr. Daraus wurde die Konsequenz gezogen, mit § 61 und den durch Art 2 XVI GeschmMRefG vorgenommenen Änderungen des SchriftzG den nationalen Sonderrechtsschutz im Ergebnis förmlich abzuschaffen, Begr Entwurf Art 2 XV GeschmMRefG (= Art 2 XVI des Ges) und dieses Ges in Art 2 nF auf eine Zustimmungs- und Vorratsvorschrift für den Fall eines Inkrafttretens des Wiener Abkommens zu reduzieren, s Anhang III; eine Abweichung von dessen Vorgaben beim Schutz typografischer Schriftzeichen durch das DesignG sieht die Begr zu Art 2 XVI GeschmMRefG nicht. Art 2 SchriftzG aF behält nur noch übergangsweise Bedeutung für die vor dem Inkrafttreten des GeschmMG 2004 angemeldeten typografischen Schriftzeichen, Rn 4 f. Hinweise auf typografische Schriftzeichen als zu berücksichtigende Schutzgegenstände und SchutzR sind dementsprechend in mehreren Ges und anderen Vorschriften getilgt worden, zB im Rahmen des Art 2 XII, Art 3 GeschmMRefG im PatKostG und in der DPMAVwKostV.

2. Regelungssystematik und **Zweck** des § 61 I bestehen darin, mit Inkrafttreten des GeschmMG 2004 Schriftzeichen als eD zu behandeln, Begr Entw Art 2 XV GeschmMRefG, mit dem Ziel allg Designschutzes als flächige oder räumliche Designgestaltungen iSd § 1 Nr 1. Die zu diesem Zeitpunkt bereits eingetragenen typografischen Schriftzeichen werden in eD übergeführt mit einigen, teilweise nur vorübergehend relevanten Besonderheiten nach Abs 2–5. Damit ist für NeuR ein spezielles SchriftzG entbehrlich, Begr zu § 61 GeschmMG 2004. § 61 hat somit den Charakter einer Übergangsvorschrift für typografische Schriftzeichen, die einen Ausgleich der Interessen der Inhaber in zulässiger Weise begründeter SchutzR und der Interessen Dritter schaffen soll, Begr aaO. Im Zusammenhang damit hat Art 2 XVI GeschmMRefG den Inhalt des Art 2 des SchriftzG, welcher die Anmeldebesonderheiten für typografische Schriftzeichen behandelte, Rn 7, vollständig aufgehoben und der Vorschrift einen andersartigen Inhalt gegeben. Selbst wenn künftig doch noch die Hinterlegung von Schriftzeichen nach dem Wiener Abkommen möglich werden sollte, wird nach Art 2 SchriftzG nF die inländische Wirkung der nach diesem Abkommen hinterlegten typografischen Schriftzeichen diejenige eines nach dem GeschmMG in der geltenden Fassung angemeldeten GeschmM sein; auch in diesem Fall sollen keine Sonderbestimmungen für diese Schutzgegenstände mehr gelten. Gleichwohl behalten typografische Schriftzeichen als Schutzgegenstand auch künftig eine Sonderrolle auf Grund der differenzierteren Anforderungen an ihre **Wiedergabe** bei der Anmeldung als eingetragenes Design nach § 11 II 1. Nach § 7 VII DesignV muss die Wiedergabe einen genau festgelegten Inhalt haben, Einzelh § 11 Rn 32, anderenfalls greift der damit verbundene spezielle Schutz für das Schriftbild, Rn 4, nicht ein. Es handelt sich dann, insbes bei Anmeldung mit Wiedergabe einzelner Buchstaben, um idR bloße flächige Gestaltungen.

3. Nach Abs 1 findet für bis zum 1.6.04 angemeldete und schon eingetragene Schriftzeichen mit diesem Zeitpunkt eine **Umwandlung der Schutzwirkungen** vom Nachbildungsschutz, Rn 6, in absoluten Schutz mit Sperrwirkung nach § 38 für die Dauer ihrer restlichen Laufzeit statt. In diesem Zusammenhang schafft Abs 4 eine (regelmäßig kurzzeitige) Ausnahme für typografische Schriftzeichen, für die zu diesem Zeitpunkt das Eintragungsverfahren noch nicht durch Eintragung abgeschlossen war. Um nach Wegfall des Nachbildungsschutzes bis zur Eintragung eine Schutzlücke zu vermeiden, Begr zu § 61 IV GeschmMG 2004, setzt sich der nach § 7 I GeschmMG 1986 mit der Anmeldung begründete Nachbildungsschutz fort bis zur Eintragung des typografischen Schriftzeichens, der erst dann zum absoluten Schutz nach § 38 ausgeweitet wird, so dass dann fortan Abs 1 iVm § 38 gelten. Nach dem Inkrafttreten des GeschmMG 2004angemeldete Schriftzeichen sind eD, Begr Entw Art 2 XV GeschmMRefG.

4   **4.** Nach Abs 2 ist Voraussetzung der Schutzwirkungen nach Abs 1 die **Schutzfähigkeit** solcher Alt-Schriftzeichen, die sich auch künftig nach Art 2 SchriftzG aF iVm § 1 GeschmMG 1986 richtet, Begr zu § 61 II GeschmMG 2004, zu Entw Art 2 XV GeschmMRefG. Designschutz wird gem Art 2 I SchriftzG nach den Vorschriften des DesignG gewährt. Angriffe auf den Bestand solcher Schriftzeichen müssen daher mit mangelnder Schutzfähigkeit nach den bis zum Inkrafttreten des GeschmMG 2004 geltenden Vorschriften begründet werden, die §§ 1–6 sind nicht anwendbar. Grundlage für die Bestimmung des **Schutzgegenstands** ist der Satz einer zusammengehörigen Anzahl von Buchstaben, Ziffern und Zeichen, die den Gesamteindruck einer Schriftart charakterisieren. Der Schutzgegenstand ist dann das im gedruckten Text in Erscheinung tretende Schriftbild, Begr SchriftzG zu Art 2 Nr 3. Seit RGZ 61, 178 ist es allg Ans, dass bei einer Schrift allein die Flächenwirkung maßgeblich ist; die für den Designschutz wesentliche Wirkung ergibt sich nicht aus den Buchdrucklettern, sondern aus dem Druckerzeugnis, RGZ 61, 181, auch wenn nicht sämtliche Schriftzeichen in gleicher Weise von der Vorlage geprägt sind. Der Begriff des Satzes typografischer Schriftzeichen als Anmeldungsgegenstand nach Art 2 I Nr 1 SchriftzG aF war weder im Wiener Abkommen noch im SchriftzG definiert, Kelbel GRUR 82, 79. „Satz" musste nicht ein vollständiges Alphabet einschließlich der zugehörigen Ziffern und sonstigen Zeichen wie Akzente und dgl bedeuten. Dem Anmelder blieb es überlassen, den Umfang des Satzes, aus dem sich die charakteristischen Merkmale der Schriftart ergeben, zu bestimmen; die alphabetische Reihenfolge der Buchstaben war Praxis, aber nicht Bedingung. Daher hatten sich bestimmte Phantasiewörter wie „O Hamburgiensis" oder kurze Sätze durchgesetzt, denen Fachleute allg Satzqualität iSv Art 2 I Nr 1 SchriftzG aF zubilligten. Ein einzelner Buchstabe war idR insoweit nicht schutzfähig. Bei Schriftfamilien, also stilistisch aufeinander abgestimmten und nach dem Gesamteindruck zusammengehörenden Sätzen gleicher Schriftgarnituren (= Schnitte, Variationen) in Graden (= Größe), Fettenabstufungen, Schräglagen oder Verzerrungen, s Kelbel S 12 f, konnte zweifelhaft sein, ob diese insgesamt als ein Muster gelten oder jede Schriftgarnitur als gesondertes Muster gilt. Da auch einzelne Garnituren selbständig verkehrsfähig sind, andererseits die Praxis davon ausgeht, dass Garnituren jedenfalls innerhalb einer Schräglage idR nicht selbstständig schutzfähig sind, lag es nahe, im Rahmen einer Sammelanmeldung eine Schrift als Grundmuster iSv § 8a GeschmMG 1986 zu bestimmen und deren Garnituren als Abwandlungen. Typografische Schriftzeichen der vorstehend definierten Art müssen zur Herstellung von Texten durch **grafische Tech-**

niken aller Art geeignet und bestimmt sein, Art 2 I Nr 1 SchriftzG aF, also als Mittel zum Setzen von Texten durch grafische Techniken, nicht künstlerische Einzelherstellung wie zB Kalligraphie. Das Abstellen auf grafische Techniken soll zum Ausdruck bringen, dass auch neue technische Möglichkeiten erfasst werden, Ulmer GRUR Int 74, 166; Kelbel GRUR 82, 80. Erfasst wurden neue Schrifttypen als Mittel zur Herstellung von Druck- und Satzerzeugnissen sowohl im herkömmlichen Bleisatzverfahren als auch im Fotosatzverfahren oder in anderen technischen Verfahren, zB Typen, Typenräder, Schreibköpfe für Schreibmaschinen und für Datenverarbeitungsanlagen, Denkschrift Wiener Abkommen zu Art 2, zum Schutz von Computer-Fonts Jaeger/Koglin CR 02, 169 ff. Auch nicht als grafische Techniken ieS bezeichnete weitere Techniken fallen nach dem Willen des Ges-Gebers unter den Anwendungsbereich des SchriftzG, Kelbel GRUR 82, 80, zB digitale Techniken und Lasertechniken.

5. Die **Neuheit** und **Eigentümlichkeit** der angemeldeten Schriftzeichen **5** werden gem Art 2 I Nr 1 SchriftzG aF durch ihren Stil und Gesamteindruck bestimmt. Auf die Maßgeblichkeit des Gesamteindrucks einer neuen Schrift ist bereits in RGZ 76, 341 mit der Folge abgestellt worden, dass es nicht darauf ankommt, ob einzelne Buchstaben schon in einer älteren Schrift vorkommen, sondern nur darauf, dass eine Schrift einem einheitlichen Formgedanken folgt. Der Neuheitsprüfung kann daher nur eine bestimmte andere Schrift zu Grunde gelegt werden, nicht also die Gesamtheit all der Schriften, in denen sich identische Formelemente finden, RG aaO; Kelbel GRUR 82, 81. Soweit auf den Stil der Schrift abgestellt wird, soll nicht ein dem DesignR fremder Schutz von allg Gestaltungsgrds eingeführt werden, sondern es soll lediglich der Stil als Beurteilungskriterium dienen, der konkret in der Gesamtheit der Schriftzeichen seinen Niederschlag gefunden hat, für die Schutz in Anspruch genommen wird, Kelbel aaO. Bei der Prüfung von Neuheit und Eigentümlichkeit sind die in Fachkreisen anerkannten Gesichtspunkte zu berücksichtigen; insbes der der Anmeldung beizufügende Text soll dem Fachmann die Beurteilung der Schrift ermöglichen, Begr SchriftzG zu Art 2 I Nr 5. Insgesamt soll eine bes aufmerksame und sachkundige Untersuchung der Merkmale sichergestellt sein, die für die Beurteilung der Schutzfähigkeit ins Gewicht fallen, Ulmer GRUR Int 74, 167. Je nach dem Grad der Gestaltungshöhe sind Schriften auch dem urheberrechtlichen Schutz zugänglich, Begr SchriftzG zu Art 2, RG GRUR 43, 45.

6. Abs 3–5 bestimmen die **Rechtswirkungen** der vor dem Inkrafttreten **6** des GeschmMG 2004 angemeldeten typografischen Schriftzeichen. Abs 3 betrifft die Weiternutzung von (eher seltenen) unabhängigen Parallelschöpfungen, die nach dem bis dahin geltenden **Schutz gegen Nachbildungen** des Gegenstands von Geschmacksmustern nach den §§ 1, 4–6 GeschmMG 1986 in objektiver wie subjektiver Hinsicht den Nachbildungstatbestand nicht erfüllten. Unter Geltung des absoluten Schutzes mit Sperrwirkung nach § 38 I, II wären jedoch auch solche Nutzungshandlungen verboten, nachdem diese Rechte mit Inkrafttreten des GeschmMG 2004 zu eD mit absolutem Schutz erstarkt sind, Rn 3. Abs 3 nimmt im Interesse Dritter unter dem bis dahin geltenden Prinzip des Nachbildungsschutzes begonnene, berechtigte Nutzungshandlungen von dieser Rückwirkung vollständig und auch für die Zukunft aus, Begr § 61 III GeschmMG 2004. In diesem begrenzten Rahmen gelten die Grds des Nachbildungsschutzes weiter. Solche

Nutzungshandlungen können bei typografischen Schriftzeichen bis zum
Inkrafttreten des GeschmMG 2004 begonnen worden sein, Begr aaO, während
die iÜ gleichlautende allg Vorschrift des § 72 II diesen Zeitpunkt auf
den 28.10.01 (Ende der Frist für die Umsetzung der GRL) vorverlegt hat.
Das **Verbietungsrecht** des SchriftzG aF erfasste bis zu seiner Ablösung am
1.6.04, Abs 4, nur das Herstellen und Verbreiten von Schriftzeichen, die für
die Herstellung von Texten durch grafische Techniken bestimmt sind, sowie
die Herstellung solcher Texte zur gewerbsmäßigen Verbreitung, zu eng Begr
Entw Art 2 XV GeschmMRefG. Andere Verwendungsarten (Plakatmalerei,
Schilder) unterlagen dem VerbietungsR nicht. Wenn ein Schutz auch für
solche Verwendungsarten herbeigeführt werden sollte, die nicht im Schutzbereich des SchriftzG liegen, bedurfte es einer ggf zusätzlichen GeschmM-
Anmeldung außerhalb der SchriftzG, Kelbel GRUR 82, 80. Dann überschneiden sich beide Schutzbereiche, aA Kelbel GRUR 82, 81, 83. Die
Prüfung einer Nachbildung hat anhand der allg Grds des vor dem 1.6.04
geltenden Rechts zu erfolgen, s 2. Aufl 5/8 ff, zum Schriftbild als Schutzgegenstand Rn 4. Das VerbietungsR erfasste auch im Wege der Verzerrung
von geschützten typografischen Schriftzeichen durch technische Mittel hergestellte Schriftzeichen, wenn die wesentlichen Merkmale der geschützten
Schriftzeichen erkennbar blieben, vgl Art 8 III des Wiener Abkommens.
Kein Nachbildungsschutz bestand für die Herstellung von Texten, die nicht
zur gewerbsmäßigen Verbreitung bestimmt waren; freigestellt war daher
sowohl die Herstellung von Texten durch Privatpersonen für den eigenen
Gebrauch als auch durch die öffentliche Verwaltung, Begr SchriftzG zu
Art 2 I Nr 3, weitere Einzelh s 2. Aufl 5/24–26.

7   **7.** Die **Anmeldung** von Sätzen typografischer Schriftzeichen als Schutzgegenstand richtete sich auf Grund Art 2 I SchriftzG aF grds nach dem
GeschmMG. Sie wurden durch ihre Abbildung und den dreizeiligen Text
iSv Art 2 I Nr 5 S 2 SchriftzG aF dargestellt. Die Abbildung hatte den nach
Art 2 I Nr 1 SchriftzG aF einzureichenden Satz der Muster von Buchstaben,
Alphabeten, Zubehör, Ziffern und anderen Zeichen sowie Ornamenten
zum Inhalt, nicht abgebildete Zeichen waren nicht schutzbegründend, Kel-
bel S 52 und GRUR 82, 83. Der mit den typografischen Schriftzeichen, die
Gegenstand der Abbildung waren, hergestellte dreizeilige Text sollte das
Schriftbild als Ganzes zur besseren Beurteilung der Neuheit und Eigentümlichkeit verdeutlichen, Begr SchriftzG zu Art 2 I Nr 5. Der Text hat unterstützende Beweisfunktion, Kelbel S 53. Im Hinblick auf die bloß erläuternde
Wirkung war eine Nachreichung oder Auswechslung des Textes zulässig,
BPatG 4 W (pat) 701/98 v 1.7.98 (unveröff); BPatG Mitt 99, 279 – Anmeldeerfordernisse mit Anm v Bedenbecker. Zu den sonstigen Erfordernissen
einer wirksamen Anmeldung im Einzelnen s 2. Aufl 7/74. Soweit für typografische Schriftzeichen Schutz als GeschmM nachgesucht wurde, galten die
Anmeldeerfordernisse des GeschmMG unmittelbar. Eine Warenklassenangabe entfiel für typografische Schriftzeichen, da für sie keine Klassifikation
besteht; sie wurden im GeschmM-Blatt gesondert bekanntgemacht.

8   **8.** Abs 5 betrifft die **Aufrechterhaltung der Schutzdauer** von eingetragenen typografischen Schriftzeichen nach § 28 I 1, für die nicht die Aufschiebung der Bildbekanntmachung, § 8b I GeschmMG 1986 gewählt war.
Auf Grund der für typografische Schriftzeichen geltenden Besonderheiten,
Begr SchriftzG zu Art 2, war nach Art 2 I Nr 4 S 1 SchriftzG aF eine länge-

re Erstschutzdauer von 10 Jahren festgelegt und galt bei Fehlen anderslautender Angaben als beantragt, dazu Begr zu § 61 V GeschmMG 2004. Dem trägt Abs 5 Rechnung, indem die durch § 28 I 1 bestimmte erste Aufrechterhaltungsphase vom 6. bis zum 10. Jahr der Schutzdauer als gegenstandslos behandelt wird und eine Aufrechterhaltung erst ab dem 11. Schutzjahr in Betracht kommt. Da für Schriftzeichen nach Art 2 I Nr 4 S 1 SchriftzG aF eine fünfundzwanzigjährige Höchstschutzdauer vorgesehen ist, bedurfte es keiner Regelung über eine Ausdehnung der Höchstschutzdauer. Zur Erstreckung des Schutzes nach Aufschiebung der Bildbekanntmachung typografischer Schriftzeichen, § 21 II s § 21 Rn 7 ff.

9. Gemeinschaftsgeschmacksmuster. Die Anforderungen für die **9** Wiedergabe typografischer Schriftzeichen sind in Art 4 IV GGDV geregelt. Vorgeschrieben ist die vollständige Folge der Buchstaben (A–Z) des betreffenden Alphabets in Groß- und in Kleinschreibung und der arabischen Ziffern (1-0) und dies einheitlich in der Schriftgröße 16 Punkt, dazu in dieser Schriftgröße einen fünfzeiligen, aus diesen Zeichen gebildeter Text. Damit gehen die Anforderungen in Art 4 IV GGDV über die seit dem 10.1.14 für die Anmeldung typografischer Schriftzeichen nach dem DesignG geltenden, in § 7 VII DesignV geregelten Anforderungen hinaus, 11/32, was bei beabsichtigter Inanspruchnahme einer deutschen Priorität für eine GGM-Anmeldung zu beachten ist. Abschn 4.6.2 PrüfRL befasst sich kurz mit Schrifttypen.

10. Internationale Eintragungen. Ein bes Schutzbereich für typografi- **10** sche Schriftzeichen ist im HMA nicht vorgesehen. Bei als eD angemeldeten Schriftzeichen handelt es sich demnach regelmäßig um allg grafische Symbole in meist flächiger Form, für die auch keine bes Behandlung vorgesehen ist. Der international vereinheitlichte Schutz nach dem Wiener Abkommen, ist bislang nicht zustande gekommen, s Rn 1.

Abschnitt 12. Gemeinschaftsgeschmacksmuster

Weiterleitung der Anmeldung

62 Werden beim Deutschen Patent- und Markenamt Anmeldungen von Gemeinschaftsgeschmacksmustern nach Artikel 35 Abs. 2 der Verordnung (EG) Nr. 6/2002 des Rates vom 12. Dezember 2001 über das Gemeinschaftsgeschmacksmuster (ABl. EG 2002 Nr. L 3 S. 1) eingereicht, so vermerkt das Deutsche Patent- und Markenamt auf der Anmeldung den Tag des Eingangs und leitet die Anmeldung ohne Prüfung unverzüglich an das Harmonisierungsamt für den Binnenmarkt (Marken, Muster und Modelle) weiter.

Übersicht

1. Der **Regelungsgehalt** des § 62 knüpft daran an, dass Anmelder nach **1** Art 35 I GGV die Anmeldung von GGM wahlweise beim HABM in Alicante oder der Zentralbehörde für den gewerblichen Rechtsschutz eines

Mitgliedstaats einreichen können. Dies entspricht dem Trend, die prioritäts-
wahrende Einreichung von Anmeldungen dezentralisiert möglich zu machen, wie dies § 125a MarkenG für die weiterzuleitenden Anmeldungen
von Gemeinschaftsmarken beim DPMA, dazu Mitt PräsDPA Bl 96, 37 für
Markensachen, und § 11 I 2 für eD im nationalen Rahmen ebenfalls vorsieht. Auch Art 38 MPI-Entwurf und Art 33 Grünbuch berücksichtigten
eine Weiterleitung. § 62 gestattet die Wahlmöglichkeit des Art 35 I GGV für
das DPMA und regelt die Durchführung des Weiterleitungsverfahrens näher.
Dabei wurde von der durch Art 35 II 2 GGV eingeräumten Möglichkeit, für
die Weiterleitung Gebühren zu verlangen, durch Ergänzung des Gebührenverzeichnisses des PatKostG Gebrauch gemacht, flankiert durch die Einfügung eines Abs 3 in § 6 PatKostG und eine eD einbeziehende Ergänzung
des §§ 5 I 2 PatKostG, Art. 2 XII Nr 2a, 3, 7 GeschmMRefG. § 62 hat für
den Anmelder vor allem den **Zweck** und Vorteil, höchst kurzfristig eine
Priorität wahren zu können. Dies etwa dann, wenn hierzu die Anmeldung
beim DPMA übergeben werden kann oder der Postweg zu den Annahmestellen des DPMA schneller oder sicherer erscheint. Dies auch vor dem Hintergrund, dass Wiedereinsetzung durch das HABM strenge Sorgfalt, insbes
einen erheblichen Zeitpuffer für eine Übersendung voraussetzt, näher § 23
Rn 68. Dem sind die Weiterleitungsgebühren, Rn 3, und das nicht absehbar
geminderte Verlustrisiko während der Weiterleitung gegenüberzustellen. Die
Weiterleitung wird von In- wie Ausländern rege genutzt.

2   **2. Die Durchführung** der Weiterleitung ist iW § 62 zu entnehmen, weil
die DesignV keine Bestimmung dazu trifft. Einzeln regelt die Mitt PräsDP-
MA Bl 03, 1. Grds kann jeder **Anmelder,** auch der auswärtige, das DPMA
für die Einreichung der Anmeldung des GGM auswählen. Die Bestellung
eines Inlandsvertreters gem § 58 ist nicht notwendig, Einzelh § 58 Rn 9.
Die **Anmeldung** muss wegen des herrschenden Zeitdrucks möglichst deutlich erkennen lassen, dass sie für die Weiterleitung bestimmt ist; die Verwendung des HABM-Anmeldeformulars ist deshalb zweckmäßig. Eine Anmel-
dung in elektronischer Form, etwa per E-Mail, zur Weiterleitung ist derzeit
(April 2010) nicht gestattet. Das **weitere Verfahren** des DPMA ist in Art 7
II GGDV festgelegt und wird in der Mitt PräsDPMA, aaO, näher dargelegt.
Zulässig war mit Blick auf den Beginn der Einreichungsmöglichkeit beim
HABM zum 1.1.03 die Einreichung zur Anmeldung beim DPMA nur ab
dem 1.1.03, davor liegende Einreichungen waren rechtsunwirksam, Art 86
V GGDV, und wurden zurückgeschickt. Das DPMA hat jedes Blatt der
Anmeldung mit arabischen Zahlen durchzunummerieren (foliieren). Es hat
ferner auf den eingereichten Unterlagen das Eingangsdatum und die Zahl
der Blätter, aus denen sich die Anmeldung zusammensetzt, zu vermerken,
Art 7 II 2 GGDV, es vergibt eine Versandscheinnummer als Identifikations-
merkmal. Schließlich sendet das DPMA dem Anmelder eine Empfangsbescheinigung, in der mindestens die Art und Zahl der Unterlagen und der
Tag ihres Eingangs angegeben sind, Art 7 II 3 GGDV. Für diese Vorgänge
und die Weiterleitung an das HABM steht dem DPMA nach Art 35 II 1
GGV eine Frist von zwei Wochen nach Einreichung der Anmeldung zur
Verfügung. Die Weiterleitung von Nachreichungen zu den bereits eingereichten und weitergeleiteten Unterlagen ist nicht vorgesehen, vielmehr ist
die weitere Korrespondenz unmittelbar mit dem HABM zu führen; Nachreichungen werden daher zurückgesandt.

3. Der Anmelder hat aus eigenem Antrieb für die Begleichung der für die **3**
Weiterleitung anfallenden **Weiterleitungsgebühr** zu sorgen. Sie darf nach
Artikel 35 II 2 GGV die einschlägigen Verwaltungskosten nicht übersteigen, der Einreicher beim DPMA zahlt neben den Post- und Frachtgebühren
für die Sendung DPMA – HABM (Auslagen des DPMA) diese mit. Vom
13.2.10 an beträgt die Gebühr einheitlich 25 EUR, wobei eine Sammelanmeldung als eine Anmeldung gilt, Nr 344 100 Gebührenverzeichnis zum
PatKostG in der durch Art 2 Nrn 2, 3 des 1. ÄndG zum GeschmMG geänderten Fassung (v 29.7.09, BGBl I S 2446 = Bl 09, 328). Bis zu diesem Datum galten drei Gewichtsklassen der Sendung; sie betrug pro Anmeldung
25 EUR für Sendungen bis zu 2 kg, 50 EUR für Sendungen bis 12 kg und
noch schwerere Sendungen 70 EUR, Nrn 344 100–344 300 des insoweit
früheren Gebührenverzeichnisses zum PatKostG. Für die Gebührenzahlung
besteht nach § 6 I 2 PatKostG eine Frist von drei Monaten, die mit der Einreichung der Anmeldung beim DPMA zur Weiterleitung (Fälligkeit) zu laufen beginnt. Nach Einreichung der Anmeldung ist eine Gebührenanforderung des DPMA schon aus Zeitgründen nicht vorgesehen. Wird die Gebühr
nicht, nicht rechtzeitig oder in unzureichender Höhe gezahlt, ist nach § 6 III
PatKostG nicht § 6 II PatKostG anzuwenden, welcher ansonsten für Nichtzahlungen die Fiktion der Rücknahme oder Nichtvornahme vorsieht. Jedoch bestimmt § 6 III PatKostG anstelle dieser Sanktion keine Rechtsfolge
bei Nichtzahlung. Auch die allg Regelung des § 5 I 1 PatKostG, wonach die
Bearbeitung erst nach Gebühreneingang aufgenommen wird, ist gem dem
durch Art 2 XII Nr 2a) GeschmMRefG ergänzten § 5 I 2 PatKostG nicht
anwendbar. Auch ohne Gebühreneingang wird daher die eingereichte Anmeldung beschleunigt bearbeitet, um die durch Art 35 II 1 GGV vorgeschriebene Zweiwochenfrist für die Weiterleitung einzuhalten, Begr zu Art 2
XII Nr 2a) GeschmMRefG. Der fehlende Gebührenbetrag muss daher aufwendig nach allg Grds beigetrieben werden, vgl § 16 Rn 28. Ist die Weiterleitung doch nicht gewollt, lässt sich uU die Sendung in der Dienststelle Jena
des DPMA oder unmittelbar nach Eintreffen beim HABM noch abfangen, s
auch Bulling/Langöhrig/Hellwig S. 59.

4. Das **Harmonisierungsamt** setzt den Anmelder durch eine Eingangs- **4**
bestätigung vom Erhalt der Anmeldung in Kenntnis, Art 35 III GGV, 7 III
GGDV, Abschn 3.2. PrüfRL. Erhält das HABM die Anmeldung später als
zwei Monate nach dem Einreichungstag beim DPMA, zB bei vorübergehendem Verlust der Sendung, verfällt nach Artikel 38 II GGV die prioritätsbegründende Wirkung dieses Einreichungstags und es gilt als Anmeldetag
der Eingangstag beim HABM. Nach Artikel 35 IV GGV soll die Kommission im Jahr 2012/13 einen Bericht über die Bewährung dieses Einreichungssystems vorlegen und ggf Änderungsvorschläge vorlegen.

**Anwendung der Vorschriften dieses Gesetzes auf Gemeinschafts-
geschmacksmuster**

62a **Soweit deutsches Recht anwendbar ist, sind folgende Vorschriften dieses Gesetzes auf Ansprüche des Inhabers eines Gemeinschaftsgeschmacksmusters, das nach der Verordnung (EG) Nr. 6/2002
Schutz genießt, entsprechend anzuwenden:**

§ 62a § 62a Anwendung der Vorschriften dieses Gesetzes auf GGM

1. die Vorschriften zu Ansprüchen auf Beseitigung der Beeinträchtigung (§ 42 Absatz 1 Satz 1), auf Schadensersatz (§ 42 Absatz 2), auf Vernichtung, auf Rückruf und Überlassung (§ 43), auf Auskunft (§ 46), auf Vorlage und Besichtigung (§ 46a), auf Sicherung von Schadensersatzansprüchen (§ 46b) und auf Urteilsbekanntmachung (§ 47) neben den Ansprüchen nach Artikel 89 Absatz 1 Buchstabe a bis c der Verordnung (EG) Nr. 6/2002;
2. die Vorschriften zur Haftung des Inhabers eines Unternehmens (§ 44), Entschädigung (§ 45), Verjährung (§ 49) und zu Ansprüchen aus anderen gesetzlichen Vorschriften (§ 50);
3. die Vorschriften zu den Anträgen auf Beschlagnahme bei der Einfuhr und Ausfuhr (§§ 55 und 57).

Übersicht

1 **1. Regelungsgehalt** des § 62a ist, dass alle Regelungen des DesignG über Sanktionen, dh Anspruchsgrundlagen und Anspruchsmodalitäten sowie die Vorschriften über die sog Grenzbeschlagnahme für GGM entspr anwendbar sind. Das gilt für eingetragene und nicht eingetragene GGM in gleicher Weise. Die Anwendbarkeit findet statt, soweit deutsches Recht anwendbar ist. Für Gemeinschaftsmarken wird in § 125b MarkenG eine Reihe von Regelungen des MarkenG für anwendbar erklärt. Um eine Regelungslücke zu schließen und einem Umkehrschluss zum MarkenG vorzubeugen, wurde § 62a durch das Gesetz v 10.10.13 eingefügt, Begr § 62a.

2 **2. Sanktionen für Rechtsverletzungen** sind in den §§ 42, 43, 46, 46a, 46b und 47 DesignG geregelt. Durch Nr 1 werden diese Regelungen neben den Ansprüchen nach Art 89 I a) bis c) GGV für entspr anwendbar erklärt.

3 **3.** Durch die in Nr 2 aufgeführten Bestimmungen werden **Anspruchsmodalitäten** geregelt. Im Vordergrund der Bedeutung steht die Verjährung (§ 49). Ebenfalls anwendbar sind die §§ 44, 45 und 50.

4 **4.** Für **Maßnahmen der Zollbehörden** werden in Nr 3 die §§ 55 und 57 für anwendbar erklärt. § 56 steht in Position und Inhalt zwischen diesen beiden Bestimmungen und sollte deswegen ebenfalls anwendbar sein. § 57a enthält Einzelheiten zur unionsrechtlichen Regelung und sollte daher ebenfalls Anwendung finden, soweit nicht schon das UnionsR eine Regelung enthält.

5 **5.** Die **geografische Reichweite** von Sanktionen ist in der GGV nicht unmittelbar geregelt. Eine unionsweite Wirkung eines Unterlassungsurteils wird aus Art 1 III 1, 2 GGV gefolgert, BGH GRUR 10, 718 Tz 56 – Verlängerte Limousinen; Düss DesignE 3, 128 – Aluminiumfelgen; Düss BeckRS 09, 05455 – Leuchte. Aber der dort normierte Grds der Einheitlichkeit steht in Art 1 III GGV unter dem Vorbehalt, dass in der GGV nichts anderes bestimmt ist. Das ist in Art 83 II iVm Art 82 V GGV der Fall, weil die aus Verletzungshandlungen in nur einem Mitgliedstaat resultierende Zuständigkeit die Reichweite der Zuständigkeit auf diesen Mitgliedstaat beschränkt. Eine unionsweite Zuständigkeit besteht nach Art 83 I GGV daher nur für Zuständigkeiten aus Art 83 I–IV GGV, s auch EuGH GRUR 11,

518 Rn 44, 50 – DHL Express France/Chronopost (zur GMV). Eine in einem Mitgliedstaat begangene Verletzungshandlung begründet idR eine Begehungsgefahr für das ganze Gebiet der EU, BGH GRUR 10, 718 Tz 56. Ansprüche auf Schadensersatz, Auskunft und Rechnungslegung bestehen nur für das Inland, wenn nur insoweit Verletzungshandlungen festgestellt worden sind, BGH GRUR 10, 718 Tz 66 – Verlängerte Limousinen; GRUR 12, 512 Tz 59 – Kinderwagen I. Dasselbe gilt für die Ansprüche auf Vernichtung und auf Drittauskunft, BGH GRUR 12, 512 Tz 61. Die territoriale Wirkung der Anordnung einer Zwangsmassnahme erstreckt sich auf alle Mitgliedstaaten der EU, EuGH GRUR 11, 518 Rn 55, 56.

6. Die **zeitliche Anwendbarkeit** ist nicht ausdrücklich geregelt. Unge- **6** schriebene Grundlage der Übergangsregelung in § 74 ist, dass das DesignG ab 1.1.14 seine Wirkung entfaltet. Im Rahmen des § 62a gilt das uneinge- schränkt nur für den in die Zukunft gerichteten Unterlassungsanspruch. Weil keine Rückwirkung angeordnet worden ist, richten sich die übrigen An- sprüche nach der Rechtslage vor dem 1.1.14, soweit es um Handlungen geht, die vor diesem Zeitpunkt begangen worden sind, s hierzu Rn 5. Aus Art 89 I d) GGV ergibt sich ein Anspruch auf Vernichtung und dass für diesen Anspruch das Recht des Mitgliedstaats anwendbar ist, in dem die Verletzungshandlungen begangen worden sind, EuGH GRUR 14, 368 Rn 52 – Gautzsch; s auch § 43 Rn 5. Nach Art 88 II GGV ist das nationale Recht des angerufenen Gerichts auf den Schadensersatzanspruch sowie auf Auskünfte zum Zweck der Bestimmung des Schadens anwendbar, EuGH GRUR 14, 368 Rn 54; so auch schon Voraufl § 42 Rn 3. Dasselbe gilt für die Ansprüche auf Drittauskunft und auf Urteilsbekanntmachung. Nach BGH GRUR 10, 718 Tz 66 – Verlängerte Limousinen – enthielt das GeschmMG 2004 für den Anspruch auf Schadensersatz zwar eine planwidri- ge Reglungslücke, diese Lücke konnte jedoch durch entspr Anwendung des § 42 II geschlossen werden. Auf Art 88 II GGV konnte auch der Anspruch auf Erstattung von Rechtsanwaltskosten iVm §§ 677, 683, 670 BGB, und von Patentanwaltskosten iVm § 52 IV gestützt werden, BGH GRUR 12, 1139 Tz 9 – Weinkaraffe. Die Beschlagnahme von rechtsverletzenden Er- zeugnissen und von Hilfsmitteln zur Herstellung dieser Erzeugnisse konnte aufgrund Art 89 I b) und c) GGV angeordnet werden. Obwohl in diesen Bestimmungen von „nachgeahmten" Erzeugnissen bzw Gütern die Rede ist, erfasst der Anwendungsbereich auch eingetragene GGM. Die Verletzung eines GGM als allg Regelungsgegenstand wird durch den Wortlaut der Sanktionsmöglichkeiten nicht beschränkt. Dieser Wortlaut ist, wie die For- mulierungen „infringing products" bzw „infringing goods" in der engli- schen Fassung zeigen, das Ergebnis einer insoweit misslungenen Übersetz- zung.

Gemeinschaftsgeschmacksmusterstreitsachen

63 (1) **Für alle Klagen, für die die Gemeinschaftsgeschmacksmuster- gerichte im Sinne des Artikel 80 Absatz 1 der Verordnung (EG) Nr. 6/2002 zuständig sind (Gemeinschaftsgeschmacksmusterstreitsa- chen), sind als Gemeinschaftsgeschmacksmustergerichte erster Instanz die Landgerichte ohne Rücksicht auf den Streitwert ausschließlich zu- ständig.**

(2) **Die Landesregierungen werden ermächtigt, durch Rechtsverordnung die Gemeinschaftsgeschmacksmusterstreitverfahren für die Bezirke mehrerer Gemeinschaftsgeschmacksmustergerichte einem dieser
Gerichte zuzuweisen. Die Landesregierungen können diese Ermächtigung durch Rechtsverordnung auf die Landesjustizverwaltungen übertragen.**

(3) **Die Länder können durch Vereinbarung den Gemeinschaftsgeschmacksmustergerichten eines Landes obliegende Aufgaben ganz oder
teilweise dem zuständigen Gemeinschaftsgeschmacksmustergericht eines anderen Landes übertragen.**

(4) **Auf Verfahren vor den Gemeinschaftsgeschmacksmustergerichten
sind § 52 Absatz 4 sowie die §§ 53 und 54 entsprechend anzuwenden.**

Übersicht

1 **1. Der Regelungsgehalt** ist durch Art 80 I GGV vorgegeben. Nach dieser Bestimmung müssen die Mitgliedstaaten für ihr Gebiet eine möglichst
geringe Anzahl nationaler Gerichte erster und zweiter Instanz benennen, die
die den GGM-Gerichten durch die GGV zugewiesenen Aufgaben wahrnehmen. Vorlage dieser Bestimmung war Art 95 I GMV. Die Regelung in
§ 63 entspricht der in § 125e MarkenG für Gemeinschaftsmarken getroffenen Regelung. In Abs 1 ist die sachliche Zuständigkeit, in Abs 2 und 3 die
Befugnis zur Benennung von Spezialgerichten geregelt.

2 **2. Die Regelungstechnik** ergibt sich aus einer Übernahme der in § 52
für eingetragene Designs getroffenen Regelung. Es entsprechen sich: Abs 1
zu § 52 I, Abs 2 zu § 52 II, Abs 3 zu § 50 III. Auf Grund der Zuweisungsermächtigungen erfolgt die Benennung durch die Bundesländer. Nach Abs 4
ist für die Erstattung von Mitwirkungskosten des Patentanwalts § 52 IV
entspr anwendbar. Ebenfalls entspr anwendbar ist nach Abs 4 die Regelung
in § 53 zum Gerichtsstand bei gleichzeitiger Geltendmachung von UWG-
Ansprüchen. Durch das Gesetz v 10.10.13 ist die Bestimmung des § 54 über
die Streitwertbegünstigung für entspr anwendbar erklärt worden. Diese Anwendbarkeit war wegen gleicher Interessenlage auch schon ohne gesetzliche
Erwähnung zu bejahen, Voraufl 54/1.

3 **3. Die Zuständigkeit** der GGM-Gerichte ist in § 63 nur teilweise gere-
gelt. Die örtliche Zuständigkeit ergibt sich aus § 63b. Die internationale
Zuständigkeit richtet sich insbes nach der GGV und der EuGVVO, hierzu
GGM Rn 22.

4 **4. Gemeinschaftsgeschmacksmustergerichte** sind die nationalen Gerichte erster und zweiter Instanz, Art 80 I GGV. Jeder Mitgliedstaat hatte der
Kommission eine Aufstellung der GGM-Gerichte zu übermitteln, Art 80 II
GGV. Diese Benennungen können über http://oami.europa.eu/pdf/de-
sign/cdcourts.pdf ermittelt werden. Für Deutschland sind benannt worden:
die LG Bautzen, Berlin, Braunschweig, Bremen, Chemnitz, Dresden, Düsseldorf, Erfurt, Flensburg, Frankenthal (Pfalz), Frankfurt am Main, Görlitz,
Hamburg, Itzehoe, Kiel, Leipzig, Lübeck, Magdeburg, Mannheim, München I, Neubrandenburg, Nürnberg-Fürth, Rostock, Saarbrücken, Schwe-

rin, Stralsund, Stuttgart und Zwickau als Gerichte erster Instanz, das Kammergericht Berlin, das Hanseatische OLG Bremen, die OLG Braunschweig, Dresden, Düsseldorf, Frankfurt am Main, das Hanseatische OLG Hamburg, die OLG Jena, Karlsruhe, Koblenz, München, Naumburg, Rostock, das Saarländische OLG, das Schleswig-Holsteinische OLG, das OLG Stuttgart und das Pfälzische OLG Zweibrücken als Gerichte zweiter Instanz.

5. Die **Rechtsmittel** sind in Art 92 GGV geregelt. Gegen Entscheidun- **5** gen der GGM-Gerichte erster Instanz findet die Berufung statt, Art 92 I GGV. Die Gerichte zweiter Instanz ergeben sich aus den allg landesrechtlichen Bezirkszuweisungen, Begr § 63; einer bes Regelung, s § 125e II MarkenG, bedarf es daher nicht. Die Bedingungen für die Einlegung der Berufung richten sich nach den allg einschlägigen Bestimmungen der ZPO, Art 92 II GGV. Gegen Entscheidungen des BerGer sind weitere Rechtsmittel ebenfalls nach den allg einschlägigen Bestimmung der ZPO möglich, Art 92 III GGV.

Unterrichtung der Kommission

63a
Das **Bundesministerium der Justiz und für Verbraucherschutz** teilt der Kommission der Europäischen Gemeinschaften die nach Artikel 80 Absatz 1 der Verordnung (EG) Nr. 6/2002 benannten Gemeinschaftsgeschmacksmustergerichte erster und zweiter Instanz sowie jede Änderung der Anzahl, der Bezeichnung oder der örtlichen Zuständigkeit dieser Gerichte mit.

Örtliche Zuständigkeit der Gemeinschaftsgeschmacksmustergerichte

63b
Sind nach Artikel 82 der Verordnung (EG) Nr. 6/2002 deutsche Gemeinschaftsgeschmacksmustergerichte international zuständig, so gelten für die örtliche Zuständigkeit dieser Gerichte die Vorschriften entsprechend, die anzuwenden wären, wenn es sich um eine beim Deutschen Patent- und Markenamt eingereichte Anmeldung eines Designs oder um ein im Register des Deutschen Patent- und Markenamts eingetragenes Design handelte. Ist eine Zuständigkeit danach nicht begründet, so ist das Gericht örtlich zuständig, bei dem der Kläger seinen allgemeinen Gerichtsstand hat.

Übersicht

1. Regelungsgegenstand des durch das Gesetz v 10.10.13 eingefügten **1** § 63b ist die Festlegung der örtlichen Zuständigkeit für den Fall, dass ein deutsches GGM-Gericht aufgrund Art 82 GGV international zuständig ist. Weil Deutschland mehrere GGM-Gerichte benannt hat, § 63 Rn 4, muss unter diesen Gerichten eine Auswahl getroffen werden. § 63b ist dem inhaltsgleichen § 125g MarkenG nachgebildet.

2. Aus S 1 ergibt sich eine **Gleichbehandlung mit eingetragenen De- 2 signs** und vor der Eintragung eine Gleichbehandlung mit Anmeldungen für eingetragene Designs. Auch für GGM-Streitsachen richtet sich somit die örtliche Zuständigkeit nach den §§ 12ff ZPO. Der Gerichtsstand des § 32 für unerlaubte Handlungen steht zur Verfügung, Begr § 63b. In Begr § 63b wird auch § 52 genannt; diese Bestimmung über Designstreitsachen weist jedoch einen Bezug zur örtlichen Zuständigkeit nur insoweit auf, als von den Zuweisungsermächtigungen in § 52 II, III Gebrauch gemacht wurde. Anwendbar ist auch die Regelung in § 53 über den Gerichtsstand bei gleichzeitiger Geltendmachung von UWG-Ansprüchen.

3   **3.** Eine **Auffangregelung** enthält S 2 für den Fall, dass nach S 1 ein Gericht nicht ermittelt werden kann. Zuständig ist dann das Gericht, bei dem der Kl seinen allg Gerichtsstand hat. Einschlägig sind die §§ 13 ZPO, wobei § 17 (Firmensitz) und § 13 (Wohnsitz) im Vordergrund stehen.

Insolvenzverfahren

63c (1) Ist dem Insolvenzgericht bekannt, dass zur Insolvenzmasse ein angemeldetes oder eingereichtes Gemeinschaftsgeschmacksmuster gehört, so ersucht es das Harmonisierungsamt für den Binnenmarkt (Marken, Muster und Modelle) im unmittelbaren Verkehr, folgende Angaben in das Register für Gemeinschaftsgeschmacksmuster oder, wenn es sich um eine Anmeldung handelt, in die Akten der Anmeldung einzutragen:

1. zur Eröffnung des Verfahrens und, soweit nicht bereits im Register enthalten, die Anordnung einer Verfügungsbeschränkung,

2. zur Freigabe oder Veräußerung des Gemeinschaftsgeschmacksmusters oder der Anmeldung des Gemeinschaftsgeschmacksmusters,

3. zur rechtskräftigen Einstellung des Verfahrens,

4. zur rechtskräftigen Aufhebung des Verfahrens, im Falle einer Überwachung des Schuldners jedoch erst nach Beendigung dieser Überwachung, und zu einer Verfügungsbeschränkung.

(2) Die Eintragung in das Register für Gemeinschaftsgeschmacksmuster oder in die Akten der Anmeldung kann auch vom Insolvenzverwalter beantragt werden. Im Falle der Eigenverwaltung tritt der Sachverwalter an die Stelle des Insolvenzverwalters.

1   Die Regelung in der durch das Gesetz v 10.10.13 eingefügten Bestimmung ergibt die Grundlage dafür, dass die Öffentlichkeit Informationen für Anmeldungen und Eintragungen von Gemeinschaftsgeschmacksmustern erhält, die bei einem deutschen Insolvenzverfahren zur Insolvenzmasse gehören. Grundlage hierfür ist Art 31 III GGV. Eine inhaltsgleiche Regelung enthält § 125h MarkenG für Gemeinschaftsmarken. Für die in Abs 1 Nr 1 bis 4 genannten Angaben soll das HABM nach Abs 1 vom Insolvenzgericht um Eintragung ersucht werden; nach Abs 2 kann das auch durch den Insolvenzverwalter bzw durch den Sachverwalter geschehen.

Erteilung der Vollstreckungsklausel

64 Für die Erteilung der Vollstreckungsklausel nach Artikel 71 Absatz 2 Satz 2 der Verordnung (EG) Nr. 6/2002 ist das Bundespatentgericht zuständig. Die vollstreckbare Ausfertigung wird vom Urkundsbeamten der Geschäftsstelle des Bundespatentgerichts erteilt.

1. § 64 hat den **Zweck,** die in das nationale Recht hineinreichende Vor- 1
gabe des Art 71 II 2 GGV umzusetzen. § 64 bezieht sich auf rechtskräftige
Entscheidungen des HABM über GGM, soweit dort Kosten angefallen und
auf Grund eines dort ergangenen Kostenfestsetzungsbeschlusses von einer
mit den Kosten belasteten Partei getragen werden müssen, zB die festgesetzten Kosten eines vor dem HABM durchgeführten Nichtigkeitsverfahrens
gem Art 70 I, VI GGV. Der rechtskräftige Kostenfestsetzungsbeschluss ist
Vollstreckungstitel, § 71 I GGV. Weil das HABM zur Vorbereitung und
Durchführung der Zwangsvollstreckung wegen dieser Kosten keine hoheitlichen Befugnisse in den einzelnen Mitgliedstaaten besitzt, Art 71 II 1 GGV,
ist die Erteilung der Vollstreckungsklausel (§ 725 ZPO) nationalen Stellen
vorbehalten, die jedes Land der Gemeinschaft für sein Hoheitsgebiet bestimmt. Diese Stelle ist nach § 64 das BPatG, Bl 05, 305, vgl Mitt Präs-
HABM 3/05, ABl HABM 05, 852.

2. Zuständig für die **Durchführung** ist für Deutschland wegen der Sach- 2
nähe nach S 1 das BPatG, dort der Urkundsbeamte (Rechtspfleger) der
Geschäftsstelle, § 23 I Nr 13 RPflG. Das PrüfungsR des Rechtspflegers beschränkt sich nach Art 71 II 2 GGV auf die Echtheit des Kostenfestsetzungsbeschlusses des HABM, also die Herkunft und erkennbare Legitimation der
Ausstellung des Beschlusses, nicht auf die inhaltliche Richtigkeit; der
Rechtspfleger trifft damit keine einem Rechtsbehelf zugängliche Entscheidung. Ist der Kostenfestsetzungsbeschluss des HABM und dementsprechend
die Erteilung der Vollstreckungsklausel unrichtig, steht ausschließlich das
Rechtsmittel des Art 71 IV GGV zur Verfügung, nicht die Vollstreckungs-
abwehrklage gem § 767 ZPO. Lediglich die nach nationalem Recht erfolgten Vollstreckungsmaßnahmen als solche sind nach Art 71 IV 2 GGV beim
Amtsgericht als Vollstreckungsgericht, § 764 ZPO, angreifbar, insbes gem
§§ 765a, 766 ZPO.

Strafbare Verletzung eines Gemeinschaftsgeschmacksmusters

65 (1) **Wer entgegen Artikel 19 Absatz 1 der Verordnung (EG) Nr. 6/
2002 ein Gemeinschaftsgeschmacksmuster benutzt, obwohl der
Inhaber nicht zugestimmt hat, wird mit Freiheitsstrafe bis zu drei Jahren oder mit Geldstrafe bestraft.**

(2) **§ 51 Absatz 2 bis 6 gilt entsprechend.**

Durch § 65 werden GGM mit eingetragenen Designs im Strafrechtsschutz 1
gleichgestellt, Begr § 65. Abs 1 tritt an Stelle des § 51 I, durch Abs 2 werden
die übrigen Bestimmungen des § 51 für entspr anwendbar erklärt. Eine inhaltsgleiche Regelung enthält § 143a MarkenG für Gemeinschaftsmarken.
Weil in Art 19 I GGV nur eingetragene GGM aufgeführt sind, bezieht sich
der Strafrechtsschutz nicht auch auf nicht eingetragene GGM, Begr § 65.
Erfasst werden nur Benutzungshandlungen, s § 38 Rn 48 ff, die im Inland
stattfinden, s § 51 Rn 4. Ein Verbot muss der Rechtsinhaber nicht ausgesprochen haben, s § 51 Rn 3.

Eichmann   731

Abschnitt 13. Schutz gewerblicher Muster und Modelle nach dem Haager Abkommen

Anwendung dieses Gesetzes

66 Dieses Gesetz ist auf Eintragungen oder Registrierungen gewerblicher Muster und Modelle nach dem Haager Abkommen vom 6. November 1925 über die internationale Eintragung gewerblicher Muster und Modelle (Haager Abkommen) (RGBl. 1928 II S. 175, 203) und dessen am 2. Juni 1934 in London (RGBl. 1937 II 583, 617), am 28. November 1960 in Den Haag (BGBl. 1962 II S. 774) und am 2. Juli 1999 in Genf (BGBl. 2009 II S. 837) unterzeichneten Fassungen (internationale Eintragungen), deren Schutz sich auf das Gebiet der Bundesrepublik Deutschland bezieht, entsprechend anzuwenden, soweit in diesem Abschnitt, dem Haager Abkommen oder dessen Fassungen nichts anderes bestimmt ist.

Übersicht

1   **1. Regelungszweck** des § 66 und der weiteren Bestimmungen des 13. Abschnitts des DesignG ist es, internationale Eintragungen (s hierzu Int Rn 1 ff) eingetragenen Designs möglichst weitgehend gleichzustellen. Das ist durch das Erste Gesetz zur Änderung des Geschmacksmustergesetzes vom 29.7.99, BGBl I 09 Nr 50 vom 4.8.09, geschehen; hierzu Bulling Mitt 09, 498, 499. Art 3 dieses Gesetzes bestimmt, dass der Tag des Inkrafttretens im BGBl bekannt gemacht wird. Das war der 13.2.10, BGBl 10, 326. Bis zum 4.8.09 enthielt das GeschmMG keine Regelungen für den Schutz internationaler Eintragungen in der BRD; zum Begriff s Rn 2. Für den gleichgelagerten Schutz von international registrierten Marken sind in den §§ 107 I, 112, 113, 115 I MarkenG Regelungen aufgestellt. Mit der Ratifizierung der Genfer Akte des HMA hat sich Deutschland ua dazu verpflichtet, internationale Eintragungen national auf Eintragungshindernisse zu überprüfen, Art 12 I HMA 1999. Hierfür wurde in § 69 die Rechtsgrundlage geschaffen. Nach Art 4 I a) HMA 1999 kann die internationale Anmeldung nach Wahl des Anmelders entweder direkt beim internationalen Büro, s Rn 2, oder indirekt über das Amt der Vertragspartei des Anmelders eingereicht werden. Weil Deutschland von der Möglichkeit einer abweichenden Mitteilung, Art 4 I b) HMA, keinen Gebrauch gemacht hat, bedarf es auch für die indirekte Einreichung einer Regelung. Diese ist in den §§ 67, 68 getroffen worden. Die Anmelder haben zwar die Möglichkeit, Anmeldungen nach einer der drei Fassungen des HMA einzureichen, s Rn 3. Aber es liegt im Interesse aller Beteiligten, dass insbes die Schutzwirkungen und deren Beseitigung weitgehend einheitlich geregelt sind, zumal auch die GAO für alle drei Fassungen des HMA einheitliche Regelungen enthält, s Int Rn 3.

2   **2.** Die **Begriffe** in den §§ 66 ff sind an der zeitgemäßen Diktion des HMA 1999 ausgerichtet, s Int Rn 3. Grundlage des Schutzes ist die „internationale Eintragung", Art 10 HMA 1999. Der internationalen Eintragung liegt die „internationale Anmeldung" zugrunde, deren Einzelheiten in den Art 3 bis 9 HMA 1999 geregelt sind. In den §§ 66 ff finden diese Begriffe auch für das HMA 1934 und des HMA 1960 Anwendung. Das „Internationale Büro" ist die internationale Behörde, deren Aufgabe es ist, die internationale Eintragung zu verwalten, s Int Rn 4, und alle damit zusammenhängenden Aufgaben wahrzunehmen, Art 22 I HMA 1999. Die Begrifflichkeit „Eintragungen oder Registrierungen" ergibt sich daraus, dass in Art 10 I HMA 1999 von „internationaler Eintragung" und Art 6 II HMA 1960 von „Registrierung der internationalen Hinterlegung" die Rede ist, Begr § 66. In den Grundnormen des HMA 1999 wird dem Beitritt von zwischenstaatlichen Organisationen, s Int Rn 8, dadurch Rechnung getragen, dass „Vertragspartei" an die Stelle von „Vertragsstaat" tritt. „Amt" ist die Kurzform für die von einer Vertragspartei mit der Schutzerteilung für gewerbliche Muster und Modelle im Gebiet dieser Vertragspartei beauftragte Stelle, s Art 1 xvi) HMA 1999, in Deutschland also das DPMA. Die Ungültigkeitserklärung, s § 70 Rn 1, einer internationalen Eintragung ist in der deutschen Fassung den „zuständigen Behörden" zugewiesen. In den Ursprungsfassungen zeigen „competent authorities" und „autorités compétentes", dass das – wie in Deutschland – auch Gerichte sein können.

3. In der **Gesetzessystematik** ist § 66 die Grundnorm des 13. Abschnitts des DesignG. Gegenstand der Regelung sind alle internationalen Eintragungen, deren Schutz sich auf das Gebiet der BRD bezieht. Ob das der Fall ist, ergibt sich aus dem Internationalen Register, s § 19 Rn 15, und damit auch aus der für den Rechtsverkehr maßgeblichen Eintragungskopie, s R 32 GAO. Erfasst werden alle internationalen Eintragungen mit Schutz in der BRD, also unabhängig davon, ob die Eintragung nach der Londoner Fassung (= HMA 1934), nach der Haager Fassung (= HMA 1960) oder nach der Genfer Fassung (= HMA 1999) erfolgt ist. Die Ausnahmevorbehalte ergeben sich daraus, dass das Register für internationale Eintragungen vom Internationalen Büro geführt wird, s Rn 2, und dass dieser Registerführung in den Sonderregelungen des 13. Abschnitts, s Rn 5, Rechnung getragen werden muss.

4. Der **Anwendung des HMA** sind alle Regelungen vorbehalten, die sich auf die Anmeldung, Art 5 HMA 1999, die Prüfung, Art 8 HMA 1999, sowie die Eintragung und die Veröffentlichung, Art 10 HMA 1999, beziehen. Die Schutzdauer und die Erneuerung der internationalen Eintragung richten sich nach Art 17 HMA 1999. Soweit es nicht um einen in § 70 I 2 iVm § 9 I geregelten Streit über die Berechtigung geht, gilt das HMA auch für die Inhaberschaft, Art 3 HMA 1999, für Wechsel in der Inhaberschaft sowie für den Verzicht, Art 16 HMA 1999.

5. Die **Anwendung des 13. Abschnitts** des DesignG bezieht sich auf Anpassungsbestimmungen, die der Registerführung durch das Internationale Büro Rechnung tragen. Erfolgt eine Anmeldung über das DPMA, § 67, wird sie an das Internationale Büro weitergeleitet, § 68. Nicht dabei, sondern erst nach der Eintragung prüft das DPMA, ob Eintragungshindernisse bestehen, § 69. Wenn von Dritten ein Nichtigkeitsgrund oder ein Löschungsgrund geltend gemacht wird, steht die Klage auf Schutzentziehung zur Verfügung, § 70. Die Wirkungen einer internationalen Eintragung sind dieselben wie bei der Eintragung eines eingetragenen Designs, wenn nicht

der Schutz verweigert bzw entzogen oder die Unwirksamkeit festgestellt
worden ist, § 71.

6   **6.** Die entspr **Anwendung des DesignG** erfolgt in der Weise, dass bei
den anwendbaren Bestimmungen „internationale Eintragung mit Schutz für
die BRD" an die Stelle von „eingetragenes Design" tritt. Anwendung finden die Begriffsbestimmungen, § 1, die Regelungen für die Neuheit und
Eigenart, § 2, einschließlich der Bestimmungen über die Offenbarung, § 5,
und die Schonfrist, § 6, sowie die Bestimmungen, die zu einem Schutzausschluss, § 3, oder zu vergleichbaren Wirkungen führen können, §§ 4, 73 I.
Nach dem DesignG richten sich die Bestimmungen über Ansprüche ggü
Nichtberechtigten, § 9 I (s Rn 4), über Schutzwirkungen und Schutzbe-
schränkungen, §§ 37 bis 41, Rechtsverletzungen im Zivilrecht, §§ 42 bis 50,
und im Strafrecht, § 51, sowie die Regelungen zum Zivilgerichtsverfahren,
§§ 52 bis 54, über Maßnahmen der Zollbehörde, §§ 55 bis 57a, über die
Designberühmung, § 59, und über typografische Schriftzeichen, § 61. Einzelh § 71 Rn 3. Ebenfalls anwendbar sind die Bestimmungen zum Überlei-
tungsR, §§ 72, 73 II, FfM BeckRS 14, 09139 – Reifenprofil, weil das hiervon betroffene materielle Recht Auswirkungen auch auf internationale
Eintragungen hat. Weil das HMA 1999 insoweit eigenständige Regelungen
enthält, sind aus dem DesignG nicht anwendbar: Abschnitt 2 (Berechtigte),
Abschnitt 3 (Eintragungsverfahren), Abschnitt 4 (Entstehung und Dauer des
Schutzes), Abschnitt 5 (eingetragenes Design als Gegenstand des Vermögens)
und Abschnitt 6 (Nichtigkeit und Löschung).

Einreichung der internationalen Anmeldung

67 Die internationale Anmeldung gewerblicher Muster oder Modelle
kann nach Wahl des Anmelders entweder direkt beim Internationalen Büro der Weltorganisation für geistiges Eigentum (Internationales Büro) oder über das Deutsche Patent- und Markenamt eingereicht werden.

1   § 67 hat den Zweck, die von den Artt 4 I und 9 II HMA 1999 bzw Art 4
I Nr 2 HMA 1960 (zum HMA 1934 s Int Rn 3, 8, 9) eingeräumte Mög-
lichkeit des Anmelders aufzugreifen, nach Wahl eine internationale Design-
Anmeldung auch dezentral bei einem nationalen Amt einzureichen (sog
indirekte Einreichung) unter der Begründung dieses Einreichungstags als
Anmeldetag der internationalen Design-Anmeldung. Für das DPMA ist dies
mit Inkrafttreten des 1. ÄnderungsGes zum GeschmMG v 29.7.09 (BGBl I
S 2446 = Bl 09, 328) am 13.2.10 eingetreten, Mitt PräsDPMABl 10, 45.
Das weitere Verfahren der indirekten Einreichung bestimmt § 68. Vergleichbarkeit der §§ 67 und 68 besteht bezüglich GGM mit § 62 und bezüglich
Gemeinschaftsmarken mit § 125a MarkenG. Mit der Betonung der Wahlmöglichkeit stellt § 67 zugleich klar, dass die Bundesrepublik Deutschland
weder den von Art 4 I b) HMA 1999 eingeräumten Vorbehalt der Sperrung
des nationalen Amts für jegliche indirekte Einreichung ausübt noch umgekehrt denjenigen eines Zwangs zur ausschließlich nationalen Einreichung
zum Zweck der Weiterleitung nach Art 4 II 1 HMA 1960, Begr 1. ÄndG
zum GeschmMG zu § 67. Die Möglichkeit der indirekten Einreichung internationaler Anmeldungen ist kraft der Zulassung in § 67 weder beschränkt

auf Anmelder bestimmter Herkunft oder Nationalität, noch müssen bestimmte Vertragsparteien/Bestimmungsstaaten benannt sein, etwa dass der Einschluss oder der Ausschluss des Bestimmungsstaats Deutschland vorausgesetzt wäre. Damit können – neben uU weiteren Bestimmungsstaaten – auch für das einheitliche Gebiet der EU Internationale Anmeldungen über das DPMA eingereicht werden. Die Möglichkeit der Einreichung nach § 67 ist unabhängig von der Überprüfung der Eintragungen auf Eintragungshindernisse nach § 69. Zur grds Zweckmäßigkeit einer indirekten Einreichung s § 62 Rn 1. Die indirekte Anmeldung ist im HMA 1934 von vornherein nicht vorgesehen, § 67 darauf nicht anwendbar. Das HABM ist kein Annahmeamt für Internationale Anmeldungen nach dem HMA 1999, Art 106b GGV. Die Anmeldegebühren müssen bei der WIPO unmittelbar eingezahlt werden, s auch § 11 Rn 103.

Weiterleitung der internationalen Anmeldung

68 Werden beim Deutschen Patent- und Markenamt internationale Anmeldungen gewerblicher Muster oder Modelle eingereicht, so vermerkt das Deutsche Patent- und Markenamt auf der Anmeldung den Tag des Eingangs und leitet die Anmeldung ohne Prüfung unverzüglich an das Internationale Büro weiter.

Übersicht

1. Der **Zweck** des § 68 besteht darin, die in § 67 vorgesehene Möglich- **1** keit umzusetzen, Anmeldungen international zu schützender Designs auch beim DPMA einreichen zu können, s vergleichbar zu GGM § 62, und die Durchführung des Weiterleitungsverfahrens kursorisch zu regeln. Dabei wurde von der durch Art 4 II HMA 1999 (nicht HMA 1960) eingeräumten Möglichkeit, für die Weiterleitung Gebühren zu verlangen, durch Erweiterung des Gebührenverzeichnisses des PatKostG Gebrauch gemacht, ergänzt durch die Nichtberücksichtigung auch dieser Weiterleitungsgebühren in § 5 I 2 PatKostG gem Art 2 des 1. ÄndG zum GeschmMG.

2. Die **Einreichung** der weiterzuleitenden Anmeldung hat in Papierform **2** zu erfolgen. Die elektronische Form, etwa per E-Mail, ist (derzeit April 2010) nicht gestattet; überdies ist eine Anpassung an das elektronische Anmeldeverfahren der WIPO derzeit nicht absehbar. Der prioritätsbegründende **Anmeldetag** bei Direkteinreichung bei der WIPO ist, soweit nicht bestimmte Mängel vorliegen, nach allen Abkommensfassungen der Tag des Eingangs der internationalen Anmeldung bei der WIPO, Art 9 I HMA 1999, Art. 3 I HMA 1960, Art 6 II HMA 1934, jeweils iVm R 13 III ii) GAO und insofern zugleich der Eintragungstag. Dieses Datum gilt unter der Abkommensfassung 1960 auch bei indirekter Einreichung bei einem nationalen Amt. Dagegen ist der Anmeldetag bei indirekter Einreichung unter der Abkommensfassung 1999 unter der Voraussetzung rechtzeitiger Weiterleitung innerhalb eines Monats an die WIPO vorverlegt auf den Eingangstag beim nationalen Amt, Art 9 II HMA 1999 iVm R 13 III i) GAO. Letzteres gilt zB für Deutschland gem dem Prinzip der jüngsten anwendbaren Abkommensfassung.

3   **3.** Die **Durchführung der Weiterleitung** ist § 68 und ergänzend R 13 GAO zu entnehmen, dazu auch Hinweis DPMA Bl 10, 45. Das DPMA hat für die Annahme der Unterlagen und ihre baldige Weiterleitung zu sorgen. Es hat insoweit kein PrüfungsR, Begr 1. ÄndG zum GeschmMG zu § 68, insbesondere nicht, ob die indirekte Einreichung zulässig war, etwa fälschlicherweise im Rahmen der vom Anmelder gewählten Abkommensfassung HMA 1934 (zur Bedeutungslosigkeit des HMA 1934s Int Rn 8, 9). Das interne Verfahren einschließlich der Übersendung einer Empfangsbescheinigung handhabt das DPMA wie bei Weiterleitung von GGM nach § 62, Einzelh § 62 Rdn 2. Dementsprechend besteht für Auswärtige für die Einreichung der Anmeldung und die Weiterleitung keine Pflicht zur Bestellung eines Inlandsvertreters gem § 58. Die Bearbeitungszeit des DPMA für diese Arbeiten ist an sich nicht fristgebunden. Das DPMA ist aber zur unverzüglichen Weiterleitung verpflichtet und versucht, Verzögerungen, die nach Überschreitung der Monatsfrist der R 13 III i) GAO zu Anmeldetagsverschiebungen iSd R 13 III ii) GAO führen müssten, durch umgehende Weiterleitung innerhalb dieser Frist zu vermeiden. Die Anmeldung sollte nicht zuletzt wegen des dadurch herrschenden Zeitdrucks im Interesse der Prioritätswahrung klarstellen, dass sie für die Weiterleitung bestimmt ist; dem dient die Verwendung des nach R 7 I GAO ohnehin vorgeschriebenen Anmeldeformulars der WIPO (im Internet zugänglich, www.wipo.int/hague/en). Die Weiterleitung von Nachreichungen zu den bereits eingereichten und weitergeleiteten Unterlagen ist nicht vorgesehen, vielmehr hat der Anmelder die weitere Korrespondenz unmittelbar mit der WIPO zu führen; Nachreichungen sendet das DPMA daher zurück. Für das DPMA ist – bei Anwendung ausschließlich der Abkommensfassung 1999 – vorgeschrieben, dem Anmelder eine Bestätigung über den Eingangstag zu erteilen und ihn über die Weiterleitung an die WIPO zu informieren, R 13 I GAO, was ohnehin erfolgt. Der WIPO teilt das DPMA den Eingangstag der Sendung mit, R 13 I 2 GAO; die nach dieser Vorschrift erforderliche (generelle) Information der WIPO über die Höhe und Fälligkeit der Weiterleitungsgebühr ist Sache des BMJ. Erhält die WIPO die Anmeldung später als einen Monat nach dem Einreichungstag beim DPMA, zB bei Postverzögerung, verfällt nach R 13 III ii) GAO dessen prioritätsbegründende Wirkung und als Anmeldetag gilt der Eingangstag bei der WIPO. Das DPMA hat auch bei Benennung Deutschlands als Vertragspartei bei dem Weiterleitungsvorgang keine Berechtigung, die Anmeldung nach § 69 auf Schutzhindernisse zu prüfen.

4   **4.** Für die Begleichung der für die Weiterleitung anfallenden **Weiterleitungsgebühr** hat der Anmelder aus eigenem Antrieb zu sorgen. Zur Erhebung ist das DPMA durch Art 4 II HMA 1999 (nicht HMA 1960) grds ermächtigt und verlangt diese auch. Damit fällt für internationale Anmeldungen, die nach Maßgabe des Anmelderstatus und ausgewählten Bestimmungsstaaten ausschließlich dem HMA 1960 unterliegen (dazu § 11 Rn 100), keine Weiterleitungsgebühr an. Mit der Gebühr soll der Aufwand des DPMA einschließlich der Postgebühren für die Weiterleitung abgegolten sein. Sie beträgt pro Anmeldung 25 EUR, wobei eine Sammelanmeldung als eine Anmeldung gilt, Nr 345 100 des durch Art 2 Nr 3 des 1. ÄndG zum GeschmMG diesbezüglich erweiterten Gebührenverzeichnisses zum Pat-

KostG; die früheren Gewichtsklassen im Falle der Weiterleitung einer GGM-Anmeldung sind seit 13.2.10 generell entfallen. Auch bezüglich der Dreimonatsfrist für die Gebührenzahlung und die Rechtsfolgen einer unzureichenden oder Nichtzahlung s entspr § 62 Rn 3. Auch die allg Regelung des § 5 I 1 PatKostG, wonach die Bearbeitung erst nach Gebühreneingang aufgenommen wird, ist gem dem durch Art 2 Nr 1 des 1. ÄndG zum GeschmMG entspr ergänzten § 5 I 2 PatKostG nicht anwendbar. Fehlt die Gebühr, muss sie daher aufwendig nach allg Grds beigetrieben werden, vgl § 16 Rn 28.

Prüfung auf Eintragungshindernisse

69 (1) **Internationale Eintragungen werden in gleicher Weise wie eingetragene Designs, die zur Eintragung in das vom Deutschen Patent- und Markenamt geführte Register angemeldet sind, nach § 18 auf Eintragungshindernisse geprüft. An die Stelle der Zurückweisung der Anmeldung tritt die Schutzverweigerung.**

(2) Stellt das Deutsche Patent- und Markenamt bei der Prüfung fest, dass Eintragungshindernisse nach § 18 vorliegen, so übermittelt es dem Internationalen Büro innerhalb einer Frist von sechs Monaten ab Veröffentlichung der internationalen Eintragung eine Mitteilung über die Schutzverweigerung. In der Mitteilung werden alle Gründe für die Schutzverweigerung angeführt.

(3) Nachdem das Internationale Büro an den Inhaber der internationalen Eintragung eine Kopie der Mitteilung über die Schutzverweigerung abgesandt hat, hat das Deutsche Patent- und Markenamt dem Inhaber Gelegenheit zu geben, innerhalb einer Frist von vier Monaten zu der Schutzverweigerung Stellung zu nehmen und auf den Schutz zu verzichten. Nach Ablauf dieser Frist entscheidet das Deutsche Patent- und Markenamt über die Aufrechterhaltung der Schutzverweigerung durch Beschluss. Soweit das Deutsche Patent- und Markenamt die Schutzverweigerung aufrechterhält, stehen dem Inhaber gegenüber dem Beschluss die gleichen Rechtsbehelfe zu wie bei der Zurückweisung einer Anmeldung zur Eintragung eines eingetragenen Designs in das vom Deutschen Patent- und Markenamt geführte Register. Soweit das Deutsche Patent- und Markenamt die Schutzverweigerung nicht aufrechterhält oder soweit rechtskräftig festgestellt wird, dass der Schutz zu Unrecht verweigert wurde, nimmt das Deutsche Patent- und Markenamt die Schutzverweigerung unverzüglich zurück.

Übersicht

1. Das **Prüfungsrecht** auf Schutzhindernisse bei internationalen Eintra- **1** gungen nach dem HMA hat das DPMA mit Inkrafttreten des § 69, Einzelh s § 66 Rn 1, nach Abs 1 erhalten, soweit die Eintragungen sich auf den Bestimmungsstaat Deutschland erstrecken sollen. Das PrüfungsR räumen Art 12 HMA 1999 und Art 8 HMA 1960 für Eintragungen nach diesen

Abkommensfassungen ein, während das HMA 1934 keine nationale Schutzverweigerung kennt. Anzuwenden sind kraft Beitritts der Bundesrepublik
Deutschland auch die sonstigen Bestimmungen dieser Abkommen und der
GAO, die ergänzend einige detailliertere Regelungen zum Schutzverweigerungsverfahren enthalten. Keine Erstreckung auf den Bestimmungsstaat
Deutschland bewirkt die Eintragung mit Bestimmung der EU, welche insofern als eine einzige eigenständige Vertragspartei gilt; hier schließt das gemeinschaftliche Schutzverweigerungsverfahren, Rn 5, das nationale Verfahren nach dem DesignG aus. Das PrüfungsR des DPMA setzt ein mit dem
Erscheinen der jeweiligen Ausgabe des Bulletins der WIPO, Art 10 III b)
HMA 1999, Art 8 II HMA 1960 iVm R 26 III GAO. Eine (frühere) Übermittlung nach Art 10 V HMA 1999 (insbes für Prüfungsämter) hat das
DPMA nicht erbeten. Das DPMA wertet nach Eingang das online zugängliche jeweilige Bulletin auf Eintragungen hin aus, in denen die Bundesrepublik Deutschland als Bestimmungsstaat ausgewiesen ist. Nach Abs 1 hat das
DPMA ab diesen Zeitpunkten vAw diese erhaltenen Unterlagen auf die
Schutzhindernisse des § 18 zu prüfen und ggf eine Schutzverweigerung auszusprechen, wozu Art. 12 HMA 1999 bzw Art 8 HMA 1960 es nach den
Maßgaben des nationalen Rechts ermächtigt. Die Überprüfung erstreckt
und beschränkt sich auf die Schutzhindernisse des § 18, Einzelh § 18 Rn 2–
3, eine Schutzverweigerung zB aufgrund gesteigerter Anforderungen der R
9 III, IV GAO ist schon mangels erforderlicher Notifikation ausgeschlossen.
Somit können nach nationalem Recht nicht erfüllte Formalerfordernisse, zB
bei mangelhaften Wiedergaben, nicht beanstandet werden. Auch das Beanstandungsverfahren folgt nationalem Recht, Einzelh § 18 Rn 4–5 und 7.
Zeitpunkt für die Würdigung der Schutzhindernisse ist der Eintragungstag
der internationalen Anmeldung. Fällt das Eintragungshindernis danach –
etwa wegen günstiger tatsächlicher Entwicklungen – fort, kann die Schutzverweigerung nicht deshalb aufgehoben werden; auch ist eine Zeitrangverschiebung auf den Wegfallzeitpunkt – ebenso wie nach § 113 I 2 MarkenG
für internationale Marken – nicht vorgesehen.

2   **2.** Abs 2 betrifft das daraufhin ggf einsetzende Zusammenwirken von
DPMA und WIPO. Das Verfahren ist § 113 MarkenG für international re-
gistrierte Marken nachgebildet, Begr 1. ÄndG zum GeschmMG zu § 69.
Die an die WIPO gerichtete Mitteilung des DPMA über die **vorläufige
Schutzverweigerung** muss innerhalb der durch Abs 2 S 1 = R 18 I a)
GAO für Nicht-Prüfungsämter bestimmten Halbjahresfrist ab internationaler
Veröffentlichung der WIPO abgesandt sein, nicht erst ab Eingang des Veröf-
fentlichungsexemplars im DPMA, den Eingangstag bestimmt A 501 VR. In
diesem Zeitraum muss die Schutzverweigerungsprüfung in wesentlichen
Zügen abgeschlossen sein, weil die Mitteilung alle Schutzverweigerungs-
gründe abschließend benennen muss, Abs 2 S 2. Insofern fordert R 18 II b)
iii) GAO auch die Angabe der wesentlichen einschlägigen gesetzl Bestimmungen, nach Fristablauf können keine weiteren gesetzl Gründe heran-
gebracht werden. Die Mitteilung des DPMA muss ferner die übrigen Angaben
der R 18 II b) GAO enthalten, insbes zu den Rechtsbehelfen des Inhabers,
R 18 II b) vi). R 19 I GAO führt jene Mängel einer Mitteilung auf, die ihre
Unwirksamkeit nach sich ziehen, und R 19 II GAO die Angaben, die das
DPMA schadlos ergänzen darf und auf das durch die WIPO vermittelte
Verlangen des Inhabers auch berichtigen muss. Eine darüber hinaus ins Ein-

zelne gehende Begründung der Schutzverweigerung ist gegenüber der WIPO nicht erforderlich, weshalb im weiteren nationalen Schutzverweigerungsverfahren neue Tatsachen zu dem mitgeteilten Schutzhindernis berücksichtigt werden können. Die WIPO übermittelt dem Inhaber Kopie der Mitteilung des DPMA und trägt einen Vermerk über die vorläufige Schutzverweigerung in das Internationale Register ein, R 18 V, VI GAO, sofern sie nicht Nachricht gibt, dass sie die Schutzverweigerung aus den dann angegebenen Gründen für unwirksam hält, R 19 I b) GAO. Die Rechtswirkung der vom DPMA ausgesprochenen vorläufigen Schutzverweigerung besteht nach § 71 II darin, dass sie durch gesetzl Fiktion die Schutzwirkung der internationalen Eintragung, § 71 Rn 4, für das Gebiet der Bundesrepublik Deutschland beseitigt. Diese Wirkung steht unter dem Vorbehalt („vorläufig") der rechtskräftig gewordenen endgültigen Schutzverweigerung, Rn 3, oder Rücknahme der Schutzverweigerung, Rn 4. Die endgültige Schutzverweigerung wird im Internationalen Register eingetragen und veröffentlicht, R 20 II GAO.

3. Das **weitere Verfahren** richtet sich nach Abs 3 und betrifft die **3** Rechtsbeziehungen DPMA – Inhaber. Auslöser ist die Absendung der von der WIPO an ihn gerichteten Benachrichtigung über die vorläufige Schutzverweigerung des DPMA, worüber auch das DPMA unterrichtet wird. Das DPMA hat daraufhin mit Bescheid zur Wahrung des rechtlichen Gehörs (vgl § 59 II MarkenG) die Verweigerungsgründe näher mitzuteilen und auf die Verzichtsmöglichkeit hinzuweisen. Eine Änderung der Gründe für die Schutzverweigerung ist nur innerhalb desselben, der WIPO mitgeteilten gesetzl Schutzhindernisses zulässig, Ströbele/Hacker 113/6 mwN, zB weitere tatsächliche Erkenntnisse zu demselben Grund, nicht jedoch ein Wechsel des Schutzhindernisses, zB nicht Übergang vom Schutzhindernis der Störung der öffentlichen Ordnung auf das eines unzulässig verwendeten Hoheitszeichens. Die 4-Monatsfrist für die schriftliche Stellungnahme des Inhabers rechnet ab Absendung durch die WIPO, § 23 DesignV. Es handelt sich mit Blick auf die durch Abs 3 S 2 bestimmte, im Anschluss an den Fristablauf vorgesehene Beschlussfassung um eine gesetzl und damit wiedereinsetzungsfähige Frist, nicht um eine verlängerbare amtliche Frist. Berichtigt das DPMA die Schutzverweigerungsmitteilung, sollte es eine neue Stellungnahmefrist gewähren, A 09.22 des „Guide" (s § 11 Rn 100). Der Bescheid enthält auch einen Hinweis auf die Notwendigkeit einer Inlandsvertreterbestellung gem § 58 I. Zu den Möglichkeiten des Inhabers einer Mängelbehebung s § 18 Rn 6. Jedoch ist die bei einer nationalen Design-Anmeldung im Rahmen des Verfahrens nach § 18 grds gegebene (ohnehin nur geringfügige) Änderung des Anmeldungsgegenstands vorliegend nicht zulässig; eine Übertragung dieser Grds hierher verbietet sich, weil Beurteilungsgegenstand ein bereits eingetragenes SchutzR ist, § 71 III, das nachträglich auf Basis des Eintragungsinhalts geprüft wird, Begr Allg Teil, II. Grundzüge, zum 1. ÄndG zum GeschmMG (BT-Drucks 16/12586, nicht im Bl veröff). Lediglich die Teilung einer eingetragenen Sammelanmeldung zur Mängelbehebung kommt in Betracht, vgl § 12 Rn 14, R 18 III GAO, was dann das DPMA der WIPO mitzuteilen hat. Räumt die fristgerechte Stellungnahme des Inhabers die Bedenken des DPMA nicht aus oder bleibt sie innerhalb der Frist aus, ergeht gem Abs 3 S 2 ein nach § 23 IV beschwerdefähiger Beschluss über die Aufrechterhaltung der Schutzverweigerung, dem eine

Rechtsmittelbelehrung beigefügt sein muss, § 23 I 3 ivm § 47 II 1 PatG. Hiergegen besteht das Beschwerderecht analog zur Zurückweisung der Anmeldung nach § 18, Abs 3 S 3, Einzelh zum Beschwerdeverfahren § 23 Rn 20 ff. Den Beschluss hat ein Bediensteter des höheren Dienstes zu erlassen, § 26 II 2 Nr 1. Wird dieser Aufrechterhaltungsbeschluss – ggf nach Durchführung von Rechtsmittelverfahren – rechtskräftig, tritt endgültige Schutzverweigerung ein, das DPMA hat dies der WIPO durch Schlussmitteilung zu notifizieren. Besteht die fristgerechte Stellungnahme des Inhabers in einem Verzicht auf die Schutzerstreckung auf Deutschland, ggf im verweigerten Umfang, ist das Schutzverweigerungsverfahren damit erledigt und eine Rücknahme der Schutzverweigerung durch das DPMA, Rn 4, nicht veranlasst; für eine rechtswirksame Verzichtserklärung als solche bedarf es nicht der Bestellung eines Inlandsvertreters. Materiellrechtlich ist der Verzicht jedoch gegenstandslos, weil es bei der gem § 71 II bereits eingetretenen Rechtswirkung der vorläufigen bzw – bei späterem Verzicht – ggf zur Endgültigkeit erstarkten Schutzverweigerung bleibt. Den Verzicht muss der Inhaber der WIPO gegenüber erklären, Art 16 I iv, v HMA 1999; er sollte das DPMA alsbald darüber informieren, das aber auch von der WIPO unterrichtet wird.

4   **4.** Die **Bewilligung des Schutzes** tritt ohne Weiteres ein, falls das DPMA zu der Mitteilung der WIPO über die internationale Eintragung hin schweigt, es somit – wie im Regelfall – keinen Anlass für ein Eingreifen durch vorläufige Schutzverweigerung sieht. Dem steht gleich, falls das DPMA mit seiner Mitteilung an die WIPO über die vorläufige Schutzverweigerung die Halbjahresfrist des Abs 2 S 1 überschreitet oder wenn eine rechtzeitige Mitteilung rechtsunwirksam ist, weil sie zwingend notwendige Angaben iSd R 19 I GAO nicht enthält. In den letztgenannten beiden Fällen informiert die WIPO das DPMA und den Inhaber der Eintragung, R 19 I b) GAO. Enthält dagegen die Mitteilung des DPMA Lücken oder Fehler ergänzungsfähiger Art iSd R 19 II GAO, verbleibt es bei der vorläufigen Schutzverweigerung; der darüber zu informierende Inhaber kann vom DPMA die Ergänzung bzw Berichtigung verlangen, R 19 II S 2 GAO. Eine eingetretene Schutzbewilligung ist endgültig; die Schutzwirkungen können nur durch spätere Feststellung der Unwirksamkeit oder Schutzentziehung entfallen, § 71 II. Die **Rücknahme der Schutzverweigerung** durch das DPMA als Folge ihrer Nichtaufrechterhaltung, Abs 3 S 4, ist veranlasst, wenn es auf die Stellungnahme des Inhabers der Eintragung hin – uU aufgrund Teilverzichts nach § 35 oder Änderung der Anmeldung, s § 18 Rn 6 – die Beanstandung fallenlässt und damit die Schutzverweigerung nicht aufrechterhält oder wenn das Nichtvorliegen eines Schutzhindernisses nach Einlegung von Rechtsmitteln durch Aufhebung des Aufrechterhaltungsbeschlusses rechtskräftig festgestellt wird. Das DPMA hat dann die Rücknahme der Schutzverweigerung auszusprechen. Damit entfällt das Schutzhindernis und die Eintragung für Deutschland ist rückwirkend wirksam (ex tunc), § 71 III und Art 14 II b) HMA 1999. Das DPMA hat die Rücknahme mit deren Datum der WIPO mitzuteilen und wird so von ihr eingetragen, R 18 IV GAO. Nach der in die GAO zum 1.1.09 eingefügten Kannvorschrift der R 18bis (Bekanntmachung v 24.8.09 BGBl II S 1037 = Bl 09, 419) übermittelt das DPMA in den Fällen der Rücknahme der Schutzverweigerung nach R 18 IV GAO eine Erklärung über die Schutzbewilligung mit dem nach dieser Vorschrift vorgeschriebenen Inhalt; diese informiert den Inhaber hierüber.

5. Gemeinschaftsgeschmacksmuster. Das HABM hat nach Artt 106e 5 GGV iVm 11a GGDV die Befugnis zur Schutzverweigerung. Die Vorschriften wurden aufgrund des Beitritts der EG zum HMA 1999 mit Wirkung vom 1.1.08 eingefügt (Art 106e GGV durch Art 2 der VO (EG) 1891/2006 des Rates zur Änderung der Verordnung (EG) Nummer 6/2002), mit der dem Beitritt der Europäischen Gemeinschaft zur Genfer Akte des Haager Abkommens über die internationale Eintragung gewerblicher Muster und Modelle Wirkung verliehen wird, v 18.12.06, ABl Nr L 386 v 29.12. 06, S 14 = Bl 07, 141; Art 11a GGDV durch Verordnung (EG) Nr 876/2007 der Kommission zur Änderung der Verordnung (EG) Nr 2245/2002 zur Durchführung der Verordnung (EG) Nr 6/2002 des Rates über das Gemeinschaftsgeschmacksmuster nach dem Beitritt der Europäischen Gemeinschaft zur Genfer Akte des Haager Abkommens über die internationale Eintragung gewerblicher Muster und Modelle v 24.7.07, ABl EG Nr. L 193 v 25.7.07, S 13 = Bl 07, 473). Das Schutzverweigerungsverfahren einschließlich evtler Rücknahme der Schutzverweigerung gleicht demjenigen nach § 69, bei bestehendem Vertretungszwang, s § 58 Rn 19, ist auch für dieses Verfahren ein Vertreter fristgemäß zu bestellen. Im Falle einer gewählten Aufschiebung der Veröffentlichung der internationalen Eintragung nach Art 11 HMA 1999 ist für die EU als benannte Vertragspartei auch der Beginn eines evtln Schutzverweigerungsverfahrens bis zur – nur uU vorgezogenen – Veröffentlichung der internationalen Eintragung aufgeschoben, Art 106e I GGV iVm Art 11 II HMA 1999, Einzelh s § 21 Rn 15.

Nachträgliche Schutzentziehung

70 (1) **An die Stelle des Antrags oder der Widerklage auf Feststellung oder Erklärung der Nichtigkeit nach § 33 Absatz 1 oder 2 tritt der Antrag oder die Widerklage auf Feststellung der Unwirksamkeit für das Gebiet der Bundesrepublik Deutschland. An die Stelle der Klage auf Einwilligung in die Löschung nach § 9 Absatz 1 tritt die Klage auf Schutzentziehung. Das Gericht übermittelt dem Deutschen Patent- und Markenamt eine Ausfertigung des rechtskräftigen Urteils. § 35 gilt entsprechend.**

(2) **Ist dem Deutschen Patent- und Markenamt mitgeteilt worden, dass die Unwirksamkeit einer internationalen Eintragung für das Gebiet der Bundesrepublik Deutschland festgestellt worden oder ihr der Schutz entzogen worden ist, setzt es das Internationale Büro unverzüglich davon in Kenntnis.**

Übersicht

1. Der **Grundsatz** der in Abs 1 getroffenen Regelung ergibt sich daraus, 1 dass durch Art 15 I HMA 1999 die Möglichkeit eröffnet ist, die Wirkungen einer internationalen Eintragung im Gebiet einer Vertragspartei ganz oder teilweise für ungültig zu erklären. Von dieser Befugnis wird dadurch Gebrauch gemacht, dass anstelle des pauschalen Begriffs der Ungültigerklärung die Terminologie des DesignG Anwendung findet. Weil internationale Eintragungen dieselben Wirkungen wie eingetragene Designs haben, § 71 I, kann für internationale Eintragungen die Feststellung der Unwirksamkeit bzw die Einwilligung in die Schutzentziehung beantragt werden. Das in Art 15 I HMA 1999 normierte Erfordernis, dass dem Inhaber rechtzeitig Gelegenheit gegeben werden muss, seine Rechte geltend zu machen, ist in Deutschland durch den Verfassungsgrds des rechtlichen Gehörs, Art 103 I GG, und durch die diesen Grds umsetzenden Schutzbestimmungen der ZPO erfüllt. § 70 I entspricht strukturell § 115 I MarkenG. Vor dem Inkrafttreten des § 70 waren die Gerichte nur dazu legitimiert, Entscheidungen mit Reichweite für die Prozessparteien zu treffen. Bei einem Nichtigkeitsgrund konnte daher nur mit Wirkung inter partes festgestellt werden, dass eine internationale Registrierung für das Gebiet der BRD keine Wirkungen entfaltet, Mü GRUR-RR 04, 94, 96. Bei einem Löschungsgrund nach § 34 GeschmMG 1876 konnte nur verurteilt werden, durch Erklärung ggü der WIPO für das Gebiet der BRD auf die Schutzwirkungen zu verzichten, s Art 13 I iVm Art 7 I HMA 1960. Eine Löschung konnte entgegen Düss GRUR-RR 04, 318, 319 nicht angeordnet werden.

2   **2.** Die Maßnahmen zur **Schutzentziehung** richten sich nach der Systematik des DesignG. An die Stelle der Feststellung der Nichtigkeit, § 33 II 1, des Antrags oder der Widerklage auf Feststellung oder Erklärung der Nichtigkeit tritt der Antrag oder die Widerklage auf Feststellung der Unwirksamkeit für das Gebiet der BRD. Wenn dem Antrag oder der Widerklage stattgegeben wird, erzeugt das Wirkungen nicht nur inter partes, s Rn 1, sondern für die Allgemeinheit. Um das sicherzustellen, hat das DPMA die WIPO über stattgebende Entscheidungen zu unterrichten, s Rn 4. An die Stelle der Einwilligung in die Löschung, wie sie in § 9 I vorgesehen ist, tritt die Klage auf Einwilligung in die Schutzentziehung. Der Klageantrag ist daher darauf gerichtet, dass der Inhaber der internationalen Eintragung verurteilt wird, in die Schutzentziehung dieser Eintragung einzuwilligen. Die tatsächliche Einwilligungserklärung wird durch die Rechtskraft des Urteils ersetzt, § 894 I 1 ZPO, s auch § 35 Rn 7. Ebenso wie bei einem Nichtigkeitsgrund sind auch bei einem Löschungsgrund die Wirkungen auf das Gebiet der BRD beschränkt, zumal sich ein Löschungsgrund aus nationalen Rechten ergeben kann. Die Klage auf Schutzentziehung muss daher ebenfalls auf das Gebiet der BRD beschränkt sein. Zur internationalen Zuständigkeit Int Rn 3. Die Klage auf Feststellung der Unwirksamkeit und die Klage auf Einwilligung in die Schutzentziehung sind unvollkommene Gestaltungsklagen, s § 42 Rn 37. Die entspr Anwendbarkeit des § 35 hat zur Folge, dass sowohl bei einem Nichtigkeitsgrund als auch bei einem Löschungsgrund eine teilweise Schutzentziehung erfolgen kann. Bei einer außergerichtlichen Regelung tritt an die Stelle einer Entscheidung eine Eintragung in das Register, § 36 II.

3   **3.** Durch die **Übermittlung des Gerichts** soll die Grundlage für eine Information der Allgemeinheit geschaffen werden. Weil eine Ausfertigung des rechtskräftigen Urteils zu übermitteln ist, gilt die Mitteilungspflicht für das Gericht, das die rechtskräftige Entscheidung getroffen hat, Begr § 70. Ob Rechtskraft eingetreten ist, kann zuverlässig nur auf der Grundlage eines Rechtskraftzeugnisses beurteilt werden. Das Rechtskraftzeugnis wird von

der Geschäftsstelle des ersten Rechtszugs erteilt; ist der Rechtsstreit in einen höheren Rechtszug gelangt, ist die Geschäftsstelle dieses Rechtszugs zuständig, § 706 I 1 ZPO. Eines Antrags bedarf es nicht, weil das Gericht durch Abs 1 S 3 gesetzlich zur Amtshilfe ggü dem DPMA verpflichtet ist. Die Beseitigung von Registereintragungen für unwirksam gewordene SchutzR liegt ebenso im öffentlichen Interesse wie es Urteilen nach § 706 I 2 ZPO zugrunde liegt, für die ebenfalls vAw ein Rechtskraftzeugnis erteilt wird. Eine Übermittlung durch Prozessparteien ist nicht vorgesehen.

4. Die Mitteilung an das Internationale Büro ist eine Verpflichtung, **4** die sich völkervertragsrechtlich aus Art 15 II HMA 1999 und R 20 I GAO ergibt und in Abs 2 auch in nationales Recht umgesetzt wurde. Durch die Mitteilung des DPMA an die WIPO soll sichergestellt werden, dass ein stattgebendes Urteil Wirkungen für die Allgemeinheit entfaltet, s Rn 2. Die Verpflichtung des DPMA zur Information des Internatonalen Büros besteht in gleicher Weise für Urteile, mit denen die Unwirksamkeit einer internationalen Eintragung für das Gebiet der BRD festgestellt worden ist, wie für Urteile zur Einwilligung in die Schutzentziehung. Nach der Gesetzessystematik ergibt sich die Mitteilungspflicht zwar aus der in Abs 1 S 3 vorgeschriebenen Übermittlung des Gerichts. Grundlage der Mitteilungspflicht ist jedoch nach Art 15 II HMA, dass das Amt Kenntnis von der Ungültigkeitserklärung erlangt hat. Die Verpflichtung zur Mitteilung besteht daher auch, wenn eine Prozesspartei dem DPMA ein mit Rechtskraftzeugnis versehenes Urteil übermittelt hat. Die Mitteilung soll unverzüglich, dh ohne schuldhaftes Zögern, § 121 I 1 BGB, erfolgen. Einzelheiten der Mitteilung sind in R 20 I GAO geregelt. Die Ungültigerklärung wird zusammen mit den vorgeschriebenen Angaben in das internationale Register eingetragen, R 20 II GAO.

Wirkung der internationalen Eintragung

71 (1) **Eine internationale Eintragung, deren Schutz sich auf das Gebiet der Bundesrepublik Deutschland bezieht, hat ab dem Tag ihrer Eintragung dieselbe Wirkung, wie wenn sie an diesem Tag beim Deutschen Patent- und Markenamt als eingetragenes Design angemeldet und in dessen Register eingetragen worden wäre.**

(2) **Die in Absatz 1 bezeichnete Wirkung gilt als nicht eingetreten, wenn der internationalen Eintragung der Schutz verweigert (§ 69 Absatz 2), deren Unwirksamkeit für das Gebiet der Bundesrepublik Deutschland festgestellt (§ 70 Absatz 1 Satz 1) oder ihr nach § 9 Absatz 1 oder § 34 Satz 1 der Schutz entzogen worden ist (§ 70 Absatz 1 Satz 2).**

(3) **Nimmt das Deutsche Patent- und Markenamt die Mitteilung der Schutzverweigerung zurück, wird die internationale Eintragung für die Bundesrepublik Deutschland rückwirkend ab dem Tag ihrer Eintragung wirksam.**

Übersicht

1   **1. Grundsatz** der internationalen Eintragung ist, dass durch eine einzige
Anmeldung die Wirkung eines DesignschutzR in allen Territorien der Vertragsparteien herbeigeführt werden kann. Die internationale Eintragung hat
daher bei den in der internationalen Anmeldung bezeichneten Vertragsparteien dieselben Wirkungen wie ein nationales DesignschutzR; ausführl Bulling Mitt 07, 59. Wie bei einer internationalen Markenregistrierung entsteht
ein Bündel von nationalen SchutzR. Dieser Grds ist das Kernstück sämtlicher Fassungen des HMA, nämlich Art 4 II 2 HMA 1934, Art 7 I a HMA
1960 und Art 14 I HMA 1999. Strukturell entsprechen sich § 71 I und
§ 112 I MarkenG sowie § 71 II und § 112 II MarkenG. Weil das HMA als
internationales Abkommen durch Ratifizierung in der Bundesrepublik
Deutschland die Wirkung eines Gesetzes erlangt hat, s Int Rn 2, war die
materiellrechtliche Gleichstellung von internationalen Eintragungen mit
deutschen DesignschutzR schon von Anfang an geltendes Recht. Die
Gleichheit der Schutzwirkungen mit eingetragenen Designs gilt als Konven-
tionsrecht unmittelbar, BGH GRUR 67, 533, 535 – Myoplastik. Die Zivilgerichte haben den Wirkungen von internationalen Eintragungen ohne weiteres Rechnung getragen. Von Strafgerichten ist jedoch darauf hingewiesen
worden, dass sich § 51 nur auf eingetragene Designs bezieht. Das hat zwar
der Verbindlichkeit des HMA für die Vertragsparteien nicht Rechnung getragen, aber mit § 71 steht eine zweifelsfreie Regelung zur Verfügung. Die
Bezugnahme auf § 34 S 1 in Abs 2 ist ein redaktionelles Versehen, weil diese
Bestimmung durch § 33 II abgelöst wurde. Die in § 70 I 1 geregelte Feststellung der Unwirksamkeit erfasst auch die Erklärung der Nichtigkeit nach
§ 33 II.

2   **2.** Für den **Wirkungseintritt** ist allein die Eintragung im Register der
WIPO, s § 19 Rn 15, maßgeblich, Abs 1. Der Zeitpunkt des Wirkungsein-
tritts ergibt sich aus dem Datum der Registereintragung bei der WIPO.
Art 14 I HMA 1999 bestimmt, dass die internationale Eintragung ab dem
Eintragungsdatum mindestens dieselbe Wirkung wie ein nach dem Recht
der Vertragspartei ordnungsgemäß eingereichter Antrag auf Schutzerteilung
hat. Auf den Antrag wird abgestellt, weil nach der Veröffentlichung einer
internationalen Eintragung innerhalb einer Frist von sechs Monaten eine
Schutzverweigerung ausgesprochen werden kann, s § 69 Rn 2. Die Wirkung
einer Eintragung entsteht nach Art 14 II a) HMA 1999 spätestens mit dem
Ablauf dieser Frist. Die durch diese Bestimmung ermöglichte Regelungsfrei-
heit wurde in Abs 1 in der Weise genutzt, dass für den Wirkungseintritt auf
die Anmeldung und die Eintragung abgestellt wird. Die internationale Eintragung hat daher dieselbe Wirkung wie eine nationale Eintragung. Inhaltlich ist das gerechtfertigt, weil in beiden Systemen eine Formalprüfung der
Eintragung vorausgeht. Der Möglichkeit einer Schutzverweigerung wird
durch den in Abs 2 geregelten Wirkungswegfall Rechnung getragen. Weil
selten Anlass für eine Schutzverweigerung besteht, kann ein kurzfristiger
Schutz bis zur Mitteilung einer Schutzverweigerung in Kauf genommen
werden. Das DPMA ist in Abs 1 nur aufgeführt, um die Gleichstellung von
internationalen Eintragungen mit eingetragenen Designs sicherzustellen.
Erklärungen des DPMA sind für den Wirkungseintritt weder vorgesehen
noch erforderlich.

3   **3.** Die **Wirkungsfolgen** sind allumfassend. Im Vordergrund steht, dass
sämtliche materiellrechtlichen Schutzvoraussetzungen des DesignG erfüllt

sein müssen, wenn in Deutschland Schutz aus einer internationalen Eintragung in Anspruch genommen wird, BGH GRUR 67, 533, 535 – Myoplast; GRUR 98, 379, 382 – Lunette; Hbg NJOZ 07, 3055 – Handydesign. Nach den Grds des deutschen Rechts richtet sich insbes die Prüfung der Neuheit, BGH GRUR 67, 535, sowie der Eigentümlichkeit, BGH GRUR 98, 382, und ebenso der Eigenart. Vorverbreitungen des Anmelders sind in vollem Umfang berücksichtigungsfähig, und zwar unabhängig davon, ob sie im Inland oder im Ausland stattgefunden haben, BGH GRUR 67, 535. Zu den materiellrechtlichen Schutzvoraussetzungen gehört auch die die Ermittlung des Offenbarungsgehalts, BGH GRUR 98, 382; Mü GRUR-RR 04, 96. Die Prüfung des Verletzungstatbestands richtet sich ebenfalls nach deutschem Recht, BGH GRUR 67, 535; GRUR 98, 382; Hbg NJOZ 07, 3055. Ob eine Vermutung für die Rechtsgültigkeit besteht, richtet sich nach deutschem Recht, nicht nach Art 85 GGV, FfM BeckRS 14, 09139 – Reifenprofil. Die Gleichbehandlung von internationalen Eintragungen mit eingetragenen Designs hat Auswirkungen auch für das VerfahrensR. Nach deutschem Recht richten sich daher zB die Aktivlegitimation bei Lizenzverhältnissen, BGH GRUR 98, 381, und die Anspruchsgrundlagen, BGH GRUR 98, 382. Auch die Bestimmungen über den Auffang-Gerichtsstand des DPMA, wenn es keinen Gerichtsstand aufgrund des Geschäftsraums oder des Wohnsitzes eines Inlandsvertreters gibt, finden Anwendung, FfM WRP 82, 227, 228; Mü GRUR-RR 04, 94, 95.

4. Der in Abs 2 geregelte **Wirkungswegfall** tritt ein, wenn in dem Verfahren nach § 69 I das DPMA auf der Grundlage des § 69 II eine Schutzverweigerung ausgesprochen und diese dem Internationalen Büro mitgeteilt hat. Der Wirkungswegfall hat zur Voraussetzung, dass die Schutzverweigerung endgültig ist, § 69 Rn 3. Ebenfalls einen Wirkungswegfall hat zur Folge, wenn nach einer Klage in dem Verfahren nach § 70 I die Unwirksamkeit einer internationalen Eintragung für das Gebiet der BRD festgestellt worden ist. Auch die Schutzentziehung nach § 9 I führt in dem Verfahren nach § 70 I zu einem Wirkungswegfall. Bei den Gerichtsverfahren nach § 70 I muss das Urteil rechtskräftig sein, § 70 Rn 3. Weil nach Abs 2 die in Abs 1 bezeichnete Wirkung als nicht eingetreten gilt, kommt den in Abs 2 aufgeführten Maßnahmen Rückwirkung zu. Die internationale Eintragung hat daher keinerlei Rechte begründet. Welche Folgen diese Rückwirkung auf bestehende Rechtsverhältnisse hat (zB Lizenzverträge, Gerichtsverfahren), ist nicht geregelt. Eine entspr Anwendung der Grds aus Art 26 II GGV ist sachgerecht. **4**

5. Die **Rücknahme der Schutzverweigerung** nach Abs 3 hat ihre Grundlage in dem in § 69 III geregelten Verfahren. Wenn das Ergebnis dieses Verfahrens ist, dass keine Eintragungshindernisse vorliegen, hat das DPMA unverzüglich die Schutzverweigerung zurückzunehmen, § 69 III 4. Das ist der Fall, wenn entweder das DPMA die Schutzverweigerung nicht aufrecht erhält oder wenn rechtskräftig festgestellt wurde, dass die Schutzverweigerung zu Unrecht erfolgt ist. An die daraus resultierende Mitteilung des DPMA knüpft Abs 3 an. Mit dieser Mitteilung wird die internationale Eintragung für die BRD wirksam. Weil die Beanstandung von Anfang an nicht gerechtfertigt war, tritt der Schutz rückwirkend in Kraft. **5**

Abschnitt 14. Übergangsvorschriften

Anzuwendendes Recht

72 (1) **Auf eingetragene Designs, die vor dem 1. Juli 1988 nach dem Geschmacksmustergesetz in der im Bundesgesetzblatt Teil III, Gliederungsnummer 442-1, veröffentlichten bereinigten Fassung angemeldet worden sind, finden die bis zu diesem Zeitpunkt geltenden Vorschriften weiterhin Anwendung.**

(2) **Auf eingetragene Designs, die vor dem 28. Oktober 2001 angemeldet oder eingetragen worden sind, finden weiterhin die für sie zu diesem Zeitpunkt geltenden Bestimmungen über die Voraussetzungen der Schutzfähigkeit Anwendung. Rechte aus diesen eingetragenen Designs können nicht geltend gemacht werden, soweit sie Handlungen im Sinne von § 38 Absatz 1 betreffen, die vor dem 28. Oktober 2001 begonnen wurden und die der Verletzte vor diesem Tag nach den Vorschriften des Geschmacksmustergesetzes in der im Bundesgesetzblatt Teil III, Gliederungsnummer 442-1, veröffentlichten bereinigten Fassung in der zu diesem Zeitpunkt geltenden Fassung nicht hätte verbieten können.**

(3) **Für eingetragene Designs, die vor dem 1. Juni 2004 angemeldet, aber noch nicht eingetragen worden sind, richten sich die Schutzwirkungen bis zur Eintragung nach den Bestimmungen des Geschmacksmustergesetzes in der im Bundesgesetzblatt Teil III, Gliederungsnummer 442-1, veröffentlichten bereinigten Fassung in der bis zum Ablauf des 31. Mai 2004 geltenden Fassung.**

(4) **Artikel 229 § 6 des Einführungsgesetzes zum Bürgerlichen Gesetzbuche findet mit der Maßgabe entsprechende Anwendung, dass § 14a Absatz 3 des Geschmacksmustergesetzes in der im Bundesgesetzblatt Teil III, Gliederungsnummer 442-1, veröffentlichten bereinigten Fassung in der bis zum 1. Januar 2002 geltenden Fassung den Vorschriften des Bürgerlichen Gesetzbuchs über die Verjährung in der bis zum 1. Januar 2002 geltenden Fassung gleichgestellt ist.**

Übersicht

1   **1.** Der **Regelungsgegenstand** des § 72 besteht in Abs 1 bis 3 aus Überleitungsbestimmungen, die zeitliche Abgrenzungen für das anzuwendende Recht ergeben. Dabei wird auf drei Stichtage aus der Entwicklung der Gesetzgebung abgestellt. Die Regelungen des Überleitungsrechts ergeben sich aus Vorgaben der GRL, aus ErwGrd der GRL, aus dem Gesichtspunkt des Vertrauensschutzes s Begr § 66; BGH GRUR 11, 423 – Baugruppe II, und damit in Zusammenhang stehend daraus, dass sich keine belastenden Rückwirkungen ergeben sollen. Abs 4 enthält eine Sonderregelung für die Verjährung. Aufgrund der Einführung des 13. Abschnitts ist § 66 GeschmMG 2004 zu § 72 geworden; der Wortlaut ist unverändert geblieben.

2. Als **Grundsatz** für die Bestimmungen in Abs 1 bis 3 über das anwend- 2
bare Recht gilt, dass das GeschmMG 2004 Rückwirkung entfaltet hat, BGH
GRUR 08, 790 Tz 26 – Baugruppe I. Für diese als Selbstverständlichkeit
bezeichnete Wirkung wurde eine ausdrückliche Regelung nicht als erforderlich angesehen, Begr § 66 I. Ab dem Inkrafttreten des GeschmMG 2004
galten dessen Regelungen nicht nur für die ab diesem Zeitpunkt angemeldeten eingetragenen Designs, sondern auch für alle eingetragenen Designs, die
vor diesem Zeitpunkt eingetragen waren oder angemeldet worden sind. Das
gilt ua für die §§ 38, 42, 46 DesignG, BGH GRUR 08, 790 Tz 32; GRUR
10, 80 Tz 47 LIKEaBIKE; GRUR 11, 423 – Baugruppe II. In Abs 1 bis 3
sind lediglich Ausnahmen zu dem Grds der Rückwirkung geregelt. Weil die
Schutzwirkungen hiervon nicht erfasst werden, richten diese sich bei vor
28.10.01 eingetragenen eingetragenen Designs nach dem GeschmMG 2004,
BGH GRUR 06, 143 Tz 17 – Catwalk; GRUR 11, 423. In Abs 1 bis 3 sind
lediglich Ausnahmen zu dem Grds der Rückwirkung geregelt.

3. Der **1.7.1988 als Stichtag** in Abs 1 ergibt sich daraus, dass die wich- 3
tigsten Bestimmungen des ÄndG v 18.12.86, s 2. Aufl Allg Rn 16, am
1.7.88 in Kraft getreten waren, s 2. Aufl 17/2. Beim Inkrafttreten des ÄndG
v 18.12.86 ist eine Überleitung der bei den Registergerichten eingereichten
Altanmeldungen auf das DPA nicht erfolgt. Auf diese Altdesigns hat das damalige Recht weiterhin Anwendung gefunden. Gegenstand dieser Handhabung waren nicht nur die Bestimmungen des materiellen Rechts, sondern
auch die Regelung der Schutzdauer, BGH GRUR 93, 667 – Schutzdauerverlängerung. Derselben Regelung waren Altdesigns unterworfen, die von
Rechtsinhabern ohne Niederlassung oder Wohnsitz im Inland beim DPA
vor dem Stichtag angemeldet worden sind. Abs 1 bestimmt, dass für die vor
dem Stichtag angemeldeten Altdesigns das damalige Recht weiterhin Anwendung fand. Das gilt sowohl für die bei Amtsgerichten eingetragenen
Designs als auch für die eingetragenen Designs, die für Rechtsinhaber ohne
inländischen Sitz bzw Wohnsitz beim DPMA eingetragen waren, Begr § 66
I. Weil die maximale Schutzdauer der vor 1.7.88 angemeldeten eD 15 Jahre
betragen hat, ist ihr rechtlicher Schutz spätestens bis 1.7.03 abgelaufen, Begr
§ 66 I. Für eingetragene Designs, die ab 1.7.88 angemeldet worden sind,
gelten die Bestimmungen des DesignG, soweit in Abs 2 nichts Abweichendes geregelt ist.

4. Der **28.10.2001 als Stichtag** ergibt sich daraus, dass die Mitgliedstaa- 4
ten verpflichtet waren, die GRL bis zu diesem Tag umzusetzen, Art 19
GRL. Bei nach 28.10.01 eingetragenen Designs beurteilen sich daher
Schutzvoraussetzungen und Schutzwirkungen nach dem DesignG, BGH
GRUR 06, 143, 144 – Catwalk; GRUR 08, 790 Tz 32 – Baugruppe I;
GRUR 11, 1112 Tz 26 – Schreibgeräte. Grundsatz der gesetzlichen Überleitungsbestimmungen ist, dass, soweit nichts anderes bestimmt ist, das DesignG auf alle eingetragenen Designs Anwendung findet, die ab 1.7.88
angemeldet worden sind, soweit nichts anderes bestimmt ist. Eine ausdrückliche Regelung wurde hierfür nicht als erforderlich angesehen, Begr § 66
I. Aus Abs 2 S 1 ergibt sich zu dem Grds der Rückwirkung eine Ausnahmebestimmung für die Voraussetzungen der Schutzfähigkeit; das trägt dem Vertrauensschutz Rechnung, BGH GRUR 08, 790 Tz 26; GRUR 11, 423
– Baugruppe II. Ein wirksam begründetes SchutzR soll daher nicht beeinträchtigt werden, BGH GRUR 11, 423; das gilt auch für eingetragene De-

signs, die nach dem ErstrG übergeleitet wurden, Begr § 66 II 1. Für einge-
tragene Designs, die vor dem Stichtag 28.10.01 im Geltungsbereich des
GeschmMG 1986 angemeldet oder eingetragen worden sind, richten sich
die Voraussetzungen der Schutzfähigkeit nach dem GeschmMG 1986, BGH
GRUR 11, 1117 Tz 24 – ICE. Das gilt insbes für die Voraussetzungen der
Designfähigkeit, der Neuheit und der Eigentümlichkeit, BGH GRUR 04,
939, 940 – Klemmhebel; GRUR 05, 600, 603 – Handtuchklemmen;
GRUR 08, 153 Tz 20 – Dacheindeckungsplatten; GRUR 08, 790 Tz 16;
GRUR 10, 80 Tz 48 – LIKEaBIKE; GRUR 11, 423. Die §§ 3, 4 zählen zu
den Schutzvoraussetzungen, BGH GRUR 08, 790 Tz 26; GRUR 11, 423.
Die Anwendung des § 4 auf vor dem 28.10.01 eingetragene Designs würde
in deren Bestandsgarantie eingreifen; sie ist daher ausgeschlossen, BGH
GRUR 11, 423. Die §§ 33, 34 waren für diese Designs nicht anwendbar,
Begr § 66 II 1; für die Löschung ist § 10c II GeschmMG 1876 einschlägig,
BGH GRUR 08, 153 Tz 19; GRUR 08, 790 Tz 16. Die Neuheitsschonfrist
in geänderter Fassung des § 6 findet mit Rückwirkung auf 28.10.01 Anwendung, Hbg 5 U 166/07 v 11.3.09; § 6 Rn 10. Im Übrigen erfasst der
Grds der Rückwirkung insbes die Schutzwirkungen, BGH GRUR 06, 143,
144 – Catwalk; GRUR 11, 423. Verletzungsansprüche richten sich daher
auch für vor dem Inkrafttreten des GeschmMG 2004 angemeldete oder eingetragenen Designs nach den §§ 38, 42, BGH GRUR 08, 790 Tz 32;
GRUR 10, 80 Tz 47; GRUR 11, 1117 Tz 27. Wenn ein vor dem 28.10.01
angemeldetes eD nach § 10c II Nr 1 GeschmMG 1876 vor diesem Tag gelöscht worden ist, können Rechte aus diesem eD auch nach dem Inkrafttreten des GeschmMG 2004 nicht geltend gemacht werden, BGH GRUR 04,
941, 942 – Metallbett. Für die üblichen Anträge auf Unterlassung, Auskunftserteilung und Feststellung der Schadensersatzpflicht sind die §§ 38, 42,
46 DesignG iVm § 242 BGB maßgeblich, BGH GRUR 08, 790 Tz 32;
GRUR 10, 80 Tz 47; GRUR 11, 423. Auch für Designs, die ab 1.7.88 angemeldet oder eingetragen worden sind, besteht daher Sperrwirkung. Hierzu
enthält Abs 2 S 2 eine Ausnahmeregelung für Handlungen iSd § 38 I, die
vor 28.10.01 begonnen wurden und nach den Bestimmungen des Geschm-
MG 1986 nicht hätten verboten werden können. Insoweit richten sich die
Schutzwirkungen insbes nach §§ 5, 6 GeschmMG 1986. Wenn die Aus-
nahmeregelungen von Abs 2 nicht eingreifen, richten sich nicht nur die
Schutzwirkungen, sondern auch die Schutzvoraussetzungen nach dem DesignG. Der Grds der Rückwirkung gilt auch für die Schutzdauer; der daraus
resultierenden Möglichkeit der Herbeiführung einer maximalen Laufzeit von
25 Jahren steht der Grds des Vertrauensschutzes nicht entgegen, Begr § 66
II 1.

5   **5.** Eine **Ausnahmeregelung** enthält Abs 2 S 2 für Handlungen iSd § 38
I, die vor 28.10.01 begonnen wurden und nach den Bestimmungen des
GeschmMG 1986 nicht hätten verboten werden können. Insoweit richten
sich die Schutzwirkungen insbes nach §§ 5, 6 GeschmMG 1986. Wenn nach
diesen Bestimmungen die in § 38 I 2 aufgeführten Benutzungshandlungen
nicht rechtswidrig waren, können hiergegen auch nach dem 28.10.01 keine
Rechte, insbes Ansprüche auf Unterlassung, Schadensersatz etc, geltend gemacht werden.

6   **6.** Der **1.6.2004 als Stichtag** in Abs 3 ist das Datum des Inkrafttretens
der Neufassung des GeschmMG 2004. Zu den Rechtswirkungen der GRL

für die Zeit von 28.10.01 bis 1.6.04 Eichmann Mitt 03, 17; 03, 103; v Saint André Mitt 01, 544. Der Regelung in Abs 3 liegt zu Grunde, dass nach § 7 I GeschmMG 1986 der Schutz bereits mit der Anmeldung begonnen hat; nach § 27 I DesignG entsteht dagegen der Schutz mit der Eintragung in das Register. Wenn der Grds der Rückwirkung Anwendung fände, würde den SchutzR der Schutz entzogen, die vor dem Stichtag angemeldet, aber noch nicht eingetragen worden sind. Das wird durch die Regelung in Abs 3 verhindert, Begr § 66 III, wonach sich bis zur Eintragung die Schutzwirkungen nach dem GeschmMG 1876 richten. Maßgeblich sind daher insbes die §§ 5, 6 GeschmMG 1986. Wenn die Anmeldung eines Originalmusters, § 7 VI GeschmMG 1986, vor dem Stichtag zur Eintragung geführt hat, bleibt die Eintragung bestehen. War eine Eintragung noch nicht erfolgt, musste die Anmeldung umgestellt und eine Wiedergabe des Musters nachgereicht werden, Begr § 66 I. Bei Anmeldungen nach § 7 IV und § 7 V GeschmMG 1986 musste ebenfalls umgestellt werden. Für Designabschnitte konnte jedoch die Eintragung unter der Voraussetzung des § 11 II S 2 erfolgen. Bei Grund- und Abwandlungsdesignsmustern nach § 8a GeschmMG 1986 musste der Anmelder entscheiden, ob sie wie Bestandteile einer Sammelanmeldung behandelt werden sollen. Dabei konnte der Anmelder den Antrag auf Aufschiebung der Bildbekanntmachung nachreichen, Begr § 66 I. Zur Vermeidung einer Bildbekanntmachung konnte die Anmeldung von Grund- und Abwandlungsmustern nicht nur vollständig, sondern auch für einzelne Muster zurückgenommen werden, § 11 VI.

7. Die Bestimmung des § 49 über die **Verjährung** weicht geringfügig **7** von der Regelung ab, die sich aus § 14a III GeschmMG 1876 iVm § 102 UrhG ergeben hat. Durch Art 5 XXVII SchuldRModG ist das GeschmMG 1876 geändert worden. Anstelle der Verweisung in § 14a III auf § 102 UrhG wurde § 14a IV GeschmMG 1876 eingefügt. Daraus hat sich eine entspr Anwendung der Verjährungsbestimmungen des BGB ergeben. Der neu eingefügte § 17 IV hatte denselben Inhalt wie § 66 IV. Das in der Übergangszeit anwendbare Recht ergibt sich aus einer entspr Anwendung von Art 229 § 6 des EGBGB. Für die vor 1.1.02 verjährten Ansprüche hat keine Änderung zur Folge. Auf die am 1.1.02 bestehenden, aber noch nicht verjährten Ansprüche findet grds § 49 Anwendung, § 6 I 1. Bei längeren Verjährungsfristen bleibt in der Übergangszeit die kürzere Frist des alten Rechts maßgeblich, § 6 III. Für die umgekehrte Situation ergeben sich aus § 6 IV spezielle Regelungen. Hemmung und Neubeginn richteten sich bis 31.12.01 nach altem Recht, ab 1.1.02 nach neuem Recht, § 6 I 2, mit Detailregelungen in § 6 II.

Rechtsbeschränkungen

73 (1) **Rechte aus einem eingetragenen Design können gegenüber Handlungen nicht geltend gemacht werden, die die Benutzung eines Bauelements zur Reparatur eines komplexen Erzeugnisses im Hinblick auf die Wiederherstellung von dessen ursprünglicher Erscheinungsform betreffen, wenn diese Handlungen nach dem Geschmacksmustergesetz in der im Bundesgesetzblatt Teil III, Gliederungsnummer 442-1, veröffentlichten bereinigten Fassung in der bis zum Ablauf des 31. Mai 2004 geltenden Fassung nicht verhindert werden konnten.**

(2) **Für bestehende Lizenzen an dem durch die Anmeldung oder Eintragung eines eingetragenen Designs begründeten Recht, die vor dem 1. Juni 2004 erteilt wurden, gilt § 31 Absatz 5 nur, wenn das Recht ab dem 1. Juni 2004 übergegangen oder die Lizenz ab diesem Zeitpunkt erteilt worden ist.**

(3) **Ansprüche auf Entwerferbenennung nach § 10 können nur für eingetragene Designs geltend gemacht werden, die ab dem 1. Juni 2004 angemeldet werden.**

(4) **Die Schutzwirkung von Abwandlungen von Grundmustern nach § 8a des Geschmacksmustergesetzes in der bis zum Ablauf des 31. Mai 2004 geltenden Fassung richtet sich nach den Bestimmungen des Geschmacksmustergesetzes in der im Bundesgesetzblatt Teil III, Gliederungsnummer 442-1, veröffentlichten bereinigten Fassung in der bis zum Ablauf des 31. Mai 2004 geltenden Fassung. § 28 Absatz 2 ist für die Aufrechterhaltung von Abwandlungen eines Grundmusters mit der Maßgabe anzuwenden, dass zunächst die Grundmuster berücksichtigt werden.**

Übersicht

I. Reparaturklausel

1. Am Anfang der **Entwicklung,** s Eichmann GRUR Int 96, 859; Mitt 98, 252; Kahlenberg S 151; Kur ÖBl 95, 3; GRUR Int 96, 876; GRUR 02, 661; Riehle EWS 97, 362; EWS 99, 7 hatte sich die Kommission nur der technischen Interoperabilität verpflichtet gesehen und deswegen für sog Must-Fit-Teile eine Schutzausschließung gefordert, s § 3 I Nr 2. Die anschließende Diskussion hat gezeigt, dass die optische Interoperabilität insbes bei Kraftfahrzeug-Austauschteilen Gegenstand von diametralen Bewertungen war. Dem hat die Kommission in der zweiten Entwurfsphase mit einem Vorschlag für eine Sonderregelung für sog Must-Match-Teile Rechnung getragen. Wenn ein Bauteil von der Erscheinungsform eines komplexen Erzeugnisses abhängig ist, sollte für die Reparatur des komplexen Erzeugnisses eine Regelung Anwendung finden, die zum Inhalt hat, dass Rechte aus einem GeschmM nach Ablauf von drei Jahren – gerechnet ab dem erstmaligen Inverkehrbringen des komplexen Erzeugnisses – nicht mehr ausgeübt werden können, Art 14 GRL-Vorschlag 1993; krit Stellungnahme GRUR 94, 498; Beier GRUR Int 94, 716, 717. Das Europäische Parlament hat in erster Lesung eine Änderung der Reparaturklausel im Sinne einer Lizenzlösung gefordert. Demnach sollte dem Rechtsinhaber die beabsichtigte Verwendung des Musters mitgeteilt und ein angemessenes Entgelt für die Verwendung des Musters angeboten werden, s die Änderungen 10 und 15 v 12.10.95 zu Art 14 GRL-Vorschlag 1993. Die Kommission hat diese Forderung – mit geringfügigen redaktionellen Änderungen – übernommen und hinzugefügt, dass bei der Berechnung der Vergütung in erster Linie die Investition in die Entwicklung des betreffenden Musters zu berücksichtigen sei, Art 14 III GRL-Vorschlag 1996; krit Stellungnahme GRUR 96, 743; Eichmann GRUR Int 96, 865. Im Rat hat die Lizenzlösung keine Zustimmung gefunden. Weil keine Einigung zwischen Rat und Europäischem Parlament erzielt werden konnte, wurde eine Revisionsklausel mit dem Inhalt vorgeschlagen, dass die Kommission weitere Konsultationen mit den beteiligten Kreisen durchführen, die Auswirkungen der Gesetzgebung auf den speziellen Sektor der Must-Match-Bauteile untersuchen und innerhalb von fünf Jahren nach Ablauf der Umsetzungsfrist Änderungsvorschläge unterbreiten solle, Art 18 des Gemeinsamen Standpunkts. Am 14.9.04 hat die Kommission einen Änderungsvorschlag für Art 14 GRL verabschiedet. Abs 1 hatte zum Inhalt, dass kein GeschmM-Schutz für ein Muster besteht, das als Bauelement eines komplexen Erzeugnisses mit dem Ziel verwendet wird, die Reparatur des komplexen Erzeugnisses zu ermöglichen. Nach Abs 2 sollten die Mitgliedstaaten eine Information der Verbraucher über den Ursprung der Ersatzteile sicherstellen, Einzelh Bulling Mitt 05, 163. Das Europäische Parlament hat am 12.12.07 in erster Lesung den Kommissionsvorschlag im Wesentlichen angenommen. Einer Einigung im Rat hat bisher entgegengestanden, dass mehrere Mitgliedstaaten gegen einen Schutzausschluss eingestellt sind, s Weiden GRUR 08, 232, 233, Bulling Mitt 09, 498, 500. Zur Rechtslage in Italien Guizzardi GRUR Int 05, 299. Ein Schutz für Karosserieteile von Kraftfahrzeugen hat nicht gegen Art 27 Nr 1 EuGVÜ verstoßen, EuGH GRUR Int 00, 759, Rn 34 – Renault/Maxicar. Aufgrund der Einführung des 13. Abschnitts ist § 67 GeschmMG 2004 zu § 73 geworden; der Wortlaut ist unverändert geblieben.

2. Für **Gemeinschaftsgeschmacksmuster** enthält Art 110 I GGV eine **2** Übergangsbestimmung, die wie ein Schutzausschließungsgrund für Must-Match-Teile formuliert ist. Demnach besteht bis zum Inkrafttreten von Änderungen der GGV kein Schutz als GGM für ein Muster, das als Bauelement eines komplexen Erzeugnisses verwendet wird, um die Reparatur dieses komplexen Erzeugnisses zu ermöglichen, damit dessen ursprüngliches Erscheinungsbild wieder hergestellt wird. Das Nichtbestehen eines Schutzes bezieht sich nicht auf den Bestand des GGM, sondern nur auf die Verwendung eines Bauteils mit dem Ziel der wiederherstellenden Reparatur. Diese Rechtsbeschränkung hat daher dieselbe Wirkung, wie sie für eingetragene Designs geregelt ist, s Rn 4. Durch die Verweisung auf Art 19 I GGV wird zum Ausdruck gebracht, dass sich die Übergangsbestimmung nur auf eingetragene GGM bezieht. Nicht eingetragene GGM sind daher von der Beschränkung der Schutzwirkungen ausgenommen. Wenn ein Must-Match-Teil neu und eigenartig ist, besteht daher Nachahmungsschutz während der kurzen Schutzdauer des nicht eingetragenen GGM auch für den in Art 110 I GGV geregelten Verwendungszweck.

3. In einer **Übergangsbestimmung** sollte es den Mitgliedstaaten bis zur **3** Vorlage von Änderungsvorschlägen durch die Kommission freigestellt bleiben, ob sie Regelungen betreffend Must-Match-Bauteile beibehalten oder einführen, Art 14 des Gemeinsamen Standpunkts. Das Europäische Parlament hat in zweiter Lesung an der Lizenzlösung festgehalten, Art 14 des Vorschlags v 22.10.97, und eine Verdeutlichung der Revisionsklausel vorgeschlagen, Art 18 dieses Vorschlags. Der Vermittlungsausschuss hat vorgeschlagen, dass zwar die überarbeitete Revisionsklausel beibehalten, die Übergangsbestimmung aber dahingehend geändert werden soll, dass den Mitgliedstaaten nur dann Änderungen der Gesetzgebung gestattet werden sollen, wenn dadurch eine Liberalisierung des Handels mit Must-Match-Bauelementen ermöglicht wird. Diese sog freeze plus-Lösung, s Klawitter EWS 01, 157, 158; Kur GRUR Int 98, 977, 979; GRUR 02, 661, 669; Riehle EWS 98, IV, 1, 2, hat Eingang in Art 14 und Art 18 GRL gefunden, s auch § 4 Rn 8. Die Revisionsklausel, Art 18 GRL, hat die Kommission verpflichtet, drei Jahre nach der Umsetzungsfrist einen Erfahrungsbericht vorzulegen. Spätestens ein Jahr danach sollte die Kommission ggf Änderungen vorschlagen. Die Übergangsbestimmung in Art 14 GRL hat zum Inhalt, dass die Mitgliedstaaten bis zur Annahme dieser Änderungsvorschläge ihre bisherigen Rechtsvorschriften über die Benutzung von Must-Match-Teilen beibehalten, hierzu Kur GRUR 02, 669. Änderungen der bisherigen Bestimmungen sind nur erlaubt, wenn dadurch die Liberalisierung des Handels mit Must-Match-Bauelementen ermöglicht wird.

4   **4.** In Abs 1 ist eine **Rechtsbeschränkung** für Must-Match-Teile geregelt; die Überschrift bringt das zutreffend zum Ausdruck. Gegenstand der Regelung sind Bauelemente, s § 1 Rn 38, die für die Reparatur eines komplexen Erzeugnisses, § 1 Nr 3, zur Wiederherstellung von dessen ursprünglicher Erscheinungsform bestimmt sind. Reparatur durch Austausch mit einem neuen Bauelement hat Inverkehrbringen zur Folge, § 38 Rn 54. Die Zulässigkeit von Reparaturmaßnahmen mit Bauelementen richtet sich nach den Bestimmungen des GeschmMG 1986. Ob Maßnahmen der Wiederherstellung nach dem GeschmMG 1986 nicht verhindert werden konnten, wird nicht nur nach den Schutzwirkungen, sondern auch nach den Schutzvoraussetzungen beurteilt. Das ergibt sich insbes aus Art 14 GRL, der grds zur Beibehaltung der bestehenden Rechtsvorschriften im Hinblick auf die Benutzung von Must-Match-Teilen verpflichtet. Diese Beibehaltung bezieht sich sowohl auf Rechte aus bestehenden eingetragenen Designs als auch aus ab 1.6.04 angemeldeten eingetragenen Designs, Begr § 67 I. Die Schutzfähigkeit als solche von eingetragenen Designs für Must-Match-Teile ist dagegen nicht Gegenstand der Regelung, unscharf Begr § 67 I. Der Designschutz für Must-Match-Teile richtet sich nach allg Grds; Erklärungen aus dem Gesetzgebungsverfahren stehen dem nicht entgegen, Mü BeckRS 05, 07902. Von § 73 I werden nur Handlungen erfasst, die eine Benutzung zur Reparatur zum Gegenstand haben. Wenn die Räder eines KfZ zum Tuning ausgetauscht werden, geht es nicht um eine Reperatur zur Wiederherstellung der ursprünglichen Erscheinungsform, High Court (GB) //2012// Rn 78, 82 EWHC 2099 (Pat) v 27.7.12. Der Austausch eines beschädigten KfZ-Rads dient dagegen der Reperatur. Rechtssystematisch handelt es sich bei der Reperaturklausel daher ebenso wie bei den Regelungen in § 40 um eine Beschränkung der Rechte, die ggü Benutzungshandlungen geltend gemacht werden. Maßnahmen gegen den Bestand von eingetragenen Designs können auf § 73 I nicht gestützt werden. Bauelemente von neuen komplexen Erzeugnissen sind nicht zur Reparatur bestimmt und daher nach neuem Recht zu beurteilen, Begr § 67 I. Benutzungshandlung iSd § 73 I kann auch eine der Reparatur vorgelagerte Handlung sein, wenn bestimmungsgemäß die Reparatur im Inland nachfolgen soll. Zur Möglichkeit einer Zwangslizenz Allg Rn 33.

5. Die **Auswirkungen** der Rechtsbeschränkung ergeben sich aus Kon- **5** kretisierungen der in Abs 1 getroffenen Regelung. Für Rechte aus Altdesigns, s § 72 Rn 3, verblieb es bei der Anwendung des GeschmMG 1876. Das gilt insbes für Designfähigkeit, Neuheit, Eigentümlichkeit und Schutzwirkungen. Diese Rechtslage ist auch maßgeblich, wenn aus Neudesigns, s § 72 Rn 5, Rechte gegen Reparaturmaßnahmen geltend gemacht werden. Erst beim Inverkehrbringen und beim vorbereitenden Anbieten wird erkennbar, ob die Verwendung von Must-Match-Teilen der Reparatur eines komplexen Erzeugnisses zur Wiederherstellung seiner Erscheinungsform dient. Davon geht auch Art 14 GRL aus, in dem auf eine Liberalisierung des Handels abgestellt wird. Wenn ein Must-Match-Teil in den Schutzumfang eines eingetragenen Designs fällt, werden daher nur die Reparatur und vorgelagerte Maßnahmen des Anbietens, des Inverkehrbringens und der Einfuhr von § 73 I erfasst. Ansprüche ggü Maßnahmen, die weder der Reparatur noch der Reparaturvorbereitung dienen, richten sich daher nach den Bestimmungen des DesignG. Dasselbe gilt für Rechte ggü Bauelementen, die zum erstmaligen Herstellen von komplexen Erzeugnissen bestimmt sind. Weder aus § 73 I noch aus Art 14 GRL geht hervor, welchem Recht die Herstellung von Reparatur-Bauelementen unterliegt. Aus dem Regelungszweck folgt, dass auch insoweit das GeschmMG 1986 maßgeblich ist. In Rechtsordnungen mit großzügigen Regeln zur Beurteilung der UrhR-Schutzfähigkeit kann für Must-Match-Austauschteile von Automobilen UrhR-Schutz auch dann bestehen, wenn sie vom Designschutz ausgeschlossen sind, s Allg Rn 34.

II. Lizenzen

§ 31 V bestimmt, dass durch Rechtsnachfolge und durch Lizenzerteilung **6** vorher erteilte Lizenzen nicht berührt werden. Dieser Bestandsschutz gilt nach Abs 2 nur, wenn der Rechtsübergang oder die Lizenzerteilung ab 1.6.04 erfolgt ist. Eine inhaltsgleiche Regelung enthält § 155 MarkenG. Ob vor dem 1.6.04 erfolgte Rechtsveränderungen die Rechte von Lizenznehmern beeinträchtigt haben, richtet sich nach der früheren Rechtslage, hierzu 2. Aufl 3/21, 22.

III. Entwerferbenennung

Der in § 10 geregelte Anspruch auf Entwerferbenennung hat zur Folge, **7** dass Anmeldungen von eingetragenen Designs die Angabe des Entwerfers oder der Entwerfer enthalten können, § 11 IV Nr 4. Diese Angabe findet Eingang in das Designregister, § 15 II Nr 4 DesignV. Durch Abs 3 wird klargestellt, dass Ansprüche auf Entwerferbenennung nur für eingetragene Designs geltend gemacht werden können, die ab 1.6.04 angemeldet wurden. Erst ab diesem Zeitpunkt besteht das Recht auf Entwerferbenennung. Auf die Zeit der Entwurfstätigkeit kommt es dabei nicht an. Bei vorher angemeldeten eingetragenen Designs hätte die Handhabung der Entwerferbenennung zu einem unangemessenen Aufwand für das DPMA geführt, Begr § 67 III. Bei älteren eingetragenen Designs könnte auch nicht immer mit ausreichender Sicherheit ermittelt werden, von wem der Entwurf stammt, der Eingang in das eingetragene Design gefunden hat, s GRUR-E Fußn 194. Die durch Art 2 GRL grds angeordnete Rückwirkung, s § 72 Rn 2, steht der Regelung in Abs 3 nicht entgegen, weil sich das Recht auf Entwerferbenennung nicht aus einer umsetzungspflichtigen Bestimmung der GRL ergibt, Begr § 67 III.

IV. Abwandlungsmuster

8   Nach § 8a I GeschmMG 1986 konnten in einer Sammelanmeldung ein Muster als Grundmuster und weitere Muster als Abwandlungsmuster bezeichnet werden. Bei dieser Handhabung erfolgte die Bildbekanntmachung nur für das Grundmuster. Ein Schutz mit Sperrwirkung ist jedoch nur vertretbar, wenn Dritte durch die Bildbekanntmachung über die eingetragenen DesignschutzR informiert werden, Begr § 67 IV. Seit 1.6.04 besteht deswegen nicht mehr die Möglichkeit der Anmeldung von Grund- und Abwandlungsmustern. Für bis zu diesem Zeitpunkt angemeldete SchutzR ergibt sich aus Abs 4 S 1, dass sich die Schutzwirkung von Abwandlungsmustern nach dem GeschmMG 1986 richtet. Das hat insbes zur Folge, dass Schutz nur gegen Nachbildungen besteht, Begr § 67 IV. Der Anspruchsgegner muss daher in Kenntnis des geschützten Musters gehandelt haben. Wenn eine Aufrechterhaltungsgebühr ohne nähere Angaben nur für einen Teil einer Sammelanmeldung gezahlt wird, richtet sich die Aufrechterhaltung nach der Reihenfolge der Anmeldung, § 28 II. Zu dieser Bestimmung regelt Abs 4 S 2 eine Ausnahme dahingehend, dass zunächst die Grundmuster berücksichtigt werden. Wenn Grundmuster aufrechterhalten werden, kann auch für die ihnen zugeordneten Abwandlungsmuster eine Aufrechterhaltung herbeigeführt werden. Das macht eine nachträgliche Bildbekanntmachung dieser Bestandteile der Sammelanmeldung erforderlich.

Übergangsvorschrift zum Gesetz zur Modernisierung des Geschmacksmustergesetzes sowie zur Änderung der Regelungen über die Bekanntmachungen zum Ausstellungsschutz

74 (1) **Geschmacksmuster, die bis zum Inkrafttreten des Gesetzes vom 10. Oktober 2013 (BGBl. I S. 3799) am 1. Januar 2014 angemeldet oder eingetragen worden sind, werden ab diesem Zeitpunkt als eingetragene Designs bezeichnet.**

(2) **§ 52a gilt nur für Designstreitigkeiten, die nach dem 31. Dezember 2013 anhängig geworden sind.**

1   Ungeschriebene Grundlage der Übergangsvorschrift ist, dass das Gesetz v 10.10.13 mit dem Inkrafttreten am 1.1.14 seine Wirkung entfaltet hat. Soweit § 74 keine abweichenden Regelungen enthält, findet daher ab 1.1.14 das Gesetz v 10.10.13 uneingeschränkt Anwendung. Der Inhalt der in Abs 1 getroffenen Regelung ist terminologischer Natur. Um ein Nebeneinander von unterschiedlichen Begriffen zu vermeiden, werden GeschmM ab 1.1.14 als eingetragene Designs bezeichnet. Diese Rückwirkung greift nicht in Rechtspositionen ein. Eine versehentliche Falschbezeichnung hätte keine rechtlichen Auswirkungen. Eine Ausnahme von dem sofortigen Wirkungseintritt ist in Abs 2 geregelt. Dass nach § 52a die Rechtsgültigkeit eines eingetragenen Designs nur durch Erhebung einer Nichtigkeitswiderklage oder durch Einreichung eines Nichtigkeitsantrags beim DPMA in Abrede gestellt werden kann, soll nur für die Verfahren gelten, die nach dem 31.12.13 anhängig geworden sind. Rechtshängigkeit wird durch die Erhebung der Klage begründet, § 261 I ZPO. Die Erhebung der Klage erfolgt durch die Zustellung der Klageschrift, § 253 I ZPO, also nicht schon mit Einreichung der Klage. In den bis 31.12.13 anhängig gewordenen Verfahren verbleibt es bei der Beweislastumkehr aus § 39, um nicht in unbilliger Weise in die bereits bestehende Prozessführung der Parteien und des Gerichts einzugreifen, Begr § 74.

Anhang

I. Entscheidungen des BGH zum Designrecht (chronologisch)

Datum Aktenzeichen	Stichwort	BGHZ	GRUR GRUR-RR	NJW NJW-RR	WRP	Bl f.PMZ Mitt.
22.1.52 I ZR 68/51	Hummel-figuren I	5, 1	52, 516	52, 784		Bl f.PMZ 52, 354
14.12.54 I ZR 65/53	Mantelmodell	16, 4	55, 445	55, 461		
27.11.56 I ZR 57/55	Europapost	22, 209	57, 591	57, 222		
15.10.57 I ZR 103/56	Gartensessel		58, 97		58, 122	
22.11.57 I ZR 144/56	Spitzenmuster		58, 346		58, 210	
14.1.58 I ZR 40/57	Deutschland-decke		58, 351	58, 789	58, 138	
14.3.58 I ZR 8/57	Schlafzim-mermodell		58, 509	58, 1489	58, 254	
1.4.58 I ZR 49/57	Mecki-Igel I		58, 500	58, 1587		
30.5.58 I ZR 21/57	Candida-Schrift	27, 351	58, 562	58, 1585		
10.6.58 I ZR 111/57	Tonmöbel		58, 613		58, 316	
9.12.58 I ZR 112/57	Rosenthal-Vase	29, 62	60, 251	59, 882	59, 122	
27.11.59 I ZR 24/58	Simili-Schmuck		60, 244		60, 72	
8.12.59 I ZR 131/58	Mecki-Igel II		60, 251	60, 573		
18.12.59 I ZR 27/58	Chérie		60, 256			
16.2.60 I ZR 85/57	Dekorations-gitter		60, 395	60, 1054		
15.11.60 I ZR 58/57	Pfiffikus-Dose		61, 85		61, 43	
27.2.61 I ZR 127/59	Stahlrohr-stuhl I		61, 635	61, 1210		
23.6.61 I ZR 132/59	Hummel-figuren II		61, 581		61, 343	
4.7.61 I ZR 102/59	Straßenleuch-te		61, 640	61, 1815	61, 352	
14.7.61 I ZR 44/59	Buntstreifen-satin I		62, 144	61, 1815	61, 352	
17.11.61 I ZR 44/60	Moped-Modell		62, 258			
30.1.63 I ZR 96/61	Fahrrad-schutzbleche		63, 328			
27.2.63 I b ZR 113/61	Plastikkorb		63, 640			

757

Datum Aktenzeichen	Stichwort	BGHZ	GRUR GRUR-RR	NJW NJW-RR	WRP	Bl f.PMZ Mitt.
30.9.64 I b ZR 65/63	Küchen-maschine		65, 198			
21.5.65 IB ZR 121/63	Zündaufsatz		66, 97		65, 375	
13.10.65 I b ZR 111/63	Apfel-Madonna	44, 288	66, 503	66, 542	66, 134	
9.2.66 I b ZR 13/64	Laternen-flasche		66, 681			
26.10.66 I b ZR 140/64	Myoplastik		67, 533	67, 499		
4.11.66 I b ZR 77/65	skai-cubana		67, 315		67, 212	
2.12.66 I b ZR 110/64	Kronleuchter		67, 375	67, 1181		
8.5.68 I ZR 67/65	Rüschen-haube	50, 340	69, 90	68, 2193		Bl f.PMZ 69, 239
12.12.68 I ZR 85/65	Hummel III		70, 250			
18.12.68 I ZR 130/66	Buntstreifen-satin II		69, 292			
21.5.69 I ZR 42/67	Vasenleuchter		72, 38			
17.12.69 I ZR 23/68	Spritzguß-engel		70, 244		70, 117	
20.2.70 I ZR 28/68	Gardinen-muster		70, 369			Mitt. 70, 139
15.9.72 I ZB 9/71	Doppel-anmeldung	59, 225	73, 214	72, 2085	72, 580	Bl f.PMZ 73, 172 Mitt. 73, 36
19.1.73 I ZR 39/71	Modeneuheit	60, 168	73, 478	73, 800		
25.5.73 I ZR 2/72	Tierfiguren		74, 669			
13.7.73 I ZR 101/72	Nebelschein-werfer		74, 53	73, 1837	73, 520	
10.10.73 I ZR 93/72	Sessel		74, 740			Mitt. 74, 33
28.11.73 I ZR 86/72	Elektro-schalter		74, 284		74, 330	Bl f.PMZ 74, 284
1.3.74 I ZR 123/72	Stehlampe		74, 373	74, 665	74, 334	
20.5.74 I ZR 136/72	Dreifachkom-binations-schalter		75, 81	74, 1380		
19.6.74 I ZR 20/73	Ovalpuder-dose				76, 370	
3.7.74 I ZR 65/73	Clarissa		75, 85		74, 620	
20.9.74 I ZR 35/73	Möbel-programm		75, 383	75, 262		
16.4.75 I ZR 16/74	Gemäldewand		76, 261			

Datum Aktenzeichen	Stichwort	BGHZ	GRUR GRUR-RR	NJW NJW-RR	WRP	Bl f.PMZ Mitt.
20.2.76 I ZR 64/74	Merkmal-klötze		76, 434		76, 308	
30.6.76 I ZR 126/74	Hans Thoma-Stühle		76, 649			
21.1.77 I ZR 68/75	Kettenkerze		77, 547			
21.1.77 I ZR 49/5	Trocken-rasierer		77, 602			
3.6.77 I ZR 83/76	Haushalts-schneide-maschine I		78, 168			
15.6.77 I ZR 140/75	Pinguin		77, 976			Bl f.PMZ 77, 342
13.7.77 I ZR 102/75	Speisekarten-werbung		78, 308			
20.10.78 I ZR 160/76	Mode-schmuck		79, 119		79, 443	
19.1.79 I ZR 166/76	Brombeer-leuchte		79, 332	79, 916		
11.4.79 I ZR 76/77	Blumenwanne		79, 548	79, 2246		
21.5.79 I ZR 117/77	Notizklötze		79, 705		79, 646	
19.12.79 I ZR 130/77	Play-family		80, 235		80, 141	
1.10.80 I ZR 111/78	Haushalts-schneide-maschine II		81, 269			
7.11.80 I ZR 57/78	Leuchtenglas		81, 273			
13.2.81 I ZR 43/79	Stühle und Tische		81, 652			
27.5.81 I ZR 102/79	Stahlrohr-stuhl II		81, 820	82, 108		
23.1.81 I ZR 48/49	Rollhocker		81, 517	81, 2252	81, 514	
23.10.81 I ZR 62/79	Büromöbel-programm		82, 305			
21.1.82 I ZR 196/79	Scandinavia		82, 115			Bl f.PMZ 82, 271 Mitt. 82, 115
9.6.82 I ZR 85/80	Klarsicht-becher		83, 31	83, 456		Mitt. 82, 232
27.1.83 I ZR 177/80	Brombeer-muster		83, 377		83, 484	
10.11.83 I ZR 158/81	Hemdblusen-kleid		84, 453			
4.4.84 I ZR 25/82	vitra programm		84, 597			Bl f.PMZ 84, 390
8.11.84 I ZR 128/82	Tchibo/ Rolex I		85, 876	86, 381	85, 397	
4.10.84 I ZB 7/83	Prioritäts-erklärung		85, 127	85, 588		Mitt. 85, 122

Entscheidungen des BGH

Datum Aktenzeichen	Stichwort	BGHZ	GRUR GRUR-RR	NJW NJW-RR	WRP	Bl f.PMZ Mitt.
6.2.86 I ZR 243/83	Beschlag-programm		86, 673	NJW-RR 86, 1041	86, 373	
20.3.86 I ZR 179/83	METAXA		86, 885			
10.2.86 I ZR 15/85	Le Corbusier-Möbel		87, 903	87, 2678		
16.10.86 I ZR 6/85	Kotflügel		87, 518	NJW-RR 87, 499		
20.11.86 I ZR 160/84	Werbepläne		87, 360	NJW-RR 87, 750		
26.2.87 I ZR 25/85	Fremdenver-kehrsbro-schüre		88, 300			
24.9.87 I ZR 142/85	Messergriff		88, 369	NJW-RR 88, 766		
14.4.88 I ZR 99/86	Kristallfiguren		88, 690		89, 383	
1.6.88 I ZR 22/86	Hufeisen-Uhren		88, 907			
3.11.88 I ZR 242/86	Präsentbücher		88, 68		89, 456	
23.5.89 I ZR 286/89	Kastanien-muster		91, 914			
18.10.90 I ZR 283/88	Finnischer Schmuck		91, 223		91, 1485	
27.6.91 I ZR 7/90	Keltisches Horoskop	115, 69	93, 40			
30.1.92 I ZR 113/90	Pullover-muster	117, 115	92, 448	92, 2700	92, 466	
17.6.92 I ZR 107/90	Tchibo/Rolex II		93, 55	92, 2753	92, 700	
17.6.92 I ZR 182/90	ALF	118, 394	92, 697	92, 2824		
14.1.93 I ZB 4/91	Schutzdauer-verlängerung		93, 667	NJW-RR 93, 748		Bl f.PMZ 93, 269
23.3.94 I ZR 42/93	Cartier-Armreif	125, 322	94, 630	94, 1598	94, 519	
19.10.94 I ZR 156/92	Rosaroter Elefant		95, 47	NJW-RR 95, 307	95, 18	
22.6.95 I ZR 119/93	Silberdistel		95, 581	NJW-RR 95, 1253	95, 908	
12.10.95 I ZR 191/93	Spielzeugautos		96, 57		96, 13	
18.4.96 I ZR 160/94	Holzstühle		96, 767	NJW-RR 96, 1187		
30.9.1997 X ZR 85/94	Schere		98, 382	NJWE-WettbR 98, 276		Mitt. 98, 65
11.12.97 I ZR 134/95	Lunette		98, 379	NJWE-WettbR 98, 276	98, 609	

Entscheidungen des BGH

Datum Aktenzeichen	Stichwort	BGHZ	GRUR GRUR-RR	NJW NJW-RR	WRP	Bl f.PMZ Mitt.
2.4.98 IX ZR 232/96	Stoffmuster			NJW-RR 98, 1057	98, 609	
13.7.00 I ZR 219/98	3-Speichen-Felgenrad		00, 1023	NJW-RR 01, 182	00, 1312	Mitt. 00. 465
15.2.01 I ZR 333/98	Sitz-Liegemöbel		01, 503		01, 946	Mitt. 01, 226
21.2.02 I ZR 265/99	Blendsegel		02, 629	NJW-RR 02, 1261	02, 1058	Mitt. 02, 382
8.5.02 I ZR 98/00	Stadtbahn-fahrzeug	151, 15	02, 799	02, 3246	02, 990	
12.12.02 I ZR 221/00	Pflegebett		03, 359		03, 496	Mitt. 03, 226
20.3.03 I ZB 27/01	DM-Tassen	153, 18	03, 707	03, 2535 (LS)	03, 990	Mitt. 03, 477
20.3.03 I ZB 29/01	Euro-Billy		03, 705	03, 2535	03, 992	Mitt. 03, 476
20 . 3. 03 I ZB 1/02	Schlüssel-anhänger		03, 798			Mitt. 03, 474
20.3.03 I ZB 2/02	Euro-Bauklötze					Bl f.PMZ 03, 291
29.1.04 I ZR 163/01	Computer-gehäuse		04, 427		04, 613	Mitt. 04, 279
22.4.04 I ZB 15/03	Abgewandelte Verkehrszei-chen		04, 770			Bl f.PMZ 04, 435
22.4.04 I ZB 16/03	Ersttagssam-melblätter		04, 771			Bl f.PMZ 04, 465
9.6.04 I ZR 70/02	Klemmhebel		04, 939			Mitt. 04, 525
15.7.04 IZR 142/01	Metallbett		04, 941			
24.3.05 I ZR 131/02	Handtuch-klemmen		05, 600			
15.9.05 I ZR 1515/02	Jeans I		06, 79			
23.6.05 I ZR 263/02	Catwalk		06, 143			
19.1.06 I ZR 151/02	Jeans II		06, 346		06, 447	
11.1.07 I ZR 198/04	Handtaschen		07, 795	RR 08, 124		Mitt. 07, 434 (Ls.)
15.2.07 I ZR 114/04	Wagenfeld-Leuchte		07, 871			
18.10.07 I ZR 100/05	Dacheinde-ckungsplatten		08, 153			
10.1.08 I ZR 67/05	Baugruppe I		08, 790			
30.4.08 I ZR 123/05	Rillenkoffer		08, 793			Mitt. 08, 414
26.6.08 I ZR 170/05	ICON		08, 1115			

Entscheidungen des BGH

Datum Aktenzeichen	Stichwort	BGHZ	GRUR GRUR-RR	NJW NJW-RR	WRP	Bl f.PMZ Mitt.
9.10.08 I ZR 126/06	Gebäckpresse I		09, 79			
2.4.09 I ZR 199/06	Ausbeinmesser		09, 1073	RR 10, 53		Mitt. 09, 517 (Ls.)
14.5.09 I ZR 98/06	Tripp-Trapp-Stuhl		09, 856			
28.5.09 I ZR 124/06	LIKEaBIKE		10, 80	RR 10, 339	10, 94	
22.4.10 I ZR 89/08	Verlängerte Limousinen		10, 718		10, 896	Mitt. 10, 384
19.5.10 I ZR 71/08	Untersetzer		11, 142		11, 100	Mitt 11, 94
17.8.10 I ZR 97/09	Baugruppe II		11, 423			
24.3.11 I ZR 211/08	Schreibgeräte		11, 1112		11, 1621	Mitt. 12, 36 (Ls.)
7.4.11 I ZR 56/09	ICE		11, 1117		11, 1463	Mitt. 11, 525
12.5.11 I ZR 53/10	Seilzirkus		12, 58			Mitt. 12, 37 Ls.
28.9.11 I ZR 23/10	Kinderwagen I		12, 512		12, 558	Mitt. 12, 231
18.10.11 I ZR 109/10	Elektrische Gebäckpresse		RR 12, 47 (Ls.)			
23.2.12 I ZR 68/11	Milla		RR 12, 277			
8.3.12 I ZR 124/10	Weinkaraffe		12, 1139		12, 1540	Mitt. 12, 514
22.3.12 I ZR 21/11	Sandmalkasten		12, 1155		12, 1379	Mitt. 13, 46 (Ls.)
12 7. 12 I ZR 102/11	Kinderwagen II		13, 285		13, 341	Mitt. 13, 139
16.8.12 I ZR 74/10	Gartenpavillon		12, 1253		12, 1536	Mitt. 13, 569 (Ls.)
13.12.12 I ZR 23/12	Bolerojäckchen		13, 830		13, 1050	
13.11.13 I ZR 143/12	Geburtstagszug	199, 52	14, 175	14, 469	14, 172	Mitt. 14, 90

Entscheidungen des BGH zum Designrecht
(alphabetisch)

Entscheidungen des BGH

Entscheidungen des BPatG zum Designrecht
(chronologisch)

Datum Aktenzeichen	Stichwort	BPatGE	GRUR	Bl f.PMZ CR	Mitt. BeckRS
4.10.61 4 W (pat) 8/61		1, 223		64, 274 (Ls.)	61, 239
7.8.69 4 W (pat) 154/68				70, 154 70, 166 (Ls.)	70, 180 (Ls.)
9.2.72 28 W (pat) 455/71		13, 224	72, 613		
3.10.73 28 W (pat) 418/73			74, 350		
17.7.74 28 W (pat) 402/74					75, 98
9.9.77 4 W (pat) 114/76			78, 45		
2.3.78 4 W (pat) 2/78			78, 534		
22.3.78 4 W (pat) 57/76					78, 119
21.1.83 4 W (pat) 41/82				83, 281	83, 193
22.7.83 4 W (pat) 8/82			83, 645 GRUR-Int. 83, 944 (Ls.)	83, 344	84, 53
22.7.83 4 W (pat) 80/82		25, 208		83, 347 (Ls.)	
29.4.85 4 W (pat) 68/84				85, 358	86, 57
28.11.85 4 W (pat) 84/82			86, 312	86, 220	86, 71
6.2.86 4 W (pat) 37/85	ARCO-Möbel	28, 28	86, 537	87, 130 (Ls.)	86, 110
15.12.88 4 W (pat) 61/88			89, 345	89, 139	89, 152
26.6.89 4 W (pat) 90/88	Fahrerhaus	30, 236	89, 750	90, 158 (Ls.)	
10.7.89 4 W (pat) 93/88	Kugelspiel	30, 241	89, 751	89, 353	
24.7.89 4 W (pat) 701/89				89, 357	
24.7.89 4 W (pat) 718/89		30, 256		89, 358	89, 215
25.8.89 4 W (pat) 73/88		31, 25	89, 915	90, 204	90, 21
9.4.90 4 W (pat) 89/88					90, 155
30.4.90 4 W (pat) 709/89				90, 370	

Datum Aktenzeichen	Stichwort	BPatGE	GRUR	Bl f.PMZ CR	Mitt. BeckRS
27.6.90 5 W (pat) 4/90		31, 196	91, 47		
5.11.90 4 W (pat) 715/89		32, 49	91, 757	91, 309 91, 253 (Ls.)	
17.12.90 4 W (pat) 720/89				91, 253 (Ls.)	
8.7.91 4 W (pat) 64/88				92, 281	92, 186 92, 192 (Ls.)
13.9.91 4 W (pat) 708/89					92, 297
11.12.91 4 W (pat) 702/90		33, 33		92, 470	
24.2.92 4 W (pat) 702/91		33, 218		93, 27	
16.3.92 4 W (pat) 704/90				93, 27	
28.4.92 4 W (pat) 714/91		33, 220		94, 37 (Ls.)	
1.6.92 4 W (pat) 722/91		33, 127	93, 117	93, 109	
17.12.92 4 W (pat) 723/91				93, 345	
20.4.93 4 W (pat) 720/89				93, 483	
1.7.98 4 W (pat) 702/98					99, 278
10.12.98 4 W (pat) 704/97				CR 99, 507 (Ls.)	
16.9.99 10 W (pat) 711/99	Penistriller- pfeife	42, 67	00, 1026	00, 285 (Ls.)	
20.12.99 10 W (pat) 707/99	Malerrollen		00, 257/ 271 (bei *Anders*)		
20.12.99 10 W (pat) 710/99	Ringmodelle II			00, 221	
21.2.00 10 W (pat) 709/99	Identifizier- barkeit des Anmelders		01, 276/ 290 (bei *Kellerer*)	00, 285	
10.7.00 10 W (pat) 701/00			01, 276/ 290 (bei *Kellerer*)		
4.10.00 10 W (pat) 705/00	Bierpolizei/ Polizei-Effekt- Lackierung			01, 154	01, 229
23.4.01 10 W (pat) 711/00	Umschrei- bungsantrag			01, 354	01, 379
30.6.01 10 W (pat) 704/00	Zweiteilige Kapsel	44, 136		01, 399	01, 379
9.7.01 10 W (pat) 703/01	Tasse mit Geld- darstellungen	44, 148			

Entscheidungen des BPatG

Datum Aktenzeichen	Stichwort	BPatGE	GRUR	Bl f.PMZ CR	Mitt. BeckRS
8.10.01 10 W (pat) 702/ 00	Schlüsselan- hänger		02, 337		
8.10.01 10 W (pat) 703/ 00	Magischer Würfel		02, 289/ 308 (bei *Kellerer*)		
28.1.02 10 W (pat) 707/ 00	Massenanmel- dung	45, 49	03, 369/ 385 (bei *Kellerer*)	02, 387	
12.12.02 10 W (pat) 716/ 01	Verkehrs- zeichen		03, 710		03, 424 (Ls.)
16.1.03 10 W (pat) 714/ 01	Vibratoren		04, 160	03, 428 (Ls.)	03, 424 (Ls.)
16.1.03 10 W (pat) 715/ 00	Postwert- zeichen		04, 361/ 381 (bei *Winterfeldt*)		03, 424 (Ls.)
28.3.03 10 W (pat) 705/ 01			04, 361/ 381 (bei *Winterfeldt*)		
31.7.03 10 W (pat) 703/ 02			04, 361/ 381 (bei *Winterfeldt*)		
30.9.03 10 W (pat) 711/ 01	Polizei- Teddybär				04, 42
8.4.04 10 W (pat) 704/01	Multifunktio- naler Trans- porter			04, 468	
21. 4. 05 10 W (pat) 709/02	Priorität frühe- rer ausländ. Anmeldung				BeckRS 11, 28545
28.4.05 10 ZA (pat) 6/04	Erinnerung gegen KFB				BeckRS 11, 28453
16.6.05 10 W (pat) 708/02	Verschiebung des Anmelde- tags				BeckRS 11, 28391
11.8.05 10 W (pat) 704/03	Akteneinsicht in Abwandlun- gen eines GM		06, 174		06, 89 (Ls.)
13.10.05 10 W (pat) 705/02	Fehlende Voll- macht im Beschwerde- verf.				BeckRS 11, 28384
26.1.06 10 W (pat) 719/03	Priorität		06, 580		06, 581 (Ls.)
29.6.06 10 W (pat)/02					BeckRS 07, 12232
10.8.06 10 W (pat) 708/03					BeckRS 07, 13727
1.7.08 10 W (pat) 702/07					BeckRS 08, 14134

767

Datum Aktenzeichen	Stichwort	BPatGE	GRUR	Bl f.PMZ CR	Mitt. BeckRS
15.9.11 10 W (pat) 701/11	Zuerkennung eines bestimm- ten Anmelde- datums				BeckRS 11, 24780
19.3.12 10 W (pat) 701/08	Wiedereinset- zung (GmbH)				BeckRS 12, 08430
21.8.12 10 W (pat) 701/09	Missbräuchli- che Benutzung von Hoheits- zeichen				13, 145 (Ls.) BeckRS 12, 22881
22.8.12 10 W (pat) 701/12	Neuheit, VKH, Eigenart, Schutzhinder- nis/-umfang				BeckRS 12, 20542
30.10.12 10 W (pat) 701/10	Fristverlänge- rung				BeckRS 13, 19027
20.6.13 30 W (pat) 701/13	Buchstaben- kombination, Schreibweise				BeckRS 14, 06991
20.6.13 30 W (pat) 707/13	Anmeldeverf., Beschwerde- verf., VKH				BeckRS 13, 19040
14.11.13 30 W (pat) 705/13	VKH				14, 145 BeckRS 14, 01386

Entscheidungen des EuGH zum Designrecht (chronologisch)

Datum Rechtssache	Stichwort	Slg. (bis 2011)	GRUR GRUR Int.	Bl f.PMZ	Mitt.
2.7.09 C 32/08	FEIA/Cul de Sac		09, 867		
14.9.10 C 48/09	Lego		10, 1008		
27.1.11 C-168/09	Flos/Semaro		11, 216		
20.10.11 C 281/10 P	PepsiCo		12, 506		
16.2.12 C-488/10	Cega-sa/PROIN		12, 510		
18.10.12 C-101/11 P	Neumann u. a./ Baena Grupo		13, 178		
13 2. 14 C-479/12	Gautzsch Großhandel/ MBM Joseph Duna (Garten-pavillon)		14, 368		
19.6.14 C-345/13	Karen Millen Fashions/ Dunnes Stores		14, 774 Int. 14, 861		

Entscheidungen des EuG zum Designrecht (chronologisch)

Datum Rechtssache	Stichwort	Slg. (bis 2011)	GRUR GRUR Int. GRUR-RR	BeckRS	Mitt.
18.3.10 T-9/07	Grupo Promer		RR 10, 189		
12.5.10 T-148/08	Beifa/Schwan-Stabilo		RR 10, 326		
14.6.11 T-68/10	Sphere Time/ HABM (An einem Schlüs-selband befes-tigte Uhr)		Int. 11, 746		
9.9.11 T-10/08	Kwang Yang Motor/HABM (Verbrennungs-motor)		Int. 12, 66		
13.11.12 T-83/11 und T-84/11	Antrax It/ HABM (Thermosi-phons für Heizkörper)		Int. 13, 383		
6.6.13 T-68/11	Uhrenziffer-blätter			13, 81183	

Datum Rechtssache	Stichwort	Slg. (bis 2011)	GRUR GRUR Int. GRUR-RR	BeckRS	Mitt.
25.10.13 T-231/10	Spiele			13, 82061	
23.10.13 T-566/11 und T-567/11	Viejo Valle/ HABM (Tasse mit Untertasse)		Int. 14, 488		
22.11.13 T-337/12	El Hogar Perfecto del Siglo XXI/HABM (Korkenzieher)		Int. 14, 494		

II. Verordnung zur Ausführung des Designgesetzes (Designverordnung – DesignV)

Vom 2. Januar 2014
(BGBl. I S. 18)

FNA 442-5-2

Inhaltsübersicht

Abschnitt 1. Allgemeines

§ 1 Anwendungsbereich

Die Bestimmungen dieser Verordnung gelten für die im Designgesetz geregelten Verfahren vor dem Deutschen Patent- und Markenamt neben den Bestimmungen des Designgesetzes und der DPMA-Verordnung.

§ 2 Formblätter

Formblätter, auf die in dieser Verordnung verwiesen wird, können beim Deutschen Patent- und Markenamt angefordert oder von der Internetseite des Deutschen Patent- und Markenamts (www.dpma.de) heruntergeladen werden.

Abschnitt 2. Eintragungsverfahren

§ 3 Inhalt der Anmeldung

(1) Die Anmeldung zur Eintragung eines Designs in das Designregister muss nach § 11 Absatz 2 und 3 des Designgesetzes enthalten:

1. den Antrag auf Eintragung (§ 5),
2. Angaben, die erlauben, die Identität des Anmelders festzustellen (§ 6 Absatz 1 bis 3),

771

3. die Wiedergabe des Designs (§ 7) oder im Fall des § 11 Absatz 2 Satz 2 des Designgesetzes den flächenmäßigen Designabschnitt (§ 8) und

4. die Angabe der Erzeugnisse, in die das Design aufgenommen oder bei denen es verwendet werden soll (§ 9).

(2) Die Anmeldung kann ferner enthalten:

1. eine Beschreibung zur Erläuterung der Wiedergabe (§ 10),

2. einen Antrag auf Aufschiebung der Bekanntmachung der Wiedergabe nach § 21 Absatz 1 Satz 1 des Designgesetzes,

3. die Angabe der Warenklasse, in die das Design einzuordnen ist (§ 9),

4. die Angabe eines Vertreters (§ 6 Absatz 4),

5. die Angabe des Entwerfers (§ 6 Absatz 5),

6. eine Erklärung, dass die Priorität einer früheren ausländischen Anmeldung desselben Designs oder eine Ausstellungspriorität in Anspruch genommen wird (§ 11), und

7. die unverbindliche Erklärung des Anmelders, ob ein Interesse an der Vergabe von Lizenzen besteht.

§ 4 Einreichung der Anmeldung

(1) Die Anmeldung kann schriftlich oder elektronisch eingereicht werden. Für die elektronische Einreichung ist die Zugangs- und Übertragungssoftware oder das Onlineformular (§ 3 der Verordnung über den elektronischen Rechtsverkehr beim Deutschen Patent- und Markenamt) zu verwenden, die jeweils über die Internetseite des Deutschen Patent- und Markenamts (www.dpma.de) zur Verfügung gestellt werden.

(2) Abweichend von § 11 Absatz 1 der DPMA-Verordnung ist die Einreichung von Wiedergaben eines Designs zum Zwecke der Anmeldung oder der nachträglichen Einreichung (§ 16 Absatz 4 Satz 1 des Designgesetzes) per Telefax nicht zulässig.

§ 5 Antrag auf Eintragung

(1) Für den schriftlichen Antrag auf Eintragung eines Designs gemäß § 11 Absatz 2 Satz 1 Nummer 1 des Designgesetzes muss das vom Deutschen Patent- und Markenamt herausgegebene Formblatt verwendet werden.

(2) Der Antrag auf Eintragung von Designs in einer Sammelanmeldung (§ 12 des Designgesetzes) muss zusätzlich zu dem in § 11 Absatz 2 und 3 des Designgesetzes vorgeschriebenen Inhalt enthalten:

1. eine Erklärung, für wie viele Designs die Eintragung in das Designregister beantragt wird, und

2. ein Anlageblatt mit folgenden Angaben:

   a) eine in arabischen Ziffern fortlaufend nummerierte Liste der in der Anmeldung zusammengefassten Designs,

   b) die Zahl der zu den einzelnen Designs eingereichten Darstellungen und

   c) die Erklärung, dass die Erzeugnisangabe für alle Designs gilt, oder bei jedem Design die Angabe der Erzeugnisse, in die es aufgenommen oder bei denen es verwendet werden soll.

Als Anlageblatt muss das vom Deutschen Patent- und Markenamt herausgegebene Formblatt verwendet werden.

(3) Wird mit der Anmeldung beantragt, die Bekanntmachung der Wiedergabe aufzuschieben (§ 21 Absatz 1 Satz 1 des Designgesetzes), so bezieht sich dieser Antrag auf alle in der Sammelanmeldung zusammengefassten Designs.

§ 6 Angaben zum Anmelder, Vertreter und Entwerfer

(1) Die Anmeldung muss folgende Angaben zum Anmelder enthalten:

1. wenn der Anmelder eine natürliche Person ist: Vornamen und Namen oder, falls die Eintragung unter der Firma des Anmelders erfolgen soll, die Firma, wie sie im

Handelsregister eingetragen ist, sowie die Anschrift des Wohn- oder Firmensitzes (Straße, Hausnummer, Postleitzahl, Ort),

2. wenn der Anmelder eine juristische Person oder eine Personengesellschaft ist:

   a) Name oder Firma der Person oder Gesellschaft und ihre Rechtsform sowie die Anschrift des Firmensitzes des Anmelders (Straße, Hausnummer, Postleitzahl, Ort); die Bezeichnung der Rechtsform kann auf übliche Weise abgekürzt werden;

   b) gegebenenfalls Name oder Firma und ihre Rechtsform entsprechend dem Registereintrag, wenn die juristische Person oder Personengesellschaft in einem Register eingetragen ist, sowie die Anschrift des Firmensitzes (Straße, Hausnummer, Postleitzahl, Ort),

   c) gegebenenfalls Name und Anschrift mindestens eines vertretungsberechtigten Gesellschafters bei einer Gesellschaft bürgerlichen Rechts.

Wenn der Anmelder seinen Wohnsitz oder Sitz im Ausland hat, so sind bei der Angabe der Anschrift nach Satz 1 zusätzlich Staat und Ortsname anzugeben; der Ortsname ist zu unterstreichen. Weitere Angaben zum Bezirk, zur Provinz oder zum Bundesstaat, in dem der Anmelder seinen Wohnsitz oder Sitz hat oder dessen Rechtsordnung er unterliegt, sind freiwillig.

(2) In der Anmeldung können zusätzlich eine von der Anschrift des Anmelders abweichende Postanschrift, eine Postfachanschrift sowie Telefonnummern, Telefaxnummern, E-Mail-Adressen und sonstige Kontaktdaten angegeben werden.

(3) Wird die Anmeldung von mehreren Personen oder Personengesellschaften eingereicht, so gelten die Absätze 1 und 2 für alle anmeldenden Personen oder Personengesellschaften.

(4) Ist ein Vertreter bestellt, so gelten Absatz 1 Satz 1 und Absatz 2 entsprechend. Hat das Deutsche Patent- und Markenamt dem Vertreter eine Kennnummer oder die Nummer einer allgemeinen Vollmacht zugeteilt, so soll diese zusätzlich angegeben werden. Ist ein Vertreter nach § 58 Absatz 2 des Designgesetzes bestellt, so gilt Absatz 1 Satz 2 entsprechend.

(5) Für die Benennung des Entwerfers gelten Absatz 1 Satz 1 Nummer 1, Satz 2 und 3 sowie die Absätze 2 und 3 entsprechend.

§ 7 Wiedergabe des Designs

(1) Die Wiedergabe des Designs erfolgt mit Hilfe von fotografischen oder sonstigen grafischen Darstellungen. Pro Design sind bis zu zehn Darstellungen zulässig, jede darüber hinausgehende Darstellung bleibt unberücksichtigt.

(2) Mehrere Darstellungen sind nach der Dezimalklassifikation zu gliedern und mit arabischen Ziffern fortlaufend zu nummerieren. Die Ziffer links vom Punkt bezeichnet die Nummer des Designs und die Ziffer rechts vom Punkt die Nummer der Darstellung. Die Nummerierung ist neben den Darstellungen auf den Formblättern anzubringen. Für die Reihenfolge der Darstellungen ist die Nummerierung durch den Anmelder ausschlaggebend.

(3) Das Design ist auf neutralem Hintergrund in einer Bildgröße von mindestens 3 × 3 Zentimeter darzustellen. Die Darstellungen sollen das zum Schutz angemeldete Design ohne Beiwerk zeigen und dürfen keine Erläuterung, Nummerierung oder Maßangabe enthalten. Eine Darstellung darf nur eine Ansicht des Designs zeigen. Die Darstellungen müssen dauerhaft und unverwischbar sein.

(4) Die Darstellungen sind auf den vom Deutschen Patent- und Markenamt herausgegebenen Formblättern aufzudrucken oder aufzukleben. Bei Sammelanmeldungen (§ 12 des Designgesetzes) ist für jedes Design ein gesondertes Formblatt zu verwenden. Auf den Formblättern dürfen zur Erläuterung keinerlei Texte, Bezeichnungen, Symbole oder Bemaßungen neben den Darstellungen angebracht werden.

(5) Die Darstellungen können statt auf einem Formblatt auf einem digitalen Datenträger eingereicht werden. Der Datenträger muss vom Deutschen Patent- und Markenamt auslesbar sein. Die beim Deutschen Patent- und Markenamt lesbaren Datenträgertypen und Formatierungen werden auf der Internetseite www.dpma.de bekannt gegeben. Ist der Datenträger nicht lesbar, gilt die Wiedergabe als nicht eingereicht. Jede Darstellung ist im Grafikformat JPEG (*.jpg) als separate Datei im Stammverzeichnis eines leeren Datenträgers abzulegen. Die Auflösung der Darstellung muss mindestens 300 dpi betragen. Eine Datei darf nicht größer als 2 Megabyte sein. Die Dateinamen sind entsprechend Absatz 2 Satz 1 und 2 zu wählen. Absatz 2 Satz 4 gilt entsprechend.

(6) Betrifft die Anmeldung ein Design, das aus einem sich wiederholenden Flächendesign besteht, so muss die Wiedergabe das vollständige Design und einen hinreichend großen Teil der Fläche mit dem sich wiederholenden Design zeigen.

(7) Betrifft die Anmeldung ein Design, das aus typografischen Schriftzeichen besteht, so muss die Wiedergabe des Designs einen vollständigen Zeichensatz sowie fünf Zeilen Text, jeweils in Schriftgröße 16 Punkt, umfassen.

§ 8 Flächenmäßige Designabschnitte

(1) Flächenmäßige Designabschnitte (§ 11 Absatz 2 Satz 2 des Designgesetzes) sind in zwei übereinstimmenden Exemplaren einzureichen.

(2) Werden mehrere Designabschnitte eingereicht, sind diese auf der Rückseite fortlaufend zu nummerieren. Ein Designabschnitt soll das Format von 50 × 100 × 2,5 Zentimeter oder 75 × 100 × 1,5 Zentimeter nicht überschreiten und muss so beschaffen sein, dass er auf das Format 21 × 29,7 Zentimeter (DIN A4) zusammenlegbar ist. Die mit einer Anmeldung eingereichten flächenmäßigen Designabschnitte dürfen einschließlich Verpackung insgesamt nicht schwerer als 15 Kilogramm sein. Es dürfen keine Designabschnitte eingereicht werden, die verderblich sind oder deren Aufbewahrung gefährlich ist, insbesondere, weil sie leicht entflammbar, explosiv, giftig oder mit Schädlingen behaftet sind.

(3) Wird die Eintragung eines Designs beantragt, das aus einem sich wiederholenden Flächendesign besteht, muss der Designabschnitt zusätzlich zu den Anforderungen nach den Absätzen 1 und 2 das vollständige Design und einen der Länge und Breite nach ausreichenden Teil der Fläche mit dem sich wiederholenden Design zeigen.

§ 9 Erzeugnisangabe und Klassifizierung

(1) Die Angabe der Erzeugnisse, in die das Design aufgenommen oder bei denen es verwendet werden soll (§ 11 Absatz 3 des Designgesetzes), richtet sich nach der amtlichen Warenliste für eingetragene Designs auf Grundlage des Abkommens von Locarno zur Errichtung einer Internationalen Klassifikation von gewerblichen Mustern und Modellen (BGBl. 1990 II S. 1677, 1679). Die Klassifizierung des einzutragenden Designs richtet sich nach der Einteilung der Klassen und Unterklassen für eingetragene Designs. Die jeweils gültigen Fassungen der Warenliste und der Einteilung der Klassen und Unterklassen werden vom Deutschen Patent- und Markenamt im Bundesanzeiger bekannt gemacht.

(2) Die Erzeugnisangabe muss eine sachgerechte Recherche des mit der Wiedergabe dargestellten Designs ermöglichen. Sie soll nicht mehr als fünf Warenbegriffe umfassen. Stellt das Deutsche Patent- und Markenamt im Rahmen der Prüfung nach § 16 des Designgesetzes fest, dass die in der Anmeldung enthaltene Erzeugnisangabe eine sachgerechte Recherche nicht zulässt, so kann das Deutsche Patent- und Markenamt der Erzeugnisangabe einen zusätzlichen Warenbegriff hinzufügen.

(3) Ändert sich die Klasseneinteilung nach der Eintragung des Designs, so wird die Klassifizierung der Erzeugnisse auf Antrag des Rechtsinhabers oder bei der Eintragung

der Aufrechterhaltung des Schutzes von Amts wegen angepasst und dem Rechtsinhaber mitgeteilt.

§ 10 Beschreibung zur Erläuterung der Wiedergabe

(1) Wird zur Erläuterung der Wiedergabe eine Beschreibung eingereicht (§ 11 Absatz 5 Nummer 1 des Designgesetzes), so darf sie sich nur auf diejenigen Merkmale beziehen, die aus der Wiedergabe des Designs oder dem flächenmäßigen Designabschnitt ersichtlich sind. Insbesondere darf sie keine Angaben über die Neuheit oder Eigenart des Designs oder seine technische Funktion enthalten.

(2) Die Beschreibung zur Erläuterung der Wiedergabe eines Designs darf bis zu 100 Wörter enthalten und ist auf einem gesonderten Blatt einzureichen. Die Beschreibung muss aus fortlaufendem Text bestehen und darf keine grafischen oder sonstigen Gestaltungselemente enthalten. Bei Sammelanmeldungen (§ 12 des Designgesetzes) können die Beschreibungen nach Designnummern geordnet in einem Dokument zusammengefasst werden.

(3) Bei Verwendung eines digitalen Datenträgers zur Einreichung der Wiedergabe (§ 7 Absatz 5) kann die Beschreibung im Format „*.txt" auf dem Datenträger gespeichert werden. Bei Sammelanmeldungen sind die Beschreibungen nach Designnummern geordnet in einem elektronischen Dokument zusammenzufassen.

§ 11 Angaben bei Inanspruchnahme einer Priorität

(1) Wird in der Anmeldung die Inanspruchnahme der Priorität einer früheren ausländischen Anmeldung erklärt, so sind Zeit, Land und Aktenzeichen dieser Anmeldung anzugeben und eine Abschrift dieser Anmeldung einzureichen (§ 14 Absatz 1 Satz 1 des Designgesetzes).

(2) Wird die Inanspruchnahme einer Ausstellungspriorität erklärt, so sind der Tag der erstmaligen Zurschaustellung sowie die Bezeichnung der Ausstellung anzugeben. Zum Nachweis der Zurschaustellung (§ 15 Absatz 4 Satz 1 des Designgesetzes) ist eine Bescheinigung einzureichen, die während der Ausstellung von der für den Schutz des geistigen Eigentums auf dieser Ausstellung zuständigen Stelle erteilt worden ist. In der Bescheinigung muss bestätigt werden,

1. dass das Design auf der Ausstellung offenbart wurde,
2. der Tag der Eröffnung der Ausstellung und
3. der Tag, an dem das Design erstmals offenbart wurde, wenn die erstmalige Offenbarung nicht mit dem Eröffnungstag der Ausstellung zusammenfällt.

Für die Bescheinigung soll das vom Deutschen Patent- und Markenamt herausgegebene Formblatt benutzt werden. Die Bescheinigung muss eine von der genannten Stelle beglaubigte Darstellung der tatsächlichen Offenbarung des Designs enthalten.

(3) Die Möglichkeit, die Angaben nach § 14 Absatz 1 Satz 2 des Designgesetzes zu ändern oder die Prioritätserklärung innerhalb von 16 Monaten nach dem Prioritätstag oder dem Tag der erstmaligen Zurschaustellung abzugeben (§ 14 Absatz 1 Satz 1 und § 15 Absatz 4 Satz 1 des Designgesetzes), bleibt unberührt.

§ 12 Teilung einer Sammelanmeldung

(1) Eine Sammelanmeldung kann nach § 12 Absatz 2 des Designgesetzes in zwei oder mehrere Anmeldungen geteilt werden.

(2) In der Teilungserklärung sind anzugeben:

1. das Aktenzeichen der Sammelanmeldung und
2. die Nummern der Designs, die abgeteilt werden sollen.

(3) Die Teilung wird vorgenommen, wenn der nach § 12 Absatz 2 Satz 3 des Designgesetzes zu entrichtende Differenzbetrag gezahlt wurde.

(4) Ändern sich die Angaben nach § 6 Absatz 1 und 4 infolge einer Änderung der Angaben zum Anmelder oder Vertreter hinsichtlich einzelner Designs, so wird die Sammelanmeldung von Amts wegen geteilt.

§ 13 Weiterbehandlung der Anmeldung

Ein Antrag auf Weiterbehandlung der infolge Fristversäumnisses zurückgewiesenen Anmeldung (§ 17 Absatz 1 des Designgesetzes) muss folgende Angaben enthalten:

1. das Aktenzeichen der Anmeldung,
2. den Namen des Anmelders und
3. das Datum des Beschlusses, auf den sich der Antrag bezieht.

§ 14 Deutsche Übersetzungen

(1) Wird ein fremdsprachiges Schriftstück eingereicht, kann das Deutsche Patent- und Markenamt den Anmelder auffordern, innerhalb einer angemessenen Fristeine deutsche Übersetzung nachzureichen. Die Übersetzung muss von einem Rechtsanwalt oder Patentanwalt beglaubigt oder von einem öffentlich bestellten Übersetzer angefertigt sein

(2) Wird die Übersetzung nach Ablauf der Frist eingereicht, so gilt das fremdsprachige Schriftstück als zum Zeitpunkt des Eingangs der Übersetzung zugegangen Wird keine Übersetzung eingereicht, so gilt das fremdsprachige Schriftstück als nicht eingegangen.

Abschnitt 3. Designregister, Verfahren nach Eintragung

§ 15 Inhalt des Designregisters

(1) Bei der Eintragung der Anmeldung wird Folgendes in das Designregister aufgenommen:

1. das Aktenzeichen der Anmeldung,
2. die Wiedergabe des eingetragenen Designs,
3. die jeweilige Designnummer, bei Sammelanmeldungen entsprechend der fortlaufend nummerierten Liste nach § 5 Absatz 2 Satz 1 Nummer 2 Buchstabe a,
4. der Name, gegebenenfalls die Firma einschließlich der Rechtsform, und der Wohnsitz oder Sitz des Anmelders, bei ausländischen Orten auch der Staat (§ 6 Absatz 1 und 3),
5. die Anschrift des Anmelders unter Angabe des Empfangsberechtigten,
6. der Anmeldetag (§ 13 Absatz 1 und § 16 Absatz 4 Satz 2 des Designgesetzes),
7. der Tag der Eintragung,
8. die Erzeugnisangabe (§ 9) und
9. die Warenklassen (§ 19 Absatz 2 des Designgesetzes), bestehend aus der Angabe der Klassen und Unterklassen.

(2) Gegebenenfalls werden folgende Angaben zusätzlich zu der Anmeldung in das Designregister aufgenommen:

1. dass eine unverbindliche Erklärung des Anmelders über das Interesse an der Vergabe von Lizenzen abgegeben wurde (§ 3 Absatz 2 Nummer 7),
2. der Name und der Wohnsitz aller benannten vertretungsberechtigten Gesellschafter einer Gesellschaft bürgerlichen Rechts (§ 6 Absatz 1 Satz 1 Nummer 2 Buchstabe c),
3. der Name und die Anschrift des Vertreters (§ 6 Absatz 4),
4. der Name und die Anschrift des Entwerfers (§ 6 Absatz 5),
5. die Beschreibung zur Erläuterung der Wiedergabe des Designs (§ 10),
6. ein Hinweis auf die Ersetzung der Wiedergabe durch einen flächenmäßigen Designabschnitt (§ 11 Absatz 2 Satz 2 des Designgesetzes),

7. ein Hinweis, ob die Eintragung die Anmeldung eines einzelnen Designs oder eine Sammelanmeldung (§ 12 des Designgesetzes) betrifft, sowie bei einer Sammelanmeldung die Zahl der in der Anmeldung zusammengefassten Designs (§ 5 Absatz 2 Satz 1 Nummer 1),

8. Zeit, Land und Aktenzeichen der früheren Anmeldung desselben Designs bei Inanspruchnahme einer ausländischen Priorität nach § 14 des Designgesetzes,

9. der Tag der erstmaligen Zurschaustellung und die Bezeichnung der Ausstellung bei Inanspruchnahme einer Ausstellungspriorität nach § 15 des Designgesetzes,

10. dass ein Antrag auf Aufschiebung der Bekanntmachung der Wiedergabe gestellt wurde (§ 21 Absatz 1 Satz 1 des Designgesetzes),

11. dass dingliche Rechte an dem angemeldeten oder eingetragenen Design bestehen (§ 30 Absatz 1 Nummer 1 und § 32 des Designgesetzes),

12. dass das angemeldete oder eingetragene Design Gegenstand einer Maßnahme der Zwangsvollstreckung geworden ist (§ 30 Absatz 1 Nummer 2 und § 32 des Designgesetzes) und

13. dass das Recht am angemeldeten oder eingetragenen Design von einem Insolvenzverfahren erfasst worden ist (§ 30 Absatz 3 und § 32 des Designgesetzes).

(3) Im Falle von Rechtsübergängen vor der Eintragung des bereits angemeldeten Designs wird nur derjenige in das Designregister eingetragen, der zum Zeitpunkt der Eintragung der Inhaber des durch die Anmeldung begründeten Rechts ist.

(4) Ist die Aufschiebung der Bekanntmachung der Wiedergabe nach § 21 Absatz 1 Satz 1 des Designgesetzes beantragt worden, so beschränkt sich die Eintragung der Anmeldung auf die Angaben nach Absatz 1 Nummer 1, 4 bis 7, nach Absatz 2 Nummer 1 bis 3, 10 bis 13 sowie auf den Prioritätstag nach Absatz 2 Nummer 8 und 9. Wird der Schutz auf die Schutzdauer nach § 27 Absatz 2 des Designgesetzes erstreckt (§ 21 Absatz 2 Satz 1 des Designgesetzes), so werden die übrigen Angaben nach Maßgabe der Absätze 1 und 2 in das Designregister aufgenommen.

§ 16 Weitere Eintragungen in das Designregister

Neben den Eintragungen nach § 15 sind gegebenenfalls folgende Angaben in das Designregister aufzunehmen:

1. dass der Schutz auf die Schutzdauer nach § 27 Absatz 2 des Designgesetzes erstreckt wurde (§ 21 Absatz 2 Satz 1 des Designgesetzes),

2. bei nachgeholter Bekanntmachung der Wiedergabe (§ 21 Absatz 3 des Designgesetzes) der Tag der Bekanntmachung sowie der Hinweis auf die Bekanntmachung nach § 21 Absatz 1 Satz 2 des Designgesetzes,

3. Änderungen der in § 15 Absatz 1 Nummer 4 und 5 sowie Absatz 2 Nummer 3 und 4 aufgeführten Angaben,

4. dass ein Antrag auf Wiedereinsetzung in den vorigen Stand gestellt wurde (§ 23 Absatz 3 Satz 3 des Designgesetzes) sowie das Ergebnis dieses Verfahrens,

5. dass eine Sammeleintragung geteilt wurde (§ 18),

6. dass ein gerichtliches Verfahren gemäß § 9 Absatz 1 des Designgesetzes eingeleitet wurde sowie die weiteren Angaben nach § 9 Absatz 4 des Designgesetzes,

7. dass ein Antrag auf Feststellung oder Erklärung der Nichtigkeit gestellt wurde (§ 34a Absatz 1 des Designgesetzes) sowie das Ergebnis des Nichtigkeitsverfahrens,

8. der Tag der Erhebung der Widerklage auf Feststellung oder Erklärung der Nichtigkeit sowie das Ergebnis des Verfahrens (§ 52b Absatz 4 des Designgesetzes) und

9. der Tag und der Grund der Löschung des eingetragenen Designs (§ 36 Absatz 1 des Designgesetzes).

§ 17 Eintragungsurkunde

Der Inhaber des eingetragenen Designs erhält vom Deutschen Patent- und Markenamt eine Urkunde über die Eintragung des Designs, sofern er hierauf nicht ausdrücklich verzichtet hat.

§ 18 Teilung einer Sammeleintragung

(1) Für die Teilung einer Sammeleintragung gilt § 12 Absatz 1, 2 und 4 entsprechend.

(2) Betrifft ein Antrag auf Eintragung eines Rechtsübergangs nach § 28 der DPMA-Verordnung nur einen Teil der aufgrund einer Sammeleintragung eingetragenen Designs, so sind die jeweiligen Designnummern in dem Antrag anzugeben. Die eingetragenen Designs, die von dem Rechtsübergang erfasst sind, werden abgetrennt und in einer Teilungsakte weitergeführt.

§ 19 Angaben bei Erstreckung und Aufrechterhaltung

(1) Bei der Zahlung der Gebühr zur Erstreckung des Schutzes auf die Schutzdauer nach § 27 Absatz 2 des Designgesetzes (§ 21 Absatz 2 Satz 1 des Designgesetzes) sind anzugeben:

1. das Aktenzeichen der Eintragung,
2. der Verwendungszweck und
3. der Name des Rechtsinhabers nach § 6 Absatz 1.

(2) Soll die Erstreckung des Schutzes nur für einzelne eingetragene Designs innerhalb einer Sammeleintragung bewirkt werden, so ist ein Antrag einzureichen, der folgende Angaben enthält:

1. das Aktenzeichen der Eintragung,
2. der Name[1] des Rechtsinhabers nach § 6 Absatz 1 und
3. die Nummern der eingetragenen Designs, deren Schutz erstreckt werden soll.

(3) Beantragt der Rechtsinhaber die Nachholung der Bekanntmachung der Wiedergabe (§ 21 Absatz 3 des Designgesetzes) vor Ablauf der Frist nach § 21 Absatz 1 Satz 1 des Designgesetzes, sind in dem Antrag anzugeben:

1. das Aktenzeichen der Eintragung,
2. der Name des Rechtsinhabers nach § 6 Absatz 1 und
3. der Zeitpunkt, zu dem die Bekanntmachung erfolgen soll.

(4) Bei der Zahlung der Aufrechterhaltungsgebühr sind die Absätze 1 und 2 entsprechend anzuwenden.

§ 20 Verzicht auf das eingetragene Design

(1) In der Erklärung über den Verzicht auf das eingetragene Design nach § 36 Absatz 1 Satz 1 Nummer 2 und Absatz 2 des Designgesetzes sind anzugeben:

1. die Nummer des eingetragenen Designs, auf das verzichtet wird, sowie
2. der Name und die Anschrift des Rechtsinhabers nach § 6 Absatz 1.

(2) Wird auf ein eingetragenes Design teilweise verzichtet, so ist mit der Erklärung eine Wiedergabe des geänderten Designs nach § 7, im Fall des § 11 Absatz 2 Satz 2 des Designgesetzes des geänderten flächenmäßigen Designabschnitts nach § 8, einzureichen. Die Teilverzichtserklärung soll nicht mehr als 100 Wörter umfassen. Sie wird im Designregister eingetragen und mit der Wiedergabe des geänderten Designs bekannt gemacht. Bei Sammeleintragungen ist für jedes eingetragene Design, auf das teilweise verzichtet wird, eine gesonderte Teilverzichtserklärung abzugeben.

---

[1] Richtig wohl: „den Namen".

(3) Für die nach § 36 Absatz 1 Satz 1 Nummer 2 des Designgesetzes erforderliche Zustimmung eines im Designregister eingetragenen Inhabers eines Rechts an dem eingetragenen Design reicht die Abgabe einer von dieser Person oder ihrem Vertreter unterschriebenen Zustimmungserklärung aus. Eine Beglaubigung der Erklärung oder der Unterschrift ist nicht erforderlich.

Abschnitt 4. Verfahren zur Feststellung oder Erklärung der Nichtigkeit

§ 21 Antragstellung

(1) Für den Antrag auf Feststellung oder Erklärung der Nichtigkeit eines eingetragenen Designs (§ 34a Absatz 1 des Designgesetzes) soll das vom Deutschen Patent- und Markenamt herausgegebene Formblatt verwendet werden.

(2) In dem Antrag sind anzugeben:
1. die Nummer des eingetragenen Designs,
2. der Name und die Anschrift des Antragstellers,
3. der Nichtigkeitsgrund nach § 33 Absatz 1 oder Absatz 2 Satz 1 des Designgesetzes,
4. die zur Begründung dienenden Tatsachen und Beweismittel,
5. bei einem Antrag auf Teilnichtigkeit (§ 35 Absatz 1 des Designgesetzes) der Umfang des Nichtigkeitsbegehrens.

(3) Ein Antrag kann auf mehrere in § 33 Absatz 1 oder Absatz 2 Satz 1 des Designgesetzes genannte Nichtigkeitsgründe gestützt werden. Im Antrag können Angaben zum Gegenstandswert gemacht werden, wenn dieser nach § 34a Absatz 5 Satz 2 des Designgesetzes festgesetzt werden soll.

§ 22 Verfahrensgrundsätze

(1) Das Deutsche Patent- und Markenamt kann bei ihm anhängige Nichtigkeitsverfahren zur gemeinsamen Behandlung und Entscheidung verbinden. Es kann ein Nichtigkeitsverfahren aussetzen, wenn dies sachdienlich ist. Eine Aussetzung kommt insbesondere in Betracht, wenn es dasselbe eingetragene Design in einem anderen Verfahren für nichtig hält. Das Deutsche Patent- und Markenamt kann eine von ihm erlassene Anordnung, die die Verbindung mehrerer Verfahren oder die Aussetzung eines Verfahrens betrifft, wieder aufheben.

(2) Das Deutsche Patent- und Markenamt weist die Beteiligten auf Gesichtspunkte hin, die für die Entscheidung voraussichtlich von besonderer Bedeutung sein werden oder die der Konzentration des Verfahrens auf die für die Entscheidung wesentlichen Fragen dienlich sind. Dieser Hinweis erfolgt so früh wie möglich, im Fall der Anhörung nach § 34a Absatz 3 Satz 2 des Designgesetzes spätestens mit der Ladung zur Anhörung. Eines Hinweises bedarf es nicht, wenn die zu erörternden Gesichtspunkte nach dem Vorbringen der Beteiligten offensichtlich erscheinen.

(3) Das Deutsche Patent- und Markenamt hat darauf hinzuwirken, dass die Beteiligten sich rechtzeitig und vollständig über alle erheblichen Tatsachen erklären, insbesondere ungenügende Angaben zu Tatsachen und Beweismitteln ergänzen sowie sachdienliche Anträge stellen. Das Deutsche Patent- und Markenamt kann Tatsachen und Beweismittel berücksichtigen, die ihm anderweitig bekannt geworden sind oder deren Berücksichtigung im öffentlichen Interesse liegt, wenn es hierauf hingewiesen und den Beteiligten eine angemessene Frist zur Stellungnahme eingeräumt hat.

(4) Das Deutsche Patent- und Markenamt erhebt Beweis im Rahmen der Anhörung, wenn dies sachdienlich ist oder beantragt wird. Es kann Augenschein einnehmen, Zeugen, Sachverständige und Beteiligte hören sowie Urkunden heranziehen. Es entscheidet nach seiner freien, aus dem Gesamtergebnis des Verfahrens gewonnenen

Überzeugung. Die die Entscheidung leitenden Gründe sind im Beschluss nach § 34a Absatz 4 Satz 1 des Designgesetzes schriftlich darzulegen.

Abschnitt 5. Internationale Eintragungen

§ 23 Stellungnahme zur Schutzverweigerung bei internationalen Eintragungen

Der Inhaber einer internationalen Eintragung nach § 66 des Designgesetzes kann zu der Mitteilung über die Schutzverweigerung (§ 69 Absatz 2 des Designgesetzes) innerhalb einer Frist von vier Monaten ab dem Tag, an dem das Internationale Büro der Weltorganisation für geistiges Eigentum die Mitteilung absendet, gegenüber dem Deutschen Patent- und Markenamt Stellung nehmen.

§ 24 Umschreibung internationaler Eintragungen

Das Deutsche Patent- und Markenamt bestätigt auf Antrag des neuen Eigentümers des eingetragenen Designs die Eintragung des Inhaberwechsels nach Regel 21 Absatz 1 Buchstabe b Ziffer ii der Gemeinsamen Ausführungsordnung zu den Fassungen des Haager Abkommens von 1999, 1960 und 1934 (BGBl. 2008 II S. 1341, 1342) für die Umschreibung der internationalen Eintragung, sofern der neue Eigentümer die Rechtsnachfolge nachweist. § 28 Absatz 3 der DPMA-Verordnung gilt für den Nachweis des Rechtsübergangs entsprechend.

§ 25 Nachträgliche Schutzentziehung

Für den Antrag auf Feststellung der Unwirksamkeit einer internationalen Eintragung für das Gebiet der Bundesrepublik Deutschland (§ 70 Absatz 1 Satz 1 des Designgesetzes) gelten die §§ 21 und 22 entsprechend.

Abschnitt 6. Schlussvorschriften

§ 26 Aufbewahrung der Wiedergabe des eingetragenen Designs

Das Deutsche Patent- und Markenamt bewahrt die Wiedergabe des eingetragenen Designs (§ 7) auch nach der Löschung der Eintragung im Designregister dauerhaft auf.

§ 27 Übergangsregelungen

(1) § 4 Absatz 2 findet auf bis zum 9. Januar 2014 eingegangene Wiedergaben keine Anwendung.

(2) § 22 findet Anwendung auf alle Anträge zur Feststellung oder Erklärung der Nichtigkeit eines eingetragenen Designs, die ab dem 1. Januar 2014 bei dem Deutschen Patent- und Markenamt eingegangen sind.

III. Gesetz
zum Wiener Abkommen vom 12. Juni 1973
über den Schutz typographischer Schriftzeichen
und ihre internationale Hinterlegung
(Schriftzeichengesetz)

Vom 6. Juli 1981 (BGBl. II S. 382),
zuletzt geändert durch Art. 2 (16) G vom 12.3.2004 (BGBl. I S. 390)

Art. 1. Zustimmung zum Wiener Abkommen

(1) Dem in Wien am 12. Juni 1973 von der Bundesrepublik Deutschland unterzeichneten Wiener Abkommen über den Schutz typographischer Schriftzeichen und ihre internationale Hinterlegung einschließlich der Ausführungsordnung sowie dem Beitritt zum Protokoll vom 12. Juni 1973 zu diesem Abkommen wird zugestimmt. Das Abkommen sowie die Ausführungsordnung und das Protokoll zu dem Abkommen werden nachstehend veröffentlicht.

(2) Änderungen der Ausführungsordnung nach Artikel 29 Abs. 3 des Abkommens sind im Bundesgesetzblatt bekanntzumachen.

Art. 2. Wirkung einer internationalen Anmeldung[1]

Eine internationale Hinterlegung und Eintragung auf Grund des Wiener Abkommens vom 12. Juni 1973 über den Schutz typografischer Schriftzeichen und ihre internationale Hinterlegung gilt im Geltungsbereich dieses Gesetzes als Anmeldung nach den Vorschriften des Geschmacksmustergesetzes vom 12. März 2004 (BGBl. I S. 390).

Art. 3. Schlussvorschriften

(1) Dieses Gesetz tritt am Tage nach seiner Verkündung in Kraft.[2] Jedoch tritt Artikel 2 an dem Tage in Kraft, an dem das in Artikel 1 genannte Abkommen nach seinem Artikel 35 für die Bundesrepublik Deutschland in Kraft tritt.[3]

---

[1] Zum Inkrafttreten des Art 2s Art 3 Abs 1 Satz 2.
[2] Das Gesetz ist in seiner ursprünglichen Fassung am 8. Juli 1981 verkündet worden.
[3] Bei Redaktionsschluss des vorliegenden Kommentars (August 2014) war das Abkommen noch nicht in Kraft getreten. Vor dem 1.6.2004 lautete Art. 2 wie folgt:
Art. 2. Anwendung des Geschmacksmustergesetzes. (1) Für neue und eigentümliche typographische Schriftzeichen wird Musterschutz nach den Vorschriften des Gesetzes betreffend das Urheberrecht an Mustern und Modellen (Geschmacksmustergesetz) mit folgenden Maßgaben gewährt:
1. Als typographische Schriftzeichen gelten Sätze der Muster von
   a) Buchstaben und Alphabeten im engeren Sinne mit Zubehör wie Akzenten und Satzzeichen,
   b) Ziffern und anderen figürlichen Zeichen, wie konventionellen Zeichen, Symbolen und wissenschaftlichen Zeichen,
   c) Ornamenten, wie Einfassungen, Fleurons und Vignetten, die dazu bestimmt sind, Texte durch graphische Techniken aller Art herzustellen.
2. Die Neuheit und Eigentümlichkeit der typographischen Schriftzeichen werden durch ihren Stil oder Gesamteindruck bestimmt.
3. Rechtswidrig nachgebildete oder rechtswidrig verbreitete typographische Schriftzeichen dürfen nicht zur Herstellung von Texten benutzt werden, die zur gewerbsmäßigen Verbreitung bestimmt sind.
4. Der Schutz der typographischen Schriftzeichen beginnt mit der Anmeldung und dauert zehn Jahre. Der Urheber kann die Verlängerung der Schutzdauer um jeweils fünf Jahre oder ein Mehrfaches davon bis auf höchstens fünfundzwanzig Jahre verlangen. § 82 der Kostenordnung

(2) Der Tag, an dem das in Artikel 1 genannte Abkommen nach seinem Artikel 35 für die Bundesrepublik Deutschland in Kraft tritt, ist im Bundesgesetzblatt bekanntzugeben.

IV. Verordnung über das Deutsche Patent- und Markenamt (DPMA-Verordnung – DPMAV)

Vom 1. April 2004

(BGBl. I S. 514, zuletzt geändert durch Art. 2 VO über den elektronischen Rechtsverkehr beim Deutschen Patent- und Markenamt und zur Änd. weiterer VO für das Deutsche Patent- und Markenamt vom 1.11.2013, BGBl. I S. 3906)

FNA 424-1-9

Auf Grund
- des § 27 Abs. 5, der §§ 28, 29 Abs. 3, des § 34 Abs. 6 und 8, des § 43 Abs. 8 Nr. 2 und des § 63 Abs. 4 des Patentgesetzes in der Fassung der Bekanntmachung vom 16. Dezember 1980 (BGBl. 1981 I S. 1), von denen § 27 Abs. 5 zuletzt durch Artikel 7 Nr. 10, § 29 Abs. 3 durch Artikel 7 Nr. 12, § 34 Abs. 6 und 8 durch Artikel 7 Nr. 16 Buchstabe a bis c sowie § 63 Abs. 4 zuletzt durch Artikel 7 Nr. 27 Buchstabe b Doppelbuchstabe bb des Gesetzes vom 13. Dezember 2001 (BGBl. I S. 3656) und § 28 durch Artikel 2 Abs. 7 Nr. 1 des Gesetzes vom 12. März 2004 (BGBl. I S. 390) geändert worden sind,
- des § 4 Abs. 4 und 7, § 10 Abs. 2 und des § 29 des Gebrauchsmustergesetzes in der Fassung der Bekanntmachung vom 28. August 1986 (BGBl. I S. 1455), von denen § 4 Abs. 4 und 7 durch Artikel 8 Nr. 1 Buchstabe a, c und d sowie § 10 Abs. 2 durch Artikel 8 Nr. 5 des Gesetzes vom 13. Dezember 2001 (BGBl. I S. 3656), § 29 durch Artikel 2 Abs. 8 Nr. 3 des Gesetzes vom 12. März 2004 (BGBl. I S. 390) geändert worden sind,
- des § 65 sowie des § 138 Abs. 2 des Markengesetzes vom 25. Oktober 1994 (BGBl. I S. 3084, 1995 I S. 156), von denen § 138 Abs. 2 durch Artikel 9 Nr. 32 des Gesetzes vom 13. Dezember 2001 (BGBl. I S. 3656) und § 65 Abs. 1 Nr. 1

---

ist mit der Maßgabe entsprechend anzuwenden, daß die für das elfte bis fünfzehnte Jahr vorgesehenen Gebühren in gleicher Höhe auch für das sechzehnte bis fünfundzwanzigste Jahr zu entrichten sind.

5. Das Musterregister für typographische Schriftzeichen wird vom Deutschen Patentamt geführt. Mit der Anmeldung zur Eintragung in das Musterregister sind eine Abbildung der typographischen Schriftzeichen und ein mit ihnen hergestellter Text von mindestens drei Zeilen beim Deutschen Patentamt niederzulegen. Die Bezeichnung der typographischen Schriftzeichen wird, wenn sie vom Urheber angegeben wird, neben der Geschäfts- oder Fabriknummer oder, falls eine solche Nummer nicht angegeben ist, an ihrer Stelle in das Musterregister eingetragen.

6. Eine internationale Hinterlegung und Eintragung auf Grund des Wiener Abkommens vom 12. Juni 1973 über den Schutz typographischer Schriftzeichen und ihre internationale Hinterlegung gilt im Geltungsbereich dieses Gesetzes als Anmeldung und Niederlegung nach den Vorschriften des Geschmacksmustergesetzes und dieses Gesetzes. Auf Grund der Notifikation durch das Internationale Büro werden im Musterregister die Angaben eingetragen, die nach deutschem Recht in das Musterregister einzutragen sind; außerdem ist auf die internationale Hinterlegung hinzuweisen.

(2) Der Bundesminister der Justiz wird ermächtigt, durch Rechtsverordnung Bestimmungen über die sonstigen Erfordernisse der Anmeldung und Niederlegung von typographischen Schriftzeichen und über die Führung des Musterregisters zu erlassen. Er kann diese Ermächtigung durch Rechtsverordnung auf den Präsidenten des Deutschen Patentamts übertragen.

durch Artikel 2 Abs. 9 Nr. 7 des Gesetzes vom 12. März 2004 (BGBl. I S. 390) geändert worden sind,

– des § 3 Abs. 3 und des § 4 Abs. 4 des Halbleiterschutzgesetzes vom 22. Oktober 1987 (BGBl. I S. 2294) in Verbindung mit § 10 Abs. 2 des Gebrauchsmustergesetzes in der Fassung der Bekanntmachung vom 28. August 1986 (BGBl. I S. 1455), von denen § 3 Abs. 3 durch Artikel 2 Abs. 15 des Gesetzes vom 12. März 2004 (BGBl. I S. 390) geändert worden ist, und

– des § 26 Abs. 1, 2 und 4 des Geschmacksmustergesetzes vom 12. März 2004 (BGBl. I S. 390)

sowie in Verbindung mit Artikel 28 des Gesetzes vom 16. Juli 1998 (BGBl. I S. 1827) und Artikel 29 des Gesetzes vom 13. Dezember 2001 (BGBl. I S. 3656) verordnet das Bundesministerium der Justiz:

Abschnitt 1. Organisation, Befugnisse

§ 1 Leitung, Aufsicht, Übertragung von Verordnungsermächtigungen

(1) Der Präsident oder die Präsidentin leitet und beaufsichtigt den gesamten Geschäftsbetrieb des Deutschen Patent- und Markenamts und wirkt auf die gleichmäßige Behandlung der Geschäfte und auf die Beachtung gleicher Grundsätze hin.

(2) Die Ermächtigungen in § 27 Abs. 5, § 29 Abs. 3, § 34 Abs. 6 und 8 sowie in § 63 Abs. 4 des Patentgesetzes, in § 4 Abs. 4 und 7 sowie § 10 Abs. 2 des Gebrauchsmustergesetzes, in § 3 Abs. 3 sowie in § 4 Abs. 4 des Halbleiterschutzgesetzes in Verbindung mit § 10 Abs. 2 des Gebrauchsmustergesetzes, in § 65 Abs. 1 Nr. 2 bis 13 sowie § 138 Abs. 1 des Markengesetzes, in § 26 Absatz 1 Nummer 2 bis 8 und Abs. 2 des Designgesetzes werden auf das Deutsche Patent- und Markenamt übertragen.

§ 2 Prüfungsstellen und Patentabteilungen

(1) Der Präsident oder die Präsidentin bestimmt den Geschäftskreis der Prüfungsstellen und Patentabteilungen sowie die Vorsitzenden und stellvertretenden Vorsitzenden der Patentabteilungen und regelt das Verfahren zur Klassifizierung der Anmeldungen.

(2) Die Vorsitzenden der Patentabteilungen leiten die Geschäfte in den Verfahren vor ihren Patentabteilungen. In den Verfahren vor den Patentabteilungen übernimmt, soweit die jeweiligen Vorsitzenden nichts anderes bestimmt haben, ein Prüfer oder eine Prüferin die Berichterstattung. Die Berichterstattung umfasst den Vortrag in der Sitzung und die Vorbereitung der Beschlüsse und Gutachten. Die Vorsitzenden prüfen die Entwürfe der Beschlüsse und Gutachten für ihre Patentabteilung und stellen sie fest. Über sachliche Meinungsverschiedenheiten beschließt die jeweilige Patentabteilung.

(3) In Verfahren vor der Patentabteilung bedarf es der Beratung und Abstimmung in einer Sitzung für

1. Beschlüsse, durch die über die Aufrechterhaltung, den Widerruf oder die Beschränkung des Patents entschieden wird,
2. Beschlüsse über die Erteilung eines ergänzenden Schutzzertifikats oder die Zurückweisung der Zertifikatsanmeldung,
3. die Festsetzung der Vergütung nach § 23 Abs. 4 und 6 des Patentgesetzes,
4. Beschlüsse über die Gewährung von Verfahrenskostenhilfe für Verfahrensgebühren in Beschränkungs- und Einspruchsverfahren sowie über die Beiordnung eines Vertreters nach § 133 des Patentgesetzes,
5. Gutachten und Beschlüsse, durch welche die Abgabe eines Gutachtens abgelehnt wird.

Von einer Sitzung kann ausnahmsweise abgesehen werden, sofern die jeweils zuständigen Vorsitzenden sie nicht für erforderlich halten.

(4) Die Patentabteilungen entscheiden nach Stimmenmehrheit; bei Stimmengleichheit gibt die Stimme ihrer Vorsitzenden den Ausschlag.

§ 3 Gebrauchsmusterstelle und Gebrauchsmusterabteilungen

(1) Der Präsident oder die Präsidentin bestimmt den Geschäftskreis der Gebrauchsmusterstelle und der Gebrauchsmusterabteilungen sowie die Vorsitzenden und stellvertretenden Vorsitzenden der Gebrauchsmusterabteilungen und regelt das Verfahren zur Klassifizierung der Anmeldungen.

(2) Die Vorsitzenden der Gebrauchsmusterabteilungen leiten die Geschäfte in den Verfahren vor ihren Gebrauchsmusterabteilungen. In den Verfahren vor den Gebrauchsmusterabteilungen übernimmt, soweit die jeweiligen Vorsitzenden nichts anderes bestimmt haben, ein Prüfer oder eine Prüferin die Berichterstattung. Die Berichterstattung umfasst den Vortrag in der Sitzung und die Vorbereitung der Beschlüsse und Gutachten. Die Vorsitzenden prüfen die Entwürfe der Beschlüsse und Gutachten für ihre Gebrauchsmusterabteilung und stellen sie fest. Über sachliche Meinungsverschiedenheiten beschließt die jeweilige Gebrauchsmusterabteilung.

(3) In Verfahren vor der Gebrauchsmusterabteilung bedarf es der Beratung und Abstimmung in einer Sitzung für

1. Beschlüsse, durch die über den Löschungsantrag entschieden wird,
2. Gutachten und Beschlüsse, durch welche die Abgabe eines Gutachtens abgelehnt wird.

Von einer Sitzung kann ausnahmsweise abgesehen werden, sofern die jeweils zuständigen Vorsitzenden sie nicht für erforderlich halten.

(4) Die Gebrauchsmusterabteilungen entscheiden nach Stimmenmehrheit; bei Stimmengleichheit gibt die Stimme ihrer Vorsitzenden den Ausschlag.

§ 4 Topografiestelle und Topografieabteilung

(1) Der Präsident oder die Präsidentin bestimmt den Geschäftskreis der Topografiestelle und der Topografieabteilung sowie den oder die Vorsitzende und den oder die stellvertretende Vorsitzende der Topografieabteilung.

(2) Der oder die Vorsitzende der Topografieabteilung leitet die Geschäfte in den Verfahren vor der Topografieabteilung. In den Verfahren vor der Topografieabteilung übernimmt, soweit der oder die Vorsitzende nichts anderes bestimmt hat, ein technisches Mitglied die Berichterstattung. Die Berichterstattung umfasst den Vortrag in der Sitzung und die Vorbereitung der Beschlüsse und Gutachten. Der oder die Vorsitzende prüft die Entwürfe der Beschlüsse und Gutachten für die Topografieabteilung und stellt sie fest. Über sachliche Meinungsverschiedenheiten beschließt die Topografieabteilung.

(3) In Verfahren vor der Topografieabteilung bedarf es der Beratung und Abstimmung in einer Sitzung für

1. Beschlüsse, durch die über den Löschungsantrag entschieden wird, und
2. Gutachten und Beschlüsse, durch welche die Abgabe eines Gutachtens abgelehnt wird.

Von einer Sitzung kann ausnahmsweise abgesehen werden, sofern der oder die Vorsitzende sie nicht für erforderlich hält.

(4) Die Topografieabteilung entscheidet nach Stimmenmehrheit; bei Stimmengleichheit gibt die Stimme des oder der Vorsitzenden den Ausschlag.

§ 5 Markenstellen und Markenabteilungen

(1) Der Präsident oder die Präsidentin bestimmt den Geschäftskreis der Markenstellen und Markenabteilungen sowie die Vorsitzenden und stellvertretenden Vorsitzenden der Markenabteilungen und regelt das Verfahren zur Klassifizierung der Anmeldungen.

(2) Die Vorsitzenden der Markenabteilungen leiten die Geschäfte in den Verfahren vor ihren Markenabteilungen; sie bestimmen die weiteren Mitglieder und die Berichterstatter.

(3) In Verfahren vor der Markenabteilung bedarf es der Beratung und Abstimmung in einer Sitzung für

1. Beschlüsse nach den §§ 54 und 57 des Markengesetzes und
2. Aufgaben der Markenabteilungen, die nicht von den Vorsitzenden allein bearbeitet werden oder von ihnen an Angehörige der Markenabteilung nach § 56 Abs. 3 Satz 3 des Markengesetzes übertragen worden sind.

Von der Beratung kann abgesehen werden, wenn die jeweils zuständigen Vorsitzenden sie nicht für erforderlich halten.

(4) Die Markenabteilungen entscheiden nach Stimmenmehrheit; bei Stimmengleichheit gibt die Stimme ihrer Vorsitzenden den Ausschlag.

§ 6 Designstellen und Designabteilungen

(1) Der Präsident bestimmt den Geschäftskreis der Designstellen und der Designabteilungen sowie die Vorsitzenden und stellvertretenden Vorsitzenden der Designabteilungen und regelt das Verfahren zur Klassifizierung der Anmeldung.

(2) Der Vorsitzende der jeweiligen Designabteilung leitet die Geschäfte in den Verfahren vor seiner Designabteilung. Er bestimmt die weiteren Mitglieder und die Berichterstatter.

(3) In Verfahren vor den Designabteilungen bedarf es der Beratung und Abstimmung der jeweiligen Mitglieder in einer Sitzung für

1. Beschlüsse, durch die über den Antrag auf Feststellung oder Erklärung der Nichtigkeit entschieden wird,
2. Beschlüsse, in denen dem Vorsitzenden oder einem Angehörigen der Designabteilung Angelegenheiten der Designabteilung zur alleinigen Entscheidung übertragen werden.

Die Entscheidung über den Antrag auf Feststellung oder Erklärung der Nichtigkeit kann nicht übertragen werden.

(4) Die Designabteilungen entscheiden nach Stimmenmehrheit; bei Stimmengleichheit gibt die Stimme ihres jeweiligen Vorsitzenden den Ausschlag.

Abschnitt 2. Verfahrensvorschriften

§ 7 DIN-Normen

DIN-Normen, auf die in dieser Verordnung verwiesen wird, sind im Beuth-Verlag GmbH, Berlin und Köln, erschienen und beim Deutschen Patent- und Markenamt in München archivmäßig gesichert niedergelegt.

§ 8 Behandlung von Eingängen, Empfangsbescheinigung

(1) In den Akten wird der Tag des Eingangs vermerkt.

(2) Bei Schutzrechtsanmeldungen übermittelt das Deutsche Patent- und Markenamt dem Anmelder unverzüglich eine Empfangsbestätigung, die das angemeldete Schutz-

recht bezeichnet und das Aktenzeichen der Anmeldung sowie den Tag des Eingangs der Anmeldung angibt.

§ 9 Formblätter

(1) Das Deutsche Patent- und Markenamt gibt für Schutzrechtsanmeldungen und andere Anträge Formblätter heraus, die in Papier oder elektronischer Form zur Verfügung gestellt werden. Die Formblätter sollen verwendet werden, soweit dies nicht ohnehin zwingend vorgeschrieben ist.

(2) Formblätter sollen so ausgefüllt sein, dass sie die maschinelle Erfassung und Bearbeitung gestatten.

(3) Die in Verordnungen des Deutschen Patent- und Markenamts zwingend vorgeschriebenen Formblätter werden über die Internetseite des Deutschen Patent- und Markenamts www.dpma.de bekannt gemacht.

§ 10 Originale

(1) Originale von Anträgen und Eingaben sind unterschrieben einzureichen.

(2) Für die Schriftstücke ist dauerhaftes, nicht durchscheinendes Papier im Format DIN A4 zu verwenden. Die Schrift muss leicht lesbar und dokumentenecht sein. Vom oberen und vom linken Seitenrand jedes Blattes ist ein Randabstand von mindestens 2,5 Zentimeter einzuhalten. Die Blätter eines Schriftstücks sollen fortlaufend nummeriert sein.

§ 11 Übermittlung durch Telefax

(1) Das unterschriebene Original kann auch durch Telefax übermittelt werden.

(2) Das Deutsche Patent- und Markenamt kann die Wiederholung der Übermittlung durch Telefax oder das Einreichen des Originals verlangen, wenn es begründete Zweifel an der Vollständigkeit der Übermittlung oder der Übereinstimmung des Originals mit dem übermittelten Telefax hat oder wenn die Qualität der Wiedergabe den Anforderungen des Deutschen Patent- und Markenamts nicht entspricht.

§ 12 Einreichung elektronischer Dokumente

Elektronische Dokumente sind nach Maßgabe der Verordnung über den elektronischen Rechtsverkehr beim Deutschen Patent- und Markenamt vom 1. November 2013 (BGBl. I S. 3906) in ihrer jeweils geltenden Fassung einzureichen. Deren Bestimmungen gehen insoweit den Bestimmungen dieser Verordnung vor.

§ 13 Vertretung

(1) Beteiligte können sich in jeder Lage des Verfahrens durch Bevollmächtigte vertreten lassen.

(2) Die Bevollmächtigung eines Zusammenschlusses von Vertretern gilt, wenn nicht einzelne Personen, die in dem Zusammenschluss tätig sind, ausdrücklich als Vertreter bezeichnet sind, als Bevollmächtigung aller in dem Zusammenschluss tätigen Vertreter.

§ 14 Mehrere Beteiligte, mehrere Vertreter

(1) Falls mehrere Personen ohne gemeinsamen Vertreter gemeinschaftlich an einem Verfahren beteiligt oder mehrere Vertreter mit unterschiedlicher Anschrift bestellt sind, ist anzugeben, wer für alle Beteiligten als zustellungs- und empfangsbevollmächtigt bestimmt ist; diese Erklärung ist von allen Anmeldern oder Vertretern zu unterzeichnen. Fehlt eine solche Angabe, so gilt die Person als zustellungs- und empfangsbevollmächtigt, die zuerst genannt ist.

(2) Falls von einem Beteiligten mehrere Vertreter bestellt sind, ist anzugeben, welcher dieser Vertreter als zustellungs- und empfangsbevollmächtigt bestimmt ist. Fehlt

eine solche Bestimmung, so ist derjenige Vertreter zustellungs- und empfangsbevollmächtigt, der zuerst genannt ist.

(3) Absatz 2 gilt entsprechend, wenn mehrere gemeinschaftlich an einem Verfahren beteiligte Personen mehrere Vertreter als gemeinsame Vertreter bestimmt haben.

(4) Die Absätze 2 und 3 gelten nicht, wenn ein Zusammenschluss von Vertretern mit der Vertretung beauftragt worden ist. In diesem Fall reicht die Angabe des Namens des Zusammenschlusses aus. Hat ein solcher Zusammenschluss mehrere Anschriften, so ist anzugeben, welche Anschrift maßgebend ist. Fehlt eine solche Angabe, so ist diejenige Anschrift maßgebend, die zuerst genannt ist.

§ 15 Vollmachten

(1) Bevollmächtigte, soweit sie nicht nur zum Empfang von Zustellungen oder Mitteilungen ermächtigt sind, haben beim Deutschen Patent- und Markenamt eine vom Vollmachtgeber unterschriebene Vollmachtsurkunde einzureichen. Eine Beglaubigung der Unterschrift ist nicht erforderlich.

(2) Die Vollmacht kann sich auf die Bevollmächtigung zur Vertretung in allen das jeweilige Schutzrecht betreffenden Angelegenheiten erstrecken. Sie kann sich auch auf mehrere Anmeldungen, Schutzrechte oder Verfahren erstrecken. In diesen Fällen muss nur ein Exemplar der Vollmachtsurkunde eingereicht werden.

(3) Vollmachtsurkunden müssen auf prozessfähige, mit ihrem bürgerlichen Namen bezeichnete Personen lauten. Die Bevollmächtigung eines Zusammenschlusses von Vertretern unter Angabe des Namens dieses Zusammenschlusses ist zulässig.

(4) Das Deutsche Patent- und Markenamt hat das Fehlen einer Vollmacht oder Mängel der Vollmacht von Amts wegen zu berücksichtigen, wenn nicht Rechtsanwälte, Patentanwälte, Erlaubnisscheininhaber oder in den Fällen des § 155 der Patentanwaltsordnung Patentassessoren als Bevollmächtigte auftreten.

§ 16 Kennnummern für Anmelder, Vertreter und Angestelltenvollmachten

Zur Erleichterung der Bearbeitung von Anmeldungen teilt das Deutsche Patent- und Markenamt den Anmeldern, den Vertretern und den eingereichten Angestelltenvollmachten Kennnummern zu, die in den vom Deutschen Patent- und Markenamt herausgegebenen Formularen angegeben werden sollen.

§ 17 Sonstige Erfordernisse für Anträge und Eingaben

(1) Nach Mitteilung des Aktenzeichens ist dieses auf allen Anträgen und Eingaben anzugeben. Auf allen Bestandteilen einer an das Deutsche Patent- und Markenamt gerichteten Sendung ist anzugeben, zu welchem Antrag oder zu welcher Eingabe sie gehören.

(2) In mehrseitigen Verfahren vor dem Deutschen Patent- und Markenamt sind allen Schriftstücken Abschriften für die übrigen Beteiligten beizufügen. Kommt ein Beteiligter dieser Verpflichtung nicht nach, steht es im Ermessen des Deutschen Patent- und Markenamts, ob es die erforderliche Zahl von Abschriften auf Kosten dieses Beteiligten anfertigt oder dazu auffordert, Abschriften nachzureichen. Die Sätze 1 und 2 sind nicht anzuwenden auf Patent-, Gebrauchsmuster- und Topografieverfahren; das Deutsche Patent- und Markenamt kann in diesen Fällen die Beteiligten jedoch auffordern, Abschriften nachzureichen.

§ 18 Fristen

(1) Die vom Deutschen Patent- und Markenamt bestimmten oder auf Antrag gewährten Fristen sollen mindestens einen Monat, bei Beteiligten, die im Inland weder Sitz, Niederlassung oder Wohnsitz haben, mindestens zwei Monate betragen.

(2) Eine Fristverlängerung kann bei Angabe von ausreichenden Gründen gewährt werden.

(3) Weitere Fristverlängerungen werden nur gewährt, wenn ein berechtigtes Interesse glaubhaft gemacht wird. In Verfahren mit mehreren Beteiligten soll außerdem das Einverständnis der anderen Beteiligten glaubhaft gemacht werden.

§ 19 Entscheidung nach Lage der Akten

(1) Über Anträge oder Erinnerungen ohne Begründung kann im einseitigen Verfahren nach Ablauf von einem Monat nach Eingang nach Lage der Akten entschieden werden, wenn in dem Antrag oder der Erinnerung keine spätere Begründung oder eine spätere Begründung ohne Antrag auf Gewährung einer Frist nach § 18 angekündigt worden ist.

(2) Über Anträge, Widersprüche oder Erinnerungen ohne Begründung kann im mehrseitigen Verfahren nach Lage der Akten entschieden werden, wenn in dem Antrag, dem Widerspruch oder der Erinnerung keine spätere Begründung oder eine spätere Begründung ohne Antrag auf Gewährung einer Frist nach § 18 angekündigt worden ist und wenn der andere Beteiligte innerhalb der Fristen des § 18 Abs. 1 keine Stellungnahme abgibt oder eine spätere Stellungnahme ohne Antrag auf Gewährung einer Frist nach § 18 ankündigt. Wird der Antrag, der Widerspruch oder die Erinnerung zurückgewiesen, muss eine Stellungnahme der anderen Beteiligten nicht abgewartet werden.

§ 20 Form der Ausfertigungen

(1) Ausfertigungen von Beschlüssen, Bescheiden und sonstigen Mitteilungen enthalten in der Kopfzeile die Angabe „Deutsches Patent- und Markenamt" und am Schluss die Bezeichnung der zuständigen Stelle oder Abteilung.

(2) Ausfertigungen von Beschlüssen, Bescheiden und sonstigen Mitteilungen enthalten den Namen und gegebenenfalls die Dienstbezeichnung der Person, die den Beschluss, Bescheid oder die Mitteilung unterzeichnet hat und werden von der Person unterschrieben, die die Ausfertigung hergestellt hat. Der Unterschrift steht ein Namensabdruck zusammen mit einem Abdruck des Dienstsiegels des Deutschen Patent- und Markenamts gleich. Für die Ausfertigung elektronischer Dokumente gilt insofern die Verordnung über die elektronische Aktenführung bei dem Patentamt, dem Patentgericht und dem Bundesgerichtshof vom 10. Februar 2010 (BGBl. I S. 83) in ihrer jeweils geltenden Fassung.

(3) Formlose EDV-Mitteilungen enthalten in der Kopfzeile die Angabe "Deutsches Patent- und Markenamt", den Hinweis, dass die Mitteilung maschinell erstellt wurde und nicht unterschrieben wird, und die Angabe der zuständigen Stelle.

§ 21 Zustellung und formlose Übersendung

(1) Soweit durch Gesetz oder Rechtsverordnung eine Zustellung nicht vorgesehen ist, werden Bescheide und sonstige Mitteilungen des Deutschen Patent- und Markenamts formlos übersandt.

(2) Als formlose Übermittlung gilt auch die Übersendung durch Telefax. Die Übermittlung kann auch elektronisch erfolgen, soweit der Empfänger hierfür einen Zugang eröffnet.

§ 22 Akteneinsicht

(1) Über den Antrag auf Einsicht in die Akten sowie in die zu den Akten gehörenden Muster, Modelle und Probestücke nach § 31 Abs. 1 Satz 1 des Patentgesetzes, § 8 Abs. 5 Satz 2 des Gebrauchsmustergesetzes, § 4 Abs. 3 des Halbleiterschutzgesetzes in Verbindung mit § 8 Abs. 5 Satz 2 des Gebrauchsmustergesetzes, § 62 Abs. 1 und 2 des

Markengesetzes sowie § 22 Absatz 1 Satz 2 des Designgesetzes entscheidet die Stelle des Deutschen Patent- und Markenamts, die für die Bearbeitung der Sache, über welche die Akten geführt werden, zuständig ist oder, sofern die Bearbeitung abgeschlossen ist, zuletzt zuständig war, sofern nicht durch Gesetz oder Rechtsverordnung etwas anderes bestimmt ist.

(2) Die Einsicht in das Original der Akten von Anmeldungen und von erteilten oder eingetragenen Schutzrechten, die nicht elektronisch geführt werden, wird nur in den Dienstgebäuden des Deutschen Patent- und Markenamts gewährt. Auf Antrag wird die Akteneinsicht durch die Erteilung von Ablichtungen oder Ausdrucken der gesamten Akte oder von Teilen der Akte gewährt. Die Ablichtungen oder Ausdrucke werden auf Verlangen beglaubigt.

(3) Soweit der Inhalt von Akten des Deutschen Patent- und Markenamts auf Mikrofilm aufgenommen ist, wird Einsicht in die Akten dadurch gewährt, dass der Mikrofilm zur Verfügung gestellt wird.

(4) Flächenmäßige Musterabschnitte können abweichend von Absatz 2 nur bei der mit der Führung des Designregisters beauftragten Stelle des Deutschen Patent- und Markenamts eingesehen werden. Satz 1 gilt auch für Modelle, die nach § 7 Abs. 6 des Designgesetzes in seiner bis zum 1. Juni 2004 geltenden Fassung eingereicht worden sind.

§ 23 *(weggefallen)*

§ 24 Verfahrenskostenhilfe

(1) Über den Antrag auf Gewährung von Verfahrenskostenhilfe nach § 135 des Patentgesetzes entscheidet nach dessen § 27 Abs. 1 Nr. 2 und Abs. 4 die Patentabteilung.

(2) Über den Antrag auf Gewährung von Verfahrenskostenhilfe nach § 21 Abs. 2 des Gebrauchsmustergesetzes in Verbindung mit § 135 des Patentgesetzes, nach § 11 Abs. 2 des Halbleiterschutzgesetzes in Verbindung mit § 21 Abs. 2 des Gebrauchsmustergesetzes und § 135 des Patentgesetzes sowie nach § 24 des Designgesetzes entscheidet die Stelle des Deutschen Patent- und Markenamts, die für die Bearbeitung der Sache zuständig ist oder, sofern das Schutzrecht bereits eingetragen ist, zuletzt zuständig war, sofern nicht durch Rechtsverordnung etwas anderes bestimmt ist.

§ 25 Urkunden, Schmuckurkunden

(1) Das Deutsche Patent- und Markenamt fertigt für die Schutzrechtsinhaber gedruckte Urkunden über die Erteilung des Patents, die Eintragung des Gebrauchsmusters, der Marke, des Designs sowie des Schutzes der Topografie in das jeweilige Register.

(2) Den Patentinhabern wird auf Antrag eine kostenpflichtige Schmuckurkunde ausgefertigt.

§ 26 Berichtigung der Register und Veröffentlichungen

(1) In dem Berichtigungsantrag sind anzugeben:
1. das Aktenzeichen des Schutzrechts,
2. der Name und die Anschrift des Inhabers des Schutzrechts,
3. falls der Inhaber des Schutzrechts einen Vertreter bestellt hat, der Name und die Anschrift des Vertreters,
4. die Bezeichnung des Fehlers, der berichtigt werden soll,
5. die einzutragende Berichtigung.

(2) Enthalten mehrere Eintragungen von Schutzrechten desselben Inhabers denselben Fehler, so kann der Antrag auf Berichtigung dieses Fehlers für alle Eintragungen gemeinsam gestellt werden.

(3) Die Absätze 1 und 2 sind entsprechend auf die Berichtigung von Veröffentlichungen anzuwenden.

§ 27 Änderungen von Namen oder Anschriften

(1) In dem Antrag auf Eintragung von Änderungen des Namens oder der Anschrift des Inhabers eines eingetragenen Schutzrechts sind anzugeben:

1. das Aktenzeichen des Schutzrechts,
2. der Name, der Sitz und die Anschrift des Inhabers des Schutzrechts in der im Register eingetragenen Form,
3. falls der Inhaber des Schutzrechts einen Vertreter bestellt hat, der Name, der Sitz und die Anschrift des Vertreters,
4. der Name, der Sitz und die Anschrift in der neu in das Register einzutragenden Form.

(2) Betrifft die Änderung mehrere eingetragene Schutzrechte desselben Inhabers, so kann der Antrag auf Eintragung der Änderung für alle Schutzrechte gemeinsam gestellt werden.

(3) Die Absätze 1 und 2 sowie § 13 sind entsprechend auf Anträge zur Eintragung von Änderungen des Namens oder der Anschrift eines Vertreters oder eines Zustellungsbevollmächtigten anzuwenden.

§ 28 Eintragung eines Rechtsübergangs

(1) Der Antrag auf Eintragung eines Rechtsübergangs nach § 30 Abs. 3 des Patentgesetzes, § 8 Abs. 4 des Gebrauchsmustergesetzes, § 4 Abs. 2 des Halbleiterschutzgesetzes in Verbindung mit § 8 Abs. 4 des Gebrauchsmustergesetzes, § 27 Abs. 3 des Markengesetzes und § 29 Abs. 3 des Designgesetzes soll unter Verwendung des vom Deutschen Patent- und Markenamt herausgegebenen Formblatts gestellt werden.

(2) In dem Antrag sind anzugeben:

1. das Aktenzeichen des Schutzrechts,
2. der Name, der Sitz und die Anschrift des Inhabers des Schutzrechts in der im Register eingetragenen Form,
3. Angaben über die Rechtsnachfolger entsprechend § 4 Abs. 2 Nr. 1, Abs. 3 der Patentverordnung, § 3 Abs. 2 Nr. 1, Abs. 3 der Gebrauchsmusterverordnung, § 5 Abs. 1 bis 4 der Markenverordnung, § 5 Abs. 1 bis 4 der Designverordnung und § 3 Abs. 1 Nr. 5, Abs. 2, 5 Nr. 1 und 2 der Halbleiterschutzverordnung,
4. falls die Rechtsnachfolger einen Vertreter bestellt haben, der Name und die Anschrift des Vertreters nach Maßgabe des § 13.

(3) Für den Nachweis des Rechtsübergangs reicht es aus,

1. dass der Antrag von den eingetragenen Inhabern oder ihren Vertretern und von den Rechtsnachfolgern oder ihren Vertretern unterschrieben ist oder
2. dass dem Antrag, wenn er von den Rechtsnachfolgern gestellt wird,
   a) eine von den eingetragenen Inhabern oder ihren Vertretern unterschriebene Erklärung beigefügt ist, dass sie der Eintragung der Rechtsnachfolge zustimmen, oder
   b) Unterlagen beigefügt sind, aus denen sich die Rechtsnachfolge ergibt, wie zum Beispiel ein Übertragungsvertrag oder eine Erklärung über die Übertragung, wenn die entsprechenden Unterlagen von den eingetragenen Inhabern oder ihren Vertretern und von den Rechtsnachfolgern oder ihren Vertretern unterschrieben sind.

(4) Für die in Absatz 3 Nr. 2 genannten Erklärungen sollen die vom Deutschen Patent- und Markenamt herausgegebenen Formblätter verwendet werden. Für den in Absatz 3 Nr. 2 Buchstabe b genannten Übertragungsvertrag kann ebenfalls das vom Deutschen Patent- und Markenamt herausgegebene Formblatt verwendet werden.

(5) In den Fällen des Absatzes 3 ist eine Beglaubigung der Erklärung oder der Unterschriften nicht erforderlich.

(6) Das Deutsche Patent- und Markenamt kann in den Fällen des Absatzes 3 weitere Nachweise verlangen, wenn sich begründete Zweifel an dem Rechtsübergang ergeben.

(7) Der Nachweis des Rechtsübergangs auf andere Weise als nach Absatz 3 bleibt unberührt.

(8) Der Antrag auf Eintragung des Rechtsübergangs kann für mehrere Schutzrechte gemeinsam gestellt werden.

§ 29 Eintragung von dinglichen Rechten

(1) Dem Antrag auf Eintragung einer Verpfändung oder eines sonstigen dinglichen Rechts an dem durch die Eintragung eines gewerblichen Schutzrechts begründeten Rechts sind die erforderlichen Nachweise beizufügen.

(2) Beim Übergang von dinglichen Rechten ist § 28 Abs. 2 bis 8 entsprechend anzuwenden.

§ 30 Maßnahmen der Zwangsvollstreckung, Insolvenzverfahren

(1) Der Antrag auf Eintragung einer Maßnahme der Zwangsvollstreckung in das Register kann vom Inhaber des eingetragenen Schutzrechts oder von demjenigen, der die Zwangsvollstreckung betreibt, gestellt werden. Dem Antrag sind die erforderlichen Nachweise beizufügen.

(2) Dem Antrag auf Eintragung eines Insolvenzverfahrens in das Register sind die erforderlichen Nachweise beizufügen.

§ 31 Aufbewahrung von eingereichten Gegenständen oder Unterlagen

Über Muster, Modelle, Probestücke und ähnliche Unterlagen, deren Rückgabe nicht beantragt worden ist, verfügt das Deutsche Patent- und Markenamt,

1. wenn die Anmeldung des Patents, der Topografie, der Marke oder des eingetragenen Designs zurückgewiesen oder zurückgenommen worden ist, nach Ablauf eines Jahres nach unanfechtbarer Zurückweisung oder Zurücknahme;
2. wenn das Patent erteilt oder widerrufen worden ist, nach Ablauf eines Jahres nach Eintritt der Unanfechtbarkeit des Beschlusses über die Erteilung oder den Widerruf;
3. wenn die Topografie eingetragen worden ist, nach Ablauf von drei Jahren nach Beendigung der Schutzfrist;
4. wenn die Marke eingetragen worden ist, nach Ablauf eines Jahres nach Eintragung oder, wenn Widerspruch eingelegt worden ist, nach Ablauf eines Jahres nach dem Eintritt der Unanfechtbarkeit der Entscheidung über den Widerspruch;
5. wenn das Design eingetragen worden ist, nach Ablauf von drei Jahren nach Beendigung der Schutzfrist.

Abschnitt 3. Schlussvorschriften

§ 32 Übergangsregelung aus Anlass des Inkrafttretens dieser Verordnung

Für Anträge, die vor Inkrafttreten dieser Verordnung eingereicht worden sind, finden die Vorschriften der Verordnung über das Deutsche Patent- und Markenamt vom 5. September 1968 (BGBl. I S. 997), zuletzt geändert durch Artikel 24 des Gesetzes vom 13. Dezember 2001 (BGBl. I S. 3656), weiter Anwendung.

§ 33 Übergangsregelung für künftige Änderungen

Für Anträge, die vor Inkrafttreten von Änderungen dieser Verordnung eingereicht worden sind, gelten die Vorschriften dieser Verordnung jeweils in ihrer bis dahin geltenden Fassung.

§ 34 Inkrafttreten, Außerkrafttreten

(1) Diese Verordnung tritt vorbehaltlich des Absatzes 2 am 1. Juni 2004 in Kraft.

(2) § 1 Abs. 2 tritt am Tage nach der Verkündung in Kraft.

Sachverzeichnis

Es bedeuten: fette Ziffern = §§ des DesignG;
magere Ziffern = Randnummern; A = Allgemeines zum Designrecht;
GGM = Gemeinschaftsgeschmacksmuster; Int = Internationale Eintragung

Sachverzeichnis

Sachverzeichnis

Sachverzeichnis

Sachverzeichnis

Sachverzeichnis

Sachverzeichnis

Sachverzeichnis

Sachverzeichnis

Sachverzeichnis

Sachverzeichnis

Sachverzeichnis

Sachverzeichnis

Sachverzeichnis

Sachverzeichnis

Sachverzeichnis

Sachverzeichnis

Sachverzeichnis

Sachverzeichnis

Sachverzeichnis

Sachverzeichnis

Sachverzeichnis

Sachverzeichnis

Sachverzeichnis

Sachverzeichnis

Sachverzeichnis